F 12038

Montpellier
1785

Albisson, Jean

Lois municipales et économiques de Languedoc

6

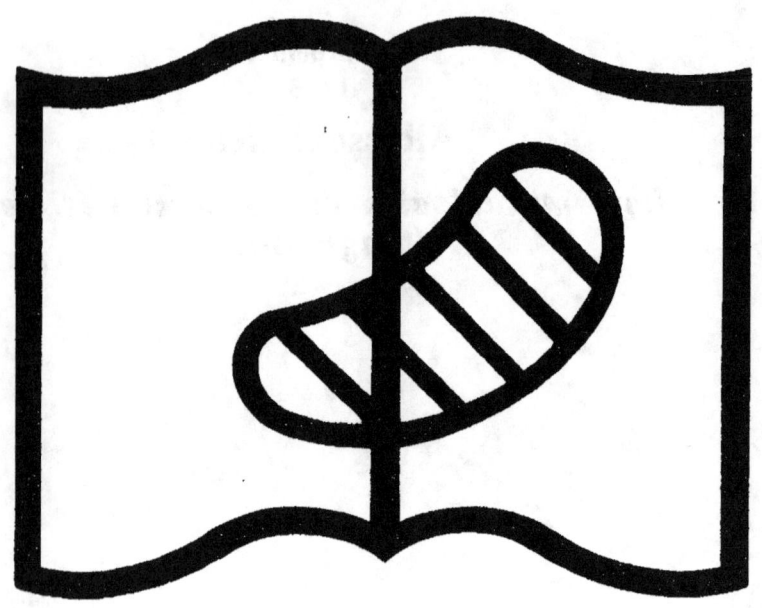

Symbole applicable
pour tout, ou partie
des documents microfilmés

Original illisible

NF Z 43-120-10

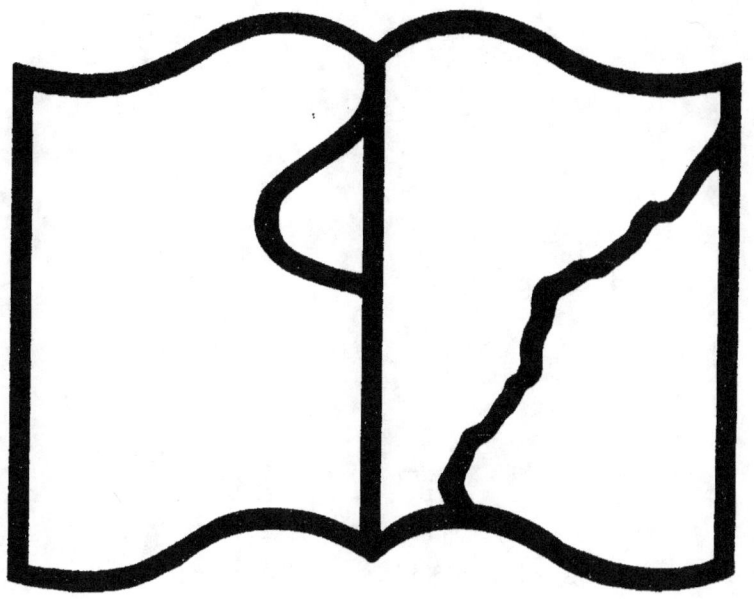

Symbole applicable
pour tout, ou partie
des documents microfilmés

Texte détérioré — reliure défectueuse

NF Z 43-120-11

F
2701.
71.

F 12038

LOIX
MUNICIPALES ET ÉCONOMIQUES
DE LANGUEDOC.

TOME SIXIEME.

LOIX
MUNICIPALES ET ÉCONOMIQUES
DE LANGUEDOC,

OU

Recueil des Ordonnances, Édits, Déclarations, Lettres-Patentes, Arrêts du Conseil, du Parlement de Toulouse & de la Cour des Aides de Montpellier; Actes, Titres & Mémoires concernant la Constitution politique de cette Province, son Administration municipale & économique, ses Priviléges, & Usages particuliers, relativement à ses Impositions, ses Ouvrages publics, son Agriculture, son Commerce, ses Manufactures, ses Loix civiles, &c. &c.

TOME SIXIEME.

Mens omnibus una est.
VIRGIL.

A MONTPELLIER,
Chez RIGAUD & Compagnie, Libraires, rue de l'Aiguillerie.

M. DCC. LXXXVII.
Avec Approbation et Privilége du Roi.

Ut in fidibus, ac tibiis, atque cantu ipso & vocibus, concentus est quidam tenendus ex distinctis sonis, isque concentus ex dissimillimarum vocum moderatione concors tamen efficitur & congruens: sic, ex summis, & infimis, & mediis interjectis ordinibus, ut sonis, moderata ratione civitas consensu dissimillimorum concinit: & quæ harmonia à musicis dicitur in cantu, ea est in civitate concordia, arctissimum atque optimum omni in republica vinculum incolumitatis; quæ sine justitia nullo pacto esse potest. *CICER. de Repub. II. apud AUGUSTIN. de Civit. Dei, lib. II. cap. 21.*

PRÉFACE.

LA recette des Tailles dans les Diocefes eft devenue d'une fi grande conféquence pour la Province, depuis la création des offices qui forment le premier titre des Receveurs actuels, qu'il a paru indifpenfable de raffembler tous les monumens qu'il a été poffible de recouvrer fur un point fi important de l'Adminiftration ; & ce fixieme volume y eft prefque entierement deftiné.

Les droits & les devoirs des Receveurs, confidérés dans toute leur étendue, fourniroient la matiere d'un ouvrage confidérable & qui excéderoit les bornes d'une Préface. Nous n'avons ici d'autre objet que de donner une notice hiftorique & fommaire des monumens relatifs à l'origine & à l'état actuel des droits & taxations dont les Receveurs ont droit de jouir à raifon de leurs recettes.

Ces droits & ces taxations fe rapportent principalement à trois fortes de titres : les Edits de création de leurs offices ; les traités qu'ils ont faits avec la Province ; & les attributions qui leur ont été accordées par des loix burfales. Chacun de ces titres mérite d'être confidéré féparément.

PRÉFACE.

§. I.

Édits de création.

Dès les premiers temps de la formation des Municipalités diocésaines, chacune d'elles avoit son Receveur particulier qui étoit nommé chaque année dans l'assemblée du Diocese *(a)*. On ne peut guères douter que cette nomination ne fût faite sur une sorte de concours entre plusieurs prétendans. Mais les Administrateurs du Diocese n'étoient pas obligés d'adjuger la recette à celui qui offroit de s'en charger au moindre prix : ils étoient libres de choisir entre les concurrens celui qui leur paroissoit le plus digne de leur confiance, *par ses idoineté, prud'homie, légalité, expérience & suffisance;* & l'adjudication devoit être faite à celui pour qui la majorité des voix s'étoit déclarée, *sans avoir égard au moins disant, ni à ce seulement soi arrêter . . . . pour ce que la chose publique a grand intérêt que ledit Receveur soit de grand loyauté, expérience & au gré des Diocésains pour le soulagement d'icelle chose publique.* *(b)*.

La première création connue des Receveurs des

(a) Cahier des Doléances de 1424.
(b) Lettres de François I de 1537 & 1538.

PRÉFACE.

tailles en titre d'office, dans la Province de Languedoc, remonte au milieu du seizieme siecle : ce fut un des fruits de la guerre ruineuse que Henri II eut à soutenir seul contre Charles-Quint, après la défection des Princes de l'Empire qui avoient réclamé son appui contre cet Empereur, dans la ligue qu'ils avoient formée pour la défense de la liberté Germanique.

Cette premiere création d'offices ne fut point réalifée en Languedoc, au moyen du rachat que les Etats firent en 1555 *de tous les offices nouvellement créés & érigés audit pays*, parmi lesquels *les Receveurs particuliers en chacun Diocese* furent compris nommément.

De nouveaux besoins donnerent lieu en 1572 à une nouvelle création d'offices.

Un Edit du mois de Janvier de cette année, érigea *en titre d'office formé vingt-deux offices de Receveurs particuliers des tailles, ayde, octroi, crue, solde, taillon, emprunts & autres deniers, tant ordinaires que extraordinaires & casuels...... pour être & demeurer irrévocablement estables, chacun en l'une des vingt-deux Dioceses du pays & Province de Languedoc, ressortissant ès deux receptes générales des finances & bureaux établis dans les villes de Tholose & Montpellier.... aux gages d'un sol tournois pour livre, pour la levée & cueillette desdits deniers.... à la charge d'iceux deniers* pourter ou faire pourter & payer par lesdits Recepveurs & chacun d'eux respectivement, à leurs frais & dépens, sans aucune charge sur le Roi ni sur le peuple, par chacun quartier & terme, au bureau de la recepte générale du ressort de laquelle seront lesdits Recepveurs.

Comme cette création n'avoit d'autre motif réel, qu'un besoin pressant d'argent, ni d'autre but que de s'en procurer, Charles IX chargea ses Commissaires à la prochaine assemblée des Etats de la Province, de leur exposer la situation qui l'avoit forcé à employer ce moyen, & de leur demander *un secours de six vingts mille livres*, payable le premier Octobre suivant, moyennant quoi l'Edit du mois de Janvier *demeureroit cassé, révoqué & annullé, & les états & offices par icelui créés, supprimés, éteints & abolis.* Cette commission est du 15 Juillet 1572.

Les Etats assemblés à Beziers dans le mois de Septembre, ne crurent pas pouvoir accepter cette offre. La délibération qu'ils prirent à ce sujet, porte *qu'il sera fait remonstrance & humble supplication à Sa Majesté, de vouloir décharger le pays de ladite somme de six vingts mille livres, eu esgard aux grandes charges & despenses que le pouvre peuple a pourtées & souffertes les précédentes années, l'estérilité & rarité des fruicts de la présente, & néantmoins de vouloir entretenir ledit pays*

PRÉFACE.

en fes priviléges de n'y pouvoir ériger aucuns offices nouveaux dont a été ci-devant composé avec les Prédécesseurs de Sa Majesté moyennant grosse finance, & révoquer ledit Edit d'érection, & création des vingt-deux Recepveurs, attendu mesmes que de toute ancienneté lesdits recepveurs ont été esleuz & nommés par le pays, & d'autre part, que les deniers de Sadite Majesté sont plus promptement levés & payés & mieulx assurés par le moyen qu'a été tenu & gardé jusqu'à présent à la levée & cueillette desdits deniers que ne seroit par lesdits nouveaux Recepveurs.

Cette remontrance fut sans succès ; & la création de 1572 fut suivie en 1573 d'une autre création de vingt-deux Receveurs *alternatifs*. On n'a pu trouver dans aucun dépôt le titre de cette seconde création : mais on lit dans le préambule d'un Edit du mois de Novembre 1609, dont nous parlerons bientôt, que les taxations d'un sol pour livre accordées aux nouveaux Receveurs par l'Edit de Janvier 1572, *avoient été réglées, par l'Edit portant création des alternatifs, à gages certains pour les deniers de l'ayde, octroi, crue & taillon, qui sont les deniers ordinaires entrans aux recettes générales.*

L'énonciation des *deniers extraordinaires* dont l'Edit de 1572 attribuoit la levée aux nouveaux Receveurs, donna lieu à ceux-ci de prétendre à la perception des deniers qui étoient impofés pour les affaires générales du pays & celles des Dioceſes, parce que c'étoit en effet à cette nature de deniers qu'on appliquoit proprement, en Languedoc, la dénomination de *deniers extraordinaires*.

Mais il fuffifoit de bien entendre le texte de l'Edit du mois de Janvier 1572, & d'en rapprocher quelques difpofitions pour condamner cette prétention, pour s'affurer que l'énonciation des *deniers extraordinaires* ne pouvoit s'appliquer qu'aux *deniers cafuels*, que des befoins extraordinaires obligeoient le Roi de demander à la Province, & qui devoient être portés aux *recettes générales*, comme ceux de l'aide, octroi, crue & taillon, qui étoient les deniers ordinaires.

Auffi les Etats en ayant porté leurs plaintes au Roi, ils obtinrent de Henri III, le 9 Janvier 1575, des Lettres Patentes par lefquelles ce Prince déclara que *les Recepveurs nouvellement créés en chacun Diocefe* ne devoient avoir aucun maniement, adminiftration ni charge des deniers levés dans la Province pour le fait de la guerre, confervation du pays, garde des villes ou autrement, en quelque maniere que ce foit, *finon de ceux tant feulement qui doivent entrer en nos receptes générales*.

Malgré une Déclaration auffi formelle, il paroît que les pourvus des nouveaux offices n'en

PRÉFACE.

perſiſterent pas moins dans leur prétention. On lit même dans le préambule déjà cité de l'Edit du mois de Novembre 1609, qu'ils obtinrent par pluſieurs Arrêts du Conſeil & par une Déclaration du 26 Janvier 1594, *la confirmation* des taxations d'un ſol pour livre ſur *les deniers extraordinaires impoſés pour les affaires généraux du pays & particuliers des Dioceſes.*

Il eſt difficile de concevoir comment les Receveurs purent obtenir *la confirmation* d'une attribution qui ne leur avoit pas été faite par les Edits de leur création, & que les Lettres Patentes du 9 Janvier 1575 avoient déclaré ſi formellement ne leur avoir jamais été faite : il n'a pas été poſſible de ſe procurer aucun de ces Arrêts du Conſeil, non plus que la Déclaration du 26 Janvier 1594, quoique d'autres renſeignemens donnent lieu de croire qu'il y a eu effectivement une Loi de cette date, relative aux taxations des deniers extraordinaires.

Ce qu'il y a d'aſſuré, c'eſt que, malgré la prétention des Receveurs titulaires, les Dioceſes, ou pluſieurs d'entre eux, ſe maintinrent dans la poſſeſſion d'adjuger la levée des deniers extraordinaires proprement dits, & que les titulaires traiterent même avec eux pour cette levée : ce fait eſt prouvé par des Lettres Patentes du premier Février 1594, qui déchargerent les Receveurs

PRÉFACE.

électifs des diocèses, d'une restitution de six deniers pour livre, ordonnée contre les Receveurs titulaires par des Lettres Patentes du 3 Octobre 1592 (*a*).

Un troisieme Edit du mois d'Avril 1597 créa des offices de Receveurs *triennaux* ; & ce fut encore un pressant besoin d'argent qui motiva cette création. Ces nouveaux Officiers devoient exercer de trois en trois ans, & *jouir des mêmes gages, taxations, droits, profits & émolumens ; tels & semblables que les autres Recepveurs* créés en 1572 & 1573.

Il y a lieu de croire que les Receveurs triennaux se joignirent aux anciens & aux alternatifs, pour réveiller l'ancienne prétention de ceux-ci à la recette des deniers extraordinaires, puisque les Etats crurent nécessaire de la faire condamner de nouveau par des Lettres patentes des 12 & 18 Septembre 1599, portant que *les Receveurs érigés en titre d'office ès Dioceses de Languedoc, ne pourront prétendre, en vertu desdits offices, la recette des deniers extraordinaires ou municipaux imposés par les Etats, ou ès assemblées des As-*

(*a*) Ces Lettres Patentes du premier Février 1594, sont rapportées dans ce volume, Nº. XXV, page 25.

Il faut corriger une erreur qui s'est glissée dans le titre de cette piece, où l'on a mis *par la Déclaration du 26 Janvier* 1593, au lieu de mettre, *par les Lettres Patentes du 13 Octobre* 1592.

siettes,

PRÉFACE.

ſiettes, pour l'acquittement des dettes, vivres, munitions, fortifications, réparations & autres affaires du pays, & généralement d'autres deniers que de ceux qui entrent en la recette générale.

Et ſera permis, ajoutent ces mêmes Lettres, *aux Députés deſdits Dioceſes, en bailler la recette à celui qui fera la condition meilleure, à quoi leſdits Receveurs ſeront reçus comme les autres.*

§. II.

Traités.

Ces Lettres eurent leur exécution juſqu'en 1606, où les Receveurs obtinrent le 26 Novembre un Arrêt du Conſeil, qui leur attribua la recette des deniers extraordinaires avec des taxations d'un ſol pour livre, *en payant la finance à laquelle ils ſeroient taxés.*

Les Etats ſe pourvurent contre cet Arrêt & demanderent en même-temps que, conformément à l'ancien uſage, & aux Lettres Patentes de 1575 & 1599, les comptes des deniers extraordinaires fuſſent rendus devant les Députés des Dioceſes, avec défenſes à la Chambre des Comptes d'en connoître.

Cette oppoſition fut jugée par un Arrêt du Conſeil, du 6 Mars 1608, qui, entre autres diſ-

PRÉFACE.

pofitions, réduifit à trois deniers pour livre les taxations d'un fol accordées par l'Arrêt précédent aux Receveurs titulaires pour la recette des deniers extraordinaires, *en prenant par eux Lettres d'attribution.*

Les Receveurs réclamerent à leur tour de cette réduction; ils firent même affigner le Syndic général au Confeil pour la voir rétracter. Mais le Gouvernement mit fin à toutes ces conteftations, par un Edit du mois de Novembre 1609, qui créa, en chaque Diocefe de Languedoc, trois offices de Receveurs des deniers extraordinaires & leur attribua un fol pour livre pour la recette de ces deniers.

Cet Edit, qui détruifoit fans reffource la prétention des receveurs fur les deniers extraordinaires, bleffoit effentiellement les priviléges du pays folennellement confirmés en 1575 & 1599.

Les Etats forcés déformais de voir l'entiere recette des Diocefes livrée à des titulaires, n'eurent pas de foin plus preffant que d'en diminuer le nombre, & de prévenir un partage qui auroit mis le trouble dans une des branches de l'adminiftration qui demande le plus de fimplicité. Ils écouterent les propofitions des Receveurs des deniers ordinaires, qui, étant cenfés plus au fait des regles de la perception que de nouveaux venus, devoient en effet mériter la préférence dans la circonftance d'une alternative inévitable.

PRÉFACE.

Il fut donc passé en 1610, entre les Etats & les Receveurs des deniers ordinaires, un traité par lequel les Etats, après s'être chargés de solliciter la confirmation des Lettres Patentes du mois de Septembre 1599, touchant le droit exclusif des Dioceses d'adjuger la recette des deniers extraordinaires, & de poursuivre, *aux frais & dépens du pays*, la révocation de l'Edit du mois de Novembre 1609, baillerent auxdits *Receveurs*, & à leurs successeurs en leurs offices, la levée de tous les deniers qui s'imposeroient esdits Dioceses, de quelle sorte & maniere qu'ils soient, sauf les deniers de l'aide, octroi, crue & taillon, desquels ils ont la levée en vertu de leurs offices, & leur accorderent *pour le droit de lieve & de taxations, six deniers pour livre, qui ne pourroient être augmentés ni diminués pour quelque cause & prétexte que ce soit, excepté les deniers de l'aide, octroi, crue & taillon, desquels ils ont les gages attribués à leurs offices.*

De leur côté, les Receveurs s'obligerent d'acquitter en deniers comptans toutes & chacunes les sommes & parties de leurs départemens & assiettes, aux termes portés par les impositions, sauf en temps de guerre ou de peste, auxquels cas ils ne seroient tenus de payer la quotité des lieux éclipsés, impuissans ou affligés, qu'à mesure qu'ils en feroient la levée.

PRÉFACE.

Ils s'obligerent, en rendant leur compte au Diocese, de faire recette entiere, sans bailler aucune reprise, si ce n'est en cas de guerre, peste, famine, ou insolvabilité des Paroisses, desquelles ils apporteroient bonnes & suffisantes diligences, auxquelles les Syndics & Députés des Dioceses seroient appelés.

Il fut encore convenu que lesdits Receveurs seroient tenus de cautionner bien & duement esdits Dioceses, pour la levée & emploi desdits deniers du pays & desdits Dioceses, tout ainsi comme ils avoient accoutumé de faire pour les deniers du Roi; & qu'ils seroient tenus de renouveller lesdites cautions, quand ils en seroient requis par lesdits Dioceses, en l'assemblée des Assiettes, & pardevant les Commissaires députés d'icelles : & qu'à faute de ce faire, il seroit permis auxdits Dioceses de bailler la levée desdits deniers à autres suffisans & capables, & sous la folle-enchere desdits Receveurs.

Ce traité fut autorisé par un Arrêt du Conseil, du 29 Octobre 1611, & suivi d'un Edit, du mois de Décembre de la même année, qui révoqua celui du mois de Novembre 1609.

En 1634, il fut passé un second traité entre les Etats & les Receveurs ; & voici quelle en fut l'occasion.

Le Roi, en homologuant le traité de 1610, avoit attribué par l'Arrêt du Conseil & l'Edit de

1611, deux nouveaux deniers aux Receveurs, moyennant une finance qui fut réglée à 101,400 livres.

Les Receveurs jouirent en effet de cette attribution jusqu'en 1625, & à cette époque, il leur en fut fait une nouvelle de deux autres deniers, à raison de laquelle ils payerent 159,000 livres.

Et enfin en 1633, il fut rendu un Edit qui leur accordoit l'hérédité de leurs taxations, à la charge de payer une nouvelle finance de 438,000 livres.

Toutes ces attributions, qui renversoient le traité de 1610 dans un de ses articles les plus essentiels, exciterent la réclamation des Etats. On peut conjecturer que les Receveurs n'avoient acquitté qu'avec répugnance la finance des deux premiers deniers créés en 1611 ; mais il résulte de quelques délibérations des Etats qu'ils avoient provoqué les attributions de 1625 & 1633 ; & que l'exécution du dernier Edit ne fut arrêtée que par une opposition que les Etats formerent devant la Cour des Comptes, Aides & Finances, au registre de cette nouvelle Loi.

Cette opposition fut suivie d'un accord entre les Etats & le Traitant des attributions accordées aux Receveurs par l'Edit de 1633, par lequel les Etats acquirent la subrogation aux droits du Traitant, moyennant la somme de 469,480 livres qu'ils s'obligerent de lui payer dans deux années pour

PRÉFACE.

le capital & les intérêts de la finance de 438,000 livres.

Pour lors, les Receveurs se rapprocherent des Etats, & il fut fait un nouveau traité le 30 Novembre 1634, qui, en confirmant celui de 1610, & la fixation des taxations des Receveurs à six deniers pour livre, soumit à ces taxations les deniers ordinaires de l'aide, octroi & crue, qui avoient été exceptés par ce premier traité, & ne conserva l'exception que *pour les deniers du taillon & augmentation d'icelui.*

De leur côté, les Receveurs se départirent & renoncerent, *dès-à-présent & à l'avenir, aux attributions de quatre deniers augmentés par-dessus les six deniers à eux accordés par le traité du 20 Novembre 1610, & à l'hérédité portée par l'Edit du mois de Juin 1633.*

Ils s'obligerent en outre à payer, à la décharge du pays, 190,000 livres, sur les 469,480 livres dont les Etats s'étoient chargés envers le Traitant.

Ce traité fut homologué par un Arrêt du Conseil du 7 Mars 1635, qui fixa définitivement à six deniers pour livre, les taxations des Receveurs, *sur toute sorte & nature de deniers, tant ordinaires qu'extraordinaires, qui s'imposeroient annuellement dans la Province, sans nuls excepter ni réserver, fors les deniers du taillon & augmentation d'icelui tant seulement* ; & qui ordonna en même-temps *que la somme de 190,000 livres promise par*

PRÉFACE.

lefdits Receveurs audit pays, leur tiendroit lieu de finance pour lefdites taxations de fix deniers, conjointement avec les autres fommes par eux ci-devant financées.

L'établiſſement de la Capitation donna lieu à un troiſieme traité entre les Etats & les Receveurs.

Les Déclarations du Roi n'accordoient à ceux-ci que deux deniers pour livre ſur les deniers de cette impoſition ; les Etats leur en accorderent ſix, à la charge *de faire livre net*, comme des autres deniers dont ils faiſoient la recette, par un traité du 21 Janvier 1710, qui fut autoriſé d'abord par un Arrêt du Conſeil du 26 Août ſuivant, & enſuite par une Déclaration du Roi du 24 Janvier 1711.

Les Receveurs obtinrent le même traitement à raiſon des vingtiemes. Une Déclaration du 16 Septembre 1754 avoit réglé leurs taxations à quatre deniers pour livre : les Etats les porterent à ſix deniers, par une Délibération du 18 Novembre 1756, *à condition de faire livre net dudit recouvrement & d'en remettre le montant aux termes ordinaires des impoſitions*. Il n'y eut pas de traité formel à ce ſujet ; mais l'exécution dont la délibération a été ſuivie, lui a donné la force d'une convention ſanctionnée d'ailleurs par diverſes Ordonnances de la Commiſſion établie par le Roi pour connoître de la répartition & du recouvrement des vingtiemes.

PRÉFACE.
§. III.

Edits particuliers, attributifs de différens droits.

Droits de Quittance. Suivant le traité du 20 Novembre 1610, les Receveurs ne pouvoient prendre aucun droit de quittance que lorsqu'une nature de deniers étoit payée entierement, ni exiger pour lors, pour chaque nature de deniers, au-delà de *deux sols six deniers pour une fois tant seulement*.

Ce droit de quittance devint dans la suite une source de contestations & de difficultés, soit à cause de l'extension que les Receveurs étoient accusés de donner à la convention de 1610, soit à cause des nouvelles attributions faites par quelques Edits bursaux.

Le Conseil du Roi, devant qui ces contestations furent portées, en renvoya, par un Arrêt du 7 Avril 1650, la connoissance devant la Cour des Aides de Montpellier, où il fut rendu, le 8 Octobre 1652, un Arrêt contradictoire par lequel les droits de quittance furent liquidés à la somme totale de quatre livres six sols six deniers pour la derniere quittance de la taille, & à une livre douze sols six deniers pour la derniere quittance du taillon.

Un Edit du mois d'Octobre 1693 augmenta ce droit de trois livres douze sols pour les Receveurs des tailles, & de quarante sols pour les Receveurs du taillon.

Et

PRÉFACE.

Et un autre Edit du mois de Novembre 1707 les augmenta encore de trois livres douze fols pour les Receveurs des tailles, & de trente fols pour les Receveurs du taillon.

Un Arrêt du Conseil du 20 Septembre 1695, avoit permis aux Dioceses de rembourser les droits de quittance créés par l'Edit de 1693; & quelques Dioceses effectuerent ce remboursement.

Il semble qu'il ne pouvoit s'élever des difficultés sur la quotité de ces droits, dont le montant avoit été réglé précisément par la liquidation faite par la Cour des Aides en 1652, & par les attributions postérieures.

Cependant, dès 1737, la confusion étoit telle, & la disparité si grande entre les impositions que les communautés faisoient à raison de ces droits, qu'il fallut avoir recours à la commission de 1734, pour y ramener l'ordre & l'uniformité.

Le Syndic général poursuivit à cet effet deux Ordonnances en 1737 & 1738, pour obliger les Receveurs & autres propriétaires des droits de quittance à rapporter les titres propres à justifier ceux dont ils avoient droit de jouir, à peine de déchéance de la perception desdits droits.

En exécution de ces Ordonnances les titres furent remis; & le 28 Janvier 1740, il fut rendu, pour chaque Diocese de la Province, une Ordonnance qui regle les droits de quittance qui peu-

PRÉFACE.

vent y être perçus par les Receveurs & contrôleurs, soit à raison de la taille, soit à raison du taillon.

<small>Deux sols pour livre des deniers municipaux.</small> Vers la même époque la même commission s'occupa d'un autre objet non moins essentiel.

Un Edit du mois de Décembre 1689, avoit attribué aux Receveurs un sol pour livre sur les deniers des octrois & sur ceux qui seroient imposés par les villes & communautés de la Province pour leurs dépenses, jusqu'à concurrence de la somme de 15,000 livres qui leur seroit assignée sur les communautés.

Un autre Edit du mois d'Août 1709 leur avoit attribué un second sol sur les mêmes deniers, fixé pareillement à une somme de 15,000 livres.

La répartition de cette somme fixe de 30,000 livres entre les villes & communautés de la Province avoit éprouvé des inconvéniens qui avoient obligé d'en changer la forme ; & il étoit nécessaire de la soumettre à une regle certaine.

La commission y pourvut le 7 Février 1742, par un Réglement qui ordonna, sous le bon plaisir du Roi, que le montant des deux sols pour livre attribués aux Receveurs des tailles, par les Edits de Décembre 1689 & Août 1709, seroit compris dorénavant en un seul article dans le département des frais d'assiette de chaque Diocese, & qui régla le contingent que chaque Diocese en

PRÉFACE.

devoit acquitter; avec défenses aux Receveurs de rien exiger au-delà du contingent de chaque Diocèse, à peine de concussion; aux Consuls greffiers & départeurs, de rien imposer à raison de ladite attribution; & aux Collecteurs, d'user de retenue, sous prétexte desdits deux sols pour livre, sur quelque article que ce puisse être des sommes imposées pour les dépenses ordinaires; le tout sous la même peine.

Un Edit du mois de Novembre 1703 avoit créé des Commissaires à la levée & recouvrement des tailles & autres impositions de la Province, & leur avoit attribué un denier pour livre desdites impositions. Denier & demi.

Cet Edit permettoit aux Receveurs des tailles d'acquérir ces offices & de commettre à leur exercice.

Une Déclaration du 15 Janvier 1704 les y obligea; & le 22 du même mois, il fut arrêté au Conseil un rôle de ce que chacun d'eux devoit payer pour cette acquisition.

Les Receveurs formerent opposition à l'exécution de ce rôle qu'ils prétendirent être exorbitant, & sans égalité ni proportion; & ils offrirent en corps une somme de 400,000 livres & les deux sols pour livre de cette somme.

Leur opposition & leur offre furent accueillies par un Arrêt du Conseil, du 29 Avril 1704, qui ordonna qu'ils jouiroient en conféquence du denier pour livre attribué aux offices créés par l'Edit de Novembre 1703 ; &, par un fecond Arrêt du 19 Juillet 1704, il fut ordonné qu'ils percevroient le nouveau denier pour livre fur les deniers du taillon comme fur les autres impofitions.

Par un Edit du mois de Septembre 1709, le Roi avoit créé 500,000 livres d'augmentations de gages au denier feize, qu'il avoit attribuées à tous les Officiers comptables du Royaume & à leurs contrôleurs, pour être réparties entre eux fuivant les rôles qui en feroient arrêtés au Confeil.

Les Receveurs des tailles & taillon du Languedoc demanderent au Roi qu'il lui plût de commuer & convertir ces augmentations de gages en un demi denier d'augmentation de leurs taxations ou droit de levée, & offrirent pour la finance de de ce demi denier une fomme de 152,000 livres, fans deux fols pour livre.

Le Roi eut égard à leur demande ; & il fut rendu le 21 Octobre 1710, une Déclaration qui commua & convertit les augmentations de gages attribuées aux Receveurs des tailles & taillon du Languedoc en un demi denier d'augmentation de leurs taxations, à la charge de payer, fuivant leur offre, la fomme de 152,000 livres de finance, fans deux fols pour livre.

Les Receveurs jouirent fans alarme, & fans

PRÉFACE.

fupplément de finance, des 30,000 livres repréfentatives des deux fols pour livre fur les deniers municipaux, & du denier & demi acquis en 1704 & 1710, jufqu'en 1734 où un Traitant offrit au Roi de porter au tréfor royal une fomme de 600,000 livres, s'il lui plaifoit de le faire jouir de ces attributions, qu'il prétendoit avoir été fupprimées par un Edit du mois de Juin 1725, portant fuppreffion des offices de Receveurs & Contrôleurs des octrois & deniers patrimoniaux.

Cette offre fut communiquée aux Receveurs, qui, après avoir débattu les prétextes du Traitant, offrirent d'abandonner 2000 livres de gages pour lefquels ils étoient employés dans les Etats du Roi, & de payer en outre au tréfor royal, en augmentation de finance, une fomme de 140,000 livres, pour être confirmés purement & fimplement dans la jouiffance des attributions conteftées.

Sur ces offres, il fut rendu un Arrêt du Confeil revêtu de Lettres Patentes du 23 Février 1734, qui confirma les Receveurs dans la jouiffance du denier & demi fur les impofitions & des deux fols pour livre fur les deniers municipaux.

Ainfi les Receveurs jouiffent aujourd'hui, foit en vertu des Edits de leur création, foit en exécution de leurs traités avec les Etats, foit en conféquence des Edits attributifs d'augmentations de gages & de droits particuliers :

1°. Des gages & augmentations de gages pour lesquels ils font employés annuellement dans les Etats du Roi.

2°. De fix deniers pour livre fur tous les deniers ordinaires & extraordinaires qui s'impofent dans les Dioceses, à l'exception de ceux du taillon.

3°. D'un denier & demi pour livre fur toutes ces impofitions, fans excepter celle du taillon.

4°. De fix deniers fur les impofitions faites par capitation.

5°. De fix deniers fur les fommes impofées & réparties pour acquitter les abonnemens des vingtiemes.

6°. De 30,000 livres impofées en repréfentation des deux fols pour livre fur les deniers municipaux, fuivant le département fait entre les vingt-quatre Dioceses de la Province par l'Ordonnance du 27 Février 1742.

7°. Des droits de quittance liquidés par l'Ordonnance du 28 Janvier 1740, & par les Ordonnances poftérieures qui ont rétabli des droits dont il n'avoit pas été juftifié à cette premiere époque.

8°. D'environ 3000 livres impofées, foit dans les préambules des communautés, foit fur le général de la Province, pour le droit d'avis & commandement, port de la mande, & remife des préambules.

PRÉFACE.

9°. De 12,375 livres 14 sols 5 deniers, imposés pour les gages du Receveur ancien, dans les Dioceses de Toulouse, Rieux, Montauban, Lavaur, Castres, Saint-Papoul, Mirepoix, Alby, Alet, Limoux, Carcassonne, Saint-Pons, Lodeve & Montpellier.

Il nous reste à observer que les Receveurs ne pouvant, d'après leurs traités, & les Edits & Déclarations de 1703, 1704, 1710 & 1734, percevoir des taxations que sur les deniers imposés, ils ne peuvent en exiger, ni pour les sommes empruntées & qui sont déposées dans leurs caisses, ni pour celles qui leur seroient payées à la décharge des communautés en compensation de leurs collectes, ou qui leur sont accordées à titre de remise ou d'indemnité, &c. &c. On peut voir sur cet objet particulier les pieces recueillies dans ce sixieme Volume, sous les numéros LII, LIV, CVI, CXVII, CLIX, CLXXXVI, CCXI, CCXXXVI, & CCLII.

Nota. On n'a recouvré qu'après l'impreſſion de ce Volume l'Édit du mois d'Août 1645, portant création des offices quatriennaux de Receveurs des tailles dont il eſt queſtion dans pluſieurs Délibérations & autres pieces employées dans ce Volume. On l'a joint à une Délibération des États, du 4 Février 1716, qui n'avoit pas été imprimée en ſon rang, & dont il importe de faire connoître les diſpoſitions. Ces deux pieces forment un *Supplément* qui a été imprimé à la fin de ce Volume & après l'*Errata*.

LOIX
MUNICIPALES ET ÉCONOMIQUES
DE LANGUEDOC.

SUITE DE LA PREMIERE PARTIE.
DIVISION SECONDE.

LIVRE TROISIEME.
De la Recette & des Receveurs des Tailles dans les Dioceses.

I.
LETTRES,
Portant que les deniers imposés dans les assemblées des Etats & assiettes, seront alloués dans la dépense de ceux qui en rendront compte.
Du mois de Mars 1483.

CHARLES, PAR LA GRACE DE DIEU, ROI DE FRANCE: Savoir faisons à tous présents & advenir, Nous avoir reçu l'humble supplication de nos très-chers & bien amés les depputés des trois Estats de notre pays de Languedoc, contenant que le temps passé, & mêmement du vivant de notre très-cher seigneur pere que Dieu absolve ; pour donner ordre, provision & remede à plusieurs matieres & affaires qui touchoient le bien de nous & du pays, se sont faits plusieurs fraix, mises & despenses à la poursuite desdites choses; & à ceste cause, combien que les deniers à ce nécessaires eussent esté duement mis sus & imposés par l'autorité & ordonnance de ceux des estats généraulx ou particuliers dudit pays, & du consentement des assistans ez assemblées, pour faire les assiettes des diocèses d'icelui pays; néantmoings quand les recepveurs qui de ce ont eu charge & administration, en ont volleu rendre leurs comptes, plusieurs radiations & retranchements leur en ont été faits par nos amés & féaux gens de nos comptes, & autres ayant pour ce pouvoir, & tellement que à ceste occasion plusieurs des matieres & affaires dudit pays en sont souventes fois demeurés sans provision, dont s'en sont ensuivis plusieurs dommaiges & inconvénients de toutte la chose publique de notredit pays, & pourroit encore plus faire au temps advenir, sy par Nous n'estoit sur ce donné provision, ainsin que lesdits depputés Nous ont dict & remonstré, Nous requérant à ceste cause leur impartir notre grace. POURQUOI Nous, ces choses considérées, qui desirons singulierement subvenir aux fraix & affaires de notredit pays, en maniere que dommaige & inconvénient n'en adviennent, avons, par l'advis & délibération des princes & seigneurs de notre sang, & gens de notre grand conseil, dict, déclairé & ordonné, & par ces présentes de notre grace espécial, plaine puissance & autorité royal, disons, déclairons & ordonnons par édict & estatut irrévocable, que les sommes de deniers qui doresnavant seront ordonnées estre mises sus & imposées par l'ordonnance & commandement des gens desdits trois estats, ou de la plusspart d'iceux, en la présence de notre gouverneur dudit pays, ou son lieutenant, ou autres qui seront par Nous depputés à l'assemblée desdits estats, par rolle ou ordonnance signée du président d'icelle assemblée, & aussi aux assiettes qui se fairont particulierement ez diocèses dudit pays, & du consentement de la pluspart des diocézains, présent & appellé ung de nos officiers, dont l'assiette sera signée par le commissaire par Nous depputé à faire ladite assiette, tant pour nos faits & affaires, que pour ceux qui toucheront ceux dudit pays en général & particulier, soient au temps advenir allouées & rebatues de la recepte de celui ou ceux qui en rendront le compte par nosdits gens des comptes, & par tout ailleurs là où il appartiendra, sans plus en faire difficulté, radiation ou retranchement, en faisant sur ce apparoir desdits rolles & assiettes, par la maniere dessus dicte, & des quittances au cas appartenant, ainsin que faire se doibt par ordre de compte, en déclairant dès à présent les radiations & retranchements qui se fairoient au contraire par nosdites gens des comptes, estre nulles & de nul effet. SI DONNONS EN MANDEMENT, par ces mesmes présentes, à notre très-cher & très-amé oncle & cousin le duc de Bourbonnois & d'Auvergne, connestable de France & gouverneur de notredit pays de Languedoc ou à son lieutenant, & à nos amés & féaulx les gens des trois-estats qui sont ou seront au temps advenir de par Nous commis & ordonnés à présider, estre & acister à l'assemblée des estats dudit pays, les gens de nos comptes à Paris, aux séneschaulx & baillifs dudit pays, & à tous nos autres justiciers, que tout le contenu en cesdites présentes ils observent, gardent & entretiennent, & facent inviolablement observer, garder & entretenir de poinct en poinct, sellon sa forme & teneur, sans enfraindre : & voullons qu'au *vidimus* d'icelles faict soubs scel royal plaine foy soit adjoustée comme à ce préfent original. Et afin que ce foit chofe ferme & eftable à tousjours, nous avons faict mettre notre fcel à cefdites préfentes, fauf en autres chofes notre droict, & l'autruy en toutes. DONNÉ à Tours, au mois de Mars l'an de grace 1483 avant pafques, & de notre regne le premier. Ainfin figné par le Roi en fon confeil, Monfieur le Duc d'Orléans, les Comtes de Clermont & de Dunois, Vous les Evefques d'Alby & de Périgueux; fires de Torcy & de Gié, Defquerdes, de Baudricourt, de Vatan, d'Argenton, du Lau, les premiers & tiers-préfidents de Thouloufe, & autres préfents. ROBERTET. *Vifa*, *Contentor*, F. TEXIER.

Lecta & publicata in audienciâ curiæ domini Senefcalli Tolofæ, ac in illius regiftris regiftrata, die nonâ menfis Julii, anno domini milleſimo quadringentefimo octuagefimo-quarto.

DE HOSPITALY, *Notarius*.

Lecta & publicata in audienciâ curiæ domini Senefcalli Bellicadri & Nemaufi, ac in illius regiftris regiftrata, die vigefimâ menfis Julii, anno domini milleſimo quadringentefimo octuagefimo-quarto. Q. MARTIN, *Notarius*.

Lecta & publicata in audienciâ five confiftorio curiæ præfidialis palatii regii Montifpeffulani, & in illius regiftris regiftrata, die vigefimâ-primâ menfis Julii, anno domini milleſimo quadringentefimo octuagefimo-quarto.

CABIRONIS, *Notarius*.

Lecta, publicata & regiftrata in audienciâ & confiftorio curiæ Bicleris regiæ, & in ejufdem curiæ regiftris incorporata, die vigefimâ-tertiâ menfis Julii, anno nativitatis Chrifti milleſimo quadringentefimo octuagefimoquarto. RAYNAUD, *Notarius*.

II.

EXTRAIT *du regiftre des délibérations des Etats généraux de Languedoc, affemblés par mandement du Roi en la ville de Montpellier, au mois d'Octobre* 1536.

Du Lundi 23 dudit mois d'Octobre, préfident Mgr. l'évêque de Cefteron (vicaire général de Mgr. l'archevêque de Narbonne.)

SUR l'expofition faicte par les confuls d'Alby, de ce que jaçoit que le pays de Languedoc foyt en privilege & liberté de eflire en chacun diocefe leur receveur particulier, & en ce la plufpart des oppinions d'iceulx effifans a lieu, auffi quant à la deftitution d'iceulx receveurs, à la volonté defdicts dioceses, & fuyvant icelle les confuls & diocéfains du diocefe d'Alby euffent efleu leur receveur, toutes fois MM. les generaulx fur le faict des aydes à Montpellier, ont, contre ledit privilege & liberté, par leur arreft, adjugé ladite recepte fuyvant le moindre nombre des voix à aultre que à celuy efleu par la plus grande partie des voix des affiftans, difans que la moindre partie eftoit la plus faine. Conclud que la liberté de ce pays fur l'élection des receveurs particuliers des dioceses fera obfervée; c'eft que le plus grand nombre des voix des effifans les receveurs accouftumés à ce eftre appellés, aura lieu, & maiftre Pierre Guillemete, advocat & le fcindic du pays, fe retireront devers MM. les généraulx, pour les fuplier qu'il leur playfe, fur le faict de l'élection des receveurs garder & entretenir ledict pays de Languedoc & diocefes d'icelluy, en fes privileges & libertés audict endroit, & donner advertiffement à MM. des Eftats du faict du receveur d'Alby, lequel jouyt & tient la recepte du

A ij

diocese dudict Alby contre la teneur dudict privilege, ordonnances & Instructions sur ce.

III.
LETTRES,

Concernant l'élection des receveurs des tailles dans les dioceses.

Du 26 Juillet 1537.

FRANÇOIS, PAR LA GRACE DE DIEU, ROI DE FRANCE : A tous ceux qui ces présentes lettres verront, SALUT. Comme nos chers & bien amés les Gens des Troys Estats de nostre pays de Languedoc, nous aient par leur commis depputé qu'ils ont envoyé pardevers Nous, humblement fait dire & remonstrer que, combien que par les privilleges, franchises & libertés, par Nous & nos prédécesseurs Roys que Dieu absolve.... donnés & concédés aux manans & habitans en chacun de leur diocese, puissent & leur loise nommer & eslire ung recepveur des aydes & octroys qui sont par chacun an mis sus & imposés sur eulx pour subvenir en nos affaires ; sçavoir est à douze deniers pour livre les deniers desdittes aydes, & à quinze deniers ceulx desdits octrois, ensemble les fraix, & de ladite nomination & election ils ayent joy & usé paisiblement pendant tel & si long-temps qu'il n'est mémoire du contraire ; aussi que en ce faisant il ne seroit de nosdits deniers jamais venu à Nous inconvénient, perte ou dommaige. Et néantmoins soubs coulleur de certaine ordonnance faite par le feu général de Languedoc, en laquelle telles paroles sont insérées, *pourveu que la plus grant & seine partie y consente*, aucuns auroient voullu dire & prétendre ces parolles, *seine partie*, estre entendues & adaptées sur l'ellection & nomination dudit recepveur, faite par l'un des diocésains qui nommera icelluy recepveur pour lever lesdites aydes, impositions & fraix à moindre somme que douze deniers l'ayde, & quinze deniers l'octroy & les fraix, que celluy-là se doibt entendre pour la plus seine partie, ce que ne fut jamais fait, & qui seroit mal interpreter les parolles : car les voix font le nombre : Nous humblement requérant lesdits supplians interpreter lesdits mots de seine partie, & dire & déclarer sur ce nostre voulloir & intencion : Sçavoir faisons que Nous voullans & desirans nos subjects vivre les uns avec les aultres en paix, union & concorde, & les garder de differends, questions & débats ; pour ces causes, de notre certaine science, pleine puissance & auctorité royal, avons dit, déclairé & ordonné, disons, déclairons & ordonnons que ledit recepveur sera doresnavant & par cy-après esleu par les diocésains de chacun des dioceses dudit pays, par la plus grande & seine partie d'iceulx, sans avoir regard au moins-disant, ne que pour raison de ce seullement ceulx qui essiront ledit moins-disant, puissent estre dits la plus seine partie, mais viendront en considération. Oultre ce les qualités requises en ung bon recepveur & comptable, c'est assavoir prud'hommie & suffisance d'icelluy, & n'entendons toutes fois que ceste présente ordonnance puisse nuire ne préjudicier aux procès qui pour raison de ce sont mus, pendans & indécis. SI DONNONS EN MANDEMENT par cesdites présentes aux commissaires des assiettes, commis & à commettre, à mettre sus, asseoir & imposer lesdites aydes, octroys & fraix de notredit pays de Languedoc, & à tous nos aultres justiciers & officiers, ou à leurs lieutenans, & à chacun d'eulx comme à eulx appartiendra, que notre préſent édict, déclaration & ordonnance ils facent lire & publier par toutes les villes & lieux des dioceſes de noſtredit pays de Languedoc qu'ils verront eſtre à faire ce que beſoing ſera, & le contenu en ces préſentes entretenir garder & obſerver irrévocablement ſans aucun trouble ou empeſchement, lequel ſi fait, mis ou donné avoit eſté ou eſtoit au contraire, le mectent & facent mectre incontinent & ſans delay à plaine délivrance; Car tel eſt notre plaiſir. Et pour ce que de ces préſentes l'on pourra avoir à beſoigner en pluſieurs & divers lieux, nous voullons que au *vidimus* d'icelles fait ſoubs ſcel royal foi ſoit adjouſtée comme au preſent original. En témoings de ce nous avons ſigné ces préſentes, & à icelles fait mettre noſtre ſcel. DONNÉ à Meudon, le vingt-ſixieme jour de Juillet, l'an de grace mil cinq cent trente-ſept, & de notre regne le vingt-troyſieſme. Par le Roi en ſon conſeil.

BAYARD, *ſigné*.

IV.

AUTRES SUR LE MÊME SUJET,

Du dernier jour de Mars 1538, *avant Pâques.*

FRANÇOIS, PAR LA GRACE DE DIEU ROI DE FRANCE, A tous ceux qui ces préſentes lettres verront, SALUT. Comme nos chers & bien-amés les gens des trois eſtats de noſtre pays de Languedoc, Nous aient par leur commis & député fait humblement dire & remontrer qu'aux habitans dudit pays d'un chacun dioceſe appartient chacune année eſlire leur receveur pour le fait de nos deniers, aides, octroys & frais ſur ce requis & néceſſaires, qu'ils ſont tenus impoſer pour ſubvenir à nos affaires, le tout ſelon les ordonnances & inſtructions par les généraux commiſſaires ſur ce députés par Nous audit pays à l'aſſemblée des Eſtats, auquel receveur eſt ordonné pour ſes gages; c'eſt aſſavoir, pour l'octroy quinze deniers pour livre, & pour l'aide douze deniers tournois, par leſquelles inſtructions eſt expreſſément dit, que s'il ſe trouve perſonne qui veut faire ladite recette au rabais, il y ſera reccu s'il eſt ſuffiſant & capable, tant pour la ſeurté de nos deniers que pour le bien & ſoulagement deſdits dioceſes, pourveu que la plus grande & ſaine partie y conſente. Et pour ce, qu'aucuns ont voulu dire que contre la plus grand partie des opinans la moindre & ſinguliere opinion, pourveu que ſoit au rabais, ſera receüe ſous couleur deſdites parolles, *pourveu que la plus grande & ſaine partie*, leſdits commiſſaires généraux auroyent par leurſdites inſtructions, en icelles interprétant & meſmement au dernier article d'icelles, dit & déclaré eſdits Eſtats dernierement tenus en noſtre ville de Montpellier, le 27 du mois d'Octobre l'an 1536; que ladite clauſe, *pourveu que la plus grande & ſaine partie ce conſente*, s'entend & doit entendre de la plus grande partie des voix & commune opinion, pourveu que l'on n'excede les quinze deniers pour livre pour l'octroi, & les douze deniers pour livre pour l'aide; & quand par icelle plus grande partie de voix & commune opinion ſera eſleu perſonnage ſuffiſant & capable à ladite charge, veu meſmement que leſdits dioceſains ſont tenus faire leſdits deniers bons, & la levée deſdits deniers ſe fait aux périls & riſques deſdits dioceſains: nonobſtant laquelle déclaration pluſieurs procès & différends auroient eſté mus entre aucuns dioceſains, les uns defquels prétendant, combien qu'ils foient en moindre nombre de voix, que néantmoins ceux qui mettent la recepte à moindre prix y doivent eftre receus, & que c'eft la plus faine partie, combien qu'ils foient en moindre nombre ; & les autres, que la plus grande multitude de voix & opinions doit eftre obfervée comme la plus faine partie, pour ce que la chofe publique a grand intéreft que ledit receveur foit de grand loyauté, expérience & au gré des diocéfains pour le foulagement d'icelle chofe publique : Nous requérant humblement que pour ce que plufieurs jugeant lefdits procès fe font efforcés & efforcent lefdites inftructions & déclarations fufdites faites auxdits Eftats par nofdits généraux commiffaires enfreindre & corrompre, que noftre plaifir foit, afin d'obvier auxdits différends, & mettre paix fur ce perpétuelle entre lefdits diocéfains, en ordonner ainfi que verrons eftre à faire. SÇAVOIR FAISONS que Nous, ce confidéré, defirans le bien, foulagement & pacification de nos fubjets, avons dit, déclairé & ordonné, difons, déclairons & ordonnons que les receveurs qui ont efté, font & feront efleus par ceux defdits diocefes par la plus grande partie des opinans, feront & demeureront en ladite charge & recepte, fans que celui efleu par la plus grande partie des voix, comme dit eft, puiffe eftre en ladite charge & recepte troublé aucunement ni empefché fous coulleur ni ombre de quelconque rabais, ne defdites moindres opinions que ne voulons fortir effet, ains ladite délibération que dit eft, & que ledit article defdites ordonnances defdits commiffaires de par Nous foit gardée, tenue & obfervée, & laquelle délibération avons confirmée, louée & ratifiée, louons, confirmons, ratifions & approuvons le tout de noftre certaine fcience, grace fpéciale, pleine puiffance & autorité royale par cefdites préfentes, par lefquelles Nous mandons & commettons à nos amés & féaux confeillers les gens de nos cours de parlement & de noftre grand confeil, généraux fur le fait de nos aides à Montpellier, fénéchaux de Carcaffonne, Tolofe, Beaucaire & Nifmes, & aux commiffaires qui par Nous feront commis à tenir lefdits Eftats, & à tous nos autres jufticiers, officiers ou à leurs lieutenans, que notredit préfent édit, déclaration, ordonnance, confirmation & approbation, ils entretiennent, gardent & obfervent, facent entretenir, garder & obferver, lire, publier & enregiftrer, fans faire ne fouffrir eftre fait aucune chofe au contraire. Et fi faite avoit efté, la remettent ou facent remettre au premier état & deu ; à ce faire, fouffrir & obéir, contraignent & facent contraindre tous ceux qu'il appartiendra, & pour ce, feront à contraindre par toutes voyes & manieres deues & raifonnables ; CAR tel eft noftre plaifir, nonobftant quelconques ordonnances, procès, procédures, mandemens, reftrictions, ou défenfes, & lettres impétrées ou à impétrer à ce contraires. Et pour ce que de ces préfentes l'on pourra avoir à faire en plufieurs & divers lieux, Nous voulons qu'au vidimus d'icelles fait fous féel royal foi foit adjouftée comme à ce préfent original. En tefmoin de ce, Nous avons fait mettre notre féel à cefdites préfentes.

DONNÉ à Vauluyfant, le dernier jour de Mars, l'an de grace M. D. XXXVIII. avant Pafques, & de notre regne le vingt-cinquieme. Par le Roy, le feigneur de VELY, maiftre des requeftes ordinaire de l'hoftel, préfent, BAYARD.

Lecta, publicata & regiftrata in cu-

ria dominorum generalium super facto justiciæ & juvaminum in patria linguæ occitanæ stabilitorum, die IX. Junii anno M. D. XXXIX. F. CLER.

V.
LETTRES,

Portant que les comptes des deniers communs & extraordinaires ne seront point rendus devant la chambre des comptes nouvellement établie à Montpellier.

Du 20 Avril 1539.

FRANÇOIS, PAR LA GRACE DE DIEU, ROI DE FRANCE : A tous ceux qui ces présentes lettres verront, SALUT. Comme ez Etats de notre pays de Languedoc, par ordonnance de Nous dernierement tenus en la ville d'Alby, au mois d'Octobre 1538, nos tres-chers & bien-amés les gens desdits trois états dudit pays duement assemblés par notre commandement & ordonnance eussent, par maniere de complaintes & doléances, présenté certains articles qui depuis Nous eussent été renvoyés pour sur ce leur pourvoir à notre bon plaisir, SÇAVOIR FAISONS que, après ce que Nous avons fait voir & entendre lesdits articles & doléances en notre privé conseil, avons sur iceux pourvu, déclaré & ordonné par notre édit, statut & ordonnance, en la maniere que s'ensuit, &c. . . . *Item*, & pour ce que Nous avons établi & ordonné en la ville de Montpellier une chambre pour ouïr les comptes des receveurs des aides & octrois dudit pays, en la forme & maniere que la chambre des comptes à Paris avoit accoutumé connoître auparavant ladite création ; & que combien que ladite chambre des comptes à Montpellier ne doive prendre connois-sance d'autres choses que de celles que ladite chambre des comptes à Paris avoit accoutumé connoître d'ancienneté, ce néanmoins les gens desdits comptes à Montpellier s'efforcent contraindre les habitans dudit pays porter & rendre compte pardevant eux des deniers communs des villes, de l'équivalent & des pensions de la gendarmerie & autres dépenses extraordinaires qu'il leur convient, & est nécessaire faire pour l'entretenement & conservation de l'état desdites villes, & d'autres cas que les gens des comptes à Paris n'entreprindrent jamais de connoître, venant notoirement au grand intérêt & dommage insupportable des habitans : Requérant iceux gens desdits Etats ne le permettre, ains prohiber & défendre auxdits gens des comptes à Montpellier, de ne contraindre les habitans dudit pays rendre aucuns comptes pardevant eux, fors pour raison des choses que ladite chambre des comptes à Paris avoit accoutumé de faire rendre compte ; autrement seroit mettre ledit pays en fraix, mises & dépenses excessives. Nous, voulant sur ce pourvoir, AVONS dit & déclaré, disons & déclarons que Nous n'avons entendu & n'entendons que les gens de ladite chambre des comptes à Montpellier prennent connoissance desdits deniers communs, fraix, & des pensions des étapes & gendarmerie, équivalent & affaires extraordinaires, ne d'autres que ceux & en la forme & maniere que la chambre des comptes à Paris avoit accoutumé de connoître auparavant l'érection de ladite chambre des comptes à Montpellier ; ains leur avons prohibé & défendu, prohibons & défendons de ne faire autrement, sur peine de grieve punition, d'amende arbitraire, & d'être par Nous pourvu sur la suppression & abolition de ladite chambre requise par lesdits gens des Etats. Sy DONNONS EN MANDEMENT par ces-dites présentes à nos amés & féaux conseillers les gens tenant notre cour de parlement à Toulouse, généraux de la justice de nos aides & tailles, gens desdits comptes, sénéchaux de Toulouse, Carcassonne, Beaucaire & Nismes, commissaires qui sont ou qui seront ci-après par Nous délégués, pour convoquer & assembler lesdits Etats, & à tous nos autres justiciers & officiers ou à leurs lieutenans que nosdits présens Edits, déclaration & ordonnance ils entretiennent, gardent & observent, fassent entretenir, garder & observer, lire, publier & enregistrer, & du contenu en iceux lesdits gens desdits Etats puissent jouir & user plainement & paysiblement, sans leur mettre ou donner, ne souffrir être fait, mis ou donné aucun trouble, destourbier ou empêchement au contraire; lequel si fait, mis ou donné y avoit été ou étoit, les mettent & fassent mettre incontinant & sans délai à plaine délivrance; par lesquelles mandons & ordonnons au premier de nos huissiers ou sergens sur ce requis, faire les inhibitions & défenses susdites & nécessaires où & à ceux qu'il appartiendra. Et pour ce que de ces présentes l'on pourra avoir à besoigner en plusieurs & divers lieux, Nous voulons que au vidimus d'icelles fait sous scel royal foy ajoutée comme à ce présent original. En témoin de ce, Nous avons fait mettre notre scel à cesdites présentes. DONNÉ à Remilly, le vingtieme jour d'Avril, l'an de grace mil cinq cent trente-neuf, & de notre regne le vingt-cinquieme, ainsi signé sur le repli; Par le Roi en son conseil, le seigneur DE MONTMORENCY, connétable & grand maître de France, & autres présens.

BRETON, signé.

VI.

EXTRAIT du registre des délibérations des Etats généraux de Languedoc, assemblés par mandement du Roi, en la ville de Beziers, au mois d'Octobre 1539.

Du Jeudi 16 dudit mois d'Octobre, président Mr. le vicaire général de Narbonne.

LE scindic Salamonis a présenté provision du Roy obtenue par les consuls d'Alby, sur le faict de l'élection des receveurs en chescun diocese, *juxta pluralitatem vocum*, pour adviser s'il poursuivra de y estre mis *lecta & publicata* par la court de parlement de ceste teneur.

FRANÇOIS, &c.

Touchant les patentes du Roi, présentées à la court de parlement à Tholose, pour obtenir *lecta & publicata*, sur l'élection des receveurs particuliers des dioceses, suyvant la pluralité des voix, laquelle le Roi déclare estre la plus saine, conclud que pour le bien, utilité & conservation des privileiges de ce pays, le scindic en la séneschaussée de Tholose & advocat du pays insteront en ladite court, pour obtenir qu'il soyt mis *lecta & publicata* auxdites lettres concernans la élection des receveurs.

VII.

EXTRAIT *du regiſtre des délibérations des Etats généraux de Languedoc, aſſemblés par mandement du Roi, en la ville de Beziers, au mois d'Octobre* 1539.

Du Lundi 20 dudit mois d'Octobre, préſident le vicaire général de Mgr. l'archevêque de Narbonne.

PAR icelle aſſamblée a eſté conclud, pour le bien & utilité du pays, que doreſenavant les recepveurs des dioceſes & leveurs particuliers des villes & lieux de ce pays de Languedoc, ne porront demander ne lever les reſtes des tailhes & impoſitions dont ils ont charge, paſſés trois ans après icelles tailhes & impoſitions deſparties & miſes ſus par les dioceſes en leurs aſſiettes, s'ils ne avoient faict convenir les débiteurs en juſtice ; Et ſemblablement des équivalens paſſés trois ans après le trienne fini. Et ſera ſupplié à Noſſeigneurs commiſſaires de meƩre ce deſſus aux inſtructions.

VIII.

EXTRAIT *du regiſtre des délibérations des Etats généraux de Languedoc, aſſemblés par mandement du Roi en la ville de Montpellier, au mois d'Octobre* 1551.

Du Mardi 27 dudit mois d'Octobre, préſident Mgr. l'évêque de Montpellier.

LA concluſion & délibération prinſe à l'aſſemblée des Eſtats dudit pays, tenus en la ville de Beziers, l'an 1539 au mois d'Octobre, par laquelle eſt ordonné que les receveurs des dioceſes & leveurs particuliers des villes & lieux des pays de Languedoc, ne pourront demander ne lever les reſtes des tailles & impoſitions deſparties & miſes ſus par leſdits dioceſes & villes dont ils chargent en recepte, paſſé trois ans après icelles tailles & impoſitions deſparties & miſes ſus par les dioceſes & leurs aſſiettes, s'ils n'avoient fait convenir les débiteurs en juſtice, & le ſemblable des équivalens paſſé trois ans après le trienne fini, comme bonne & profitable au pays, ſortira effect & ſera enregiſtrée ès cours des ſéneſchaucées, vigueries, bailliages & des juges ordinaires royaulx dudit pays, avec les inſtructions eſquelles ladite concluſion eſt contenue, afin que les juges y puiſſent avoir recours quand telles matieres ſe préſenteront en jugement.

IX.

EXTRAIT *du regiſtre des délibérations des Etats généraux de Languedoc, aſſemblés par mandement du Roi, en la ville de Beaucaire au mois d'Octobre* 1560.

Du Jeudi 17 dudit mois d'Octobre, préſident Mgr. l'évêque de Lodeve.

A ESTÉ remonſtré aux Etats, que MM. de la chambre des comptes à Montpellier, veullent contraindre les receveurs particuliers des dioceſes dudit pays, de rendre compte par le menu des parties & ſommes de deniers qui ont eſté miſes ſus par iceulx dioceſes, pour les frais, deſpences & affaires communs d'icelles, leſquels comptes ont accouſtumé rendre pardevant les commiſſaires des aſſiettes, à l'aſſiſtance des gens des aſſiettes & diocéſans dudit pays & non à Montpellier. CONCLUD, que de ce deſſus ſera faicte doléance au Roy, pour laiſſer ſon pays en ſes privilleiges & libertés anciennes.

X.

ÉDIT DU ROI,

Portant création d'offices de receveurs des tailles dans les vingt-deux diocèses de Languedoc.

Du mois de Janvier 1572.

CHARLES, par la grace de Dieu, Roi de France, à tous préſens & advenir, Salut. Comme nous ayons ſur toutes choſes deſiré l'obſervation d'ung bon & certain ordre & réglement ſur le faict & adminiſtration de nos deniers & finances, non-ſeulement pour la commodité de nos affaires & ſervice, mais auſſi pour le faict & ſoulagement de nos pauvres ſubjects, pour d'aultant qu'il nous ſera poſſible les ſoulager; conſidérant les miſeres & calamités des trobes & occaſions de les folles & oppreſſions que noſdits ſubjects ont ſupporté par diverſes manieres de ſurcharger & impoſitions extraordinaires ſingulierement en notre pays de Languedoc, auquel parce que les charges de receveurs de nos tailles, cruë & taillon ſont électives, & que le peuple en chacune élection & diocèſe du pays y comet annuellement tel receveur que bon leur ſemble ou qui fait la condition meilleure du diocèſe à leur choix & obtion, comme nous ſommes advertis bien ſouvent par les pratiques & intelligence d'aulcungs ſyndics avec leſdits recepveurs électifs & autres particuliers deſdits diocèſes qui ont voix eſdites élections, tant s'en fault que noſdits ſubjects y ſoyent ſoulagés, qu'ils y ſont du tout opprimés & ſurchargés, & ne demandent tels recepveurs annuels que groſſes & extraordinaires impoſitions ſur le peuple pour à ſon grand préjudice faire leur proffit particulier à l'occaſion des advances des deniers qu'ils diſent fere pour le peuple & autres compoſitions & gros ſalaires qu'ils partagent ſur noſdits ſubjects conduicts & menés à uſer de trop grande facilité, & ce, comme il eſt à préſumer, par l'intelligence de leurſdits ſyndics avec leſdits recepveurs électifs & autres ſur leſquels ſe repouſent trop foiblement nos pauvres ſubjects, leſquels par ce moyen ſoffrent groſſe ſurcharge à noſtre très-grand regret & deſplaiſir, & qui plus eſt ci-devant ſe ſont ingérés de fere metre & impouſer pluſieurs ſommes de deniers ſur noſdits ſubjects ſans noſtre proviſion contre la teneur de nos édicts & ordonnances pour s'avantaiger en leur deſir de fere leur proffit particulier de la compoſition pour l'advance qu'ils diſent fere, & pour la cueillette & recouvrement deſdictes impouſitions de deniers au détriment du peuple, ce que nous ſçavons bien provenir du deſfault de n'avoir eſté cydevant duëment pourveu par nos prédéceſſeurs & nous aux offices de recepveurs particuliers deſdites tailles, cruë, taillon & autres nos deniers tant ordinaires que extraordinaires ſur nos ſubjects contribuables pour la commodité de nos affaires en chacune élection & diocèſe de notredit pays de Languedoc, ainſin que faict a eſté de tout temps en tous les autres pays & provinces de ceſtuy noſtre royaulme, leſquels recepveurs particuliers ne pourront lever aulcunes ſommes de deniers en l'eſtendue de leurs réceptes particulieres & diocèſes deſdits pays, que celles impouſées & miſes ſus ſellon les aſſiettes ſur ce faictes en ſuyvant les commiſſions de nos commiſſaires qui ſeront députés & délégués pour préſider de par nous en l'aſſemblée des gens des troys-eſtats de noſtredit pays de Languedoc, par vertu de nos commiſſions, & en ſuyvant nos édicts & ordonnances faictes au soulaigement de nosdits subjects ; SÇAVOIR FAISONS que, après avoir mis en délibération ce que dessus, de l'advis de nostre très-honorée dame & mere, de nos très-chers & très-amés freres les ducs d'Anjou & d'Alençon & des pairs de nostre conseil, AVONS par édict perpétuel & irrévocable créé & érigé, créons & érigeons en tiltre d'office formé vingt-deux offices de recepveurs particuliers de nos tailles, ayde, octroy, crue, solde, taillon, emprunts & autres deniers tant ordinaires que extraordinaires & casuels que en vertu de nos commissions, mandements & ordonnances seront mis sus, impousés sur nos subjects contribuables à nosdites tailles, cruë, taillon & autres impousitions quelsconques pour estre & demeurer irrévocablement estables chacun en l'une des vingt-deux dioceses de nostredit pays & province de Languedoc tant en l'étenduë du plat pays que bas & hault Languedoc ressortissant ez deux receptes generalles de nos finances & bureaulx establis en nos villes de Tholose & Montpellier en ce comprins les dioceses du Puy, Mende & Viviers come estans du corps & ressort dudit pays de Languedoc, pour y estre dès à présent pourveu, & quant vaccation y escherra, de personnes suffisans & cappables, aux mêmes honneurs, autorités, priviléges, franchises, libertés, droicts & esmolumens ainsin que les autres nos recepveurs des tailles, cruë, solde & taillon cy-devant pourveus es autres provinces de nostre royaulme & aux gages d'ung soul tournois pour livre pour la levée & cueillette de nos deniers ordinaires, de l'ayde & octroy, cruë, taillon, & pour toutes autres impositions extraordinaires, solde, emprunts & deniers casuels semblablement à ladite raison lesquels gages & salaires avec les fraix nécessaires, rai-

sonnables & accoustumés pour l'assiette, despartement, cotisation & cueillette de nosdits deniers seront assis, impousés par les députés & délégués à impouser & despartir nosdits deniers en chacun diocese, ainsin & en la forme & maniere acostumés audit pays à prendre lesdits gaiges respectivement par lesdits recepveurs & par leurs mains du fonds de leurs receptes ainsin que soloyent & avoyent acostumé fere lesdits recepveurs électifs & annuels à la charge d'iceulx deniers pourter ou fere pourter & payer par lesdits recepveurs & chacun d'eulx respectivement à leurs frais & despens, sans aulcune charge sur nous ne sur le peuple par chacun quartier & terme au bureau de la recepte génerale du ressort, de laquelle seront nosdits recepveurs auxquels sera par le recepveur général de nos finances y establi expédié & fourny des quittances en bonne & due forme à la décharge de nosdits recepveurs, à la charge aussi qu'ils compteront deuëment & par chacune année de leur administration, à leurs propres coûts & dépens, sans aulcungs fraix sur nous ne sur le peuple, en la chambre de nos comptes dudit pays establie à Montpellier ainsin & en la maniere que soloyent fere lesdits recepveurs électifs & annuels, sauf & réservé quant aux droicts & épices des gens de nosdits comptes audit Montpellier, si aulcungs ils ont acostumé prendre cy-devant desdits recepveurs électifs & annuels, que voulons & entendons estre prins sur Nous & nos deniers ; & si durant chacune année intervenoict aulcunes comissions d'impouser deniers de nostre mandement & ordonnance ou pour nos affaires & service, il sera baillé estat par le général des finances de la charge à nosdits recepveurs pour en fere la levée & cueillette ensemble des gages & autres frais nécessaires, raisonnables &

B ij

accoustumés, suivant l'assiette & despartement qui en sera faicte par lesdits depputés & délégués en chacun diocese, ainsin que de nos autres deniers, & dont nosdits recepveurs pourvus par Nous en tiltre d'office, auront & prendront pour leursdits gages & salaires de la levée & cueillette à ladite raison d'ung soul pour livre comme aussy payeront semblablement iceulx nos deniers en la recepte générale où ils ressortiront aux temps & termes préfix & ordonnés pour la descharge du peuple lesquels recepveurs presteront le serment & seront reçus & instituês en leurs charges & estats par les trésoriers de France & généraulx de nos finances respectivement establis ès bureaulx de Tholose & Montpellier pardevant lesquels ils seront tenus bailler cautions suffisantes & solvables pour la valeur d'ung quartier de leurs receptes, dont les états seront mis ès mains desdits trésoriers & généraulx pour estre par eulx envoyés aux gens de nos comptes suyvant nos ordonnances. Sy donnons en mandement à nos amés & féaulx les gens de nos comptes à Montpellier, trésoriers de France & généraulx de nos finances en Languedoc & sur le faict de la justice de nos aydes audit Montpellier que ces présentes ils facent lire, publier & enregistrer, gardent, observent & entretiennent, facent garder, observer & entretenir chacun pour son regard de poinct en poinct sellon leur forme & teneur sans souffrir ni permettre qu'il y soit contrevenu ores ny pour l'advenir en quelque sorte & pour quelque cause & occasion que ce soit. Ains si aulcune chose estoyt faicte au contraire ils la repparent, facent repparer & remettre incontinent & sans dellay au premier estat & deu, nonobstant oppositions ou appellations quelsconques & sans préjudice d'icelles, pour lesquelles ne voulons estre différé en aulcune maniere, sans avoir esgard ne aulcunement s'arrester à aulcunes oppositions appellations ou remoustrances que prétendroyent sur ce fere les gens des troys Estats de nostredit pays de Languedoc ou leurs syndics & depputés lesquelles nous tenons pour faictes & entendons leur imposer silence perpétuel quant à ce. Voulons entendons & nous plaict, ce nonobstant, les présentes sortir leur plein & entier effect, & icelles estre leuës, publiées & enregistrées comme dict est pour ce regard sans attendre de Nous autre premiere seconde, ne plus ample & expresse jussion que ces présentes : Car tel est notre plaisir, nonobstant aussi nos ordonnances faictes sur ce faict & ordre de nosdites finances quelsconques, contracts d'accord ou composition faicte & qui pourroient avoir esté cy devant faictes par nos prédécesseurs avec les depputés dudit pays de Languedoc ou leurs syndics & délégués, à quoy nous avons pour les considérations susdites derrogé & derrogeons autant qu'ils pourroient estre contraires & non autrement à cestuy nostre présent édict, auquel afin que ce soit chose ferme & irrevocable nous avons faict mectre nostre sceel. Donné à Amboise au mois de Janvier l'an de grace mil cinq cent soixante-douze & de nostre regne le douziesme. *Ainsi signé* Charles *& sur le reply d'icelles est escript* par le Roy estant en son conseil, Fizes. Et scellées du grand sceel à cire verte à laqs de soye . . . . & vert.

Lues, publiées & enregistrées en la cour des aydes à Montpellier ouy & réquérant le procureur général du Roy en icelle, sans approbation de l'adresse à la cour mise après la chambre des comptes & généraulx des finances de Montpellier contre les édicts du Roy & arrest de son privé conseil, Fait audit Montpellier le septiesme jour de Mars mil cinq cent soixante-douze.

Sur la publication de certaines lettres-patentes & édict du Roy faict par Sa Majesté sur la création de vingt-deux recepveurs particuliers au pays de Languedoc, & sur ce ouy & entendu le dire & plainte tant du procureur général dudit sieur, que procureur du syndic du pays de Languedoc euë sur ce délibération, LA COUR dict que sans approbation de l'adresse pourtée par ledit édict, lesdites lettres leuës seront enregistrées ès registres de la cour, & sur le reply d'icelles seront mis ces mots : Luës, publiées & enregistrées en la cour des aydes à Montpellier. Ouy & requerant le procureur général dudit sieur en icelle, sans approbation de l'adresse de la cour mise après la chambre des comptes & généraulx des finances, sauf que le premier qui se vouldra ayder dudit édict la fera refformer & corryger en suyvant les édicts du Roy & arrest de son privé conseil & sera expédié acte au procureur dudit syndic du pays de Languedoc de son opposition pour laquelle il se retirera à Sadite Majesté, sy bon lui semble. FAIT à Montpellier le septieme jour de Mars mil cinq cent soixante-douze.

XI.

COMMISSION DE CHARLES IX,

Aux commissaires présidens pour lui aux Etats de Languedoc pour traiter du rachat des offices de recepveurs des tailles créés par l'édit du mois de Janvier 1572.

Du 15 Juillet 1572.

CHARLES, PAR LA GRACE DE DIEU, ROI DE FRANCE, A nos amés & féaulx les commissaires qui présideront de par Nous à la prochaine assemblée des gens des Estats de nostre pays de Languedoc. La nécessité en laquelle les troubles & guerres passées ensemble les debtes de nos prédécesseurs Roys nous ont réduicts nous a cy-devant contrainéts & contrainct chascun jour d'employer tous les moyens honnestes qui se présentent à faire finances par l'ayde desquelles nous puissions faire exécuter ce que requiert la conservation de nostre Estat, le repos de nos subjects & le restablissement de plusieurs choses corrompues par lesdits troubles : Estans advertis de plusieurs & grandes malversations & larrecins qui se commectent sur nos subjects dudit pays contribuables à nos tailles, par le mauvais office de ceulx qui sont commis par les depputés desdits Estats à la recepte des deniers de nosdites tailles & autres que nosdits subjects ont à contribuer chascun an, soubs coulleur de ce que lesdits commis doibvent faire advance de grande partie desdits deniers, Nous, desirans rédimer nosdits subjects de vexations & injure, aurions facilement presté l'oreille à plusieurs personnaiges de qualité & dignes de foy qui se sont présentés offrans faire faire ladite recepte avec moindre foulle de nosdits subjects, & en faire rendre les deniers en nos receptes générales respectivement pour semblable sallaire que celluy que lesdits commis prenoient, pourveu qu'il nous pleust establir des officiers qui eussent le serment à nous, en quoi faisant, oultre ce que nosdits subjects demeureront grandement soullagés, nous pourrions estre secourus en nosdites affaires d'une bonne somme de deniers en la vente desdits offices, de maniere que, après avoir eu sur ce l'advis de nostre conseil, nous aurions ordonné & commandé l'estat des officiers nécessaires à l'administration des finances dudit pays, conformément à ce quy en est estably par les autres provinces de nostre royaulme, & par édict les aurions créés en tiltre formés pour y estre pour lors cy advant par nous pourveu de gens capables, & cy après quant vaccation y escherroit, la taxe desquels offices faicte sur le prix de dix deniers pour ung sur les moindres gaiges que lesdits commis par lesdits gens des estats ayent reçeu depuis dix ans se trouvant revenir à la somme de deux cent cinquante mille livres tournois & plus, nous en aurions faict estat pour nous en servir au payement des parties pressées & contrainctes concernant les estrangers qui nous ont faict service esdites guerres dernieres. Toutesfois nous auroict despuis esté remonstré par les depputés desdits Estats que tant s'en falloit que cest establissement d'officiers apportast soullagement à nosdits subjects que au contraire ils en seroient doublement foullés, tant pour le mauvais debvoir que font journellement partout nostre royaulme les sergens qui vont à l'avancement de nos deniers que par la nécessité qu'ils auroient d'estre contraincts de payer par chacun quartier sans estre attendeus au temps de leurs récoltes & commodités comme ils font aujourd'huy, & que ores qu'il y eust quelque occasion d'establir lesdits officiers pour les causes susdites, Nous estions néantmoings obligés par contract faict avec ledit pays par nostre très-honoré seigneur & pere, moyennant grosse finance pour ce payée, de ne y mectre aucun officier de ceste qualité, & que d'ailleurs par lesdits privilleges dudit pays lesquels nous avons confirmés, nous ne le pouvons aucunement faire, ne pouvant au surplus doubter de la prompte & obéissante volonté de nosdits subjects, lesquels, comme ils ont de tout temps faict, se mectroient tousjours en tout debvoir de nous secourir de leurs biens, moyens & facultés quant nous les en vouldrions faire réquérir pour subvenir à nosdites affaires pourveu qu'il nous plaise révocquer ledit édict & ne les charger desdits officiers dont lesdits depputés nous requierent très-humblement tant pour le soullagement de nosdits subjects & avancement de nosdits officiers que pour la conservation de tout ce pays & ses priviléges lesquels auroient esté octroyés audit pays en recognoissance de ce que liberallement & de sa franche volounté il s'estoit soubmis & assubjecty à ceste nostre couronne. Nous après avoir sur ce bien particulierement & meurement délibéré, avec la Royne nostre très-honorée dame & mere, nos très-chers & très-amés freres princes de nostre sang & gens de nostre conseil, de leur advis, & ayant esgard aux remonstrances desdits depputés, avons ordonné & ordonnons, actendu l'estat ja par Nous faict des deniers qui avoient à provenir de la vente desdits offices, pour despences si contrainctes & pressées, qu'il n'est possible les éviter ne y satisfaire par autres moyens, que nosdits subjects seront requis de nous ayder & secourir entre cy & le premier jour d'Octobre prochain, de la somme de six vingts mil livres, pendant lequel temps l'exécution dudit édict surcerra, & laquelle nous avons pour cet effect sursise & suspendue, pour icelluy temps passé, & au cas que nosdits subjects satisfacent au payement de ladicte somme dans ledit premier jour d'Octobre prochain, & non autrement, demeure icelluy édict cassé, révocqué & annullé, & les Estats & offices par icelluy créés, supprimés, estaincts & abolis, tant pour le regard des offices de receveurs & controlleurs de nosdites tailles, que esleus & procureurs en chacune ellection. Voullons & vous mandons que vous apparoissant dudit payement, vous en passiez à nosdits subjects & en nostre nom tous contracts, provisions & seuretés dont vous serés par eulx requis, promectant en bonne foy & parolle de Roy avoir pour agréable, ferme & stable tout ce que par vous audit cas sera faict, convenu & accordé, & en faire audit cas, expédier toutes les ratifications, validations & seuretés qui pour ce seront requises & nécessaires à nosdits subjects, à l'effect de quoi, & pour en estre plus promptement certiorés & satisfaicts, & aussi pour éviter la despence que nosdits subjects auroient à porter pour double assemblée d'Estats, Nous voulons & entendons, vous mandons & enjoignons très-expressément que vous fassiés assembler lesdits Estats dans le premier jour de Septembre prochain, tant pour nous respondre & satisfaire sur le payement de ladite somme de six vingts mil livres, que pour tout ce qui concerne leurs affaires & nos finances pour l'année prochaine. De ce faire vous avons donné & donnons plain pouvoir, puissance, autorité, commission & mandement spécial par ces présentes, mêmes aux depputés desdits Estats, d'imposer, fere cueillir & recepvoir ladite somme de six vingts mil livres sur nosdits subjects, par les voyes accoustumées en nos affaires, le plus justement & à la moindre foulle des contribuables que faire se pourra, nécessaires tant seullement, esquels frais nous entendons estre compris l'intérest que nosdits subjects auront à porter pour le payement par advanse de ladite somme de six vingt mil livres, franche & quicte ez mains des recepveurs généraulx de nos finances, establis à Tholose & Montpellier respectivement dans ledit premier jour d'Octobre prochain, auquel cas seullement & non aultrement, Nous entendons ledit édict de création d'officiers demeurer révocqué, cassé & annullé, & les offices par icelluy créés, supprimés, estaincts & abolis, comme dict est cy devant. Mandons &, commandons à tous nos justiciers, officiers & subjects que à vous & auxdits depputés, ce faisant, obéissent, prestent & donnent conseil, confort, ayde & prisons, si mestier est, nonobstant oppositions ou appellations quelconques, & sans préjudice d'icelles, pour lesquelles nous ne voulons estre différé, & dont nous avons retenu & reservé, retenons & reservons la cognoissance à Nous & notre conseil privé, & icelle interdicte & deffendue, interdisons & deffendons à tous autres juges; Car tel est nostre plaisir. Donné à Paris le quinzieme jour de Juillet, l'an de grace mil cinq cent soixante-douze, & de nostre regne le douzieme. Par le Roy en son conseil.

POTIER, *signé*.

XII.

EXTRAIT du registre des délibérations des Etats généraux de Languedoc, assemblés par mandement du Roi, en la ville de Montpellier, au mois de Janvier 1574.

Du Vendredi 22 du mois de Janvier, président Mgr. l'évêque de Castres.

PRÉVOYANS la foulle & oppression que seroit aux pouvres habitans du païs si l'edit d'erection des vingt-deux receveurs particuliers sortoit à effect par le mauvais traictement qu'aucunes des dioceses où lesdits receveurs sont jà installés reçoivent, oultre la surcharge des gaiges excessifs que leur sont ordonnés sur ledit païs & les douze deniers pour livre qu'ils veulent prendre pour la levée des deniers extraordinaires, ce qu'auparavant on faisoit pour la moitié moings & si le peuple n'estoit vexé ne molesté par rigoureuses executions comme il sera & les deniers du Roy retardés. A CESTE

CAUSE A ESTÉ DESLIBERÉ continuer de dilligemment pourfuivre par ceulx qui feront depputtés pour aller en cour, la revocation generalle de l'erection defdits vingt-deux recepveurs & notamment des diocezes où lefdits recepveurs ne font inftallés ; & où Sadite Majefté ne vouldroit entendre à préfent à ladite fupreffion, ordonner que par le decès de ceulx qui en font pourveuz lefdits offices demeurent eftainctz & fupprimés & ledict païs remis en fa premiere liberté de pouvoir eflire receveurs annuellement comme il faifoit auparavant ladite erection, & neantmoings que chacune defdites diocezes aye le choix & obtion en remboursant celui ou ceulx qui feroient pourvus defdits offices de ce que veritablement ils auroient financé, de pouvoir jouir de femblables gaiges que font ordonnés aufdits receveurs, à la charge que lefdits diocezes pourroient nommer & commettre celluy que fera la condition meilleure fuivant les anciennes libertés & privilleges dudit païs.

XIII.
LETTRES,

Portant que les receveurs nouvellement créés ne peuvent avoir maniement, adminiftration ni charge d'autres deniers que de ceux qui doivent entrer dans les recettes générales.

Du 9 Janvier 1575.

HENRY, par la GRACE DE DIEU, ROI DE FRANCE ET DE POLOIGNE, A nous amez & feaulx les gens tenans la cour de parlement feeant à Tholofe, cour des aydes, chambre des comptes de Languedoc, feneschaulx dudit pays ou leurs lieutenans en chefcungs d'eulx, SALUT. Les gens des troys-eftats dudit pays de Languedoc nous ont faict remonftrer par Me. Guillaume de Sainct-Jean, docteur ez droicts leur depputé & fyndic general, que fur les dolleances préfantées en noftre confeil privé au moys de Janvier dernier, leur aurions permis pour la néceffité de la guerre & des autres affaires comungs d'impofer & faire lever par leurs depputés & en la forme accouftumée les deniers quy font néceffaires pour l'entretenement des garnifons & armées, & que le compte en feroict rendeu pardevant iceulx depputés avec lefquels nous ferions acifter aucung de nous officiers affin qu'il n'y feuft commis aulcune fraude, abus ny malverfation, & pour faciliter la forme de ladite levée des deniers, aurions expreffement déclaré que les recepveurs nouvellemant créés en tiltre d'office en chafcune diocefe n'auroient charge ny maniement finon des deniers qui doibvent entrer en nous receptes génerales remectans par ce moien à la difcretion des diocefes commettre & depputer perfonne capable & fuffifant pour faire la recepte & maniement des autres deniers, neanmoings lefdits recepveurs foubs prétexte de quelque déclaration qu'ils difent avoir, veullent avec nos deniers avoir l'adminiftration de ceulx dudit pays levés & empromptés pour la garde & confervation des autres affaires comungs d'icelluy pays foubs prétexte que font deniers extraordinaires contre le contenu de noftre dicte ordonnance dudit moys de Janvier, nous fuppliant les faire jouir de l'effaict d'icelle pour leur folagement affin qu'ils puiffent plus comodement treuver argent à preft ou autrement pour fe maintenir à noftre obeiffance, ce que leur feroict de tout autrement impoffible, joinct que pour la levée d'iceulx ils ont

ont beaucoup meilleure comodité de leurs commis & depputés que defdits recepveurs quy les veullent conftraindre paier ung foul pour livre, fans toutesfois leur vouloir rien prefter, avancer ny accorder, foict-il par acquittement des debtes que aux defpans qu'ils font conftraincts faire pour la neceffité, en temps qu'eft ung intereft inneftimable aux expoufans & tres-évident danger de perdre ledit pays. Nous a ces causes, n'ayans rien plus cher que l'entretenement & confervation de nos villes en noftre obeiffance, pour la garde defquelles les expoufans ont employé & emploient leurs perfonnes & biens, defirans les maintenir en cefte bonne & droicte intention qu'ils ont pour noftre fervice, veu le bon devoir qu'ils ont tousjours faict & continuent faire, & le danger qu'il adviendroift pour la ceffation d'icelluy comme nous avons expriment en plufieurs villes n'agueres diftraictes de noftre obeiffance pour la negligeance de la mauvaife garde que les habitans y faifoienct, DE L'ADVIS de noftre confeil qui a veu noftre dicte ordonnance dudit neufvieme de Janvier donnée fur lefdites remonftrances, AVONS fuyvant icelle declairé & declairons que nous n'avons entendeu & n'entendons que lefdits recepveurs nouvellement créés en chefcune diocefe ayent aulcung maniement, adminiftration ny charge des deniers quy ont efté & feront levés audit pays en chefcune diocefe d'icelluy, foict pour le faict de la guerre, confervation dudit païs, garde des villes ou autrement, en quelque maniere que ce foict, finon de ceulx tant feullement que doibvent entrer en nous receptes generalles, fuyvant noftre dicte ordonnance laquelle nous voullons avoyr lieu & fourtir fon effect pour la comodité, bien & foulagement de nofdits fubjects, quelque provifion, ou declaration que lefdits recepveurs ou aulcung d'eulx puiffent avoyr obtenu ou obtenir au contraire, lefquelles nous avons revocqué & revocquons, enfemble la verification d'icelles & tout ce que s'en eft enfuivy, fans que vous puiffiés avoyr aulcung efgard ny lefdits recepveurs s'en ayder ny fervir pour ceft effect, permectans aulx expofans pour la neceffité d'impofer & faire levée de deniers quy fera neceffaire pour l'entretenement defdites garnifons & armées par leurs depputés en la forme accouftumée, & que les comptes s'en rendront pardevant les depputés que feront advifés par les Eftats avec lefquels nous ferons acifter aulcung de nous officiers que à ces fins nous commettrons pour empecher qu'il n'y foict commis aulcung abus & fans pour ceft effect eftre paié aulcung falaire auxdits officiers. VOUS MANDONS & commandons faire enrégiftrer fes prefantes, & le conteneu d'icelles tenir, garder & obferver, fans fouffrir y eftre contreveneu en quelque maniere que ce foict: CAR tel eft noftre plaizir, nonobftant quelques ordonnances & lettres à ce contraires; & pour ce que des prefantes en pourra avoir à faire en plufieurs & divers lieux. Vollons qu'au *Vidimus* dicelles, deuement collationné & figné par l'ung de nous amés & feaulx notaires & fecretaires foy foict adjouftée comme au préfent original. DONNÉ à Avignon le neufvieme jour de Janvier l'an de grace mil cinq cens foixante & quinze & de noftre regne le premier. Par le Roi en fon confeil.

DE NEUFVILLE, *figné*.

XIV.
LETTRES,

Portant que la chambre des comptes ne connoîtra que des comptes des deniers payables à la recette générale des finances.

Du 7 Décembre 1581.

HENRI, PAR LA GRACE DE DIEU, ROI DE FRANCE ET DE POLOIGNE : A nos amés & féaux les gens de nos comptes à Montpellier, SALUT. Nos chers & bien-amés les manans & habitans du diocèze de Thoulouse nous ont fait remonstrer que notredite chambre des comptes établie audit Montpellier, par son institution & establissement, n'a aucugne cognoissance des deniers extraordinaires qui s'imposent audit païs de Languedoc : Aussi lui est-elle interdite par les privilèges accordés à icelui confirmés par infinis arrests, toutesfois despuis quelque tems vous vous efforcés faire compter pardevant vous, non-seulement les recepveurs electifs dudit païs, mais encores les syndics pour les fraix & affaires du païs & en oultre rayés les parties desdits fraix qui s'ordonnent aux assistans ez assiettes & assemblées des Estats particuliers pour leurs salaires & vaccations, ce que met en très-grande confusion les affaires dudit païs qui demeure obligé de rellepver indemnes les recepveurs, syndics & autres qui se trouvent ezdites assiettes, & par ce moyen lesdites radiations tournent au préjudice du peuple, refroidissant & retirant un chacun de s'entremettre des affaires publiques ; & d'aultant qu'au lieu d'estre récompensés pour avoir travaillé pour le peuple, ils sont vexés par le moyen de telles radiations, ils nous ont supplyé, attendu mesme qu'oultre lesdits privileiges & arrests, par lettres patentes de l'an 1535 obtenuës de feu notre très-honoré sieur & ayeul que Dieu absolve, la congnoissance des comptes desdits deniers vous feust interditte en conséquence desdits privileiges, notre plaizir feust vous interdire derechef toute cognoissance du faict desdits comptes, & neantmoings restablir les parties qui sont rayées au comptable desdits diocèses des années LXXIII, LXXIV, LXXV & autres de semblable qualité contenuës ès extraits desdits comptes, attendu que les syndics y desnommés ont compté de ce qu'ils ont reçeu devant les depputés dudit païs, suivant les coustumes, & qu'ils en ont leurs quittances avec relief dudit païs. Nous, de l'advis de notre conseil qui a vû lesdites remonstrances, & voullant pourvoir sur ce auxdits supplians & les faire jouir de leursdits privileiges en considération de la fidele obeissance qu'ils ont tousjours porté au bien de notre service tesmoigné par tous debvoirs de bons & fidelles subjects, AVONS ORDONNÉ & ORDONNONS que les comptes des deniers provenans de l'aide & octroy & autres qui pourroient estre levés par nous & payables en la recepte généralle de nos finances seront rendus pardevant Vous ; & pour le regard des comptes des autres deniers qui seront levés pour les affaires du païs, les comptes en seront rendus pardevant les depputés des Estats d'icelluy ainsin qu'ils ont accoustumé, ensuivant les privileiges accordés aux habitans d'icelluy païs, sans que vous en puissiés prendre court ne cognoissance, laquelle derechef nous vous avons interditte & deffenduë, interdisons & deffendons par ces présentes imposant sillence sur ce à notre procureur général, lesquelles interdictions vous seront faictes & signifiées par notre huisfier ou fergent premier fur ce requis en vertu de la coppie de ces préfentes duement collationnée, fans qu'il foit tenu demander aucugne permiſſion, placet, viſa, ny pareatis : CAR tel eſt notre plaiſir, nonobſtant quelconques ordonnances, deffenſes & lettres à ce contraires. DONNÉ à Paris le feptieme jour de Décembre, l'an de grace mil cinq cent quatre-vingt-un, & de notre regne le huitieme. Par le Roi en fon conſeil. *Signé*, DOLU.

XV.

AUTRES SUR LE MÊME SUJET,

Du 21 Avril 1583.

HENRI, PAR LA GRACE DE DIEU, ROI DE FRANCE ET DE POLOGNE : A nos amés & féaux les gens de nos comptes à Montpellier, préſidens & tréſoriers généraux de nos finances en notre païs de Languedoc établis à SALUT. Nos bien-amés les manans & habitans du dioceſe du Puy nous ont fait remontrer que par leurs privilèges eſt expreſſément porté qu'ils ne ſont tenus de faire aucun état pardevant vous, ni rendre aucun compte des deniers ordinaires qui s'impoſent audit païs vous étant très-expreſſément interdit & défendu d'en prendre aucune connoiſſance tant ſuivant leſdits privilèges à eux accordés, que déclarations & arrêts ſur ce intervenus ; toutefois depuis quelque temps vous vous efforcez faire rendre compte d'iceux, non-ſeulement leſdits receveurs électifs dudit païs, mais encore les ſyndics, pour les fraix & affaires d'icelui païs, & en outre rayés pluſieurs parties qui s'ordonnent aux aſſiſtans ez aſſemblées des Etats particuliers pour leurs vacations & ſalaires, ce qui met en très-grande confuſion les affaires dudit païs qui demeure obligé de tenir indemnes les receveurs ſyndics & autres qui ſe trouvent ezdites affaires, & par ce moyen leſdites radiations tournent au préjudice du peuple, refroidiſſant & retirant un chacun de s'entremettre des affaires publiques : Et d'autant que au lieu d'avoir quelque récompenſe pour avoir travaillé pour le public ils ſe voyent vexés par le moyen de telles radiations, & voullant les relever deſdites peines & les maintenir en leurſdits privilèges, & pour ne point préjudicier à l'ancien ordre qu'ils ont accoutumé d'uſer, & attendu que ſur leurs remontrances par pluſieurs arrêts donnés en notredit conſeil, même le 7 Décembre 1581, Nous avons ordonné que les comptes des deniers levés pour les affaires dudit païs ſeroient rendus pardevant les députés des Etats d'icelui, & interdit toute connoiſſance à vous, gens des comptes, laquelle défenſe s'étend à l'endroit de vous tréſoriers généraux au moyen de l'attribution à vous faite de la radiation des comptes des deniers communs & d'octroi des villes diſtraites du pouvoir de noſdites gens des comptes, auſſi que ladite attribution ne pourra avoir lieu pour ce regard, d'autant que ce ſont deniers extraordinaires pour les affaires dudit païs, A CES CAUSES, de l'avis de notre conſeil & conformément à notredit arrêt & lettres patentes dont la copie eſt ci-attachée AVONS DIT, & déclaré & ordonné, diſons, déclarons & ordonnons que leſdits habitans du dioceſe du Puy ne ſeront tenus compter pardevant vous deſdits deniers extraordinaires qui ont été & ſeront levés audit païs pour les affaires d'icelui dont nous les avons déchargés & déchargeons par ces préſentes, ſuivant la réponſe faite pour ce regard ſur le cahier de notredit païs de Languedoc, dont l'extrait eſt ci-attaché, vous

C ij

défendant très-expressément de vous entremettre du fait desdits comptes aucunement, sur peine de nullité & de tous dépens, dommages & intérêts lesquelles défenses vous seront signifiées par notre huissier ou sergent premier sur ce requis en vertu de la copie de ces présentes duement collationnée, sans qu'il soit tenu demander aucune permission, placet, visa ni paréatis : Car tel est notre plaisir, nonobstant l'édit d'établissemens des bureaux des généralités duquel nous avons excepté & réservé lesdits supplians & quelconques autres; ordonnances, mandemens, défenses & lettres à ce contraires, à icelles nous avons dérogé & dérogeons par cesdites présentes. Donné à Paris le vingt-unieme jour d'Avril, l'an de grace mil cinq cent quatre-vingt-trois, & de notre regne le neuvieme. Par le Roi en son conseil. Lascot, *ainsi signé, & scellés du sceau de Sadite Majesté.*

XVI.

AUTRES SUR LE MÊME SUJET,

Du 12 Décembre 1584.

Henri, par la grace de Dieu, Roi de France et de Poloigne : Au premier notre huissier ou sergent sur ce requis, Salut. Le syndic du diocèze du Puy & païs de Vellay nous a faict remonstrer que par lettres-patentes du 21 Avril 1583, nous aurions déclaré les habitans dudit diocèze n'estre tenus compter en notre chambre des comptes à Montpellier des deniers communs & extraordinaires qui ont esté & seront levés audit païs pour les affaires d'icelui, & iceux chargés de ce faire suivant la responce faicte sur le cahier du païs de Languedoc le 5 Juin 1581, fondée sur les privilleiges dudit païs & déclaration particuliere du feu notre très-honoré sieur & ayeul le Roi François, avec deffenses auxdits gens des comptes de s'entremettre aulcunement du faict desdits comptes, sur peyne de nullité & de tous despens, dommaiges & intherests, comme il est plus à plain porté par lesdites lettres qui auroient esté signiffiées à notre procureur général en ladite chambre, laquelle n'auroit voulu permettre qu'aulcune signification lui en feust faicte, de sorte que l'exposant auroit présenté requeste au sieur de Chastillon, commandant en ladite ville de Montpellier, aux fins d'ordonner au premier huissier ou sergent d'exécuter lesdites lettres, ce que n'auroit voulu permettre, attendu que n'étoit de sa cognoissance, & cependant iceux gens des comptes continuent de poursuivre, vexer & travailler les receveurs particuliers pour rendre compte devant eux desdits deniers extraordinaires, & comme encor qu'ils en ayent esté deschargés par ledit diocèze, le tout au préjudice des inhibitions & deffenses portées par nosdites lettres que est directement contrevenir à nos voulloir & intention, Nous suppliant & requérant très-humblement ledit exposant lui voulloir sur ce pourvoir. A ces causes, desirant subvenir en cest endroict audit exposant, après avoir faict voir en notre conseil d'Estat tant la copie de nosdites lettres patentes dudit 21 Avril 1583, extrait du cahier, déclaration de notredit feu sieur & ayeul le Roi François, requeste présentée audit sieur de Chastillon & exploit de signification de nosdites lettres à notredit procureur général, le tout ci-attaché soubs le contre-scel de notre chancellerie, de l'advis de notre conseil, te mandons & enjoignons par ces présentes que à la requeste de l'exposant tu signiffies aux gens de nosdits comptes à Montpellier, que nous leur avons derechef très-expressément inhibé & deffendu & inhibons & deffendons de eulx entremettre en quelque maniere que ce soict du faict desdits comptes, ni pour raison de ce mollester ni travailler lesdits receveurs ni autres sur les mesmes peynes, ainsin qu'il est porté par nosdites lettres, & en cas de reffus assigner notredit procureur général en ladite chambre des comptes, à comparoir pardevant Nous & en notredit conseil d'Estat à certain & competent jour pour se voir faire plus amples défenses, & autrement procéder sur la contrevention desdites inhibitions & déclaration d'icelles peines, ainsi que nous verrons estre à faire par raison : CAR tel est notre plaisir. De ce faire te donnons pouvoir, authorité & mandement especial. Mandons & commandons à tous nos justiciers, officiers & subjects que à toi, sans que pour ce tu sois tenu demander aulcung congé, permission, placet, visa ne pareatis, & ce faisant soict obei, nonobstant quelconques privileges & coustumes du païs, ordonnances, restrinctions, mandements, défenses, & autres à ce contraires, à quoi & aux dérogatoires des dérogatoires y contenuës nous avons desrogé & desrogeons par ces présentes. Et parce que d'icelles l'on pourra avoir à faire en plusieurs & divers lieux, nous voullons qu'au *Vidimus* collationné par l'ung de nos amés & feaux conseillers notaires & secretaires foi soit adjoustée comme au présent original, & tous exploits & significations faicts en vertu dudit *Vidimus* avoir telle force & vertu, comme s'ils avoient esté faicts sur ledit original. DONNÉ à Saint-Germain-en-Laye, le douziesme jour de Décembre mil cinq cens quatre-vingts-quatre & de notre regne le unzieme. Par le Roi en son conseil, AUDET, *signé*. Scellées à simple queue du grand sceau de cire jaune.

XVII.

EXTRAIT du registre des délibérations des Etats généraux de Languedoc, assemblés par mandement du Roi, en la ville de Beziers, au mois de Juillet 1585.

Du Samedi 13 dudit mois de Juillet, président Mgr. l'évêque de Montpellier.

LEs habitans du pays se trouvant plus pressés par les receveurs des dioceses pourveux en tiltre d'office que n'estoient cy devant par les receveurs electifs, desquels ils ne recepvoient que sollaigement, & si pour cela les deniers de Sa Majesté ne sont si promptement ne seurement rendus en la recepte comme estoient & sont encor par lesdits recepveurs electifs, outre ce que lesdits recepveurs en tiltre d'office pranent beaucoup plus grands gaiges, soit pour les deniers ordinaires qu'extraordinaires que n'ont jamais faict lesdits electifs ; qu'est cause que les Estats ont résolu que Sa Majesté sera humblement suppliée de supprimer lesdits recepveurs pourveus en tiltre d'office, & remettre ledit pays en ses premieres libertés d'en pouvoir eslire, faisant la condition dudit pays meilleure, suivant leurs privillieges, & qu'aux dioceses où lesdits receveurs ne sont encor'establis, que son bon plaisir soit de n'y volloir prouvoir & révoquer les provisions qui pourroient avoir esté expédiées, & aussi supprimer les controlleurs que sont inutils, n'apportant que surcharge, révoquant leur nouvelle érection, & qu'il seroit enjoinct aux scindics dudit pays d'assister aux oppositions que les dioceses de Castres, Rieux, & autres ont formé pour empescher la reception des receveurs anciens & alternatifs auxdits dioceses, & faire les poursuites au nom dudit pays.

Encores que les gaiges desdits recepveurs en tiltre d'office soient excessifs mesme de celui de Beziers qui sont de seize cents livres par an pour les deniers ordinaires, toutes fois pour surcharger d'aultant le peuple, il auroit obtenu provision du Roy par surprinse & faulx donner à entendre, par laquelle il prétend exhiger, outre sesdits gaiges, ung sol pour livre des deniers des fraix des Etats, gratiffications & autres dépances ordinaires dudit diocese de Beziers, bien que soient deniers ordinairement imposés avec les deniers de l'aide & octroy, & par mesmes commissions, & qu'il ne se trouvera qu'aulqu'ung recepveur aye prins pour raison d'iceulx deniers autre chose que ses gaiges ordinaires, qu'est cause, & pour obvier à la conséquence, que les Estats ont commis M. Ratté, les consuls de Montpellier & Beziers avecq les sindics Vignals & de Bardichon, pour le remonstrer à M. Marion, trésorier général de France, & le prier de ne vériffier ladite provision, enjoignant auxdits sindics de s'y opposer & l'empescher, & néantmoings que par celluy qui sera dépesché en cour, sera obtenue révoccation de ladite provision.

XVIII.

Extrait du regiftre des délibérations des Etats généraux de Languedoc, affemblés par mandement du Roi, en la ville de Beziers, au mois de Septembre 1589.

Du Samedi 7 Octobre suivant, président Mgr. l'évêque de Nimes.

A esté faict plainte aux Estats de ce que les recepveurs particuliers de ce pays de Languedoc que se disent anciens & alternatifs, ayant esté depuis quelques années seulement de nouveau créés & érigés contre la volonté expresse dudit pays, & à la grande foulle & oppression d'icelluy, & que oultre les indues vexations que aulcungz d'iceulx font, ils ont de grands & excessifs gaiges pour faire leurs receptes, néantmoings il est notoire que pour espargner la peine qu'ils sont tenus de prendre & faire pour la levée des deniers à eulx commise, ils baillent des rescriptions, assignations & transports aux capitaines, soldats & autres assignés sur les deniers de leurs receptes, pour en recevoir payement des collecteurs de leur charge, au lieu de satisfaire & payer lesdites assignations en deniers comptans, au moyen de quoy s'en ensuivent plusieurs rigoureuses extorssions & abusives exécutions, tant sur les personnes desdits collecteurs & autres particuliers, que sur leur bestail, & le plus souvent avec voye de faict, tellement que lesdits collecteurs & particuliers demeurent, par ce moyen, ruinés & accablés, & les susdits recepveurs, sans aulcune peine, travail & despense, emportent de clair & net leurs gaiges, & pour faire cesser tels abus & malversations, & pourvoir au soullaigement du pauvre peuple, a esté conclud de faire supplication à sa grandeur (M. le duc de Montmorency, lieutenant général pour le Roi en Languedoc), de faire très-expresses deffenses auxdits recepveurs de par cy-après, à peine de privation de leurs offices, faire lesdits transports, commettre & subroger lesdits capitaines, & autres personnes assignées sur leursdites receptes à lever & exiger les deniers d'icelles, avec injonction aux sindics généraux & particuliers des dioceses dudit pays, de, chacung en sa charge & distroict, faire informer des indues exactions dénoncées contre lesdits recepveurs, pour estre procédé contre eulx par authorité de justice, ainsin qu'il appartiendra, sans préjudice de la poursuitte & suppression desdits offices.

XIX.

EXTRAIT *du regiſtre des délibérations des Etats généraux de Languedoc, aſſemblés, par mandement du Roi, en la ville de Beziers, au mois de Septembre* 1589.

Du Samedi 7 Octobre ſuivant, préſident Mgr. l'évêque de Nimes.

A Eſté faict plaincte aux Eſtats, de ce que les receveurs particuliers des dioceſes de ce pays, contre la teneur des inſtructions de MM. les commiſſaires préſidents pour le Roi en l'aſſemblée deſdits Eſtats & arreſt de la cour des aides de Montpellier, dreſſent leurs conſtrainctes & exécutions contre les particuliers des villes & juriſdictions dudit pays, pour l'entiere cotte d'icelles, ſans avoir au préalable faict diſcuter les collecteurs, leurs pleiges, cautions & nominateurs conſuls, ſindicz & depputés des lieux où l'impoſition a eſté faicte, au moyen de quoi les pauvres ſubjects du Roi ſont grandement intéreſſés, pour à quoi obvier, a eſté conclud que les ſindics généraux de ce pays, & auſſy ceulx des dioceſes d'icelluy, requeront chacung en ſon diſtroit les juges des lieux qu'ils ayent à faire garder & obſerver leſdites inſtructions & arreſts ; & où il y auroit aulcune contravention, leſdits ſcindics aciſteront aux intéreſſés.

XX.

EXTRAIT *du regiſtre des délibérations des Etats généraux de Languedoc, aſſemblés par mandement du Roi en la ville de Beziers, au mois de Septembre* 1589.

Du Vendredi 13 Octobre ſuivant, préſiden Mgr. l'évêque de Montpellier.

LE depputé de la ville du Puy a dict avoir charge expreſſe des conſuls & habitans de ladite ville, de remonſtrer à l'aſſemblée que contre l'ancienne couſtume & ſtatuts des Eſtats, Me. Anthoine de Roqueplan recepveur particulier du dioceſe du Puy faict la recepte des deniers de ſa charge hors ladite ville, au grand préjudice & intéreſts, non-ſullement des habitans d'icelle, mais auſſy des autres habitans dudit dioceſe, le tout ſans approbation dudit office, & préjudice de la ſuppreſſion d'icelluy cy-devant requiſe, à cauſe d'infinies plainctes faictes par aulcungz particuliers collecteurs des exactions indues & extraordinaires qui ſe font à la levée deſdits deniers ; d'ailleurs, ledit Roqueplan ayant faict recepte de grandes ſommes de deniers impoſés pour les affaires communes dudict dioceſe, deſquels eſt tenu rendre compte aux Eſtats particuliers dudict dioceſe, ce qu'il a deſdaigné & refuſé faire, requérant que par MM. des Eſtats ſoict ordonné qu'il en ſera faicte remonſtration & remonſtrance à Sa Grandeur, affin d'y pourvoir de remede & proviſion convenable. SUR QUOI, a eſté conclud qu'il en ſera faicte remonſtrance à Sa Grandeur au nom du pays, & les ſcindics d'icelluy.

XXI.

EXTRAIT *du regiſtre des délibérations des Etats généraux de Languedoc, aſſemblés par mandement du Roi en la ville de Pezenas, au mois de Février* 1591.

Du Vendredi 1 Mars ſuivant, préſident Mgr. l'évêque de Montpellier.

L'ASSEMBLÉE a ordonné que MM. les commiſſaires ſeront ſupliés de donner pareille ordonnance que celles de l'année passée, contenant permission aux dioceses de ce pays, de pouvoir bailler les assiettes extraordinaires à ceulx qui fairont la condition meilleure, sans avoir égard aux provisions particulieres obtenues par les receveurs prouveux en tiltre d'office par le Roy, & en cas d'empeschement que le sindic du pays prendra le faict & deffence.

cepveurs particuliers desdicts dioceses, & cependant où ladicte chambre, au préjudice des privileges dudict pays, vouldroict passer oultre, que les dioceses résisteront & s'y opposeront journellement, enjoignant au scindic dudict pays à ces fins leur acister où ils en seront requis.

XXII.

EXTRAIT du registre des délibérations des Etats généraux de Languedoc, assemblés par mandement du Roi, en la ville de Pezenas, au mois de Février 1591.

Du Vendredi 1 Mars suivant, président Mgr. l'évêque de Montpellier.

DE tout temps les dioceses de ce pays sont en liberté de compter de leurs deniers commungz extraordinaires pardevant les commissaires & depputés desdicts dioceses seulement, sans estre tenus de compter pour raison desdicts deniers, en la chambre des comptes à Montpellier, duquel privillege & liberté le pays a tousjours joui ; toutesfois ladite chambre des comptes s'esforce ordinairement à faire bresche auxdicts privilleges, & constraindre les recepveurs particuliers desdicts dioceses à compter pardevant eulx desdicts deniers extraordinaires : SUR QUOI, a esté délibéré & conclud par ladicte assemblée qu'en suivant les délibérations cy-devant prinses, Sa Majesté sera suppliée par le cayer des doléances que lui sera présenté de la part dudict pays, de le voulloir maintenir en sesdicts privilleges ; & ce faisant ordonner que inhibitions & deffences seront faictes à ladicte chambre de ne prendre cognoissance desdits comptes extraordinaires, ny pour raison d'iceulx user d'aulcune constraincte contre les re-

XXIII.

EXTRAIT du registre des délibérations des Etats généraux de Languedoc, assemblés par mandement du Roi, en la ville de Montagnac, aux mois de Novembre & Décembre 1591.

Du 28 Novembre 1591, président Mgr. l'évesque de Montpellier.

NONOBSTANT que le pays soit en liberté de compter de leurs deniers commungz & extraordinaires pardevant les commissaires & depputés des dioceses seullement, si est ce que MM. de la chambre des comptes de Montpellier s'esforcent & veullent constraindre de faire compter les recepveurs de ce pays desdits deniers, nonobstant les délibérations cy-devant prinses, & provisions obtenues, faisant inhibitions & deffances à ladite chambre de cognoistre desdicts deniers : SUR QUOI, auroict esté conclud & arresté que, attendu la responce du cayer présenté à Sa Majesté, & réitérant la délibération sur ce prinse en la derniere assemblée, qu'il en sera faict article au cayer présenté à Sa Grandeur, à ce que son bon plaisir soict maintenir le pays en ses privilleges, & en ce faisant, ordonner que inhibitions & deffances seront faictes à ladite chambre de ne prendre cognoissance desdits comptes extraordinaires, ni pour raison d'iceulx user d'aulcune constraincte contre les recepveurs particuliers desdits dioceses, ainsin qu'il est plus à plain contenu
aux

aux lettres-pattantes octroyées audit pays par les feus Rois de bonne mémoire, portant interdiction à ladite chambre d'en cognoistre, & que les sieurs depputés de Viviers, Nîmes, & de Roux scindic, en fairont remonstrance à MM. de la chambre, en passant à Montpellier, & enjoinct audit scindic de faire signiffier à ladite chambre l'ordonnance qu'à cest effect sera poursuivie devers Sa Grandeur.

XXIV.

EXTRAIT du regiftre des délibérations des Etats généraux de Languedoc, assemblés par mandement du Roi, en la ville de Pezenas, au mois de Septembre 1593.

Du Vendredi 1 Octobre suivant, président Mgr. l'évêque de Montpellier.

SUR la remonstrance qu'a esté faite que ayant les dioceses délivré la levée des deniers extraordinaires en l'année dernière, à ceulx qui ont faict la condition meilheure, satisfaisans aux délibérations précédentes des Estats, & à la teneur des instructions données aux commissaires des assiettes, néantmoings aulcungs receveurs pourveus en office, ont faict appeler lesdits dioceses, les ungs au privé conseil du Roi, & les autres en la cour des aides, pour être réglés sur le droit des leveures, tant du passé que de l'avenir.

A esté conclud que le Roy sera supplié, en confirmant les privilleges du pays, déclairer que lesdits dioceses ne seront tenus bailler la levée desdits deniers extraordinaires ausdits receveurs pourveus en office, ains à celui qui fera la condition desdits dioceses meilheure, & qu'il sera choisi & nommé par lesdits depputés des dioceses en leurs assiettes, pourveu que les leveures n'excedent six deniers pour livre, & que le scindic

Tome VI.

général se joindra avec lesdits dioceses pour en faire toutes poursuites nécessaires, tant devers le Roy, son conseil privé, que par-tout où besoing sera, sans que puisse estre chargé d'aulcune condamnation.

XXV.

LETTRES PATENTES,

Qui déchargent les receveurs électifs de la restitution de six deniers pour livre, ordonnée contre les receveurs titulaires par la déclaration du 26 Janvier 1593. 13 oct. 99, p. VIII

Du premier Février 1594.

HENRY, PAR LA GRACE DE DIEU, ROI DE FRANCE ET DE NAVARRE: A nos amés & féaux conseillers les gens de nos comptes à Montpellier, & trésoriers généraux de France en ladite généralité, SALUT. Nos chers & bien-amés les syndics des dioceses de Castres, Lavaur & Alby, Nous ont fait remonstrer, que par nos lettres-patentes du 3 Octobre 1592 & pour les causes y contenues, Nous aurions retranché aux receveurs particuliers des dioceses de notre pays de Languedoc, les taxations d'un sol pour livre à eux attribué par le feu Roi dernier décédé, notre très-honoré sieur & frere, pour les levées de tous deniers extraordinaires imposés sur lesdits dioceses, & modéré & réduit lesdites taxations à six deniers pour livre, sans que doresnavant ils en puissent prendre ni exiger autre chose davantage, sur peine de concussion, & ordonné que le surplus de ce que lesdits receveurs particuliers ont reçu par ci-devant outre & par-dessus lesdits six deniers pour livre, sera par eux rendu & restitué, & les deniers qui en proviendront mis ez mains du receveur général de nos finances audit

D

pays de Languedoc, pour être employés au fait de la guerre ou autrement, ainsi qu'il fera par Nous avifé: Et combien que par lesdites lettres & arrêt de vérification d'icelles en notredite chambre des comptes, les receveurs particuliers desdits dioceses de Caftres, Lavaur & Alby n'y soient aucunement compris ni nommés, ains seulement les receveurs particuliers des dioceses de Saint-Pons, Agde, Lodeve, Beziers, Montpellier, Nifmes, Uzès, Viviers & Mende audit pays de Languedoc : Ce néanmoins ledit receveur général ou autre foi-disant avoir charge de lui, excédant la teneur de nosdites lettres & arrêt de vérification d'icelles, s'efforce de travailler & pourfuivre par la restitution desdites taxations & droits lesdits receveurs desdits dioceses de Caftres, Lavaur & Alby, encore qu'ils ne foient aucunement fujets ni puissent être contraints, d'autant qu'ils ne font, comme dit est, nommés & compris esdites lettres & arrêts de vérification d'icelles, & que la levée des deniers, tant ordinaires qu'extraordinaires desdits dioceses, n'a point été par eux faite en qualité de nos officiers & ayant gages, par Nous constitués pour l'exercice de leurs charges, ainsi que ont les autres receveurs particuliers dudit pays de Languedoc, compris & déclarés esdites lettres pourvus en titre d'office, & qui ont quatre cents écus de gages pour l'administration des deniers ordinaires, ains feulement l'ont fait comme étant receveurs électifs ayant passé contrat réciproque avec lesdits dioceses, & pris d'eux lesdites charges & recette comme moinsdifans à la chandelle éteinte, & les folemnités en tel cas requifes obfervées conformément à nos ordonnances, & par privilége spécial dudit pays de Languedoc : De forte que si la restitution desdits droits & taxations avoit lieu à l'endroit desdits receveurs particuliers de Caftres, Lavaur & Alby, il faudroit par nécessité qu'elle fût faite par lesdits expofans, comme étant obligés par le bail & contract qu'ils ont fait & passé avec lesdits receveurs d'indemnité & garantie, & de leur faire valoir les gages & falaires à eux ordonnés, & par ce moyen lesdits expofans feroient contraints payer deux fois une même chose, & imposer les deniers de ladite restitution fur le pauvre peuple qui est affez foulé & oppressé d'ailleurs, pour raison de quoi lesdits expofans ont été contraints recourir à Nous, afin d'avoir nos lettres pour ce requises & nécessaires, lesquelles ils Nous ont très-humblement supplié & requis leur vouloir octroyer : Nous, pour ces causes, après avoir fait voir en notre conseil les copies desdites lettres du 3 Octobre 1592, & arrêt de vérification d'icelles, ci-attachés fous notre contre-fcel, par lesquelles Nous est apparu que lesdits receveurs électifs desdits dioceses de Caftres, Lavaur & Alby n'y font aucunement compris ni nommés : Avons déclaré & ordonné, déclarons & ordonnons qu'elles n'auroient lieu, & ne pourroient être exécutées que contre les autres receveurs particuliers, compris & déclarés en icelles, pourvus en offices formés, & qui ont quatre cents écus de gages pour l'administration des deniers ordinaires : Et pour le regard desdits receveurs électifs des dioceses de Caftres, Lavaur & Alby, qui, comme dit est, n'y font aucunement nommés ni compris, & n'ont fait la levée desdits deniers ordinaires & extraordinaires, qu'en vertu des contras & conventions réciproques passées avec lesdits dioceses : VOULONS & Nous plait qu'ils foient maintenus & confervés en la possession & jouissance de

N°. XXV. leurſdites charges & recettes ſuivant leſdits contrats, ſans qu'ils y puiſſent être troublés & empêchés ni contraints à aucune reſtitution de deniers deſdits droits & taxations à eux ordonnés, tant du paſſé que pour l'avenir, ains en demeureront quittes, exempts & déchargés, comme nous les en quittons, exemptons & déchargeons par ces préſentes ſignées de notre main ; faiſans à cet effet expreſſes inhibitions & défenſes audit receveur général & tous autres qu'il appartiendra de les inquiéter, pourſuivre, ni uſer, en vertu deſdites lettres, d'aucunes recherches & contraintes à l'encontre d'eux, pour la reſtitution deſdits droits & taxations, tant du paſſé que pour l'avenir, à peine de répétition ſur lui, & s'en répondre à ſon propre & privé nom : Si·vous mandons & enjoignons que de nos préſent vouloir & intention, & de tout le contenu ci-deſſus, vous faites & laiſſez jouir & uſer plainement & paiſiblement leſdits receveurs particuliers électifs deſdits dioceſes de Caſtres, Lavaur & Alby, ceſſant & faiſant ceſſer tous troubles & empêchemens au contraire, & en ce faiſant paſſés & alloués en leurs comptes toutes & chacunes les ſommes des deniers que trouverez leur avoir été légitimement & ſans fraude accordées par leſdits dioceſes, pour leurſdits droits & taxations : Car tel eſt notre plaiſir, nonobſtant quelconques ordonnances, reſtrictions, mandemens, défenſes & lettres à ce contraires, auxquelles & aux dérogatoires d'icelles avons dérogé & dérogeons par ceſdites. DONNÉ à Mante, le premier jour du mois de Février l'an de grace mil cinq cent quatre-vingt-quatorze, & de notre regne le cinquieme. *Signé*, HENRY ; *Et plus bas* ; Par le Roi, REVEL, *ſigné*, & ſcellées du grand ſcel de cire jaune à ſimple queue.

XXVI.
ÉDIT,
Portant création d'offices de receveurs des tailles, triennaux.

Du mois d'Avril 1597.

HENRY, PAR LA GRACE DE DIEU, ROI DE FRANCE ET DE NAVARRE : A tous préſens & advenir, SALUT. Ayant par noſtre édict du mois de Juin dernier, créé & érigé en tiltre d'office pluſieurs charges de tréſoriers & recepveurs généraulx de nos finances, pour eſtre exercés & faicts triennaulx pour les revenus contenus en iceluy, & recogneu que ceſte inſtitution Nous ſera grandement proffitable en ce que nos deniers en ſeront mieulx receus, maniés & adminiſtrés, & les reſtes recouverts, au lieu qu'on les faiſoit couler ordinairement d'année en année, pour les faire tomber en non valloir ou bien qui eſtoient tellement négligés, qu'ils ne ſervoient aux effects à quoy ils eſtoient deſtinés, en quoi pourtant il eſt requis ſuivre ceſt ordre, tant pour les receptes de nos aydes, tailles, taillon, octroy & équivallent que pluſieurs autres charges comptables qui s'exercent par nos officiers alternativement, faiſant iceulx triennaulx, comme leſdits recepveurs généraulx de nos finances. A CES CAUSES, & autres bonnes & grandes conſidérations à ce Nous mouvans, meſmes pour tirer de ladite création quelque ſecours de la finance qui en proviendra, pour ſubvenir aux grandes & vrgentes affaires que Nous avont maintenant, & auſſi pour ſatisfaire aux exceſſives deſpenſes qu'il Nous convient ſupporter pour le ſiége que Nous avons de préſent devant notre ville d'Amiens, pour icelle recouvrer des mains de nos ennemis ; SAVOIR

D ij

FAISONS que, par cestuy nostre présent édict perpétuel & irrévocable avons créé & érigé, créons & érigeons en tiltre d'offices formés semblables offices de recepveurs généraulx de nos finances & controlleurs généraulx d'icelles triennaux ès généralités de Montpellier & Tholose, ung recepveur & controlleur en chacune des receptes particulieres de nos aydes, tailles, taillon, octroy & équivallent esdites générallités en la mesme forme & maniere que font nos autres recepveurs & controlleurs esdites charges ; comme aussi les recepveurs & payeurs des gages de notre cour de Montpellier & Tholose, chambre des comptes & cour des aydes audit Montpellier, siéges présidiaulx ressortissans esdites générallités, pour jouir desdites charges, & les exercer doresnavant de troys ans en troys ans, à commencer du premier jour de Janvier prochain, aux mêmes honneurs, qualités, dignités, franchises, libertés, gages, taxations, droicts, proffits, revenues & esmolumens qui y appartiennent, tels & semblables que les autres recepveurs, payeurs, controlleurs en jouissent à présent, sans qu'ils y puissent estre troblés ny empeschés par les compagnons d'offices ou autres, en quelque maniere que ce soit, & desquels empeschemens ou oppositions, si en a aulcune, Nous avons réservé ou réservons la cognoissance à Nous & à nostre conseil, & icelle interdicte & défenduë à toutes nos cours & juges quelsconques, à peyne de nullité de procédures, & de tous despens, dommages & intherests. SI DONNONS EN MANDEMENT à nos amés & féaulx conseillers les gens de nos comptes à Montpellier, que cestuy nostre présent édict ils facent lire, peublier & registrer, garder, observer & entretenir selon sa forme & teneur, & à nos amés & féaulx conseillers les trésoriers généraulx de France esdites qualités, & aux trésoriers de nostre espargne faire fonds auxdits officiers, pour leurs gaiges & taxations à eulx attribués & appartenans pour les retenir par leurs mains en l'année de leur exercice, & aux autres années en estre payés par leurs compagnons d'office, ainsin qu'il est accoustumé par les alternatifs : CAR tel est nostre plaisir ; & affin que ce soit chose ferme & estable à toujours, Nous avons faict mettre notre scel à cesdites présentes, & icelles signées de nostre main. DONNÉ en nostre camp devant Amiens, au mois d'Aoust, l'an de grace mil cinq cent quatre-vingt-dix-sept, & de nostre regne le neuvieme. HENRI, *signé*. Et sur le repli desdites lettres ; Par le Roy, FORGET. Et scellées du grand sceau dudit seigneur en cire verd, soubs lacs de soye rouge & verte, sur double queue.

Leu, peublié & enregistré en la chambre des comptes de Languedoc, ce requérant le procureur général pour le contenu en icelluy estre entretenu, gardé & observé selon & ainsin qu'il est porté par l'arrest de vérification de cejourd'huy. FAIT à Montpellier, le douzieme jour d'Aoust mil cinq cent quatre-vingt-dix-huit.

Signé, TARDINIER.

Enregistré ès registres du bureau des finances de la généralité de Montpellier, tenu à Beziers, en suyvant l'arrest de la chambre des comptes de Montpellier, du douzieme jour d'Aoust mil cinq cent quatre-vingt-dix-huit. FAICT au bureau des finances, tenu à Beziers, le cinquieme jour de Février mil cinq cent quatre-vingt-dix-neuf ; Par les présidens & trésoriers de France en Languedoc. MASSIAT, *signé*.

Leu, peublié & enregiftré en la cour des aydes à Montpellier, avec les lettres-patentes de l'adreffe faicte à ladite cour, ce requérant le procureur général du Roy en icelle: Ouy fur ce le fyndic général de Languedoc, pour icelluy édict eftre gardé, entretenu & obfervé de poinct en poinct fellon fa forme & teneur, & en fuyvant l'arreft de ladite cour de cejourd'hui. FAICT à Montpellier, le vingt-deuxieme jour de Juing mil cinq cent quatre-vingt-dix-neuf.

XXVII.
DÉCLARATION,
Qui fixe l'époque de l'entrée en exercice des receveurs triennaux.

Du 14 Novembre 1598.

HENRI, PAR LA GRACE DE DIEU, ROI DE FRANCE ET DE NAVARRE: A tous ceux qui ces préfentes lettres verront, SALUT. SÇAVOIR FAISONS combien que nos édits de la création des offices comptables triennaux ayent été vérifiés & exécutés au reffort de toutes nos chambres des comptes, & que Nous ayions été grandement fecourus & aidés du fruit de nofdits édits durant cette derniere guerre, pour laquelle il Nous refte encore à acquitter infinies dettes, fpécialement aux étrangers que Nous avons fur les bras avec beaucoup d'importunité, Voulant leur donner contentement & tirer pour cet effet une bonne & notable fomme de la création de femblables offices en notre province de Languedoc, que Nous avions réfolu faire entrer en exercice cette préfente année 1598, néanmoins pour les oppofitions & empêchemens donnés par le fyndic de notredit pays à la vérification de l'édit de création defdits offices, il n'auroit pu être vérifié en notre chambre des comptes de Montpellier que le 12 d'Août dernier paffé; & à cette occafion, ceux qui auroient volontiers, dès le commencement de cettedite année, entendu à l'achat d'iceux, fe voyant privés & hors d'efpérance pouvoir entrer en l'exercice defdits offices, fe feroient tellement refroidis par le moyen defdits empêchemens & oppofitions, que nul ne s'eft, à notre grand préjudice & dommage, préfenté pour fe faire pourvoir defdits offices. Et d'autant que Nous reconnoiffons que cette création, outre qu'elle Nous eft beaucoup utile pour le fecours de nos fufdits affaires, elle Nous eft auffi tellement profitable, pour empêcher les défordres qui fe font ci-devant commis à la recette & maniement de nos deniers & finances, que Nous devons plus que jamais defirer & tenir étroitement la main à l'entiere exécution de notredit édit. Nous avons à cette fin trouvé jufte & raifonnable, puifque ladite année 1598, qui devoit être celle de l'exercice defdits triennals, s'en va expirer, faire entrer en exercice le commencement de l'année prochaine 1599, ceux qui voudront fe faire pourvoir defdits offices mentionnés audit édit & vérification de notredite chambre des comptes de Montpellier. A CES CAUSES, de l'avis de notre confeil, qui a vu la copie de notredit édit, l'original de la vérification de notredite chambre des comptes dudit Montpellier, dudit 12 Août dernier, ci attachés fous notre contre-fcel, AVONS DIT, déclaré, voulu & ordonné, difons, déclarons, voulons & Nous plaît, que les pourvus defdits offices de receveurs généraux triennaux de nos finances & taillon de notredit païs de Languedoc, receveurs & controlleurs particuliers de nos tailles, taillon & autres deniers ordinaires & extraordinaires, dénommés en notredit édit & vérification de notredite chambre, entrent en l'exercice d'iceux au premier jour de Janvier de la prochaine année 1599, ainsi qu'ils eussent fait ou pu faire cette présente année; si la vérification de notredit édit eût été faite dès le commencement d'icelle, & jouissent pleinement & paisiblement des gages ordinaires, augmentation & droits attribués auxdits offices, tant par les édits de la création des anciens officiers que nos lettres de déclaration, du 26 Janvier 1593, faite en faveur des anciens officiers. Et où au commencement de la prochaine année, il ne se trouveroit aucuns qui fussent pourvus desdits offices, Voulons iceux être exercés par ceux qui en seront par Nous commis, lesquels jouiront des mêmes gages & droits attribués auxdits offices, tout ainsi qu'ils feroient ou faire pourroient s'ils étoient de Nous pourvus en chef & titre d'office. Si DONNONS EN MANDEMENT à nos amés & féaux les gens de nos comptes audit Montpellier, que cette notre présente déclaration ils fassent lire, publier & enregistrer, garder, observer & entretenir de point en point selon sa forme & teneur, & fassent jouir lesdits officiers pleinement & paisiblement de leurs offices, suivant leurs lettres de provision : Et à nos amés & féaux conseillers les présidens & trésoriers généraux de France en nos généralités de Toulouse & Montpellier, faire & laisser fonds auxdits officiers ou commis des deniers de leurs charges, pour les gages & taxations à eux attribués depuis le jour de leurs lettres de provisions, pour les retenir par leurs mains en l'année de leur exercice, & aux autres années en être payés par leurs compagnons d'office, ainsi qu'il avoit accoutumé d'être fait par les anciens & alternatifs; lesquels gages & droits seront passés & alloués en leurs états & comptes, & par-tout ailleurs qu'il appartiendra, nonobstant oppositions ou appellations quelconques, dont Nous avons retenu & réservé à Nous & à notre conseil la connoissance, & icelle interdite à tous autres juges : Car tel est notre plaisir : nonobstant aussi quelconques réglemens, édits, ordonnances, mandemens, défenses & lettres à ce contraires. DONNÉ à Paris, le quatorzieme jour de Novembre, l'an de grace mil cinq cent quatre-vingt-dix-huit, & de notre regne le dixieme. *Sur le repli* ; Par le Roi en son conseil, FORGET, *signé*. Et scellées sur cire jaune, à double queue, du grand sceau de Sa Majesté.

Lues, publiées & registrées en la chambre des comptes de Languedoc, ce requérant le procureur général du Roi, pour le contenu être gardé, observé & entretenu de point en point, suivant & ainsi qu'il est porté par l'arrêt sur ce donné cejourd'hui. FAIT à Montpellier, le douzieme jour de Janvier mil cinq cent quatre-vingt-dix-neuf. TARDINIER, *signé*.

XXVIII.
LETTRES,

Portant qu'il sera compté par les receveurs en la chambre des comptes des deniers extraordinaires, &c.

Du 18 Novembre 1598.

HENRI, PAR LA GRACE DE DIEU, ROI DE FRANCE ET DE NAVARRE : A tous ceux qui ces présentes lettres verront, SALUT. Savoir faisons que de la part de notre amé & féal conseiller & procureur général en notre chambre des comptes de notre province de Languedoc, nous a été remontré que par la création & établissement de ladite chambre, faite à l'inſtar de celle de Paris, la connoiſſance, examen & cloture des comptes des tailles, aydes, octroys, gabelles, équivalent & autres deniers extraordinaires qui s'impoſent & levent ſur le peuple eſt entierement attribuée à ladite chambre, ce qu'a été encore confirmé & continué par l'édit de feu notre très-honoré ſieur & frere le Roi Henri décédé, & par nous confirmé, par lequel le pouvoir & juriſdiction de ladite chambre a été augmenté ; que auſſi par l'édit du ſemeſtre que nous y avons récemment établi ; & lorſque pour le regard des comptes extraordinaires & d'octroi eſt advenu quelque empêchement ſoit par le ſyndic général du païs, que par les particuliers ſyndics deſdits dioceſes, ils y ont été condamnés par arrêt de notre conſeil, même le ſyndic du dioceſe du Puy & païs de Velay : Outre ce les gens des trois-états dudit païs par le cahier de leurs remontrances préſenté à Fontainebleau en l'année 1595 & par le ſixieme article d'icelui, ſous prétexte des deniers communs patrimoniaux & municipaux, deſquels ladite chambre n'a jamais entendu ni entend en prendre connoiſſance, ayant voulu faire gliſſer les deniers d'octroi & extraordinaires qui s'impoſent ſur le peuple, Nous leur avons répondu que notre volonté étoit que nos officiers euſſent la connoiſſance de l'emploi deſdits deniers d'octroi & extraordinaires, & partant que les comptes d'iceux en fuſſent rendus en ladite chambre ; & combien qu'en cela ne dût être contrevenu comme important le bien du public, ſi eſt ce que les ſyndics conſuls & députés dudit païs ne ceſſent d'empêcher que leſdits comptes ſoient rendus en ladite chambre, faiſant compter les comptables pardevant eux ; & pour ce faire, retiennent les acquits & papiers d'iceux comptables : & y a encore plus, que ſur le différend qui s'eſt mû en notre cour des aydes de la ville de Montpellier entre les receveurs particuliers des tailles des vingt-deux dioceſes de ladite province d'une part, & le ſyndic-général du païs joint à lui les ſyndics particuliers de chacun deſdits dioceſes, d'autre, ladite cour, pour avoir moyen de connoitre deſdits comptes, ſous prétexte des différends qui ſe meuvent entre les diocezains ſur leſquels elle fait ordinairement remettre les aſſiettes & comptes rendus auxdits dioceſes & pieces juſtificatives d'iceux pardevers elle, & laquelle par ce moyen entreprend de revoir leſdits comptes & en iceux rayer & paſſer ce que bon lui ſemble, où elle vaque extraordinairement par après-dînées & prend connoiſſance de la ligne du compte, laquelle appartient à ladite chambre privativement à ladite cour & à tous autres, qui eſt directement entreprendre ſur ſon autorité ; de ſorte que icelle cour par ſon arrêt du 28 Septembre dernier, donné ſur leſdits différends auroit ordonné que les receveurs & adminiſtrateurs deſdits deniers extraordinaires qui s'impoſent pour l'acquittement des dettes & autres affaires particulieres de chacun deſdits dioceſes rendront compte d'iceux pardevant les députés deſdits dioceſes, leſquels comptes, avec les pieces juſtificatives d'iceux, ils remettront aux archives communs deſdits dioceſes, choſe faite à deſſein pour en déſaiſir leſdits receveurs & empêcher qu'ils n'en comptent en ladite chambre, ce qui eſt contrevenir à nos vouloir & intention portés par les ſuſdits édits, déclarations, & arrêts de notre conſeil & ouvrir auxdits députés le chemin d'y pouvoir commettre pluſieurs abus & malverſations ; Pour raiſon de quoi ayant égard à ce dessus & qu'il est autant ou plus nécessaire que les comptes desdits deniers extraordinaires soient rendus, ouis & clos en ladite chambre des comptes comme les autres deniers ordinaires de nos tailles pour être tous d'une même nature, imposés & levés sur notre peuple...... avoient la connoissance desdits comptes ils seroient juges en leur propre fait & cause, d'autant que ce sont eux qui en font les impositions, ordonnance & mandemens pour l'emploi & dépense d'iceux, & partant ne peut être raisonnable que cette connoissance leur puisse être attribuée, notre procureur général Nous a très-humblement requis lui vouloir sur ce pourvoir. Pour ses causes & autres bonnes & justes considérations à ce Nous mouvant, de l'avis de notre conseil, où les pieces ci-attachées sous le contre-scel de notre chancellerie ont été vues, desirant les susdits édits, déclarations & arrêts donnés en notredit conseil sortir à leur plein & entier effet, AVONS dit & déclaré, & de notre certaine science, grace spéciale, pleine puissance & autorité royale, disons, déclarons, ordonnons, voulons & nous plaît que, suivant iceux les susdits comptes des deniers extraordinaires qui ont été ci-devant imposés & s'imposeront ci-après par notre permission pour l'acquittement des dettes du païs & autres affaires d'icelui pour quelque cause & occasion que ce soit, ou puisse être, soient rendus en notredite chambre des comptes de Languedoc par chacun des receveurs commis & administrateurs desdits deniers d'iceux dioceses, faisant très-expresses défenses aux gens des trois-états de ladite province, syndics généraux & particuliers, consuls & députés desdits dioceses & à tous autres d'y donner aucun empêchement ni retenir les papiers & acquits desdits receveurs servant à l'examen desdits comptes, en aucune maniere; & à ladite cour des aides d'en prendre aucune cour, jurisdiction & connoissance, laquelle Nous lui avons interdit & défendu, interdisons & défendons sur peine de nullité, & auxdits comptables de rendre lesdits ailleurs qu'en ladite chambre, ce que nous leur enjoignons, après toutefois qu'ils auront fait état de la recette & dépense d'iceux pardevant les députés & diocesains desdits dioceses en la forme accoutumée, lequel état & pieces justificatives lesdits députés seront tenus remettre ez mains desdits receveurs & comptables qui les rapporteront à l'audition de leurs comptes en ladite chambre, laquelle néanmoins n'entendons qu'elle ait aucune connoissance des comptes des deniers communs patrimoniaux & municipaux, laquelle nous lui avons interdit & défendu, interdisons & défendons; mais se rendront lesdits comptes pardevant les officiers consuls & députés, auxquels la connoissance en appartient, suivant nos ordonnances. SI DONNONS EN MANDEMENT à nos amés & féaux les gens de notredite chambre des comptes en ladite province de Languedoc que ces présentes ils fassent lire, publier & enregistrer, garder & observer de point en point, selon leur forme & teneur, sans y faire ni souffrir être fait, ni ordonné aucun empêchement en quelque sorte & maniere que ce soit, contraignant ou faisant contraindre lesdits comptables à compter desdits deniers extraordinaires en ladite chambre par les voies portées par nos ordonnances & les députés desdits dioceses, greffiers ou autres qui auront par devers eux les acquits & papiers servant à l'examen desdits comptes d'iceux, bailler & délivrer incontinent & sans délai auxdits comptables à ce qu'ils ne puissent être empêchés à la reddition desdits comptes, nonobstant & sans avoir

Nº XXVIII.

avoir égard audit arrêt de notredite cour des aides du 28 Septembre dernier, lequel comme contraire à tous les fusdits édits, ordonnances & arrêts de notre conseil, NOUS AVONS cassé & révoqué, cassons & révoquons par ces présentes, & quelconques édits, ordonnances, restrictions, mandemens, défenses & lettres contraires à ces présentes, lesquelles nous voulons être signifiées à ladite cour des aides & à tous autres que besoin sera, par le premier huissier ou sergent que à ce faire commettons sans pour ce prendre ni demander aucun placet, visa ni paréatis, en vertu du *Vidimus* d'icelles collationné par l'un de nos amés & féaux secrétaires, auquel nous voulons foi être ajoutée comme au présent original : CAR tel est notre plaisir. DONNÉ à Paris le dix-huitieme Novembre, l'an de grace mil cinq cent quatre-vingt-dix-huit, & de notre regne le huitieme. Par le Roi en son conseil, FORGET. Et scellées sur double queue en cire jaune du sceau de Sa Majesté.

Et à côté desdites lettres est écrit : Lues & regiſtrées ez registres de ladite chambre des comptes de Languedoc, ce requérant le procureur général pour le contenu en icelles être entretenu, gardé, observé & exécuté de point en point, selon leur forme & teneur. FAIT à Montpellier le huitieme jour de Janvier mil cinq cent quatre-vingt-dix-neuf. TARDINIER, *signé.*

XXIX.
LETTRES,

Qui prohibent aux receveurs érigés en titre d'offices la levée des deniers extraordinaires.

Du 12 Septembre 1599.

HENRI, PAR LA GRACE DE DIEU, ROI DE FRANCE ET DE NAVARRE, A tous ceux qui ces présentes lettres verront, SALUT. Savoir faisons que nous désirant conserver & maintenir nos chers & bien-amés les gens des trois-états de notre païs de Languedoc en la liberté & priviléges qui leur ont été accordés par les défunts Rois nos prédécesseurs d'heureuse mémoire, même en celui par lequel il leur est permis bailler la recette des deniers extraordinaires & municipaux imposés par lesdits Etats ou ez assemblées des assiettes pour l'acquittement des dettes, vivres, munitions, fortifications & autres affaires dudit païs à celui qui fera la condition meilleure pour ledit païs sans que nos receveurs particuliers ou généraux s'en puissent aucunement immiscer en vertu de leurs offices, ains seulement comme les autres particuliers qui sont reçus à y dire au rabais, A CES CAUSES, nous avons suivant le & dernier des articles accordés entre les sieurs Maisse, conseiller en notre conseil d'état, & de Reffuge, conseiller en notre cour de parlement de Paris, commissaires par nous députés pour la réformation & réglement du fait de nos affaires & finances en Languedoc d'une part, & lesdits gens des trois-états de l'autre & par nous confirmés par nos lettres patentes données à Bloys au présent mois de Septembre dit, déclaré & ordonné, disons, déclarons & ordonnons par ces présentes que nos receveurs érigés en titre d'office de notredit païs de Languedoc ne pourront prétendre en vertu de leursdits offices la recette des deniers extraordinaires & municipaux imposés, comme dit est, par lesdits Etats ou assemblées des assiettes, pour l'acquittement des dettes, vivres, munitions, fortifications, réparations, ou autres affaires d'icelui païs & gouvernement, s'ingérer en la recette d'aucuns autres deniers que ceux qui entrent en nosdites recettes générales ;

Tome VI.

ains permettons aux commissaires & députés desdits diocèses les bailler à ceux qui feront la condition meilleure, par les mains desquelles nos trésoriers provinciaux des guerres recevront les deniers destinés aux affaires de la guerre, selon la forme de tout temps observée en ladite province. Si DONNONS EN MANDEMENT à nos amés & féaux les gens tenant notre cour des aides, cour des comptes à Montpellier, trésoriers généraux de France établis à Toulouse & Beziers, & à tous autres nos justiciers officiers qu'il appartiendra que ces présentes ils fassent lire, publier & enregistrer, & du contenu jouir & user pleinement & paisiblement lesdites gens des trois-états sans en ce leur faire, mettre ou donner, ni souffrir qu'il leur soit fait, mis & donné aucun trouble ou empêchement au contraire : CAR tel est notre plaisir, nonobstant tous édits, ordonnances, mandemens & lettres à ce contraires auxquelles & à la dérogatoire de la dérogatoire y contenue nous avons dérogé & dérogeons par cesdites présentes. En témoin de quoi nous avons en icelles fait mettre notre sceau. DONNÉ à Blois le douzieme jour du mois de Septembre, l'an de grace mil cinq cent quatre-vingt-dix-neuf, & de notre regne le onzieme. Signé, HENRI; Et sur le repli : Par le Roi, FORGET. Et scellées du grand sceau en cire jaune.

XXX.

AUTRES,

Qui autorisent les diocèses à adjuger au rabais la levée des deniers extraordinaires, & ordonnent que le compte en sera rendu devant les députés des diocèses.

Du 18 Septembre 1599.

HENRI, PAR LA GRACE DE DIEU, ROI DE FRANCE ET DE NAVARRE : A tous présens & à venir, SALUT. Depuis la grace qu'il a plu à Dieu nous faire, de nous donner la paix, le principal but de nos intentions & pensées a toujours été de pourvoir aux désordres que la licence & longue continuation des troubles avoit introduit en cetuy notre royaume, tant au fait de la justice, que de la police, & de nos finances : Et comme nous eussions été avertis, que le Languedoc étoit l'une de nos provinces où lesdits désordres avoient pris autant de pied, & où ils pouvoient porter plus de préjudice à notre service, & au bien & repos de nos sujets, s'il n'y étoit pourvu, Nous aurions pris résolution de députer sur les lieux aucuns personnages d'autorité & suffisance requise, & à nous féables pour découvrir l'origine du mal, & y apporter tous les remedes qu'ils jugeroient plus convenables; comme aussi pour requérir les Etats de nous accorder pour quelques années, quelque bon & notable secours de leurs moyens pour subvenir aux charges & nécessités de notre état, & à l'acquit des grands dettes qui nous sont restés sur les bras des années dernieres, ayant à cet effet choisi & élu nos amés & féaux, messire André Hurault, sieur de Maisse, conseiller en notre conseil d'état, & M. Eustache Refuge, conseiller en notre cour de parlement de Paris, lesquels s'étant transportés en notredit pays, & assisté en l'assemblée des Etats d'icelui tenus en notre ville de Pezenas au mois d'Avril dernier, &, en ladite assemblée, proposé ce qui étoit de notre intention sur plusieurs points, tendant à l'établissement d'un meilleur ordre ez affaires de ladite province, suivant les commissions, mémoires & instructions qu'ils en avoient de nous, après avoir longuement & mûrement conféré lefdits points & affaires avec les députés defdits Etats, ils auroient enfin, fous notre bon plaifir, refpectivement accordé les articles qui fuivent......

Les priviléges accordés aux gens des trois-états dudit pays de Languedoc, par lettres patentes données à Remilly le 20 d'Avril 1539, & par autres lettres patentes données à Avignon le 9 Janvier 1575, feront confirmés & renouvellés, & fuivant iceux, accordé que les receveurs érigés en titre d'office ez dioceses de Languedoc, ne pourront prétendre, en vertu defdits offices, la recette des deniers extraordinaires ou municipaux impofés par les Etats, ou ez aſſemblées des aſſiettes, pour l'acquittement des dettes, vivres, munitions, fortifications, réparations, & autres affaires du pays, & généralement d'autres deniers que de ceux qui entrent en la recette générale : Et fera permis aux députés defdits dioceſes en bailler la recette à celui qui fera la condition meilleure, à quoi lefdits receveurs feront reçus comme les autres; & n'en feront les comptes rendus que pardevant les commis & députés aux bureaux des comptes defdits états-généraux ou particuliers defdits dioceſes, nonobſtant toutes proviſions, arrêts & déclarations à ce contraires.

Tous lefquels articles à nous préfentés en toute humilité de la part defdites gens des trois-états par M. Gabriel Durdes, leur fyndic général, ayant été vus, & mûrement délibérés en notre conſeil, & jugés utiles à nous & à nos fujets de ladite province; Pour ces cauſes & autres bonnes conſidérations à ce nous mouvans; de l'avis de notredit conſeil, & de notre certaine ſcience, pleine puiſſance & autorité royale, Nous avons iceux articles approuvés, autoriſés & confirmés, approuvons, autoriſons & confirmons par ces préſentes : Voulons & nous plaît que dorefnavant ils foient obſervés & gardés de point en point, même en ce qui eſt du fait, levée & diſtribution des deniers de nos gabelles, à la charge que dorefnavant les ſyndics généraux dudit païs, & particuliers de chacun des dioceſes, rapporteront dans fix mois en notre conſeil, les états de tous les dettes dudit pays, certifiés par les commiſſaires qui feront par nous députés aux états-généraux ou aſſemblées defdits dioceſes, pour y être vus & arrêtés, & défenſes très-expreſſément faites audit pays, dioceſes & communautés, de plus faire aucunes levées de deniers, ſi non en vertu de nos commiſſions, mûrement délibérées & réſolues en notredit conſeil, fignées de l'un de nos amés & féaux conſeillers & ſecrétaires d'état, & ſcellées de notre grand ſceau, ſur peine d'être déchus entierement de leurs priviléges, & ce pour quelques fommes que ce foit, ſi ce n'eſt pour l'effet des procès & condamnations de juſtice, faites par nos cours ſouveraines ou pour les réparations des égliſes, ponts, murailles, & autres néceſſités publiques, dont le conſentement aura été fait & preſté pardevant des juges, par la plus faine partie des habitans defdites communautés ; pour leſquelles dépenſes leur pourront être expédiées lettres d'aſſiettes ez chancelleries defdites cours, juſques à la ſomme de cent écus, pour une fois l'année feulement. Et feront les ſyndics généraux & particuliers qui auront obtenu nos commiſſions fufdites pour la levée des deniers, ſcellées de notre grand ſceau, tenus rapporter en notre conſeil les états de la dépenſe des deniers qui auront été levés en vertu d'icelles ; & en cas que nous vouluſſions être éclaircis ſi leſdits états feront véritables, nous commettrons tels que bon nous semblera, pour vérifier sur les lieux lesdits états, & revoir derechef les comptes si besoin est. Si DONNONS EN MANDEMENT à nos amés & féaux, les gens tenans notre cour de parlement de Toulouse, gens de nos comptes, & cour de nos aydes de Montpellier, trésoriers généraux de France audit Toulouse, & à Beziers; & à tous autres nos justiciers, & officiers qu'il appartiendra, que ces présentes ils fassent lire, publier & enregistrer, & le contenu garder, entretenir & observer de point en point, selon sa forme & teneur; cessant & faisant cesser tous troubles & empêchemens à ce contraires: CAR tel est notre plaisir, nonobstant quelconques édits, ordonnances, réglemens, mandemens, défenses & lettres à ce contraires; auxquelles & à la dérogatoire y contenue, nous avons dérogé & dérogeons par cesdites présentes; lesquelles d'autant que l'on pourra en avoir besoin en plusieurs & divers lieux, Nous voulons qu'aux *Vidimus* d'icelles duement collationnées, soit pareille foi ajoutée qu'au présent original: Et afin que ce soit chose ferme & stable à toujours, nous avons fait mettre notre sceau à ces présentes. DONNÉES à Blois au mois de Septembre, l'an de grace mil cinq cent quatre-vingt-dix-neuf, & de notre regne le onzième. *Signé*, HENRY; *Et plus bas*: Par le Roi. FORGET, & scellé du grand sceau de cire verte, sur lacs de soie rouge & verte.

XXXI.
ARRÊT
DE LA COUR DES AIDES DE MONTPELLIER.

Qui, sans s'arrêter à un arrêt de la chambre des comptes de la même ville du 30 Juillet 1602, défend aux receveurs de compter de deniers extraordinaires ailleurs que devant les syndics & députés des dioceses.

Du 9 Août 1602.

EXTRAIT *des regîtres de la cour des aides.*

SUR la requête présentée le huitieme jour de ce mois par le syndic général du pays de Languedoc, tendante à ce que, sans avoir égard à certain arrêt donné le trentieme jour du mois de Juillet dernier par la chambre des comptes de Montpellier, inhibitions & défenses soient faites aux receveurs des deniers extraordinaires des dioceses dudit pays de compter pour raison desdits deniers extraordinaires, & aux greffiers des dioceses remettre lesdits comptes & pieces justificatives ailleurs que pardevant les syndics & députés desdits dioceses & en cas d'appel, en la cour, suivant les lettres-patentes du Roi données à Blois au mois de Septembre 1599 en suite & confirmation du contrat fait par Mre. André Huraut sieur de Maisse, conseiller du Roi en son conseil d'état, & Me. Eustache de Reffuge, conseiller du Roi en la cour de parlement de Paris, commissaires députés par Sa Majesté, avec les gens des trois états dudit pays, & sur les peines y contenues. VU ladite requête, ledit arrêt de la chambre, lesdites lettres-patentes & conclusions du procureur général du Roi, LA COUR, en entérinant la requête dudit syndic, sans avoir égard à l'arrêt de ladite chambre, a fait & fait inhibitions & défenses aux receveurs des deniers extraordinaires des dioceses & greffiers desdits dioceses; savoir, auxdits receveurs, de compter desdits deniers extraordinaires ailleurs que pardevant les syndics & députés desdits dioceses; & aux greffiers defdits dioceses, remettre lefdits comptes & pieces justificatives pardevant autres que lefdits députés & syndics; & en cas d'appel, en la cour, à peine de mille écus. Fait & prononcé à Montpellier le neuvieme jour du mois d'Août mil six cent deux.

XXXII.

LETTRES,

Portant défenses à la chambre des comptes de contraindre les receveurs à compter devant elle des deniers extraordinaires & autres qui n'entrent point aux recettes générales.

Du 14 Juin 1605.

HENRI, PAR LA GRACE DE DIEU, ROI DE FRANCE ET DE NAVARRE: A tous ceux qui ces présentes verront, SALUT. Par notre édit donné à Blois au mois de Septembre 1599, Nous aurions pourveu aux plaintes & doléances qui nous auroient été faites de la part de nos chers & bien amés les gens des trois estats de notre province de Languedoc peu avant assemblés soubs notre authorité en notre ville de Pezenas, & entre autres choses ordonné que conformément aux privilleges & réglemens dudit pays, & lors de tout temps observés en ladite province, les comptes des deniers extraordinaires & municipaux & autres n'entrans en nos recettes générales seront rendus pardevant les commissaires depputés au bureau des comptes desdits Estats généraux ou des dioceses particuliers, comme il a esté de tout temps observé; & bien que lesdits réglemens fussent conformes aux privilleges dudit païs confirmés par l'usaige & possession immoriale d'iceux, & que mesme le feu Roi François premier de très-heureuse & recommandable mémoire l'eust ainsi particulierement ordonné lors de l'establissement de la chambre des comptes en notre ville de Montpellier, & que notre intention n'aye jamais esté d'altérer les anciens privilleges dont les provinces de notre royaume ont bien & duement joui, sy est ce que les gens de notre chambre des comptes audit Montpellier soubs prétexte de certain arrest de notre conseil & provisions qu'ils présupposent avoir depuis obtenues & sans que les syndics de notredit païs eussent esté ouis auroient voulu troubler les habitans de ladite province en la jouissance de leursdits privilleges, & contraindre les receveurs particuliers des dioceses & villes dudit païs à rendre compte pardevant eux desdits deniers municipaux, extraordinaires & autres n'entrans en nos recettes générales & ont donné pour ce regard diverses constraintes contre lesdits receveurs, ce qui ne pouvoit apporter que grand désordre & confusion en ladite province, fraix & despens insupportables, de quoy lesdits depputés des gens des trois Estats nous ayant de nouveau faict plainte veu que l'affaire avoit esté murement ..... & délibérée en notre conseil; Nous, de l'advis d'icelluy, désirant d'ailleurs gratifier de plus en plus les gens des trois estats en l'observance de leurs anciens privilleges & réglemens: POUR CES CAUSES & autres considérations à ce nous mouvans, AVONS ORDONNÉ, Voullons & Nous plaist que conformément auxdits réglements & au susdit édit de l'année 1599, les comptes des deniers municipaux & autres extraordinaires, de quelque nature qu'ils soient qui n'entrent pas en nos recettes générales & qui se levent tant audit païs que villes & dioceses d'icelluy seront rendus pardevant les commissaires depputés esdits Estats, villes & dioceses, en la mesme forme, comme il a été faict cy devant, avec inhibitions & deffanses aux gens de nos comptes à Montpellier & autres de contrevenir audit réglement, ni pour ce regard troubler les habitans dudit païs en la jouissance desdits privilleges & réglements & expédier aulcunes constraintes contre les receveurs desdits dioceses, les faire rendre compte desdits deniers en ladite chambre, nonobstant le susdit arrêt & autres provisions qui pourroient avoir esté obtenuës au contraire, à la charge toutesfois d'envoyer par les gens desdits estats pendant trois ans prochains & chacun an en notredit conseil, l'estat de recette & despense desdits deniers, pour voir l'employ & distribution d'iceux, en la forme que ceux desdits Estats procédent; pour ce faict, estre par nous ordonné ce que de raison. Sy donnons en mandement à nos amés & féaux les gens tenans notre cour de parlement de Tholose & cour des aydes à Montpellier, trésoriers généraux de France, ès générallités de Tholose & Montpellier, & commissaires par Nous depputés en l'assemblée des Estats, & à chacun d'eulx comme il appartiendra, que de l'effect & contenu en ces présentes nos lettres de déclaration & réglement ils facent jouir lesdits gens des trois estats dudit païs, villes & diocezes d'icelluy, conformément à ce qui a esté observé cy devant, sans souffrir leur estre pour ce regard donné aulcung trouble ni empeschement, aux charges & ainsin que dessus est dict: Car tel est notre plaisir, nonobstant quelconques édits & ordonnances, mandements, défanses & autres à ce contraires, auxquelles & à la dérogatoire de la dérogatoire y contenuë nous avons desrogé & desrogeons par ces présentes. Mandons au premier notre huissier ou sergent sur ce réquis faire tous exploits & inhibitions nécessaires tant à nos gens de nosdits comptes à Montpellier que aultres qu'il appartiendra. En tesmoing de quoi nous avons faict mettre notre seel à cesdites présentes. Donné à Paris le quatorzieme jour de Juin, l'an de grace mil six cent cinq & de notre règne le seizieme. *Signé*, HENRI : *Et plus bas* : Forget. Scellées du grand sceau en cire jaune.

XXXIII.
ORDONNANCE
Des commissaires présidens pour le Roi aux États, sur le même sujet.

Du 12 Octobre 1606.

LES COMMISSAIRES PRÉSIDENS POUR LE ROI en l'assemblée des gens des trois Etats du païs de Languedoc assemblés par mandement de Sa Majesté en sa ville de Pezenas, au mois d'Octobre : Sur la requête à nous présentée par le syndic général du païs de Languedoc, Contenant que au préjudice des priviléges du païs & au mépris des édits du Roi & lettres-patentes accordées audit païs le 14 Juin 1605 les gens des comptes à Montpellier usent de grandes & rigoureuses contraintes contre les receveurs particuliers de cette province, pour leur faire rendre compte des deniers imposés extraordinairement sur ledit païs. Vu lesdits édits & lettres-patentes, notre ordonnance donnée à Narbonne le 20 Novembre dernier, par laquelle inhibitions & défenses sont faites aux gens des comptes de s'ingérer à la vérification desdits comptes, conformément auxdites lettres, par lesquelles Sa Majesté ne leur attribue la connoissance que des deniers qui entrent ez recettes générales, leur interdisant toute connoissance des autres impositions faites extraordinairement audit païs, comme plus ample-

PART. I. DIV. II. LIV. III.

No. XXXIII.

ment lesdites lettres le contiennent : Vu aussi les contraintes expédiées par ladite chambre, avec les exploits faits contre les receveurs des diocèses du Puy, Alby & Beziers ; AVONS ORDONNÉ ET ORDONNONS qu'il sera faict de nouveau inhibitions & défenses auxdits gens des comptes à Montpellier d'expédier pareilles contraintes, tant contre le receveur de la bourse dudit païs, que receveurs des diocèses & communautés de cette province, & en ce qui regarde les deniers extraordinaires, communs, patrimoniaux & municipaux, desquels ils rendent compte ès assemblées des Etats & ès assiettes & communautés particulieres ; & à tous huissiers & sergents icelles contraintes mettre à exécution à peine de faux & de nullité ; Mandant à tous baillifs, sénéchaux, consuls, prévôt, lieutenans & à tous autres sujets du Roi, & à vous, saisir & arrêter les personnes de tous ceux qui porteront provisions au contraire de ladite chambre, & autrement y voudroient contrevenir ; & à tous huissiers & sergents sur ce requis, faire tous exploits de justice nécessaires. DONNÉ à Pezenas le douzieme jour d'Octobre mil six cent six. *Signés*, MONTMORENCY, VENTADOUR, DE BERAULD, DE CROSILHES commissaires. *Et plus bas* ; par mesdits sieurs, GUILLEMINET.

XXXIV.

ARRÊT DU CONSEIL,

Qui, sans avoir égard aux lettres-patentes du 14 Juin 1605, ordonne qu'il sera compté en la chambre des comptes de deniers extraordinaires, comme des deniers ordinaires.

Du 7 Avril 1607.

EXTRAIT *des Registres du Conseil d'Etat.*

No. XXXIV.

SUr la requête présentée par le procureur général du Roi en la chambre des comptes établie à Montpellier, tendant à ce qu'il plaise à Sa Majesté, conformément à l'édit de création d'icelle, déclarations, lettres-patentes & arrêts contradictoirement donnés en son conseil, ordonner qu'il sera rendu compte en ladite chambre de tous deniers extraordinaires imposés & levés sur le peuple, dans le ressort de ladite chambre, soit pour les affaires du général du pays de Languedoc, que des dioceses particuliers d'icelui, tout ainsi qu'il s'observe ez autres chambres des comptes de ce royaume, même en la chambre des comptes de Paris à l'instar de laquelle ladite chambre a été créée, & qu'à ces fins tous comptables y seront contraints, sans avoir égard aux lettres-patentes obtenues par le syndic général du pays, le suppliant non oui ni appellé le 14 Juin 1605, ni à tout ce qui s'en est ensuivi tant par vérification & arrêts de ladite cour des aydes dudit Montpellier que ordonnance donnée par les commissaires présidens aux Etats généraux dudit pays au mois d'Octobre dernier & inhibitions en vertu d'icelle faites, qui demeurera cassé. Vu la requête & édit de création de ladite chambre du mois de Mars 1522 ; lettres-patentes du 18 Juillet 1540 ; autres lettres-patentes du 8 Janvier 1574 contenant que autres juges que les officiers de ladite chambre ne pourront prendre connoissance des comptes desdits deniers extraordinaires, arrêt du conseil de Sa Majesté contradictoirement donné le 19 Mai 1589, édit portant attribution de jurisdiction à ladite chambre avec augmentation de finance du mois d'Avril 1589, déclaration sur icelle du 28

Août 1590; autres lettres-patentes du 15 Décembre 1595; extrait du cahier présenté à Sa Majesté par les gens des trois états du pays de Languedoc, répondu au mois d'Avril 1597; extrait de parties des comptes rendus en ladite chambre des deniers extraordinaires depuis la création d'icelle, même les originaux d'une partie desdits comptes; état général & continuation de compte fait par Jacques Chaulnes receveur alternatif du diocese de Mende pardevant les depputés dudit diocese de la somme de 85,424 écus 36 sols 9 deniers, imposée audit diocese en l'année 1597; deux arrêts de ladite cour des aydes des 9 Août 1602 & dernier Octobre 1603; copie des lettres-patentes obtenues par ledit syndic général du 14 Juin 1605, ensemble la copie des lettres-patentes y mentionnées du mois de Septembre 1599, expédiées sur le traité fait par les commissaires députés par Sa Majesté avec les députés dudit pays, & arrêt de vérification d'icelles par ladite chambre, du 4 Septembre 1600, ordonnance donnée par les commissaires présidens aux Etats généraux dudit païs du 29 Octobre dernier avec les exploits de signification d'icelle faite à ladite chambre, arrêt donné au conseil de Sa Majesté le 25 Novembre dernier, exploit de signification fait à Me. Jean Lamotte syndic général dudit pays, du 20 Mars dernier; LE ROI EN SON CONSEIL, voulant que l'arrêt donné ledit jour 25 Novembre dernier ait lieu, & conformément à l'édit de création de ladite chambre du mois de Mars 1522, lettres-patentes, déclarations & arrêt de sondit conseil contradictoirement donné, sans avoir égard auxdites lettres-patentes du 14 Juin 1605, arrêt de ladite cour des aydes, ni à l'ordonnance desdits commissaires du 29 Octobre dernier, & inhibitions faites à ladite chambre que Sa Majesté a cassées & annullées, a ordonné & ordonne que tous les receveurs ou commis qui ont ou auront ci-après l'administration & maniement des deniers extraordinaires imposés tant sur le général dudit pays de Languedoc que pour les affaires d'icelui, pour quelque cause que ce soit n'entrant ez recettes générales des finances, compteront d'iceux par chacun an entierement & par le menu en ladite chambre des comptes de Montpellier, de chacun desdits deniers extraordinaires, comme des deniers ordinaires, faisant défenses à ladite cour des aydes & auxdits commissaires & autres qu'il appartiendra de donner pour ce regard à ladite chambre aucun trouble ni empêchement, ni en prendre aucune connoissance, laquelle leur est interdite & défendue à peine de nullité, enjoignant aux syndics, consuls & députés desdits dioceses de délivrer & mettre ez mains desdits comptables les pieces & acquits servant à la rédaction desdits comptes, & à tous magistrats & officiers de prêter aide & main forte, si besoin est. FAIT au conseil d'état, tenu à Paris le septieme jour d'Avril mil six cent sept.

Signé, BAUDOUIN.

No. XXXV.

XXXV.
ARRÊT DU CONSEIL,

Qui, entre autres dispositions, prononce sur les contestations d'entre les Etats & la chambre des comptes de Montpellier, au sujet de la reddition des comptes des deniers extraordinaires.

Du 6 Mars 1608.

EXTRAIT *des Registres du Conseil d'Etat.*

ENTRE les syndics & députés des trois états du pays de Languedoc, demandeurs & requérants à ce que, sans avoir égard aux arrêts du conseil en date des 25 Novembre 1606, 6, 7 Avril, 2 Juin & 6 Août 1607, les deniers extraordinaires qui s'imposent pour l'acquit & payement des dettes, réparations, frais d'Etats & d'assiettes, gratifications, & autres affaires du pays, & généralement tous deniers qui n'entrent ès recettes générales de Toulouse & Montpellier, soient reçus & maniés par ceux qui feront la condition dudit pays meilleure, & que les comptes en soient rendus pardevant ceux qui seront choisis & députés par les Etats généraux ou par les diocèses, suivant ce qui est accoutumé audit pays, avec défenses à la chambre des comptes établie à Montpellier d'en prendre aucune connoissance, & que les consuls & particuliers habitans du diocèse de Nîmes soient déchargés des amendes auxquelles ils ont été condamnés par ladite chambre, à faute d'avoir compté pardevant eux desdits deniers, d'une part : & les procureur général & députés de ladite chambre, défendeurs, d'autre. VU par LE ROI EN SON CONSEIL, l'arrêt du 21 Février dernier passé, par lequel il auroit été or-

donné, lesdites parties ouïes, qu'elles écriroient & produiroient tout ce que bon leur sembleroit pardevant aucun des conseillers dudit conseil à ce commis & député; lesdits arrêts des 25 Novembre 1606, 6, 7 Avril, 2 Juin & 6 Août 1607, par lesquels, sans avoir égard aux lettres obtenues par ledit syndic, le 14 Juin 1605, il est ordonné que les receveurs établis par Sa Majesté aux diocèses dudit pays de Languedoc, recevront & compteront en ladite chambre de tous les deniers extraordinaires qui seront imposés en l'étendue de leur charge ; extrait des délibérations des Etats généraux dudit pays tenus à Montpellier, Nîmes, Pezenas, Alby, Beziers & le Puy, ès années 1530, 1535, 1537, 1538, 1542 & 1543, par lesquels est arrêté que le Roi seroit supplié de supprimer ladite chambre sur ce qu'elle vouloit faire compter des deniers levés depuis l'établissement d'icelle, pour l'entretenement des garnisons, de l'équivalent, deniers communs & émolumens des villes, & que certain accord fait sur ce différend entre aucuns des officiers de ladite chambre & l'avocat dudit pays, seroit ratifié par lesdits Etats ; comptes des deniers imposés ès diocèses de Viviers & de Nîmes, rendus pardevant les baillifs ou autres officiers royaux, & les députés desdits diocèses ès années 1536, 1537, 1539, 1544, 1545, 1547 & 1548 ; lettres-patentes données à Remilly, le 20 Avril 1539, par lesquelles auroit été ordonné, sur les plaintes & doléances desdits Etats tenus en la ville d'Alby, que ladite chambre ne prendroit connoissance des deniers communs des villes, frais & dépenses des étapes, gendarmerie, équivalent & affaires extraordinaires, ni d'autres que de ceux, & en la forme & manière que la chambre des comptes établie à Paris avoit accoutumé con-

Tome VI.
F

noître auparavant l'érection de ladite chambre des comptes de Montpellier; arrêt du conseil, en date du 25 Avril 1555, par lequel est fait défenses à la cour de parlement de Toulouse, & autres juges & officiers dudit pays de prendre aucune jurisdiction ou connoissance sur les délibérations arrêtées par les gens des Etats, & commissaires députés par le Roi pour présider à l'assemblée d'iceux; autre arrêt dudit conseil, du 9 Novembre 1562, par lequel auroit été ordonné que ledit arrêt du conseil, du 25 Avril 1555, seroit exécuté, comme appartenant au Roi seul de confirmer & casser les délibérations desdits Etats; autres lettres données à Avignon, le 9 Janvier 1575, par lesquelles auroit été ordonné que les receveurs nouvellement créés en chacun diocese, n'auront aucun maniement des deniers imposés en iceux, soit pour le fait de la guerre, conservation du pays, garde des villes, ou autrement en quelque maniere que ce soit, ains de ceux tant seulement qui doivent entrer aux recettes générales; autres lettres du 24 Janvier audit an 1575, contenant que ceux qui recevroient les deniers imposés pour l'entretenement des armées commandées par les sieurs d'Uzès & de Joyeuse, en compteroient pardevant ceux qui seroient députés par le pays, à l'assistance toutefois d'aucuns des officiers du Roi, qui seroient à ce commis par Sa Majesté, à ce qu'il n'y eût aucun abus, sans qu'ils pussent être convenus en ladite chambre; autres lettres du 8 Décembre 1582, par lesquelles est ordonné que les comptes des deniers levés pour les affaires du diocese de Toulouse, seront rendus pardevant les députés des Etats d'icelui; autres lettres du 18 Novembre audit an 1582, par lesquelles est fait défenses aux trésoriers de France de prendre aucune connoissance des deniers levés pour les affaires dudit pays; arrêt dudit parlement de Toulouse séant à Carcassonne en l'an 1591, par lequel l'édit portant attribution à ladite chambre des comptes des recettes générales du pays, est vérifié, à la charge des privileges d'icelui, concernant la maniere des comptes des deniers municipaux; édit de l'an 1599, par lequel, suivant lesdites lettres du 20 Avril 1539, & 9 Janvier 1575, il est ordonné que lesdits receveurs ne pourront prétendre la recette des deniers municipaux imposés par les Etats, ou ès assemblées des assiettes, pour l'acquittement des dettes, vivres, munitions, fortifications, réparations, & autres affaires dudit pays, & que les comptes d'iceux n'en seront rendus que pardevant les commis & députés par les Etats généraux ou dioceses; autres lettres du 14 Juin 1605, par lesquelles il est ordonné, conformément audit édit de l'an 1599, que les comptes desdits deniers seront rendus pardevant les commissaires députés par lesdits Etats, dioceses & villes, à la charge d'envoyer pendant trois ans, par chacun an, l'état de recette & dépense desdits deniers, pour voir l'emploi & distribution d'iceux, & la forme en laquelle il auroit été procédé, pour ce fait, en être ordonné par Sa Majesté; arrêt du conseil, en date du 20 Juillet 1605, donné au profit du syndic du Rouergue; instructions des commissaires des trois états tenus en l'an 1604, baillées au commissaire principal du diocese d'Agde, & tout ce qui a été produit par desdits demandeurs; lettres de l'an 1442, 1463, 1465 & 1481, accordées au général & particuliers dudit pays de Languedoc, contenant abolition & remise des divertissemens des deniers royaux, impositions sur les denrées & marchandises, & autres cas mentionnés esdites lettres ; autres lettres en forme de chartre, du mois de Mars 1483, par lesquelles est mandé à la chambre des comptes de Paris allouer les sommes de deniers imposées par ordonnances desdits Etats, tant pour les affaires du Roi, que pour celles dudit pays, déclarant les radiations qui en pourroient être faites, de nul effet & valeur ; édit de l'an 1522, contenant la création de ladite chambre des comptes à Montpellier, aux mêmes prérogatives, prééminences, franchises & libertés que celle de Paris, pour ouïr les comptes des grenetiers, receveurs des aydes, octrois, crûe, équivalent, blanque, & autres deniers extraordinaires, desquels les auditeurs de ladite chambre des comptes à Paris, & autres commissaires avoient accoutumé ouïr les comptes, réservés ceux des recettes générales & des recettes ordinaires des trois sénéchaussées dudit pays ; lettres de l'an 1531 en forme de réglement d'entre les chambres des comptes de Paris & de Montpellier, par lesquelles il est ordonné que les comptes des grenetiers, receveurs des aides, octrois, crûes, équivalent, blanque, & autres deniers extraordinaires dudit pays, seront ouïs & examinés en ladite chambre de Montpellier ; lettres de l'an 1540 signées, par le Roi en son conseil, Bochetel, par lesquelles, sur ce que le procureur général en ladite chambre avoit remontré que nosdites lettres données à Remilly le 20 Avril 1539, étoient contraires à l'édit de création de ladite chambre, audit réglement du 20 Juillet 1531, & avoient été données sans ouïr la partie, il est ordonné que le syndic desdits Etats seroit appelé, &, cependant, par maniere de provision, que ladite chambre de Montpellier auroit la connoissance des comptes de l'équivalent, & autres deniers mentionnés aux édits, arrêts & ordonnances du conseil, nonobstant lesdites lettres du 20 Avril 1539, l'effet desquelles est mis en surséance, jusques à ce qu'autrement en eût été ordonné ; exploit de signification desdites lettres fait au syndic dudit païs : comptes desdits deniers extraordinaires, rendus en ladite chambre ès années 1522, 1553, 1556, 1559, 1560, & 1565 ; extrait de plusieurs autres comptes des années 1525, 1527, 1533, 1547, & autres années ensuivantes ; extraits des délibérations desdits Etats tenus ès années 1550, 1551, 1552 & 1559 ; lettres du 5 Juillet 1571, & 18 Janvier 1574, par lesquelles il est mandé à ladite chambre faire compter des dépenses du siege de Nîmes, & de tous les deniers levés pendant les troubles, tant par les catholiques que par ceux de la religion prétendue reformée, déclarant n'avoir entendu qu'autres que ladite chambre en connoissent ; arrêt du 19 Mai 1599, par lequel il est ordonné que ladite chambre connoîtra de tous les deniers extraordinaires qui seront imposés sur les habitans du diocese du Puy, tout ainsi que la chambre des comptes à Paris avoit ci-devant accoûtumé d'en connoître ; édits des années 1589 & 1590, contenant attribution à ladite chambre de Montpellier, de tous les comptes de quelque nature & condition qu'ils soient, de l'étendue du ressort des cours de parlement & des aydes de ladite province, & spécialement du domaine & recettes générales ; lettres du 15 Décembre 1595, contenant que le syndic du païs de Languedoc avoit par surprise fait comprendre les deniers extraordinaires en l'interdiction faite à ladite chambre de connoître des deniers communs & patrimoniaux ; réponse sur le cahier des Etats, présenté au Roi l'an 1597, que tous les deniers qui seront levés en vertu des commiſſions de Sa Majeſté, ſeront rendus par ſes officiers, où il y en aura d'établis, ſinon par ceux qui ſeront commis par les dioceſes, & qu'il ſera compté de tous leſdits deniers en ladite chambre; autres lettres du 18 Novembre 1598, par leſquelles il eſt ordonné, ſans avoir égard à l'arrêt de la cour des aydes établie audit Montpellier, du 28 Septembre audit an, que les deniers impoſés pour l'acquit des dettes & autres affaires du païs ſeront rendus en ladite chambre, à laquelle eſt fait défenſes de connoître des deniers communs, municipaux & patrimoniaux; réglement fait par le Roi, le 3 Décembre 1598, entre ladite cour des aydes & les tréſoriers de France en ladite province, par lequel il eſt ordonné que ceux qui ont reçu les deniers extraordinaires impoſés ſur les dioceſes, villes & communautés, en préſenteront état auxdits tréſoriers généraux, & en compteront à ladite chambre; arrêt du conſeil en date du 14 Février 1606, ſur la vérification des dettes du païs de Rouergue; & tout ce que par leſdits procureur général & députés de ladite chambre des comptes a été écrit & produit pardevers les commiſſaires à ce députés; après que leſdites parties ont été pluſieurs & diverſes fois ouïes : LE ROI EN SON CONSEIL, a fait & fait inhibitions & défenſes auxdits Etats, villes & communautés, ſur les peines portées par ſes ordonnances, de faire aucune levée de deniers, pour quelque cauſe & occaſion que ce ſoit, ſans lettres-patentes de Sa Majeſté, ſcellées de ſon grand ſceau; & à ce que ladite province ne ſoit chargée d'aucunes impoſitions, que pour les dépenſes néceſſaires & qui ne ſe peuvent éviter; Sadite Majeſté a permis impoſer pour les frais des trois états juſques à la ſomme de dix mille livres tant-ſeulement; pour les aſſiettes & autres frais ordinaires des dioceſes, ce qui leur ſera ordonné ſur l'état qu'il leur eſt enjoint envoyer au conſeil dans quatre mois de la dépenſe ordinaire qu'il leur convient faire; pour les villes capitales des dioceſes, neuf cents livres; pour les chefs de viguerie, ſix cents livres; & pour les autres, trois cents livres; ſauf à augmenter leſdites ſommes pour les villes capitales de ladite province, après qu'elles auront répréſenté au conſeil l'état de leurs deniers d'octroi, municipaux & patrimoniaux, & de la dépenſe qu'elles ont à ſupporter par chacun an, leſquelles ſommes de deniers ſeront impoſées en vertu des lettres-patentes de Sa Majeſté, qui ſeront expédiées avec les commiſſions qui s'envoyent auxdits Etats pour la levée des deniers de Sa Majeſté, & taxées modérément; & ſeront leſdits deniers reçus par ceux qui feront la condition du païs meilleure, dont ils ne ſeront tenus compter à ladite chambre; & touteſfois où il ſurviendroit quelque néceſſité publique, ſoit pour payement de dettes, réparations d'égliſes, ponts & chauſſées, frais de procès & autres, auxquels leſdites ſommes ne pourroient ſuffire, leſdits Etats, dioceſes & villes ſe retirant pardevers le Roi, leur ſera pourvu de commiſſion pour lever telle ſomme de deniers qu'il ſera néceſſaire pour le bien du païs, pour iceux être reçus par les receveurs de Sa Majeſté, & en compter par eux à ladite chambre; & pour le regard des deniers qui s'impoſeront pour les fortifications, réparations, munitions, vivres, entretenement de garniſons, ſubvention de cent vingt mille livres, tant & ſi longuement qu'elle aura lieu, gratifications, & autres généralement quelconques qui ſeront levées en ladite province, ils ſeront ſemblablement reçus par leſdits receveurs établis par le Roi auxdits dioceſes.

& par eux mis ès mains des receveurs généraux des finances de ladite province, lesquels n'auront pour le maniement, port & voiture desdits deniers, que les mêmes taxations qui sont attribuées aux receveurs des autres généralités ; à savoir, les receveurs généraux, deux deniers, & les receveurs particuliers, trois deniers pour livre, en prenant par eux lettres d'attribution, & seront lesdits receveurs tenus vérifier leurs états de recette & dépense pardevant les trésoriers de France qui les envoyeront au conseil, pour y être vus & arrêtés, pour après en compter à ladite chambre, laquelle ne pourra prendre pour ses épices de l'augmentation du compte des receveurs généraux, que cinquante livres, & vingt livres pour ceux desdits receveurs particuliers, faisant défenses à ladite chambre de rendre lesdits Etats, dioceses & villes, redevables aux receveurs par la fin & cloture de leurs comptes. Et à cette fin Sa Majesté a permis & permet au syndic desdits Etats, dioceses & villes, impugner & débattre lesdits comptes, desquels leur sera baillé communication : comme aussi Sadite Majesté a permis & permet imposer par chacun an, pour, les gratifications accoutumées être faites en ladite province, ce qui sera porté par les lettres patentes qui en seront expédiées par chacun an : & pour d'autant plus favorablement traiter ladite province, Sadite Majesté défend aux officiers de ladite chambre d'user d'aucune radiation ès comptes qui seront rendus en icelle, conformément à l'arrêt du 2 Juin dernier, pour tout le passé jusques à présent, sans en donner avis au conseil ; ains leur enjoint envoyer un extrait des parties qu'il leur semblera devoir être rayées, ou avoir quelque notable difficulté en l'allocation d'icelles, pour être pourvu selon le bon plaisir de Sa Majesté ; a déchargé & décharge les consuls & habitans du diocese de Nîmes, des amendes, doublement & tiercement, auxquels ils ont été condamnés par ladite chambre, à faute d'avoir satisfait auxdits arrêts des 7 Avril, 2 Juin, & 6 Août derniers, enjoignant très-expressément auxdits Etats, dioceses, villes & communautés de ladite province, suivre de point en point le réglement porté par le présent arrêt, sans y contrevenir, en quelque sorte & maniere que ce soit. FAIT au conseil d'état du Roi, tenu à Paris, le sixieme jour de Mars 1608. *Collationné*, HUILLIERE, *signé*.

XXXVI.
ÉDIT,

Portant création d'office de receveurs des deniers extraordinaires anciens, alternatifs & triennaux dans les vingt-deux dioceses de Languedoc.

Du mois de Novembre 1609.

HENRI, PAR LA GRACE DE DIEU, ROI DE FRANCE ET DE NAVARRE : A tous présens & advenir, SALUT. Par édict du mois de Janvier 1572 faict par notre très-honoré seigneur & pere Charles neuvieme, les offices des receveurs extraordinaires anciens des tailles en notre païs de Languedoc auroient esté créés pour faire la recette & administration de tous les deniers ordinaires & extraordinaires qui s'imposeroient & leveroient aux vingt-deux diocezes dudit païs, aux gages & taxations d'ung sol pour livre ; & depuis, par autre édict de création des offices de receveurs alternatifs desdits diocezes, lesdits gages & taxations auroient esté réglés à gages certains pour raison des deniers de l'ayde, octroy, cruë & taillon qui sont les deniers ordinaires entrans en nos recettes générales, &

quant aux extraordinaires imposés pour les affaires généraulx de notredit païs & particuliers desdits diocezes, lesdites taxations d'un sol pour livre leur auroient esté confirmées par plusieurs arrests de notre grand conseil, mesme par nos lettres de déclaration du 26 Janvier 1594 : néantmoings, soubs prétexte de certaines provisions obtenuës tant des feux Roys nos prédécesseurs que de Nous par aulcungs depputés de notre païs pourtant permission auxdits diocezes de bailler la recette & administration des deniers extraordinaires à ceulx qui faisoient la condition meilleure, confirmée par notre édict du mois de Septembre 1599, sur les articles accordés entre nos chers & bien-amés les gens des trois-estats de notredit païs de Languedoc, & nos amés & féaux conseillers les sieurs de Maisse & de Refluge, commissaires par Nous depputés, plusieurs désordres & abus ont esté commis en ladite recepte & administration, ayant esté le plus souvent baillées à personnes privés, par l'intelligence que la pluspart avoient ordinairement avec aulcungs des commissaires depputés & syndics desdits diocezes qui leur avoient accordé & alloué en leurs comptes plusieurs droits & taxations excessives, soubs prétexte de dédommagement, gratifications ou autrement excédants en effect ledict sol pour livre : Ce qu'ayant esté recoigneu, par arrest de notre grand conseil du 26 Novembre 1606 nous aurions ordonné que, conformément aux susdits édicts de création desdits offices de receveurs, tant les anciens & alternatifs que les triennaux par nous créés feront ladite recepte des deniers extraordinaires & jouiront d'ung sol pour livre, en payant la finance à laquelle ils seront taxés ; & encores par autre arrest de notre conseil contradictoirement entre les syndics & depputés des gens des trois-estats & notre procureur général de notre chambre des comptes dudit païs du 6 Mars 1608, auroit été ordonné que ladite recepte & administration seroict faicte par nosdits receveurs, à raison de trois deniers pour livre seulement, en prenant de nous lettres d'attribution, contre lequel arrest lesdits receveurs auroient formé opposition en ce qui les concerne, & faict assigner ledit syndic général de notredit païs en notre conseil, pour voir ordonner qu'ils jouiront dudit sol pour livre, lequel despuis auroict esté accordé volontairement à aucunlg desdits receveurs par lesdits diocezes, & outre ce plusieurs taxations & gratifications excessives, ce qu'auroict servi de prétexte aux autres receveurs, auxquels n'auroict esté payé que lesdits trois deniers pour livre, de faire beaucoup de fraix & rigoureuses exécutions sur notre pauvre peuple qui a supporté & pourroict souffrir à ceste occasion beaucoup de ruyne & oppression ; à quoi estant très-nécessaire de remédier par ung bon ordre, non-seulement en réglant ledit droit de levée, & le rendant certain, sans pouvoir estre augmenté ni diminué à l'advenir ni lesdits deniers, desirant d'ailheurs pourvoir au soulagement de nos subjects & voulant que la recepte & despense desdits deniers qui se leveront en notredit païs de Languedoc soict faicte par nos officiers, ainsin qu'il est requis pour le bien de notre service & soulagement de nos subjects. POUR CES CAUSES & autres considérations à ce nous mouvans, de l'advis de notre conseil, auquel ceste affaire a esté mûrement délibérée, & de notre pleine puissance & autorité royalle, Avons par notre présent édit perpétuel & irrévocable, créé & érigé, créons & érigeons en tiltre d'office en chescung des vingt-deux diocezes de notredit païs de Languedoc trois offices de receveurs desdits deniers extraordinaires, ancien, alternatif & triennal, pour y être dès-à-présent & désormais, advenant vacation, pourvû par nous & nos successeurs de personnes suffisantes & capables, moyenant la finance qu'ils payeront en nos parties casuelles, pour desdits offices jouir aux honneurs, authorités, prérogatives, franchises, libertés, tels & semblables dont jouissent & doibvent jouir nos autres receveurs du domaine & des tailles, lesquels receveurs par nous ainsin créés seront tenus garder & observer les ordonnances & réglements faits pour la levée de nos deniers ordinaires, & chacun en l'année de leur exercice feront la recepte & administration de tous les deniers extraordinaires qui s'imposeront & leveront sur lesdits diocezes, tant pour les fortifications, repparations, munitions, vivres, soldes, entretenement des garnisons, emprunts, subventions, gratifications, payements des debtes, que fraix de procès, d'Estats & d'assiettes, & généralement de tous autres, pour quelque cause & occasion que ce soict, excepté seulement les deniers de l'ayde, octroy, cruë & taillon que sont nos deniers ordinaires, sans que ledit païs, diocezes, receveurs de nosdits deniers ordinaires ni autres personnes puissent estre admis ni receus à les rembourser de leursdits offices, pour l'assurance de laquelle recepte & administration ils bailleront bonnes & suffisantes cautions pardevant nos amés & feaux les trésoriers generaulx de France à Toulouse & Montpellier, tout ainsin qu'est accoustumé faire pour nosdits deniers ordinaires, pardevant lesquels aussi ils feront estat de leur administration, pour après en compter à notre chambre des comptes dudit Montpellier, pour laquelle levée & administration, fraix & voyages, pour faire ledit estat & compte, & fraix des comptes, lesdits receveurs ne pourront prendre que ledit sol pour livre dont leur sera faict fonds par lesdits dioceses, ensemble des espices desdits comptes qui ne pourront excéder celles de nosdits deniers ordinaires, pour estre les deniers qui se trouveront deubs par la fin & cloture d'iceulx comptes employés à l'acquit ou décharge de nos subjects sur lesquels la levée auroict esté faicte, & d'aultant moings imposés l'année saivante, sans pouvoir estre divertis. SI DONNONS EN MANDEMENT à nos amés & féaulx conseillers les gens de nosdits comptes à Montpellier & trésoriers generaulx de France à Tholose & audit Montpellier chescung en droict soy, que notre présent édict ils facent lire, publier & enregistrer, entretenir, garder & observer de poinct en poinct, selon sa forme & teneur, cessant & faisant cesser tous troubles & empeschements au contraire, & desdits offices jouir plainement & paisiblement ceulx qui en seront prouveus : CAR tel est notre plaisir, nonobstant oppositions ou appellations quelconques, pour lesquelles & sans préjudice d'icelles ne voulons estre differé, en reservant à nous & à notredit conseil la connoissance, & icelle interdisant à tous nos autres juges, & nonobstant aussi le susdit édit du mois de Septembre 1599 & tous autres édicts, ordonnances, réglements, arrests & autres à ce contraires, auxquelles & aux desrogatoires d'icelles nous avons desrogé & desrogeons par ses présentes. Et affin que ce soict chose ferme & estable à toujours nous & avons faict mettre notre scel, saulf ès autres choses notre droict, & l'aultruy en toutes. DONNÉ à Paris au mois de Novembre, l'an de grace mil six cent neuf, & de notre regne le vingt-unieme. *Signé*, HENRI; *Et sur le repli est escript:* Par le Roi. DE LOMENIE, *signé. Et à*

XXXVII.

Articles accordez entre les syndics generaux de la prouince de Languedoc, & les receueurs des tailles des vingt-deux diocefes d'icelle, pour la levée des deniers extraordinaires.

Du 20 Novembre 1610.

Articles accordez foubs le bon plaifir du Roy, & de nofseigneurs de fon confeil; entre mesfieurs maiftre Pierre de Bardichon, George d'Efpaigne, & Iean de Lamote, fyndics generaux du pays de Languedoc, & maiftre Antoine Formie, receueur des tailles du Viuarés, & Guillaume Garrigues, receueur defdites tailles au diocefe de Carcaffonne, procureurs deuement fondez; fçauoir, ledit Formie, de maiftre Izac Poiteuin, Gabriel Grefeuilhe, receueurs des tailles du diocefe de Montpelier, & affifté de maiftre Moïfe Efcudier, receueur du diocefe d'Agde, Pierre Daugier, & François Maffauue, receueurs du diocefe de St. Pons, Iean Efperonnat, receueur de Mende; & ledit Garrigues, fubftitut de maiftre Guillaume Michaëlis, receueur defdites tailles du diocefe de Tolofe, & procureur, & fcindic de tous les receueurs & particuliers des tailles des vnze diocefes de la generalité de Tolofe; enfemble de maiftre Iean de Laroche, receueur dudit pays de Viuarez, ainfi qu'apert defdites procurations & fubftitutions, & comme fe faifans forts de tous les autres receueurs dudit pays de Languedoc, pour raifon des differents que les diocefes d'iceluy pays, ont & peuuent auoir auec lefdits receueurs, à caufe de la leuée & taxation des deniers extraordinaires qui s'impofent en icelles.

I.

Premierement a efté accordé, que ledit pays pourfuiura, quand bon luy femblera, la confirmation & obferuation de l'édit fait par le Roy au mois de Septembre 1599, fur le traicté accordé audit pays par MM. de Maiffe & de Reffuge, en ce qui concerne la leuée des deniers communs patrimoniaux, & autres extraordinaires qui s'impofent, tant efdits diocefes, que villes & communautez dudit pays. Comme auffi feront tenus de pourfuiure aux fraix & defpens dudit pays la reuocation de l'édit fait par le Roy, portant creation de trois receueurs des deniers extraordinaires en chacun diocefe; à quoy lefdits receueurs ne donneront aucun empechement, mais bien de leur poffible ayderont à ce que ledit pays puiffe le tout obtenir.

II.

Et la confirmation dudit édit de l'année 1599, obtenuë, & reuocation defdits nouueaux offices; a efté accordé, que ledit pays ou lefdits diocefes bailleront foûs les charges & conditions cy-deffoûs écrites, comme dés-à-prefent, baillent aufdits receueurs, & leurs fucceffeurs en leurs offices, la leuée de tous les deniers qui s'impoferont efdits diocefes, de quelle forte & maniere qu'ils foient, fauf les deniers de l'ayde, octroy, creüe & taillon, defquels ils ont la leuée en vertu de leurs offices, pour faire la leuée & cueillette de tous lefdits deniers qui s'impoferont fur le général defdits diocefes, conjointement ou féparément, felon les conuentions ou délibérations des affiettes & affemblées defdits diocefes, en vertu du préfent traicté, & fans que lefdits diocefes en puiffent bailler

bailler la leuée à aucuns autres, ny que lesdits receueurs se puissent exempter ny décharger de la faire pour quelque occasion ou prétexte que ce soit.

III.

Pacte accordé que lesdits receueurs ne pourront aucunement prétendre la leuée des deniers qui s'imposeront és villes & communautez, ny pour raison de ce prétendre aucune chose.

IV.

Pacte que lesdits receueurs seront tenus payer comptant & par aduance, à la fin de l'assiette desdits dioceses, les frais ordinaires d'icelle ; ensemble les iournées & vacations des consuls & députez par eux employées aux estats-généraux, les gages & taxations des syndics, greffier, & autres députez qui seront comprins en ladite assiette ordinaire ; & neantmoins ne seront lesdits frais imposez sur le diocese qu'aux termes ordinaires des commissions des commissaires des Estats, pour la leuée des deniers du Roy, & autres dudit pays, & par payemens esgaux en chacun quartier, sans pour ladite aduance prétendre aucuns despens, dommages & interests, ny gratifications.

V.

Comme aussi seront tenus de payer comptant aux termes desdites impositions, la portion desdits dioceses des frais des Estats qui s'imposent tous les ans pour les frais ordinaires d'iceux, ensemble la portion desdits dioceses des gratifications des seigneurs gouuerneurs & lieutenans généraux pour le Roy audit pays ; & neantmoins ne seront imposez sur lesdits dioceses qu'aux termes des deniers du Roy, pour rendre tous les termes & payemens esgaux au soulagement du peuple, en payant toutes-

Tome VI.

fois ausdits receueurs les intérests desdites aduances, de la portion entière pour huict mois, à raison seulement du denier seize l'année.

VI.

Pacte que lesdits receueurs seront tenus de cautionner bien & deuëment esdits dioceses pour la leuée & employ desdits deniers du pays, & desdits dioceses, tout ainsi comme ils ont accoustumé de faire pour les deniers du Roy ; & seront tenus de renouueller lesdites cautions quand ils en seront requis par lesdits dioceses en l'assemblée des assiettes, & pardeuant les commissaires députez d'icelles ; & à faute de ce faire sera permis ausdits dioceses de bailler la leuée desdits deniers à autres suffisans & capables, & sous la folle enchere desdits receueurs.

VII.

Pacte que lesdits receueurs ne pourront contraindre les collecteurs desdites villes & communautez au payement de leurs taxes que quinze iours aprez le quartier, & des iours des payemens écheus ; & iceux quinze iours passez, pourront mander vn messager seul aux mandemens & consulats, selon les estats & départemens baillez ausdits receueurs par lesdits dioceses, qui n'auront payé & aduerti lesdits collecteurs de faire les payemens dans huict iours aprez, lequel messager pourra prendre six sols de chacun mandement & consulat qui sera en demeure ; & lesdits huict iours passez, y pourront mander vn huissier ou sergent qui aura vingt sols par iour.

VIII.

Seront tenus lesdits receueurs & leurs commis, receuoir desdits collecteurs les deniers qu'ils leur apporteront, & leur en faire quittance, bien

G

que le payement du quartier n'y fut entier ; & ne pourront prendre aucun droit de quittance, que lors qu'une nature de deniers sera payée entierement, & pour icelle deux sols six deniers pour une fois tant seulement.

IX.

Pacte accordé, qu'ils seront tenus de prendre & recevoir les especes d'or & argent des collecteurs des villes & communautez desdits dioceses au prix du cours commun & ordinaire desdits dioceses, & du lieu où sera le bureau principal de ladite recepte.

X.

Pacte aussi accordé que lesdits receueurs seront tenus d'acquitter en deniers comptans toutes & chacunes les sommes & parties de leurs départemens & assiettes, sans qu'il leur soit loisible de bailler aucun mandement ny rescription sur aucun desdits collecteurs, aux termes portez par les impositions, sauf en temps de guerre, que Dieu ne veuille ; auquel cas ils ne seront tenus de payer la cottité des lieux esclipsez, impuissans ou affligez de peste, qu'à mesure qu'ils en feront la leuée : & releueront lesdits dioceses de tous despens, dommages & interests qui pourront estre faits ou prétendus contre lesdits dioceses par les receueurs généraux, tresoriers de l'extraordinaire de la guerre, tresoriers & receueurs de la bource du pays & autres, à quoy les deniers desdites assiettes auront esté ordonnés, & ce pour les sommes, comme dit est, qu'ils auront actuellement leuées, ou peu leuer.

XI.

Seront tenus lesdits receueurs, en rendant leur compte au diocese, de faire recepte entiere sans bailler aucune reprise, si ce n'est en cas de guerre, peste, famine, ou insoluabilité des parroisses, desquelles ils apporteront bonnes & suffisantes diligences, ausquelles les syndics ou deputez desdits dioceses seront appellez.

XII.

Et en consideration des présens articles, est accordé ausdits receueurs particuliers, pour le droit de lieve & taxations, six deniers pour liure de toute sorte & nature de deniers de leurs receptes, excepté les deniers de l'ayde, octroy, creuë, & taillon, desquels ils ont les gages attribuez à leurs offices, lesquels six deniers ne pourront estre augmentez ny diminuez pour quelque cause & prétexte que ce soit.

XIII.

Accordé aussi que, si lesdits receueurs establissent par délibération des dioceses, & pour la commodité du peuple & faculté de la leuée des deniers, plus que de leur bureau principal, où ils sont tenus de tenir vn commis à leurs despens, les autres commis seront payez par lesdits dioceses qui les requerront, à la charge aussi que lesdits commis seront agréés par lesdits dioceses.

XIV.

Pacte, que lesdits receueurs seront tenus de compter à leurs despens chacun an desdits deniers ausdits dioceses ; & s'il en faut faire estat & compter ailleurs, le tout sera aussi à leurs despens, sans prétendre aucunes vaccations ny reconnoissances, sauf que les espices seront payées par lesdits dioceses, qui ne seront tenus à aucuns autres frais ny despens pour ladite reddition des comptes.

XV.

Et finalement a esté accordé, que

lesdits sieurs syndics sairont authoriser le présent accord par MM. les gens des trois-estats dudit pays, & lesdit sieurs Formie & Garrigues par tous les autres receueurs desdits dioceses dans vn mois, à peine de tous despens, dommages & interests; pour estre par eux & leurs successeurs gardé & obserué de poinct en poinct sans y contreuenir directement ny indirectement.

Fait & accordé à Pezenas, le vingtiéme iour du mois de Nouembre, mil six cens dix. De Bardichon, syndic general de Languedoc, George Despaigne, syndic general de Languedoc, de Lamote, syndic general de Languedoc, Formie, Garrigues, *ainsi signez*. Et de moy Bernard de Ficubet, greffier desdits Estats soubs-signé.

XXXVIII.
ARRÊT DU CONSEIL,

Qui autorise les articles ci-dessus, & attribue aux receueurs huit deniers pour livre des deniers extraordinaires moyennant finance.

Du 29 Octobre 1611.

EXTRAICT *des Registres du Conseil d'Estat*.

VEu par le Roy en son conseil, la requeste presentée par les syndics & deputez des trois estats du païs de Languedoc, tendant à ce qu'il plaise à Sa Majesté, reuoquer l'edict du mois de Nouembre mil six cent neuf; contenant création de trois receueurs des deniers extraordinaires en chaque diocese de ladite prouince, & les maintenir en la possession, en laquelle ils ont esté de tout temps, de bailler la leuée à celuy qui fera la condition dudit pays meilleure: à tout le moins que les articles accordez entre les gens des trois estats, & les receueurs des tailles desdits dioceses pour la leuée desdits deniers royaux, soient appreuuez & confirmez. Autre requeste presentée par Iean de S. Remy, ayant contracté de la finance qui proviendroit de la composition desdits offices, tendant à ce qu'il plaise à Sa Majesté ordonner que les lettres de jussion adressantes à la chambre des comptes de Montpellier, pour la verification, luy seront expediées suivant les articles à luy accordez par Sa Majesté. Ledit edict du mois de Nouembre mil six cens neuf, contenant création d'vn receueur desdits deniers extraordinaires, ancien, alternatif & triennal à chaque diocese de ladite prouince, auec attribution de douze deniers pour liure; Articles accordez audit S. Remy, le vingt-deuxiéme Decembre audit an mil six cens neuf, par lesquels Sa Majesté luy auroit délaissé les deniers prouenans desdits offices, lesquels elle auoit promis faire taxer à la somme de neuf vingts mil liures; & moyennant ce, ledit S. Remy seroit obligé fornir dans six mois de la somme de soixante-six mil liures, à ce compris six mil liures offertes, pour seruir de desdommagement à vn nommé Iean Sartré; & en outre de racheter au profit de Sa Majesté iusques à cent quatorze mil liures de rente en principal, constituées sur les receptes dans quatre ans par esgalle portion, à la charge de joüir desdites rentes pendant ledit temps, le tout à commencer du iour de la verification dudit edict. Arrest de la chambre des comptes de Montpelier, du deuxième Iuillet mil six cens dix, par lequel ladite chambre auroit déclaré n'y avoir lieu de verifier ledit edict. Arrest du conseil, du troisiéme Avril audit an mil six cens dix, par lequel il auroit esté ordonné qu'à faute d'auoir fourni par ledit S.

Remy, ou par maistre Pierre le Coq, son associé pour ladite somme de cent quatorze mil liures de rachapt des rentes; ils y seront contraints comme pour les propres deniers & affaires du Roy. Autre arrest du conseil, du troisiéme Iuin mil six cens dix, par lequel, veu deux quittances de maistre Estienne Puget, tresorier de l'espargne, du quinziéme May audit an, l'vne de six mil liures, l'autre de soixante mil liures, lesquelles sommes ledit Puget auroit confessé auoir receu de maistre Iean Deligny, tresorier des parties casuelles, & ce des deniers prouenans de la création desdits offices, ledit S. Remy est deschargé du payement de ladite somme de soixante-six mil liures, & l'extraordinaire decerné pour le payement d'icelles réuoqué. Lesdits articles accordez entre les gens desdits trois estats, & les receueurs des tailles de ladite prouince, par lesquels lesdits estats auroient promis bailler ausdits receueurs la leuée de tous les deniers qui s'imposent esdits dioceses, fors de l'ayde, octroy & taillon, desquels lesdits receueurs font la leuée en vertu de leurs offices, sans que lesdits dioceses en puissent bailler la leuée à d'autres, ny que lesdits receueurs se puissent excuser d'en faire la recepte, à la charge que lesdits receueurs ne pourront prendre la leuée des deniers qui s'imposent pour les affaires des villes & communautez, ny pour raison de ce pretendre aucune chose; qu'ils seront tenus payer par aduance à la fin des assiettes desdits dioceses, les fraix ordinaires d'icelles, ensemble les journées & taxations des consuls & deputez employés aux estats generaux, les gages & taxations des syndics, greffiers & autres députez compris en ladite assiette ordinaire; & neantmoins que lesdits fraix ne seront imposez ny leuez qu'aux termes portez par les commissions des commissaires desdits estats, pour la leuée des deniers du Roy, & autres dudit pays, par payemens esgaux en chaque quartier, sans que pour ladite aduance, lesdits receueurs puissent prétendre aucuns despens, dommages ny interests ou gratifications: Comme aussi seront tenus lesdits receueurs payer comptant ausdits termes desdites commissions, la cottité des fraix qui s'imposent tous les ans, pour les fraix ordinaires des Estats, ensemble la portion des gratifications que le Roy voudra permettre audit pays faire au gouuerneur, lieutenant général & autres; Et neantmoins que lesdits deniers ne seront imposez qu'aux termes des deniers du Roy, en payant ausdits receueurs les interests de ladite aduance pour huict mois à raison du denier seize: Que lesdits receueurs seront tenus bailler bonnes & suffisantes cautions desdits deniers, & icelles renouueller quand ils en seront requis en l'assemblée desdites assiettes; qu'ils ne pourront contraindre les collecteurs des villes & communautez que quinze iours aprez le quartier escheu; aprez lequel, pourront enuoyer vn messager aux mandemens & consulats, pour les aduertir de payer dans huict iours aprez, lequel messager ne pourra prétendre que six sols de chacun mandement ou consulat qui sera en demeure; & lesdits huit iours passez, pourront enuoyer un sergent qui aura vingt sols par iour: Qu'ils seront tenus receuoir desdits collecteurs les deniers qui leur seront apportez, & leur en bailler quittance, bien qu'ils n'ayent payé le quartier, & ne pourront prendre aucun droit de quittance qu'aprez qu'vne nature de deniers sera entierement payée, pour laquelle ils ne prendront que deux sols six deniers tant seulement : Qu'ils feront tenus prendre les especes au prix courant, & de payer en deniers comptans, & non en quittances ny rescriptions, fors en temps de guerre ; auquel cas, ils ne feront tenus pour la cottité des lieux impuissans ou affligez de peste, que selon la recepte qu'ils en feront, & releueront lesdits dioceses de tous despens, dommages & interests que les receueurs generaux, tresoriers de l'extraordinaire, & receueurs de la bource pourront pretendre contre lesdits dioceses : Qu'ils feront recepte entiere sans aucune reprise, fors en cas de peste, guerre & famine, & insoluabilité des paroisses, desquelles ils rapporteront bonnes & suffisantes diligences, qui feront communiquées aux syndics & deputez desdits dioceses ; & moyennant ce, ledit syndic des trois estats auroit accordé ausdits receueurs six deniers pour liure de tous lesdits deniers extraordinaires pour tous droits qu'ils pourroient pretendre ; & neantmoins où il seroit requis d'establir des commis pour la commodité du peuple, ailleurs qu'en leur bureau principal, ils seront payez par les deputez des dioceses qui les receuront ; & seront lesdits receueurs tenus compter à leurs despens par-tout où il appartiendra, sans pretendre aucunes autres reconnoissances, gratifications ou taxations, sans toutesfois qu'ils soient tenus payer les espices desdits comptes qui demeureront à la charge desdits dioceses. LE ROY EN SON CONSEIL, sans auoir egard à la requeste dudit S. Remy, a reuoqué & réuoque ledit edict du mois de Nouembre mil six cens neuf, & tout ce qui a esté fait en conséquence d'iceluy ; a deschargé & descharge ledit S. Remy & ses associez des clauses & conditions portées par lesdits articles du vingt-deuxiesme Decembre mil six cens neuf. A ordonné & ordonne, conformément aux articles accordez entre lesdits syndics des trois estats dudit pays de Languedoc & les receueurs des tailles, & autres deniers royaux, que lesdits receueurs feront la recepte des deniers extraordinaires qui s'imposeront ausdits vingt-deux dioceses, aux charges & conditions portées par lesdits articles, lesquels Sa Majesté a approuuez & validez, fors & excepté pour le regard de l'article concernant les monnoyes, lesquelles ne seront exposées qu'au prix de l'ordonnance. Et pour donner plus d'occasion & moyen ausdits receueurs de s'acquitter du deuoir de leurs charges, Sadite Majesté leur a attribué huict deniers pour liure, en payant par eux finance moderée selon la taxe qui en sera faite au conseil, sans que ledit droit puisse estre cy-aprez augmenté ny diminué. Et en ce faisant, Sa Majesté a vny & incorporé inséparablement la recepte desdits deniers extraordinaires à la charge desdits receueurs des tailles. FAIT au conseil d'estat du Roy, tenu à Fontaine-bleau, le vingt-neufiéme iour d'Octobre mil six cens vnze.

Signé, DEFLECELLES.

XXXIX.
ÉDIT,

Portant révocation de celui du mois de Novembre 1609.

Du mois de Décembre 1611.

LOUIS, PAR LA GRACE DE DIEU, ROI DE FRANCE ET DE NAVARRE : A tous présents & à venir, SALUT. Le feu Roi, notre très-honoré seigneur & pere, que Dieu absolve, desirant établir ung bon ordre en la recepte & administration des deniers extraordinaires qui se levent, pour subvenir aux affaires généraulx & particuliers des vingt-deux diocefes de notre païs de Languedoc par-deffus les deniers de nos tailles, avoit par édict du mois de Novembre 1609, créé trois receveurs en chacun d'iceulx diocefes, pour faire la recepte defdits deniers extraordinaires avec attribution d'vn fol pour livre, lequel édict, notre chambre des comptes de Montpellier auroit différé de vérifier, & les gens des Eftats de notredit païs Nous en auroient demandé la révocation & reprefenté les articles accordés entre eulx & les receveurs de nos tailles, pour la recepte & adminiftration defdits deniers extraordinaires, afin que Nous pluft de les agréer & confirmer. A CES CAUSES, pour l'affection que Nous avons de gratifier nos fubjets dudit païs, & pour plufieurs autres confidérations à ce mouvans, de l'avis de la Reine Régente notre très-honorée dame & mere, & de notre confeil, avons révoqué ledit édict du mois de Novembre 1609, & tout ce qui a été fait en conféquence d'icelui, defchargeant Jean de St. Remy & fes affociés des claufes & conditions du parti par eulx faict de la finance qui proviendroit dudit édict: Voulons, ordonnons & Nous plaict par ceftuy notre édict perpétuel & irrévocable, que les receveurs de nos tailles & autres deniers qui s'impofent pour Nous audit païs, faffent auffi la recepte & defpenfes defdicts deniers extraordinaires qui s'impofent en chacun defdits vingt-deux diocefes, pour les repparations des places des frontieres, munition, vivres, foldes, entretenement des garnifons, emprunts, fubventions, gratifications, debtes, fraix d'Eftats & affiettes, & autres générallement quelconques, fors & excepté les deniers qui s'impoferont pour les affaires particulieres des villes & communautés; de laquelle recepte Nous leur avons attribué & attribuons pour leurs falaire & vaccations huit deniers pour livre, en payant par eulx finance modérée, fuivant la taxe qui en fera par Nous faicte en notre confeil, fans que ladite attribution leur puiffe être augmentée ni diminuée, laquelle Nous avons vni & incorporé à leurfdits offices, enfemble la qualité de receveurs defdits deniers extraordinaires, que Nous voullons & entendons qu'ils prennent déformais, fans que l'évaluation & taxes ci-devant faites de leurs offices, pour jouir de la difpenfe de quarante jours, & pour le droict de confirmation à Nous deub, à caufe de notre advenement à la couronne, puiffent eftre augmentées. SI DONNONS EN MANDEMENT à nos amés & féaulx confeillers les gens de notre chambre des comptes à Montpellier, de faire lire, publier & enregiftrer ce préfent notre édict, garder & obferver, fellon fa forme & teneur, nonobftant ledit édict du mois de Novembre 1609, & lettres à ce contraires, auxquelles & à la defrogatoire Nous avons defrogé & defrogeons par cefdites préfentes, nonobftant auffi oppofitions ou appellations quelconques, pour lefquelles & fans préjudice d'icelles, ne voulons eftre par vous différé, dont, fi aulcungs interviennent, Nous avons rettenu la cognoiffance à Nous & à notre confeil, l'interdifant à toutes nos cours & juges : CAR tel eft notre plaifir. Et affin que ce foict chofe ferme & eftable à tous jours, Nous avons faict mettre notre fcel à cefdites préfentes, fauf en aulcunes chofes notre droict & l'autruy en toutes. DONNÉ à Paris, au mois de Décembre, l'an de grace mil fix cent onze, & de notre regne le deuxieme : Par le Roi, la Reine Régente fa mere, préfente. *Signé*, PHELYPEAUX. Scellées du grand fceau

Nº. XXXIX.

VEU par la chambre les lettres-patentes du Roi, en forme d'édict, données à Paris, au mois de Décembre dernier, signées sur le repli : Par le Roi ; LA REINE RÉGENTE SA MERE, PRÉSENTE, PHELY-PEAUX, & scellées sur cire verte, en lacs de soye verte & rouge, du grand sceau, par lesquelles le feu Roi HENRI le Grand, desirant d'establir vng bon ordre en la recepte & administration des deniers extraordinaires qui se levent pour subvenir aux affaires généraulx & particuliers des vingt-deux diocezes de ce païs, par-dessus les deniers de ses tailhes, avoit, par édict du mois de Novembre 1609, créé trois receveurs en chacun d'iceulx diocezes, pour faire la recepte desdits deniers extraordinaires, avec attribution d'vn sol pour livre, lequel édict, la chambre auroit différé de vérifier, & les gens des trois estats de ceste province en auroient demandé à Sa Majesté la révocation, & représenté les articles accordés entre eulx & les receveurs des tailhes, pour la recepte & administration desdits deniers extraordinaires, affin qu'il lui pluft de les agréer & confirmer ; Sa Majesté, pour l'affection qu'Elle a de gratifier ses subjets dudit païs, & pour plusieurs autres considérations à ce la mouvans, de l'advis de ladite Reine sa mere & de son conseil, a révoqué ledit édict de Novembre 1609, & tout ce qui a esté faict en conséquence d'iceluy, deschargeant Jean de St. Remy & ses associés des clauses & conditions du parti par eux faict de la finance qui proviendroit dudit édict ; voulant & ordonnant que les receveurs des tailhes & autres deniers qui s'imposent audit païs, fassent aussi la recepte & despense desdits deniers extraordinaires qui s'imposeront en chacun desdits vingt-deux diocezes, pour les reparations des places-frontieres, munitions, vivres, soldes, entretenement des garnisons, emprunts, subventions, gratifications, debtes, fraix d'Estats & assiettes, & autres quelconques, fors & excepté les deniers qui s'imposeront pour les affaires particuliers des villes & communautés ; de laquelle recepte, Sa Majesté leur a attribué & attribue pour leurs salaires & vaccations huict deniers pour livre, en payant pour eux finance modérée, suivant la taxe qui en sera par Elle faicte en sondit conseil, sans que ladite attribution leur puisse être augmentée ni diminuée, laquelle, Sa Majesté a vnie & incorporée à leursdits offices, ensemble la qualité de receveurs desdits deniers extraordinaires, qu'Elle veult que lesdits receveurs prennent désormais, sans que l'évaluation & taxes ci-devant faictes de leurs offices, pour jouir de la dispense de quarante jours, & pour le droit de confirmation qu'ils doibvent à Sa Majesté, à cause de son advenement à la couronne, puissent être augmentées ; mandant Sadite Majesté, à la chambre, de faire lire, publier & enregistrer ledit édict, iceluy garder & observer sellon sa forme & teneur, nonobstant le susdit édict dudit mois de Novembre, oppositions ou appellations quelconques : Conclusions du procureur général du Roi ; & tout considéré, LA CHAMBRE, les semestres assemblés, a ordonné & ordonne que lesdites lettres en forme d'édict, seront registrées ez registres d'icelle, pour, par lesdits receveurs des diocezes, faire la recepte desdits deniers extraordinaires, tout ainsin que des deniers ordinaires, sans qu'ils y puissent être troublés, ni empeschés, soit par remboursement ou autre cause & occasion que ce soit, & à la charge que toutes lettres d'attribution seront registrées en la chambre, en laquelle ils compteront annuellement desdits deniers extraordinaires, & que l'attribution des droits d'espices portée par le susdit édict de création du mois de Novembre 1609, tiendra ainsin qu'il est porté par icelui. FAICT au bureau à Montpellier, ce neuvieme jour de Mars mil six cent douze.

TARDINIER, *signé*.

Registré aux registres de la chambre des comptes, pour le contenu en iceluy garder & effectuer, suivant l'arrêt de vérification de cejourd'hui: OUI sur ce le procureur général du Roi. A Montpellier, le neuvieme jour de Mars mil six cent douze.

Signé, TARDINIER.

XL.

LETTRES,

Portant commission aux commissaires présidens pour le Roi aux Etats, & à ceux qui seront nommés par l'assemblée desdits Etats, de procéder à la recherche de divers abus concernant la levée des deniers extraordinaires, & notamment des receveurs qui auront pris au-delà de six deniers pour livre pour la levée desdits deniers.

Du 29 Janvier 1612.

LOUIS, PAR LA GRACE DE DIEU, ROI DE FRANCE ET DE NAVARRE: A notre très-cher & amé cousin le duc de Montmorency pair & connétable de France, gouverneur & notre lieutenant général en Languedoc; &, en son absence, ou légitime empêchement, A notre cher & amé cousin le duc de Ventadour, aussi pair de France & notre lieutenant général en ladite province; & à nos amés & féaux conseillers les trésoriers généraux de France en nos généralités de Toulouse & Montpellier; SALUT. Le feu Roi Henri-le-Grand, notre très-honoré seigneur & pere, de très-heureuse & très-recommandable mémoire, desirant gratifier & favorablement traiter la Reine Régente notre très-honorée dame & mere, & lui donner moyen de supporter la dépense qu'elle faisoit journellement, lui auroit, entre autres choses, fait don de tout ce qui proviendroit de la recherche des abus, malversations & divertissemens qui pouvoient avoir été commis en la levée des deniers extraordinaires imposés sur le général dudit pays & sur les vingt-deux dioceses d'icelui, même de ce qui auroit été touché par les receveurs outre & par-dessus les six deniers pour livre pour la levée desdits deniers, & encore de tout ce qui pourroit procéder tant de la révision des comptes d'iceux, que des recherches des malversations qui pourroient avoir été commises au maniement des crues de soixante & quarante sols sur chaque quintal de sel en ladite province, suivant les brevets sur ce expédiés le 3 de Juillet 1605; en conséquence desquels diverses commissions auroient été expédiées pour être procédé auxdites recherches & révision desdits comptes par les commissaires à ce députés; l'exécution desquelles auroit été retardée à raison de divers empêchemens sur ce intervenus, même par les remontrances qui sur ce auroient été faites à ladite dame de la part des gens des trois états desdits pays de Languedoc; lesquels ladite dame, desirant pacifier ledit pays, auroit depuis subrogés en tous & chacuns les droits à elle acquis par lesdits brevets, pour, par lesdits Etats, en faire telles poursuites,

suites, ou autrement en disposer ainsi que bon leur sembleroit, pour & au profit dudit pays, aux charges & conditions mentionnées au contract sur ce fait & passé par le conseil de ladite dame le 27 Janvier 1610, & par elle ratifié le 3 Février audit an pardevant Nicolas Joly & Pierre Guerreau, notaires en notre châtelet de Paris, auquel lesdits Etats ayant satisfait de leur part, & desirant être procédé auxdites recherches & révision desdits comptes aux moindres frais que faire se pourra, afin que les abus qui pourroient être intervenus au maniement & levée desdits deniers, crue & reddition desdits comptes, puissent être réparés au profit & à l'avantage dudit pays; Nous a ces causes, suivant la très-humble supplication qui nous en a été faite par le syndic général de ladite province, ayant agréable ledit contract dont l'extrait est ci-attaché sous le contre-scel de notre chancellerie, & autorisant icelui, de l'avis de notre conseil auquel nous l'avons fait voir; estimant que nous ne pourrions pour cet effet faire meilleure ni plus digne élection que de vos personnes, tant pour la connoissance que nous avons de votre affection au bien de notre service & soulagement dudit pays, que pour les rangs & qualités que vous tenez en icelui, vous avons commis & députés, & par ces présentes commettons, ordonnons & députons, pour, en l'assemblée desdits Etats, & avec ceux qui seront à ces fins nommés par ladite assemblée jusqu'au nombre de quatre; savoir, un ecclésiastique, un de la noblesse & deux du tiers état, que nous avons pareillement commis & députés, commettons & députons conjointement avec vous, présent aussi & assistant Me. Georges Despaigne l'un des syndics généraux dudit pays, afin d'accuser en forme de droit, &, en tant-que besoin sera, débattre & impugner l'administration, maniement, levée & comptes desdits deniers & crues, & Me. Bernard de Fieubet, l'un des greffiers d'icelui, que nous avons nommé pour greffier en ladite commission, procéder en conséquence desdits brevets & contrat aux susdites recherches & révision desdits comptes & états, tant desdits receveurs & autres qui ont fait la levée & eu l'administration desdits deniers extraordinaires imposés sur le général dudit pays & sur les vingt-deux, dioceses d'icelui, que des fermiers, commis & receveurs qui ont eu le maniement desdites crues depuis l'établissement d'icelles, en quelle part que lesdits comptes & états ayent été rendus, dressés & arrêtés, contraignant à vous représenter lesdits comptes & états, ou doubles d'iceux, tous les fermiers, receveurs, commis, greffiers, ou leurs hoirs & successeurs, & tous autres qu'il appartiendra par toutes voies dues & raisonnables, comme pour nos propres deniers & affaires; même à vous exhiber & remettre ès mains les acquits & pieces justificatives rendues sur iceux: Et pour le regard de ceux qui se trouveront n'avoir encore compté de l'administration & levée desdits deniers & crues, si aucuns y en a, voulons pareillement iceux être contraints par les mêmes voies à rendre leurs comptes & remettre devers vous les pieces, acquits & états concernant iceux, que ledit syndic général pourra débattre & impugner, si le cas y échoit; pour du tout être par vous fait une entiere & exacte vérification, & les deniers qui proviendront tant desdites recherches que de ladite révision & audition de compte être employés au profit dudit pays, pour être d'autant moins imposés sur icelui; lesquelles recherches, révision & audition des comptes, où elles ne seroient parachevées pendant la tenue desdits Etats, vous pourrez continuer hors de ladite assemblée, avec ceux qui seront nommés par icelle, & présent ledit syndic général, en tel lieu & temps que par vous & les gens de nosdits Etats sera avisé, & aux moindres frais que faire se pourra. De ce faire, vous avons donné & donnons plein pouvoir, puissance & autorité, commission & mandement spécial par cesdites présentes. Mandons & enjoignons à tous nos justiciers, officiers & sujets qu'à vous en ce faisant obéissent, donnent & prêtent conseil, aide & main forte, si besoin est; & à tous huissiers & sergens faire tous exploits, significations, exécutions, contraintes & autres actes que besoin sera pour l'exécution des présentes, sans que pour ce ils soient tenus demander placet, visa ni paréatis, nonobstant oppositions & appellations quelconques, & sans préjudice d'icelles, la connoissance desquelles nous avons réservé à nous & à notredit conseil, icelle interdisant à tous autres juges, & nonobstant quelconques commissions qui pourroient ci-devant avoir été pour ce regard expédiées, lesquelles, au moyen de ces présentes, nous avons révoqué & révoquons; voulons & nous plaît icelles être & demeurer nulles & de nul effet & valeur, nonobstant aussi toutes ordonnances, arrêts, provisions & réglemens à ce contraires, auxquels & aux dérogatoires y contenues nous avons dérogé & dérogeons par cesdites présentes signées de notre main : CAR tel est notre plaisir. DONNÉ à Paris le vingt-neuvieme jour de Janvier l'an de grace mil six cent douze & de notre regne le deuxieme. Par le Roi, la Reine régente sa mere présente, PHELYPEAUX, *signé*.

Et scellées du grand sceau en cire jaune sur simple queue.

XLI.

ARTICLES *accordés entre les syndics & députés des gens des trois-états de la province de Languedoc & les députés de la chambre des comptes de Montpellier.*

Du 24 Février 1612.

Avec l'arrêt du conseil du 26 Juin de ladite année qui autorise & homologue lesdits articles.

Ces deux pieces sont dans le premier volume de cette collection, livre I, titre II, section III, nombre II, page 463 & suivantes.

XLII.

ARRÊT DU CONSEIL
ET LETTRES PATENTES,

Sur l'exécution de l'édit du mois de Décembre 1611.

Du 17 Avril 1612.

EXTRAIT *des Registres du Conseil d'Etat.*

LE ROI ayant, par arrêt de son conseil du vingt-unieme jour d'Octobre, & édit du mois de Décembre dernier, révoqué l'édit du mois de Novembre 1609, contenant création de trois offices de receveurs en chacun des vingt-deux dioceses du païs de Languedoc, pour la recette des deniers extraordinaires levés pour les affaires généraux & particuliers desdits dioceses, & voulant que le réglement porté par ledit édit du mois de Décembre dernier, & arrêt de la chambre des comptes de Montpellier, du neuvieme jour de Mars aussi ensuivant, sur la vérification d'icelui, soit observé, & prévenir les longueurs qui pourroient intervenir à l'exécution dudit édit, a ordonné & ordonne que l'arrêt de ladite chambre des comptes de Montpellier, du neuvieme jour de Mars dernier, sur la vérification dudit édit, sortira son plein & entier effet, & que les receveurs desdites tailles payeront la finance de ladite attribution de huit deniers pour livre, suivant la taxe faite en son conseil au porteur des quittances du trésorier des parties casuelles dans la ville de Montpellier, deux mois après le commandement qui en aura été fait à personne ou domicile, & que, moyennant ledit payement, ils jouiront pour le passé du droit à eux accordé par les dioceses, à cause de la recette desdits deniers, s'ils ne l'ont restitué, comme aussi ceux qui n'ont composé avec lesdits dioceses, jouiront de ladite attribution de huit deniers pour livre, pour la recette qu'ils ont faite desdits deniers extraordinaires des années desquelles les comptes n'ont encore été rendus, & à faute dudit payement dans ledit temps, Sa Majesté permet aux porteurs desdites quittances de commettre à la recette desdits deniers extraordinaires, & de prendre les droits de huit deniers pour livre, faisant défenses auxdits receveurs des tailles de s'y entremettre, & à ladite chambre leur passer aucun droit ni taxations pour lesdits deniers extraordinaires ès comptes qui seront rendus en icelle des années passées, leur enjoint faire contraindre lesdits receveurs & leurs cautions payer ès mains des receveurs généraux des finances de Toulouse & Montpellier les deniers qu'ils auront pris & retenus pour lesdits droits & taxations au préjudice de ce qui en a été ordonné par arrêt dudit conseil, du neuvieme jour de Mars 1608, lesquels lesdits receveurs généraux payeront en son épargne, ainsi que Sa Majesté leur ordonnera. FAIT au conseil d'état du Roi, tenu à Paris, le dix-septieme jour d'Avril 1612. BAUDOUIN, signé.

LOUIS, PAR LA GRACE DE DIEU, ROI DE FRANCE ET DE NAVARRE: A nos amés & féaux conseillers les gens de nos comptes à Montpellier, SALUT. Ayant, par arrêt de notre conseil du vingt-unieme jour d'Octobre, & notre édit du mois de Décembre derniers, révoqué notre édit du mois de Novembre 1609, contenant création de trois offices de receveurs en chacun des vingt-deux dioceses de Languedoc, pour la recette des deniers extraordinaires levés pour les affaires généraux & particuliers desdits dioceses, & voulant que le réglement porté par notre édit du mois de Décembre dernier, & votre arrêt du neuvieme Mars aussi ensuivant, sur la vérification d'icelui, soit observé, & prévenir les longueurs qui pourroient intervenir à l'exécution dudit édit, avons ordonné & ordonnons que ledit arrêt par vous donné le neuvieme Mars dernier, sur la vérification dudit édit, sortira son plein & entier effet, & que les receveurs desdites tailles payeront la finance de l'attribution de huit deniers pour livre, suivant la taxe faite en notre conseil aux porteurs des quittances du trésorier de nos parties casuelles dans notre ville de Montpellier, deux mois après le commandement qui en aura été fait à leur personne & domicile, & que moyennant ledit payement ils jouiront pour le passé du droit à eux accordé par les dioceses, à cause de la recette desdits deniers, s'ils ne

H ij

l'ont restitué; comme aussi ceux qui n'ont composé avec lesdits dioceses, jouiront de ladite attribution de huit deniers pour livre pour la recette qu'ils ont faite desdits deniers extraordinaires des années desquelles les comptes n'ont encore été rendus, & à faute dudit payement dans les trois mois, permettons aux porteurs desdites quittances de commettre à la recette desdits deniers extraordinaires, & prendre ledit droit de huit deniers pour livre, & faisons défenses auxdits receveurs des tailles de s'y entremettre, & à vous de leur passer aucun droit de taxations pour lesdits deniers extraordinaires ès comptes qui seront rendus en icelle des années passées, & vous enjoignons faire contraindre lesdits receveurs & leurs cautions de payer ès mains des receveurs généraux de nos finances de Toulouse & Montpellier, les deniers qu'ils auront pris & retenus pour lesdits droits & taxations, au préjudice de ce qui en a été ordonné par arrêt de notre conseil du 5 Mars 1608, par lequel Nous ordonnons aux receveurs généraux payer en notre épargne, ou en acquitter les assignations qui seront levées sur eux par les trésoriers de notre épargne, ainsi que nous l'ordonnons. A CES CAUSES, Nous, suivant ledit arrêt de notre conseil ci-attaché sous le contre-scel de notre chancellerie, vous mandons & ordonnons notredit arrêt & ces présentes faire enregistrer, & iceux faire observer, entretenir & exécuter selon leur forme & teneur. De ce faire vous donnons tout pouvoir, autorité & mandement spécial : CAR tel est notre plaisir. DONNÉ à Paris, le dix-septieme jour d'Avril, l'an de grace mil six cent douze, & de notre regne le deuxieme : Par le Roi en son conseil, *signé* BAUDOUIN. Et scellées du grand sceau en cire jaune.

XLIII.
TRAITÉ
Relatif à l'exécution de l'arrêt du conseil du 17 Avril 1612.

Du 30 Avril 1612.

PArdevant les notaires & gardes nottes du Roi notre Sire en son châtelet de Paris soussignés, fut présent & comparu personnellement Me. Jean Dalmas, l'un des fermiers des gabelles de Languedoc, demeurant en la ville de Montpellier, lequel a promis, sera tenu, promet & s'engage de bailler & payer à notable homme Me. Florent d'Argouges, conseiller & trésorier général des maison & finances de la Reine régente, en son hôtel de cette ville de Paris, dedans six mois, ou au porteur des présentes pour lui, la somme de quatre-vingt-onze mille quatre cents livres tournois, en icelle comprises quatre cents livres pour le droit des trésoriers des parties casuelles, icelle somme de quatre-vingt-onze mille quatre cents livres, franche & quitte de tous frais & dépenses généralement quelconques, & à laquelle somme ledit Dalmas a traité & composé le forfait avec ledit sieur d'Argouges à ce présent & acceptant, pour la valeur & contenu en soixante-six quittances des parties casuelles, signées de Montesert, & controllées, les noms en blanc, des taxes faites au conseil du Roi sur les receveurs anciens, alternatifs & triennaux des tailles des vingt-deux dioceses de Languedoc, pour jouir par eux de l'attribution de huit deniers pour livre des deniers extraordinaires qui s'imposeront esdits dioceses, suivant l'édit pour ce expédié par Sa Majesté, au mois de Décembre dernier passé,

& vérification d'icelui en la chambre des comptes audit Montpellier, montant icelles quittances à la somme de cent un mille quatre cents livres, ayant ledit sieur d'Argouges, en considération dudit traité & desdits frais, quitté audit Dalmas dix mille livres sur ladite somme de cent un mille quatre cents livres à quoi montent ensemble lesdites quittances, & promet ledit sieur d'Argouges, en son propre nom, de faire valoir & donner toutes décharges audit Dalmas de la remise desdites dix mille livres, & de lui faire délivrer dedans ladite ville de Montpellier lesdites soixante-six quittances, au jour & lors que ledit Dalmas donnera caution pour le payement de ladite somme de quatre-vingt-onze mille quatre cents livres, en cette ville de Paris, dedans le temps de six mois, lesdites cautions telles que ledit sieur d'Argouges s'en contentera, ou celui qui aura charge de lui en ladite ville de Montpellier. Et a été convenu entre les parties que les six mois dedans lesquels ledit Dalmas est tenu payer audit sieur d'Argouges ladite somme de quatre vingt-onze mille quatre cents livres, ne courront que du jour que l'arrêt donné au conseil de Sa Majesté, le dix-septieme jour du présent mois d'Avril, duquel a été baillé copie audit Dalmas, signé par collationné dudit sieur d'Argouges, aura été enregistré purement à la diligence dudit sieur d'Argouges en la chambre des comptes de Montpellier ; ledit arrêt portant, entre autres choses, que lesdits receveurs payeront les taxes faites sur eux pour jouir de ladite attribution ; & à faute de ce faire, qu'il sera permis au porteur desdites quittances des parties casuelles, de commettre à la recette desdits deniers extraordinaires, sans que ledit sieur d'Argouges soit tenu de faire signifier audit Dalmas l'enregistrement dudit arrêt. Car ainsi a été le tout convenu & accordé par & entre lesdites parties, promettant & obligeant & chacun en droit soi, & l'un envers l'autre, même ledit Dalmas comme pour deniers royaux, renonçant de part & d'autre ; & pour l'exécution des présentes, & dépendances, en ce qu'exécuteront, requerront ou pourront ci-après requérir, lesdites parties ont élu & élisent leurs domiciles perpétuels & irrévocables en cette ville de Paris ; savoir, ledit sieur d'Argouges en son hôtel où il est demeurant, rue Couture Sainte-Catherine, paroisse de Saint-Paul ; & ledit Dalmas en la maison de M. Massannes, secrétaire du Roi, assise rue Quincampoix, auxquels lieux ils veulent que tous exploits soient connus, &c., nonobstant, &c. FAIT & passé double avant midi, l'an mil six cents douze, & le lundi trentieme & dernier jour d'Avril, en la maison dudit sieur d'Argouges susdéclarée. Et ont lesdites parties signé la minute des présentes, avec lesdits notaires soussignés, suivant l'ordonnance, pardevant & en possession de Haudefois, l'un d'iceux. *Signés*, LENORMAND & HAUDEFOIS.

XLIV.
EXÉCUTION
DU TRAITÉ PRÉCÉDENT.

Du 19 Juillet 1612.

INVENTAIRE des quittances expédiées & signées par M. de Montesert, conseiller & trésorier des parties casuelles du Roi, des taxes faites au conseil de Sa Majesté sur les receveurs anciens, alternatifs & triennaux des vingt-deux dioceses de Languedoc, à cause de l'attribution de huit deniers pour livre du maniement des deniers extraordinaires qui s'imposeront & leveront sur lesdits dioceses.

Généralité de Montpellier.

Trois quittances de 2200 livres chacune, pour les trois receveurs des tailles du diocèse de Montpellier, revenant ensemble à la somme de . . . . 6600 liv.

Trois quittances de 2400 livres chacune, pour les trois receveurs des tailles au diocèse de Nîmes, revenant à . . . . 7200 liv.

Trois quittances de 2200 livres chacune, pour les trois receveurs des tailles au diocèse d'Uzès, revenant à . . . . 6600 liv.

Trois quittances de 2000 livres chacune, pour les trois receveurs au diocèse de Viviers, revenant à . . . . 6000 liv.

Trois quittances de 2000 livres chacune, pour les trois receveurs des tailles au diocèse du Puy, revenant à . . . . 6000 liv.

Trois quittances de 1650 livres chacune, pour les receveurs des tailles au diocèse de Mende, revenant à . . . . 4900 liv.

Trois quittances de 950 livres chacune, pour le receveur des tailles au diocèse de Lodeve, revenant à . . . . 2850 liv.

Trois quittances de 950 livres chacune, pour les receveurs des tailles au diocèse d'Agde, revenant à . . . . 2850 liv.

Trois quittances de 2000 livres chacune, pour les receveurs des tailles au diocèse de Beziers, revenant à . . . . 6000 liv.

Trois quittances de 2000 livres chacune, pour les receveurs des tailles au diocèse de Narbonne, revenant à . . . . 6000 liv.

Trois quittances de 950 livres chacune, pour les receveurs des tailles au diocèse de Saint-Pons, revenant à . . . . 2850 liv.

Généralité de Toulouse.

Trois quittances de 2400 livres chacune, pour le receveur des tailles au diocèse de Toulouse, revenant à . . . . 7200 liv.

Trois quittances de 2400 livres chacune, pour les receveurs des tailles au diocèse d'Alby, revenant à . . . . 7200 liv.

Trois quittances de 1500 livres chacune, pour les receveurs des tailles au diocèse de Lavaur, revenant à . . . . 4500 liv.

Trois quittances de 1000 livres chacune, pour les receveurs des tailles au diocèse de Saint-Papoul, revenant à . . . . 3000 liv.

Trois quittances de 1500 livres chacune, pour les receveurs des tailles au diocèse de Carcassonne, revenant à . . . . 4500 liv.

Trois quittances de 1000 livres chacune, pour les receveurs des tailles au diocèse d'Aleth & Limoux, revenant à . . . . 3000 liv.

Trois quittances de 1000 livres chacune, pour les receveurs au diocèse de Mirepoix, revenant à . . 3000 liv.

Trois quittances de 500 livres chacune, pour les receveurs des tailles au diocèse de Rieux, revenant à . . . . 1500 liv.

Trois quittances de 600 livres chacune, pour les receveurs des tailles au diocèse de Montauban, revenant à . . . . 1800 liv.

Trois quittances de 1500 livres chacune, pour les receveurs des tailles au diocèse de Castres, revenant à . . . . 4500 liv.

Trois quittances de 1100 livres chacune, pour les receveurs des tailles au diocèse de Commenges, revenant à . . . . 3300 liv.

Je reconnois & confesse que M. d'Argouges, conseiller & trésorier général de la maison de la Reine, a mis en mes mains les soixante-six quittances mentionnées en l'inventaire derriere écrit, signées de Montesert, & contrôlées, les noms en blanc, des taxes faites au conseil du Roi sur les receveurs anciens, alternatifs & triennaux des vingt-deux dioceses de Languedoc, pour jouir par eux de l'attribution de huit deniers pour livre des deniers extraordinaires qui s'imposeront audit pays, montant lesdites quittances à la somme de 101,400 livres, & lui promets délivrer lesdites quittances à M. Jean Dalmas, associé en la ferme générale des gabelles de Languedoc, ou à autre ayant charge de lui, avec lequel ledit sieur d'Argouges en a traité & composé; & ce, lorsque ledit Dalmas baillera cautions telles que je jugerai bonnes dans la ville de Montpellier, pour l'assurance dudit traité comme il a promis par contrat ; & en délivrant audit sieur d'Argouges, l'acte contenant le reçu que ledit Dalmas, ou autre pour lui, aura fait desdites quittances, & ledit cautionnement, il me rendra la présente que j'ai écrite & signée de ma main, à Paris le dix-neuvieme jour de Juillet mil six cent douze. *Et plus bas est écrit* : collationné à l'original, par moi conseiller & secrétaire du Roi.

Signé, DE BILLZ.

XLV.
ARRÊT
DE LA CHAMBRE DES COMPTES DE MONTPELLIER.

Qui ordonne l'enregistrement de l'arrêt du conseil & des lettres patentes du 17 Avril 1712.

Du 3 Septembre 1612.

VU par la chambre l'arrêt du conseil d'état du Roi du dix-septieme jour d'Avril dernier, signé Baudouin, & lettres patentes expédiées sur icelui le même jour, contenant qu'ayant Sa Majesté par autre arrêt de sondit conseil du 21 Octobre & édit du mois de Décembre derniers, révoqué l'édit du mois de Novembre 1609, portant création de trois offices de receveurs en chacun des vingt-deux dioceses de ce pays, pour la recette des deniers extraordinaires levés pour les affaires généraux & particuliers desdits dioceses, & voulant que ledit réglement porté par ledit édit du mois de Décembre & arrêt de la chambre du neuvieme jour de Mars aussi dernier sur la vérification d'icelui soit observé, & prévenir les longueurs qui pourroient intervenir à l'exécution dudit édit ordonné que l'arrêt de ladite chambre sortira son plein & entier effet, & que les receveurs des tailles payeront la finance de l'attribution de huit deniers pour livre, suivant la taxe faite au conseil, au porteur des quittances du trésorier des parties casuelles dans la présente ville de Montpellier, deux mois après le commandement qui en aura été fait à leur personne ou domicile, & que moyennant ledit payement ils jouiront par le passé du droit à eux accordé par les dioceses à cause de la recette desdits dioceses, s'ils ne l'ont restitué, comme aussi ceux qui n'ont composé avec lesdits dioceses, jouiront de ladite attribution de huit deniers pour livre pour la recette qu'ils ont fait desdits deniers extraordinaires des années desquelles les comptes n'ont encore été rendus ; & à faute dudit payement dans ledit temps, Sa Majesté permet aux porteurs desdites quittances de commettre à la recette desdits deniers extraordinaires & prendre ledit droit de huit deniers pour livre, faisant défenses auxdits receveurs des tailles de s'y entremettre, & à la chambre de leur passer aucuns droits ni taxations pour lesdits deniers extraordinaires ez comptes qui seront rendus en icelle des années passées, lui enjoignant faire contraindre lesdits receveurs & leurs cautions de payer ès mains des receveurs généraux des finances de Toulouse & Montpellier les deniers qu'ils auront pris & reçus pour leursdits droits & taxations au préjudice de ce qui a été ordonné par arrêt dudit conseil du 5 de Mars 1608, lesquels lesdits receveurs généraux payeront en son épargne ou en acquitteront les assignations qui seront levées sur eux par les trésoriers dudit épargne, ainsi que Sa Majesté leur ordonnera; lettre de cachet de Sa Majesté, du 22 Mai dernier, signée de sa main, & plus bas, Phelypeaux, par laquelle elle mande à l'assemblée de faire enregistrer lesdits arrêt & lettres, & le contenu d'icelles observer & exécuter; requête présentée par le procureur général du Roi auxdites fins; arrêt de la chambre, du 4 Juillet dernier, par lequel, avant procéder au registre desdits édit & lettres-patentes, est ordonné que l'état des taxes faites audit conseil, pour l'attribution desdits huit deniers pour livre sera remis devers la chambre, pour icelui vu y être pourvu ainsi que de raison; le rôle desdites taxes fait au conseil d'état du Roi, le dixieme jour d'Avril dernier; requête présentée par Jean Portinieres & Gabriel Grefeuilhe, receveurs des tailles du diocese de Montpellier, pour avoir extrait des provisions concernant ladite taxe & rôle d'icelle, afin d'avoir moyen de s'en faire décharger; ordonnance de la chambre, du trentieme jour d'Août dernier, sur ladite requête, sur laquelle ledit extrait leur auroit été accordé; autre requête desdits Grefeuilhe & Portinieres, tendante à ce qu'il plaise à la chambre ordonner que ladite taxe sera départie également sur tous lesdits receveurs, selon droit & justice, en cas qu'elle voulût entrer à la vérification de ladite finance, d'autant qu'au département d'icelle la proportion n'a été gardée singulierement auxdits offices du diocese de Montpellier, qui ont été surchargés de plus que de la moitié de leur juste taxe: Et Oui sur ce le procureur général du Roi, qui a présenté ledit arrêt & lettres-patentes, & requis l'enregistrement, comme il lui a été enjoint par S. M. LA CHAMBRE, les semestres assemblés, sans préjudice de l'opposition formée par lesdits receveurs sur l'inégalité par eux prétendue de ladite taxe, pour raison de laquelle ils se retireront au Roi dans deux mois, pour leur pourvoir selon son bon plaisir, A ORDONNÉ ET ORDONNE que ledit arrêt & lettres-patentes seront registrés ès registres de ladite chambre, pour être le contenu observé & exécuté selon leur forme & teneur. FAIT au bureau à Montpellier, le troisieme jour de Septembre mil six cent douze.

TARDINIER, *signé*.

XLVI.

Extrait du registre des délibérations des Etats généraux de Languedoc, assemblés par mandement du Roi, en la ville de Beaucaire, au mois d'Octobre 1612.

Du Lundi 29 dudit mois d'Octobre, président Mgr. l'archevêque & primat de Narbonne.

SUR les plaintes qui ont esté faictes par plusieurs des depputtés & scindics des dioceses que les receveurs proveux en tiltre d'office nonobstant les articles accordés avec eulx en l'assemblée

semblée des Estats tenus en la ville de Pezenas sur la levée des deniers extraordinaires imposés sur lesdits dioceses, reffuzent satisfaire aux conditions portées par iceulx profitables audict pays, exigeans neaulmoings huict deniers pour livre pour le droit de lieve contre la teneur desdits articles confirmés par arrest du conseil du 29 Octobre 1611 & enregistrés en la chambre des comptes à Montpellier le 9 Mars dernier ; sur ce, prinse délibération, & attendu que par lesdits articles il a esté convenu que lesdits receveurs ne prendront pour leur droict de lieve que six deniers pour livre tant seullement, & que ledit arrest du conseil confirmatif desdits articles leur augmente ledit droict jusques à huict deniers pour livre, à la charge de prendre lettres d'attribution & de payer finance, ce que toutesfois ils n'ont pas faict, A ESTÉ ARRESTÉ que messieurs les commissaires présidents ez assiettes & depputés d'icelles seront exhortés de tenir exactement la main à l'observation desdits articles & que suivant iceulx il ne soit baillé auxdits receveurs que six deniers pour livre pour ladite levée, & en cas il se trouveroit aulcuns desdits receveurs refractaires sur les plainctes qu'en seront baillées au scindic du pays, il en sera porsuivy par lui pour en estre enquis, & les poursuites faictes au nom & despens du pays ; & afin que chacun puisse estre adverty de la teneur desdits articles, & pouvoir former les plainctes sur l'interuption d'iceux, A ESTÉ ARRESTÉ qu'ils seront imprimés avec l'arrest à la diligence du scindic, pour en estre baillées copies collationnées par les greffiers des Estats aux depputés d'iceux.

XLVII.

Extrait du registre des délibérations des Etats généraux de Languedoc, assemblés par mandement du Roi, en la ville de Beaucaire, au mois d'Octobre 1612.

Du Vendredi 16 Novembre suivant, président Mgr. l'archevêque & primat de Narbonne.

Les Estats, après avoir long-temps conféré des infractions qui sont faictes par plusieurs receveurs de ceste province aux articles quy ont esté faicts entre ledict pays & les receveurs, pour raison de la levée des deniers extraordinaires, lesquels ont esté confirmés par arrest du conseil de Sa Majesté & enregistrés en la chambre des comptes de Montpellier, A ESTÉ ARRESTÉ que, par les scindics du pays, messieurs les commissaires présidents pour le Roy en l'assemblée des présents Estats seront suppliés de voulloir inserer dans les instructions qui seront mandées aux commissaires des assiettes qu'il ne soit permis auxdits receveurs prendre que six deniers pour livre de droict de leveures, s'il ne leur appert qu'ils ayent payé la finance portée par l'arrest du conseil portant autorisation des articles accordés par ledit pays & lesdits receveurs ; du 29 jour d'Octobre 1611 ; & audit cas, qu'il leur soit permis prendre huict deniers pour livre & deux sols six deniers pour quittance générale de chaque nature de deniers payables seullement lorsqu'elle aura esté entierement payée, ainsin & comme il est porté par lesdits articles.

XLVIII.
LETTRES,

Portant ampliation de celles du 29 Janvier 1612.

Du 7 Août 1615.

LOUIS, PAR LA GRACE DE DIEU, ROI DE FRANCE ET DE NAVARRE : A notre très-cher & bien amé cousin le duc de Montmorency pair & amiral de France, gouverneur & notre lieutenant général en Languedoc, ou, en son absence, ou empêchement, à notre cher & amé cousin le duc de Ventadour aussi pair de France & notre lieutenant général en ladite province ; à notre amé & féal conseiller & président en notre cour de parlement de Dauphiné le sieur Defaur étant maintenant intendant de la justice près notredit cousin l'amiral ; & à nos amés & féaux conseillers les trésoriers généraux de France en nos généralités de Toulouse & Montpellier, commissaires par Nous députés à l'assemblée générale des Etats dudit pays de Languedoc ; SALUT. Par nos lettres-patentes du 29 Janvier 1612 ci-attachées sous le contre-scel de notre chancellerie, en conséquence de l'accord fait par la Reine notre très-chere & honorée dame & mere avec les députés des gens desdits trois états de notredit pays de Languedoc les 27 Janvier 1610 & 3 Février audit an, aussi attaché sous le même contrescel & par Nous approuvé & ratifié, Nous aurions commis notre très-cher & amé cousin le duc de Montmorency pair & connétable de France, gouverneur & notre lieutenant général en ladite province, & vous, pour, conjointement avec ceux qui à ces fins seroient nommés en ladite assemblée desdits Etats jusques au nombre de quatre ; savoir, un des ecclésiastiques, un de la noblesse, & deux du tiers-état, que nous aurions aussi commis & députés, procéder à la recherche des abus, malversations & divertissemens qui pourroient avoir été commis à la levée des deniers extraordinaires imposés sur le général dudit pays & sur les vingt-deux diocèses d'icelui, même de ce qui auroit été touché par les receveurs outre & par-dessus les six deniers pour livre, pour la levée desdits deniers ; & encore de tout ce qui pourroit procéder tant de la révision des comptes d'iceux que des malversations qui pourroient avoir été commises au maniement des crues de quarante & soixante sols sur chaque quintal de sel de ladite province ; présent aussi & assistant à ladite recherche Me. Georges Despaigne, l'un des syndics généraux dudit pays que nous aurions choisi & nommé, afin d'accuser en forme de droit, &, en tant que de besoin seroit, débattre & impugner l'administration, maniement, levées & comptes desdits deniers & crues ; & Me. Bernard de Fieubet l'un des greffiers dudit pays, que nous aurions aussi nommé pour greffier en ladite commission, pour tout ce qui pourroit être retiré de ladite recherche être employé au profit dudit pays & soulagement de nos sujets de ladite province. Laquelle commission ayant été présentée à feu notredit cousin le connétable en l'assemblée desdits Etats généraux convoqués de notre mandement en notre ville de Beaucaire aux mois d'Octobre & Novembre audit an 1612, il n'auroit pu être procédé à l'exécution d'icelle, tant parce que ledit Despaigne se trouvant pour lors reçu en la charge & office de trésorier général de France en notre généralité de Toulouse, n'auroit pu faire la fonction de syndic en ladite commission ; comme aussi d'autant que l'assemblée desdits États généraux auroit trouvé être nécessaire, pour faciliter l'exécution de ladite commission, qu'il nous plût trouver bon qu'à cet effet fussent pris & employés par ladite assemblée les deux plus anciens prélats d'icelle par eux nommés; savoir est, nos amés & féaux conseillers les sieurs archevêque de Narbonne & évêque de Carcassonne, &, en l'absence de l'un d'eux, le plus ancien des prélats sacré qui seroit auxdits États, & deux de la noblesse qui auroient entrée & séance en ladite assemblée, à la nomination de feu notredit cousin le connétable, & quatre du tiers-état; savoir est le capitoul de Toulouse, & consuls de Carcassonne & Nîmes, chefs des trois sénéchaussées dudit pays, avec le consul de la ville de Montpellier, & qu'il nous plût aussi retenir & employer en ladite commission ledit Despaigne trésorier général de France comme versé de longue main & pleinement instruit ès affaires dudit pays, & que les trois syndics généraux vacassent, chacun en ce qui concerneroit les affaires de sa sénéchaussée, avec le syndic du diocèse des receveurs desquels les comptes seroient vus & examinés pour accuser en forme de droit, impugner & débattre ladite administration, maniement, levée & comptes desdits deniers, & les deux greffiers y être employés, l'un en l'absence de l'autre, comme plus à plein est porté par ladite délibération aussi ci-attachée sous le même contre-scel, laquelle les députés dudit pays nous auroient très-humblement supplié de vouloir agréer & autoriser. A CES CAUSES, desirant favorablement traiter lesdits gens des trois états, & moyenner qu'ils puissent retirer quelque fruit de ladite recherche contre ceux qui se trouveront coupables en la levée, administration & maniement desdits deniers & crues, pour le tout employer au profit dudit pays; NOUS AVONS approuvé, confirmé & ratifié, approuvons, confirmons & ratifions ladite délibération, voulons, ordonnons & Nous plaît que, suivant icelle, vous procédiez à l'exécution de notredite commission & susdite recherche avec les susdits deux prélats, deux de la noblesse ou leurs députés nommés & choisis par vous notredit cousin, les capitoul de Toulouse, consuls de Carcassonne & Nîmes, chefs des trois sénéchaussées, le consul de la ville de Montpellier, & avec eux notre amé & féal conseiller & trésorier général de France Me. Georges Despaigne que nous avons aussi commis & député pour faciliter l'exécution de ladite commission aux moindres frais que faire se pourra: Voulons & Nous plaît que vous y puissiez vacquer avec les autres susnommés, les uns en l'absence des autres, moyennant que vous soyez en tout pour le moins cinq en nombre assistés d'un des syndics généraux dudit pays & de l'un des greffiers d'icelui, & ce durant la tenue desdits États seulement & en la forme que sera par vous & les députés de ladite assemblée, trouvé plus propre. De ce faire vous avons donné & à eux plein pouvoir, puissance, autorité, commission & mandement spécial par ces présentes. Mandons & enjoignons à tous nos justiciers, officiers & sujets qu'à vous, en ce faisant, obéissent, donnent & prêtent conseil, aide & main-forte si besoin est, & à tous nos huissiers & sergens faire tous exploits, significations, exécutions, contraintes, & autres actes que besoin sera pour l'exécution des présentes, sans que pour ce il soit tenu demander placet, visa, ni pareatis, nonobstant oppositions ou appellations quelconques, & sans préjudice d'icelles; la connoissance desquelles nous avons réservé à nous & à notre conseil,

I ij

& icelle interdite à tous autres juges, conformément à notredite commission: CAR tel est notre plaisir. DONNÉ à Paris le septieme jour d'Août, l'an de grace mil six cent quinze & de notre regne le sixieme. *Signé*, LOUIS : *Et plus bas* ; Par le Roi, PHELYPEAUX.

vation desdits articles & arrêts qui s'en sont ensuivis en conséquence d'iceux, & que les commissaires qui seront nommés pour se trouver à la prochaine assiette d'un chacun diocese seront chargés de les faire lire à l'entrée desdites assiettes.

XLIX.

EXTRAIT du regiſtre des délibérations des Etats généraux de Languedoc, aſſemblés par mandement du Roi, en la ville de Beziers, au mois de Décembre 1616.

Du Mardi 23 Mai suivant, président Mgr. l'archevêque & primat de Narbonne.

LE sieur Dumas, consul de Castelnaudary au diocese de Saint-Papoul, a représenté que bien que par le quatrieme article accordé entre le syndic du pays & les receveurs des vingt-deux dioceses de cette province le 20 Novembre 1610 confirmés par arrêt du conseil du 29 Octobre 1611, les receveurs soient tenus payer comptant & par avance à la fin de l'assiette desdits dioceses les frais ordinaires d'icelles, ensemble les journées que les consuls & députés ont employées pendant la tenue de l'assemblée des Etats généraux, les gages & taxations des syndics, greffiers & autres officiers qui seront compris en ladite assiette ordinaire, & autres conditions contenues auxdits articles ; sy est ce qu'ils se rendent refusans & n'y veulent avoir égard, sous prétexte de la finance qu'ils ont payé pour raison de leurs offices. A ÉTÉ ARRÊTÉ que par le syndic du pays il sera présenté requête à MM. les commissaires des Etats à ce qu'il leur plaise charger leurs instructions dressantes aux commissaires des assiettes, afin que lesdits receveurs soient contraints par toutes voies dues & raisonnables à l'obser-

L.

EXTRAIT du regiſtre des délibérations des Etats généraux de Languedoc, aſſemblés par mandement du Roi, en la ville de Beziers, au mois de Décembre 1616.

Du Samedi 27 Mai suivant, président Mgr. l'archevêque & primat de Narbonne.

VU les instructions qui ont été dressées par MM. les commissaires présidens aux présens Etats, desquelles, après que lecture en a été faite, A ÉTÉ ARRÊTÉ que lesdits sieurs commissaires seront suppliés, suivant la précédente délibération, du Mardi 23 du présent, par requête qui leur sera présentée par le syndic du pays, d'insérer dans lesdites instructions que les receveurs des dioceses seront tenus à l'observation entiere des articles accordés entre les syndics du pays & les receveurs des vingt-deux dioceses d'icelui, lesdits articles confirmés par arrêt du conseil, du 28 Octobre 1611, & qu'à cet effet il soit enjoint aux commissaires principal & ordinaire des assiettes, faire lire lesdits articles incontinent après l'ouverture desdites assiettes, comme aussi pareillement l'arrêt du conseil donné à Paris le dernier jour du mois de Mars en l'année présente, par lequel Sa Majesté déclare n'entendre qu'autres personnes, de quel état, qualité & condition qu'elles soient, puissent avoir entrée aux assemblées desdites assiettes, que ceux qui sont dénommés dans l'état des dépenses ordinaires d'un chacun diocèse, suivant l'arrêt & réglement qui en a été fait au conseil le trente Septembre mil six cent huit.

L I.

EXTRAIT *du registre des délibérations des Etats généraux de Languedoc, assemblés par mandement du Roi, en la ville de Beziers, au mois de Novembre 1618.*

Du Jeudi 15 dudit mois de Novembre, président Mgr. l'archevêque & primat de Narbonne.

SUr la plainte faite aux états contre les receveurs, des contreventions qu'ils font aux articles accordés entre le syndic général du pays & lesdits receveurs, tant pour l'indue exaction qu'ils font pour le payement du droit de quittance, qu'en ce qu'ils contraignent les collecteurs de payer aussi jusques à un quart d'écu de la quitance générale, & vingt six sols accordés aux sergens pour les deux voyages, bien qu'ils n'aient pas mandé aux consuls, sous prétexte de n'avoir pas payé aux termes du payement échu, & qu'ils refusent de faire les avances des frais d'assiette, journées des députés d'icelle & desdits Etats, que autres plaintes; lecture faite desdits articles A ÉTÉ ARRÊTÉ qu'en cas il sera contrevenu à l'observation d'iceux par lesdits receveurs, il en sera enquis par le syndic desdits diocèses ou autres intéressés, pour l'inquisition remise ès mains du syndic du pays chacun en sa sénéchaussée, en être par lui fait toutes poursuites requises & nécessaires pour faire observer lesdits articles.

L II.

EXTRAIT *du registre des délibérations des états généraux de Languedoc, assemblés par mandement du Roi, en la ville de Beziers, au mois de Septembre 1621.*

Du Mercredi 6 Octobre suivant, président Mgr. l'archevêque & primat de Narbonne.

LEs Etats desirant pourvoir aux plaintes qui ont été faites par plusieurs députés des diocèses, de ce que les receveurs tâchent avoir huit deniers pour livre des emprunts qu'ils font pour lesdits diocèses, bien que par les articles accordés entre le syndic du pays & lesdits receveurs, lesdits huit deniers ne leur soient accordés, que seulement lors de la levée desdits deniers empruntés après l'imposition d'iceux, d'autant que ce seroit prendre deux fois un même droit, A ÉTÉ ARRÊTÉ que lesdits receveurs ne pourront exiger aucun droit de levée desdits emprunts, fors seulement lors de la levée après l'imposition d'iceux ; & en cas il sera contrevenu par lesdits receveurs à la présente délibération, le syndic général fera toutes poursuites nécessaires partout où il appartiendra & dénonciation qui leur en seront faites.

Comme aussi ont lesdits Etats arrêté, suivant le IVe. article accordé avec lesdits receveurs, qu'ils seront tenus de payer comptant & par avance à la fin de l'assiette desdits diocèses les frais ordinaires d'icelle, ensemble les journées & taxations des consuls & députés par eux aux Etats généraux, ensemble les gages & taxations des syndics & greffiers, & autres qui seront compris en l'état des dépenses ordinaires, sans pour raison de ce leur être accordé aucuns dépens, dommages ni gratifications; & en cas ils useront de refus ou délayement, ils seront contraints à faire lesdites avances par l'ordonnance du sieur commissaire général qui expédiera sa contrainte contre eux comme pour les propres deniers & affaires du Roi ;

ce que MM. les commissaires présidens pour Sa Majesté aux Etats seront suppliés d'insérer dans les instructions qu'ils envoyeront auxdits commissaires des assiettes.

LIII.

Extrait du registre des délibérations des Etats généraux de Languedoc, assemblés par mandement du Roi, en la ville de Beziers, au mois de Septembre 1621.

Du Mercredi 6 Octobre suivant, président Mgr. l'archevêque & primat de Narbonne.

ATTENDU que les receveurs, moyennant les gages attribués à leurs offices par Sa Majesté, sont tenus de faire la levée des deniers ordinaires de l'aide, octroi, crue, taillon, augmentation de solde, & d'iceux faire notable quittance à la décharge des collecteurs sans prendre droit de quittance, & que le pays n'a composé avec lesdits receveurs que pour les deniers extraordinaires, A ÉTÉ ARRÊTÉ qu'il ne sera payé aucun droit de quittance desdits deniers ordinaires par lesdits collecteurs, ce qui sera particulierement exprimé dans la mande qui sera envoyée par le greffier du diocese aux villes & paroisses d'icelui avec la taxe de ce que lesdits droits reviennent en blot, & de même lesdits sieurs commissaires priés d'en charger leurs instructions.

LIV.

Extrait du registre des délibérations des états généraux de Languedoc, assemblés par mandement du Roi, en la ville de Beaucaire, au mois de Novembre 1622.

Du Jeudi 1 Décembre suivant; président Mgr. l'évêque de Lavaur.

AYANT été représenté par le sieur de Rochepierre, syndic du Vivarois, que la plus grande partie des receveurs des dioceses de la province se font payer six deniers pour livre des deniers qui sont empruntés par les dioceses, & par conséquent en prennent double droit de lieve, ce qui revient au grand intérêt des dioceses; requérant les Etats y pourvoir, ouis plusieurs autres députés desdits Etats qui ont fait semblables plaintes, A ÉTÉ ARRÊTÉ que les députés en cour poursuivront vers le Roi & Nosseigneurs de son conseil à ce qu'il soit fait défenses auxdits receveurs de prendre lesdits six deniers pour livre des deniers qui seront empruntés dans lesdits dioceses; & que MM. les commissaires présidens pour le Roi aux Etats seront suppliés d'en vouloir charger leurs instructions & les dioceses exhortés de ne les payer.

LV.

ARRÊT DU CONSEIL,

Qui ordonne qu'un receveur des tailles versera dans la caisse du trésorier de la bourse tous les fonds imposés pour la dépense des gens de guerre, artillerie, &c. nonobstant des saisies faites en ses mains par les trésorier & contrôleur généraux de l'artillerie, &c.

Du 10 Juin 1623.

Extrait des Registres du Conseil d'Etat.

ENTRE maître Philibert Bon, receveur des tailles, au diocese de Nimes, demandeur en requête des 18 Avril & dernier Décembre 1619, d'une part; & maître Bernard Rech, trésorier de la bourſe audit pays, maître Louis Donon, conſeiller du Roi, tréſorier général de l'artillerie de France, défendeurs, d'autre : & maître Philibert Bourlon, contrôleur général de l'artillerie de France reçu partie intervenante, ſuivant ſa requête du 11 Février audit an 1620. Et entre ledit Donon demandeur en exécution d'arrêt du conſeil du 20 Juin 1620, d'une part, & le ſyndic général du pays de Languedoc, & leſdits Rech & Bon défendeurs, d'autre. Vu par le Roi en ſon conſeil ladite requête du 18 Avril, à ce qu'il plût à Sa Majeſté caſſer & annuller l'arrêt de la cour des aydes de Montpellier du 20 Octobre 1618, enſemble les contraintes & ſaiſies faites à la requête dudit Rech en vertu dudit arrêt, & tout ce qui s'en eſt enſuivi, offrant vuider ſes mains des deniers qu'il peut avoir & les délivrer à qui par Sa Majeſté ſera ordonné ; ladite requête du dernier Décembre, à ce qu'en cas que leſdites ſaiſies faites ez mains dudit Bon à la requête des ſieurs Fabry & Donon, ne ſe trouveroient bien & duement faites, il plût à Sa Majeſté condamner leſdits Donon & Fabry à le garentir & indemniſer de tous les dépens, dommages & intérêts qu'il a eus & ſoufferts, aura & ſouffrira tant en demandant qu'en défendant ; autre requête dudit jour, à ce que ledit Rech fut condamné en dix mille livres d'amende pour dépens, dommages & intérêts ſoufferts par ledit Bon pour les excès & violences commiſes en la maiſon dudit Bon ; ledit arrêt du 20 Juin, par lequel Sa Majeſté avant faire droit au principal de l'inſtance d'entre leſdites parties, auroit ordonné qu'à la diligence dudit de Donon ledit ſyndic ſeroit appelé audit conſeil pour, lui ouï, être ordonné ce que de raiſon, & cependant par proviſion, ſans préjudice des droits des parties, ordonne que les deniers ſaiſis entre les mains dudit Bon à la requête dudit Donon ſeront délivrés audit Donon ; exploit d'aſſignation donnée audit ſyndic aux fins dudit arrêt le 3 Août enſuivant ; pieces & productions ſur leſquelles ledit arrêt eſt intervenu ; extrait des comptes rendus par le tréſorier de la bourſe de Languedoc des années 1587, 1596, 1597 & autres ſuivantes juſques en l'année 1618 ; acte de délibération priſe en l'aſſemblée des Etats dudit pays du 21 Février 1618, par lequel auroit été ordonné que le ſyndic ſe pourvoiroit contre l'arrêt du 25 Juillet 1617 ; lettres obtenues par ledit ſyndic du 17 Avril 1618, en caſſation dudit arrêt du 26 Juillet ; copie dudit arrêt du 27 Juillet par lequel auroit été ordonné que les deniers deſtinés au payement des gens de guerre & garniſons, achat d'armes & poudres & autres dépenſes de l'extraordinaire & artillerie, ſeront mis ez mains des tréſoriers généraux & provinciaux deſdites charges, que ledit Rech &

Barbareau, payeur de la gendarmerie de France compteroient comme de clerc à maître aux tréſoriers généraux & provinciaux, des deniers par eux reçus de ladite nature ; copie d'arrêt dudit conſeil donné par forcluſion entre ledit ſyndic d'une part & maître Pierre Falc & Pierre Portallés, tréſoriers provinciaux de l'extraordinaire des guerres audit pays défendeurs, d'autre, par lequel Sa Majeſté, ſans s'arrêter audit arrêt du 25 Juillet, auroit déchargé le tréſorier de la bourſe dudit pays de compter ailleurs que par devant les députés de l'aſſemblée des Etats dudit pays, des deniers par lui reçus, & qu'il recevra ci-après, impoſés pour les dépenſes extraordinaires dudit pays par les délibérations deſdits Etats, à la charge qu'il ne faira aucune levée ſans la permiſſion de Sa Majeſté ;

appointemens de réglement des 9 Septembre 1619 & 12 Janvier 1620 ; requête dudit fyndic du 30 Mai dernier employée pour contredir, fignifiée ledit jour ; requête dudit Bon dudit jour 30 Mai, tendante à ce qu'il plût à Sa Majefté lui donner acte des offres qu'il faifoit de payer la fomme de 7000 livres reftant de 12,000 livres dont eft queftion, à qui il feroit ordonné, & ce faifant le décharger du payement des 5000 livres reftant comme les ayant payées audit Rech fur ladite fomme de 12,000 livres contenue en l'arrêt du confeil du 29 Octobre 1620, & ordonner que fur lefdites 7000 livres ledit Bon fera payé des frais, dépens, dommages & intérêts par lui foufferts defdites faifies & exécutions, laquelle requête auroit été ordonné être communiquée au fyndic du pays de Languedoc, & jointe au procès pour en jugement y avoir tel égard que de raifon, fignifiée ledit jour ; copie de récépiffé dudit Rech de ladite fomme de 5000 livres, du 16 Février 1619 ; ledit arrêt du 20 Octobre, par lequel auroit été ordonné que autre arrêt dudit confeil du 17 Septembre audit an feroit exécuté, & ce faifant que ledit Bon juftifieroit des payemens par lui prétendus faits fur ladite fomme de 12,000 livres au tréforier de la bourfe de ladite province de Languedoc, & cependant main levée des fruits fur lui faifis, & les commiffaires déchargés ; ladite requête d'intervention dudit Bourlon ; écritures & productions defdites parties ; requête préfentée à Sa Majefté par Matthieu Guerin à ce que ledit Donon fût condamné à lui délivrer fon ordonnance fur ledit Bon de la fomme de 4000 livres pour les dommages & intérêts par lui prétendus, & de la fomme de 4747 livres 17 fols pour le payement des boulets par lui fournis, communiquée audit fyndic par ordonnance du confeil du 4 Janvier dernier, & tout ce que par elles a été mis & produit par devers le commiffaire à ce député, Oui fon rapport, & après que ledit fyndic a été ouï audit confeil fur la requête dudit Guerin, & tout confidéré ; LE ROI EN SON CONSEIL, faifant droit fur le tout a caffé, revoqué & annullé ledit arrêt de la cour des aides du 26 Octobre 1618, & tout ce qui s'en eft enfuivi, & néantmoins a condamné & condamne ledit Bon de payer audit Rech la fomme de 7500 livres, nonobftant les faifies & arrêts defdits Donon & Fabry, fur lefquelles fept mille cinq cents livres ledit Bon payera au préalable audit Guerin en l'acquit dudit Rech la fomme de quatre mille fept cens quarante-fept livres dix fols, & le furplus en deniers comptans, nonobftant toutes faifies & arrêts, oppofitions ou appellations quelconques, en quoi faifant il en demeurera valablement déchargé ; &, fans s'arrêter audit arrêt du 27 Juillet, a déchargé & décharge le tréforier de la bourfe dudit pays de Languedoc, de compter des deniers qu'il a reçus, impofés pour les dépenfes extraordinaires dudit pays en vertu des lettres patentes de Sa Majefté par la délibération defdits Etats, ailleurs que pardevant les députés de l'affemblée des Etats dudit pays ; & fur le furplus des fins demandes & conteftations defdites parties, les a Sa Majefté mis & met hors de cour & de procès, fans dépens, dommages & intérêts entre toutes lefdites parties. FAIT au confeil d'état du Roi, tenu à Fontainebleau le dixieme jour de Juin mil fix cent vingt-trois. *Collationné.* BARDEAU, *figné.*

LOUIS, PAR LA GRACE DE DIEU, ROI DE FRANCE ET DE NAVARRE: A notre huiffier ou fergent fur ce requis.

quis. Nous te mandons & commandons que l'arrêt dont l'extrait est ci-attaché sous le contre-scel de notre chancellerie, ce jourd'hui donné en notre conseil d'état, entre maître Philibert Bon, receveur des tailles au diocèse de Nîmes, d'une part, & maître Bernard Rech, trésorier de la bourse dudit pays, maître Louis Donon, trésorier général de l'artillerie de France, & maître Philibert Bourlon, contrôleur général de l'artillerie, & le syndic général de notredit pays de Languedoc, d'autre, tu signifies audit Bon à ce qu'il n'en prétende cause d'ignorance, & lui fais commandement de par nous de payer audit Rech la somme de 7500 livres pour les causes y contenues ; savoir, à Matthieu Guerin, en l'acquit dudit Rech, la somme de 4747 livres 17 sols, & le surplus en deniers comptans ; à quoi faire tu les y contraindras par les voies ordinaires & accoutumées en tel cas, nonobstant les saisies & arrêts desdits Bon & Fabry mentionnés audit arrêt, oppositions ou appellations quelconques nonobstant, pour lesquelles & sans préjudice d'icelles, ne voulons être différé ; en quoi faisant ledit Bon demeurera valablement déchargé de ladite somme ; & fais de part Nous très-expresses inhibitions & défenses à tous qu'il appartiendra d'user d'aucunes contraintes à l'encontre dudit trésorier pour compter des deniers imposés, qu'il a reçus pour les dépenses extraordinaires dudit pays, en vertu de nos lettres patentes par les délibérations desdits Etats du pays, ailleurs que par devant les députés de l'assemblée desdits Etats, à peine de tous dépens, dommages & intérêts ; & au surplus, pour l'entière exécution dudit arrêt, à la requête dudit syndic, toutes assignations, commandemens, contraintes, défenses & autres actes & exploits nécessaires, sans que tu sois tenu demander autre congé ni permission : CAR tel est notre plaisir. DONNÉ à Fontainebleau le dixième jour de Juin, l'an de grace mil six cent vingt-trois, & de notre regne le quatorzieme. Par le Roi en son conseil; *Signé*, BARDEAU : Et scellées du grand sceau en cire jaune.

LVI.

ARRÊT DU CONSEIL,

Portant que les receveurs ne peuvent exiger des arrérages, après trois ans de l'année de leur exercice, à moins qu'ils ne justifient en avoir fait demande en justice avant l'expiration desdites trois années.

Du 28 Novembre 1624.

EXTRAIT des Registres du Conseil d'Etat.

SUR ce qui a été remontré par le syndic général du pays de Languedoc, que par lettres patentes des 14 Juin 1605, 3 Août 1615 & autres, les habitans de ladite province demeurent déchargés de tous arrérages de tailles & autres impositions faites en ladite province, & néanmoins les héritiers de feu Barthelemi, receveur des tailles au diocèse de Nismes, rendant compte de la recette & dépense faite par ledit Barthelemi desdites tailles & autres manimens qu'il avoit eu il y a environ quarante ans, la chambre des comptes de Montpellier a baillé contrainte contre les communautés dudit diocèse, pour les sommes reprises esdits comptes, comme elle a aussi fait en autres comptes des autres diocèses dudit pays qui est un abus, attendu que les receveurs doivent dans l'année de leur exercice faire le recouvrement des deniers de leur charge, après laquelle ils ne peuvent être reçus si ce n'est qu'il apparoisse de leurs diligences faites en justice, Requéroit, à cette cause, ledit sindic qu'il plût à Sa Majesté, en conséquence desdites lettres patentes des 14 Juin 1605 & 3 Août 1615 décharger les habitans dudit diocese de Nismes & autres dudit pays de tous les arrérages des tailles, & autres deniers qu'ils pouvoient devoir en la recette dudit deffunt Barthelemi & autres, & néanmoins ordonner que les receveurs des dioceses dudit pays ne seront recevables à l'avenir à exiger ni demander payement de leurs restes aux collecteurs des tailles des villes & communautés, ni eux aux particuliers habitans d'icelles, aucuns arrérages des tailles & autres impositions du moins après trois ans de l'année de leur exercice, s'ils ne font apparoir en avoir poursuivi le payement en justice : VEU lesdites lettres patentes des 14 Juin 1605 & 3 Aoust 1615, LE ROY EN SON CONSEIL, a ordonné & ordonne que les receveurs des dioceses dudit pays de Languedoc ne pourront demander le payement des restes de leurs charges aux collecteurs des tailles des villes & communautés dudit pays qui seront dûs cy-après au Roy, ni lesdits collecteurs aux particuliers habitans d'icelles aucuns arrérages des tailles & autres impositions, après trois ans de l'année de leur exercice, s'ils n'en ont durant ledit temps poursuivi le payement en justice. FAIT au conseil d'état du Roy, tenu à Paris le vingt-huitieme Novembre mil six cent vingt-quatre. *Signé*, DE FLECELLES.

LVII.
ÉDIT
Portant attribution aux receveurs des tailles de deux nouveaux deniers pour livre, pour la levée des deniers extraordinaires.

Du mois de Mars 1625.

LOUIS, PAR LA GRACE DE DIEU, ROI DE FRANCE ET DE NAVARRE: A tous présens & avenir, SALUT. Le feu Roy nostre très-honoré seigneur & pere que Dieu absolve, desirant establir un bon ordre en la recepte & administration des deniers extraordinaires qui se levent pour subvenir aux affaires généraux & particuliers des vingt-deux dioceses de nostre pays de Languedoc, oultre & par-dessus les deniers de nos tailles, auroict, par édict du moys de Novembre 1609, créé trois recepveurs en chacung desdits dioceses pour faire la recepte des deniers extraordinaires avec attribution d'un sol pour livre de taxations, duquel édict nostre chambre des comptes de Montpellier ayant différé l'enregistrement, à nostre advenement à nostre couronne, les gens des trois-estats de nostre pays nous en auroient demandé la révocation & représenté les articles accordés entre eulx & les recepveurs de nos tailles pour la recepte & maniement desdits deniers extraordinaires, afin qu'il nous pleust les agréer & confirmer, ce que nous aurions faict par arrest donné en nostre conseil le 29 d'Octobre 1611, & pour donner plus d'occasion ausdits recepveurs de s'aquitter du debvoir de leurs charges nous leur aurions par nostre édict du mois de Décembre audit an augmenté leurs taxations jusques à huit deniers pour livre, moyennant la finance de 100,000 livres qu'ils auroient payées en nos parties cazuelles desquelles taxations lesdits recepveurs ont joui paisiblement sans aulcung trouble ny empeschement jusques en l'année derniere 1624, qu'ayant esté représenté en nostre conseil que la finance par eulx payée en nos parties cazuelles pour ladite attribution de huit deniers pour livre n'étoit suffisante, heu égard aux grandes sommes de deniers que montoient lesdites taxations des deniers extraordinaires imposés depuis ladite attribution de taxations, nous aurions par arrest de nostre conseil du 26 Mars audit an, ordonné que lesdits recepveurs financeroient encores 100,000 livres en nos parties cazuelles pour estre maintenus en la possession desdits huit deniers pour livre de taxations, à l'exécution duquel arrest lesdits recepveurs sestant opposés & soustenu ne pouvoir payer ladite somme de 100,000 liv. d'aultant que par l'édict de création de leurs offices, ils sont establis recepveurs des deniers ordinaires & extraordinaires avec attribution d'un sol pour livre, & qu'en conséquence d'icelluy l'édict de l'année 1609, portant création desdits trois offices de recepveurs des deniers extraordinaires auroiêt esté révoqué & le traité faict par lesdits recepveurs avec notredit pays portant réduction desdites taxations à six deniers pour livre, confirmé avec augmentation de deux deniers pour livre, pour laquelle ayant financé la susdite somme de 100,000 livres qui revient à plus du denier douze, ils ne pouvoient estre obligés à payer ledit supplément de finance, & pour ces considérations nous auroient supplié les descharger du payement de ladite somme de 100,000 livres portée par ledit arrest, & les maintenir en la possession & jouissance desdits huit deniers pour livre, & autres droicts à eux attribués par lesdits articles & arrest, Savoir faisons que inclinant à la supplication desdits recepveurs desirans les gratiffier & favorablement traicter, Nous avons par le présent édict perpétuel & irrévocable revoqué nostredit arrest dudit jour 26 Mars 1624, ensemble les taxes faites sur lesdits recepveurs & tout ce qui s'en est ensuivi : Et pour leur donner plus de moyens de vacquer dilligemment & avec soing à l'exercice de leurs charges & satisfaire à ce qu'ils sont obligés par les susdicts articles & arrest, & nous servir en la nécessité de nos affaires pour subvenir aux despenses qu'il nous convient faire pour l'entretenement de nos armées & autres gens de guerre que nous avons sur pied, mesmes pour subvenir aux despences de la citadelle de Montpellier, Nous avons aussy par cestuy nostre édict ordonné & ordonnons, voulons & nous plaict que lesdits recepveurs de nos tailles continuent à l'advenir comme ils ont faict au passé à la recepte & despence desdits deniers extraordinaires qui s'imposeront en chacung desdits vingt-deux dioceses de nostredit pays pour les réparations des places frontieres, munitions, vivres, soldes, entretenement des garnisons, emprunts, subventions, gratifications, debtes, frais des Estats & assiettes, & autres généralement quelconques, fors & excepté les deniers qui s'imposeront pour les affaires particuliers des villes & communautés, pour les peynes, sallaires & vaccations de laquelle recepte nous leur avons attribué & attribuons deux deniers pour livre d'augmentation de taxations pour avoir doresnavant jusques à dix deniers pour livre chacung en l'année de l'exercice de leur recepte, y compris les six deniers & deux deniers à eulx accordés par lesdits articles, arrest & édict du mois de Décembre 1611, en payant par chacung d'eulx en nos coffres finance modérée, suivant la taxe qui en sera faicte en nostre conseil, tant pour ladite augmentation de deux deniers que pour estre maintenus & conservés en la possession & jouissance desdits huit deniers

76   *Recette & Receveurs des Tailles des Dioceses.*

N°. LVII.

pour livre anciens, & autres droits déclarés par lesdits articles & arrest, sans que ladite attribution leur puisse être augmentée ni diminuée, laquelle nous avons unie & incorporée à leursdits offices, & aussi en tant que bezoing est ou seroit ladite qualité de receveurs desdits deniers extraordinaires que nous voulons & entendons qu'ils prennent doresnavant sans que les évaluations & taxes cy-devant faictes de leurs offices pour jouir de la dispence de quarante jours leur puissent estre augmentées. SY DONNONS EN MANDEMENT à nos amés & feaulx conseillers les gens tenans nostre cour des aydes à Montpellier de faire lire, publier & enregistrer le présent édict, & icelluy faire garder & observer selon sa forme & teneur, nonobstant tous édicts & lettres à ce contraires auxquelles & à la dérogatoire des dérogatoires y contenues nous avons desrogé & desrogeons par cesdites présentes, nonobstant aussi oppositions ou appellations quelconques, pour lesquelles, & sans préjudice d'icelles ne voulons estre par nous différé, dont sy aulcunes interviennent nous avons retenu la cognoissance à nous & à nostre conseil, & icelle interditte à toutes nos cours & juges : CAR tel est nostre plaisir. Et affin que ce soit chose ferme & estable à tousjours, nous avons faict mettre notre sceel à cesdites présentes, faulf en autres choses nostre droit & l'aultruy en toutes. DONNÉ à Paris au moys de Mars, l'an de grace mil six cent vingt-cinq, & de nostre regne le quinzieme. Par le Roy, PHELYPEAUX, *signé*. Et scellées du grand sceau en cire verte sur lacs de soye rouge & verte.

LOUIS, PAR LA GRACE DE DIEU, ROI DE FRANCE ET DE NAVARRE : A nos amés & feaulx les gens tenans nostre cour des aydes de Montpellier, SALUT. Par nostre édict du moys de Mars 1623, cy-attaché soubs le contre-sceel de nostre chancellerie, Nous avons attribué aux recepveurs particuliers de nos tailles des vingt-deux dioceses de nostre province de Languedoc deux deniers pour livre d'augmentation de taxations sur toutes levées de deniers extraordinaires qui s'imposent en chacung des dioceses de ladite province, pour avoir doresnavant jusques à dix deniers pour livre chacung en l'année de l'exercice de leur recepte y compris les six deniers & deux deniers à eux cy-devant attribués, en payant par chacung d'eux la somme à laquelle ils ont esté taxés en nostre conseil ; mais d'aultant que nostre édict est à présent suranné, & qu'à cause de ce vous pourriés faire difficulté de le registrer en nostre cour sans avoir sur ce nos lettres nécessaires. A CES CAUSES, Nous vous mandons & ordonnons & très-expressément enjoignons par ces présentes que vous ayés à faire lire, publier & enregistrer nostredit édict, icelluy faire garder & observer irrévocablement, nonobstant qu'il soit, comme dict est, suranné & toutes lettres à ce contraires, auxquelles & à la desrogatoire des desrogatoires y contenues, nous avons desrogé & desrogeons par icelluy & ces présentes, nonobstant aussi toutes oppositions ou appellations quelconques, pour lesquelles & sans préjudice d'icelles ne voulons estre par vous diféré, desquelles, si aulcunes interviennent nous avons retenu la cognoissance à nous & à nostre conseil, & icelle interditte à toutes nos cours & juges : CAR tel est nostre plaisir. DONNÉ à Paris le dix-neuvieme jour de Mars, l'an de grace mil six cent vingt sept, & de nostre regne le dix-septieme. *Signé*, LOUIS ; Par le Roy, PHELYPEAUX, *signé*. Et scellées

N°. LVII.

du grand sceau en cire jaune sur simple queue.

Les présentes en forme d'édict ont esté enregistrées ez registres de la cour des aydes de Montpellier, Ouy & consentant le procureur général du Roy pour par lesdits recepveurs y nommés jouir de l'attribution des deux deniers pour livre portée par ledit édict, suyvant la volonté de Sa Majesté, & l'arrest donné par ladite cour audit Montpellier, ce jourd'huy douzieme Juin mil six cent vingt-sept.

LVIII.

Extrait du registre des délibérations des Etats généraux de Languedoc, assemblés par mandement du Roi, en la ville de Pezenas, au mois de de Juillet 1626.

Du Vendredi dernier jour dudit mois de Juillet, président Mgr. l'évêque de Mirepoix.

LEs Etats ayant eu avis des poursuites que les receveurs des diocèses font envers MM. les commissaires, pour faire insérer dans les instructions des sieurs commissaires des assiettes, de faire imposer & lever les deux deniers que Sa Majesté leur accorde pour le supplément de la finance qu'ils lui ont payée, & vu la réponse du Roi à l'article qui a été pour raison de ce couché dans le cahier des doléances de la province, de l'année passée, & attendu que l'augmentation de finance que le Roi a exigée des receveurs, est prétextée de ce qu'il a été clairement justifié, que les droits par eux exigés pendant les trois dernieres années de la levée des deniers extraordinaires égaloient la somme qu'ils ont payée pour la composition desdits offices, & vu d'ailleurs ce qu'ils pourront prétendre des années suivantes, à cause de la grandeur des dettes qui ont été contractées par les diocèses pendant ces mouvemens derniers, A ÉTÉ ARRÊTÉ que MM. les commissaires seront priés par Monseigneur l'évêque d'Aleth, M. le baron d'Ambres, MM. les Capitouls de Toulouse, consuls de Carcassonne, Nîmes & Narbonne, de ne vouloir ordonner dans les instructions imposition de cette nouvelle attribution de deux deniers, & néanmoins que MM. les syndics généraux sont chargés de s'opposer au registre de l'édit portant ladite attribution, & que les diocèses sont exhortés de n'imposer lesdits deux deniers pour livre, pour quelque cause & occasion que ce soit, & où ils en seront recherchés par lesdits receveurs, que le syndic du pays prendra leur fait & cause aux dépens du pays, & les relevera de tous dépens & intérêts, néanmoins que les députés en cour continueront d'en poursuivre la décharge au conseil.

LIX.

ÉDIT

Portant création d'offices de receveurs du taillon dans dix-neuf diocèses du Languedoc.

Du mois de Janvier 1627.

LOUIS, PAR LA GRACE DE DIEU, ROI DE FRANCE ET DE NAVARRE: A tous présens & à venir, SALUT. Les grandes & excessives dépenses qu'il Nous a convenu supporter pour l'entretenement de nos armées, tant dedans que dehors le royaume, depuis quelques années en çà, afin d'empêcher le cours des troubles & mouvemens survenus en cet Etat, & préserver nos voisins & alliés de l'oppression dont ils étoient menacés, ayant épuisé le fonds de nos finances & diminué le revenu d'icelles, par la vente & engagement de partie de nos aides, tailles, gabelles, & autres nos droits, Nous font rechercher les moyens les plus convenables qui se puissent trouver, pour Nous secourir en l'urgente & pressante nécessité de nos affaires, entre lesquelles, Nous avons jugé celui de l'établissement & création des offices de receveurs particuliers du taillon ès dix-neuf dioceses de Languedoc, le moins préjudiciable à nos sujets, attendu même que les gages & droits que Nous entendons leur attribuer seront portés sur les deniers dudit taillon, lequel se levant par commission séparée de nos tailles & autres subsides, & iceux mis ès mains des receveurs généraux du taillon établis ès généralités de Toulouse & Beziers, sans être confondus dans les recettes générales de nos finances, il est très-à propos & nécessaire que le même ordre soit gardé & observé en la recette particuliere des deniers du taillon en chacun desdits dix-neuf dioceses, tout ainsi qu'il se pratique en la plupart des recettes & élections de ce royaume, où lesdits receveurs particuliers du taillon sont établis par édit de création de nos prédécesseurs Rois, pour plusieurs justes & grandes considérations; ce qu'ayant été mis en délibération en notre conseil d'Etat, auquel assistoient la Reine notre très-honorée dame & mere, aucuns princes de notre sang, officiers de notre couronne & principaux de notre conseil : SÇAVOIR FAISONS que pour ces causes & autres bonnes considérations à ce Nous mouvant, de notre pleine puissance & autorité royale par cestui notre présent édit perpétuel & irrévocable, Nous avons créé & érigé, créons & érigeons en titre d'office formé ès dix-neuf dioceses de notre pays de Languedoc, en chacun d'iceux, trois nos conseillers receveurs particuliers, ancien, alternatif & triennal du taillon qui se leve auxdits dioceses, pour le payement de la gendarmerie & autres deniers qui s'imposeront pour le fait de la guerre, aux gages ordinaires ; savoir, aux trois receveurs du taillon des dioceses de Toulouse & Viviers, à chacun 600 livres par an ; aux receveurs dudit taillon des dioceses de Montpellier & Nîmes, à chacun 500 livres par an ; aux receveurs d'Uzès, du Puy, Mende, Beziers, Narbonne, Alby & Carcassonne, à chacun 400 livres aussi par an ; aux receveurs dudit taillon des dioceses de Lavaur & Castres, à chacun 300 livres aussi par an ; aux receveurs des dioceses d'Agde, Lodeve, Saint-Pons, Aleth & Limoux, à chacun 200 livres ; & aux receveurs des dioceses de Saint-Papoul & Mirepoix, à chacun 150 livres aussi par an ; & aux droits de six deniers pour livre de leur recette en l'année de leur exercice, que Nous leur avons attribué & attribuons par ces présentes, à l'instar des droits des deniers extraordinaires de leurs charges, à prendre lesdits gages & droits sur les deniers de leursdites charges, desquels ils feront doresnavant la recette & dépense au lieu & place des receveurs des tailles desdits dioceses, pour être par eux mis ès mains des receveurs généraux du taillon desdites généralités de Toulouse & Beziers, chacun en l'année de son exercice, & autres nos officiers comptables, dont ils rendront compte en notre chambre des comptes de Montpellier. Voulons & Nous plaît, que pour le payement desdits gages & droits d'attribution, épices & façons de leurs comptes, il soit à l'avenir & par chacun an laissé fonds dans les états de distribution des deniers du taillon desdites généralités, ainsi qu'il sera réglé par notredite chambre, & que lesdits receveurs retiendront par leurs mains, à commencer du premier jour du préfent mois de Janvier ; lefquels receveurs du taillon, par Nous nouvellement créés, jouiront des mêmes honneurs, autorités, franchifes, priviléges & droits de quittance que lefdits receveurs de nos tailles dudit pays de Languedoc, & autres receveurs du taillon de notre royaume, & qu'ils foient reçus & admis au payement du droit annuel, pour la confervation de leurs offices, fuivant la taxe & évaluation qui en fera faite modérement en notredit confeil, fans néanmoins que lefdits receveurs foient tenus ores ni à l'avenir d'aucun prêt ni payer ledit droit annuel pour l'année préfente & prochaine 1628 ; durant lefquelles lefdits offices venant à vaquer par mort feront confervés à leurs veuves, enfans & héritiers, pour être auxdits trois offices de receveurs dudit taillon préfentement créés, par Nous pourvu de perfonnes capables, & ci-après, lorfque vacation y échera par mort, réfignation, forfaiture ou autrement. SI DONNONS à nos amés & feaux confeillers les gens de nos comptes à Montpellier, & autres nos officiers qu'il appartiendra, que ceftui notre préfent édit ils faffent lire, publier & regiftrer, garder & obferver, fuivant fa forme & teneur, & de tout le contenu en icelui faire jouir pleinement & paifiblement lefdits receveurs du taillon par Nous préfentement créés, & leurs fucceffeurs auxdits offices, fans permettre qu'il leur foit fait, mis ou donné ores ni pour l'avenir aucun trouble ou empêchement par quelques perfonnes, ni fous quelque prétexte que ce foit, nonobftant tous édits, déclarations & lettres à ce contraires, auxquelles & aux dérogatoires des dérogatoires y contenues, Nous avons dérogé & dérogeons par cefdites préfentes, nonobftant auffi oppofitions ou appellations quelconques, pour lefquelles & fans préjudice d'icelles ne fera par vous différé, & dont, fi aucunes interviennent, Nous en avons retenu & réfervé à Nous & à notre confeil la connoiffance, & icelle interdite & défendue à toutes nos autres cours & juges quelconques : CAR tel eft notre plaifir. Et afin que ce foit chofe ferme & ftable à toujours, Nous avons fait mettre notre fcel à cefdites préfentes, fauf en autres chofes notre droit & l'autrui en toutes. DONNÉ à Paris, au mois de Janvier, l'an de grace mil fix cent vingt fept, & de notre regne le dix-feptieme. *Signé*, LOUIS. *Et fur le repli* ; Par le Roi, PHÉLYPEAUX. Et fcellées du grand fceau de cire verte, fur lacs de foie rouge & verte.

Lu, publié & regiftré ès regiftres de la chambre des comptes : OUI & ce requérant le procureur général du Roi, pour le contenu d'icelui être gardé & obfervé aux charges portées par l'arrêt de vérification de cejourd'hui, les deux femeftres affemblés. A Montpellier, le dix-neuf Octobre mil fix cent vingt-fept. PUJOL, *signé*.

LX.

EDICT DU ROY,

Portant attribution en hérédité aux receveurs des tailles des vingt-deux diocèses de Languedoc, de dix deniers pour livre de taxation sur les sommes augmentées par l'édict du mois d'Octobre mil six cens trente-deux, & généralement sur toutes celles qui s'imposeront cy-après, pour quelque cause & occasion que ce soit, fors & excepté sur le taillon, ayde, octroy & creuë; ensemble l'hérédité de leurs anciennes taxations casuelles de dix deniers, réglement d'icelle; sçavoir, quatre deniers en année d'exercice, & trois deniers és années hors d'exercice avec dispense de fournir de caution, à cause de ladite augmentation de recepte.

Du mois de Juin 1633.

LOVIS, PAR LA GRACE DE DIEV, ROY DE FRANCE ET DE NAUARRE: A tous présens & à venir, SALUT. Bien que Nous & les défuncts Roys nos prédécesseurs ayent apporté tout le soin qui Nous a esté possible pour faire cesser plusieurs abus qui se commettoient, tant aux impositions ordinaires & extraordinaires, qu'en la recepte & leuée d'icelles sur nostre peuple, & particulierement en nostre prouince de Languedoc, où le désordre estoit venu à tel poinct, que les gens des trois estats de ladite prouince imposoient plusieurs grandes sommes de deniers pour dons, gratifications, frais de voyages, que autrement, souz la faueur des personnes qui auoient auctorité dans ladite prouince, & dans lesdits estats : & ce mesme mal s'estoit encores glissé dans les assemblées des assiettes particulieres de chaque diocese, en telle sorte que le peuple souffroit & supportoit de grandes impositions, sans nostre sceu, qui reuenoit à l'utilité de certains particuliers : Ce qui nous a obligé souuent dans la nécessité de nos plus grandes affaires pour le soulagement de nostre peuple, d'auoir recours aux autres prouinces de nostre royaume, & d'engager le domaine de nostre couronne, pour la manutention de cet estat. Ce qu'ayant esté bien recognu en nostre dernier voyage en ladite prouince, Nous aurions, par nostre édict, donné à Beziers au mois d'Octobre dernier, réglé toutes les impositions que Nous voulons annuellement estre faites en icelle, auec très-expresses défenses aux gens des trois estats dudit pays, & particulier desdits dioceses, de leuer, ny permettre estre leué ny imposé sur nostre peuple autres & plus grandes sommes que celles contenues dans ledit édict, sans nostre particuliere permission, à peine de confiscation de corps & de biens. Et d'autant que cet édict a changé l'ordre de ladite prouince, sur le faict des impositions, en quoy les receueurs de nos tailles d'icelles se trouuent grandement greuez & interessez, à cause du droict de leuée de dix deniers pour liure qui leur est acquis sur toutes sortes & natures de deniers qui s'imposoient audit pays, & particulier des dioceses, fors & excepté de la somme de cinq cens soixante mil liures, à quoy se montoit les deniers de l'ayde, octroy & creuë de six cens mil liures qui entroient en nos recettes generales, & seruoient au payement des gages des trésoriers de France, receueurs & controlleurs desdites tailles, rentes, charges & pensions constituées sur lesdites receptes generales & particulieres : en la perception duquel droict des dix deniers pour liure lesdits receueurs sont fondés par plusieurs édicts, arrests & déclarations

déclarations de Nous & de nos prédécesseurs, & particullierement par édict de création de leurs offices du Roy Charles IX, en l'année mil cinq cents soixante douze, par transaction & traicté fait entr'eux, & ledit pays de Languedoc, en l'année mil six cents dix, approuué & auctorisé par deux de nos édicts de l'année mil six cents vnze, & vingt-cinq, verifiez où besoin a esté: & encores par la finance qu'ils en ont payée pour lors en nos parties casuelles en deux diuerses fois, iusques à la somme de deux cents cinquante mil liures. Tellement qu'il n'est pas raisonnable qu'estans si legitimement fondez en la perception dudit droict de dix deniers pour liure, fors & excepté dudit ayde, octroy & creuë, que nostredit édict du mois d'Octobre dernier, leur seroit préiudiciable. A CES CAUSES, de l'aduis de nostre conseil, & de plusieurs notables personnes qui y estoient presens, où ceste affaire a esté meurement deliberée, & de nostre certaine science, plaine puissance, & auctorité royale, par ceste présente nostre declaration, que Nous voulons estre ferme & stable & à iamais irreuocable, Auons dit & déclaré, disons & declarons, voulons, & nous plaist que lesdits receueurs de nos tailles de ladite prouince de Languedoc facent la recepte & leuée chacun en l'année de leur exercice, de tous les deniers qui s'imposeront en icelle, & particulier desdits dioceses, tant en consequence de nostre édict du mois d'Octobre dernier, donné à Beziers, que autrement en quelque façon & maniere que ce soit, & pour quelque cause & prétexte qu'il puisse estre à l'aduenir, à raison de dix deniers pour liure pour leur droict de leuée de toutes lesdites impositions, fors & excepté sur le general de ladite prouince, de la somme de cinq cents soixante mil liures, à laquelle reuenoit les deniers de l'ayde, octroy & creuë qui estoient imposez annuellement en icelle, & qui entroient en nos receptes generales des finances, desquels deniers lesdits receueurs sont obligez de faire la recepte & leuée sans aucun droict, à cause des gages ordinaires attribuez à leurs offices sur lesdits deniers. Et à cet effect enioignons aux commissaires principal & ordinaires, syndic & deputez des vingt-deux dioceses de ladite prouince, procedant au departement des impositions, à commencer au premier de Janvier dernier de l'année presente, nonobstant les clauses apposées aux commissions jà expediées pour lesdites impositions de ladite prouince, en tant qu'elle porte, sans frais ni droict de leuée, auxquelles clauses nous auons derogé & derogeons par ces presentes. Faire asseoir & imposer pour lesdits receueurs, à chacun comme les concernera, ledit droict de leuée de dix deniers pour liure sur toutes sortes & natures de deniers quels qu'ils soient ou puissent estre, sauf de ladite somme de cinq cents soixante mil liures, qui sera distraite de trois articles dudit édict du mois d'Octobre dernier, concernant les gages des tresoriers de France, gages desdits receueurs & controlleurs des tailles, rentes, pensions, & charges constituées sur lesdites receptes generales & particulieres, & le surplus sur le million cinquante mil liures qui nous reuient quitte de nostre espargne. Et afin de donner plus de moyen ausdits receueurs de faire ladite recepte aux conditions neantmoins portées par ledit traicté fait entr'eux & ledit pays de Languedoc, en l'année mil six cents dix, que Nous voulons estre gardé & obserué pour le soulagement de nostre peuple, Nous leur auons confirmé & confirmons de noueau, tant ledit droict de leuée de

Tome VI. L

dix deniers pour liure que lesdits receueurs prenoient en conséquence dudit traicté, & de nos édicts des années mil six cents vnze, & vingt-cinq, & de toutes les sommes que par nostredit édict du mois d'Octobre dernier, donné audit Beziers, les impositions de ladite prouince se sont augmentées, & pourront augmenter, tant à cause du million cinquante mil liures, remboursement des esleuz & collecteurs, desdommagement & interest des traictans debtes du general de ladite prouince, & particulier des dioceses, & interests d'iceux, lors qu'ils s'imposeront, pour iouir dudit droict de dix deniers pour liure par lesdits receueurs plainement & paisiblement en heredité, à commencer ladite iouissance le premier iour de Ianuier dernier, eux, leurs veufues & heritiers, conjointement ou separément auec leurs offices, comme bon leur semblera, en payant par lesdits receueurs, pour iouir du contenu en nostre presente declaration, les taxes qui ont esté faites sur eux en nostre conseil, vn mois après la signification qui leur en aura esté faite à leur personne ou domicile, es mains du tresorier de nos parties casuelles, ou au porteur de ses quittances : laquelle finance leur seruira du cautionnement qu'ils sont tenus faire à cause de l'augmentation de leur recepte, en faisant registrer icelle, qui demeurera pour ce regard affectée audit cautionnement, sans qu'ils soient tenus bailler autres cautions. Et à faute de satisfaire audit payement, lesdits receueurs seront decheuz de ladite heredité, tant des anciennes que nouuelles attributions, & ne pourront pretendre la iouissance desdites taxations de dix deniers pour liure sur les sommes qui ont esté augmentées par ledit édict du mois d'Octobre dernier, ny sur le remboursement desdits esleuz & collecteurs, dommages & interests des traictans, qui doiuent estre imposez en quatre années, ny sur les autres sommes imposées, ou qui s'imposeront pour les affaires & debtes particulieres dudit pays & diocese, ains seulement sur les sommes qui leur ont esté ordonnées par les commissions des impositions de la presente année, & la iouissance desdites taxations de dix deniers pour liure sur toutes les anciennes leuées & impositions de ladite prouince, & particulier des dioceses, pour quelque cause & occasion que ce soit, appartiendra au porteur desdites quittances, à commencer du premier iour de Ianuier, fors & excepté sur ladite somme de cinq cents soixante mil liures, des deniers de l'ayde, octroy & creue, & seront tenus lesdits receueurs qui feront la recepte desdites taxations, leur en faire le payement iusques au iour qu'ils payeront lesdites taxes sur sa simple quittance, à quoy ils seront contraints comme pour nos propres deniers & affaires. Toutes lesquelles taxations, mesmes celles concernant le remboursement desdits esleuz & collecteurs, interests & desdommagement des traictans, ne pourront estre retranchez ny diminuez de ce à quoy elles montent à present pendant lesdites quatre années, pour quelque cause ny pretexte que ce soit. Voulons & ordonnons que d'oresnauant & annuellement, dans les commissions qui s'expedieront pour toutes impositions à faire sur les deux generalitez de ladite prouince, & particulier desdits dioceses, soit compris ledit droict de leuée de dix deniers pour liure par dessus. Et en cas d'obmission ou autrement, voulons ledit droict leur estre imposé par lesdits commissaires & deputez desdits dioceses, en vertu de nostre presente declaration, sans autre mandement plus exprés, nonobstant oppositions ou appellations

Part. I. Div. II. Liv. III. 83

Nº. LX.

quelsconques : la cognoissance desquelles Nous auons reseruée à Nous & à nostre conseil, & icelle interdicte à toutes autres cours, & le tout sans preiudice ausdits receueurs des six deniers pour liure, qu'ils iouissent en heredité les deniers de l'ayde, octroy & creue, comme ayans financé ledit droict, en consequence de nostre édict de l'année mil six cents vingt-huict, & dont le fonds en est laissé annuellement par Nous sur nos deniers dans les estats de la distribution des finances des deux generalités de ladite prouince, à quoy n'entendons deroger en aucune façon. Et afin que d'oresnauant il n'y ait aucune emulation entre lesdits receueurs, pour raison dudit droict de leuée de dix deniers pour liure, ils en iouiront en heredité, en telle sorte que celuy qui sera en exercice aura quatre deniers pour liure, qu'il retiendra par ses mains, & les deux autres receueurs trois deniers chacun, qui leur seront payez par leurs compagnons d'office en exercice, de quartier en quartier, sur leurs quittances, qui seront passées & allouées en leurs estats & comptes par tout où il appartiendra. Et aduenant vaccation desdits offices de receueurs par mort, ou autrement, ceux qui en seront après pourueus, ne pourront estre receus ny installez en iceux offices, qu'au préalable ils n'ayent entierement remboursé les veufues ou heritiers de la finance payée pour lesdites attributions de dix deniers pour liure en heredité. Après lesquels remboursemens, lesdits pourueus en iouiront au mesme tiltre d'heredité, &

non autrement. Si DONNONS EN MANDEMENT à nos amés & feaux conseillers les gens tenans nostre cour des comptes, aydes & finances à Montpellier, presidens, tresoriers de France & generaux de nos finances à Tholoze & Montpellier, de faire chacun en droit soy lire, publier, registrer, garder & obseruer nostre present édict, de poinct en poinct selon sa forme & teneur, iouyr & vser plainement, paisiblement & hereditairement lesdits receueurs, leurs veufues & ayans cause, & porteurs des quittances de finance desdites attributions, sans permettre ny souffrir qu'ils y soient troublez ny empeschez en aucune maniere, nonobstant oppositions ou appellations quelsconques, & sans préiudice d'icelles : desquelles si aucunes interuiennent, Nous auons retenu & reserué la cognoissance à Nous & à nostre conseil, & icelle interdicte à toutes nos cours & iuges, nonobstant aussi tous édicts, ordonnances, déclarations, arrests & choses à ce contraires, ausquelles, & aux derogatoires des derogatoires y contenues, nous auons derogé & derogeons par cesdites presentes. CAR tel est nostre plaisir. Et afin que ce soit chose ferme & stable à tousiours, Nous auons à icelles fait mettre & apposer nostre seel, sauf en autre chose nostre droict, & l'autruy en toutes.

DONNÉ à Fontainebleau, au mois de Iuin, l'an de grace mil six cents trente-trois, & de nostre regne le vingt-troisiesme. *Signé*, LOVIS : *Et plus bas*; Par le Roy, PHELYPEAUX.

L ij

LXI.
ARRÊT DU CONSEIL,

Qui ordonne qu'en rapportant par les receveurs des dioceses l'état des dettes desdits dioceses vérifié par les commissaires à ce députés par Sa Majesté, les lettres-patentes pour l'imposition d'icelles, & les quittances des créanciers, les parties des dettes employées ez comptes des deniers extraordinaires desdits dioceses, seront passées & allouées, sans que la cour des comptes de Montpellier, puisse prétendre pour raison de ce aucunes épices, ni faire compter les communautés.

Du 13 Juillet 1633.

EXTRAIT *des Regiſtres du Conſeil d'Etat.*

SUr ce qui a été représenté au Roi en ſon conſeil, par le ſyndic des trois-états du pays de Languedoc, qu'encore que les receveurs des dioceſes ne ſoient obligés de rapporter en la cour des comptes de Montpellier pour l'allocation des parties par eux employées, concernant les dettes deſdits dioceſes que les ſimples quittances des créanciers, & non les pieces juſtificatives deſdites dettes, attendu qu'elles ont été préalablement vérifiées par les commiſſaires députés par Sa Majeſté, ſur leſquels ladite cour des comptes n'a aucune juriſdiction. Néanmoins, pour s'attribuer indirectement la comptabilité dont Sa Majeſté a déchargé les villes & communautés de ladite province, ladite cour ne laiſſe d'obliger les comptables de rapporter toutes les pieces juſtificatives deſdites dettes; & faute de ce rayent purement, ſupercedent & tiennent en ſouffrance les parties employées à la décharge dudit pays, pour l'acquittement d'icelles, même prennent de grands droits d'épices pour raiſon de ce, bien que par les articles arrêtés entre elle & les députés deſdits Etats, confirmés par arrêt du conſeil du 26 Mai 1612, il ait été convenu qu'ils n'en prendront aucun pour le rétabliſſement des parties employées ès comptes des deniers extraordinaires deſdits dioceſes. Vu ladite requête; la réponſe au cahier préſenté à Sa Majeſté en l'année 1627, portant défenſes à ladite chambre des comptes de faire rapporter autres pieces que les quittances des créanciers; leſdits articles & arrêt du conſeil du 26 Juin 1612. LE ROI EN SON CONSEIL a ordonné & ordonne qu'en rapportant par leſdits receveurs des dioceſes l'état des dettes deſdits dioceſes, vérifié par les commiſſaires à ce députés par Sa Majeſté, les lettres-patentes pour l'impoſition d'icelles & les quittances des créanciers, les parties deſdites dettes employées ès comptes des deniers extraordinaires deſdits dioceſes, rayées purement, ſupercédées ou tenues en ſouffrance ſeront rétablies, & celles qui ſeront employées ci-après en iceux paſſées & allouées, ſans que ladite cour des comptes puiſſe prétendre, pour raiſon de ce, aucuns droits d'épices, ni faire compter leſdites communautés. FAIT au conſeil d'état du Roi tenu à Paris le treizieme jour de Juillet mil ſix cent trente-trois. *Collationné.* CORNUEL, *ſigné.*

LOUIS, PAR LA GRACE DE DIEU, ROI DE FRANCE ET DE NAVARRE: A nos amés & féaux conſeillers les gens tenant notre cour des comptes, aides & finances à Montpellier; SALUT. Suivant l'arrêt dont l'extrait eſt ci-attaché ſous le contre-ſcel de notre chancellerie, ce jourd'hui donné en notre

N°. LXI. conseil d'état, sur ce qui nous a été représenté en icelui par le syndic des trois-états de notre pays de Languedoc, Nous vous mandons & ordonnons qu'en rapportant par les receveurs des dioceses dudit pays l'état des dettes desdits dioceses, vérifié par les commissaires à ce par nous députés, nos lettres-patentes pour l'imposition d'icelles & les quittances des créanciers, vous ayiez à rétablir ès comptes des deniers extraordinaires desdits dioceses les parties de leurs dettes employées en iceux, rayées purement, supercédées ou tenues en souffrance, passées & allouées sans difficulté celles qui seront ci-après employées esdits comptes, sans que vous puissiez prétendre pour ce aucuns droits d'épices, ni faire compter les communautés, nonobstant quelconques ordonnances, arrêts, réglemens & choses à ce contraires, auxquelles pour ce regard nous avons dérogé & dérogeons par ces présentes. Et commandons au premier notre huissier ou sergent sur ce requis de faire, pour l'exécution de notre arrêt, toutes significations, défenses & autres actes & exploits nécessaires sans demander autre permission : CAR tel est notre plaisir. DONNÉ à Paris le treizieme jour de Juillet l'an de grace mil six cent trente-trois & de notre regne le vingt-quatrieme. Par le Roi en son conseil.

Signé, CORNUEL.

LXII.

EXTRAIT du regiſtre des délibérations des Etats généraux de Languedoc, aſſemblés par mandement du Roi en la ville de Montpellier, au mois de Novembre 1633.

Du Mardi 22 dudit mois de Novembre, préſident Mgr. l'archevêque & primat de Narbonne. N°. LXII.

LE ſieur de la Motte, ſyndic général, ayant repréſenté que les receveurs des tailles, contre la foi des articles accordés entre eux & le pays en l'année 1611, ayant en diverſes fois augmenté les droits de leur levée des deniers extraordinaires juſques à dix deniers pour livre, qui n'étoient par ledit traité qu'à ſix deniers, ont encore depuis peu fait un parti à Sa Majeſté pour l'augmentation du droit de ladite levée qu'ils ont fait mettre en hérédité & étendre tant ſur les deniers ordinaires qu'extraordinaires, ce qui eſt du tout contraire audit traité, & d'un très-notable dommage à la province qui n'eſt pas en état de porter de ſemblables foules, & qui pour ſe libérer de l'établiſſement des droits héréditaires, vient de faire un grand effort pour le rembourſement des Etats : que pour jouir du fruit dudit parti, leſdits receveurs pourſuivent chaudement à la cour des comptes, aides & finances de cette ville le regiſtre de l'édit de Sa Majeſté donné ſur ladite attribution ; à quoi il eſt néceſſaire d'apporter un prompt remede, A ÉTÉ CONCLUD ET ARRÊTÉ que MM. de ladite cour des comptes, aides & finances, ayant juſques à cette heure favorablement pour la province ſurſis le regiſtre dudit édit, ils en ſeroient remerciés de la part de cette aſſemblée, & priés de vouloir continuer cette même grace pour donner le temps aux Etats de pouvoir murement délibérer ſur l'oppoſition qu'ils ont à former au regiſtre dudit édit.

LXIII.

EXTRAIT *du regiſtre des délibérations des Etats généraux de Languedoc, aſſemblés par mandement du Roi, en la ville de Montpellier, au mois de Novembre* 1633.

Du Jeudi 24 dudit mois de Novembre, préſident Mgr. l'archevêque & primat de Narbonne.

SUR le rapport fait par Mgr. l'évêque de Montpellier & autres ſieurs commiſſaires députés pour examiner l'édit d'attribution aux receveurs des tailles de dix deniers pour livre en hérédité ſur toute ſorte d'impoſitions ordinaires & extraordinaires, A ÉTÉ ARRÊTÉ que le ſyndic général formera ſon oppoſition au regiſtre dudit édit, & que cependant, de la part de cette aſſemblée, Mgr. le duc d'Alluin & MM. les intendans de juſtice ſeront priés d'appuyer de leur autorité la cauſe de la province, comme auſſi MM. de la cour des comptes, aides & finances, de vouloir ſur ladite oppoſition renvoyer les parties devers le Roi, afin que par ce délai la province ait moyen de faire ſes très-humbles remontrances à Sa Majeſté par le cahier de ſes doléances & tâcher de ſe garantir d'une ſi grande foule. Pour faire cette ſupplication, ont été nommés Mgr. l'évêque de Beziers, M. de Fabrezan & les ſieurs députés de Toulouſe & de Montpellier.

LXIV.

EXTRAIT *du regiſtre des délibérations des Etats généraux de Languedoc, aſſemblés par mandement du Roi, en la ville de Montpellier, au mois de Novembre* 1633.

Du Vendredi 25 dudit mois de Novembre, préſident Mgr. l'archevêque & primat de Narbonne.

SUR les plaintes faites par le ſieur Borios, député de Caſtelnaudary, de ce que, contre les articles accordés entre le pays & les receveurs des tailles, le peuple ſouffre de très-grandes foules & oppreſſions des commis deſdits receveurs, qui, ſous prétexte d'accélérer la levée des tailles, ruinent tous les collecteurs par les violentes exécutions qu'ils font ſur eux, & ſurtout par le gaſt & garniſon qu'ils leur déclarent précipitamment pour les obliger de compter avec eux, & ainſi par leurs ſales compoſitions épuiſent ce qu'il y a de deniers comptans entre les mains deſdits collecteurs, & leur ôtent le moyen de payer les tailles, ce qui eſt d'un très-notable dommage; comme auſſi ſur les plaintes faites par pluſieurs autres députés du tiers-état de ce que leſdits receveurs, ſans préalable diſcuſſion faite ſur les collecteurs, conſuls & nominateurs exécutent en certains lieux pour les deniers des tailles les particuliers habitans deſdits lieux, & les contraignent en leurs perſonnes & biens, comme s'ils étoient chargés de la levée deſdites tailles, & que c'eſt renverſer tous les ordres de la juſtice qui ne permet pas non plus que leſdits receveurs prennent droit de quittance de chaque payement qui leur eſt fait, bien qu'ils n'en puiſſent prendre que de chaque nature de deniers qui ſont impoſés, conformément aux ſuſdits articles, & qu'après tout cela ils refuſent encore de prendre les eſpeces d'or au prix courant que leſdits collecteurs des tailles ſont contraints de recevoir des particuliers au prix ordinaire du commerce : OUI ſur ce le ſieur de Lamamie ſyndic général, A ÉTÉ ARRÊTÉ que par les députés du pays en cour très-humbles remontrances seront faites à Sa Majesté de vouloir mettre à couvert son pauvre peuple de cette vexation de gast & garnison, de laquelle les commis des receveurs des tailles affligent si souvent toutes les communautés; & que cependant MM. de Miron & le Camus intendans de la justice en cette province, seront suppliés de remédier à tous ces désordres & pourvoir par leurs ordonnances aux maux qui ont fait naître si justement toutes ces plaintes. Et pour cet effet ont été députés Mgr. l'évêque de Carcassonne, M. de Magalas & les sieurs grand-vicaire de Saint-Pons, envoyé de Vauvert, députés de Montpellier, du Puy, & les diocésains de Toulouse & Carcassonne.

LXV.

ACCORD

Entre les syndics généraux & le traitant des attributions accordées aux receveurs par l'édit du mois de Juin 1633.

Du 29 Novembre 1634.

ARTICLES accordés sous le bon plaisir du Roi, & de nosseigneurs de son conseil, entre maîtres Pierre de Bardichon Dupont, Pierre de Lamamyc & Anne de Lamotte, syndics généraux du pays de Languedoc, & Me. Benjamin Pouget, conseiller du Roi, maître des eaux & forêts en la vicomté de Bayeux, pour faire valoir audit pays de Languedoc la subrogation de Me. Antoine Guilley, au traité par lui fait avec le Roi le 25 jour de Mai 1633, de la disposition des taxes faites sur les receveurs des tailles des vingt-deux diocèses des deux généralités de Languedoc, en conséquence de l'édit du mois de Juin 1633, portant que lesdits receveurs jouiront tant de l'hérédité de leurs anciennes taxations de dix deniers pour livre sur tous les deniers extraordinaires qui leur ont été attribués par les édits du mois de Décembre 1611 & de Mars 1625, & qui sont employés ès commissions de S. M., que de l'attribution en hérédité de pareilles taxations de dix deniers pour livre sur tous les deniers tant ordinaires qu'extraordinaires qui se trouveront augmentés en conséquence de l'édit de S. M. du mois d'Octobre 1632, commissions du même mois, & autres subséquentes, & généralement sur tous les deniers dont ils sont la recette, excepté le taillon, & la somme de 560,000 livres, à laquelle revenoient les deniers de l'aide, octroy & crüe dont ils devoient faire la recette & levée sans aucun droit, à cause des gages ordinaires attribués à leurs offices.

Premièrement, sera tenu ledit sieur Pouget, comme il promet & s'oblige, de fournir auxdits sieurs syndics, au profit dudit pays, dans six semaines prochaines, la subrogation dudit Guilley au traité par lui fait avec S. M. des taxes & attributions en hérédité des receveurs des tailles dudit pays, & à l'édit du Roi du mois de Juin 1633, portant que lesdits receveurs jouiront, tant de l'hérédité de leurs anciennes taxations de dix deniers pour livre sur tous les deniers extraordinaires, qui leur ont été attribués par les édits des mois de Décembre 1611 & Mars 1625, & qui sont employés ès commissions de S. M., que des attributions en hérédité de pareilles taxations de dix deniers pour livre sur tous les deniers tant ordinaires qu'extraordinaires qui se trouveront augmentés en conséquence de l'édit de S. M. du mois d'Octobre 1632; tout ainsi qu'il est porté par ledit édit du mois de Juin 1633, pour en jouir, user & disposer comme de chose à eux appartenant, ensemble des arrérages desdites taxations, droits &

attributions qui font dues pour les impositions des années dernieres 1633 & présente 1634 ; auquel effet ledit sieur Pouget délivrera auxdits sieurs syndics, dans le même délai, l'original dudit édit du mois de Juin 1633, l'arrêt du conseil & commission sur icelui scellé & contrôlé en bonne & due forme, du 27 Mai dernier, portant permission d'asseoir & imposer au profit dudit Guilley, sur ledit pays de Languedoc, la somme de 169,945 livres 8 sols 2 deniers pour les arrérages desdites attributions des années 1633 & 1634, & pour en payer à S. M. les sommes que ledit Guilley est obligé par sondit traité, & en acquitter, garantir & indemniser ledit pays.

Sera tenu ledit sieur Pouget de fournir dans quatre mois prochains & mettre ès mains desdits sieurs syndics, un arrêt du conseil & lettres patentes sur icelui en bonne & due forme, contenant pouvoir & faculté aux gens des trois-états du pays de Languedoc de jouir, user & disposer pleinement & paisiblement desdits droits, attributions & facultés portées par ledit traité & susdit édit du mois de Juin 1633 donné en conséquence d'icelui, comme de chose à eux appartenant, tout ainsi que ledit Guilley eût pu faire auparavant ladite subrogation.

Ledit sieur Pouget remettra, comme il promet & s'oblige, les quittances des parties casuelles de Me. Jacques de Vassan contenant lesdites taxes, à concurrence de la somme de 438,000 liv., expédiées en blanc & contrôlées au contrôle général des finances, ès mains du trésorier de la bourse dudit pays, au fur & à mesure des payemens qui lui seront faits par ledit trésorier à la décharge dudit pays, ainsi qu'il sera dit ci-après, lesquelles quittances ledit trésorier de la bourse remettra incontinent, sous bon inventaire, ès mains de Me. Jacques Dazam, greffier desdits Etats, qui lui en donnera sa certification au pied dudit inventaire, laquelle lui servira de décharge valable en la dépense de son compte.

Moyennant lesquelles conditions, seront tenus & obligés lesdits sieurs syndics généraux dudit pays de payer ou faire payer par ledit trésorier de la bourse audit sieur Pouget, la somme de 469,480 livres, en deux années prochaines & consécutives ; savoir, en l'année 1635, au terme des impositions, la somme de 156,493 livres 6 sols 8 deniers, faisant le tiers de la susdite somme de 469,480 livres, des deniers provenant de l'imposition de ladite année, laquelle somme lui sera payée par ledit trésorier de la bourse ès villes de Toulouse, Montpellier & Beziers, en espèces d'or ou d'argent, au prix qu'elles s'exposeront aux recettes générales des finances ; & ledit sieur Pouget lui fournira au fur & à mesure desdits payemens les quittances dudit sieur trésorier des parties casuelles, expédiées en blanc & duement contrôlées, comme dit est, à concurrence de ladite somme de 156,493 livres 6 sols 8 deniers ; & les deux tiers restans faisant la somme de 312,986 livres 13 sols 4 deniers, sera payée pareillement audit sieur Pouget, esdits lieux & en espèces à la valeur que dessus, des deniers qui proviendront des impositions de ladite année 1636, qui seront faites sur ledit pays, à la diligence desdits sieurs syndics, & aux termes d'icelles, ensemble les intérêts au denier dix de ladite somme de 312,986 livres 13 sols 4 deniers, revenant à 31,300 livres qui seront aussi imposés ladite année 1636, conjointement avec le principal de ladite somme de 312,986 liv. 13 sols 4 deniers, revenant en total à la somme de 344,286 livres 13 sols 4 deniers, en recevant le payement

ment de laquelle ledit fieur Pouget fera tenu de fournir audit tréforier de la bourfe le furplus des quittances dudit fieur tréforier des parties cafuelles, en la forme que deffus, jufques au parfait de la fomme de 438,000 livres contenue aux taxes faites en conféquence dudit traité dudit Guilley.

Ledit fieur Pouget fera tenu, comme il promet & s'oblige, de faire homologuer, autorifer & confirmer par S. M. & noffeigneurs de fon confeil le préfent traité, & en délivrer l'arrêt d'homologation expédié en bonne & due forme, & toutes autres expéditions néceffaires pour la validité du préfent traité dans ledit délai de quatre mois à compter de cejourd'hui, & donner caution fuffifante pour l'exécution du préfent traité dans fix femaines prochaines ès mains defdits fieurs fyndics, à peine de tous dépens, dommages & intérêts. Et refpectivement, fur même peine, lefdits fieurs fyndics promettent & s'obligent de faire faire les impofitions & payemens fufdits, aux termes & conditions ci-deffus. Et généralement lefdites parties s'obligent, l'une envers l'autre, de fatisfaire au contenu aux préfens articles, chacun pour leur fait & regard, felon leur forme & teneur.

Fait, accordé et arrêté en pleine affemblée des états généraux du pays de Languedoc, à Beziers le vingt-neuvieme jour du mois de Novembre mil fix cent trente-quatre, ès préfences de nous Jacques Dazam & François Gabriel de Roguier, greffiers & fecrétaires defdits Eftats fouffignés avec Monfeigneur le préfident defdits Etats, lefd. fieurs fyndics, & ledit fieur Pouget.

LXVI.
ARTICLES

Accordez entre les gens des trois-eftats du pays de Languedoc, & les receueurs des tailles des vingt-deux diocefes de ladite prouince, és Eftats tenus par mandement du Roy, en la ville de Beziers, au mois de Nouembre, mil fix cent trente-quatre.

Et arreft du confeil fur ce interuenu, portant homologation d'iceux, du 7 Mars 1635.

ARTICLES accordez, foubs le bon plaifir du Roy & de noffeigneurs de fon confeil; entre les gens des trois-eftats du pays de Languedoc, affemblez par mandement du Roy en la ville de Beziers, & pour eux maiftres Pierre de Bardichon du Pont, Pierre de Lamamie, & Anne de Lamote, fyndics generaux dudit pays, d'vne part. Et maiftres Michel Cantuel, receueur particulier des tailles du diocefe de Tolofe, Iaques Caftel, receueur de Carcaffonne, Iean Domada, receueur de St. Papoul, Iaques Aouftenc, receueur d'Allet & Limoux, Iean Rat, receueur de Beziers, Bernard Iolly, receueur de Lodeue, Iean Carteyrade, receueur d'Agde, Daniel Grefueille, receueur de Montpelier, François Bon, fils & faifant pour maiftre Philibert Bon, receueur de Nifmes, François de Laroche, receueur de Viuiers, & Guillaume Maffia, receueur de Narbonne, faifant tant pour eux, que pour tous les autres receueurs particuliers des tailles des vingt-deux diocefes dudit pays de Languedoc, aufquels ils promettent de faire ratiffier les prefentes dans deux mois, à peine de tous defpens, dommages & interefts d'autre. Pour raifon des différends que lefdits diocefes ont, ou pourroient auoir cy-aprez auec lefdits receueurs, à caufe des droits & taxations des leuées de deniers tant ordinaires qu'extraordinaires, impofez és années mil fix cens trente-trois, & mil fix cens

I.

Premierement est accordé, que les articles conuenus & accordez entre ledit pays & lesdits receueurs, le vingtiéme Nouembre mil six cens dix, seront respectiuement obseruez & entretenus suiuant leur forme & teneur, excepté en ce qu'il pourroit estre dérogé par les présens.

I I.

Et d'autant que par l'arrest du conseil de l'émologation desdits articles, du vingt-neufiéme Octobre mil six cens vnze ; Sa Majesté a augmenté les six deniers pour liure des taxations desdits receueurs y contenuës de deux deniers de plus, faisant huict deniers pour liure, que cette attribution a esté confirmée par édict du mois de Decembre audit an, deuëment verifié, moyenant la finance de cent vn mil quatre cens liures, pour ce par eux payée aux coffres du Roy, & que depuis, par autre édict du mois de Mars mil six cens vingt-cinq deuëment vérifié, Sa Majesté, outre lesdits huict deniers, leur a augmenté lesdites taxations de deux autres deniers, faisant dix deniers pour liure en tout, moyenant autre finance de cent cinquante-neuf mil liures aussi par eux payée aux coffres du Roy ; Et encores par autre édict du mois de Iuin mil six cens trente-trois, ayant Sadite Majesté accordé l'hérédité desdites taxations auſdits receueurs, & attribué pareilles taxations de dix deniers pour liure en hérédité sur tous les deniers qui ont esté augmentez par l'édict donné à Beziers au mois d'Octobre mil six cens trente-deux, & qui pourroient estre cy-aprez augmentez, excepté sur les deniers du taillon, & sur la somme de cinq cens soixante mil liures, à quoy reuenoit l'ancien ayde, octroy & creuë, moyenant la finance de quatre cens trente-huict mil liures, à commancer d'en joüir du premier iour de Ianuier mil six cens trente-trois, de laquelle finance & heredité, maistre Antoine Guillei auoit traicté auec le Roy de la subrogation, au lieu & droit duquel Guillei, lesdits Estats ont traicté auec maistre Benjamin Pouget, par acte du vingt-neufiéme du present mois, lesdits receueurs pretendans n'auoir peu estre valablement obligez par ledict traicté de Guillei au payement desdites taxes, pour estre fondez en legitime tiltre de perceuoir sans hérédité lesdites taxations de dix deniers pour liure, ainsi qu'il est dit cy-deſſus. Et lesdits Estats pretendans au contraire n'estre tenus payer ausdits receueurs aucunes taxations des deniers qui doiuent entrer és receptes generales des finances. ONT lesdites parties, pour éuiter procez & contention conuenu, & accordé qu'à l'aduenir, à commancer du premier iour de Ianuier en l'année prochaine mil six cens trente-cinq, lesdits receueurs & leurs successeurs ausdits offices, prendront & retiendront par leurs mains, chacun en l'année de leur exercice six deniers pour liure, pour tous droits & taxations sur toutes les impositions tant ordinaires qu'extraordinaires, qui seront faites sur lesdits vingt-deux dioceses, soit pour le million cinquante mil liures, gages de tresoriers de France, receueurs & controolleurs particuliers des tailles, rentes, garnisons, fraix d'estats, & des dioceses, reparations des ponts & places frontieres, gratifications, gages des preuosts des mareschaux, debtes du pays & des dioceses, intérests d'iceux, & généralement sur toute sorte de deniers de quelque nature & qualité qu'ils soient, ou puissent estre, qui s'impoferont fur lefdits dioceses, fans nuls excepter que les deniers du taillon & augmentation d'iceluy tant feulement, auquel effet lefdits Eftats feront comprendre lefdites taxations de fix deniers pour liure dans les commiffions & inftructions qui feront enuoyées annuellement aufdits vingt-deux dioceses, & en cas il y auroit difficulté de ce faire la préfente année, à caufe que les préfens articles ne font encore efmologuez par le Roy, il fera tenu compte aufdits receueurs du moins impofé, fur ce qu'ils ont à payer audit pays fuiuant lefdits articles, fans qu'ils puiffent pourtant aucune chofe prétendre pour dommages ny interefts pour raifon dudit reculement.

III.

Et moyenant ce lefdits receueurs fe départent dès-à-prefent & à l'aduenir, quittent & renoncent aufdites attributions de quatre deniers augmentez pardeffus les fix deniers à eux accordez par ledit traité du vingtiefme Nouembre mil fix cens dix, & à l'hérédité portée par l'édict du mois de Iuin mil fix cens trente-trois, fans pour ce prétendre à l'encontre dudit pays le remboursement de la finance par cy-deuant payée pour les quatre deniers d'augmentation, dont ils le quittent & defchargent.

IV.

Se départent pareillement lefdits receueurs de toutes les prétentions qu'ils ont ou pourroient auoir à l'encontre dudit pays, pour raifon des taxations de dix deniers pour liure des impofitions faites és années mil fix cens trente-trois, & trente-quatre, defquelles n'a efté faite aucune impofition, & que le pays a acquis par ledit traité fait auec ledit Pouget.

V.

Et pour ayder ledit pays à payer la compofition contenuë au traicté fait auec ledit Pouget, pour fe libérer defdites attributions héréditaires, & de toutes les autres charges & conditions portées par ledit édict du mois de Iuin mil fix cens trente-trois, lefdits receueurs, chacun en ce qui le concerne, ont promis, promettent & s'obligent comme pour les propres deniers & affaires du Roy, de payer à l'acquit & defcharge dudit pays à celuy que lefdits Eftats ordonneront, la fomme de cent quatre-vingt-dix mil liures en l'année prochaine mil fix cens trente-cinq, aux termes de l'impofition des deniers du Roy, en efpeces d'or ou d'argent, à la valeur qui s'expoferont aux receptes generales des finances, en faifant lequel payement, celuy qui les receura pour ledit pays, fournira aufdits receueurs les quittances de M. le treforier des parties cafuelles bien & deuëment controollées, de ce que chacun defdits receueurs doit porter & payer de la fufdite fomme fuiuant le roolle qu'a efté prefentement remis deuers le greffe defdits Eftats, au fur & à mefure defdits payemens, afin que ladite fomme de cent quatre-vingt-dix mil liures leur ferue de fonds de finance, pour la conferuation de ladite attribution de fix deniers pour liure conuenuë par le préfent traicté.

VI.

Eft auffi conuenu & accordé que ceux defdits receueurs qui fe trouueront auoir efté remboursez (comme celuy d'Agde) par leurs dioceses de la finance qu'ils auoient payée pour les deux deniers attribuez par l'édict du mois de Mars mil fix cens vingt-cinq, feront tenus & obligez de rendre & reftituer aufdits dioceses ladite finance dans quatre mois, aprez l'efmologation des préfens articles, & à ce faire feront contraints, en cas de

VII.

Tovs arrests, édicts & déclarations du Roy, néceſſaires pour la validité & exécution du préſent traicté, vérifficacation & enregiſtrement d'iceux partout où il appartiendra, ſeront pourſuiuis aux deſpens dudit. pays, entrecy & le premier terme des impoſitions de l'année prochaine 1635. Fait, arreſté & accordé en plaine aſſemblée des Eſtats generaux du pays de Languedoc, à Beziers, le trentieſme Iour de Nouembre 1634, ès preſences de nous Iaques Dazam & François Gabriël de Roguier, greffiers & ſecretaires deſdis Eſtats ſoubs-ſignez, avec Monſigneur le preſident deſdits Eſtats, leſdits ſieurs ſyndics, & leſdits ſieurs recueueurs ſuſnommez à l'original.

Signé, DAZAM.

LXVII.

EXTRAICT des Regiſtres du Conſeil d'Eſtat.

VEv par le Roy en ſon conſeil, les articles du traitté fait & paſſé entre les gens des trois Eſtats du pays de Languedoc, aſſemblez en la ville de Beziers, le trentiéme Nouembre mil ſix cent trente-quatre, & pour eux maiſtres Pierre de Bardichon du Pont, Pierre de Lamamye, & Anne de Lamotte, ſyndics generaux dudit pays, d'vne part ; & maiſtres Michel Cantuel, recueur particulier des tailles du dioceſe de Toloſe, Iaques Caſtel, receueur de Carcaſſonne, Iean Domada, receueur de Saint-Papoul, Iaques Aouſtenc, receueur d'Allet & Limoux, Iean Rat, receueur de Beziers, Bernard Iolly, receueur de Lodeue, Iean Carteyrade, receveur d'Agde, Daniel Greſeuille, receveur de Montpelier, François Bon, fils, & faiſant pour maiſtre Philibert Bon, ſon pere, recueueur de Niſmes, François de Laroche, receueur de Mende, Iſaac Denis, receueur du Puy, Claude de Laroche, receueur de Viuiers, & Guillaume Maſſia, receueur de Narbonne, faiſant tant pour eux que pour tous les autres receueurs particuliers des tailles des vingt-deux dioceſes dudit pays de Languedoc, par leſquels articles, leſdites parties, pour éuiter procez & differents, auroient conuenu & accordé qu'à l'aduenir, à commencer du premier iour de Ianuier dernier, leſdits receueurs & leurs ſucceſſeurs auſdits offices, prendroient & retiendroient par leurs mains, chacun en l'année de ſon exercice, ſix deniers pour liure pour tous droits & taxations ſur toutes les impoſitions tant ordinaires qu'extraordinaires, qui feront faites à l'aduenir ſur leſdits vingt-deux dioceſes, ſoit pour le million cinquante mil liures, gages des treſoriers de France, receueurs & controolleurs particuliers des tailles, garniſons, fraix d'Eſtats & des dioceſes, reparations des ponts & places frontieres, gratifications, gages des preuoſts des mareſchaux, debtes du pays & des dioceſes, intereſts d'iceux, & generalement ſur toute ſorte de deniers de quelque nature & qualité qu'ils ſoient ou puiſſent eſtre, qui s'impoſeront ſur leſdits dioceſes, ſans en rien excepter que les deniers du taillon, & augmentation d'iceluy tant ſeulement, & moyennant ce, leſdits receueurs des tailles ſe feroient departis, & auroient quitté & renoncé aux quatre deniers augmentez par-deſſus les ſix deniers à eux accordez par le traitté du vingieſme Nouembre mil ſix cent dix, & qui leur auroient eſté depuis attribuez par édicts des mois de Décembre mil ſix cent ynze, &

Mars mil six cent vingt-cinq. En conſequence deſquels ils auroient financé la ſomme de cent vn mil quatre cent liures d'une part, & cent cinquante-neuf mil liures de l'autre ; comme auſſi leſdits receueurs auroient pareillement renoncé à l'hérédité & attribution portée par l'édict du mois de Iuin mil six cent trente-trois, ſans pour ce prétendre à l'encontre dudit pays le remboursement de la finance par eux cy deuant payée pour leſdits quatre deniers d'augmentation, dont ils auroient quitté & deſchargé ledit pays ; & en outre leſdits receueurs ſe ſeroient obligez enuers ledit pays en la ſomme de cent quatre-vingt-dix mil liures, payables en ladite préſente année, aux termes des impoſitions de ladite prouince, pour les ayder à payer la compoſition contenuë au traitté fait auec maiſtre Benjamin Pouget, le vingt-neufieſme Nouembre dernier, pour ſe libérer des attributions héréditaires, & autres charges portées par le ſuſdit édict du mois de Iuin mil six cent trente-trois, à la charge qu'il leur ſera fourny des quittances des parties caſuelles, qui leur tiendront lieu de finance pour leſdits six deniers accordez par le ſuſdit traitté, pour ladite ſomme de cent quatre-vingt-dix mil liures, & autres clauſes & conditions portées par iceluy ; les articles accordez entre leſdits ſyndics & leſdits receueurs, le vingtiéme Nouembre mil six cent dix, ſigné de Fieubet, greffier deſdits Eſtats. Arreſt du conſeil, du vingt-neufiéme Octobre mil six cent vnze, portant émologation deſdits articles, leſdits édicts des mois de Decembre audit an mil six cent vnze, & Mars mil six cent vingt-cinq ; le traitté dudit Pouget, du vingt-neufieme Nouembre mil six cent trente-quatre. Requeſte préſentée par leſdits ſyndics, à ce qu'il plaiſe à Sa Majeſté appreuuer, émologuer & autoriſer ledit traitté, & articles d'iceluy, & ordonner que pour l'exécution duquel toutes déclarations, arreſts, ordonnances, & autres expéditions neceſſaires leur ſeront deliurées, le tout veu & conſidéré. LE ROY EN SON CONSEIL, a appreuué, émologué, authoriſé & confirmé le ſuſdit traitté du trentieſme Nouembre mil six cent trente quatre. A ORDONNÉ ET ORDONNE, que le contenu en iceluy ſera exécuté, gardé & obſerué ores & à l'aduenir ſelon ſa forme & teneur, ſans qu'il y puiſſe eſtre contreuenu pour quelque cauſe, occaſion ou prétexte que ce ſoit ; & conformément à iceluy, qu'il ſera impoſé à l'aduenir, à commencer du premier Ianuier dernier, par les commiſſaires en l'aſſemblée deſdits Eſtats, & par ceux des aſſiettes deſdits vingt-deux dioceſes, ſix deniers pour liure pour les taxations deſdits receueurs, qu'ils prendront & retiendront par leurs mains, chacun en l'année de leur exercice, ſur toute ſorte & nature de deniers, tant ordinaires qu'extraordinaires qui s'impoſeront annuellement en ladite prouince, ſans nuls excepter ny reſeruer, fors les deniers du taillon & augmentation d'iceluy tant ſeulement. A REVOQVÉ ET REVOQVE ladite déclaration du mois de Iuin mil ſix cent trente-trois. A DESCHARGÉ ET DESCHARGE ledit pays deſdits quatre deniers augmentez auſdits receueurs, par les édicts des mois de Decembre mil ſix cent vnze, & Mars mil ſix cent vingt-cinq, ſuiuant & conformément audit traitté. ORDONNE EN OVTRE Sadite Majeſté, que ladite ſomme de cent quatre-vingt-dix mil liures promiſe par leſdits receueurs audit pays, leur tiendra lieu de finance pour leſdites taxations de ſix deniers conjointement, avec les autres ſommes par eux cy deuant financées, en conſequence defdits édicts des années mil fix cent vnze & vingt-cinq. Et pour l'entiere exécution du fufdit traitté, VEVT ET ENTEND Sadite Majefté, que toutes declarations, arrefts, ordonnances & lettres neceffaires foient expediées & deliurées, tant aufdits fyndics pour ledit pays, que aufdits receueurs. Enjoint Sadite Majefté, aux gens tenans la cour des comptes, aydes & finances de Languedoc, & aux tréforiers de France des généralitez qui en dépendent, de faire garder, obferuer & entretenir, tant le fufdit traitté, que préfent arreft, à peine d'en refpondre en leurs propres & priuez noms. FAIT au confeil d'eftat du Roy, tenu à Paris, le feptieme iour de Mars mil fix cent trente-cinq.

Signé, BORDIER.

LOVIS, PAR LA GRACE DE DIEU, ROY DE FRANCE ET DE NAUARRE: A nos amez & feaux les gens tenans noftre cour des comptes, aydes & finances à Montpelier, prefidens, treforiers de France, & generaux de nos finances des generalitez de Tolofe & Montpelier, SALUT. Par l'arreft dont l'extraict eft cy attaché foubs le contre-fcel de noftre chancelerie, ceiourd'hui donné en noftre confeil d'eftat. NOVS auons appreuué, efmologué, autorifé & confirmé le traitté fait & paffé entre les gens des trois eftats du pays de Languedoc, affemblez en la ville de Beziers, le trentiefme Nouembre dernier, & pour eux maiftres Pierre de Bardichon du Pont, Pierre de Lamamye, & Anne de Lamotte, fyndics generaux dudit pays, d'une part, & maiftres Michel Cantuel, receueur particulier des tailles du diocefe de Tolofe, Iaques Caftel, receueur de Carcaffonne, & autres receueurs, faifans tant pour eux, que pour les autres receueurs particuliers des tailles des vingt-deux diocefes dudit pays de Languedoc, & ordonné que ledit traitté fera exécuté, ores & à l'aduenir, felon fa forme & teneur, fans qu'il y puiffe eftre contreuenu pour quelque caufe, occafion ou prétexte que ce foit. A CES CAVSES, Nous vous mandons & ordonnons, chacun en droit foy, de faire exécuter & entretenir ledit traitté, & noftredit arreft fur les peines y déclarées, ceffans & faifans ceffer tous troubles & empefchemens au contraire, nonobftant oppofitions ou appellations, & empefchemens quelfconques : CAR tel eft noftre plaifir. DONNÉ à Paris, le feptiefme iour de Mars, l'an de grace mil fix cent trente-cinq, & de noftre regne le vingt-cinquiefme. Par le Roy en fon confeil.

Signé, BORDIER. Et fcellé.

LXVIII.
ARRÊT DU CONSEIL,

Qui renouvelle les difpofitions de celui du 13 Juillet 1633 & enjoint à la cour des comptes, aides & finances de Montpellier de s'y conformer.

Du 20 Août 1637.

EXTRAIT *des Regiftres du Confeil d'Etat.*

SUr la requête préfentée au Roi, en fon confeil, par le fyndic général du pays de Languedoc; Contenant que bien que par arrêt du confeil du 13 Juillet 1633, Sa Majefté ait ordonné qu'en rapportant par les receveurs des tailles des deniers dudit pays l'état des dettes defdits diocefes vérifiées par les commiffaires à ce députés par Sa Majefté, les lettres-patentes pour l'impofition d'icelles, & les quittances des créanciers, les parties deſdites dettes employées ès comptes des deniers extraordinaires deſdits dioceſes, rayées purement, ſupercédées, ou tenues en ſouffrance, ſeront rétablies, & celles qui ſeront employées ci-après en iceux paſſées & allouées, ſans que la chambre des comptes de Montpellier puiſſe prétendre pour raiſon de ce aucuns droits d'épices, ni faire compter leſdites communautés, & que ledit arrêt aie été ſignifié à la cour des comptes, aides & finances dudit Montpellier; ce néanmoins ladite cour ne laiſſe de vexer les particuliers comptables, ayant aux comptes rendus en icelle par Me. Jean Sages commis à la recette des tailles du dioceſe de Rieux ès années 1626, 1627 & 1634 rayé & tenu en ſouffrance pour trois mois toutes les parties employées en iceux, ſous le nom des particuliers créanciers dudit dioceſe, juſques à ce que l'arrêt portant permiſſion d'impoſer les ſommes principales ou intérêts ait été regiſtré en ladite cour, & que les contrats d'obligation & de l'emploi des ſommes principales aient été remis en icelle, qui eſt une vexation du tout extraordinaire & mépris de l'autorité de Sadite Majeſté portée par ledit arrêt; ce qui cauſeroit un grand déſordre à ladite province, ſi par Sa Majeſté n'y étoit pourvu. Vu ladite requête; ledit arrêt du conſeil dudit jour 13 Juillet 1633; les comptes rendus en ladite cour des comptes par ledit Sages commis à la recette des tailles du dioceſe de Rieux, pour les années 1626, 1627 & 1634 & pluſieurs autres comptes rendus en icelle par les autres receveurs deſdits dioceſes dudit pays, auxquels les arrêts de ladite cour portant radiation & ſurſéance pour trois mois des parties y employées ſous le nom des créanciers deſdits dioceſes ſont inſérés; l'acte de ſommation fait par ledit Sages au ſyndic dudit dioceſe de Rieux de faire rétablir les ſommes rayées & tenues en ſouffrance en ſeſdits comptes, enſemble la délibération des gens des trois-états de ladite province du 26 Novembre 1636, portant que le ſyndic général ſuppliera Sa Majeſté de faire itératives défenſes à ladite cour de faire à l'avenir ſemblables radiations ſur les peines portées par icelle, & autres pieces jointes à ladite requête : Ouï le rapport d'icelle & tout conſidéré, LE ROI EN SON CONSEIL, conformément à l'arrêt donné en icelui ledit jour 13 Juillet 1633, a ordonné & ordonne qu'en rapportant par les receveurs des dioceſes dudit pays l'état des dettes deſdits dioceſes vérifiées par les commiſſaires à ce députés par Sa Majeſté, les lettres-patentes pour l'impoſition d'icelles ou intérêts, & les quittances des créanciers, les parties deſdites dettes employées en leurs comptes ſeront paſſées & allouées par ladite cour des comptes, ſans difficulté, & que les ſommes rayées purement, ſupercédées ou tenues en ſouffrance aux comptes dudit Sages & autres receveurs des tailles des dioceſes de ladite province, à faute d'avoir fait regiſtrer les arrêts du conſeil portant permiſſion d'impoſer leſdites ſommes capitales dues par les dioceſes, ou intérêts d'icelles, & rapporter en ladite cour les obligations contractées au profit des créanciers, & emploi deſdites ſommes empruntées demeureront rétablies en vertu du préſent arrêt ſur la ſignification d'icelui qui ſera faite au greffe de ladite cour, ſans que leſdits receveurs ni créanciers en puiſſent être recherchés, pour quelque cauſe & ſous quelque prétexte que ce ſoit par le procureur général en icelle, receveur & contrôleur général des reſtes, auxquels Sa Majeſté impoſe ſilence pour ce regard, & fait défenſes à ladite cour de faire à l'avenir ſemblables radiations, ni décerner pour raison de ce aucunes contraintes contre lesdits receveurs & créanciers; audit procureur général, de les requérir; auxdits receveur & contrôleur des restes, d'en faire aucune poursuite, à peine de nullité, cassation de procédures, & de répondre en leurs propres & privés noms des dommages & intérêts des parties; & à tous huissiers de les mettre à exécution sur lesdites peines, & de suspension de leurs charges. FAIT au conseil d'état du Roi tenu à Paris le vingtieme Août mil six cent trente-sept. Collationné. DE BOURDEAUX, signé.

LOUIS, PAR LA GRACE DE DIEU, ROI DE FRANCE ET DE NAVARRE: A nos amés & féaux conseillers les gens tenant notre cour des comptes, aides & finances à Montpellier, SALUT. Suivant l'arrêt dont l'extrait est ci-attaché sous le contre-scel de notre chancellerie, ce jourd'hui donné en notre conseil d'état, sur la requête du syndic général du pays de Languedoc, Nous vous mandons & ordonnons qu'en rapportant par les receveurs des diocèses de notre pays de Languedoc l'état des dettes desdits diocèses vérifiées par les commissaires à ce par nous députés, les lettres-patentes pour l'imposition d'icelles ou intérêts, & les quittances des créanciers, vous ayez à passer & allouer les parties desdites dettes employées en leurs comptes, & tenir la main à l'exécution dudit arrêt, lequel nous commandons au premier notre huissier ou sergent sur ce requis de signifier à tous qu'il appartiendra, à ce qu'ils n'en prétendent cause d'ignorance, faire les défenses y contenues sur les peines y déclarées & tous autres exploits nécessaires pour l'exécution, sans demander autre permission; & sera ajouté foi, comme aux originaux, aux copies dudit arrêt & des présentes collationnées par l'un de nos amés & féaux conseillers & secrétaires : CAR tel est notre plaisir. DONNÉ à Paris le vingtieme jour d'Août, l'an de grace mil six cent trente-sept & de notre regne le vingt-huitieme. Par le Roi en son conseil. Signé, DE BOURDEAUX.

LXIX.
ARRÊT DU CONSEIL,

Portant défenses à la cour des comptes, aides & finances de Montpellier d'exiger pour la reddition des comptes des deniers extraordinaires de plus grandes épices que celles réglées par les accords de 1610-1612.

Du 19 Juillet 1638.

LOUIS, PAR LA GRACE DE DIEU, ROI DE FRANCE ET DE NAVARRE: Au premier notre huissier ou sergent sur ce requis, SALUT. Nos très-chers & bien amés les gens des trois-états de notre province de Languedoc nous ont très-humblement fait remontrer par le XXXIIIe. article de leur cahier à nous présenté, qu'encore que par le traité fait entre eux & les officiers de notre cour des comptes, aides & finances de notre ville de Montpellier les années 1610 & 1612, les épices qu'ils peuvent prétendre pour les comptes des deniers extraordinaires soient réglées, sans qu'elles puissent être augmentées pour quelque prétexte que ce soit, & que lesdites conventions par nous autorisées le portent expressément, néanmoins lesdits officiers taxent à discrétion & beaucoup au-delà de ce qui est contenu audit traité, les épices desdits comptes, contraignent les receveurs particuliers des vingt-deux diocèses dudit pays de les payer, & par ce moyen constituent nos sujets en de grands frais &

N°. LXIX. & dépenses, sous prétexte que par l'édit d'union il leur est permis d'augmenter leurs épices selon leurs loyautés & consciences, quoique ce ne soit que pour celles qu'ils ont droit de prendre pour les procès qu'ils jugent en la jurisdiction contentieuse des aides, & non pour celles des comptes qui se rendent pardevant eux, pour raison desquelles ils ne peuvent retirer que celles que nous leur avons accordé & taxé, après avoir payé la finance d'icelles ; Nous requérant ceux desdits états leur vouloir sur ce pourvoir. A CES CAUSES, après avoir fait voir ledit article en notre conseil, dont l'extrait est ci-attaché sous le contre-scel de notre chancellerie, Nous, conformément à la réponse par nous faite sur icelui, AVONS fait & faisons par ces présentes signées de notre main, très-expresses inhibitions & défenses aux officiers de notredite cour des comptes, aides & finances de notredite ville de Languedoc, de prendre ni exiger des comptables autres épices de leurs comptes que celles qui sont expressément libellées audit traité, & par nous taxées, à peine de concussion. SI TE MANDONS que cesdites présentes, ensemble ladite réponse, tu signifies à notredite cour des comptes, à ce qu'elle n'en prétende cause d'ignorance, & lui fais de par nous les défenses y contenues, lui enjoignant d'y déférer & obéir sur lesdites peines. De ce faire & tous exploits requis & nécessaires pour l'exécution de ce dessus, te donnons pouvoir, commission & mandement spécial sans pour ce demander placet, visa, ni paréatis : CAR tel est notre plaisir. DONNÉ à St. Germain-en-Laye, le dix-neuvieme jour de Juillet l'an de grace mil six cent trente-huit, & de notre regne le vingt-neuvieme. *Signé*, LOUIS. *Et plus bas* : Par le Roi, PHELYPEAUX.

Tome VI.

EXTRAIT *du cahier présenté au Roi par les gens des trois-états de sa province de Languedoc, répondu par Sa Majesté à Saint-Germain-en-Laye, le 19 jour de Juillet 1638.* N°. LXIX.

ARTICLE XXIII.

QUOIQUE par le traité fait entre les Etats de votre province & les officiers de votre cour des comptes, aides & finances de Montpellier les années mil six cent dix & douze, les épices qu'ils peuvent prétendre pour les comptes des deniers extraordinaires soient réglées, sans qu'elles puissent être augmentées pour quelque prétexte que ce soit & que lesdites conventions que Votre Majesté a autorisées, le portent nommément & par exprès, néanmoins lesdits officiers taxent à discrétion & beaucoup au-delà de ce qui est contenu audit traité, les épices desdits comptes & contraignent les receveurs particuliers des vingt-deux dioceses de votredit pays de les payer, & par ce moyen constituent en de grands frais & dépenses votre peuple, sous prétexte que par l'édit de leur union, il leur est permis d'augmenter leurs épices selon leurs loyautés & consciences, quoique ce ne soit que pour celles qu'ils ont droit de prendre pour les procès qu'ils jugent en la jurisdiction contentieuse des aides, & non pour celles des comptes qui se rendent devant eux pour raison desquels ils ne peuvent retirer que celles que Votre Majesté leur a accordé & taxé, après avoir payé la finance d'icelles. A CES CAUSES, SIRE, plaira de vos graces défendre auxdits officiers de votredite cour, à peine de concussion, de prendre ni exiger des comptables autres épices de leurs comptes que celles qui sont expressément libellées audit traité & taxées par Votre Majesté. *A côté est écrit*, Accordé. *Et plus bas.* Collationné. PHELYPEAUX, *signé*.

N

LXX.

EXTRAIT *du regiſtre des délibérations des Etats généraux de Languedoc, aſſemblés par mandement du Roi, en la ville de Pezenas, au mois de Septembre 1641.*

Du 12 dudit mois de Septembre, préſident Mgr. l'archevêque & primat de Narbonne.

LE ſieur Ducros, conſul de la ville de Caſtres, a fait plainte aux Etats de l'exaction que font les receveurs des tailles ſur les collecteurs des villes & communautés de la province, de trois deniers pour livre de toute nature de deniers, impoſés en vertu de certain édit qui porte cette attribution en leur faveur ; & quoiqu'il ſemble que cette foule ne regarde que leſdits collecteurs, néanmoins elle revient au préjudice deſdites communautés, leſquelles ſont contraintes de bailler la levée de leurs deniers à plus haut prix qu'elles ne feroient ſi leſdits collecteurs n'étoient obligés au payement de ladite attribution ; que par ce moyen le droit de levures des receveurs, qui ont été réglés à ſix deniers par livre par le traité fait avec leſdits Etats, ſont augmentés juſques à neuf deniers ; mais encore leſdits receveurs, par un abus manifeſte, étendent ladite attribution aux ſommes impoſées pour la ſubſiſtance des gens de guerre, quoique cette nature de deniers n'étant point du nombre de celles dont ils doivent faire le recouvrement, ils ne peuvent par conſéquent prétendre leſdits trois deniers pour livre ſur ladite impoſition ; à quoi il ſupplie l'aſſemblée de pourvoir. Semblable plainte ayant été faite par autres députés deſdits Etats, comme auſſi de l'ordonnance donnée par MM. les tréſoriers de France de Montpellier, portant que les ſyndics, conſuls & députés, ou autres, qui ont fait la levée des deniers extraordinaires impoſés dans leſdits dioceſes, remettront devers eux les aſſiettes & départemens deſdits deniers, enſemble les arrêts, lettres d'aſſiettes, ordonnances & autres actes, en vertu deſquels leſdites impoſitions ont été faites, avec les acquits & pieces juſtificatives de leur adminiſtration, pour être fait état au vrai d'icelui, à peine d'y être contraints, comme pour les propres deniers & affaires du Roi, bien que par arrêt du conſeil, du troiſieme jour du mois de Mai 1640, leſdits ſyndics, conſuls & autres ſoient déchargés de compter des deniers de pareille nature en la cour des comptes de Montpellier, Sa Majeſté en ayant laiſſé la direction & connoiſſance aux députés des aſſiettes, ainſi qu'il a été pratiqué de tout temps. Oui ſur ce le ſieur de la Motte, ſyndic général, A ÉTÉ ARRÊTÉ que par les députés du pays en cour, Sa Majeſté ſera très-humblement ſuppliée de révoquer l'édit portant attribution de trois deniers pour livre aux receveurs des tailles ſur les collecteurs des villes & communautés de la province, & d'ordonner que la recette des deniers provenant de l'impoſition qui ſera faite pour les ſubſiſtances, milices & autres de cette nature ſera faite par les ſyndics des dioceſes ou autres qui ſeront à ce commis par l'aſſemblée de l'aſſiette pour le ménage & ſoulagement qui peut échoir en la levée deſdits deniers au profit deſdits dioceſes ; & en attendant qu'il ait plu au Roi d'y pourvoir ſur les très-humbles remontrances qui lui en ſeront faites, Monſeigneur le Prince ſera très-humblement ſupplié de la part de cette aſſemblée, de vouloir donner ſon ordonnance, portant que la recette deſdits deniers des ſubſiſtances, milices & autres de cette nature, ſera faite par les ſyndics des dioceſes ou par autres qui seront à ce commis par iceux. Si A ÉTÉ ARRÊTÉ qu'il sera fait plainte à son Altesse de l'ordonnance donnée par MM. les tréforiers de France, pour raison de la remise des assiettes & départemens des deniers extraordinaires, pour raison de laquelle le syndic général se pourvoira au conseil.

LXXI.

Extrait du regiftre des délibérations des Etats généraux de Languedoc, assemblés par mandement du Roi, en la ville de Pezenas, au mois de Septembre 1641.

Du Mercredi 18 du même mois, préfident Mgr. l'archevêque & primat de Narbonne.

LE fieur de la Morte, syndic général, a représenté que par édit de la présente année 1641, le Roi auroit créé des offices de receveurs particuliers de la bourfe en chaque diocèfe, pour faire la recette des deniers extraordinaires avec attribution de fix deniers pour livre des fommes de leur maniement; &, en chaque communauté de la province, femblables offices de receveurs pour faire la recette des 300, 600, & 900 livres, que le Roi leur promet d'imposer, ensemble des deniers communs, patrimoniaux & d'octroi pour celles qui en jouiffent, & pour toute sorte d'autres deniers qui s'imposent pour leurs affaires particulieres, avec attribution d'un fol pour livre fur les deniers de leur maniement; &, par déclaration postérieurement donnée, supprimé lesdits offices de receveurs auxdites villes & communautés, & néanmoins joint l'attribution qui leur étoit donnée auxdits offices de receveurs de la bourfe des deniers extraordinaires créés auxdits diocèfes, dont l'édit en auroit été préfenté en la cour des comptes, aides & finances de Montpellier, où le traitant en pourfuit la vérification. Et comme ladite attribution causeroit de grandes & notables fommes dont lesdites communautés feroient contraintes d'augmenter leurs impofitions au profit desdits officiers, parmi toutes les autres foules qu'elles fouffrent d'ailleurs dans le malheur des temps; & que cette multiplicité d'officiers ne peut qu'accroître la foule des exécutions qu'on fait ordinairement pour la levée des tailles, & donner fujet à une double vexation pour ce regard, outre beaucoup d'autres griefs que l'édit contient au préjudice de la province : à quoi étant néceffaire de pourvoir, Ont été nommés pour examiner ledit édit & le préjudice que la province recevroit de l'établiffement defdits receveurs, Mgr. l'évêque de Nîmes, M. le baron de Ganges, confuls de Carcassonne, Nîmes, & le syndic de Vivarais.

LXXII.

Extrait du regiftre des délibérations des Etats généraux de Languedoc, assemblés par mandement du Roi, en la ville de Pezenas, au mois de Septembre 1641.

Du 24 du même mois, préfident Mgr. l'archevêque & primat de Narbonne.

MONSEIGNEUR l'évêque de Nîmes, commiffaire député avec M. le baron de Ganges & autres, auroit rapporté à l'assemblée avoir vu l'édit portant création en chaque diocèse de receveurs particuliers de la bourfe, pour faire la recette des deniers extraordinaires, avec attribution de fix deniers pour livre des deniers de leur maniement, & en chaque communauté de la province femblables offices de receveurs pour faire la recette des 300, 600,

& 900 livres, que le Roi leur permet d'imposer pour leurs affaires particulieres, deniers communs patrimoniaux, & d'octroi pour celles qui en jouissent, & pour toute sorte d'autres deniers qui s'imposent pour leurs affaires particulieres, avec attribution d'un sol pour livre sur leurs deniers de leur maniement; & trouvé que, par déclaration postérieurement donnée, le Roi avoit supprimé lesdits offices de receveurs auxdites villes & communautés, & néanmoins joint l'attribution qui leur étoit donnée auxdits offices de receveurs de la bourse des deniers extraordinaires créés auxdits diocèses; que bien que l'édit n'en ait pas été vérifié, il est du soin de cette assemblée de prendre les résolutions qu'elle jugera convenables pour faire décharger la province de ladite attribution d'un sol pour livre, laquelle reviendroit à de grandes & notables sommes; Requérant l'assemblée d'y délibérer. SUR QUOI, A ÉTÉ ARRÊTÉ que par les députés du pays en cour, le Roi sera très-humblement supplié de révoquer ladite attribution de douze deniers pour livre accordée auxdits receveurs de la bourse à la foule de la province; & que Mgr. le Prince sera très-humblement supplié de la part de cette assemblée d'assister lesdits députés de son intercession, pour, par son entremise, pouvoir obtenir de la bonté de Sa Majesté ladite révocation; & cependant, qu'il lui plaise de vouloir donner son ordonnance pour arrêter le cours desdits douze deniers d'attribution, attendu même que l'édit n'a pas été vérifié.

LXXIII.

EXTRAIT du registre des délibérations des Etats généraux de Languedoc, assemblés par mandement du Roi, en la ville de Beziers, au mois de Mai 1642.

Du Dimanche Ier. Juin suivant, président Mgr. l'archevêque & primat de Narbonne.

AYANT été fait rapport à l'assemblée de l'arrêt du conseil du 29 Mars dernier, donné sur le traité fait par les receveurs des tailles pour la suppression des offices des receveurs de la bourse en chaque diocèse, créés par édit du mois de Janvier 1641, par lequel arrêt Sa Majesté ordonne que les receveurs jouiront de trente mille livres qu'elle auroit ordonné être imposés annuellement sur le pays, par la réponse au cahier à elle présenté, pour tenir lieu des douze deniers pour livre attribués aux offices sur les trois, six & neuf cents livres que les communautés ont droit d'imposer, deniers municipaux, dettes ou intérêts d'iceux, auquel effet les syndics du pays en feront faire l'imposition, & à faute de ce faire Sadite Majesté ordonne que ladite attribution de douze deniers sera payée aux receveurs des tailles & que les receveurs jouiront encore de deux sols six deniers pour quittance en chaque quartier de chaque nature de deniers, en nombre de six, outre leur ancien droit, & que les receveurs du taillon jouiront encore de trois deniers pour livre des deniers de leur recette, ainsi que font les receveurs des tailles, sur les collecteurs, ensemble sept sols six deniers d'augmentation pour chaque quittance de chaque quartier. Lecture faite dudit arrêt A ÉTÉ ARRÊTÉ, que par les députés qui vont au conseil le Roi sera très-humblement supplié de décharger la province, tant de ladite somme de trente mille livres, que droit de quittance & des trois deniers pour livre ci-dessus mentionnés, ce que les députés demanderont par article particulier.

LXXIV.

EXTRAIT *du regiſtre des délibérations des Etats généraux de Languedoc, aſſemblés par mandement du Roi, en la ville de Beziers, au mois de Novembre* 1642.

Du Samedi 22 dudit mois, préſident Mgr. l'archevêque & primat de Narbonne.

AYANT été repréſenté par le ſieur de Rochepierre, ſyndic du Vivarais, qu'au préjudice des articles accordés entre les Etats & les receveurs des tailles, par leſquels il eſt entre autres choſes porté que leſdits receveurs cautionneront dans les aſſiettes pour leur adminiſtration des deniers extraordinaires, & en cas de refus qu'il ſera permis aux députés deſdites aſſiettes de commettre à la levée deſdits deniers, les receveurs des tailles dudit dioceſe refuſent de ſatisfaire à ladite condition, d'où il peut arriver de grands inconvéniens; & même plainte ayant été faite par les ſieurs députés de Mirepoix, A ÉTÉ ARRÊTÉ que leſdits articles ſeront inviolablement obſervés par leſdits receveurs, & enjoint aux députés des aſſiettes d'y tenir ſoigneuſement la main, ſurtout en ce qui concerne le cautionnement des deniers extraordinaires qui montent à de très-notables ſommes. Et pour cet effet, que les départemens deſdits deniers ne ſeront point délivrés auxdits receveurs ſans en avoir ſuffiſamment cautionné. Et en cas, pour raiſon de ce les commiſſaires, ſyndics & députés deſdites aſſiettes pourroient ſouffrir quelque vexation, que le ſyndic général prendra leur fait & cauſe partout où il appartiendra.

LXXV.

EXTRAIT *du regiſtre des délibérations des états généraux de Languedoc, aſſemblés par mandement du Roi, en la ville de Montpellier, au mois d'Octobre* 1643.

Du Jeudi 22 dudit mois d'Octobre, préſident Mgr. l'archevêque & primat de Narbonne.

PLUSIEURS députés des Etats ont fait plainte du refus que font les receveurs des tailles de cautionner pour les deniers extraordinaires devant les commiſſaires & députés des dioceſes pendant la tenue des aſſiettes, comme ils s'y ſont obligés par les articles accordés entre les Etats & leſdits receveurs, & nonobſtant que par les inſtructions de MM. les commiſſaires préſidens pour le Roi aux derniers Etats & par les délibérations de cette aſſemblée il fût expreſſément porté qu'en défaut par leſdits receveurs de faire ledit cautionnement, les commiſſaires & députés des aſſiettes ne leur délivreroient pas les départemens; & que ſi pour raiſon de ce ils en étoient vexés, le ſyndic général prendroit leur fait & cauſe & feroit toutes pourſuites partout où beſoin ſeroit, leſdits receveurs en beaucoup de dioceſes n'ont voulu faire ledit cautionnement, & ſur le refus fait à celui de Caſtres, de lui délivrer leſdits départemens, il ſe ſeroit retiré au conſeil & obtenu arrêt ſur requête portant renvoi à MM. les intendans de la juſtice de faire devant eux ledit cautionnement, contre la teneur des articles accordés, comme il eſt. A quoi il eſt important de pourvoir. A ÉTÉ ARRÊTÉ que le ſyndic général ſe pourvoira contre ledit arrêt, & que par les députés du pays en cour, le Roi ſera très-humblement ſupplié d'ordonner, conformément aux articles accordés entre leſdits Etats & leſdits receveurs, qu'ils cautionneront annuellement pour les deniers extraordinaires de leur maniement devant les commiſſaires & députés des assiettes ; & en attendant que Sa Majesté y ait pourvu, les commissaires & députés de chacun des diocèses de la province, obligeront les receveurs en exercice de faire ledit cautionnement en corps d'assiette, autrement & à faute de faire, ils commettront à la recette des deniers extraordinaires des personnes solvables & bien cautionnées, à peine d'en demeurer responsables en leur propre, auxquels commis il appartiendra les six deniers pour livre accordés auxdits receveurs pour la levée desdits deniers.

LXXVI.

EXTRAIT *du registre des délibérations des Etats généraux de Languedoc, assemblés par mandement du Roi, en la ville de Montpellier, au mois d'Octobre 1643.*

Du 18 Novembre suivant, président Mgr. l'archevêque & primat de Narbonne.

LE sieur de Joubert, syndic général, a représenté que le receveur des tailles du diocèse de Castres a obtenu arrêt du conseil sur requête, le 15 Octobre dernier, portant que, suivant autre arrêt du conseil, du 8 Août 1642, les créanciers dudit diocèse seront tenus de prendre en payement dudit receveur les sommes qui lui seront par lui indiquées dues de reste par les communautés dudit diocèse, ce qui seroit de pernicieuse conséquence, & contre les articles accordés entre le pays & lesdits receveurs en l'année 1610, par lesquels est expressément porté que les receveurs seront tenus d'acquitter en deniers comptans toutes & chacunes les sommes & parties de leurs départemens & assiettes, sans qu'il leur soit loisible de bailler aucun mandement ni rescription sur aucun collecteur. A ÉTÉ ARRÊTÉ que les députés du pays en cour se pourvoiront au conseil pour faire révoquer ledit arrêt & ordonner, conformément auxdits articles, que les receveurs des tailles satisferont au payement des sommes dues aux créanciers des diocèses, quartier par quartier, les deniers du Roi dudit quartier préalablement payés.

LXXVII.

ARRÊT DU CONSEIL,

Portant que les receveurs des diocèses seront tenus de cautionner, pour les deniers extraordinaires, devant les commissaires & députés des assiettes, & de payer les intérêts dus par les diocèses à leurs créanciers aux termes des impositions, le tout conformément au traité de 1610.

Du 21 Juillet 1644.

EXTRAIT *des Registres du Conseil d'Etat.*

SUR la requête présentée au Roi, étant en son conseil, par les gens des trois états de la province de Languedoc ; Contenant qu'encore que par le traité fait entre ledit pays & les receveurs des tailles des diocèses, ils soient obligés de cautionner devant les commissaires & députés des assiettes, pour les deniers extraordinaires, néanmoins, par une voie oblique & toute nouvelle, les receveurs du diocèse de Castres se sont retirés devant les sieurs intendans de la justice en ladite province, en vertu de certain arrêt du conseil, pour faire ledit cautionnement ; & pour violer également ledit traité contre ledit diocèse & ses créanciers, ils ont obtenu autre arrêt pour être reçus à les payer par indication sur les communautés impuissantes, pour les obliger à composer avec eux.

Requérant Sa Majesté leur vouloir sur ce pourvoir; LE ROI ÉTANT EN SONDIT CONSEIL, ayant égard à ladite requête, de l'avis de la Reine Régente sa mere, présente, sans s'arrêter auxdits arrêts, a ordonné & ordonne suivant la réponse faite par Sa Majesté, sur le XI article du cahier à Elle présenté par les gens desdits états, que les cautionnemens des deniers extraordinaires seront faits en la forme ancienne, & les intérêts payés aux créanciers aux termes des impositions, conformément audit traité. FAIT au conseil d'état du Roi, Sa Majesté y étant, la Reine Régente sa mere, présente, tenu à Paris, le vingt-unieme jour de Juillet mil six cent quarante-quatre. PHELYPEAUX, signé.

LOUIS, PAR LA GRACE DE DIEU, ROI DE FRANCE ET DE NAVARRE: Au premier notre huissier ou sergent sur ce requis, SALUT. Nous, de l'avis de la Reine Régente, notre très-honorée dame & mere, te mandons & commandons que l'arrêt de notre conseil d'état, dont l'extrait est ci-attaché sous le contre-scel de notre chancellerie, cejourd'hui donné sur la requête à Nous présentée en icelui par les gens des trois états de notre province de Languedoc, tu mettes à due & entiere exécution, selon sa forme & teneur, contraignant à ce faire, souffrir & obéir, tous ceux qu'il appartiendra, par toutes voies dues & raisonnables; faisant pour cet effet tous exploits, significations & contraintes nécessaires, sans demander placet, visa ni pareatis. De ce faire, te donnons pouvoir, commission & mandement spécial: CAR tel est notre plaisir. DONNÉ à Paris, le vingt-unieme jour de Juillet, l'an de grace mil six cent quarante-quatre, & de notre regne le deuxieme. Signé, LOUIS. Et plus bas: Par le Roi, la Reine Régente sa mere, présente, PHELYPEAUX.

LXXVIII.

EXTRAIT *du regiftre des délibérations des Etats généraux de Languedoc, assemblés par mandement du Roi en la ville de Narbonne, au mois de Janvier 1645.*

Du Mardi 24 dudit mois de Janvier, président Mgr. l'archevêque & primat de Narbonne.

SUR la plainte faite par le sieur Santis, député de Commenge, que le sieur Ducros, receveur des tailles dudit diocese, l'avoit fait assigner devant MM. les intendans, pour voir condamner ledit diocese à reprendre le reste des impositions dues par le lieu de Montchauvert, sous prétexte de la résistance qu'il trouve dans ledit lieu, à l'exécution de ses contraintes, pour la levée des deniers imposés; que ledit lieu n'étant pas insolvable & aux termes de ceux qui, par les articles accordés entre les États & les receveurs des tailles, sont déclarés impuissans, il ne peut justement prétendre ladite reprise, mais doit continuer les diligences contre ledit lieu pour faire son recouvrement, A ÉTÉ ARRÊTÉ que le syndic général interviendra en ladite instance, & fera toutes poursuites nécessaires, pour faire décharger ledit sieur Santis de ladite assignation, & ledit diocese des reprises prétendues par ledit receveur, à cause du lieu de Montchauvert.

LXXIX.

EXTRAIT *du regiſtre des délibérations des Etats généraux de Languedoc, aſſemblés par mandement du Roi, en la ville de Narbonne, au mois de Janvier 1645.*

Du Mardi 21 Février ſuivant, préſident Mgr. l'archevêque & primat de Narbonne.

LE ſieur de Lamamye, ſyndic général, ayant remontré que pluſieurs conſuls & collecteurs des villes & communautés de cette province demeurent entierement ruinés, & la plupart en priſon par la rigueur des contraintes des receveurs des tailles, pour n'avoir pu ſatisfaire au payement des quotités des ſeigneurs juſticiers qui ont beaucoup de bien rural & ſujet à contribution, leſquels ne peuvent être contraints par leſdits collecteurs & conſuls, leurs vaſſaux, au payement deſdites tailles & autres impoſitions par les voies ordinaires d'exécution & de ſaiſie ſur leurs biens, expoliant les ſequeſtres ou excédant en leur perſonne tous ceux qui s'efforcent d'exiger leſdits payemens ; que par ce moyen les habitans plus conſidérables ou plus accommodés deſdites villes & communautés qui ſont d'ordinaire appelés au conſulat, & néceſſités de faire le recouvrement des tailles, vont être du tout ruinés par la malice deſdits ſeigneurs juſticiers, abuſant de leur autorité, ce qui traîneroit de grands maux, même pour le ſervice du Roi, s'il n'y étoit pourvu. A ÉTÉ ARRÊTÉ, que par les députés du pays en cour, le Roi ſera très-humblement ſupplié d'ordonner que leſdits conſuls & collecteurs ayant juſtifié leurs diligences & fait voir par bons actes qu'ils ont procédé contre leſdits ſeigneurs juſticiers par ſaiſie de leurs biens, & que leſdits ſequeſtres commis à ladite ſaiſie avoient été expoliés par violence, ſeront déchargés du payement deſdites quotités, en indiquant aux receveurs des tailles les biens des ſeigneurs ſur leſquels ils procéderont par exécution, & uſeront contre eux de toutes contraintes néceſſaires pour le recouvrement deſdites quotités, à cauſe de l'impuiſſance deſdits conſuls & collecteurs ; & cependant que le ſyndic général ſe pourvoira devant les ſieurs tréſoriers de France, pour faire ordonner auxdits receveurs des tailles d'agir contre leſdits ſeigneurs juſticiers pour le payement deſdites quotités, lorſqu'il leur aura apparu des diligences faites contre eux en bonne & due forme par leſdits conſuls & collecteurs.

LXXX.

EXTRAIT *du regiſtre des délibérations des Etats généraux de Languedoc, aſſemblés par mandement du Roi en la ville de Narbonne, au mois de Janvier 1645.*

Du Jeudi 9 Mars ſuivant, préſident Mgr. l'archevêque & primat de Narbonne.

A ÉTÉ ARRÊTÉ, conformément aux délibérations priſes en cette aſſemblée, & articles accordés avec les receveurs des tailles, pour raiſon de leur maniement, que leſdits receveurs cautionneront ſuffiſamment aux prochaines aſſiettes, pour la levée des deniers extraordinaires, nonobſtant tous arrêts qu'ils pourroient avoir obtenu, portant décharge ou modérations dudit cautionnement, au préjudice des articles & délibérations, & que défenſes ſont faites aux commiſſaires & députés des aſſiettes de leur mettre en mains les départemens qu'après avoir ſatisfait, pour la ſureté des deniers du pays, à la préſente délibération.

LXXXI.

N°. LXXXI.

LXXXI.

EXTRAIT *du regiſtre des délibérations des Etats généraux de Languedoc, aſſemblés par mandement du Roi, en la ville de Narbonne, au mois de Janvier* 1645.

Du Jeudi 23 Mars ſuivant, préſident Mgr. l'archevêque & primat de Narbonne.

SUR ce qui a été repréſenté par le ſieur de Joubert, ſyndic général, que les receveurs des tailles, ſous prétexte de la déclaration de Sa Majeſté, du mois de Novembre 1642, exigent de fort grandes ſommes ſur le peuple, contre les articles accordés entre les Etats & leſdits receveurs ès années 1610 & 1634, par leſquels leurs droits ont été réglés pour ne pouvoir être augmentés, ſous quelque cauſe que ce ſoit; néanmoins, en vertu de ladite déclaration, regiſtrée ſous certaines modifications en la cour des comptes, aides & finances de Montpellier, ils exigent des collecteurs des tailles deux ſols ſix deniers pour quittance pour chacun quartier de chaque nature de deniers, outre & par-deſſus le droit accoutumé, dont ils jouiſſent par les ſuſdits articles; comme auſſi un pour cent par mois des ſommes dont ils auront prolongé le payement auxdits collecteurs ou qu'ils avanceront de terme en terme, aux recettes générales de Sa Majeſté, ou de la bourſe du pays, ce qui auroit été reconnu ſi préjudiciable & ſujet à de ſi grands abus, que ladite cour auroit refuſé le regiſtre, & auroit défendu auxdits receveurs de prendre aucun intérêt pour leſdites avances, à peine de concuſſion; que la province ſe trouve non-ſeulement grevée en la ſuſdite augmentation du droit de quittance, comme ne pouvant être faite au préjudice deſdits articles, mais encore en ce que leſdits receveurs prennent beaucoup au-delà deſdits droits, ſe faiſant payer deſdites quittances à leur diſcrétion, ſans vouloir exprimer dans l'acquit deſdits droits, autre choſe que ce qui eſt réglé par la ſuſdite déclaration, ce qui revient à une grande foule pour leſdits collecteurs, deſquels on prend impunément des droits qui ne ſont point dus, & dont ils ne ſauroient point être remboursés dans leſdites communautés, pour ce qu'ils ne ſont point compris dans leurs quittances; & bien que leſdits receveurs ne puiſſent prendre droit de quittance que des collecteurs des villes & communautés, employées dans les aſſiettes & départemens deſdits diocèſes, ſur leſquels on envoye la mande ou commiſſion particuliere, pour faire l'impoſition de leurs quotités ſur les particuliers deſdites villes, & que parmi leſdites villes & communautés, il y en a pluſieurs qui ont quantité de paroiſſes unies qui dépendent de leur allivrement à l'égard du diocèſe, & ſont compriſes dans la même commiſſion, ſous le nom deſdites villes & communautés qui en ſont les chefs, leſquelles envoyent à chacune deſdites paroiſſes leurs quotités de ladite commiſſion, pour en faire le département & la levée ſur les particuliers deſdites paroiſſes, afin que les deniers en ſoient remis entre les mains des conſuls & collecteurs deſdites villes qui en ont reçu la mande dudit diocèſe, & par eux portés aux receveurs des tailles qui doivent comprendre dans une même quittance & ſous le nom de ladite ville maîtreſſe, tous les lieux particuliers qui en dépendent, comme ſi ce n'étoit qu'un ſeul lieu, leſquels ſont valablement déchargés par les quittances deſdits conſuls & collecteurs deſdites villes; néanmoins leſdits receveurs, ſous prétexte que leſdites pa-

Tome VI. Q

roisses ont des collecteurs particuliers qui veulent porter leurs deniers directement dans la recette des tailles, contraignent lesdits collecteurs de prendre quittance pour chacune desdites paroisses & en exigent le droit, bien que tous ensemble ne fassent qu'un seul allivrement à l'égard desdits dioceses, & qu'ils ne dussent prendre que les récépissés desdits receveurs, pour les sommes qu'ils avoient payées à la décharge de la ville maîtresse, pour être lesdits récépissés convertis en quittances sous le nom de ladite ville, comme il est pratiqué par les particuliers qui payent leur quotité entre les mains des receveurs à la décharge de leur communauté, qui ne prennent pour raison dudit payement aucun droit de quittance desdits particuliers, lesquels à l'égard de leur communauté tiennent la même place que les paroisses à l'égard de leur ville maîtresse, en ce qui concerne leur allivrement; que par cette voie, un seul droit de quittance que lesdits receveurs dussent prendre pour ladite ville unie à ses paroisses, est extraordinairement augmenté & multiplié à la foule du pauvre peuple. A ÉTÉ ARRÊTÉ, attendu les articles arrêtés entre les receveurs des tailles & les Etats, que par les députés du pays en cour, le Roi sera très-humblement supplié de décharger la province de ladite augmentation du droit de quittance attribué auxdits receveurs des tailles, & révoquer la faculté qui leur est donnée de prendre un pour cent par mois, des avances qu'ils auront faites en faveur des collecteurs, en leur prolongeant le terme de leurs payemens comme chose très-préjudiciable pour le peuple, & même contraire au service de Sa Majesté, pour le retardement qu'elle peut apporter à la levée des deniers, les receveurs étant dans l'impuissance de faire ces avances, & n'ayant autre intention que de les supposer, pour exiger ledit droit sous ce prétexte; & cependant que défenses soient faites aux collecteurs des tailles, de payer ladite augmentation de droit de quittance, & ledit droit d'un pour cent par mois, sous prétexte desdites avances dont l'exaction est défendue auxdits receveurs par le registre de ladite déclaration. Et pour empêcher qu'ils ne puissent à leur discrétion augmenter les droits de quittance, & surprendre les collecteurs, a été enjoint aux commissaires & députés des dioceses, de faire exprimer dans les mandes la somme qui doit être imposée, & payée par chacun lieu pour lesdites quittances, suivant lesdits articles, & de tenir la main à ce que lesdits receveurs ne continuent pas dans cet abus d'exiger le droit de quittance sur les collecteurs des paroisses unies à une ville & communauté maîtresse, sous laquelle elles sont comprises pour leur département; & en cas, pour obéir à la présente délibération, les syndics des dioceses, consuls & collecteurs des villes & communautés seroient vexés par lesdits receveurs, que le syndic général prendra leur fait & cause par-tout où il appartiendra.

LXXXII.

Extrait du registre des délibérations des Etats généraux de Languedoc, assemblés par mandement du Roi, en la ville de Pezenas, au mois de Novembre 1645.

Du Mercredi 17 Janvier 1646, président Mgr l'évêque de Castres.

AYANT été représenté par le sieur de Padies, député du diocese d'Alby, qu'au préjudice des articles accordés entre les Etats & les receveurs des

N°. LXXXII.

tailles par lesquels il est, entre autres choses, porté que lesdits receveurs cautionneront dans les assiettes pour le maniement des deniers extraordinaires du diocese, & en cas de refus qu'il sera permis aux députés desdites assiettes de commettre à la levée desdits deniers telle personne que bon leur semblera, le receveur dudit diocese d'Alby ayant refusé en la derniere assiette de faire ledit cautionnement, la levée desdits deniers auroit été baillée à celui qui en fit la condition meilleure ; pour raison de quoi & droits de levures de ladite imposition, ledit receveur a fait assigner au conseil le syndic du diocese. Et d'autant que c'est une contravention auxdits articles, & un intérêt commun pour tous les dioceses de la province, il supplie l'assemblée de lui vouloir accorder ses assistances pour se faire décharger de la susdite assignation. OUI sur ce le sieur de Joubert, syndic général, A ÉTÉ ARRÊTÉ que le syndic général interviendra au conseil en ladite instance, tant pour le diocese d'Alby que autres de la province, & fera toutes poursuites aux frais & dépens du pays, pour faire ordonner que lesdits articles seront inviolablement observés, surtout en ce qui concerne le cautionnement des deniers extraordinaires qui montent à de très-notables sommes ; & cependant que les départemens desdits deniers ne seront point délivrés auxdits receveurs sans en avoir suffisamment cautionné, conformément aux susdits articles.

LXXXIII.

EXTRAIT *du registre des délibérations des Etats généraux de Languedoc,* assemblés par mandement du Roi, en la ville de Pezenas, au mois de Novembre 1645.

N°. LXXXIII.

Du Jeudi Ier. Mars 1646, président Mgr. l'archevêque & primat de Narbonne.

LE sieur de Roquier, député de Montauban, a dit, qu'au prétexte de l'édit qui porte nouvelle attribution de trois deniers pour livre aux receveurs des tailles sur les vingt deniers des collecteurs des paroisses, le porteur des quittances fait saisir entre les mains desdits collecteurs les deniers imposés jusques à concurrence des taxes faites à raison de ce, & par ce que l'édit n'a pas été vérifié & que les Etats ont demandé la révocation de ladite attribution comme une nouvelle surcharge, a supplié l'assemblée de lui donner son intervention pour avoir la main levée desdits deniers saisis. SUR QUOI A ÉTÉ ARRÊTÉ que par les députés du pays en cour le Roi sera très-humblement supplié de révoquer ladite nouvelle attribution qui seroit très-ruineuse à cette province, & cependant que les consuls & habitans des villes & lieux seront exhortés d'empêcher vigoureusement que les receveurs des tailles ni autres n'exigent en aucune façon ledit droit & que si, pour raison de ce, ils étoient vexés, le syndic général prendra leur fait & cause & fera toutes les poursuites au nom & dépens du pays, & néanmoins le syndic général présentera requête à MM. les commissaires présidens en cette assemblée pour obtenir la main levée des deniers saisis pour raison de ce, tant audit diocese de Montauban qu'autres de la province.

LXXXIV.

EXTRAIT *du regiſtre des délibérations des Etats généraux de Languedoc, aſſemblés par mandement du Roi en la ville de Montpellier, au mois d'Avril* 1647.

Du Jeudi 9 Mai ſuivant, préſident Mgr. l'archevêque & primat de Narbonne.

LE ſieur de Villeneuve, ſyndic général, a repréſenté que par arrêt du conſeil du Roi du 28 Juillet dernier, donné en ſuite de ſa déclaration dudit mois, ayant été attribué aux receveurs des tailles la faculté de faire la vérification des rôles des collecteurs, avec attribution de neuf livres pour les grandes paroiſſes, ſix livres pour les médiocres, & quatre livres dix ſols pour les plus petites, pour leur être payés par les collecteurs deſdites paroiſſes; & aux receveurs particuliers du taillon cinq ſols pour chaque terme, d'augmentation du droit de quittance; & aux officiers d'Aiguesmortes & Peccais, quatre deniers de chaque minot de ſel; lequel arrêt le porteur d'icelui prétend faire exécuter nonobſtant que ladite déclaration n'ait pas été vue ni vérifiée, la levée deſdits droits étant ordonnée ſur le peuple pour la ſuppreſſion du bureau des tréſoriers de France qui avoit été créé en la ville de Beaucaire. Et d'autant que les ſuſdits droits vont à la foule & oppreſſion du peuple, il ſemble être de la dignité de l'aſſemblée d'en arrêter la levée. A ÉTÉ ARRÊTÉ que le ſyndic général formera oppoſition, tant en la cour des comptes que des aides pour empêcher la vérification & regiſtre de la ſuſdite déclaration & arrêt, & partout ailleurs où beſoin ſera. Et cependant, que par meſſeigneurs les évêques de Viviers, d'Uzès & de Commenge, MM. les barons de Ganges, de Caſtelnau, & le ſieur de St. Auban envoyé de M. le comte d'Alais, & par les ſieurs députés de Toulouſe, Montpellier, Nimes, Viviers, Saint-Papoul & Pezenas, MM. les commiſſaires préſidens pour le Roi ſeront ſuppliés de vouloir donner leur ordonnance de ſurcéance à l'exécution de la ſuſdite déclaration & arrêt, juſques à ce que par les députés en cour, Sa Majeſté ait été ſuppliée de décharger la province des ſuſdites attributions qui n'ont été ordonnées que pour la ſuppreſſion dudit bureau de Beaucaire.

LXXXV.

EXTRAIT *du regiſtre des délibérations des Etats généraux de Languedoc, aſſemblés par mandement du Roi, en la ville de Montpellier, au mois d'Avril* 1647.

Du Vendredi dernier jour du mois de Mai ſuivant, préſident Mgr. l'archevêque & primat de Narbonne.

MESSEIGNEURS les évêques de Montpellier, d'Uzès & d'Alby, MM. les barons de Ganges, marquis de Caſtres, baron de Caſtelnau, & les ſieurs députés de Toulouſe, Montpellier, Alby & Caſtres, commiſſaires nommés pour examiner les propoſitions faites pour le rachat des trois deniers pour livre attribués aux receveurs des tailles de cette province ſur le droit de collecteur, ayant repréſenté que ce droit de trois deniers qui eſt établi à perpétuité & qui monte à des ſommes très-conſidérables peut être ſupprimé par la jouiſſance de douze années, ſi l'aſſemblée ſe veut porter à recevoir les offres qui ont été faites ſur ce ſujet & qui pourront être encore plus avantageuſes, ſi l'aſſemblée ſe détermine audit rachat; d'autant que les receveurs qui ont financé pour la jouiſſance dudit droit & qui favent avec certitude les avantages qui leur en reviennent, diminueront fans doute le temps de douze années dans lequel celui qui a donné l'avis offre de faire ladite fuppreffion à la décharge de ladite province ; l'affemblée ayant confidéré combien il eft avantageux aux diocefes de faire le rembourfement des taxes payées par les receveurs pour jouir du fufdit droit de trois deniers pour livre dont le revenu de quatre années eft plus que fuffifant pour payer ladite taxe, A ÉTÉ DÉLIBÉRÉ ET ARRÊTÉ que par les fieurs députés de la province en cour, Sa Majefté fera très-humblement fuppliée de vouloir, par une déclaration expreffe & particuliere, accorder aux diocefes de ladite province la faculté de rembourfer les receveurs des tailles defdits diocefes des fommes par eux payées & financées pour la jouiffance dudit droit de trois deniers pour livre, lequel droit lefdits diocefes conferveront à leur profit.

LXXXVI.
ARRÊT DU CONSEIL,

Qui permet aux diocefes d'acquérir les trois deniers pour livre attribués aux receveurs des tailles par édit du mois de Mars 1639.

Du 22 Janvier 1648.

EXTRAIT des Regiftres du Confeil d'Etat.

SUR ce qui a été repréfenté au Roi, étant en fon confeil, par le fyndic général de la province de Languedoc ; Qu'ores la levée des tailles & impofitions qui fe font dans ladite province, foit très-difficile, à caufe de leur grande exceffiveté & de la mifere du peuple jointe aux non-valeurs qu'il y a en chaque lieu par les abbandonnemens que les habitans dudit païs feront contraints de faire de leurs biens ; ce néanmoins cette difficulté fe trouve encore augmentée par l'attribution des trois deniers qui a été faite aux receveurs des tailles par l'édit du mois de Mars 1639 qui ont été ôtés aux collecteurs des vingt deniers qu'on avoit accoutumé de leur donner pour faire ladite levée, en telle forte qu'il ne fe trouve perfonne qui la veuille entreprendre, fi par Sadite Majefté n'y eft autrement pourvu ; LE ROI ÉTANT EN SON CONSEIL, la Reine régente fa mere préfente, conformément à la réponfe faite fur le XIII article du cahier des gens des trois-états de la province de Languedoc, a déclaré ne pouvoir fupprimer l'attribution defdits trois deniers ; Permettant néanmoins aux diocefes de ladite province de les acquérir en rembourfant lefdits receveurs de toutes & chacunes les fommes contenuës aux quittances qui fe trouveront avoir été expédiées à raifon de ce. FAIT au confeil d'état du Roi, Sa Majefté y étant, tenu à Paris le vingt-deuxieme jour de Janvier mil fix cent quarante-huit.

Signé, PHELYPEAUX.

LXXXVII.

EXTRAIT du regiftre des délibérations des Etats généraux de Languedoc, affemblés par mandement du Roi, en la ville de Carcaffonne, au mois de Février 1648.

Du Jeudi 20 dudit mois de Février, préfident Mgr. l'archevêque & primat de Narbonne.

LES ETATS ont ordonné au fieur de Joubert, fyndic général, de pourfuivre arrêt en la cour des aides, portant défenfes aux receveurs particuliers des tailles d'exiger un denier pour livre qu'ils prétendent avoir été attribué à l'office de receveur quatriennal duquel ils sont acquéreurs, attendu que par le traité fait par les Etats & lesdits receveurs, ils ne peuvent prétendre que six deniers pour livre pour toute nature de deniers.

LXXXVIII.

EXTRAIT *du regiſtre des délibérations des Etats généraux de Languedoc, aſſemblés par mandement du Roi, en la ville de Carcaſſonne, au mois de Février* 1648.

Du vendredi 11 dudit mois de Février, préſident Mgr. l'archevêque & primat de Narbonne.

LE ſieur de Joubert, ſyndic général, a repréſenté que pour empêcher la levée des taxes de neuf livres, ſeize liv. & quatre livres dix ſols faites ſur les communautés en faveur des receveurs des tailles, au prétexte de la vérification des rôles des collecteurs & autres ſubſides portés par l'édit du mois de Juillet 1646, dont les deniers devoient être employés à la ſuppreſſion du bureau de Beaucaire, il auroit obtenu ordonnance de la cour des aides le 28 Mai 1647, ſignifiée au porteur dudit édit, aux receveurs des tailles & autres, laquelle ledit porteur s'efforce d'éluder par le moyen d'un arrêt du conſeil du 13 Novembre dernier, qui attribue à la cour des aides de Cahors la connoiſſance & vérification dudit édit, afin d'ôter le moyen à la province de recourir à la cour des aides de cette ville qui en a juſtement refuſé la vérification. Et d'autant que ſi cela avoit lieu, ce ſeroit diſtraire la province de ſes juges naturels au préjudice de ſes priviléges, & par une nouvelle & ruineuſe introduction, attribuer la vérification des édits qui fondent ſur elle, à des juges étrangers, A ÉTÉ ARRÊTÉ que MM. les commiſſaires préſidens pour le Roi ſeront priés de donner ordonnance de ſurſéance à l'exécution dudit arrêt juſqu'à ce que les députés du pays en cour ayent fait leurs très-humbles remontrances à Leurs Majeſtés pour la révocation d'icelui. Et pour cet effet ont été nommés Monſeigneur l'évêque de Saint-Pons, Monſieur le baron de Ganges, les ſieurs Capitouls de Toulouſe & ſyndic du Vivarais.

LXXXIX.

EXTRAIT *du regiſtre des délibérations des Etats généraux de Languedoc, aſſemblés par mandement du Roi, en la ville de Carcaſſonne, au mois de Février* 1648.

Du Mardi 17 Mars ſuivant, préſident Mgr. l'archevêque & primat de Narbonne.

LE ſieur de la Mamie, ſyndic général, a dit, qu'à faute de faire bailler dans les aſſiettes de bonnes & ſuffiſantes cautions aux receveurs des tailles pour les deniers extraordinaires, ou de commettre, en défaut de ce, des perſonnes ſolvables pour en faire le maniement, il ſe trouve des receveurs dans de grandes reſtes de ces deniers, deſquels on ne peut retirer payement à cauſe des grandes taxes qui ſe font ſur eux : à quoi il étoit beſoin de pourvoir, & de rendre reſponſables les députés deſdites aſſiettes. A ÉTÉ DÉLIBÉRÉ que les commiſſaires & députés deſdites aſſiettes feront bailler de bonnes & ſuffiſantes cautions des deniers extraordinaires, ou qu'ils commettront à ladite levée des perſonnes ſuffiſantes & capables ; & à faute de ce faire, on agira pour le payement deſdits deniers contre les dioceſes ; & que la préſente délibération ſera lue au commencement de la tenue desdites assiettes, afin qu'ils n'en prétendent cause d'ignorance.

X C.

EXTRAIT *du regiſtre des délibérations des états généraux de Languedoc, aſſemblés par mandement du Roi, en la ville de Carcaſſonne, au mois de Février* 1648.

Du Vendredi 20 Mars ſuivant, préſident Mgr. l'archevêque & primat de Narbonne.

LE ſieur du Tilh, avocat au parlement, député de la ville de Caſtres, a dit que, quoique par pluſieurs arrêts du conſeil, il ſoit inhibé & défendu à MM. de la chambre des comptes de prendre de plus grandes épices que celles qui ſont portées par le traité qu'ils ont fait avec la province, avec défenſes de les augmenter, néanmoins ladite chambre des comptes continue tous les jours ladite augmentation, au payement de laquelle ils contraignent les receveurs, ce qui va à la foule des diocéſes ; à quoi il ſupplie l'aſſemblée de vouloir remédier, Ouï ſur ce le ſieur de Lamamie, ſyndic général, A ÉTÉ ARRÊTÉ qu'on fera défenſes auxdits receveurs de payer leſdites taxes, & qu'en cas ils contreviendroient à l'ordre qui leur en aura été donné par les diocéſes, il ne leur ſera point fait fonds de ladite ſomme, & que le ſyndic général de la province fera aſſigner au conſeil ladite chambre des comptes pour ſe voir condamner à reſtituer toutes les ſommes qu'elle aura induement priſes par le paſſé.

X C I.

DÉCLARATION DU ROI,

Portant révocation d'une attribution accordée aux receveurs des tailles, par édit du mois de Juillet 1646, *pour la repréſentation & vérification des rôles des collecteurs.*

Du 12 Septembre 1648.

LOUIS, PAR LA GRACE DE DIEU, ROI DE FRANCE ET DE NAVARRE : A tous ceux qui ces préſentes lettres verront, SALUT. Par notre édit du mois de Juillet 1646, Nous aurions accordé, moyennant le payement de certaines taxes, aux receveurs particuliers des tailles des généralités de Toulouſe & Montpellier, le droit de ſe faire repréſenter par les collecteurs des paroiſſes deſdites généralités qui ſeront en reſte au dernier terme des impoſitions, leurs rôles, & de payer chacun dix ſols pour la ſeule remiſe d'iceux ; comme auſſi neuf livres ceux des grandes paroiſſes, ſix livres ceux des moindres, & quatre livres dix ſols ceux des plus petites, pour les vacations deſdits receveurs, à la vérification deſdits rôles, pendant le cours de l'année ; & aux receveurs du taillon, cinq ſols du droit d'augmentation de quittance, pour leur être payé par leſdits collecteurs, & encore attribué aux officiers des ſalins de Peccais & Aiguesmortes la jouiſſance de quatre deniers pour minot de ſel, à prendre de chacun minot qui ſera enlevé des ſalins de Peccais, & d'autant que leſdites augmentations & droits ſont tellement préjudiciables & à charge à nos ſujets de ladite province de Languedoc, que ne les pouvant ſupporter, & en ayant ſur ce fait leurs remontrances en l'aſſemblée des Etats tenus à Carcaſſonne, au mois de Mai dernier, leſdits Etats auroient arrêté par délibération du 25 Mai dernier, de nous accorder la ſomme de ſept cents cinquante mille livres, s'il Nous plaiſoit ordonner la révocation dudit édit du mois de Juillet

1646; ce qu'ayant fait mettre en délibération en notre conseil, A CES CAUSES, voulant favorablement traiter nosdits sujets de notredite province de Languedoc, de l'avis de la Reine régente, notre très-honorée dame & mere, & de notre très-cher & très-amé oncle le duc d'Orléans, & à la très-humble supplication qui nous a été faite par les gens des trois-états de notredit pays de Languedoc, Nous avons révoqué & supprimé, révoquons & supprimons par ces présentes signées de notre main, notredit édit du mois de Juillet 1646, pour le regard desdits droits ordonnés être levés & pris par les receveurs des tailles & taillon sur les collecteurs des paroisses de ladite province, & de la représentation de leurs rôles, & les quatre deniers de chaque minot de sel qui s'enleve ès salins de Peccais, sans que ci-après lesdits droits puissent être exigés, levés ni établis pour quelque cause & sous quelque prétexte que ce soit. SI DONNONS EN MANDEMENT à nos amés & féaux conseillers les gens tenant notre chambre des comptes & cour des aides de Montpellier, que ces présentes ils fassent, chacun en droit soi, enregistrer, & le contenu en icelles garder & observer, sans permettre qu'il y soit contrevenu en aucune maniere que ce soit, nonobstant tous édits, ordonnances, arrêts, réglemens, défenses & lettres à ce contraires, & autres oppositions quelconques, pour lesquelles, & sans préjudice d'icelles, ne voulons être différé, & desquelles, si aucunes interviennent, nous en retenons la connoissance en notre conseil, & interdisons à tous autres juges. En témoin de quoi nous avons fait mettre notre sceau à ces présentes, aux copies desquelles collationnées par l'un de nos amés & féaux conseillers & secrétaires Nous voulons foi être ajoutée comme au présent original : CAR tel est notre plaisir. DONNÉ à Paris le douzieme jour de Septembre, l'an de grace 1648, & de notre regne le sixieme. Signé, LOUIS : Et sur le repli ; Par le Roi, la Reine régente sa mere présente. PHELYPEAUX.

Enrégistrées ès régistres de la chambre des comptes, pour, le contenu en icelles être gardé & observé selon leur forme & teneur, suivant l'arrêt de cejourd'hui, à Montpellier, Ouï le procureur général du Roi, le dix-neuvieme jour d'Octobre 1648. Signé, JULIEN.

Les présentes ont été régistrées ès régistres de la cour des aides & finances de Languedoc, Ouï & consentant le procureur général du Roi, pour, le contenu en icelles être gardé & observé suivant leur forme & teneur, & l'arrêt cejourd'hui donné par ladite cour. Audit Montpellier, le dix-neuvieme Octobre 1648.

Signé, DARENES.

XCII.
ARRÊT DU CONSEIL,

Qui ordonne que les receveurs des tailles compteront annuellement aux assiettes des deniers des dioceses, &c.

Du 28 Novembre 1648.

EXTRAIT *des Regîtres du Conseil d'Etat.*

SUR ce qui a été représenté au Roi, en son conseil, par le syndic général de la province de Languedoc, qu'encore que par les anciens ordres de ladite province, tous ceux qui ont le maniement des dettes des dioceses, soient obligés de compter annuellement

de

de l'emploi fait d'iceux en l'assemblée de l'assiette, chacun dans le diocese, néanmoins certains receveurs des tailles font refus d'y compter, d'apporter les acquits & contrats cancellés des dettes qui ont été acquittés, la plupart se servant des deniers pour leurs propres affaires ; & à cette occasion demeurent en reste avec les créanciers desdits dioceses, ou les assignent sur les sommes qui leur sont dues de leur recette & maniement, ce qui apporte un tel désordre, que bien souvent il cause la ruine des familles entieres ; à raison de quoi, pour réprimer tels & semblables abus, Requéroit qu'il plût à Sa Majesté ordonner que lesdits receveurs seront tenus de compter annuellement à l'assemblée des assiettes des dioceses, des deniers qui s'imposent pour le payement de leurs dettes, frais desdites assiettes, & autres concernant les affaires des dioceses, comme aussi d'y apporter & remettre les acquits & contrats cancellés des dettes qui auront été acquittés, à quoi faire, en cas de refus, ils seront contraints par toutes voies de droit ; & en cas il se trouveroit que lesdits receveurs eussent diverti lesdits deniers, que les commissaires des assiettes les feront poursuivre pour la restitution & payement d'iceux, avec pouvoir de commettre à l'avenir à la levée desdites sommes telles personnes qu'ils aviseront ; LE ROI EN SON CONSEIL, a ordonné & ordonne que lesdits receveurs compteront annuellement en l'assemblée des assiettes, des deniers dont ils auront fait recette pour l'acquittement des dettes, frais & assiettes, & autres concernant les affaires desdits dioceses, en conséquence des arrêts du conseil, & rapporteront les acquits & contrats cancellés des dettes qui auront été par eux acquittés, à quoi faire, en cas de refus, & pour la restitution des deniers qu'ils pourroient avoir divertis, ils seront contraints, comme pour les propres affaires de Sa Majesté, à la charge qu'il ne pourra être fait aucune imposition pour l'acquittement du principal desdites dettes, qu'après la vérification faite d'icelles au préalable par les présidens pour Sa Majesté en l'assemblée des Etats, & après avoir obtenu de Sa Majesté la permission d'en faire l'imposition, suivant l'édit de Beziers, & l'ordonnance des commissaires desdits Etats, rendue le 15 Mai dernier 1648. FAIT au conseil d'état du Roi, tenu à Paris le vingt-huitieme jour de Novembre 1648. *Collationné*, GALLAND, *signé*.

LOUIS, PAR LA GRACE DE DIEU, ROI DE FRANCE ET DE NAVARRE : Au premier des huissiers de notre conseil, ou autre huissier ou sergent sur ce requis. Nous te mandons & commandons que l'arrêt dont l'extrait est ci-attaché sous le contre-scel de notre chancellerie, ce jourd'hui donné en notre conseil d'état, sur ce qui nous a été représenté en icelui par le syndic général de notre province de Languedoc, pour compter de l'acquittement des dettes, tu signifies à tous qu'il appartiendra, à ce qu'ils n'en prétendent cause d'ignorance, & fais pour l'exécution d'icelui tous commandemens, sommations, contraintes par les voies y déclarées, défenses & autres actes & exploits nécessaires, sans autre permission : & sera ajouté foi, comme aux originaux, aux copies dudit arrêt & des présentes collationnées par l'un de nos amés & féaux conseillers & secrétaires : CAR tel est notre plaisir. DONNÉ à Paris le vingt-huitieme jour de Novembre, l'an de grace 1648, & de notre regne le sixieme. Par le Roi en son conseil. *Signé*, GALLAND.

XCIII.

Extrait *du regiſtre des délibérations des Etats généraux de Languedoc, aſſemblés par mandement du Roi, en la ville de Montpellier, au mois de Juin 1649.*

Du Mercredi 1er. Septembre ſuivant, préſident Mgr. l'archevêque & primat de Narbonne.

LE ſieur de Joubert a repréſenté qu'il étoit venu à ſa connoiſſance qu'au dioceſe du Puy certain ſoi-diſant pourvu de l'office de receveur quatriennal des tailles dudit dioceſe veut s'entremettre à l'exercice dudit office, à l'excluſion des officiers anciens qui ont traité avec la province. Et comme la multiplicité d'officiers eſt préjudiciable au pays, même pour leſdits receveurs, a requis l'aſſemblée d'y pourvoir, tant pour ledit dioceſe du Puy, que pour les autres dioceſes de la province. A ÉTÉ DÉLIBÉRÉ que la multiplicité des officiers étant préjudiciable à la province, même ceux des tailles quatriennaux qui n'ont pas traité avec icelle, que ceux qui ſe trouveront pourvus deſdits offices de receveurs quatriennaux des tailles, tant au dioceſe du Puy, qu'autres de cette province, ne ſeront point pour tout reconnus ni avoués auxdits offices; avec ordre aux commiſſaires principaux & ordinaires deſdits dioceſes de leur empêcher ledit exercice, & défenſes de leur mettre en mains aucun département ni aſſiette, à peine d'être exclus de l'entrée aux Etats.

XCIV.

Extrait *du regiſtre des délibérations des Etats généraux de Languedoc, aſſemblés par mandement du Roi, en la ville de Montpellier, au mois de Juin 1649.*

Du Vendredi 17 Septembre ſuivant, préſident Mgr. l'archevêque & primat de Narbonne.

LE ſieur de Villeneuve, ſyndic général, a repréſenté qu'en divers endroits de la province il y avoit grand nombre de collecteurs des tailles & & conſuls de village qui ſeroient obligés à vendre tous leurs biens, s'ils en avoient, ou à pourrir toute leur vie dans les priſons, s'ils n'en avoient pas, pour le payement des tailles de diverſes perſonnes de leur communauté qu'ils ne pouvoient pas contraindre pour être trop puiſſantes, & d'une trop grande autorité; qu'il auroit plu à l'aſſemblée touchée de compaſſion de prendre diverſes délibérations ſur ce ſujet, & qu'enſuite d'icelles, MM. les tréſoriers de France avoient donné ordonnance portant que les receveurs ſeront obligés à prendre pour argent comptant les indications que les conſuls & collecteurs leur donneroient ſur ſemblables perſonnes trop puiſſantes; & d'autant que leſdites ordonnances demeurent ſans aucun effet par l'appel qu'ils en relevent, & qu'il eſt de la juſtice de l'aſſemblée de remédier à ſemblables malheurs, l'affaire miſe en délibération, A ÉTÉ DIT que le receveur des tailles ſeroit contraint par toutes voies de recevoir ſemblables indications; qu'à cet effet, à la diligence du ſyndic général du pays, il ſeroit pourſuivi arrêt au conſeil qui leur en feroit commandement, ſans pouvoir, pour ce ſujet, relever appel en la cour des aides, des ordonnances que MM. les tréſoriers de France auroient données.

XCV.
ARRÊT DU CONSEIL,

Portant que toutes les sommes imposées en vertu des délibérations des États, seront reçues par les receveurs des tailles, & par eux versées dans la caisse des trésoriers des États, à l'exception des deniers de l'aide, octroy, crue, taillon & garnisons.

Du 5 Février 1650.

EXTRAIT *des Registres du Conseil d'Etat.*

VU par le Roi en son conseil, la délibération prise ès Etats généraux de la province de Languedoc, le 9 Novembre de la présente année 1649, par laquelle, entre autres choses, il est accordé à Sa Majesté, par don gratuit, la somme de 1200,000 livres pour imposer & lever sur le général de ladite province, ès années 1649 & 1650 ; autre délibération desdits Etats, du 17 dudit mois, par laquelle est porté que ceux qui seront commis à la charge des trésoriers de la bourse dudit pays, feront le maniement de tous les deniers qui s'imposeront sur ladite province, par ordre desdits Etats, avec la nomination esdites charges des personnes de MM. Pierre Reich & François Lesecq ; les Etats mis ès mains desdits Reich & Lesecq, par délibération desdits Etats du 23 dudit mois, par lesquels ils sont chargés de la levée & payement desdites 1200,000 livres au profit de Sadite Majesté ; requête présentée aux commissaires présidens pour Sa Majesté auxdits Etats par les receveurs généraux des finances des généralités de Toulouse & Montpellier, tendante à ce que ladite somme de 1200,000 livres soit mise en leurs mains par les receveurs des tailles dudit pays, pour être par eux employée suivant les états arrêtés au conseil, les charges des recettes particulieres préalablement déduites, avec l'ordonnance desdits commissaires, du 23 dudit mois, portant que lesdits suppliants & le syndic général dudit pays se pourvoiront devers Sa Majesté ; & cependant, par maniere de provision, que ladite somme de 1200,000 livres seroit payée par lesdits receveurs des tailles ès mains desdits trésoriers de la bourse, & que leurs commissions seroient expédiées en cette forme : Oui le rapport du sieur Gargan, intendant des finances, & tout considéré, LE ROI EN SON CONSEIL, sans s'arrêter à la requête desdits receveurs généraux des finances desdites généralités de Toulouse & Montpellier, dudit jour 23 Novembre dernier, a ordonné & ordonne que tant ladite somme de 1200,000 livres, que toutes les autres qui seront imposées sur ladite province en vertu des délibérations desdits Etats, seront reçues par les receveurs des tailles dudit pays, & par eux mises sans divertissement en celles desdits trésoriers de la bourse, soit pour les frais des Etats généraux, dettes & affaires ordinaires & extraordinaires dudit pays, gratifications, étapes, dons gratuits, récompenses, & autres généralement quelconques, excepté ceux de l'aide, octroi, crue, taillon & garnisons, qui seront mis esdites recettes générales des finances, taillon & trésoriers provinciaux de l'extraordinaire des guerres, chacun pour ce qui le concerne, & par eux payées de terme en terme aux assignés sur eux, avec défenses aux trésoriers de France desdites généralités de contrevenir au présent réglement, ni s'immiscer de connoître de la levée & payement des deniers accordés par ladite province, & qui doivent être mis ès mains defdits tréforiers de la bourfe, à peine de fufpenfion de leurs charges, Ordonnant à cet effet aux commiffaires de Sadite Majefté pour la tenue defdits Etats, de tenir la main à ce que les fufdits deniers dépendans du maniement defdits tréforiers de la bourfe, leur foient payés directement par lefdits receveurs des tailles, conformément aux commiffions envoyées par lefdits commiffaires pour l'année derniere; Voulant Sa Majefté que par les Etats qui feront expédiés pour la diftribution de fes finances defdites généralités, le fonds appartenant au maniement defdits tréforiers de la bourfe, foit employé fous leurs noms. Et fera le préfent arrêt exécuté nonobftant celui du 11 Décembre dernier, oppofitions & appellations quelconques, & fi aucunes interviennent, Sa Majefté s'en réferve la connoiffance, & icelle interdit à toutes fes cours & juges, à peine de nullité; Enjoignant en outre Sadite Majefté à fes lieutenans généraux en ladite province de tenir la main à l'exécution du préfent arrêt, & au fieur de Breteuil, intendant en ladite province, à peine d'en répondre en leurs propres & privés noms. FAIT au confeil d'état du Roi, tenu à Paris le cinquieme jour du mois de Février mil fix cents cinquante. *Collationné. Signé*, GALLAND.

LOUIS, PAR LA GRACE DE DIEU, ROI DE FRANCE ET DE NAVARRE: A nos amés & féaux confeillers les commiffaires préfidens pour Nous en l'affemblée des Etats de notre province de Languedoc, SALUT. Suivant l'arrêt dont l'extrait eft ci-attaché fous le contre-fcel de notre chancellerie, cejourd'hui donné en notre confeil d'état portant réglement entre les receveurs généraux des finances & les tréforiers de la bourfe dudit pays, pour recevoir les fommes impofées en vertu des délibérations defdits Etats, Nous vous mandons & ordonnons de tenir la main à ce que les deniers y mentionnés dépendant du maniement defdits tréforiers de la bourfe, leur foient payés directement par les receveurs des tailles, conformément à vos commiffions par vous envoyées pour l'année derniere. Enjoignons à nos lieutenans généraux en notredite province, & à notre amé & féal confeiller en nos confeils, & maître des requêtes ordinaire de notre hôtel, le fieur de Breteuil, intendant en icelle, de tenir la main à l'exécution dudit arrêt, lequel nous commandons au premier notre huiffier ou fergent fur ce requis de fignifier aux tréforiers de France defdites généralités, receveurs généraux de nos finances, & autres qu'il appartiendra, à ce qu'ils n'en prétendent caufe d'ignorance, faire les défenfes y contenues, fur les peines y déclarées, & tous autres actes & exploits néceffaires pour l'exécution dudit arrêt, fans autre permiffion, nonobftant celui du 11 Décembre dernier énoncé, oppofitions ou appellations quelconques, dont, fi aucunes interviennent, Nous nous réfervons la connoiffance, & icelle interdifons à toutes nos cours & juges. Et fera ajouté foi comme aux originaux, aux copies dudit arrêt, & des préfentes collationnées par l'un de nos amés & féaux confeillers & fecrétaires: CAR tel eft notre plaifir. DONNÉ à Paris, le cinquieme jour de Février, l'an de grace mil fix cents cinquante, & de notre regne le feptieme. Par le Roi en fon confeil. GALLAND, *figné*.

XCVI.
ARRÊT DU CONSEIL,

Qui défend aux receveurs des tailles de faire payer des intérêts aux collecteurs sous prétexte d'attente ; ordonne qu'il sera procédé par la cour des aides à la liquidation des droits de quittance dûs aux receveurs, & que par provision, ils ne pourront en prendre d'autres que ceux accordés par les articles de 1610, & par des édits duement vérifiés.

Du 7 Avril 1650.

EXTRAIT *des Registres du Conseil d'Etat.*

ENTRE Jean-Baptiste de Roussel, écuyer, sieur de Boisroussel, & dame Marie de Rousselet, sa femme, propriétaire des offices de receveur des tailles & taillon au diocèse du Puy, généralité de Montpellier, tant en leur nom que comme prenant le fait & cause pour Me. Pierre Peyret commis, à leur nomination, à l'exercice desdits offices, l'année 1646, demandeurs aux fins de la requête par eux présentée au conseil, & arrêt intervenu sur icelle le 11 Septembre 1649, & de l'exploit fait à leur requête le 12 Novembre audit an, d'une part ; & Pierre du Monteil, André la Garde collecteurs des tailles imposées en ladite ville du Puy ladite année 1646, & Philippe Guignand, libraire en la même ville assignés audit conseil, ledit Guignand tant en son nom que comme prenant le fait & cause pour lesdits de la Garde & Monteil, défendeurs d'autre part : & encore lesdits de Boisroussel & dame de Rousselet esdits noms, demandeurs en requête verbale contenue en l'appointement de règlement rendu en l'instance le 25 Janvier 1650, d'une part, & lesdits de Monteils, la Garde & Guignand esdits noms, défendeurs d'autre part. Et le syndic général de la province de Languedoc reçu partie intervenante, suivant la requête par lui présentée au conseil le 21 Février 1650 ; sans que les qualités puissent nuire ni préjudicier aux parties. VU au conseil du Roi la requête desdits demandeurs dudit jour 11 Septembre 1649, tendante à ce qu'il plût à Sa Majesté, sans avoir égard à l'arrêt de la cour des aides de Montpellier du 31 Juillet 1648, ordonner qu'ils jouiront des droits & privilèges à eux accordés par les édits & arrêts du conseil de Sa Majesté au mois de Novembre 1642, & 16 Mai 1643 ; ce faisant, condamner lesdits de Monteil, la Garde, ledit Guignand & autres collecteurs qui ont joui dudit privilège & n'ont payé aux termes précis à la recette particulière les sommes par eux dues, à payer les intérêts d'icelles, à raison d'un pour cent par mois, avec le droit de quittance, suivant & conformément aux édits & déclarations vérifiées & enregistrées en ladite cour des comptes, aides & finances de Montpellier, avec dépens ; faire défenses à ladite cour des aides de connoître à l'avenir des différends qui pourroient naître pour raison de ce, & aux parties d'y avoir recours à peine de nullité, cassation des procédures, & de tous dépens, dommages & intérêts : Arrêt du conseil intervenu sur ladite requête dudit jour 11 Septembre 1649, portant qu'avant faire droit sur icelle le procureur général en ladite cour des aides de Montpellier enverroit les motifs dudit arrêt du 31 Juillet 1648, & cependant sursis à l'exécution d'icelui & à toutes poursuites en ladite cour des aides : Exploits de signification dudit arrêt tant aux défendeurs qu'aux officiers de ladite cour, aux fins des défenses y mentionnées, des dernier Septembre, 11, 29 & 30 Octobre 1649 : Exploit d'assignation donnée au conseil aux défendeurs à la requête desdits sieur & dame de Roussel en vertu du susdit arrêt, aux fins de voir dire que, sans avoir égard aux arrêts, poursuites & procédures par eux faites en ladite cour des aides de Montpellier au nom dudit Guignand qui seront cassées & révoquées, les conclusions par eux prises en ladite requête sur laquelle ledit arrêt du conseil est intervenu, leur seront adjugées, avec tous dépens, dommages & intérêts, dudit jour 12 Novembre 1649; Appointement de réglement rendu en l'instance entre lesdites parties, ledit jour 25 Juillet 1650, contenant la requête verbale desdits demandeurs, à ce qu'il plaise au conseil, faisant droit sur icelle, casser & révoquer comme attentat, les procédures faites & les arrêts intervenus sur icelle en ladite cour des aides de Montpellier au préjudice de la surséance portée par ledit arrêt du 11 Septembre & signification d'icelui, & sans y avoir égard, ordonner que lesdits demandeurs jouiront des attributions accordées à leursdits offices de receveur des tailles & taillon pour le droit de quittance tant par les articles passés entre les syndics de ladite province de Languedoc & les receveurs particuliers d'icelle homologués tant par arrêt du conseil que par les édits & déclarations de Sa Majesté depuis faits & duement vérifiés en ladite cour des comptes & aides de Montpellier, & condamner en outre lesdits défendeurs solidairement au payement des sommes par eux restant dues de ladite quotité des tailles desquelles ils sont collecteurs, suivant & conformément à la sentence du sénéchal du Puy contradictoirement rendue entre les parties le 6 Mars 1648; renvoyer icelles audit sénéchal pour l'exécution de ladite sentence, & condamner les défendeurs solidairement en tous les dépens, dommages & intérêts : Copie dudit édit de Sa Majesté du mois de Novembre 1642, portant, entre autres choses, permission aux receveurs des tailles de ladite généralité de Montpellier, ensemble au receveur de la ville & viguerie du Vigan, de faire les avances des deniers de leur recette de terme en terme ou de quartier en quartier, & de prolonger aux collecteurs le payement de ce qu'ils doivent, en payant l'intérêt qui ne pourra excéder un pour cent par mois à peine de concussion, auxquels receveurs Sa Majesté leur auroit, par le même édit, accordé 2 sols 6 deniers pour chacune quittance qu'ils fourniront à chaque partie, & de chaque nature de deniers, qui ne pourront excéder le nombre de six, & aux receveurs du taillon sept sols six deniers d'augmentation de droit de quittance pour chaque quartier & de chaque nature de deniers outre & par-dessus le droit de quittance dont ils jouissoient : Arrêt du conseil du 16 Mai 1647, rendu sur la requête des trois receveurs des tailles & taillon du diocèse du Puy en Velay en la province de Languedoc, portant que ladite requête seroit communiquée aux syndics de Languedoc, & que le procureur général de ladite cour des comptes enverroit les motifs de l'arrêt du 31 Juillet 1648 & copie de l'arrêt d'enregistrement dudit édit du 11 Juillet 1643, pour en être ordonné ce que de raison, & cependant, par provision, conformément audit édit, que lesdits receveurs des tailles jouiront de la permission à eux accordée de faire lesdites avances de leur recette, & prolonger aux collecteurs dudit diocèse le payement de ce qu'ils leur devront en payant l'intérêt qui ne pourra excéder un pour cent par mois, avec défenses audit syndic & tous autres de les y troubler jusqu'à ce qu'autrement par Sa Majesté en ait été ordonné : Copie de l'arrêt d'enregistrement dudit édit en la cour des comptes dudit Montpellier du 11 Juillet 1643 : Copie des articles accordés par la province de Languedoc avec lesdits receveurs des tailles, par lesquels leur est accordé deux sols six deniers, lorsque chaque nature de deniers leur sera payée entierement pour une fois seulement ; ensuite est l'arrêt du conseil du 29 Octobre 1611 portant homologation desdits articles, avec un état des natures des deniers qui s'imposent par chacun an en ladite province : Autre copie collationnée d'une quittance de finance de la somme de trois mille neuf cents livres pour jouir des quatre sols du droit de quittance de tous les deniers de son maniement, du premier Avril 1636, & ce suivant l'édit du mois de Novembre 1635 & arrêts des 29 desdits mois & an & 19 Janvier 1635 : Copie collationnée de provisions de l'office de receveur du taillon audit diocese, expédiées en faveur de Me. Isaac Denis, par lesquelles il appert qu'il jouira des droits de quittance tels & semblables que ceux dont jouissent les receveurs des tailles du pays de Languedoc, du mois de Juillet 1627, au pied desquelles est l'arrêt de ladite cour des aides de Montpellier portant l'enregistrement desdites provisions du 18 Août audit an : Copie d'édit de Sa Majesté du mois de Mars 1639, par lequel, entre autres choses, est attribué aux collecteurs des tailles de la généralité de Toulouse & Montpellier deux sols six deniers pour quittance de chaque nature de deniers, ensuite est l'enregistrement en ladite cour des comptes du 30 Mai 1639 : Certificat de Me. Jean Chillac secrétaire de la ville du Puy, portant comme dans le livre des deniers imposés sur les habitans de l'isle de Miramande au pays du Puy & délivré auxdits la Garde & Monteil pour en faire le recouvrement, la somme de dix livres quatre sols six deniers y étoit comprise pour payer ledit droit de quittance pour l'année 1649, du 10 Mars audit an 1649 : Extrait des registres des tailles du diocese du Puy pour l'année 1646, contenant les sommes payées par ledit Guignand provenant de leurs collectes : Sentence du sénéchal du Puy contradictoirement rendue entre les défendeurs & le nommé Peyret commis à la recette générale des tailles audit diocese du Puy pendant l'année 1646, par laquelle, entre autres choses, lesdits défendeurs auroient été condamnés de payer audit Peyret ledit droit de quittance, ensemble les sommes par eux dues de reste de la taille, du 9 Mars 1648 : Exploit de commandement fait à la requête dudit Peyret audit la Garde de lui payer la somme de neuf cents livres, du 5 Octobre 1647, pour arrérages de l'année 1646 ; à faute de ce, saisie de ses meubles auroit été sur lui faite ; ensuite est un exploit d'assignation donnée audit de la Garde pour voir procéder à la vente desdits meubles, avec l'exploit de la vente d'iceux, du 25 dudit mois d'Octobre audit an 1647 : Six actes de déclaration des desnommés audit exploit de vente comme ils n'étoient présens lors de la vente & délivrance d'iceux : Arrêt de ladite cour des aides de Montpellier du 31 Juillet 1648 : Quittance de 75 livres payées par ledit Peyret pour les épices dudit arrêt, avec copie d'arrêt de ladite cour des aides du 8 dudit mois d'Octobre 1649 : Requête présentée en ladite cour des aides par ladite dame de Rousselet aux fins d'avoir communication du procès ; au dos est le reçu que le procureur en fit, & l'acte de remise d'icelui procès à l'huissier des 2 & 8 Octobre 1649 :

Imprimé des jours fériés que ladite cour des aides observe : Certificat du nommé Robol clerc du sieur Rignac rapporteur du procès, du premier Octobre audit an, contenant que le procureur du syndic de Languedoc a retiré le procès d'entre lesdits Guignand, Peyret & de Boisrouffel le 16 Décembre, & qu'il lui avoit rendu le 30 dudit mois : Quatre exécutoires obtenus par ledit Guignand en ladite cour des aides contre ledit Peyret au mois de Décembre 1639 : Trois significations faites au syndic du diocèse du Puy, à la requête du demandeur, des arrêts du conseil des 3, 8 Novembre & 22 Décembre 1649, les 16 Mai 1647 & 11 Décembre 1649, & à lui fait les défenses y contenues, avec sommation de fournir de réponse : Copie de promesse sous seing privé faite par lesdits Guignand & de la Garde audit de Monteils collecteur, de l'acquitter envers le receveur général de l'année 1646, tant du principal de la taille contenue dans le rôle, que dépense qu'il pourroit souffrir pour ladite levée, & de lui en rapporter acquit général dudit receveur à fin de payement, du 8 Juillet 1646 : Acte passé par ledit Guignand le onzième dudit mois par lequel il se seroit obligé à faire la levée des deniers de ladite année 1646 pour & au lieu dudit de la Garde son neveu : Cahier de diverses quittances des sommes reçues par ledit Peyret : Exploit d'exécution des meubles dudit Monteil à la requête dudit Peyret faute du payement de la somme de mille livres pour arrérages de la taille de l'année 1646, du 18 Février 1648 : Copie de requête présentée par ledit Guignand au sénéchal du Puy aux fins que la saisie faite sur lesdits meubles fût déclarée injurieuse & déraisonnable ; ensuite est l'ordonnance & assignation à lui donnée en vertu d'icelle devant ledit sénéchal, dudit jour & an : Autre requête dudit Guignand présentée audit sénéchal, aux fins que défenses fussent faites auxdits Peyret & sergent de le molester, ensemble lesdits de la Garde, de Monteils & leurs adjoints ; ensuite est l'ordonnance portant soit donné assignation dudit jour & an : Sentence dudit sénéchal rendue par défaut, par laquelle ledit Guignand auroit été condamné envers ledit Monteils au payement des sommes à lui demandées par le receveur des tailles, du 19 Février 1649 : Autre sentence du sénéchal, dudit jour, portant que la susdite sentence sortiroit à effet : Copie d'une quittance de quatre-vingt-dix livres payée par ledit Guignand audit de Monteils du troisieme Janvier 1649 : Sommation du nommé Niosac audit Guignand, de recevoir la somme de neuf cents livres, ensuite sa réponse : Procédures faites devant ledit sénéchal du Puy : Copie de sentence rendue par ledit sénéchal entre lesdits Peyret & Guignand : Acte d'appel de ladite sentence interjetté par ledit Guignand : Relief d'appel du premier Avril 1648 : Anticipation sur ledit appel obtenue par ledit Peyret le 7 dudit mois, avec assignation donnée audit Guignand en la cour des aides, pour procéder sur icelui : Requête présentée en ladite cour des comptes par ledit Guignand, afin d'être reçu opposant à la saisie & arrêt faite sur ses meubles à la requête dudit Peyret : Ordonnance du sieur Dubois aux fins de faire assigner devant lui ledit de Peyret sur le contenu de ladite requête, & assignation à lui donnée : Requête présentée en ladite cour des comptes par ledit Peyret, à ce qu'il lui fût permis d'exécuter la sentence du 9 Mars 1648 à l'encontre desdits la Garde & Monteils, pour reste desdites tailles : au bas est l'ordonnance soit fait, & ensuite est l'exploit de saisie desdits meubles : Procès verbal des meubles exécutés

exécutés sur lesdits de la Garde & de Monteils à la requête dudit Peyret du 4 Juin 1648 : Autre requête présentée en ladite cour des comptes par ledit Guignand à fin de cassation de ladite exécution, du 12 Juin 1648 : Procédure faite sur ledit appel en ladite cour par ledit Guignand : Copie de commission sur requête civile obtenue par ledit Peyret contre l'arrêt de la cour des comptes dudit jour 25 Juillet 1648, avec l'assignation audit Guignand, en ladite cour, pour procéder sur ladite requête civile, du 11 Janvier 1649 : Copie d'autres lettres royaux obtenues par ladite Demoiselle Rousselet le 4 Septembre 1648, aux fins d'être reçue opposante à l'exécution dudit arrêt, du dernier Juillet audit an, avec assignation donnée audit grand conseil en ladite cour pour procéder sur icelle, du 11 dudit mois : Procédures faites en ladite cour aux fins desdites requête civile & lettres d'opposition : Récépissé du clerc du rapporteur de la remise faite en ses mains du procès d'entre les parties, du 9 Mai 1647 : L'exécutoire du rapport délivré contre le procureur dudit Peyret, de la somme de douze livres : Procédures faites en ladite cour : Arrêt rendu en icelle le 26 Juin 1649, par lequel ledit Peyret auroit été débouté de son appel & renvoyé par devant le sieur de Rignac : Requête présentée en ladite cour des comptes à ce que ledit Guignand eût à déclarer s'il vouloit se servir des exploits, des 5 & 25 Octobre 1647 : Procès-verbal du sieur rapporteur, du 9 Mai 1649 : Arrêt de ladite cour, du 21 Juillet 1649 : Acte par lequel il paroît que ledit défendeur a remis au greffe lesdits exploits, des 5 & 25 Juillet audit an : Autre requête présentée à ladite cour par ledit Peyret, le 30 Juillet audit an : Réponse & soutenemens fournis par ledit défendeur, contre les moyens de faux dudit Peyret : Arrêt de ladite cour, du 4 Septembre, portant jonction de l'instance de faux à l'instance principale : Lesdits exploits, du 5 & 25 Octobre 1647 : Déclaration du nommé Seyton, chirurgien, du 26 Juin 1649 : Requête présentée par ledit défendeur aux fins de faire recevoir ladite déclaration, du 13 Juillet 1649 : Autre déclaration judiciaire faite par le lieutenant général de la ville du Puy & autres, du 28 Juin 1649 : Autre déclaration judiciaire du nommé Fournier, huissier, du 10 Juillet 1649 : Acte des particuliers habitans de ladite ville du Puy, du 21 Juillet 1649 : Autre déclaration dudit Fournier, sergent, du 3 Août audit an : Exploit de saisie des meubles, du 4 Septembre 1646, pour raison de la taille : Quittance du nommé Chanal au nommé Pons collecteur, du 4 Octobre 1646 : Procédures faites pour l'instruction de ladite requête civile : Arrêt de ladite cour des comptes, du 8 Octobre 1649, donné sur ladite requête civile & opposition, par lequel, sans avoir égard au faux, il est ordonné que ledit arrêt, du dernier Juillet 1648 seroit exécuté, & ledit Peyret & Dlle. Rousselet condamnés aux dépens : Articles accordés par les syndics généraux de la province de Languedoc, par lesquels, article VIII, il est dit que lesdits receveurs ne pourront prendre que deux sols six deniers pour quittance de chaque nature de deniers : Copie de la déclaration, du mois d'Octobre 1648 : Requête & contredits dudit Guignand contre la production du demandeur, du 14 Mars 1650 : Requête présentée en ladite cour de sa: des par ladite Dame de Rousselet, aux fins que ses conclusions lui fussent adjugées : Requête présentée au conseil par ledit du Roussel, aux fins de réception des pieces suivantes, du 8 Mars 1650, signifiée ledit jour : Divers baux à ferme faits pour raison desdites tailles

Tome VI.

les 14 Novembre 1631, 14 & 22 Mars 1640, 10 Avril 1644, 24 Novembre 1647, 18 Août audit an, 19 Mai 1646, 17 Janvier 1650, 20 Mars & autres : Copie d'un rôle des taxes ordonné être payées par les receveurs des tailles : Copie de trois quittances des sommes reçues par ledit Roussel : La requête d'intervention dudit syndic de Languedoc, dudit jour 21 Février 1650, par laquelle il auroit été reçu partie intervenue en l'instance, à la charge de bailler ses moyens d'intervention dans le temps de l'ordonnance : Signification d'icelle, du 21 dudit mois & an : Requête présentée audit conseil par ledit Bois-Roussel à ce qu'il plût à Sa Majesté forclorre ledit syndic de bailler ses moyens d'intervention, & ce faisant, qu'il fût passé outre au jugement de ladite instance : L'ordonnance étant au bas, du 25 dudit mois de Février audit an, portant soit fait ainsi qu'il est requis, signifiée le 28 dudit mois : Certificat du greffier garde des sacs du conseil de ce jourd'hui, portant qu'il n'a été aucune chose écrit & produit par ledit syndic en la présente instance : Écritures & production desdits du Roussel & sa femme, & dudit Guignand audit nom, & tout ce qui a été écrit & produit par devers les sieurs de la Ferle, conseiller du Roi, maître des requêtes ordinaire de son hôtel, & de Morie, commissaires à ce députés : Ouï son rapport, & tout considéré ; LE ROI EN SON CONSEIL, faisant droit sur ladite instance, a mis & met sur ladite requête desdits Bois-Roussel & Peyret, les parties hors de cour & de procès ; ce faisant, Sadite Majesté ordonne que les arrêts de ladite cour des aides, des 31 Juillet 1648 & 8 Octobre 1649, seront exécutés selon leur forme & teneur ; fait défenses audit receveur des tailles du Puy & à tous autres d'exiger aucuns intérêts des collecteurs pour l'attente du payement des tailles, à peine de concussion, sans néanmoins qu'ils puissent être recherchés pour le passé, dont Sa Majesté les a déchargés ; Ordonne Sadite Majesté que suivant & conformément audit arrêt de ladite cour des aides, à la diligence du syndic général de la province, celui des receveurs des tailles & taillon dudit pays appelé, les droits de quittance par eux prétendus seront arrêtés & liquidés par ladite cour des comptes, aides & finances ainsi qu'il appartiendra par raison. Cependant fait défenses auxdits receveurs de prendre plus grands droits de quittance que ceux qui leur sont attribués par les édits & déclarations de Sa Majesté bien & duement vérifiées en ladite cour, & articles passés par les Etats de la province de Languedoc avec les receveurs, sans dépens. FAIT au conseil d'état du Roi, tenu à Paris le septieme jour d'Avril mil six cent cinquante.

Signé, GALLAND.

LOUIS, PAR LA GRACE DE DIEU, ROI DE FRANCE ET DE NAVARRE : A nos amés & féaux conseillers les gens tenant notre cour des comptes, aides & finances à Montpellier, SALUT. Suivant l'arrêt dont l'extrait est ci-attaché sous le contre-scel de notre chancellerie, ce jourd'hui donné en notre conseil d'état, entre Jean Baptiste de Roussel, écuyer, sieur de Bois-Roussel & Dame Marie de Rousselet sa femme, propriétaires des offices des receveurs des tailles & taillon au diocese du Puy, tant en leur nom que comme prenant le fait & cause pour Me. Peyret commis, à leur nomination, à l'exercice desdits offices l'année mil six cent quarante-six, & Philippe Guignand tant en son nom que comme prenant le fait & cause pour lesdits de la Garde & Monteils défendeurs ; Et encore ledit de Bois-Roussel & Dame de Rousselct esdits noms demandeurs & lesdits de Monteils, la Garde & Guignand esdits noms défendeurs, & le syndic général de notre province de Languedoc intervenant ; Nous vous mandons & ordonnons d'arrêter & procéder à la liquidation des droits de quittance prétendus par les receveurs des tailles & taillon dudit pays, l'un d'eux appelé, ainsi qu'il appartiendra par raison : Commandons à notre huissier ou sergent premier sur ce requis de signifier ledit arrêt au receveur des tailles du Puy, & autres qu'il appartiendra, à ce qu'ils n'en prétendent cause d'ignorance, & faire pour l'exécution d'icelui & d'autres arrêts de notredite cour y énoncés, à la requête dudit syndic général de Languedoc, tous commandemens, sommations, défenses, & autres actes & exploits nécessaires, sans autre permission : CAR tel est notre plaisir. DONNÉ à Paris le dix-septieme jour d'Avril, l'an de grace mil six cent cinquante, & de notre regne le septieme. Par le Roi en son conseil.

Signé, GALLAND.

1650, avec un extrait certifié de la recette qu'ils en ont faite jusqu'à présent & des payemens qu'ils en ont faits aux trésoriers de la bourse ; plusieurs députés ayant aussi dit que M. de Breteuil, intendant en cette province, avoit écrit auxdits receveurs des dioceses du Bas-Languedoc à mêmes fins, ce qui est une nouveauté toute contraire aux ordres de la province & qui ne peut que lui être très-dommageable, A ÉTÉ DÉLIBÉRÉ que MM. les députés qui sont en cette assemblée écriront présentement aux receveurs des tailles de leurs dioceses de ne déférer en aucune façon auxdites lettres, sur peine d'être privés du recouvrement des deniers de la province ; & à ces fins que la présente délibération leur sera envoyée par hommes exprès qui rapporteront la réponse desdits receveurs : Et attendu l'importance de l'affaire qui mérite célérité, est ordonné auxdits syndics généraux de faire partir promptement lesdits messagers & d'écrire auxdits receveurs de satisfaire ponctuellement auxdits ordres de cette assemblée.

XCVII.

EXTRAIT *du regiſtre des délibérations des Etats généraux de Languedoc, aſſemblés par mandement du Roi, en la ville de Pezenas, au mois d'Octobre 1650.*

Du Samedi 29 dudit mois d'Octobre, président Mgr. l'archevêque & primat de Narbonne.

LE sieur de Villeneuve, syndic général, a dit, que le sieur de Marin, intendant des finances, étant en Guienne a écrit à plusieurs receveurs des tailles du haut Languedoc, de lui envoyer copie collationnée des commissions en vertu desquelles ils ont fait la levée des deniers accordés à Sa Majesté aux derniers Etats pour les années 1649 &

XCVIII.

EXTRAIT *du regiſtre des délibérations des Etats généraux de Languedoc, aſſemblés par mandement du Roi, en la ville de Pezenas, au mois d'Octobre 1650.*

Du Mardi 15 Novembre suivant, président Mgr. l'archevêque & primat de Narbonne.

LE sieur Chevalier, syndic du pays de Gévaudan, a dit que, bien que le diocese de Mende n'eût jamais fait aucun fonds pour des épices de MM. les trésoriers de France de Montpellier, si est ce pourtant que depuis l'édit du mois d'Octobre 1632 lesdits sieurs trésoriers étant commissaires des assiettes auroient introduit audit diocese de

Q ij

Mende de faire un fonds annuellement de. . . . . pour lesdites épices, lesquelles ils ont depuis augmenté jusques à 300 livres pour payement desquelles ils contraignent les receveurs dudit diocèse, & par mêmes moyens les députés, à leur en faire fonds dans les assiettes ; à suite de quoi auroit été fait plainte par le député du diocèse de Rieux de ce que MM. les trésoriers de France de Toulouse, veulent contraindre le greffier de leur diocèse à remettre dans leur bureau copie du procès-verbal de l'assiette, ensemble les départemens faits en icelle des sommes tant ordinaires qu'extraordinaires contre les arrêts du conseil & délibérations de cette assemblée. Sur quoi a été arrêté que par Monseigneur l'évêque d'Uzès, M. le baron de Villeneuve, les sieurs capitouls de Toulouse & consuls de Carcassonne, il en sera parlé à MM. les commissaires présidens pour le Roi, du corps desquels il y a des sieurs trésoriers de France, afin qu'il leur plaise de faire cesser lesdites plaintes ou faire voir le droit qu'ils ont de prendre lesdites épices, & de prétendre la remise desdites assiettes pour y être ci-après délibéré.

XCIX.

Extrait du registre des délibérations des états généraux de Languedoc, assemblés par mandement du Roi, en la ville de Pezenas, au mois de Mars 1653.

Du 10 Mai suivant, président Mgr. l'archevêque & primat de Narbonne.

Sur ce qui a été représenté par les sieurs de Pennautier & le Secq, trésoriers de la bourse du pays, que plusieurs receveurs particuliers des tailles restent encore de notables sommes à payer des impositions des années dernières 1650, 1651 & 1652, & qu'il leur est impossible, quelques diligences qu'ils ayent faites, de pouvoir mettre à exécution leurs contraintes contre eux ; occasion de quoi ils souffrent des dommages très-considérables & sont mêmes obligés avec déplaisir de reculer aucuns des assignés sur eux, ce qui n'arriveroit pas si, conformément aux délibérations des Etats, les commissaires & députés des diocèses de la province obligeoient lesdits receveurs à cautionner suffisamment de leur maniement, & si, avant de leur mettre en main les assiettes & départemens d'une année ils les obligeoient à rapporter les quittances & décharges de toutes les sommes qu'ils ont dû payer en la précédente année ; suppliant très-humblement l'assemblée de vouloir prendre sur ce sujet telle délibération qu'il jugera à propos. Sur quoi les Etats ont arrêté que, conformément aux délibérations ci-devant prises les commissaires principaux & ordinaires & députés des assiettes des diocèses de cette province obligeront les receveurs particuliers desdits diocèses de bailler bonnes & suffisantes cautions pour le maniement qu'ils feront de tous les deniers extraordinaires, autres que ceux qui entrent en la recette générale pour lesquels leurs offices sont affectés ; & qu'auparavant de remettre ès mains desdits receveurs les assiettes & départemens des impositions qui seront faites l'année présente en la tenue de la prochaine assiette, ils obligeront lesdits receveurs de remettre les quittances des payemens qu'ils ont dû faire ès mains desdits trésoriers de la bourse la dernière année de leur exercice; faute de quoi ils bailleront le recouvrement desdits deniers à telle autre personne qu'ils aviseront bien & duement cautionnée, en sorte que les deniers extraordinaires soient payés ponctuellement & terme par terme auxdits tréforiers de la bourse, sans divertissement; & en cas lesdits consuls & députés useront d'aucune connivence pour favoriser lesdits receveurs & ne tiendront la main à l'exécution de la présente délibération, ils seront privés de l'entrée aux Etats.

C.

EXTRAIT *du registre des délibérations des Etats généraux de Languedoc, assemblés par mandement du Roi, en la ville de Pezenas, au mois de Mars* 1653.

Du Ier. Juin suivant, président Mgr. l'archevêque de Narbonne.

MONSEIGNEUR l'évêque de Lodeve, commissaire député avec M. le baron de Lanta & autres pour voir les actes des receveurs anciens de quelques dioceses de cette province, sur les prétentions qu'ils ont qu'on leur doit faire fonds pour leurs gages, a dit que ce n'est pas une affaire de la province, mais bien des dioceses intéressés. A ÉTÉ ARRÊTÉ que lesdits dioceses y pourvoiront comme ils verront bon être.

C I.

EXTRAIT *du registre des délibérations des Etats généraux de Languedoc, assemblés par mandement du Roi, en la ville de Montpellier, au mois de Décembre* 1654.

Du Mercredi 3 Mars 1655, président Mgr. l'archevêque & primat de Narbonne.

SUR ce qui a été représenté par le sieur de Joubert, syndic général, qu'ayant le Roi, par son édit du mois d'Août 1645, créé & érigé des offices quatriennaux des finances comptables & non comptables où il y a des anciens, alternatifs & triennaux, ils furent par arrêt du conseil du 14 Novembre 1646, convertis en taxe en faveur desdits anciens, alternatifs & triennaux. Et depuis, lesdits offices & tous autres esquels n'avoit été pourvu, ont par le VI article de la déclaration du mois d'Octobre 1648, confirmé par autre arrêt du mois de Mars 1649, été révoqués & supprimés. Et bien qu'au préjudice desdits arrêts & déclaration vérifiés où besoin a été, aucunes personnes ne se puissent faire pourvoir & recevoir auxdits offices quatriennaux, & que les porteurs des quittances de finance d'iceux se doivent contenter de jouir seulement des gages y attribués, selon le fonds qui en est laissé dans les Etats de Sa Majesté, sans sur icelles faire expédier aucunes provisions ni poursuivre leur réception; néanmoins il est averti qu'aucuns receveurs des tailles de cette province, & autres qui ont en leur pouvoir des quittances de finance desdits offices quatriennaux de receveurs des tailles, le nom en blanc, prétendent les faire remplir & se faire pourvoir & recevoir en iceux, même pour le diocese d'Alby. Et d'autant que la multiplicité d'officiers comptables auxdits dioceses, ainsi que tous nouveaux officiers & établissemens, vont à la ruine & foule des peuples, il seroit de la dignité de la compagnie d'y pourvoir. SUR QUOI A ÉTÉ DÉLIBÉRÉ ET ARRÊTÉ que, conformément à la délibération prise sur ce sujet le premier Septembre 1649, les syndics généraux s'opposeront à toutes les réceptions & établissemens qu'on voudroit faire desdits offices de receveurs quatriennaux des tailles & tous autres nouveaux établissemens esdits offices qui pourroient être faits dans cette province; & pour cet effet feront lesdites oppositions tant ès cours de parlement de Toulouse, des comptes de Montpellier, bureaux des finances defdites villes & autres lieux que befoin fera. A ÉTÉ ARRÊTÉ que les commiffaires principal & ordinaires, confuls, fyndics & députés aux affiettes des dioceses efquels on prétend faire l'établiffement defdits receveurs quatriennaux, s'oppoferont fortement auxdits établiffemens, & empêcheront qu'il ne leur foit mis en mains aucuns départemens & affiettes, à peine d'être privés à jamais de l'entrée des Etats & des affiettes.

aux priviléges de la province, & particulierement à celui portant suppreffion des receveurs des tailles, afin qu'ils foient maintenus & confervés en la fonction, exercice & jouiffance d'iceux, conformément aux édits de leur création & articles paffés avec les Etats, & que les commiffaires des affiettes tiendront la main à ce que les affiettes & départemens foient baillés & délivrés aux receveurs des tailles étant en exercice la préfente année.

C I I.

EXTRAIT *du regiftre des délibérations des Etats généraux de Languedoc, affemblés par mandement du Roi, en la ville de Pezenas, au mois de Décembre 1654.*

Du Dimanche 14 Mars 1655 de relevée, préfident Mgr. l'archevêque & primat de Narbonne.

SUR ce qui a été repréfenté par le fieur de Roux, fyndic général, qu'encore que par le V article des conditions arrêtées entre MM. les commiffaires pour le Roi en cette affemblée, concernant le don gratuit de la préfente année, il foit porté qu'il fera le bon plaifir de Sa Majefté de n'envoyer aucuns édits contre les priviléges de la province, néanmoins il eft venu à fa connoiffance qu'on n'attend que la féparation d'icelle pour remettre en la cour des comptes, aides & finances de cette ville plufieurs édits pour les faire vérifier, contre les termes defdites conditions, qui vont à la furcharge des peuples ; demandant à ces fins qu'il plût à l'affemblée d'y pourvoir. SUR QUOI A ÉTÉ DÉLIBÉRÉ que le fyndic général de la province s'oppofera partout où befoin fera à la vérification de tous édits contraires

C I I I.

ARRÊT

DE LA COUR DES COMPTES, AIDES ET FINANCES DE MONTPELLIER.

Sur l'oppofition formée par le fyndic général de la province, au regiftre d'un édit du mois de Février 1655, contenant attribution aux receveurs des tailles, d'un nouveau denier fur les taxations des collecteurs.

Du 23 Juin 1655.

EXTRAIT *des regiftres de la cour des comptes, aides & finances de Montpellier.*

SUR la requête préfentée par le fyndic général de la province de Languedoc; Contenant, qu'il eft oppofant à l'édit du mois de Février, année préfente 1655, & arrêt de regiftre du 18 Mars audit an, ordonné du très-exprès commandement du Roi, porté par le feigneur prince de Conty, affifté des deux commiffaires de Sa Majefté, préfidens en l'affemblée générale des Etats derniers de ladite province, tenus par permiffion de Sa Majefté en cette ville de Montpellier, par lequel édit Sadite Majefté attribue de nouveau un denier pour livre aux receveurs anciens alternatifs, triennaux

& quatriennaux, tant en l'année de leur exercice que hors, sur les vingt deniers que les communautés de ladite province ont faculté d'imposer annuellement pour le droit des collecteurs des deniers imposés, & encore 50 livres d'augmentation de gages aux contrôleurs des tailles, à prendre sur les états des finances, la forme de la vérification duquel édit ôtant audit suppliant le moyen de représenter ses justes défenses de sadite opposition, qui sont établies sur les priviléges de ladite province, en laquelle ne doit être mis aucun subside sans l'exprès consentement desdits Etats, & par le traité fait par ledit seigneur prince & les sieurs commissaires du Roi, avec les sieurs députés de ladite assemblée des Etats de ladite province, le 23 Février dernier, est accordé à Sadite Majesté, par don gratuit, la somme de 1,600,000 livres, moyennant laquelle ne seroit fait aucun édit bursal contre lesdits priviléges de la province, à la foule & surcharge des habitans d'icelle, même que par le traité fait par lesdits Etats & les receveurs des tailles de ladite province, autorisé par arrêt du conseil de Sa Majesté, les attributions desdits receveurs demeurent réglées & fixées à six deniers pour livre seulement, pour le prix y mentionné, au profit de Sadite Majesté, des années 1634 & 1635; & attendu que lesdits vingt deniers pour livre qui sont accordés auxdits collecteurs pour les droits de levures, sans pouvoir être augmentés, sont compris esdites impositions, que les habitans de la susdite province supportent chacun comme le concerne, & qu'il arrive fort souvent, que lesdits vingt deniers par les licitations & moinsdites qui sont faites par ceux qui prétendent auxdites collectes, sont réduits à peu, & le plus souvent à rien, pour la levée desdites impositions, & ainsi cette nouvelle augmentation causeroit une grande surcharge auxdites communautés qui se trouveroient dans l'impuissance de pouvoir acquitter les deniers dus à Sa Majesté desdites impositions, Requiert qu'il plaise à la cour faire défenses auxdits receveurs particuliers des tailles de ladite province, de payer les taxes sur eux faites, pour raison de ladite attribution dudit denier pour livre, à peine de 10,000 livres d'amende, dépens, dommages & intérêts, & des contraventions être informé par le premier magistrat royal requis sur les lieux, pour icelles vues y être pourvu ainsi qu'il appartiendra. Vu ladite requête; extrait imprimé des arrêts du conseil, des 14 & 22 Avril dernier; acte de réquisition, protestation du 7 de ce mois de Juin; extrait dudit traité dudit jour 23 Février dernier, avec les conclusions du procureur général du Roi. LA COUR a ordonné & ordonne que très-humbles remontrances seront faites à Sa Majesté, sur les fins de la requête & demande dudit syndic général de ladite province, & cependant sera sursis, sous son bon plaisir, à la levée desdits quatre deniers pour livre, portés par ledit édit du mois de Février dernier, sur lesdits vingt deniers pour livre desdites impositions. FAIT à Montpellier, en la cour des comptes, aides & finances, le vingt-troisieme jour de Juin mil six cent cinquante-cinq. Collationné.

Signé, CAVENES, commis.

C IV.
ARRÊT
DE LA COUR DES COMPTES, AIDES ET FINANCES DE MONTPELLIER.

Qui regle les droits de quittance dus aux receveurs des tailles & du taillon.

Du 10 Septembre 1655.

Extraict des regiſtres de la cour des aydes & finances de Montpelier.

ENTRE maiſtres Iean Iourdan, & Guillaume Fournel, receueurs ancien & triennal des tailles, & taillon au dioceſe du Puy, & pays de Velay; Et encore ledit Fournel comme tuteur d'Alphonce Pauche, pourueu de l'office alternatif des tailles audit dioceſe, demandeur en requeſte du 17 Iuin 1653, en interprétation de l'arreſt de la cour du 10 dudit mois de Iuin, & autres fins y contenuës d'vne part, & le ſyndic général du pays de Languedoc, le ſyndic dudit dioceſe du Puy & pays de Velay, & les conſuls des mandemens de Polignac, Solignac & Beſouls, défendeurs à ladite requeſte comme chacun le concerne d'autre; Et entre leſdits Iourdan & Fournel, demandeurs en lettres royaux venans en cauſe du 3 d'Octobre 1654, en interprétation des arreſts de la cour des 16 de Mars 1598, 10 de Mars 1599, 20 Décembre 1611, & dudit iour 10 de Iuin 1653. Et en tout cas en reſtitution en entier enuers ledit arreſt du 10 de Iuin 1653. Et à ce qu'il n'y ait en chacun mandement dudit dioceſe qu'vn ou deux collecteurs, & autres fins y contenues d'vne part, Et ledit ſyndic général du pays de Languedoc, ledit ſyndic dudit dioceſe, & pays de Velay, & les ſyndics & procureurs deſdits mandemens de Bouſols, Solignac & Polignac, défendeurs auxdites lettres royaux d'autre. Et entre ledit ſyndic du dioceſe du Puy, appellant de la délibération priſe par les commis & députez dudit dioceſe le 22 de Iuillet 1620, d'vne part, & leſdits Iourdan & Fournel inthimez d'autre. Et entre ledit ſyndic dudit dioceſe & pays de Velay, demandeur en cas d'excez & crime de péculat, concuſſion & contreuention aux arreſts de la cour, à luy joint le procureur général du Roi, d'vne part, & ledit Fournel, Pierre Peyret de la ville du Puy, & Iean Sejalon preuenus & défendeurs, & les nommez Chanal & Gaigne adiournez à trois briefs iours, & deffaillans d'autre. Et entre ledit Peyret, demandeur en requeſte du dernier de Ianuier 1654, en caſſation des informations & procédures criminelles contre lui faites, & autres fins y contenues d'vne part; Et le ſyndic dudit dioceſe, Meſſire Louis de Polignac, Marquis de Chalençon, & Claude de Pandrau, premier conſul de ladite ville du Puy, l'an 1654, commis des Eſtats dudit pays de Velay, deffendeurs à ladite requeſte comme chacun le concerne, d'autre; Et entre ledit Peyret, appellant de la délibération des depputez dudit dioceſe du 9 Septembre 1654, d'vne part, & ledit ſyndic dudit dioceſe inthimé, d'autre; Et entre ledit ſyndic général dudit pays de Languedoc, demandeur aux meſmes fins & concluſions que ledit ſyndic du dioceſe du Puy & pays de Velay, pour la contreuention aux arreſts de la cour, rendus à ſa requeſte & pourſuitte d'vne part, & ledit Peyret deffendeur, d'autre. VEV ladite requeſte en interprétation, leſdites lettres royaux, leſdits arreſts des 16 de Mars 1598, 10 de Mars 1599, 20 Décembre 1611, & 10 de Iuin 1653; ladite délibération des commis & depputez dudit dioceſe du Puy

Puy du 22 de Iuillet 1620, ladite requeſte dudit Peyret, ladite délibération des depputez du 9 de Septembre 1654: Arreſt de la cour rendu entre maiſtre Antoine Roqueplan, receueur dudit diocese du Puy, & les procureurs manans & habitans du mandement de Polignac du 2 Décembre 1586: Autre arreſt de la cour rendu entre Antoine Vidal, du lieu de Polignac, & ledit Roqueplan du 11 Iuillet 1602 : Autre arreſt du 12 de Février 1599, rendu ſur la requeſte du procureur général du Roy : Autre arreſt rendu entre les hommes & habitans des lieux & mandemens de Fraiſſe, Solignac, Roche en Renier, & Mazeres audit diocese, & les receueurs des tailles & du taillon audit pays de Velay & diocese, du 22 d'Avril 1638 : Autre arreſt de la cour rendu entre le ſyndic général dudit pays de Languedoc, & maiſtres Antoine Poitevin & pluſieurs autres receueurs des tailles & du taillon audit pays du Languedoc, contenant réglement général du droict de quittance pour leſdits receueurs des tailles & du taillon du 8 d'Octobre 1651 : Autre arreſt rendu ſur la requeſte des ſyndic & conſuls de la ville du Puy, du 5 de Iuin 1559 : Extraict de quatorze départemens des tailles faites en l'année 1653, ſur les mandemens de Polignac, Mezeres, Bouſols, Laualamblaues, Solignac, Roche en Renier, Maliuernat, Doyenne, Fay, Ceyſſac, Préuoſte, S. Quintin, Moneſtier, & Vacheres : Extraict de l'aſſiette du diocese du Puy, du 4 de Iuillet audit an 1653 : Extraict des liures de recepte des tailles dudit diocese, faite par maiſtre Robert Iourdan, receueur és années 1577, 1585, 1588, 1590, 1591, 1592 & 1597: Département des impoſitions faites à Bouzols l'an 1597 : Atteſtatoire des départemens faits à Mezeres és années 1596, 1597, 1598 & 1599 : Extraict d'autre département fait à Iſſiniaux le 7 de Mars 1605 : Quatre extraicts de liures de recepte dudit Iourdan, pour les années 1629, 1632 & 1638 : Certificat du greffier du mandement du Moneſtier ſans datte : Quatre extraicts de départemens d'impoſitions ſur les lieux Dengoyaux, pour les années 1629, 1630, 1631, 1632, 1633, 1644, 1645, 1646, 1647 & 1648; de Chadron, pour les années 1629, 1630, 1631, 1632 & 1633, & de Beſſet pour l'année 1646 : Certificat du greffier du mandement de Solignac du 29 d'Avril 1655 : Extraict des dictes tenuës pour la déliurance de la leuée des tailles de Solignac, des années 1638, 1639 & 1654 : Deux roolles des impoſitions faites l'an 1632 au lieu de Vernaſſaux : Autre roolle pour le lieu de Raſonet, & pour l'année 1633 : Cinq roolles des tailles des lieux de Raſonnet de l'an 1622, de Treſſac de l'an 1612, de Charnaux de l'an 1613, & de Bauche pour les années 1610 & 1612 : Vingt extraicts des roolles des tailles des lieux de Iabié, Varnaſſaux, Raſonnet, Vouurey, Leiſſac, Brigols & Changeac, Dournas, Belueſet, Sauſſac, Viaze, S. Vincens, Chalignac, Vourſas, Montbonnet, S. Remy, Conielz, S. Iean Lachamp, Fonfreyde, & Sanſſaguet, pendant pluſieurs années y mentionnées : Deux roolles du mandement de Mezeres pour les années 1626 & 1655 : Trois roolles d'impoſitions faites en la ville d'Iſſiniaux és années 1583, 1597 & 1598 : Deux roolles d'impoſitions faites à Mezeirols l'an 1585 : Autre roolle pour ledit Mezeirols de l'année 1586 : Autre roolle pour la parcelle de Chamblanc de l'an 1593 : Autre roolle de la parcelle de Menſſinhac pour l'année 1601 : Autre roolle de la parcelle de la Valette de l'an 1612 : Autre roolle de la parcelle de Troiſſon de l'année 1597 : Dépar-

Tome VI. R

tement des impositions pour le mandement de Solignac des années 1601, 1602 & 1604 : Extraicts des départemens faits au mandement d'Iſſiniaux, és années 1565 & 1599; au mandement de l'Hoſpital de l'an 1614, & au mandement de Bouzols aux années 1616 & 1617 : Extraicts d'autres départemens au mandement de Vachers des années 1649, 1650, 1651, 1652, 1653; au mandement de Mercuer, des années 1653, 1654 & 1655; au mandement de Charbonnier, & d'Iſſiniaux deſdites années; aux mandemens du Moneſtier, & aux lieux de la Labrouſſe, & de Villeneufue de l'an 1653 : Extraicts de quarante-neuf départemens faits en l'année 1629, ſur les mandemens de Solignac, Roche en Renier, Mezeres de la Preuoſté de Polignac, Verſillac, Bonnas, Maliuernat, Iarſon, Laualamblaues, l'Hoſtel-Dieu des Eſtables de Ceyſſac, Chapteul, Beſſamorel, Mercuer, Moneſtier, Senueil, Goudet, Glauenas, du doyené du Val de Bellecombe, Agrain, Ribeur, Fay, Miremaude, Eſpally, S. Quentin de Mons, & Montbonnet : Extraicts de trente-une quittances des receueurs dudit dioceſe du Puy, ou de leurs commis à diuers collecteurs de pluſieurs lieux du meſme dioceſe, depuis l'an 1582 iuſques en l'an 1652 : Quatre quittances originelles, la premiere de Chauchat aux habitans de Lancaſtriade, dépendant dudit mandement de Roche, & pour Iaques Bartier leur collecteur du dernier Septembre 1610; la deuxième dudit Chauchat audit Bartier, collecteur de la parroiſſe du Boys, dépendant dudit Roche dudit iour; la troiſième de maiſtre Izaac Denis, receueur dudit dioceſe du Puy audit Bartier, collecteur dudit lieu de Boys, du 11 d'Octobre 1612; & la quatrième dudit Denis audit Bartier, collecteur dudit lieu de Lancaſtrade dudit iour : Extraict du liure de recepte des tailles impoſées audit dioceſe l'an 1610 : Extraict du compte de maiſtre David Fize, rendus à aucuns receueurs des tailles du pays de Languedoc, & autres clos le 21 de Mars 1644 : Certificat du greffier du mandement de Bonnas du 10 Décembre 1654 : Extraicts de délibérations priſes audit dioceſe du Puy les 22 d'Avril 1652, 30 Iuin 1653, 10 de May 1654, & 22 d'Avril 1655 : Charges & informations faites d'authorité de la cour à la requeſte dudit ſyndic dudit dioceſe du Puy, & pays de Velay, le 13 de Septembre 1654 iuſques au 28 dudit mois, auec l'arreſt de ladite cour, contenant décret d'adjournement perſonnel contre ledit Fournel & Peyret, & contre les nommez Aulanier, Chanal, Gaigne & Seialon, du 12 d'Octobre audit an 1654 : Autres charges & informations faites à la requeſte dudit ſyndic, & d'authorité de ladite cour, depuis le 10 d'Octobre iuſques au 11 Nouembre de ladite année 1654, auec l'arreſt de ladite cour contenant décret de priſe de corps contre leſdits Fournel, Peyret & Chaual du 29 de May 1655 : Autres charges & informations faites à la requeſte dudit ſyndic, par le commiſſaire député par la cour, auec l'arreſt d'icelle, contenant que ledit Peyret ſera ouy ſur leſdites informations, du vingt-huictieſme d'Aouſt audit an 1655 : Continuation deſdites informations du 2 de Septembre audit an : Interrogatoires & reſponces dudit Fournel, des 17 Décembre 1654, & des 1, 2 & 3 Septembre 1655 : Interrogatoires & reſponces dudit Peyret, des 16 Octobre 1654, 19, 20, 21, 23, 24, 26 & 28 Iuillet 1655, & 2 Septembre audit an : Interrogatoires & reſponces dudit Seialon du 17 Décembre 1654 : Exploict des cries à trois briefs iours contre ledit Fournel & Peyret du 7 de Iuin 1655; & contre ledit Chanal du 8 dudit mois ; & contre ledit Aulanier & Gaigne du 5 de Iuillet audit an : Appointement de deffauts contre lefdits Aulanier & Gaigne des 14 & 30 de Iuillet, & 9 d'Aouſt 1655, le dernier contenant appointement en droit : Autres appointemans de deffauts contre ledit Chanal des 25 de Iuin, 12 & 23 de Iuillet 1655, le dernier portant appointement en droit : Arreſt de la cour rendu entre ledit Peyret, & ledit ſyndic du dioceſe du Puy, du 18 d'Aouſt audit an : Plaidoyers des 20 de Mars, 24 Septembre, 7 & 21 d'Octobre, & 18 Décembre 1654, 5 de Mars, 30 de Iuillet, & 3 de Septembre 1655 : Eſcritures & requeſte remonſtratiue deſdits Iourdan & Fournel : Eſcritures dudit ſyndic général du pays de Languedoc : Autres eſcritures & requeſte remonſtratiue dudit ſyndic du dioceſe du Puy, & pays de Velay, & autres productions deſdits Iourdan, Fournel, Peyret, ſyndic général dudit pays de Languedoc, & ſyndic dudit dioceſe, auec les concluſions du procureur général du Roi. DIT A ESTÉ, que la cour, ſans auoir égard auſdites lettres royaux, en ce qu'elles tendent en reſtitution en entier enuers ledit arreſt du 10 de Iuin 1653, A ordonné & ordonne que ledit arreſt ſortira ſon plain & entier effet ; Néantmoins ayant aucunement égard à ladite requeſte en interprétation, & au ſurplus deſdites lettres, & interprétant leſdits arreſts des 6 Mars 1598, 10 Mars 1599, 20 Décembre 1611, & celuy dudit iour 10 Iuin 1653, en ce que concerne la nomination, & le nombre des collecteurs, & diſant droit ſur l'appel dudit ſyndic dudit dioceſe du Puy de ladite délibération du 22 de Iuillet 1620, A ORDONNÉ ET ORDONNE, qu'en chacun des mandemens dudit dioceſe, qui ont accouſtumé de diuiſer & déparceller leurs cottitez des impoſitions, ne ſera nommé à l'aduenir & annuellement qu'vn ou deux collecteurs particuliers, leſquels porteront au receueur dudit dioceſe du Puy qui ſera en exercice, les deniers de leur collecte, ſans que ledit receueur puiſſe exiger pour le droit de ſa quittance générale que quatre liures ſix ſols ſix deniers pour les tailles, & trente-deux ſols ſix deniers pour le taillon pour chacun deſdits mandemens, ſoit qu'il y ait vn ou deux collecteurs, à peine de concuſſion : & des contreuentions ſera informé par le premier des conſeillers de la cour trouué ſur les lieux, ou autre magiſtrat royal. Et pour les autres mandemens du dioceſe, qui ne diuiſent ny ne déparcellent pas leurs cottitez des impoſitions ; A fait & fait défenſes auſdits receueurs de receuoir autre droit pour ladite quittance générale que ladite ſomme de quatre liures ſix ſols ſix deniers pour leſdites tailles, & trente-deux ſols ſix deniers pour ledit taillon de chacun deſdits collecteurs, ſoubs meſmes peines. Fait auſſi défenſes auſdits receueurs, de faire faire aucunes exécutions en vertu de leurs contraintes ſur les particuliers habitans dudit dioceſe, qui ne ſeront conſuls, ſyndics ou procureurs de leurs communautez, ou collecteurs, leurs cautions, ou nominateurs, à peine de tous deſpens, dommages & intéreſts deſdits particuliers habitans, & de cinq cens liures d'amande, & autre arbitraire. A mis & met l'appellation dudit Peyret, de la délibération dudit dioceſe du 9 de Septembre 1654, au néant. A ordonné & ordonne, que ce dont a eſté appellé ſortira à effet. Et ſans auoir égard à la requeſte dudit Peyret, auparauant faire droit ſur ladite demande en excez ; A ordonné & ordonne, que contre leſdits Fournel, Peyret, & Scialon, ſera procédé extraordinairement par récolemens &

R ij

confrontations de témoins qui seront administrez dans le mois, tant par ledit syndic du diocese du Puy, que par le procureur général du Roy, pour ce fait être dit droit ainsi qu'il appartiendra. A déclaré & déclare les deffauts contre lesdits Gaigne & Chanal bien & duëment obtenus, & avant faire droit sur l'utilité d'iceux, ordonne que les témoins portant charge feront résumez par le commissaire sur ce à depputer, pour leurs résomptions valoir confrontations, fans dépens du jugé, les autres réfervez en fin de cause. FAIT ET PRONONCÉ à Montpellier, en la cour des comptes, aydes & finances, le dixieme jour du mois de Septembre mil six cens cinquante-cinq. CAVENNES commis, *signé*. Monsieur DE RIGNAC, rapporteur.

C V.

ÉDIT DU ROI,

Qui révoque plusieurs édits précédens, & entre autres celui du mois de Février 1655, concernant l'attribution faite aux receveurs des tailles, de quatre deniers fur les taxations des collecteurs.

Du mois de Mars 1656.

Cet édit est rapporté dans le premier volume de cette collection, page 478.

C VI.

EXTRAIT *du regiftre des délibérations des Etats généraux de Languedoc, assemblés, par mandement du Roi, en la ville de Pezenas, au mois d'Octobre 1657.*

Du Mardi 23 dudit mois d'Octobre, président Mgr. l'archevêque & primat de Narbonne.

LE fieur de Roux, syndic général, a représenté que, bien que par les délibérations, de l'année derniere, il soit expressément porté qu'il ne sera payé aucunes taxations ni droits de leveures des sommes accordées aux communautés de la province, pour le remboursement de ce qu'elles ont fourni, pour le quartier d'hiver de l'année derniere, dont il leur a été expédié mandement à chacune pour ce qui les concerne, & qui doivent être compensées avec ce qu'elles doivent pour leur quotité des impositions de l'année présente, néanmoins la plupart des receveurs des dioceses exigent desdites communautés les six deniers pour livre, pour le droit de taxation desdites sommes compensées. Et d'autant que c'est une contravention manifeste aux délibérations des Etats & aux instructions qui ont été mandées en toutes les assiettes desdits dioceses, & que les receveurs ne peuvent prétendre aucunes taxations ni droit des sommes qui viennent en leurs mains, & dont ils font le maniment, à quoi il importe de pourvoir. LES ETATS ONT DÉLIBÉRÉ ET ARRÊTÉ, que défenses seront faites aux receveurs des tailles desdits dioceses, de lever ni exiger desdites communautés les taxations & droits de six deniers pour livre des sommes qui doivent être compensées avec ce qui doit être payé à leurs recettes; leur enjoignant de rendre ce qu'ils en peuvent avoir déjà reçu; & en cas de refus par lesdits receveurs de satisfaire à la présente délibération, ils feront privés du maniment des deniers extraordinaires. Et parce qu'en beaucoup de dioceses de la province, les offices de receveurs des tailles ne font pas tous à une main, & que celui qui est en charge cette année ne le sera pas la prochaine, les Etats ont enjoint aux commissaires principaux des assiettes des dioceses, où le cas de la présente délibération sera arrivé, de déduire sur les taxations & droits du

N°. CVI.

receveur qui entrera en charge, les sommes qui se trouveront avoir été induement perçues par celui qui est en exercice cette année, pour les taxations desdites sommes compensées & comprises dans les mandemens qui en ont été expédiés, lesquelles sommes ledit receveur entrant en charge, retiendra, si bon lui semble, sur les gages de celui qui en sera sorti ; faisant aussi défenses auxdites communautés de payer lesdits six deniers pour livre, à peine d'être exclues pour jamais de l'entrée des Etats & assiettes de cette province.

CVII.

EXTRAIT *du registre des délibérations des Etats généraux de Languedoc, assemblés par mandement du Roi en la ville de Pezenas, au mois d'Octobre* 1657.

Du Mardi 27 Novembre suivant, président Mgr. l'archevêque & primat de Narbonne.

SUR les plaintes qui ont été faites par plusieurs députés, que contre les ordonnances du Roi & lettres-patentes du 12 Juillet 1634, registrées au parlement de Toulouse & en la cour des aides, portant défenses aux collecteurs des tailles, receveurs généraux & particuliers, à tous juges & officiers de la province, d'ordonner que leurs contraintes, arrêts, sentences & jugemens soient exécutés par gast & garnison, ni saisie de bétail servant au labourage, quand bien il seroit trouvé hors du travail, ni permettre de couper les arbres à pied, arracher les vignes, portes & fenêtres des maisons, démolir ni découvrir les bâtimens, prendre ni saisir les farines, pain, volaille & gibier, & autres menues denrées servant au vivre ordinaire, à peine de 1000 livres d'amende contre les ju-

ges, & aux receveurs, collecteurs & créanciers de perte de leur dû, & aux huissiers & sergens de privation de leurs charges & punition corporelle, lesdits receveurs des tailles ne laissoient pas de contraindre leurs debiteurs à payer par saisie du bétail de labourage qu'ils vendent ou qu'ils gardent jusques à ce qu'on ait entierement satisfait ; & par le payement de la nourriture d'icelui & autres frais qu'ils font monter à des sommes immenses, bien souvent cette sorte de dépense excede de beaucoup le principal. LES ETATS, considérant que telles induës vexations & oppressions vont à la ruine totale du peuple, ONT DÉLIBÉRÉ que le syndic général prendra le fait & cause aux frais & dépens de la province, par-tout où il appartiendra, pour tous les particuliers qui seront vexés, molestés par telles voies. ET A ÉTÉ ARRÊTÉ, que la présente délibération & lettres-patentes dudit jour 12 Juillet 1634, seront imprimées & distribuées aux députés de cette assemblée, afin d'en donner connoissance dans leurs dioceses, & qu'à cet effet il en sera mis article dans les instructions.

N°. CVII.

CVIII.

ARRÊT DU CONSEIL,

Qui défend à la cour des comptes, aides & finances de Montpellier, de prendre d'autres épices que celles qui ont été convenues dans le traité de 1612.

Du 10 Octobre 1658.

EXTRAIT *des Registres du Conseil d'Etat.*

SUR ce qui a été représenté au Roi, étant en son conseil, par les gens des trois états de la province de Languedoc, par le cinquieme article de leur cahier des doléances, présenté à Sa Majesté, que par le traité de 1612, qui a été fait entre l'assemblée des Etats & la chambre des comptes de Montpellier, avant qu'elle fût unie avec la cour des aides, & par plusieurs arrêts donnés en conséquence, il est porté que les épices des comptes des deniers extraordinaires n'excéderont pas celles que ladite chambre avoit accoutumé de prendre pour les deniers ordinaires de Sa Majesté, auparavant l'arrêt du conseil, du 6 Mars 1608, sans qu'elles puissent être augmentées pour quelque prétexte & occasion que ce soit ; néanmoins au préjudice dudit traité confirmé par arrêt du conseil, la cour des comptes, aides & finances de Montpellier, depuis plusieurs années, se fait payer par lesdits receveurs des sommes excessives pour lesdites épices, au-delà de ce qui lui appartient par ledit traité, en y contraignant lesdits receveurs par la détention de leurs comptes & pieces justificatives d'iceux, même par saisie de leurs biens & emprisonnement de leurs personnes, ce qui est entierement à la foule des dioceses qui sont contraints à faire les fonds desdites épices, pour le remboursement desdits receveurs ; à raison de quoi, Requéroient qu'il plût à Sa Majesté, ordonner que très-expresses itératives défenses seront faites à ladite cour des comptes, aides & finances de Montpellier, de prendre aucunes épices que celles qui lui ont été accordées par le traité de l'an 1612 ; & en cas de contravention, décharger les receveurs de compter desdits deniers extraordinaires en ladite cour des comptes, lesquels demeureront valablement déchargés par le compte qu'ils en auront rendu pardevant le commissaire principal & ordinaire, & les députés aux assiettes des dioceses, ainsi qu'il est accoutumé, enjoindre au sieur intendant de justice de procéder à la vérification des sommes qui ont été surexigées par ladite cour des comptes, pour, ce fait, être par elle restituées aux dioceses, & diminuées d'autant à leur soulagement sur leur quotité des impositions. Vu ledit article avec la réponse de Sa Majesté sur icelui ; LE ROI ÉTANT EN SON CONSEIL, suivant la réponse faite sur le cinquieme article du cahier desdites gens des trois états, a fait très-expresses itératives défenses à ladite cour des comptes, aides & finances de Montpellier de prendre autres épices que celles qui ont été accordées par ledit traité de l'année 1612, à peine de restitution. FAIT au conseil d'état du Roi, Sa Majesté y étant, tenu à Paris, le dixieme jour d'Octobre mil six cent cinquante-huit.

Signé, PHELYPEAUX.

LOUIS, PAR LA GRACE DE DIEU, ROI DE FRANCE ET DE NAVARRE: Au premier notre huissier ou sergent sur ce requis. SALUT. Nous te commandons par ces présentes signées de notre main, que l'arrêt de notre conseil d'état, dont l'extrait est ci-attaché sous le contre-scel de notre chancellerie, tu signifies à notre procureur général en notre cour des comptes, aides & finances de Montpellier, à ce que les officiers d'icelle n'en prétendent cause d'ignorance, & ayent à y déférer & obéir, leur faisant les défenses y contenues sur les peines y mentionnées. De ce faire & toutes autres significations nécessaires te donnons pouvoir, commission & mandement spécial, sans demander autre permission. Voulons qu'aux copies dudit arrêt, & de cesdites présentes duement collationnées par un de nos amés & féaux conseillers & secrétaires, foi soit ajoutée comme au préfent original : Car tel eſt notre plaiſir. Donné à Paris, le dixieme jour d'Octobre, l'an de grace mil ſix cent cinquante-huit, & de notre regne le ſeizieme. *Signé*, LOUIS. *Et plus bas* ; Par le Roi, Phelypeaux. Scellé du grand ſceau de cire jaune.

CIX.
ARRÊT DU CONSEIL,

Qui fait itératives défenſes aux tréſoriers de France de Touloufe & de Montpellier, de prendre aucunes épices pour la vérification de l'état des deniers extraordinaires.

Du 10 Octobre 1658.

Extrait des Regiſtres du Conſeil d'Etat.

SUR ce qui a été repréſenté au Roi étant en ſon conſeil, par les gens des trois états de la province de Languedoc, par le quatrieme article du cahier de leurs doléances, préſenté à Sa Majeſté, qu'encore que par pluſieurs arrêts du conſeil, il ſoit fait défenſes aux tréſoriers de France des deux généralités de ladite province, de prendre aucunes épices pour la vérification de l'état des deniers extraordinaires que les receveurs des tailles des dioceſes font devant eux, pour en compter enſuite en la chambre des comptes de Montpellier ; néanmoins leſdits tréſoriers de France en prennent de fort grandes qui foulent leſdits receveurs & leſdits dioceſes, qui ſe trouvent contraints d'en faire l'impoſition à la décharge deſdits receveurs, & pour y parvenir, ils retiennent les originaux des pieces juſtificatives, juſques à ce que leſdits receveurs les ayent contentés, ſans leſquelles pieces ils ne ſauroient compter en ladite cour des comptes. Requéroient qu'il plaiſe à S. M. faire itératives inhibitions & défenſes auxdits tréſoriers de France d'exiger aucunes épices de la vérification dudit état des deniers extraordinaires, à peine de concuſſion ; & pour leur en ôter le moyen, décharger leſdits receveurs de la remiſe pardevers eux des originaux des pieces juſtificatives, en remettant ſeulement des extraits collationnés & les quittances par ampliation, ſur leſquels actes leſdits tréſoriers ſeront obligés vérifier, autrement & à faute de ce leſdits receveurs en ſeront déchargés, & qu'à la reſtitution des ſommes ſurexigées pour leſdites épices ils ſeront contraints par ſaiſie de leurs gages, ſuivant la vérification qui en ſera faite par le ſieur intendant de juſtice, en ladite province. Vu ledit article & la réponſe faite par Sa Majeſté ſur icelui, le ROI ÉTANT EN SON CONSEIL, ſuivant la réponſe faite ſur le quatrieme article du cahier deſdites gens des trois-états, a fait & fait itératives inhibitions & défenſes auxdits tréſoriers de France des généralités de Touloufe & Montpellier, d'exiger aucunes épices de la vérification de l'état des deniers extraordinaires, à peine de reſtitution de ce qui pourroit être pris au préjudice deſdites défenſes. Fait au conſeil d'état du Roi, Sa Majeſté y étant, tenu à Paris le dixieme jour d'Octobre mil ſix cent cinquante-huit.

LOUIS, par la grace de Dieu, Roi de France et de Navarre : Au premier notre huiſſier ou ſergent ſur ce requis. Salut. Nous te commandons par ces préſentes ſignées de notre main, que l'arrêt de notre conſeil d'état dont l'extrait eſt ci-attaché ſous le contre-ſcel de notre chancellerie, tu ſignifies aux tréſoriers de France de Touloufe

& Montpellier, à ce qu'ils n'en prétendent cause d'ignorance, & ayent à y déférer & obéir, leur faisant les défenses y contenues sur les peines y mentionnées. De ce faire & tous autres exploits, significations & actes de justice nécessaires, te donnons pouvoir, commission & mandement spécial, sans demander autre permission. Voulons qu'aux copies dudit arrêt & de cesdites présentes duement collationnées par l'un de nos amés & féaux conseillers & secrétaires, foi soit ajoutée comme au présent original : CAR tel est notre plaisir. DONNÉ à Paris le dixieme jour d'Octobre l'an de grace mil six cent cinquante-huit, & de notre regne le seizieme. *Signé*, LOUIS : *Et plus bas*, Par le Roi, PHELYPEAUX. Scellé du grand sceau de cire jaune.

C X.

EXTRAIT du regiſtre des délibérations des Eſtats du pays de Languedoc, aſſemblez par mandement du Roy en la ville de Narbonne, au mois de Nouembre mil ſix cent cinquante-huict.

Du Vendredy 22 dudit mois de Nouembre, préſidant Mgr. l'archeueſque & primat de Narbonne.

SUr les plaintes faites aux Eſtats par pluſieurs deputez de l'aſſemblée; Que les receueurs des tailles exigent de notables ſommes des conſuls & collecteurs des lieux de la prouince, ſoubs pretexte des ports de lettres d'aduis qu'ils enuoyent après l'eſcheance des termes des impoſitions, & des commandemens qu'ils font à deſſaut de payement : Que meſmes ils font payer pour vne ſeule mande pluſieurs droits de quittance, ſoubs pretexte que d'vn mandement ou conſulat dependent pluſieurs parroiſſes ou hameaux, & encore de ce que leſdits receueurs en beaucoup de dioceſes, pour compter de leur maniement, font autant de comptes qu'il y a de nature de deniers. Et pour chaque compte ſe font taxer auſdits dioceſes iuſques à trente ou quarante liures pour la dreſſe d'iceux, & qu'ils ſe font payer les aduances des vaccations ordinaires & extraordinaires des deputez aux preſens Eſtats, & meſmes celles de tous les deputez aux aſſiettes, ce qui va à la foule & ſurcharge de tous les dioceſes. Oui le ſieur de Boyer, ſyndic general, qui a dit que les fraix des ports des lettres d'aduis & commandemens ſe trouuent reglez par le traitté fait par les Eſtats auec les receueurs des vingt-deux dioceſes de la prouince en l'année mil ſix cens dix, confirmé par arreſt du conſeil 1612, & par ceux de 1634, ne pouuant exiger que ſix ſols pour la lettre d'aduis, & vingt ſols pour le voyage de chaque huiſſier qui ſera mandé pour contraindre leſdits conſuls & collecteurs, & vn ſeul droit de quittance pour chaque mande & conſulat, bien que d'iceluy en depende pluſieurs parroiſſes, & tout ce que leſdits receueurs prennent au-deſſus, peut eſtre appellé concuſſion, leſdits receueurs ne pouuant non plus rendre pluſieurs comptes à l'aſſiette, dautant que toute la recepte & deſpence qu'ils font des deniers dont ils rendent compte, peut eſtre contenu en vn ſeul compte, pour lequel encore il ne peut rien pretendre, d'autant que par les meſmes articles ils ſont obligez de compter à leurs deſpens. Et la derniere de leurs pretentions eſt encore autant ou plus iniuſte que toutes les autres, puiſque par les meſmes articles ils ſont obligez à faire les aduances des fraix des Eſtats & des aſſiettes. Et en l'année derniere aux Eſtats tenus à Pezenas, il fut conuenu auec eux qu'ils aduanceroient les vaccations ordinaires

des

des Estats reglez par l'estat du Roy en l'année mil six cent trente-quatre pendant la tenuë de l'assiette, & les autres vaccations extraordinaires au premier terme des impositions. Que toutes ces choses estant si bien establies & si bien reglées, il croit qu'il est de la dignité de l'assemblée de les faire obseruer. Surquoy l'affaire mise en deliberation, A ESTÉ ARRESTÉ, que conformément au susdit traitté, il ne sera payé par les consuls & collecteurs des lieux de la prouince que six sols pour la lettre d'aduis, & vingt sols pour chaque commandement qui leur sera fait après le terme escheu, & vn seul droit de quittance pour chaque mandement & consulat, nonobstant que d'icelui depende plusieurs lieux, defendant ausdits receueurs d'en exiger & prendre dauantage, à peine de concussion, & aux commissaires, principal & ordinaires tenans les assiettes de receuoir qu'vn seul compte desdits receueurs, & de leur rien accorder pour la dresse d'icelui, ny mesmes pour les aduances des frais d'assiette, & vaccations des deputez aux presens Estats qui leur seront payés, sçauoir celles qui sont reglées par l'estat du Roy de l'année mil six cent trente-quatre pendant la tenuë de l'assiette, & les autres au premier terme des impositions. Et sera la presente deliberation imprimée & distribuée à tous les deputez de l'assemblée, & leuë au commencement de chaque assiette.

CXI.
ÉDIT

Portant, entre autres dispositions, que le traité du 24 Février 1612, qui regle les épices des comptes des deniers extraordinaires, sera obserué, sans que lesdites épices puissent être augmentées, pour quelque cause & occasion que ce soit.

Du mois de Décembre 1659.

LOUIS, PAR LA GRACE DE DIEU, ROI DE FRANCE ET DE NAVARRE: A tous présens & à venir, SALUT. Par notre édit du mois de Mai 1659, vérifié en notre cour des comptes, aides & finances de Montpellier, le 21 Août ensuivant, Nous lui avons attribué la jurisdiction du fait d'étapes, la faculté d'augmenter les épices des comptes des deniers extraordinaires, & la jurisdiction en matieres criminelles à l'égard de ses officiers seulement, lorsqu'ils seroient accusés, ce qui a obligé nos très-chers & bien-amés les gens des trois états de notre province de Languedoc, de nous remontrer que Nous avions ci-devant attribué à leur assemblée ladite jurisdiction de l'étape, par nos déclarations des mois de Juillet 1655, & 1658, en consideration de ce que la province a fourni volontairement la dépense de ladite étape, à la décharge de nos finances; que lesdites épices des comptes des deniers extraordinaires demeurent réglées au pied de celles que ladite chambre des comptes prenoit pour nos deniers, auparavant l'arrêt de notre conseil, du sixième Mars 1608, sans pouvoir être augmentées pour quelque cause & occasion que ce soit, suivant le traité sur ce fait, le 24 Février 1612, confirmé par arrêt de notredit conseil, du 26 Juin ensuivant; & qu'à l'égard de l'attribution de jurisdiction criminelle ès causes des officiers de ladite cour, il auroit été rendu arrêt en notre conseil, servant de réglement entre notre cour de parlement de Toulouse, le syndic général de notredite province, & notredite cour des aides de Montpellier, le 17 Juin 1617, qui auroit été depuis observé inviolablement.

S

A CES CAUSES, après nous être fait représenter lesdits édit, déclaration, arrêt & traité, de l'avis de notre conseil, où étoient la Reine notre très-honorée dame & mere, notre très-cher & très-amé frere unique le duc d'Anjou, & autres grands & notables personnages & officiers de notre couronne, & de notre certaine science, pleine puissance & autorité royale, par notre présent édit perpétuel & irrévocable, avons dit & déclaré, disons & déclarons, voulons & Nous plaît que les gens desdits Etats connoissent du fait des étapes, conformément à notre déclaration des années 1655 & 1658, & arrêts de notre conseil, donnés en conséquence, sauf à ladite cour de connoître des différens qui surviendroient entre les associés de ladite étape où les dioceses & communautés n'auront point d'intérêt, sans que pour raison de ce ladite cour des comptes puisse prétendre aucune révision ni connoissance des comptes qui auroient été arrêtés auxdits Etats, & qu'à l'égard desdites épices des comptes des deniers extraordinaires, ledit traité de l'an 1612 sera gardé & observé suivant sa forme & teneur, sans que lesdites épices puissent être augmentées pour quelque cause & occasion que ce soit; & en ce qui concerne la jurisdiction criminelle attribuée à ladite cour par notre édit, voulons & nous plaît qu'elle n'ait lieu que pour le regard de la discipline au dedans de ladite cour, dont la connoissance lui appartient par son établissement suivant nos ordonnances. SI DONNONS EN MANDEMENT à nos très-chers & bien-amés les gens des trois états de notre province de Languedoc, que notre présent édit ils ayent à enregistrer, & le contenu en icelui faire garder & observer selon sa forme & teneur, nonobstant tous édits, déclarations, réglemens, arrêts & lettres à ce contraires, auxquelles & aux dérogatoires des dérogatoires y contenues Nous avons dérogé & dérogeons par ces présentes. Et d'autant que du présent édit l'on pourra avoir besoin en plusieurs & divers lieux, Nous voulons qu'aux copies duement collationnées par l'un de nos amés & féaux conseillers & secrétaires foi soit ajoutée comme au présent original : CAR tel est notre plaisir. Et afin que soit chose ferme & stable à toujours, Nous y avons fait mettre notre scel, sauf en autres choses notre droit, & l'autrui en toutes. DONNÉ à Toulouse, au mois de Décembre, l'an de grace mil six cent cinquante-neuf, & de notre regne le dix-septieme. *Signé*, LOUIS : *Et au repli* ; Par le Roi, PHELYPEAUX.

CXII.

ÉDIT

Qui révoque un autre édit du mois de Mai 1657, portant création de quatre huissiers collecteurs des tailles dans chaque diocese de Languedoc.

Du mois de Décembre 1659.

LOUIS, PAR LA GRACE DE DIEU, ROI DE FRANCE ET DE NAVARRE: A tous présens & à venir, SALUT. Par notre édit du mois de Mai mil six cent cinquante-sept, Nous aurions créé quatre huissiers collecteurs des tailles, pour chaque diocese de notre province de Languedoc, avec pouvoir d'exploiter pour ce sujet, à l'exclusion de tous autres huissiers & sergens; leur ayant attribué six livres sur chaque paroisse pour le port des mandes, que les greffiers des dioceses avoient accoutumé d'envoyer auxdites paroisses : ce qui a mu nos très-chers & bien amés les gens des trois états de ladite province, de nous remontrer que ladite création d'huissiers est grandement à charge à nos sujets, & tout-à-fait contraire à notre intention; car, au lieu de faciliter le recouvrement des tailles, ils les reculeroient grandement, d'autant que ne pouvant être en tous les lieux où on auroit besoin de leur ministere, il les faudroit mander à grands frais, & surseoir aux actes de justice, pendant qu'on pourroit se servir à peu de frais des huissiers & sergens des lieux, & que d'ailleurs l'attribution de six livres sur chaque paroisse pour le port desdites mandes, seroit une foule annuelle auxdites paroisses qui recevoient lesdites mandes pour huit sols par les greffiers des dioceses. A CES CAUSES, après Nous être fait représenter ledit édit en notre conseil, de l'avis d'icelui, & de notre certaine science, pleine puissance & autorité royale, par notre présent édit perpétuel & irrévocable, avons révoqué & révoquons ledit édit & création d'huissiers collecteurs; Voulons & nous plaît qu'il demeure nul & comme non avenu, sans qu'à l'avenir lesdits huissiers puissent être rétablis pour quelque cause & occasion que ce soit. SI DONNONS EN MANDEMENT à nos amés & féaux conseillers les gens tenant notre cour des comptes, aides & finances de Montpellier, que notre présent édit ils ayent à faire lire, publier & enregistrer, & le contenu en icelui garder & observer de point en point, selon sa forme & teneur, nonobstant tous édits, déclarations, réglemens & lettres à ce contraires; auxquelles, & aux dérogatoires des dérogatoires y contenues, nous avons dérogé & dérogeons par ces présentes: CAR tel est notre plaisir. Et d'autant que du présent édit on pourroit avoir besoin en plusieurs & divers lieux, Nous voulons qu'aux copies d'icelui duement collationnées par l'un de nos amés & féaux conseillers & secrétaires, foi soit ajoutée comme au présent original, auquel, afin que ce soit chose ferme & stable à toujours, Nous avons fait mettre notre scel, sauf en autre chose notre droit, & l'autrui en toutes. DONNÉ à Toulouse au mois de Décembre, l'an de grace mil six cent cinquante-neuf, & de notre regne le dix-septieme. *Signé*, LOUIS: *Et sur le repli est écrit*: Par le Roi, PHELYPEAUX *signé*: *Et à côté*, visa SEGUIER, pour servir aux lettres de révocation & suppression des huissiers collecteurs des tailles.

Registrées ès registres de la cour des comptes, aides & finances de Montpellier, pour jouir par le syndic général de Languedoc de l'effet y contenu, suivant l'arrêt cejourd'hui donné par ladite cour, les chambres & semestres assemblés, Ouï le procureur général du Roi, à Montpellier le huitieme Avril mil six cent soixante. PUJOL, *signé*.

CXIII.

EXTRAIT du regiſtre des délibérations des Etats généraux de Languedoc, aſſemblés par mandement du Roi, en la ville de Toulouſe, au mois d'Octobre 1659.

Du Mardi 23 Décembre ſuivant, préſident Mgr. l'archevêque & primat de Narbonne.

LE ſieur Leſecq, tréſorier de la bourſe, a dit qu'il étoit obligé de faire ſavoir à l'aſſemblée que les receveurs du diocèſe du Puy, Lavaur & Mirepoix, qui doivent entrer en exercice l'année 1660, étoient des perſonnes inſolvables pour manier les deniers extraordinaires, devant à la bourſe de la province des ſommes très-conſidérables, de quoi le ſieur de Pennautier & lui n'avoient pu retirer le payement, quelques diligences qu'ils ayent fait, leſquels receveurs ne déſiroient entrer dans cette recette, que pour ſe ſervir des deniers du pays, pour leurs propres affaires; & qu'il ſupplioit la compagnie de régler la conduite de ces trois diocèſes là-deſſus. SUR QUOI, a été délibéré que les diocèſes du Puy, Lavaur & Mirepoix, changeront, pour l'année 1660, de receveurs pour les deniers extraordinaires, & que les aſſiettes y commettront des perſonnes bien & duement cautionnées, auxquelles il ſera donné les ſix deniers pour livre pour leſdits deniers extraordinaires qui euſſent appartenu auxdits receveurs, ſi ce n'eſt qu'ils rapportent quittance deſdits tréſoriers de la bourſe, de toutes les ſommes qui leur ſont dues, & des autres deniers qui pourroient être dus auxdits diocèſes, & donnent caution pour l'avenir. Et en cas que ceux qui ſeront commis par leſdits diocèſes pour la levée deſdits deniers extraordinaires, fuſſent troublés par leſdits receveurs, le ſyndic général prendra leur fait & cauſe, aux frais & dépens de la province.

CXIV.

EXTRAIT du regiſtre des délibérations des Etats généraux de Languedoc, aſſemblés par mandement du Roi, en la ville de Pezenas, au mois de Janvier 1661.

Du Mercredi 30 du mois de Mars, préſident Mgr. l'archevêque & primat de Narbonne.

LES Etats ayant vu par le rapport de MM. les députés nommés pour travailler à la vérification des départemens des diocèſes de la province, qu'on avoit impoſé en pluſieurs diocèſes, des ſommes conſidérables au profit des receveurs, pour le reculement du premier terme des impoſitions, ont délibéré & arrêté qu'en cas il arrive que les aſſiettes d'aucun des diocèſes ſe trouvent reculées à cauſe de diverſes affaires imprévues, & qui peuvent arriver dans leſdits diocèſes, & que lorſqu'on les commence, le premier terme des impoſitions ſera échu ou prêt à échoir, & par ainſi les mandes ne pourront pas être envoyées aux communautés aſſez tôt pour pouvoir lever & payer le receveur; LES ETATS ONT DÉLIBÉRÉ que lorſque ces cas arriveront, les diocèſes pourront traiter en corps d'aſſiette avec le receveur, pour l'avance du premier terme juſques au ſecond, & lui accorder pour ladite avance le moins qu'ils pourront, & tout au plus huit pour cent par an, & à proportion du temps qu'il y aura de l'échéance dudit premier terme juſques au ſecond; & de la ſomme à quoi montera ladite avance, le greffier dudit diocèſe en fera un départemens séparé, sans l'employer à aucuns états de distribution; mais seulement il sera mis au bas de chacune des mandes qui seront envoyées en chaque paroisse, l'article suivant. « Le tel lieu doit la » somme de ..... pour l'attente des » sommes qu'il doit payer de la mande » ci-dessus au premier terme que le re- » ceveur lui surseoira jusques au second; » & si ladite communauté est en pou- » voir ou veut payer ledit premier » terme, ledit tel lieu ne payera rien » de ladite attente ».

C X V.

Extrait du regiſtre des délibérations des Etats généraux de Languedoc, aſſemblés par mandement du Roi, en la ville de Pezenas, au mois de Janvier 1661.

Du Mercredi 30 Mars ſuivant, préſident Mgr. l'archevêque & primat de Narbonne.

MONSEIGNEUR l'évêque de Montauban, M. le baron de la Gardiolle, les ſieurs conſuls de Carcaſſonne, & ſyndic du pays de Vivarais, commiſſaires nommés pour examiner les prétentions de MM. les tréſoriers de France des généralités de Toulouſe & Montpellier, concernant les épices de l'état des deniers extraordinaires qu'on impoſe tous les ans dans les vingt-deux diocèſes de la Province, Ont rapporté que, ſuivant l'ordre de l'aſſemblée ils avoient fait pluſieurs conférences pour terminer cette affaire avec les députés des bureaux deſdites généralités, qui ſont en cette ville. Que les ſieurs de Boyrargues & de Beulac, députés de la part de celui de Montpellier, leur avoient remis un état au vrai des ſommes qu'ils avoient accoutumé de prendre pour la vérification de l'état des deniers extraordinaires, pour les onze diocèſes de leur généralité, revenant le total à la ſomme de 1720 livres, & qu'à même temps ils leur avoient déclaré que ſi les Etats trouvoient que cette ſomme fût exceſſive, ou qu'ils ne fuſſent pas en droit de l'exiger des receveurs, ils ſe ſoumettent entièrement au jugement de l'aſſemblée. Que les ſieurs de Caſtelviel & de Calvet, députés du bureau de Toulouſe, avoient témoigné la même déférence pour les ordres des Etats, prétendant néanmoins être en droit de prendre des receveurs des diocèſes de leur généralité la ſomme de 2400 livres; ce qui avoit paru extraordinaire à MM. les commiſſaires, par la comparaiſon qu'ils avoient fait de cette ſomme à celle que les tréſoriers de France de Montpellier avoient accoutumé de prendre dans leur généralité, & par la différence qui ſe trouve aux épices deſdits comptes des deniers extraordinaires que la chambre des comptes eſt en droit de prendre des receveurs de l'autre généralité, ſuivant le traité fait avec elle & les Etats en l'année 1612. Qu'enſuite, après avoir ouï & examiné les raiſons propoſées par leſdits ſieurs députés, & vu les actes par eux remis pour défendre leur prétention, leſdits ſieurs commiſſaires auroient convenu que les Etats pouvoient, ſi tel étoit leur bon plaiſir, accorder par proviſion aux bureaux de l'une & de l'autre généralité pour les épices de l'état des deniers extraordinaires la ſomme de 1720 livres pour chacune deſdites généralités; pour être impoſée par les diocèſes de chacune généralité; ſavoir, par le diocèſe de Toulouſe, 290 livres 0 ſols 8 deniers; par le diocèſe de Lavaur, 215 livres 0 ſols 5 deniers; par le diocèſe de Rieux, 38 livres 10 ſols 7 deniers; par celui de Commenge, 8 livres 14 ſols 5 deniers; par celui de Montauban, 74 livres 5 ſols; par celui de Saint-Papoul, 110 livres 10 ſols; par celui de

Carcaſſonne, 193 livres 8 ſols; par celui d'Aleth & Limoux, 155 livres 15 ſols; par celui de Mirepoix, 79 livres 2 ſols; par celui d'Alby, 349 livres 1 ſol 5 deniers; & par celui de Caſtres, 205 livres 2 ſols 7 deniers; &, pour la généralité de Montpellier, par le diocéſe de Montpellier, 160 livres 7 ſols 6 deniers; par celui de Nîmes, 204 livres 10 ſols 7 deniers; par celui d'Uzès, 184 livres 10 ſols; par celui de Viviers, 250 livres; par celui du Puy, 168 livres 7 ſols 8 deniers; par celui de Mende, 151 livres 14 ſols; par celui de Lodeve, 80 livres 10 ſols 1 denier; par celui d'Agde, 81 livres 10 ſols; par celui de Beziers, 179 livres 5 ſols 5 deniers; par celui de Narbonne, 178 livres 3 ſols 4 deniers; par celui de Saint-Pons, 82 livres 17 ſols 6 deniers. Qu'il étoit vrai qu'à la rigueur les députés de l'un & de l'autre bureau ne pouvoient pas prétendre une ſi grande taxe, ni même qu'elle fût partagée également : mais que ſur l'inſtante priere que les tréſoriers de France de Touloufe avoient fait, leſdits ſieurs commiſſaires avoient cru que les états leur pouvoient accorder cette grace par proviſion, leſdites épices n'étant dues, ſous quelque prétexte qu'elles puiſſent avoir été établies, ſi elles ne ſont préalablement conſenties par l'aſſemblée. A quoi leſdits ſieurs de Boyrargues & de Beulac, députés du bureau de Montpellier, & les ſieurs de Caſtelviel & de Calvet, députés de celui de Toulouſe, avoient donné les mains. L'affaire miſe en délibération, LES ETATS, ſuivant l'avis deſdits ſieurs commiſſaires, ONT DÉLIBÉRÉ qu'il ſera impoſé par proviſion dans les vingt-deux dioceſes de la province les ſommes ci-deſſus énoncées, chacun comme le concerne : ordonnant aux commiſſaires principaux, ordinaires, & députés des aſſiettes des vingt-deux dioceſes de la province de tenir la main à l'exécution de la préſente délibération, & de ne ſouffrir point qu'il ſoit impoſé, pour raiſon deſdites épices, de plus grandes ſommes que celles qui ſont contenues en icelle. Et A ÉTÉ ARRÊTÉ qu'à la diligence du ſieur de Guilleminet, ſecrétaire des Etats, la préſente délibération ſera imprimée, & copie d'icelle attachée aux commiſſions qui ſeront envoyées aux aſſiettes, pour que la lecture en ſoit faite à l'ouverture, & que les députés qui y aſſiſteront, n'en prétendent cauſe d'ignorance.

CXVI.

Extrait du regiſtre des délibérations des états généraux de Languedoc, aſſemblés par mandement du Roi, en la ville de Pezenas, au mois de Janvier 1661.

Du Samedi 9 Avril ſuivant, préſident Mgr. l'archevêque & primat de Narbonne.

SUR ce qui a été repréſenté par le ſieur Joubert, ſyndic général, qu'encore que les offices de receveurs & contrôleurs quatriennaux des tailles, créés aux dioceſes de cette province par édit du Roi du mois d'Août 1645, ayent été ſupprimés & convertis en taxe en faveur des anciens, alternatifs & triennaux, & que lorſqu'au préjudice de ladite ſuppreſſion ceux qui avoient levé les quittances de finance deſdits offices quatriennaux & ſur icelles obtenu des proviſions, ont voulu les établir, la province a pris diverſes délibérations pour s'y oppoſer, notamment les premier Septembre 1649, 3 Mars 1655, & autres; néanmoins il eſt averti que quelques perſonnes mal affectionnées à ladite province & auxdits officiers pourſuivent devers Sa Majeſté, pour faire revivre & établir de nouveau leſdits offices quatriennaux & obliger les anciens à les acquérir; & en refus, prétendent les établir. Et d'autant que la multiplicité d'officiers, ainsi que tous nouveaux établissemens, vont à la ruine & foule du peuple, il seroit de la dignité de cette assemblée d'y pourvoir. Sur quoi, lecture faite des précédentes délibérations prises sur ce sujet, A ÉTÉ DÉLIBÉRÉ ET ARRÊTÉ que, conformément auxdites délibérations, les syndics généraux de la province s'opposeront à l'établissement qu'on voudroit faire desdits offices quatriennaux & à tous autres nouveaux établissemens & création d'officiers qui pourroient être faits à l'avenir dans cette province; & pour cet effet, formeront leurs oppositions tant en la cour du parlement de Toulouse, cour des comptes de Montpellier que partout ailleurs où besoin sera. Comme aussi A ÉTÉ DÉLIBÉRÉ ET ARRÊTÉ que les commissaires principal & ordinaires, consuls & députés & syndic de l'assiette du diocese où on voudroit faire l'établissement desdits offices quatriennaux, s'y opposeront fortement, & tiendront la main que le greffier dudit diocese ne remette les départemens & assiettes des impositions en autres mains que celles desdits receveurs anciens, alternatifs & triennaux déjà établis, à peine d'être privés de l'entrée des Etats & assiettes, & auxdits greffiers de privation de leurs charges.

CXVII.
ARRÊT DU CONSEIL,

Qui défend aux receveurs de prendre des taxations sur les deniers qui n'auront pas été imposés.

Du 23 Août 1662.

EXTRAIT *des Registres du Conseil d'Etat.*

Sur ce qui a été représenté au Roi, en son conseil, par les députés de la province de Languedoc, que par les traités faits entre l'assemblée des Etats & les receveurs des tailles des vingt-deux dioceses de ladite province ès années 1610 & 1634, autorisés par les arrêts du conseil des 29 Octobre 1611 & 7 Mars 1635, les taxations desdits receveurs ont été réglées à six deniers pour livre de tous les deniers qui s'imposent dans ladite province, à l'exception du taillon & augmentation d'icelui; néanmoins Jean Bessiere, commis à la recette des tailles du diocese d'Alby en l'année 1657, rendant son compte en la cour des comptes, auroit fait allouer en la dépense d'icelui la somme de 5137 livres 11 sols 4 deniers pour les attributions par lui prétendues des deniers à lui payés par compensation par la communauté de Réalmont, laquelle ayant compté auxdits Etats de la fourniture de l'étape, auroit reçu de ladite assemblée un mandement sur son trésorier de la bourse pour le remboursement de ladite fourniture & débet de compte de ladite étape, lequel mandement elle auroit voulu bailler en payement audit Bessiere qui l'auroit refusé au préjudice de la délibération desdits Etats du mois d'Octobre 1658 qui avoit fait défenses à tous les receveurs des tailles des dioceses de lever ni exiger les taxations & droits de six deniers pour livre des sommes compensées avec ce qui doit être payé à leurs recettes par les communautés, avec injonction de rendre ce qu'ils en peuvent avoir déjà reçu; de laquelle délibération ladite cour des comptes, quoique très-incompétente, suivant les déclarations, lettres-paten-

tes & arrêts du conseil donnés en divers temps, a néanmoins pris connoissance, pour favoriser, en la personne dudit Bessiere, tous les receveurs ses comptables, ayant rendu pour cet effet un arrêt le 2 Mai 1661 qui condamne le syndic du diocese d'Alby à faire fonds audit Bessiere dans le mois de ladite somme de 5137 livres 11 sols 4 deniers, à peine d'y être contraint en ses biens propres, lequel arrêt étant très-insoutenable en la forme & au fonds, l'assemblée des Etats a délibéré d'en demander la cassation, comme une chose de conséquence : Car lesdits receveurs qui sont officiers de ladite province en qualité de ses receveurs des deniers extraordinaires dont ils reçoivent le recouvrement tous les ans aux assiettes des dioceses, n'ont pu sous le nom d'un commis se retirer en ladite cour des comptes, soit pour demander lesdites taxations dans un compte rendu, soit pour en faire ordonner la condamnation, puisque la délibération des Etats leur avoit défendu d'exiger lesdites taxations des deniers compensés, & qu'ils ne peuvent ignorer que ladite cour ne soit incompétente de connoître de ce que les Etats ont délibéré & ordonné, & ce d'autant plus que la délibération a pour fondement lesdits traités autorisés qui attribuent seulement les six deniers des sommes imposées pour le soin de la levée, mais en la compensation, comme il n'y a rien imposé, il n'y a rien aussi à lever ni par conséquent aucune taxation à prendre; que si lesdits arrêts de la cour des comptes avoient lieu, il ne seroit pas loisible aux communautés d'imposer moins que leurs quotités, si elles avoient d'autres deniers pour remplacer le moins imposé & en épargner l'attribution, par ce que le receveur n'y trouveroit pas son compte ; & par cette conduite lesdits traités seroient violés, lesquels n'ont pas imposé cette nécessité aux dioceses & communautés d'imposer toutes leurs quotités, quand elles ont d'ailleurs de quoi y satisfaire, mais seulement de payer les six deniers de tous ceux qui sont imposés. Cette économie est louable & empêche les communautés d'employer à d'autres usages les deniers qu'elles ont en leur pouvoir, quand elles les destinent au payement de leur taille. Requéroient qu'il plût à Sa Majesté leur pourvoir. Vu ledit arrêt de la cour des comptes du 11 Mai 1661 ; les traités faits entre les Etats & les receveurs, avec les arrêts d'autorisation; les déclarations & arrêts du conseil qui défendent à la cour des comptes de connoître de ce que lesdits Etats ont délibéré ; Oui le rapport du sieur Colbert, conseiller au conseil royal, intendant des finances, & tout considéré, LE ROI EN SON CONSEIL, sans s'arrêter audit arrêt de ladite cour des comptes, ni à tout ce qui s'en est ensuivi, a ordonné & ordonne que lesdits traités & délibérations des Etats seront exécutés selon leur forme & teneur ; Fait Sa Majesté défenses audit Bessiere & à tous les receveurs des tailles de ladite province d'exiger leurs attributions des deniers qui n'auront pas été imposés, & qu'à la restitution de ceux qui auront été levés, lesdits receveurs ou commis seront contraints comme pour les deniers & affaires de Sa Majesté. FAIT au conseil d'état du Roi, tenu à Saint-Germain-en-Laye le vingt-troisieme jour d'Août 1662. *Collationné.*
Signé, BERRYER.

LOUIS, PAR LA GRACE DE DIEU, ROI DE FRANCE ET DE NAVARRE: Au premier des huissiers de notre conseil ou autre huissier ou sergent sur ce requis.

requis. Nous te mandons & commandons que l'arrêt dont l'extrait est ci-attaché sous le contre-scel de notre chancellerie, ce jourd'hui donné en notre conseil d'Etat sur ce qui nous a été représenté par les députés de notredite province de Languedoc, tu signifies au nommé Bessiere & à tous les receveurs des tailles de ladite province, ensemble à leurs commis & à tous autres qu'il appartiendra, à ce qu'ils n'en prétendent cause d'ignorance, & fais pour l'entiere exécution dudit arrêt tous commandemens, sommations, contraintes par les voies y déclarées, défenses sur les peines y contenues, & autres actes & exploits nécessaires, sans autre permission, nonobstant les arrêts de notre cour des comptes, aides & finances de Montpellier y mentionnés & tout ce qui s'en est ensuivi. Et sera ajouté foi, comme aux originaux, aux copies dudit arrêt & des présentes collationnées par l'un de nos amés & féaux conseillers & secrétaires : CAR tel est notre plaisir. DONNÉ à Saint-Germain-en-Laye le vingt-troisieme jour d'Août l'an de grace mil six cent soixante-deux, & de notre regne le vingtieme ; Par le Roi en son conseil. BERRYER, *signé*.

CXVIII.

EXTRAIT *du registre des délibérations des états généraux de Languedoc, assemblés par mandement du Roi, en la ville de Pezenas, au mois de Décembre* 1663.

Du Jeudi 31 Janvier 1664, président Mgr. l'évêque de Castres, nommé à l'archevêché de Toulouse.

SUR la requête présentée aux Etats par le syndic du diocese de Lavaur, Contenant, qu'encore que par les articles passés entre les syndics généraux de la province, & les receveurs des vingt-deux dioceses qui la composent, il soit par exprès porté que lesdits receveurs seront obligés de payer pendant la tenue des assiettes les taxations des commissaires principal, ordinaires & députés, ensemble celles des députés aux Etats avec le fonds ordinaire du syndic, & que par les instructions des commissaires présidens pour S. M. il leur soit enjoint de payer quartier par quartier & sans aucun divertissement, les sommes imposées en faveur des créanciers des dioceses, néanmoins le receveur du diocese de Lavaur en exercice l'année derniere 1663, a refusé, quoique souvent requis, de payer lesdites taxations des députés au temps porté par les réglemens, même de compenser quartier par quartier les sommes qu'il pouvoit devoir aux créanciers du diocese avec leurs tailles, ce qui a exposé ledit diocese à divers procès pour la poursuite desquels il est obligé de faire des frais considérables qui causent une surcharge bien notable aux habitans de ce diocese, à quoi il étoit important de remédier. SUR QUOI, Oui le sieur de Boyer, syndic général, A ÉTÉ DÉLIBÉRÉ que, conformément auxdits articles & arrêts du conseil qui les autorisent, les receveurs du diocese de Lavaur & autres de ladite province payeront pendant la tenue des assiettes les taxations des commissaires principal, ordinaires & députés desdites assiettes, ensemble le fonds ordinaire du syndic & les journées extraordinaires des députés aux Etats, autrement & à faute de ce faire, les départemens des deniers extraordinaires ne leur seront point délivrés, même compenseront quartier par quartier, lorsqu'ils en seront requis, les intérêts dus aux créanciers avec leurs tailles, & en cas de contravention auxdits articles, les syndics généraux en poursuivront l'obser-

CXIX.

EXTRAIT *du regiſtre des délibérations des Etats généraux de Languedoc, aſſemblés par mandement du Roi, en la ville de Pezenas, au mois de Décembre 1663.*

Du Dimanche 3 Février 1664, préſident Mgr. l'évêque de Caſtres nommé à l'archevêché de Touloufe.

MONSEIGNEUR l'évêque de Lavaur a dit, qu'ayant été nommé député avec Mgr. l'évêque de Rieux, MM. les barons de Lanta & de Ganges, les ſieurs capitouls de Toulouſe, conſuls de Nîmes, Caſtres & Saint-Pons, pour examiner les moyens les plus propres dont la province pouvoit ſe ſervir pour éviter les déſordres qu'apportent dans pluſieurs diocèſes les banqueroutes fréquentes des receveurs, & pour remédier au mal que ſouffre le diocèſe de Lavaur par un arrêt du conſeil du 15 Décembre 1662, obtenu par Losque, receveur dudit diocèſe, ont dit qu'ils avoient trouvé que ces maux généraux & particuliers dépendoient d'un même principe qui étoit l'inſolvabilité de la plupart des receveurs & la négligence des diocèſes qui n'exercent pas la rigueur des articles paſſés entre eux & les ſyndics généraux de la province le 20 Novembre 1610, par leſquels ils ne pouvoient prétendre au recouvrement des deniers extraordinaires ſans avoir baillé aux aſſiettes de bonnes & ſuffiſantes cautions, leſquelles, pour être cenſées telles, devoient néceſſairement être au gré des aſſiettes, puiſque les commiſſaires principaux, ordinaires, & les députés dont elles étoient compoſées répondoient ſubſidiairement de la ſolvabilité deſdites cautions & par conſéquent de celles des receveurs, ce qu'on avoit vu arriver dans le diocèſe de Saint-Pons & en d'autres ; que de l'obſervation étroite deſdits articles dépendoit le repos deſdits diocèſes ; auquel effet les Etats avoient voulu ajouter, en l'année 1610, la rigueur deſdits articles au droit commun & aux ordonnances portant réglement des finances qui excluent de tous maniemens les receveurs qui ſe trouveront comptables & n'auront pas ſatisfait aux charges de leurs comptes ; c'eſt pourquoi l'aſſemblée ayant déſiré de remédier à ces abus & de pourvoir aux plaintes qui lui avoient été faites par le tréſorier de la bourſe de l'inſolvabilité de pluſieurs receveurs, & particulierement de ceux de Lavaur, avoit chargé par délibération du 23 Décembre 1659 l'aſſiette prochaine de Lavaur de commettre à la place du receveur pour le recouvrement des deniers extraordinaires, s'il ne lui rapportoit les quittances du tréſorier de la bourſe & autres créanciers, & s'il ne donnoit de bonnes cautions, avec ordre au ſyndic général de prendre le fait & cauſe pour ceux qui avoient été commis par leſdits diocèſes; enſuite de quoi ladite aſſiette de Lavaur ayant voulu exécuter ponctuellement ladite délibération, ledit Losque s'y ſeroit préſenté pour faire ladite recette qu'il avoit juſques alors faite dans les années de ſon exercice par les mains de Jacques Croſac ſon commis ; & au prétexte de l'offre qu'il fit de bailler pour cautions certaines perſonnes de néant, & de certains actes où il dénonce un faux fait & qui lui fut d'abord contredit par des actes contraires, qu'il eût à exhiber les quittances du tréſorier de la bourſe & des autres à qui il devoit pour ſes précédens maniemens ou dudit Croſac, & avoit prétendu que la recette deſdits deniers extraordinaires avoit été mal à propos baillée à Jean la Roque, contre lequel & contre le syndic général de la province, il avoit obtenu arrêt du conseil le 16 Décembre 1662, au préjudice de plusieurs précédens qui l'avoient démis de ses prétentions, lequel arrêt ne pouvant être que d'une pernicieuse conséquence pour la province, puisque les assiettes qui n'ont fait que suivre les ordres des Etats, & les personnes employées par lesdites assiettes se trouvoient pour cela en peine, lesdits sieurs commissaires avoient cru qu'il étoit de la prudence de cette assemblée de remédier à tous ces désordres des dioceses qui vont à faire payer deux fois aux peuples des impositions qu'ils ont une fois acquittées avec peine, & les rendre responsables des divertissemens faits par un receveur & à rebuter encore tous les commissaires principaux & ordinaires & les députés des assiettes de prétendre aux charges publiques qui les y appellent, par la crainte d'être recherchés pour l'insolvabilité du receveur, comme l'ont été ceux de Saint-Pons, ayant encore jugé par les mêmes raisons qu'il étoit de la justice de la compagnie de redoubler sa protection audit la Roque & audit diocese de Lavaur qui ne fait que suivre les réglemens ; auquel effet leur avis étoit de délibérer que les syndics généraux sont chargés de se pourvoir incessamment envers ledit arrêt obtenu par ledit Losque & d'obtenir l'entiere décharge dudit la Roque & dudit diocese que la province doit relever, puisqu'il n'a fait que suivre les ordres d'icelle & de poursuivre arrêt de réglement, portant défenses aux commissaires principaux & ordinaires, & aux députés desdites assiettes de bailler le recouvrement des deniers extraordinaires à aucun receveur qu'il n'ait préalablement baillé pour lesdits deniers de bonnes & suffisantes cautions au gré desdites assiettes, qu'il n'ait compté de tous les précédens maniemens & satisfait aux charges desdits comptes par la remise des quittances ou ampliations d'icelles entre les mains du greffier desdits dioceses, & défenses auxdits receveurs de troubler les personnes qui seront commises audit recouvrement à faute par eux d'avoir satisfait auxdites conditions, ni de prétendre rien aux droits des levures desdits deniers ; à quoi leur avis est d'ajouter encore que lesdits trésoriers de la bourse sont chargés d'avertir de six en six mois les syndics des dioceses des restes à eux dues par les receveurs, & de remettre un état des restes chaque année devers le greffe des Etats dans huit jours après leur ouverture pour être pourvu par l'assemblée comme elle jugera à propos. SUR QUOI A ÉTÉ DÉLIBÉRÉ que l'avis desdits sieurs commissaires est suivi & approuvé, & sera exécuté en tous ses chefs.

C X X.

Extrait du registre des délibérations des Etats généraux de Languedoc, assemblés par mandement du Roi, en la ville de Beziers, au mois de Décembre 1664.

Du Mercredi 17 dudit mois de Décembre ; président Mgr. l'archevêque de Toulouse.

LES ETATS faisant faire lecture du procès-verbal de l'année derniere & de la délibération prise le 3 Février dernier, concernant les moyens que la province a pour pourvoir à la sureté des deniers extraordinaires, & desirant remédier aux désordres qui sont arrivés dans quelques dioceses de la province qui ont été contraints de payer deux fois par l'insolvabilité de leurs receveurs, ONT DÉLIBÉRÉ qu'il sera nommé des commissaires pour travailler à prévenir ces inconvéniens ; & pour cet effet ont été nommés Mgrs. les évêques de Montauban & de Rieux, MM. les barons de Castres & de Lanta, les sieurs capitouls de Toulouse, consuls de Carcassonne, Saint-Pons & Agde.

CXXI.
ARRÊT DU CONSEIL,

Portant que les receveurs ne seront point reçus à faire le recouvrement des deniers extraordinaires qu'ils n'ayent préalablement cautionné au gré des dioceses, &c.

Du 8 Janvier 1665.

EXTRAIT *des Registres du Conseil d'Etat.*

SUr ce qui a été représenté au Roi, étant en son conseil, par les gens des trois-états de la province de Languedoc, qu'encore que par les articles passés entre les syndics généraux de ladite province & les receveurs des vingt-deux dioceses, & les instructions des commissaires présidens pour S. M. aux Etats généraux dudit pays, il soit porté que lesdits receveurs seront tenus de bien & duement cautionner pour la levée & emploi des deniers extraordinaires de ladite province & des dioceses, & de renouveler leurs cautions lorsqu'ils en seront requis, autrement & à faute de ce faire, il sera permis auxdits dioceses de commettre au maniement desdits deniers extraordinaires des personnes suffisantes & bien cautionnées & au gré des dioceses pour en faire le recouvrement, & que par lesdits arrêts & réglemens sur ce faits, un receveur ne puisse point entrer en exercice qu'il n'ait préalablement rendu compte de l'année derniere de l'exercice de sa charge, néanmoins il se trouve que plusieurs receveurs de ladite province n'ayant point donné de bonnes cautions suivant les articles, ni apuré leurs comptes, conformément aux réglemens & arrêts du conseil, ont mis un tel embarras dans leur recouvrement, & causé un préjudice si considérable auxdits dioceses, qu'il y en a plusieurs dans lesquels par les banqueroutes desdits receveurs qui y sont arrivées, les commissaires principal, ordinaires, & députés des assiettes ont été condamnés de payer en leur propre & privé nom comme cautions subsidiaires, & en d'autres ils ont été forcés d'imposer jusqu'à trois fois une même somme, ce qui est arrivé par le défaut de bonnes cautions, & de l'apurement de leurs comptes ; à quoi étant important de remédier pour empêcher à l'avenir de pareils divertissemens & pourvoir à la sureté des deniers imposés pour le service du Roi & le bien de ladite province, Requéroient, qu'il plût à Sa Majesté sur ce leur pourvoir. Vu les articles passés entre les syndics généraux dudit pays de Languedoc & les receveurs des vingt-deux dioceses des années 1610 & 1634, avec les arrêts du conseil qui les autorisent, des 29 Octobre 1611 & 7 Mars 1635, ensemble les instructions des commissaires présidens pour le Roi aux Etats de ladite province, portant que lesdits receveurs seront obligés de cautionner suffisamment en pleine assiette pour le maniement desdits deniers extraordinaires de personnes solvables & bien cautionnées, & en cas qu'ils refusent de faire ledit cautionnement, sera permis aux dioceses de bailler la levée desdits déniers à ceux qui feront la condition meilleure : OUI le rapport du sieur Colbert, conseiller ordinaire en son conseil royal, & intendant des finances, & tout considéré, SA MAJESTÉ ÉTANT EN SON CONSEIL, conformément aux articles de 1610, &

1634, autorisés par les arrêts dudit conseil des 29 Octobre 1611 & 7 Mars 1635, & instructions desdits commissaires, a ordonné & ordonne que lesdits receveurs des vingt-deux diocèses de ladite province ne seront point reçus à faire le recouvrement des deniers extraordinaires dans les années de leur exercice qu'ils n'ayent préalablement baillé de bonnes & suffisantes cautions au gré desdits diocèses, au greffe desquels ils remettront, un mois avant la convocation de l'assemblée desdites assiettes, l'apurement des comptes rendus dans les dernieres années de leur exercice, ensemble les ampliations des quittances pour les sommes qu'ils ont dû payer au trésorier de la bourse dudit pays & aux créanciers des diocèses; autrement & à faute de ce faire, permet Sa Majesté aux commissaires principaux, ordinaires, & députés desdites assiettes, de commettre au maniement desdits deniers extraordinaires ceux qui feront la condition meilleure, après avoir baillé bonnes & suffisantes cautions; Faisant très-expresses inhibitions & défenses aux receveurs des vingt-deux diocèses & tous autres de leur donner aucun trouble & empêchement pour raison de ce; & ce nonobstant tous arrêts qui pourroient être donnés au contraire; comme aussi fait Sa Majesté inhibitions & défenses tant à la cour des comptes de Montpellier qu'aux trésoriers de France des généralités de Toulouse & Montpellier de contrevenir ni souffrir qu'il soit contrevenu au présent arrêt que Sa Majesté veut être exécuté selon sa forme & teneur, nonobstant oppositions ou appellations quelconques. Fait au conseil d'état du Roi, Sa Majesté y étant, tenu à Paris le huitieme jour du mois de Janvier mil six cent soixante-cinq.

Signé, PHELYPEAUX.

LOUIS, PAR LA GRACE DE DIEU, ROI DE FRANCE ET DE NAVARRE: Au premier notre huissier ou sergent sur ce requis. Nous te commandons par ces présentes signées de notre main, que l'arrêt de notre conseil d'état dont l'extrait est ci-attaché sous le contre-scel de notre chancellerie, tu signifies à tous ceux qu'il appartiendra, à ce qu'ils n'en prétendent cause d'ignorance & ayent à y déférer & obéir, leur faisant les défenses y contenues; De ce faire & tous autres exploits & actes de justice nécessaires te donnons pouvoir, commission, & mandement spécial, sans pour ce demander autre permission. Et sera ajouté foi aux copies dudit arrêt & de cesdites présentes duement collationnées comme au présent original: Car tel est notre plaisir. Donné à Paris le huitieme jour de Janvier, l'an de grace mil six cent soixante-cinq, & de notre regne le vingt-deuxieme. *Signé*, LOUIS; *Et plus bas*: Par le Roi. PHELYPEAUX.

CXXII.

ARTICLES

Accordés entre les députés de l'assemblée des Etats généraux de Languedoc & les députés de la cour des comptes, aides & finances de Montpellier, ratifiés par ladite assemblée & par ladite cour, & homologués par arrêt du conseil du 8 Août 1665, registré auxdits Etats & à ladite cour.

Du 13 Février 1665.

CEs articles, & les ratifications respectives des Etats & de la cour des comptes, ainsi que l'arrêt du conseil du 8 Août 1665, & les extraits des registres desdites Etats & de ladite cour, sont rapportés dans le premier volume de cette collection, page 467 & suivantes.

CXXIII.

EXTRAIT du regiſtre des délibérations des Etats généraux de Languedoc, aſſemblés par mandement du Roi, en la ville de Beziers, au mois de Décembre 1664.

Du Jeudi 22 Février 1665, préſident Mgr. l'archevêque de Toulouſe.

MEsseigneurs les évêques de Montauban & de Lavaur, MM. les barons de Caſtres & de la Gardiolle, les ſieurs d'Agrain, vicaire général du Puy, de Saint-Jory, envoyé de Villeneuve, de Rochepierre, ſyndic du pays de Vivarais, conſuls de Lavaur & d'Aleth, & les diocéſains de Gignac, Marvejols & Caſtres, commiſſaires nommés pour traiter avec MM. les députés de la cour des comptes, aides & finances & Montpellier, ont rapporté qu'ils avoient examiné pendant pluſieurs ſéances les raiſons que la province avoit pour s'oppoſer à l'augmentation des épices des comptes des deniers extraordinaires que ladite cour a exigé des receveurs depuis l'année 1624, au préjudice de l'article III de ceux de l'année 1612, comme auſſi de celles qu'elle a pris depuis quelque temps, tant pour le regiſtre du bail que pour les comptes des deniers provenans de la ferme de l'équivalent; & qu'après s'être faits repréſenter les déclarations, édits & arrêts, & généralement tous les actes ſervant à la défenſe des droits de la province, & être entrés dans une diſcuſſion exacte de tous les points conteſtés aux MM. de la cour des comptes, aides & finances, même touchant la juriſdiction ſouveraine de l'étape attribuée à l'aſſemblée des Etats par les déclarations des années 1655 & 1658, & ſur la maniere dont les comptes des deniers de l'équivalent doivent être rendus, ils avoient enfin, après diverſes conteſtations, demeuré d'accord des articles qu'ils portoient à l'aſſemblée pour y donner ſon approbation & délibérer ſur iceux ce qu'elle jugeroit à propos. Lecture deſquels articles ayant été faite, LES ETATS ont donné pouvoir à MM. les commiſſaires de les paſſer & ſigner en la forme & maniere qu'ils ont été dreſſés.

CXXIV.

EXTRAIT du regiſtre des délibérations des Etats généraux de Languedoc, aſſemblés par mandement du Roi, en la ville de Beziers, au mois de Novembre 1665.

Du Mercredi 16 dudit mois de Novembre; préſident Mgr. l'évêque de Viviers.

SUR la requête préſentée aux Etats par les receveurs des tailles des vingt-deux diocèſes de la province; Contenant, qu'ayant été avertis de pluſieurs endroits qu'ils ont été compris dans le rôle des taxes qu'on a fait pour l'érection de la chambre de juſtice, ſous prétexte qu'ils ont fait des affaires avec le Roi ou qu'ils ſe ſont enrichis dans l'exercice de leurs charges, ce qui les mettroit dans le dernier accablement & même dans l'impoſſibilité de continuer à faire la levée des deniers impoſés dans la province, s'ils étoient contraints à payer ces taxes, ſuppliant l'aſſemblée de leur accorder ſa protection. SUR QUOI A ÉTÉ DÉLIBÉRÉ ET ARRÊTÉ qu'on députera vers S. A. Mgr. le prince de Conty & MM. les autres commiſſaires du Roi pour les ſupplier d'écrire favorablement à la cour pour faire décharger les receveurs des tailles des taxes qu'on a faites ſur eux, & qu'il ſera écrit de la part de l'aſſemblée à Meſſeigneurs les prélats, & MM. les barons qui ſont préſentement à la cour & MM. les agens du pays, pour les prier de s'employer de toute leur force pour procurer cette décharge auxdits receveurs, & que Mgr. l'évêque de Viviers, président des Etats, sera prié d'écrire à M. Colbert à mêmes fins; & pour aller vers S. A. S. & M. les autres commissaires du Roi ont été nommés Messeigneurs les évêques de Montauban & de Comminge, MM. les barons de Castries & de Ganges, les sieurs capitouls de Toulouse, consuls de Montpellier, Nîmes & le syndic du pays de Vivarais.

CXXV.

Extrait du registre des délibérations des Etats généraux de Languedoc, assemblés par mandement du Roi, en la ville de Beziers, au mois de Novembre 1665.

Du Samedi 28 dudit mois de Novembre, président Mgr. l'évêque de Viviers.

LE sieur de Boyer, syndic général, ayant rapporté l'arrêt du conseil du 8 Janvier 1665, par lequel il est ordonné que les receveurs des vingt-deux diocèses de la province ne seront point reçus à faire le recouvrement des deniers extraordinaires dans les années de leur exercice qu'ils n'ayent préalablement baillé de bonnes & suffisantes cautions au gré des diocèses, au greffe desquels ils remettront un mois avant la convocation de l'assemblée desdites assiettes l'apurement des comptes rendus dans les dernières années de leur exercice, ensemble les ampliations des quittances pour les sommes qu'ils ont dû payer aux trésoriers de la bourse dudit pays & aux créanciers des diocèses; autrement & à faute de ce faire, permet Sa Majesté aux commissaires principaux, ordinaires & députés desdites assiettes de commettre au maniement desdits deniers extraordinaires ceux qui feront la condition meilleure, après avoir baillé bonnes & suffisantes cautions, faisant très-expresses inhibitions & défenses aux receveurs des vingt-deux diocèses de donner aucun trouble ni empêchement pour raison de ce, ET A ÉTÉ ARRÊTÉ que ledit arrêt sera registré ès registres des Etats pour être le contenu en icelui gardé & observé, suivant sa forme & teneur, & qu'à la diligence des syndics généraux, il sera imprimé & envoyé dans les assiettes des vingt-deux diocèses de la province, afin que personne n'en prétende cause d'ignorance.

CXXVI.

Extrait du registre des délibérations des Etats généraux de Languedoc, assemblés par mandement du Roi, en la ville de Beziers, au mois de Novembre 1665.

Du Mercredi 20 Janvier 1666, président Mgr. l'évêque de Viviers.

MEssEIGNEURS les évêques de Montauban & de Lavaur, MM. les barons de Castries & de la Gardiolle, & les autres sieurs commissaires nommés pour examiner les articles accordés par l'assemblée de l'année dernière, avec les officiers de la cour des comptes, aides & finances de Montpellier, au sujet des épices des comptes des deniers extraordinaires, & pour vérifier si ladite cour des aides avoit satisfait de sa part à ce qu'elle étoit obligée, même si la ratification desdits articles & l'arrêt du conseil, portant autorisation d'iceux, sont dans la forme que l'assemblée le desire, ont rapporté que le traité fait l'année dernière avec lesdits officiers, contenoit en tout neuf articles, sur chacun desquels ils croyoient être obligés de dire, quel avoit été l'esprit de l'assemblée de l'année derniere, & des députés de ladite cour des aides, lorsqu'ils furent respectivement accordés, afin qu'à l'avenir leur rapport pût servir d'instruction dans l'exécution desdits articles. Et en premier lieu, il a été convenu que le compte de l'équivalent sera rendu en la forme qu'il se rend à présent, pour ôter tout prétexte à ladite cour des aides de pouvoir se servir de toute autre maniere pratiquée en divers temps, auparavant ledit traité, & pour réduire la chose au temps présent que les fermiers généraux dudit droit rendent compte aux Etats & non ailleurs, suivant les baux qui leur en sont passés depuis le premier jour du mois de Mars de l'année 1656. Pour le second article, qui porte que la jurisdiction de l'étape sera exercée selon les déclarations des années 1655 & 1658, & ladite cour se départira de l'instance faite au conseil du Roi ; l'assemblée est assez informée que, par lesdites déclarations, le Roi a eu la bonté d'attribuer & maintenir aux Etats la jurisdiction souveraine sur le fait de l'étape, lors toutefois qu'un diocese ou une communauté de la province se trouvent parties dans une instance & non autrement ; & comme ladite cour des comptes, aides & finances de Montpellier, prétendoit que lesdites déclarations étoient contraires à leur jurisdiction, elle avoit formé instance au conseil, de laquelle ladite cour se départant, ladite jurisdiction de l'étape sera exercée à l'avenir selon les susdites déclarations. Le troisieme article, contenant que nulles épices ne pourront être prétendues par ladite cour des comptes, aides & finances de Montpellier, pour les comptes des deniers extraordinaires, au-delà de celles qui furent accordées en l'année 1612, que du consentement des Etats, se trouve conforme au droit de la province, qui ne permet pas qu'il puisse être fait aucune imposition sans le consentement de l'assemblée, lequel avoit été reconnu nécessaire par ladite cour des comptes, & pour les mêmes épices en l'année 1612, par le traité qui avoit été fait par les Etats avec les députés. Le quatrieme article, qui porte, que sans le même consentement, la même cour ne pourra aussi prétendre aucunes épices, ni pour le registre du bail, ni pour le compte de l'équivalent, se trouve fondé sur le même principe, & sur ce que ladite chambre des comptes n'a pu, sous aucun prétexte, demander des épices d'un compte qui est rendu actuellement & depuis l'année 1656, au bureau des comptes des Etats, non plus que du registre du bail d'un droit qui appartient à la province. Le cinquieme article, qui accorde la somme de 12,465 livres 3 sols 7 deniers, pour toutes les prétentions de ladite cour, des susdites épices des comptes des deniers extraordinaires, y compris celles qu'elle avoit accoutumé de prendre par le traité de l'année 1612, n'a besoin d'autre instruction que du département de ladite somme qui a été fait sur les vingt-deux dioceses de la province, & qui a été inséré au bas dudit traité. Le sixieme article, que les susdites épices ne pourront être augmentées à l'avenir, pour quelque cause & prétexte que ce soit, même pour nouvelles créations d'offices en ladite cour des comptes, fait connoître qu'elle n'a jamais pu & qu'elle ne peut prétendre aucune augmentation desdites épices sous aucun prétexte, puisqu'elle convient & déclare qu'elles ne pourront pas être augmentées, même dans le cas qui leur est le plus favorable, & qui a donné lieu à toutes les augmentations qu'elle a prises sans titre, depuis ledit traité

traité de l'année 1612 jusques à celle-ci. Le septieme article, par lequel les Etats & ladite cour se sont quittés & quittent respectivement de tous arrérages d'épices prétendus de part & d'autre, jusques à la présente année, fait aussi connoître, quant aux épices des comptes des deniers extraordinaires, que les dioceses qui n'ont pas fait le fonds des augmentations desdites épices en demeureront déchargés, parce que lesdites épices ne peuvent avoir lieu que du moment qu'elles sont consenties par les Etats, ni payées par les receveurs, que les dioceses n'en ayent fait le fonds, d'autant plus que les Etats avoient fait défenses aux dioceses, dans les années dernieres, de faire aucunes impositions, pour raison des augmentations desdites épices. Les huitieme & neuvieme articles sont ordinaires dans les traités qui se font entre les parties qui sont en procès, lesquelles renoncent à toutes instances, & conviennent que Sa Majesté sera très-humblement suppliée d'en accorder l'autorisation; Sur lesquels articles, après cette instruction, il n'y avoit rien à dire, si ce n'est qu'ils avoient été approuvés & ratifiés en la forme qu'ils avoient été convenus, tant par les Etats que par ladite cour des comptes, aides & finances de Montpellier, & que lesdites ratifications avoient été mises au bas dudit traité : A quoi lesdits sieurs commissaires avoient ajouté qu'ils étoient obligés de dire à l'assemblée, que lorsqu'il fut question de signer le susdit traité, les députés de ladite cour avoient fait difficulté de le signer dans la forme qui s'observe à présent; savoir, par colonnes, & tous les députés de l'assemblée à la droite, & ceux de ladite cour à la gauche; d'autant qu'en l'année 1612, leurs présidens avoient signé après Messeigneurs les évêques, MM. les barons ensuite,

& leurs conseillers devant MM. du tiers état, comme il paroît par ledit traité, sur laquelle contestation, MM. les barons avoient demandé de signer dans une colonne séparée, à côté de Messeigneurs les évêques, pour éviter de signer après les présidens, & ce, sans conséquence, ni préjudice de l'usage commun, que les trois ordres ne se séparent pas ; ce qui leur avoit été accordé, sous le bon plaisir des Etats; de sorte que par le tempérament qui avoit été pris, il avoit été fait trois colonnes, & que dans la premiere, Messeigneurs les évêques, & une partie de MM. du tiers état avoient signé, MM. les barons à la seconde, avec aussi partie de MM. du tiers état, & les députés de ladite cour à côté dans la troisieme; que depuis les derniers Etats, le sieur de Joubert avoit obtenu l'arrêt du conseil, portant autorisation desdits articles, mais qu'il n'avoit pas pu poursuivre l'arrêt de révocation de celui qui avoit été rendu sur la requête du procureur général de ladite cour des comptes, aides & finances, le 28 Novembre 1664, d'autant que l'on ne lui avoit pas remis l'écrit particulier que les députés de ladite cour avoient fait, par lequel il est expressément dit, que quant au contenu en la requête présentée au conseil, sans charge ni aveu de sa part, sur laquelle est intervenu ledit arrêt du 28 Novembre, elle donnera tous les consentemens nécessaires qu'il soit supprimé, même par arrêt du conseil, si besoin est; & que s'étant informés si les quittances que ladite cour des aides étoit obligée de remettre devers le greffe, touchant le remboursement du traité fait pour les trois deniers pour livre, des vingt que les communautés ont faculté de donner pour le droit de leur collecte, la jouissance desquels avoit été accordée à ladite cour des aides en l'année 1649, pour quinze années, à la charge de faire tenir quitte la province du remboursement dudit traité, ils avoient appris que ladite cour des aides avoit été sollicitée pour la remise des quittances, & qu'elle avoit répondu que partie d'icelles étant encore entre les mains du receveur, l'on les ramasseroit pour les remettre incessamment. Sur quoi a été délibéré, que lesdits articles, avec la ratification d'iceux de la cour des comptes, aides & finances de Montpellier, & l'arrêt du conseil, du 8 Août 1665, portant validation & autorisation d'iceux, seront registrés ès registres des Etats, pour être gardés & observés dans les vingt-deux diocèses de la province, selon leur forme & teneur, & qu'à la diligence des syndics généraux, il sera poursuivi arrêt au conseil, portant révocation de celui qui a été rendu sur la requête du procureur général de ladite cour, le 28 Novembre 1664, & ladite cour des aides requise, si besoin est, de donner les consentemens nécessaires pour qu'il soit supprimé, conformément audit écrit; comme aussi, que les quittances du remboursement dudit traité des trois deniers pour livre seront remises devers le greffe des Etats pour la sureté de la province, leur faisant défenses de les recevoir d'autres mains que de ladite cour des aides, qui en sera avertie immédiatement après la tenue des présens Etats. Si ont déclaré les Etats, qu'à l'avenir & en toute sorte de traités & autres actes, MM. les barons signeront dans la même colonne avec Messeigneurs les évéques & MM. du tiers état, ainsi qu'il se pratique à présent, sans que ce qui fut fait l'année derniere au susdit traité, puisse être tiré à conséquence, ni servir d'exemple, les trois ordres ne pouvant pas être séparés.

CXXVII.

Extrait du regiſtre des délibérations des Etats généraux de Languedoc, assemblés par mandement du Roi, en la ville de Montpellier, au mois de Décembre 1667.

Du Mardi 24 Janvier 1668, président Mgr. l'archevêque de Toulouse.

Sur la plainte portée aux Etats, de ce qu'en plusieurs diocèses les receveurs exigent, pour leur droit de quittance, beaucoup au-delà de ce qui leur est attribué par les articles passés avec la province, & arrêts de la cour des aides donnés en conséquence; à quoi on ajoutoit, qu'en divers diocèses les contrôleurs des tailles prétendent qu'il leur doit être payé huit sols pour l'envoi de chaque mande, que les assiettes adressent aux communautés, quoique les diocèses soient dans le droit & dans la possession de ne se servir que de leurs greffiers ou syndics pour cet effet; les Etats connoissant que ces sortes d'abus sont à la foule des habitans de cette province, & qu'il est important d'y remédier, ont délibéré que les sieurs consuls & députés qui entreront aux prochains Etats, rapporteront des pieces justificatives des exactions faites par les receveurs, pour leur droit de quittance, au-delà de ce qui leur est attribué; comme aussi, celles qui regardent les contrôleurs particuliers des tailles, leur enjoignant de rapporter les actes nécessaires, pour justifier l'usage des diocèses sur ce sujet, afin qu'en l'un & l'autre cas il y soit pourvu; & néanmoins a été arrêté, que par un article du cahier des doléances qui sera présenté au Roi cette année, Sa Majesté sera très-humblement suppliée de défendre ces abus à l'avenir, & qu'à la diligence des syndices généraux, en vertu des arrêts que la province a obtenu, la connoissance de semblables faits sera interdite à la cour des comptes & aides de Montpellier.

CXXVIII.
ARRÊT DU CONSEIL,

Qui fait défenses aux receveurs des tailles, de prendre d'autres droits que ceux qui leur sont attribués par les traités de 1610 & 1634.

Du 24 Décembre 1668.

EXTRAIT *des Registres du Conseil d'Etat.*

SUR ce qui a été représenté au Roi, étant en son conseil, par les députés des Etats de la province de Languedoc, que bien que par les articles accordés par lesdits États aux receveurs des tailles des diocèses de ladite province, ès années 1610 & 1634, autorisés par les arrêts du conseil, donnés en conséquence, même par les arrêts de la cour des aides de Montpellier, notamment par celui rendu en connoissance de cause, le 17 du mois de Septembre 1655; & que par le traité de l'année 1599, fait entre les sieurs de Maisse & de Refuge, commissaires députés par Henri le Grand, de glorieuse mémoire, & l'assemblée desdits Etats, il ait été convenu entre autres choses, que les contrôleurs des tailles ne pourront prétendre que leurs gages, sans avoir aucun exercice de leurs charges, néanmoins aucuns desdits receveurs violent lesdits articles, soit en multipliant sans nécessité les voyages des sergens qu'ils envoyent pour faire les sommations aux communautés de payer leurs quotités, & exigent desdites communautés au-delà de ce qui a été réglé par lesdits articles, & pour le nombre des voyages & pour le salaire des sergens; comme aussi, en se faisant payer pour le droit de quittance, beaucoup plus que ce qui leur est dû pour la quittance générale de chaque nature de deniers qu'ils fournissent aux collecteurs, desquels ils exigent par concussion certains droits pour les quittances qu'ils leur baillent; & à l'égard desdits contrôleurs des tailles, ils prétendent d'envoyer aux communautés les mandes & départemens des assiettes, pour en exiger des droits, bien que par ledit traité il ait été ordonné qu'ils n'auroient aucune fonction ni exercice de leurs charges. Et d'autant que ces contraventions auxdits articles & traités, engagent les contribuables de la province en des frais extraordinaires & contre l'ordre, Requéroient à Sa Majesté vouloir sur ce pourvoir. Vu lesdits articles des années 1610 & 1634, & les arrêts du conseil, portant autorisation d'iceux, ensemble le traité de l'an 1599 : Oui le rapport du sieur Colbert, conseiller du Roi en ses conseils, contrôleur général des finances; LE ROI ÉTANT EN SON CONSEIL, a ordonné & ordonne que lesdits articles des années 1610 & 1634, & arrêts du conseil confirmatifs d'iceux, seront gardés & observés selon leur forme & teneur; a fait Sa Majesté, défenses aux receveurs des diocèses, de prendre d'autres droits sur les contribuables aux impositions que ceux qui sont réglés par les susdits traités & arrêts du conseil donnés en conséquence, à peine de concussion. FAIT au conseil d'état du Roi, Sa Majesté y étant, tenu à Paris, le vingt-quatrieme jour de Décembre mil six cent soixante-huit.

Signé, PHELYPEAUX.

LOUIS, PAR LA GRACE DE DIEU, ROI DE FRANCE ET DE NAVARRE: Au premier des huissiers de nos conseils, ou autre notre huissier ou sergent sur ce requis, Nous te mandons & commandons par ces présentes signées de notre main, que l'arrêt dont l'extrait est ci-attaché sous le contrescel de notre chancellerie, cejourd'hui donné en notre conseil d'état, Nous y étant, sur ce qui Nous a été représenté en icelui par les députés des États de notre province de Languedoc, tu signifies à tous qu'il appartiendra, à ce qu'ils n'en prétendent cause d'ignorance, fais les défenses y mentionnées sur les peines y contenues, & pour l'entiere exécution dudit arrêt, tous actes & exploits nécessaires sans autre permission. Et sera ajouté foi, comme aux originaux, aux copies dudit arrêt & des présentes collationnées par l'un de nos amés & féaux conseillers & secretaires: CAR tel est notre plaisir. DONNÉ à Paris, le vingt-quatrieme jour de Décembre, l'an de grace mil six cent soixante-huit, & de notre regne le vingt-sixieme. *Signé*, LOUIS. *Et plus bas*; Par le Roi, PHELYPEAUX.

CXXIX.

EXTRAIT du regiftre des délibérations des Etats généraux de Languedoc, assemblés par mandement du Roi en la ville de Pezenas, au mois de Février 1669.

Du Mercredi 10 Avril suivant, président Mgr. l'archevêque de Toulouse.

SUR ce qui a été représenté par le syndic général, qu'une des plus importantes affaires de la province étoit de pourvoir à la sureté des deniers extraordinaires, dont on baille le recouvrement aux receveurs, l'assemblée ayant sur ce sujet fait divers réglemens: mais comme la principale des suretés consiste au privilége de l'hypotheque sur l'office de receveur, qui est en exercice, il étoit obligé d'avertir la compagnie que comme le Roi n'avoit accordé le droit annuel auxdits receveurs, qu'à condition d'un prêt; que plusieurs desdits receveurs ne voulant pas payer, mettroient par ce moyen en péril les deniers des dioceses qui n'ont pas de recours plus assuré en cas d'insolvabilité desdits receveurs & de leurs cautions, que sur le prix desdits offices; à quoi étant nécessaire de pourvoir, LES ETATS ont fait très-expresses inhibitions & défenses aux commissaires principaux, ordinaires & députés des assiettes de la province, conformément aux réglemens des Etats sur ce fait, & arrêts du conseil donnés en conséquence, de bailler la levée des deniers extraordinaires auxdits receveurs, qu'ils ne soient bien & valablement cautionnés, & qu'ils ne fassent apparoir, pendant la tenue des assiettes, de la quittance du prêt & de l'annuel de l'office qui devra entrer en exercice, les états déclarant qu'à faute de ce, les députés desdites assiettes seront responsables de tous les événemens qui pourroient arriver en la levée desdits deniers extraordinaires par l'inexécution de la présente délibération, laquelle sera imprimée & envoyée dans lesdites assiettes, à la diligence des syndics généraux, afin qu'elles en ayent connoissance.

CXXX.
ARRÊT

DE RÉGLEMENT DE LA COUR DES AIDES DE MONTPELLIER,

Concernant les diligences des receveurs pour le recouvrement des deniers royaux & publics.

Du 27 Juillet 1669.

SUR la requête présentée par le procureur général du Roi ; Contenant que depuis quelques années les receveurs généraux & particuliers, collecteurs & autres administrateurs des deniers royaux & publics, ont extraordinairement négligé la levée desdits deniers par le commerce qu'ils font de ces mêmes deniers, & par la considération des grandes attentes & excessifs intérêts qu'ils ont perçu de leurs débiteurs au mépris des ordonnances, & arrêts de réglement de la cour, en sorte qu'après avoir exigé pendant long-temps des intérêts, leurs débiteurs demeurant entierement insolvables, dans la suite du temps lesdits receveurs recourent aux dioceses & communautés de cette province pour avoir payement des sommes dues à leur recette, quoique les dioceses & communautés eussent annuellement imposé lesdites sommes & baillé la levée à des personnes solvables au temps desdites impositions & sous bonnes cautions, ce qui auroit causé un notable préjudice aux sujets de Sa Majesté contribuables aux tailles, ayant été souvent obligés d'imposer derechef les deniers de Sa Majesté par les banqueroutes fréquentes desdits receveurs particuliers des tailles desdits dioceses & collecteurs desdites villes & communautés, bien que lesdits deniers eussent par eux été entierement levés ; & lesdits receveurs n'auroient pas commis seulement cet abus, mais encore ils auroient entrepris diverses fois de supprimer leurs quittances comptables, & au préjudice des légitimes créanciers desdits receveurs particuliers & collecteurs ils auroient fait demande des restes desdites impositions long-temps après leur administration finie ou cédé frauduleusement leursdites quittances comptables à des tierces personnes pour se servir de leurs priviléges, & les collecteurs auroient aussi pratiqué d'autres abus dans la levée desdites impositions sur les particuliers contribuables, non-seulement par les ventes qu'ils prennent aussi des débiteurs cotisés, mais encore par les exécutions, décrets & ventes judiciaires qu'ils se font adjuger par-devant lesdits officiers ordinaires des lieux à défaut de payement des quotités des tailles long-temps après l'année de l'imposition, & non-seulement pour des sommes très-modiques & au-dessous de celle de dix livres ; mais encore après que lesdits biens cotisés ont changé de main, & que les nouveaux acquéreurs ont payé le prix de leurs acquisitions, ce qui trouble le repos des sujets de Sa Majesté par les procès auxquels ils sont continuellement exposés : C'est pourquoi requéroit qu'il plût à la cour pourvoir auxdits abus & ordonner que lesdits receveurs, collecteurs & tous autres administrateurs desdits deniers en feront la levée & recette aux termes des impositions, avec défenses d'exiger aucun intérêt de leurs débiteurs, à peine de concussion, & que lesdits receveurs généraux & particuliers, commis & administrateurs desdits deniers royaux & publics, seront tenus de faire leurs diligences, pour le recouvrement desdites impositions, envers les receveurs particuliers, collecteurs & leurs cautions, chacun comme les concerne, dans trois années, compris celle de l'imposition, même des arrérages desdits deniers dus à leur recette dans ledit temps, à compter du jour de la publication du présent arrêt; & en défaut de rapporter lesdites diligences, les déclarer déchus de tout privilége & action pour la levée des restes desdites impositions, tant contre les nominateurs desdits receveurs & collecteurs, & leurs cautions & consuls de l'année de l'imposition, que les consuls modernes desdites communautés & syndics desdits diocèses; comme aussi, leur faire inhibitions & défenses de supprimer leurs quittances comptables, ni les céder en fraude des légitimes créanciers desdits receveurs & collecteurs; & pour éviter à l'avenir les abus ci-devant pratiqués par lesdits receveurs ès cessions & transports des quittances comptables, qu'il soit ordonné que les cessionnaires & prêteurs desdites quittances seront tenus, pour jouir du privilége desdits deniers, de les faire registrer en la cour dans deux mois après lesdites cessions; & à l'égard des deniers imposés sur lesdites communautés, que les collecteurs soient tenus d'en faire la levée dans cinq années, comprise celle de l'imposition, ensemble de tous les arrérages des tailles dans ledit temps de cinq années, à compter du jour de la publication du présent arrêt; & à défaut par lesdits collecteurs d'avoir fait les diligences requises & nécessaires sur les biens des contribuables, ledit délai passé, ils soient déclarés déchus du privilége accordé auxdits deniers du Roi, & réduits à la simple hypotheque de la priorité du temps pour le regard des débiteurs cotisés, & entierement déchus de toute action après dix ans envers les nouveaux acquéreurs; comme aussi, leur faire défenses de procéder par saisie & exécution, & obtenir les adjudications par décret sur les biens immeubles des débiteurs cotisés pour moindre somme que celle de dix livres, sans y comprendre les dépens, à peine de cassation & de décret, & de cinq cents livres d'amende & autre arbitraire: Vu ladite requête; LA COUR, les chambres & semestres assemblés, ayant égard à la requête du procureur général du Roi, a ordonné & ordonne que les receveurs généraux & particuliers, commis collecteurs & tous autres administrateurs des deniers royaux & publics de son ressort, feront la levée & recette desdits deniers, aux termes des impositions, avec défenses de prendre & exiger aucuns intérêts & attentes de leurs débiteurs, à peine de concussion, & que lesdits receveurs généraux & particuliers, commis & administrateurs desdits deniers, chacun comme les concerne, seront tenus de faire leurs diligences requises & nécessaires pour le recouvrement & levée des tailles & impositions envers les receveurs particuliers, collecteurs & leurs cautions dans trois années à compter du jour de la publication du présent arrêt, & en défaut de payement, notifier les actes de diligence par eux faits dans ledit temps aux nominateurs desdits receveurs, collecteurs & cautions, consuls de l'année de l'imposition, consuls modernes desdites villes & communautés, & syndics desdits diocèses, chacun en droit soi, autrement & à faute de rapporter lesdites diligences duement notifiées, les a déclarés & déclare déchus de tout privilége & action pour la levée & recouvrement des restes desdits deniers imposés, tant contre lesdits nominateurs desdits receveurs, collecteurs & leurs cautions, consuls de l'année de l'imposition, que les consuls modernes & syndics des diocèses de la province de

Languedoc, lesquels audit cas, ensemble lesdits dioceses & communautés, en demeureront valablement déchargés, sans préjudice néanmoins de leur action contre lesdits receveurs particuliers, collecteurs & leurs cautions ; leur faisant inhibitions & défenses de supprimer leurs quittances comptables ni les céder en fraude des créanciers desdits receveurs particuliers & collecteurs, à peine de nullité desdits transports & cessions, & de punition corporelle contre les comptables ; néanmoins pour faciliter & accélérer la levée des impositions, a permis & permet aux receveurs généraux & particuliers, & à tous autres administrateurs des deniers royaux & publics de céder leursdites quittances comptables, en faisant mention dans lesdites quittances des sommes reçues des deniers des cessionnaires, & à la charge par lesdits cessionnaires, pour jouir du privilége desdits receveurs, de faire registrer en la cour lesdites quittances à eux cédées dans deux mois après le transport qui en aura été fait, & de continuer leurs diligences pour le recouvrement des sommes à eux dues dans lesdites trois années accordées auxdits receveurs aux conditions portées par le présent arrêt. Ordonne en outre ladite cour que les collecteurs des impositions des villes & lieux de sondit ressort seront tenus faire leurs diligences requises & nécessaires pour la levée desdits deniers sur les biens des contribuables dans cinq années (*a*), compris celle de l'imposition, ensemble pour l'exaction & levée de tous les arrérages des tailles dues jusques à présent, dans ledit temps de cinq années à compter du jour de la publication du présent arrêt ; & à faute d'y satisfaire, ledit délai passé, les a déclarés & déclare déchus du privilége des deniers du Roi sur les biens cotisés, sur lesquels & autres effets de leurs débiteurs lesdits collecteurs ne pourront agir qu'en vertu de la simple hypotheque de la priorité du temps, laquelle leur sera acquise du jour & date des rôles des impositions, & pourra être prescrite contre lesdits collecteurs par les tiers acquéreurs desdits biens, après les dix ans de leur paisible possession & jouissance ; a fait & fait inhibitions & défenses à tous collecteurs & exacteurs des tailles de faire aucunes saisies & exécutions, ni de se faire adjuger aucuns décrets, sur les biens immeubles des débiteurs cotisés, pour moindre somme que celle de dix livres due pour tailles, sans y comprendre les dépens, à peine de nullité desdits décrets, sauf auxdits collecteurs d'agir par saisie & exécutions sur les fruits & autres biens meubles des cotisés pour les quotités au-dessous de dix livres, ainsi qu'ils aviseront être à faire suivant les arrêts de réglemens, Enjoignant à tous gouverneurs, magistrats, consuls & tous autres qu'il appartiendra de donner aide & main forte auxdits receveurs & collecteurs pour la levée desdits deniers royaux & publics sur les peines portées par les ordonnances, & que le présent arrêt sera lu & publié en l'audience pour être gardé & observé suivant sa forme & teneur. Fait à Montpellier le 27 Juillet 1669. Bon, Lauriol, Vissec, *signés*. Publié en l'audience le deuxieme Septembre mil six cent soixante-neuf.

(*a*) Cette disposition a été rétractée, à l'égard des collecteurs, par un réglement, du 18 Juin 1678, qui proroge l'action & le privilége du collecteur à trente années.

CXXXI.

EXTRAIT *du regiſtre des délibérations des Etats généraux de Languedoc, aſſemblés par mandement du Roi, en la ville de Montpellier, au mois de Novembre 1674.*

Du Mardi 15 Janvier 1675, préſident Mgr. le cardinal de Bonzy, archevêque de Narbonne.

LE ſieur de Pennautier, tréſorier de la bourſe du pays, a repréſenté que, quoique par les délibérations des Etats, l'aſſemblée n'ait donné la liberté aux aſſiettes des dioceſes, de traiter que pour le reculement du premier terme des impoſitions, néanmoins il y a des dioceſes qui, depuis quelques années ont étendu cette liberté juſques au 15 du mois d'Août, dans lequel temps étant en obligation de faire ſon recouvrement, les receveurs deſdits dioceſes ſe trouvent dans l'impoſſibilité de payer, n'ayant pas eu le temps de lever; & par ce moyen, il ſe trouve dans cette néceſſité, ou d'expédier ſes contraintes contre leſdits receveurs, ou bien de les attendre juſques à la fin de Septembre, ce qui lui porte un préjudice conſidérable, d'autant que lorſqu'il a fait ſes comptes avec les Etats pour les avances du payement mois par mois du don gratuit, on a établi ce fondement qu'il recevroit le premier & ſecond terme des impoſitions audit jour 15 Août, ſuivant l'uſage; & ne ſe trouvant pas en état de rien retirer audit temps deſdits receveurs, il ſe trouve dans l'impoſſibilité de ſatisfaire au payement, mois par mois, à quoi il ſupplioit l'aſſemblée de remédier. A ÉTÉ DÉLIBÉRÉ que, lorſque les aſſiettes des dioceſes de la province jugeront à propos de traiter du reculement du premier terme des impo-ſitions, ils ne le pourront faire que pour le temps dudit premier terme, ſans qu'il leur ſoit permis de porter le payement du ſecond terme, à l'égard du receveur, au-delà du premier jour du mois d'Août, ni que le receveur ſe puiſſe diſpenſer de payer le tréſorier de la bourſe, le 15 dudit mois d'Août, ſous prétexte des délibérations des aſſiettes, priſes pour le reculement du premier terme; Faiſant défenſes aux dioceſes qui traiteront pour les avances du reculement du premier terme, de le faire pour autres deniers que pour ceux qui doivent entrer dans les recettes générales, & du tréſorier de la bourſe du pays.

CXXXII.

ORDONNANCE

DES COMMISSAIRES DU ROI ET DES ETATS.

Pour faire remettre tous les ans aux receveurs les préambules des rôles des impoſitions, & un extrait des clôtures des comptes qui forment reliquat en faveur des communautés.

Du 10 Février 1676.

SA Majeſté nous ayant commis & députés, par arrêt de ſon conſeil d'état du 17 Décembre 1675, pour faire rapporter devant nous les états des impoſitions qui ſeront faites dans chacune des villes & lieux de la province de Languedoc, & tenir la main à ce qu'il n'y ſoit impoſé autres ſommes que celles qui ſont permiſes par les réglemens généraux & particuliers, & autres fins contenues en ladite commiſſion; Nous, conformément à la volonté de Sa Majeſté, & en exécution dudit arrêt, avons ordonné qu'il ſera fait tous les ans, par les conſuls
des

des villes & communautés de la province, un extrait du préambule de l'imposition, article par article, qui contiendra tout ce qui aura été imposé sur la communauté, année par année, à commencer en la présente 1676, tant en vertu de la mande du diocese, que pour les frais municipaux, intérêts des dettes, & autres affaires de quelque nature qu'elles puissent être ; Faisant défenses à tous officiers, consuls & particuliers habitans de ladite province, d'autoriser ni faire deux différens rôles dans le cours de l'année, sous quelque prétexte que ce soit, à peine d'être poursuivis suivant la rigueur des ordonnances, lequel extrait du préambule sera duement certifié par les consuls, & autres qui ont accoutumé signer le livre de collecte ou rôle d'imposition, & remis par le collecteur sans frais, par tout le mois de Juillet pour tout délai, ensemble des extraits des clôtures des comptes, qui forment reliquat envers la communauté, ès mains du receveur des tailles en exercice : Faisant défenses audit collecteur de se charger du rôle des impositions, qu'en leur remettant en même temps lesdits extraits certifiés comme dessus, lesquels seront remis incessamment par lesdits receveurs entre les mains des syndics généraux de la province, chacun en leur département, & par lesdits syndics généraux aux greffes du Roi & des Etats, pour nous être représentés & pourvus par nous, suivant ledit arrêt, ainsi qu'il appartiendra : Ordonnons qu'aux copies collationnées d'icelui & de la présente ordonnance, par les secrétaires & greffiers du Roi & des Etats foi soit ajoutée comme à l'original. Mandons à tous huissiers & sergens requis faire pour l'exécution dudit arrêt & présente ordonnance, tous exploits, significations, commandemens, contraintes, & autres actes

nécessaires. FAIT au bureau de ladite commission, tenu à Montpellier, le dixieme Février mil six cent soixante-seize.

Signés,

Le duc DE VERNEUIL. J. DE MONTPEZAT,
DAGUESSEAU. arch. de Toulouse.
FLEURY. POLIGNAC.
DE MANSE. VILLEVERT.
CASTEL. ROCHEPIERRE.
BOUDON.

Par nosseigneurs les commissaires,
PUJOLS, GUILLEMINET, MARIOTTE.

CXXXIII.
ARRÊT DU CONSEIL,

Qui ordonne aux receveurs des tailles de retirer tous les ans des collecteurs un extrait du préambule des impositions, & de la clôture des comptes qui formeront reliquat au profit des communautés, & de les remettre aux syndics généraux de la province.

Du 21 Mars 1676.

EXTRAIT *des Registres du Conseil d'Etat.*

VU par le Roi en son conseil, l'arrêt rendu en icelui, Sa Majesté y étant, le 17 Décembre 1675, par lequel Elle auroit ordonné que pardevant les commissaires par Elle députés, & ceux qui seroient nommés tous les ans dans l'assemblée des Etats de Languedoc, les états des impositions faites en chacune des villes & communautés de ladite province, seroient rapportés annuellement, à commencer en l'année 1676, en la forme & maniere qui seroit réglée par lesdits sieurs commissaires, auxquels Sa Majesté auroit enjoint de tenir la main à ce qu'il ne soit imposé esdites villes & communautés autres sommes que les impositions ordinaires ou permises par les réglemens & les dettes qui auront été bien & duement vérifiées; l'ordonnance rendue à Montpellier, le 10 Février dernier, par lesdits commissaires de Sa Majesté, & ceux desdits Etats, portant qu'en exécution dudit arrêt, il sera fait tous les ans dans chaque ville & communauté de ladite province, un extrait du préambule des impositions, article par article, qui contiendra tout ce qui aura été imposé, tant en vertu de la mande du diocèse, que pour les frais municipaux, intérêts des dettes, & autres affaires de quelque nature qu'elles puissent être ; lesquels extraits, ensemble ceux de la clôture des comptes qui forment reliquat envers la communauté, seront remis, dans le mois de Juillet, par les collecteurs, sans frais, ès mains des receveurs des tailles en exercice, & par ceux-ci en celles des syndics généraux de ladite province, chacun dans leur département, qui les envoyeront au greffe de Sa Majesté & des Etats, pour être vus par lesdits sieurs commissaires. Et Sa Majesté voulant que ledit arrêt & ordonnance soient exécutés en la maniere y contenue : Ouï le rapport du sieur Colbert, conseiller ordinaire au conseil royal, & contrôleur général des finances, LE ROI EN SON CONSEIL, a ordonné & ordonne que lesdits arrêt & ordonnance desdits sieurs commissaires, des 17 Décembre & 10 Février dernier, seront exécutés selon leur forme & teneur ; ce faisant, a enjoint aux receveurs des tailles des dioceses de ladite province de Languedoc, chacun dans l'année de son exercice, de retirer desdits collecteurs lesdits extraits en la forme portée par ladite ordonnance, & les remettre auxdits syndics généraux, dans le mois de Juillet au plus tard, à peine de 500 livres d'amende, & de radiation de leurs gages, lesquels seront portés au trésor royal, sur les avis qui en seront donnés à Sa Majesté par le sieur commissaire par Elle départi en ladite province de Languedoc, auquel Elle ordonne de tenir la main à l'exécution du présent arrêt. FAIT au conseil d'état du Roi, tenu à Saint-Germain-en-Laye, le vingt-unieme jour de Mars mil six cent soixante-seize. *Collationné. Signé*, BERRYER.

LOUIS, PAR LA GRACE DE DIEU, ROI DE FRANCE ET DE NAVARRE: A notre amé & féal conseiller en nos conseils, maître des requêtes ordinaire de notre hôtel, le sieur d'Aguesseau, commissaire par Nous départi pour l'exécution de nos ordres en notre province de Languedoc, SALUT. Nous vous mandons & ordonnons de tenir la main à l'exécution de l'arrêt dont l'extrait est ci-attaché sous le contre-scel de notre chancellerie, cejourd'hui donné en notre conseil d'état ; commandons au premier notre huissier ou sergent sur ce requis, de signifier ledit arrêt aux receveurs des tailles des dioceses de ladite province, & à tous autres qu'il appartiendra, à ce qu'ils n'en prétendent cause d'ignorance, & de faire pour son entiere exécution, de l'arrêt de notredit conseil du 17 Décembre 1675, & de l'ordonnance des commissaires par Nous députés, & ceux nommés dans l'assemblée des Etats d'icelle province, du 10 Février dernier, y mentionnés, tous commandemens, sommations, injonction auxdits receveurs des tailles, chacun dans l'année de son exercice, de retirer des collecteurs les extraits des impositions mentionnées en ladite ordonnance, en la forme y portée ; & les remettre aux syndics généraux desdits Etats, dans le mois de Juillet au plus tard, sur les peines y exprimées, & autres actes & exploits requis & nécessaires, sans autre permission. Voulons qu'aux copies dudit arrêt, & des présentes collationnées par l'un de nos amés & féaux conseillers & secrétaires, foi soit ajoutée comme aux originaux : Car tel est notre plaisir. DONNÉ à Saint-Germain-en Laye, le vingt-unieme jour de Mars l'an de grace mil six cent soixante-seize, & de notre regne le trente-troisieme. Par le Roi en son conseil. BERRYER, *signé*.

HENRI D'AGUESSEAU, chevalier, conseiller du Roi en ses conseils, maître des requêtes ordinaire de son hôtel, & président au grand conseil, intendant de justice, police & finances en la province de Languedoc.

VU l'arrêt du conseil d'état, dont copie est ci-dessus, du 21 Mars 1676, & commission sur icelui à Nous adressante, signée, Par le Roi en son conseil BERRYER; & scellée : Nous ordonnons que ledit arrêt du conseil d'état, dudit jour 21 Mars 1676, sera exécuté selon sa forme & teneur ; enjoignons aux receveurs des tailles des dioceses de cette province de satisfaire au contenu d'icelui, dans le temps y porté, sur les peines y contenues. Mandons au premier huissier ou sergent royal sur ce requis, de faire à raison de ce tous exploits nécessaires. FAIT à Montpellier le treizieme Avril mil six cent soixante-seize. D'AGUESSEAU, *signé*. Par mondit sieur. LEFEBVRE, *signé*.

CXXXIV.

ORDONNANCE

DES COMMISSAIRES DU ROI ET DES ETATS,

Qui accorde aux receveurs des dioceses, la contrainte contre les consuls, leur greffier & collecteurs des tailles, pour la remise des préambules des impositions, & des clôtures des comptes qui forment reliquat au profit des communautés.

Du 28 Août 1676.

SUR le rapport qui nous a été fait par les syndics généraux de la province de Languedoc, des diligences par eux faites en exécution de l'arrêt du conseil d'état du 17 Décembre 1675 & de notre ordonnance du 10 Février 1676, rendue sur le registre d'icelui, aux fins de la remise des états des impositions de l'année présente, & extraits des clôtures des comptes qui forment reliquat envers les communautés, qui devoit avoir été faite ès mains des receveurs des dioceses qui sont en exercice, par tout le mois de Juillet dernier, il nous auroit apparu que, quelques soins qu'ils aient pris, en exécution de l'arrêt du 21 Mars dernier, ils n'ont pu retirer des mains des collecteurs qu'une partie desdits états d'impositions & clôtures des comptes, faute de moyen de les y pouvoir contraindre : A quoi étant nécessaire de remédier, NOUS ORDONNONS que lesdits receveurs se feront remettre incessamment par les collecteurs qui sont en demeure, lesdits états d'impositions, & extraits des clôtures des comptes qui forment reliquat au profit des communautés pour être remis par lesdits receveurs huitaine après ès mains des syndics généraux, & par iceux au greffe du Roi & des Etats dans la ville de Montpellier, sur les peines portées par ledit arrêt du 21 Mars dernier; auquel effet leur octroyons toute contrainte, même par corps, tant contre les consuls desdites communautés, greffier consulaire, que collecteurs, lesquelles seront exécutées nonobstant oppositions, ou appellations quelconques, aux frais &

X ij

dépens desdits consuls & collecteurs, qui sont en demeure, sans espoir de répétition contre la communauté. Mandons au premier huissier ou sergent requis, faire pour l'exécution de la présente ordonnance tous exploits, significations, contraintes & autres actes nécessaires. FAIT au bureau de ladite commission, tenu à Montpellier le vingt-huit Août mil six cent soixante-seize.

Signés ,

Le duc DE VERNEUIL. J. DE MONTPEZAT,
DAGUESSEAU.   arch. de Toulouse.
FLEURY.   POLIGNAC.
DE MANSE.   VILLEVERT.
CASTEL.   ROCHEPIERRE.
BOUDON.

Par nosseigneurs les commissaires.
PUJOLS, GUILLEMINET, MARIOTTE.

CXXXV.
ARTICLES

Accordés entre les députés des Etats de la province de Languedoc d'une part, & les députés de la cour des comptes, aides & finances d'autre, sur leurs demandes respectives concernant les comptes des deniers extraordinaires, qui s'imposent dans les vingt-deux diocèses de la province.

PREMIEREMENT.

QUe dans le département qui sera fait par les diocèses sous titre de deniers extraordinaires, les greffiers des assiettes desdits diocèses y comprendront l'imposition du don gratuit, des dettes & affaires du pays, des gratifications extraordinaires, des frais des Etats & des sénéchaussées ; ensemble les intérêts des dettes des diocèses vérifiées, & les capitaux d'icelles, après que l'imposition desdits capitaux aura été délibérée par l'assiette, les épices du compte, les gages du receveur ancien dans les diocèses où il en est fait le fonds, & les taxations du receveur en exercice, & généralement de toutes les autres natures de deniers qui sont & pourront être imposés sans exception, à la réserve des frais ordinaires d'assiette ; de toutes lesquelles impositions, il en sera compté en la cour des comptes par les receveurs des diocèses qui en feront le recouvrement, après toutefois que lesdits receveurs auront fait arrêter les dépenses desdites impositions aux assiettes desdits diocèses, le tout conformément à l'article III du traité fait entre lesdits Etats & les députés de ladite cour des comptes, du 24 Février 1612.

I I.

Que les receveurs de chaque diocèse remettront une fois pour toutes, une copie des Etats des dettes du diocèse vérifiées par MM. les commissaires du Roi depuis l'année 1640, & celles qui le seront à l'avenir ; & ladite copie sera certifiée par le greffier du diocèse, lequel mettra au bas de chaque article si la dette a changé de main & à qui elle est due à présent ; moyennant laquelle remise la cour des comptes ne fera point de souffrance dans les comptes des receveurs, comme elle avoit accoutumé de le faire faute de justifier de l'emploi desdites dettes, & levera les souffrances qui ont été mises sur les comptes déjà jugés faute de justifier dudit emploi, sans que, pour raison de ce, elle puisse prendre aucunes épices ni autre droit quelconque, tant pour le passé que pour l'avenir. Et à l'égard des dettes plus anciennes, si lesdits receveurs ne rapportent point copie de l'état des dettes vérifiées pour faire passer les parties dans leurs comptes purement & simplement, ou pour faire lever les souffrances déjà faites, il en sera usé lors du jugement & apurement desdits comptes comme il a été fait ci-devant, à la charge toutefois que ladite cour ne pourra prendre aucunes épices pour lever lesdites souffrances, ni autres droits quelconques.

III.

Et à l'égard des souffrances mises dans les articles desdits comptes des payemens faits aux créanciers des dioceses qui sont cessionnaires, ou ont droit & cause de ceux qui ont prêté, faute de justifier desdites cessions & droits, elles seront aussi levées par ladite cour des comptes sans épices ni autres droits dans tous les comptes qui ont été rendus jusques à présent, sur la simple certification du greffier du diocese, comme la somme imposée en une telle année en faveur d'un tel, est la même que celle qui est mise à l'article tel de l'état des dettes du diocese vérifiées ; ce qui n'aura lieu que pour les dettes comprises dans les États de vérification arrêtés par MM. les commissaires depuis l'année 1640 ; & qu'à l'égard des dettes contractées & vérifiées auparavant l'année 1640, les souffrances en seront aussi levées sans aucunes épices & sans que les comptables soient tenus de rapporter les cessions & droits desdites dettes, mais seulement trois actes de sommation.

Et pour l'avenir, il a été convenu qu'il ne sera point fait de souffrance dans les comptes desdits receveurs au sujet des intérêts des dettes desdits dioceses & des capitaux d'icelles, si le comptable rapporte la quittance des créanciers originaires, & au cas que depuis la remise desdits États de vérification depuis l'année 1640, ou depuis l'imposition faite dans l'assiette une dette ait changé de mains par cession ou autrement, le receveur comptable sera tenu de rapporter l'acte pour justifier du droit de celui auquel il aura payé la somme imposée, à faute de quoi il sera fait souffrance, dans l'article de son compte, laquelle néanmoins sera levée en rapportant lesdites pieces, sans épices ni autres droits quelconques.

Comme aussi en cas que les assiettes déliberent l'imposition des capitaux en tout ou en partie, ladite cour des comptes ne pourra point prendre d'autres épices ni d'autres droits, pour raison de ce, que celles dont il est fait fonds par les assiettes, suivant le traité fait avec ladite cour le 13 Février 1665.

IV.

Et parce qu'il est de l'usage de ladite cour de faire souffrance sur les articles des comptes des receveurs des payemens faits au trésorier de la bourse de la province, sous prétexte que la commission du trésorier n'a pas été enregistrée en la cour des comptes, bien qu'il n'y soit pas comptable, & qu'au contraire il ne doive rendre compte des deniers de son maniement qu'aux Etats, il a été convenu que les parties mises en souffrances sur les comptes déjà rendus & sur ceux qui le seront à l'avenir, seront déchargées sur trois actes de sommation, ainsi qu'il a été pratiqué jusques à présent, sans épices ni autres droits quelconques.

V.

A l'égard de la confection des inventaires des comptables ladite cour a offert & consenti de faire un réglement à leur soulagement, & de faire juger incessamment l'instance pendante au conseil entre ladite cour & les trésoriers de France tant pour raison de la confection des inventaires, que pour la réception desdits comptables, prétendus par lesdits trésoriers de France.

V I.

Les Etats de la province feront leurs instances auprès de Mgr. le duc de Verneuil, gouverneur de la province, pour faire remettre le fonds de 22,000 livres destiné pour les réparations & fortifications des villes frontieres, entre les mains du trésorier pourvu par Sa Majesté à l'effet par lui d'en faire les payemens sur les ordres qui seront donnés par S. A., en suivant l'état qui en sera par elle arrêté pour en être compté en ladite cour, conformément à l'article IX du traité fait en l'année 1612.

V I I.

Et au surplus, que les traités faits par les Etats avec ladite cour des comptes ès dites années 1612 & 1665, & tous autres, seront exécutés selon leur forme & teneur, en ce qui ne sera pas contraire au présent, lequel sera ratifié & approuvé par l'assemblée des Etats & par ladite cour des comptes, aides & finances. FAIT & arrêté à Montpellier le seizieme Janvier mil six cent soixante dix-neuf.

Ainsi signés par colonnes.

J. DE MONTPEZAT, arch. de Toulouse.
T. B. M. COLBERT, év. de Montauban.
MARIOTTE, capitoul.
DE REYNÉS, consul d'Alby.
BOYER, syndic d'Alby.

VILLENEUVE DE PUJOLS.
DAZZAN.
ROCHEPIERRE.
FICHES, syndic de Narbonne.
MORUT, diocésain de Narbonne.

GUILLEMINET.

BOCAUD.
D . . . .
RANCHIN.
DE BOULHACO.
C . . . .
DE BON.
AZEMAR.

CXXXVI.

ARTICLES

Accordés entre les députés des Etats de la province de Languedoc, d'une part, & les députés du bureau des trésoriers de France de la généralité de Montpellier, d'autre.

PREMIEREMENT.

QUE les receveurs des tailles comprendront dans l'état au vrai des deniers extraordinaires qu'ils rendent annuellement au bureau, les intérêts & capitaux des dettes imposées par les diocéses en faveur de leurs créanciers, ainsi qu'ils avoient accoutumé, & en rapporteront les acquits.

I I.

Que MM. les trésoriers de France, qui sont en différent avec MM. de la cour des comptes de Montpellier, au sujet des inventaires des biens des comptables après leur décès, se feront régler incessamment par le Roi, afin que les receveurs des tailles & taillon ne soient pas exposés à une double dépense : & au cas que, par l'événement, lesdits inventaires appartiennent auxdits sieurs trésoriers de France, il a été convenu qu'il sera fait un réglement, de concert avec MM. les députés de la province, pour le soulagement des successions des comptables.

En dernier lieu, il a été convenu que, lorsque les quittances de finance des augmentations de gages qui peuvent être jouies séparément de l'office, auront été une fois regiftrées, & qu'elles viendront à changer de main, par teftament, donation, ceffion, vente, ou autrement, lefdits fieurs tréforiers ne prendront plus aucun droit de regiftre defdites quittances, mais feulement du teftament, donation, ceffion, ou autre acte faifant le droit du nouveau poffeffeur, pour lequel regiftre ne fera payé que cent fols.

FAIT & arrêté à Montpellier le feizieme Janvier mil fix cent foixante dix-neuf.

Ainfi fignés par colonnes.

J. DE MONTPEZAT, arch. de Touloufe.	VILLENEUVE DE PUJOLS.	FLEURY.
T. B. M. COLBERT, év. de Montauban.	DAZZAN.	DE MANSE.
MARIOTTE, capitoul.	ROCHEPIERRE.	CASTEL.
PALAPRAT, député de Caftres.	FICHES, fyndic de Narbonne.	BOUDON.
DE REYNES, conful d'Alby.	MORUT, diocéfain de Narbonne.	GIRARD.
BOYER, fyndic d'Alby.		

GUILLEMINET.

CXXXVII.

EXTRAIT du regiftre des délibérations des Etats généraux de Languedoc, affemblés par mandement du Roi, en la ville de Pezenas, au mois de Novembre 1679.

Du Vendredi 15 Décembre fuivant, préfident Mgr. le cardinal de Bonzy, archevêque & primat de Narbonne.

LE fieur de Boyer, fyndic général, a dit, qu'en exécution de la délibération du 16 Janvier dernier, il a donné connoiffance à MM. les tréforiers de France de la généralité de Touloufe, du traité que les Etats avoient fait ce jour-là avec ceux de la généralité de Montpellier, & que lefdits fieurs tréforiers ont député des officiers de leur compagnie à Mgr. l'archevêque de Touloufe, pour lui dire qu'ils acceptoient ledit traité & qu'ils étoient prêts d'y foufcrire; en conféquence de quoi ledit feigneur archevêque avoit prié Mgr. l'évêque de Montauban, MM. les barons de Caftelnau de Bonnefons & de Lanta, & les fieurs capitouls de Touloufe, commiffaires des Etats, de s'affembler chez lui où MM. Caulet, Caillau, Calvet & Ollivier, tréforiers de France, fe feroient rendus & auroient figné & ratifié de la part de leur bureau, ledit traité & promis de le faire exécuter felon fa forme & teneur dans la généralité de Touloufe.

CXXXVIII.

EXTRAIT *du registre des délibérations des Etats généraux de Languedoc, assemblés par mandement du Roi, en la ville de Montpellier, au mois de Novembre 1681.*

Du Mercredi 14 Janvier 1682, président Mgr. le cardinal de Bonzy, archevêque & primat de Narbonne.

LE sieur de Joubert, syndic général, a dit, qu'il a été informé que les receveurs des tailles de plusieurs diocèses de la généralité de Montpellier ont fait refus, lorsqu'ils se sont présentés aux assiettes pour se charger du maniement des deniers extraordinaires, de rapporter le compte de leur dernier exercice apuré ou des ampliations des quittances des payemens par eux faits des charges assignées sur leur recette, quoiqu'ils soient obligés par divers réglemens & par des délibérations des Etats de donner cet éclaircissement aux assiettes ; & comme ce refus doit faire appréhender que lesdits receveurs ne comptent pas exactement, & que les diocèses sont en danger d'être recherchés par le défaut de payement des deniers extraordinaires de la part des receveurs, il croyoit que l'assemblée devoit y donner quelque ordre. SUR QUOI IL A ÉTÉ DÉLIBÉRÉ que les receveurs des tailles des diocèses qui devront entrer en exercice feront voir aux assiettes les comptes apurés de leurs exercices précédens ou des ampliations des quittances de toutes les sommes assignées sur leur recette, sinon & à faute de ce faire les assiettes obligeront lesdits receveurs à fournir des cautions tant pour la recette courante que pour tout ce qu'ils devront des années de leurs précédens exercices ; autrement les assiettes pourront commettre à la levée des deniers extraordinaires pour la plus grande sûreté des diocèses & MM. les députés qui doivent aller cette année à la cour ont été chargés de poursuivre un arrêt du conseil du Roi pour l'exécution de la présente délibération.

CXXXIX.

EXTRAIT *du registre des délibérations des Etats généraux de Languedoc, assemblés par mandement du Roi, en la ville de Montpellier, au mois d'Octobre 1682.*

Du Jeudi 3 Décembre suivant, président Mgr. le cardinal de Bonzy, archevêque de Narbonne.

MESSIEURS les commissaires qui ont examiné les impositions faites dans les assiettes l'année présente 1682, ont rapporté qu'ils avoient remarqué que les diocèses n'étoient pas uniformes sur les avances qu'ils payoient aux receveurs du premier terme des impositions, les uns baillant au receveur deux & demi pour cent, les autres trois, & quelquefois davantage, & qu'il y en avoit qui traitoient pour plus d'un payement, bien que cela ne fût pas juste, puisque les receveurs ne sont obligés de payer le premier terme à M. le trésorier de la bourse qu'au 15 du mois de Mai, & qu'ils en peuvent faire le recouvrement sur les collecteurs dès le premier jour du mois d'Août, & n'en doivent faire le payement audit sieur trésorier de la bourse que le 15 du même mois ; & qu'ainsi il suffisoit de payer auxdits receveurs lesdites avances pour un payement seulement, & que pour mettre les choses dans un ordre uniforme, MM. les commissaires avoient demeuré d'accord de proposer à l'assemblée de prendre une délibération qui réglât ladite avance à deux & demi pour

pour cent & pour un payement seulement. SUR QUOI A ÉTÉ DÉLIBÉRÉ qu'il ne sera fait fonds dans les assiettes des diocèses en faveur des receveurs particuliers, pour les avances du premier terme des impositions, que pour un payement seulement & à raison de deux & demi pour cent au plus ; & au cas que les receveurs ne vouluffent pas accepter ces deux conditions, lesdites assiettes feront avertir le tréforier de la bourse dans le 15 d'Avril au plus tard & lui marqueront la somme qu'il doit avancer pour le reculement du premier terme tant des deniers de la recette générale que de ceux de sa recette, desquelles sommes ils régleront les avances sur le pied de deux & demi pour cent dont il sera fait fonds au profit dudit sieur tréforier de la bourse, & en ce cas seulement, dans le département des frais d'assiette, pour lui être ladite avance payée par les receveurs en exercice au plutard dans les 15 du mois d'Août ; & en cas que lesdits receveurs acceptent lesdites conditions & qu'ils veuillent se charger de faire les avances du premier terme des impositions sur le pied de deux & demi pour cent & pour un payement seulement, en ce cas lesdites avances seront réglées en pleine assiette & les greffiers des diocèses seront chargés d'en faire un département séparé qui sera remis entre les mains du receveur, & de mettre au bas de la mande de chaque communauté par *advertatur* que la quotité du lieu pour ladite avance revient à tant, de laquelle la communauté demeurera déchargée si elle paye au receveur en exercice l'entier premier terme des impositions dans le premier jour de chaque mois de Mai pour tout délai & non autrement. Et afin que la présente délibération soit connue à toutes les assiettes, elle sera imprimée & attachée aux commissions des impositions.

CXL.

EXTRAIT du regiftre des délibérations des états généraux de Languedoc, affemblés par mandement du Roi, en la ville de Montpellier, au mois d'Octobre 1682.

Du Samedi 5 Décembre suivant, président Mgr. le cardinal de Bonzy, archevêque de Narbonne.

LEs Etats ayant remarqué par le rapport de MM. les commissaires qui ont travaillé, en présence de S. E., à la vérification des départemens & impositions des diocèses, qu'il y avoit quelque chose à faire pour régler la conduite desdits diocèses au sujet des comptes des receveurs, ONT DÉLIBÉRÉ que les instructions qui ont été dressées pour cet effet seront insérées dans le présent procès-verbal & imprimées pour être envoyées dans les assiettes, afin qu'elles en ayent connoissance.

INSTRUCTIONS qui ont été délibérées par Nosseigneurs des Etats de la province de Languedoc pour être exécutées dans les assiettes des diocèses de la province:

Les commissaires principaux, ordinaires & députés des assiettes obligeront les receveurs qui auront été en exercice l'année précédente, de compter devant eux, tant des deniers ordinaires que des extraordinaires, & d'en faire recette & dépense dans un même compte, autre toutefois que celui qu'ils rendent pour les frais d'assiette.

Ils n'exigeront desdits receveurs pour piece justificative de la dépense de leur compte des deniers ordinaires & extraordinaires que des ampliations des quittances des receveurs généraux des finances ou tréforier de la bourse des Etats, & de ceux qui auront été assignés sur la recette desdits deniers ; &

à l'égard des créanciers du diocese, ils exhiberont les quittances originales de chacun des créanciers & remettront les ampliations de leurs quittances pour être remises avec le susdit compte aux archives du diocese pour y avoir recours en cas de besoin.

Et à l'égard des comptes des frais d'assiette, ils remettront les quittances originales de ceux qui auront été assignés sur ladite recette.

Si les receveurs ne rapportent point les quittances de tous ceux qui auront été assignés sur les deniers de leur maniement, & qu'ils ne puissent point apurer leurs comptes dans la tenue de l'assiette après l'année de leur exercice, lesdits commissaires principaux, ordinaires & députés de l'assiette qui sera tenue l'année suivante se feront rapporter le compte de ce même receveur qui aura compté l'année précédente, & l'obligeront à rapporter les obligations & quittances des articles mis en souffrance ; & en cas qu'il n'y satisfasse pas, ils lui feront déclarer par acte au nom du syndic du diocese que, s'il n'apure pas entierement son compte auparavant la tenue de l'assiette lors prochaine, qui sera celle dans laquelle le même receveur doit rentrer en exercice, les départemens des impositions ne lui seront pas baillés, & qu'il sera pourvu au recouvrement des deniers extraordinaires, ainsi qu'il sera avisé par l'assiette.

Et en cas qu'il y eût des receveurs qui fussent refusans de compter auxdites assiettes, les commissaires principaux, ordinaires & députés d'icelle chargeront le syndic du diocese d'en avertir les syndics généraux lesquels prendront les voies qui leur ont été marquées par Nosseigneurs des Etats pour les y contraindre, suivant les traités faits avec la cour des comptes, aides & finances de Montpellier ès années 1612 & 1679. Il sera pourtant observé de faire un acte aux receveurs qui seront refusans, afin qu'il paroisse qu'ils ont été requis & sommés de le faire, & que le syndic général puisse justifier du refus.

Lesdits commissaires & députés demanderont au receveur qui entrera en exercice un état de tous les droits qui lui sont attribués & qui lui doivent être payés par chacune des communautés des dioceses, dans lequel état ils mettront séparément ce qui lui est accordé pour le droit d'avis, pour le droit du premier commandement, pour le droit de quittance & pour le droit de contrôle, lequel état ils certifieront pour être envoyé au syndic général de la province, & en même-temps ils enjoindront au greffier de marquer dans chacune des mandes des communautés, que Nosseigneurs des Etats ordonnent à ceux qui procéderont à l'imposition, de comprendre dans le préambule du livre & en quatre articles séparés ce qu'ils imposent pour le droit d'avis, pour le premier commandement, pour le droit de quittance & pour le contrôle, sans confondre dans aucun de ces articles aucune autre dépense quelle que ce soit.

Et en cas que les receveurs exigent d'eux une plus grande somme pour lesdits droits que celle qui leur est légitimement due, ou qu'ils fassent quittance au collecteur d'une moindre somme que celle qu'ils reçoivent effectivement, ils en avertiront le syndic du diocese, lequel sera tenu de le faire savoir au syndic général.

Les commissaires principaux, ordinaires & députés de l'assiette feront lire les délibérations prises par Nosseigneurs des Etats en forme de réglement, attachées aux commissions des impositions, concernant la lecture & l'exécution du jugement rendu par nosdits seigneurs sur les impositions du diocese l'année precedente, la remise des comptes des receveurs & des étapiers, ensemble celles qui ont été prises pour la fourniture desdites étapes, & l'avance du premier terme des impositions, à l'effet de les faire exécuter selon leur forme & teneur.

CXLI.

EXTRAIT *du regiſtre des délibérations des Etats généraux de Languedoc, assemblés par mandement du Roi, en la ville de Montpellier, au mois d'Octobre* 1683.

Du Vendredi 22 dudit mois d'Octobre, préſident Mgr. le cardinal de Bonzy, archevêque & primat de Narbonne.

Messieurs les commiſſaires nommés pour examiner les impositions faites dans les aſſiettes des dioceſes de la ſénéchauſſée de Carcaſſonne, ont rapporté qu'en celle du dioceſe de Saint-Pons, ils avoient remarqué que ce dioceſe n'avoit pas voulu ſe ſervir de l'offre faite par le ſieur de Pennautier, tréſorier de la bourſe, pour l'avance du premier terme des impoſitions à raiſon de deux & demi pour cent, pour un payement ſeulement, & qu'il paroiſſoit qu'il avoit été traité avec le receveur qui étoit en exercice à raiſon de trois pour cent, ſans qu'il ſoit marqué dans la délibération qui a été priſe ſur ce ſujet pour quel temps on a traité avec ledit receveur, & ſi c'eſt pour un payement ſeulement, ſuivant les inſtructions des Etats, ou pour un plus long terme ; Sur quoi , Vu, &c. les Etats ont ordonné & ordonnent qu'à la diligence du ſyndic général, il ſera pourſuivi arrêt au conſeil pour faire ordonner par le Roi, ſi tel eſt ſon bon plaiſir, ſur l'offre faite par le ſieur de Pennautier, tréſorier de la bourſe, pour l'avance à deux & demi pour cent du premier terme des impoſitions, que le receveur du dioceſe de Saint-Pons & ceux des autres dioceſes, ſi aucuns y a, ſeront tenus de faire ladite avance ſur le même pied, & pour un payement ſeulement, à peine d'être contraints par toutes voies & par corps à la reſtitution de l'excédant, avec défenſes aux commiſſaires principal, ordinaires, & députés de ladite aſſiette de faire aucuns traités contraires aux délibérations des Etats qui ont été ou ſeront ſur ce priſes, ſur les peines qui ſeront par eux ordonnées.

CXLII.

EXTRAIT *du regiſtre des délibérations des Etats généraux de Languedoc, assemblés par mandement du Roi, en la ville de Montpellier, au mois d'Octobre* 1683.

Du Vendredi 19 Novembre, préſident Mgr. le cardinal de Bonzy, archevêque & primat de Narbonne.

Messieurs les commiſſaires nommés pour examiner les impoſitions faites dans les aſſiettes des dioceſes l'année préſente 1683, ont rapporté, que le jugement rendu le 22 Octobre dernier ſur celle du dioceſe de Saint-Pons, avoit été ſignifié aux ſyndic & greffier dudit dioceſe, & qu'outre la réponſe qu'ils avoient fait par écrit, le ſieur Dor, greffier, étoit venu en cette ville pour rendre compte de leur conduite, & que par un acte qu'il avoit remis au ſieur de Montbel, ſyndic général, le receveur avoit fait ſa ſoumiſſion de rendre la ſomme de 243 livres qui étoit ce qu'il avoit reçu au-deſſus de deux & demi pour cent pour l'avance des deniers du premier terme de l'imposition de cette année ; & qu'ainsi ils croyoient qu'il étoit inutile de poursuivre un arrêt au conseil pour obliger les receveurs de ce diocese à traiter de ladite avance sur ce pied ; Vu l'acte par lequel le sieur Juin, receveur, s'est obligé de rendre ce qu'il avoit reçu pour l'avance du premier terme des impositions au-dessus de deux & demi pour cent, ensemble le jugement du 22 Octobre dernier, LES ETATS ont ordonné aux commissaires principal, ordinaires & députés de l'assiette prochaine de moins imposer dans le département des frais de l'assiette prochaine la somme de 243 livres que ledit sieur Juin a reçue au-dessus des deux & demi pour cent pour l'avance du premier terme de cette année ; & qu'à cet effet il sera tenu de la remettre entre les mains de son collégue qui entrera en exercice pour l'année 1684, moyennant quoi ledit sieur Juin en demeurera valablement déchargé ; faisant défenses auxdits commissaires principal, ordinaires & députés de ladite assiette de traiter doresnavant avec le receveur pour l'avance du premier terme des impositions à plus haut pied que de deux & demi pour cent, & pour un payement.

CXLIII.
ARRÊT
DE RÉGLEMENT DU CONSEIL D'ÉTAT DU ROI,

Entre la cour des comptes, aides & finances de Montpellier.

Et les trésoriers généraux de France des généralités de Toulouse & Montpellier.

Du 15 Septembre 1685.

EXTRAIT *des Registres du Conseil d'Etat.*

VU au conseil du Roi, l'arrêt rendu en icelui, le 30 Septembre 1679, sur la requête du procureur général de Sa Majesté en la cour des comptes, aides & finances de Montpellier, tendante à ce que, pour les causes y contenues, il plaise à Sa Majesté, interprétant l'arrêt du conseil, du 18 Juillet 1670, qui a déclaré commun entre ladite cour des comptes de Montpellier & les trésoriers de France de son ressort, le précédent arrêt de réglement, du 19 Janvier 1668, rendu entre la chambre des comptes de Paris, & les trésoriers de France de Châlons & Bourges, & celui du 6 Juin 1672, sans avoir égard à l'ordonnance desdits trésoriers de France de Montpellier, du 10 Juillet 1679, & à tout ce qui s'en étoit ensuivi, maintenir & garder les officiers de ladite cour des comptes, aides & finances de Montpellier, à continuer de recevoir les foi & hommages, aveus & dénombremens de tous les fiefs de quelque sorte & qualité que ce soit de ladite généralité de Montpellier, à l'exclusion des trésoriers de France de ladite ville, tout ainsi que les officiers de la chambre des comptes de Paris enjouissent dans toute l'étendue de la généralité de Paris ; faire défenses auxdits trésoriers de France de Montpellier, de à ce leur donner aucun trouble ni empêchement, à peine de 3000 livres d'amende, & de tous dépens, dommages & intérêts : par lequel arrêt auroit été ordonné qu'aux fins de ladite requête, lesdits trésoriers de France de Montpellier seroient assignés au conseil, pour leur être pourvu, ainsi qu'il appartiendroit par raison : Commission sur ledit arrêt dudit jour 30 Septembre, au dos de laquelle est l'exploit de signification defdits arrêts & commiffions auxdits tréforiers de France de Montpellier, & affignation à eux donnée audit confeil à deux mois pour y procéder aux fins d'icelui, le 25 Octobre 1679. Autre arrêt du confeil, du 30 Décembre audit an 1679, rendu fur la requête defdits tréforiers de France de Montpellier, intendans des gabelles du Languedoc, tendante à ce que pour les caufes y contenues, il plaife à Sa Majefté les maintenir & garder en tous les droits, fonctions & priviléges de leurs charges, & fpécialement au droit de connoître de la direction des finances & gabelles, privativement aux officiers de ladite cour des comptes, de l'exécution des Etats du Roi, au droit de faire inventaire & defcription des biens & effets dépendans des bénéfices confiftoriaux, vacans en régale, aux rangs & féance en perfonne finguliere, tant en ladite chambre des comptes que cour des aides, fuivant les conventions faites entre lefdits tréforiers de France & ladite cour des aides, avant fon union avec ladite chambre des comptes; au droit de recevoir les foi & hommages, aveus & dénombremens des fiefs relevans du Roi dans l'étendue de ladite généralité, & en celui de faire les fcellés & les inventaires des comptables, le cas y échéant; ordonner que le receveur général des reftes, & les receveurs & payeurs des gages de ladite cour des comptes, aides & finances compteroient par état devant lefdits tréforiers de France ; & faire défenfes auxdits officiers de leur donner aucun trouble ni empêchement en la jouiffance defdits droits, ni de prendre aucune connoiffance, ni jurifdiction des chofes ci-deffus exprimées à peine de dix mille livres d'amende, & fufpenfion des charges de chacun contrevenant, & des dommages & intérêts defdits tréforiers de France ;

& parce que la conteftation portée au confeil par les officiers du préfidial, contre ceux de ladite cour des comptes, concernant la confection des fcellés, & des inventaires des comptables, avoit été renvoyée pardevant le fieur d'Aguefleau, commiffaire départi en Languedoc, que lefdits tréforiers de France avoient le principal intérêt en cette conteftation, requéroient qu'il plût à Sa Majefté les renvoyer pardevant ledit fieur d'Aguefleau aux fins de l'arrêt du 28 Mars 1679, fi mieux Sa Majefté n'aimoit, par les raifons ci-deffus expliquées, y renvoyer les parties pour y former leurs demandes, fur toutes leurs conteftations & différens refpectifs, & donner leurs mémoires fur iceux pour en être dreffé procès-verbal par ledit fieur d'Aguefleau, & icelui rapporté & vu fon avis être par Sa Majefté ordonné ce que de raifon ; par lequel arrêt Sa Majefté auroit renvoyé les parties pardevant ledit fieur d'Aguefleau pour y fournir leurs demandes fur toutes leurs conteftations & différens refpectifs, & donner leurs mémoires fur iceux, pour en être dreffé procès-verbal par ledit fieur d'Aguefleau, & icelui rapporté avec fon avis être ordonné par Sa Majefté ce qu'il appartiendra : enfuite eft une ordonnance dudit fieur d'Aguefleau, du 19 Janvier 1680, portant que ledit arrêt feroit exécuté, & en conféquence d'icelui que dans quinzaine du jour de la fignification d'icelui & de ladite ordonnance, les parties y dénommées formeroient leurs demandes fur leurs conteftations & différens, & remettroient pardevers ledit fieur d'Aguefleau leurs mémoires & pieces, pour fur iceux être par ledit fieur d'Aguefleau dreffé procès-verbal, & donné avis fur le tout à Sa Majefté ; & au bas eft la fignification qui en a été faite auxdits officiers de la cour des comptes, aides & finances de Montpellier, & assignation à eux donnée pardevant ledit sieur d'Aguesseau à quinzaine pour y procéder aux fins dudit arrêt, le dernier Janvier 1680. Autre arrêt du conseil du 13 Février audit an, rendu sur la requête desdits trésoriers de France de Montpellier, tendante à ce que pour les causes y contenues, il plût à Sa Majesté casser l'arrêt de ladite cour des aides de Montpellier, du 16 Décembre 1679, comme attentatoire, rendu par des juges incompétens, & au préjudice des défenses portées par les arrêts du conseil; & conformément aux arrêts & réglemens du conseil des 19 Novembre 1633, 1er. Juin 1634, 16 Mai 1640 & 17 Juillet 1655, faire très-expresses défenses, & itératives inhibitions à ladite cour des comptes de Montpellier, de prendre aucune cour, jurisdiction, ni connoissance de procès, concernant lesdits trésoriers de France, décréter contre eux pour le fait de leurs charges, ni pour quelque autre occasion que ce soit, ni d'user de commandement, injonction, peines ni contraintes contre eux, à peine de nullité des procédures, dix mille livres d'amende, & de tous dépens, dommages & intérêts, sauf à ladite cour de donner avis à Sa Majesté des abus qu'elle prétendra être commis par lesdits trésoriers de France en l'exercice de leurs charges, & de la contravention, & inexécution des arrêts & réglemens faits sur icelui, & d'en envoyer leurs procès-verbaux au conseil, les défenses desdits trésoriers de France au contraire; par lequel arrêt Sa Majesté auroit renvoyé ladite requête audit sieur d'Aguesseau, pour procéder conformément à l'arrêt dudit conseil du 30 Décembre 1679, & cependant sursis à la contrainte portée par l'arrêt de ladite cour des comptes, aides & finances de Montpellier du 16 dudit mois de Décembre : Ensuite est l'ordonnance dudit sieur d'Aguesseau du 26 Février 1680, portant que lesdits officiers de ladite cour des comptes, aides & finances de Montpellier, seroient assignés pardevant lui pour y procéder aux fins de la requête desdits trésoriers, conformément à l'arrêt du conseil du 30 Décembre 1679 : Au bas est l'exploit d'assignation donnée auxdits officiers de ladite cour des comptes, aides & finances de Montpellier, le 2 Mars 1680 : Autre arrêt du conseil du 20 Février audit an, rendu sur la requête des présidens trésoriers de France de la généralité de Toulouse tendante à ce que, pour les causes y contenues, il plût à Sa Majesté déclarer l'arrêt du 30 Décembre 1679 commun avec eux, ce faisant, conformément audit arrêt, les renvoyer pardevant ledit sieur d'Aguesseau, pour y former leurs demandes sur les contestations & différens respectifs, & donner leurs mémoires sur iceux pour en être dressé procès-verbal par ledit sieur d'Aguesseau & icelui rapporté avec son avis être ordonné par Sa Majesté ce qu'il appartiendroit; par lequel arrêt Sa Majesté auroit déclaré ledit arrêt du 30 Décembre 1679 commun avec lesdits trésoriers de France de Toulouse, ce faisant renvoyé par devant ledit sieur d'Aguesseau pour y former leurs demandes sur toutes les contestations & différens respectifs, en donner leurs mémoires pour sur iceux en être dressé procès-verbal par ledit sieur d'Aguesseau, & icelui rapporté avec son avis être ordonné par Sa Majesté ce qu'il appartiendroit par raison. Copie d'édit du mois d'Août 1576, contenant attribution aux trésoriers de France de la connoissance, jurisdiction & intendance des finances, avec défenses à tous autres officiers d'en connoître, registré en la chambre des comptes, le 10 Juin

1599 : Ensuite est la déclaration du Roi du 17 Juillet 1587, confirmative dudit édit. Lettres patentes du 3 Décembre 1598, contenant réglement entre lesdits trésoriers de France, & la cour des comptes de Montpellier, & cour des aides, qui fait défenses à ladite cour des aides, de prendre connoissance de la direction des finances, tant ordinaires qu'extraordinaires. Arrêt du conseil d'état du 23 Janvier 1599, portant défenses à la cour des aides de prendre connoissance du fait des finances de Sa Majesté ni de ses états, & de rien entreprendre au préjudice desdits trésoriers de France. Lettres patentes du 28 Janvier 1599, portant défenses au parlement, chambre des comptes, & cour des aides, de connoître du fait des finances. Autres lettres patentes du 16 Mars 1604, portant défenses à la cour des aides de Paris de prendre connoissance des parties employées dans les états du Roi de la distribution de ses finances. Arrêt du conseil du 24 Mai 1621, qui fait défenses à ladite cour des aides de Montpellier d'entreprendre aucune connoissance sur l'ordre & distribution des finances, à peine de suspension de leurs charges. Autre arrêt du conseil du 18 Août 1628, portant défenses à ladite cour des aides d'entreprendre aucune connoissance de la distribution des deniers des gabelles. Autre arrêt du conseil du 12 Février 1633, portant défenses à ladite cour des aides de prendre connoissance directement ni indirectement de la distribution des finances, & de l'exécution de l'état du Roi. Autre arrêt du conseil du 15 Juin 1633, qui réitere les défenses à ladite cour des aides, de prendre aucune connoissance de la distribution des finances, & exécution de l'état de Sa Majesté. Extrait de l'article XIII de l'ordonnance de Henri II du mois de Décembre 1557, portant pouvoir aux trésoriers de France de procéder à la suspension, contre les officiers comptables, qui se trouveroient avoir failli, nonobstant opposition. Lettres patentes du mois d'Août 1569, portant défenses à ladite cour des aides, d'octroyer aucunes lettres d'appel, anticipation ni autres, touchant les exécutions des ordonnances & procédures des trésoriers de France, à l'encontre des officiers comptables. Arrêt du conseil du 6 Juin 1594, portant défenses aux officiers de la cour des aides de Normandie de connoître de ce qui seroit fait & ordonné par les trésoriers de France de ladite province en exécution des commissions & lettres patentes qui leur étoient adressées. Autre arrêt du conseil du 14 Juin 1596, obtenu par les trésoriers de France de Riom, qui fait défenses à la cour des aides de Clermont-Ferrand, de prendre connoissance du fait des finances, ordonnances & contraintes des trésoriers de France, & de recevoir les appellations des comptables. Autre arrêt du conseil du 24 Septembre 1598, obtenu par les trésoriers de Normandie, confirmatif du précédent. Autre arrêt du conseil du 22 Avril 1600, obtenu par les trésoriers de France de Soissons, portant pareilles défenses que les précédens. Autre arrêt du conseil du 14 Janvier 1614, portant cassation des arrêts de la cour des aides de Montpellier, des 18 Juin, 12 Septembre, 15 & 27 Octobre 1613, & fait défenses à ladite cour des aides d'empêcher les contraintes des trésoriers de France, & celles des receveurs généraux, sur les receveurs particuliers & autres comptables de leurs charges, ni de ce qui seroit ordonné par les trésoriers de France, pour la sureté des deniers du Roi, & réception des cautions des receveurs & fermiers de Sa Majesté. Arrêt du conseil du 18 Juin

1642 obtenu par les tréforiers de France de Touloufe, portant confirmation de la commiſſion par eux donnée pour la recette des tailles du dioceſe de Mirepoix, avec défenſes à la cour des aides, de recevoir l'oppoſition de leurs ordonnances, concernant la direction des finances. Extrait des articles VI, VII, VIII, IX, X & XI. de la déclaration de Charles VII du 12 Août 1445, contenant le pouvoir & attribution aux charges des tréforiers de France ; ſavoir, de contraindre les gens de recette par ſuſpenſion de leurs offices, arrêt & détention de leurs biens meubles. Arrêt du conſeil d'état du 14 Février 1604, portant caſſation d'un arrêt du 18 Août audit an, rendu par ladite cour des aides, avec défenſes de prendre connoiſſance des gages des officiers de la province de Languedoc, à peine de privation de leurs charges. Arrêt du conſeil du 16 Novembre 1623 portant défenſes à ladite cour des aides, de décerner aucunes contraintes, contre François le Breton, fermier des gabelles, pour raiſon du payement des charges de ſa ferme, ſauf aux parties de ſe retirer devant les tréforiers de France. Autre arrêt du conſeil du 18 Août 1628 portant défenſes à la cour des aides de Montpellier de prendre aucune connoiſſance des deniers des gabelles. Extrait de divers articles des édits & ordonnances royaux, touchant le pouvoir & autorité des tréforiers de vérifier les états des comptables. Cahier contenant deux réglemens faits par le Roi pour la chambre des comptes de Montpellier, le premier, du 3 Février 1603 par lequel, articles VI & VII, défenſes ſont faites à la chambre des comptes d'examiner aucuns comptes, de quelque nature qu'ils puiſſent être, qu'auparavant il ne lui apparoiſſe de l'état vérifié en fin d'année pardevant les tréforiers de France, ni de paſſer aucune partie eſdits comptes qu'elles ne ſoient employées & compriſes auxdits états : Et par l'article VII du réglement du 11 dudit mois, eſt porté que les officiers de la chambre des comptes ne recevroient aucun receveur particulier à compter que ſur l'état vérifié par leſdits tréforiers de France conformément à celui du Roi envoyé au commencement d'année, & ne ſeroit paſſé en leurs comptes aucune partie outre leurs charges de ladite recette particuliere employée auxdits Etats. Copie de lettres-patentes du Roi du 17 Novembre 1607 portant défenſes à la chambre des comptes de Paris, de recevoir aucuns comptes ſans état fait par les tréforiers de France. Edit du mois d'Avril 1589 contenant augmentation de juriſdiction, à la chambre des comptes de Montpellier ; ledit édit adreſſant auxdits tréforiers de France pour la vérification dudit édit, & être par eux fait & laiſſé fonds par chacun an ès mains des receveurs généraux des finances en l'année de leur exercice, & ledit fonds remis ès mains des receveurs & payeurs de ladite chambre. Lettres-patentes de Sa Majeſté du 28 Août 1590 portant confirmation du ſuſdit édit auſſi adreſſantes auxdits tréforiers de France. Lettres de juſſion auxdits tréforiers, pour procéder à ladite vérification du 6 Septembre 1591 avec l'ordonnance ſur ladite vérification du 8 Avril 1592. Extrait tiré des regiſtres du greffe deſdits tréforiers au ſujet de la vérification dudit édit & juſſion, par lequel eſt porté, qu'en conſéquence de ladite vérification, le payeur des gages des officiers de ladite cour auroit apporté audit bureau l'état du payement des gages des officiers de ladite cour afin d'en laiſſer le fonds au comptable, des 8 & 10 Avril 1592. Extrait d'édit du mois de Septembre 1595, portant augmentation des officiers

ciers dans la chambre des comptes. Copie des lettres obtenues en la grande chancellerie le 28 Juillet 1598, portant commission aux tréforiers de France de Montpellier, pour se faire représenter par les payeurs des gages des compagnies supérieures de Languedoc, les états de leurs administrations dont ils avoient compté. Copie de lettres-patentes du 27 Mai 1599 adressantes auxdits tréforiers de France de Montpellier pour se faire représenter par tous les officiers comptables de ladite généralité, tant des recettes générales que particulieres, les doubles des comptes qu'ils avoient rendus en ladite chambre du maniement de leurs charges depuis l'année 1594 & d'envoyer des extraits au conseil, des états finaux desdits comptes, d'où provenoient les états finaux; & quelles parties y auroient été employées, outre celles qu'ils auroient passées aux états au vrai. Copie de commission du grand sceau du 7 Mars 1600 adressante auxdits tréforiers de France de Montpellier aux fins de faire faire commandement aux receveurs des restes, amendes & confiscations desdites deux compagnies de représenter l'état au vrai du maniement de leurs charges, & où ils auroient compté sans état, se faire représenter le double de leurs comptes. Copie d'autres lettres du grand sceau du 20 Janvier 1601 adressantes auxdits tréforiers de France de Montpellier pour faire appeler devant eux tous les payeurs des gages de la cour de parlement, des aides, chambre des comptes & autres, pour représenter l'état de leurs charges, & icelui vérifier. Ordonnance desdits tréforiers de France du 3 Juin 1616, portant qu'itératif commandement seroit fait aux receveurs des restes & payeurs des gages de ladite chambre de faire l'état de leurs administrations dans huitaine, à peine de cinq mille livres d'amende. Imprimé d'arrêt du conseil d'état du 15 Juin 1633 qui ordonne aux tréforiers de France de Toulouse & Montpellier d'envoyer dans trois mois au conseil l'état par le menu de tous les gages, épices & droits qui se prenoient sur Sa Majesté, & à ces fins, que les payeurs des gages & droits des cours de parlement de Toulouse, chambre de l'édit & comptes dudit Montpellier, receveurs des restes & amendes, rendroient & vérifieroient devant lesdits tréforiers de France de Montpellier l'état de leur administration. Certificat du greffier du bureau des finances de Montpellier, du 23 Décembre 1679, du nom des officiers de ladite cour des aides & finances, & chambre des comptes dudit Montpellier, qui avoient fait regiftrer leurs provisions audit bureau. Copie des lettres de provisions obtenues par Me. Pierre Boucaud, le 20 Avril 1648, de l'office de receveur & payeur ancien des gages des officiers de ladite chambre des comptes & cour des aides de Montpellier. Copie d'autres lettres de provisions de l'office de receveur & payeur triennal des gages des officiers de ladite cour des comptes, aides & finances de Montpellier, obtenues par Me. Daniel Fizes, le 14 Juin 1649. Imprimé d'édit du 18 Septembre 1599, portant règlement pour la réformation des gages en la province de Languedoc. Extrait de l'article XV de l'ordonnance du 12 Août 1445, portant pouvoir aux tréforiers de France de contraindre les possesseurs des fiefs mouvans du Roi, de prêter les foi & hommages, & donner leurs aveus & dénombremens. Extrait de l'article XII de l'ordonnance du 20 Octobre 1508, portant pouvoir auxdits tréforiers de faire contraindre ceux qui feroient tenus en foi & hommages. Extrait de l'article XLIX du réglement des finances, du mois de Décembre 1557. Copie d'arrêt du parlement de Toulouse, rendu sur la requête du procureur général, du 26 Mars 1625, par lequel, sans s'arrêter à l'arrêt de ladite chambre des comptes de Montpellier, est ordonné que les trésoriers de France se transporteroient dans les villes & lieux où avoient accoutumé d'être faits & rendus les foi & hommages ; fait défenses à toutes personnes de faire lesdites foi & hommages en ladite chambre des comptes. Copie d'édit du mois de Septembre 1627, par lequel, entre autres choses, est attribué auxdits trésoriers la réception des foi & hommages. Copie d'arrêt du conseil d'état, du 29 Mars 1629, portant que les officiers pourvus & à pourvoir aux bureaux des finances de Toulouse & Beziers, jouiroient de la réception des foi & hommages. Lettres de souffrance & confortemain, & de tous autres droits à eux attribués par l'édit du mois de Septembre 1627. Copie du réglement fait au conseil, le 14 Février 1630, touchant la fonction des charges des procureurs de Sa Majesté, aux bureaux des trésoriers de France des généralités du royaume. Certificat du greffier du bureau des finances de Montpellier, du 15 Décembre 1679, que plusieurs officiers dudit bureau avoient été commis par ledit bureau pour procéder aux économats d'aucuns évêchés, dont les évêques étoient décédés, faire l'inventaire des papiers, affermer les revenus, établir des économes jusques à ce que Sa Majesté eût pourvu d'un successeur. Autre certificat du greffier, dudit jour, que par les lettres du don des deux tiers des fruits des évêchés & abbayes y mentionnées, il étoit mandé auxdits trésoriers de France de Montpellier de faire saisir en la main du Roi les fruits & revenus desdits évêchés & abbayes, & au gouvernement d'iceux établir des commissaires. Imprimé d'arrêt du conseil d'état, du premier Juillet 1648, par lequel, entre autres choses, les trésoriers de France de Provence sont maintenus au droit de faire la description & inventaire des bénéfices consistoriaux vacans; ordonne que lors de la vacance desdits bénéfices consistoriaux, les trésoriers de France se transporteroient sur les lieux pour faire ladite description & inventaire, & procéder aux baux des fruits. Copie d'accord fait le 6 Mai 1600, entre les officiers de la cour des aides de Montpellier, & les trésoriers de France dudit lieu, par lequel, entre autres choses, est porté que lesdits trésoriers auront, l'un ou deux d'entre eux seulement, quand venir voudront en ladite cour des aides, entrée, séance & voix délibérative, tant au bureau qu'en audience ; savoir , en audience, toutes fois & quantes qu'ils voudroient ; & au conseil, lorsqu'ils auroient à traiter des affaires du Roi, ou de leurs charges seulement, & auroient ladite séance à l'audience en la place de l'ancien conseiller de l'autre côté des présidens, & au bureau au rang des présidens, après le premier président de robe longue. Copie d'arrêt du conseil d'état, du 25 Octobre 1611, rendu entre lesdits trésoriers de France de Montpellier & les officiers de ladite cour des aides, portant que lesdits trésoriers de France qui avoient été & seroient ci-après reçus, & prêté serment en ladite cour des aides, auroient rang, séance & voix délibérative, immédiatement après les présidens de ladite cour, & avant tous les conseillers d'icelles, tant au bureau de la chambre du conseil, que plaidoirie & audience de ladite cour, en laquelle lesdits trésoriers ne pourront être plus grand nombre que de deux. Commiſſion du grand ſceau, adreſſée par Sa Majeſté aux ſieurs Bouſquet & de Montchal, préſident & tréſorier de France à Montpellier, & de Fontanon, maître en la chambre des comptes dudit lieu, le 16 Octobre 1595, pour paſſer contrats des ventes qui ſeroient faites des rentes ſur les deniers des aides, octroi, gabelles & équivalent. Copie de commiſſion du 28 Janvier 1478, délivré par leſdits tréſoriers de France, au ſieur de Montcalm, juge mage de Nîmes, pour ſe tranſporter où beſoin ſeroit, pour recevoir les reconnoiſſances des vaſſaux de Sa Majeſté. Deux hommages rendus audit ſieur de Montcalm, les 19 Février & 24 Avril 1553, par les y dénommés. Copie de commiſſion du grand ſceau, du 6 Août 1607, adreſſante au ſénéchal de Nîmes, pour recevoir les foi & hommages des vaſſaux de Sa Majeſté, & autres qui tenoient des terres relevant de Sa Majeſté; & les contraindre à bailler leurs aveus & dénombremens, dont il ſeroit par lui tenu regiſtre, pour icelui remettre dans les archives du tréſor du domaine en ladite ſénéchauſſée; la copie deſquels il feroit remettre en la chambre des comptes de Montpellier. Copie d'autre commiſſion auſſi adreſſée audit ſénéchal de Nîmes, du 15 Décembre 1609, par laquelle Sadite Majeſté ordonne l'exécution deſdites lettres du 6 Août 1607, & enjoint à toutes perſonnes de prêter leurs foi & hommages pardevant ledit ſénéchal, ſans avoir égard aux lettres du 18 Juillet 1607, & l'arrêt de ladite chambre, intervenu ſur icelles: & enſuite eſt encore copie d'autre commiſſion, du 6 Septembre 1612, adreſſante audit ſénéchal de Nîmes, pour recevoir les foi & hommages, nonobſtant leſdites lettres, du 18 Juillet 1607, dont il tiendroit fidel regiſtre, pour les remettre dans les archives & tréſor du domaine de ladite ſénéchauſſée, & copie d'iceux en la chambre des comptes de Montpellier. Copie de commiſſion de Sa Majeſté, expédiée au grand ſceau, le 22 Avril 1549, adreſſante au ſénéchal & juge-mage de Nîmes, pour la réception de foi & hommages dus à Sadite Majeſté: enſuite ſont des lettres d'attache ſur ladite commiſſion du ſieur Chef-de-Bien, tréſorier de France à Montpellier, du 28 Août 1553. Cinq copies d'hommages prêtés ès mains des tréſoriers de France de Montpellier, en préſence du juge-mage, & autres principaux officiers de ladite ſénéchauſſée de Nîmes, ès années 1602, 1608 & 1616. Arrêt du conſeil, du 21 Octobre 1679, portant que dans trois mois, les officiers de ladite cour des aides de Montpellier, & les tréſoriers de France, feroient juger les différens & conteſtations qui étoient entr'eux, pour la réception des foi & hommages, & aveus & dénombremens, avec défenſes, tant à ladite cour que tréſoriers de France, de commettre ſur les lieux pour recevoir leſdits hommages. Copie d'arrêt du conſeil d'état, rendu ſur la requête des tréſoriers de France de Dauphiné, le 24 Juillet 1658, par lequel, entre autres choſes, eſt fait défenſes auxdits officiers de la cour des comptes & finances de Grenoble, de donner aucun trouble auxdits tréſoriers de France, aux ſcellés & inventaires des papiers & deniers des comptables décédés, ni de prendre connoiſſance du cahier de la fourniture du pain des priſonniers, qui ſeroit vérifié au bureau des finances. Pluſieurs copies de lettres de proviſions d'officiers comptables, adreſſées à la chambre des comptes & cour des aides, & tréſoriers de France de Montpellier. Extrait de l'article V du réglement fait au conſeil, le 14 Fé-

Z ij

vrier 1630, touchant la fonction des charges de procureurs de Sa Majesté au bureau des tréforiers de France. Etat de plusieurs lettres de provision des officiers des finances, gabelles, foraine & autres de la généralité de Montpellier, adressées à ladite chambre des comptes & tréforiers de France. Copie d'arrêt du conseil, du 29 Février 1664, portant que ceux qui seroient ci-après pourvus d'offices de payeurs de gages d'offices des cours de parlement & chambre des comptes, aides & finances de Provence seroient tenus d'y prêter serment. Certificat du greffier au bureau des finances de Montpellier, du 9 Mars 1681, que de tout temps immémorial, lesdits tréforiers de France avoient baillé chacune année aux gardes & contre-gardes des salins de Peccais, les regiftres, pour écrire dans iceux les quantités de sel qui seront tirés desdits salins, pour les fermes des gabelles de Languedoc, lesquels ils ont remis au commencement de chacune année audit bureau. Copie d'arrêt du conseil d'état, du 15 Juin 1633, portant, entre autres choses, que les gardes, contre-gardes & contrôleurs établis par Sa Majesté, tant ès salins, que greniers &·chambre de la ferme de Languedoc, tiendroient contrôle & feroient mention dans les regiftres & livres, qui leur feroient baillés au commencement de chacune année par les tréforiers de France de Montpellier, de la quantité des sels & du jour qu'ils en feroient tirés. Copie des lettres-patentes, du 3 Décembre 1598, portant, entre autres choses, que les officiers des aides & tréforiers de France ne pourroient ordonner aucune chose sur les deniers des gabelles, soit pour frais, visites, ou autrement, ou quelque sorte que ce fût; voulant Sa Majesté, que pour le foulagement de ses finances, les livres foient envoyés aux grenetiers & contrôleurs des greniers par lesdits tréforiers de France, intendans des gabelles. Copie d'autres lettres-patentes de l'année 1566, portant que les gardes & contrôleurs établis sur les marais, & aux greniers & magafins, continueront chacun jour à tenir leurs livres journaux & contrôles, comme ils avoient accoutumé faire, lesquels ils mettront en fin de chacune année ès mains du général des gabelles. Extrait de l'article VII de l'édit du mois de Février 1603, portant réglement pour la chambre des comptes de Montpellier, portant que pour faciliter la façon & audition des comptes des receveurs ressortissant ès recettes générales des finances, les tréforiers généraux dresseroient leurs états selon l'ordre desdits comptes; & à cette fin se feroient représenter les doubles par les comptables. Copie de lettres-patentes du 25 Février 1577, adressantes aux tréforiers de France de Montpellier, pour vérifier le bail fait au sieur Jean-Henry Cochimat, pour tirer du salin de Peccais mille cinq cents gros muids de sel. Copie de commission du grand sceau, adressante aux tréforiers de France de Toulouse, Montpellier & Provence, pour procéder à la vérification du bail à ferme du sel du pays de Dauphiné. Autre copie de commission du grand sceau, du 20 Septembre 1601, adressante aux tréforiers de France de Montpellier, pour procéder à la vérification pure & simple du bail de la ferme des gabelles du Dauphiné, fait aux gens des trois états dudit pays. Extraits des lettres-patentes des 12 Août 1445, 20 Octobre 1508, & Janvier 1551, portant pouvoir aux tréforiers de France de vérifier les lettres-patentes & mandemens concernant le domaine, & ordonner ce qu'ils y trouveroient être à faire. Copie de lettres de jussion, adressantes à la cour des aides de Montpellier, le 3 Octobre 1622, pour procéder à la vérification pure & simple de l'édit, portant création de grenier à sel en plusieurs villes de la province sans restriction, nonobstant celle contenue en leur arrêt, pour le bail des tirages & fournitures desdits greniers, attendu que les baux des fournissemens avoient toujours été faits par les trésoriers de France, intendans des gabelles, sauf l'appel de leurs ordonnances en ladite cour des aides : ensuite est l'arrêt de vérification par ladite cour des aides, du 12 Octobre 1622. Copie du bail à ferme, fait par lesdits trésoriers de France de Languedoc, du fournissement du grenier à sel du Saint-Esprit, le 29 Mai 1590. Autre copie du bail à ferme du fournissement dudit grenier, du 15 Septembre 1584. Extrait de l'article XXIX de l'édit du mois de Septembre 1552, par lequel est enjoint aux trésoriers de France de faire fournir par les fermiers des greniers, chacun en son ressort, le sel qu'ils seroient tenus fournir, ainsi qu'il étoit porté par les édits. Certificat du greffier du bureau des finances de Montpellier, du 2 Mars 1682, que les baux des fournissemens des greniers & chambres à sel de la ferme des gabelles de Languedoc ont toujours été faits par les trésoriers de France de ladite généralité. Extrait de l'article LXVII de l'ordonnance du mois de Juillet 1493, par laquelle les cours des aides sont en droit de connoître par appel des ordonnances des trésoriers de France. Copie de l'édit du 11 Décembre 1584, par lequel est porté que ladite cour des aides connoitra & jugera, en dernier ressort, des cas & matieres d'aides, tailles, gabelles, crues, traites, impositions foraines, & autres, & généralement de tous subsides & impositions tant ordinaires qu'extraordinaires, & par voie d'appel ou opposition des ordonnances des trésoriers de France de son ressort. Copie d'arrêt du conseil rendu entre les trésoriers de France de Rouen, la cour des aides, & les élus dudit lieu, le dernier Juin 1579, par lequel entre autres choses, est porté que des ordonnances desdits trésoriers de France données de partie à partie, ou autres, il pourroit être relevé appel en la cour des aides. Copie d'autre arrêt du conseil du 30 Avril 1618, rendu entre Jean Roques, appelant d'ordonnance des trésoriers de France de Toulouse, d'une part ; Jean de Durfort, syndic de la noblesse du diocese de Mirepoix ; le syndic dudit diocese, & le receveur d'icelui, portant renvoi des parties en la cour des aides de Montpellier. Copie d'autre arrêt du conseil, du 7 Août 1626, rendu entre le fermier des gabelles de Languedoc, Pierre Esquieu précédent fermier, & autres, portant aussi renvoi en ladite cour des aides de Montpellier. Autre copie d'arrêt du conseil, du premier Juin 1627, entre François Parrin, appelant d'arrêt, & clôture de compte faite par les trésoriers de France de Toulouse, d'une part, & le syndic du diocese de Lavaur, d'autre, portant aussi renvoi des parties en la cour des aides de Montpellier. Copie de l'édit du mois de Juillet 1629, portant union de la chambre des comptes & cour des aides de Montpellier, par lequel est attribué à ladite chambre des comptes & cour des aides, la connoissance des appellations des trésoriers de France. Copie d'édit, du mois de Décembre 1648, confirmatif du précédent. Copie d'autre édit, du mois de Mai 1641, portant pouvoir à la cour des aides de Guienne de connoître par appel des ordonnances des trésoriers de France dans son ressort. Copie d'édit, du mois de Juillet 1552, portant attribution à la cour des aides de Montpellier, de connoître du payement des gages des officiers en premiere instance & dernier ressort. Imprimé de deux traités faits entre la province de Languedoc & la chambre des comptes de Montpellier, les 3 Mars 1610 & 24 Février 1612, confirmés par arrêt du conseil du 26 Juin 1612, par lesquels, entre autres choses, est porté que les receveurs des tailles des vingt-deux dioceses de la province, sont exempts de faire état devant lesdits trésoriers de France des deniers extraordinaires de leurs recettes. Copie d'édit, du mois de Juin 1537, portant entre autres choses, assignation du payement des gages des cours souveraines sur les gabelles, & que les receveurs généraux desdits gages ne seroient tenus de faire état devant les généraux des finances, & en compteront seulement à la chambre des comptes. Copie d'autre édit, du mois de Décembre 1542, portant création de seize recettes générales & réglement sur le fait des finances, par lequel entre autres choses, est porté que les gages des officiers des cours souveraines seroient pris sur les gabelles, sans que les généraux des finances puissent obliger les receveurs & payeurs à faire état devant eux. Copie d'arrêt de la chambre des comptes de Montpellier du Ier. Avril 1616, portant défenses aux payeurs des gages des officiers & au receveur des restes de ladite chambre, de faire l'état de leur administration devant les trésoriers de France. Copie d'autre arrêt de ladite cour des comptes, aides & finances de Montpellier, du 8 Novembre 1636, portant défenses aux trésoriers de France de contraindre les payeurs des gages, les receveurs des amendes & des restes de ladite cour à faire état devant eux de leur administration. Copie d'arrêt du conseil d'état, rendu sur la requête du procureur général de la cour des comptes, aides & finances de Montpellier, le 9 Avril 1639, qui décharge lesdits payeurs des gages, receveurs des amendes & des restes, de faire état de leurs administrations devant lesdits trésoriers de France, & défenses à eux de les y contraindre. Copie d'arrêt du conseil du 19 Janvier 1668, portant réglement sur les foi & hommages, aveus & dénombremens. Copie d'autre arrêt du conseil, du 18 Juillet 1670, portant que le susdit réglement seroit exécuté entre ladite cour des comptes de Montpellier & les trésoriers de France de Montpellier & Toulouse. Imprimé d'autre arrêt du conseil rendu sur la requête desdits trésoriers de France de Montpellier, portant entre autres choses ; que lesdits arrêts du conseil, des 19 Janvier 1668 & 18 Juillet 1670 seront exécutés, & en conséquence que les trésoriers de France continueroient de recevoir les foi & hommages des vassaux de Sa Majesté, dans l'étendue de leur généralité. Copie d'autre arrêt du conseil d'état rendu sur la requête du procureur général de Sa Majesté en ladite cour des comptes, aides & finances de Montpellier, le 30 Septembre 1679, portant qu'aux fins d'icelles, les trésoriers de France de Montpellier seroient assignés audit conseil. Copie d'ordonnance de Charles IX, du mois de Février 1566, portant entre autres choses, que les vassaux de la généralité de Paris, rendroient leurs hommages en la chambre des comptes. Copie d'autre édit du mois d'Avril 1568, par lequel entre autres choses Sa Majesté a rétabli & en tant que de besoin seroit créé en titre d'office, les offices des chambres des comptes de Dijon, Dauphiné, Provence, Montpellier, Nantes & Blois, supprimés, tant par l'édit de Moulins, que tous autres édits de suppression & réduction desdits offices. Copie d'autre édit du mois de Janvier 1570, portant rétablissement des chambres des comptes supprimées. Copie de lettres du grand sceau du 18 Juillet 1607, portant pouvoir aux sénéchaux de Languedoc, de saisir les fiefs en défaut d'hommages rendus à M. le chancelier ou à la chambre des comptes de Montpellier. Copie d'arrêt du conseil rendu sur la requête des trésoriers de France de Montpellier, le 20 Juin 1633, portant qu'ils procéderoient incessamment au renouvellement des reconnoissances, réception des foi & hommages, & liquidation du domaine en l'étendue de leurs charges, sans préjudice toutefois des droits de ladite cour des comptes, aides & finances, pour la réception des foi & hommages, des terres relevant de Sa Majesté en plein fief. Copie d'édit du mois de Mars 1628, portant établissement de la chambre des comptes de Dauphiné à l'instar de celle de Paris, & attribution pour la réception des foi & hommages dus à Sa Majesté en ladite province. Copie d'arrêt du conseil d'état rendu entre les trésoriers de France de Provence, & le sieur Menc, greffier en la chambre des comptes dudit pays, le 16 Mai 1640, portant entre autres choses, que la réception des foi & hommages aveus & dénombremens, appartiendront à ladite chambre des comptes ; ainsi qu'il se pratiquoit en celle de Paris, & non auxdits trésoriers de France. Copie d'arrêt du conseil d'état du 1er. Février 1666, portant que ladite cour des comptes de Provence recevroit les foi & hommages dus à Sa Majesté par les acquéreurs des fiefs, & leur bailleroit les investitures comme elle avoit accoutumé, suivant l'arrêt du 27 Août 1664. Copie d'arrêt de ladite chambre des comptes de Montpellier du 1er. Juillet 1625, par lequel, sans avoir égard à l'arrêt du parlement de Toulouse, est fait défenses aux trésoriers de France de Toulouse, de s'ingérer en la réception des foi & hommages, ni procéder à la vérification des aveus & dénombremens, & ordonné qu'à la diligence du procureur général, lesdits fiefs seroient saisis, jusques avoir fait lesdites foi & hommages, lesquels seroient remis en ladite chambre. Copie d'autre arrêt de ladite chambre, rendu sur la requête dudit procureur général, le 11 Septembre 1634, portant que très-humbles remontrances seroient faites à Sa Majesté, sur la surprise de l'arrêt du conseil par eux obtenu, le 20 Juin 1633, qui ordonnoit la réception des autres hommages, que des terres relevant de Sa Majesté en plein fief ; & cependant, conformément à icelui, est ordonné que toutes les terres & autres héritages nobles relevant de Sa Majesté en plein fief, dont les possesseurs n'auroient prêté les foi & hommages & serment de fidélité à Sa Majesté, ès mains de M. le garde des sceaux ou de ladite cour demeureroient saisis jusques à avoir satisfait. Copie d'autre arrêt de ladite chambre du 8 Octobre 1664 par lequel, sans avoir égard à l'ordonnance des trésoriers de France de Toulouse du 12 Janvier 1664, leur est fait défenses de s'ingérer en la réception des foi & hommages, & serment de fidélité dus au Roi, par les propriétaires des fiefs relevant en plein fief de Sa Majesté. Autre arrêt de ladite cour du 22 Juin, portant aussi que tous possesseurs des fiefs & terres nobles rendroient leurs aveus en ladite chambre des comptes. Autre arrêt de ladite chambre, du 8 Août 1678. Est un semblable arrêt que les précédens. Copie d'arrêt du conseil rendu contradictoirement entre la chambre des comptes de Paris, & le prévôt de Paris, le 7 Octobre 1603, portant que la saisie des papiers & biens du défunt y nommé, & inventaire qui avoient été faits par l'ordonnance de ladite chambre auroient lieu; & que la prisée & vente seroit continuée nonobstant les empêchemens dudit prévôt de Paris, & ses lieutenans. Copie de commission du grand sceau du 14 Mars 1611, par laquelle Sa Majesté évoque à son conseil tous les procès & différens, concernant la vente des biens desdits comptables, laquelle seroit faite en la chambre des comptes de Paris. Imprimé d'arrêt du conseil d'état du 27 Septembre 1611, entre le procureur général de la chambre des comptes de Languedoc, & les officiers du présidial de Montpellier; par lequel ladite chambre est maintenue au pouvoir & possession de faire procéder par saisie, scellé & inventaire, sur les biens meubles, papiers, & titres des comptables décédés dans son ressort sans avoir compté, comme aussi à la prisée & vente desdits meubles. Copie d'arrêt du conseil d'état, rendu sur la requête de Marguerite Dallory, veuve de Louis Gameau, receveur général des finances à Limoges le 4 Juin 1639, portant que par les officiers de la chambre des comptes de Paris, il seroit procédé à la levée des scellés en la maison dudit Gameau, & à l'inventaire & description des biens meubles, papiers, & autres effets qui se trouveroient sous lesdits scellés. Copie d'autre arrêt du conseil d'état, rendu sur la requête du procureur général de la chambre de comptes de Paris, le 5 Janvier 1640, portant que les officiers de ladite chambre procéderoient incessamment en la présence du procureur général à la levée des scellés en la maison du feu sieur de la Grange, fermier des cinq grosses fermes, & à l'inventaire & description des biens, meubles, papiers, & autres titres qui se trouveroient sous iceux; défenses aux gens des requêtes du palais de s'y ingérer. Autre arrêt du conseil d'état, rendu sur la requête du procureur général de la chambre des comptes de Paris, le 23 Février 1641, portant que les officiers de ladite chambre procéderoient incessamment à la levée des scellés apposés en la maison de sieur Philippes, receveur des tailles à Paris, & à l'inventaire & description de ses biens, meubles, papiers & effets; défenses aux requêtes du palais de les y troubler. Copie d'autre arrêt du conseil d'état, rendu sur la requête du procureur général en la chambre des comptes de Paris, le 9 Mars 1641, portant que l'inventaire & description des papiers dudit Philippes, seroit continuée par les officiers de ladite chambre. Copie d'autre arrêt du conseil, rendu sur la requête du procureur général de la chambre des comptes de Normandie, le 19 Mars 1642, portant que les scellés apposés par les commissaires de ladite chambre en la maison de Bousquet, receveur des amendes de ladite chambre, seroient par eux levés, & feroient l'inventaire, & description des biens & effets. Copie d'arrêt du conseil, rendu sur la requête du procureur général de la chambre des comptes de Paris, le 3 Septembre 1644, portant que les commissaires de ladite chambre procéderoient à la levée des scellés apposés en la maison du sieur Delisle, payeur des rentes de la ville, & à l'inventaire & description des meubles & effets. Autre arrêt du conseil du 20 Février 1645, rendu sur la requête dudit procureur général de ladite chambre des comptes de Paris, portant que les scellés apposés en la maison du sieur Robillard, receveur général des bois au département d'Orléans, seroient levés par les officiers de ladite chambre. Copie d'autre arrêt du conseil du 16 Septembre 1649, portant que les scellés apposés en la maison du sieur Danviray, receveur

veur général des finances de Rouen, seroient levés par les officiers de la chambre des comptes dudit lieu, avec défenses aux tréforiers de France de Rouen, de leur donner aucun trouble ni empêchement. Copie d'arrêt du conseil, rendu entre Me. Etienne de Lafons, receveur des restes des comptables, Dlle. Anne Delaistre, veuve de sieur Boucher, tréforier général de la marine, & les créanciers dudit Boucher, le 16 Septembre 1653, portant que par les officiers de la chambre des comptes de Paris, il seroit procédé à la reconnoissance & levée des scellés apposés ès maisons dudit défunt, & à la description & inventaire des meubles & effets. Copie d'autre arrêt du conseil, rendu sur la requête dudit procureur général de la chambre des comptes de Paris, le 14 Mai 1648, portant que l'arrêt de ladite chambre du 20 Avril précédent seroit exécuté, nonobstant celui du conseil du 24 dudit mois. Copie d'arrêt du conseil du 16 Septembre 1678, rendu sur la requête de Pierre Bernard & Antoine Desmarets, cohéritiers bénéficiers de défunt Me. Charles Bernard, receveur des tailles du diocèse de Nimes, par lequel, sans avoir égard aux ordonnances des tréforiers de France de Montpellier, est ordonné que les arrêts de la cour des comptes, aides & finances dudit lieu, seroient exécutés, fait défenses auxdits tréforiers de France de faire aucunes procédures pour raison de ce dont il s'agissoit. Imprimé d'édit du mois d'Août 1669, portant réglement pour les hypothèques du Roi, sur les biens des comptables & renvoi en la cour des aides. Certificat du greffier en la chambre des comptes de Montpellier, du 1er. Août 1680, que ladite cour étoit en possession depuis sa création de faire les scellés, inventaires & saisies, des effets délaissés par les comptables du ressort de ladite cour. Edit du mois d'Août 1631, portant qu'il seroit procédé par la cour des comptes, aides & finances de Montpellier, à la saisie des fruits, rentes & revenus des archevêchés, évêchés & autres offices consistoriaux vacans en régale dans l'étendue de son ressort, avec pouvoir de commettre à la régie des revenus & de faire rendre compte aux économes. Copie d'arrêt du conseil, rendu le 19 Juin 1663, entre le sieur évêque de Carcassonne, & l'économe dudit évêché, portant renvoi des parties en la cour des comptes de Montpellier, pour connoître de leurs différens, concernant la reddition des comptes, des fruits & revenus dudit évêché, pendant la vacance en régale. Autre copie d'arrêt du conseil du 15 Janvier 1654, portant pouvoir à ladite cour des comptes, aides & finances de Montpellier, de connoître de l'économat de l'évêché de ladite ville, & de tout ce qui en dépendoit pendant la vacance en régale. Copie d'édit de l'année 1589, confirmatif de l'édit du mois de Mars 1522. Déclaration du 12 Janvier 1633, qui regle les rangs & séances des maîtres des comptes, & des tréforiers de France de Dauphiné. Trois commissions des 3 Mars 1595, 28 Février 1624 & 24 Mai 1639, dans lesquelles les conseillers-maîtres avant & après l'union sont nommés avant les tréforiers de France. Arrêt du conseil qui donne la préséance aux correcteurs & auditeurs de la chambre des comptes de Montpellier, au-dessus des avocats & procureurs généraux du 14 Août 1605, & lettres patentes du 5 Septembre 1609. Ordonnance dudit sieur d'Aguesseau, rendue sur la requête du procureur général en ladite cour des comptes, aides & finances de Montpellier, le 20 Mai 1680, qui enjoint aux tréforiers de France de Toulouse, de produire sur leurs différens contre lad. cour des aides. Copie des lettres-patentes du dernier Avril 1604 & Juin 1610 par lesquelles entre autres choses, ladite cour des comptes, aides & finances de Montpellier auroit été confirmée, entre autres choses, au droit & pouvoir de recevoir les appellations des ordonnances des tréforiers de France de son ressort. Copie de plusieurs arrêts de ladite chambre des comptes de Dauphiné, & ordonnance des commissaires d'icelle des années 1652, 1656, 1661, 1664, 1666, 1670, 1675 & 1676 rendus pour raison des scellés & inventaires des effets des comptables. Copie d'édit du mois d'Août 1669, portant entre autres choses, création de deux tréforiers & deux contrôleurs généraux des finances en la province de Languedoc. Copie de requête présentée audit sieur d'Aguesseau, par lesdits officiers de la cour des comptes, aides & finances de Montpellier, à fin de réception de l'arrêt du conseil du 16 Avril 1680 contradictoirement rendu entre les tréforiers de France d'Amiens & les officiers du présidial dudit lieu pour la préséance d'entre eux. Copie d'édit du mois d'Août 1631, portant entre autres choses, qu'il seroit procédé par ladite cour des comptes, aides & finances de Montpellier aux faisies des fruits & revenus des archevêchés & évêchés de son ressort, qui dépendent de la nomination de Sa Majesté, & vaqueroient en régale; que ladite cour des comptes connoîtra des reception des foi & hommages, qui seroient dus à Sa Majesté en ladite province de Languedoc, & en useroient avec les tréforiers de France de ladite province, ainsi qu'il en étoit usé entre les officiers de la chambre des comptes & tréforiers de France de Paris, & défenses aux sénéchaux d'en recevoir. Copies extraites des articles XII, XIV & XXI des ordonnances de Henri II & de Charles IX, de l'année 1565. Copies de trois commissions du grand sceau des années 1595, 1624 & 1639 adressantes à ladite chambre des comptes de Montpellier & tréforiers de France, pour la vente & revente du domaine. Extrait d'édit du mois de Décembre 1557, portant que tous officiers comptables prenant assignation à l'épargne, & qui ne sont sous la charge des tréforiers de France, seront tenus prêter serment en la chambre des comptes. Copie des lettres-patentes du 16 Janvier 1565, portant que toutes provisions d'offices des tréforiers de France, receveurs généraux des finances, & autres officiers comptables, soit qu'ils prennent assignation à l'épargne, ou autrement seroient adressées pour faire serment en ladite chambre des comptes, & où il y auroit omission, elles sont déclarées nulles. Dix-sept copies de lettres de provisions d'offices de finance & de justice, adressées à ladite chambre des comptes de Montpellier, pour l'enquête & réception. Copie d'arrêt du conseil du dernier Février 1617, portant que les officiers des aides, tailles & gabelles, seront tenus prêter serment pardevant les tréforiers de France; & à cette fin, les lettres de provisions leur seront adressées, conjointement avec ladite cour des aides, ne pourront néanmoins iceux tréforiers informer après ladite cour des aides. Copies de deux lettres de provisions d'offices comptables de l'année 1680, adressantes à ladite chambre des comptes & tréforiers de France. Copie d'arrêt de la cour des aides de Paris du 11 Octobre 1503, portant réglement entre le procureur général & la cour des aides de Montpellier, les généraux des finances, & le syndic de la province de Languedoc. Certificat du greffier de la cour des aides de Montpellier du premier Août

1680, que ladite cour depuis son établissement, est dans l'usage d'envoyer aux gardes & contre-gardes des gabelles, & contrôleurs des greniers de son ressort, un registre au commencement de chaque année, pour y être écrits les sels qui entrent & sortent. Extrait des articles XIV, XVIII & XX, du réglement des finances de l'année 1557. Extrait de l'article XII de l'ordonnance du mois d'Août 1669, par laquelle est enjoint aux trésoriers de France d'envoyer, par chacun an, au greffe des chambres des comptes, l'inventaire des actes de caution fournies pendant l'année par les comptables, dans l'étendue de leurs généralités. Copie d'arrêt du conseil du 10 Décembre 1670 rendu sur les requêtes du procureur général de la cour des aides de Montpellier, & les trésoriers de France dudit lieu, qui maintient lesdits trésoriers en la possession d'avoir une prison pour tenir les prisonniers comptables, sans préjudice de la jurisdiction contentieuse appartenante à ladite cour des aides, & qu'en cas qu'aucun desdits comptables, & autres emprisonnés ès prisons desdits trésoriers fussent accusés de crime, permet à ladite cour des aides d'ordonner la translation en ses prisons. Certificat du greffier du parlement de Toulouse du 13 Février 1681, qu'il est de l'usage observé en ladite cour de Parlement depuis son établissement, que ladite cour à la veille des fêtes avoit accoutumé de députer des commissaires pour aller faire la redde aux prisons des officiers subalternes, comme au sénéchal, viguier, capitouls & trésoriers de France. Copie d'arrêt du conseil d'état du 30 Juillet 1661 qui ordonne aux receveurs généraux des finances & du taillon, & aux receveurs particuliers ou commis de compter de leurs maniements aux bureaux des finances, & ensuite lesdits receveurs généraux des finances au conseil, à peine d'y être contraints; enjoint aux procureurs généraux des chambres des comptes de faire pour cet effet leurs diligences nécessaires. Copie d'autre arrêt du conseil d'état rendu le 24 Novembre 1661, par lequel est ordonné au procureur général de ladite chambre, de continuer ses diligences à l'encontre des comptables pour les faire compter, & apurer leurs comptes suivant les ordonnances, & aux trésoriers de France de décerner & faire exécuter leurs ordonnances, pour faire contraindre lesdits comptables de leur présenter leurs états au vrai de leur maniement. Copie de l'article XXVI de l'édit du mois de Décembre 1557. Copie des lettres-patentes du 25 Octobre 1611 par lesquelles entre autres choses, est enjoint aux trésoriers de France de Toulouse d'obéir aux arrêts de ladite chambre des comptes de Montpellier, & d'y conformer à l'avenir leurs attaches sans user de restrictions. Copie d'arrêt du conseil du 8 Février 1634, portant réglement entre les officiers de la chambre des comptes, & les trésoriers de France de Bourgogne. Copie d'attache des trésoriers de France de Montpellier du 29 Décembre 1577 sur le don fait par Sa Majesté au sieur baron de Rieux, de la somme de trois mille livres. Plusieurs autres attaches desdits trésoriers de France des années 1577, 1595, 1596, 1599, 1603 & 1611. Certificat du greffier de la cour des aides de Montpellier du premier Août 1680 que les professeurs ès loix, en médecine font annuellement l'acte de *servivit* par eux rendu aux écoliers des universités de la province, sur la certification & attestation que les écoliers, conseillers & recteurs d'icelles font à ladite cour des comptes, duquel leur est octroyé acte par ladite

Aa ij

cour. Extrait de l'article XXXIV du réglement du 15 Septembre 1599, pour la réformation des gabelles de Languedoc. Commission du grand sceau, du 3 Juillet 1612, adressante à ladite cour des aides de Montpellier, par laquelle, entre autres choses, est mandé à ladite cour de faire procéder les parties en icelles sur les appellations qui seroient interjetées du bail fait au sieur Esquieu, des fournissemens des greniers à sel de Languedoc, par les visiteurs généraux des gabelles, à laquelle cour des aides, Sa Majesté en auroit renvoyé la connoissance. Extrait de l'article XXIV du réglement fait au conseil, entre les officiers de la cour des comptes, aides & finances de Provence, & les trésoriers de France dudit pays, du 8 Février 1666, portant que lesdits trésoriers de France étant requis par ladite cour des comptes d'aller à la chambre, ou lorsqu'ils desireroient y entrer pour les affaires de Sa Majesté, auront séance au-dessous des quatre anciens conseillers de ladite cour des comptes, dont deux seront assis d'un côté & deux de l'autre ; & lesdits trésoriers de France feront du côté du doyen de ladite cour, & de l'autre côté y aura pareil nombre de conseillers. Arrêt de la chambre des comptes de Bretagne, du 26 Janvier 1579, pour mander un trésorier de France au bureau de ladite chambre. Copie d'ordonnance de ladite chambre des comptes de Bretagne, du 27 Novembre 1565, rendue sur le rapport fait en icelle par le greffier de ladite chambre, d'avoir mandé par ordre de ladite chambre le sieur de Boisregnant, trésorier de France, de se trouver le lendemain à ladite chambre. Copie d'arrêt du conseil, du 24 Juillet 1658, qui fait défenses à la chambre des comptes de Dauphiné, de donner aucun trouble aux trésoriers de France de ladite province, aux scellés & inventaires des comptables décédés. Extrait de l'article XI du réglement du 14 Février 1630. Arrêt du conseil, du 29 Mars 1629, qui maintient les trésoriers de France de Toulouse à la réception des hommages & autres droits attribués par l'édit du 27 Septembre 1627. Certificat des hommages reçus par les trésoriers de France de Toulouse, des années 1612 & 1613, dans les pays de Foix, Commenge, Nebouzan & comté de Castres. Ecritures & productions des parties. Avis dudit sieur d'Aguesseau, du 27 Mars 1682, rendu sur leursdites écritures & productions, & après avoir entendu leurs députés. Procès-verbal dudit sieur d'Aguesseau, dudit jour 27 Mars 1683, portant renvoi des parties au conseil, pour leur être fait droit. Arrêt dudit conseil, du 21 Juin audit an, rendu sur la requête desdits officiers de la cour des comptes, aides & finances de Montpellier, tendante à ce que pour les causes y contenues, il plût à Sa Majesté, faisant droit sur le tout, sans avoir égard aux demandes & contestations desdits trésoriers de France de Montpellier & Toulouse, ni au procès-verbal & avis dudit sieur d'Aguesseau, maintenir les officiers de la cour des comptes, aides & finances de Montpellier en son entiere jurisdiction ; & ce faisant, au pouvoir de décerner des contraintes pour le payement des gages & autres droits employés dans les états du Roi, même de franc salé, sans obliger les particuliers de prendre des mandemens desdits trésoriers de France, & de connoître de tous les différens mus pour raison de ce, d'entre les officiers & assignés dans lesdits états, & les receveurs & payeurs desdits gages, ou leurs commis, suivant l'édit du mois de Juin 1552, privativement aux trésoriers de France du ressort de ladite cour, employés dans les états de Sa Majesté, sans être tenus de faire registrer leurs lettres de provisions de leurs offices, ni leurs quittances de finances, esdits bureaux des trésoriers de France ; de recevoir & juger les appellations des ordonnances desdits trésoriers de France, excepté pour le fait de leur direction, dont les cas seront à ces fins réglés par Sa Majesté ; & lors desquels il seroit même permis d'en appeler aux conditions de l'arrêt du conseil, du 14 Janvier 1614, de recevoir les comptes des fermiers des droits de Sa Majesté, des receveurs particuliers des tailles des vingt-deux dioceses de Languedoc, pour le fait de leur maniement des deniers extraordinaires de ladite province tant seulement, des receveurs & payeurs des gages des officiers de ladite cour, & du receveur général des restes & amendes, & de pouvoir procéder au jugement & clôture d'iceux sans aucun état au vrai ; de prescrire ausdits trésoriers de France un délai, pour juger & clorre les états au vrai qui leur seroient remis, lequel étant échu, il seroit permis à ladite cour de pouvoir décerner des contraintes, même par corps, contre les greffiers & leurs commis desdits bureaux des finances, pour la restitution aux comptables desdits états au vrai & pieces justificatives d'iceux, dont ils seroient tenus de se charger par inventaire, & au bas d'icelui & sur les registres qu'ils tiendroient à ces fins ; comme aussi, de décerner de pareilles contraintes contre lesdits greffiers & leurs commis, à la requête du procureur général de Sa Majesté en ladite cour, à defaut par eux de remettre au greffe de ladite cour l'inventaire des actes de cautions fournis par les comptables ; ensemble les hommages, aveus & dénombremens, & généralement tous les autres titres & actes que lesdits trésoriers de France sont tenus par les ordonnances & réglemens du conseil, de remettre au greffe ou dépôt de ladite cour des comptes, même en défaut de remise de ceux dont le procureur général de Sa Majesté pourroit avoir besoin pour le bien de son service ; de recevoir les foi & hommages de tous les vassaux de Sa Majesté, pour raison de tous les fiefs situés dans les onze dioceses de la généralité de Montpellier, de quelque nature, qualité & revenus que soient lesdits fiefs, conformément aux arrêts de réglement, des 16 Mai 1640 & premier Février 1666, donné entre la cour des comptes de provence, les trésoriers de France dudit pays, privativement aux trésoriers de France de la généralité de Montpellier, auxquels seroit fait défenses d'y procéder en leur bureau, ou par commissaires envoyés de leur part dans les villes & lieux dépendans de leurs charges, suivant l'usage uniforme & inviolable observé dans les chambres des comptes de Paris, Aix, Grenoble, Dijon, Bretagne & Rouen, pour la réception des foi & hommages, & aveus de tous les fiefs mouvans de Sa Majesté, de quelque qualité qu'ils soient, situés dans les ressorts des bureaux des finances, établis dans les mêmes villes de la séance desdites chambres des comptes ; comme aussi, de recevoir lesdits foi & hommages de tous les fiefs mouvans de Sa Majesté, situés dans les onze dioceses de la généralité de Toulouse, dont les vassaux avoient titre ou étoient en possession immémoriale de jouir de la qualité de duché, marquisat, comté, vicomté & baronnie, & de ceux qui avoient titre ou possession des droits de toute la justice, sans aucun paréage avec aucun autre seigneur, avec château, ou pour le moins un village, ou bourg non clos, & tout ainsi que les seigneurs châtelains jouissent dans les pays coutumiers, privativement aux trésoriers de France de Toulouse, & par concurrence avec lesdits trésoriers, les hommages de tous les fiefs au choix & option des vassaux, & pour leur plus grande commodité; auxquels seront faites défenses de recevoir les foi & hommages qui leur seront permis par l'arrêt de réglement que dans leur bureau, ni d'envoyer sur les lieux aucuns commissaires, à peine de nullité de leurs procédures, & de restitution des droits qu'ils pourroient avoir exigés des vassaux de Sa Majesté pour raison de ce ; de maintenir encore ladite cour de recevoir & juger tous les aveus & dénombremens des hommages qui auroient été rendus en icelle ; ensemble les appellations qui seroient relevées des ordonnances rendues par les trésoriers de France de Toulouse, sur les aveus qui leur seroient baillés par les vassaux de Sa Majesté, des foi & hommages qui leur auroient été rendus en leur bureau ; & d'ordonner que le substitut du procureur général audit bureau des finances, ne pourra faire procéder à la saisie féodale que des seuls fiefs dont les hommages pourront être rendus audit bureau des finances, & que les exploits desdites saisies seroient mention de l'option accordée aux vassaux de Sa Majesté de pouvoir rendre leur foi & hommages en ladite cour des comptes, ou audit bureau, à peine de nullité desdits exploits, de trois cents livres d'amende contre les huissiers, de laquelle option lesdits trésoriers de France seront tenus en faire mention dans les ordonnances qu'ils rendront à l'occasion de ce, sur lesdites peines ; & que le substitut dudit procureur général au bureau des finances de Toulouse, sera tenu envoyer de trois en trois mois les exploits des saisies féodales, & les ordonnances de la liquidation des droits faits & poursuivis à sa requête au procureur général de Sa Majesté, conformément auxdits arrêts de réglemens desdits jours 19 Janvier 1668, & 18 Juillet 1670; comme aussi d'être maintenus & gardés au droit d'avoir en seuls le dépôt des foi & hommages, aveus & dénombremens, & autres titres concernant le domaine de Sa Majesté, conformément auxdits arrêts de réglemens des 19 Janvier 1668, & 18 Juillet 1670, & qu'à ces fins tous les hommages reçus ci-devant par les trésoriers de Toulouse, & les aveus & dénombremens reçus & jugés par les commissaires à ce députés par Sa Majesté, seroient renvoyés & remis au dépôt de ladite cour, dans deux mois après la signification de l'arrêt de réglement qui seroit sur ce rendu, ensemble toutes les autres procédures qui seroient faites par des commissaires du Roi, concernant les droits de son domaine dans l'étendue de son ressort; & qu'à cet effet, les détenteurs desdites procédures & titres y seroient contraints par toutes voies, & par corps, de l'autorité de ladite cour ; & de faire procéder dans ledit ressort à la saisie féodale de tous les fiefs mouvans de Sa Majesté, & à la liquidation des droits à Elle dus , à la requête de son procureur en la cour, suivant l'arrêt du 18 Juillet 1670 ; de faire procéder au scellé & inventaire des titres, papiers, meubles & effets des comptables fugitifs ou décédés, sans avoir compté, ou réliquataires à Sa Majesté ou au public, & à la vente & prisée de leurs meubles, conformément à l'arrêt du conseil du 21 Septembre 1611 ; comme aussi audit scellé & inventaire des titres & documens des archevêchés, évêchés ou abbayes vacans en régale, & à l'établissement d'un économe, jusques à ce que par Sa Majesté autrement en ait été ordonné; & qu'à ces fins il plairoit à Sa Majesté faire l'adresse à ladite cour seulement de ses lettres patentes qu'elle feroit expédier pour l'établissement de ses économes, le tout privativement aux trésoriers de France desdites généralités de Toulouse & Montpellier; & les conseillers de ladite cour seront le droit de procéder en toutes assemblées publiques & particulieres, lesdits trésoriers de France soit dedans ou dehors le palais, de particulier à particulier, & les correcteurs & auditeurs en ladite cour, les avocats & procureurs du Roi desdits bureaux; & de pouvoir mander venir dans le palais de ladite cour deux trésoriers de France du bureau des finances de Montpellier, pour rendre raison des affaires du Roi, & du fait de leurs charges, à quoi ils seront tenus d'obéir à peine d'interdiction; que toutes lettres de provisions des offices des trésoriers généraux de France auxdits bureaux & de judicatures, concernant les frais des tailles, gabelle, douane, foraine, équivalent, & autres cas de la jurisdiction de ladite cour, ensemble ceux des comptables & des receveurs & contrôleurs, & généralement de tous autres officiers établis pour la perception, levée & conservation des deniers & droits de Sa Majesté, seroient adressées à ladite cour, & par elle seule procédé à leur réception & prestation du serment, privativement auxdits trésoriers de France, auxquels seroit fait défenses de recevoir aucunes lettres de provisions pour enregistrer en leur bureau, ni les enregistrer qu'après qu'il leur aura apparu de l'arrêt de ladite cour sur la réception du pourvu, ni pareillement de procéder à aucune enquête de la bonne vie & mœurs & religion catholique, apostolique & romaine des pourvus, & d'exiger d'eux aucun serment, à peine de nullité, & de trois mille livres d'amende contre ceux qui y auroient procédé, & à la restitution des droits qu'ils auroient exigés desdits officiers, pour raison de ce, sauf à eux d'expédier leurs lettres d'attache sur les lettres de provisions & arrêt de réception desdits pourvus, conformément à iceux, ce qu'ils seront tenus pareillement d'observer dans toutes leurs ordonnances & lettres d'attache qu'ils expédieroient sur les édits, lettres patentes de Sa Majesté, & arrêts de son conseil, qui seroient adressées à ladite cour & auxdits bureaux, avec inhibitions d'user des termes de souffrance ou de supersession, en vérifiant les états des comptables; que défenses seroient encore faites auxdits trésoriers de France de la généralité de Montpellier, de prendre, en la qualité d'intendant des gabelles, aucune connoissance ni jurisdiction du fait des baux, tirages & fournissement des greniers à sel, conformément à l'article XXXIV du réglement des gabelles, fait par Sa Majesté en son conseil, le 15 Septembre 1599, sauf aux sujets de Sa Majesté de se retirer, pour ledit fait, en premiere instance, pardevant les visiteurs des gabelles, & par appel en ladite cour, ni d'envoyer au commencement de l'année aux contrôleurs, gardes & contre-gardes des salins & greniers de la ferme des gabelles de Languedoc, les regitres sur lesquels lesdits officiers étoient tenus d'enregistrer toutes les quantités des sels qui étoient chargés esdits salins, & transportés & débités ès greniers & chambre de ladite ferme, lesquels regitres ne pourront être envoyés auxdits officiers, ni par eux reçus, que par ordre & mandement de ladite cour, suivant l'arrêt de réglement de la cour des aides de Paris, du 11 Octobre 1503 ; comme aussi que pareilles défenses seroient faites aux trésoriers de France des bureaux de Toulouse & de Montpellier, de s'entremettre de donner aucune commission pour la levée des deniers extraordinaires imposés par la permission de Sa Majesté par les assemblées des assiettes des vingt-deux diocèses de la province, ni de contraindre les receveurs & commis à la levée des deniers, de bailler des cautions en leurs bureaux, sauf d'être pourvu par les assemblées desdits diocèses à la nomination du commis à la levée desdits deniers, en l'absence ou défaut des officiers pourvus en titre des charges de receveurs des tailles, & les faire duement cautionner esdites assemblées ; & en cas de contestations, de se pourvoir par les parties en ladite cour ; & finalement de maintenir ladite cour privativement auxdits trésoriers de France, au droit & pouvoir de recevoir annuellement les actes de *servivit* des professeurs & sermens des écoliers, des facultés de droit & de médecine, établies en la ville de Montpellier, & d'envoyer aux veilles des grandes fêtes des commissaires de ladite cour, dans les prisons dudit bureau des finances de Montpellier, pour y procéder à la visite & redde des prisonniers détenus pour le fait de la jurisdiction de ladite cour, & tout ainsi qu'il étoit observé par ladite cour à l'égard des prisonniers qui sont détenus dans la conciergerie du palais de sa séance, avec défenses auxdits trésoriers de France de donner aucun trouble ni empêchement aux commissaires de ladite cour, à peine de désobéissance & de radiation de leurs gages, & auxdits professeurs & écoliers desdites facultés de se présenter audit bureau des finances pour le fait des actes de *servivit*, à peine de mille livres d'amende & autre arbitraire ; & en conséquence révoquer l'évocation générale accordée aux trésoriers de France de ladite généralité de Montpellier, soit en la chambre des comptes de Paris pour la réception en leurs offices, qu'au parlement de Grenoble pour leurs procès civils & criminels, & sans y avoir égard, ordonner qu'ils seroient tenus de procéder en ladite cour, tant pour leur réception que sur leurs procès & différens, mus & à mouvoir, suivant les édits & ordonnances de Sa Majesté, & que pour éviter à l'avenir toutes les contestations d'entre ladite cour des comptes, aides & finances, & les trésoriers de France en la généralité de Montpellier, les avocats & procureurs du Roi audit bureau seroient tenus de se rendre au parquet des avocats & procureurs généraux de Sa Majesté en ladite cour, pour conférer & convenir, si faire se pouvoit, des différens desdites compagnies, toutes les fois qu'ils seroient sur ce mandés par les avocats & procureurs généraux de Sa Majesté en ladite cour, à peine en cas de refus, de radiation de leurs gages sur le procès-verbal desdits avocats & procureurs généraux du refus que leurs substituts pourroient faire de se rendre audit parquet, & condamner lesdits trésoriers de France aux dépens de l'instance ; par lequel arrêt auroit été ordonné qu'aux fins de ladite requête les parties seroient sommairement ouies pardevant le sieur de la Briffe, rapporteur de l'instance ; ensuite est la signification qui en a été faite le 26 Juin 1683. Appointement du réglement rendu le 30 dudit mois de Juin à communiquer, écrire & produire sur les fins des requêtes insérées auxdits arrêts du 30 Septembre & 30 Décembre 1679, 13 & 20 Février 1680, & 21 Juin 1683. Arrêt du conseil du 27 Août audit an 1683, rendu sur la requête des trésoriers

trésoriers de France de Montpellier, tendante à ce que pour les causes y contenues, il plût à Sa Majesté les maintenir privativement à tous autres, en la direction des finances, gabelles, tailles, foraines, domaines & autres dépendances, & au droit de décerner des contraintes pour le payement des gages, & autres charges contenues dans les états du Roi, sans limitation ni restriction; faire défenses à ladite cour des aides de recevoir aucune opposition ni appellation des ordonnances & contraintes décernées par lesdits trésoriers de France, & par les receveurs généraux contre les receveurs particuliers, ni des ordonnances rendues par lesdits trésoriers de France, portant condamnation d'amende, suspension ou destitution des comptables; comme aussi faire défenses à ladite cour des comptes de recevoir aucuns comptes de quelque nature qu'ils soient, sans qu'il ait apparu d'un état vérifié par lesdits trésoriers; ce faisant, pour l'intérêt & service de Sa Majesté, ordonner que les receveurs des gages de ladite cour & receveur des restes de ladite chambre, feroient état devant lesdits trésoriers de leurs administrations nonobstant l'arrêt sur requête, du 9 Avril 1639; ordonner dans que tant les provisions des officiers de ladite chambre des comptes & cour des aides de Montpellier, que les quittances de finance pour attribution des gages & autres droits, seroient enregistrés au bureau des finances de Montpellier; que lesdits officiers seroient tenus de prendre annuellement desdits trésoriers, en qualité d'intendans des gabelles de Languedoc, les mandemens de leur franc-salé; maintenir aussi lesdits trésoriers en la possession de recevoir les foi & hommages, aveus & dénombremens de tous les fiefs de quelque qualité qu'ils soient, mouvans & relevans de Sa Majesté, de procéder aux saisies féodales, liquidation de ses droits, & d'avoir le dépôt des titres & documens, concernant lesdits droits, à l'exclusion de ladite cour des comptes, aides & finances; maintenir en outre lesdits trésoriers au droit d'apposer les scellés, & de procéder à la confection des inventaires des comptables, tant & si long-temps que lesdits comptables seroient débiteurs de Sa Majesté & que leurs cautionnemens faits pardevant lesdits trésoriers auroient lieu; comme aussi maintenir définitivement lesdits trésoriers au droit de faire les inventaires des biens des évêchés, abbayes & autres bénéfices consistoriaux vacans en régale, de faire les baux des fruits & revenus d'iceux; maintenir encore lesdits trésoriers de France aux rangs & séances qui leur appartenoient tant en l'audience de la cour des aides que bureaux de ladite chambre des comptes & cour des aides, & partout ailleurs en personne singuliere, conformément à la transaction passée en 1600, & aux réglemens du conseil de l'an 1611; & enfin les maintenir en toutes les fonctions de leurs charges, que les officiers de la chambre des comptes leur vouloient ôter par les douze chefs de demandes qu'ils avoient faites dans leur production contre lesdits trésoriers, & condamner lesdits officiers de la chambre des comptes & cour des aides aux dépens desdits trésoriers, & aux dommages & intérêts soufferts & à souffrir; leur donner acte de ce que pour moyens pour établir la justice des conclusions qu'ils avoient prises pour défenses contre celles desdits officiers de la chambre des comptes, ils employoient ce qu'ils avoient dit, écrit, & produit pardevant ledit sieur d'Aguesseau, avec son avis, en ce qu'il étoit conforme à leurs conclusions seulement & non autrement, & qu'ils consentoient qu'il fût passé outre au jugement sur lesdits productions remises au greffe du conseil ; par lequel arrêt auroit été ordonné qu'aux fins de ladite requête les parties seroient sommairement ouies pardevant le sieur rapporteur de l'instance & joint à icelle ; ensuite est la signification qui en a été faite le 20 Septembre 1683. Réglement sommaire intervenu sur ladite requête & joint du 24 desdits mois & an. Arrêt du conseil du 14 Décembre audit an 1683, rendu sur la requête desdits officiers de ladite cour des comptes de Montpellier, tendante à ce que pour les causes y contenues il plût à Sa Majesté, sans avoir égard à la requête desdits trésoriers de France de Montpellier insérée en l'arrêt du conseil du 13 Février 1680, & en les déboutant de ladite requête, ordonner que l'arrêt rendu par laditecour le 16 Décembre 1679, seroit exécuté, & le greffier dudit bureau contraint d'y satisfaire par toutes voies & par corps ; comme aussi d'être reçus appelans de ladite ordonnance des commissaires sur le fait du domaine du 12 Mai 1677, & opposans à l'exécution de l'arrêt du conseil du 13 Octobre 1677, & sans s'y arrêter que les arrêts de réglement du conseil des 19 Janvier 1668 & 18 Juillet 1670, concernant le dépôt des titres du domaine de Sa Majesté adjugé à ladite cour des comptes seroient exécutés ; faire défenses auxdits trésoriers de France desdites généralités de Toulouse & Montpellier, de commettre à l'avenir aux recettes dépendantes de leurs charges, si ce n'est seulement en cas de décès ou de fuite des comptables durant l'année de leur exercice ou de suspension après leur administration commencée, dont ils seroient tenus de déclarer les causes en leurs ordonnances, le tout par provision, & jusques à ce que par Sa Majesté y eût été pourvu par ses lettres-patentes scellées de son grand sceau, ou arrêt de son conseil regiftrés en ladite cour, conformément à l'article XIV de l'ordonnance du mois de Décembre 1557, & à l'article Ier. de l'ordonnance du mois d'Août 1669, & de faire aucune destination ni expédier leurs lettres d'état pour aucuns gages, rentes & droits, ni autres employés en dépense dans les états de Sa Majesté pour les charges ordinaires & locales, soit sous prétexte de la vacance des offices aux revenus casuels, défaut de registre de lettres des provisions des pourvus, registre de quittances, ou quelque autre cause que ce soit, à peine de répondre en leurs propres & privés noms des dommages & intérêts des parties intéressées, sauf à ladite cour de faire la destination des débets provenant des charges locales en procédant au jugement des comptes, conformément aux ordonnances, & d'ordonner qu'à l'avenir les payeurs des gages des officiers du parlement de Toulouse, seroient reçus à compter sans état au vrai vérifié par les trésoriers de France de Montpellier, en rapportant l'état vérifié seulement au conseil, suivant les ordonnances & arrêts du conseil du 29 Avril 1606, & que les trésoriers de France desdites généralités, seroient tenus en toutes leurs ordonnances & actes de leur bureau de donner à ladite cour la qualité de cour des comptes, aides & finances, conformément aux déclarations des années 1553 & 1556, & à l'édit d'union du mois de Juillet 1629, à peine de trois mille livres d'amende, & de radiation de leurs gages : Par lequel arrêt auroit été ordonné qu'aux fins de ladite requête, les parties seroient sommairement ouies & joint à l'instance. Requête verbale desdits trésoriers de Montpellier, à ce qu'il fût ordonné suivant les arrêts du conseil des 30 Décembre 1679, 13 &

20 Février 1680, que les parties formeroient leurs demandes & contestations pardevant ledit sieur d'Aguesseau, pour le tout vu & rapporté au conseil avec son avis leur être pourvu & fait droit ainsi que de raison, & condamner lesdits officiers aux dépens. Procès-verbal dudit sieur Bignon, maître des requêtes, du 29 Décembre 1683, dans lequel est inséré ladite requête verbale ; au bas est son ordonnance, portant réglement sommaire tant sur ladite requête insérée audit arrêt du 14 Décembre audit an, que ladite requête verbale. Arrêt du conseil du 26 Avril 1684, rendu sur la requête des trésoriers de France de Toulouse, tendante à ce que pour les causes y contenues, il plût à Sa Majesté, sans avoir égard aux demandes contraires des officiers de ladite cour des comptes, aides & finances de Montpellier dont ils seroient déboutés, maintenir & garder lesdits trésoriers de France privativement à tous autres juges en la direction des finances & exécution des états du Roi, sur la distribution d'icelles dans l'étendue de leur généralité ; en conséquence ordonner que le receveur des restes établi près ladite cour seroit tenu de compter par état devant lesdits trésoriers de France, des sommes dont la dépense & emploi étoient libellés dans l'état du Roi, & dont le receveur des restes faisoit recette des comptables de la généralité de Toulouse ; desquels receveurs généraux & particuliers ou commis à leurs charges aucun compte ne pourroit être présenté à ladite cour pour quelque nature de deniers que ce soit, sans faire apparoir de l'état au vrai qu'ils en auroient fait pardevant lesdits trésoriers clos & vérifié en leur bureau ; que défenses seroient faites à ladite cour de recevoir aucunes oppositions, ou appellations des contraintes décernées par les receveurs généraux contre les particuliers, ni des ordonnances qui seroient rendues audit bureau ; comme aussi maintenir & garder lesdits trésoriers privativement à ladite cour, au droit d'apposer le scellé aux effets des receveurs généraux ou particuliers ou commis à leurs charges, ou autres officiers comptables décédés, ou dont les affaires étoient en désordre, & de faire la description & inventaire de leurs biens & effets ; maintenir pareillement lesdits trésoriers, à l'exclusion de la même cour, vacation avenant des archevêchés, évêchés, abbayes & autres bénéfices consistoriaux dans leur ressort, au droit d'y établir des économes pour la régie & administration du temporel, faire la description & inventaire des titres, biens & effets délaissés par les titulaires & possesseurs des mêmes bénéfices, & de faire l'adjudication des baux à ferme des fruits qui en dépendroient, jusques à la parfaite clôture de la régale ; les maintenir en outre au droit de recevoir les foi & hommages, aveus & dénombremens de tous possesseurs de fiefs, terres, seigneuries & autres biens nobles dans l'étendue des sénéchaussées de Toulouse, Carcassonne & Beziers, dépendantes du ressort de leur bureau ; lesquels actes de foi & hommages rendus en leur bureau, aveu & dénombremens qui y auroient été jugés & vérifiés seroient remis en dépôt aux archives de S. M. desdites sénéchaussées, avec les autres titres concernant le domaine de S. M., du soin & direction duquel lesdits trésoriers étoient chargés : Et enfin maintenir & garder à l'égard des officiers de ladite cour lesdits trésoriers dans les mêmes rangs, séances & entrées, qui seroient réglées pour lesdits trésoriers de France au bureau de Montpellier, & condamner lesdits officiers de la cour des comptes, aides & finances de Montpellier aux dépens ; par lequel arrêt auroit été or-

donné qu'aux fins de ladite requête, les parties feroient fommairement ouies pardevant le fieur rapporteur de l'inftance & joint à icelle ; enfuite est la fignification qui en a été faite le 4 Mai 1684. Réglement fommaire intervenu fur ladite requête & joint du 5 dudit mois de Mai. Copie d'arrêt de la cour des aides de Montpellier du 27 Mars 1571, rendu fur la requête du receveur général des finances de la généralité de Montpellier & commis au payement des gages du prévôt général de Languedoc, tendante aux fins de furfeoir l'exécution faite en fa perfonne & biens pour le payement des gages des officiers de ladite prévôté ; par lequel arrêt ledit receveur général eft débouté de fa requête. Requête préfentée à ladite cour des aides par maître Gilles Thonier, à ce qu'au premier commandement qui feroit fait à maître Louis Longuet, tréforier général de l'extraordinaire des guerres & à maître Sauffoy fon commis, ils payeroient audit Thonier la fomme de douze cents livres pour fes appointemens employés fur l'état de la garnifon de la citadelle de Montpellier, à faute de quoi faire ils y feroient contraints par toutes voies, & cependant permis de faifir; au bas de laquelle requête eft l'ordonnance de ladite cour du 18 Septembre 1652, portant que ledit Longuet ou Sauffoy fon commis, payeroient dans trois jours audit Thonier ladite fomme de douze cents livres, à faute de payement contraints par corps. Autre requête préfentée à ladite cour des aides, par le fieur de Vignolles préfident au parlement & chambre de l'édit de Caftres, tendante à ce qu'il fût ordonné au fieur Defcorbiac payeur des gages dudit parlement & chambre, de lui payer les gages à lui dus fuivant le fonds laiffé dans les états du Roi ; au bas de laquelle requête eft l'ordonnance de ladite cour, portant que ledit receveur payeroit lefdits gages, à faute de quoi il y feroit contraint, du 5 Juin 1657. Copie d'arrêt de ladite cour des aides du 22 dudit mois de Juin, rendu entre lefdits Vignolles & Defcorbiac, & le fieur de Juge confeiller audit parlement & chambre de l'édit, par lequel fans avoir égard à l'oppofition dudit fieur de Juge, auroit été ordonné que ledit Defcorbiac payeroit audit de Vignolles les gages dont étoit queftion, faute de quoi il y feroit contraint. Autre ordonnance de ladite cour des aides du 25 Juin 1661 rendue fur la requête de Me. Jean Beffiere tréforier des mortes payes de Languedoc, contre les receveurs des tailles de ladite province pour le payement de fes gages. Certificat des procureurs & avocats généraux de ladite cour des aides de Montpellier, que ladite cour étoit dans une ancienne poffeffion de donner des ordonnances & contraintes contre les comptables fur les requêtes des officiers, & autres affignés fur les recettes, demandant payement de leurs gages, & droits du 6 Novembre 1683. Copie d'arrêt du confeil d'état du 14 Janvier 1614 rendu fur la requête des tréforiers de France de Touloufe ; portant entre autres chofes défenfes à ladite cour des aides de recevoir les appellations interjetées par les comptables refufans ou dilayans de payer les deniers de Sa Majefté, qu'ils n'aient premierement configné ès mains des receveurs généraux, ni de prendre connoiffance des différens procédans du payement des parties contenues ès états du Roi, qui feroient baillés aufdits receveurs généraux, ni de ce qui feroit ordonné par lefdits tréforiers de France pour la fureté des deniers du Roi, & réception des cautions des fermiers & receveurs de Sa Majefté. Copie d'arrêt de ladite cour des aides du

22 Décembre 1662, rendu entre Pierre Galié, héritier de Jean-Baptiste Galié tréforier du domaine de Montpellier, le sieur de Saint-Bonnet Thoiras par lequel, entre autres chofes, l'appellation de l'ordonnance des tréforiers de France de Montpellier y énoncée eft mife au néant, ledit Galié condamné à payer audit fieur de Thoiras, les gages à lui dus à caufe de fon office de fénéchal de Montpellier. Copie d'autre arrêt de ladite cour des aides du 22 Juin 1669 rendu entre Jean Teinturier propriétaire des falins de Peccais, appelant d'ordonnance des tréforiers de France de Montpellier, d'une part, Me. Joseph Doulon, receveur du domaine de Beaucaire, & Pierre Gerardet fermier du droit de feptain appartenant au Roi fur les falins de Peccais, d'autre part, par lequel entre autres chofes l'appellation auroit été mife au néant, la caufe retenue au principal, & les parties appointées à vérifier leurs faits. Copie d'autre arrêt de ladite cour des aides rendu entre le fyndic de la province de Languedoc, appelant de l'ordonnance du fieur Marion, tréforier de France en Languedoc, & Me. Barthelemi de Rodes, contrôleur au grenier à fel de Languedoc le 22 Novembre 1580, par lequel entre autres chofes, l'appellation auroit été mife au néant, la connoiffance de la caufe retenue. Copie d'autre arrêt de ladite cour des aides du 11 Février 1591 rendu entre Me. Fulcrand Gilly, receveur pour le Roi des deniers de la foraine au bureau d'Aigues-mortes, appelant d'ordonnance des tréforiers de France de Montpellier, Jean Moynier & autres, qui ordonne l'exécution de l'ordonnance des tréforiers de France. Extraits de trois comptes rendus en ladite cour des comptes ; favoir, par Jacques Janon fermier des gabelles de Languedoc ès années 1653 & 1654, par Nicolas Langlois fermier defdites gabelles en 1665, & par François Lafrance auffi fermier defdites gabelles pour l'année 1673. Deux certificats des gens du Roi des chambres des comptes de Provence & Dauphiné, des 14 & 19 Juillet 1683, portant que les fermiers des gabelles & de la foraine, en préfentant leurs comptes efdites chambres ne rapportent aucun état au vrai arrêté par les tréforiers de France, mais feulement un état au vrai vérifié au confeil, & que c'étoit l'ufage qui avoit été toujours obfervé. Extrait de l'état au vrai préfenté au confeil le 14 Juillet 1682 par le fieur Lafrance fermier des gabelles de Languedoc, de fa recette & dépenfe de l'année 1678 vérifié fans aucun état au vrai arrêté par les tréforiers de France. Certificat des procureurs généraux des chambres des comptes de Paris & Provence des 15 Juillet 1682 & 11 Mai 1683, portant que les payeurs des gages des compagnies fouveraines ne comptent point par état devant les tréforiers de France. Copie d'arrêt du confeil d'état du 7 Août 1664 par lequel, entre autres chofes, fans s'arrêter à autre arrêt du confeil du 19 Février 1664, obtenu par les tréforiers de France de Provence, il eft ordonné que le payeur des gages des cours de parlement, comptes & finances compteroit au confeil, & enfuite en la cour des comptes, fans être tenu de vérifier aucun état devant les tréforiers de France d'Aix, dont Sa Majefté l'auroit déchargé, & défenfes auxdits tréforiers de France de le troubler. Copie d'autre arrêt du confeil d'état du 22 Avril 1679, rendu entre Me. Louis Chabou, procureur du Roi au bureau des finances de Grenoble en cette qualité, oppofant au titre & fceau des provifions de l'office de maîtres des comptes de Grenoble d'une part, & Me. Claude Matron

poursuivant le sceau desdites provisions d'autre, qui déboute ledit procureur du Roi de son opposition, le condamne aux dépens. Copie d'autre arrêt du conseil d'état du 26 Avril 1606, portant que le receveur & payeur des gages des présidens, conseillers & autres officiers des cours de parlement & chambre des comptes & cour des aides & des monnoies, présenteroient au conseil les états de leurs recettes & dépenses pour y être vérifiés. Certificat des gens du Roi de la cour des comptes, aides & finances de Montpellier, du 23 Août 1683, portant qu'il est d'une nécessité indispensable de prescrire auxdits trésoriers de France, un délai pour vérifier les états des comptables de leurs charges, parce qu'ils y gardoient lesdits états par plusieurs années. Copie d'arrêt de ladite cour des aides, du 13 Septembre 1678, rendu sur la requête du procureur général, portant entre autres choses que le registre y mentionné seroit remis au greffe par le greffier du bureau des finances de Montpellier. Copie d'autre arrêt de ladite cour des comptes, rendu sur la requête du procureur général, le 24 Décembre 1678, portant que les trésoriers de France de Toulouse & de Montpellier, remettroient dans huitaine au greffe de ladite cour les inventaires des actes de caution fournis par les comptables, & que les greffiers y seroient contraints par corps. Copie d'autre arrêt de ladite cour du 15 Décembre 1679, rendu sur la requête dudit procureur général, portant que les originaux de tous les actes d'hommages, aveus & dénombremens qui étoient au greffe desdits bureaux des finances de Toulouse & Montpellier seroient remis au greffe de ladite cour des comptes, à quoi faire les greffiers seroient contraints par corps. Copie des lettres-patentes du 26 Février 1464, portant, entre autres choses, que les foi & hommages se rendroient à la chambre des comptes de Paris dans tout son ressort, & Sa Majesté révoque de précédentes lettres qui attribuoient au parlement de Paris les appellations des jugemens rendus sur les foi & hommages par ladite chambre : Veut Sadite Majesté, que ladite chambre reçoive & connoisse des foi & hommages souverainement & en dernier ressort, ainsi que des autres matieres de sa compétence. Extrait de plusieurs hommages, tirés des archives de la chambre des comptes de Paris, pour justifier qu'auparavant la création de la chambre des comptes de Montpellier, celle de Paris recevoit les hommages des fiefs situés en la province de Languedoc. Copie d'acte de foi, hommage, rendu en la chambre des comptes de Paris, le 16 Septembre 1511, pour des fiefs situés en Languedoc. Extrait de plusieurs autres foi & hommages, rendus en ladite chambre des comptes de Paris, ès années 1511, 1514, 1556, 1594 & 1595. Copie de déclaration du Roi, du 21 Février 1613, par laquelle, entre autres choses, Sa Majesté, attendu que par l'édit de 1589, il avoit été créé & augmenté certain nombre d'officiers en ladite chambre des comptes de Montpellier, avec attribution de connoissance de certains comptes réservés à la chambre des comptes de Paris, & qu'au moyen de ladite attribution, les officiers de la chambre des comptes de Paris avoient reçu un notable dommage, Sadite Majesté voulant les indemniser dudit dommage, regle par ladite déclaration ledit dommage ; ensuite est un extrait des recettes générales & particulieres étant au-dedans des généralités de Toulouse & Montpellier, dont l'audition des comptes appartenoit de tout temps à la chambre des comptes de Paris, & de présent à la chambre des comptes de Montpellier, par édit de création de l'année 1589; par lequel extrait est porté une indemnité pour la récompense due à ladite chambre, pour les expéditions qui se faisoient au bureau des lettres de légitimation, naturalités, ennoblissement & autres chartres, & pour les foi & hommages, aveus & dénombremens, extraits & autres expéditions par les conseillers auditeurs, greffier & premier huissier. Copie d'édit du mois d'Avril 1639, par lequel Sa Majesté confirme & ordonne l'exécution des édits du mois de Juillet 1629 & d'Août 1631. Copie de quatre hommages rendus en la chambre des comptes de Montpellier, par Gabriel de Verseille, pour les fiefs y mentionnés, le 22 Décembre 1531. Copie de lettres de foi & hommages, adressantes à ladite chambre des comptes de Montpellier, du 3 Novembre 1533; ensuite est un dénombrement rendu en ladite chambre, le 9 Décembre audit an, par Jean de Cezelly, sieur de Saint-Agnès. Copies d'autres lettres d'hommages, adressantes à ladite chambre des comptes de Montpellier, le 11 Janvier 1534; ensuite est un dénombrement baillé par Jean d'Ansesune, abbé de Saint-Ruf, près Valence. Copie de cinq autres hommages rendus en ladite chambre des comptes, par les y dénommés, ès années 1537, 1559, 1565, 1595 & 1622. Copie d'arrêt de ladite chambre des comptes, du 27 Septembre 1634, qui ordonne l'enregistrement des lettres d'hommages, à elle adressantes, obtenues par le prince d'Orange, à cause d'un droit de péage. Cahier contenant copie de vingt-neuf hommages, rendus à ladite chambre des comptes par les y nommés, depuis le 8 Janvier 1614 jusqu'au 30 Août 1679. Autre cahier contenant 113 hommages rendus à ladite cour des comptes par divers particuliers, depuis le 31 Juillet 1679 jusques au 13 Juillet 1683. Cinq copies d'hommages rendus au bureau du domaine à Nîmes par les particuliers y nommés ès années 1602, 1605, 1609, 1612 & 1616. Copie d'arrêt de la chambre des comptes du 18 Janvier 1614, sur la requête du procureur général, portant que le sénéchal de Beaucaire & Nîmes remettroit au greffe de ladite chambre les commissions qu'il avoit obtenues pour recevoir des foi & hommages, défenses de s'en aider, & à toutes personnes de les reconnoître pour ce regard. Copie d'autre arrêt de ladite chambre rendu sur la requête dudit procureur général, le 24 Janvier 1614, portant injonction à tous gentilshommes, ecclésiastiques & autres, de faire leur foi & hommages en ladite chambre. Copie d'autre arrêt de ladite chambre du 7 Février 1615, qui ordonne au sieur comte de Tournon de rendre dans le mois les foi & hommages pour les terres y mentionnées, & défenses de les faire ailleurs. Copie d'autre arrêt de ladite chambre du 24 Octobre 1623, rendu sur la requête d'Etienne Goutte, qui avoit traité avec Sa Majesté pour la liquidation de son domaine, & recherche des usurpations d'icelui ès ressorts du parlement de Toulouse & Guienne, portant que les articles & arrêts du conseil par lui représentés seroient registrés, qu'il donneroit caution, qu'il compteroit à la chambre chaque année, & que les foi & hommages seroient rendus à ladite chambre. Copie d'autre arrêt de ladite chambre du 26 Août 1624, portant que les lettres patentes rapportées par ledit Goutte seroient registrées, à la charge que les foi & hommages seroient reçus à ladite chambre. Copie d'autre arrêt de ladite chambre rendu sur la requête du procureur général, le 3 Mars 1625, portant défenses aux tréforiers de France & à tous autres, de procéder à la réception des foi & hommages, à peine de mille livres, & audit Goutte de faire affigner ceux qui étoient tenus de prêter les hommages ailleurs qu'en ladite chambre, à faute de quoi feroit procédé à la faifie des fruits. Copie d'arrêt du confeil d'état rendu fur les remontrances du procureur général de ladite chambre, le 17 Janvier 1626, portant entre autres chofes qu'il feroit procédé par les commiffaires députés pour l'exécution du traité dudit Goutte à l'exécution de leurs commiffions & réception des foi & hommages dus à Sa Majefté pour le temps du traité dudit Goutte, fans néanmoins préjudicier aux droits de ladite chambre en la réception des foi & hommages des terres relevans de Sa Majefté en plein fief, & fauf aux poffeffeurs de rendre lefdits hommages à Sa Majefté ès mains de M. le chancelier, fi bon leur femble, après avoir payé les droits & devoirs feigneuriaux par eux dus, que ledit Goutte feroit tenu de remettre pardevers la chambre extrait de tous les hommages & dénombremens qui feroient faits en conféquence dudit traité, & rendre compte par état au confeil, &, après avoir icelui vérifié, compter en ladite chambre. Copie d'arrêt de ladite cour des comptes du 27 Mai 1634, portant que tous feigneurs, gentilshommes & autres perfonnes qui tenoient fiefs, terres & feigneuries mouvans du Roi, rendroient les foi & hommages en ladite chambre, à peine de faifie de leurs fiefs. Copie d'autre arrêt de ladite chambre fur la requête du procureur général, du 6 Septembre 1644, portant défenfes aux tréforiers de France de Touloufe & de Montpellier, de recevoir les foi & hommages des feigneurs & vaffaux du Roi à peine de nullité, & auxdits vaffaux & fujets de les rendre ailleurs qu'en ladite chambre à peine de nullité, fi mieux n'aimoient les rendre ès mains de M. le chancelier. Trois informations faites par des commiffaires de ladite cour des comptes, les 20 & 28 Novembre & 3 Décembre 1644, contenant que lefdits tréforiers de France s'étoient tranfportés en plufieurs lieux, qu'ils avoient reçu des foi & hommages, & fe faifoient payer de grands droits. Six certificats du greffier en la commiffion du fieur de Maffauve, tréforier de France, des 11 Octobre, 2, 4, 9 & 14 Novembre 1644, des droits qu'il avoit pris pour la réception des foi & hommages prêtés fur les lieux. Copie de commiffion du grand fceau obtenue, le 20 Septembre 1462, par le fieur Aftorcq fire de Pierre, adreffante au fénéchal de Beaucaire, pour recevoir les foi & hommages par lui dus, à la charge que lefdits foi & hommages qui feront faits ès mains dudit fénéchal feroient par lui envoyés à ladite chambre. Copies d'autres lettres de commiffion de Sa Majefté, du 7 Novembre 1492, adreffante au fénéchal de Beaucaire, obtenues par le fieur de Fournés, pour recevoir l'hommage par lui dû, à la charge de bailler fon dénombrement en la chambre des comptes de Paris. Copie d'autre commiffion de Sa Majefté, adreffante audit fénéchal de Beaucaire, du 18 Août 1498, pour recevoir les foi & hommages des vaffaux de Sa Majefté pour les fiefs fitués dans le détroit de ladite fénéchauffée. Copie d'autre commiffion de Sa Majefté, du 8 Juin 1499, adreffante au fieur de la Vernede, maître des requêtes, pour recevoir les foi & hommages du fieur évêque de Maguelonne, à la charge d'envoyer ladite commiffion & l'acte d'hommage en la chambre des comptes. Cahier contenant

nant un procès-verbal des sieurs Robert & Bourdin, Viguiers de Nimes & Sommieres, du 5 Mai 1531, commissaires députés par les tréforiers de France sur le fait des reconnoissances & union du domaine de Sa Majesté aux villes & viguerie de Bagnols, contenant les reconnoissances des particuliers y nommés, à la charge de rendre l'hommage des choses dénombrées dans l'an & jour en la chambre des comptes de Montpellier. Certificat du procureur général en la chambre des comptes de Grenoble, que ladite chambre est seule en possession de recevoir les foi & hommages des vassaux de Sa Majesté dans l'étendue de son ressort, de quelque qualité & revenu que soient leurs fiefs. Copie d'arrêt du conseil d'état, du 21 Octobre 1679, portant que dans trois mois lesdits officiers de la chambre des comptes de Montpellier & lesdits tréforiers de France, feroient juger les contestations qui étoient entre eux pour raison de la réception des foi & hommages, aveus & dénombremens; cependant par provision, ordonne Sa Majesté que l'arrêt du 8 Janvier 1668 feroit exécuté; ce faisant que ladite cour des comptes recevroit les foi & hommages des vassaux de Sa Majesté, & auroit le dépôt général de tous les actes d'hommages qui feroient rendus à la personne de Sa Majesté, à M. le chancelier & aux bureaux des finances, & les tréforiers de France de Montpellier recevroient aussi les foi & hommages des vassaux de Sa Majesté de leur ressort, à l'exception toutefois des duchés, marquisats, comtés, vicomtés, baronnies & châtellenies vérifiés, dont les hommages feroient rendus à la personne de Sa Majesté & de M. le chancelier ou en la cour des comptes; défenses à ladite cour des comptes & aux tréforiers de France de Montpellier de députer des officiers d'entre eux pour recevoir les hommages sur les lieux, à peine de tous dépens, dommages & intérêts; ensuite est la signification dudit arrêt à la requête du syndic de Languedoc, du 2 Décembre 1679. Copie d'ordonnance de Sa Majesté, du mois d'Août 1681, concernant la chambre des comptes de Bretagne, titre II, des foi & hommages, par lequel il appartient à ladite chambre de juger les aveus. Copie de lettres d'hommages rendues le 14 Mars 1496 par le sieur de Calvisson, entre les mains de M. le chancelier, adressées à la chambre des comptes, & à la charge de bailler son aveu. Copie de déclaration du Roi, du 29 Décembre 1674, portant que les archevêques, évêques, abbés & autres bénéficiers du royaume, fourniront ès chambres des comptes au ressort desquelles leurs bénéfices feront situés, leurs déclarations & pieces signées de leurs mains, & scellées de leurs sceaux, de tout le temporel de leurs bénéfices; & en cas ils auroient besoin de délai pour les remettre, qu'ils se pourvoiroient auxdites chambres, où ils feroient tenus de remettre leurs titres pour la preuve de leurs déclarations, en cas qu'elles soient contestées. Copie d'arrêt de la chambre des comptes de Montpellier, du 27 Février 1533, rendu entre le procureur général & l'évêque de Maguelonne, portant que ledit évêque feroit tenu de bailler ès mains du recteur & clavaire de la rectorie de Montpellier, les doubles des reconnoissances & lieves de toutes les maisons, terres & possessions, & autres droits de directes étant & assignés dans ladite rectorie & part-antique de Montpellier, que l'on appeloit anciennement Montpesolanet, contenu en l'instrument d'échange, & à ce faire fera ledit sieur évêque contraint par saisie de toutes les cenfives, & quant aux arrérages desdites cencives & lods par ledit procureur général demandés être rendus par ledit évêque, avant que dire droit sur la restitution d'iceux arrérages, icelui procureur feroit foi de ce que ledit évêque & ses receveurs avoient levé & perçu des emphitéotes & tenanciers. Copie de deux déclarations de Sa Majesté, étant ensuite l'une de l'autre, des premier Août & 30 Décembre 1553, par lesquelles la chambre des comptes de Paris est déclarée cour souveraine & juge en dernier ressort de tout le fait des comptes & finances, circonstances & dépendances, privativement à la cour des aides & à tous autres juges & cours. Copie d'autre déclaration du 4 Janvier 1556, portant que les déclarations des premier Août & 30 Décembre 1553, seroient exécutés en la chambre des comptes de Montpellier. Arrêt de ladite chambre des comptes, du 18 Mai 1609, portant que le sieur Janvier, maître des comptes, continueroit l'exécution de sa commission, & procéderoit à la confection de l'inventaire des biens & acquits de Me. Pierre Granger, receveur général des finances & gabelles de Montpellier, & défenses à tous autres juges de s'y immiscer. Cahier contenant deux extraits des comptes rendus par ledit Granger, de ses administrations des recettes générales des finances & gabelles des années 1607 & 1608, & de la commission expédiée par les trésoriers de France de Montpellier à Paul Arnaud, pour continuer la recette des gabelles. Requête présentée à ladite chambre par le procureur général, à ce qu'il fût commis des maîtres de ladite chambre pour procéder à l'inventaire & description des biens & effets de Me. Jean Salelles, payeur de la cour des aides ; au bas est l'ordonnance du 27 Avril 1611, qui commet le sieur Baudan ; procès-verbal dudit sieur Baudan, dudit jour, contenant le scellé apposé sur les biens & effets dudit Salelles. Arrêt de la chambre des comptes de Montpellier, du 28 dudit mois d'Avril, par lequel, sans avoir égard à l'ordonnance du sénéchal de Montpellier, il auroit été ordonné que par ledit sieur Baudan il seroit procédé à l'inventaire des meubles & papiers dudit Salelles. Procès-verbal du sieur de Bouillaco, auditeur en ladite chambre, du scellé & inventaire des biens d'Antoine de Roqueplan, receveur des tailles au diocese du Puy, du 22 Août 1608. Huit autres procès-verbaux de scellé & inventaires faits par les commissaires de ladite chambre sur les biens & effets des comptables y mentionnés ès années 1619, 1623, 1632, 1640, 1650, 1660, 1669 & 1678. Extrait de l'article quatrieme de l'édit du 18 Août 1582 en forme de réglement entre la cour de parlement & la chambre des comptes de Bretagne, portant que les économes & commissaires qui seroient établis pour les droits & fruits de régale durant l'ouverture d'icelle aux évêchés & autres bénéfices dudit pays, sujets audit droit de régale, seroient tenus, avant qu'entrer en la jouissance & perception desdits fruits, d'apporter leurs lettres d'économat en ladite chambre, pour en compter en icelle, avec défenses à tous autres juges d'en prendre connoissance. Edit du mois d'Avril 1639, portant confirmation des édits du mois de Juillet 1629, & Avril 1621. Copie de lettres patentes de Sa Majesté, du 17 Décembre 1622, adressantes à la chambre des comptes de Montpellier, portant main-levée au sieur évêque de Beziers de la saisie des fruits de son évêché, en conséquence du serment par lui prêté à Sa Majesté ; ensuite est l'arrêt d'enregistrement de ladite chambre des comptes, du 26 Janvier 1623. Copie d'arrêt de ladite chambre, rendu le 22 Décembre audit an, portant que le nommé Mazet, économe de l'évêché de Mende, remettroit devers ladite chambre les lettres d'économat par lui obtenues, & jusqu'à ce qu'il y eût satisfait, défenses lui sont faites de troubler le nommé Cassagnes, commis par ladite chambre à la régie des fruits dudit évêché vacant en régale. Extrait du registre des droits casuels de ladite chambre des comptes de Montpellier, depuis l'année 1619 jusques en 1625. Copies de lettres patentes du 4 Juillet 1623, adressantes à ladite chambre des comptes de Montpellier, portant main-levée des fruits saisis de l'archevêché de Narbonne vacant en régale, au moyen du serment prêté par le sieur de Rebé, archevêque. Copie d'arrêt de ladite chambre, rendu sur la requête de Guillaume Mazet, le 10 Janvier 1624, portant que les lettres d'économat à lui accordées pour la régie des fruits de l'évêché de Mende, seroient registrées. Copie d'autre arrêt de ladite chambre, du 26 dudit mois de Janvier, obtenues par le sieur archevêque de Narbonne, portant main-levée des fruits de son archevêché. Copie des lettres d'économat accordées au sieur Mazet, le 12 Mai 1624, pour la continuation de la régie des fruits dudit évêché de Mende, lesdites lettres adressantes à ladite chambre des comptes de Montpellier; ensuite est l'enregistrement en ladite chambre, du 27 Juin audit an. Copie d'arrêt de ladite chambre, du 10 Septembre 1626, qui ordonne l'enregistrement des lettres d'économat des fruits de l'évêché de Saint-Papoul, vacant en régale. Copie d'autre arrêt de ladite chambre, du 19 Octobre 1628, qui ordonne l'enregistrement des lettres d'économat de l'abbaye de Saint-Guillen-du-Désert.

Copie de lettres patentes obtenues par le sieur évêque d'Agde, le 2 Août 1630, portant main-levée de la saisie des fruits de ladite abbaye, attendu qu'il avoit prêté le serment de fidélité à Sa Majesté; ensuite est l'enregistrement en ladite chambre des comptes, du 19 Septembre 1631. Deux copies de lettres patentes des 26 & 28 Février 1632, obtenues par les sieurs évêques de Beziers & de Saint-Papoul, portant main-levée des saisies faites des fruits de leurs évêchés; ensuite sont les arrêts d'enregistrement en ladite chambre, les 21 Avril & 26 Juin 1632. Copie du brevet de Sa Majesté, portant don au sieur évêque d'Albi, des deniers à Elle revenans bons du revenu dudit évêché d'Albi, de l'année 1634, reçu par l'économe de l'évêché, jusqu'à concurrence de la somme de 6000 livres, du 28 Juillet 1637; ensuite sont les lettres patentes sur ledit brevet, du 31 dudit mois de Juillet. Copie d'autre arrêt du conseil, du 9 Juin 1638, rendu sur la requête des agens généraux du clergé, portant renouvellement de délai pour la remise des titres concernant l'exemption du droit de régale. Requête présentée à ladite cour des comptes par le procureur général le 10 Décembre 1652, à ce qu'il fût procédé à l'établissement d'un économe pour la régie des fruits de l'évêché de Montpellier vacant en régale; au bas est l'ordonnance qui commet le sieur Gueyraud pour procéder à ladite régie. Ordonnance dudit sieur de Gueyraud, du 14 dudit mois de Décembre, qui commet Jacques Vallat pour ladite régie. Copie d'arrêt de ladite chambre, du 24 Décembre 1652, qui déclare ledit évêché de Montpellier vacant en régale, que les fermiers & receveurs en remettroient les fruits audit Vallat; défenses aux trésoriers de France de connoître de ladite régale. Copie d'autre arrêt de ladite cour des comptes, du 4 Avril 1653, portant que les lettres patentes de Sa Majesté, portant nomination du sieur Castel pour économe dudit évêché de Montpellier, seroient regiſtrées. Copie d'autre arrêt de ladite chambre, du 9 dudit mois d'Avril, portant que les lettres patentes, obtenues de Sa Majesté par le sieur de Manzieres pour l'économat des fermes de l'évêché de Montpellier, seroient regiſtrées, & ledit Castel, précédent économe, lui rendroit compte. Copie de quittance donnée par ledit Manzieres audit Castel pour le reliquat de son compte. Copie d'autre arrêt de ladite chambre, du 12 Novembre 1653, portant que les lettres patentes, obtenues de Sa Majesté par le feu sieur cardinal d'Est, portant don des fruits & revenus de l'évêché de Montpellier, dont Sa Majesté l'avoit pourvu, seroient regiſtrées. Copie de lettres patentes, du 30 Janvier 1655, adreſſantes à ladite chambre des comptes, obtenues par le sieur Servien, évêque de Carcaſſonne, portant don des fruits & revenus. Copie d'arrêt de ladite chambre, portant que lesdites lettres seroient regiſtrées : enſuite eſt l'enregistrement du 29 Avril 1655. Copie d'autres lettres patentes, du 23 Juillet 1655, portant nomination de Pierre Piſſon pour économe à la régie des fruits de l'évêché de Nîmes, à la charge d'en rendre compte au sieur Cohon nommé audit évêché, & auquel Sa Majesté en avoit fait don, enregiſtrées à ladite chambre le 14 Août 1655. Copie d'autres lettres patentes, du 10 Juillet 1655, portant nomination du sieur Verduron pour la régie des fruits de l'évêché de Montpellier vacant en régale : enſuite eſt l'enregiſtrement en ladite chambre. Procès-verbal du sieur de Ruffies, maître en ladite chambre des comptes de Montpellier, du 9 Juin 1657, portant établiſſement d'un économe à la régie des fruits de l'évêché de Lodeve vacant en régale. Copie d'arrêt de ladite cour des comptes, du premier Septembre 1657, portant que les lettres d'économat, accordées par Sa Majesté à Me. Michel d'Azemar pour la régie des fruits de l'évêché de Lodeve, seroient regiſtrées. Procès-verbal du sieur de Solas, conseiller en ladite cour des comptes, du 4 Novembre 1660, portant établiſſement d'un économe à la régie des fruits de l'évêché de Mende. Copie d'arrêt de ladite chambre, du 27 dudit mois de Novembre 1660, portant qu'il seroit informé des violences & voies de fait commiſes par le sieur d'Aigrefeuille, tréſorier de France de Montpellier, en l'évêché de Mende. Procès-verbal du sieur Azemar, du 14 Décembre 1668, portant établiſſement d'un économe à la régie des fruits de l'évêché de Lavaur. Autre procès-verbal du sieur de Guilleminet, commiſſaire de ladite cour des comptes du 16 Mars 1669, contenant l'établiſſement d'un économe en l'évêché de Lodeve. Sept autres procès-verbaux d'économes ès évêchés de Nîmes, Uzès, Alby, Lavaur, Aleth & Mirepoix ès années 1670, 1674, 1676, 1677 & 1679. Copie d'un tarif des frais faits par les commiſſaires de ladite cour pour les scellés, & inventaires, titres & établiſſement des économes ès archevêchés & évêchés de la province de Languedoc vacans en régale, du 8 Janvier 1678. Copie de déclaration de Sa Majesté, du 15 Décembre 1672, portant, entre autres choses, que les officiers de ladite cour des comptes, aides & finances de Montpellier jouiront des droits, priviléges & honneurs dont jouiſſent les officiers du parlement de Toulouſe dans toutes les villes & lieux du reſſort & juriſdiction de ladite cour. Copie de deux ordonnances du Roi, des

16 Mars & 13 Avril 1578, par lesquelles Sa Majesté accorde aux tréforiers de France de la ville d'Amiens la préféance fur le corps du préfidial dudit lieu. Copie d'arrêt du confeil d'état, du 14 Avril 1617, rendu fur les requêtes du procureur général de Sa Majefté en ladite cour des aides de Montpellier, & le fubftitut du procureur général au préfidial dudit lieu, portant que les officiers de ladite cour des aides précéderoient, tant en corps qu'en particulier, les gouverneur, préfident préfidial, juge-mage, confervateur des priviléges de l'univerfité, lieutenant criminel, lieutenant principal & particulier, & autres officiers dudit préfidial ès écoles, proceffions & autres lieux, & actes publics, aux affemblées générales & particulieres. Copie d'autre arrêt du confeil, du 13 Mai 1664, rendu entre le fieur de Fonvielle, viguier d'Alby, le fieur Dalary, tréforier de France de Touloufe, & le fieur Jougla, capitaine châtelain & viguier d'Efpect en Comminges, par lequel ledit Fonvielle auroit été maintenu au droit de préféance en toutes affemblées publiques & particulieres qui fe feroient en la ville & viguerie d'Alby & pays d'Albygeois. Copie d'autre arrêt du confeil, du 16 Avril 1680, rendu entre le fieur Pingre, lieutenant criminel au préfidial d'Amiens, les officiers dudit préfidial & les tréforiers de France dudit lieu, portant qu'en toutes affemblées & cérémonies particulieres, & de particulier à particulier, lefdits préfident & lieutenant général dudit préfidial d'Amiens précéderoient les tréforiers de France, & lefdits tréforiers de France précéderoient le lieutenant criminel & autres officiers dudit préfidial. Copie d'autre arrêt du confeil, du 30 Décembre 1681, rendu entre les tréforiers de France de Riom, le fieur Chabre, lieutenant criminel au préfidial dudit Riom, le fieur de Lalande, avocat de Sa Majefté, les autres officiers dudit préfidial, & les confuls & communauté dudit lieu, qui déclare l'arrêt du 16 Avril 1680, commun entre lefdits tréforiers de France de Riom & les officiers du préfidial dudit lieu. Copie de lettres de commiffion donnée par Sa Majefté aux y nommés préfidens & confeillers en ladite cour des comptes, & tréforiers de France de Montpellier, pour la recherche des droits de francs-fiefs en la province de Languedoc, du 28 Mars 1656. Copie d'arrêt du confeil d'état, du 8 Février 1665, rendu entre les officiers du parlement & la cour des comptes, aides & finances de Provence, & les tréforiers de France dudit lieu, par lequel, entre autres chofes, fur la demande defdits tréforiers de France, à ce qu'ils fuffent reçus à pouvoir entrer & opiner en l'audience de la chambre des comptes, les parties auroient été mifes hors de cour & de procès. Copie des lettres de provifions obtenues de Sa Majefté, le 17 Octobre 1631, par Me. Jacques Brignan, de l'office de vifiteur de gabelles de Languedoc, adreffantes à ladite cour des comptes pour la réception, & aux tréforiers de France pour le payement des gages ; enfuite eft la réception en la chambre, & l'attache defdits tréforiers de France fur lefdites provifions après l'information, du 3 Mai 1632. Copie d'arrêt du confeil, du 16 Octobre 1630, portant défenfes aux tréforiers de France des généralités de Touloufe & Pezenas, & autres de faire aucune information des vie & mœurs des officiers des élections, tailles, aides & gabelles, & autres du reffort de ladite cour des comptes de Montpellier, à peine de nullité ; pourroient néanmoins faire réitérer le ferment auxdits officiers, ordonner l'en-

registrement des provisions desdits officiers, & leur faire expédier leur attache sur icelles après la réception qui auroit été faite desdits officiers en ladite cour des comptes, conformément aux ordonnances de Sa Majesté, arrêts & réglemens de son conseil. Copie de lettres de provision de David-Pierre Couftaud, du 16 Mai 1668, de l'office de receveur des gabelles au grenier de Narbonne; ensuite est l'ordonnance des trésoriers de France de Montpellier, portant que lesdites provisions seroient regiftrées, du 4 Mars 1671, & l'arrêt de ladite cour des comptes, qui ordonne aussi l'enregistrement desdites provisions, du 17 dudit mois de Mars. Copie d'autre arrêt de la cour des comptes, du 16 Octobre 1676, qui déclare l'enregistrement fait par les trésoriers de France de Montpellier, d'une quittance de finance payée par Me. Jean Gazes, receveur général des gabelles de Languedoc, nul, & fait défenses à tous officiers de faire regiftrer leurs quittances de finances audit bureau. Extrait de l'article VI des conventions & articles accordés, le 20 Novembre 1610, entre les syndics généraux du pays de Languedoc, & les receveurs des tailles des vingt-deux diocèses dudit pays, portant que lesdits receveurs seroient tenus de cautionner pour la levée & emploi des deniers dudit pays, ainsi qu'ils avoient accoutumé de faire pour les deniers du Roi, & seroient tenus de renouveler lesdites cautions quand ils seroient requis par ledit diocèse en l'assemblée des assiettes, & pardevant les commissaires d'icelle, à faute de ce, seroit permis auxdits diocèses de bailler la levée desdits deniers à autres sous la folle enchere des receveurs; ensuite est copie d'arrêt du conseil d'état, du 29 Octobre 1611, qui confirme, entre autres choses, ledit article. Copie d'arrêt de ladite chambre des comptes, du 30 Septembre 1591, rendu sur l'atteftation des bacheliers & écoliers en l'université de médecine dudit Montpellier, portant que le sieur Suporte, régent en ladite université, seroit payé de ses gages. Vingt-cinq autres pareils arrêts de ladite chambre des comptes, rendus en pareil cas, depuis le 5 Février 1593 jusques au 28 Février 1682. Copie d'arrêt du conseil d'état, du 28 Septembre 1630, portant que l'édit du mois de Juillet 1629, seroit exécuté, & conformément à icelui, que ceux qui étoient & seroient ci-après pourvus des offices de présidens & tréforiers de France desdites généralités, seroient examinés & reçus en ladite cour des comptes, que les receveurs & payeurs de leurs gages se feroient aussi recevoir, & compteroient en ladite chambre, sans que la chambre des comptes de Paris puisse procéder à la réception desdits tréforiers, ni prendre aucune connoiffance desdits cas au préjudice de ladite cour de Montpellier. Copie d'autre arrêt du conseil d'état, du 9 Avril 1639, rendu sur la requête du procureur général de ladite chambre des comptes de Montpellier, portant que ceux qui seroient pourvus à l'avenir des offices des tréforiers de France en ladite généralité de Montpellier, seroient interrogés & reçus en ladite chambre des comptes, défenses de se présenter ailleurs, à peine de nullité de leur réception, & tout ainsi que ceux de la généralité de Toulouse, dépendans de la jurifdiction de ladite cour des aides. Copie de lettres-patentes du 24 Avril 1615, adreffantes à ladite chambre des comptes, obtenues par Me. Paul Arnaud, portant qu'après l'apurement des comptes dudit Arnaud, du maniement qu'il avoit eu de la recette générale des gabelles de Montpellier, il seroit reçu

& installé en l'office de trésorier de France de Montpellier, dont il avoit été nouvellement pourvu, nonobstant la rigueur des ordonnances auxquelles Sa Majesté auroit dérogé. Copie de lettres de provisions de l'office de trésorier de France de Montpellier, obtenues par Me. Charles Bonnet; ensuite est l'arrêt de réception de ladite chambre des dernier Décembre 1627 & 11 Avril 1628. Copie de lettres de dispense du 24 Janvier 1631, obtenues par Me. Pierre Crouzet, trésorier de France à Beziers, par lesquelles est ordonné à ladite chambre de procéder à sa réception, nonobstant qu'il eût été pourvu auparavant de l'office de receveur général du taillon ; ensuite est l'acte d'enregistrement en ladite chambre du 29 Mars 1631. Copie de l'acte de réception dudit Crouzet en ladite chambre, du 5 Avril 1631. Copie d'autres lettres de dispense du 6 Février 1631, obtenues par Me. Marc-Antoine Dupuy, pourvu de l'office de trésorier de France à Montpellier, lequel étoit auparavant pourvu de l'office de receveur des tailles & taillon en l'élection de Limoux; ensuite est l'arrêt d'enregistrement de ladite chambre du 9 Avril 1631. Extrait de lettres de provisions des offices des trésoriers de France à Beziers, obtenues par Me. Jacques Massauve, François de Beaulac, & Antoine Jougla les 17 Août 1628 & 20 Octobre ; ensuite sont les actes de réception en ladite chambre des 4 & 15 Novembre 1631 & 10 Septembre 1632. Copie d'arrêt de ladite cour des comptes du 6 Juillet 1667, rendu entre Jeanne de Volontat ayant droit de Dlle. Marguerite de Tuffany, femme du sieur de Riviere, trésorier de France à Montpellier, Jacques de Farges & autres, par lequel, entre autres choses, ledit de Farges auroit été condamné au payement des sommes y mentionnées.

Copie d'autre arrêt de ladite chambre du 26 Août 1675, rendu entre Jean Reversat ayant droit de Melchior Reversat, trésorier de France audit Montpellier, & les hoirs de Pierre de Bragouse, portant qu'il seroit procédé à la vente des biens y mentionnés. Copie d'autre arrêt de ladite chambre du 28 Septembre 1678, obtenue par maître Charles Paul ayant droit des sieurs de Fleury, Demanse, de Beaulac & Pelissier, trésoriers de France de Montpellier, contre Jean Gaillard. Actes des 19 Mai & 12 Juin 1660, par lesquels ledit sieur de Beaulac, en conséquence de l'arrêt du conseil du 19 Août 1633, auroit fait défenses à ladite cour des comptes de prendre connoissance des différens qu'il avoit contre les y nommés. Copie de lettres de règlement de juges du 30 Mai 1673, obtenues par ledit de Reversat, trésorier de France de Montpellier, aux fins d'assigner au conseil Jean Reversat & le nommé Lacoste, pour voir ordonner le renvoi du différent y mentionné en la cour des comptes, aides & finances de Grenoble, en conséquence de l'arrêt du conseil du 17 Juillet 1655. Copie d'autres lettres de règlement de juges du 16 Juillet 1676, obtenues par Thomas Guiraud, contre Me. Antoine Robin, trésorier de France à Montpellier; ensuite est la signification qui en a été faite à ladite chambre des comptes de Montpellier, le 28 dudit mois de Juillet. Acte du 27 Juillet 1663 par lequel ledit Demanse, trésorier de France, auroit sommé les officiers de ladite cour des comptes, de ne prendre connoissance d'un différent d'entre la Dame de Vinceguerre & le sieur Pouget, pour raison d'un office de trésorier de France, dont la moitié lui appartenoit. Extrait tiré de trois comptes rendus en ladite chambre des comptes de Montpellier, par les payeurs des gages des trésoriers de France de Montpellier, des années 1652, 1663 & 1676, concernant les gages de Me. Philippe Boudon, l'un desdits tréforiers. Autre extrait de trois requêtes préfentées à ladite chambre par les veuve & héritiers de Guillaume Boudon, en apurement de fes comptes, les 12 Juin, 11 Juillet 1665 & 27 Mai 1680. Autre extrait tiré de ladite chambre de quatre comptes des payeurs des gages defdits tréforiers, des années 1650, 1660, 1670 & 1677, contenant l'article des gages de Paul Girard, tréforier de France, & de Paul Girard, payeur des gages defdits tréforiers, & de Jean Paul Girard, tréforier de France. Autre extrait tiré de ladite chambre des comptes, des comptes rendus en icelle de la recette générale des finances de Touloufe, par maître Henri Durobin, de l'année 1666, par Me. Raimond Daldiguier, auffi receveur général des finances de l'année 1671, des comptes des payeurs des gages des tréforiers de France de Montpellier, des années 1667 & 1677, en la dépenfe defquels comptes les gages de Me. Henri Durobin de fon office de tréforier de France, font employés en dépenfe, ainfi que ceux de fon office de receveur général des finances de Touloufe dans les comptes de ladite recette générale. Certificat du fieur Michel, auditeur en ladite chambre des comptes du 10 Mai 1683, portant qu'en exécution de l'ordonnance de ladite chambre il avoit vérifié le compte rendu en icelle par Me. Henri Durobin, receveur général des finances de Touloufe de fon adminiftration de l'année 1666, & trouvé qu'il y avoit été apuré en vertu de l'arrêt de ladite chambre du 7 Mars 1681, & qu'il n'auroit point été corrigé. Autre extrait tiré de ladite chambre des comptes des payeurs des gages des tréforiers de France de Montpellier, des années 1667 & 1677, concernant les gages de Me. Melchior de Reverfat, tréforier. Autre extrait des comptes de Me. Jean Reverfat, commis à la recette des tailles du diocefe de Mende de l'année 1681, concernant les articles des gages dudit Melchior de Reverfat, receveur des tailles & taillon. Autre extrait tiré de ladite chambre des comptes des requêtes préfentées en icelle par ledit Melchior de Reverfat, tréforier de France, en apurement des comptes des tailles, & taillon du diocefe de Mende, de feu Antoine de Reverfat fon pere, lefdites requêtes préfentées, les 17 Mars 1666 & 15 Mars 1673. Certificat dudit fieur Michel, auditeur en ladite chambre des comptes du 10 Mars 1683, que lefdits comptes n'ont point été corrigés. Autre certificat dudit fieur Michel dudit jour 10 Mai 1683, que les comptes d'Antoine & Jean Reverfat n'avoient point été corrigés. Copie d'arrêt du confeil d'état du 22 Décembre 1682, portant réglement entre les cours de parlement & des aides de Guienne, par lequel Sa Majefté regle tous les différens entre lefdites cours, & révoque l'évocation accordée aux officiers de ladite cour des aides de leurs différens au grand confeil, mus & indécis, & à mouvoir, & renvoie iceux audit parlement de Guienne. Copie d'ordonnance defdits tréforiers de France de Touloufe du 27 Mars 1676, qui commet Gabriel Dejean pour faire la recette générale du taillon de ladite généralité. Copie d'autre ordonnance defdits tréforiers du 8 Juin 1678, qui commet François Farret, pour faire la recette générale des finances de Touloufe. Copie d'ordonnance des tréforiers de France de Montpellier, du 20 Décembre 1675, qui commet Jean Reverfat pour faire la recette des tailles de Mende. Copie d'autre ordonnance des tréforiers de France de Montpellier du 26 Mars 1678, qui commet François Roux pour faire la recette

recette générale des gabelles de Languedoc. Copie d'autre ordonnance desdits trésoriers de France de Montpellier, qui commet Antoine Caffarel pour faire la recette générale des finances de Montpellier. Quatre certificats des avocats & procureurs généraux de ladite cour des comptes de Montpellier, du 23 Août 1683, que les offices de payeurs des gages des trésoriers de France de Montpellier avoient été exercés en vertu de commissions délivrées par les trésoriers de France dudit lieu, aux y dénommés depuis & compris l'année 1660, jusques & compris l'année 1680, comme aussi l'office de receveur général des finances de Montpellier en vertu des commissions délivrées par lesdits trésoriers de France de Montpellier à Antoine Caffarel pendant les années 1672, 1675 & 1678, & que les offices de receveur général des gabelles de Languedoc, en vertu des commissions délivrées par lesdits trésoriers de France de Montpellier, avoient été exercés par Jean Benezer, François Roux, Antoine Caffarel & Michel Amiel, pendant l'année 1660 & suivantes, jusques & compris l'année 1679. Lettres d'état du 14 Janvier 1678, expédiées par les trésoriers de France de Toulouse à François Trinquier en exercice l'année 1676, pour recevoir de François Pujol, receveur des tailles du diocese d'Aleth en exercice ladite année, la somme de 144 livres 13 sols 11 deniers, pour le débet du clair par la clôture de son état au vrai des deniers ordinaires dudit diocese ; ensuite est la quittance dudit Trinquier de ladite somme reçue dudit Pujol, du 20 dudit mois de Janvier. Autre extrait de lettres d'état expédiées par les trésoriers de France de Toulouse, le 30 Mars 1678, audit Trinquier, pour recevoir de Jean Pujol, receveur des tailles du diocese de Mirepoix en exercice l'année 1676, la somme de 300 livres, de laquelle il étoit demeuré reliquataire par la clôture de son état au vrai, ledit débet procédant des gages de Me. Jean Paul, receveur des tailles dudit diocese. Autre extrait de lettres d'état, du 17 Août 1680, expédiées par les trésoriers de France de Toulouse, à Me. Gabriel Dejean, commis à la recette générale du taillon de la généralité de Toulouse de l'année 1679, pour recevoir de Me. Gabriel Baille, commis à la recette du taillon du diocese de Carcassonne, la somme de 200 livres du débet de son état au vrai de ladite année ; ensuite est la quittance dudit Dejean de ladite somme de 200 livres, reçue dudit Baille, le 15 Avril 1680. Autre extrait de lettres d'état, du 6 Avril 1682, expédiées par les trésoriers de France de Montpellier à Me. Henri Brey, commis à la recette générale de ladite généralité de l'année 1681, pour recevoir de Me. Daniel Doulmet, commis à la recette du taillon du diocese de Viviers, la somme de 1178 livres 7 sols 3 deniers restant de son état au vrai de ladite année ; ensuite est la quittance dudit Brey de ladite somme reçue dudit Doulmet, le 15 Mai 1681. Extrait de l'état au vrai dudit Doulmet de l'année 1680 présenté au bureau des finances de Montpellier le 16 Juin 1681, clos le 6 Avril 1682. Copie de la commission du 12 Mai 1677 donnée à Me. Pierre Massanes par les commissaires du domaine de Sa Majesté en Languedoc, pour la garde des archives dudit bureau. Trois extraits des édits de Louis XII & Henri II des années 1508, 1551 & 1557, qui donnent pouvoir aux trésoriers de France de destituer les officiers comptables, & de commettre à leurs charges lorsqu'ils le jugeroient à propos. Copie de vingt-quatre lettres d'état expédiées par lesdits trésoriers de France aux particuliers y nommés, pour faire les recettes y mentionnées depuis l'année 1612. Copie des états au vrai des receveurs généraux dans lesquels est fait recette des sommes contenues dans lesdites lettres d'état. Douze extraits d'états au vrai de plusieurs receveurs particuliers depuis l'année 1578 jusques en 1681. Deux extraits de deux états du Roi de la ferme des gabelles de Languedoc des années 1671 & 1672, adressées aux trésoriers de France de Montpellier. Copie d'un état au vrai de la Ferme des gabelles de Languedoc de l'année 1601. Etat au vrai du payeur des gages du parlement de Toulouse de l'année 1596. Ecritures & productions desdits officiers de la cour des comptes, aides & finances de Montpellier, pour satisfaire au réglement du 30 Juin 1683 à elle signifié à la requête desdits trésoriers de France de Montpellier le 2 Septembre audit an, employé pour production pour satisfaire audit réglement. Autre acte desdits trésoriers de France de Montpellier du premier Octobre 1683, employé pour production pour satisfaire au réglement du 24 Septembre audit an. Autre acte d'emploi des trésoriers de France de Toulouse pour satisfaire audit réglement signifié le 2 dudit mois d'Octobre. Autre acte desdits officiers de la cour des comptes employé pour production pour satisfaire auxdits réglemens. Requête présentée au conseil par lesdits officiers de la cour des comptes, aides & finances de Montpellier le 4 Février 1684, à ce qu'acte leur fût donné de ce que, pour satisfaire au réglement intervenu sur la requête du 11 Décembre 1683, & à fin de réception des pieces y mentionnées, faisant droit sur l'instance, leur adjuger les fins & conclusions par eux prises en l'instance avec tous dépens, dommages & intérêts; au bas est l'ordonnance portant acte, les pieces reçues & communiquées & au surplus en jugeant. Autre requête desdits trésoriers de France de Montpellier le 28 Février 1684, employée pour production, & à fin de réception des pieces y mentionnées signifié le premier Mars 1684. Imprimé d'un mémoire des contestations d'entre les parties. Copie d'arrêt du conseil d'état du 4 Juin 1678, rendu sur la requête de Me. Louis Chaboud procureur du Roi au bureau des finances de Dauphiné, par lequel est ordonné à Pierre Michel de payer 20,000 livres du prix de son adjudication des offices de payeur des gages des officiers du parlement de Dauphiné; savoir, 15,013 livres 14 sols à celui qui seroit commis par les trésoriers de France à l'exercice desdits offices, pour employer au payement des gages des officiers dudit parlement, de ce qui leur étoit dû de reste de l'année 1677 par le nommé André Claret, auparavant pourvu desdits offices, suivant l'état qui en avoit été arrêté par lesdits trésoriers de France, & le surplus montant 4986 livres 6 sols faisant le parfait payement du prix de ladite adjudication seroit payé par ledit Michel aux créanciers opposans sur les offices dudit Claret, ainsi qu'il seroit ordonné par ledit parlement. Vingt-trois états au vrai rendus par des comptables de différentes administrations depuis l'année 1509 jusques à présent. Certificat du greffier du bureau des finances de Bourgogne du 8 Mai 1683, que les receveurs généraux des finances de ladite généralité, payeurs des gages des officiers de la chambre des comptes, avoient toujours compté & devoient compter par état au bureau des finances, du payement par eux fait des gages des officiers de ladite chambre, le fonds desquels gages étoient remis auxdits payeurs par le fermier général

N.º CXLIII.

des gabelles fur les ordonnances des tréforiers de France. Imprimé d'arrêt du confeil d'état du premier Juin 1658, rendu entre les officiers de la chambre des comptes de Bourgogne & les tréforiers de France dudit lieu, & le fyndic des états dudit pays, portant réglement pour les fonctions de leurs charges, & porte, entre autres chofes, que ladite chambre des comptes de Dijon avoit été créée à l'inftar de celle de Paris. Copie d'arrêt du confeil du 17 Juin 1681, rendu fur la requête des officiers de ladite chambre des comptes de Montpellier, par lequel ils font déchargés de toutes reftitutions, recherches & demandes qui leur pourroient être faites pour raifon du quartier des épices des comptes rendus en ladite chambre, & toutes autres épices par eux reçues foit en forme de remplage ou de compte de divers droits unis aux fermes de Sa Majefté, & des comptes des deniers extraordinaires, droits de double & affiftance, francsfalés, deniers reçus des receveurs des reftes & amendes de ladite cour, tant en vertu de fes mandemens pour menues néceffités, bâtimens, réparations & généralement de toutes autres fommes prétendues avoir été reçues induement par ladite cour, ou fur fes mandemens, au-delà du fonds fait par les états de Sa Majefté, à la charge de payer au tréfor royal 60,000 livres. Six certificats du garde des archives de Nîmes, qu'efdites archives il y avoit des regiftres contenant divers hommages rendus au Roi, reçus par les fénéchaux de Nîmes ès années 1346, 1349, 1362, 1353, 1484 & 1478, tant par le pouvoir de leurs charges, qu'en vertu des commiffions à eux adreffantes. Copie d'ordonnance rendue par le fieur de Seneterre, fénéchal de Beaucaire & Nîmes, commiffaire député par le Roi, & le fieur de Chef-de-Bien, tréforier de France à Montpellier, du 26 Novembre 1553, portant pouvoir d'affigner les féodataires qui avoient rendu hommage à fournir leurs aveus & dénombremens. Certificat du garde des archives de Nîmes, que dans lefdites archives il y avoit un regiftre en original contenant hommages & dénombremens, reçus en 1585, 1586 & 1587 par les fieurs Niquet & Caftellan, tréforiers de France à Montpellier. Copie imprimée d'arrêt du confeil, du 16 Mai 1640, portant réglement entre les officiers de la cour des comptes de Provence & les tréforiers de France dudit pays, dans le vu duquel eft fait mention d'une piece intitulée, *Titres des maîtres rationaux en Provence*, par lefquels leur eft donné l'entiere jurifdiction du domaine, gabelles & autres droits royaux, la réception des hommages, inveftitures, dénombremens, nouveaux baux, & autres actes dépendans du domaine, & d'un édit du 23 Décembre 1580, par lequel la connoiffance des procès des domaines eft attribuée en premiere inftance à ladite chambre des comptes, & que leurs jugemens feroient exécutés nonobftant l'appel, lequel eft réfervé au parlement. Deux états des taxes faites par deux commiffaires du bureau des finances, députés pour la réception des foi & hommages. Deux cahiers de délibérations de la province de Languedoc, depuis l'année 1617 jufques en l'an 1645, par lefquelles eft arrêté de s'oppofer à l'union des cours des comptes & des aides. Copie d'arrêt du confeil d'état du 24 Juillet 1658, portant défenfes aux receveurs comptables de la province de Dauphiné de payer aux officiers de la chambre pour leurs épices & droits de compte, autres ni plus grands droits ou fommes que celles que Sa Majefté avoit ordonné par fes états, & à ladite chambre de

N.º CXLIII.

D d ij

les y comprendre, à peine d'être rayés & répétés contre les comptables; comme aussi Sa Majesté fait défenses à ladite chambre des comptes de donner aucun empêchement aux trésoriers de France aux scellés & inventaires des papiers & deniers des comptables décédés, le cas échéant; ni de prendre aucune connoissance de l'arrêté du cahier de la fourniture du pain des prisonniers de Grenoble qui seroit vérifié au bureau. Cahier contenant copie collationnée d'une commission donnée par les trésoriers de France de Montpellier au sieur Bernard Pavée, maître des comptes de Languedoc, Pierre Robert, Viguier de Nîmes, & Antoine Bourdon, châtelain de Sommieres, pour procéder à un terrier dans la province de Languedoc, du premier Avril 1529; ensuite est une ordonnance décernée par les susnommés pour l'exécution de ladite commission. Copie collationnée d'édit du mois d'Octobre 1593, portant création de deux intendans généraux des gabelles en Languedoc. Copie d'autre édit du mois de Février 1598, par lequel Sa Majesté unit lesdites deux charges d'intendans des gabelles de Languedoc aux charges de trésoriers de France de Montpellier. Copie de lettres patentes du 8 Mars 1597, par lesquelles, en conséquence de l'avis des Etats généraux tenus à Rouen, Sa Majesté veut que les trésoriers de France des généralités de Toulouse & Montpellier ayent la faculté & autorité de tenir les assiettes particulieres des dioceses de Languedoc, sans qu'autres qu'eux puissent tenir lesdites assiettes. Copie imprimée d'arrêt du conseil d'état, du 9 Juillet 1678, portant réglement pour la vérification des dettes des dioceses, villes & communautés de Languedoc, avec injonction aux commissaires présidens pour le Roi aux Etats de la province de rendre leurs jugemens en conformité dudit réglement; Fait, Sa Majesté, défenses au parlement de Toulouse & à la cour des comptes, aides & finances de Montpellier de prendre aucune connoissance des jugemens rendus par lesdits commissaires. Copie d'autre arrêt du conseil, du 27 Septembre 1662, qui enjoint aux communautés de la province de Languedoc de se retirer pardevant les commissaires nommés par Sa Majesté pour la vérification de leurs dettes, & fait défenses à ladite cour des aides d'en connoître. Imprimé d'arrêt du conseil d'état, du 18 Novembre 1681, servant de réglement pour les emprunts qui seront faits par les dioceses, villes & communautés de Languedoc. Copie d'autre arrêt du conseil, du 14 Décembre 1610, rendu sur la requête de Me. Benjamin le Tourneur, trésorier de France en Picardie, portant que ledit le Tourneur jouiroit de la séance & voix délibérative, tant en l'audience que chambre du conseil de la cour des aides de Paris au-dessus du plus ancien conseiller, comme étant du corps. Copie d'autre arrêt du conseil du 30 Juin 1579, rendu entre les trésoriers de France de Rouen, le procureur général de la cour des aides dudit lieu, & les élus de ladite ville, & autres parties, par lequel, entre autres choses, est ordonné que lesdits trésoriers de France auront séance en la chambre du conseil & plaidoirie de ladite cour des aides au-dessus du plus ancien conseiller, pour y avoir voix délibérative. Copie d'autre arrêt du conseil, du 10 Octobre 1664, portant entre autres choses, que deux des plus anciens trésoriers de France gradués du bureau des finances de Montauban, reçus en la cour des aides, auroient rang & séance après les présidens, & avant le doyen & conseillers de ladite cour. Copie d'autre

N°. CXLIII.

arrêt du conseil, du 8 Février 1634, rendu sur les requêtes des officiers de la chambre des comptes de Dijon, & les trésoriers de France dudit lieu, portant réglement pour leurs séances & fonctions. Copie d'autre arrêt, du 28 Avril 1640, rendu entre les trésoriers de France de Montpellier & les officiers de ladite cour des aides, portant aussi réglement pour leurs séances & fonctions. Deux contrats d'adjudication, faits le 18 Septembre 1660. Certificat des avocats & procureurs du Roi au bureau des finances de Toulouse, que dans le lieu où lesdits trésoriers tiennent leur bureau, il y a des prisons où les comptables sont arrêtés & conduits en conséquence des ordonnances des trésoriers de France, dans lesquelles prisons les commissaires du parlement ne sont jamais venus faire des visites la veille des fêtes solennelles, & que, lorsqu'il y a des comptables & autres, détenus d'autorité desdits trésoriers dans les autres prisons de ladite ville où lesdits commissaires vont faire la visite, ils n'ont jamais connu du fait de leur détention. Sommation faite à la requête des trésoriers de France de Toulouse au sieur Isart greffier du parlement de Toulouse, le 16 Mars 1684, de déclarer si le parlement avoit accoutumé de députer des commissaires pour aller faire la visite, la veille des fêtes solennelles, aux prisons desdits trésoriers, ainsi qu'il l'avoit déclaré par son certificat, du 13 Février 1681, contenant sa réponse, que, s'il a expédié un certificat, il n'a entendu le donner, à l'égard des trésoriers de France, que pour les prisons des haut-murats, dans lesquelles lorsqu'il y a des prisonniers détenus de leur autorité, le parlement n'en prend aucune connoissance. Copie d'édit du mois de Novembre 1642, portant suppression des offices de receveurs & trésoriers de la bourse & deniers extraordinaires, & ordonne que les receveurs des tailles de la province de Languedoc feroient la recette desdits deniers extraordinaires. Dix certificats signés Daché, clerc au parquet de la chambre des comptes de Montpellier, que les comptes y mentionnés, & qui avoient été présentés il y avoit quelques années, n'étoient point encore jugés. Acte de réception du sieur Manse en l'office de trésorier de France de Montpellier, du 23 Décembre 1622. Liste des officiers de ladite chambre des comptes de Montpellier qui avoient eu & qui avoient encore des offices comptables. Imprimé de déclaration du Roi du 7 Septembre 1666, portant que tous les contribuables aux tailles payeroient leur entiere quotité & arrérages d'icelles, nonobstant oppositions ou appellations. Copie d'arrêt du conseil du 19 Août 1633, rendu sur la requête des trésoriers de France de Montpellier, portant renvoi des différens d'entre lesdits trésoriers & la cour des comptes dudit lieu au parlement de Grenoble; ensuite est une autre copie d'arrêt du conseil du 1er. Juin 1634, rendu entre les officiers de la cour des comptes & lesdits trésoriers de France, portant cassation des procédures extraordinaires faites en ladite cour des comptes, contre le sieur de Beaulac, trésorier, & Antoine Roux leur greffier, fait défenses auxdits officiers de ladite cour des comptes de prendre connoissance des procès civils & criminels mus & à mouvoir desdits trésoriers. Copie d'autre arrêt du conseil du 17 Juillet 1655, rendu sur la requête desdits trésoriers de France, portant aussi défenses à ladite cour des comptes de prendre connoissance des procès, & différens civils & criminels desdits trésoriers. Requête présentée au conseil par lesdits trésoriers de France, le 15 Mai 1684, à fin

N°. CXLIII.

de réception des pieces y mentionnées ci-dessus énoncées, signifiée le 16 dudit mois de Mai. Douze contraintes décernées par les trésoriers de France de Montpellier au profit des y nommés, au nombre desquels sont les sieurs Portalés & Lauriol, conseillers en la cour des comptes, aides & finances de Montpellier. Arrêt du conseil du 7 Mars 1654, portant que pardevant les trésoriers de France de Bretagne, les receveurs généraux des finances, du taillon, les receveurs particuliers des fouages, du domaine, & autres officiers comptables de la province de Bretagne présenteroient les états au vrai des recettes & dépenses par eux faites pour être vérifiés ; que les receveurs des restes de la chambre des comptes de Bretagne, remettroient ès mains desdits trésoriers les doubles de leurs comptes & états pour être par eux faits leurs procès-verbaux des abus & malversations, & divertissement des deniers, avec un état au vrai des sommes qui se trouveroient diverties. Copie d'arrêt du conseil, rendu sur la requête de François Cazes, receveur général des gabelles de Languedoc, le 20 Janvier 1624, par lequel, sans s'arrêter aux arrêts & contraintes de la cour des comptes, aides & finances de Montpellier, est ordonné que les ordonnances des trésoriers de France de Montpellier sortiroient leur effet ; défenses à ladite cour des aides de décerner aucunes contraintes contre ledit Cazes pour le payement des charges de la recette générale, sauf aux parties à se pourvoir devant lesdits trésoriers de France pour leur être pourvu. Autre arrêt du conseil du 16 Février 1629, qui casse & révoque la commission décernée par ladite chambre à Me. Jean de Massanes, conseiller en ladite cour des aides, & autres commissions données aux sieurs de Griffy & Serres, maîtres des comptes, comme préjudiciables à l'autorité de Sa Majesté, & données par ladite chambre contre son devoir & pouvoir, & ordonne que lesdits de Massanes, Griffy & Serres, seront pris au corps, les condamne à la restitution des sommes y mentionnées par eux reçues ; décrete d'ajournement personnel contre le président qui avoit présidé, & le conseiller qui avoit rapporté lesdites commissions ; interdit les officiers de la chambre du semestre de Juillet de l'exercice de leurs charges ; fait défenses aux trésoriers de France de souffrir être fait aucun fonds pour les gages desdits officiers de ladite cour des aides du semestre de Juillet. Copie d'arrêt de ladite cour des aides de Montpellier du 24 Décembre 1653, rendu entre les officiers des gabelles de Languedoc, Jacques Janon, fermier desdites gabelles, & autres, portant entre autres choses que ledit fermier des gabelles payeroit ès mains du receveur général des gabelles la somme y mentionnée pour reste des gages des officiers desdites gabelles. Copie d'arrêt du conseil du 19 Février 1664, rendu entre le sieur de Saint-Apolinar & Barbe Leclerc sa femme, auparavant veuve d'Antoine de Saint-Pere, vivant payeur des gages du parlement, cour des comptes, aides & finances de Provence, les trésoriers de France de Provence, Me. Antoine Dize, receveur général des finances dudit pays, portant, entre autres choses, que ceux qui seront pourvus des charges de payeurs des gages des cours de parlement, chambre des comptes, & cour des aides de Provence, seroient reçus au bureau des finances, y bailleroient caution, & prendroient état de recouvrement & de distribution, y compteroient de leur recette & dépense, suivant les états de Sa Majesté & les ordonnances desdits trésoriers. Trois procès-verbaux des juges-mages des sénéchaussées du Puy, Toulouse & Nîmes, des 21 Avril 1660, 17 Avril 1671 & 7 Juin 1681, par lesquels, comme subdélégués des trésoriers de France de Montpellier, ils ont procédé aux affaires y mentionnées. Certificat de Me. Antoine Berton, premier greffier au bureau des finances de Dauphiné du 8 Janvier 1684, que Me. Arnaud payeur de gages des officiers de la cour de parlement, aides & finances dudit pays, a prêté serment & a été reçu audit bureau & donné caution, & que les états de recette & dépense lui ont été expédiés par le bureau sur ceux de Sa Majesté. Cinq extraits des états au vrai des sieurs Janon, Riquier & Langlois, fermiers généraux des gabelles de Languedoc, présentés au bureau des finances de Montpellier pour les années 1650, 1651 & 1652, & autres années y mentionnées. Deux extraits de l'état du Roi des deniers des gabelles de Languedoc, dans lesquels sont employés au chapitre des francs-salés, au chapitre du receveur général des gabelles, une somme de 2550 livres, pour être délivrée aux propriétaires suivant les ordonnances des trésoriers de France. Certificat du greffier du bureau des finances de Montpellier, du 4 Mai 1684, que les francs-salés employés dans les états du Roi des gabelles de Languedoc, pour les officiers du parlement, & autres officiers de la province de Languedoc, étoient payés toutes les années en conséquence des ordonnances des trésoriers de France. Copie d'un hommage rendu audit sieur Niquet, trésorier de France en Languedoc, le 17 Août 1601, par le sieur Pycheron d'Antraigues, pour les jurisdictions de Chirat & Saint-Bonnet. Extrait du livre des reconnoissances de Villeneuve & Saint-André-les-Avignon, faites par le sieur de la Gorce, trésorier de France de Montpellier, en qualité de subrogé du sieur de Chef-de-Bien, trésorier de France audit Montpellier. Extrait des registres des Etats de Languedoc, d'un traité fait entre les députés des Etats & les députés de ladite cour des aides de Montpellier, par lequel est porté que parce qu'il étoit de l'usage de ladite cour de faire souffrance sur les articles des comptes des receveurs, des payemens faits au trésorier de la bourse de la province de Languedoc, sous prétexte que la commission dudit trésorier n'avoit pas été enregistrée en ladite cour des comptes, bien qu'il n'y fût point comptable, & qu'au contraire il ne devoit rendre compte des deniers de son maniement, qu'aux Etats, il auroit été arrêté que les parties mises en souffrance sur les comptes déjà rendus, & sur ceux qui le seroient à l'avenir, seroient déchargés après trois actes de sommation, ainsi qu'il avoit été pratiqué jusques à présent, sans épices ni autres droits quelconques. Trois extraits de l'état des gabelles des années 1681, 1682 & 1683, par lesquels au chapitre desdits gages des officiers de ladite chambre des comptes il n'étoit fait fonds que pour deux quartiers de leurs gages. Copie d'arrêt du conseil d'état du 15 Novembre 1658, rendu sur la requête des trésoriers de France de Bourgogne, par lequel ils sont maintenus en la possession de l'honneur & ancien usage de parler à Sa Majesté debout tant en corps que députation, après avoir toutefois fait génuflexion, sans qu'il puisse être tiré à conséquence pour l'avenir, de ce qu'ils auroient, le 7 Novembre, parlé à genoux à Sa Majesté. Copie de déclaration, du 9 Décembre 1595, portant création d'un cinquieme trésorier de France de Montpellier. Certificat du secrétaire du parlement, aides & finances de Bourgogne, du 9 Novembre 1658, que lorsque les tréforiers de France dudit pays députent aucun de leur compagnie pour parler à ladite cour de parlement de quelques affaires, lefdits députés avoient entrée & féance en la grand'chambre, après deux des confeillers en l'un des rangs de leurs féances. Copie de commiffion donnée par les tréforiers de France à Daniel Doulmet, le dernier Février 1681, pour faire l'exercice de la charge de receveur du taillon de Viviers. Certificat du commis au greffe du bureau des finances de Montpellier, du 10 Mai 1682, que ledit Doulmet avoit payé 133 livres 10 fols pour les frais faits au bureau pour l'expédition de fa commiffion. Extrait du compte rendu en ladite chambre des comptes de Montpellier par ledit Doulmet, par lequel lui eft paffé 300 livres pour fes gages. Copie d'arrêt du confeil d'état, rendu le 27 Juin 1672, entre Jean Albie, receveur des tailles à Caftres, & le procureur du Roi au bureau des finances de Touloufe, par lequel, fans s'arrêter aux arrêts de la cour des comptes de Montpellier, ni aux ordonnances des tréforiers de France de Touloufe, ledit Albie auroit été condamné de payer le débet de clair, porté par l'état du Roi de fon exercice; fait défenfes à ladite chambre de prendre connoiffance des appellations des ordonnances des tréforiers de France, fauf à y être pourvu par ladite cour en jugeant les comptes. Requête préfentée au confeil par les tréforiers de France de Montpellier, le 28 Juillet 1684, à fin de réception des pieces y mentionnées ci-deffus énoncées; au bas eft l'ordonnance portant ladite réception fignifiée ledit jour. Arrêt de la cour des aides de Montpellier, du 18 Décembre 1665, rendu entre Louis Salvan, receveur des tailles au diocefe d'Alby, & Antoine Favre, commis à la recette du taillon dudit diocefe, portant que ledit Favre feroit contraint au payement des gages attribués à l'office dudit Salvan. Copie d'autre arrêt de ladite cour des aides, du 5 Octobre 1661, rendu entre Pierre Bonel, contrôleur au grenier du Saint-Efprit, & Antoine Roux, commis à la recette des gages des officiers des gabelles de Languedoc, portant que ledit Roux payeroit audit Bonel les gages defdits officiers. Copie d'autre arrêt de ladite cour des aides, du 17 Décembre 1660, rendu entre le prévôt provincial de de Languedoc, & François Martin, commis par lefdits tréforiers de France, à la charge de receveur & payeur des officiers de ladite prévôté, portant que ledit Martin tiendroit l'arrêt clos jufques à ce qu'il eût payé audit prévôt général fes gages. Copie de requête préfentée à ladite cour des aides par Genevieve Douart, veuve de Guillaume Chatanier, fubrogé au droit de Jean-Baptifte Paléologue, munitionnaire des camps & armées de Sa Majefté, qui avoit traité avec Sadite Majefté, des offices de premier affeffeur & premier archer des maréchauffées du Royaume, à ce que les gages qui étoient dus auxdits officiers de la généralité de Touloufe lui fuffent payés par Me. Daniel Fizes; au bas eft l'ordonnance du 5 Mai 1666, portant que ledit receveur payeroit par le jour lefdits gages, autrement contraint par corps. Autre requête préfentée en ladite cour par Me. Jean Sartre, confeiller en ladite cour, à ce que le nommé Roux, commis par lefdits tréforiers de France à la recette générale de Languedoc, fût contraint lui payer les gages à lui dus; au bas eft l'ordonnance du 3 Novembre 1661, portant que ledit Roux payeroit dans trois jours

Part. I. Div. II. Liv. III.

N°. CXLIII.

jours lesdits gages, à faute de quoi contraint par corps. Autre requête présentée à ladite cour par ledit prévôt de Languedoc, à ce que le nommé Benezet, commis à la recette des gabelles de Languedoc fût tenu lui payer les gages à lui dus; au bas est l'ordonnance, portant que ledit Benezet payeroit lesdits gages, à faute de quoi contraint. Deux arrêts des 3 Février 1621 & 3 Septembre 1666. Copie d'arrêt de ladite cour des aides, du 10 Octobre 1595, rendu entre le sieur Hebert, trésorier de France de Montpellier & le sieur Hotman, trésorier de l'épargne, qui condamne ledit Hotman à payer audit Hebert mille écus & autres sommes y contenues. Copie d'autre arrêt de ladite cour des aides, du 5 Mars 1597, rendu entre Arnaud Gondin, appelant de l'ordonnance des trésoriers de France de Toulouse, d'une part, & Jean Vigouroux & autres parties, portant renvoi pardevant les trésoriers de France pour mettre leurs ordonnances à exécution. Copie d'autre arrêt rendu entre les propriétaires des salins de Narbonne d'une part, & Jacques Boyadan fermier des gabelles de Languedoc, d'autre part, le 20 Décembre 1604, portant confirmation des ordonnances des trésoriers de France de Montpellier. Autre arrêt de ladite cour du 30 Octobre 1625 entre les habitans de Tric & Antoine Savignhac, portant aussi confirmation d'ordonnance des trésoriers de France. Autre arrêt de ladite cour des aides du 29 Juillet 1597 rendu entre Bernardin Pradel trésorier de France à Montpellier, Jérôme Duverger receveur général des finances de Languedoc, Jean Mariotte, & le syndic du clergé de Narbonne, portant entre autres choses, compensation des sommes y mentionnées. Autre arrêt de ladite cour du 27 Septembre 1604 rendu entre Antoron

Tome VI.

Etienne & le fermier de la patente de Languedoc, portant confirmation de l'ordonnance des trésoriers de France de Toulouse y mentionnée. Autre arrêt de ladite cour du 23 Avril 1614 rendu entre le fermier du denier du droit du port de la ville d'Aigues-mortes & le receveur dudit droit, portant que la sentence des trésoriers de France dont étoit appel sortiroit son effet. Copie des lettres-patentes du 15 Septembre 1595 qui accorde à ladite chambre douze cents écus pour leur tenir lieu de récompense de l'établissement d'un semestre. Certificat du sieur Sabran auditeur en ladite chambre des comptes, que les comptes mentionnés au certificat du secrétaire du parquet avoient été jugés auparavant la communication d'icelui. Sommation faite le 26 Juin 1684 à la requête du curateur à la défense des biens de Me. André Didier receveur des tailles à Nîmes au greffier du bureau des finances de Montpellier de lui délivrer les états au vrai dudit comptable remis au greffe dudit bureau, savoir ceux de 1680 depuis le mois de Mai 1683, & ceux de 1682, depuis le mois de Novembre 1683. Autre sommation au greffier dudit bureau des finances à la requête des consuls du Saint-Esprit le 27 Juin 1684 de leur délivrer l'état au vrai de l'octroi de ladite ville qu'ils auroient remis au greffe il y avoit cinq mois. Certificat du greffier de ladite cour des aides du 18 Mai 1684 que les greffiers desdits bureaux des finances n'avoient pas remis au greffe de ladite cour les actes de cautionnement des comptables pour les années 1681, 1682, 1683 & 1684. Certificat du garde des archives de la sénéchaussée de Nîmes du 30 Octobre 1683, que dans le registre des dénombremens de l'année 1479 faits devant le juge-mage de ladite sénéchaussée commissaire député par le Roi

N°. CXLIII.

E e

& les tréforiers de France, en l'année 1478, par plufieurs emphytéotes poffédant fiefs relevans de Sa Majefté, il n'y eft fait aucune mention d'hommage. Copie collationnée par le garde des archives de la fénéchauffée de Nîmes d'un acte judiciaire du 16 Février 1552 fait devant le juge-mage affifté d'un tréforier du domaine, des avocats & procureurs du Roi, & d'un contrôleur, contenant que l'avocat du Roi a préfenté & fait récit des lettres royaux contenant commiffion audit juge-mage pour recevoir les foi & hommages dus par les vaffaux & autres tenant fiefs du Roi, qui avoient été publiés & affichés avec affignation aux vaffaux pour venir rendre les foi & hommages, où à l'inftant étoient comparus les confuls de Nîmes qui auroient offert faire les foi & hommages pour ladite ville, lefquelles lettres ledit juge auroit reçu & accepté & ordonné qu'il feroit procédé à la réception des foi & hommages; & à l'inftant un avocat du préfidial de Nîmes auroit fait les foi & hommages ès mains dudit juge-mage, pour un fief à lui appartenant relevant du Roi. Copie d'un acte de foi & hommages rendu le 9 Mai 1552, par le fyndic des religieux de Saint-Saturnin du pont Saint-Efprit pardevant le juge-mage de Beaucaire & Nîmes, commiffaire député par le Roi à cet effet. Extraits de cinq aveus & dénombremens rendus par différentes perfonnes des mois de Janvier, Mars, Avril, & Mai 1531 pardevant le viguier royal de Nîmes & le capitaine de Sommieres commiffaires députés par les tréforiers de France, par le dernier defquels dénombremens lefdits commiffaires auroient ordonné qu'attendu que le vaffal, qui rendoit ledit dénombrement n'avoit fait la foi & hommages au Roi pour fon fief, qu'il le feroit dans trois mois au Roi, & à M. le chancelier ou en la chambre des comptes de Montpellier. Copie collationnée d'un acte de foi & hommages rendu le 31 Octobre 1531 en la chambre des comptes de Montpellier par le fyndic du couvent de Saint-Saturnin. Copie collationnée de deux lettres-patentes des 10 Août 1583 & 20 Septembre 1595 adreffantes la premiere au fénéchal de Beaucaire & Nîmes, & l'autre au juge pour recevoir les foi & hommages, aveus & dénombremens des vaffaux relevans du Roi, à la charge d'en envoyer un double à la chambre des comptes. Ordonnance des tréforiers de France du 22 Novembre 1595, portant que lefdites lettres-patentes feroient regiftrées audit bureau des finances de Languedoc, à la charge que l'un defdits tréforiers fe trouvant fur les lieux pourroient affifter à tout ce qui feroit de ladite commiffion, comme fi elle avoit été adreffée auxdits tréforiers. Certificat du garde des archives du 24 Mai 1684, qu'il y avoit feulement cinq hommages & cinq dénombremens reçus par les fieurs Niquet & Caftellan ès années 1585, 1586 & 1587 & qu'il n'y avoit point d'autres regiftres dans lefdites archives où il y eût des hommages & dénombremens reçus par lefdits fieurs pendant lefdites trois années. Copie de quittance de la fomme de cent livres reçue le 28 Septembre 1679 par le greffier en la commiffion des foi & hommages reçus à Nîmes & Uzès par le fieur Beaulac tréforier de France, du procureur de la chartreufe d'Avignon, pour tous les frais de l'hommage rendu y mentionné. Certificat du procureur général de la chambre des comptes de Normandie du 4 Février 1684, que les propriétaires des fiefs relevans du Roi en la province faifoient les foi & hommages au bureau de ladite chambre, laquelle recevoit & jugeoit les aveus & dénombremens faits en conséquence, & que les saisies féodales se faisoient à la requête dudit procureur général. Deux commissions de la chambre des comptes de Paris des 4 Mars 1443 & 28 Mai 1444 pour la saisie des fruits de l'évêché du Puy vacant en régale. Certificat du procureur général de la chambre des comptes de Grenoble du 7 Juin 1684, portant qu'avant l'année 1628 les procédures de régale étoient faites conjointement par un conseiller du parlement & un de la chambre, & que depuis, la chambre ayant été désunie & séparée ensuite d'un édit du mois de Mars 1628, qui lui attribuoit l'administration du revenu des régales à l'exclusion du parlement, ces sortes de procédures avoient toujours été faites par les commissaires de ladite chambre sans aucun trouble. Certificat du greffier de ladite cour des comptes, aides & finances de Montpellier, du 27 Mai 1684, que le sieur de Rignac avoit commencé sa commission le 20 Juillet 1678, & l'avoit finie le 23 Août suivant, & qu'encore qu'elle eût duré 24 jours, il se contenta de se taxer pour ses vacations pendant vingt jours à raison de seize livres par jour, ce qui revient en tout à trois cents vingt livres. Certificat du sieur Plomet, auditeur en ladite cour des comptes du 20 Mai 1684, que par le compte des deniers extraordinaires du diocese de Nimes de l'exercice de sieur Bernard, il étoit redevable par les états finaux de ses comptes, des sommes mentionnées audit certificat pour les années 1645, 1647, 1648, 1649, 1651, 1653, 1655 & 1657. Copie de lettres patentes obtenues par les officiers de la chambre des comptes de Montpellier, du mois de Mai 1594, portant confirmation de tous & chacuns les priviléges, franchises, libertés & exemptions à eux accordées par les Rois prédécesseurs, à l'instar de la chambre des comptes de Paris. Copie d'autres lettres patentes aussi obtenues par lesdits officiers de la chambre des comptes de Montpellier, par lesquelles Sa Majesté veut que du contenu en l'édit de création de ladite chambre, honneurs, prérogatives & prééminences dont jouissoient les officiers de la chambre des comptes de Paris, lesdits officiers de la chambre des comptes de Montpellier en jouissent. Copie d'arrêt du conseil d'état du 21 Juin 1681, par lequel Sa Majesté auroit accepté les offres de 90,000 livres, faites par les comptables, officiers & autres particuliers de la province de Languedoc; en conséquence, ordonne que les officiers du parlement de Toulouse, chambre de l'édit, trésoriers de France des généralités de Toulouse & Montpellier, & autres officiers y mentionnés, sujets à la recherche des restitutions du ressort de ladite cour des aides de Montpellier, à l'exception des officiers de ladite cour, seroient déchargés en payant par eux ladite somme de 90,000 livres. Extrait de l'état du Roi, expédié au conseil d'état pour la recette & dépense des deniers portés à la recette générale de Toulouse, pour le payement des charges pendant l'année 1658; par lequel état, au chapitre de dépense à cause des gages & droits de buche des trésoriers de France, il n'est laissé fonds que de la moitié, l'autre moitié étant retranchée & portée en seconde partie de l'épargne. Extraits des états du Roi de ladite généralité de Montpellier, des années 1657 & 1658, contenant un pareil retranchement. Deux extraits des comptes rendus en ladite chambre des comptes de Montpellier, par les payeurs des gages des bureaux de Languedoc, dans lesquels trois quartiers de leurs gages sont passés. Certificat du sieur Joubert, syndic de la province de Languedoc;

du 6 Juin 1684, que le tréforier de la bourfe dudit pays avoit toujours compté & comptoit encore à préfent des deniers de fa recette pardevant les commiffaires députés par l'affemblée des Etats généraux de ladite province, & qu'il n'avoit jamais compté ailleurs; qu'en conféquence de l'édit du mois d'Octobre 1632, jufques en l'année 1635, les tréforiers de France de Touloufe & de Montpellier avoient fait la fonction des commiffaires principaux dans les affemblées des diocefes de ladite province, & que depuis ladite année les commiffions font diftribuées par le gouverneur de la province, ou autre perfonne qui y préfide pour Sa Majefté, à ceux qui compofent ladite affemblée, ainfi qu'il en avoit été ufé auparavant ledit édit d'Octobre 1662, les tréforiers de France n'y ayant jamais eu rang ni féance que pendant lefdites trois années. Procès-verbal de l'affemblée des Etats de la province de Languedoc, du 23 Novembre 1683, qui fait mention des commiffaires nommés par le fieur duc de Noailles, gouverneur. Extrait des articles accordés entre les officiers de la chambre des comptes & des aides de Montpellier, touchant les honneurs & préféance d'entr'eux. Copie de deux commiffions de Sa Majefté, des 21 Décembre 1679, & 25 Novembre 1680, données aux nommés Baudot & Huerne, pour faire les recettes des tailles des élections de Vendôme & Provins. Copie d'arrêt du confeil, du 4 Août 1682, portant qu'en attendant qu'il fût pourvu à un office de receveur du taillon de Touloufe, l'exercice en feroit fait alternativement par les receveurs généraux anciens & alternatifs dudit taillon. Copie d'état au vrai de la recette des tailles & taillon impofés au diocefe d'Uzès en l'année 1612, clos & arrêté au bureau des finances le 28 Janvier 1613, par lequel appert que 125 livres 10 fols 6 deniers en quoi le nommé Leveque comptable étoit déclaré débiteur par ladite clôture pour laquelle des lettres d'état avoient été expédiées fur ledit Leveque, ne proviennent d'aucune radiation des gages d'officiers, mais d'une reprife que le comptable avoit voulu bailler. Copie d'état au vrai de Me. René Brunet, receveur des tailles de Narbonne, de fon maniement de l'année 1622, par la clôture duquel il étoit déclaré débiteur envers Sa Majefté, de 1859 livres, pour laquelle les tréforiers de France de Montpellier auroient expédié leurs lettres d'état au receveur général des finances. Copie de deux états au vrai de la recette des tailles d'Uzès, concernant les charges ordinaires affignées fur ladite recette du 10 Décembre 1614, clos le dernier Février 1616. Copie d'un état au vrai de la recette des tailles de Viviers, de l'année 1620, clos le 2 Avril 1621. Copie de l'état au vrai de la recette des tailles du diocefe de Narbonne 1632, clos au bureau des finances, le 26 Mars 1683, & de l'article des gages des officiers. Deux copies de lettres d'état expédiées par lefdits tréforiers de France, les 16 Janvier & 9 Septembre 1679. Clôture des états au vrai des recettes particulieres des deniers du taillon du diocefe d'Albi, de Louis Salvan, des années 1680 & 1681. Copie de la clôture de l'état au vrai de la recette du taillon du diocefe de Mirepoix, de l'année 1682. Copie de l'état au vrai de la recette générale de Bourges, de l'année 1682, clos au bureau des finances le 22 Juillet de ladite année, & vérifié au confeil le 5 Février 1684, & du chapitre des gages & droits. Trois extraits d'états au vrai de Jeannon, fermier des gabelles de Languedoc, des années 1645, 1646, 1651 & 1652, vérifié au conseil les 3 Juin 1647 & 7 Décembre 1653. Copie de provisions de l'office de conseiller & avocat du Roi en la sénéchaussée & siége présidial de Montpellier, obtenues par Pierre Verduron. Requête présentée au conseil par lesdits officiers de la cour des comptes, aides & finances de Montpellier, le 3 Août 1684, à fin de réception des pieces y mentionnées ci-dessus, énoncées le 4 dudit mois d'Août. Autre requête présentée au conseil par lesdits officiers de la cour des comptes, le 9 dudit mois d'Août, à fin de réception de la piece y mentionnée ci-dessus énoncée, qui sont des lettres patentes du mois d'Avril 1628, touchant la jurisdiction de la chambre des comptes, concernant les foi & hommages ; ensuite est l'arrêt de vérification en la chambre des comptes de Paris, du 27 Septembre 1628. Imprimé d'arrêt du conseil, du 7 Mars 1654, rendu entre les trésoriers de France de Bretagne & le procureur général de la chambre des comptes de ladite province, servant de réglement entre eux pour les fonctions de leurs charges. Copie de déclaration du Roi, du 18 Avril 1600, portant entre autres choses, que les officiers, rentiers, ou autres assignés sur les comptables, se retireroient pardevers les trésoriers de France de Bretagne pour leur être pourvu d'ordonnances, ou contraintes pour le payement de leur dû, & où il surviendroit oppositions ou appellations sur lesdites ordonnances, Sa Majesté s'en seroit réservé la connoissance à son conseil, & ordonné que les parties seroient assignées audit conseil en vertu de ladite déclaration. Copie d'arrêt du conseil, du 20 Août 1653, rendu entre les trésoriers de France de Bretagne & le procureur général de la chambre des comptes de ladite province, prenant le fait & cause des sieurs de Robien & de Labalvere, maîtres en ladite chambre, & les Etats de Bretagne intervenans, par lequel, entre autres choses, Sa Majesté auroit retenu la connoissance de leurs différens, & sans avoir égard aux informations & jugemens rendus par ladite chambre contre lesdits trésoriers que le conseil auroit cassé, lesdits trésoriers auroient été renvoyés en l'exercice de leurs charges, défenses à ladite chambre de les y troubler. Autre arrêt du conseil, du 7 Avril 1656, rendu entre les gens des comptes de Bretagne & les trésoriers de France, portant que ledit arrêt du 20 Août seroit exécuté. Copie d'ordonnance du Roi, du 4 Mars 1561, adressantes au sieur Laubrespin, trésorier de France de Languedoc, par laquelle lui est mandé de bailler main-levée au sieur Salmoty & à ses vicaires, procureurs & fermiers des fruits & revenus temporels de l'évêché de Saint-Papoul. Copie d'autre ordonnance du Roi, adressante au sieur de Cameyes, trésorier de France à Toulouse, le 2 Avril 1562, par laquelle lui est mandé de faire cesser la saisie des fruits & revenus de l'abbaye de Villelongue. Procèsverbal du sieur Caulet, trésorier de France à Toulouse, député du bureau, du 29 Mai 1677, contenant son transport au lieu de Lavaur & apposition du scellé sur les effets de l'évêque dudit lieu décédé, & description des titres & effet & établissement d'un économe à la régie des fruits. Copie d'arrêt du conseil d'état du 1er. Juillet 1678, par lequel, entre autres choses, conformément à l'avis du sieur Rouillé, intendant en Provence, les trésoriers de France dudit pays, sont maintenus au droit de faire l'inventaire des biens & effets dépendans des bénéfices consistoriaux vacans. Copie d'autre arrêt du conseil du 27 Mars 1683, portant qu'à la requête des procureurs de Sa

Majesté aux bureaux des finances de chacune généralité, poursuite & diligence des fermiers de ses domaines, les seigneurs des fiefs tenus & mouvant de Sa Majesté à cause de ses domaines, terres & seigneuries de l'étendue desdites généralités seroient poursuivis pour rendre les foi & hommages & fournir leurs aveus & dénombremens. Copie d'autre arrêt du conseil du 12 Février 1684, portant que les réquisitions, poursuites & diligences nécessaires pour parvenir à l'exécution dudit arrêt du 27 Mars, seroient faites par le procureur de Sa Majesté au bureau des finances de Bourges, & en cas d'absence par l'avocat de S. M. Imprimé d'édit du mois de Mars 1536, dans lequel est fait mention d'un autre édit qui porte que les journées des trésoriers de France lorsqu'ils travailleroient à leurs chevauchées seront taxées sur le pied des premiers présidens des cours souveraines. Copie des lettres patentes du 11 Mai 1562, adressantes au sieur de Troyes, trésorier de France en Bretagne, & au sieur de Cambout, grand maitre des eaux & forêts audit pays, & au sieur de Moray, maitre des comptes dudit pays pour l'exécution desdites letres. Extrait de l'édit du mois de Janvier 1551, par lequel, entre autres choses, les trésoriers de France nouvellement créés auroient été maintenus & gardés dans les mêmes rangs, honneurs & prérogatives desquelles jouissent ceux créés anciennement ; ensuite est autre extrait d'édit du mois de Juillet 1577, par lequel Sa Majesté veut que lesdits trésoriers de France ayent entrée, séance & voix délibérative aux chambres des comptes, comme les quatre trésoriers de France anciens avoient anciennement aux cours des aides. Imprimé d'édit du mois de Mai 1585, portant création de quatre offices de trésoriers de France en toutes les généralités du royaume, par lequel, entre autres choses est porté que S. M. les a tenus & réputés comme s'ils avoient toujours été du corps des compagnies souveraines, chambre des comptes & cours des aides, sans qu'ils en puissent être séparés. Copie d'arrêt du conseil du 18 Mai 1646, rendu entre les officiers de la cour des aides de Guienne, & les trésoriers de France de ladite province, portant réglement pour les fonctions de leurs charges. Copie d'arrêt du conseil du 16 Novembre 1662, en interprétation dudit arrêt du 18 Mai 1646. Copie d'autre arrêt du conseil du 18 Décembre 1658, rendu entre les trésoriers de France & les officiers de la cour des aides dudit lieu, par lequel, entre autres choses, lesdits trésoriers sont maintenus au rang, entrée, séance & voix délibérative en ladite chambre des comptes après le doyen & sous-doyen d'icelle, ou ceux qui les représenteroient du côté du sous-doyen. Certificat du greffier du bureau des finances de Toulouse du 23 Novembre 1683, que lorsqu'il y avoit des officiers comptables qui étoient faits prisonniers d'autorité & en exécution des ordonnances rendues par les trésoriers de France, ils étoient conduits dans les prisons de la trésorerie de Toulouse, ou dans les prisons royales des hauts-murats dans lesquelles prisons de la trésorerie le parlement n'avoit jamais fait aucune redde, si ce n'étoit dans celle des hauts-murats, attendu qu'il y avoit toujours des prisonniers détenus d'autorité du parlement contre lesquels on faisoit redde, & non contre ceux qui se trouvoient détenus d'autorité du bureau, parce que le parlement ne prenoit aucune connoissance de l'exécution des ordonnances qui étoient rendues par ledit bureau sur le fait des charges des officiers comptables de leur généralité. Ecritures & production des tréforiers de France de Touloufe en exécution du réglement du 5 Mai 1684. Copie de l'état du Roi arrêté au confeil le 5 Décembre 1682, pour la diftribution des deniers des gabelles du Dauphiné & Provence de l'année 1683, adreffant aux tréforiers de France d'Aix & Dauphiné, dans lequel les gages des cours de parlement & des comptes étoient employés. Quatre cahiers contenant plufieurs ordonnances du fieur Jean de Seneterre, fénéchal de Nîmes des 3 Février, 23 Mars & 1er. Décembre 1552, aux fins d'affigner les vaffaux de S. M. pour rendre leurs hommages, dans lefquelles ordonnances ledit fieur de Seneterre ne prend que la qualité de commiffaire du Roi, fans qu'il foit fait mention des tréforiers de France. Certificat du garde des archives de la fénéchauffée de Nîmes du 26 Août 1684, que dans lefdites archives il y avoit un regiftre appelé Patouillard, touchant les hommages de l'année 1552, reçus par le juge-mage pendant lefdites années, fans qu'il paroiffe d'autre commiffion que celle du Roi dans ledit regiftre original, ni que François Chef-de-Bien ait affifté en aucunes des féances du bureau du domaine y mentionnées ; que le F°. 101 dudit regiftre avoit été arraché qui contenoit le préambule des féances dudit folio ; qu'au fol. 102, il y étoit refté une partie de l'hommage du fieur de Montpezat & de ceux des fieurs de Servas, de Laudun, d'Aramon, lefquels font du nombre des fix hommages reçus par ledit fieur Chef-de-Bien, les 25 & 27 Juin 1553. Autre certificat dudit garde des archives de Nîmes qu'il n'y avoit dans lefdites archives d'autres lettres dudit Chef-de-Bien adreffantes au fénéchal & juge-mage de Nîmes, que le tranfcrit daté du 23 Août 1553, lequel étoit couché au Fol. 2 V°. du regiftre couvert de bazane, lequel tranfcrit n'eft figné de perfonne. Six extraits d'hommages reçus par le juge-mage de Nîmes. Copie de lettres de provifions dudit Chef-de-Bien dudit office de tréforier de France à Montpellier du 6 Novembre 1552, au bas defquelles eft l'arrêt de ladite chambre des comptes de Paris du 18 Décembre 1555, de réception dudit Chef-de-Bien. Certificat dudit garde des archives du 22 Août 1684, que dans un petit regiftre fans couverte & fans aucune fignature, des années 1584 & 1685, il y a vingt-un hommages, dont quatre avoient été reçus au bureau du domaine par le fieur Delorme, tréforier de France, affifté du fieur de Montcamp, juge-mage de Nîmes. Plus trois autres hommages, reçus par ledit fieur Delorme. Plus neuf hommage reçus en la chambre du domaine par ledit fieur de Montcamp, juge-mage, & cinq autres reçus par ledit fieur Delorme, au bureau de la maîtrife des ports, en préfence du procureur du Roi audit bureau. Extrait figuré de l'hommage rendu par Melchior de Gallien, feigneur des Iffarts, le 22 Novembre 1584. Deux hommages rendus au Roi, les 17 Décembre 1584 & 29 dudit mois, par les fieurs Leblanc & Dolon. Certificat du garde des archives de Nîmes du 22 Août 1684, qui fait mention de cinq hommages qui ont été rendus au bureau du domaine en préfence des officiers qui le compofent. Extrait de l'hommage rendu par Mathieu Dardouin, feigneur de la Calmette le 24 Novembre 1584, reçu au bureau du domaine par ledit fieur Delorme en préfence du juge-mage de Nîmes & des officiers du bureau du domaine. Certificat du greffier des archives de Nîmes du 18 Août 1684, de n'avoir trouvé dans l'inventaire du Gévaudan, ni dans l'armoire d'icelui aucunes procédures faites en Gévaudan en 1601, par Me. François de Niquet, trésorier de France. Certificat du sieur Boyer, syndic de Languedoc du 6 Septembre 1684, que les trésoriers de France des généralités de Toulouse & Montpellier qui entrent de tout temps dans les États en qualité de commissaires pour le Roi y prennent leur rang entre eux suivant l'ordre de réception, ce qui fait que tantôt ceux de Montpellier avoient précédé ceux de Toulouse, & semblablement ceux de Toulouse avoient précédé ceux de Montpellier. Requête présentée au conseil par lesdits officiers de la cour des comptes, aides & finances de Montpellier le 17 Novembre 1684, à fin de réception des pieces y mentionnées, ci-dessus énoncées, signifiée le 21 dudit mois de Novembre. Copie d'ordonnance des trésoriers de France de Montpellier du 20 Janvier 1478, adressante au juge-mage de Nîmes pour se transporter par tout le baillage du Gévaudan pour recevoir entre autres choses la déclaration des dénombremens, reconnoissances par les détenteurs, & autres droits anciens des héritages, possessions, foi & hommages qu'ils tenoient de Sa Majesté. Copie de commission de Sa Majesté adressante au sieur de Rochemaure, président & juge-mage, & au sieur Castaignes, trésorier & receveur du domaine de S. M. en la sénéchaussée de Beaucaire & Nîmes du 20 Septembre 1595, pour sur le réquisitoire du procureur du Roi procéder à la confection & renouvellement des terriers de Sa Majesté, recevoir les hommages & dénombremens par les vassaux de Sa Majesté; ensuite est l'enregistrement au bureau des finances de Languedoc le 20 Novembre 1595, à la charge que l'un desdits trésoriers se trouvant sur les lieux pourroit assister à tout ce qui seroit de ladite commission tout ainsi que si elle leur étoit adressée. Certificat du garde des archives de la sénéchaussée de Nîmes du 13 Septembre 1684, qu'il y avoit dans un registre de l'armoire de ladite sénéchaussée de l'année 1597, jusques en 1608, trente hommages, savoir, six des trésoriers de France assistant le juge-mage de Nîmes & autres officiers du bureau des domaines, & les vingt-quatre autres faits devant les officiers du bureau du domaine. Autre certificat dudit garde des archives, du 30 Septembre 1684, qu'il y avoit dans icelles un registre armoire I. de la sénéchaussée de l'an 1597, dans lequel il y a vingt-un hommages tous faits devant lesdits trésoriers, à l'exception de l'hommage de Mathieu Dardouin pour la terre de la Calmette, qui avoit été fait devant le sieur Delorme, trésorier de France, assisté des officiers du bureau du domaine. Autre certificat dudit garde des archives, du 13 Septembre 1684, qu'il y avoit six hommages ; savoir, l'hommage du sieur de Rochemaure, pour les terres de Villetelles & de Galargues, fait devant le sieur Niquet, trésorier de France, assistant les officiers du domaine, & les autres devant les officiers du bureau. Ordonnance des trésoriers de France de Montpellier, du 30 Juin 1601, portant que nonobstant l'arrêt de ladite chambre des comptes, tous féodataires mouvans réellement de Sa Majesté, seroient tenus de venir prêter leurs foi & hommages aux bureaux de son domaine desquels ils dépendoient, & commet le sieur Niquet pour se transporter au pays du Gévaudan. Certificat du greffier au bureau des finances de Montpellier, du 8 Septembre 1684, que le sieur Baron de Magalas avoit prêté les foi & hommages qu'il devoit au Roi pardevant les trésoriers de France, ce, le dernier Juin 1601, & autres foi & hommages rendus par les y dénommés devant lesdits trésoriers, tous lesquels hommages étoient dans les archives du bureau. Copie de l'hommage rendu au Roi le 4 Août 1631, devant le sieur Seigneuret, trésorier de France, par noble Jean d'Autemar, seigneur de Treilles & Falzan; ensuite est un certificat de plusieurs hommages y mentionnés, rendus devant lesdits trésoriers de France. Copie d'ordonnance desdits trésoriers de France de Montpellier, du 30 Août 1644, qui commet le sieur Marion trésorier, pour se transporter en la ville de Narbonne, pour faire rendre aux possesseurs & tenans des terres nobles relevans de Sa Majesté, les foi & hommages par eux dus. Copie de la foi & hommage rendu au Roi le 23 Septembre 1679, devant un trésorier de France de Montpellier, par le sieur de Rochemaure, juge-mage de Nîmes. Copie d'autre foi & hommage rendu au Roi, le 27 dudit mois de Septembre, devant un trésorier de France de Montpellier par le sieur de Peyremalles. Requête présentée au conseil par les trésoriers de France de Montpellier, le 7 Décembre 1684, à fin de réception des pieces y mentionnées, ci-dessus énoncées, signifiée le 12 dudit mois. Certificat du garde des archives de Nîmes, du 26 Novembre 1684, qu'il y avoit dans lesdites archives un registre contenant cent quarante-deux hommages, reconnoissances, ou sermens de fidélité, rendus devant le sénéchal de Nîmes, ès années 1239 & 1240, 1251, 1270 & 1271. Autre certificat du 26 Novembre 1684, qu'il y avoit encore vingt-un hommages, sermens de fidélité, & reconnoissances prêtées en partie devant le sénéchal de Beaucaire & Nîmes en diverses années, & devant les officiers du bureau des domaines, aussi assistans audit sénéchal. Autre certificat dudit jour 26 Novembre 1684, qu'il y avoit encore cinquante-cinq hommages & sermens de fidélité, reconnoissances contenant hommages ou sermens de fidélité, & commission pour faire les reconnoissances prêtées au bureau de la trésorerie de Nîmes en diverses années, tant pardevant le sénéchal & juge-mage de Nîmes qu'autres officiers du domaine, assistans en partie au sénéchal & juge-mage les officiers dudit bureau. Quatorze autres certificats dudit garde des archives de Nîmes, datés dudit jour 26 Novembre 1684, de plusieurs hommages, aveus & dénombremens rendus devant les trésoriers de France. Requête présentée au conseil par les trésoriers de France de Montpellier, le 23 Décembre 1684, à fin de réception des pieces y mentionnées ci-dessus énoncées, signifiée. Copie d'arrêt du conseil, du 24 Juillet 1658, par lequel est fait défenses aux receveurs & comptables de la province de Dauphiné, payer aux officiers de la chambre des comptes, pour épices & droits de compte, autre ni plus grande somme que celle que Sa Majesté avoit ordonnées par ses états, & à ladite chambre de les y contraindre, à peine d'être rayés & répétés contre lesdits comptables & d'en répondre par les officiers de ladite chambre en leurs propres & privés noms, auxquels Sa Majesté fait défenses de recevoir, clorre & examiner lesdits comptes, qu'il ne leur apparoisse des états que les comptables sont obligés de présenter & faire arrêter au bureau des finances, & auxdits comptables de présenter leurs comptes qu'ils n'ayent rapporté lesdits états, à peine de nullité & de trois cents livres d'amende, & auxdits officiers des comptes de donner aucun empêchement auxdits trésoriers de

France, aux scellés & inventaires des papiers & deniers des comptables décédés. Extrait du réglement fait au conseil, le 14 Février 1630, touchant la fonction des charges des procureurs de Sa Majesté aux bureaux des trésoriers de France du royaume. Extrait de l'édit du mois de Septembre 1627, portant création de quatre trésoriers de France, un avocat & un procureur du Roi, & autres officiers en chacun bureau des finances des généralités de Toulouse & Beziers. Certificat du garde des archives royales de la trésorerie de Toulouse, du 12 Août 1680, que le sieur de Caulet, président audit bureau des finances, avoit reçu les hommages de sermens de fidélité dans les pays de Foix, comté de Commenge, vicomté de Nebouzan & Lautrec en l'année 1612, que le sieur de Garaud fut subrogé; qu'en 1613, le sieur de Madron reçut les hommages au comté de Castres; qu'en l'année 1634 jusques en l'année 1638, les trésoriers de France, en leur bureau, reçurent les hommages de leur généralité; qu'en l'année 1644, le sieur Pennautier, trésorier de France, reçut les hommages en la sénéchaussée de Carcassonne; & que depuis l'année 1664 jusques à présent, lesdits trésoriers auroient reçu tous les hommages. Imprimé d'arrêt du conseil, du 19 Mars 1629, rendu sur la requête de Thomas Fermeliet, subrogé au traité de la création de quatre offices de trésoriers de France en chacun des bureaux de Toulouse & Beziers, portant que le nommé Bertrand & autres officiers pourvus & à pourvoir auxdits bureaux jouiroient de la réception des foi & hommages, lettres de souffrance & confortemain, & de tous autres droits à eux attribués. Ordonnance du sieur d'Aguesseau, rendue sur la requête du procureur général de la chambre des comptes de Montpellier, le 25 Mai 1680, portant que les trésoriers de France de Toulouse produiroient pardevant lui sur les différens qu'ils avoient contre lesdits officiers de la chambre des comptes. Copie de lettres-patentes de Sa Majesté, du 30 Avril 1604, obtenues par le procureur général de la cour des aides de Montpellier, par lesquelles Sa Majesté veut que ladite cour connoisse & juge en dernier ressort les cas & matieres d'aides, tailles & gabelles, & autres impositions, soit par opposition ou voie d'appel des juges ordinaires, trésoriers généraux, visiteurs des gabelles, juges de traites, maîtres des ports, conservateur des équivalens, ou de leurs lieutenans, en tous cas civils & criminels, privativement à tous autres juges. Copie d'autres lettres-patentes du mois de Juin 1610, par lesquelles Sa Majesté veut que ladite cour des aides juge en dernier ressort les cas & matieres des tailles & autres impositions, soit par opposition ou voie d'appel des sénéchaux, juges ordinaires, trésoriers de France & autres. Copie d'autres lettres-patentes du mois d'Août 1669, portant suppression des offices de receveurs & contrôleurs particuliers des domaines, & en lieu & place, création en titre d'office de conseillers de Sa Majesté, trésoriers de ses domaines, anciens & alternatifs en chacune des chambres des comptes de Paris, Rouen, Dijon, Aix, Grenoble, Montpellier & Nantes, & deux contrôleurs généraux des trésoriers des domaines. Requête présentée par lesdits officiers de la cour des comptes audit sieur d'Aguesseau, le 2 Juillet 1682, à fin de réception de la piece y mentionnée, signifiée le 4 dudit mois. Procès-verbal du sieur Favre, maître des comptes de Dauphiné, du 20 Août 1652, contenant son transport ès maisons & lieux où étoit décédé Me. Pierre Desportes, trésorier receveur des deniers du Roi en ladite province, & l'apposition du scellé sur ses effets. Autre procès-verbal du sieur Montaigne maître des comptes du Dauphiné du 7 Septembre 1656, contenant l'apposition du scellé en la maison de Me. Pierre Peloux receveur des tailles en l'élection de Grenoble. Autre procès-verbal du sieur Mauze maître des comptes du Dauphiné du 13 Janvier 1662, contenant l'apposition du scellé en la maison du sieur Gigou receveur général en ladite province du Dauphiné. Autres appositions de scellés ès maisons de Me. Pierre Monteil receveur des tailles à Valence, Jean Senal receveur des tailles à Montelimar, du sieur Brunel payeur des gages de la chambre des comptes, Antoine Michaud commis à la recette des tailles de Vienne, & Moïse Salicon receveur des tailles de Montelimar, par les sieurs Dubois, Pourroy, Sembein & Genfray maître des comptes du Dauphiné des 7 Mars 1664, 14 Septembre 1666, 4 Septembre 1670, 25 Juin 1675 & 29 Avril 1676. Copie de déclaration du Roi du 18 Janvier 1600, portant défenses au parlement de Bretagne, requêtes du palais, sénéchaux, prévôts & autres juges ordinaires de prendre aucunes connoissances des procès mus & à mouvoir entre les comptables, officiers ou commissionnaires généraux, ou particuliers pour raison du fait de leurs charges & du payement des gages & rentes dues par Sa Majesté pour raison de quoi les parties procéderoient pardevant les trésoriers de France. Copie collationnée d'un arrêt du conseil du 27 Juillet 1644 rendu sur la requête du receveur général & payeur provincial des rentes en la généralité de Tours, portant défenses aux rentiers de se pourvoir pour raison des rentes qui leur étoient assignées sur la recette générale de Tours ailleurs qu'au bureau des finances de ladite généralité. Copie d'autre arrêt du conseil du 5 Mai 1655 rendu sur la requête d'un autre receveur général & payeur provincial des rentes de ladite généralité de Tours, portant que les officiers & rentiers assignés pour le payement de leurs gages & rentes sur ladite généralité de Tours se pourvoiroient pardevant lesdits trésoriers de France de ladite généralité. Copie d'arrêt du conseil du 23 Avril 1653, rendu entre le procureur général de la cour des aides de Clermont-Ferrand & les trésoriers de France de Riom, par lequel les arrêts y mentionnés rendus par ladite cour des aides contre lesdits trésoriers de France auroient été cassés, que l'un desdits arrêts seroit tiré des registres de ladite cour, l'emprisonnement fait de l'un desdits trésoriers de France déclaré injurieux, l'écrou rayée, fait défenses à ladite cour des aides de connoître & recevoir les appellations des ordonnances des trésoriers de France, ou d'en suspendre l'exécution, ni d'user à l'encontre d'eux des termes d'interdiction ou amende. Copie de l'édit du mois de Septembre 1627, portant entre autres choses attribution aux trésoriers de France de Toulouse & Beziers de la connoissance de toutes les matieres du domaine, & que par eux, à l'exclusion de tous autres, il seroit procédé à la réception des foi & hommages dus à Sa Majesté, ensuite sont les arrêts d'enregistrement au parlement de Toulouse & cour des comptes de Montpellier des 3 & 12 Juillet 1628. Copie d'édit du 10 Août audit an 1628, portant confirmation de celui de 1627. Copie d'arrêt du conseil du 13 Octobre 1629 par lequel les trésoriers de France auroient été confirmés en la réception des foi & hommages. Copie d'autre arrêt du conseil du 23 Octobre 1677 par lequel, entre autres choses, les trésoriers de France de Toulouse auroient été maintenus au droit de recevoir les aveus & dénombremens, & autres droits & devoirs dus à Sa Majesté pour raison du domaine du comté de Commenge & jugerie de Riviere-Verdun, à l'exclusion des trésoriers de France de Montauban. Copie d'arrêt du parlement de Toulouse du 30 Juillet 1664 qui maintient les trésoriers de France de Toulouse dans la réception des foi & hommages contre les trésoriers de France de Montauban pour raison dudit comté de Commenge & jugerie dudit Riviere-Verdun ; ensuite est copie d'un arrêt du conseil du 10 Décembre 1668 qui confirme les susdits arrêts. Copie d'autre arrêt du conseil du 30 Mars 1666 rendu entre le sieur marquis de Sourdis prenant le fait & cause pour les vassaux du comté de Carmain, & le subdélégué de la chambre des comptes de Navarre, & les trésoriers de France de Toulouse, par lequel lesdits trésoriers de France ont été maintenus au droit de recevoir les foi & hommages dus par les sujets de Sa Majesté dans l'étendue du pays de Commenge. Copie d'autre arrêt du conseil du 10 Septembre 1678 rendu entre les trésoriers de France de Bordeaux & la chambre des comptes de Navarre, par lequel lesdits trésoriers de France auroient été maintenus au droit de recevoir les foi & hommages des vassaux de Sa Majesté dans le comté de Périgord, & vicomté de Limoges de l'ancien domaine de Navarre, à l'exception seulement des comtés, marquisats, vicomtés, baronnies & châtelenies vérifiées, dont les hommages seroient rendus au Roi, à M. le chancelier, ou à la chambre des comptes de Navarre, lesquels trésoriers recevroient les aveus & dénombremens dus à Sa Majesté à cause des fiefs dont ils auroient reçu les hommages. Certificat du greffier du bureau des finances de Toulouse du 2 Janvier 1685, que le sieur de Pennautier trésorier de France à Toulouse fut commis en l'année 1644, par le bureau, pour recevoir les foi & hommages & sermens de fidélité dus au Roi en la sénéchaussée de Carcassonne, en vertu de laquelle commission, il se transporta audit Carcassonne avec le sieur Agret, avocat du Roi audit siège, où il avoit fait rendre plus de quatre cents hommages à Sa Majesté. Autre certificat dudit greffier, du 2 Janvier 1685, que les trésoriers de France de Toulouse avoient procédé à la réception des foi & hommages dus au Roi dans l'étendue de leur généralité, & qu'ils ont continué ce travail depuis l'année 1664 jusques à présent. Cahier contenant extraits d'hommages reçus par les trésoriers de France de Toulouse, des vassaux de Sa Majesté dans l'étendue du bureau des finances de Toulouse. Imprimé d'une requête présentée au conseil par les commissaires du châtelet de Paris, contre les trésoriers de France de ladite ville, à côté de laquelle est leur réponse à ladite requête. Procès-verbal du sieur de Cassaignau, trésorier de France à Toulouse, du 19 Janvier 1679, contenant son transport en la ville de Mirepoix, & l'apposition du scellé & l'inventaire des titres de l'évêché dudit lieu, vacant par le décès du sieur de Vantadour, & établissement d'un économe à la régie & administration du temporel. Copie d'autre procès-verbal du sieur de Madron, trésorier de France à Toulouse, du 21 Septembre 1679, contenant l'apposition du scellé sur les archives de l'évêché de Carcassonne, vacant par le décès du sieur de la Valette, & établissement d'un administrateur au temporel dudit évêché. Co-

N°. CXLIII.

pie d'autre procès-verbal du sieur de Lafont, trésorier de France à Toulouse, du 11 Mai 1682, contenant l'apposition du scellé en l'évêché de Castres, vacant par le décès du sieur Tubœuf, l'inventaire des titres & établissement d'un économe. Requête présentée au conseil par lesdits trésoriers de France de Toulouse, le 12 Février 1685, à fin de réception des pieces y mentionnées ci-dessus énoncées. Certificat du commis au greffe de la cour des comptes, aides & finances de Montpellier, du 11 Juillet 1684, que les trésoriers de France de Toulouse & Montpellier n'avoient remis au greffe de ladite cour aucuns actes de cautionnement des comptables de leurs généralités, ni aucun inventaire desdits actes de cautionnement pendant les années 1680, 1681, 1682, 1683 & 1684. Arrêt de ladite cour des comptes, aides & finances de Montpellier, du 26 Novembre 1644, par lequel les ordonnances rendues par les trésoriers de France y mentionnées, auroient été cassées, & défenses à eux de procéder à la réception des hommages, qu'il seroit informé des contraventions, & qu'à la diligence du procureur général, lesdits hommages seroient rendus ès mains de M. le Chancelier, ou en ladite cour des comptes, & à faute de ce, les fiefs mouvans de Sa Majesté saisis. Copie d'arrêt du conseil, du 16 Novembre 1644, portant défenses à ladite cour des comptes, & aux trésoriers de France de Languedoc, de procéder à la réception des hommages. Lettres-patentes du 23 Mars 1624, adressantes à ladite chambre des comptes de Montpellier, pour l'enregistrement d'autres lettres-patentes concernant le traité d'Etienne Goutte, pour la recherche des usurpations du domaine & liquidation des droits dus à Sa Majesté, par lesquelles lettres est ordonné audit Goutte de remettre aux archives de ladite chambre les registres des hommages & papiers, & liquidation qu'il feroit, & de compter des deniers qui en proviendroient. Certificat du greffier de ladite cour des comptes, du 15 Février 1585, portant qu'il auroit été procédé par un commissaire de ladite cour à l'inventaire des papiers, meubles & autres biens d'Antoine Poitevin, receveur des tailles au diocèse de Montpellier. Quatre ordonnances rendues par ledit commissaire de la cour des comptes, des 24 & 28 Juillet & 2 Août 1670, concernant l'inventaire des biens dudit Poitevin. Cinq certificats des officiers des sénéchaussées de Nîmes, Montpellier, Beziers, Limoux & Castelnaudary, des 7, 9, 13, 18 & 23 Janvier 1685, que lesdits sénéchaux avoient connu des matieres du domaine, suivant l'édit de Cremieu, jusques à la commission du Roi, du 16 Février 1667. Requête présentée au conseil par lesdits officiers de la cour des comptes, aides & finances de Montpellier, du 3 Mars 1685, à fin de réception des pieces y mentionnées ci-dessus énoncées. Extrait de l'article VII de l'édit de 1551. Extrait de l'édit du mois d'Octobre 1593, portant création de deux généraux des gabelles de Languedoc, par lequel le Roi leur ordonne de vérifier les états des receveurs généraux & particuliers qui seroient établis, & des fermiers des deniers provenant des gabelles, crues & impositions qui se levoient ès salins de Peccais sur la riviere du Rhône, & greniers à sel dans leur ressort. Extrait de l'arrêt de vérification dudit édit en la chambre des comptes de Montpellier, du 8 Août 1596. Certificat du greffier du bureau des finances de Montpellier, du 16 Août 1684, comme les fermiers généraux des gabelles de Languedoc, dénommés audit certificat, avoient fait état au vrai du prix de leurs fermes audit bureau, depuis l'année 1581 jusques en l'année 1630. Plusieurs extraits des états finaux de tous les états au vrai de la ferme des gabelles de Languedoc, présentés au bureau des finances de la généralité de Montpellier, depuis l'année 1582, jusques en l'année 1636. Deux états au vrai du fermier des gabelles de Languedoc, des premier Août 1605 & 26 Octobre 1607. Cinq extraits des comptes rendus en la chambre des comptes de Montpellier, par les fermiers des gabelles ès années 1601, 1612, 1613, 1617 & 1618, dans les trois premiers desquels est fait mention des états au vrai vérifiés par les trésoriers de France. Extrait de l'état arrêté au conseil, pour la distribution des deniers des gabelles de Languedoc, Roussillon & Sardaigne, pour l'année 1684, contenant les gages, menues nécessités & franc-salé des officiers de la cour des comptes & aides. Copie de lettre écrite le 27 Juillet 1684, par le sieur le Pelletier, intendant des finances, aux trésoriers de Montpellier, intendans des gabelles de Languedoc, en leur envoyant l'état du Roi, des gabelles de l'année 1684, & leur demandant l'état de la valeur pour celui de l'année 1685. Extrait de plusieurs états finaux des états au vrai rendus devant les trésoriers de France de Montpellier, par les fermiers de la foraine ès années 1602, 1604, 1610, 1617, 1624, 1625, 1626 & 1641. Deux extraits des états finaux des états au vrai rendus au bureau des finances de Montpellier, ès années 1584 & 1601, par les payeurs des gages des officiers de la cour des aides de Montpellier, depuis l'année 1584 jusques & compris l'année 1626. Six états au vrai desdits payeurs des gages des années 1582, 1600, 1607, 1627 & 1628. Requête présentée au conseil par lesdits trésoriers de France de Montpellier, le 16 Octobre 1684, à fin de réception des pieces y mentionnées, ci-dessus énoncées, signifiée le 20 dudit mois d'Octobre. Certificat du garde des archives de Nîmes, du 27 Juillet 1684, qu'il y avoit un registre d'hommages, de l'an 1584 & 1585, dans lequel étoient vingt-un hommages reçus par le sieur Delorme, trésorier de France à Montpellier. Autre certificat dudit garde des archives, dudit jour 27 Juillet 1684, que dans un registre de l'an 1597 jusques en 1608, sont quatre hommages. Plus, dans un autre livre de l'année 1566, dans lequel étoit l'hommage fait au Roi par Mathieu Dardouin, reçu par les trésoriers de France. Autre certificat dudit garde des archives, qu'il y avoit un livre d'hommages de l'an 1553 & 1554, dans lequel il y avoit cent trente-six hommages reçus par les sieurs Gaillard & Jean de Montcamp, juges mages de la sénéchaussée de Nîmes, commissaires députés par le sieur Chef-de-Bien, trésorier de France à Montpellier, commissaire député par le Roi à faire faire & recevoir les hommages & sermens de fidélité dus au Roi. Acte de foi & hommage du 27 Juin 1553, fait au Roi par le sieur Tremolet de Montpezat, général des aides à Montpellier pardevant ledit sieur Chef-de-Bien, trésorier de France. Extrait d'autre hommage & serment de fidélité, fait au Roi, le 27 Juin 1553, par le sieur Jean d'Ancezune, abbé de Saint-Ruf, pardevant ledit sieur Chef-de-Bien. Extraits de quatre hommages rendus au Roi pardevant ledit sieur Chef-de-Bien, par Pierre de Lafare, Jean Boileau, Jean de Laudun, & François

Pavée, les 25 & 27 Juin 1553. Requête préfentée au confeil par lefdits tréforiers de France de Montpellier, le 7 Août 1684, à fin de réception des pieces y mentionnées, ci-deſſus énoncées. Cahier contenant pluſieurs foi & hommages rendus à ladite chambre des comptes de Paris par les particuliers y nommés au nombre de treize du reſſort de la chambre des comptes de Montpellier, depuis l'année 1505, juſques en l'année 1574. Trois hommages rendus au Roi. Trois aveus rendus en ladite chambre des comptes de Paris, & deux lettres de ſouffrance données par ladite chambre pour des fiefs ſitués en ladite province de Languedoc, depuis l'année 1376, juſques en 1473. Extrait tiré de la chambre des comptes de Paris, des lettres patentes du Roi Jean, du 26 Juillet 1356. Celles de Louis XI, du 24 Septembre 1461, de commiſſion au gouverneur de Guienne, pour recevoir les hommages de ladite province, & celles de Henri II, du 20 Septembre 1555, de commiſſion au ſénéchal d'Angoulême, pour faire rendre leſdits hommages dus au Roi, en la perſonne du garde des ſceaux, ou au bureau de la chambre des comptes. Extrait de commiſſion du Roi Louis XI, du 15 Janvier 1461, au ſénéchal de Normandie, pour la réception des hommages des fiefs de ladite province. Extrait tiré de la chambre des comptes de Paris, de trois commiſſions particulieres pour recevoir des hommages en Languedoc, Quercy & Limoſin, des années 1452, 1456 & 1478. Certificat du garde des archives de la ſénéchauſſée de Nîmes, du 15 Novembre 1683, que dans leſdites archives il y avoit deux regiſtres dans leſquels il y avoit pluſieurs reconnoiſſances, dénombremens & hommages faits devant le juge mage, lieutenant & autres officiers du bureau du domaine du Roi, en ladite ſénéchauſſée de Nîmes, commiſſaires députés par Sa Majeſté, depuis les années 1402, juſques & compris 1427. Trois commiſſions des 25 Juillet 1461, 16 Septembre 1519, & premier Avril 1529, par leſquelles eſt porté que le dépôt des titres du domaine de Languedoc étoit en la chambre des comptes de Paris, & que les doubles étoient remis aux ſénéchauſſées pour ſervir aux tréſoriers & receveurs du domaine pour la levée des droits du Roi. Extrait tiré des archives de ladite ſénéchauſſée de Nîmes, d'un regiſtre des reconnoiſſances du 30 Juillet 1479, par lequel eſt porté que le juge mage de Nîmes a été commis pour recevoir les dénombremens & hommages. Autre extrait tiré deſdites archives, de deux reconnoiſſances & ſermens de fidélité prêtés par les ſeigneurs de Rochefort & de Joyeuſe devant le ſénéchal des 18 Mai 1353 & 19 Mai 1437. Autre extrait tiré deſdites archives d'une commiſſion des gens des comptes & tréſoriers du Roi à Paris, adreſſante au ſénéchal de Beaucaire & Nîmes du 5 Mai 1396 donnée ſur les lettres-patentes du Roi de ladite année 1396, à la requête des gens des trois états du pays de Gévaudan. Copie deſdites lettres-patentes, la requête préſentée à ladite chambre par les gens des trois états dudit pays de Gévaudan & l'ordonnance miſe ſur ladite requête. Copie de ſept arrêts de ladite chambre des comptes de Paris des années 1641, 1644, 1656, 1657 & 1675, qui commettent des conſeillers & maîtres de ladite chambre pour procéder aux ſcellés & inventaires des comptables. Copie de deux ordonnances des tréſoriers de France de Montpellier du 30 Mars 1678 qui ne font aucune mention des arrêts de ladite chambre ſur l'enregiſtrement des arrêts du conſeil. Requête présentée au conseil par lesdits officiers de la cour des comptes, aides & finances de Montpellier le 20 Décembre 1684 à fin de réception des pieces y mentionnées, ci-devant énoncées, signifiée le 22 dudit mois. Certificat du greffier de la cour des comptes, aides & finances de Montpellier du 11 Juillet 1684, que les trésoriers de France de Montpellier n'avoient remis au greffe de ladite chambre aucuns actes de cautionnement des comptables de leur généralité, ni aucuns inventaires desdits actes de cautionnement pendant les années 1680, 1681, 1682, 1683 & 1684. Copie d'arrêt de ladite cour des comptes, aides & finances de Montpellier du 26 Novembre 1644, par lequel, entre autres choses, les ordonnances & procédures des trésoriers de France & leurs commissaires auroient été caslées, défenses à eux de procéder à la réception des hommages. Copie d'arrêt du conseil du 16 desdits mois & an par lequel Sa Majesté auroit déchargé les gentilshommes, communautés & particuliers de son royaume du renouvellement des foi & hommages qu'ils devoient à l'avénement de Sa Majesté à la couronne. Copie de lettres-patentes du 23 Mars 1624 adressantes à ladite chambre des comptes de Montpellier portant jussion pour l'enregistrement d'autres lettres-patentes du 8 Février 1624, concernant le traité d'Etienne Goutre pour la recherche des usurpateurs du domaine & liquidations & droits dus à Sa Majesté. Certificat du commis au greffe de ladite cour des comptes, aides & finances de Montpellier du 15 Février 1685, que lors de la faillite dudit Poitevin receveur des tailles de Montpellier, ladite cour sur la requête de ses créanciers auroit commis le sieur Dazemar conseiller en ladite cour pour procéder au scellé & inventaire de ses effets. Procès-verbal dudit sieur Dazemar du scellé & effets dudit Poitevin du 14 Juillet 1670. Certificat des officiers présidiaux de Limoux, Montpellier, Castelnaudary & Beziers, que jusques en l'année 1667 lesdits officiers avoient toujours connu en premiere instance des affaires du domaine de Sa Majesté. Requête présentée au conseil par lesdits officiers de la cour des comptes, aides & finances de Montpellier le 2 Mars 1685, à ce que, sans avoir égard à la requête desdits trésoriers de France du 20 Novembre 1684 permettre auxdits officiers d'ajouter à leur production les pieces y mentionnées, ci-dessus énoncées, & au surplus leur adjuger les conclusions par eux prises en l'instance. Cahier contenant extrait d'ordonnances y mentionnées rendues par les trésoriers de France de Toulouse sur le fait de la jurisdiction contentieuse du domaine de Sa Majesté entre les fermiers, sous-fermiers & engagistes desdits domaines, & les emphytéotes & autres particuliers débiteurs des droits de Sa Majesté depuis l'année 1636 jusques en 1668. Requête présentée au conseil le 17 Avril 1685 à fin de réception desdites pieces, signifiée le 18 dudit mois & an. Extrait des registres du bureau des finances de Languedoc d'un acte du 29 Novembre 1594 fait audit bureau des finances sur l'hommage qui y avoit été rendu par le sieur de Villec. Cinq hommages rendus au bureau ès années 1601 & 1605. Extrait d'un tarif des droits accordés par Sa Majesté aux commissaires nommés pour la vérification des hommages, aveux & dénombremens du dernier Août 1683. Extrait des hommages reçus par le sieur de Massauve trésorier de France à Montpellier en l'année 1644, d'une ordonnance dudit sieur de Massauve du 12 Octobre audit an, & un état des hommages reçus par ledit sieur de Massauve.

Massauve. Sept extraits des regiftres dudit bureau d'ordonnances & commiffions dudit bureau. Procès-verbal du fieur de Colondres commis par le bureau à l'inventaire dudit Poitevin & d'un *advertatur* de l'état au vrai d'Etienne Marie commis à la recette des tailles de Montpellier, & commis à la recette des reftes dudit Poitevin des 14 & 18 Juillet, premier Septembre, 10 Octobre, 12 Décembre 1670, & 2 Août 1673. Extrait tiré du regiftre des titres des tréforiers de France de Provence, d'un arrêt contradictoire du confeil du 7 Juin 1681, entre la chambre des comptes & les tréforiers de France d'Aix, qui maintient lefdits tréforiers au droit de faire les inventaires de la régale. Extrait du double du compte de Gaffart commis à la recette générale des finances du 22 Juin 1674. Extrait d'arrêt du confeil d'état du 19 Septembre 1684, concernant le domaine. Extrait des regiftres dudit bureau des finances de Montpellier d'un mémoire & inftruction donné au fieur le Pelletier, contrôleur général, fur ledit arrêt du 19 Septembre 1684. Extrait d'un inventaire des actes de cautionnement des comptables, des années 1681, 1682, 1683 & 1684, remis au greffe de la chambre des comptes, par le greffier du bureau, le 20 Mars 1685. Extrait du compte d'Antoine Roux, commis à la recette générale des gabelles de Languedoc de l'année 1645. Extrait des comptes des fieurs Auzieres & Boucher, des 24 Janvier & 3 Février 1684. Certificat du bureau des finances de Bourgogne, du 28 Mars 1681, portant que les débets de clair qui fe trouveroient dans les Etats au vrai des comptables étoient portés aux recettes générales en vertu des ordonnances de recouvrement des tréforiers de France, qui s'expédioient au receveur général. Requête préfentée au confeil par les tréforiers de France de Montpellier, le 25 Avril 1685, à fin de réception des pieces y mentionnées ci-deffus énoncées. Requête préfentée au confeil par les tréforiers de France de Touloufe, le Ier. Juin 1685, fervant de contredits aux productions des officiers des comptes, aides & finances de Montpellier; au bas eft l'ordonnance & la fignification qui en a été faite ledit jour Ier. Juin 1685. Imprimé d'arrêt du parlement de Touloufe, du 18 Juillet 1634, rendu entre le fyndic de l'univerfité de médecine de Montpellier, le chancelier en ladite univerfité, le fieur évêque de Montpellier & autres parties, portant réglement entre eux. Requête préfentée au confeil par le fieur Philippe Juin, docteur ès droits, fyndic de l'univerfité de médecine dudit Montpellier, du 2 Juillet 1685, à ce qu'il fût reçu partie intervenante en ladite inftance, & faifant droit fur fon intervention, ordonner que les profeffeurs de ladite univerfité de médecine de Montpellier ne feroient tenus de rendre & faire apparoir de leur *fervivit*, que pardevant le chancelier & profeffeur de ladite univerfité, fuivant l'ancien ufage de tout temps obfervé, ou en tout cas devant les officiers de la cour des comptes, aides & finances de Montpellier, & condamner les contrevenans aux dépens envers ledit fyndic; ladite requête employée pour moyen d'intervention, fignifiée les 2 & 4 dudit mois de Juillet. Requête préfentée au confeil par le fieur évêque de Montpellier, le 2 dudit mois de Juillet, à ce qu'il plût à Sa Majefté le recevoir partie intervenante en ladite inftance; & faifant droit fur fon intervention, le maintenir & garder au droit & faculté de donner certificat annuellement du fervice des profef-

234 *Recette & Receveurs des Tailles des Diocèses.*

feurs aux écoles du droit civil, canon & médecine, en qualité de chancelier de ladite université ; faire défenses auxdits officiers de la cour des comptes, aides & finances & tréforiers de France de Montpellier, de lui donner aucun trouble ni empêchement, & leur enjoindre de passer sur les comptes des receveurs les gages desdits professeurs, en leur rapportant le certificat dudit sieur évêque dudit service ; & en cas de contestation condamner ceux qui contesteront aux dépens, ladite requête employée pour moyen d'intervention, & l'avis du sieur intendant ; au bas de laquelle requête est l'ordonnance du sieur Bignon, maître des requêtes, qui reçoit ledit sieur évêque partie intervenante, lui donne acte de son emploi, & au surplus, en jugeant, signifiée le 4 Juillet 1685. Requête présentée au conseil par Me. Pierre Cavalier, doyen des aggrégés & recteur de la faculté de droit civil & canonique de la ville de Montpellier, le 18 dudit mois de Juillet 1685. tendante à ce que, pour les causes y contenues, il plût à Sa Majesté le recevoir partie intervenante en ladite instance, &, faisant droit sur son intervention, le maintenir au droit & faculté de donner le certificat du service des professeurs aux écoles du droit civil & canonique, & ordonner que sur icelui leurs gages seroient passés & alloués par lesdites compagnies aux receveurs & payeurs de l'université, auxquelles compagnies seroit fait défenses d'exiger à l'avenir directement ni indirectement ladite prérogative, &, en cas de contestation, condamner ceux qui contesteront mal-à-propos aux dépens ; ladite requête employée pour moyens d'intervention, & l'avis du sieur d'Aguesseau, en ce qui le concernoit ; au bas de laquelle requête est l'ordonnance du sieur Bignon qui le reçoit partie

intervenante, acte de l'emploi & au surplus en jugeant, signifiée le 21 Juillet 1685. Factum imprimé des officiers de ladite cour des comptes, aides & finances de Montpellier. Et tout ce que, par lesdites parties a été mis & produit pardevers le sieur Bignon, conseiller du Roi en ses conseils, maître des requêtes ordinaire de son hôtel, commissaire député en cette partie : Oui son rapport, après en avoir communiqué aux sieurs Courtin, Pommereu, d'Argouges & Bignon, conseillers d'état, suivant l'ordonnance du conseil, du 15 Novembre 1683, & tout considéré,

LE ROI EN SON CONSEIL, faisant droit sur le tout.

I.

A maintenu & gardé les tréforiers de France de Toulouse & de Montpellier dans la connoissance de tout ce qui concerne l'exécution des Etats du Roi, & distribution des fonds y mentionnés, avec pouvoir de décerner toutes contraintes contre les payeurs qui ont en leurs mains le fonds desdits gages & droits, & qui comptent par état devant lesdits tréforiers jusques à la présentation du compte à la chambre.

II.

Après laquelle les parties se pourvoiront en ladite chambre des comptes, sans que ladite cour des aides puisse avoir aucune jurisdiction, ni prendre aucune connoissance de l'exécution des Etats de Sa Majesté, ni du payement des parties qui y sont employées, soit pour la distribution des fonds, soit pour gages d'officiers & autres droits, ni pareillement des oppositions aux contraintes, tant des tréforiers que des receveurs généraux, sinon en cas de saisie, opposition, ou autre empêchement de la part d'un tiers, & de partie à partie seulement, ou de saisie réelle des immeubles des payeurs, faite en vertu desdites contraintes.

III.

Sur laquelle saisie réelle l'adjudication par décret sera poursuivie en ladite cour des aides.

IV.

Comme aussi, maintient & garde lesdits trésoriers au pouvoir de procéder sommairement par suspension, condamnation d'amende & autres peines, dans les cas & aux termes portés par les ordonnances contre les comptables.

V.

Fait Sa Majesté défenses à ladite cour de recevoir les appellations des ordonnances desdits trésoriers de France, sinon ès causes de litige non concernant l'exécution des Etats du Roi, & dans lesquelles il y aura autre partie que les comptables, & sans que les appellations pour raison de ce, ensemble sur le fait de la direction des finances, puissent être relevées ailleurs qu'au conseil.

VI.

Comme aussi fait Sa Majesté défenses à ladite chambre de recevoir aucun compte des receveurs généraux des finances, & receveurs particuliers des tailles ès généralités de Toulouse & Montpellier, tant pour les deniers ordinaires, qu'extraordinaires & autres comptables, qu'il ne leur soit apparu de l'état vérifié par lesdits trésoriers de France desdites généralités, chacun à leur égard.

VII.

Et pour le compte du fermier général des gabelles de Languedoc, par les trésoriers de France de Montpellier, comme intendans des gabelles.

VIII.

A l'exception néanmoins du receveur des restes de ladite chambre, & du payeur des gages de ladite cour des comptes, aides & finances, qui demeureront déchargés de faire ledit état devant lesdits trésoriers, & en conséquence permis à ladite cour de décerner des contraintes contre ledit payeur, pour le payement de leurs gages.

IX.

Et à l'égard du receveur & payeur des gages des officiers du parlement de Toulouse, il continuera de faire état pardevant les trésoriers de Montpellier, comme par le passé, sans s'arrêter à la demande des officiers de ladite cour des comptes pour ce regard.

X.

A maintenu & gardé lesdits trésoriers de Toulouse & Montpellier dans le droit & possession de recevoir les foi & hommages des vassaux de Sa Majesté dans l'étendue desdites généralités, dans les bureaux des finances seulement, & sans qu'ils puissent se transporter dans les sénéchaussées & autres lieux pour cet effet.

XI.

Comme aussi de recevoir les aveus & dénombremens de ceux dont ils auront reçu les hommages, le tout à quelque somme que le revenu desdits fiefs puisse monter.

XII.

A l'exception des duchés, comtés, marquisats, vicomtés, baronnies & châtellenies vérifiées, ou possédées sous ce titre de temps immémorial, justifié par les aveus, ou autre titre équivalent, dont les hommages seront rendus à la personne de Sa Majesté, de

M. le chancelier, ou à la chambre des comptes de Montpellier.

XIII.

Pourra néanmoins ladite cour des comptes, aides & finances de Montpellier recevoir, dans le lieu de sa séance, les foi & hommages des autres vassaux de Sa Majesté qui voudront les y rendre.

XIV.

Ensemble les aveus & dénombremens de ceux qui y auront rendu leurs hommages, après qu'ils auront été blâmés par les procureurs de Sa Majesté, ès sénéchaussées de la province de Languedoc, & les blâmes jugés par lesdits officiers desdites sénéchaussées, auxquels le renvoi en sera fait par ladite chambre des comptes ou par lesdits trésoriers, chacun à leur égard.

XV.

Seront les saisies des fiefs relevans de Sa Majesté, faute d'hommage, droits & devoirs, faites à la diligence des procureurs de Sa Majesté esdits bureaux de Toulouse & Montpellier.

XVI.

Lesquels seront tenus de faire mention dans lesdites saisies de la liberté dans laquelle sont les vassaux de rendre leurs hommages en ladite chambre, ou auxdits bureaux de Toulouse & Montpellier.

XVII.

Et d'envoyer trois mois après les exploits desdites saisies, ensemble les ordonnances de liquidation des droits rendues à leur requête par lesdits trésoriers de France, au procureur général de Sa Majesté en ladite cour, conformément à l'arrêt du 18 Juillet 1670.

XVIII.

Et pour ce qui regarde les duchés, comtés, marquisats, vicomtés, baronnies, châtellenies, les saisies seront faites à la requête du procureur général de ladite cour.

XIX.

Sans qu'il puisse être accordé aucune main-levée desdites saisies qu'après l'hommage rendu & les droits de Sa Majesté liquidés & payés, & à la charge d'obliger les vassaux de fournir leurs aveus & dénombremens dans le temps & aux peines sous lesquelles ils y sont obligés.

XX.

Desquels actes de foi & hommages qui seront rendus, tant à la personne de Sa Majesté, à M. le chancelier, à la chambre des comptes de Montpellier, qu'auxdits trésoriers, aveus & dénombremens, les originaux demeureront en ladite cour des comptes, aides & finances, ou y seront envoyés par lesdits trésoriers, & copies collationnées ou doubles d'iceux envoyés & remis par ladite cour & trésoriers aux archives de Toulouse, Carcassonne & Nîmes, en la manière accoutumée trois mois après chacune année expirée.

XXI.

Et sans s'arrêter à l'appel de l'ordonnance des commissaires du 12 Mai 1677, & opposition à l'arrêt dudit conseil du 13 Octobre de ladite année, ordonne néanmoins Sa Majesté qu'après la fin de la commission établie en Languedoc par les lettres-patentes du 16 Février 1667, tous les hommages reçus par les trésoriers de France depuis l'arrêt du 18 Juillet 1670 étant dans le greffe de leur bureau, ensemble les aveus & dénombremens reçus & jugés par lesdits commissaires, seront remis en ladite cour des comptes de Montpellier.

XXII.

Ordonne Sa Majesté qu'il sera procédé par les trésoriers de France esdites généralités de Toulouse & de Montpellier, privativement à ladite chambre des comptes de Montpellier, aux scellés & inventaires des comptables qui font état devant eux, & qui seront décédés dans l'année de leur exercice, ou qui s'absenteront par le désordre de leurs affaires pendant ladite année.

XXIII.

Et à l'égard des comptables qui ne font état devant lesdits trésoriers, & des autres qui décéderont après l'année de leur exercice, & qui n'auront pas compté, ou sur le compte desquels il se trouvera des débets, ou des charges, que les scellés & inventaires seront faits par les officiers de ladite chambre.

XXIV.

Ne pourront les officiers de ladite chambre, ni les trésoriers de France desdites généralités procéder à l'inventaire des titres & documens des archevêchés & évêchés situés dans l'étendue d'icelles, vacans en régale, & à l'établissement d'un économe, lesquels seront faits par les juges royaux les plus prochains des lieux.

XXV.

Les trésoriers de France continueront de recevoir les pourvus des offices, dont l'adresse leur aura été faite en seuls.

XXVI.

Et à l'égard des officiers des tailles, gabelles & autres des finances dont l'adresse aura été faite à ladite cour des comptes, aides & finances, & auxdits trésoriers de France, ils seront reçus en ladite cour en la manière accoutumée, & prêteront le serment au bureau, après toutefois qu'il sera apparu de la réception en ladite cour, & sans qu'ils soient obligés de faire une nouvelle information.

XXVII.

Ordonne Sa Majesté que lesdits trésoriers de France feront remettre au greffe de ladite chambre, par leur greffier, par chacune année, les actes de cautionnement des comptables, sous les peines portées par les ordonnances, lesquels greffiers desdits bureaux seront tenus de délivrer au procureur général de ladite chambre des comptes les actes étant dans leur greffe, dont il aura besoin pour les affaires de Sa Majesté & sans frais.

XXVIII.

Lorsque les trésoriers de France de Montpellier seront mandés par ladite chambre pour les affaires du Roi, ils seront tenus d'y envoyer deux députés, auquel effet ladite chambre les fera avertir par son secrétaire ou greffier; & en ce cas, ladite chambre leur donnera place au-dessous des quatre plus anciens de ladite chambre, ou ceux qui les représenteront, dont les deux seront assis d'un côté, & deux de l'autre, & lesdits trésoriers de France seront du côté du doyen de ladite chambre, & de l'autre côté pareil nombre de conseillers de ladite cour.

XXIX.

Les trésoriers de France ne pourront user de souffrance, ni de supersession, ni tenir en surséance les parties employées dans les états au vrai des comptables, mais seront tenus de les passer ou rayer.

Recette & Receveurs des Tailles des Dioceses.

XXX.

Seront les greffiers desdits bureaux tenus de se charger des états au vrai des comptables & des acquits par inventaire, & de marquer le jour auquel lesdits états & acquits leur auront été remis, pour être ensuite procédé à la vérification dudit état dans un mois, à compter du jour de la présentation.

XXXI.

Après lequel, le greffier sera obligé de rendre au comptable ledit état au vrai & acquits, dans huitaine pour tout délai, sinon & à faute d'y satisfaire dans ledit temps, & icelui passé, y sera pourvu par ledit bureau huitaine après, sur la requête du comptable, sinon, après ledit temps, sera pourvu par la chambre des comptes.

XXXII.

Les trésoriers de France desdites généralités, ne pourront commettre que dans les cas portés par les ordonnances, qui sont le décès, faillite ou suspension des comptables dans l'année de leur exercice, à la charge par ceux qui seront commis par le bureau de se pourvoir par devers Sa Majesté, pour obtenir une commission trois mois après.

XXXIII.

Les trésoriers, en vérifiant les états au vrai des comptables, ne pourront faire aucune destination des parties employées dans les états du Roi, pour gages & autres charges locales, ni en expédier des lettres d'état, ou contraintes aux receveurs généraux des finances desdites généralités, sauf y être pourvu par la chambre, conformément aux ordonnances, si ce n'est qu'il fût question des gages employés sous le nom d'officiers décédés en perte d'offices, & qui seroient vacans, auquel cas ils seront tenus de les faire porter à la recette générale.

XXXIV.

Lesdits trésoriers seront obligés, dans leurs ordonnances, de qualifier la cour des comptes, aides & finances, conformément à l'édit du mois de Juillet 1629, & les officiers de ladite cour, de qualifier les procureurs du Roi desdits bureaux conformément à l'édit de création de 1627.

XXXV.

A l'égard des attaches qui seront données par lesdits trésoriers sur les arrêts de ladite cour, les arrêts & réglemens sur ces faits seront exécutés.

XXXVI.

Les baux de tirage & fournissemens des sels aux greniers de la ferme des gabelles de Languedoc, seront faits par lesdits trésoriers de France de Montpellier, suivant les lettres-patentes du 3 Octobre de l'année 1622, sauf en cas d'appel desdits baux, de procéder sur icelui en ladite cour des aides.

XXXVII.

Les conseillers de ladite cour précéderont lesdits trésoriers de France en toutes assemblées, même de particulier à particulier.

XXXVIII.

Les avocats & procureur de Sa Majesté au bureau des finances de Montpellier étant avertis, se rendront au parquet des procureur & avocats généraux de Sa Majesté en ladite cour, pour y conférer des différens qui interviendront entre ces deux compagnies, & les terminer à l'amiable.

XXXIX.

Sera l'évocation accordée aux trésoriers de France de Montpellier, continuée encore pour deux années, à compter du jour du présent arrêt, après lequel temps, elle demeurera révoquée.

XL.

Sans avoir égard au deuxieme article des demandes de ladite cour, pour raison des regiſtres des chargemens de ſels, a maintenu & gardé leſdits tréſoriers de Montpellier en la poſſeſſion d'envoyer leſdits regiſtres.

XLI.

Et ſans s'arrêter au quatrieme article pour raiſon de la viſite des priſonniers dans les priſons où ſont détenus les comptables, fermiers, collecteurs & autres redevables de Sa Majeſté, en vertu de l'ordonnance des tréſoriers de France, & ſans préjudice de l'inſpection de ladite cour ſur les priſonniers détenus de l'autorité d'icelle, s'il y échoit.

XLII.

Enſemble au cinquieme article deſdites demandes en laquelle Sa Majeſté l'a déclarée non-recevable.

XLIII.

Avant faire droit ſur le huitieme article des demandes de ladite cour pour l'acte de ſervice des profeſſeurs en droit civil & canon & de médecine, enſemble ſur celle du ſieur évêque de Montpellier, & recteur de la faculté deſdits droits; comme auſſi ſur la demande des correcteurs & auditeurs de ladite chambre, afin d'être maintenus en la préſéance ſur les avocats & procureurs de Sa Majeſté eſdits bureaux, Ordonne Sa Majeſté que les parties conteſteront plus amplement dans un mois.

XLIV.

Et ſur le ſurplus des autres demandes, fins & concluſions, tant deſdits tréſoriers de Toulouſe & de Montpellier, que de ladite cour des comptes, Sa Majeſté a mis & met les parties hors de cour & de procès, dépens compenſés. FAIT au conſeil d'état du Roi, tenu à Paris le quinzieme jour de Septembre mil ſix cent quatre-vingt cinq. *Colla. onné.* RANCHIN, *ſigné.*

LOUIS, PAR LA GRACE DE DIEU, ROI DE FRANCE ET DE NAVARRE: Au premier huiſſier de nos conſeils, ou autre notre huiſſier ou ſergent ſur ce requis. Nous te mandons & commandons que l'arrêt dont l'extrait eſt ci-attaché ſous le contre-ſcel de notre chancellerie, ce jourd'hui donné en notre conſeil d'état, entre nos amés & féaux les officiers de notre cour des comptes, aides & finances de Montpellier, & les préſidens & tréſoriers généraux de France, de nos bureaux des finances des généralités de Toulouſe & de Montpellier, tu ſignifies auxdits préſidens & tréſoriers généraux de France, & à tous autres qu'il appartiendra, ledit arrêt, afin qu'ils n'en prétendent cauſe d'ignorance, & faſſes pour ſon entiere exécution, à la requête deſdits officiers de notredite cour des comptes, aides & finances, tous actes & exploits requis & néceſſaires, ſans demander autre permiſſion. CAR tel eſt notre plaiſir. DONNÉ à Paris, le quinzieme jour de Septembre, l'an de grace mil ſix cent quatre-vingt-cinq, & de notre regne le quarante-troiſieme: Par le Roi en ſon conſeil. RANCHIN, *ſigné*, & ſcellé en cire jaune à ſimple queue.

CXLIV.

EXTRAIT *du regiſtre des délibérations des Etats généraux de Languedoc, aſſemblés par mandement du Roi en la ville de Nîmes, au mois d'Octobre 1688.*

Du Jeudi 2 Décembre ſuivant, préſident Mgr. le cardinal de Bonzy, archevêque & primat de Narbonne.

MONSEIGNEUR l'évêque de Rieux, commiſſaire nommé avec Meſſeigneurs les évêques d'Aleth & de Montauban, Meſſieurs les barons de tour de Gévaudan & de Caſtelnau de Bonnefons & de Caſtelnau d'Eſtretefons, les ſieurs conſuls de Beziers, Uzès, Alby, Lodeve & les diocéſains de Nîmes & de Saint-Papoul, pour examiner l'état préſent de la province, concernant les recettes particulieres des tailles & autres impoſitions de chaque dioceſe, a rapporté que, pour ſuivre l'eſprit de l'aſſemblée, ils avoient travaillé à chercher les moyens d'établir la ſureté des deniers qui ſe levent par les receveurs & un remede qui facilitât le recouvrement ſur les collecteurs, ſans les expoſer à de faux frais; que s'étant fait repréſenter un état de ceux qui ſont pourvus des offices de receveurs des dioceſes, ils avoient trouvé qu'à l'exception du dioceſe de Commenge dont les offices vaquent aux parties caſuelles, il y avoit dans tous les dioceſes des officiers pourvus & reçus; que dans deux dioceſes ſeulement les trois offices de receveurs des tailles étoient exercés par un même officier, & que dans neuf autres dioceſes les trois offices étoient exercés par deux officiers, c'eſt-à-dire, qu'un même homme en poſſédoit deux, & ſon compagnon d'office le troiſieme, comme ſont ceux des dioceſes de Saint-Pons & de Narbonne, ou que, deux officiers étant pourvus chacun d'un office & demi, ils faiſoient alternativement la recette; mais que dans tous les autres dioceſes de la province, les trois offices étoient poſſédés par trois perſonnes différentes; que l'aſſemblée étoit informée que la cauſe des groſſes pertes que pluſieurs dioceſes ont fait par les banqueroutes des receveurs eſt qu'il arrive ſouvent que les receveurs qui entrent en exercice ne rapportent pas les ampliations des quittances du ſieur de Pennautier, tréſorier de la bourſe du pays & de celles des créanciers des dioceſes, de l'exercice précédent, ou qu'ils ne cautionnent pas ſuffiſamment en l'aſſiette du dioceſe, bien qu'ils y ſoient obligés par l'article VI du traité fait par la province avec les receveurs le 20 Novembre 1610, & que c'eſt pour cette raiſon qu'on rend les dioceſes reſponſables, faute d'avoir fait bailler les cautions par les receveurs, ou d'en avoir reçu qui ne ſoient pas ſuffiſans; qu'au reſte les dioceſes qui ont le droit à titre onéreux de commettre à la recette des deniers extraordinaires & d'en bailler la levée à d'autres ſuffiſans & capables & ſous la folle enchere des receveurs, ne pouvoient pas trouver des perſonnes de confiance & des gens ſolvables pour faire ladite recette, parce que les receveurs conteſtent que l'aſſiette puiſſe taxer le ſalaire de ceux qu'elle commet, ni leur accorder en tout ou en partie les taxations attribuées aux receveurs des ſix deniers pour livre des deniers extraordinaires, ſous prétexte que les receveurs les ont financés, bien que ce fût en un temps où les deniers extraordinaires étoient fort peu de choſe; de maniere que ces commis qui n'ont aucune part aux gages des receveurs auxquels on ne touche pas, étant réduits à un ſimple droit de commiſſion très-

très-modique par rapport à la recette actuelle & aux soins qu'il faut prendre pendant l'année, étant encore obligés d'avoir recours à la cour des aides pour les faire taxer & d'essuyer des procès avec lesdits receveurs & leurs créanciers, qui tâchoient de réduire ledit salaire & droit de commission sur un si bas pied, que les assiettes ne trouvant personne qui veuille de ces commissions, sont réduites à la nécessité de leur bailler la levée des deniers, quand même ils seroient notoirement insolvables ; que les receveurs avoient porté la chose si avant qu'en pareil cas les diocèses d'Alby & de Lavaur qui avoient commis pour la sureté des deniers du Roi & de la province, avoient été obligés par les arrêts du conseil & de la cour des aides de payer les taxations de six deniers pour livre à celui des receveurs qui auroit fait l'exercice s'il avoit cautionné suffisamment, & qu'il peut même arriver que les receveurs entrant en exercice n'auront pas payé le droit annuel, & qu'ainsi les diocèses qui sont responsables des impositions, ne trouveroient aucune sureté, s'ils leur en remettoient les départemens, & n'auroient pas même cette assurance du privilége, qui n'est acquis pour les deniers extraordinaires que lorsque les recettes générales sont payées, s'il venoit à vaquer aux parties casuelles ; qu'ils avoient été informés qu'il y avoit des receveurs lesquels pour retirer des gratifications des collecteurs refusoient de recevoir les sommes que les collecteurs leur apportoient, sous prétexte qu'ils ne portent pas tout ce qu'ils pouvoient devoir du terme échu ou du moins la plus grande partie ; qu'ils faisoient attendre les collecteurs, les constituant en frais de séjour dans les hôtelleries, & que souvent ils ne signoient pas les récépissés, ou, en leur absence, qu'ils ne les faisoient pas signer par leurs commis qui faisoient la recette, pour pouvoir servir de décharge au collecteur jusqu'à ce qu'ils pussent être convertis en quittances valables.

Qu'au préjudice de l'article septieme du même traité fait avec les receveurs en ladite année 1610, ils se faisoient payer par chaque communauté un droit d'avis pour chaque terme qui est de six sols, & vingt sols pour le premier commandement pour chaque terme, bien qu'ils ne pussent pas prétendre ces droits pour le premier terme qu'ils ne levent pas au temps de l'échéance, & qui est retardé jusqu'au second pour l'intérêt & le soulagement des contribuables, & qu'ils ne pussent encore rien prétendre des autres termes, lorsque les collecteurs payoient à l'échéance & auparavant qu'ils ne fissent le premier commandement ; & par-là qu'ils convertissent en droit fixe ce qui ne devoit être regardé que comme un droit casuel.

Que les nominateurs des collecteurs & les communautés n'ayant pas connoissance des diligences que les receveurs faisoient contre les collecteurs, il arrivoit souvent que les nominateurs étoient exposés à la rigueur des contraintes & les habitans contribuables à la contrainte solidaire, après que les collecteurs avoient diverti les deniers de la collecte, soit pour en faire leurs affaires, soit pour les frais des exécutions, ou pour les sommes baillées aux receveurs par termoyement & sous d'autres prétextes, quoiqu'il soit juste que quand un receveur convertit les deniers du Roi en dette privée pour un profit qu'il tire de gré à gré d'un termoyement, en ce cas les receveurs perdent leurs priviléges contre les nominateurs & la communauté, & qu'ils ne pouvoient exercer qu'une simple action contre le collecteur seulement.

Qu'après avoir fait plusieurs conférences & examiné soigneusement l'état présent de toutes les recettes, par rapport à ceux qui sont pourvus & reçus dans lesdits offices, & les inconvéniens qu'il y a, pour l'intérêt de la province, que les trois offices soient possédés par un seul ou par deux qui fassent la recette alternativement ; considérant d'ailleurs que ce seroit exposer ceux qui ont les trois offices, lesquels sont en très-petit nombre, puisqu'il n'y en a que deux dans toute la province dont il a été rendu un bon témoignage, même ceux qui font l'exercice alternativement, à faire les frais des nouvelles provisions & de leur réception, & s'étant fait rapporter les articles passés avec les receveurs en l'année 1610, ils avoient formé leur avis qu'ils soumettroient au jugement de l'assemblée.

Sur quoi, l'affaire mise en délibération, LES ÉTATS, conformément à l'avis de MM. les commissaires, ont délibéré que Sa Majesté sera très-humblement suppliée de ne pas accorder dorénavant des provisions à une même personne dans un même diocèse que pour un office de receveur des tailles, afin que dans la suite du temps il y en ait trois en chacun diocèse ; & cependant que dans les diocèses où il n'y en a à présent qu'un ou deux qui soient en exercice toutes les années, ceux qui sont pourvus desdits offices seront tenus de rapporter aux assiettes prochaines desdits diocèses de quoi justifier par leurs provisions ou autrement le tour de l'exercice de chacun des offices ancien, alternatif & triennal, & qu'il sera fait mention tous les ans dans le procès-verbal desdites assiettes & dans le préambule des départemens quel des offices entrera en exercice.

Que les receveurs de chaque diocèse qui seront pourvus de l'office qui entrera en exercice, seront tenus de remettre au greffe du diocèse, avant la tenue de l'assiette, les comptes des exercices précédens avec les ampliations des quittances dudit sieur de Pennautier, trésorier de la bourse du pays, signées de lui, & de tous les assignés sur la recette du diocèse, signées d'eux, ensemble le nom des cautions qu'ils présentent & la quittance du droit annuel de l'office en tour d'exercice, & qu'en défaut par lesdits receveurs de cautionner suffisamment, il sera permis aux diocèses, suivant l'article sixieme du traité fait avec eux en 1610, de bailler la levée des impositions à d'autres suffisans & capables, & sous la folle enchere desdits receveurs, sans autre formalité ni délai que la publication de ladite levée, qui sera faite dans le premier jour de l'assiette, & sur laquelle le bail sera passé à celui qui fera la condition meilleure, le temps ordinaire de la tenue des assiettes ne pouvant permettre d'observer les formalités des cours de justice en tel cas requises; & que le diocèse pourra passer le bail de ladite levée & accorder à ceux qui se présenteront jusques à six deniers pour livre & les autres droits attribués à raison des deniers extraordinaires, à condition par l'adjudicataire de rendre compte à la chambre des comptes & d'en poursuivre l'apurement à ses frais & dépens, & généralement de rendre ledit office quitte de toutes charges de ladite année pour les deniers extraordinaires seulement, & ce nonobstant tous arrêts qui pourront avoir été donnés au contraire, soit au conseil de Sa Majesté, soit en la cour des comptes, aides & finances de Montpellier ; & qu'en cas que le receveur qui entrera en exercice ne remette pas la quittance du droit annuel de l'office en tour d'exercice, en payant par le diocèse ledit droit annuel dans le cours de l'année, l'office demeurera affecté par privilége au maniement de la recette courante, sauf au diocese à répéter ce qu'il aura payé sur les gages dudit office & sur le prix d'icelui.

Que les receveurs seront tenus de recevoir toutes les sommes qui leur seront apportées par les collecteurs, pour si petites qu'elles soient, & dans le temps qu'ils les apporteront & sans aucun délai, ensemble de leur bailler des récépissés signés d'eux, & en leur absence, de leur en faire bailler par le commis qui fera la recette ; & faute par eux de recevoir tout ce qui leur sera porté par les collecteurs sans aucune remise ni délai, & de leur fournir leurs récépissés en bonne forme, les collecteurs seront tenus de le déclarer au syndic ou greffier du diocese pendant l'année pour y pourvoir.

Que, suivant le septieme article du même traité fait avec lesdits receveurs, il ne sera payé par les communautés ni les six sols de l'avis pour le premier terme ni les vingt sols du premier commandement, attendu qu'il n'y a pas lieu de les avertir ni de leur faire ledit commandement, parce que ledit terme est porté au second, & que les mêmes droits d'avis & de premier commandement des autres termes ne seront pareillement payés qu'aux termes portés par ledit article, & lorsque les communautés seront en demeure, savoir les six sols de l'avis, si les collecteurs ne payent pas à l'échéance de chaque terme & les vingt sols du premier commandement, s'ils ne payent pas huit jours après leur avoir donné l'avis ; & qu'il sera fait défenses aux communautés d'imposer aucunes sommes pour raison du droit d'avis & ledit premier commandement, lesquels droits seront payés par les collecteurs en leur propre & privé nom, faute d'avoir payé dans le temps porté par ledit article.

Que Sa Majesté sera très-humblement suppliée d'ordonner que les diligences qui seront faites par les receveurs contre les collecteurs seront dénoncées par une simple copie de l'exploit aux consuls de la communauté ; & lorsque les consuls feront la collecte, la dénonce sera faite à ceux des consuls qui ne seront pas chargés du livre, desquels exploits il ne sera payé qu'un seul droit de contrôle, puisqu'ils ne sont faits que pour une même cause, & que les frais de la copie dudit exploit fait aux consuls seront supportés par les collecteurs qui seront en demeure.

Et au cas que les receveurs reçussent quelque chose des collecteurs sous titre d'attente & d'atermoyement, de leur autorité, ou sous d'autres prétextes, qu'ils perdront leur privilége contre les nominateurs & contre les habitans de la communauté, même contre les collecteurs ; & qu'ils ne pourront exercer qu'une simple action contre les collecteurs seulement.

CXLV.

Extrait du registre des délibérations des Etats généraux de Languedoc, assemblés par mandement du Roi, en la ville de Nîmes, au mois d'Octobre 1688.

Du Lundi 6 Décembre suivant, président Mgr. le cardinal de Bonzy, archevêque & primat de Narbonne.

MONSEIGNEUR l'évêque de Lodeve, commissaire nommé avec Messeigneurs les évêques de Carcassonne & de Nîmes, MM. les barons de Rouairoux, de Coussoulens & de Lanta, les sieurs capitouls de Toulouse, consuls de Montpellier & de Nîmes, & les diocésains de Narbonne, de Lavaur & de Mirepoix, pour examiner l'affaire concernant les attentes payées aux receveurs des dioceses pour le premier terme des impositions, suivant les traités faits avec eux par les assiettes, & toutes autres especes d'attente qui peuvent avoir été prises par lesdits receveurs, a rapporté que les attentes du premier terme ayant été connues aux Etats tenus en 1657, elles furent défendues par l'article XIV des réglemens qui furent faits en ladite année pour être observés dans les assiettes des vingt-deux dioceses de la province; mais qu'ayant reconnu par l'expérience qu'ils en ont faite, & par les plaintes qui leur furent portées par plusieurs dioceses, qu'il étoit plus avantageux aux contribuables, dans un temps que les impositions sont extraordinairement grandes, de leur faire payer ladite attente, & de reculer le premier terme jusqu'au second qui échoit dans le temps qu'ils ont de quoi payer par leurs récoltes, que de les exposer à des frais excessifs sans aucune utilité, les Etats se seroient portés par ce seul motif, & pour le soulagement des contribuables, à souffrir ledit reculement, moyennant quoi aussi les receveurs ne pouvoient point décerner leurs contraintes pour le premier & le second terme, que dans le commencement du mois d'Août; qu'il y avoit néanmoins des dioceses qui n'avoient pas eu besoin de se servir de ce moyen, & qui ne s'en servent pas même à présent, parce qu'ils pouvoient payer le premier terme autrement que par la récolte des grains, & qu'ainsi ce n'étoit que la pure nécessité qui portoit les autres dioceses à ces sortes de traités qui ne pouvoient pas être regardés comme usuraires & défendus par l'ordonnance, puisque l'on obligeoit les receveurs à ne délivrer leurs contraintes contre les collecteurs, qu'en un certain temps, & lorsque les contribuables pouvoient payer; que sur cela néanmoins M. de Basville estimoit que toute sorte d'attentes devoient être défendues, & qu'à l'égard des attentes du premier terme, elles devoient être réduites à celles des impositions dont on ne peut retarder le payement, & qu'il avoit communiqué sa pensée à cette assemblée qui avoit cru qu'elle méritoit d'être examinée par des commissaires de la compagnie, pour être ensuite délibéré sur leur rapport ce qu'elle jugeroit à propos; que ce qui leur avoit été proposé sur ce sujet, se réduisoit à dire que quelque considération que les Etats & certains dioceses ayent eu jusqu'à présent de faire avancer le premier terme des impositions pour toutes les natures de deniers qui s'imposent dans la province, on pouvoit néanmoins ne pas payer l'avance de ce premier terme pour la plus grande partie des impositions, & porter le payement de ceux qui sont assignés sur l'autre partie jusques à l'échéance du second terme, auquel temps il leur seroit payé deux termes qui feroient deux tiers de tout ce qui leur seroit dû, & le dernier terme qui seroit l'autre tiers, leur seroit payé au mois de Novembre, ainsi qu'il est accoutumé; & qu'entrant dans le détail des impositions de la province & de chaque nature de deniers, MM. les commissaires avoient trouvé qu'il y en avoit de quatre sortes, la premiere qui regarde le don gratuit & toutes les autres sommes qui sont accordées à Sa Majesté, & dont le trésorier de la bourse a fait le recouvrement; la seconde, comme la taille & le taillon, qui sont portées entre les mains des receveurs généraux des finances & du taillon ès généralités de Toulouse & de Montpellier, & les garnisons & mortepayes qui sont payées au trésorier de l'extraordinaire des guerres, & au trésorier particulier des mortes payes; la troisieme qui regarde les personnes d'une considération de respect, qui sont employées dans l'état du Roi, des quatre-vingt-dix-neuf mille livres que la la province paye, & dans l'état des gratifications ordinaires que les Etats font tous les ans; & la quatrieme, comme sont les frais d'Etats, de soixante-quinze mille livres, les débets des comptes des officiers, & certaines sommes employées dans l'état de distribution des dettes & affaires de la province, les deniers de l'étape & de l'imposition faite sur les sénéchaussées pour les réparations des ponts & chemins.

Qu'ils n'avoient pas jugé qu'ils pussent éviter de faire payer l'avance du premier terme de l'imposition du don gratuit par les dioceses qui avoient accoutumé d'en traiter, comme la province la paye au trésorier de la bourse, depuis le premier de Janvier, mois par mois, jusqu'au premier terme, attendant qu'il plaise à Sa Majesté d'en vouloir recevoir le payement aux termes ordinaires.

Que pour les deniers de la taille, des garnisons & des mortes payes, ils n'avoient pas cru non plus d'en pouvoir différer le payement, parce que la province avoit accoutumé de les imposer en trois termes & payemens égaux, & qu'ils ne pouvoient pas changer cet ordre & cet usage de leur autorité.

Qu'il en étoit de même de toutes les sommes imposées, & qui étoient employées dans l'état de distribution de Sa Majesté, de la somme de 99,000 livres, & dans ceux des gratifications & des frais des Etats pour des personnes de respect & de distinction, mais pourtant qu'on pouvoit se dispenser d'en faire faire l'avance par les dioceses pour le premier terme qui seroit payé l'année prochaine au trésorier de la bourse, sur le pied de deux pour cent, en rapportant les récépissés de ceux qui auront reçu dans ledit temps du premier terme, & qu'à l'égard de toutes les autres impositions, savoir, d'une partie de la somme de 75,000 livres des frais des Etats, des débets des comptes des officiers de l'étape, d'une partie de l'imposition des dettes & affaires de la province & des sénéchaussées pour les réparations des ponts & chemins, que ceux qui seront employés dans lesdits Etats, seront payés dorénavant de deux termes desdites impositions, dans le temps de l'échéance du second & du dernier terme, ainsi qu'il est accoutumé.

Mais que, réduisant cette avance du premier terme, pour les impositions qui seront payées à la bourse du pays, par rapport aux receveurs des dioceses, à la seule imposition du don gratuit, il y avoit à considérer que les receveurs avançoient encore les frais d'assiette, & quoique ce fût peu de chose, néanmoins qu'on leur devoit cette justice, en cas que l'on en différât le remboursement jusqu'au second terme, de leur en payer l'avance à deux pour cent, aux termes portés par le traité fait avec eux ès années 1610 & 1634.

Qu'ensuite ils avoient examiné s'il y pouvoit avoir des temps & des occasions, lorsque les termes des impositions étoient échus, qui pussent donner lieu à des moyens & à des expédiens pour le soulagement des contribuables, pour ne les pas exposer à des frais inutiles; & qu'ils avoient estimé que lorsque la grêle, la sécheresse, les inondations & tout autre cas fortuit emporteroient toutes les récoltes d'un diocese ou d'une communauté, il étoit nécessaire que ceux qui dirigent les affaires des dioceses pendant l'année, prissent connoissance du malheureux état où les communautés se trouvoient,

& qu'ils en informassent M. l'intendant de la province, pour y pourvoir sur leur avis.

Qu'on leur avoit proposé que quelques diocèses n'étoient pas en état de pouvoir payer entièrement le dernier terme, qu'avec la récolte de l'huile, qui ne se fait que dans le mois de Février ou de Mars, mais qu'ils avoient cru qu'il falloit obliger les receveurs de faire leurs diligences, afin que tous les contribuables fussent tenus de payer ou par eux-mêmes, ou par leur crédit, & qu'ils ne se rendissent pas paresseux, dans la vue d'une attente que l'on pourroit payer au receveur, & que sur lesdits cas de nécessité absolue, & sur la considération qui est à faire en certains diocèses qui ont une récolte d'huile, il seroit dressé un mémoire pour être envoyé à M. le contrôleur général.

Sur quoi, l'affaire mise en délibération, les Etats ont délibéré que les diocèses qui ont accoutumé de payer le premier terme des impositions dans le temps de l'échéance, en useront pour l'avenir comme par le passé, faisant défenses, en ce cas, aux receveurs, de prendre aucune attente des collecteurs & des communautés jusques au second terme, à peine de concussion ; & que les diocèses qui ont accoutumé de traiter pour le reculement du premier terme jusqu'au second avec les receveurs, ne payeront dorénavant ladite avance, que pour les deniers de la taille & taillon, garnisons & mortepayes, & pour le don gratuit seulement, à raison de deux pour cent, & pour un payement, ensemble pour les frais d'assiette, suivant les traités faits avec les receveurs ès années 1610 & 1634 ; & néanmoins que Sa Majesté sera très-humblement suppliée qu'en faisant par les Etats de la province l'imposition des deniers de la taille & taillon, des garnisons & mortepayes, aux termes ordinaires, il lui plaise ordonner que ceux qui seront assignés sur lesdites recettes, ne seront payés qu'en deux termes ; savoir, des deux tiers de tout ce qui leur sera dû à l'échéance du second terme, & du tiers restant au dernier terme, moyennant quoi les diocèses qui traiteront pour le premier terme seront déchargés de ladite avance pour les susdits deniers ; que les sommes employées pour les appointemens de Mgr. le Gouverneur & autres personnes de distinction, dans l'état arrêté au conseil, & dans ceux des gratifications & des frais d'états, seront payées par le trésorier de la bourse, si elles lui sont demandées ; & en cas qu'il les paye dans le premier terme, qu'en justifiant du payement qui sera par lui fait par les récépissés, il lui en sera payé l'avance à raison de deux pour cent, & pour un payement seulement ; & qu'à l'égard des sommes qui seront employées dans l'état des dettes & affaires de la province, & dans celui de l'étape, des frais d'états & des débets des comptes des officiers, & de toutes autres sortes d'impositions, à la réserve de celles qui viennent d'être ci-dessus spécifiées, il ne sera payé aucune avance des susdites sommes au trésorier de la bourse, & que les assignés ne seront payés qu'en deux termes ; savoir, les deux tiers de ce qui leur sera dû à l'échéance du second terme, & l'autre tiers à l'échéance du dernier, sauf en cas que ledit sieur de Pennautier fût obligé de payer les sommes qui sont accordées à Sa Majesté, & qui sont employées dans l'état des dettes & affaires de la province au premier terme, comme pour le canal royal ou autrement, desquelles en ce cas il lui fera auſſi payé l'avance à raiſon de deux pour cent, juſtifiant qu'il les aura payés dans le temps du premier terme, & auparavant que le ſecond terme ne ſoit échu, & ſans préjudice auſſi de la province de ne payer au tréſorier de la bourſe, que les intérêts des ſommes qu'il aura accoutumé d'avancer pour les frais d'états.

Si ont LES ÉTATS délibéré qu'il ſera fait un mémoire concernant les moyens & les expédiens qui peuvent être néceſſaires en certaines occaſions d'une abſolue néceſſité, pour être ledit mémoire remis à M. de Baſville, & par lui envoyé à M. le contrôleur général, afin qu'il lui plaiſe de le faire examiner, & de faire ſavoir l'intention de Sa Majeſté à M. de Baſville ſur ce ſujet, lequel ſera remercié par Mgs. l'évêque de Lodeve de la part de l'aſſemblée.

CXLVI.
ARRÊT DU CONSEIL,

Portant réglement pour l'admiſſion des receveurs des tailles à la levée des deniers extraordinaires, la liberté a eux accordée de poſſéder un office & demi, leurs devoirs à l'égard des payemens à eux faits par les collecteurs, &c.

Du 20 Septembre 1689.

VU au conſeil d'état du Roi, Sa Majeſté y étant, la délibération priſe par les gens des trois-états de la province de Languedoc aſſemblés par mandement de Sa Majeſté en la ville de Nimes le 2 Décembre dernier, au ſujet des recettes particulieres des dioceſes de ladite province, & pour faciliter le recouvrement des impoſitions ſur les collecteurs, ſans les expoſer à des frais inutiles; la requête préſentée au conſeil par les receveurs des tailles de ladite province, tendante à ce que les cautionnemens qu'ils doivent fournir, ſoient réglés à la ſomme de 6000 livres, conformément à l'arrêt du conſeil rendu en 1643 pour le dioceſe de Caſtres, outre la valeur de leurs offices affectés par privilége au maniement; & Oui le rapport du ſieur le Pelletier, conſeiller ordinaire au conſeil royal, contrôleur général des finances, LE ROI ÉTANT EN SON CONSEIL, a ordonné & ordonne qu'à l'avenir les receveurs des tailles de la province de Languedoc, lors des mutations, ne pourront obtenir des proviſions que d'un office : leur permet néanmoins Sa Majeſté, conformément à la déclaration du mois de Juillet 1670, d'acquérir & réunir l'office triennal à l'ancien & l'alternatif, en rembourſant le propriétaire & payant le prêt & droit annuel dudit office, conjointement avec ceux de l'ancien & l'alternatif : Cependant veut Sa Majeſté que ceux qui ſont à préſent pourvus deſdits offices ſoient tenus de rapporter aux aſſiettes deſdits dioceſes leurs proviſions & autres actes pour juſtifier le tour d'exercice de chaque office, pour en faire mention dans le procès-verbal des aſſiettes & dans les départemens; comme auſſi qu'ils remettront au greffe de chaque dioceſe, avant la tenue des aſſiettes, les comptes des exercices précédens, avec les ampliations des quittances du tréſorier de la bourſe, & de tous les aſſignés ſur la recette du dioceſe, & la quittance du droit annuel de l'office de tour d'exercice; & en cas que le receveur qui ſera pourvu de l'office qui entrera en exercice, ne remette pas la quittance dudit annuel dudit office, le dioceſe ſera reçu à le payer aux revenus caſuels pendant le cours de l'année, ſauf au dioceſe à répéter ce qu'il aura payé, ſur les gages dudit office

& sur le prix d'icelui. A l'égard des cautionnemens que les receveurs sont obligés de fournir pour sûreté de leur maniement, ordonne Sa Majesté qu'ils seront limités aux Etats prochains par les commissaires de Sa Majesté & ceux desdits Etats, contradictoirement avec lesdits receveurs des tailles, dont il sera fait un réglement qui sera confirmé par arrêt du conseil. Ordonne Sa Majesté que les receveurs desdits dioceses seront tenus de recevoir toutes les sommes qui leur seront apportées par les collecteurs, si petites qu'elles soient, au moment qu'ils les apporteront, sans aucun délai ni remise, & leur donneront des récépissés signés d'eux, &, en leur absence, ils seront signés par le commis qui en fera la recette, pour les convertir ensuite en quittances valables; que, conformément à l'article VI du traité fait par ladite province avec lesdits receveurs, en l'année 1610, les six sols de l'avis & les vingt sols du premier commandement pour le premier terme, ne seront point payés par les collecteurs. A l'égard des autres termes, les six sols & vingt sols ne seront payés qu'aux termes portés par ledit article, & par les collecteurs qui ne payeront pas à l'échéance d'iceux, pourvu toutefois que les receveurs donnent ledit avis, & qu'ils fassent le premier commandement, & non autrement. Fait Sa Majesté très-expresses défenses aux communautés d'imposer aucunes sommes à raison de ce, à peine contre les consuls & ceux qui délibéreront l'imposition, d'en répondre en leurs propres & privés noms; & aux receveurs de prendre ledit droit d'avis & de premier commandement, à peine de concussion. Veut Sa Majesté que les diligences qui seront faites par les receveurs contre les collecteurs faute de payement, après l'échéance des termes, soient dénoncées aux consuls de la communauté par une copie d'exploit; & si les consuls sont collecteurs eux-mêmes, la dénonciation sera faite à ceux des consuls qui ne seront pas chargés du rôle de l'imposition ou livre de collecte, desquels exploits il ne sera payé qu'un droit de contrôle, comme étant faits pour une même cause, & les frais desdits exploits seront supportés par les collecteurs en leur propre & privé nom. Fait Sa Majesté très-expresses inhibitions & défenses aux receveurs des tailles des dioceses de prendre aucune chose des collecteurs sans permission, sous le titre d'attente & atermoyement, ou sous quelque autre que ce soit, à peine de concussion, & d'être déchus de tout privilége contre les nominateurs & les communautés & contre les collecteurs mêmes, sur lesquels seulement ils ne pourront exercer qu'une simple action. Et pour l'exécution du présent arrêt, toutes lettres nécessaires seront expédiées. FAIT au conseil d'état du Roi, Sa Majesté y étant, tenu à Versailles le vingtieme Septembre mil six cent quatre-vingt-neuf.

Signé, PHELYPEAUX.

LOUIS, PAR LA GRACE DE DIEU, ROI DE FRANCE ET DE NAVARRE: A nos amés & féaux conseillers les gens tenant notre cour des comptes, aides & finances de Montpellier, SALUT. Par l'arrêt dont l'extrait est ci-attaché sous le contre-scel de notre chancellerie, ce jourd'hui donné en notre conseil d'état, Nous y étant, Nous avons réglé les contestations survenues pour raison des recettes particulieres des dioceses de notre province de Languedoc, & faciliter le recouvrement des impositions sur les collecteurs, suivant & ainsi qu'il est porté par ledit arrêt. A CES CAUSES, Nous vous mandons & ordonnons par ces présentes signées de notre

notre main, de faire regiſtrer ledit arrêt & ces préſentes, pour être exécutés ſelon leur forme & teneur. Commandons au premier notre huiſſier ou ſergent ſur ce requis de faire, pour l'entiere exécution dudit arrêt & des préſentes, tous actes & exploits néceſſaires, ſans autres proviſions. Voulons qu'aux copies d'iceux, collationnées par l'un de nos amés & féaux conſeillers & ſecrétaires foi ſoit ajoutée comme aux originaux : Car tel eſt notre plaiſir. Donné à Verſailles le vingtieme jour de Septembre, l'an de grace mil ſix cent quatre-vingt-neuf, & de notre regne le quarante-ſeptieme. Signé, LOUIS : *Et plus bas* ; Par le Roi, Phelypeaux. Et ſcellées.

Regiſtré en la cour des comptes, aides & finances de Montpellier le 11 Juillet 1690.

CXLVII.
ÉDIT

Portant attribution d'un ſol pour livre aux receveurs des tailles, ſur les octrois & les impoſitions municipales des communautés.

Du mois de Décembre 1689.

LOUIS, par la grace de Dieu, Roi de France et de Navarre : A tous préſens & à venir, Salut. Par notre édit du mois de Juillet dernier, Nous avons créé des receveurs des octrois dans les provinces & pays d'élection, pour pourvoir aux abus qui s'étoient gliſſés dans la recette & département de cette nature de deniers, qui étoit faite avec beaucoup de négligence & de confuſion. Nous avons pareillement créé dans notre province de Languedoc, en l'année 1641, des receveurs des deniers patrimoniaux & municipaux en chacune des villes & lieux de notredit pays de Languedoc, avec attribution d'un ſol pour livre, tant ſur les deniers impoſés que ſur les biens patrimoniaux des communautés, qui furent enſuite ſupprimés à la requête des Etats de cette province, & ſur ce qu'il nous fut repréſenté que cette impoſition d'un ſol pour livre ſur les deniers impoſés & biens patrimoniaux étoit une ſurcharge conſidérable, & qu'il ſeroit d'ailleurs ſuffiſamment pourvu à l'adminiſtration des deniers deſdites villes & communautés. Mais comme Nous avons remarqué que nonobſtant ce, & depuis ce traité les deniers des octrois deſdites villes & communautés ſe trouvent ſouvent diſſipés par l'inſolvabilité de ceux qui en font la recette, ou ne ſont pas employés ſuivant leur deſtination par le peu d'exactitude des adminiſtrateurs à en rendre le compte ; & que d'ailleurs les receveurs de nos tailles audit pays font la recette, non-ſeulement de nos deniers, mais encore de tous les autres deniers extraordinaires qui s'y impoſent ; Nous n'avons pas jugé à propos de les priver, par la création de nouveaux offices de receveurs des octrois, d'un droit qui ſemble leur être acquis, ni de ſurcharger la province par une attribution auſſi conſidérable que celle qui leur avoit été accordée en l'année 1641 : mais nous avons cru néceſſaire, pour pourvoir à la ſureté des villes & communautés, de leur en faire faire la recette, comme étant une dépendance de leurs offices, à la charge d'en compter annuellement comme des autres deniers de leur recette ; de prendre, conjointement avec les autres receveurs & contrôleurs généraux & particuliers des finances & du taillon, tréſoriers des mortes-payes & payeurs des compagnies, des augmentations de gages établies par notre édit du mois de Juillet dernier, sur le pied du denier dix-huit, pour 300,000 livres en capital, & de payer la somme de 150,000 livres pour le sol pour livre qu'ils prendront, non sur les biens patrimoniaux des communautés, mais sur les deniers des octrois ou sur ceux qu'il est permis aux communautés d'imposer par les réglemens de nos commissaires départis dans ladite province, jusqu'à concurrence de la somme de 15,000 livres de revenu annuel, qui sera d'autant moins à charge à nos peuples, qu'elle sera presque entièrement supportée par les parties prenantes. A CES CAUSES & autres considérations à ce Nous mouvant, de l'avis de notre conseil, & de notre certaine science, pleine puissance & autorité royale, Nous avons, par le présent édit perpétuel & irrévocable, attribué & attribuons aux receveurs des tailles de notre province de Languedoc, chacun dans l'année de son exercice, & dans l'étendue des dioceses où ils sont établis, le droit de faire la recette des deniers des octrois de toutes les villes & lieux de ladite province, comme des autres deniers extraordinaires qui y seront imposés. Voulons que les adjudicataires des octrois, consuls, collecteurs & autres qui en auront fait la levée soient tenus de remettre les deniers auxdits receveurs, pour être par eux employés à leur destination ; & pour tout droit de taxation & exercice, attribuons auxdits receveurs un sol pour livre sur les deniers de la recette effective desdits octrois, ou sur ceux qui seront imposés sur toutes les villes & lieux de notredite province, suivant les réglemens de nosdits commissaires, jusqu'à concurrence de la somme de 15,000 livres qui sera assignée sur les communautés, pour être supportée par les parties prenantes, quand il ne s'agira pas de fondation de rente obituaire ou seigneuriale, ou d'intérêts de créanciers, & départie entre lesdits receveurs par notre amé & féal conseiller en notre conseil d'état le sieur de Lamoignon de Basville, intendant de justice, police & finances en notredite province de Languedoc, pour laquelle somme de 15,000 livres ils payeront au trésorier de nos revenus casuels, sur le pied du denier dix la somme de 150,000 livres en trois payemens égaux, ès premier Avril, premier Août & premier Décembre de l'année prochaine 1690. Et en outre nous avons attribué & attribuons à nos receveurs & contrôleurs généraux des finances & du taillon, & à nos receveurs & contrôleurs particuliers des tailles & du taillon de ladite province, trésoriers des mortes-payes & payeurs des compagnies la somme de 16,668 livres 15 sols d'augmentation de gages créés sur le pied du denier dix-huit par notre édit du mois de Juillet dernier, moyennant la somme de 300,000 livres, qui sera par eux payée comme dessus ès premier Avril, premier Août & premier Décembre de ladite année 1690, suivant la répartition qui en sera pareillement faite par ledit sieur de Lamoignon, à proportion de l'intérêt d'un chacun & de l'avantage qu'il en peut retirer ; en conséquence de laquelle les quittances en seront expédiées auxdits receveurs & contrôleurs généraux & particuliers, trésoriers des mortes-payes & payeurs des compagnies, par le trésorier de nos revenus casuels ; & pour l'enregistrement de chacune desdites quittances il sera payé à notre chambre des comptes la somme de trois livres, & aux bureaux des finances des généralités de Toulouse & Montpellier celle de deux livres, & aux greffes de notredite cour & bureaux le tiers desdites sommes, pour tout droit d'expédition & enregistrement ; & pour faciliter d'autant plus le payement, Voulons qu'il soit fait en corps par lesdits receveurs généraux & particuliers, trésoriers des mortes-payes & payeurs des compagnies, & que pour la sureté des créanciers qui en feront le prêt, lesdites augmentations de gages & l'attribution d'un sol pour livre leur demeurent affectées & hypothéquées par préférence à tous créanciers, même à nos deniers de la recette, & qu'ils en puissent jouir conjointement ou séparément des offices desdits receveurs, lesquels compteront tous les ans du maniement desdits octrois, conjointement avec celui de la taille & autres deniers ordinaires & extraordinaires, par un seul & même compte, par chapitres séparés; & dans les comptes il sera fait des états finaux des deniers des octrois de chacune desdites villes & communautés, distincts & séparés pour chaque lieu. Les épices des comptes des octrois seront réglées eu égard au total de la recette dont le compte de chaque receveur sera composé; savoir, de ceux dont la recette montera à la somme de cinq cents livres & au-dessous, quinze livres; de cinq cents livres jusqu'à mille, trente livres; de mille livres jusqu'à trois mille, cinquante livres; de trois mille livres jusqu'à six mille, cent livres; de six mille livres jusqu'à dix mille, cent cinquante livres; & pour le surplus concernant ledit compte & la maniere de compter, l'adjudication des baux desdits octrois, & le cautionnement desdits receveurs, notredit édit du mois de Juillet & nos autres édits & réglemens seront observés, selon leur forme & teneur. N'entendons néanmoins obliger lesdits receveurs de représenter leurs comptes en personne, nonobstant l'article Ier. du réglement de 1603, auquel Nous avons dérogé à cet égard; mais seront tenus d'affirmer le compte & acquits par procurations spéciales; Après laquelle affirmation, s'il se trouve des acquits faux, ils seront punis suivant la rigueur des ordonnances : Auquel effet, enjoignons à notre procureur général de la chambre des comptes de Montpellier de parapher les acquits qui lui paroîtront suspects, & de poursuivre incessamment les comptables. N'entendons pareillement comprendre en ce que dessus les trésoriers commis à la recette des deniers communs & octrois de notre ville de Toulouse, à l'égard duquel l'arrêt de notre conseil du 24 Avril 1688 sera exécuté jusqu'à ce qu'il y ait autrement pourvu. SI DONNONS EN MANDEMENT à nos amés & féaux conseillers les gens tenant notre cour des comptes, aides & finances de Montpellier que notre présent édit ils ayent à faire lire, publier & enregistrer, le contenu en icelui garder & observer de point en point, selon sa forme & teneur, cessant & faisant cesser tous troubles & empêchemens qui pourroient être mis ou donnés, nonobstant tous édits, déclarations, arrêts & autres choses à ce contraires, auxquelles nous avons dérogé & dérogeons par ledit présent édit : CAR tel est notre plaisir. ET afin que ce soit chose ferme & stable à toujours, Nous y avons fait mettre notre scel. DONNÉ à Versailles au mois de Décembre mil six cent quatre-vingt-neuf, & de notre regne le quarante-septieme. *Signé*, LOUIS : *Et plus bas*; Par le Roi, PHELYPEAUX. Scellé en cire verte sur lacs de soie rouge & verte.

Enregistré en la cour des comptes, aides & finances de Montpellier le 2 Janvier 1690.

CXLVIII.

EXTRAIT du regiſtre des délibérations des Etats généraux de Languedoc, aſſemblés par mandement du Roi, en la ville de Nîmes, au mois de Novembre 1689.

Du Vendredi 9 Décembre ſuivant, préſident Mgr. l'archevêque de Toulouſe.

MESSEIGNEURS les évêques de Lodeve & de Saint-Papoul, MM. les barons de Villeneuve & de Couffoulens, & les ſieurs conſuls de Carcaſſonne, de Narbonne & de Caſtres, & les diocéſains d'Uzès, qui avoient été nommés commiſſaires pour examiner les arrêts du conſeil rendus au ſujet des recettes particulieres des dioceſes & des collectes des communautés, ont rapporté qu'ayant fait faire la lecture de celui qui regarde les receveurs, ils avoient remarqué que Sa Majeſté ordonne qu'à l'avenir les receveurs des tailles des dioceſes de la province de Languedoc, lors des mutations ne pourront obtenir des proviſions que d'un office, leur permet néanmoins Sa Majeſté, conformément à ſa déclaration du mois de Juillet 1670, d'acquérir & réunir l'office triennal à l'ancien & l'alternatif, en rembourſant le propriétaire & payant le prêt & droit annuel dudit office, conjointement avec ceux de l'ancien & de l'alternatif; au lieu que, ſuivant la délibération qui fut priſe l'année derniere ſur ce ſujet, Sa Majeſté étoit très-humblement ſuppliée de ne pas accorder dorénavant des proviſions à une même perſonne dans un même dioceſe que pour un office de receveur des tailles, afin que dans la ſuite du temps il y en eût trois dans chacun dioceſe; que par la même délibération & conformément aux articles paſſés par la province avec les receveurs des vingt-deux dioceſes qui la compoſent, ils étoient d'avis qu'en défaut par ledit receveur de cautionner ſuffiſamment, il ſeroit permis aux dioceſes de bailler la levée des impoſitions à d'autres ſuffiſans & capables & ſous la folle-enchere deſdits receveurs, après avoir obſervé les formalités portées par ladite délibération, & que par ledit ſuſdit arrêt Sa Majeſté ordonnoit, à l'égard dudit cautionnement, qu'il ſera limité pendant la tenue des Etats par les commiſſaires qui y préſident pour Sa Majeſté & par ceux deſdits Etats contradictoirement avec les receveurs des tailles, dont il ſera fait un réglement qui ſera confirmé par arrêt du conſeil; & comme ledit arrêt du 20 Septembre 1689 a été rendu tant ſur ladite délibération priſe par l'aſſemblée de l'année derniere que ſur la requête qui a été préſentée au conſeil par les receveurs, leſdits receveurs avoient député en cette ville deux d'entre eux pour convenir dudit cautionnement, & en même-temps repréſenter ce qui pouvoit être de leur intérêt; & que MM. les commiſſaires ayant fait diverſes conférences ſur cette matiere & ouï leſdits receveurs, ils avoient remarqué que par l'arrêt la province avoit obtenu ce qu'elle pouvoit deſirer concernant les offices des receveurs, afin qu'à l'avenir arrivant la vacance, on ne pût obtenir des proviſions que d'un office, Sa Majeſté permettant néanmoins, conformément à ſa déclaration du mois de Juillet 1670, d'acquérir & réunir l'office triennal à l'ancien & alternatif en rembourſant le propriétaire & payant le prêt & droit annuel dudit office conjointement avec ceux de l'ancien & de l'alternatif. Mais comme cette déclaration n'a pas été exécutée dans la province de Languedoc, MM. les commiſſaires avoient cru, ſur cet article, que la province n'auroit point de peine d'obtenir de la bonté de Sa Majesté qu'il fût permis indifféremment à ceux qui possedent les trois offices d'en acquérir & réunir un aux deux autres, de maniere que le receveur triennal puisse acquérir la moitié de l'ancien ou de l'alternatif, comme ceux qui possedent l'ancien ou l'alternatif pourront acquérir chacun d'eux la moitié du triennal, & qu'il plût en même-temps à Sa Majesté d'ordonner pour une plus grande sureté des deniers de leur maniement, que lorsque cette moitié d'office se trouvera acquise & réunie aux deux autres offices qui resteront dans un diocese, & qu'en ce cas l'exercice sera fait alternativement par deux personnes, cette moitié d'office qui aura été acquise & réunie sera hypothéquée par privilége à la recette courante comme le sont tous les offices qui sont en tour d'exercice.

Que MM. les commissaires, après avoir lu la clause de l'arrêt concernant le cautionnement, avoient jugé que la condition de la province n'étoit pas si avantageuse par cet arrêt qu'elle l'étoit auparavant, en ce que par le traité fait par les Etats avec les receveurs en l'année 1634, ils étoient obligés de cautionner suffisamment aux assiettes, & qu'à faute de ce faire, il étoit permis auxdites assiettes de bailler la levée à d'autres personnes suffisantes & capables & sous la folle-enchere desdits receveurs, au lieu que par ledit arrêt il est ordonné que ledit cautionnement sera limité par MM. les commissaires de Sa Majesté & ceux de la présente assemblée, contradictoirement avec lesdits receveurs des tailles, dont il doit être fait un réglement pour être confirmé par arrêt du conseil; que leur ayant été représenté par les receveurs que dans toutes les autres provinces & pour des recettes mêmes plus considérables que celles des dioceses de Languedoc, le Roi n'exigeoit pas un plus grand cautionnement d'un receveur des tailles que d'une somme de six mille livres, ils avoient estimé que ne pouvant éviter de satisfaire audit arrêt & de concerter un avis avec MM. les commissaires du Roi sur ce sujet, il valoit mieux convenir avec les receveurs de ce cautionnement & le régler suivant un tarif, par rapport à la recette de chaque diocese, que de s'exposer à le voir régler comme il l'est dans toutes les autres provinces du royaume : Et pour cela, après avoir entendu lesdits receveurs qui leur ont dit qu'outre le privilége qui est acquis aux dioceses sur l'office qui est en exercice pour la recette courante, les dioceses avoient encore pour sureté la valeur des frais d'assiette dont ils font l'avance, ils avoient convenu néanmoins dudit cautionnement pour les dioceses de la généralité de Toulouse ; savoir,

Toulouse, diocese, huit mille livres.
Alby, douze mille livres.
Carcassonne, huit mille livres.
Castres, six mille livres.
Lavaur, six mille livres.
Saint-Papoul, six mille livres.
Aleth & Limoux, six mille livres.
Rieux, quatre mille livres.
Mirepoix, six mille livres.
Montauban, quatre mille livres.

Et Commenge, les offices étant vacans aux parties casuelles, comme n'étant d'aucune considération, le diocese commet tous les ans à la recette.

Et pour ceux de la généralité de Montpellier ; savoir,

Montpellier, huit mille livres.
Nimes, dix mille livres.
Uzès, huit mille livres.
Viviers, douze mille livres.
Le Puy, huit mille livres.
Mende, huit mille livres.
Agde, six mille livres.

Lodeve, six mille livres.
Beziers, huit mille livres.
Narbonne, huit mille livres.
Saint-Pons, six mille livres.

Et comme MM. les commissaires ont jugé que le cautionnement pour ces sommes seulement, n'étoit pas suffisant, eu égard à la recette particuliere de chacun desdits dioceses, ils ont résolu de proposer à l'assemblée qu'ils ne l'avoient pas trouvé suffisant dans le temps présent, à cause du recouvrement du premier & du second terme qui se fait dans le même-temps ; & que si le recouvrement des tailles étoit fait en trois termes & payemens égaux, la sureté seroit beaucoup plus grande, d'autant que la valeur de l'office & le cautionnement peuvent être estimés ce qu'un receveur peut devoir de reste d'un seul terme, & que ceux qui dirigent les affaires des dioceses pendant l'année étant informés de la recette, après l'échéance de chacun des termes, on pouvoit se mettre en état de ne courir aucun risque ; & que pour cela, ils proposoient de charger le trésorier de la bourse & ses commis d'avertir le syndic général de la sénéchaussée, lors seulement qu'il seroit dû des restes par les receveurs, terme par terme, & un mois après l'échéance de chaque terme, afin que le syndic général en avertit le diocese qui examineroit ensuite la cause du retardement par les registres des receveurs ou autrement, & pourvoiroit à la sureté des deniers de la recette, selon l'exigence des cas.

Qu'ayant été représenté par les receveurs que la province leur faisoit quelque préjudice de ne pas faire l'imposition en trois termes & payemens égaux, & même en cela une chose contraire aux articles qu'ils avoient passés en l'année 1634, MM. les commissaires n'avoient pas jugé que la province y fût obligée aux termes dudit traité, mais qu'il pourroit être avantageux aux contribuables que les Etats remissent les termes du payement de la taille, comme ils étoient autrefois, & qu'ayant examiné quels avoient été les motifs de ce changement, il leur avoit paru que c'étoit parce que les Etats se séparoient dans un temps auquel les assiettes ne pouvoient pas s'assembler assez tôt pour envoyer les mandes aux communautés, faire les impositions & bailler la levée de la taille avant le mois de Juin ; qu'au surplus si on remettoit la levée en trois termes & payemens égaux, on pourroit trouver par ce moyen la suffisance du cautionnement du receveur, plutôt que si on continuoit de payer deux termes à la fois ; mais d'un autre côté ils n'avoient pas jugé que l'on pût changer cet usage en son entier pour l'année 1690, & qu'il falloit qu'ils fussent avertis par les syndics généraux qu'à commencer en l'année 1691 les impositions seront faites & levées en trois termes & payemens égaux ; qu'ils se sont portés d'autant plus volontiers à ce sentiment, qu'il y a des dioceses, comme le Puy & Castres, qui font lever leurs impositions en trois termes, & que le diocese de Mende s'est remis de lui-même dans cet usage l'année présente 1689, & a reconnu que ce changement avoit été avantageux aux peuples.

Qu'ils avoient été néanmoins nécessités de former un avis sur ce que le sieur de Pennautier, trésorier de la bourse, leur avoit représenté qu'il ne pouvoit en nulle maniere faire l'avance du tiers du don gratuit, si les receveurs ne le faisoient pas, comme ils ont déclaré ne le pouvoir faire l'année présente 1689, soit parce que les payemens qu'il doit faire cette année, mois par mois, sont plus forts que ceux de l'année derniere, soit parce que l'ar-

N°. CXLVIII.

gent est plus rare, & qu'ayant demandé aux receveurs s'ils étoient en état de payer un tiers du don gratuit à l'échéance du premier terme en convenant avec les assiettes des diocèses du droit d'avance, ils leur avoient répondu qu'ils n'étoient pas en cet état, parce que le Roi leur demande un secours de quatre cents cinquante mille livres ; de sorte qu'il avoit fallu pourvoir à cet inconvénient, afin que le trésorier de la bourse pût faire le payement du don gratuit dans le temps qu'il y est obligé, & que pour cela ils avoient examiné à quoi pouvoit monter le tiers dudit don gratuit pour en pouvoir faire faire l'imposition ; qu'ils avoient prévu néanmoins que cette maniere de n'imposer que le tiers d'une nature de deniers n'étant pas usitée ni connue par les communautés & contribuables, pourroit faire de la confusion dans la levée & dans les payemens, & qu'ils avoient examiné entre eux quelle pouvoit être la différence qui seroit entre un demi-terme des impositions & un tiers du don gratuit, & qu'ils avoient trouvé que la différence n'étoit pas grande, & qu'il valoit mieux dans le cas de la nécessité indispensable où l'on se trouve de faire le fonds au trésorier de la bourse du tiers du don gratuit, ordonner que les diocèses qui avoient accoutumé de renvoyer le premier terme au second, feront leur imposition ; de sorte qu'on leve un demi-terme de l'entiere imposition qui sera faite par les départemens des diocèses dans le premier jour du mois de Mai, pour n'être ledit demi-terme payé au trésorier de la bourse que pour lui faire le fonds du tiers du don gratuit, & le surplus demeurer entre les mains des receveurs qui seront en exercice.

A quoi MM. les commissaires ont ajouté que les receveurs leur ont représenté qu'ils souffrent un grand préjudice par les frais de diligence qu'ils sont obligés de faire contre les collecteurs, leurs cautions & nominateurs, particulierement lorsqu'ils sont obligés de le suivre jusqu'à la contrainte solidaire, ce qui mériteroit que l'assemblée leur donnât l'intervention des syndics généraux pour poursuivre conjointement avec M. le procureur général de la cour des aides un réglement pour les diligences qu'ils sont obligés de faire, en sorte que les frais en soient diminués & qu'ils puissent dans un plus court délai obtenir les arrêts nécessaires pour se faire payer de ce qui leur sera dû par les communautés, après avoir fait les discussions auxquelles ils sont tenus ; & que pour le surplus du contenu audit arrêt, MM. les commissaires l'avoient trouvé conforme à la délibération qui fut prise l'année derniere. Sur quoi, il a été délibéré, conformément à l'avis de MM. les commissaires, que Sa Majesté sera très-humblement suppliée d'ordonner, qu'en cas de vacance ou de vente des offices de receveurs des tailles, il sera permis indifféremment à ceux qui possedent les trois offices d'en acquérir & réunir un aux deux autres ; de maniere que le receveur triennal puisse acquérir la moitié de l'ancien ou de l'alternatif, comme ceux qui possedent l'ancien ou l'alternatif pourront acquérir chacun d'eux la moitié du triennal, & que Sa Majesté sera pareillement suppliée d'ordonner, pour une plus grande sureté des deniers de leur maniement, que lorsque cette moitié d'office se trouvera acquise & réunie aux deux autres offices qui resteront dans un diocèse, & qu'en ce cas, l'exercice sera fait alternativement par deux personnes, cette moitié d'office qui aura été acquise & réunie, sera hypothéquée par privilége à la recette courante, comme le sont tous les offices qui sont en tour d'exercice.

Et à l'égard du cautionnement que

le conseil veut par son arrêt être limité, a été délibéré que MM. les commissaires de cette assemblée en conféreront avec MM. les commissaires présidens pour le Roi, auxquels ils feront connoître que l'assemblée ne se porte à limiter ledit cautionnement que pour satisfaire à l'arrêt du conseil, & à la charge, qu'à faute par les receveurs de donner de bonnes cautions pour les sommes proposées ci-dessus, la levée des impositions sera baillée à d'autres suffisans & capables à la folle enchere desdits receveurs, suivant l'article VI du traité fait avec eux en l'année 1634; que conformément à la délibération du 2 Décembre 1688, & sans autre formalité ni délai, que la publication de ladite levée qui sera faite dans le premier jour de l'assiette, & sur laquelle le bail sera passé à celui qui fera la condition meilleure, le diocese pourra passer le bail de ladite levée, & accorder à ceux qui se présenteront, tant les taxations à raison de six deniers pour livre dont les receveurs jouissent, que les autres droits attribués à la recette des deniers extraordinaires, à condition par l'adjudicataire de rendre compte à la chambre des comptes, & d'en poursuivre l'apurement à ses dépens, & rendre ledit office quitte de toutes charges de ladite année pour les deniers extraordinaires, & ce nonobstant tous arrêts qui pourroient avoir été donnés au contraire, tant au conseil qu'en la cour des aides de Montpellier; & néanmoins que pour une plus grande précaution, le sieur de Pennautier, trésorier de la Bourse du pays, ou ses commis qui sont dans la province, seront tenus d'avertir les syndics généraux, chacun dans son département, un mois après l'échéance de chaque terme, si les receveurs n'ont pas payé l'entier terme & non autrement, afin que les syndics généraux en puissent donner connoissance à ceux qui dirigent les affaires des dioceses pendant l'année, pour être par eux pourvu à la sûreté des deniers de la recette, ainsi qu'ils le jugeront à propos.

Et d'autant qu'il est nécessaire de faire le fonds au sieur de Pennautier, trésorier de la bourse, d'un tiers du don gratuit à l'échéance du premier terme & pour tout délai dans le mois de Mai, il a été délibéré que les syndics généraux feront savoir dès à présent par une lettre circulaire qu'ils envoyeront dans toutes les communautés de la province, qui leur marquera qu'elles doivent payer le premier jour du mois de Mai, pour tout délai, un demi-terme faisant un sixieme de toutes les sommes contenues dans la mande qui leur sera envoyée par les assiettes des dioceses; lesquelles seront aussi averties par les syndics généraux, de régler les termes des impositions; savoir, un demi-terme dans le premier jour de Mai pour tout délai, un terme & demi à l'échéance du second, & le dernier terme, ainsi qu'il est accoutumé; & que par la même lettre circulaire, qui ne sera néanmoins envoyée que dans les dioceses qui avoient accoutumé de ne payer le premier terme qu'avec le second, ils seront avertis qu'en l'année 1691, l'imposition sera faite & levée en trois termes & payemens égaux, comme on le pratiquoit ci-devant: L'assemblée chargeant lesdits syndics de concerter avec M. le procureur général de la cour des aides de Montpellier, un réglement sur les diligences que les receveurs sont obligés de faire & de se joindre à lui pour l'obtenir, duquel réglement les syndics généraux donneront connoissance à toutes les communautés, afin que les collecteurs, leurs cautions & nominateurs, & les communautés mêmes sachent les poursuites

tes qui doivent être faites contre eux, & que chacun puisse savoir ce qui sera de son intérêt & de celui de la communauté. Et a été délibéré, que ledit arrêt sera signifié aux receveurs, imprimé au nombre de deux cents exemplaires, & envoyé à la diligence des syndics généraux dans tous les diocèses de la province, pour être exécuté suivant sa forme & teneur.

CXLIX.
AVIS
Des commissaires du Roi et des États,

Sur la fixation des cautionnemens des receveurs, ordonnée par l'arrêt du conseil, du 20 Septembre 1689.

Du 18 Décembre 1689.

LEs commissaires présidens pour le Roi, en l'assemblée des États de la province de Languedoc, convoquée par mandement du Roi, en la ville de Nîmes, & les commissaires députés par lesdits États.

Vu l'arrêt du conseil d'état du Roi, Sa Majesté y étant, donné à Versailles, le 20 Septembre 1689, par lequel Sa Majesté ordonne qu'à l'égard des cautionnemens que les receveurs des tailles sont obligés de fournir pour sûreté de leur maniement, ils seront par Nous limités pendant la tenue des présens États contradictoirement avec lesdits receveurs, dont il sera fait un réglement qui sera confirmé par arrêt du conseil; Vu aussi la délibération desdits États, du 2 Décembre 1688; & après avoir entendu les députés desdits receveurs des généralités de Toulouse & de Montpellier, fondés de procuration à cet effet, Nous sommes d'avis, sous le bon plaisir de Sa Majesté, qu'à l'avenir les receveurs des tailles des diocèses de la province qui entreront en exercice, seront tenus de fournir des cautions de leur maniement des deniers extraordinaires, & des impositions qui seront faites par les assiettes, pour les affaires particulières du diocèse; savoir, dans la généralité de Toulouse,

Ceux du diocèse de Toulouse, pour la somme de 8000 livres.

D'Alby, pour 12000 livres.
De Carcassonne, pour 8000 livres.
De Castres, pour 6000 livres.
De Lavaur, pour 6000 livres.
De Saint-Papoul, pour 6000 livres.
D'Aleth & Limoux, pour 6000 livres.
De Rieux, pour 4000 livres.
De Mirepoix, pour 6000 livres.
De Montauban, pour 4000 livres.

Il n'est pas fait ici mention du diocèse de Commenge, parce que la recette n'est d'aucune considération, & que les offices étant vacans aux parties casuelles, le diocèse pourvoit à la levée des impositions.

Et dans la généralité de Montpellier, les receveurs du diocèse de Montpellier, pour 8000 livres.
De Nîmes, pour 10000 livres.
D'Uzès, pour 8000 livres.
De Viviers, pour 12000 livres.
Du Puy, pour 8000 livres.
De Mende, pour 8000 livres.
D'Agde, pour 6000 livres.
De Lodeve, pour 6000 livres.
De Beziers, pour 8000 livres.
De Narbonne, pour 8000 livres.
De Saint-Pons, pour 6000 livres.

Et que faute par lesdits receveurs, de fournir des cautions suffisantes pour lesdites sommes, & un chacun pour ce qui le concerne pendant la tenue des assiettes de chaque diocèse, la levée des impositions sera baillée à la folle-enchere desdits receveurs, jusqu'à six deniers pour livre de leurs taxations à celui qui fera la condition meilleure; & qu'à l'égard des formalités de ladite folle-enchere, les publications seront faites dans quinzaine, & par trois dimanches consécutifs, qui commenceront pendant la tenue de l'assiette ou après, devant les commissaires & députés d'icelle, & seront continuées après lesdites assiettes, devant les commissaires ordinaires & ceux qui dirigent les affaires des dioceses pendant l'année, dans lequel délai de quinzaine, les receveurs pourront présenter des cautions qui soient suffisantes suivant le tarif, & qui puissent être reçues & acceptées; & si les receveurs ne fournissent pas dans ledit délai les cautions desdites sommes, chacun comme le concerne, le bail de la levée des impositions sera délivré avec l'attribution des six deniers de taxations appartenant auxdits receveurs, au cas qu'il ne se trouve personne qui fasse la condition meilleure.

Fait à Nîmes pendant la tenue des Etats, le 18 Décembre 1689.

Anne Jules, duc de Noailles.
De Lamoignon.
Boudon.
Daldeguier.
Est. de Chambonas, év. de Lodeve.
F. év. de S. Papoul.
Villeneuve de Pujol.
Murviel.
Bastard, capit. de Toulouse.
De Carriere, double député de Toulouse.
J. Coste, député de Carcassonne.
D'Adhemar de Vires, premier consul de Narbonne.

Par messeigneurs les commissaires.
Pujol, Mariotte.

Lecture faite de l'avis ci-dessus aux sieurs Gilles Macé de la Baulne, Joseph-Henri Colomiés, & Jacques Bastide, députés des receveurs des généralités de Toulouse & de Montpellier, ils y ont acquiescé & ont signé. A Nîmes, lesdits jour & an. Macé de la Baulne. Colomiés. Bastide, *signés.*

C L.

ARRÊT DU CONSEIL,

Portant réglement pour les cautionnemens des receveurs à raison de la levée des deniers extraordinaires, & pour l'adjudication de ladite levée à leur folle-enchere, faute par eux de fournir lesdits cautionnemens.

Du 25 Février 1690.

Extrait *des Registres du Conseil d'Etat.*

VU au conseil du Roi, Sa Majesté y étant, l'arrêt rendu en icelui le 20 Septembre 1689, par lequel Sa Majesté a ordonné qu'à l'avenir les receveurs des tailles de la province de Languedoc, lors des mutations ne pourront obtenir des provisions que d'un office; leur permet néanmoins Sa Majesté conformément à la déclaration du mois de Juillet 1670 d'acquérir & réunir l'office triennal à l'ancien & l'alternatif, en payant le prêt & droit annuel dudit office, conjointement avec ceux de l'ancien & l'alternatif; & à l'égard des cautionnemens que lesdits receveurs sont obligés de fournir pour leur maniement, qu'ils seront limités aux Etats prochains par les commissaires de Sa Majesté & par ceux desdits Etats contradictoirement avec lesdits receveurs des tailles dont il seroit fait un réglement pour être confirmé par arrêt du conseil; la délibération prise par lesdits Etats sur ce fujet, par laquelle Sa Majefté eft très-humblement fuppliée d'ordonner qu'en cas de vacance ou de vente des offices de receveurs des tailles il fera permis indifféremment à ceux qui poffedent un des trois offices d'en acquérir ou réunir un des deux autres, de maniere que le receveur triennal puiffe acquérir la moitié de l'ancien ou de l'alternatif, comme ceux qui pofféderont l'ancien ou l'alternatif, pourront acquérir chacun d'eux la moitié du triennal, & que pour une plus grande fureté des deniers de leur maniement, lorfque cette moitié d'office fera acquife ou réunie aux deux autres offices, & que l'exercice fera fait alternativement par deux perfonnes, cette moitié d'office acquife & réunie fera hypothéquée par privilége à la recette courante, comme le font tous les offices qui font en tour d'exercice : Vu auffi le réglement fait par lefdits commiffaires de Sa Majefté & ceux defdits Etats du 18 Décembre 1689, par lequel, après avoir entendu les députés des receveurs des généralités de Touloufe & de Montpellier fondés de procuration à cet effet, les fommes pour lefquelles les receveurs doivent fournir des cautionnemens de leur maniement font réglés, enfemble la forme de procéder à l'adjudication de la levée des impofitions à la folle-enchere defdits receveurs, jufqu'à fix deniers pour livré de leurs taxations, à celui qui fera la condition meilleure : Et Ouï le rapport du fieur Phelypeaux de Pontchartrain, confeiller ordinaire au confeil royal, contrôleur général des finances, LE ROI ÉTANT EN SON CONSEIL, a ordonné & ordonne qu'à l'avenir les receveurs des tailles de ladite province, lors des mutations ne pourront obtenir des provifions que d'un office ; leur permet néanmoins en cas de vacance ou de vente d'en acquérir indifféremment la moitié d'un, de maniere que ceux qui poffedent l'ancien & l'alternatif puiffent acquérir chacun d'eux la moitié du triennal, & que celui qui poffede le triennal puiffe acquérir ou réunir la moitié de l'ancien ou de l'alternatif, en payant le prêt & le droit annuel de l'office qui fera acquis ou réuni, & qu'à l'avenir l'exercice ainfi fait alternativement par deux perfonnes, le prix de cette moitié d'office acquife ou réunie fera hypothéquée par privilége à la recette courante, comme le font tous les offices de recette qui font en tour d'exercice : Que le réglement fait par les commiffaires des Etats de la province de Languedoc ledit jour 18 Décembre 1689 fera exécuté felon fa forme & teneur ; &, en conféquence, qu'à l'avenir les receveurs des tailles de ladite province qui entreront en exercice, feront tenus de fournir chacun à leur égard des cautions de leur maniement des deniers extraordinaires & des impofitions qui feront faites par les affiettes pour les affaires particulieres des diocefes ; favoir, dans la généralité de Touloufe, ceux du diocefe de Touloufe pour la fomme de 8000 livres ; ceux du diocefe d'Alby pour 12,000 livres ; ceux de Carcaffonne pour 8000 livres ; ceux des diocefes de Caftres, Lavaur, Saint-Papoul, Aleth & Limoux & de Mirepoix, chacun pour 6000 livres ; & ceux de Rieux & Bas-Montauban pour 4000 livres, & dans la généralité de Montpellier, les receveurs du diocefe de Montpellier pour 8000 livres ; ceux du diocefe de Nîmes pour 10,000 livres ; ceux du diocefe d'Uzès pour 8000 livres, ceux de Viviers pour 12,000 livres ; ceux du Puy & de Mende chacun pour 8000 livres ; ceux d'Agde & de Lodeve chacun pour 6000 livres ; ceux des diocefes de Beziers & de Narbonne chacun pour 8000 livres ; & ceux de Saint-Pons pour 6000 livres.

K k ij

Et à faute par lesdits receveurs de fournir des cautions suffisantes pour lesdites sommes ; chacun à leur égard, pendant la tenue des assiettes de chaque diocèse, Ordonne Sa Majesté que la levée des impositions sera baillée à la folle-enchere desdits receveurs jusqu'à six deniers pour livre de leurs taxations, à celui qui fera la condition meilleure ; & que les publications en seront faites dans quinzaine par trois dimanches consécutifs, qui commenceront pendant la tenue de l'assiette, ou après, devant les commissaires ordinaires, & ceux qui dirigent les affaires des diocèses pendant l'année, dans lequel délai de quinzaine les receveurs pourront présenter des cautions suffisantes pour lesdites sommes, qui puissent être reçues & acceptées, sinon ledit délai de quinzaine passé, que le bail de la levée des impositions sera délivré avec l'attribution de six deniers pour livre appartenant auxdits receveurs, au cas qu'il ne se trouve personne qui fasse la condition meilleure. FAIT au conseil d'état du Roi, Sa Majesté y étant, tenu à Versailles le vingt-cinquieme jour de Février mil six cent quatre-vingt-dix.

Signé, PHELYPEAUX.

C L I.

EXTRAIT du regiftre des délibérations des Etats généraux de Languedoc, assemblés par mandement du Roi, en la ville de Montpellier, au mois d'Octobre 1690.

Du Vendredi 10 Novembre suivant, président Mgr. le cardinal de Bonzy, archevêque & primat de Narbonne, commandeur des ordres du Roi.

LE sieur de Joubert, syndic général, a dit, que le Roi ayant attribué par son édit du mois de Décembre 1689, un sol pour livre des deniers qui seront imposés sur les villes & communautés de la province pour leurs dépenses ordinaires & comprises dans ses réglemens faits pour lesdites communautés par MM. les commissaires de la vérification des dettes, les receveurs prétendoient faire payer auxdites communautés le sol pour livre de toutes les sommes employées dans lesdits réglemens, quoique plusieurs desdites communautés ne les imposent pas entierement par économie, pour diminuer leurs impositions, parce qu'elles ont cru qu'elles pouvoient se passer d'une partie desdites dépenses ; que comme l'intention de Sa Majesté n'auroit pu être d'exiger le sol pour livre que des sommes qui sont actuellement imposées par les communautés, il croyoit aussi qu'elles devoient être déchargées du sol pour livre de tout ce qu'elles n'imposent pas pour leur soulagement. Lecture faite dudit édit, LES ETATS ont chargé le sieur de Joubert, syndic général, de voir M. de Basville & le prier de donner son ordonnance pour décharger les communautés de la province de la prétention desdits receveurs.

C L I I.

É D I T

Portant création de droits de quittance en faveur des officiers comptables.

Du mois d'Octobre 1693.

LOUIS, PAR LA GRACE DE DIEU, ROI DE FRANCE ET DE NAVARRE : A tous présens & à venir, SALUT. Nous avons été informés que la plupart des officiers comptables qui délivrent des quittances, certificats & autres actes de cette qualité, jouissoient autrefois de droits considérables qui leur étoient attribués, & que les commis

& directeurs de nos cinq groſſes fermes, aides & autres, percevoient à leur profit, cinq ſols pour chacun acquit, paſſavant, congé & autres actes qu'ils délivroient ; leſquels droits, après la paix des Pyrénées, Nous avons fait rembourſer aux receveurs des tailles & autres officiers qui furent ſupprimés, & réuni ceux des réſervés à leurs gages & droits. Nous avons auſſi réuni les droits d'acquits, congé, paſſavans, & autres que les commis de nos cinq groſſes fermes recevoient, aux autres droits de nos fermes, & ſupprimé pour le ſoulagement de nos ſujets, ceux que les commis des aides percevoient : Mais ayant conſidéré que nos officiers comptables qui délivrent ou reçoivent des quittances, ſont obligés d'employer la plus conſidérable partie de leur temps, pour ſigner, expédier & examiner celles qui leur ſont apportées ſans en tirer aucune rétribution, Nous avons trouvé à propos de leur attribuer des droits de quittances proportionnés à leurs offices, ſans néanmoins rien innover à l'uſage établi pour les droits d'acquits, congés, paſſavans, & autres concernant nos fermes, qui ſeront levés à l'ordinaire ſans aucune augmentation. A CES CAUSES, & autres à ce nous mouvans, de notre certaine ſcience, pleine puiſſance, & autorité royale, Nous avons par notre préſent édit perpétuel & irrévocable, attribué & attribuons aux gardes de notre tréſor royal ; aux tréſoriers de nos revenus caſuels ; marc d'or, ordinaires & extraordinaires des guerres, de la marine, des galeres, de nos bâtimens & maiſons, argenterie, menus, & artillerie ; aux receveurs généraux de nos domaines, bois & finances ; même à ceux des pays d'état, tréſoriers des ponts & chauſſées, receveurs des tailles, fouages, & généralement à tous tréſoriers, receveurs & payeurs généraux ou particuliers de notre royaume, pays, terres & ſeigneuries de notre obéiſſance, ſans aucuns en excepter, ſinon les payeurs des rentes de notre bonne ville de Paris, & les payeurs des gages & augmentations des gages des officiers de nos cours, & autres compagnies ſupérieures ou ſubalternes ; les droits de quittance ci-après déclarés, en nous payant ſur les quittances du tréſorier de nos revenus caſuels les ſommes auxquelles la finance deſdits droits ſera modérément fixée par les rôles qui ſeront arrêtés en notre conſeil, & les deux ſols pour livre ſur celles de celui qui ſera par nous commis & prépoſé pour l'exécution du préſent édit, au payement deſquelles ſommes ils ſeront contraints par les voies dues & raiſonnables, ſans qu'eux ni leurs ſucceſſeurs en puiſſent être dépoſſédés, ni leſdits droits ſupprimés, ſurſis ni retranchés pour quelque cauſe ni occaſion que ce puiſſe être, ſinon en leur rembourſant comptant en un ſeul payement les ſommes qu'ils auront payées, tant en principal que deux ſols pour livre ; deſquels droits Nous voulons & entendons qu'ils jouiſſent, à commencer avec leurs exercices de l'année prochaine, eux, leurs ſucceſſeurs, ou ayans cauſe héréditairement, ainſi & en la maniere qui en ſuit ; ſavoir, pour les quittances qui ſeront ſignées par le garde de notre tréſor royal, & celles qui ſeront expédiées à ſa décharge, & à lui fournies, il lui ſera payé par ceux au profit deſquels elles ſeront expédiées, ou qui les donneront, vingt ſols pour chaque quittance ; les tréſoriers de nos revenus caſuels, marc d'or de l'ordinaire & extraordinaire des guerres de la marine, ceux de nos maiſons, des galeres, artillerie, bâtimens, menus, argenterie, & tous autres tréſoriers généraux ou particuliers de quelque qualité qu'ils ſoient, ſans aucuns excepter, même ceux des pays d'états, jouiront de cinq sols pour chacune quittance de cent livres & au-dessous, de dix sols pour celles excédant cent livres jusques à cinq cents livres, & de vingt sols pour celles au-dessus de cinq cents livres indéfiniment, lesquelles sommes leur seront payées ; savoir, celles qu'ils signeront, par les parties au profit desquelles elles seront expédiées, & celles qui leur seront apportées par les parties qui les fourniront, à l'exception des acquits & certificats d'étapes, pour lesquelles ne sera payé aucune chose, mais seulement pour les quittances du payement ou remboursement d'icelles. Les receveurs généraux des finances, tant des généralités des pays d'élections, que des pays d'états, & les trésoriers des ponts & chaussées, & des turcies & levées jouiront de vingt sols pour chacune quittance qu'ils expédieront à la décharge des receveurs particuliers, sans néanmoins qu'elles puissent pour chacune année d'exercice excéder le nombre de quinze sur chacun desdits receveurs, & une pour chacune des impositions extraordinaires ; & à l'égard des quittances qui leur seront fournies, il leur sera payé par les parties qui les fourniront cinq sols pour chacune de celles au-dessous de cent livres, dix sols de celles de cent livres jusques à cinq cent livres, & vingt sols de celles excédant cinq cent livres. Les receveurs généraux des domaines & bois seront payés de chacune quittance qu'ils délivreront, même de celles des adjudicataires des bois, & de ceux qui seront condamnés en amende, restitution, ou droits par eux dus, même de celles qui leur seront fournies par les parties prenantes comme dessus, les receveurs des tailles, fouages, & autres impositions ordinaires & extraordinaires, tant des pays d'élections, que de ceux des Etats, villes ou communautés, seront payés par les collecteurs & préposés aux levées des impositions ou autres redevables, à raison de dix sols pour chacune quittance qu'ils délivreront, lesquelles demeureront fixées pour les impositions principales, & autres y jointes, à quatre par an pour chacune paroisse, & une pour chacune des impositions extraordinaires, & de même pour celles que lesdits receveurs des tailles, ou les receveurs des octrois ou deniers communs des villes ou bourgs délivreront aux adjudicataires des octrois, ou deniers communs, mayeurs ou autres, à condition expresse que les récépissés qui seront fournis par lesdits receveurs seront convertis en quittances en fin de chacun quartier, lesquelles sommes concernant les collecteurs seulement, seront imposées & employées dans les rôles, comme charges des communautés : Et à l'égard des autres, elles seront payées & supportées par les particuliers chacun à leur égard. Et pour assurer la paisible jouissance desdits droits de quittance, Nous voulons & entendons que ceux qui prêteront leurs deniers auxdits officiers pour les acquérir aient hypothèque & privilége spécial sur iceux, & demeurent subrogés, comme nous les subrogeons dès à présent à nos droits, sans qu'il soit besoin de faire mention desdits prêts dans les quittances de finance, mais seulement dans les contrats qui en seront faits & passés, & que lesdits officiers, les prêteurs, & ceux auxquels ils céderont leurs droits jouissent de ceux ci-dessus à eux attribués par les mains desdits trésoriers ou receveurs, ou autrement comme ils aviseront, même que les droits puissent être acquis & possédés par des particuliers pour en jouir comme pourroient faire lesdits officiers, sans que lesdits officiers, les prêteurs ou acquéreurs soient tenus de nous payer aucun prêt ni annuel, ni courir aucun risque en cas de vacance desdits offices en nos revenus casuels, ni être tenus des débets ni charges des comptes desdits officiers, pour le passé & pour l'avenir, desquels Nous les avons dispensés & déchargés. Si donnons en mandement à nos amés & féaux conseillers les gens tenant notre chambre des comptes à Paris, que notre présent édit ils aient à faire regiltrer, même en temps de vacations, & le contenu en icelui garder & exécuter selon sa forme & teneur, nonobstant tous édits, déclarations, réglemens, & autres choses à ce contraires, auxquelles Nous avons dérogé & dérogeons par le présent édit : Car tel est notre plaisir. Et afin que ce soit chose ferme & stable à toujours, Nous y avons fait mettre notre sceau. Donné à Fontainebleau au mois d'Octobre, l'an mil six cent quatre-vingt-treize, & de notre regne le cinquante-unieme. *Signé*, LOUIS, *visa*, Boucherat : *Et plus bas*; Par le Roi, Phelypeaux, & scellé du grand sceau de cire verte.

Regiſtrées en la chambre des comptes : oui, & ce requérant le procureur général du Roi, pour être exécutées selon leur forme & teneur, ce sixieme jour de Novembre mil six cent quatre-vingt-treize.

Signé, RICHER.

EXTRAIT *des Regiſtres du Conseil d'Etat.*

LE Roi voulant pourvoir au recouvrement des sommes qui doivent revenir à S. M. de l'excédant des traités faits par Me. Charles Remy, de l'aliénation des parisis, six deniers des droits de contrôleurs, prud'hommes & vendeurs de cuirs, & de ceux des offices de tiers référendaires, calculateurs de dépens, de ceux créés au présidial du Puy, par édit du mois de Novembre 1689, & des courtiers & commissionnaires des vins, eaux-de-vie & liqueurs, aussi créés par autre édit du mois de Juin 1691, des médecins & chirurgiens jurés royaux, créés par édit du mois de Février 1692 dont le traité a été fait par Me. Etienne Chaplet, outre & par-dessus les sommes qui ont été ou doivent être payées auxdits Remy & Chaplet, pour remplir les traités par eux faits : Comme aussi qu'il soit procédé au recouvrement de la finance qui proviendra des droits ordonnés être payer par édit du mois d'Octobre 1693, pour les quittances qui seront expédiées par les trésoriers receveurs, payeurs & tous autres comptables des provinces & généralités de Languedoc, Provence, Bourgogne, Bresse, Franche-Comté, Béarn, Navarre, Foix, Nebouzan, & quatre Vallées, à l'exception seulement des quittances qui seront expédiées par les trésoriers généraux des Etats desdites provinces & généralités, & de celles qui leur seront données par les parties prenantes ; & encore à l'exception de celles qui seront données ou reçues par les payeurs des gages des cours, & compagnies ; Sa Majesté se seroit fait représenter en son conseil lesdits édits des mois de Novembre 1689, Juin 1691, Février 1692, Octobre 1693, les résultats & rôles arrêtés au conseil, & les arrêts rendus en conséquence ; les Etats desdits offices & droits vendus, & les recettes & dépenses faites par lesdits Remy & Chaplet ; lesquels vus & examinés au conseil : Et Oui le rapport du sieur Phelypeaux de Pontchartrain, conseiller ordinaire au conseil royal, contrôleur général des finances ; SA MAJESTÉ EN SON CONSEIL, a ordonné & ordonne que lesdits Remy & Chaplet compteront incessamment par état au conseil des recettes &

dépenses par eux faites en exécution desdits traités ; cependant qu'à la requête & diligence de Me. Jacques le Beau que Sa Majesté a commis & commet, il sera incessamment procédé au recouvrement des sommes qui ont été ou seront dues à Sa Majesté pour les ventes faites ou à faire desdits droits & offices de parisis, contrôleurs, prud'hommes & vendeurs de cuirs, officiers du présidial du Puy, tiers-référendaires, taxateurs, calculateurs des dépens, courtiers & commissionnaires des vins, cidres, eaux-de-vie & liqueurs, médecins & chirurgiens royaux, restant à vendre & débiter, à l'exception seulement desdits courtiers & commissionnaires de la ville & élection de Bordeaux ; comme aussi que le recouvrement des sommes qui proviendront des droits de quittance attribués aux trésoriers receveurs, & autres officiers comptables desdites provinces & généralités de Languedoc, Provence, Bourgogne, Bresse, Franche-Comté, Foix, Nebouzan, Béarn, Navarre & quatre Vallées, par l'édit du mois d'Octobre 1693, à l'exception des trésoriers généraux des Etats & des payeurs des gages des cours, & compagnies desdites provinces & généralités, sera fait par ledit le Beau, ses procureurs ou commis, en conséquence des rôles ou états qui ont été ou seront expédiés au conseil, & les payemens des sommes y contenues aussi à lui faits ; savoir, pour les parisis & offices des cuirs, sur les quittances du garde du trésor royal, & les autres sur celles des receveurs des revenus casuels ; & en attendant l'expédition d'icelles, sur les récépissés ou quittances dudit le Beau, ses procureurs ou commis, portant promesse de rapporter lesdites quittances dans deux mois après le payement fait ; à quoi faire seront, en cas de refus, les redevables & refusans contraints par les voies ordinaires & accoutumées pour les affaires de Sa Majesté. Et pour faciliter ledit recouvrement, Ordonne Sa Majesté que les rôles, arrêts & réglemens du conseil, rendus en exécution desdits édits, sous les noms desdits Remy & Chaplet, seront exécutés en faveur dudit le Beau, comme s'ils avoient été rendus sous son nom, & qu'il ne sera payé pour chacun contrôle des actes & exploits, ou significations faites à sa requête, que moitié des cinq sols attribués aux fermiers du domaine, Sa Majesté le déchargeant du surplus sans tirer à conséquence, sans néanmoins que ledit le Beau puisse troubler lesdits Remy & Chaplet au recouvrement des sommes qui leur restent dues pour remplir leurs traités, & jusques à la concurrence d'iceux, suivant les états qu'ils en ont fournis ; Sa Majesté voulant qu'elles leur soient entierement payées du fonds provenant des offices & droits par eux vendus & mentionnés aux états qui ont été par eux donnés & certifiés ; & qu'à cet effet les arrêts & rôles expédiés à leur diligence seront exécutés selon leur forme & teneur. Enjoint Sa Majesté aux commissaires par Elle départis dans les provinces & généralités du royaume, de tenir la main à l'exécution desdits édits & arrêts, à ce que dessus. Et sera le présent arrêt exécuté nonobstant oppositions, appellations ou empêchemens quelconques, & sans préjudice d'iceux ; desquels, si aucuns interviennent, Sa Majesté s'en est, & à son conseil, réservé la connoissance, & icelle interdite à toutes ses autres cours & juges. FAIT au conseil d'état du Roi, tenu à Versailles, le troisieme jour d'Août mil six cent quatre-vingt-quatorze. *Collationné.*

Signé, RANCHIN.

LOUIS

LOUIS, PAR LA GRACE DE DIEU, ROI DE FRANCE ET DE NAVARRE: Dauphin de Viennois, comte de Valentinois & Diois, Provence, Forcalquier & terres adjacentes, à nos amés & féaux conseillers en nos conseils, les sieurs intendans & commissaires départis dans les provinces & généralités de notre royaume, chacun en droit soi, SALUT. Nous vous mandons & enjoignons de tenir la main à l'exécution de l'arrêt, dont l'extrait est ci-attaché sous le contre-sceau de notre chancellerie, ce jourd'hui donné en notre conseil d'état, pour le recouvrement des sommes y mentionnées, lequel arrêt commandons au premier notre huissier ou sergent sur ce requis, signifier à tous qu'il appartiendra, à ce qu'aucun n'en ignore, & faire pour son entiere exécution, à la requête de Jacques le Beau, que Nous avons commis & commettons pour ledit recouvrement, tous commandemens, sommations, contraintes par les voies déclarées audit arrêt, & autres actes & exploits requis & nécessaires. Voulons que ledit arrêt soit exécuté nonobstant clameur de haro, charte normande, oppositions, appellations ou empêchement quelconques; desquels si aucuns interviennent, nous nous sommes réservés & à notre conseil la connoissance, & icelle interdisons à toutes nos cours & autres juges, & qu'aux copies d'icelui & des présentes collationnées par l'un de nos amés & féaux conseillers secrétaires, foi soit ajoutée comme aux originaux: CAR tel est notreplaisir. DONNÉ à Versailles le troisieme jour d'Août, l'an de grace mil six cent quatre-vingt-quatorze; & de notre regne le cinquante-deuxieme. Par le Roi Dauphin, comte de Provence en son conseil. Signé, RANCHIN: Et scellé du grand sceau en cire rouge.

NICOLAS DE LAMOIGNON, Chevalier, comte de Launay-Courson, seigneur de Brix, Vaugrigneuse, Chavagne, Lamothe-Chandenier, Beuxé, & autres lieux, conseiller d'état, intendant en la province de Languedoc.

VU l'édit du Roi du mois d'Octobre 1693, portant attribution des droits de quittances aux trésoriers, receveurs, payeurs, & tous autres officiers comptables & des finances, duement registré à la chambre des comptes; l'arrêt du conseil du 3 Août 1694; par lequel Me. Jacques le Beau est commis audit recouvrement; & le rôle du conseil arrêté en conséquence le quatorzieme Septembre 1694. Nous ordonnons que lesdits édit, arrêt & rôle du conseil seront exécutés selon leur forme & teneur; ce faisant, que les particuliers dénommés audit rôle seront contraints au payement des sommes y contenues, ainsi qu'il est accoutumé pour les deniers de Sa Majesté dans un mois du jour de la signification desdits édit, arrêt, rôle, & de notre présente ordonnance. Mandons à tous huissiers ou sergens requis, faire tous exploits requis & nécessaires. FAIT à Montpellier ce vingt-six Septembre mil six cent quatre-vingt-quatorze. Signé, DE LAMOIGNON: Et plus bas; Par Monseigneur, LE SELLIER.

Tome VI.   L l

CLIII.
ARRÊT
Du Conseil et lettres patentes,

Portant fixation du droit de quittance attribué aux receveurs des tailles, en exécution de l'édit du mois d'Octobre 1693.

Du 21 Décembre 1694, & 2 Avril 1695.

EXTRAIT *des Regiſtres du Conſeil d'État.*

VU au conſeil du Roi la requête préſentée en icelui par les officiers comptables de la province de Languedoc, Contenant qu'en exécution de l'édit du mois d'Octobre 1693, portant attribution d'un droit de quittance aux officiers comptables du royaume, il a été arrêté un rôle de recouvrement au conſeil, le 14 Septembre dernier, pour le payement de la finance de ladite attribution en ladite province, montant à la ſomme de 219,396 livres, outre les deux ſols pour livre ; cependant, aux termes de cet édit, Sa Majeſté n'ayant entendu attribuer ledit droit de quittance, que ſur le fondement, que ceux auxquels il eſt attribué ne jouiſſent d'aucun, ou qu'ils n'avoient pas été rembourſés de celui qu'ils jouiſſoient ; cet édit ne devroit pas être exécuté à l'égard des ſuppliants, attendu qu'ils ont financé depuis longtemps pour un ancien droit de quittance & un nouveau, en conſéquence de l'édit du mois de Novembre 1642, deſquels droits ils jouiſſent actuellement, n'ayant pas été rembourſés, d'ailleurs ayant financé depuis peu 300,000 livres d'une part, pour jouir d'une augmentation de gages, & 150,000 livres d'autre, pour jouir d'une attribution ſur les deniers municipaux des communautés, pour le payement deſquelles ſommes ils ont été obligés de faire des emprunts conſidérables qui ſont encore dus ; ils ont payé, dans les deux années précédentes, les prêts & les annuels, & ils doivent encore les payer à la fin de celle-ci ; & que par toutes ces raiſons ils avoient lieu d'eſpérer d'être déchargés de l'acquiſition dudit droit de quittance ; néanmoins, pour donner des marques de leur affection pour le ſervice de Sa Majeſté, ils offrent de financer un droit de quittance par augmentation, ſur le pied du denier dix, pour en jouir à commencer en l'année prochaine 1695, juſques à concurrence de la ſomme de 150,000 livres, & de payer ladite ſomme avec les deux ſols pour livre dans la ville de Montpellier, dans le mois de Mai prochain ; & attendu que dans ledit rôle il y a été compris aucuns tréſoriers des biens patrimoniaux des communautés, même quelques communautés pour les octrois qui leur appartiennent, qu'elles ſont régir par leurs conſuls ou autres perſonnes dont les uns ni les autres ne ſont pas au cas dudit édit ; comme auſſi il a été compris les receveurs généraux du domaine, qui ont déjà financé ledit droit en conſéquence dudit édit ; d'ailleurs, que les receveurs particuliers des tailles & taillon ſeront obligés de payer en pure perte le droit de quittance que les receveurs généraux des finances leur délivreroient, financent, & ceux-ci de le payer au garde du tréſor royal, & au tréſorier de l'extraordinaire des guerres, les années de leurs exercices, ſans en tirer aucun bénéfice, même de le payer à leurs compagnons d'office, les autres années qu'ils ne ſeront pas de tour, outre que les uns & les autres ſont obligés de le payer pour les quittances de leur prêt & annuel. Vu leſdits édit, rôle & arrêt du conseil, rendus en conséquence de l'avis du sieur de Basville, conseiller d'état & intendant de ladite généralité : Ouï le rapport du sieur Phelypeaux de Pontchartrain, conseiller ordinaire au conseil royal, contrôleur général des finances, SA MAJESTÉ EN SON CONSEIL, a ordonné & ordonne que ledit édit du mois d'Octobre 1693 sera exécuté selon sa forme & teneur, & a accepté & accepte les offres faites par lesdits officiers, & en conséquence, a ordonné & ordonne qu'en payant par eux, dans les premiers jours de l'année prochaine 1695, en la ville de Montpellier, la somme de 150,000 livres, & les deux sols pour livre ; savoir, ladite somme de 150,000 livres sur les quittances du trésorier des revenus casuels, qui seront expédiées au profit des dénommés dans l'état de recouvrement & de répartition de ladite somme, cejourd'hui arrêté au conseil ; & les deux sols pour livre sur les quittances de Me. Jacques le Beau, chargé du recouvrement de la finance du droit de quittance attribué par ledit édit ; & en attendant l'expédition desdites quittances, sur les récépissés dudit le Beau, ses procureurs ou commis, portant promesse de les rapporter, lesdits officiers, ensemble leurs veuves, héritiers ou ayant cause, jouiront héréditairement, conjointement ou séparément, d'un droit de quittance par augmentation sur le pied du denier dix, jusques à la concurrence de ladite somme de 150,000 livres, sans qu'eux ni leurs successeurs en puissent être dépossédés, ni lesdits droits supprimés, sursis ni retranchés, sinon en leur remboursant comptant les sommes qu'ils auront payées, tant en principal que deux sols pour livre ; savoir, les receveurs généraux des finances, taillon & trésoriers des mortes-payes de cinq sols pour chaque quittance de 100 livres & au-dessous, de dix sols pour celles au-dessus de 100 liv. jusqu'à 500 livres, & vingt sols de celles excédant 500 livres, qu'ils délivreront aux receveurs particuliers, sans qu'elles puissent excéder le nombre de trois pour chaque année d'exercice sur chacun desdits receveurs, par lesquels lesdits droits leur seront payés ; les receveurs généraux des gabelles, de cinq sols pour chaque quittance de 100 livres & au-dessous, de dix sols pour celles au-dessus de 100 liv. jusqu'à 500 livres ; & de vingt sols sur celles excédant 500 livres, qui leur seront payés par ceux auxquels ils délivreront leurs quittances l'année de leur exercice, qui ne pourront excéder le nombre de quatre. Et à l'égard des quittances qui seront fournies auxdits receveurs généraux des finances, taillon, gabelles & trésoriers des mortes-payes, il leur sera payé par les parties qui les fourniront, cinq sols pour chacune de celles au-dessous de 100 livres, dix sols de celles au-dessus de 100 liv. jusqu'à 500 livres, & vingt sols de celles excédant 500 livres, le tout suivant & conformément audit édit. Les receveurs particuliers des tailles & taillon jouiront sur les paroisses de ladite province ; savoir, les receveurs des tailles, de 3 liv. 12 sols pour chaque paroisse, & les receveurs du taillon, de 2 livres, desquels droits lesdites paroisses feront l'imposition annuellement à commencer l'année prochaine, pour, lesdits droits leur être payés par les collecteurs & préposés à la levée des impositions, ainsi qu'il est porté par ledit édit ; & seront les dénommés audit rôle arrêté au conseil, contraints au payement des sommes pour lesquelles ils sont employés, comme pour les propres deniers & affaires de Sa Majesté, sur les quittances de Me. Etienne Flaugergues, receveur des tailles au diocese de Montpellier, que lesdits officiers ont nommé à cet effet, visées par l'un des syndics desdits officiers, portant promesse de rapporter celles du trésorier des revenus casuels, & dudit le Beau ; savoir, une moitié, un mois après la signification du présent arrêt, & l'autre moitié, dans deux mois ; & seront tenus lesdits officiers de signer l'obligation solidaire pour le payement de ladite somme de 150,000 livres, & des deux sols pour livre, un mois après le commandement qui leur en sera fait. Et ceux desdits officiers qui ne voudront pas entrer dans ladite obligation, seront contraints incessamment au payement de la somme pour laquelle ils sont compris audit rôle, & privés de six mois de leur jouissance qui sera au profit de ceux qui seront entrés dans l'obligation solidaire, pour les indemniser des frais & avances qu'il leur convient faire pour parvenir au recouvrement & payement de ladite somme de 150,000 livres, & deux sols pour livre, & en outre de payer l'intérêt à compter du jour de l'échéance du commandement. Et au cas que la jouissance de six mois de ceux qui n'entreront pas dans ladite obligation solidaire, ne seroit suffisante pour le payement desdits frais, permet Sa Majesté à ceux desdits officiers qui seront entrés dans ladite obligation, de lever sur eux jusques à trois deniers pour livre du montant de leur finance, pour survenir au parfait payement desdits frais ; & parce que le fonds de ladite augmentation de droit de quittance, qui est attribué aux receveurs particuliers des tailles & taillon, doit être payé par les communautés, & que dans aucuns dioceses de la province il n'y a point de receveurs du taillon, & dans d'autres il y a des offices de receveurs vacans, pour lesquels on ne peut obliger personne à acquérir ledit droit, & cependant s'il n'étoit pas financé, il se trouveroit de communautés qui payeroient un moindre droit de quittance que les autres ; à quoi Sa Majesté voulant remédier, a ordonné & ordonne que ledit droit de quittance, tant à l'égard des dioceses où il n'y a point d'offices de receveurs particuliers du taillon, qu'à l'égard de ceux où il y a des offices particuliers vacans, sera acquis par les suppliants au sol la livre, à proportion de leurs finances ; & que le recouvrement dudit droit de quittance sera fait par ceux qui feront la recette des tailles & l'exercice des offices vacans, lesquels seront tenus de faire le payement aux suppliants ou à leurs ayant cause, sans pouvoir prétendre aucuns émolumens. Et pour faciliter le recouvrement de ladite somme de 150,000 livres, & deux sols pour livre & frais, veut Sa Majesté que ceux qui prêteront leurs deniers auxdits officiers, ayent hypotheque & privilége sur leurs offices & sur ledit droit, ainsi qu'il est porté par ledit édit, & que le présent arrêt & rôle soient exécutés selon leur forme & teneur, Sa Majesté enjoignant au sieur de Basville, conseiller d'état, intendant en Languedoc, d'y tenir la main, & qu'il soit exécuté nonobstant oppositions ou appellations quelconques, desquelles, si aucunes interviennent, Sa Majesté, & à son conseil, se réserve la connoissance, & icelle interdit à toutes autres cours & juges. Ordonne en outre Sa Majesté qu'aucun officier ne sera reçu à signer ladite obligation, qu'en payant la moitié de la somme pour laquelle il est compris dans ledit rôle, & que les gages & augmentations desdits officiers seront par exprès affectés & hypothéqués par préférence à toute sorte de créanciers, au payement de leur portion de ladite somme de 150,000 livres, deux sols

PART. I. DIV. II. LIV. III. 269

pour livre & frais, sans pouvoir être diverris ailleurs, & ceux qui en auront le fonds, contraints comme pour les propres deniers & affaires de Sa Majesté, en vertu du présent arrêt, sans qu'il en soit besoin d'autre, d'en vuider leurs mains en celles dudit Flaugergues, & sur ses quittances qui seront passées & allouées dans leurs états & comptes sans difficulté. Et pour l'exécution du présent arrêt toutes lettres nécessaires seront expédiées. FAIT au conseil d'état du Roi, tenu à Versailles le vingt-unieme Décembre mil six cent quatre-vingt-quatorze. *Collationné*. *Signé*, DE LAISTRE.

LOUIS, PAR LA GRACE DE DIEU, ROI DE FRANCE ET DE NAVARRE: A nos amés & féaux conseillers les gens tenant notre cour des comptes, aides & finances de Montpellier, SALUT. Ayant par notre édit du mois d'Octobre 1693, attribué des droits de quittance à tous les officiers comptables de notre royaume, pour en jouir par eux héréditairement & leurs successeurs, héritiers ou ayans cause, en payant la finance qui seroit fixée par les rôles & états que Nous en ferions arrêter en notre conseil, dont le recouvrement seroit fait par celui qui seroit par Nous commis; pour y parvenir, Nous aurions, le 14 Septembre dernier, fait arrêter un *rôle*, dans lequel les officiers comptables de notre province de Languedoc auroient été compris pour la somme de 219,396 livres & les deux sols pour livre d'icelle, pour jouir de l'attribution desdits droits portés par ledit édit ; en conséquence duquel Me. Jacques le Beau, que Nous aurions commis par arrêt de notre conseil, du 3 Août dernier, pour faire les diligences nécessaires pour le recouvrement de ladite finance, auroit fait signifier ledit rôle

auxdits officiers, lesquels auroient différé d'y satisfaire sur ce qu'ils prétendoient qu'aux termes de notredit édit, Nous n'aurions entendu attribuer lesdits droits que sur le fondement que ceux auxquels il est attribué ne jouissent d'aucuns desdits droits, ou qu'ils n'auroient pas été remboursés de ceux dont ils jouissoient, & que n'étant pas dans ce cas, ledit édit ne devoit pas être exécuté à leur égard, attendu qu'ils avoient financé depuis long-temps pour un ancien droit de quittance & un nouveau, en conséquence de notre édit du mois de Novembre 1642, desquels ils jouissent actuellement, n'en ayant pas été remboursés jusques à présent. De plus, ils Nous auroient encore fait remontrer qu'ils ont depuis peu financé 300,000 livres d'une part, pour jouir d'une augmentation de gages & 150,000 livres d'autre, pour jouir d'une attribution sur les deniers municipaux des communautés, pour le payement desquelles sommes ils auroient été obligés de faire des emprunts considérables dont ils sont encore débiteurs ; & qu'outre ce, ils en avoient payé dans les deux années précédentes les prêts & annuels, & doivent encore en payer à la fin de celle-ci : Que même dans ledit rôle il y a été compris aucuns trésoriers des biens patrimoniaux des communautés ; comme aussi, quelques communautés pour les octrois qui leur appartiennent, qu'elles font régir par leurs consuls ou autres personnes, dont les uns ni les autres ne sont pas au cas dudit édit : Que même les receveurs généraux de notre domaine y étoient aussi compris, bien qu'ils eussent déjà financé, pour jouir dudit droit en conséquence dudit édit ; d'ailleurs que les receveurs particuliers des tailles & taillon seroient aussi obligés de payer en pure perte le droit de quittance que les receveurs généraux des finances leur délivreroient, & ceux-ci de le payer au garde du trésor royal, & au trésorier de l'ordinaire des guerres ès années de leur exercice, sans en tirer aucun bénéfice, même de le payer à leurs compagnons d'office dans les autres années ; qu'ils étoient encore obligés de le payer pour les quittances de leur prêt & annuel. Que pour toutes ces considérations, ils avoient eu lieu d'espérer que Nous voudrions bien les décharger de l'acquisition dudit droit de quittance : Que néanmoins pour Nous donner des marques de leur affection à notre trône, ils offroient de financer pour l'acquisition d'un droit de quittance par augmentation sur le pied du denier dix, pour en jouir, à commencer au premier Janvier de la présente année, jusques à la somme de 150,000 livres, avec les deux sols pour livre d'icelle, & de payer lesdites sommes en la ville de Montpellier, dans le mois de Mai prochain. A quoi ayant bien voulu incliner, Nous aurions, par arrêt de notre conseil, du 21 Décembre dernier, accepté les offres desdits officiers & comptables de notre province de Languedoc, & par icelui ordonné que notredit édit du mois d'Octobre 1693, seroit exécuté selon sa forme & teneur ; & en conséquence, qu'en payant par eux dans les premiers jours du mois de Mai de la présente année 1695, en la ville de Montpellier, ladite somme de 150,000 livres, & les deux sols pour livre ; savoir, celle de 150,000 livres sur les quittances du trésorier des receveurs casuels, qui seront expédiées au profit des dénommés en l'état de recouvrement & de répartition de ladite somme, arrêté ledit jour en notre conseil, & les deux sols pour livre sur les quittances dudit le Beau ; &, en attendant l'expédition desdites quittances sur les récépissés dudit le Beau,

son procureur & commis, portant promesse de les rapporter, lesdits officiers, ensemble leurs veuves ou ayant cause, jouissent héréditairement, conjointement ou séparément, d'un droit de quittance par augmentation, sur le pied du denier dix de la somme principale, jusques à la concurrence de ladite somme de 150,000 livres, sans qu'eux ni leurs successeurs en puissent être dépossédés, ni lesdits droits supprimés, sursis ni retranchés, sinon en leur remboursant comptant la somme qu'ils auroient payée tant en principal que deux sols pour livre ; savoir, les receveurs généraux des finances & taillon, & trésoriers des mortes-payes, de cinq sols pour chaque quittance de 100 livres & au-dessous ; de dix sols pour celles au-dessus de 100 livres jusques à 500 livres ; & vingt sols de celles excédant 500 livres, qu'ils délivreront aux receveurs particuliers, sans qu'elles puissent excéder le nombre de trois, pour chaque année d'exercice, sur chacun desdits receveurs, par lesquels lesdits droits leur seront payés : Les receveurs généraux des gabelles, de cinq sols pour chaque quittance de 100 livres & au-dessous ; de dix sols pour celles au-dessus de 100 livres jusqu'à 500 livres ; & de vingt sols sur celles excédant 500 livres, qui leur seront payées par ceux auxquels ils délivreront leurs quittances en l'année de leurs exercices, lesquelles ne pourront excéder le nombre de quatre. Et à l'égard des quittances qui seront fournies auxdits receveurs généraux des finances, taillon, gabelles & trésorier des mortes-payes, il leur sera payé par les parties qui les les fourniront, cinq sols pour chacune de celles au-dessous de 100 livres ; dix sols de celles au-dessus de 100 livres jusques à 500 livres ; & vingt sols de celles excédant 500 livres, le tout suivant & conformément audit édit ; lesdits receveurs particuliers des tailles & taillon jouiront sur les paroisses de ladite province ; savoir, les receveurs des tailles de 3 livres 12 sols pour chaque paroisse, & les receveurs du taillon de 2 livres, desquels droits lesdites paroisses feront l'imposition annuellement, à commencer en l'année 1695, pour être lesdits droits payés par les collecteurs & préposés à la levée des impositions, ainsi qu'il est porté par ledit édit, & que les dénommés audit rôle seroient contraints au payement des sommes pour lesquelles ils y sont employés, comme pour nos propres deniers & affaires sur les quittances de Me. Etienne Flaugergues, receveur des tailles du diocèse de Montpellier, que lesdits officiers ont nommé à cet effet, visées par l'un des syndics desdits officiers, portant promesse de rapporter celles du trésorier de nos revenus casuels & dudit le Beau ; savoir, moitié un mois après la signification desdits arrêt & rôle, & l'autre moitié dans deux mois ; à l'effet de quoi, lesdits officiers seroient tenus de signer l'obligation solidaire pour le payement de ladite somme de 150,000 livres, & de 2 sols pour livre un mois après le commandement qui leur en seroit fait, & que ceux desdits officiers qui ne voudroient pas entrer dans ladite obligation seroient contraints incessamment au payement de la somme pour laquelle ils sont compris audit rôle, & privés de six mois de leur jouissance, lesquels seront au profit de ceux qui seront entrés dans l'obligation solidaire, pour les indemniser des frais & avances qu'il leur conviendroit faire, pour parvenir au recouvrement & payement de ladite somme de 150,000 livres & 2 sols pour livre, & en outre de payer l'intérêt, à compter du jour de l'é- chéance du commandement ; & au cas que la jouissance de six mois, de ceux qui n'entreront pas dans ladite obligation solidaire ne fût pas suffisante pour le payement desdits frais, Nous aurions promis à ceux desdits officiers qui seroient entrés dans ladite obligation de lever sur eux jusques à trois deniers pour livre du montant de leur finance, pour subvenir au parfait payement desdits frais ; & parce que le fonds de ladite augmentation de droit de quittance, qui est attribuée auxdits receveurs particuliers des tailles & taillon doit être payé par les communautés, & que dans aucuns diocèses de ladite province il n'y a point de receveurs du taillon, & que dans d'autres il y a des offices de receveurs vacans, pour lesquels on ne peut obliger personne à acquérir lesdits droits, & que cependant, s'il n'étoit pour ce financé, il se trouveroit des communautés qui payeroient un moindre droit de quittance que les autres, Nous aurions ordonné que ledit droit de quittance, tant à l'égard des diocèses où il n'y a point d'offices de receveurs particuliers du taillon, qu'à l'égard de ceux où il y a d'offices particuliers vacans, seroit acquis par lesdits officiers au sol la livre, à proportion de leur finance, & que le recouvrement dudit droit de quittance seroit fait par ceux qui feront la recette des tailles & l'exercice des offices vacans, lesquels seront tenus de faire le payement auxdits officiers ou à leurs ayant cause, sans pouvoir prétendre aucuns émolumens ; & pour faciliter le recouvrement de ladite somme de 150,000 livres 2 sols pour livre & frais, Nous aurions ordonné que ceux qui prêteroient leurs deniers auxdits officiers, ayent hypotheque & privilége sur leurs offices & sur ledit droit, ainsi qu'il est porté par nosdits édit, arrêt & rôle, avec injonction au sieur de Basville, commissaire par Nous départi en ladite province, d'y tenir la main ; & au surplus, Nous aurions aussi ordonné qu'aucun officier ne seroit reçu à signer ladite obligation qu'après avoir payé la moitié de la somme pour laquelle il est compris dans ledit rôle, & que les gages & augmentations desdits officiers seroient par exprès affectés & hypothéqués par préférence à toute sorte de créanciers au payement de leur portion de ladite somme de 150,000 livres 2 sols pour livre & frais, sans être divertis ailleurs, & ceux qui en auront le fonds contraints, comme pour nos propres deniers & affaires, en vertu dudit arrêt, sans qu'il en soit besoin d'autre, d'en vuider leurs mains en celles dudit Flaugergues, & sur ses quittances qui seront passées & allouées dans leurs états & comptes sans difficulté. Et notre intention étant que ledit arrêt ait son entiere exécution, A CES CAUSES, Nous vous mandons & enjoignons que ledit arrêt rendu en notre conseil, ledit jour 21 Décembre dernier, ci-attaché sous le contre-scel de notre chancellerie vous ayez à faire lire, publier & regiſtrer, & le contenu en icelui exécuter, garder & obſerver de point en point ſelon ſa forme & teneur, cessant & faiſant cesser tous troubles qui pourroient survenir ; & nonobſtant toutes oppositions, appellations ou autres empêchemens généralement quelconques, & sans préjudice d'iceux : CAR tel est notre plaisir. DONNÉ à Versailles, le deuxieme Avril, l'an de grace mil six cent quatre-vingt-quinze, & de notre regne le cinquante-deuxieme. Signé, LOUIS. Et plus bas : Par le Roi, PHELYPEAUX. Et scellées du grand sceau de cire jaune, sur simple queue.

CLIV.
ARRÊT DU CONSEIL,

Qui permet aux dioceses de Languedoc, de rembourser aux receveurs des tailles & taillon le nouveau droit de quittance de cinq livres douze sols par chaque paroisse qu'ils avoient financé au Roi en l'année précédente.

Du 20 Septembre 1695.

EXTRAIT *des Registres du Conseil d'Etat.*

SUR ce qui a été remontré au Roi, étant en son conseil, par les gens des trois-états de la province de Languedoc, en l'article XIII de leur cahier présenté à Sa Majesté, que les receveurs des tailles & taillon des dioceses de ladite province ayant été obligés de financer au denier dix une augmentation de droit de quittance qui revient à cinq livres douze sols pour chaque paroisse, ce seroit un soulagement aux communautés s'il plaisoit à Sa Majesté accorder aux dioceses la faculté de rembourser ce nouveau droit ; Oui le rapport, & tout consideré, le Roi étant en son conseil, conformément à la réponse faite sur ledit article, a permis & permet aux dioceses de Languedoc de rembourser aux receveurs des tailles & taillon les sommes qu'ils ont financées pour le nouveau droit de quittance qu'ils ont acquis, suivant la liquidation qui en sera faite par le sieur de Basville, conseiller d'état, intendant de la province. FAIT au conseil d'état du Roi, Sa Majesté y étant, tenu à Versailles le vingtieme jour de Septembre mil six cent quatre-vingt-quinze.

Signé, PHELYPEAUX.

CLV.
ORDONNANCE
DES COMMISSAIRES DU ROI ET DES ETATS,

Portant que les préambules des rôles des impositions seront remis par les maire, consuls & greffier, aux receveurs des diocèses dans tout le mois d'Avril, & par les receveurs aux syndics généraux de la province dans tout le mois de Mai.

Du 15 Décembre 1695.

AYANT remarqué, par le rapport des impositions de la présente année, que les maire, consuls & greffiers de plusieurs villes & communautés de la province, ont négligé de remettre aux receveurs des tailles ex exercice, les préambules des impositions, pour se mettre à couvert de la vérification qui en auroit été faite, & des restitutions & amendes, qui auroient pu être ordonnées contre eux, pour avoir contrevenu aux arrêts & réglemens rendus sur le fait desdites impositions; & que lesdits receveurs des tailles ont pareillement négligé de remettre aux syndics généraux de la province lesdits préambules dans le temps porté par nos ordonnances, pour que la vérification en eût pu être régulierement faite: à quoi étant nécessaire de pourvoir.

Nous ORDONNONS que les maires, consuls & greffiers, remettront par tout le mois d'Avril de chacune année, aux receveurs des tailles en exercice, une copie du préambule du rôle des impositions de chaque communauté, par eux certifié & signé; & que lesdits receveurs remettront aux syndics généraux de la province tous lesdits préambules, par tout le mois de Mai de chacune année, à peine de 25 livres d'amende contre lesdits maires, consuls & greffiers solidairement, & de pareille amende de 25 livres contre chacun desdits receveurs, applicable à l'hôpital des villes chefs des diocèses, au payement de laquelle amende, déclarée encourue par notre présente ordonnance, & sans qu'elle puisse être réputée comminatoire, ils seront contraints par les voies accoutumées pour les deniers & affaires de Sa Majesté. Enjoignons aux commissaires principal, ordinaires, & députés des assiettes, de faire procéder, lesdites assiettes tenant, à la lecture & enregistrement de notre présente ordonnance, & aux greffiers desdites assiettes d'en donner avis aux maires & consuls, par un article séparé, dans les mandes des impositions, à peine d'en répondre en leur propre & privé nom. FAIT à Montpellier, pendant la tenue des Etats, le quinzieme Décembre mil six cent quatre-vingt-quinze.

CLVI.
ARRÊT
DU CONSEIL D'ETAT DU ROI,

Portant que les offices de receveurs des tailles de la province de Languedoc, sont affectés, par privilége à tous créanciers, au payement des sommes appartenantes à la province, aux diocèses, ou aux communautés qui ont été ou qui seront remises aux pourvus desdits offices, leurs préposés ou commis; fait défenses aux diocèses de faire remettre en d'autres mains les sommes empruntées ou imposées, & celles qui leur auront été accordées par les Etats.

Du 8 Mai 1696.

N°. CLVI. *Extrait des Regiſtres du Conſeil d'Etat.*

VU par le Roi, étant en ſon conſeil, l'arrêt rendu en icelui le 20 Septembre 1695, par lequel Sa Majeſté auroit ordonné que, par le ſieur de Baſville, conſeiller d'état, intendant de juſtice, police & finances en la province de Languedoc, il ſeroit donné avis à Sa Majeſté, ſur la demande faite par l'article XIV du cahier préſenté par les ſyndics des trois-états de ladite province, tendante à ce qu'il plût à S. M. déclarer les offices de receveurs des tailles, hypothéqués par privilége au payement de tous les deniers appartenans à la province, dioceſes, villes & communautés, qui auront été remis ès mains deſdits receveurs, en quelque maniere que ce ſoit, pour y être enſuite pourvu par Sa Majeſté en connoiſſance de cauſe, ainſi qu'il appartiendra; l'ordonnance rendue par ledit ſieur de Baſville, ſur la requête du ſyndic général de ladite province le deuxieme Janvier dernier; portant que ledit arrêt ſera communiqué aux ſyndics des receveurs des tailles de ladite province, pour y répondre dans huitaine; la réponſe faite par les ſieurs Fargeon & Paſturel, ſyndics deſdits receveurs des tailles, le 10 dudit mois de Janvier, par laquelle ils déclarent n'entendre empêcher que les offices ne ſoient affectés & hypothéqués au payement de tous les deniers appartenans à ladite province, dioceſes, villes & communautés en dépendans, qui auront été remis entre leurs mains, à cauſe de la fonction & exercice de leurs offices, par préférence à tous autres créanciers; l'avis donné par ledit ſieur de Baſville ſur le tout, le 17 Avril dernier, par lequel il dit que les receveurs des tailles ne reçoivent pas ſeulement les deniers qui ſont impoſés ſur les dioceſes, qu'ils reçoivent encore les ſommes qui ſont empruntées pour les affaires deſdits dioceſes, celles qui ſont accordées par les Etats pour le rembourſement deſdits dioceſes, & celles qui ſont reſtituées par les maire & conſuls des communautés : Qu'à l'égard des ſommes impoſées, on n'a pas douté juſqu'à préſent que la province & les dioceſes, pour les ſommes qui leur ſont dues, ne ſoient privilégiés à tous créanciers, & que les offices de receveurs leur ſoient affectés par privilége; mais à l'égard des autres ſommes qui ſont remiſes aux receveurs, leurs créanciers ont prétendu qu'ils n'en faiſoient pas la recette en vertu de leurs offices, mais comme perſonnes privées, & qu'ainſi la province ni les dioceſes & communautés ne pouvoient avoir aucun privilége ſur eux : Que l'on ne voit pas cependant qu'il y ait de diſtinction à faire, puiſque leſdits receveurs ſont également commis pour recevoir toutes les ſommes qui leur ſont remiſes de la part de la province, dioceſes & communautés : Que les ſommes empruntées qui leur ſont remiſes, ne ſont pas moins des deniers publics, que celles qui ſont impoſées; & qu'il importe enfin qu'il y ait dans chaque dioceſe une perſonne entre les mains de qui les deniers publics puiſſent être dépoſés, & qu'il y ait de quoi en répondre : Que cette perſonne ne peut être que leſdits receveurs, puiſqu'ils ſont les officiers des dioceſes, & les perſonnes les plus verſées à faire une recette : Que ſi leurs offices n'étoient affectés à leur maniement, ce ſeroit leur donner le moyen de divertir les deniers de leurs recettes, & de conſerver leurs offices ſous le nom de leurs créanciers : Que ſous ce prétexte, les dioceſes ont quelquefois délibéré de faire faire la recette des deniers empruntés, ſoit pour le fourniſſement de l'étape, ſoit pour les répartitions des sommes, par les syndics desdits dioceses, ou autres personnes qu'ils ont nommé, lesquelles n'étant pas suffisamment cautionnées, ont mis dans la suite leurs biens en distribution; à quoi il n'est pas moins nécessaire de remédier, qu'à la sureté des deniers qui sont remis auxdits receveurs; & partant il estime que Sa Majesté doit, si tel est son bon plaisir, déclarer que les offices de receveurs des tailles sont affectés, par privilége à tous créanciers, au payement des sommes appartenantes à la province, aux dioceses ou aux communautés, en quelque maniere que ce soit, qui ont été ou qui seront remises ès mains des pourvus desdits offices, leurs préposés ou commis, & faire défenses à tous ceux qui composeront à l'avenir les assemblées des dioceses, de faire remettre les sommes empruntées ou imposées, & celles qui leur auront été accordées par les Etats, en d'autres mains qu'en celles des receveurs des tailles, à peine de répondre en leurs propres & privés noms, de la solvabilité des personnes qu'ils auront commises. Et Ouï le rapport du sieur Phelypeaux de Pontchartrain, conseiller ordinaire au conseil royal, contrôleur général des finances; LE ROI ÉTANT EN SON CONSEIL, conformément à l'avis dudit sieur de Basville, du 17 Avril dernier, a déclaré & déclare, que les offices de receveurs des tailles de la province de Languedoc, sont affectés, par privilége à tous créanciers, au payement des sommes appartenantes à la province, aux dioceses, ou aux communautés, en quelque maniere que ce soit, qui ont été ou qui seront remises ès mains des pourvus desdits offices, leurs préposés ou commis. Fait Sa Majesté défenses à tous ceux qui composeront à l'avenir les assemblées des dioceses,

de faire remettre les sommes empruntées ou imposées, & celles qui leur auront été accordées par les Etats, en d'autres mains qu'en celles des receveurs des tailles, à peine de répondre en leurs propres & privés noms, de la solvabilité des personnes qu'ils auront commises; & pour l'exécution du présent arrêt, toutes lettres nécessaires seront expédiées. FAIT au conseil d'état du Roi, Sa Majesté y étant, tenu à Versailles le huitieme jour de Mai mil six cent quatre-vingt-seize.

Signé, PHELYPEAUX.

LOUIS, PAR LA GRACE DE DIEU, ROI DE FRANCE ET DE NAVARRE: A nos amés & féaux conseillers les gens tenant notre cour des comptes, aides & finances de Montpellier, SALUT. Par l'arrêt ci-attaché sous le contre-scel de notre chancellerie, ce jourd'hui donné en notre conseil d'état, Nous y étant, Nous avons déclaré que les offices des receveurs des tailles de notre province de Languedoc, sont affectés, par privilége à tous créanciers, au payement des sommes appartenantes à ladite province, aux dioceses ou aux communautés, en quelque maniere que ce soit, qui ont été ou qui seront remises ès mains des procureurs desdits offices, leurs préposés ou commis; & fait défenses à tous ceux qui composeront à l'avenir les assemblées des dioceses, de faire remettre les sommes empruntées ou imposées, & celles qui leur auront été accordées par les Etats, en d'autres mains qu'en celles des receveurs de tailles, à peine de répondre en leurs propres & privés noms, de la solvabilité des personnes qu'ils auront commises. A CES CAUSES, Nous vous mandons & ordonnons par ces présentes, signées de notre main, que ledit arrêt,

& ces préfentes, vous ayez à faire regiſtrer, & le contenu en iceux garder & exécuter ſelon leur forme & teneur : Car tel eſt notre plaiſir. Donné à Verſailles le huitieme jour de Mai, l'an de grace mil ſix cent quatre-vingt-ſeize, & de notre regne le cinquante-troiſieme. *Signé*, LOUIS : *Et plus bas* ; Par le Roi, Phelypeaux.

CLVII.
ORDONNANCE
De M. l'Intendant,

Portant que les villes franches remettront tous les ans au premier de Juillet aux receveurs des dioceſes, les préambules des rôles de leurs impoſitions ; & qu'elles feront procéder à la vérification de leurs dettes.

Du 20 Octobre 1696.

Sur la requête qui nous a été préſentée, par le ſyndic général de la province de Languedoc ; Contenant, que quoique les villes & lieux d'Aiguesmortes, Villeneuve-les-Avignon, Blauzac, Villeneuve-de-Berg, la Voute, Griſac & autres villes franches, ſoient exemptes de contribuer aux impoſitions de la province, elles ne laiſſent pas de faire annuellement une impoſition pour ſubvenir à leurs affaires particulieres, en quoi il ſe commet ſouvent des abus, qui donnent lieu à des procès, & à des dettes, dont elles ſont plus chargées que les autres communautés ; mais d'autant que ces villes & lieux font partie de la province, quoiqu'elles ne contribuent pas à ſes impoſitions ; il requéroit qu'elles ſoient tenues de remettre annuellement au receveur des tailles du dioceſe en exercice, une copie du préambule du rôle de leurs impoſitions particulieres, bien & duement certifié par les maire & conſuls, & qu'elles ſoient tenues de faire procéder à la vérification de leurs dettes. Vu ladite requête.

Nous ordonnons que les maire & conſuls des villes & lieux d'Aiguesmortes, Villeneuve-les-Avignon, Blauzac, Villeneuve-de-Berg, la Voute, Griſac, & les autres villes franches de la province, remettront annuellement le premier Juillet au plus tard, au receveur des tailles du dioceſe en exercice une copie par eux certifiée du préambule du rôle de l'impoſition qui aura été faite ſur les habitans deſdites communautés, & qu'ils remettront dans un mois au greffe du Roi, un état des ſommes dues par la communauté avec les pieces juſtificatives de l'emploi, pour être procédé à la vérification de leurs dettes pendant la tenue des Etats ; auquel effet les créanciers, & tous autres détempteurs des actes néceſſaires pour l'établiſſement deſdites dettes, ſeront contraints de les leur remettre par toutes voies & par corps ; & à l'égard des préambules des rôles des impoſitions qui ont été faites la préſente année, Nous ordonnons qu'ils ſeront remis par les maire & conſuls deſdites villes & lieux, quinzaine après la ſignification de la préſente ordonnance, paſſé lequel délai ils y ſeront contraints par toutes voies & par corps, à la diligence du receveur des tailles des dioceſes, le tout ſans préjudice de leurs exemptions, libertés & priviléges. Fait à Montpellier le vingtieme Octobre mil ſix cent quatre-vingt-ſeize. *Signé*, de Lamoignon : *Et plus bas* ; Par Monſeigneur, Le Sellier.

CLVIII.
ORDONNANCE
Des commissaires du Roi et des Etats,

Portant que les receveurs des diocèses compteront des restitutions qui seront ordonnées, sur l'examen des impositions des communautés.

Du 20 Décembre 1696.

AYANT remarqué que plusieurs des ordonnances par nous rendues pour faire restituer les sommes sur-imposées, n'ont pas été exécutées, faute par les receveurs des tailles d'avoir fait les diligences nécessaires ; ce qui donne occasion à plusieurs communautés de continuer d'imposer des sommes sans permission, & contraires aux réglemens ; à quoi étant nécessaire de pourvoir.

Nous ordonnons que les receveurs des tailles des diocèses, qui seront chargés de faire exécuter les ordonnances qui seront par nous rendues sur la vérification des rôles des impositions, seront tenus de rendre compte des sommes qu'ils auront reçues en exécution desdites ordonnances, dans lequel compte ils employeront en dépense les mêmes sommes au profit des communautés qui en auront fait le moins imposé, & ils donneront en reprise les décharges qui auront été obtenues : Et sera ledit compte remis tous les ans au syndic général du département, avec les préambules des rôles des impositions, pour être par nous arrêté pendant la tenue des Etats. Fait à Montpellier au bureau de la commission, le vingtieme jour de Décembre mil six cent quatre-vingt-seize. Calvisson, de Lamoignon, Daldiguier, Masclary, Bastar. J. B. M. Colbert, archevêque de Toulouse, Calvisson, Irail ; Par Messeigneurs, Pujol, Guilleminet, Mariotte.

CLIX.
ARRÊT
Du Conseil d'Etat du Roi,

Qui ordonne que les receveurs des tailles de la province de Languedoc, ne pourront prétendre des taxations que pour les deniers imposés.

Du 19 Août 1698.

Extrait des Regîtres du Conseil d'Etat.

SUr la requête présentée au Roi, étant en son conseil, par le syndic général de la province de Languedoc ; Contenant, que le suppliant ayant demandé qu'il plût à Sa Majesté déclarer les offices de receveurs des tailles de ladite province, hypothéqués par privilége au payement des deniers qui leur seront remis, appartenans à la province, diocèses, villes & communautés, préférablement à tous créanciers particuliers, Sa Majesté, par arrêt du conseil du 8 Mai 1696, auroit non-seulement déclaré lesdits offices de receveurs des tailles affectés & hypothéqués par privilége au payement de tous lesdits deniers, mais elle auroit encore fait défenses à ceux qui dirigent les affaires des diocèses de faire remettre les sommes empruntées ou imposées & celles qui leur auront été accordées par les Etats, en d'autres mains que celles des receveurs des tailles, comme étant les personnes les plus solvables, au moyen de ladite hypotheque privilégiée & les plus propres pour compter desdites sommes aux diocèses. A l'occasion duquel arrêt, quelques receveurs des tailles ont refusé de recevoir les deniers empruntés par les dioceses, prétendant qu'ils doivent avoir six deniers pour livre desdits emprunts pour leurs taxations; mais d'autant que par le traité fait entre la province & lesdits receveurs, ils ne doivent avoir six deniers pour livre que des deniers imposés; que les deniers empruntés ne leur coûtent aucun soin de recouvrer; qu'ils en retirent les taxations lorsque les dioceses imposent les capitaux de leurs dettes, & qu'enfin il n'y a eu jusqu'à présent aucun receveur qui ait été payé des taxations des sommes empruntées, quoiqu'ils en ayent fait la recette. A CES CAUSES, il requéroit qu'il plût à S. M. ordonner que l'arrêt du conseil du 8 Mai 1696, sera exécuté selon sa forme & teneur, & que les receveurs des tailles ne pourront prétendre aucunes taxations de tous les deniers qui leur seront remis en exécution dudit arrêt, autres toutefois que ceux qui seront imposés, ainsi qu'il a été pratiqué jusqu'à présent. Vu ladite requête; les articles passés entre les syndics généraux de ladite province, des 20 Novembre 1610 & 30 Septembre 1634, & l'arrêt du conseil du 8 Mai 1696, & Oui le rapport du sieur Phelypeaux de Pontchartrain, conseiller ordinaire au conseil royal, contrôleur général des finances; LE ROI ÉTANT EN SON CONSEIL, a ordonné & ordonne que ledit arrêt du 8 Mai 1696, sera exécuté selon sa forme & teneur, & que les receveurs des tailles de ladite province de Languedoc, ne pourront prétendre aucunes taxations de tous les deniers qui leur seront remis en exécution dudit arrêt, autres toutefois que ceux qui seront imposés, ainsi qu'il a été pratiqué jusqu'à présent; & pour l'exécution du présent arrêt toutes lettres nécessaires seront expédiées. FAIT au conseil d'état du Roi, Sa Majesté y étant, tenu à Versailles le dix-neuvieme jour d'Août mil six cent quatre-vingt-dix-huit.

Signé, PHELYPEAUX.

LOUIS, PAR LA GRACE DE DIEU, ROI DE FRANCE ET DE NAVARRE: A nos amés & féaux conseillers, les gens tenant notre cour des comptes, aides & finances à Montpellier, SALUT. Par arrêt de notre conseil de ce jourd'hui rendu sur la requête du syndic général de notre province de Languedoc; & pour les causes & considérations y contenues, Nous avons ordonné que l'arrêt de notre conseil du 8 Mai 1696, sera exécuté selon sa forme & teneur, & que les receveurs des tailles de notredite province de Languedoc, ne pourront prétendre aucunes taxations de tous les deniers qui leur seront remis en exécution dudit arrêt, autres toutefois que de ceux qui seront imposés, ainsi qu'il a été pratiqué jusqu'à présent, & que pour l'exécution dudit arrêt toutes lettres nécessaires seroient expédiées. A CES CAUSES, Nous vous mandons & ordonnons par ces présentes signées de notre main que l'arrêt dont l'extrait est ci-attaché sous le contre-scel de notre chancellerie, & ces présentes, vous ayez à regitrer & le contenu en iceux garder & exécuter selon leur forme & teneur. Commandons au premier notre huissier ou sergent sur ce requis de signifier ledit arrêt & cesdites présentes aux receveurs des tailles de notredite province de Languedoc & à tous autres qu'il appartiendra, à ce qu'ils n'en ignorent, & de faire pour l'entiere exécution tous actes & exploits nécessaires, sans autre permission: CAR tel est notre plaisir. DONNÉ à Versailles le dix-neuvieme jour d'Août, l'an de grace mil six cent quatre-vingt-dix-huit, & de notre regne le cinquante-sixieme. *Signé*, LOUIS: *Et plus bas*; Par le Roi, PHELYPEAUX.

CLX.
ÉDIT

Portant attribution à certains officiers comptables, dont les receveurs des tailles & du taillon font partie, de 20,000 livres d'augmentation de gages.

Du mois de Décembre 1701.

LOUIS, PAR LA GRACE DE DIEU, ROI DE FRANCE ET DE NAVARRE: A tous préfens & avenir, SALUT. Les dépenses extraordinaires auxquelles nous nous trouvons engagés, nous ayant obligé d'attribuer à plusieurs officiers de notre royaume des augmentations de gages, les receveurs & contrôleurs généraux des finances & taillon, & autres officiers comptables de notre province de Languedoc, nous ont volontairement offert d'en acquérir jusqu'à concurrence de la somme de 20,000 livres à raison du denier vingt ; à condition qu'il Nous plaira les maintenir dans la possession & jouissance de leurs offices, gages, droits, taxations & privilèges y attribués ; & voulant les traiter favorablement, A CES CAUSES & autres à ce nous mouvant, de notre certaine science, pleine puissance & autorité royale, nous avons par notre présent édit perpétuel & irrévocable créé & attribué, créons & attribuons 20,000 livres d'augmentations de gages héréditaires aux receveurs & contrôleurs généraux des finances & taillon, receveurs & contrôleurs particuliers des tailles, receveurs particuliers du taillon, & payeurs des compagnies, & autres officiers de finance de notre province de Languedoc, pour leur être distribuées par l'état qui sera arrêté en notre conseil, & employées pour deux quartiers à l'avenir dans les états de la recette générale de nos finances, & taillon des généralités de Toulouse & Montpellier, & en jouir par lesdits officiers fans aucun retranchement fur leurs simples quittances, conjointement ou séparément de leurs gages, à commencer du premier Janvier prochain ; au moyen de quoi nous voulons qu'ils soient & demeurent maintenus & confirmés dans la jouissance de leurs gages, augmentations, taxations, droits, exemptions & privilèges, sans qu'ils soient tenus ni obligés de nous payer aucun supplément de finance, de présent ni pour l'avenir, dont nous les déchargeons, à la charge par eux de payer en notre tréfor royal la somme de quatre cents mille livres, à laquelle nous avons fixé la finance desdites augmentations de gages, sur le pied du denier vingt ; savoir, deux cents mille livres dans le mois d'Avril prochain, & les deux cents mille livres restantes dans le mois de Juillet suivant ; sans que pour raison desdites augmentations de gages, lesdits officiers soient tenus de payer à l'avenir pour l'annuel & résignation de leurs offices plus grandes sommes que celles qu'ils ont payées jusques à présent. Permettons auxdits officiers d'emprunter les sommes qui leur seront nécessaires pour acquérir lesdites augmentations de gages, & ordonnons que les particuliers qui prêteront leurs deniers, auront un privilège spécial sur lesdites augmentations de gages, sans qu'il soit besoin d'en faire mention dans les quittances de finance, mais seulement dans les contrats d'emprunt. Voulons que lesdits officiers en puissent disposer en faveur de telles personnes que bon leur semblera ; Comme aussi que tous nos sujets, encore qu'ils ne soient officiers, puissent en acquérir sous leurs noms, & en jouir & leurs ayant cause sur leurs simples quittances avec la même faculté d'en disposer. Si DONNONS EN MANDEMENT à nos amés & féaux les gens tenant notre cour des comptes, aides & finances à Montpellier, qu'ils ayent à faire lire, publier & enregistrer le présent édit, & le contenu en icelui garder & exécuter selon sa forme & teneur, nonobstant toutes déclarations, arrêts & autres choses à ce contraires, auxquelles nous avons dérogé & dérogeons par ces présentes : CAR tel est notre plaisir. Et afin que ce soit chose ferme & stable à toujours, nous y avons fait mettre notre scel. DONNÉ à Versailles au mois de Décembre, l'an de grace mil sept cent un, & de notre regne le cinquante-neuvieme. Signé, LOUIS : *Et plus bas* ; Par le Roi, PHELYPEAUX.

Le présent édit a été enregistré ès registres de la cour des comptes, aides & finances de Montpellier, pour le contenu en icelui être gardé & observé selon sa forme & teneur, suivant l'arrêt de ce jourd'hui rendu, les chambres & semestres assemblés : Oui, & ce requérant le procureur général du Roi. FAIT à Montpellier le vingt-unieme Janvier mille sept cent deux.

Signé, LE FEBVRE.

EXTRAIT *des Registres du Conseil d'Etat.*

SUr la requête présentée au Roi, en son conseil, par les receveurs & contrôleurs généraux des finances, & taillon, receveurs & contrôleurs des tailles, receveurs particuliers du taillon, payeurs des compagnies, & autres officiers de finance de la province de Languedoc ; Contenant, que par édit du présent mois de Décembre 1701, Sa Majesté leur ayant attribué vingt mille livres d'augmentation de gages pour deux quartiers de quarante mille livres, à répartir entr'eux pour en jouir en hérédité sans aucun retranchement sur leurs simples quittances, conjointement ou séparément de leurs offices, & pour être maintenus dans la jouissance de leurs gages, augmentations, taxations, droits, exemptions & priviléges, à la charge de payer au trésor royal la somme de quatre cents mille livres, à laquelle Sa Majesté a fixé la finance desdites augmentations de gages, à raison du denier vingt de la jouissance actuelle ; savoir, deux cents mille livres dans le mois de Mai, & les deux cents mille livres restantes dans le mois d'Août prochain ; & comme ils ne font pas corps de compagnie, & qu'ils doivent nécessairement payer en total & non en particulier, & qu'ils ne peuvent le faire que par emprunt, ainsi qu'il leur est permis par ledit édit, ou en s'exploitant eux-mêmes, en remettant les deniers entre les mains de l'un d'entre eux, pour les payer au trésor royal. A CES CAUSES, requéroient les suppliants qu'il plût à Sa Majesté ordonner qu'il sera arrêté un état de répartition & de recouvrement de ladite somme de quatre cents mille livres, & pourvoir aux moyens pour en faire le recouvrement sur les particuliers qui seront compris audit état, afin de payer aux revenus casuels ladite somme de quatre cents mille livres dans les termes portés par ledit édit. Vu ladite requête & ledit édit : Oui le rapport du sieur Fleuriau d'Armenonville, conseiller ordinaire au conseil royal, directeur des finances ; LE ROI EN SON CONSEIL, a ordonné & ordonne que les suppliants seront tenus de payer suivant leurs offres au trésorier des revenus casuels, ladite somme de quatre cents

cents mille livres en deux payemens égaux de deux cents mille livres chacun; le premier dans le mois de Mai prochain, & le dernier dans le mois d'Août enſuivant, & ce dans la ville de Montpellier ès mains de Me. Etienne Flaugergues, receveur des tailles au diocèſe de Montpellier, nommé à cet effet par les ſupplians, ſur ſes récépiſſés, portant promeſſe de leur fournir des quittances du receveur des revenus caſuels de Sa Majeſté, pour ladite ſomme de quatre cents mille livres, pour jouir de vingt mille livres d'augmentations de gages créées par ledit édit; à quoi faire ils ſeront contraints ſolidairement par les voies ordinaires & accoutumées, pour les deniers & affaires de Sa Majeſté, & ce ſuivant l'état de répartition, ce jourd'hui arrêté au conſeil, & pour jouir par ceux qui y ſeront compris chacun de leur part deſdites vingt mille livres d'augmentations de gages, dont il ſera fait fonds annuellement, à commencer du premier Janvier prochain dans les états des finances & taillon des généralités de Toulouſe & Montpellier. Ordonne en outre Sa Majeſté que tous les particuliers dénommés dans ledit état ſeront tenus de faire dans un mois du jour de la ſignification qui leur ſera faite du préſent arrêt, leurs ſoumiſſions ſolidaires audit Flaugergues de payer ladite ſomme de quatre cents mille livres dans les termes ci-deſſus, & de lui remettre les ſommes pour leſquelles ils ſeront compris dans ledit état; ſavoir, moitié dans le mois d'Avril prochain, & l'autre moitié dans le mois de Juillet ſuivant; ſinon & à faute de ce faire les refuſans & ceux qui ayant fait leur ſoumiſſion ſeront en demeure de payer les ſommes pour leſquelles ils ſeront compris audit état, ſeront inceſſamment contraints au payement du total d'icelles, & ne jouiront de leur part deſdites augmentations de gages que du jour du payement actuel deſdites ſommes; & ſeront en outre tenus de payer les deux ſols pour livre de leur finance particuliere, leſquels deux ſols pour livre, enſemble ce qui reviendra à chacun d'eux de la jouiſſance deſdites augmentations de gages, ſeront payés ès mains dudit Flaugergues, & demeureront acquis au profit de ceux qui ſe ſeront obligés ſolidairement au payement deſdites quatre cents mille livres, & auront payé leur part de ladite ſomme dans les termes ci-deſſus, pour leur tenir lieu d'indemnité, des frais & intérêts d'avances, ſans être tenus de rendre compte qu'aux obligés ſolidaires ſeulement. Veut Sa Majeſté que les gages, augmentations & droits attribués aux offices des ſupplians demeurent affectés & ſpécialement hypothéqués au payement de ladite ſomme de quatre cents mille livres par préférence à tous créanciers, même à ceux qui ont prêté pour acquérir leſdits offices, & pareillement pour le payement des ſommes pour leſquelles chacun d'eux ſera compris dans ledit état de répartition; auquel effet ceux qui en auront le fonds ſeront tenus de le remettre ès mains dudit Flaugergues; à quoi faire ils ſeront contraints par les voies ordinaires, pour les deniers & affaires de Sa Majeſté; ce faiſant ils en demeureront bien & valablement déchargés, & leſdits gages, augmentations & droits paſſés & alloués ſur les quittances dudit Flaugergues dans les états & comptes de ceux qui en auront fait le payement ſans difficulté, en vertu du préſent arrêt, ſans qu'il en ſoit beſoin d'autre, à l'exécution duquel Sa Majeſté enjoint au ſieur de Baſville, conſeiller d'état, intendant en la province de Languedoc, de tenir la main, & ſeront toutes lettres à ce néceſſaires expédiées. FAIT au conſeil d'état du Roi, tenu à Vertailles le vingtieme jour de Décembre mil sept cent un. *Collationné.*

Signé, DELAISTRE.

NICOLAS DE LAMOIGNON, *chevalier, comte de Launay-Courson, seigneur de Brix, Vaugrigneuse, Chavagne, Lamothe-Chandenier, Beux & autres lieux, conseiller d'état, intendant de justice, police & finances en la province de Languedoc.*

VU l'arrêt du conseil du vingtieme Décembre dernier, donné en conséquence de l'édit du même mois portant attribution aux receveurs & contrôleurs généraux des finances & taillon, receveurs & contrôleurs des tailles, receveurs particuliers du taillon & autres officiers de la province de Languedoc de vingt mille livres pour deux quartiers d'augmentation de gages héréditaires à eux attribuées par ledit édit, sur le pied du denier vingt de l'actuelle jouissance, moyennant la finance de quatre cents mille livres, & le rôle de répartition arrêté au conseil ledit jour vingtieme Décembre : NOUS ORDONNONS que lesdits arrêt & rôle de répartition du conseil seront exécutés selon leur forme & teneur, ce faisant que les particuliers dénommés audit rôle seront contraints au payement des sommes y contenues, comme il est accoutumé pour les deniers & affaires de Sa Majesté, ainsi qu'il est porté par lesdits arrêt & rôle. Mandons à tous huissiers ou sergens sur ce requis faire tous exploits requis & nécessaires. FAIT à Montpellier le vingtieme Janvier mil sept cent deux. *Signé*, DE LAMOIGNON : *Et plus bas* ; Par Monseigneur, LE SELLIER.

CLXI.

ÉDIT

Portant création d'offices de commissaires au recouvrement des tailles & autres impositions de la province, avec attribution d'un denier pour livre de toutes les sommes qui seront imposées.

Du mois de Novembre 1703.

Cet édit est rapporté dans le quatrieme volume de cette collection, page 144.

CLXII.

DÉCLARATION DU ROI,

Portant que les receveurs des tailles de la province de Languedoc, seront tenus d'acquérir les offices de commissaires au recouvrement des tailles & autres impositions, créés dans ladite province par édit du mois de Novembre 1703.

Du 15 Janvier 1704.

LOUIS, PAR LA GRACE DE DIEU, ROI DE FRANCE ET DE NAVARRE : A tous ceux qui ces présentes lettres verront, SALUT. Nous avons par notre édit du mois de Novembre dernier, créé des offices de commissaires au recouvrement des tailles & autres impositions de notre province de Languedoc, dont nous avons fixé le nombre à proportion de celui des paroisses, dont chacun des vingt-trois dioceses de ladite province est composé, suivant les départemens qui leur seroient donnés par les receveurs & commis aux recettes des tailles de chacun desdits dioceses ; auxquels offices nous avons attribué l'exécution des contraintes qui seront décernées par lesdits receveurs & commis, pour le recouvrement des deniers des tailles & autres impositions & un denier pour livre en hérédité de toutes impositions ordinaires & extraordinaires qui seront faites en chacun desdits diocèses, à l'exception de la capitation. Mais considérant que si des particuliers autres que les receveurs des tailles de ladite province acquéroient lesdits offices, & commettoient aux fonctions d'iceux, il en pourroit arriver plusieurs inconvéniens, également préjudiciables auxdits receveurs des tailles, & à la levée des impositions ; Nous avons jugé à propos de refuser les offres avantageuses qui nous ont été faites par différens particuliers, pour acquérir plusieurs desdits offices, & de les réunir auxdits receveurs, en leur permettant, en même-temps, de désunir le denier pour livre d'attribution pour en jouir héréditairement, & de commettre à l'exercice desdits offices de commissaires, même de les vendre conjointement ou séparément. A CES CAUSES, & autres à ce nous mouvans, de notre certaine science, pleine puissance & autorité royale, Nous avons par ces présentes signées de notre main, dit, statué & ordonné, disons, statuons & ordonnons, voulons & nous plaît, que les receveurs des tailles de la province de Languedoc soient tenus d'acquérir chacun par tiers les offices de commissaires des tailles, créés par notre édit du mois de Novembre dernier dans chacun des vingt-trois diocèses de ladite province, & le denier pour livre attribué auxdits offices de toutes les sommes qui sont ou seront à l'avenir imposées dans lesdits diocèses tant pour les tailles, ordinaires & extraordinaires, ustensile, industrie, étapes, mortes-payes, cazernes, qu'autres impositions qui se font à notre profit, celui de ladite province, ou desdits diocèses, à l'exception de la capitation, dont ils jouiront en vertu des quittances de finance qui leur en seront délivrées sous leurs noms, avec faculté de commettre à l'exercice desdits offices de commissaires, aux charges, clauses & conditions portées par ledit édit ; sans qu'ils soient tenus d'en prendre aucunes provisions, ni que le prêt & annuel de leurs offices en puisse être augmenté pour raison de ladite acquisition. Leur permettons de revendre lesdits offices de commissaires séparément dudit denier d'attribution ; & jouiront en ce cas les acquéreurs desdits offices de tous les privilèges, émolumens & fonctions y attribués, en vertu des lettres de provisions qu'ils seront tenus de prendre, & qui leur seront expédiées sur les contrats de vente qui leur en seront faites par les receveurs des tailles ; & seront les droits du sceau, marc d'or & réception, payés conformément audit édit, & à l'arrêt du conseil du 17 Novembre dernier. (*a*) Pourront pareillement lesdits receveurs des tailles, vendre le tout ou partie, ainsi qu'ils aviseront bon être, dudit denier d'attribution à toutes personnes, pour en jouir en hérédité en vertu des contrats qui leur en auront été passés par lesdits receveurs des tailles, en faisant seulement enregistrer lesdits contrats d'acquisition au greffe du bureau des finances, pour lequel enregistrement il ne sera payé que trois livres pour tous droits, compris ceux du greffe, le papier & l'expédition. Jouiront lesdits receveurs des tailles du denier pour livre d'attribution, à commencer du premier du présent mois de Janvier

---

(*a*) Cet arrêt est dans le IVe. Volume de cette collection, pag. 148.

1704, à la charge de payer les sommes pour lesquelles ils seront employés dans les rôles qui seront arrêtés au conseil à cet effet, & les deux sols pour livre d'icelles, moitié un mois après la signification desdits rôles, & l'autre moitié deux mois après ; lequel temps passé, faute par eux de ce faire, ils y seront contraints comme pour nos propres deniers & affaires, & ne jouiront dudit denier pour livre d'attribution, qu'à proportion des payemens qui seront par eux faits. Leur permettons à cet effet d'emprunter les deniers nécessaires pour le payement desdites sommes, & ceux qui les leur auront prêtés auront un privilége spécial sur ladite attribution d'un denier pour livre, ensemble sur leurs offices de receveurs, concurremment avec les autres privilégiés sur iceux, dont il sera fait mention dans les quittances de finance qui leur seront délivrées par le receveur de nos revenus casuels. SI DONNONS EN MANDEMENT à nos amés & féaux conseillers les gens tenant notre cour de parlement à Toulouse, & notre cour des comptes, aides & finances à Montpellier, que ces présentes ils ayent à faire lire, publier & regiſtrer, pour être exécutées selon leur forme & teneur, nonobstant tous édits, déclarations & arrêts à ce contraires, auxquels nous avons dérogé & dérogeons par ces présentes ; aux copies desquelles collationnées par l'un de nos amés & féaux conseillers secrétaires voulons que foi soit ajoutée comme à l'original : CAR tel est notre plaisir. En témoin de quoi nous avons fait mettre notre sceau à cesdites présentes. DONNÉ à Versailles le quinzieme jour de Janvier, l'an de grace mil sept cent quatre, & de notre regne le soixante-unieme. *Signé*, LOUIS: *Et plus bas*; Par le Roi, PHELYPEAUX. Vu au conseil, CHAMILLART. Et scellé du grand sceau de cire jaune.

Regiſtré ès regiſtres de la cour des comptes, aides & finances de Montpellier, pour être le contenu en icelui gardé & observé, selon sa forme & teneur & volonté de Sa Majesté ; suivant l'arrêt de ce jourd'hui, rendu les chambres & semeſtres aſſemblés : Ouï & ce requérant le procureur général du Roi, audit Montpellier le neuvieme Février 1704. Signé, LEFEVRE.

CLXIII.
ARRÊT DU CONSEIL,

Qui accepte l'offre des receveurs des tailles de Languedoc, d'acquérir les offices de commiſſaires au recouvrement des tailles, créés par l'édit de Novembre 1703, & l'attribution d'un denier pour livre, moyennant une finance de 400,000 livres, & les deux sols pour livre.

Du 29 Avril 1704.

EXTRAIT *des Regiſtres du Conseil d'Etat.*

SUR la requête présentée au Roi, en son conseil, par les receveurs des tailles de la province de Languedoc, Contenant que par édit du mois de Novembre 1703, Sa Majesté ayant créé des offices de commiſſaires au recouvrement des tailles de ladite province, avec attribution d'un denier pour livre sur toutes les impositions ordinaires & extraordinaires, à l'exception de la capitation ; & par déclaration du quinze Janvier dernier, ayant ordonné que les supplians seront tenus d'acquérir lesdits offices, & le denier pour livre qui leur est attribué, il a été arrêté un rôle au conseil le vingt-deux Janvier dernier, de ce que chacun d'eux doit payer pour ladite acquisition, lequel rôle étant exorbitant & sans égalité ni proportion ; &

Sa Majesté ayant desiré que les suppliants fissent ladite acquisition, pour payer en corps la finance & les deux sols pour livre qui en doivent provenir ; les suppliants, pour continuer de donner des marques de leur soumission & d'un zele inviolable pour le bien de l'état, se sont soumis volontairement d'acquérir lesdits offices de commissaires & l'attribution du denier pour livre qui leur est accordée pour en jouir, à commencer du premier Janvier dernier, en payant dans la ville de Montpellier la somme de quatre cents mille livres, & celle de quarante mille livres pour les deux sols pour livre en quatre payemens égaux ; le premier, dans le mois d'Août prochain, & les deux autres de trois en trois mois, aux conditions de leurs offres. Vu ledit édit du mois de Novembre 1703 ; déclaration du quinze Janvier dernier, & l'offre des suppliants ; Oui le rapport du sieur Fleuriau d'Armenonville, conseiller ordinaire au conseil royal, directeur des finances. LE ROI EN SON CONSEIL, a reçu & reçoit les suppliants opposants à l'exécution du rôle arrêté au conseil le vingt-deux Janvier dernier, accepte leurs offres, & en conséquence ordonne que lesdits édit & déclaration seront exécutés selon leur forme & teneur ; ce faisant, que les suppliants, leurs héritiers ou ayans cause, jouiront héréditairement, conjointement ou séparément de leurs offices, à commencer du premier Janvier dernier, desdits offices de commissaires au recouvrement des tailles ; ensemble du denier pour livre, qui leur est accordé sur toutes les impositions ordinaires & extraordinaires de ladite province de Languedoc, dont ils font le recouvrement, à l'exception de la capitation, pour en être payé par les collecteurs des tailles aux termes ordinaires des impositions, sans être tenus d'en rendre compte. Ordonne à cet effet Sa Majesté, qu'il sera arrêté au conseil un nouveau rôle de répartition, de la somme de quatre cents mille livres & des deux sols pour livre, payable dans la ville de Montpellier en quatre payemens égaux, le premier dans le mois d'Août prochain, & les autres de trois en trois mois sur les récépissés de Me. Jean-Jacques de Lavaux, chargé par Sa Majesté dudit recouvrement, ou de ses procureurs, portant promesse de rapporter les quittances du receveur des revenus casuels & celles dudit de Lavaux pour les deux sols pour livre ; & faute par eux de payer lesdites sommes dans ledit temps, ils y seront contraints solidairement par les voies ordinaires pour les deniers & affaires de Sa Majesté ; & seront les quittances de finance de ladite somme de quatre cents mille livres, & celles dudit Lavaux pour les deux sols pour livre, remises aux suppliants lors du dernier payement de ladite somme, pour, par eux ou par les particuliers qui auront payé pour eux, jouir desdits offices & de ladite attribution d'un denier pour livre héréditairement, conjointement ou séparément de leurs offices, ainsi qu'ils aviseront bon être, conformément auxdits édit & déclaration, à commencer dudit jour premier Janvier dernier, en vertu des simples quittances de finance, sans qu'ils ayent besoin de prendre à présent ni à l'avenir, aucunes lettres de provisions dont Sa Majesté les dispense ; & pour faciliter le recouvrement de ladite somme de quatre cents mille livres, & les deux sols pour livre ; Ordonne Sa Majesté, que les compris & nommés au rôle qui sera arrêté au conseil, seront tenus dans le mois du jour de la signification du présent arrêt de faire leur soumission solidaire, pour le payement de ladite somme de quatre cents mille livres & des deux sols pour livre dans les termes ci-dessus ; & de remettre ès mains de Me. Etienne Flaugergues, receveur des tailles au diocese de Montpellier, par eux nommé à cet effet, les sommes pour lesquelles ils seront chacun en particulier compris dans ledit rôle, en quatre termes égaux, le premier dans le mois de Juillet prochain, & les autres de trois en trois mois sur les récépissés dudit sieur Flaugergues, portant promesse de rapporter les quittances du receveur des revenus casuels pour la finance, & celles dudit de Lavaux pour les deux sols pour livre ; sinon & à faute de ce faire, les refusans & ceux qui ayant fait leurs soumissions, seront en demeure de payer les sommes pour lesquelles ils seront compris audit rôle, seront incessamment contraints au payement du total d'icelles, & ne jouiront de leur part dudit denier pour livre, que du jour du payement actuel desdites sommes, & ce qui reviendra de ladite jouissance sera payé audit Flaugergues, & demeurera acquis au profit de ceux qui se seront obligés solidairement au payement de ladite somme de quatre cents mille livres, & en auront payé leur part dans les termes ci-dessus, pour leur tenir lieu d'indemnité des avances qu'il leur conviendra faire pour payer ledit de Lavaux, sans être tenus de rendre compte qu'aux obligés solidaires seulement. Veut Sa Majesté, que les gages, augmentations & droits attribués aux offices des suppliants, demeurent affectés & spécialement hypothéqués au payement de ladite somme de quatre cents mille livres, & des deux sols pour livre par préférence à tous créanciers, même à ceux qui ont prêté pour l'acquisition desdits offices, & pareillement hypothéqués pour le payement des sommes, pour lesquelles chacun d'eux sera compris dans ledit rôle de répartition ; auquel effet, que ceux qui en auront le fonds seront tenus de le remettre audit Flaugergues, à quoi faire ils seront contraints, comme pour les propres deniers & affaires de Sa Majesté ; ce faisant, ils en demeureront bien & valablement déchargés, & lesdits gages, augmentations & droits passés & alloués, sur les quittances dudit sieur Flaugergues, dans les états & comptes de ceux qui en auront fait le payement, sans difficulté, en vertu du présent arrêt, sans qu'il en soit besoin d'autre. Enjoint Sa Majesté au sieur de Basville, conseiller d'état, intendant en ladite province, de tenir la main à l'exécution du présent arrêt, pour l'exécution duquel toutes lettres nécessaires seront expédiées. FAIT au conseil d'état du Roi, tenu à Versailles le vingt-neuvieme jour d'Avril mil sept cent quatre. Signé, DUJARDIN. Collationné avec paraphe.

CLXIV.
ARRÊT DU CONSEIL,

Portant que le denier pour livre attribué par l'édit du mois de Novembre 1703, aux offices de commissaires au recouvrement des tailles & acquis par les receveurs des tailles, doit être pris sur les deniers du taillon, comme sur les autres impositions.

Du 19 Juillet 1704.

EXTRAIT *des Registres du Conseil d'Etat.*

SUr la requête présentée au Roi en son conseil, par les receveurs des tailles de la province de Languedoc, Contenant, que par édit du mois de Novembre 1703, Sa Majesté ayant créé des offices de commissaires au recouvrement des tailles de ladite province, avec attribution d'un denier pour livre sur toutes les impositions ordinaires & extraordinaires, à l'exception de la capitation ; & par déclaration du 15 Janvier dernier, ayant ordonné que les supplians seroient tenus d'acquérir lesdits offices, lesdits supplians auroient fait leur soumission pour ladite acquisition ; mais par l'arrêt du conseil du 29 Avril dernier, qui accepte leur soumission, Sa Majesté ayant restreint la jouissance de l'attribution dudit denier pour livre, sur les impositions ordinaires & extraordinaires de ladite province, dont les supplians font le recouvrement à l'exception de la capitation ; quelques diocèses de ladite province où il y a des receveurs particuliers du taillon, qui font le recouvrement des deniers dudit taillon, & en remettent les deniers aux receveurs généraux, pourroient contester la jouissance de ladite attribution sur lesdits deniers du taillon, à ceux des supplians qui n'en font pas le recouvrement ; & comme lesdits deniers du taillon sont une imposition ordinaire de ladite province, sur lesquels Sa Majesté a accordé ladite attribution d'un denier pour livre, les supplians ne doivent pas moins jouir du denier pour livre, sur lesdits deniers du taillon, que sur les autres impositions de ladite province, quoiqu'aucuns d'eux n'en fassent pas le recouvrement, puisqu'ils acquièrent lesdits offices de commissaires au recouvrement des tailles, auxquels Sa Majesté avoit accordé la jouissance de ladite attribution, sur toutes les impositions ordinaires & extraordinaires de ladite province, dont lesdits deniers du taillon font partie ; & d'autant qu'aucuns diocèses de ladite province n'ont pas imposé la présente année, l'attribution du denier pour livre, accordée auxdits offices de commissaires au recouvrement des tailles, sur toutes les impositions ordinaires & extraordinaires de ladite province, il n'est pas juste que par ce défaut d'imposition, la jouis-

sance que les supplians doivent retirer de ladite attribution, soit sursise ni retardée. A CES CAUSES, requéroient les supplians qu'il plût à Sa Majesté sur ce leur pourvoir. Vu ladite requête, ledit édit du mois de Novembre 1703, la déclaration du 15 Janvier dernier, l'offre des supplians & l'arrêt du conseil dudit jour 29 Avril dernier; Oui le rapport du sieur Fleuriau d'Armenonville, conseiller ordinaire au conseil royal, directeur des finances, LE ROI EN SON CONSEIL, ayant égard à ladite requête, a ordonné & ordonne, que lesdits édits du mois de Novembre mil sept cent trois ; déclaration du 15 Janvier, & arrêt du conseil du vingt-neuf Avril dernier, seront exécutés selon leur forme & teneur ; ce faisant, que les supplians jouiront du denier pour livre, attribué auxdits offices de commissaires au recouvrement des tailles sur les deniers du taillon, & autres impositions ordinaires & extraordinaires des diocèses de ladite province. Ordonne en outre Sa Majesté, que dans les diocèses de ladite province, où ledit denier pour livre attribué auxdits offices de commissaires n'a pas été imposé la présente année, les syndics desdits diocèses seront tenus de pourvoir au payement dudit denier pour livre par emprunt ou autrement, sans qu'il soit besoin d'autre permission que du présent arrêt, & de faire ladite imposition annuellement à l'avenir ; & à ce faire contraints, comme pour les propres deniers & affaires de Sa Majesté. Enjoint Sa Majesté au sieur de Lamoignon de Basville, conseiller d'état ordinaire, intendant de Languedoc, de tenir la main à l'exécution du présent arrêt ; & seront les ordonnances qui seront par lui rendues en conséquence exécutées, nonobstant oppositions & appellations quelconques ; dont si aucuns interviennent, Sa Majesté se réserve & à son conseil, la connoissance & icelle interdit à toutes ses autres cours & juges. FAIT au conseil d'état du Roi, tenu à Versailles le dix-neuvieme jour de Juillet mil sept cent quatre. *Collationné.* Signé, RANCHIN.

CLXV.
ARRÊT
DU CONSEIL D'ETAT DU ROI,

Qui casse les arrêts de la cour des aides de Montpellier, des 15 Mars & 19 Juin 1704, & qui décharge les receveurs des tailles de fournir les alimens aux collecteurs, leurs cautions & nominateurs, qu'ils auront fait emprisonner, même aux concierges des prisons qui les auront laissé sortir.

Du 11 Octobre 1704.

EXTRAIT *des Regiſtres du Conseil d'Etat.*

SUR la requête présentée au Roi en son conseil, par le syndic général de la province de Languedoc; Contenant, que le receveur des tailles du diocese de Narbonne, ayant fait emprisonner le collecteur du lieu de Tucha dans les prisons de Narbonne, pour le payement de la taille de l'année 1702, en conséquence d'un arrêt de la cour des aides de Montpellier, & le concierge desdites prisons l'ayant laissé sortir; il auroit été ordonné par ladite cour des aides, le 23 Avril 1703, que ce concierge représenteroit ledit collecteur, auquel ayant formé opposition, il en auroit été débouté par un arrêt du 6 Juillet audit an; qu'après un autre arrêt portant pareille condamnation, du 10 Septembre de la même année, ce concierge ayant été emprisonné le 29 Décembre dernier, il auroit été ordonné par ladite cour des aides, le premier Février de la présente année, que le receveur des tailles lui fourniroit les alimens dans la prison; & sur l'opposition formée par ledit receveur à l'exécution de cette ordonnance, il y auroit été condamné, tant pour le passé que pour l'avenir, par arrêt du 15 Mars dernier, contre lequel arrêt le suppliant s'étant pourvu & demandé que, conformément à la réponse faite par Sa Majesté à l'article VII du cahier des états de la province de Languedoc, le 14 Août 1685, les receveurs des tailles soient déchargés de fournir les alimens aux collecteurs des tailles qu'ils feroient mettre en prison, il auroit été débouté de son opposition par arrêt de ladite cour des aides, & néanmoins elle auroit ordonné que le réglement fait par Sa Majesté le 14 Août 1685, seroit exécuté selon sa forme & teneur; ce qui oblige le suppliant de représenter à Sa Majesté, que quoique les débiteurs prisonniers doivent être nourris dans la prison aux dépens de leurs créanciers, cette regle n'a pas été faite pour les débiteurs des deniers royaux; & la province de Languedoc a été obligée de demander qu'il y fût dérogé pour les collecteurs des tailles, parce qu'autrement il n'y en auroit aucun qui ne préférât de se faire nourrir en prison, au soin de faire la levée de la taille. Que si la cour des aides ne peut en aucun cas se dispenser d'exécuter les volontés de Sa Majesté, elle le peut encore moins dans le cas présent; puisque le concierge dont il s'agit est prisonnier à la place d'un collecteur des tailles qu'il a laissé sortir de prison, auquel le receveur n'étoit pas tenu de fournir les alimens; que par toute la procédure que le receveur a été obligé de faire, on voit un collecteur qui élude pendant deux ans, le payement de la taille par la connivence du concierge,

&

& on ne doit pas dire que c'est un collecteur forcé qui a rendu compte, & qui ne doit par la clôture de ce compte que trente-cinq livres ; parce que si ce compte le décharge envers la communauté, il ne doit pas néanmoins le mettre à couvert de la contrainte du receveur, lequel est toujours en droit de l'exercer contre le collecteur forcé, aussi bien que contre le volontaire, jusqu'à ce que la communauté ait payé ; autrement la taille ne seroit jamais payée dans les communautés où on ne trouve que des collecteurs forcés. Que c'est par cette maxime qu'on peut faire le recouvrement des deniers de la taille, & procurer le soulagement des communautés en les empêchant de plaider. A CES CAUSES requéroit, que, sans avoir égard aux arrêts de la cour des aides de Montpellier, des 15 Mars & 19 Juin 1704, & conformément à la réponse faite sur l'article VII du cahier des Etats de Languedoc, du 14 Août 1685, il plaise à Sa Majesté décharger les receveurs des tailles de la province de Languedoc, de fournir les alimens aux collecteurs des tailles, tant volontaires que forcés, qui seront emprisonnés pour le payement de la taille, ensemble leurs cautions & nominateurs, même les concierges des prisons, qui par leur faute les auront laissés sortir, & qu'à cet effet toutes lettres à ce nécessaires seront expédiées. Vu ladite requête, la réponse faite par Sa Majesté, sur l'article VII du cahier des Etats de Languedoc, le 14 Août 1685, les arrêts de la cour des aides de Montpellier, des 15 Mars & 19 Juin 1704, & l'avis du sieur de Basville, conseiller d'état ordinaire, intendant & commissaire départi pour l'exécution des ordres de Sa Majesté en la province de Languedoc. Oui le rapport du sieur Fleuriau d'Armenonville, conseiller ordinaire au conseil royal, directeur des finances, LE ROI EN SON CONSEIL, ayant égard à ladite requête & conformément à l'avis dudit sieur de Basville, sans s'arrêter auxdits arrêts de la cour des aides de Montpellier, des 15 Mars & 19 Juin de la présente année 1704, que Sa Majesté a cassés & annullés, a déchargé & décharge les receveurs des tailles de la province de Languedoc, de fournir les alimens aux collecteurs des tailles, tant volontaires que forcés, à leurs cautions, & nominateurs qui seront emprisonnés pour le payement de la taille, même aux concierges des prisons qui les auront laissés sortir desdites prisons, & seront toutes lettres nécessaires expédiées pour l'exécution du présent arrêt. FAIT au conseil d'état du Roi, tenu à Fontainebleau, le onzième jour d'Octobre mil sept cent quatre. *Collationné, signé*, DE LAISTRE.

LOUIS, PAR LA GRACE DE DIEU, ROI DE FRANCE ET DE NAVARRE : A nos amés & féaux les gens tenans notre cour des comptes, aides & finances de Montpellier, SALUT. Le syndic général de notre province de Languedoc Nous ayant fait représenter qu'encore que par l'article VII du cahier des Etats de notredite province, du 14 Août 1685, les receveurs des tailles soient dechargés de fournir les alimens aux collecteurs qu'ils font mettre en prison ; néanmoins vous avez par ordonnance du premier Février, & arrêts des 15 Mars & 19 Juin derniers, condamné le receveur des tailles du diocese de Narbonne, à payer ceux du geolier des prisons de Narbonne, qui avoit été emprisonné en conséquence d'un arrêt par vous rendu, pour en avoir laissé sortir le collecteur du lieu de Tucha ; quoiqu'à l'égard dudit receveur ce geolier lui tienne lieu de collecteur, & que la regle que les débiteurs prisonniers doivent être nourris dans la prison aux dépens de leurs créanciers, n'ait pas lieu à l'égard des collecteurs des tailles ; pour quoi il nous auroit demandé, que sans s'arrêter auxdits arrêts & conformément à la réponse dudit cahier, il nous plût décharger les receveurs des tailles de la province de Languedoc, de fournir les alimens aux collecteurs des tailles, tant volontaires que forcés, qui seront emprisonnés pour le payement de la taille, leurs cautions & nominateurs & concierges des prisons, qui par leur faute les auront laissé sortir. Et ayant égard à la requête dudit syndic, Nous aurions par arrêt de notre conseil de ce jourd'hui, & conformément à l'avis de notre amé & féal le sieur de Basville, conseiller ordinaire en notre conseil d'état, & intendant de justice en notre province de Languedoc, sans nous arrêter à ceux de notredite cour, des 15 Mars & 19 Juin dernier, que nous avons cassés & annullés, déchargé les receveurs des tailles de notre province de Languedoc, de fournir les alimens aux collecteurs, tant volontaires que forcés, à leurs cautions & nominateurs, qui seront emprisonnés pour le payement de la taille, même aux concierges des prisons qu'ils en auront laissé sortir ; & que pour l'exécution dudit arrêt toutes lettres nécessaires seront expédiées ; lesquelles ledit syndic nous ayant très-humblement fait supplier de lui accorder ; A CES CAUSES & autres à ce nous mouvans, Nous vous mandons & ordonnons par ces présentes signées de notre main, de faire enregistrer ledit arrêt de notre conseil de ce jourd'hui, & lesdites lettres-patentes pour être exécutés selon leur forme & teneur. CAR tel est notre plaisir. DONNÉ à Fontainebleau, le onzieme jour d'Octobre l'an de grace mil sept cent quatre ; & de notre regne le soixante-deuxieme. Signé, LOUIS : Et plus bas ; PHELYPEAUX. Vu au conseil. Signé, CHAMILLART & scellé.

CLXVI.

ARRÊT

DE LA COUR DES COMPTES, AIDES ET FINANCES DE MONTPELLIER,

Qui, entre autres dispositions, regle l'ordre des contraintes & diligences des receveurs, pour le recouvrement des impositions.

Du 5 Mars 1705.

LOUIS, PAR LA GRACE DE DIEU, ROI DE FRANCE ET DE NAVARRE : A tous ceux qui ces présentes verront, SALUT. Comme par arrêt rendu en notre cour des comptes, aides & finances de Montpellier, entre le syndic des receveurs des tailles de la province de Languedoc, demandeur par requête de soit-montré du cinq Février dernier, en exécution de l'arrêt de notre conseil d'état du vingt Septembre mil six cent quatre-vingt-neuf ; & des arrêts de notredite cour des dix Septembre mil six cent cinquante-cinq, & vingt-sept Juillet mil six cent soixante-neuf, & autres donnés au conseil & en notredite cour, au sujet du recouvrement des deniers dus aux recettes des dioceses de ladite province, & réglement pour la facilité du payement desdits deniers imposés annuellement dans les villes & lieux desdits dioceses ; & de ceux de la capitation établie par notre déclaration du douzieme Mars mil sept cent un : comme aussi sur les diligences qu'ils devront faire en vertu de leurs contraintes, ou autrement, à l'effet du recouvrement des sommes qui seront dues à leurs recettes, contre les collecteurs, clavaires, leurs cautions, consuls, nominateurs desdits consuls &

N°. CLXVI.

collecteurs, les consuls modernes & habitans, soit par la voie solidaire, personnelle, & autres sur ce requises, tant contre eux que contre les gens de main-forte; & autres fins de ladite requête, d'une part; & notre procureur général en notredite cour, défendeur, d'autre. Vu ladite requête de soit-montré avec l'exploit y endossé dudit jour cinquieme Février dernier; ledit arrêt du conseil d'état de réglement au sujet des recettes & collectes, du vingt Septembre mil six cent quatre-vingt-neuf; les arrêts de notredite cour, de réglement sur même fait, des dixieme Septembre mil six cent cinquante-cinq, & vingt-sept Juillet mil six cent soixante-neuf; celui de notredite cour du dix-huit Juin mil six cent soixante-dix-huit, donné à la requête de notre procureur général; arrêt de notredite cour donné pour Me. Bonnier receveur des tailles au diocese de Castres, contre les consuls & habitans du lieu de Graulhet, sur la contrainte solidaire requise par ledit receveur, contre tous les contribuables audit lieu, pour les restes des impositions dues à sa recette, du 17 Mai 1692; & autres arrêts & actes attachés à ladite requête, avec les conclusions de notredit procureur général: Et oui le rapport du sieur de Plantrade, conseiller sous-doyen en notredite cour, & tout considéré, NOTREDITE COUR, les semestres du bureau des aides assemblés, ayant aucunement égard à la requête du syndic desdits receveurs, & aux conclusions de notre procureur général, a ordonné & ordonne que lesdits arrêts & réglemens de notre conseil & de notredite cour seront exécutés; ce faisant, que les receveurs des tailles des dioceses de cette province, pourront décerner & expédier leurs contraintes pour le recouvrement des deniers dus à leurs recettes, contre les collecteurs, clavaires, leurs cautions, & les consuls de l'année de l'imposition; comme aussi contre les nominateurs desdits consuls, lorsque lesdits consuls auront d'eux-mêmes reçu les cautions des collecteurs volontaires, ou fait la collecte sans délibération de la communauté; ou bien, contre les délibérans, lorsque lesdites cautions auront été reçues par délibération, ou que les collecteurs seront forcés; à la charge néanmoins par lesdits receveurs, de ne pouvoir mettre à exécution leurs contraintes contre lesdits nominateurs ou délibérans qu'après avoir usé par saisie des biens meubles & immeubles desdits collecteurs, cautions & consuls de l'année de l'imposition, & par emprisonnement de leurs personnes, ou fait des perquisitions & diligences au sujet desdits emprisonnemens & desdites saisies des biens meubles & immeubles, & d'avoir obtenu ordonnance de notredite cour sur leur requête en permission d'exécuter leurs contraintes contre lesdits nominateurs ou délibérans, nonobstant toutes oppositions & appellations, & sans préjudice d'icelles : Ordonne pareillement qu'avant que lesdits receveurs puissent demander la contrainte solidaire contre les habitans & contribuables des villes & lieux qui seront en reste à leur recette, ils feront procéder par saisie sur les effets mobiliaires desdits collecteurs, clavaires, cautions, consuls de ladite année, ès nominateurs ou délibérans, & par emprisonnemens de leurs personnes, ou trois exploits de perquisition & diligence pour y parvenir, & par saisies réelles sur les biens immeubles desdits collecteurs, cautions & consuls; pour le tout fait & rapporté, leur être accordé par la cour, ladite contrainte solidaire contre lesdits habitans & contribuables, quand même ils justifieroient avoir payé leurs quotités particulieres desdites impositions de ladite année;

Oo ij

& pour en accélérer & faciliter la levée, ensemble de la capitation, les consuls modernes feront pourvoir ou nommer des collecteurs, à peine d'en répondre en leur propre, avant le seize Avril de chaque année, conformément auxdits arrêts de notre conseil, jusques à ce qu'il en ait été par nous autrement ordonné lors du jugement de l'instance pendante en notredit conseil à cet égard; que les collecteurs, soit volontaires ou forcés, remettront au receveur de leur diocèse en exercice, lors du premier payement qu'ils lui feront annuellement desdites impositions, extrait en abrégé de la délibération sur la nomination des consuls, & sur le bail des tailles & réception des cautions, contenant le nom desdits consuls, des habitans qui auront assisté à l'élection consulaire, & des absens duement convoqués à la passation dudit bail, & réception des cautions desdits collecteurs & clavaires, auxquels à cet effet ledit extrait sommaire sera délivré sans frais de lui signé, de laquelle remise ledit receveur fera mention dans son livre de recette; & seront aussi tenus lesdits collecteurs de remettre un état par eux certifié & justifié par le livre de collecte, entre les mains du syndic de leur diocèse, dans le temps de l'échéance du dernier terme desdites impositions, qui contiendra les noms & qualités des personnes de main-forte, & les sommes qu'ils devront, pour être incessamment pourvu par ledit syndic au payement de ce qui sera dû audit collecteur par lesdits gens de main-forte, lesquels ledit syndic du diocèse poursuivra & fera contraindre audit payement d'autorité de justice, d'abord après la remise qui lui aura été faite dudit état, duquel ledit syndic fournira son reçu sans frais audit collecteur au bas d'une copie dudit état; & faute de ce faire par ledit syndic, ledit diocèse demeurera responsable envers ledit collecteur, du payement desdites sommes à lui dues par lesdits gens de main-forte, & ledit syndic envers ledit diocèse: Ordonne aussi que dans lesdites villes & lieux où il y a des conseils politiques réglés, nul n'y sera admis qu'il ne soit contribuable dans la communauté, auxquels conseils, les conseillers politiques convoqués pour la faction desdites impositions, pour le bail de la levée d'icelles, volontairement ou forcément, & autres semblables affaires desdites communautés, seront tenus d'assister, & demeureront responsables de la gestion desdits collecteurs, quoiqu'ils n'y eussent pas assisté; & à ces fins, la délibération sera écrite dans un registre (& non en feuille volante) & signée de ceux qui seront présens avant que l'assemblée se sépare, & par le magistrat qui l'aura autorisée, & par le greffier qui y marquera le nom de ceux qui n'y auront pas assisté duement convoqués; lesquels, de même que les présens, seront, le cas y échéant, indifféremment responsables, comme nominateurs desdits consuls & collecteurs envers lesdits receveurs; à la charge néanmoins que les consuls modernes de chacune desdites communautés seront tenus de faire convoquer lesdits conseils par un cri public, dont il sera fait pareillement mention dans lesdites délibérations, auxquelles sera tenu d'assister le syndic des habitans forains de chaque communauté, qui aura été à cet effet par eux annuellement nommé, qui signera lesdites délibérations, & sera averti de la part desdits consuls du jour précis que ledit conseil aura été convoqué, deux jours auparavant, si ledit syndic n'est pas résidant dans le lieu; lequel sera aussi responsable de la nomination desdits collecteurs, & réception de leurs cautions, quand même il auroit été absent, s'il paroît par ladite délibération, qu'il y ait été averti par un cri public, ou sommé de s'y trouver conformément auxdits arrêts & réglemens sur ce rendus par notredite cour; & que dans les autres villes & lieux où il n'y a pas des conseils politiques établis, tous les habitans contribuables, & notamment les plus allivrés, seront tenus d'y assister en la maniere prescrite par lesdits réglemens; & seront à cet effet convoqués par cri public ou duement sommés, moyennant quoi les présens & absens demeureront indifféremment responsables du fait de la collecte, ainsi qu'il est ci-dessus expliqué envers lesdits receveurs, jusques à leur entier payement desdites impositions; & seront tenus lesdits délibérans lorsqu'il écherra de nommer des collecteurs forcés, d'en choisir de ceux qui sont le plus en allivrement dans la communauté, sur mêmes peines, sans qu'aucun collecteur, soit volontaire ou forcé, puisse être continué ni même nommé s'il n'a entierement acquitté le reliquat du compte de sadite collecte, avec défenses auxdits collecteurs de divertir les sommes qui leur seront payées par les cotisés pour leurs tailles; &, à ces fins, ils seront tenus de les coucher à suite de la parcelle de chacun desdits cotisés, sur le livre original desdites impositions, à mesure des payemens qui leur en seront faits; &, lors du dernier payement, de croiser lesdites parcelles, à peine d'être poursuivi extraordinairement, & autres portées par lesdits réglemens, le tout couché & croisé sur ledit livre desdites impositions, en présence des contribuables, auxquels est enjoint de faire mettre & changer sur leurs noms les parcelles des possessions à eux appartenant en propriété, qui se trouveront sur celui des anciens possesseurs, conformément à l'arrêt de réglement de notredite cour, sur ce rendu, le vingt-huit Juin de l'année derniere, sur les peines y déclarées. Et sera le présent arrêt exécuté, selon sa forme & teneur, nonobstant toutes oppositions; enjoignant aux maires, consuls, assesseurs & autres officiers politiques desdites villes & lieux de tenir la main à l'exécution d'icelui, à peine de demeurer responsables en leur propre de la dissipation ou du divertissement des deniers royaux, & autres imposés, même de ceux de ladite capitation, envers lesdits receveurs & autres qu'il appartiendra. A CETTE CAUSE, mandons au premier notre huissier ou sergent requis, à la requête dudit syndic, le présent arrêt intimer & signifier à tous ceux qu'il appartiendra, afin qu'ils ne l'ignorent, & aient à y obéir, & entendre selon sa forme & teneur; les contraints par les voies y contenues & autres de droit de ce faire, te donnons pouvoir & commission. Mandons à tous nos sujets, ce faisant obéir. FAIT & donné à Montpellier, en notredite cour, le cinquieme Mars l'an de grace mil sept cent cinq & de notre regne le soixante-deuxieme. *Signé*, MILHAU. *Collationné*, DARDELLIÉ, *signé*. Scellé le 14 Mars 1705. Par arrêt de la cour. *Signé*, PAS.

CLXVII.
ARRÊT
Du Conseil d'Etat du Roi,

Qui autorise l'adjudication de la levée des deniers ordinaires du diocese de Narbonne faite par les trésoriers de France, & celle des deniers extraordinaires faite par les commissaires ordinaires du diocese.

Du 20 Juin 1705.

Extrait des Regiſtres du Conseil d'Etat.

Sur la requête présentée au Roi, en son conseil, par le syndic du diocese de Narbonne ; Contenant que l'office de receveur alternatif des tailles dudit diocese, en tour d'exercice la présente année, appartenant à Me. Antoine Merle, ayant été saisi à la requête de ses créanciers, & la vente en ayant été ordonnée par arrêt de la cour des aides de Montpellier du 11 Janvier dernier, lesdits trésoriers de France de la généralité de Montpellier auroient ordonné le 9 Mars dernier, que les publications de ladite recette seroient faites au rabais de six deniers pour livre des impositions dudit diocese, tant en la ville de Montpellier qu'en celle de Narbonne, lesquelles ayant été continuées par autre ordonnance du 27 dudit mois signifiée aux créanciers dudit Merle, Me. François Huc du Merlet auroit offert de faire ladite recette, de faire livre net, de payer le trésorier de la bourse & autres assignés au terme des impositions, à condition que les entieres taxations de six deniers pour livre attribuées aux receveurs en exercice lui seront accordées; sur quoi il a été ordonné le 7 du mois d'Avril, par lesdits sieurs trésoriers de France, que l'offre dudit du Merlet seroit signifiée aux créanciers dudit Merle, & que pour leur donner le temps de présenter une personne pour faire ladite recette sous des conditions plus avantageuses, l'adjudication en seroit renvoyée au 18 dudit mois, & que faute par eux de ce faire, ladite délivrance en seroit faite audit du Merlet, aux conditions de son offre : En exécution de laquelle ordonnance ladite offre ayant été signifiée aux principaux créanciers dudit Merle, sans qu'ils aient présenté personne pour faire ladite recette, lesdits sieurs trésoriers de France auroient commis le 20 dudit mois d'Avril ledit du Merlet pour faire la recette des deniers tant ordinaires qu'extraordinaires & taillon imposés la présente année audit diocese de Narbonne, avec injonction aux commissaires principal, ordinaires & députés de l'assiette du diocese & à leur greffier de lui délivrer les assiettes & départemens des deniers imposés, après qu'il leur aura apparu de l'acte de cautionnement fait au bureau desdits trésoriers, pour la sûreté du maniement dudit du Merlet; & pour ses frais, peines, vacations & avances, lesdits trésoriers de France lui auroient permis de retenir par ses mains les entieres taxations de six deniers pour livre desdites impositions. Et dans le même temps les commissaires ordinaires du diocese de Narbonne, en exécution de la délibération de l'assiette dudit diocese du 26 Mars dernier, auroient requis par acte du 4 Avril les créanciers dudit Merle, de présenter une personne propre & duement cautionnée pour faire la levée des impositions, aux conditions portées par le traité fait en 1610, entre les syndics généraux de la province & les receveurs des tailles, & le 10 du même mois, conformément à l'arrêt du conseil du 25 Février 1690, ils auroient ordonné que la levée desdits deniers extraordinaires dudit diocese, seroit donnée à la folle-enchere dudit Merle & desdits créanciers au rabais, & jusqu'à six deniers pour livre de taxations, à celui qui fera la condition meilleure, & qu'il sera fait trois publications pendant trois dimanches consécutifs conformément audit arrêt : Laquelle ordonnance ayant été signifiée aux créanciers dudit Merle, & les publications ayant été faites, ledit François Hue du Merlet ayant offert de faire l'entiere recette des impositions dudit diocese de la présente année, de faire livre net, de payer le trésorier de la bourse & autres assignés au terme des impositions, de rendre compte à l'assiette prochaine & en la chambre des comptes de Montpellier à ses frais & dépens, & de satisfaire aux obligations de l'acte de 1610, à condition que les entieres taxations de six deniers pour livre attribuées aux receveurs en exercice lui appartiendront. Et personne ne s'étant présenté, soit de la part dudit Merle ou de ses créanciers, ni autres pour faire la condition meilleure ; lesdits sieurs commissaires auroient par leur ordonnance du 28 Avril adjugé audit du Merlet la levée des deniers extraordinaires, imposés la présente année à l'assiette du diocese, pour en faire le recouvrement au terme des impositions, aux conditions de son offre, & moyennant les six deniers pour livre de taxations : & pour la sureté desdits deniers extraordinaires, Jean Sartre, conseiller secrétaire du Roi maison couronne de France, se seroit rendu caution pour ledit du Merlet. Mais d'autant que les receveurs des tailles des dioceses ne font la recette des deniers extraordinaires qu'en conséquence des traités qu'ils ont faits avec la province en 1610 : Que par lesdits traités, ils sont obligés de cautionner suffisamment pardevant les assiettes des dioceses pour la recette desdits deniers, & que faute par eux d'y satisfaire, ladite levée doit être donnée au rabais de six deniers à leur folle-enchere, ce qui a été renouvelé par l'arrêt du conseil du 8 Janvier 1665 & par celui du 25 Février 1690 rendu contradictoirement avec lesdits receveurs, ce qui rend les assiettes des dioceses responsables des deniers extraordinaires, faute d'avoir pris leurs suretés ; que pour toutes ces raisons les trésoriers de France ne doivent commettre qu'à la levée des deniers ordinaires qui sont proprement les deniers royaux, comme étant les seuls qui entrent dans les recettes générales des finances, au lieu que les deniers extraordinaires sont portés à la recette de la bourse de la province. A CES CAUSES, requéroit qu'il plût à Sa Majesté autoriser l'adjudication faite par les sieurs trésoriers de France audit du Merlet, pour la recette des deniers ordinaires, & celle qui lui a été faite par les commissaires de l'assiette du diocese de Narbonne pour les deniers extraordinaires ; ce faisant, que ledit du Merlet jouira des six deniers pour livre des taxations desdites impositions tant ordinaires qu'extraordinaires, conformément aux ordonnances desdits sieurs trésoriers de France & commissaires de l'assiette, avec défenses tant audit Merle qu'à ses créanciers de lui donner aucun trouble. Vu lesdites requêtes ; l'adjudication faite par lesdits sieurs trésoriers le 20 Avril dernier à François Hue du Merlet de la recette des deniers ordinaires & extraordinaires qui ont été imposés l'année présente par l'assemblée de l'assiette du diocese de Narbonne ; l'adjudication faite par les commissaires ordinaires du diocese le 28 dudit mois audit du Merlet, de la recette des deniers extraordinaires ; le traité fait en 1610 entre les syndics généraux de la province de Languedoc

& les receveurs des tailles ; les arrêts du conseil des 8 Janvier 1665 & 25 Février 1690 ; Oui le rapport du sieur Fleuriau d'Armenonville, conseiller ordinaire au conseil royal, directeur des finances, LE ROI EN SON CONSEIL, a ordonné & ordonne que les adjudications faites audit du Merlet par les trésoriers de France de Montpellier, pour la recette de la présente année des impositions ordinaires du diocese de Narbonne & par les commissaires des assiettes dudit diocese, pour la recette des deniers extraordinaires, seront exécutées selon leur forme & teneur & aux conditions portées par lesdites adjudications. Fait Sa Majesté défenses audit Merle, à ses créanciers & tous autres d'apporter aucun trouble audit du Merlet dans l'exercice desdites recettes, à peine de tous dépens, dommages & intérêts & de demeurer responsables du retardement de la levée desdites impositions. FAIT au conseil d'état du Roi, tenu à Versailles le vingtieme jour de Juin mil sept cent cinq. Collationné.

Signé, DUJARDIN.

CLXVIII.
ARRÊT
DU CONSEIL D'ETAT DU ROI,

Portant contrainte contre les receveurs & collecteurs pour le payement de la capitation.

Du 21 Juillet 1705.

EXTRAIT *des Registres du Conseil d'Etat.*

LE Roi étant informé que le recouvrement de la capitation se fait en Languedoc avec beaucoup de négligence de la part des receveurs des dioceses & des collecteurs des communautés ; les uns & les autres prétendant qu'ils ne peuvent être contraints, faute de faire les diligences nécessaires contre les redevables qui sont en demeure de payer les sommes pour lesquelles ils se trouvent employés dans les états de répartition qui en ont été dressés par les commissaires à ce députés ; ce qui a été jusqu'à présent la cause des arrérages qui se trouvent dus par la plupart des dioceses de la province : à quoi Sa Majesté désirant pourvoir ; Oui le rapport du sieur Chamillart, conseiller ordinaire au conseil royal, contrôleur général des finances : SA MAJESTÉ EN SON CONSEIL, a ordonné & ordonne que les receveurs des dioceses & les collecteurs des villes & lieux de la province de Languedoc seront contraints personnellement, ainsi que pour les deniers de la taille, même lesdits receveurs par vente & adjudication par décret de leurs offices, au payement des deniers de la capitation, soit qu'ils les ayent reçus ou non, après l'expiration des termes accordés aux redevables par la déclaration du 12 Mars 1701. Enjoint Sa Majesté au sieur de Basville, conseiller d'état ordinaire & intendant de justice, police & finances en ladite province, de tenir la main à l'exécution du présent arrêt, qui sera lu, publié & affiché par-tout où besoin sera, à ce que personne n'en ignore. FAIT au conseil d'état du Roi, tenu à Versailles le vingt-unieme Juillet mil sept cent cinq. RANCHIN, *signé.*

NICOLAS DE LAMOIGNON, *chevalier, comte de Launay-Courson, seigneur de Briz, Vaugrigneuse, marquis de Lamothe, Chandenier, Beuxe, & autres lieux, conseiller d'état ordinaire, intendant de justice, police & finances en la province de Languedoc.*

Vu

No. CLXVIII.

VU l'arrêt du conseil d'état, ci-dessus, Nous ordonnons que ledit arrêt sera exécuté selon sa forme & teneur. FAIT à Montpellier, le dix-neuvieme Juillet mil sept cent cinq. *Signé*, DE LAMOIGNON : *Et plus bas*; Par Monseigneur, CAROUGE.

CLXIX.
ARRÊT
DU CONSEIL D'ETAT DU ROI,

Qui ordonne que l'arrêt du conseil du 28 Septembre 1680, sera exécuté par le sieur de Basville, & que le procureur général de la cour des comptes, aides & finances de Montpellier lui remettra les motifs sur lesquels les arrêts de ladite cour des 27 Mai & 2 Octobre 1679 ont été rendus au sujet des procès pendans en ladite cour entre les enfans de Paul Gineste, receveur des tailles du diocèse de Rieux, Jean des Innocens, commis à ladite recette, par les sieurs trésoriers de France de Toulouse, & le syndic du diocèse de Rieux.

Du dernier Mai 1707.

EXTRAIT *des Registres du Conseil d'Etat.*

SUR la requête présentée au Roi, en son conseil, par le syndic général de la province de Languedoc, Contenant que le diocèse de Rieux ayant imposé ès années 1643, 1644 & 1645, une somme de 31,200 livres pour payer les capitaux de ses dettes, cette somme avoit été divertie par Me. Paul Gineste, receveur des tailles dudit diocèse, ce qui ayant donné lieu à un grand procès, tant en la cour des aides de Montpellier, qu'au conseil, entre le syndic dudit diocèse, & ledit Gineste, il fut enfin terminé par une transaction du 6 Mai 1664, par laquelle le syndic du diocèse de Rieux quitta toutes les sommes qui lui étoient dues par ledit Gineste, pour 16,000 livres, & consentit que ses héritiers pussent se faire rendre compte par ceux qui avoient exercé par commission ledit office de receveur depuis l'année 1645, des gages & droits qu'ils avoient perçus, & qu'ils en retirassent le reliquat, sans que pour cet égard le syndic soit tenu à chose quelconque : Qu'au préjudice de cette transaction les héritiers du sieur Gineste prétendant que Me. Jean des Innocens, qui avoit été commis à l'exercice desdits offices, étoit leur débiteur de 23,141 livres, & qu'il étoit insolvable, firent assigner le syndic du diocèse de Rieux, en la cour des aides de Montpellier, où, par arrêt du 27 Mai 1679, il fut ordonné que le syndic impugneroit les comptes dudit des Innocens ; & par autre arrêt du 22 Octobre de la même année, il fut condamné à payer auxdits héritiers la somme de 1000 livres par provision ; ce qui auroit obligé le syndic général de la province de Languedoc de présenter requête au conseil, & ayant représenté que le diocèse de Rieux ne pouvoit être garant de tous les évènemens du compte dudit des Innocens, après en avoir été déchargé par la transaction de 1664, & qu'il seroit dangereux pour tous les diocèses de la province, s'ils étoient responsables des gages des receveurs des tailles, & de la recette des deniers ordinaires, attendu que ce sont les trésoriers de France qui commettent à ladite recette, & qu'ils reçoivent les cautions ; il auroit été ordonné par arrêt du conseil du 28 Septembre 1680, que le procureur général de la cour des aides de Montpellier remettroit ès mains du sieur d'Aguesseau, intendant alors en la province de Languedoc, les

No. CLXIX.

Tome VI.

P p

motifs des arrêts des 4 Mai & 2 Octobre 1679, & que ledit Ginefte & le syndic du diocèse de Rieux, contefteroient pardevant ledit fieur d'Aguefleau, fur la garantie que ledit Ginefte prétend contre le diocèse, après que le compte des gages & droits prétendus par ledit Ginefte, & autres inftances pendantes en ladite cour des aides, y auroient été jugées, pour être par lui drefsé procès-verbal defdites conteftations, & icelui envoyé au confeil avec lefdits motifs, pour y être fait droit ainfi qu'il appartiendra, & cependant qu'il feroit furfis à l'exécution de l'arrêt de la cour des aides de Montpellier, du 2 Octobre 1679 : Que depuis cet arrêt du confeil, la cour des aides de Montpellier, par fon arrêt du 10 Octobre 1680, jugeant définitivement le compte du fieur des Innocens, a réduit toutes les fommes par lui dues à 4063 liv. 18 fols 11 deniers, & aux intérêts depuis le 24 Novembre 1674, & auroit ordonné que lefdites fommes feroient remifes au greffe de ladite cour, pour faire fonds à la diftribution des biens dudit feu Jean Paul Ginefte : & fur la garantie demandée contre le syndic du diocèse de Rieux & tréforiers de France de Touloufe, il eft ordonné que les enfans dudit Ginefte continueroient leurs diligences pendant trois mois fur les biens & effets dudit des Innocens, qu'ils remettroient dans le même délai des extraits en forme des cautionnemens faits par ledit fieur des Innocens devers le bureau des finances, pour, le tout rapporté, être pourvu fur la condamnation des fommes reftantes, contre les tréforiers de France de Touloufe, ou contre le syndic du diocèse de Rieux : Qu'il n'a été fait depuis aucune diligence, foit en exécution dudit arrêt du confeil, foit en exécution de l'arrêt de la cour des aides ; cependant, le fieur de Roquette, confeiller au parlement de Touloufe, a fait fignifier au fuppliant, le premier Juin 1699, une ceffion de la fomme de 3600 livres, qui lui a été faite par le fieur Ginefte, à prendre fur & tant moins de ce qu'ils prétendent leur être dû par le diocèse de Rieux, comme refponfable de la geftion du fieur des Innocens. Mais d'autant que cette garantie eft ce qui a donné lieu à l'arrêt du confeil du 28 Septembre 1680, & qu'il ne feroit pas jufte de voir renaître cette affaire de vingt en vingt ans : A CES CAUSES, il requéroit que ledit arrêt du confeil qui avoit commis le fieur d'Aguefseau ci-devant intendant en Languedoc, foit exécuté par le fieur de Bafville à préfent intendant de ladite province ; & ce faifant, que le procureur général de la cour des aides de Montpellier lui remettra les motifs des arrêts des 27 Mai & 2 Octobre 1679, & que toutes les parties intéreffées à la garantie prétendue par ledit Ginefte contre le diocèse de Rieux, contefteront pardevant ledit fieur de Bafville, au fujet de ladite garantie, pour, fur fon procès-verbal & avis envoyé au confeil, être par Sa Majefté ordonné ce qu'il appartiendra, avec cependant défenfes à toutes les parties de fe pourvoir ailleurs. Vu ladite requête, l'arrêt du confeil du 28 Septembre 1680, l'arrêt de la cour des aides de Montpellier, du 10 Octobre audit an, & la tranfaction paffée le 6 Mai 1694 : Ouï le rapport du fieur Fleuriau d'Armenonville, confeiller ordinaire au confeil royal, directeur des finances ; LE ROI EN SON CONSEIL, a ordonné & ordonne que ledit arrêt du 28 Septembre 1680 fera exécuté par ledit fieur de Bafville, de même qu'il l'auroit pu être par le fieur d'Aguefseau, au lieu & place duquel Sa Majefté l'a à cet effet subrogé, & en conséquence ordonné que le procureur général de la cour des comptes, aides & finances de Montpellier lui remettra les motifs sur lesquels sont intervenus les arrêts de ladite cour, des 27 Mai & 2 Octobre 1679, pour iceux vus, ensemble le procès-verbal & avis dudit sieur de Basville, être par Sa Majesté ordonné ce qu'il appartiendra. FAIT au conseil d'état du Roi, tenu à Marly, le dernier jour de Mai mil sept cent sept.

LOUIS, PAR LA GRACE DE DIEU, ROI DE FRANCE ET DE NAVARRE: A notre amé & féal conseiller ordinaire en notre conseil d'état le sieur de Lamoignon de Basville, intendant & commissaire départi pour l'exécution de nos ordres en la province de Languedoc, SALUT. Nous vous mandons & enjoignons de tenir la main à l'exécution de l'arrêt dont l'extrait est ci-attaché sous le contre-scel de notre chancellerie, cejourd'hui donné en notre conseil d'état, sur la requête à nous présentée en icelui par le syndic général de la province de Languedoc. Commandons au premier notre huissier ou sergent sur ce requis, de signifier ledit arrêt à notre procureur général en notre cour des comptes, aides & finances de Montpellier, & à tous autres qu'il appartiendra, à ce qu'aucun n'en ignore, & de faire en outre pour l'entiere exécution dudit arrêt, à la requête dudit syndic général de la province de Languedoc, tous commandemens, sommations & autres actes & exploits requis & nécessaires, sans demander autre permission : CAR tel est notre plaisir. Donné à Marly, le dernier jour de Mai, l'an de grace mil sept cent sept, & de notre regne le soixante-cinquieme.

NICOLAS DE LAMOIGNON, chevalier, comte de Launay-Courson, seigneur de Brix, Vaugrigneuse, marquis de Lamothe, Chandenier, Beuxe, & autres lieux, conseiller d'état ordinaire, intendant de justice, police & finances en la province de Languedoc.

VU l'arrêt du conseil d'état ci-dessus, & commission à nous adressée, Nous ordonnons qu'il sera exécuté selon sa forme & teneur; ce faisant, que conformément à l'arrêt du 28 Septembre 1680, le procureur général de la cour des comptes, aides & finances de Montpellier, remettra entre nos mains les motifs des arrêts des 4 Mai & 2 Octobre 1679, & que les parties intéressées à la garantie prétendue par Paul Gineste ou ses héritiers, contre le diocese de Rieux, ensemble le syndic dudit diocese, contesteront pardevant Nous, au sujet de ladite garantie, pour du tout dresser notre procès-verbal & procéder suivant ledit arrêt. FAIT à Montpellier, le onzieme Juillet mil sept cent sept. *Signé*, DE LAMOIGNON: *Et plus bas*; Par Monseigneur; CAROUGE.

CLXX.
ARRÊT
DU CONSEIL D'ETAT DU ROI,

Qui autorise l'adjudication de la levée des deniers ordinaires du diocese du Puy, faite par les trésoriers de France, & celle des deniers extraordinaires faite par les trois commis dudit diocese.

Du 9 Août 1707.

EXTRAIT *des Registres du Conseil d'Etat.*

SUR la requête présentée au Roi, en son conseil, par le syndic général de la province de Languedoc, Contenant que les tréforiers généraux de France de la généralité de Montpellier, ayant été informés par le procureur du Roi dudit bureau, du défordre des affaires du fieur Pierre Chalabre, receveur triennal des tailles & taillon du diocefe du Puy, qui eft en tour d'exercice la préfente année 1707, auroient nommé un commiffaire pour procéder au fcellé & inventaire des effets dudit Chalabre; & ayant fait publier la levée des impofitions la préfente année, pour être délivrée à celui qui feroit la condition meilleure, perfonne ne fe feroit préfenté pour la faire; que Jacques Garnier, procureur de Jacques Cambacerés, fils de François Cambacerés, propriétaire des offices de receveur alternatif des tailles & taillon dudit diocefe, au nom duquel il auroit offert de faire la levée des impofitions, tant des deniers ordinaires qu'extraordinaires de la préfente année, moyennant les taxations ordinaires de fix deniers pour livre que les receveurs ont accoutumé d'avoir, & fur les réquifitions du procureur du Roi dudit bureau, lefdits tréforiers auroient, par leur ordonnance du 18 Avril 1707, commis ledit Jacques Cambacerés pour faire la fonction & exercice defdits offices de receveur triennal des tailles & taillon du diocefe du Puy, pendant la préfente année 1707, à la charge par lui de cautionner fuffifamment devers le greffe du bureau pour la fureté dudit maniement, & que l'adjudication lui en feroit faite à raifon de fix deniers pour livre, tant des deniers ordinaires qu'extraordinaires, & que la commiffion qui avoit été accordée à Antoine Lagarde, feroit révoquée: Que les trois commis du diocefe du Puy voyant que le fieur Defouchede, qui étoit venu à l'affiette du diocefe avec la procuration du fieur Chalabre, étoit parti fans figner le cautionnement qu'il devoit donner, & ayant appris d'ailleurs par une lettre du fieur de Bafville, du 19 Mars dernier, que le fieur Chalabre, & Clauzel fon commis, avoient diverti plus de 200,000 livres, qu'il les avoit fait arrêter, & qu'il alloit leur faire le procès, & que les tréforiers de France de la généralité de Montpellier avoient commis le fieur Cambacerés pour faire la recette des tailles de la préfente année à la place du fieur Chalabre; en conféquence des articles paffés avec les receveurs en 1610, de l'arrêt du confeil du 8 Janvier 1665, de celui du 25 Février 1690, rendu contradictoirement avec les receveurs des tailles, & fuivant l'arrêt du confeil du 20 Juin 1705, rendu en pareil cas pour la recette des tailles du diocefe de Narbonne, par tous lefquels arrêts les diocefes font tenus de donner la levée des deniers extraordinaires à la folle-enchere des receveurs, faute par eux de donner bonne & fuffifante caution, lefdits trois commis auroient délibéré le 27 Mars dernier, de faire publier la levée des deniers extraordinaires au rabais de fix deniers pour livre, qui ont été accordés aux receveurs des diocefes pour en faire le recouvrement, laquelle auroit été fignifiée au domicile de Pierre Chalabre, & il auroit été procédé à trois publications, les 28 & 31 Mars, & 3 Avril dernier, par appofition d'affiche, pendant lefquelles perfonne ne s'étant préfenté, il auroit été fait une quatrieme publication le 5 Avril, & le même jour Jacques Cambacerés, fils de François Cambacerés, propriétaire des offices de receveur alternatif des tailles & taillon du diocefe du Puy, auroit offert de faire la levée de toutes les impofitions faites & à faire la préfente année 1707, à la place de Pierre Chalabre, receveur triennal en tour d'exercice la préfente année,

& de faire livre net, tant des deniers ordinaires qu'extraordinaires, comme aussi de faire la levée de la capitation, moyennant les six deniers pour livre, tant des deniers ordinaires qu'extraordinaires, à la réserve de ceux du taillon & de deux deniers pour livre des deniers de la capitation, laquelle auroit été signifiée au domicile dudit Chalabre, & le 9 Avril l'adjudication ayant été renvoyée au 11 dudit mois, & personne ne s'étant présenté pour faire la condition meilleure, elle auroit été faite audit Jacques Cambacerés, aux clauses & conditions de son offre, sous le cautionnement de François Cambacerés son pere, au moyen de quoi le diocese du Puy ayant fait ce qu'il est obligé de faire en pareil cas : A CES CAUSES, requéroit le suppliant qu'il plût à Sa Majesté autoriser l'adjudication faite par lesdits trésoriers de France audit Jacques Cambacerés pour la recette des deniers ordinaires du diocese du Puy, & celle qui a été faite par les trois commis du diocese pour la recette des deniers extraordinaires ; ce faisant, que ledit Cambacerés jouira de six deniers pour livre des deniers, tant ordinaires qu'extraordinaires dont les receveurs ont accoutumé de jouir, & de deux deniers pour livre de ceux de la capitation, aux clauses & conditions de son offre, & faire défenses, tant audit Chalabre qu'à ses créanciers, de donner aucun trouble audit Cambacerés en ladite recette. Vu ladite requête, l'adjudication faite par les trésoriers de France de la généralité de Montpellier audit Jacques Cambacerés, le 18 Avril 1707, le procès-verbal de publication & adjudication faite audit Cambacerés par les trois commis du diocese du Puy, le 11 dudit mois d'Avril ; l'arrêt du conseil du 26 Juin 1705, rendu sur l'autorisation de pareille adjudication faite par les trésoriers de France & par les commissaires ordinaires du diocese de Narbonne : Ouï le rapport du sieur Fleuriau d'Armenonville, conseiller ordinaire au conseil royal, directeur des finances ; LE ROI EN SON CONSEIL, conformément à l'avis dudit sieur de Basville, a ordonné & ordonne que l'adjudication faite par les trésoriers de France de Montpellier audit Cambacerés, de la recette des deniers ordinaires du diocese du Puy, pour la présente année, & celle faite par les trois commis dudit diocese audit Cambacerés, de la recette des deniers extraordinaires, seront exécutées selon leur forme & teneur. Fait Sa Majesté défenses audit Chalabre, à ses créanciers, & à tous autres, de troubler ledit Cambacerés dans l'exercice de sesdites recettes, à peine de tous dépens, dommages & intérêts, & de demeurer responsables des deniers desdites recettes. FAIT au conseil d'état du Roi, tenu à Versailles le neuvieme jour d'Août mil sept cent sept. *Collationné. Signé*, RANCHIN.

LOUIS, PAR LA GRACE DE DIEU, ROI DE FRANCE ET DE NAVARRE : Au premier notre huissier ou sergent sur ce requis. Nous te mandons & commandons que l'arrêt dont l'extrait est ci-attaché sous le contre-scel de notre chancellerie, cejourd'hui donné en notre conseil d'état, sur la requête à Nous présentée en icelui par le syndic général de notre province de Languedoc, tu signifies aux y dénommés, & à tous autres qu'il appartiendra, à ce qu'aucun n'en ignore, & fais en outre pour l'entiere exécution d'icelui, à la requête dudit syndic général de ladite province de Languedoc, tous commandemens, sommations, défenses y portées, sur les peines y contenues, & autres actes & exploits nécessaires, sans autre permission. Car tel est notre plaisir. Donné à Versailles le neuvieme jour d'Août, l'an de grace mil sept cent sept, & de notre regne le soixante-cinquieme. Par le Roi en son conseil. *Signé*, Ranchin, & scellé.

CLXXI.

Extrait du regiftre des délibérations des Etats généraux de Languedoc, assemblés par mandement du Roi, en la ville de Montpellier, au mois de Novembre 1707.

Du Vendredi 20 Janvier 1708, préfident Mgr. l'archevêque & primat de Narbonne.

Les Etats étant informés que par arrêt du conseil, du 21 Juillet 1705, Sa Majesté a ordonné que les receveurs des diocefes & les collecteurs des villes & lieux de la province feront contraints au payement des deniers de la capitation, de même que pour les deniers de la taille par emprisonnement de leur personne, & par vente & décret des offices de receveurs, soit qu'ils ayent levé ou non; & les Etats desirant leur faciliter l'exécution dudit arrêt, en leur accordant de plus grandes taxations que celles qu'ils ont eu jusqu'à présent, & en leur procurant le moyen de donner en reprise les non-valeurs, modérations & décharges de la capitation, a été délibéré, sous le bon plaisir de Sa Majesté, ce qui suit.

Article Premier.

Les receveurs seront tenus de faire livre net des deniers de la capitation, de même que de ceux de la taille.

II.

Il leur sera accordé par la province six deniers pour livre de toutes les sommes qui seront imposées pour la capitation, qui leur tiendront lieu de taxation, y compris les deux deniers qui leur étoient accordés par la déclaration du Roi.

III.

Il sera accordé aux collecteurs six deniers pour livre pour la levée de la capitation, y compris les quatre deniers qui leur avoient été accordés ci-devant, à condition qu'ils feront obligés de faire livre net, de même que pour la taille.

IV.

Les receveurs seront tenus de passer en reprise aux collecteurs les non-valeurs, décharges & modérations, après qu'elles auront été certifiées par le curé & les consuls de la communauté, & visées par les commissaires ordinaires du diocese, ou ceux qui en dirigent les affaires pendant l'année.

V.

Ces mêmes non-valeurs seront données en reprise par le receveur au diocese, qui sera obligé de les réimposer l'année suivante, avec les intérêts à dix pour cent.

VI.

Il sera dressé dans chaque diocese un état particulier de la capitation des seigneurs de paroisse, & des personnes de main-forte qui ont été compris jusqu'à présent dans les rôles de leurs paroisses, ensemble de celle de leurs domestiques, dont les receveurs seront obligés de faire la levée pour laquelle ils auront un sol pour livre; savoir, six deniers, comme faisant la fonction de collecteurs, & six deniers comme receveurs; & seront lesdites taxations payées par les compris & nommés audit état, au-delà de leurs taxes sur le pied du tarif de 1695, & de la moitié en sus dudit tarif, auquel cas leurs taxes ne pourront être augmentées par lesdites taxations, & lesdits receveurs en seront payés du fonds qui sera fait par les dioceses, lors de la confection des rôles.

VII.

Les receveurs qui n'auront pas entierement payé la taille & la capitation de l'année de leurs exercices précédens, ne pourront rentrer dans l'exercice de leurs charges, & il sera commis à leur place, auquel cas les taxations desdits receveurs appartiendront auxdits commis, sans que pour raison de ce il soit nécessaire de mettre la recette à leur folle-enchere.

VIII.

Les receveurs pourront être emprisonnés, & leurs charges décrétées pour ce qu'ils doivent de la taille & de la capitation, après l'échéance des termes, & lesdits décrets seront poursuivis pardevant M. de Basville, pour ce qu'ils devront de la capitation.

IX.

Le trésorier de la bourse dénoncera aux dioceses, après l'échéance de chaque terme, les sommes qui lui sont dues par les receveurs, & les diligences qu'il aura faites contre eux dans la suite, tant pour la taille que pour la capitation.

X.

Les receveurs, dont les offices auront été décrétés, ne pourront avoir aucun recours contre les dioceses, pour les arrérages des tailles & de la capitation, qui leur seront dus, excepté seulement pour lesdites non-valeurs de la capitation qui seront réimposées à leur profit, ainsi qu'il a été déjà dit, & pour la quotité des tailles de la capitation des communautés, dont les habitans auront fait un abandon général de leurs biens.

XI.

Sa Majesté sera très-humblement suppliée d'accorder une déclaration en conformité de la présente délibération, laquelle sera enregistrée par-tout où besoin sera.

CLXXII.
ARRÊT DU CONSEIL,
Qui autorise la délibération précédente, du 20 Janvier 1708.

Du 28 Février 1708.

Extrait des Regiſtres du Conseil d'Etat.

Sur ce qui a été représenté au Roi, en son conseil, par les gens des états de la province de Languedoc, que pour accélérer le recouvrement de la capitation en ladite province, il auroit plu à Sa Majesté d'ordonner par son arrêt du 21 Juillet 1705, que les receveurs des dioceses & les collecteurs des villes & lieux de ladite province seroient contraints personnellement, même lesdits receveurs par vente & adjudication par décret de leurs offices, au payement des deniers de la capitation, soit qu'ils les ayent reçus, ou non, après l'expiration des termes accordés aux redevables par la déclaration de Sa Majesté, du 12 Mars 1701 ; & comme les supplians ont reconnu par la suite que la disposition dudit arrêt n'a pu empêcher que la province ne soit redevable de sommes considérables envers le trésorier général de la bourse, pour ladite capitation, à cause des grands restes qui en sont dus, cela les auroit obligés à chercher les moyens, non-seulement d'empêcher qu'ils ne s'accumulent, mais encore de faire payer, s'il est possible, les restes dont les dioceses sont redevables : c'est à quoi les suppliants ont espéré de pouvoir réussir, en obligeant les receveurs à répondre de la levée entière de ladite capitation, comme ils font pour la taille, en les excitant par des taxations plus fortes à s'acquitter plus volontiers de de leur devoir, & en soumettant ceux qui sont plus négligens aux peines portées par l'arrêt du 21 Juillet 1705 ; & à cet effet les suppliants, par un acte de leur assemblée du 20 Janvier dernier, auroient délibéré, *article premier*, que les receveurs seront tenus de faire livre net des deniers de la capitation, de même que de ceux de la taille. 2°. Qu'il leur sera accordé par la province six deniers pour livre de toutes les sommes qui seront imposées pour la capitation, qui leur tiendra lieu de taxations, y compris les deux deniers qui leur étoient accordés par la déclaration du Roi. 3°. Qu'il sera accordé aux collecteurs six deniers pour livre pour la levée de la capitation, y compris les quatre deniers qui leur avoient été accordés ci-devant, à condition qu'ils seront obligés de faire livre net, de même que pour la taille. 4°. Que les receveurs seront tenus de passer en reprise aux collecteurs les non-valeurs, décharges & modérations, après qu'elles auront été certifiées par le curé & les consuls de la communauté, & visées par les commissaires ordinaires du diocèse, ou ceux qui en dirigent les affaires pendant l'année. 5°. Que ces mêmes non-valeurs seront données en reprise par le receveur au diocèse, qui sera obligé de les réimposer l'année suivante, avec les intérêts à dix pour cent. 6°. Qu'il sera dressé dans chaque diocèse un état particulier de la capitation des seigneurs des paroisses, & des personnes de main-forte qui ont été comprises jusqu'à présent dans les rôles de leur paroisse, ensemble de celles de leurs domestiques, dont les receveurs seront obligés de faire la levée pour laquelle ils auront un sol pour livre ; savoir, six deniers comme faisant la fonction de collecteurs, & six deniers comme receveurs, & seront lesdites taxations payées par les compris & nommés audit état au-delà de leurs taxes, à la réserve de ceux qui auront été taxés sur le pied du tarif de 1695, & de la moitié en sus dudit tarif, auquel cas leurs taxes ne pourront être augmentées par lesdites taxations, & lesdits receveurs en seront payés du fonds qui sera fait pour les diocèses lors de la confection des rôles. 7°. Que les receveurs qui n'auront pas entièrement payé la taille & la capitation de leurs exercices précédens, ne pourront rentrer dans l'exercice de leurs charges, & il sera commis à leur place ; auquel cas les taxations desdits receveurs appartiendront auxdits commis, sans que, pour raison de ce, il soit nécessaire de mettre la recette à leur folle-enchère. 8°. Que les receveurs pourront être emprisonnés, & leurs charges décrétées pour ce qu'ils doivent de la taille & de la capitation, après l'échéance des termes, & lesdits décrets seront poursuivis devant M. de Basville pour ce qu'ils devront de la capitation. 9°. Que le trésorier de la bourse dénoncera aux diocèses, après l'échéance de chaque terme, les sommes qui lui sont dues par les receveurs & les diligences qu'il aura faites contre eux dans la suite, tant pour la taille que pour la capitation. 10°. Enfin que les receveurs, dont les offices auront été décrétés, ne pourront avoir aucun recours contre les diocèses pour les arrérages des tailles & de la capitation qui leur seront dus, excepté seulement pour les non valeurs de la capitation qui seront réimposées à leur profit,

profit, ainsi qu'il est dit ci-dessus, & pour la quotité des tailles & de la capitation des communautés, dont les habitans auront fait un abandon général de leurs biens. Et comme il est important pour le service de Sa Majesté & pour l'intérêt de la province que ladite délibération soit approuvée & autorisée par Sa Majesté, A CES CAUSES, requéroient les suppliants qu'il lui plût sur ce leur pourvoir. VU ladite requête; l'arrêt du conseil, du 21 Juillet 1705 ; la délibération des Etats, du 20 Janvier dernier : & OUI le rapport du sieur Desmarets, conseiller ordinaire au conseil royal, contrôleur général des finances ; LE ROI EN SON CONSEIL, ayant égard à ladite requête, a ordonné & ordonne que ledit arrêt du 21 Juillet 1705 & la délibération desdits Etats, du 20 Janvier dernier, que Sa Majesté approuve & autorise, seront exécutés selon leur forme & teneur, & qu'à cet effet seront toutes lettres nécessaires expédiées. FAIT au conseil d'état du Roi, tenu à Versailles, le vingt-huitieme jour de Février mil sept cent huit. *Collationné.*

Signé, GOUJON.

CLXXIII.
ARRÊT DU CONSEIL,

Qui autorise une délibération des Etats du 19 Janvier 1708, prise pour la réalisation d'une offre de 600,000 livres, faite à Sa Majesté, pour dispenser la province de l'établissement des contrôleurs des tailles, créés par édit du mois de Novembre 1707.

Du 28 Février 1708.

Extrait des Registres du Conseil d'Etat.

SUR la requête présentée au Roi, en son conseil, par les gens des trois états de la province de Languedoc; Contenant, qu'en conséquence des offres par eux faites à Sa Majesté, de la somme de 600,000 livres, pour dispenser ladite province de l'établissement des contrôleurs des tailles, créés par édit du mois de Novembre 1707, les suppliants, pour en faciliter le payement, auroient, par leur délibération du 19 Janvier dernier, accepté l'offre qui leur a été faite par Alexis Sabatier, de ladite somme de 600,000 livres, payable en lettres de change au prochain payement des Rois à Lyon, au moyen duquel payement lesdits Etats ont consenti d'aliéner à faculté de rachat perpétuel au profit dudit Sabatier, deux deniers & trois quarts de deniers pour livre des impositions de la taille, taillon, mortes-payes, garnisons, don gratuit, dettes & affaires, étapes, gratifications, frais des Etats, & généralement de toutes les impositions qui seront faites par lesdits Etats sur tous les dioceses de la province, suivant le tarif de la taille; qu'à commencer la présente année 1708, le montant desdits deux deniers trois quarts sera imposé & payé annuellement audit Sabatier par le trésorier de la bourse de la province, sur les mandemens qui en seront expédiés, à condition néanmoins que la province pourra se libérer de ladite somme de 600,000 livres quand bon lui semblera, & que ledit Sabatier sera tenu d'en recevoir le remboursement en quatre payemens égaux de 150,000 livres chacun, en l'avertissant six mois auparavant, auquel cas le produit de deux deniers trois quarts diminuera à proportion des payemens, & du temps qu'ils auront été faits, & que pour l'exécution du contenu en ladite délibération, lefdits Etats donneront pouvoir aux fyndics généraux de la province, de paffer un contrat avec ledit Sabatier, en conformité d'icelle, dans lequel interviendra le fieur Pennautier, tréforier de ladite bourfe, pour recevoir les lettres de change qui lui feront remifes en payement de ladite fomme de 600,000 livres; & d'autant que ladite délibération ne peut avoir fon exécution qu'elle ne foit approuvée & autorifée par Sa Majefté, A CES CAUSES, requéroient les fuppliants qu'il lui plût fur ce leur pouvoir. Vu ladite requête, la délibération des Etats, du 19 Janvier dernier: & OUI le rapport du fieur Defmarets, confeiller ordinaire au confeil royal, contrôleur général des finances; LE ROI EN SON CONSEIL, ayant égard à ladite requête, a ordonné & ordonne que la délibération defdits Etats de Languedoc, du 19 Janvier dernier, que Sa Majefté approuve & autorife, fera exécutée felon fa forme & teneur, & qu'à cet effet toutes lettres néceffaires feront expédiées. FAIT au confeil d'état du Roi, tenu à Verfailles, le vingt-huitieme jour de Février mil fept cent huit. Collationné.

Signé, GOUJON.

CLXXIV.
DÉCLARATION DU ROI,

Portant réglement pour la levée de la capitation en la province de Languedoc, & les obligations des receveurs & des collecteurs à ce sujet.

Du 27 Mars 1708.

LOUIS, PAR LA GRACE DE DIEU, ROI DE FRANCE ET DE NAVARRE: A tous ceux qui ces préfentes lettres verront, SALUT. Par notre déclaration du 12 Mars 1701, pour l'établiffement de la capitation générale, Nous avons ordonné que dans les pays d'état, les redevables payeront leurs taxes entre les mains des collecteurs & receveurs ordinaires des dons gratuits, fubfides, fubventions, & autres impofitions ufitées efdits pays, qui remettront enfuite le fonds de leur recette aux tréforiers ou receveurs généraux defdits Etats, & eux au garde de notre tréfor royal; & par arrêt de notre confeil, du 22 Juillet 1705, Nous avons ordonné que les receveurs des diocefes & les collecteurs des villes & lieux de notre province de Languedoc feront contraints perfonnellement, ainfi que pour les deniers de la taille, même lefdits receveurs, par vente & adjudication par décret de leurs offices, au payement des deniers de la capitation, foit qu'ils les ayent reçus ou non, après l'expiration des temps accordés aux redevables par ladite déclaration; en exécution duquel arrêt, les gens des trois états de ladite province ayant délibéré, le 20 Janvier dernier, fur plufieurs articles, ils Nous ont très-humblement fuppliés de vouloir les autorifer, afin de faciliter ce recouvrement. A CES CAUSES, & autres à ce Nous mouvant, de notre certaine fcience, pleine puiffance & autorité royale, après avoir fait examiner en notre confeil ladite délibération, Nous avons par ces préfentes, fignées de notre main, dit, déclaré & ordonné, difons, déclarons & ordonnons, voulons & Nous plaît, que les articles de la délibération prife par les gens des trois états de notre province de Languedoc, du 20 Janvier dernier, feront exécutés felon leur forme & teneur, & conformément aufdits articles, Nous avons ordonné,

ARTICLE PREMIER.

Que les receveurs seront tenus de faire livre net des deniers de la capitation, de même que de ceux de la taille.

II.

Qu'il leur sera accordé par la province six deniers pour livre de toutes les sommes qui seront imposées pour la capitation, qui leur tiendront lieu de taxations, y compris les deux deniers qui leur ont été accordés par nos déclarations.

III.

Qu'il sera accordé aux collecteurs six deniers pour livre pour la levée de la capitation, y compris les quatre deniers qui leur avoient été accordés ci-devant, à condition qu'ils seront obligés de faire livre net, de même que pour la taille.

IV.

Que les receveurs seront tenus de passer en reprise aux collecteurs les non-valeurs, décharges & modérations, après qu'elles auront été certifiées par le curé & consuls de la communauté, visées par les commissaires ordinaires du diocese, ou ceux qui en dirigent les affaires pendant l'année.

V.

Que ces mêmes non-valeurs seront données en reprise par le receveur au diocese, qui sera obligé de les réimposer l'année suivante, avec les intérêts à dix pour cent.

VI.

Qu'il sera dressé dans chaque diocese un état particulier de la capitation des seigneurs des paroisses & des personnes de main-forte, qui ont été compris jusqu'à présent dans les rôles des paroisses, ensemble de celles de leurs domestiques, dont les receveurs seront obligés de faire la levée, pour laquelle ils auront un sol pour livre ; savoir, six deniers comme faisant la fonction de collecteurs, & six deniers comme receveurs ; & seront lesdites taxations payées par les compris & nommés audit état, au-delà de leurs taxes, à la réserve de ceux qui auront été taxés sur le pied du tarif de 1695 & de la moitié en sus dudit tarif, auquel cas leurs taxes ne pourront être augmentées par lesdites taxations, & lesdits receveurs en seront payés du fonds qui en sera fait par les dioceses lors de la confection des rôles.

VII.

Que les receveurs qui n'auront pas entierement payé la taille & la capitation de leurs exercices précédens, ne pourront rentrer dans l'exercice de leurs charges, & il sera commis à leur place ; auquel cas les taxations desdits receveurs appartiendront auxdits commis, sans que pour raison de ce il soit nécessaire de mettre la recette à leur folle-enchere.

VIII.

Que les receveurs pourront être emprisonnés, & leurs charges décrétées pour ce qu'ils doivent de la taille & de la capitation après l'échéance des termes, & lesdits décrets seront poursuivis pardevant le sieur de Basville, pour ce qu'ils doivent de la capitation.

IX.

Que le trésorier de la bourse dénoncera aux dioceses, après l'échéance de chaque terme, les sommes qui lui sont dues par les receveurs, & les diligences qu'il aura faites contr'eux dans la suite, tant pour la taille que pour la capitation.

X.

Que les receveurs, dont les offices ont été décrétés, ne pourront avoir aucun recours contre les dioceses, pour les arrérages de la taille & de la capitation qui leur seront dus, excepté seulement pour les non-valeurs de la capitation, qui seront imposées à leur profit, ainsi qu'il est ordonné par l'article V de la présente déclaration, & pour la quotité des tailles & de la capitation des communautés, dont les habitans auront fait un abandon général de leurs biens. Si DONNONS EN MANDEMENT à nos amés & féaux les gens tenant notre cour des comptes, aides & finances à Montpellier, que ces présentes ils ayent à faire lire, publier & registrer, & le contenu en icelle garder, observer & exécuter selon leur forme & teneur, nonobstant tous édits, déclarations, réglemens, arrêts & autres choses à ce contraires, auxquelles Nous avons dérogé & dérogeons par ces présentes: CAR tel est notre plaisir; en témoin de quoi, Nous avons fait mettre notre scel à cesdites présentes. DONNÉ à Versailles, le vingt-septieme jour de Mars, l'an de grace mil sept cent huit, & de notre regne le soixante-sixieme. *Signé*, LOUIS. *Et plus bas*; Par le Roi, PHELYPEAUX. Vu au conseil, DESMARETS.

La présente déclaration a été registrée ès registres de la cour des comptes, aides & finances de Montpellier: OUI & ce requérant le procureur général du Roi, pour le contenu en icelle être gardé & observé selon sa forme & teneur, suivant le desir de Sa Majesté; & arrêt aujourd'hui rendu, chambres & semestres assemblés. A Montpellier, le dix-neuf Avril mil sept cent huit. FLORIS, *signé*.

CLXXV.
ÉDIT
Portant création d'un second sol pour livre attribué aux receveurs des tailles, sur les deniers municipaux des villes & communautés de Languedoc.

Du mois d'Août 1709.

LOUIS, PAR LA GRACE DE DIEU, ROI DE FRANCE ET DE NAVARRE: A tous présens & à venir, SALUT. Par notre édit du mois de Janvier dernier, nous avons créé des offices de nos conseillers trésoriers, receveurs, & payeurs anciens & mi-triennaux des deniers communs & d'octrois, pour être établis dans chacune ville, bourg & lieu de notre royaume, pays, terres & seigneuries de notre obéissance où il seroit jugé nécessaire; & nommément dans ceux où les offices d'inspecteurs aux boucheries, & aux entrées des boissons ont été ou dû être établis en exécution de nos édits des mois de Février 1704 & Octobre 1705, & nous avons ordonné que dans notre province de Languedoc, les deux sols pour livre par augmentation des droits des inspecteurs aux boucheries, & aux entrées des boissons, ensemble les gages & autres droits attribués aux offices créés par ledit édit, seroient unis & incorporés à ceux de receveurs des octrois & subventions établis en ladite province en exécution de notre édit du mois d'Août 1705, pour être payés aux pourvus desdits offices, ou aux corps & communautés des villes & lieux qui les ont réuni; mais depuis ayant été informés que dans cette province les offices de receveurs des octrois & subventions, à l'exception de ceux de la ville de Toulouse, ont été supprimés ou réunis aux receveurs des tailles; que ceux d'inspecteurs aux boissons & aux boucheries, y ont pareillement été éteints, & que les droits attribués pour l'inspection sur les boucheries, ont été commués en deux deniers sur chaque livre de viande; qu'ainsi notre édit du mois de Janvier dernier n'y pourroit être exécuté sans causer un dérangement considérable, tant à cause des usages de cette province, & des différens moyens dont elle s'est servie pour traiter de ces droits, que parce qu'il seroit d'ailleurs impossible d'apprécier les deux sols pour livre qui doivent être levés par augmentation des droits attribués aux inspecteurs des boucheries, & aux entrées des boissons, attendu la suppression ou la commutation qui en a été faite; Nous avons résolu d'y pourvoir d'une manière qui, en maintenant la province dans ses usages, puisse en même-temps nous procurer une partie du secours que nous nous sommes proposés de tirer de l'exécution de notredit édit du mois de Janvier dernier. A CES CAUSES, & autres à ce nous mouvant, de notre certaine science, pleine puissance, & autorité royale, Nous avons par notre présent édit perpétuel & irrévocable, dit, statué & ordonné, disons, statuons & ordonnons, voulons & Nous plaît, qu'au lieu des droits que nous avons établi sur les octrois, par notre édit du mois de Janvier dernier, il soit levé par augmentation un sol pour livre sur tous les deniers municipaux des villes & communautés de notre province de Languedoc, à commencer du premier Juillet dernier; lequel sol nous avons attribué & attribuons aux receveurs des tailles de ladite province, pour en jouir ainsi que de celui que nous leur avons ci-devant attribué sur la même nature de deniers : Leur attribuons en outre sept mille cinq cents livres d'augmentations de gages héréditaires au denier vingt, faisant partie de trois cents mille livres portées par notre édit; desquelles augmentations de gages, ils jouiront séparément de leurs offices.

Avons pareillement attribué & attribuons par forme de supplément de finance aux particuliers qui ont acquis les douze mille livres de gages attribués aux offices de trésoriers des octrois, créés par notre édit du mois d'Août 1705, séparément de ceux de la ville de Toulouse, sept mille cinq cents livres d'augmentations de gages héréditaires au denier vingt, faisant partie desdites trois cents mille livres : Voulons que les gages dont ils jouissent actuellement, ensemble les sommes qui leur sont dues par la province pour raison de la vente qu'ils leur ont fait des droits attribués auxdits offices de trésoriers des octrois, soient & demeurent spécialement affectés pour le payement de la finance desdites augmentations de gages.

Ne pourront lesdites augmentations de gages être retranchées ni diminuées, ni les propriétaires d'icelles être assujettis à l'avenir à aucun supplément de finance, pour quelque cause & sous quelque prétexte que ce puisse être.

Ordonnons que les sommes auxquelles les receveurs des tailles, & les particuliers ci-dessus seront taxés en notre conseil pour raison desdites attributions, seront par eux payées moitié un mois après la signification desdits rôles, & le surplus dans les deux mois suivans; le principal, sur les récépissés de celui que nous avons préposé pour l'exécution de notre édit du mois de Janvier 1709, ses procureurs ou commis, portant promesse de leur en fournir les quittances du trésorier de nos revenus casuels, & les deux sols pour livre sur leurs simples quittances; qu'à ce faire ils seront contraints comme pour nos propres deniers & affaires.

Et pour leur en faciliter les moyens, leur permettons d'emprunter les deniers nécessaires à cet effet, & d'affecter pour sureté desdits emprunts, le produit dudit sol pour livre, ensemble lesdites augmentations de gages, par privilége à tous créanciers ; à condition qu'il en sera fait mention dans les quittances qui leur seront expédiées par le trésorier de nos revenus casuels.

Et de la même autorité que dessus, nous avons commué & commuons dans notre province de Languedoc, les deux sols pour livre en dedans & en dehors, attribués par notre édit du mois de Janvier dernier, sur les droits des inspecteurs aux boucheries, & aux entrées des boissons, en un droit de deux deniers sur chaque livre de viande, qui se débite dans les villes & lieux de ladite province ; lequel droit sera levé pendant six années, compris les deux années de prorogation ordonnée par notredit édit, à commencer à l'expiration du bail courant : desquelles six années il sera fait une adjudication au plus offrant & dernier enchérisseur, par notre amé & féal conseiller d'état ordinaire, intendant de justice, police, & finances en Languedoc, le sieur de Lamoignon de Basville, en observant par lui les formalités requises : Voulons que celui qui se sera rendu adjudicataire dudit droit, en jouisse de la même maniere dont jouit le fermier de la province, sans qu'il lui puisse être apporté aucun trouble ni empêchement, ni qu'il puisse être évincé sous quelque prétexte que ce puisse être ; & qu'après l'expiration desdites six années, ledit droit soit & demeure éteint & supprimé pour toujours. Si donnons en mandement à nos amés & féaux les gens tenant notre cour de parlement de Toulouse, cour des comptes, aides & finances à Montpellier, que notre présent édit ils ayent à faire lire, publier & registrer, & le contenu en icelui garder & observer selon sa forme & teneur ; cessant & faisant cesser tous troubles & empêchemens qui pourroient être mis ou donnés, nonobstant tous édits, déclarations, réglemens, & autres choses à ce contraires, auxquels Nous avons dérogé & dérogeons par le présent édit : aux copies duquel, collationnées par l'un de nos amés & féaux conseillers secrétaires, voulons que foi soit ajoutée comme à l'original : Car tel est notre plaisir. Et afin que ce soit chose ferme & stable à toujours, nous y avons fait mettre notre sceel. Donné à Versailles au mois d'Août, l'an de grace mil sept cent neuf, & de notre regne le soixante-septieme. *Signé*, LOUIS : *Et plus bas* ; Par le Roi, Phelypeaux. *Visa*, Phelypeaux. Vu au conseil, Desmarets. Et scellé du grand sceau de cire verte, en lacs de soie rouge & verte.

CLXXVI.
ARRÊT

De la Cour des Comptes, aides et finances de Montpellier,

Qui ordonne, conformément aux réglemens de ladite cour, & arrêt du 5 Mars 1705, que les receveurs pourront décerner leurs contraintes concurremment contre les collecteurs, cautions, consuls, tant électifs que perpétuels, & que lesdites contraintes seront exécutées dans le ressort, nonobstant oppositions & appellations quelconques & sans y préjudicier, & sans autre permission.

Du 12 Août 1709.

No. CLXXVI. *Extrait des registres de la cour des comptes, aides & finances.*

ENTRE le syndic général de ladite province de Languedoc demandeur par requête du premier de ce mois, en opposition envers l'arrêt de la cour du 28 Juin dernier, portant élargissement sous caution de la personne du sieur Grasset, premier consul de la ville de Pezenas, emprisonné à la requête de Me. Louis Mandon, receveur des tailles du diocèse d'Agde, faute de payement du premier terme des impositions; ce faisant qu'au premier commandement qui sera fait audit Grasset, il se remettra effectivement prisonnier jusques avoir payé la somme pour laquelle il avoit été arrêté, autrement qu'il sera permis audit Mandon de le faire emprisonner; comme aussi que conformément aux réglemens de la cour & arrêt du 5 Mars 1705, les receveurs des tailles de ladite province pourront décerner leurs contraintes concurremment contre les collecteurs, cautions, & consuls tant électifs que perpétuels, & ensuite contre les nominateurs & délibérans, & que lesdites contraintes seront exécutées dans le ressort de la cour, nonobstant oppositions & appellations quelconques, & sans préjudice d'icelles, & sans autre permission que l'arrêt qu'il plaira à la cour rendre sur ladite requête, d'une part; & ledit Grasset, & le procureur général du Roi assignés & défendeurs, ledit Grasset insistant aux fins de non-recevoir, d'autre. Journet & Voigny pour ledit sieur syndic, Crassoux & Romieu pour ledit Grasset, Daché substitut du procureur général du Roi, ont dit comme au registre. LA COUR, sans avoir égard aux fins de non-recevoir, ayant égard à l'opposition, sans s'arrêter à son arrêt en ce qu'il porte l'élargissement de la personne dudit Grasset consul en cautionnant, ordonne que ledit Grasset se représentera dans huitaine dans les prisons de Pezenas, passé lequel délai est permis au receveur d'exécuter sa contrainte contre lui; comme aussi que conformément aux réglemens de la cour & arrêt du 5 Mars 1705, les receveurs de la province pourront décerner leurs contraintes concurremment contre les collecteurs, cautions, consuls, tant électifs que perpétuels, & que lesdites contraintes seront exécutées dans le ressort, nonobstant oppositions & appellations quelconques, & sans préjudice d'icelles, & sans autre permission; octroyant à ladite partie de Crassoux sa pareille contrainte contre les autres consuls & collecteurs; & cependant que la clausion faite entre le receveur & les consuls sur la cassation d'emprisonnement tiendra, & sans dépens. FAIT & prononcé judiciellement à Montpellier en ladite cour le douzieme Août mil sept cent neuf. FLORIS, *signé.*

CLXXVII.
ÉDIT DU ROI,

Qui attribue des augmentations de gages à tous les officiers comptables du royaume & à leurs contrôleurs.

Du mois de Septembre 1709.

LOUIS, PAR LA GRACE DE DIEU, ROI DE FRANCE ET DE NAVARRE : A tous présens & à venir, SALUT. Étant informé que les billets que nos trésoriers généraux de l'extraordinaire des guerres ont fait pour le soutien de notre service, ne circulent pas sur le pied qu'ils doivent dans le commerce & dans les négociations qui s'en font, & que ceux qui s'en trouvent porteurs ne peuvent s'en aider qu'en perdant considérablement sur leur valeur; & ne nous trouvant pas en état de pourvoir aux fonds nécessaires pour en faire le remboursement, à cause des dépenses immenses que nous sommes obligés de faire pour soutenir la guerre, nous avons, pour donner à ces billets toute leur valeur naturelle, & à ceux qui en sont porteurs les moyens d'en faire des emplois convenables, ordonné par notre déclaration du 14 Décembre 1708, qu'ils pourroient être convertis en rentes au denier seize, suivant notre autre déclaration du 14 Février audit an 1708; comme aussi qu'ils seroient reçus à la caisse des emprunts pour le quart des sommes qui y seroient portées, & aux revenus casuels pour le quart de la finance des anciens & nouveaux offices qui y seroient levés, & qui n'auroient été compris dans aucun traité; & quoique notre intention ait été, par ces voies, qui nous avoient paru agréables au public, de les faire entierement acquitter; néanmoins il n'en a été constitué en rentes & porté à la caisse des emprunts qu'une partie, & il en reste encore assez considérablement, dont les porteurs ne retirent pas aujourd'hui toute l'utilité qui seroit à desirer pour le bien de leurs affaires, ce qui procede des mauvaises intentions des particuliers, qui sont dans l'habitude de faire valoir leur argent & leurs effets à des prix usuraires, & qui dans cette vue décrient les meilleurs effets pour en profiter & les avoir à vil prix; & comme nous ne souhaitons rien tant que de nous acquitter envers ceux qui ont bien voulu porter & mettre leur argent entre les mains de nosdits trésoriers généraux de l'extraordinaire des guerres sur leurs billets, & en même temps de marquer à nos sujets que notre principale attention est de faciliter entre eux les négociations, & de rétablir autant qu'il est en nous la confiance nécessaire pour rendre le commerce libre, & faire circuler l'argent comme il a toujours fait ci-devant, nous avons résolu pour parvenir à éteindre tout-à-fait lesdits billets, & en même temps à nous procurer quelque secours par des voies qui n'intéressent que nous, & qui ne soient en aucune façon à charge à nos peuples, que nous chercherons toujours à soulager autant qu'il nous sera possible, d'attribuer des augmentations de gages sur le pied du denier seize, à tous les trésoriers, receveurs généraux & particuliers, payeurs des gages & des rentes constituées sur notre bonne ville de Paris, trésoriers & payeurs de nos maisons & de nos troupes, receveurs en titre, & à tous autres officiers comptables de notre royaume, sans aucune exception, ensemble à tous les contrôleurs desdits trésoriers, payeurs, receveurs & autres comptables, en nous en payant la finance, suivant les rôles qui seront arrêtés en notre conseil; savoir, les trois quarts en billets de l'extraordinaire des guerres, & le quart en espèces, dans les temps que nous fixerons; à quoi nous espérons qu'ils se porteront d'autant plus volontiers qu'ils sont en état de le faire, & que dans toutes les occasions qui se sont présentées, ils nous ont toujours donné des marques de leur zele pour notre service; d'ailleurs ces augmentations de gages ne leur seront point à charge, tant parce qu'ils les acquerront sur le pied du denier seize, que par la maniere dont ils en feront le payement : Et comme l'acquisition qu'ils en feront & de pareils effets en diminuera le nombre, nous en espérons un bien qui influera sur tous nos sujets, & qui contribuera au rétablissement du crédit, en attendant que nous cherchions les expédiens convenables pour faire retirer ce qui en restera dans le public, par de semblables voies, ou

par

par d'autres encore moins onéreuses à nos sujets. A CES CAUSES, & autres à ce nous mouvans, de notre certaine science, pleine puissance & autorité royale, nous avons par le présent édit perpétuel & irrévocable, créé & créons cinq cents mille livres d'augmentations de gages au denier seize, que nous avons attribué & attribuons à tous les trésoriers, receveurs généraux & particuliers, payeurs des gages & des rentes constituées sur notre bonne ville de Paris, trésoriers & payeurs de nos maisons & de nos troupes, receveurs en titre, & à tous autres officiers comptables, sans aucune exception, ensemble à tous les contrôleurs desdits trésoriers, payeurs, receveurs & autres comptables de notre royaume, pays, terres & seigneuries de notre obéissance, pour être réparties entre eux, suivant les rôles qui en seront arrêtés en notre conseil. Voulons que le fonds desdites augmentations de gages soit fait à l'avenir dans nos états des finances, à commencer du premier Septembre de la présente année, pour en jouir héréditairement par tous lesdits officiers, leurs veuves, enfans, héritiers, successeurs, & ayans cause à toujours, & en être payés de six en six mois, par les mains des officiers de qui ils ont accoutumé de recevoir les gages, augmentations de gages & taxations à eux attribués par leurs édits de création & depuis, ou par les payeurs qui en seront chargés, entre les mains desquels le montant desdites augmentations de gages sera remis, pour être payé à ceux desdits officiers qui ne reçoivent pas leurs gages, augmentations de gages & taxations par leurs mains, & ce sur leurs simples quittances, & en rapportant pour la premiere fois seulement copie de leur quittance de finance ; lesquelles augmentations de gages ils pourront, si bon leur semble, réunir aux corps de leurs offices, ou les acquérir, pour en jouir séparément d'iceux, à leur choix, sous tels noms qu'ils jugeront à propos. Voulons qu'ils jouissent desdites augmentations de gages, comme de leurs autres biens, sur les simples quittances de finance qui leur en seront délivrées, & que leurs veuves, enfans, héritiers, donataires ou légataires en jouissent, soit qu'ils soient étrangers ou régnicoles, renonçant à cet effet à tous droits d'aubaine, confiscation & autres droits, tels qu'ils puissent être, & que lesdites augmentations de gages soient employées dans nos états sous leurs noms, ou des particuliers sous les noms desquels ils en feront l'acquisition, à la charge par tous lesdits officiers de payer sur les quittances du trésorier des revenus casuels, la finance principale desdites augmentations de gages, & les deux sols pour livre d'icelle, sur les quittances de celui qui sera par nous chargé de l'exécution du présent édit, ce qu'ils seront tenus de faire dans le premier Janvier prochain ; savoir, les trois quarts en billets de l'extraordinaire des guerres, qui seront rapportés au garde de notre trésor royal, & par lui biffés ; & l'autre quart en especes ; & en payant en entier dans ledit jour premier Janvier, voulons qu'ils jouissent desdites augmentations de gages, à commencer du premier Septembre de la présente année, & ledit terme passé, ils n'en jouiront qu'à proportion & du jour des payemens qu'ils en auront faits à celui qui sera par nous chargé de l'exécution du présent édit, ou à ses procureurs ou commis, auquel nous accordons la jouissance desdites augmentations de gages, jusqu'à ce que lesdits officiers en ayent fait l'acquisition & le payement, lesquelles augmentations de gages il pourra recevoir sur ses simples quittances, ou de fesdits procureurs & commis, sans être obligé à obtenir aucunes lettres patentes, ni à aucun enregistrement, dont nous le déchargeons expressément. Et voulant favorablement traiter tous lesdits officiers, voulons que ceux qui payeront en entier la finance principale desdites augmentations de gages dans ledit jour premier Janvier prochain, soient dispensés, comme nous les dispensons, du payement des deux sols pour livre en dehors, dont nous leur faisons en tant que de besoin, don & remise, & que ceux qui n'en feront le payement que d'une partie, ou après ledit jour premier Janvier jusqu'au premier Mars suivant, ne soient exempts que d'un desdits deux sols pour livre en dehors ; & à l'égard de ceux qui ne payeront qu'après ledit jour premier Mars, voulons qu'ils soient tenus de payer lesdits deux sols pour livre en dehors en entier, sans qu'ils puissent s'en dispenser, ni demander la remise du tout ou de partie, sous quelque prétexte que ce soit ou puisse être ; notre intention étant de n'accorder cette remise qu'à ceux qui la mériteront, en nous donnant les prompts secours dont nous avons besoin, & répondant au desir que nous avons de faire promptement retirer & acquitter partie desdits billets de l'extraordinaire des guerres. Permettons à toutes personnes de quelque qualité & condition qu'elles soient, soit de nos sujets ou étrangers non naturalisés, même à ceux demeurans hors notre royaume, d'acquérir lesdites augmentations de gages au lieu & place desdits officiers, & d'en disposer ainsi & de même maniere que lesdits officiers pourroient faire ; & à cet effet, voulons que lesdites augmentations de gages soient employées sous le nom des acquéreurs, sans néanmoins que l'acquisition qui pourroit en être ainsi faite par autres que par lesdits officiers, puisse dispenser lesdits officiers d'en faire le payement, ainsi, de la maniere & dans les temps qu'il est dit ci-dessus, à quoi faire, voulons qu'ils soient contraints par toutes voies, comme pour nos propres deniers & affaires. Voulons qu'au moyen du payement de la finance desdites augmentations de gages dans les termes ci-dessus, tous lesdits officiers soient & demeurent maintenus & confirmés, comme nous les maintenons & confirmons par le présent édit, dans tous les honneurs, droits, francs-salés, *committimus*, priviléges & exemptions à eux attribués par tous leurs édits de création, déclarations, arrêts & réglemens rendus en conséquence, nonobstant les révocations générales ou particulieres que nous pourrions en avoir faites depuis, auxquelles nous avons dérogé pour ce regard seulement, faute de quoi faire, voulons qu'après lesdits termes ils en demeureront déchus & privés pour toujours. Et pour faciliter auxdits officiers les moyens d'emprunter les deniers & effets nécessaires pour faire l'acquisition desdites augmentations de gages, voulons que ceux qui prêteront lesdits effets & deniers pour cet effet, ayent un privilége spécial, tant sur le principal & revenu desdites augmentations de gages, que sur les offices des comptables & autres sujets auxdites augmentations de gages. Et en considération de l'acquisition que tous lesdits officiers comptables & leurs contrôleurs feront desdites augmentations de gages dans les termes portés par le présent édit, nous les avons aussi maintenus & confirmés, maintenons & confirmons dans toutes leurs fonctions, gages, droits, taxations, émolumens, priviléges & exemptions portés par leurs édits de création, déclarations, arrêts & réglemens rendus depuis, même ceux auxquels l'hérédité est attribuée, dans l'hérédité de leurs offices, sans pour ce être obligés de nous payer aucune finance, ni à présent, ni à l'avenir, dont nous les déchargeons pour toujours. SI DONNONS EN MANDEMENT à nos amés & féaux conseillers, les gens tenant notre cour de parlement, chambre des comptes & cour des aides à Paris, que le présent édit ils ayent à faire lire, publier & registrer, même en temps de vacations, & le contenu en icelui suivre, garder & observer selon sa forme & teneur, cessant & faisant cesser tous troubles & empêchemens qui pourroient être mis ou donnés, nonobstant tous édits, déclarations, arrêts, réglemens & autres choses à ce contraires, auxquels nous avons dérogé & dérogeons par le présent édit, aux copies duquel collationnées par l'un de nos amés & féaux conseillers-secrétaires, voulons que foi soit ajoutée comme à l'original : CAR tel est notre plaisir. Et afin que ce soit chose ferme & stable à toujours, nous y avons fait mettre notre scel. DONNÉ à Versailles au mois de Septembre, l'an de grace mil sept cent neuf, & de notre regne le soixante-septieme. *Signé*, LOUIS : *Et plus bas*; Par le Roi, PHELYPEAUX. *Visa* PHELYPEAUX. Vu au conseil, DESMARETS. Et scellé du grand sceau de cire verte, en lacs de soie rouge & verte.

Registrées, Oui & ce requérant le procureur général du Roi, pour être exécutées selon leur forme & teneur, suivant l'arrêt de ce jour. A Paris en parlement, en vacations, le douze Octobre mil sept cent neuf.

Signé, LORNE.

CLXXVIII.

EXTRAIT *du registre des délibérations des Etats généraux de Languedoc, assemblés par mandement du Roi, en la ville de Montpellier, au mois de Novembre* 1709.

Du Mercredi 22 Janvier 1710, président Mgr. l'archevêque & primat de Narbonne.

LECTURE faite des articles accordés entre les syndics généraux de la province & les receveurs des tailles des dioceses, les Etats les ont approuvés & ratifiés, & a été délibéré qu'ils seront insérés dans le présent procès-verbal & imprimés pour être envoyés dans les dioceses, lesquels articles sont de teneur :

Articles accordés entre nobles André de Joubert, Jean de Boyer, seigneur d'Odars, & Jean-Antoine du Vidal, seigneur de Montferrier, syndics généraux de la province de Languedoc, en conséquence du pouvoir à eux donné par la délibération de Nosseigneurs des Etats de la province de Languedoc, du 20 Janvier 1710, d'une part, & Me. Philippe Juin, seigneur de Siran, conseiller du Roi, receveur des tailles du diocese de Saint-Pons, Me. Jean Artaud, conseiller du Roi, receveur des tailles du diocese d'Agde, & Me. Adrien Adam, conseiller du Roi, receveur des tailles du diocese d'Aleth & Limoux, députés du corps des receveurs des tailles de ladite province par délibération du 21 dudit mois de Janvier, sur l'exécution de la déclaration du Roi du 27 Mars 1708, au sujet de la levée de la capitation.

ARTICLE PREMIER.

Les receveurs seront tenus de faire livre net des deniers de la capitation, & ils pourront décerner leurs contraintes contre les collecteurs, leurs cautions, nominateurs & délibérans, de même que pour le payement de la taille.

I I.

Lesdits receveurs auront six deniers pour livre de taxations de toutes les sommes qui seront imposées pour la capitation de même que pour les deniers de la taille, y compris les deux deniers qui leur avoient été accordés par les déclarations de Sa Majesté.

I I I.

Il sera accordé aux collecteurs six deniers pour livre pour la levée de la capitation, y compris les quatre deniers qui leur avoient été ci-devant accordés à condition de faire livre net, de même que pour les deniers de la taille.

I V.

Les non-valeurs, doubles emplois, décharges, & modérations qui se trouveront dans les rôles de la capitation seront avancées & payées par lesdits collecteurs, sauf à eux à se retirer par devant les commissaires de la capitation, pour être le montant desdites non-valeurs, doubles emplois, décharges & modérations réimposées à leur profit avec l'avance à raison de dix pour cent l'année.

V.

Pour faciliter aux collecteurs l'avance qu'ils doivent faire des non-valeurs, doubles emplois, décharges & modérations il sera formé par les commissaires de la capitation un gras d'imposition dans chacun des rôles proportionné à ce que chaque communauté devra payer, lequel servira de fonds à remplacer lesdites non-valeurs, & au cas que ledit gras n'ait pas été consommé par lesdites non-valeurs, il servira de moins-imposé l'année suivante au profit de la même communauté ; auquel effet il sera fait mention au bas de chaque rôle de la somme qui doit être payée au receveur de ce qui reste pour le gras.

V I.

Il sera dressé dans chaque diocese un état particulier de la capitation des seigneurs de paroisse & des personnes de main-forte qui ont été comprises jusqu'à présent dans les rôles des paroisses, ensemble de celle de leurs domestiques, dont les receveurs seront obligés de faire la levée pour laquelle ils auront un sol pour livre ; sçavoir, six deniers comme faisant la fonction de collecteurs, & six deniers comme receveurs, & seront lesdites taxations payées par les compris & nommés audit état au-delà de leurs taxes, à la réserve de ceux qui auront été taxés sur le pied du tarif de 1695 & de la moitié en sus dudit tarif, auquel cas leurs taxes ne pourront être augmentées par lesdites taxations & les receveurs en seront payés du fonds qui sera fait par les dioceses lors de la confection des rôles.

V I I.

Les receveurs ne pourront employer les deniers de la taille au payement de la capitation, ni ceux de la capitation au payement de la taille, pour raison de quoi ils tiendront des registres séparés dans lesquels ils écriront jour par jour les sommes qu'ils recevront des collecteurs & celles qu'ils payeront au trésorier de la bourse;& afin que le trésorier de la bourse puisse justifier en tous temps des sommes qui lui sont dues par les receveurs, il sera arrêté entre eux un compte par état de trois en trois mois au plus tard des sommes qui ont été payées par les receveurs & de ce qu'ils doivent de reste, lequel sera signé double par lesdits receveurs & par le commis du trésorier de la bourse qui aura compté avec eux.

V I I I.

Les receveurs ne pourront être privés de l'exercice de leurs offices qu'au cas qu'ils n'ayent pas entierement payé tout ce qu'ils doivent au tréforier de la bourfe de l'exercice précédent du même office pour la taille & pour la capitation, & audit cas la levée de la taille & de la capitation fera délivrée à la moinfdite par les commiffaires du diocefe après trois publications qui feront faites de huitaine, fans préjudice des diligences que le tréforier de la bourfe pourra faire contre eux.

IX.

Le décret des offices de receveurs fera pourfuivi pour le fait de la capitation par devant M. de Bafville un mois après la fignification de la contrainte du tréforier de la bourfe.

X.

Le tréforier de la bourfe dénoncera aux diocefes après l'échéance de chaque terme les fommes qui lui font dues par les receveurs, & les diligences qu'il fera dans la fuite tant pour la taille que pour la capitation.

XI.

Les receveurs dont les offices auront été décrétés ne pourront avoir aucun recours contre les diocefes pour les arrérages des tailles & de la capitation qui leur feront dus que pour la quotité feulement des communautés infolvables, & ne feront lefdites communautés réputées telles que lorfque tous les habitans de la communauté auront abandonné leurs biens.

XII.

Ceux qui feront députés par les communautés pour affifter à la confection des rôles de la capitation porteront un état des non-valeurs, doubles emplois, décharges, & modérations de l'année précédente qui fera certifié véritable par les habitans qui les auront députés pour être lefdits articles rejetés ou diminués fur les nouveaux rôles; & faute par lefdits députés de rapporter ledit état, ceux qui les auront nommés demeureront refponfables defdites non-valeurs, lefquelles feront fupportées par chaque communauté en particulier ou par le diocefe, ainfi qu'il fera jugé à propos par les commiffaires de la capitation.

XIII.

Les receveurs des tailles en exercice pourront affifter fans aucune rétribution à la confection des rôles de la capitation pour informer les commiffaires des non-valeurs, doubles emplois, décharges & modérations qui feront venues à leur connoiffance & des facultés de ceux qui doivent être taxés.

XIV.

Pour l'exécution des préfens articles Sa Majefté fera très-humblement fuppliée d'accorder toutes lettres à ce néceffaires, fans préjudice néanmoins des articles accordés entre les fyndics généraux de la province & les receveurs des tailles en 1610 & 1634, & de la déclaration de Sa Majefté du 27 Mars 1708, en ce qu'ils ne feront pas contraires aux préfens articles.

FAIT & arrêté double à Montpellier le vingt-unieme Janvier mil fept cent dix. *Signés*, JOUBERT, fyndic général, DE BOYER, fyndic général, DUVIDAL-MONTFERRIER, fyndic général, JUIN, ARTAUD, ADAM.

CLXXIX.

EXTRAIT *du regiſtre des délibérations des états généraux de Languedoc, aſſemblés par mandement du Roi, en la ville de Montpellier, au mois de Novembre 1709.*

Du Jeudi 23 Janvier 1710, préſident Mgr. l'archevêque & primat de Narbonne.

LES ETATS ayant reconnu par les liquidations des avances de la capitation, que les arrérages de ladite capitation augmentoient tous les ans, & qu'ils accableroient à la fin les diocèſes qui les doivent, s'il n'y étoit remédié, avoient délibéré le 20 Janvier 1708 d'augmenter les taxations des receveurs juſqu'à ſix deniers pour livre de tous les deniers qui ſeroient impoſés pour la capitation, à condition de faire livre net, comme pour les deniers de la taille, & moyennant ce qu'ils ſeroient ſoumis aux mêmes rigueurs faute par eux de payer, aux termes de la capitation, les quotités de leurs diocèſes, ce qui a été autoriſé par une déclaration de Sa Majeſté du 27 Mars 1708, à l'exécution de laquelle les receveurs ſe ſont ſoumis aux clauſes & conditions portées par les articles qu'ils ont paſſé avec les ſyndics généraux de la province; mais comme, pour l'exécution de la déclaration de Sa Majeſté & deſdits articles paſſés avec les receveurs, il eſt néceſſaire de régler la conduite que le tréſorier de la bourſe doit tenir à leur égard, & le recours qu'il doit avoir contre les diocèſes & contre la province, lorſqu'il aura fait toutes ſes diligences,

A ÉTÉ DÉLIBÉRÉ qu'à faute par les receveurs des tailles de payer au tréſorier de la bourſe aux deux termes de la capitation la portion & quotité de leurs diocèſes, conformément à la déclaration du Roi du 27 Mars 1708, & à leurs ſoumiſſions, le tréſorier de la bourſe les y contraindra par empriſonnement de leurs perſonnes & par la ſaiſie & le décret de leurs charges, ſans que leſdits receveurs puiſſent avoir aucun recours contre les diocèſes que pour les quotités des communautés inſolvables, conformément à l'article XI dudit traité; que lorſque le prix des offices décrétés ne ſera pas ſuffiſant pour le payement en capital & intérêts à dix pour cent des ſommes dues au tréſorier de la bourſe, le diocèſe ſera tenu de réimpoſer les ſommes qui lui ſeront dues en capital & intérêts, juſques au jour de l'actuel payement, ſans que le ſieur de Pennautier tréſorier de la bourſe puiſſe revenir contre la province qu'en cas d'inſolvabilité deſdits diocèſes; que le ſyndic général de la province & les ſyndics des diocèſes ſeront appelés dans les inſtances de ſaiſie & décret des offices de receveurs pour faire trouver des enchériſſeurs, ſi bon leur ſemble, ſans préjudice néanmoins aux diocèſes de pourſuivre les receveurs qui auront diverti les deniers de leur recette, par la voie criminelle & par le décret de leurs autres biens.

CLXXX.
ARRÊT

DU CONSEIL D'ETAT DU ROI,

Qui caſſe un arrêt de la cour des aides de Montpellier & qui ordonne que les conſuls qui ont été conſtitués priſonniers à la requête des receveurs pour le payement de la taille, ne peuvent agir pour leurs dommages & intérêts, que contre les collecteurs, ou contre la communauté ſi les collecteurs ſont forcés, & ne ſont pas reliquataires.

Du 15 Juillet 1710.

N°. CLXXX.

Extrait des Regiſtres du Conſeil d'Etat.

SUr la requête préſentée au Roi, en ſon conſeil, par le ſyndic général de la province de Languedoc; Contenant, que par arrêt de la cour des aides, & finances de Montpellier du 12 Avril dernier rendu entre Guillaume Plagnol, conſul perpétuel du lieu des Matelles, les collecteurs forcés dudit lieu l'année 1709, & les nominateurs deſdits collecteurs, leſdits collecteurs & nominateurs ont été condamnés à payer audit Plagnol les dommages qu'il a ſouffert à cauſe de l'empriſonnement fait de ſa perſonne à la requête du receveur des tailles ſuivant la liquidation qui en ſera faite ſur la demande qu'il en baillera dans quinzaine, & qui ſera impugnée & débattue dans le même délai, & que leſdits collecteurs forcés rendront compte de leur adminiſtration devant les auditeurs des comptes de la communauté ; ce qui oblige le ſuppliant de repréſenter que les conſuls ſont en Languedoc les collecteurs nés des tailles & autres impoſitions, & qu'en cette qualité ils ſont ſujets à la contrainte des receveurs concurremment avec les collecteurs ſoit volontaires ou forcés ; que leſdits conſuls peuvent à la vérité avoir leur recours pour leurs dommages & intérêts contre les collecteurs volontaires & leurs cautions, parce qu'ils ſont chargés de faire livre net, mais à l'égard des collecteurs forcés, comme ils peuvent donner en repriſe les quotes des tailles qu'ils n'ont pu recouvrer, en rapportant les diligences néceſſaires, il eſt certain que pour raiſon de ces mêmes quotes les conſuls ne peuvent prétendre aucuns dommages & intérêts contre eux ; en quoi il ſemble que la cour des aides ait mal jugé, en condamnant les collecteurs forcés du lieu des Matelles à ces dommages & intérêts, auparavant d'avoir vu par le compte qu'ils doivent rendre s'ils ſont débiteurs envers la communauté ; mais à l'égard des délibérans, il ſemble encore que la cour des aides a plus mal jugé en les condamnant à ces dommages & intérêts, puiſqu'ils n'en peuvent être tenus en aucuns cas, ſi on conſidere que les conſuls & les délibérans ont tous également part à la nomination des collecteurs forcés, & par conſéquent qu'ils ne peuvent avoir aucun recours les uns contre les autres ; que ce n'eſt qu'envers les receveurs ſeulement que les délibérans peuvent être reſponſables des deniers impoſés, & ce n'eſt même que ſubſidiairement, après que les receveurs ont diſcuté les biens des collecteurs & de leurs cautions ; qu'ainſi les conſuls qui ſont naturellement ſoumis à la contrainte du receveur ne doivent avoir recours au défaut des collecteurs que contre la communauté ; & d'autant qu'il importe que ces maximes ſoient régulierement obſervées, pour éviter la multiplicité des procès dont les frais ainſi redoublés par la multiplicité des garanties retomberoient ſur les communautés ; A CES CAUSES, il requéroit qu'il plût à Sa Majeſté caſſer l'arrêt à la cour des comptes, aides & finances de Montpellier du douze Avril dernier, ſauf à Guillaume Plagnol conſul des Matelles d'agir pour ſes dommages & intérêts contre les collecteurs forcés de l'année 1709, au cas que par la clôture de leur compte ils ſoient reliquataires envers la communauté, ou contre la communauté ſi leſdits collecteurs ne ſont pas reliquataires ; & que pour l'exécution de l'arrêt qui ſera rendu toutes lettres néceſſaires ſeront expédiées. Vu ladite requête ; l'arrêt de la cour des comptes, aides & finances de Montpellier du 12 Avril 1710 : Oui le rapport du ſieur Deſmarets, conſeiller ordinaire au conſeil royal, contrôleur général des finances ; LE ROI EN SON CONSEIL, ayant égard à ladite requête, a caſſé & annullé l'arrêt de la cour des comptes, aides & finances de Montpellier du 12 Avril dernier, ſauf à Guillaume Plagnol conſul du lieu des Matelles, d'agir pour ſes dommages & intérêts contre les collecteurs forcés de l'année 1709, au cas que par la clôture de leurs comptes ils ſoient reliquataires envers la communauté, ou contre la communauté, ſi leſdits collecteurs ne ſont pas reliquataires ; & pour l'exécution du préſent arrêt toutes lettres néceſſaires ſeront expédiées. FAIT au conſeil d'état, tenu à Marly le quinzieme jour de Juillet mil ſept cent dix. *Collationné.*

Signé, RANCHIN.

LOUIS, PAR LA GRACE DE DIEU, ROI DE FRANCE ET DE NAVARRE : Au premier notre huiſſier ou ſergent ſur ce requis, Nous te mandons & commandons que l'arrêt dont l'extrait eſt ci-attaché ſous le contre-ſcel de notre chancellerie cejourd'hui donné en notre conſeil d'état ſur la requête à nous préſentée à icelui par le ſyndic général de la province de Languedoc, tu ſignifies auxdits dénommés, & à tous autres qu'il appartiendra à ce qu'ils n'en ignorent ; & fais en outre pour l'entiere exécution dudit arrêt, tous commandemens, ſommations, & tous autres actes & exploits néceſſaires ſans autre permiſſion : CAR tel eſt notre plaiſir. DONNÉ à Marly le quinzieme jour de Juillet l'an de grace mil ſept cent dix & de notre regne le ſoixante-huitieme. Par le Roi en ſon conſeil. *Signé*, RANCHIN.

Le 10 Octobre 1710, ſignifié & baillé copie à Me. Rolland procureur de partie, parlant à ſon clerc. HUGONENC huiſſier, *ſigné*.

CLXXXI.
ARRÊT DU CONSEIL,

Qui autoriſe les articles paſſés entre les états & les receveurs des tailles pour le recouvrement de la capitation.

Du 26 Août 1710.

EXTRAIT *des Regiſtres du Conſeil d'Etat.*

VU par le Roi, en ſon conſeil, les articles paſſés entre les ſyndics généraux de la province de Languedoc, & les receveurs des tailles des dioceſes de ladite province au ſujet de la levée de la capitation dont la teneur s'enſuit :

Articles accordés entre nobles André de Joubert, Jean de Boyer ſeigneur d'Odars, & Jean-Antoine du Vidal ſeigneur de Montferrier, ſyndics généraux de la province de Languedoc, en conſéquence du pouvoir à eux donné par la délibération de Noſſeigneurs des Etats de la province de Languedoc du 20 Janvier 1710, d'une part, & Me. Philippe Juin ſeigneur de Siran, conſeiller du Roi, receveur des tailles du dioceſe de Saint-Pons, Me. Jean Arraud conſeiller du Roi receveur des tailles du dioceſe d'Agde, & Me. Adrien Adam conſeiller du Roi receveur des tailles au dioceſe d'Aleth & Limoux, députés du corps des receveurs des tailles de la province, par délibération du 21 dudit mois de Janvier, ſur l'exécution de la déclaration du Roi du 27 Mars 1708, au ſujet de la levée de la capitation.

I.

Les receveurs ſeront tenus de faire livre net des deniers de la capitation, & ils pourront décerner leurs contraintes contre les collecteurs, leurs cautions

...tions, nominateurs & délibérans, de même que pour le payement de la taille.

II.

Lesdits receveurs auront six deniers pour livre de taxations de toutes les sommes qui seront imposées pour la capitation, de même que pour les deniers de la taille, y compris les deux deniers qui leur avoient été accordés par les déclarations de Sa Majesté.

III.

Il sera accordé aux collecteurs six deniers pour livre pour la levée de la capitation, y compris les quatre deniers qui leur avoient été ci-devant accordés, à condition de faire livre net, de même que pour les deniers de la taille.

IV.

Les non-valeurs, doubles emplois, décharges & modérations qui se trouveront dans les rôles de la capitation seront avancés & payés par lesdits collecteurs, sauf à eux à se retirer pardevant les commissaires de la capitation, pour être le montant desdites non-valeurs, doubles emplois, décharges & modérations imposé à leur profit avec l'avance à dix pour cent l'année.

V.

Pour faciliter aux collecteurs l'avance qu'ils doivent faire des non-valeurs, doubles emplois, décharges & modérations, il sera formé par les commissaires de la capitation un gras d'impositions dans chacun des rôles, proportionné à ce que chaque communauté devra payer, lequel servira de fonds à remplacer les non-valeurs; & au cas que ledit gras n'ait pas été consommé par lesdites non-valeurs, il servira de moins imposé l'année suivante, au profit de la même communauté; auquel effet il sera fait mention au bas de chaque rôle de la somme qui doit être payée au receveur & de ce qui reste pour le gras.

VI.

Il sera dressé, dans chaque diocèse, un état particulier de la capitation des seigneurs de paroisse & des personnes de main-forte, qui ont été comprises jusqu'à présent dans les rôles des paroisses, ensemble de celle de leurs domestiques, dont les receveurs seront obligés de faire la levée, pour laquelle ils auront un sol pour livre; savoir, six deniers, comme faisant la fonction de collecteurs, & six deniers comme receveurs; & seront lesdites taxations payées par les compris & nommés audit état, au-delà de leurs taxes, à la réserve de ceux qui auront été taxés sur le pied du tarif de 1695 & de la moitié en sus dudit tarif, auquel cas leurs taxes ne pourront être augmentées par lesdites taxations, & les receveurs en seront payés du fonds qui sera fait par les diocèses lors de la confection des rôles.

VII.

Les receveurs ne pourront employer les deniers de la taille au payement de la capitation, ni ceux de la capitation au payement de la taille; pour raison de quoi ils tiendront des registres séparés, dans lesquels ils écriront, jour par jour, les sommes qu'ils recevront des collecteurs & celles qu'ils payeront au trésorier de la bourse, & afin que le trésorier de la bourse puisse justifier en tout temps des sommes qui lui sont dues par les receveurs, il sera arrêté entre eux un compte par état, de trois en trois mois au plus tard, des sommes qui ont été payées par les receveurs & de ce qu'ils doivent de reste, lequel sera signé double par lesdits receveurs

& par le commis du trésorier de la bourse qui aura compté avec eux.

VIII.

Les receveurs ne pourront être privés de l'exercice de leurs offices qu'au cas ils n'aient pas entierement payé tout ce qu'ils doivent au trésorier de la bourse de l'exercice précédent du même office, pour la taille & pour la capitation, & audit cas ladite levée de la taille & de la capitation sera délivrée à la moinsdite, par les commissaires du diocese après trois publications, qui seront faites de huitaine en huitaine, sans préjudice des diligences que le trésorier de la bourse pourra faire contre eux.

IX.

Le décret des offices des receveurs sera poursuivi pour le fait de la capitation pardevant M. de Basville, un mois après la signification de la contrainte du trésorier de la bourse.

X.

Le trésorier de la bourse dénoncera aux dioceses après l'échéance de chaque terme les sommes qui lui sont dues par les receveurs, & les diligences qu'il fera dans la suite, tant pour la taille que pour la capitation.

XI.

Les receveurs dont les offices auront été décrétés ne pourront avoir aucun recours contre les dioceses pour arrérages des tailles & de la capitation qui leur seront dûs, que pour la quotité seulement des communautés insolvables; & ne seront lesdites communautés réputées telles, que lorsque tous les habitans de la communauté auront abandonné leurs biens.

XII.

Ceux qui seront députés par les communautés pour assister à la confection des rôles de la capitation, porteront un état des non-valeurs, doubles emplois, décharges & modérations de l'année précédente, qui sera certifié véritable par les habitans qui les auront députés, pour être lesdits articles rejetés ou diminués sur les nouveaux rôles; & faute par lesdits députés de rapporter ledit état, ceux qui les auront nommés demeureront responsables desdites non-valeurs, lesquelles seront supportées par chaque communauté en particulier, ou par les dioceses, ainsi qu'il sera jugé à propos par les commissaires de la capitation.

XIII.

Les receveurs des tailles en exercice pourront assister, sans aucune rétribution, à la confection des rôles de la capitation, pour informer les commissaires des non-valeurs, doubles emplois, décharges & modérations qui seront venues à leur connoissance, & des facultés de ceux qui doivent être taxés.

XIV.

Pour l'exécution des présens articles, Sa Majesté sera très-humblement suppliée d'accorder toutes lettres nécessaires, sans préjudice néanmoins des articles accordés entre les syndics généraux de la province, & les receveurs des tailles en 1610 & 1634 & de la déclaration de Sa Majesté du 27 Mars 1708, en ce qu'ils ne seront pas contraires aux présens articles. FAIT & arrêté double à Montpellier le 21 Janvier 1710. De Joubert syndic général, de Boyer syndic général, du Vidal de Montferrier syndic général, Juin, Artaud, Adam, *signés*.

Au bas desquels est la ratification desdits articles, faits par les Etats généraux de la province de Languedoc le

22 Janvier 1710, & celle des receveurs des tailles du 21 dudit mois.

La requête présentée par le syndic général de la province, tendante à ce qu'il plût à Sa Majesté autoriser lesdits articles : Ouï le rapport du sieur Desmarets conseiller ordinaire au conseil royal, contrôleur général des finances; LE ROI EN SON CONSEIL, a autorisé & homologué, autorise & homologue les quatorze articles passés entre les syndics généraux de la province de Languedoc, & les receveurs des tailles de ladite province, au sujet de la levée de la capitation, ratifiés & insérés dans le procès-verbal des Etats de ladite province, suivant la délibération du 22 Janvier 1710; Veut & Ordonne Sa Majesté qu'ils soient exécutés selon leur forme & teneur; Enjoint au sieur de Basville conseiller d'état ordinaire, intendant en Languedoc, de tenir la main à l'exécution du présent arrêt, à l'effet de quoi seront toutes lettres nécessaires expédiées. FAIT au conseil d'état du Roi, tenu à Marly le vingt-sixieme jour d'Août mil sept cent dix. *Collationné.* RANCHIN, *signé.*

CLXXXII.
DÉCLARATION DU ROI,

Qui convertit l'augmentation de gages, attribuée par édit du mois de Septembre 1709, aux receveurs particuliers des tailles & taillon des dioceses de Languedoc, en un demi denier d'augmentation de taxations, moyennant 152,000 livres.

Du 21 Octobre 1710.

LOUIS, PAR LA GRACE DE DIEU, ROI DE FRANCE ET DE NAVARRE : A tous ceux qui ces présentes lettres verront, SALUT. Nous avons, par notre édit du mois de Septembre 1709, créé 500,000 livres d'augmentations de gages au denier seize, lesquelles Nous avons attribuées à tous les officiers comptables, & leurs contrôleurs de notre royaume, sans aucune exception, pour être réparties entr'eux, suivant les rôles qui en seroient arrêtés en notre conseil ; & par le même édit Nous avons ordonné que le fonds desdites augmentations des gages seroit fait dans nos états, à commencer du premier jour dudit mois de Septembre 1709, pour en jouir héréditairement par tous lesdits officiers, leurs veuves, enfans, héritiers & ayant cause ; à la charge par tous lesdits officiers de payer sur les quittances du trésorier de nos revenus casuels, la finance principale desdites augmentations de gages, ainsi qu'il est plus au long porté par ledit édit : sur quoi, les receveurs particuliers des tailles & taillon des dioceses de notre province de Languedoc, Nous ont très-humblement fait remontrer qu'ils ont déjà acquis plusieurs fois des augmentations de gages, & qu'ils sont encore obligés d'en acquérir en conséquence des édits des mois de Mars & Août 1709, même de payer, en exécution de notre édit du mois de Décembre dernier, la finance du rachat du prêt & droit annuel de leurs offices ; que néanmoins, s'il nous plaisoit commuer & convertir les augmentations de gages à eux attribuées par notre édit du mois de Septembre 1709, en un demi denier d'augmentation de leurs taxations ou droit de levée, & Nous contenter, pour la finance dudit demi denier, de la somme de 152,000 livres de finance principale sans deux sols pour livre, ils feroient encore de nouveaux efforts pour nous payer cette somme dans des termes convenables, à condition qu'ils jouiront dudit demi denier d'augmentation de leurs taxations, à commencer du premier Janvier de la présente année. A CES CAUSES, & autres à ce Nous mouvant, voulant favorablement traiter lesdits receveurs particuliers des tailles & taillon des diocèses de notre province de Languedoc, de notre certaine science, pleine puissance & autorité royale, Nous avons, par ces présentes signées de notre main, commué & converti, commuons & convertissons les augmentations des gages à eux attribuées par notre édit du mois de Septembre 1709, en un demi denier d'augmentation de leurs taxations ou droits de levée des impositions des diocèses, à l'exception de la capitation, pour en jouir par eux, leurs veuves, enfans, héritiers ou ayant cause, à commencer du premier Janvier de la présente année 1710, conjointement ou séparément de leurs offices ; ordonnons qu'à cet effet il sera fait fonds annuellement dudit demi denier dans les départemens des frais d'assiette desdits diocèses ; & attendu que les impositions de la présente année, se trouvent avoir été faites, voulons qu'il soit fait fonds par doublement dudit demi denier d'augmentation de taxations de ladite présente année, dans le département des frais d'assiette desdits diocèses, de l'année prochaine 1711, & que, faute par les syndics & commissaires des assiettes desdits diocèses de faire ladite imposition, ils en demeurent responsables en leurs propres & privés noms, & qu'ils soient solidairement contraints au payement dudit demi denier, comme pour nos propres deniers & affaires, à la charge par lesdits receveurs de Nous payer, suivant leurs offres, dans la ville de Montpellier, ladite somme de 152,000 livres de finance sans deux sols pour livre, desquels Nous les déchargeons, & ce en six payemens égaux, le premier au mois d'Octobre de la présente année, & les autres consécutivement de mois en mois, moitié en argent comptant, l'autre moitié en billets de l'extraordinaire des guerres, de la caisse des emprunts, promesses en cinq ans des receveurs & fermiers généraux, & autres de même qualité, suivant la répartition qui sera faite de ladite somme de 152,000 livres sur tous lesdits receveurs, par le rôle qui sera incessammment arrêté en notre conseil, sans que pour raison de ce ils soient tenus de Nous payer à l'avenir pour le droit de résignation ou survivance de leurs offices & droits y joints, que les mêmes sommes qu'ils Nous ont payées par le passé. Voulons que ceux qui seront compris dans ledit rôle, soient tenus de faire leur soumission solidaire pour le payement de ladite somme de 152,000 livres, & de remettre dans la ville de Montpellier, ès mains de Me. Adrien Adam, receveur des tailles au diocèse d'Aleth & Limoux, sur ses récépissés contrôlés par Me. Jean Fargeon, receveur des tailles au diocèse de Beziers, ou par Me. Antoine Coste, receveur des tailles au diocèse de Rieux, portant promesse de rapporter les quittances du trésorier de nos revenus casuels, les sommes pour lesquelles chacun d'eux sera compris dans ledit rôle ; & que faute par aucun desdits receveurs de faire ladite soumission, ou après l'avoir faite, de payer les sommes dont ils seront tenus, ils soient incessamment contraints au payement de toute leur portion en argent comptant, & qu'ils ne jouissent de leur part du demi denier, qu'à compter du jour qu'ils auront entierement payé, le surplus tournant au profit des autres obligés solidairement, pour leur tenir lieu d'indemnité des frais & avances qu'ils seront obligés de faire pour l'exécution de leur soumission. Ordonnons que les gages, augmentations des gages, &

droits attribués auxdits offices de receveur, feront & demeureront fpécialement affectés & hypothéqués par privilége & préférence à tous créanciers, au payement des fommes pour lefquelles lefdits receveurs feront compris dans ledit rôle, & que ceux qui en auroînt le fonds, feront contraints comme dépofitaires d'en vuider leurs mains en celles & fur les récépiffés dudit Me. Adam, lefquels Nous voulons être paffés & alloués fans difficulté dans les états & comptes de ceux qui en auront fait le payement; permettons auxdits receveurs d'emprunter folidairement & en corps les fommes dont ils auront befoin pour l'exécution de leurs offres, & feront ceux qui leur prêteront à cet effet fubrogés à notre privilége, en conféquence de la déclaration d'emploi qui fera faite dans fes contrats d'emprunts. SI DONNONS EN MANDEMENT, &c.

CLXXXIII.

Extrait du regiftre des délibérations des Etats généraux de Languedoc, affemblés à Montpellier, par mandement du Roi, le 7 Novembre 1710.

Du Lundi 5 Janvier 1711, préfident Mgr. l'archevêque & primat de Narbonne.

MONSEIGNEUR l'archevêque d'Albi nommé, avec MM. les autres commiffaires pour les affaires extraordinaires, a rapporté qu'ils ont examiné le mémoire qui a été préfenté aux Etats par les receveurs des tailles des diocefes de la province, par lequel ils demandent d'être payés de fix deniers pour livre des taxations d'un million de livres, qui fut remife par Sa Majefté fur les impofitions de la province de l'année 1709, pour la perte d'une partie de la récolte de ladite année, caufée par la rigueur de l'hiver, & de la fomme de trois cents cinquante mille livres, qui fut remife par Sa Majefté l'année derniere 1710, pour la perte des oliviers; qu'ils établiffent leur prétention fur les articles qu'ils ont paffés avec la province en 1610 & en 1634, fuivant lefquels ils doivent avoir fix deniers pour livre de taxations pour toute forte de deniers de leur recette, qui font impofés, & que fi ces deux fommes n'ont pas été levées, elles avoient été impofées, & qu'ils ne font pas moins obligés d'en compter; & par ces confidérations ils efperent que l'affemblée les fera jouir des taxations de ces deux fommes qui leur ont été retranchées par les diocefes : que MM. les commiffaires ont trouvé que les taxations ne font dues aux receveurs, que pour la peine & les foins qu'ils prennent de faire la levée des deniers impofés qui doivent être payés à leurs recettes; que les fommes dont les receveurs demandent des taxations n'ont pas été levées, & qu'elles n'ont pas dû leur être payées, puifqu'elles ont été remifes par Sa Majefté; que les articles paffés avec les receveurs, font conformes à l'idée qu'on doit fe former des taxations, puifqu'il eft porté par l'article XII de ceux qui furent paffés en 1610, qu'il leur eft accordé pour le droit de lieve & taxations, fix deniers pour livre de toute forte de nature de deniers de leur recette, ce qui fuppofe néceffairement une levée & une recette; que s'ils font obligés de s'en charger en recette dans leurs comptes, ce n'eft que pour l'ordre du compte feulement qui ne leur donne pas droit de taxations, parce que ce n'eft pas à raifon du compte qu'elles font dues, & que ce compte doit être rendu à leurs dépens; que les articles paffés en 1634, en leur accordant fix deniers pour livre de taxations de tous les deniers impofés, même de ceux qui avoient été exceptés par les articles passés en 1610, ne leur ont accordé aucunes taxations sur les sommes que Sa Majesté remet sur les impositions, parce que les sommes que Sa Majesté remet ainsi avant qu'elles ayent été levées, ne sont plus imposées du moment qu'elles sont remises ; que c'est sur ce fondement, que par arrêt du conseil du 23 Août 1662, il fut décidé que les sommes que les communautés avoient payées aux receveurs, par compensation avec celles qui leur étoient dues pour la fourniture de l'étape, n'avoient pas été imposées ; que si la seule compensation qui est faite avec les receveurs pour le payement des deniers qui leur doivent être payés, empêche que les taxations leur soient dues, la remise qui est faite par Sa Majesté sur les impositions, est encore plus favorable, puisque les sommes qui sont ainsi remises, ne sont pas dues, & ne doivent pas être exigées : c'est aussi la raison pour laquelle Alexis Sabatier à qui la province a aliéné deux deniers trois quarts pour livre de toutes les impositions faites sur la province, ayant prétendu ces deux deniers trois quarts pour livre du million qui avoit été remis par Sa Majesté sur les impositions de 1709, par délibération des Etats du 12 Décembre de ladite année, il fut déclaré qu'ils ne lui étoient pas dus, ce qui justifie que par les impositions de la province on ne doit entendre que les sommes qui doivent être levées ; que M. de Basville l'a ainsi décidé, tant à l'égard des receveurs que des collecteurs, par son ordonnance du 20 Octobre 1709, qui fait la répartition de la somme de cinq cents mille livres pour la derniere moitié du million que le Roi avoit remis à la province ; & c'est à quoi le trésorier de la bourse s'est soumis volontairement pour les deux deniers pour livre de taxations qui lui sont dus des deniers imposés ; que par toutes ces considérations, MM. les commissaires ne croyent pas que les receveurs soient fondés dans leurs prétentions.

Sur quoi, lecture faite du mémoire des receveurs & des articles de 1610 & 1634, il a été délibéré qu'il n'y a lieu d'accorder des taxations aux receveurs des tailles des dioceses pour les sommes qui ont été remises par Sa Majesté sur les impositions de l'année 1709 & 1710, attendu que la levée n'en a pas été faite.

CLXXXIV.
ARRÊT
Du Conseil d'Etat du Roi,

Qui casse l'arrêt de la cour des aides du 16 Octobre 1709, & permet aux receveurs des tailles de faire exécuter leurs contraintes dans toute la province, sans permission de justice, contre les collecteurs, leurs cautions & consuls perpétuels ou électifs.

Du 13 Janvier 1711.

Extrait des Regiſtres du Conseil d'Etat.

Sur la requête présentée au Roi, en son conseil, par le syndic général de la province de Languedoc, Contenant que le sieur Mandon, receveur des tailles du diocese d'Agde, ayant, au mois d'Avril 1709, décerné sa contrainte contre les consuls & collecteurs de Pezenas, faute du payement du premier quartier des impositions de ladite année, & ayant fait faire commandement au sieur Grasset, premier consul de cette ville, ce particulier, pour éviter l'emprisonnement, s'absenta ; mais ayant été suivi, il fut arrêté en vertu de cette contrainte, en la ville de Beziers : Que s'étant aussi-tôt pourvu en la cour des aides de Montpellier, en cassation de cet emprisonnement, il a prétendu, non-seulement que le receveur des tailles n'avoit pas pu faire exécuter sa contrainte dans ladite ville de Beziers, sans en avoir obtenu permission de justice, parce que cette ville est située hors du diocese de son établissement, mais encore qu'étant pourvu d'un office de consul perpétuel, il ne pouvoit en cette qualité être sujet aux contraintes du receveur, sur quoi intervint un premier arrêt, le 25 Juin 1709, qui appointe les parties à écrire & produire sur la cassation de l'emprisonnement, & cependant ordonne que Grasset sera élargi en donnant caution ; à l'exécution duquel arrêt le suppliant ayant formé opposition, & demandé que ledit Grasset fût tenu de se remettre en prison, jusqu'au payement actuel du premier quartier de la taille, & qu'à faute de ce il fût permis audit Mandon de le faire emprisonner de nouveau, & qu'il fût ordonné que conformément au réglement de la cour des aides de Montpellier, du 5 Mars 1705, les receveurs des tailles pourroient décerner leurs contraintes contre les collecteurs, leurs cautions & consuls, tant perpétuels qu'électifs, lesquelles contraintes seroient exécutées dans tout le ressort de ladite cour des aides, nonobstant opposition, sans qu'ils fussent tenus d'obtenir aucune permission : cela fut ainsi ordonné par un second arrêt du 12 Août 1709 : Que néanmoins ledit Grasset ayant depuis poursuivi la cassation de son emprisonnement, sur l'appointement à écrire & produire, sans s'être remis en prison, il a obtenu, le 16 Octobre suivant, un troisieme arrêt par lequel cet emprisonnement a été cassé, & Mandon, receveur des tailles, condamné en 200 livres de dommages & intérêts, & aux dépens ; & au surplus, sur la question de savoir si les consuls perpétuels doivent être sujets aux contraintes des receveurs pour le payement de la taille, il a été ordonné que ledit Grasset se pourvoira devers Sa Majesté : Et comme cet arrêt ne peut subsister, parce qu'il est directement contraire à celui de la même cour des aides, du 12 Août précédent, par lequel elle avoit jugé, non-seulement que les receveurs des tailles pouvoient faire exécuter leurs contraintes hors de l'étendue du diocese de leur établissement, sans être tenus de prendre aucune permission, mais encore que les consuls perpétuels étoient sujets à leurs contraintes : Qu'au fonds cet arrêt est insoutenable, puisque l'exécution des contraintes des receveurs des tailles n'ayant jusqu'à présent reçu aucune limitation, attendu le privilége du recouvrement des deniers royaux, qui ne peut être retardé, la nouveauté que l'arrêt du 16 Octobre 1709, introduiroit à cet égard, en assujettissant les receveurs à obtenir des permissions, pour faire exécuter leurs contraintes hors de l'étendue de leur diocese, retarderoit considérablement la levée des impositions, outre qu'il est évident que la cour des aides de Montpellier ne pouvoit régulierement, après l'arrêt qu'elle avoit rendu le 12 Août 1709, admettre ledit Grasset à poursuivre la cassation de son emprisonnement, jusqu'à ce qu'il se fût remis en prison, ou qu'il eût satisfait au payement du premier quartier de la taille. A CES CAUSES, le syndic général de Languedoc requéroit qu'il plût à Sa Majesté, sans s'arrêter audit arrêt de la cour des aides de Montpellier, du 16 Octobre 1709, ordonner que celui du 12 Août précédent sera exécuté ; ce faisant, que les receveurs des tailles des dioceses de Languedoc, pourront décerner &

faire décerner leurs contraintes dans toute l'étendue du ressort de ladite cour des aides de Montpellier, sans qu'ils soient tenus de prendre aucune permission, tant contre les collecteurs, leurs cautions & consuls électifs, que contre les consuls perpétuels & en titre d'office ; & en conséquence, que Jean Grasset, consul de Pezenas, soit condamné de restituer audit sieur Mandon toutes les sommes qu'il a été contraint de lui payer, en vertu dudit arrêt du 16 Octobre 1709. Vu ladite requête, lesdits arrêts de la cour des comptes, aides & finances de Montpellier, des 12 Août & 16 Octobre 1709, ensemble les motifs dudit arrêt du 16 Octobre 1709, envoyés au conseil par le sieur procureur général de Sa Majesté en ladite cour, & l'avis du sieur de Lamoignon de Basville, conseiller d'état ordinaire, intendant de justice, police & finances en Languedoc, & Ouï le rapport du sieur Desmarets, conseiller ordinaire au conseil royal, contrôleur général des finances; LE ROI EN SON CONSEIL, ayant égard à ladite requête, conformément à l'avis dudit sieur de Basville, & sans s'arrêter à l'arrêt de la cour des aides de Montpellier, du 16 Octobre 1709, a ordonné que celui de la même cour du 12 Août précédent, sera exécuté selon sa forme & teneur ; ce faisant, que les receveurs des tailles des diocèses de Languedoc pourront décerner & faire exécuter leurs contraintes dans toute l'étendue du ressort de ladite cour des aides de Montpellier, tant contre les collecteurs, leurs cautions & consuls électifs, que contre les consuls perpétuels & en titre d'office, sans qu'ils soient tenus d'obtenir à cet effet aucune permission de justice; & en conséquence, ordonne Sa Majesté que ledit Grasset, consul de la ville de Pezenas, sera tenu, quinze jours après la signification qui lui aura été faite du présent arrêt, de restituer audit Mandon toutes les sommes qu'il a été contraint de lui payer en vertu dudit arrêt de la cour des aides de montpellier, du 16 Octobre 1709, à quoi faire il sera contraint par toutes voies dues & raisonnables ; & sera le présent arrêt exécuté nonobstant toutes oppositions ou autres empêchemens quelconques, dont, si aucuns interviennent, Sa Majesté s'en est réservée la connoissance & à son conseil, & icelle interdite à toutes ses cours & autres juges ; à l'effet de quoi seront toutes lettres nécessaires expédiées. FAIT au conseil d'état du Roi, tenu à Marly, le treizieme Janvier mil sept cent onze. *Collationné.*

Signé, GOUJON.

LOUIS, PAR LA GRACE DE DIEU, ROI DE FRANCE ET DE NAVARRE : Au premier notre huissier ou sergent sur ce requis. Nous te mandons & commandons que l'arrêt dont l'extrait est ci-attaché sous le contre-scel de notre chancellerie, cejourd'hui donné en notre conseil d'état sur la requête à Nous présentée en icelui par le syndic général de la province de Languedoc, tu signifies aux y dénommés, & autres qu'il appartiendra, à ce qu'aucun n'en ignore ; & de faire en outre pour l'entiere exécution d'icelui, à la requête dudit syndic général, tous commandemens, sommations, contraintes y contenues, & autres actes & exploits nécessaires, sans autre permission. Voulons que ledit arrêt soit exécuté nonobstant toutes oppositions ou autres empêchemens quelconques, dont, si aucuns interviennent, Nous nous réservons la connoissance, & à notre conseil, & icelle interdisons à toutes nos cours & autres juges : CAR tel est notre plaisir. DONNÉ à Marly le treizieme jour de de Janvier, l'an de grace mil sept cent onze, & de notre regne le soixante-huitieme. Par le Roi en son conseil. *Signé*, GOUJON. *Collationné.*

CLXXXV.

DÉCLARATION DU ROI,

Qui ordonne l'exécution des articles passés avec les receveurs des tailles pour la levée de la capitation.

Du 24 Janvier 1711.

LOUIS, PAR LA GRACE DE DIEU, ROI DE FRANCE ET DE NAVARRE : A tous ceux qui ces présentes lettres verront, SALUT. Par arrêt de notre conseil, du 26 Août 1710, Nous avons autorisé & homologué les articles passés entre les syndics généraux de la province de Languedoc, d'une part, & les receveurs des tailles de ladite province, le 21 Janvier de ladite année 1710, au sujet de la levée de la capitation ; & Nous avons ordonné que pour l'exécution desdits articles, toutes lettres à ce nécessaires seroient expédiées ; & notre intention étant que lesdits articles soient exécutés selon leur forme & teneur, A CES CAUSES, & autres à ce Nous mouvant, de notre certaine science, pleine puissance & autorité royale, Nous avons par ces présentes signées de notre main, dit, statué & ordonné, disons, statuons & ordonnons, voulons & Nous plaît, conformément auxdits articles.

ARTICLE PREMIER.

Que les receveurs seront tenus de faire livre net des deniers de la capitation, & ils pourront décerner leurs contraintes contre les collecteurs, leurs cautions, nominateurs & délibérans, de même que pour le payement de la taille.

II.

Lesdits receveurs auront six deniers pour livre des taxations de toutes les sommes qui seront imposées pour la capitation, de même que pour les deniers de la taille, y compris les deux deniers qui leur avoient été accordés par nos précédentes déclarations.

III.

Il sera accordé aux collecteurs six deniers pour livre pour la levée de la capitation, y compris les quatre deniers qui leur avoient été ci-devant accordés, à condition de faire livre net, de même que pour les deniers de la taille.

IV.

Les non-valeurs, doubles emplois, décharges & modérations qui se trouveront dans le rôle de la capitation, seront avancés & payés par lesdits collecteurs, sauf à eux à se retirer pardevant les commissaires de la capitation, pour être le montant desdites non-valeurs, doubles emplois, décharges & modérations, réimposé à leur profit, avec l'avance à dix pour cent.

V.

Pour faciliter aux collecteurs l'avance qu'ils doivent faire des non-valeurs, doubles emplois, décharges & modérations, il sera formé par les commissaires de la capitation un gras d'imposition dans chacun des rôles, proportionné à ce que chaque communauté devra payer, lequel servira de fonds à remplacer ces non-valeurs ; & au cas que ledit gras n'ait pas été consommé par lesdites non-valeurs, il servira de moins imposé l'année suivante au profit de la même communauté ; auquel effet, il sera fait mention, au bas de chaque rôle, de la somme qui doit être payée au receveur, & de ce qui reste pour le gras.

VI.

Il sera dressé dans chaque diocese un état particulier de la capitation des seigneurs de paroisse, & des personnes de main-forte qui ont été comprises jusqu'à présent dans les rôles des paroisses, ensemble de celles de leurs domestiques, dont les receveurs seront obligés de faire la levée pour laquelle ils auront un sol pour livre; savoir, six deniers, comme faisant les fonctions de collecteurs, & six deniers comme receveurs; & seront lesdites taxations payées par les compris & nommés audit état au-delà de leurs taxes, à la réserve de ceux qui auront été taxés sur le pied du tarif de 1695, & de la moitié en sus dudit tarif; auquel cas leurs taxes ne pourront être augmentées par lesdites taxations, & les receveurs en seront payés du fonds qui sera fait par les dioceses lors de la confection des rôles.

VII.

Les receveurs ne pourront employer les deniers de la taille au payement de la capitation, ni ceux de la capitation au payement de la taille; pour raison de quoi ils tiendront des registres séparés, dans lesquels ils écriront, jour par jour, les sommes qu'ils recevront des collecteurs, & celles qu'ils payeront au trésorier de la bourse; & afin que le trésorier de la bourse puisse justifier en tout temps des sommes qui lui sont dues par les receveurs, il sera arrêté entre eux un compte par état, de trois en trois mois au plus tard, des sommes qui ont été payées par les receveurs, & de ce qu'ils doivent de reste, lequel sera signé double par lesdits receveurs, & par le commis du trésorier de la bourse qui aura compté avec eux.

VIII.

Les receveurs ne pourront être privés de l'exercice de leurs offices, qu'au cas qu'ils n'ayent pas entierement payé tout ce qu'ils doivent au trésorier de la bourse de l'exercice précédent du même office, pour la taille & pour la capitation; & audit cas, la levée de la taille & de la capitation sera délivrée à la moinsdite par les commissaires du diocese, après trois publications, qui seront faites de huitaine en huitaine, sans préjudice des diligences que le trésorier de la bourse pourra faire contre eux.

IX.

Le décret des offices de receveurs sera poursuivi, pour le fait de la capitation, pardevant le sieur commissaire départi pour l'exécution de nos ordres dans ladite province, un mois après la signification de la contrainte du trésorier de la bourse.

X.

Le trésorier de la bourse dénoncera aux dioceses, après l'échéance de chaque terme, les sommes qui lui sont dues par les receveurs, & les diligences qu'il fera dans la suite, tant pour la taille que pour la capitation.

XI.

Les receveurs, dont les offices auront été décrétés, ne pourront avoir aucun recours contre les dioceses, pour les arrérages des tailles & de la capitation qui leur seront dus, que pour la quotité seulement des communautés insolvables; & ne seront lesdites communautés réputées telles, que lorsque tous les habitans de la communauté auront abandonné leurs biens.

XII.

Ceux qui seront députés par les communautés, pour assister à la confection des rôles de la capitation, porteront un état des non-valeurs, doubles emplois, décharges & modérations de l'année précédente, qui sera certifié véritable par les habitans qui les auront députés, pour être lesdits articles rejetés ou diminués sur les nouveaux rôles; & faute par lesdits députés de rapporter ledit état, ils demeureront responsables desdites non-valeurs, lesquelles seront supportées par chaque communauté en particulier ou par le diocese, ainsi qu'il sera jugé à propos par les commissaires de la capitation.

XIII.

Les receveurs des tailles en exercice, pourront assister, sans aucune rétribution, à la confection des rôles de la capitation, pour informer les commissaires des non-valeurs, doubles emplois, décharges & modérations qui seront venues à leur connoissance, & des facultés de ceux qui doivent être taxés.

XIV.

Les articles ci-dessus seront exécutés, sans préjudice des articles accordés entre les syndics généraux de la province & les receveurs des tailles en 1610 & 1634, & de notre déclaration du 27 Mars 1708, en ce qu'ils ne sont pas contraires aux présens articles. SI DONNONS EN MANDEMENT à nos amés & féaux les gens tenant notre cour des comptes, aides & finances de Montpellier, que ces présentes ils ayent à faire lire, publier & registrer, & le contenu en icelles garder & observer selon sa forme & teneur, nonobstant tous édits, déclarations & arrêts à ce contraires, auxquels Nous avons dérogé & dérogeons par ces présentes; aux copies desquelles duement collationnées par l'un de nos amés & féaux conseillers & secrétaires, voulons que foi soit ajoutée comme à l'original: CAR tel est notre plaisir; en témoin de quoi, Nous avons fait mettre notre scel à cesdites présentes. DONNÉ à Versailles, le vingt-quatrieme jour de Janvier, l'an de grace mil sept cent onze, & de notre regne le soixante-huitieme. *Signé*, LOUIS. *Et plus bas;* Par le Roi, PHÉLYPEAUX. Vu au conseil. DESMARETS, *signé*.

La présente déclaration a été registrée ès registres de la cour, par moi, garde-dépositaire des archives, pour être le contenu en icelle gardé & observé selon sa forme & teneur, & volonté de Sa Majesté, suivant l'arrêt de de cejourd'hui, les chambres & semestres assemblés: OUI & ce requérant le procureur général du Roi. FAIT à Montpellier, le dixieme Mars mil sept cent onze. *Signé*, CLAUSEL.

CLXXXVI.

EXTRAIT D'UNE ORDONNANCE

DE M. L'INTENDANT,

Concernant les taxations des receveurs des tailles, sur les indemnités accordées par le Roi, aux dioceses qui ont perdu leurs oliviers.

Du 5 Octobre 1712.

NICOLAS DE LAMOIGNON, &c. Vu l'arrêt du conseil d'état du Roi, du 20 Septembre 1712, par lequel Sa Majesté accorde aux dioceses qui ont perdu leurs oliviers, la somme de trois cents cinquante mille livres, suivant la répartition qui en sera par Nous faite; &c.

Et d'autant que les receveurs des tailles ni les collecteurs ne peuvent prétendre les taxations de la susdite somme de ..... les taxations du receveur seront ajoutées par les commissaires du diocese, à la somme qui sera départie sur chaque communauté, & celles des collecteurs seront ajoutées à celle qui sera départie sur les particuliers, pour leur être tenue en compte sur leurs quotités, &c.

Fait à Montpellier, le cinquieme Octobre mil sept cent douze. *Signé*, DE LAMOIGNON: *Et plus bas*; Par Monseigneur, SIRIÉ.

CLXXXVII.

Extrait du regiftre des délibérations des Etats généraux de Languedoc, assemblés par mandement du Roi, en la ville de Montpellier, au mois de Novembre 1712.

Du Samedi 14 Janvier 1713, préfident Mgr. l'archevêque & primat de Narbonne.

MONSEIGNEUR l'évêque de Lodeve, commiffaire nommé, avec Monseigneur l'évêque de Rieux, MM. les barons de Ganges & de Calviffon, & les fieurs maires & députés de Montpellier, Narbonne, Lodeve & Gignac, pour examiner la demande que le fieur Bonnier, tréforier de la bourfe, a faite aux Etats, au fujet du payement de ce qui lui eft dû par le diocefe d'Alby, A rapporté que ledit fieur Bonnier a expofé à la commiffion qu'il lui étoit dû par ledit diocefe cent cinquante-huit mille livres de refte des impofitions de l'année 1711, dont il n'a pu être payé, quoiqu'on ait envoyé des troupes dans toutes les communautés, & exécuté ce que les Etats avoient prefcrit l'année derniere.

Qu'il a été lui-même fur les lieux, & qu'il s'eft apperçu que la levée des impofitions de ce diocefe étoit fort négligée par les receveurs & par les collecteurs; qu'il n'eft pas jufte qu'il foit plus long-temps en fouffrance, ayant fait toutes les diligences poffibles, &

qu'ainfi il fupplie l'affemblée de pourvoir à fon payement.

Que le syndic du diocefe d'Alby, qui étoit préfent à la commiffion, eft convenu que la fomme de cent cinquante-huit mille livres eft due au fieur tréforier de la bourfe, & a dit qu'il ne falloit pas fe flatter que les communautés redevables puffent payer qu'en leur accordant de longs délais, parce qu'elles avoient été affligées de la perte de leur récolte l'année derniere, & qu'il eft encore dû des fommes confidérables au receveur de l'année 1712, quoique Sa Majefté ait accordé à ce diocefe une indemnité de cent quatre-vingt mille livres fur les impofitions de ladite année 1712.

A quoi Monfeigneur l'évêque de Lodeve a ajouté, que MM. les commiffaires avoient vu l'arrêt du confeil, du 19 Mars dernier, par lequel Sa Majefté accorde à ce diocefe la fomme de cinq cents vingt mille livres à prendre fur le dernier terme des impofitions, pendant huit années, à raifon de foixante mille livres chacune, à commencer par l'année 1712.

Que cependant le fieur Bonnier devant être payé de ce qui lui eft dû, MM. les commiffaires ont eftimé que le diocefe d'Alby pourroit imputer fur ladite fomme de cent cinquante-huit mille livres, celle de foixante-cinq mille livres accordée par ledit arrêt du confeil, pour l'année 1712; que ce n'étoit qu'anticiper d'une année la grace que le Roi a accordée, fans en changer la deftination, moyennant quoi il ne fera dû que quatre-vingt-treize mille livres.

Que pour recouvrer promptement ce qui fera exigible des contribuables, on peut fe fervir dès à préfent des troupes qui font en quartier dans ce diocefe, & que fi à l'affiette prochaine le mouvement des troupes n'a pas procuré en entier le recouvrement desdits restes, MM. les commissaires du diocese feront un compte avec le trésorier de la bourse de ce qui lui restera être dû, dont ils seront tenus de faire l'imposition en deux années consécutives, à commencer en 1713, sur le général du diocese, sauf à continuer les diligences contre les redevables desdits arrérages de l'année 1711, dont on fera dans les suites un moins imposé à mesure du recouvrement.

Qu'après avoir pourvu au payement de ce qui est dû au sieur trésorier de la bourse, MM. les commissaires ont cru que l'assemblée devoit prendre quelque résolution pour régler la levée des impositions, & faire en sorte qu'avec le soulagement de soixante-cinq mille livres, dont ce diocese jouira encore pendant sept ans, il acquitte régulierement ses charges.

Que cette somme est le montant des non-valeurs du diocese; qu'ainsi, le défaut de payement du reste des impositions ne peut être attribué qu'à la mauvaise volonté des particuliers ou à la négligence des receveurs & des collecteurs; que pour y remédier, MM. les commissaires n'ont pas trouvé de meilleur moyen que celui d'obliger les receveurs dudit diocese, d'établir à leurs frais & dépens quatre commis dans quatre principaux lieux, où les collecteurs pourront facilement porter les deniers qu'ils auront levés, & les commis presser lesdits collecteurs, & veiller à ce qu'ils fassent la levée exactement, & qu'ils ne gardent point les deniers en leurs mains, sous prétexte de l'éloignement du bureau de la recette.

Qu'à suivre les réglemens de la province, & les articles arrêtés avec les receveurs, on pourroit priver ceux du diocese d'Alby de faire la levée des tailles, parce qu'ils n'ont pas apuré leurs précédens exercices, & en faisant commettre à leur place, leur ôter les entieres taxations qui montent à des sommes considérables, mais que le tempérament qui est proposé suffira peut-être pour mettre ce diocese en regle.

Que MM. les commissaires estiment encore, que le syndic général du département doit aller à Alby, pour veiller à l'exécution de la délibération que les Etats prendront, & voir de plus près les causes du mal, & les nouveaux remedes qu'on pourroit y apporter. SUR QUOI, il a été délibéré, conformément à l'avis de MM. les commissaires, que le diocese d'Alby procurera incessamment le payement de la somme de cent cinquante-huit mille livres dûe au trésorier de la bourse, de reste des impositions de l'année 1711, & qu'à ces fins, sous le bon plaisir de Sa Majesté, ils pourront se servir de la somme de soixante-cinq mille livres accordée par arrêt du conseil, du 19 Mars dernier, pour l'année 1712, & l'appliquer sur les susdits arrérages; que Monseigneur le duc de Roquelaure sera prié de donner les ordres nécessaires, pour faire agir les troupes qui sont en quartier dans ledit diocese, pour procurer la levée de tout ce qui sera exigible présentement, & qu'à l'assiette prochaine il sera fait un compte avec le sieur Bonnier de ce qui lui restera dû, dont la moitié sera imposée sur le général du diocese en l'année 1713, avec les intérêts du total au denier vingt, & le restant sera imposé en 1714; que cependant on continuera les diligences contre les redevables, & que les sommes qui seront recouvrées à l'avenir seront moins imposées chaque année.

Que lesdits receveurs établiront un commis dans chacun des quatre principaux lieux du diocese, auxquels les collecteurs seront tenus de porter les deniers de leur recouvrement aux termes des impositions, & lesdits commis de les remettre aux receveurs à fur & à mesure qu'ils leur seront portés par les collecteurs, lesquels commis exécuteront les instructions qui leur seront données par lesdits sieurs commissaires pour le recouvrement des impositions, & seront payés par les receveurs qui demeureront aussi responsables de leur gestion.

A ÉTÉ DÉLIBÉRÉ, que le sieur de Boyer d'Odars, syndic général, ira à Alby d'abord après la tenue des Etats, pour y concerter avec MM. les commissaires du diocese, ce qu'il y aura à faire pour l'entiere exécution de la présente délibération, que Sa Majesté sera très-humblement suppliée d'autoriser par arrêt du conseil.

CLXXXVIII.
ARRÊT DU CONSEIL,

Qui autorise une délibération des Etats du 14 Janvier 1713, concernant les moyens d'acquitter les arrérages dus par le diocese d'Alby, & d'y assurer le recouvrement des impositions.

Du 21 Février 1713.

EXTRAIT *des Registres du Conseil d'Etat.*

SUR la requête présentée au Roi, en son conseil, par le syndic général de la province de Languedoc; Contenant, que les gens des trois-états de ladite province, pour procurer au sieur Bonnier, trésorier de la bourse, le payement de la somme de cent cinquante-huit mille livres qui lui est due par le diocese d'Alby, de reste des impositions de l'année 1711, & empêcher que ce diocese ne tombe à l'avenir dans de si grands arrérages, qui ont été causés en partie par la négligence que les receveurs & collecteurs ont eu jusqu'ici à la levée des impositions, auroient délibéré le 14 Janvier 1713 que les commissaires ordinaires dudit diocese pourront, sous le bon plaisir de Sa Majesté, imputer sur lesdites sommes, celle de soixante-cinq mille livres que Sa Majesté a accordée par forme d'indemnité audit diocese par arrêt du 19 Mars dernier, pendant huit années consécutives à commencer par l'année 1712, ce qui n'est qu'avancer d'une année la grace que Sa Majesté a faite, sans en changer la destination, en sorte qu'il ne sera dû que 93,000 livres audit sieur trésorier de la bourse; que pour recouvrer promptement ce qui sera exigible de cette somme, on fera agir les troupes qui sont en quartier dans le haut Languedoc, & que si, à la tenue de l'assiette prochaine, le mouvement des troupes n'a pas procuré en entier le recouvrement desdits restes, les commissaires du diocese feront un compte avec le sieur Bonnier de ce qui lui restera dû, dont la moitié sera imposée sur le général du diocese la présente année 1713, avec l'intérêt du total sur le pied du denier vingt, & le restant sera imposé en l'année 1714; que cependant on continuera toujours les diligences contre les redevables, & que les sommes qui seront recouvrées seront moins imposées chaque année; que les receveurs du diocese d'Alby établiront un commis dans chacun des quatre principaux lieux dudit diocese, auxquels les collecteurs seront tenus de porter les deniers de leur recouvrement aux termes des impositions, & lesdits commis de les remettre au receveur en exercice, à fur & à mesure qu'ils leur seront portés, lesquels commis exécuteront les instructions qui leur seront données par les commissaires du diocese pour le recouvrement des impositions, & seront payés par les receveurs qui demeureront aussi responsables de leur gestion. A CES CAUSES, Requéroit ledit syndic général qu'il plût à Sa Majesté autoriser ladite délibération du 14 Janvier 1713. Vu ladite requête ; ladite délibération du 14 Janvier 1713, l'arrêt du conseil du 19 Mars 1712, & l'avis du sieur Lamoignon de Basville, conseiller d'état ordinaire, commissaire départi dans ladite province : Et Oui le rapport du sieur Desmarets, conseiller ordinaire au conseil royal, contrôleur général des finances, LE ROI EN SON CONSEIL, ayant égard à ladite requête, a autorisé & homologué, autorise & homologue la délibération des Etats de Languedoc du 14 Janvier 1713, Ordonne Sa Majesté que le contenu en icelle sera exécuté selon sa forme & teneur ; enjoint au sieur de Lamoignon de Basville de tenir la main à l'exécution du présent arrêt, qui sera exécuté nonobstant oppositions & appellations quelconques, dont, si aucunes interviennent, Sa Majesté s'est réservée la connoissance & à son conseil, icelle interdite à toutes ses autres cours & juges. FAIT au conseil d'état du Roi, tenu à Marly le vingt-un Février mil sept cent treize.

Signé, GOUJON.

CLXXXIX.

Extrait du registre des délibérations des Etats généraux de Languedoc, assemblés à Montpellier, par mandement du Roi, le 9 Novembre 1713.

Du Mercredi 22 dudit mois de Novembre, président Mgr. l'archevêque & primat de Narbonne.

MONSEIGNEUR l'archevêque d'Alby, commissaire nommé pour les affaires extraordinaires avec Messeigneurs les évêques de Lodeve & de Montauban, MM. les barons de Castelnau d'estrettefons, de Villeneuve & de Rouairoux, les sieurs capitouls de Toulouse, les sieurs consuls de Montpellier & les sieurs députés de Narbonne, d'Uzès, d'Alby & de Mende, a dit que par édit du mois de Décembre 1712 Sa Majesté avoit attribué à tous les officiers comptables de son royaume, autres toutefois que ceux des pays d'élection, deux cent mille livres de taxations fixes & héréditaires au denier vingt, & que sous prétexte du refus qu'ils avoient fait d'acquérir lesdites taxations, Sa Majesté, par son édit du mois d'Octobre 1713, avoit ordonné que les offices comptables & ceux de contrôleurs desdits offices seroient exercés par quatre différens titulaires pourvus de provisions sous les titres distincts & séparés d'anciens, alternatifs, triennaux & quatriennaux, & en conséquence Sa Majesté auroit créé des offices de receveurs payeurs & contrôleurs triennaux & quatriennaux à ceux des offices qui sont exercés par deux officiers sous le titre d'anciens & mitriennaux, & d'alternatifs & mitriennaux & elle auroit créé des offices de quatriennaux à ceux desdits offices qui sont exercés par un ou plusieurs titulaires sous le titre d'anciens, alternatifs & triennaux ; que par autre édit du même mois & an, Sa Majesté a attribué aux receveurs généraux & particuliers des tailles & taillon des provinces & généralités de Toulouse, Montpellier, Bretagne & autres pays d'états, au lieu des taxations portées par l'édit du mois de Décembre 1712, à chacun des receveurs généraux & particuliers deux deniers & à chacun de leurs contrôleurs un denier pour livre de taxations par augmentation fur celles dont ils jouissent, à la charge par eux de payer les sommes pour lesquelles ils seroient employés dans les rôles qui seroient arrêtés au conseil à raison du denier douze du produit desdites taxations, au moyen de quoi lesdits officiers seroient exceptés de l'exécution de l'édit du même mois d'Octobre portant création desdits offices triennaux & quatriennaux; que les receveurs & contrôleurs des tailles de cette province qui ont financé de plus grandes sommes que ceux des pays d'élection auroient pu espérer de la bonté de Sa Majesté d'être exceptés comme eux de financer aucunes taxations fixes & par conséquent des édits du mois d'Octobre dernier, & que néanmoins ils ont offert à Sa Majesté la somme de trois cents mille livres & les deux sols pour livre pour jouir de quinze mille livres d'augmentation de gages à commencer du premier Janvier prochain, à condition que le fonds en sera distrait de la commission de la taille, & porté dans le département des dettes & affaires de la province, pour être payés annuellement de ladite augmentation par le trésorier de la bourse des Etats; que les offices triennaux & quatriennaux ayant été déjà acquis par les receveurs & n'ayant été créés de nouveau que pour tenir lieu des taxations fixes que les officiers comptables doivent acquérir en conséquence de l'édit du mois de Décembre 1712; & l'augmentation de trois deniers pour livre de taxations n'ayant été ordonnée que pour tenir lieu des offices triennaux & quatriennaux, il y a lieu d'espérer que l'offre de trois cents mille livres qui a été faite par les receveurs sera reçue & qu'ils seront déchargés de l'exécution des édits du mois d'Octobre dernier, d'autant plus que les taxations desdits receveurs ont été fixées à six deniers pour livre par les traités faits avec eux en 1610 & 1634 autorisés par divers arrêts du conseil.

Sur quoi, lecture faite des édits de Sa Majesté du mois d'Octobre 1713 & de l'offre des receveurs des tailles de cette province, IL A ÉTÉ DÉLIBÉRÉ, que S. M. sera très-humblement suppliée d'accepter l'offre de trois cents mille livres & des deux sols pour livre qui lui est faite par lesdits receveurs pour la suppression des offices triennaux & quatriennaux, moyennant quinze mille livres d'augmentation de gages qui seront distraits, à commencer du premier Janvier prochain, de la commission de la taille, & portés dans le département des dettes & affaires de ladite province, pour leur être payés tous les ans par le trésorier de la bourse des Etats, de décharger la province des trois deniers pour livre de taxations, sans que de présent ni à l'avenir elles puissent être augmentées sous quelque prétexte que ce soit, & d'accorder les édits nécessaires pour la révocation de ceux du mois d'Octobre de la présente année 1713 & qu'ils soient registrés sans frais par-tout où besoin sera.

CXC.

EDIT DU ROI,

Qui décharge les receveurs & contrôleurs des tailles & taillon de l'augmentation de trois deniers pour livre de taxations, & de l'acquisition des offices triennaux & quatriennaux ; & qui crée une augmentation de gages de quinze mille livres, qu'ils seront tenus d'acquérir au denier vingt.

Du mois de Décembre 1713.

LOUIS, PAR LA GRACE DE DIEU, ROI DE FRANCE ET DE NAVARRE : A tous présens & à venir, SALUT. Par notre édit du mois de Décembre 1712, Nous avons attribué à tous les officiers comptables de notre royaume & à leurs contrôleurs, autres toutefois que ceux des pays d'élection, & autres exceptés par ledit édit, 200,000 livres de taxations fixes & héréditaires au denier vingt, dont nous devions faire le fonds dans les états de nos finances, & faute par les receveurs généraux & particuliers des tailles & taillon des provinces & généralités de nos pays d'états d'avoir acquis lesdites taxations, Nous avons, par édit du mois d'Octobre dernier, créé des offices triennaux & quatriennaux pour tenir lieu desdites taxations fixes ; & par autre édit du même mois d'Octobre, Nous avons attribué trois deniers pour livre de taxations ; savoir, deux deniers, aux receveurs généraux & particuliers des tailles, taillon, & autres impositions ordinaires & extraordinaires, & un denier pour livre, à leurs contrôleurs, qui devoient être par eux financées sur le pied du denier douze. Mais nos très-chers & bien amés les gens des trois états de notre province de Languedoc nous ayant remontré que les receveurs des tailles & taillon de ladite province ont financé de plus grandes sommes que ceux des pays d'élection, qui ont été exemptés d'acquérir les taxations fixes portées par notre édit du mois de Décembre 1712 ; qu'ils ont acquis depuis longtemps les offices triennaux & quatriennaux, & qu'ils ont été taxés pour être dispensés de les posséder conjointement ; que l'augmentation des trois deniers pour livre de taxations augmenteroit les impositions de la province sans le consentement des Etats, ce qui est contraire à ses droits, libertés & privilèges : Et voulant témoigner aux gens desdits Etats la satisfaction que nous avons de leurs services, A CES CAUSES & autres à ce nous mouvant, de notre certaine science, pleine puissance & autorité royale, Nous avons, par notre présent édit perpétuel & irrévocable, déchargé & déchargeons les receveurs généraux & particuliers des tailles & taillon de notre province de Languedoc & leurs contrôleurs, de l'acquisition des taxations fixes portées par notre édit du mois de Décembre 1712, & de l'exécution de l'édit du mois d'Octobre dernier, portant création d'offices triennaux & quatriennaux ; comme aussi d'acquérir les taxations de trois deniers pour livre qui leur avoient été attribuées par autre édit du même mois. Voulons que lesdits offices & taxations soient & demeurent supprimés & révoqués, sans que, sous quelque prétexte que ce soit, lesdits offices puissent être rétablis à l'avenir, ni que les taxations des receveurs puissent être augmentées audelà de celles dont ils jouissent à présent : Et de la même autorité que dessus, Nous avons créé 15,000 livres d'augmentations de gages dont la finance au denier vingt sera payée par lesdits receveurs & contrôleurs, dont le fonds sera distrait de la commission de la taille, & porté dans le département des dettes & affaires de la province, pour leur être payées tous les ans par le trésorier de la bourse. Voulons que lesdits receveurs & contrôleurs, leurs héritiers ou ayant cause, jouissent de ladite augmentation de gages, conjointement ou séparément de leurs offices. Si DONNONS EN MANDEMENT à nos amés & féaux les gens tenant notre cour des comptes, aides & finances de Montpellier, que notre présent édit ils aient à faire lire, publier & enregistrer, & le contenu en icelui, suivre, garder & observer selon sa forme & teneur, nonobstant tous édits, déclarations, arrêts & autres choses à ce contraires, auxquels nous avons dérogé & dérogeons par le présent édit ; aux copies duquel collationnées par l'un de nos amés & féaux conseillers secrétaires, Voulons que foi soit ajoutée comme à l'original ; CAR tel est notre plaisir : Et afin que ce soit chose ferme & stable à toujours Nous y avons fait mettre notre sceau. DONNÉ à Versailles au mois de Décembre l'an de grace mil sept cent treize ; & de notre regne le soixante-onzieme. *Signé*, LOUIS : Par le Roi ; *signé*, PHELYPEAUX. *Visa*, PHELYPEAUX. Vu au conseil. *Signé*, DESMARETS.

Registré ès registres de la cour des comptes, aides & finances : OUI, & ce requérant le procureur général du Roi, pour être le contenu au présent édit gardé & observé selon sa forme & teneur, & volonté de Sa Majesté, conformément à l'arrêt de ce jourd'hui rendu, les chambres & semestres assemblés. A Montpellier ce vingtieme Décembre mille sept cent treize.

Signé, PRADEL.

CXCI.
ARTICLES

Accordés entre nobles André Joubert, Jean de Boyer, seigneur d'Odars & Jean-Antoine Duvidal, seigneur de Montferrier, syndics généraux de la province de Languedoc, faisant pour & au nom de Nosseigneurs les gens des trois états de ladite province, en conséquence du pouvoir à eux donné par délibération du 28 Décembre 1713.

Et messieurs Jean Fargeon, conseiller du Roi, receveur des tailles du diocese de Beziers, Adrien Adam, aussi conseiller du Roi, receveur des tailles du diocese d'Aleth & Limoux, & Antoine Coste, conseiller du Roi, receveur des tailles au diocese de Rieux, faisant pour les receveurs & contrôleurs des tailles & taillon de la province, suivant leur délibération, du 23 dudit mois de Décembre, au sujet de l'exécution de l'édit du présent mois de Décembre 1713, portant création de 15,000 livres d'augmentation de gages attribués auxdits receveurs & contrôleurs.

1°. QUe lesdits sieurs syndics, au nom de ladite province, se chargent d'acquérir ladite somme de 15,000 d'augmentations de gages créés par édit du présent mois, & de faire payer au Roi, ou à celui chargé de l'exécution dudit édit, la somme de 300,000 livres pour la finance principale, à la décharge desdits receveurs & contrôleurs.

2°. Qu'au moyen dudit payement, lesdites 15,000 livres d'augmentations de gages appartiendront à la province, sous le nom desdits receveurs, qui seront tenus de le prêter & de faire fournir tous les ans une quittance par leur syndic, en faveur du trésorier de la bourse desdites 15,000 livres, dont le fonds doit être distrait sur le compte du Roi des deniers de la taille & porté dans l'état des dettes & affaires, & demeurera ledit syndic des receveurs, déchargé de la quittance annuelle en vertu des présentes conventions.

3°. Qu'attendu que lesdits receveurs ne font que prêter le nom à la province, de la propriété de ladite augmentation de gages, elle courra aux périls, risques & fortunes de ladite province, sans que cela puisse regarder en aucune maniere lesdits receveurs & contrôleurs.

4°. Qu'en considération de ce que par le susdit édit, celui portant création des offices triennaux & quatriennaux demeure révoqué & sans exécution, & que c'est par les sollicitations & les remontrances des Etats de ladite province que l'édit du mois d'Octobre dernier, qui leur attribuoit trois deniers pour livre sur toutes les impositions, a été aussi révoqué, lesdits receveurs & contrôleurs payeront comptant ladite somme de 30,000 livres en pure perte pour les deux sols pour livre de celle de 300,000 livres, que ladite province doit payer pour l'acquisition de ladite augmentation de gages.

Et finalement, que pour la sureté des payemens ci-dessus, la quittance de finance desdites 300,000 livres, qui sera expédiée par le trésorier des revenus casuels au nom desdits receveurs & contrôleurs demeurera au pouvoir desdits Etats, & celle des deux sols pour livre ès mains desdits receveurs & contrôleurs. FAIT & arrêté double à Montpellier, le vingt-neuvieme Décembre mil sept cent treize. *Signés*, JOUBERT, syndic général, D'ODARS, syndic général, DUVIDAL DE MONT-FERRIER, syndic général. FARGEON, ADAM, COSTE.

CXCII.

EXTRAIT du regiſtre des délibérations des Etats généraux de Languedoc, aſſemblés par mandement du Roi en la ville de Montpellier, au mois de Novembre 1713.

Du Samedi 30 Décembre suivant, président Mgr. l'archevêque & primat de Narbonne.

MONSEIGNEUR l'archevêque d'Alby, commissaire nommé pour les affaires extraordinaires, avec Messeigneurs les évêques de Lodeve & de Montauban, MM. les barons de Villeneuve, de Rouvairoux & de Ganges, les sieurs capitouls de Toulouse, les sieurs consuls de Montpellier, & les sieurs députés de Narbonne, d'Uzès, d'Alby, & de Mende, a dit que Sa Majesté ayant par édit du présent mois de Décembre, déchargé les receveurs généraux & particuliers des tailles & taillon de cette province, & leurs contrôleurs, de l'exécution des édits du mois d'Octobre dernier, portant création d'offices triennaux & quatriennaux & une augmentation de trois deniers pour livre de taxations en payant par eux la somme de trois cents mille livres & les deux sols pour livre pour jouir d'une augmentation de quinze mille livres au denier vingt, qui sera distraite de la grande commission de la taille portée dans le département des dettes & affaires de la province; les receveurs & contrôleurs supplient l'assemblée de considérer qu'ils ne sont pas en état de payer cette somme, & que c'est la province qui retire le plus grand avantage de cet édit, puisqu'elle est déchargée de trois deniers pour livre de taxations qui reviendroient tous les ans à de grandes sommes; qu'ils offrent à la province de lui céder les quinze mille livres d'augmentation de gages & de payer en pure perte trente mille livres pour les deux sols pour livre, ainsi qu'il est plus particulierement exprimé dans un projet de traité qu'ils offrent de passer pour ce sujet.

Sur quoi lecture faite des articles dudit traité dont la teneur s'ensuit.

1°. Que les syndics généraux au nom de ladite province se chargent d'acquérir ladite somme de quinze mille livres d'augmentation de gages créés par édit du présent mois, & de faire payer au Roi, ou à celui qui sera chargé de l'exécution de cet édit, la somme de trois cents mille livres pour la finance principale à la décharge desdits receveurs & contrôleurs.

2°. Qu'au moyen dudit payement lesdites quinze mille livres d'augmentation de gages appartiendront à la province sous le nom desdits receveurs qui seront tenus de le prêter, & de faire fournir tous les ans une quittance par leur syndic en faveur du trésorier de la bourse desdites quinze mille livres dont le fonds doit être distrait sur le compte du Roi des deniers de la taille, & porté dans l'état des dettes & affaires, & demeurera ledit syndic des receveurs déchargé de la quittance annuelle en vertu des présentes conventions.

3°. Qu'attendu que lesdits receveurs ne font que prêter le nom à la province de la propriété de ladite augmentation de gages, elle courra aux périls, risques & fortunes de ladite province, sans que cela puisse regarder en aucune maniere lesdits receveurs & contrôleurs.

4°. Qu'en considération de ce que par le susdit édit, celui portant création des offices triennaux & quatriennaux demeure révoqué & sans exécution, & que c'est par les sollicitations & les remontrances des Etats de ladite province que l'édit du mois d'Octobre dernier, qui leur attribuoit trois deniers pour livre sur toutes les impositions, a été aussi révoqué, lesdits receveurs & contrôleurs payeront comptant ladite somme de trente mille livres en pure perte, pour les deux sols pour livre de celle de trois cent mille livres que ladite province doit payer pour l'acquisition de ladite augmentation de gages.

Et finalement que pour la sureté des payemens ci-dessus, la quittance de finance desdites trois cents mille livres, qui sera expédiée par le trésorier des revenus casuels, au nom desdits receveurs & contrôleurs, demeurera au pouvoir desdits Etats, & celle de deux sols pour livre ès mains des receveurs & contrôleurs.

Les Etats ont accepté l'offre desdits receveurs & contrôleurs, & ont donné pouvoir aux syndics généraux de la province de signer avec eux les articles ci-dessus.

CXCIII.
ARRÊT
DE LA COUR DES COMPTES, AIDES ET FINANCES DE MONTPELLIER,

Qui regle les sommes qui doivent être reçues des redevables par les collecteurs, & des collecteurs par les receveurs des tailles des dioceses, avant le 15 Octobre suivant.

Du 28 Septembre 1714.

EXTRAIT *des registres de la cour des comptes, aides & finances de Montpellier.*

SUr la requête présentée par le syndic général de cette province, demandeur à ce que les particuliers débiteurs des tailles, dixieme des biens nobles, & taxe des biens affranchis, puiſſent ſe libérer avant le quinzieme Octobre prochain, tant du dernier terme, que des précédens; & à l'égard de la capitation, de ce qu'ils doivent du premier terme; avec injonction aux collecteurs de les recevoir ſur le pied de la valeur courante des eſpeces, & aux receveurs des dioceſes de cette province, de les recevoir ſur le même pied deſdits collecteurs, juſqu'audit jour quinzieme Octobre prochain; & en refus, permettre de les conſigner, aux riſques de ceux qui auront refuſé de les recevoir : & à ce qu'audit jour 15 Octobre prochain, à la diligence des ſyndics deſdits dioceſes, il ſera procédé par les commiſſaires ordinaires deſdits dioceſes, qui ſe trouveront ſur les lieux, & à leur refus, par le juge ordinaire, à la vérification des eſpeces qui ſeront entrées dans la caiſſe de la recette des receveurs, depuis le premier Octobre juſqu'au 15 dudit mois; ſauf aux dioceſes à ſe pourvoir aux Etats prochains pour demander que la diminution des ſommes qui ſont portées au tréſorier de la bourſe, ſoit ſupportée par la province. Vu ladite requête avec l'ordonnance de ſoit montré au procureur général du Roi, & ſes concluſions des 24 & 26 du préſent mois de Septembre; LA COUR, faiſant droit ſur ladite requête, a ordonné & ordonne que les collecteurs ſeront tenus de recevoir des cotiſés les quotités des tailles, le dixieme des biens nobles, & la taxe des biens affranchis, tant du dernier terme de la préſente année, que les arrérages de tout le paſſé; & à l'égard de la capitation, ce qui eſt dû du premier terme, & de prendre les eſpeces ſur le pied de la valeur courante juſqu'au 15 Octobre prochain, à peine de concuſſion; & en cas de refus, a permis & permet aux débiteurs cotiſés de conſigner, aux périls, riſques & fortunes deſdits collecteurs. Ordonne en outre que les receveurs des tailles recevront les ſommes qui leur ſeront portées par les collecteurs juſqu'audit jour 15 Octobre prochain, & prendront les eſpeces ſur le même pied; autrement a permis & permet aux collecteurs de les conſigner, & qu'audit jour 15 Octobre il ſera procédé, à la diligence des ſyndics des dioceſes, pardevant les commiſſaires ordinaires deſdits dioceſes, & en leur refus, abſence ou légitime empêchement, par les juges ordinaires des lieux, ſuivant l'ordre du tableau, à la vérification des eſpeces qui ſe trouveront dans leurs caiſſes, provenant de la recette qu'ils auront faite deſdits collecteurs, depuis le premier Octobre juſqu'au 15 dudit mois d'Octobre, ſauf aux ſyndics des dioceſes & receveurs à ſe pourvoir ainſi que de raiſon, pour ſe faire décharger de la perte ſur les eſpeces. FAIT & DONNÉ à Montpellier en ladite cour, le vingt-huitieme Septembre mil ſept cent quatorze. *Collationné.*

Signé, FLORIS.

CXCIV.
ARRÊT

DU CONSEIL ET LETTRES PATENTES,

Portant que ceux qui ont part à la propriété des offices de receveurs des tailles, ſeront tenus d'en remettre leurs déclarations au greffe de la cour des aides, avec une copie des actes de leur propriété, & qu'à l'avenir aucun receveur des tailles ne pourra être reçu en ladite cour, qu'il n'ait préalablement déclaré les noms des propriétaires, en tout ou en partie deſdits offices, à peine d'interdiction, & de 3000 livres d'amende, en cas de fauſſe déclaration.

Des 6 Août & 15 Novembre 1715.

N°. CXCIV.

Extrait des Registres du Conseil d'Etat.

Sur la requête présentée au Roi, en son conseil, par le syndic général de la province de Languedoc, Contenant que la plupart des propriétaires des offices de receveurs des tailles de ladite province, pour se dispenser de l'obligation où sont les pourvus desdits offices de payer aux termes ordinaires des impositions les sommes dont ils sont chargés de faire le recouvrement, & pour n'y être pas contraints par le trésorier de la bourse à défaut de payement, se sont immiscés de faire pourvoir auxdits offices divers particuliers qui ne font que prêter leur nom, ou qui n'ont qu'un très-petit intérêt dans la propriété d'iceux; que cet abus cause deux inconvéniens également préjudiciables aux intérêts de ladite province; l'un, que la levée des impositions étant faite par des sujets qui n'ont aucun ou très-peu d'intérêt dans la propriété desdits offices, ruinent les diocèses par une mauvaise administration, ou par leur négligence; & l'autre, que le trésorier de la bourse n'ayant d'autre voie, pour obliger lesdits receveurs à payer les impositions aux termes ordinaires, que sa contrainte contre les titulaires, elle devient inutile, & ne produit aucun effet, parce que les pourvus desdits offices n'étant que des suppôts, il ne peut avoir la même action contre les propriétaires desdits offices. Requéroit, A CES CAUSES, qu'il plût à Sa Majesté d'ordonner que tant les propriétaires que les titulaires desdits offices, seront solidairement contraints au payement desdites impositions, aux termes ordinaires : Ouï le rapport du sieur Desmarets, conseiller ordinaire au conseil royal, contrôleur général des finances; LE ROI EN SON CONSEIL, a ordonné & ordonne que, faute par les receveurs des tailles de ladite province de Languedoc de payer aux termes ordinaires les impositions & autres deniers dont ils sont tenus de faire le recouvrement, tant lesdits receveurs que les propriétaires, en tout ou en partie desdits offices, y seront solidairement contraints par le trésorier de la bourse sur sa simple contrainte; & afin qu'il soit notoire au sieur trésorier du nom & demeure desdits propriétaires, Veut Sa Majesté qu'ils soient tenus dans trois mois du jour de la signification du présent arrêt, qui sera faite aux pourvus desdits offices, de faire leur déclaration au greffe de la cour des comptes, aides & finances de Montpellier, de leur propriété, & qu'ils y remettront un extrait des actes pour en justifier; & faute par eux d'y satisfaire dans ledit délai, qu'ils soient déchus du privilége & précaire qu'ils ont sur lesdits offices de receveur; Ordonne en outre Sa Majesté qu'à l'avenir aucun receveur des tailles de ladite province ne pourra être reçu en ladite cour, qu'il n'ait préalablement déclaré le nom des propriétaires desdits offices en tout ou en partie, à peine d'interdiction & de 3000 livres d'amende en cas de fausse déclaration; Enjoint Sa Majesté au procureur général de ladite cour de tenir la main à l'exécution du présent arrêt qui sera exécuté nonobstant oppositions quelconques, & enregistré sans frais en ladite cour. FAIT au conseil d'état du Roi, tenu à Marly le sixième jour d'Août mil sept cent quinze. *Signé*, RANCHIN. *Collationné* avec paraphe.

LOUIS, PAR LA GRACE DE DIEU, ROI DE FRANCE ET DE NAVARRE : A tous ceux qui ces présentes lettres verront, SALUT. Notre amé le syndic général de notre province de Languedoc, Nous a fait remontrer que la plupart des propriétaires des offices de receveur des tailles de ladite province, pour se dispenser de l'obligation où sont les pourvus desdits offices de payer aux termes ordinaires des impositions les sommes dont ils sont chargés de faire le recouvrement, & pour n'y être pas contraints par le trésorier de la bourse à défaut de payement, se sont immiscés de faire pourvoir auxdits offices divers particuliers qui ne font que prêter leurs noms, ou qui n'ont qu'un très-petit intérêt dans la propriété d'iceux; que pour remédier à cet abus qui cause deux inconvéniens également préjudiciables aux intérêts de ladite province; l'un, que la levée des impositions étant faite par des sujets qui n'ont aucun ou très-peu d'intérêt dans la propriété desdits offices ruinent les dioceses par une mauvaise administration, ou par leur négligence; & l'autre, que le trésorier de la bourse n'ayant d'autre voie pour obliger lesdits receveurs à payer les impositions aux termes ordinaires, que la contrainte contre les titulaires, elle devient inutile, & ne produit aucun effet, parce que les pourvus desdits offices n'étant que des suppôts, il ne peut avoir la même action contre les propriétaires desdits offices, il s'est pourvu en notre conseil pour demander que tant les propriétaires que les titulaires desdits offices soient solidairement contraints au payement desdites impositions aux termes ordinaires. Sur quoi, par arrêt de notre conseil, du 6 Août dernier, il a été ordonné que, faute par les receveurs des tailles de ladite province de Languedoc de payer aux termes ordinaires les impositions & autres deniers dont ils sont tenus de faire le recouvrement, tant lesdits receveurs que les propriétaires en tout ou en partie desdits offices, y seront solidairement contraints par le trésorier de la bourse, sur sa simple contrainte; & afin qu'il soit notoire audit trésorier du nom & demeure desdits propriétaires, il a été ordonné par le même arrêt, qu'ils seront tenus dans trois mois du jour de la signification d'icelui, qui sera faite aux pourvus desdits offices, de faire leur déclaration au greffe de la cour des comptes, aides & finances de Montpellier, de leur propriété, & d'y remettre un extrait des actes pour en justifier; & faute par eux d'y satisfaire dans ledit délai, qu'ils seront déchus du privilége & précaire qu'ils ont sur lesdits offices de receveurs. Il a été en outre ordonné qu'à l'avenir aucun receveur des tailles de ladite province ne pourra être reçu en ladite cour, qu'il n'ait préalablement déclaré les noms des propriétaires desdits offices, en tout ou en partie, à peine d'interdiction, & de 3000 livres d'amende en cas de fausse déclaration; & il a été enjoint au procureur général de ladite cour de tenir la main à l'exécution dudit arrêt qui sera exécuté nonobstant oppositions quelconques, & enregistré sans frais à ladite cour. Pour à quoi parvenir, l'exposant Nous a fait très-humblement supplier de lui accorder nos lettres à ce nécessaires. A CES CAUSES, désirant traiter favorablement ledit exposant, après avoir fait voir en notre conseil ledit arrêt dudit jour 6 Août 1715, ci-attaché sous le contre-scel de notre chancellerie, de l'avis de notre très-cher & bien-amé oncle le duc d'Orléans, régent, de notre très-cher & bien-amé cousin le duc de Bourbon, de notre très-cher & bien-amé le duc du Maine, de notre très-cher & bien-amé le comte de Toulouse, & autres pairs de France, grands & notables personnages de notre royaume, de notre grace spéciale, pleine puissance & autorité royale, Nous avons, conformément audit arrêt de notre conseil, Ordonné & Ordonnons par ces présentes signées de notre main, Voulons & Nous plaît que faute par les receveurs des tailles de notre province de Languedoc, de payer aux termes ordinaires les impositions & autres deniers dont ils sont tenus de faire le recouvrement, tant les receveurs que les propriétaires, en tout ou en partie, desdits offices, y soient solidairement contraints par le trésorier de la bourse, sur sa simple contrainte ; & afin qu'il soit notoire audit trésorier du nom & demeure desdits propriétaires, Voulons qu'ils soient tenus dans trois mois du jour de la signification dudit arrêt, qui sera faite aux pourvus desdits offices, de faire leur déclaration au greffe de la cour des comptes, aides & finances de Montpellier, de leur propriété, & qu'ils y remettront un extrait des actes pour en justifier, & à faute par eux d'y satisfaire dans ce délai, qu'ils soient déchus du privilége & précaire qu'ils ont sur lesdits offices de receveurs; Ordonnons en outre qu'à l'avenir aucun receveur des tailles de ladite province ne pourra être reçu en ladite cour, qu'il n'ait préalablement déclaré le nom des propriétaires, en tout ou en partie, desdits offices, à peine d'interdiction, & de 3000 livres d'amende en cas de fausse déclaration. SI DONNONS EN MANDEMENT à nos amés & féaux les gens tenant notre cour des comptes, aides & finances de Montpellier, que ces présentes, avec ledit arrêt du conseil, ils ayent à faire lire, publier & enregistrer, & le contenu en iceux garder, observer & exécuter selon leur forme & teneur, nonobstant tous édits, déclarations, arrêts, ordonnances, réglemens, & autres choses à ce contraires, auxquels Nous avons, pour ce regard, dérogé & dérogeons par ces présentes, enjoignant au procureur général de ladite cour de tenir la main à l'exécution dudit arrêt & des présentes qui seront exécutées nonobstant oppositions quelconques : CAR tel est notre plaisir ; en témoin de quoi Nous avons fait mettre notre scel à cesdites présentes. DONNÉ à Vincennes le quinzieme jour du mois de Novembre, l'an de grace mil sept cent quinze, & de notre regne le premier. Signé, LOUIS : Et sur le coin du repli, VU au conseil. Signé, VILLEROY. Sur le repli : Par le Roi, le duc d'Orléans régent présent : signé, PHELYPEAUX.

Regiſtré en la cour des comptes, aides & finances de Montpellier, en conſéquence de l'arrêt du 19 Décembre 1715, & collationné par nous écuyer, greffier en chef en ladite cour.

Signé, MILHAU.

CXCV.
ARRÊT
DU CONSEIL D'ETAT DU ROI,

Qui ordonne l'exécution d'une délibération prise par l'aſſiette du dioceſe de Narbonne, ſur le recouvrement des impoſitions dues par les ſeigneurs des paroiſſes, & autres gens de main-forte.

Du 19 Mai 1716.

EXTRAIT *des Regiſtres du Conſeil d'Etat.*

SUR la requête présentée au Roi, en son conseil, par le syndic général de la province de Languedoc; Contenant, que le diocese de Narbonne se trouve tous les ans dans des arrérages considérables : les commissaires dudit diocese ont examiné les différentes causes qui les produisent ; qu'ils ont trouvé que les non-valeurs à cause des biens abandonnés & incultes, en étoit la plus principale, mais qu'ils avoient reconnu que la plupart des collecteurs n'osant pas faire de diligences contre les seigneurs des paroisses & leurs officiers, ni contre les officiers de robe ni d'épée, la plus grande partie de leur taille étoit due; qu'un tel abus devoit être réprimé : Et pour y parvenir, lesdits commissaires dudit diocese auroient délibéré de charger de la levée des tailles les receveurs dudit diocese, pour les quotes de cette nature, & d'en décharger les collecteurs ; que le sieur Theule, receveur en exercice la présente année, y auroit consenti; qu'ils espéroient par ce moyen obliger les personnes de mainforte à payer audit receveur ce que les collecteurs ne peuvent pas exiger ; & que pour que la délibération prise à ladite assiette, le 30 Mars dernier, puisse être exécutée, sans qu'il puisse y être apporté aucun empêchement de la part desdits taillables, ni d'aucuns juges, elle doit être autorisée. Vu ladite délibération : Oui le rapport; LE ROI EN SON CONSEIL, a autorisé & autorise la délibération prise par l'assiette du diocese de Narbonne, le 30 Mars dernier. Ordonne en conséquence Sa Majesté, que le recouvrement des tailles dudit diocese, dues par les seigneurs des paroisses, les gentilshommes, les officiers de robe & d'épée, & les officiers des seigneurs, sera fait par le sieur Theule, receveur des tailles dudit diocese, aux clauses & conditions de ladite délibération : Faisant Sa Majesté inhibitions & défenses aux taillables & autres juges, d'y former aucun empêchement. FAIT au conseil d'état du Roi, tenu à Paris, le dix-neuvieme jour de Mai mil sept cent seize. *Collationné.*

Signé, DUJARDIN.

Tome VI.

EXTRAIT *du procès-verbal de l'assemblée générale de l'assiette du diocese de Narbonne, tenue le lundi trentieme Mars 1716.*

L'AN mil sept cent seize, &c. . . . . Le sieur Rambaud a dit : Qu'ayant vu par l'état des restes des impositions de l'année derniere, qu'il étoit dû au receveur, le 15 Mars dernier, 237,000 livres par les collecteurs du diocese, il a cru devoir examiner quelle pouvoit être la cause de ces restes & de ceux des années précédentes : Qu'en vérifiant les états des sommes qui sont dues aux collecteurs, il a trouvé que la plus grande partie de ces restes sont dus à raison des biens abandonnés ou incultes ; mais aussi qu'il est dû des sommes très-considérables par les gens de mainforte, parce que les collecteurs n'osant agir par les voies ordinaires contre les seigneurs des paroisses, les gentilshommes, & les officiers de robe, d'épée, & ceux des seigneurs, les impositions dues par ces redevables n'étoient pas recouvrées, les collecteurs aimant mieux être exposés à des poursuites rigoureuses de la part des receveurs, que d'exploiter des personnes dont la naissance ou le caractere les intimide : Que le seul moyen de remédier à cet inconvénient étoit, à l'exemple de quelqu'autre diocese, & de ce qui se pratique avec succès, depuis 1708, dans la province, pour la levée de la capitation, d'engager les receveurs des tailles à se charger des quotes des impositions de ces particuliers, & d'en décharger d'autant les collecteurs, qui pourroient en ce cas abandonner auxdits receveurs les mêmes droits de levures dont ils jouissent : Que par cet expédient, les collecteurs ne demeurant chargés que du recouvrement des impositions dues par des personnes pour lesquelles ils ne seront tenus d'avoir aucun ménagement,

Xx

la levée en sera faite ; & le receveur ayant plus de moyens & d'autorité, il recouvrera aussi sans peine les quotités que les collecteurs n'osent pas exiger : mais que le diocese ne pouvant faire ce changement en la maniere de lever les impositions, sans que le receveur des tailles y ait consenti, on pourroit demander au sieur Theule, receveur, qui entre en exercice, si ce projet lui convient.

Sur quoi, ledit sieur Theule a dit : Qu'il consentiroit volontiers à faire le recouvrement des parcelles des tailles des seigneurs des paroisses, des gentilshommes, des officiers de robe & d'épée, & ceux des seigneurs, en jouissant par lui des droits de levures des collecteurs, sur le pied de onze deniers, s'ils sont forcés, & sur le pied de leur bail, s'ils sont volontaires; mais qu'il ne pouvoit s'en charger qu'à deux conditions : La premiere, qu'il lui fût permis, outre les voies ordinaires, d'user de celles de garnison, sans laquelle il ne pourroit jamais s'assurer des fruits de ces contribuables, lorsqu'ils ne seroient pas portés de bonne volonté ; que d'ailleurs les frais des garnisons, qu'on pourroit fixer à vingt-cinq sols par jour, pour chaque homme qu'il envoyeroit, coûteroit bien moins que les huissiers, qui, n'allant en campagne qu'à cheval, se font payer à six livres par jour, sans que les diligences qu'ils font avancent le recouvrement : La seconde, qu'après avoir fait la saisie des fruits, & en cas d'insuffisance, il ne sera tenu qu'à poursuivre la saisie générale des fonds du débiteur cotisé ; après quoi, il pourra donner les quotes en reprise au diocese, qui fera poursuivre le décret par le syndic, s'il est ainsi jugé à propos : Qu'à ces conditions, il se chargera de la levée des quotes desdits particuliers, dont MM. les commissaires du diocese trouveront à propos de décharger les collecteurs ; consentant en outre ledit sieur Theule, de ne pouvoir répéter contre les communautés, les frais qu'il fera contre lesdits redevables.

A été délibéré, du consentement dudit sieur Theule, qu'il demeurera chargé du recouvrement des impositions des quotes des seigneurs des paroisses, des gentilshommes, des officiers de justice, de robe & d'épée, & de ceux des seigneurs, aux conditions par lui proposées : auquel effet, lesdites quotes seront déparcellées des livres des collecteurs, qui en demeureront d'autant déchargés envers ledit sieur Theule, lequel leur en fera quittance, à compte de la quote de la communauté, en payant par ledit collecteur le montant desdites levures sur le pied qu'elles lui seront accordées, & à la charge que les levures desdites quotités des parcelles que le receveur donnera en reprise au diocese, appartiendront audit diocese : Et afin que la présente délibération puisse être exécutée sans aucune contestation, Sa Majesté sera très-humblement suppliée d'accorder un arrêt pour l'autoriser.

CXCVI.
ARRÊT
Du Conseil d'Etat du Roi,

Qui permet de payer les arrérages des tailles du diocese de Narbonne, des années 1713 & 1714, du fonds de cinq cents mille livres accordé par Sa Majesté à ce diocese.

Du 19 Mai 1716.

Extrait des Registres du Conseil d'Etat.

Sur la requête présentée au Roi, en son conseil, par le syndic général de la province de Languedoc ; Coutenant, que le feu Roi ayant bien voulu, pour soulager le diocese de Narbonne, accorder par arrêt de son conseil, du 5 Mai 1711, la somme de cinq cents mille livres, pour être payée aux receveurs, auxquels les communautés dudit diocese devoient les arrérages des tailles depuis 1681 jusques & compris 1710, Sa Majesté ordonna que pendant dix années, à commencer de l'année 1712, la somme de cinquante mille livres seroit tenue en compte annuellement au trésorier de la bourse de Languedoc, sur le don gratuit, suivant l'état de distribution qui seroit fait par le sieur de Lamoignon de Basville, intendant de ladite province, à la décharge des particuliers qui ne seroient pas en état de payer lesdits arrérages : Mais comme il y a dans ce diocese une si grande quantité de biens en friche, qu'il n'a pas été possible que les communautés se soient acquittées envers la recette du diocese depuis l'année 1710, Sa Majesté voulut bien par arrêt de son conseil, du 18 Juillet 1713, permettre aux commissaires dudit diocese, de prendre sur ladite somme de cinq cents mille livres, celle de cinquante mille livres, pour payer les restes de l'année 1711, & pareille somme de cinquante mille livres pour ceux de l'année 1712. Et d'autant que les mêmes biens sont encore en friche, qu'il y en a même quantité d'autres qui ont été abandonnés depuis, ce qui augmente annuellement les difficultés du recouvrement, en sorte qu'il est dû aux receveurs de 1713 & 1714 des sommes très-considérables, qu'ils ne sauroient jamais exiger quelques diligences qu'ils fassent ; & qu'il est plus utile au repos des particuliers & au bien du recouvrement de remédier aux maux présens, que d'acquitter en entier les anciens arrérages. A CES CAUSES, requéroit le suppliant, qu'il plût à Sa Majesté de permettre aux commissaires ordinaires dudit diocese, de prendre sur ce qui reste à employer de ladite somme de cinq cents mille livres, ce à quoi reviendra la quotité desdits biens en friche & en non-valeur, dont les propriétaires ne sont pas en état d'acquitter les impositions des années 1713 & 1714, & ce, en la forme & de la maniere qu'il a été pratiqué pour lesdites années 1711 & 1712, & suivant la répartition qui sera faite par ledit sieur de Lamoignon de Basville. Vu lesdits arrêts du conseil, des 5 Mai 1711 & 18 Juillet 1713 : Ouï le rapport ; LE ROI EN SON CONSEIL, voulant soulager le diocese de Narbonne, a permis & permet aux commissaires dudit diocese, de prendre sur ce qui reste à employer de ladite somme de cinq cents mille livres, accordée par ledit arrêt du conseil, du 5 Mai 1711, celle à laquelle se trouveront revenir les restes de 1713 & 1714, des biens en non-valeur & en friche des particuliers contribuables aux impositions, qui ne sont pas en état de les acquitter, & ce, en la forme prescrite par ledit arrêt, & de la maniere qu'il en a été usé en exécution de celui du 18 Juillet 1713, suivant l'état de distribution qui en sera fait par le sieur de Lamoignon de Basville, conseiller d'état ordinaire, commissaire départi en la province de Languedoc, sur lequel le trésorier de la bourse tiendra compte aux receveurs de chacune desdites deux années, les sommes y contenues, lesquelles lui seront pareillement tenues en compte au trésor royal sur le don gratuit, conformément audit arrêt du 5 Mai 1711, lequel sera au surplus exécuté suivant sa forme & teneur. FAIT au conseil d'état du Roi, tenu à Paris, le dix-neuvieme jour de Mai mil sept cent seize. *Collationné.*

Signé, DUJARDIN.

CXCVII.
ARRÊT
Du Conseil d'Etat du Roi,

Qui autorise une délibération des Etats, au sujet du recouvrement des impositions du diocese d'Alby.

Du 30 Juin 1716.

EXTRAIT *des Registres du Conseil d'Etat.*

VU par le Roi, en son conseil, la délibération prise par les gens des trois états de la province de Languedoc, le 10 Février 1716, sur l'état du recouvrement des impositions du diocese d'Alby; Contenant, que les non-valeurs des impositions de l'année 1715, qui ne peuvent pas être supportées par les communautés, reviennent à cinquante-deux mille vingt-deux livres : Qu'il y a des communautés trop taxées par le tarif du diocese, qui doivent être déchargées de treize mille deux cents soixante livres ; & qu'il y en a, dont les habitans ne sont pas en état de cultiver leurs biens, s'ils ne sont secourus de la somme de six mille six cents livres ; & que pour fournir à toutes ces sommes, qui reviennent à celle de soixante-onze mille huit cents quatre-vingt-deux livres, il a été déliberé qu'il sera dressé par le syndic du diocese un état des communautés qui ne peuvent pas supporter les non-valeurs ; de celles qui sont trop chargées par le tarif du diocese, & de celles dont les habitans sont dans l'impuissance de cultiver leurs biens : Que les rôles des tailles de l'année 1715 seront déchargés desdites sommes par le receveur sur lesdits états, pour leur être tenues en compte par le trésorier de la bourse de la province, sur la somme de soixante-cinq mille livres accordée par le Roi à ce diocese, & que le surplus sera pris sur la taille des biens abandonnés, qui seront adjugés, dont Sa Majesté doit reprendre la quotité pendant cinq ans, en conséquence de la déclaration du 16 Janvier 1714 : Que pour procurer à l'avenir le payement de la taille des personnes de main-forte, il en sera dressé un rôle séparé, à commencer la présente année, qui sera remis au receveur en exercice, pour en faire le recouvrement aux mêmes taxations qui seront accordées aux collecteurs : Qu'il sera envoyé par ledit receveur chez les gens de main-forte, qui seront en demeure de payer, un homme en garnison, à qui il sera payé vingt ou vingt-cinq sols par jour par le débiteur : Qu'il sera nommé par le diocese, aux frais & dépens du receveur, une personne pour faire toutes les diligences nécessaires pour procurer le recouvrement des impositions, tant contre les personnes de main-forte, que contre les collecteurs des communautés, sans néanmoins que ce préposé puisse faire aucune recette : Que le sieur Guerin, syndic du diocese, sera continué en ladite charge de syndic pour deux années ; & que Sa Majesté sera très-humblement suppliée d'autoriser ladite délibération. Vu aussi la nomination faite du sieur Pons Michel, pour procurer le payement des impositions de ce diocese, aux appointemens qu'il plaira à Sa Majesté de régler, qui seront pris sur les taxations des receveurs, conformément à la délibération des Etats : Oui le rapport ; LE ROI EN SON CONSEIL, a autorisé & autorise la délibération prise par les Etats de Languedoc, le dixieme Février dernier, au sujet du recouvrement des impositions du diocese d'Alby, & la nomination faite du sieur Pons-Michel, pour faire toutes les diligences nécessaires pour procurer le recouvrement des impositions, suivant les ordres & les instructions qui lui seront donnés par les Etats & par les commissaires du diocese : Et afin que ledit Michel puisse vaquer à son emploi avec assiduité, & faire les journées nécessaires dans les communautés, il lui sera payé par chaque receveur des tailles, l'année qu'il sera en exercice, à commencer la présente année, la somme de trois mille livres par chacun an, de trois en trois mois, terme échu, à prendre sur les taxations dont jouissent lesdits receveurs. Enjoint Sa Majesté au sieur de Lamoignon de Basville, de tenir la main à l'exécution du présent arrêt, qui sera exécuté nonobstant oppositions ou appellations quelconques. FAIT au conseil d'état du Roi, tenu à Paris, le trentieme jour de Juin mil sept cent seize. *Signé*, DUJARDIN.

CXCVIII.

ARRÊT

DU CONSEIL D'ETAT DU ROI,

Qui déboute les propriétaires de l'office de receveur alternatif des tailles du diocese d'Alby de leur requête, au sujet de l'inspecteur établi pour avancer le recouvrement des impositions.

Du 29 Mai 1717.

EXTRAIT *des Registres du Conseil d'Etat.*

SUR la requête présentée au Roi, en son conseil, par Etienne Martin, copropriétaire, avec le sieur Gardés, de l'office de receveur alternatif des tailles du diocese d'Alby; Contenant, que dans l'exercice de cet office dont il est chargé, & qu'il fait une année de trois, il l'a exactement fait pendant l'année 1713, & remis les deniers des impositions au trésorier général de la bourse de Languedoc : En l'année 1716 qu'il est rentré en exercice, il n'a point négligé les diligences qui étoient à faire pour son recouvrement, & dès le mois d'Octobre de cette année il a remis au même trésorier général jusqu'à la somme de de cent soixante mille livres, & assuré le surplus des impositions par des saisies de grains & des autres effets mobiliers des contribuables ; en sorte qu'il n'y auroit nul retardement à son recouvrement, ni à ses payemens. Cependant, sous prétexte de quelques non-valeurs qui se sont trouvées dans les impositions de l'année 1715, les Etats de la province de Languedoc qui avoient pris une délibération le 10 Février 1716, pour donner un adjoint ou inspecteur aux receveurs des tailles, avec trois mille livres d'appointemens à prendre chaque année sur les taxations dudit receveur en exercice, l'ayant fait homologuer par arrêt du conseil du 30 Juin suivant, & ordonner, en confirmant la nomination du sieur Pons Michel, qu'il feroit les diligences nécessaires pour procurer le recouvrement des impositions, & que pour vaquer à cet emploi il lui seroit payé chaque année par le receveur qui seroit en exercice, la somme de trois mille livres, qui seroit prise sur les taxations dont jouissent lesdits receveurs : Ledit Pons Michel fit signifier cet arrêt au suppliant le 28 Octobre de la même année 1716, avec commandement d'y satisfaire. Mais comme cet arrêt ne pouvoit regarder le suppliant, tant parce que son exercice n'étoit point de l'année 1715 qui avoit fait le prétexte de l'arrêt, que parce qu'on ne pouvoit lui imputer aucune négligence dans les années de son maniement, ni par conséquent lui ôter trois mille livres sur ses taxations pour les donner au sieur Pons Michel, du ministere duquel il n'avoit point besoin, il fit signifier le 31 dudit mois d'Octobre au syndic du diocese d'Alby, un acte contenant ses raisons, & ses protestations de se pourvoir; il le somma même de déclarer s'il entendoit qu'il n'eût pas satisfait au devoir de sa charge, & que ses diligences ne fussent pas suffisantes, auquel cas il offroit de faire celles qu'il lui prescriroit, à la charge qu'elles seroient par lui autorisées; & moyennant ce il requit le syndic de faire retirer le sieur Pons Michel, s'il ne vouloit le retenir aux frais du diocese, desquels le suppliant protestoit de n'être point tenu; au préjudice de quoi les commissaires du diocese ayant arrêté par délibération du même jour, que ledit sieur Michel seroit reçu pour remplir les fonctions de sa commission, qu'ils disent être principalement de rétablir l'ordre dans la conduite des consuls & collecteurs des communautés, ce qui ne regarde point les receveurs, & ne doit pas être fait à leurs dépens, le suppliant par acte signifié les 10 & 11 Novembre 1716, somma le syndic de la province & le sieur Pons Michel, de se départir tant de l'arrêt du conseil du 30 Juin, & de la nomination du sieur Michel, que de l'attribution à lui faite de trois mille livres à prendre chaque année sur les taxations du suppliant, attendu qu'il n'a nul besoin du secours ni des diligences du sieur Michel pour procurer son recouvrement, à faute de quoi il se rendoit opposant à l'exécution dudit arrêt, & appelant en tant que de besoin de la délibération des Etats & de la nomination du sieur Michel. Et d'autant que l'opposition à l'arrêt est de droit, puisque le suppliant n'a été ni oui ni appelé, & qu'au fonds il n'a pas été permis de donner un adjoint à un officier qui fait son devoir, & qui a payé les finances de sa charge, ni lui ôter trois mille livres de ses taxations pour les donner gratuitement à une personne qui n'a ni titre ni caractere pour les exiger, & qui n'a fourni nulle finance : Que le motif de l'arrêt du 30 Juin 1716 ne peut tomber sur le suppliant, puisqu'il est pris des non-valeurs prétendues des impositions de l'année 1715, & que cette année n'est point de son exercice : Qu'en 1713 qu'il a fait cet exercice, il a entierement payé, suivant les quittances du sieur Bonnier, trésorier général de la bourse de Languedoc; & que pour l'année courante 1716 qu'il a entré dans son exercice, il avoit dès le mois d'Octobre, payé au même trésorier cent soixante mille livres en deniers comptant, & avoit assuré le surplus des impositions par des saisies de grains & autres effets mobiliers des contribuables qui étoient en demeure de payer : que même suivant la délibération des commissaires du diocese du 31 Octobre, le sieur Pons Michel, n'est principalement préposé que pour veiller sur la conduite des consuls & collecteurs des communautés, informer le sieur intendant & les Etats de l'état réel du diocese, & de son insolvabilité; ce qui ne doit pas être fait aux dépens des receveurs des tailles, pour leur ôter trois mille livres chaque année sur les taxations, qui est tout le profit de l'exercice. A CES CAUSES, Requéroit, le suppliant qu'il plût à S. M. le recevoir opposant à l'exécution de l'arrêt du conseil du 30 Juin 1716, ce faisant, & sans avoir égard à la délibération des Etats de Languedoc, du 10 Février précédent, ni à la nomination de la personne du sieur Pons Michel, pour faire ses diligences à l'effet du recouvrement des impositions du diocese d'Alby, faire défenses audit sieur Pons Michel, de s'ingérer auxdites fonctions, ni d'exiger la rétribution de trois mille livres sur les taxations attribuées à l'office du suppliant, à peine de restitution, & de tous dépens, dommages & intérêts. Vu ladite requête signée Bourret, avocat du suppliant; ensemble copie dudit arrêt du 30 Juin 1716. Actes du sieur Martin, des 31 Octobre & 10 Novembre suivans : La réponse du syndic général de la province de Languedoc ; & autres pieces justificatives y attachées : Ouï le rapport ; LE ROI EN SON CONSEIL, a débouté & déboute ledit Martin de l'opposition par lui formée audit arrêt du 30 Juin 1716, qui sera exécuté selon sa forme & teneur. FAIT au conseil d'état du Roi, tenu à Paris le vingt-neuvieme Mai mil sept cent dix-sept. *Collationné. Signé*, DUJARDIN.

CXCIX.
ARRÊT
DU CONSEIL D'ETAT DU ROI,

Qui autorise & homologue la transaction passée entre le syndic du diocese de Nîmes, & les créanciers de Pierre & Jean Auvellier, & commet M. l'intendant de la province de Languedoc pour l'exécution d'icelle.

Du 29 Mars 1718.

EXTRAIT *des Registres du Conseil d'Etat.*

VU par le Roi, étant en son conseil, la transaction passée le 4 Février dernier, entre le syndic du diocese de Nîmes, le syndic des créanciers de Pierre & Jean Auvellier, pere & fils, le procureur de Dauphine Lombard, épouse dudit Jean Auvellier, & Joseph Durand, faisant la recette des tailles du diocese d'Alais, au sujet de la banqueroute dudit Jean Auvellier, receveur des tailles des dioceses de Nîmes & Alais, par laquelle les parties voulant éviter que les effets dudit Auvellier soient consommés en frais de justice, ont convenu que pour le payement de la somme de cent soixante mille huit cents une livre sept sols, qui est due au diocese de Nîmes, le syndic des créanciers dudit sieur Auvellier, lui cede les offices de receveurs des tailles de Nîmes & d'Alais, avec les gages, augmentations de gages, taxations & autres droits attribués auxdits offices, pour en disposer ainsi que bon lui semblera ; & le syndic du diocese a cédé aux créanciers dudit Auvellier, les meubles, bétail, attraits, denrées & autres effets compris dans l'inventaire dudit Auvellier, & les biens qu'il peut avoir acquis : que ladite transaction sera approuvée par délibération des Etats de la province, à cause de la perte que le diocese est obligé de supporter, nonobstant l'abandon qui lui a été fait ; & qu'ils seront suppliés de la faire autoriser par arrêt du conseil, portant attribution de jurisdiction au sieur intendant de la province, pour l'exécution de ladite transaction, les parties n'ayant traité, & ne desirant finir les procédures & contestations, que pour éviter les frais de justice. Vu aussi la délibération prise par les gens des trois-états de la province de Languedoc, le cinquieme dudit mois de Février dernier, portant que Sa Majesté sera très-humblement suppliée d'autoriser ladite transaction par arrêt du conseil, & d'en renvoyer toutes les suites, circonstances & dépendances au sieur intendant de la province, pour éviter les frais immenses qui consommeront ce diocese ; & le contrat de vente des offices de receveur alternatif des tailles & taillon des dioceses de Nîmes & d'Alais, fait par le syndic dudit diocese de Nîmes , le 23 Février dernier, en conséquence de la susdite transaction, à Joseph Durand, moyennant la somme de cent vingt mille livres, qu'il s'oblige de payer après que le syndic du diocese aura fait cesser les saisies & oppositions qui seront survenues à l'expédition des provisions desdits offices, que ledit sieur Durand s'oblige de faire expédier à ses frais, entre ci & le premier Juin prochain. Vu aussi l'avis du sieur de Basville, du 24 Mars 1718 : Oui le rapport ; LE ROI EN SON CONSEIL, a autorisé, approuvé & homologué, autorise, approuve & homologue la transaction passée entre le syndic du diocese de Nîmes, & le syndic des créanciers de Pierre & Jean Auvellier, le 4 Février dernier, pour l'exécution de laquelle, circonstances & dépendances, Sa Majesté a commis & commet le sieur intendant de la province de Languedoc, lui en attribuant à cet effet, toute cour, jurisdiction & connoissance, & icelle interdit à tous autres juges ; comme aussi, Sa Majesté a autorisé & autorise le contrat de vente des offices de receveur alternatif des tailles & taillon des dioceses de Nîmes & d'Alais, fait par le syndic du diocese de Nîmes à Joseph Durand, le 23 dudit mois de Février, en exécution duquel, il sera expédié des provisions au profit dudit Durand, ou de ceux qui seront à ses droits, pour jouir desdits offices, conjointement ou séparément. FAIT au conseil d'état du Roi, tenu à Paris le vingt-neuvieme jour de Mars mil sept cent dix-huit. *Collationné. Signé*, GOUJON.

C C.
ARRÊT
DU CONSEIL D'ETAT DU ROI,
Portant que le sieur Juin, receveur général des finances, restituera aux receveurs des tailles de la généralité de Montpellier, les sommes qui lui ont été payées en exécution du jugement du bureau des finances de Montpellier, du 19 Juin 1716, & ordonne que ledit sieur Juin, sera tenu de remettre auxdits receveurs les fonds nécessaires pour acquitter les charges des dioceses, à la déduction de ceux de l'aide, octroi & crue, lorsqu'ils auront été faits par Sa Majesté.

Du 11 Juillet 1718.

EXTRAIT *des Registres du Conseil d'Etat.*

ENTRE Etienne Juin, conseiller du Roi, receveur général des finances de la généralité de Montpellier, demandeur aux fins des lettres par lui obtenues en la chancellerie, le 7 Juillet 1716, & exploit d'assignation donné au conseil en conséquence, le 16 du même mois & intimé, d'une part : & le syndic des receveurs des tailles de la généralité de Montpellier, défendeur, & appelant du jugement du bureau de finances de Montpellier, du 19 Juin 1716, d'autre part. Et entre ledit syndic des receveurs des tailles incidemment appelant des ordonnances dudit bureau, des 23 Juillet & 12 Août 1716, suivant sa requête du 6 Mai 1718, signifiée le 7, d'une part : Et ledit Juin, receveur général des finances, intimé, d'autre part ; sans que les qualités puissent nuire ni préjudicier aux parties. Vu au conseil du Roi, les lettres du grand sceau du 7 Juillet 1716, obtenues par ledit Juin aux fins d'assigner au conseil ledit syndic des receveurs des tailles, pour y procéder sur l'appel par lui interjeté par acte du 22 Juin 1716, du jugement contradictoire du bureau de finances de Montpellier, du 19 du même mois, voir dire & ordonner qu'il en en seroit débouté avec amende & dépens ; L'exploit d'assignation donné en conséquence, le 16 Juillet 1716 ; Requête & ordonnance du conseil, par laquelle le sieur d'Eury, maître des requêtes, a été commis rapporteur de l'instance, du 20 Août 1716, signifiée le 29 ; Appointement signé entre les parties, le 2 Septembre 1716, suivant le procès-verbal dudit sieur rapporteur, du même jour ; ledit appointement portant réglement à se communiquer, écrire & produire de huitaine en huitaine, pour leur être fait droit ; Signification étant ensuite, du 18 Septembre 1716 ; Avertissement contenant inventaire de production dudit syndic des receveurs des tailles de la généralité de Montpellier remis au greffe du conseil, le 15 Octobre 1716, pour satisfaire audit appointement signé, par lequel il auroit conclu à ce qu'il plût à Sa Majesté, sans s'arrêter au jugement du bureau des finances de Montpellier, du 19 Juin 1716, ordonner que les édits des mois de Janvier 1572 & Août 1597, portant création des offices de receveurs des tailles dans la province de Languedoc, seront exécutés selon leur forme & teneur ; & en conséquence débouter le sieur Juin de sa demande insérée audit jugement ; le condamner par toutes voies de rendre & restituer aux receveurs des tailles de la généralité de Montpellier, les sommes qu'ils auroient été contraints de lui payer en exécution dudit jugement, avec les intérêts à compter du jour qu'elles ont été reçues, jusqu'à l'entiere exécution, au surplus ordonner que ledit Juin seroit tenu de remettre aux receveurs des tailles les fonds nécessaires pour acquitter les charges des diocèses, à la déduction de ceux de l'aide, octroi & crue lorsqu'il auroit plu à S. M. de les faire ; & condamner ledit sieur Juin aux dépens ; Autre avertissement contenant inventaire de production dudit sieur Juin, receveur général ancien des finances de la généralité de Montpellier, en exercice l'année 1714, remis au greffe du conseil, le 9 Décembre 1716, aussi pour satisfaire de sa part à l'appointement signé en l'instance, par lequel avertissement il auroit conclu à ce qu'il plût à Sa Majesté, sans avoir égard à l'appel dudit syndic des receveurs des tailles, ordonner que le jugement du bureau des finances de Montpellier, du 19 Juin 1716, seroit exécuté selon sa forme & teneur ; condamner les receveurs des tailles à l'amende & aux dépens. Les pieces produites par les parties. Copie collationnée d'édit du Roi Charles IX, du mois de Janvier 1572, portant création de vingt-deux offices de receveurs particuliers des tailles, octroi, crue, solde, taillon, & autres deniers tant ordinaires qu'extraordinaires, qui seront imposés en vertu des commissions de Sa Majesté dans la province de Languedoc aux gages d'un sol pour livre, qui seroit imposé avec les deniers à départir dans chacun diocese, à prendre lesdits gages respectivement par lesdits receveurs & par leurs mains du fonds de la recette ; ensuite est l'enregistrement à la chambre des comptes, du 23 Février 1572. Autre copie collationnée d'autre édit du mois d'Août 1597, portant création d'offices de receveurs & contrôleurs généraux des finances triennaux dans les généralités de Montpellier & Toulouse, aux mêmes droits & taxations des receveurs, payeurs & contrôleurs déjà établis ; ensuite sont les enregistremens tant en la chambre des comptes que cour des aides de Montpellier & au bureau des finances de Beziers, des 12 Août 1598, 5 Février & 22 Juin 1599 ; Copie collationnée de l'état du Roi, pour l'année 1703. Copie collationnée d'arrêt du conseil du 12

Juillet 1707, rendu sur la requête du syndic général de la province de Languedoc, portant que la somme de quatre millions 50 mille 406 livres 11 sols 3 deniers, à quoi montent les deniers de la taille & taillon de Languedoc pour ladite année 1707, seroit remise aux receveurs des tailles en exercice, chacun pour ce qui le concerne pour être par eux employée, suivant les états du Roi ; Copie collationnée du département de la taille arrêté au bureau des finances de Montpellier, pour l'année 1713 ; Autre copie collationnée d'autre département de la taille, pour l'année 1714 ; Autre copie de l'état du Roi de la recette & dépense qui devoit être faite par les receveurs des tailles, & le receveur général des finances en exercice l'année 1714 ; Copie collationnée de requête présentée aux trésoriers de France de Montpellier, par le sieur Juin, receveur des finances, à ce que les receveurs des tailles fussent tenus chacun en droit soi, de lui payer la somme par laquelle ils étoient employés dans l'état du Roi, pour être payée aux assignés sur la recette, sinon qu'ils y seroient contraints ; au bas de laquelle est l'ordonnance dudit bureau, du 10 Juin 1716, portant que les receveurs des tailles remettront audit sieur Juin au premier commandement, chacun en droit soi les sommes qui les concernent, sur la totalité de 22,578 livres 11 sols 3 deniers, à quoi faire ils seroient contraints par toutes voies, & par corps ; ensuite est la signification faite le même jour au sieur Flaugergues, receveur des tailles du diocèse de Montpellier, & celle faite le 12 Juin au sieur Fargeon, receveur des tailles du diocèse de Beziers ; Requête d'opposition à ladite ordonnance par le syndic des receveurs des tailles, sur laquelle est l'ordonnance de soit communiqué, & la signification au sieur Juin, du 12 Juin 1716 ; Autre requête dudit sieur Juin audit bureau des finances contre ladite opposition ; Copie collationnée de l'ordonnance dudit bureau du 19 dudit mois de Juin 1716, portant que celle du 10 seroit exécutée ; ce faisant que les receveurs des tailles remettroient audit sieur Juin au premier commandement chacun les sommes qui les concernent sur le total de 22,578 livres 11 sols 3 deniers, faisant partie de 457,533 livres 13 sols 10 deniers du montant de l'état du Roi de l'année 1714, à quoi faire ils seroient contraints, par toutes voies & par corps ; ordonné en outre que ladite somme de 22,578 livres 11 sols 3 deniers sera départie & distribuée au sol la livre à tous les assignés sur ledit état du Roi, en attendant qu'il ait plu à Sa Majesté de faire l'entier fonds du susdit état ; & en conséquence lesdits receveurs en faisant ladite remise se retiendront dans leurs mains chacun en droit soi le prorata au sol la livre qui les concerne sur la susdite somme tant pour leurs gages, augmentations de gages, que ceux des autres parties assignées sur leurs recettes particulieres, se payer d'autant sur lesdits gages & augmentations, & le surplus dudit prorata être par eux distribué au sol la livre, auxdites parties, en attendant l'entier fonds du susdit état ; signification de ladite ordonnance ; acte d'appel des syndics des receveurs des tailles du 22 Juin 1716 ; Acte fait le 19 Juillet 1716 à la requête du sieur Flaugergues receveur des tailles du diocèse de Montpellier, en exercice l'année 1714 par lequel, pour éviter la contrainte, & sans préjudice de l'appel de ladite ordonnance du 19 Juin, il auroit offert au sieur Juin à deniers découverts la somme de 449 livres 5 sols, sur celle de 2118 livres 12 sols 10 deniers du montant du département du diocèse de Montpellier de l'année

1714, le surplus devant rester ès mains dudit Flaugergues, pour sa part au sol la livre de celle de 33,823 livres 15 sols 5 deniers du montant des charges dudit diocese de ladite année, sur le total de celle de 457,533 livres 13 sols 10 deniers portée en l'état du Roi de ladite année 1714, lequel le sieur Juin auroit fait refus de recevoir; Autre acte fait le 22 Juillet 1716 à la requête du sieur Artaud receveur des tailles du diocese de Lodeve, portant son offre aussi à deniers découverts, & aux mêmes réserves & protestations que celui du diocese de Montpellier, de la somme de 714 livres 13 sols 3 deniers, sur celle de 1051 livres 3 sols 3 deniers du montant du département des deniers de l'aide, octroi & crue du diocese de Lodeve pour l'année 1714, le surplus devant rester en ses mains au sol la livre de celle de 9683 livres 10 sols 4 deniers du montant des charges dudit diocese de ladite année, sur le total de celle de 457,533 livres 13 sols 10 deniers; Autre pareil acte fait le 5 Août 1716 à la requête des héritiers du sieur Philippe Juin receveur des tailles de Saint-Pons, portant offre au sieur Juin receveur général des finances de la somme de 692 livres 11 sols 9 deniers, sur celle de 8400 livres composant l'entier fonds de l'état du Roi dudit diocese, aux mêmes protestations, laquelle somme de 692 livres 11 sols 9 deniers a été reçue par ledit sieur Juin sans préjudice des frais; Autre acte fait à la requête du sieur Barescut receveur des tailles du diocese de Narbonne le 7 Août 1716, portant offre de payer audit sieur Juin la somme de 128 livres 11 sols, sur celle de 2360 livres 18 sols du montant du département des deniers de l'aide, octroi & crue du diocese de Narbonne de l'année 1714, le surplus devant rester en ses mains pour sa part au sol la livre de celle de 22,928 livres 7 sols du montant des charges dudit diocese de ladite année, sur le total de celle de 457,543 livres 15 sols 6 deniers de l'état du Roi, & aux mêmes protestations que dessus, & pour éviter les contraintes, laquelle somme a été reçue par ledit sieur Juin. Production nouvelle dudit sieur Juin par requête, au bas de laquelle est l'ordonnance du conseil, portant les pieces reçues & communiquées, au surplus en jugement, du 23 Février 1717; signification étant ensuite du 26 du même mois; Les pieces de ladite production nouvelle; Copie collationnée d'arrêt du conseil du 15 Septembre 1685 rendu entre la cour des comptes, aides & finances de Montpellier, & les trésoriers de France des généralités de Toulouse & Montpellier, qui maintient lesdits trésoriers de France dans la connoissance de tout ce qui concerne l'exécution des états du Roi, & distribution des fonds; Copie collationnée de l'état du Roi pour l'année 1708; Copie de requête collationnée présentée au Bureau des finances de Montpellier par le sieur Guillaume Mazade receveur général des finances, en exercice l'année 1713 sur laquelle est l'ordonnance dudit bureau du 23 Juillet 1716, portant que celle du 19 Juin précédent rendue en faveur du sieur Juin, seroit commune pour ledit Mazade; ce faisant que les receveurs des tailles en exercice l'année 1713 lui remettront chacun comme les concerne la somme de 31,911 livres 0 sols 3 deniers pour être par lui payée à tous les assignés sur l'état du Roi au sol la livre; ensuite est autre ordonnance dudit bureau rendue le 12 Août 1716 sur la requête de François Fouquet commis à la recette des finances de la généralité de Montpellier pour l'année 1712 qui déclare commun avec lui celle du 23 Juillet, ce faisant que les receveurs des tailles en exercice ladite année, remettront chacun comme les concerne la somme de 18,174 livres 10 sols 2 deniers, pour être payée aux assignés au sol la livre; Contredits fournis par ledit Juin, signifiés le 26 Juin 1717 contre la production du syndic des receveurs des tailles; Autre production nouvelle dudit Juin par requête, au bas de laquelle est l'ordonnance du conseil, portant la piece reçue & communiquée, au surplus en jugement, du 30 Septembre 1717 signifiée le même jour; Copie collationnée d'arrêt du conseil du 5 Juin 1712, rendu sur la requête du syndic général de la province de Languedoc, portant que la somme de 240,000 livres faisant partie de la commission de la taille, sera remise avec le surplus des deniers de ladite commission aux receveurs généraux des finances; Autre production nouvelle faite par le syndic des receveurs des tailles par requête, employée pour contredits contre la production du sieur Juin, pour salvations à ses contredits signifiés le 26 Février 1717, pour réponses à ses requêtes des 23 Février & 30 Septembre de la même année, & pour contredits aux pieces nouvellement produites par icelles; au bas est l'ordonnance du conseil, portant les pieces reçues & communiquées, acte, & au surplus en jugeant, du 10 Janvier 1718; signification étant ensuite, du même jour; Les pieces de ladite production nouvelle; Copie collationnée d'un état du département arrêté le 10 Janvier 1652 au bureau des comptes des Etats généraux de Languedoc, de la somme de 529,517 livres 4 sols 4 deniers à imposer ladite année en Languedoc, qui seroit reçue par les receveurs des tailles & par eux remises aux recettes générales de Toulouse & Montpellier; Copie collationnée d'un état de la recette & dépense que le Roi a ordonné être faite par les receveurs particuliers des dioceses de la généralité de Montpellier, pour le payement étant sur lesdits dioceses, & par le receveur général des finances de ladite année pour l'année 1652; Etat du du Roi de la recette & dépense ordonnée être faite par les receveurs des tailles de l'année 1672 de la généralité de Montpellier, & par le receveur général des finances en exercice, pour le payement des charges dudit diocese; Copie collationnée d'autre état de la recette & dépense ordonnée être faite en l'année 1694 par les receveurs des tailles des dioceses de la généralité de Montpellier, & par le receveur général des finances en exercice ladite année; Autre copie collationnée d'autre état au vrai de recette & dépense faite par Me. Guillaume Flaugergues receveur général des finances en exercice l'année 1694, ledit état arrêté au bureau des finances de Montpellier le 23 Novembre 1695; Requête présentée au conseil par le sieur Juin employée pour réponses aux salvations du syndic des receveurs des tailles; Requête présentée au conseil par ledit syndic pour salvations à ses contredits contre deux productions nouvelles dudit sieur Juin des 26 Février & 30 Septembre 1717 & pour contredits contre sa production nouvelle contenue dans sa requête signifiée le 10 Janvier 1718, au bas est l'ordonnance du conseil, portant acte & en jugeant, du 9 Mars 1718; Signification est ensuite du 10 dudit mois; Production nouvelle dudit syndic des receveurs des tailles & par requête employée pour salvations aux contredits de la production nouvelle dudit syndic & pour réponse à tout ce qui est contenu en la requête du sieur Juin signifiée le 10 Mars 1718, au bas est l'ordonnance du conseil portant acte, les pieces reçues & communiquées au surplus, en jugeant, du 27 Avril 1718; signification étant ensuite du 29 dudit mois; Les pieces de ladite production nouvelle; Copie collationnée de l'extrait de l'article XII de ceux convenus entre les Etats, & les syndics des receveurs des tailles de Languedoc, arrêtés le 20 Octobre 1610, par lequel il est accordé aux receveurs particuliers pour les droits de levée & taxations six deniers pour livre de toute sorte de nature de deniers de leurs recettes, excepté les deniers de l'aide, octroi, crue & taillon desquels ils ont des gages attribués à leurs offices; dans la même copie collationnée est un arrêt du conseil du 29 Octobre 1611 par lequel, entre autres choses, il est ordonné que, conformément aux articles accordés entre les syndics des trois-états, & les receveurs des tailles & autres deniers royaux, que lesdits receveurs feront la recette des deniers extraordinaires qui s'imposeront aux vingt-deux dioceses; Autre production nouvelle du syndic des receveurs des tailles de la généralité de Montpellier par requête, tendante à ce qu'il plût à Sa Majesté lui donner acte de l'appel par lui interjeté, & qu'il interjetoit en tant que de besoin des jugemens du bureau des finances de Montpellier du 23 Juillet & 12 Août 1716 dont il se réservoit de faire suite contre parties capables, lorsqu'il appartiendroit; en conséquence lui adjuger avec dépens les conclusions qu'il avoit prises en l'instance; Au bas de laquelle requête est l'ordonnance du conseil, portant la piece reçue & communiquée, au surplus en jugeant du 6 Mai 1718; signification étant ensuite du 7; Acte de délibération prise par les receveurs des tailles assemblés le 16 Avril 1718, par laquelle il est donné pouvoir à Me. Carneau leur avocat au conseil, de demander, en tant que de besoin, contre le sieur Juin & tous autres qui voudront opposer en cette instance ou ailleurs les jugemens du bureau des finances des 23 Juillet & 12 Août 1716 surpris par les sieurs Mazade & Fouquet, la cassation desdits jugemens, tant par opposition, nullité, incompétence, que par appel, & autres voies de droit, attendu que lesdits receveurs des tailles n'ont jamais entendu ni prétendu y acquiescer, ni se départir en aucune façon du droit qu'ils ont de retenir par leurs propres mains leurs gages, augmentations d'iceux, & de payer eux-mêmes les charges assignées sur les dioceses; Requête présentée au conseil par ledit sieur Juin receveur général des finances de la généralité de Montpellier, employée pour réponse à celle du syndic des receveurs des tailles, signifiée le 29 Avril 1718 pour contredits contre la production nouvelle y contenue, & dans celle du 7 Mai; ladite requête tendante à ce qu'il lui fût donné acte de ce qu'il s'opposoit à ce qu'il fût donné acte audit syndic de sa déclaration d'appel des deux jugemens du bureau des finances de Montpellier, des 23 Juillet & 12 Août 1716 rendus au profit des sieurs Mazade & Fouquet receveurs ès années 1712 & 1713, jusqu'à ce que ledit syndic eût rapporté un acte d'appel en forme, signifié auxdits Mazade & Fouquet à la requête des receveurs des tailles de la généralité de Montpellier en exercice pendant lesdites années 1712 & 1713, employant ledit Juin pour moyens d'oppositions le contenu en ladite requête; & en conséquence, sans avoir égard aux pieces nouvellement produites par ledit syndic, ni aux inductions qu'il en avoit tirées, les conclusions prises par ledit Juin lui fussent adjugées, avec dépens, au bas de laquelle requête est l'ordonnance du conseil, portant acte, au surplus en jugeant, du 12 Mai 1718, signifiée le même jour ; & généralement tout ce qui a été mis & produit par lesdites parties pardevers le sieur Brunet d'Eury, conseiller du Roi en ses conseils, maître des requêtes ordinaires de son hôtel, commissaire à ce député : Ouï son rapport, après en avoir communiqué au bureau du sieur le Peletier, conseiller d'état ordinaire ; tout considéré, LE ROI EN SON CONSEIL, a reçu & reçoit le syndic des receveurs des tailles appelant du jugement du bureau des finances de Montpellier du 19 Juin 1716, & en tant que de besoin, des ordonnances du même bureau, des 23 Juillet & 12 Août suivans : faisant droit sur l'appel, a ordonné & ordonne que les édits des mois de janvier 1572 & Août 1597 seront exécutés selon leur forme & teneur : Ce faisant, condamne ledit Juin à restituer aux receveurs des tailles de Montpellier les sommes qu'ils lui ont payées en exécution dudit jugement du 19 Juin 1716 avec les intérêts du jour qu'elles ont été reçues. Ordonne en outre que ledit Juin sera tenu de remettre aux receveurs des tailles les fonds nécessaires pour acquitter les charges des dioceses, à la déduction de ceux de l'aide, octroi & crue lorsqu'ils auront été faits par Sa Majesté, Condamne ledit Juin aux dépens. FAIT au conseil d'état du Roi, tenu à Paris le onzieme jour de Juillet mil sept cent dix-huit. *Signé*, RANCHIN.

CCI.

ARRÊT

DU CONSEIL D'ETAT DU ROI,

Qui ordonne que les receveurs des tailles continueront à se retenir par leurs mains sur les deniers imposés par les dioceses pour l'aide, octroi & crue, leurs gages & augmentations de gages, & ceux de leurs compagnons d'office, & que les receveurs généraux des finances leur restitueront les deniers desdites impositions, des années 1712, 1713, 1714, 1715 & 1716, portés aux recettes générales des finances.

Du 24 Janvier 1719.

EXTRAIT *des Registres du Conseil d'Etat.*

VU au conseil d'état du Roi, la requête présentée en icelui par les receveurs des tailles de la province de Languedoc, Contenant que par les édits de création de leurs offices, des mois de Janvier 1572, Août 1573, & Août 1597, & par les lettres de provision qu'il a plu à Sa Majesté de leur accorder, il est porté qu'ils se retiendront par leurs mains leurs gages & augmentations de gages de l'année de leur exercice, sur les deniers de leur recette, & notamment sur les deniers de l'aide & octroi, crue, préciput & équivalent, & qu'ils en seront payés les années hors d'exercice par leurs compagnons d'office, sur les mêmes deniers : Qu'ils ont toujours vécu sous cette loi : Que, conformément à ces édits, cet usage a été toujours observé jusques en l'année 1694, qu'il plut au Roi engager le fonds de ces impositions aux Génois, pour leur remboursement des sommes qu'ils avoient prêtées à Sa Majesté ; depuis lequel temps, même lorsque ce fonds a diminué par les aliénations ou distractions qui en ont été faites, les supplians ont toujours retenu la partie qui en restoit libre : Que cependant, malgré l'usage observé dans tous les dioceses de la province de Languedoc, qui est conforme à l'usage universel de toutes les élections du royaume, les receveurs généraux des finances ont obligé plusieurs receveurs à leur remettre partie des fonds imposés pour l'aide & octroi, les années 1712, 1713, 1714, 1715 & 1716: Que par-là les supplians se sont vus privés de leurs gages & de la faculté qu'ils ont de se les retenir, sur un fonds dont ils sont eux-mêmes la levée : Qu'il n'est pas naturel que l'imposition de l'aide, octroi & crue, qui n'est faite par chaque diocese, que pour servir uniquement à payer les gages des supplians & des autres officiers du diocese, soit portée à la recette générale des finances, dans un temps que, par les états de Sa Majesté, les receveurs généraux des finances sont obligés de remettre eux-mêmes aux receveurs particuliers des tailles, le supplément du fonds nécessaire pour acquitter totalement les charges de chaque diocese : Qu'il arriveroit, si la prétention des receveurs généraux des finances avoit lieu, & que le fonds de l'aide & octroi fût porté à leur recette, que ce même fonds seroit employé à payer leurs gages, & ceux des autres parties assignées sur la recette générale, & auroit une destination toute contraire & toute différente à l'intention de Sa Majesté & à l'esprit de chaque diocese, qui ne fait cette imposition que pour servir à payer les gages de leurs officiers : Que les supplians sont déjà très-épuisés par les avances qu'ils ont faites à Sa Majesté sur leur crédit, étant obligés d'avancer les arrérages des impositions, & d'en faire les deniers bons, suivant les traités perpétuels de 1610, 1634 & 1710, ce qui est une condition particuliere aux supplians, & très-rigoureuse dans ce temps-ci, où il y a des arrérages pour des sommes très-considérables : Qu'il ne seroit pas juste qu'ils fussent de pire condition que les autres receveurs du royaume, & qu'ils eussent le déplaisir de se voir enlever leurs gages : Que d'ailleurs le conseil vient de juger la question en faveur de partie des supplians, par arrêt rendu le 11 Juillet 1718, sur productions respectives entre le sieur Juin, receveur général des finances de la généralité de Montpellier, d'une part; & le syndic des receveurs des tailles de ladite généralité, sur l'appel par lui interjeté de plusieurs jugemens & ordonnances du bureau des finances de Montpellier, des 19 Juin, 23 Juillet & 12 Août 1716; par lequel arrêt le conseil a ordonné l'exécution des édits des mois de Janvier 1572, & 12 Août 1597; & en conséquence condamné le sieur Juin à restituer aux receveurs des tailles les sommes qu'ils lui avoient payées en exécution du jugement du bureau des finances de Montpellier, du 19 Juin 1706, avec intérêts & dépens : Que ce même arrêt a de plus ordonné que le sieur Juin seroit tenu de remettre aux receveurs des tailles les fonds nécessaires pour acquitter les charges des dioceses, à la déduction de l'aide, octroi & crue, lorsqu'ils auront été faits par Sa Majesté; Que cet arrêt doit être commun pour tous les receveurs des tailles de la province, dont la loi doit être égale. Par toutes ces considérations, ils esperent de la bonté de Sa Majesté, qu'Elle confirmera le droit & l'usage où sont les supplians, depuis la création de leurs offices, d'être payés de leurs gages sur les deniers de l'aide, octroi & crue. Requérant, A CES CAUSES, les supplians, qu'il plût à Sa Majesté, en déclarant ledit arrêt du conseil du 11 Juillet 1718, commun aux receveurs des tailles de la généralité de Toulouse, ordonner que conformément aux édits de création de leurs charges, les deniers de l'aide, octroi & crue, imposés par chacun des dioceses qui composent la province de Languedoc, serviront pour le payement de leurs gages & augmentations de gages, & ceux de leurs compagnons d'office, pour être distribués entr'eux, conformément aux états de Sa Majesté; & cependant ordonner la restitution de l'aide, octroi & crue, portés à la recette générale des finances des deux généralités, chacune des années 1712, 1713, 1714, 1715 & 1716. Vu aussi la requête présentée par les receveurs généraux des finances des généralités de Toulouse & de Montpellier, tendante à ce que, sans s'arrêter à la requête des receveurs des tailles de Languedoc, & conformément au département & à la commission des Etats de Languedoc de l'année 1717, & l'arrêt du 5 Juin de la même année, les deniers en question leur fussent remis à l'avenir en la forme ordinaire, pour être lesdits deniers répartis au sol la livre, suivant le rôle qui en seroit arrêté par les trésoriers de France desdites généralités, à l'effet d'en faire jouir tous les assignés sur les états, sans aucune distinction. Vu pareillement les mémoires envoyés sur le même sujet par les trésoriers de France de Toulouse, & l'arrêt du conseil du 11 Juillet 1718, ensemble les avis des sieurs de Lamoignon de Basville, & de Bernage, tous deux conseillers d'état, & successivement intendans en ladite province : Ouï le rapport, LE ROI EN SON CONSEIL, conformément aux avis desdits sieurs de Lamoignon de Basville, & de Bernage, a ordonné & ordonne que ledit arrêt du 11 Juillet 1718, que Sa Majesté a déclaré commun pour la généralité de Toulouse, sera exécuté selon sa forme & teneur; ce faisant, que les receveurs des tailles des généralités de Toulouse & de Montpellier, continueront de retenir par leurs mains, sur les deniers de l'aide, octroi & crue, imposés sur chacun des diocèses de Languedoc, leurs gages & augmentations de gages, & ceux de leurs compagnons d'office, employés dans les états de Sa Majesté. Ordonne en outre Sa Majesté que les deniers provenans desdites impositions, des années 1712, 1713, 1714, 1715 & 1716, qui ont été portés aux recettes générales des finances desdites deux généralités, seront rendus & restitués aux supplians par les receveurs généraux des finances qui les ont reçus, à quoi faire ils seront contraints comme pour les deniers & affaires de Sa Majesté; quoi faisant, ils en demeureront bien & valablement déchargés. Enjoint Sa Majesté audit sieur de Bernage de tenir la main à l'exécution du présent arrêt. FAIT au conseil d'état du Roi, tenu à Paris, le vingt-quatrieme jour de Janvier mil sept cent dix-neuf. *Collationné*. Signé, GOUJON.

LOUIS, PAR LA GRACE DE DIEU, ROI DE FRANCE ET DE NAVARRE: A notre amé & féal conseiller en nos conseils d'état, le sieur de Bernage, intendant & commissaire départi pour l'exécution de nos ordres en la province de Languedoc, SALUT. Nous vous mandons & enjoignons de tenir la main à l'exécution de l'arrêt dont l'extrait est ci-attaché sous le contre-scel de notre chancellerie, cejourd'hui donné en notre conseil d'état, pour les causes y contenues. Commandons au premier notre huissier ou sergent sur ce requis, de signifier ledit arrêt à tous qu'il appartiendra, à ce que personne n'en ignore, & de faire en outre pour l'exécution d'icelui, à la réquête des receveurs des tailles de ladite province de Languedoc, tous commandemens, sommations, contraintes y contenues, par les voies y mentionnées, & autres actes & exploits nécessaires, sans autre permission : CAR tel est notre plaisir. DONNÉ

DONNÉ à Paris, le vingt-quatrieme jour de Janvier, l'an de grace mil sept cent dix-neuf, & de notre regne le quatrieme. Par le Roi en son conseil, le duc d'Orléans, Régent, présent. *Signé,* GOUJON.

LOUIS DE BERNAGE, *chevalier, seigneur de Saint-Maurice, Vaux, Chaumont, & autres lieux, conseiller d'état, intendant de justice, police & finances en la province de Languedoc.*

VU l'arrêt du conseil ci-dessus : Nous ordonnons qu'il sera executé selon sa forme & teneur. FAIT à Montpellier, le onzieme Février mil sept cent dix-neuf. *Signé,* DE BERNAGE : *Et plus bas* ; Par Monseigneur, SAGET.

CCII.
ARRÊT
DU CONSEIL D'ETAT DU ROI,

Portant que les receveurs généraux des finances des généralités de Toulouse & Montpellier, restitueront aux receveurs des tailles de la province les sommes qui leur ont été par eux remises sur les deniers de l'aide, octroi & crue de l'année 1717.

Du 28 Février 1719.

EXTRAIT *des Registres du Conseil d'Etat.*

SUR la requête présentée au Roi, en son conseil, par les receveurs des tailles de la province de Languedoc, Contenant que par arrêt contradictoire du conseil, du vingt-quatrieme Janvier dernier, Sa Majesté a ordonné que les supplians continueront de retenir par leurs mains, sur les deniers de l'aide, octroi & crue, imposés sur chacun des dioceses de la province de Languedoc, leurs gages & augmentations de gages, & ceux de leurs compagnons d'offices employés dans les états de Sa Majesté, & que les deniers provenans desdites impositions des années 1712, 1713, 1714, 1715 & 1716, qui ont été portés aux recettes générales des finances des généralités de Toulouse & de Montpellier, seront rendus & restitués aux supplians par les receveurs généraux des finances, qui les ont reçus, à quoi faire ils seront contraints comme pour les deniers & affaires de Sa Majesté ; quoi faisant, ils demeureront bien & valablement déchargés ; & comme cet arrêt n'a point prononcé sur la restitution de ces mêmes fonds pour l'année 1717, qui ont été portés aux recettes générales des finances desdites généralités ; Requéroient, A CES CAUSES, les supplians, qu'il plût à Sa Majesté sur ce leur pourvoir. Vu ladite requête, ledit arrêt du conseil, du vingt-quatrieme Janvier 1719, & autres pieces y attachées : OUI le rapport ; LE ROI EN SON CONSEIL, ayant égard à ladite requête, a ordonné & ordonne que les receveurs généraux des finances des généralités de Toulouse & Montpellier, seront tenus de rendre & restituer aux receveurs des tailles de la province de Languedoc, chacun en droit soi, ce qu'ils ont reçu desdits receveurs, sur les deniers de l'aide, octroi & crue de l'année 1717, pour être employés au payement de leurs gages & augmentations de gages, & de ceux de leurs compagnons d'offices, à quoi faire ils seront contraints comme pour les deniers & affaires du Roi ; quoi faisant, ils en demeureront bien & valablement déchargés ; Enjoint Sa Majesté au sieur de Bernage, conseiller d'état, intendant en Languedoc, de tenir la main à l'exécution du présent arrêt qui sera exécuté nonobstant oppositions ou autres empêchemens. FAIT au conseil d'état du Roi, tenu à Paris, le vingt-huitieme jour de Février 1719.

Signé, GOUJON.

LOUIS, PAR LA GRACE DE DIEU, ROI DE FRANCE ET DE NAVARRE : A notre amé & féal conseiller d'état, le sieur de Bernage, intendant en Languedoc, SALUT. Nous vous mandons & enjoignons de tenir la main à l'exécution de l'arrêt dont l'extrait est ci-attaché sous le contre-scel de notre chancellerie, cejourd'hui donné en notre conseil d'état, sur la requête à Nous présentée en icelui par les receveurs des tailles de la province de Languedoc, pour les causes y contenues ; Commandons au premier notre huissier ou sergent sur ce requis, de signifier ledit arrêt aux receveurs généraux des finances des généralités de Toulouse & Montpellier y dénommés, & à tous autres qu'il appartiendra, à ce que personne n'en ignore, & de faire en outre pour l'entiere exécution d'icelui, à la requête des receveurs des tailles de ladite province de Languedoc aussi y dénommés, tous commandemens, sommations, contraintes y portées par les voies y mentionnées, & autres actes & exploits nécessaires, sans autre permission, nonobstant oppositions ou autres empêchemens quelconques; CAR tel est notre plaisir, DONNÉ à Paris, le vingt-huitieme jour de Février, l'an de grace mil sept cent dix-neuf, & de notre regne le quatrieme. Par le Roi en son conseil, le duc d'Orléans, régent, présent. *Signé*, GOUJON.

LOUIS DE BERNAGE, *chevalier, seigneur de Saint-Maurice, Vaux, Chaumont, & autres lieux, conseiller d'état, intendant de justice, police & finances de la province de Languedoc.*

VU l'arrêt du conseil d'état du Roi, & commission sur icelui : Nous ordonnons que ledit arrêt du conseil sera exécuté selon sa forme & teneur. FAIT à Montpellier, le quinzieme Mars mil sept cent dix-neuf. *Signé*, DE BERNAGE: *Et plus bas*, Par Monseigneur, SAGET.

CCIII.
ARRÊT
DU CONSEIL D'ETAT DU ROI,

Qui ordonne que les deniers de l'aide, octroi, crue & préciput qui s'imposent annuellement dans la province de Languedoc, seront remis par les receveurs généraux des finances des deux généralités, entre les mains des receveurs des tailles, jusques & à concurrence de leurs gages & augmentations de gages, tant pour le passé que pour l'avenir.

Du 15 Septembre 1719.

EXTRAIT *des Registres du Conseil d'Etat.*

LE Roi étant informé que les deniers de l'aide, octroi, crue & préciput qui s'imposent dans tous les dioceses de la province de Languedoc, avoient été de tout temps destinés au payement des gages & augmentations de gages des receveurs des tailles qui en font le recouvrement, & de leurs compagnons d'office, les dernieres guerres avoient interrompu cet usage, parce que les besoins pressans de Sa Majesté l'avoient obligé d'engager, même d'aliéner la plus grande partie de ses fonds ; mais ces aliénations & engagemens étant finis en partie, ces mêmes deniers ont dû reprendre leur ancienne destination, & être employés aux payemens des gages & augmentations de gages desdits receveurs. Cependant, sous prétexte que le fonds des gages employés dans les états des finances des généralités de Toulouse & Montpellier n'ont pas été remis avec l'exactitude ordinaire, les receveurs généraux des finances desdites généralités avoient prétendu que ceux de l'aide, octroi, crue & préciput devoient être portés en leurs mains, pour les délivrer au marc la livre à tous les assignés sur leur recette, ou à tels d'iceux qu'il leur plairoit ; ce qui avoit fait naître différentes contestations entre lesdits receveurs généraux des finances, ceux des tailles & quelques particuliers assignés sur lesdits états des finances, sur lesquelles Sa Majesté, par arrêt du 11 Juillet 1718, a ordonné que le sieur Juin, receveur général des finances de la généralité de Montpellier, seroit tenu de remettre aux receveurs des tailles les fonds nécessaires, pour acquitter les charges des diocèses, à la déduction de l'aide, octroi, crue & préciput que lesdits receveurs des tailles étoient censés retenir par leurs mains, pour servir au payement de leurs gages, & distribuer l'excédant aux assignés sur leur recette particuliere : & quoique ledit arrêt dût servir de regle pour les deux généralités, néanmoins les receveurs généraux des finances de la généralité de Toulouse avoient prétendu ne devoir pas y être assujettis, ce qui auroit engagé Sa Majesté d'ordonner par autre arrêt du 24 Janvier dernier, sur les avis des sieurs de Lamoignon de Basville, & de Bernage, conseillers d'état, que ledit arrêt du 11 Juillet 1718, seroit commun pour la généralité de Toulouse, & que les receveurs des tailles des deux généralités continueroient de retenir par leurs mains sur les deniers de l'aide, octroi & crue imposés sur chacun des diocèses de ladite province, leurs gages & augmentations de gages, & ceux de leurs compagnons d'offices ; & que lesdits receveurs généraux des finances seroient tenus rendre & restituer les deniers qu'ils avoient retirés de cette imposition pendant les années 1712, 1713, 1714, 1715 & 1716, à peine d'y être contraints comme pour les deniers & affaires de Sa Majesté ; & lesdits receveurs généraux des finances, sous prétexte que ledit arrêt ne portoit pas la même restitution pour l'année 1717 en faveur desdits receveurs des tailles, ils avoient formé les mêmes difficultés, ce qui auroit encore obligé Sa Majesté d'ordonner par autre arrêt du 28 Février dernier, la même restitution pour ladite année. Mais lesdits receveurs généraux des finances continuant à vouloir faire la distribution desdits fonds, auroient fait intervenir Jean-Henri Haguenot, leur contrôleur, prétendant être syndic des assignés sur la recette générale des finances, & Fouquet, commis à ladite recette, lesquels auroient présenté requête au conseil, pour être reçus opposans envers l'arrêt du 11 Juillet 1718, sur laquelle il auroit été ordonné par arrêt du 2 Mai dernier, qu'avant faire droit sur ladite opposition, les requêtes seroient communiquées auxdits receveurs des tailles. Et comme ces contestations ne tendent qu'à troubler l'ordre des finances établi dans ladite province de Languedoc, & à faire naître journellement de nouvelles prétentions de la part d'aucuns des assignés sur les recettes générales des finances, & qu'il importe de régler la destination des deniers provenant de l'aide, octroi & préciput, tant pour le passé que pour l'avenir. Vu les arrêts du conseil, des 11 Juillet 1718, 24 Janvier, 28 Février & 2 Mai dernier : Oui le rapport ; LE ROI ÉTANT EN SON CONSEIL, de l'avis de M. le duc d'Orléans, régent, a ordonné & ordonne que les fonds provenant de l'imposition faite dans la province de Languedoc, pour l'aide, octroi, crue & préciput, qui sont entre les mains des receveurs généraux des finances des généralités de Toulouse & Montpellier, des années 1713, 1714, 1715, 1716, 1717 & 1718, seront remis aux receveurs des tailles de ladite province, jusqu'à la concurrence des gages & augmentations de gages qui leur sont dus ou à leurs compagnons d'office, & que l'excédant desdits gages & augmentations de gages de la généralité de Toulouse pendant lesdites années, soit remis par les receveurs généraux des finances de ladite généralité, chacuns dans leurs années d'exercice, aux payeurs des gages des officiers du bureau des finances de Toulouse, pour les deniers être employés au payement des gages qui peuvent être dus auxdits officiers, & qu'il en soit usé de même par les receveurs généraux des finances de la généralité de Montpellier pour les mêmes années, lesquels seront aussi tenus de remettre ce qui excédera les gages & augmentations de gages dus aux receveurs des tailles de ladite généralité, aux payeurs des gages du bureau des finances dudit Montpellier, à la déduction néanmoins de la somme de 9000 livres pour chacune desdites années, qui sera payée par lesdits receveurs généraux des finances, aux maire & consuls de la ville de Narbonne, pour être par eux employée au payement de la morte-paye dudit Narbonne. Ordonne en outre Sa Majesté, qu'à l'avenir, & à commencer de la présente année, les receveurs des tailles de ladite province remettront entre les mains des receveurs généraux des finances de chacune des deux généralités, les deniers provenant de ladite imposition de l'aide, octroi, crue & préciput, à la déduction néanmoins de leurs gages & augmentations de gages, & de ceux de leurs compagnons d'office, & du dixieme qu'ils retiendront par leurs mains, & que les deniers remis auxdits receveurs généraux des finances soient par eux délivrés quinzaine après les avoir reçus, aux payeurs des gages des bureaux des finances de chacune desdites généralités, sans qu'ils puissent s'en dispenser sous quelque prétexte que ce soit, ni en rien retenir, à peine d'y être contraints comme dépositaires. Veut néanmoins Sa Majesté, que des deniers remis aux receveurs généraux des finances de la généralité de Montpellier, il en soit déduit la somme de 9000 livres, pour servir à l'entretien de la morte-paye de Narbonne, laquelle sera payée aux maire & consuls de ladite ville de Narbonne, annuellement par le receveur général des finances en exercice dans le pareil délai de quinzaine. Et sera le présent arrêt exécuté nonobstant tous autres arrêts qui pourroient être contraires. Enjoint Sa Majesté au sieur de Bernage, conseiller d'état, intendant en la province de Languedoc, d'y tenir la main. Fait au conseil d'état du Roi, Sa Majesté y étant, tenu à Paris, le quinzieme Septembre mil sept cent dix-neuf.

Signé, PHELYPEAUX.

LOUIS, PAR LA GRACE DE DIEU, ROI DE FRANCE ET DE NAVARRE: A notre amé & féal conseiller en notre conseil d'état & privé le sieur de Bernage, intendant & commissaire départi pour l'exécution de nos ordres en notre province de Languedoc, SALUT. Nous vous mandons & enjoignons par ces présentes signées de Nous, de tenir la main à l'exécution de l'arrêt ci-dessus attaché sous le contre-scel de notre chancellerie, cejourd'hui donné en notre conseil d'état, Nous y étant, pour les causes y contenues; Commandons au premier notre huissier ou sergent sur ce requis, de signifier ledit arrêt à tous qu'il appartiendra, à ce qu'aucun n'en ignore, & de faire en outre, pour son entiere exécution, tous actes & exploits nécessaires, sans autre permission, nonobstant tous autres arrêts qui pourroient être contraints : Car tel est notre plaisir. Donné à Paris, le quinzieme jour du mois de Septembre, l'an de grace mil sept cent dix-neuf, & de notre regne le cinquieme. *Signé*, LOUIS. *Et plus bas ;* Par le Roi, le duc d'Orléans, régent, présent.

Signé, Phelypeaux.

LOUIS DE BERNAGE, *chevalier, seigneur de Saint-Maurice, Vaux, Chaumont & autres lieux, conseiller d'état, intendant de justice, police & finances en la province de Languedoc.*

VU l'arrêt du conseil d'état du Roi & commission sur icelui : Nous ordonnons que ledit arrêt du conseil sera exécuté selon sa forme & teneur. Fait à Montpellier, le douzieme Novembre mil sept cent dix-neuf. *Signé*, de Bernage : *Et plus bas ;* Par Monseigneur. Jourdan, *signé.*

CCIV.
ARRÊT
Du Conseil d'Etat du Roi,

Portant que les deux quittances de finance payées par les receveurs des dioceses de Nîmes & d'Alais, pour être déchargés de donner caution de leur maniement, seront remises par les détenteurs desdites quittances, pour être unies & incorporées auxdits offices.

Du 23 Novembre 1719.

Extrait des Regîstres du Conseil d'Etat.

SUr la requête présentée au Roi, en son conseil, par le syndic général de la province de Languedoc; Contenant, que par édit du mois de Novembre 1706, Sa Majesté ayant ordonné que les officiers comptables du royaume, seroient pour le présent & pour l'avenir, déchargés & dispensés de fournir aucunes cautions pour la sureté de leur maniement, à la charge d'acquérir des augmentations de gages, dont la finance tiendroit lieu de cautionnement : Par une déclaration du 27 Mars 1708, Sa Majesté auroit déchargé les officiers comptables de la province de Languedoc, de donner caution de leur maniement, tant en la chambre des comptes, bureau desdites finances, assemblées des assiettes, qu'ailleurs, en payant la somme de 30,000 livres de finance, repartie sur lesdits comptables, suivant l'état arrêté au conseil, pour tenir lieu de gages, qui demeureroient à cet effet unis & incorporés au corps des officiers desdits comptables ; en exécution de laquelle déclaration, feu maître Jean Sartre, propriétaire des trois offices de receveur des tailles des dioceses de Nîmes & d'Alais, en société avec feu M. Pierre Auveillier, son beau-frere, auroit payé à M. Adrien Adam, l'un des receveurs nommés par ladite déclaration, la somme de 16,665 livres pour sa portion de ladite finance, concernant lesdits offices de receveurs, dont ledit feu Auveillier & Jacques Bastide étoient titulaires, suivant deux récépissés de 8332 livres 10 sols chacun, faits en faveur dudit sieur Sartre, par ledit sieur Adam, le 20 Août 1708 ; mais en l'année 1709, les affaires dudit Jean Sartre & du sieur Pierre Sartre, son frere, étant tombées en désordre, & leur faillite déclarée ouverte le premier

Juillet, par jugement des commissaires nommés par divers arrêts du conseil, il est arrivé que les sieurs Durbec & Combelles, deux-dits créanciers, ayant dans ce désordre capté dudit Jean Sartre, des déclarations en leur faveur, au dos desdits récépissés, comme ils en avoient payé le contenu de leurs deniers, ils ont fait expédier en 1710, des quittances de finance en leurs noms, qu'ils ont fait regîtrer, pour jouir chacun de 416 livres 12 sols d'augmentations de gages, & tenir lieu de cautionnement au receveur l'année de son exercice, en quoi lesdites quittances de finance leur deviennent inutiles, & privent cependant ledit diocèse de Nîmes de la sûreté qu'il a par ce moyen, pour le maniement des deniers imposés: Et comme en cela ledit diocèse reçoit un grand préjudice, étant le seul de la province qui soit privé de jouir d'un bénéfice de ladite déclaration du 27 Mars 1708, & qu'il est indifférent auxdits Durbec & Combelles, de jouir d'autres augmentations de pareille valeur, puisque lesdites quittances de finance qu'ils ont fait expédier ne peuvent non-seulement être séparées desdits offices, suivant la disposition expresse de ladite déclaration, mais encore deviennent inutiles en leurs mains, pour le chef de la décharge, & dispense de fournir caution qu'elles contiennent en faveur du receveur en exercice, ce qui ne peut regarder que ledit receveur personnellement; Requéroit qu'il plût à Sa Majesté ordonner que, conformément à la déclaration du Roi, dudit jour 27 Mars 1708, les deux quittances de finance expédiées au profit desdits sieurs Durbec & Combelles demeureront unies & incorporées aux trois offices de receveurs des tailles dudit diocèse de Nîmes & d'Alais; & qu'en conséquence, les détenteurs seront tenus de les leur remettre, pour servir de sûreté de leur maniement au diocèse, après avoir été préalablement indemnisés par les directeurs des créanciers desdits Sartre, de la valeur équipollente en autres augmentations de gages au dire d'experts, dont les parties conviendront pardevant lesdits sieurs commissaires nommés par les arrêts du conseil, pour connoître des affaires de leur faillite. Vu ladite requête; la déclaration du Roi, du 27 Mars 1708; l'extrait des deux récépissés de la finance payée en conséquence par ledit Jean Sartre, le 20 Août 1708, au dos desquelles sont les déclarations faites au profit desdits Durbec & Combelles, le 20 Décembre suivant; l'extrait des quittances de finance expédiées en leurs noms, le 3 Mai 1710, pour jouir par chacun d'eux de 416 livres 12 sols d'agmentations de gages, & par le receveur en exercice de la décharge du cautionnement envers les diocèses: Vu aussi l'avis du sieur de Bernage, conseiller d'état, intendant de justice, police & finances en Languedoc: OUI le rapport; LE ROI ÉTANT EN SON CONSEIL, de l'avis de M. le duc d'Orléans, régent, a ordonné & ordonne que, conformément à la déclaration de Sa Majesté, dudit jour 27 Mars 1708, lesdites deux quittances de finance expédiées au profit desdits sieurs Durbec & Combelles, demeureront unies & incorporées aux titres des trois offices de receveurs des tailles des diocèses de Nîmes & d'Alais; & qu'en conséquence, les détenteurs seront tenus de les leur remettre, pour servir de sûreté du maniement desdits receveurs, du montant desquelles-dites quittances lesdits détenteurs seront indemnisés par les directeurs des créanciers desdits Sartre, qui leur en fourniront la valeur au dire d'experts, dont les parties conviendront pardevant les sieurs commissaires nommés par les arrêts du conseil, du premier Juillet 1710 & autres rendus en conséquence, pour connoître des affaires concernant la faillite desdits Sartre. FAIT au conseil d'état du Roi, Sa Majesté y étant, tenu à Paris, le vingt-troisieme jour de Novembre mil sept cent dix-neuf.

Signé, PHELYPEAUX.

LOUIS, PAR LA GRACE DE DIEU, ROI DE FRANCE ET DE NAVARRE: Au premier des huissiers de nos conseils, ou autre notre huissier ou sergent sur ce requis, Nous te mandons & commandons par ces présentes signées de notre main, que l'arrêt ci-attaché sous le contre-scel de notre chancellerie, cejourd'hui donné en notre conseil d'état, Nous y étant, pour les causes y contenues, tu signifies à tous qu'il appartiendra, à ce que personne n'en ignore, & faire pour son entiere exécution, tous actes & exploits nécessaires sans autre permission: CAR tel est notre plaisir. DONNÉ à Paris, le vingt-huitieme jour de Novembre, l'an de grace mil sept cent dix-neuf, & de notre regne le cinquieme. *Signé*, LOUIS: Par le Roi, le duc D'ORLÉANS, régent, présent. *Signé*, PHELYPEAUX. *Et scellé*.

CCV.
ARRÊT
DU CONSEIL D'ETAT DU ROI,

Qui commet le sieur Guy, pour le recouvrement des tailles du diocese de Narbonne.

Du 2 Mai 1724.

EXTRAIT *des Registres du Conseil d'Etat.*

SUR la requête présentée au Roi, en son conseil, par le syndic du diocese de Narbonne; Contenant, que l'office de receveur ancien des tailles de ce diocese dont est pourvu Chrysostôme Perreve, habitant de Montpellier, & sculpteur de profession, la propriété duquel appartient au sieur Niquet, étant en tour d'exercice pour le recouvrement des deniers de Sa Majesté, le propriétaire ni le titulaire ne se sont donnés aucun soin pour présenter à l'assiette une personne capable, & à laquelle on pût confier le maniement: Que lesdits sieurs Niquet & Perreve, n'étant point en état de le régir par eux-mêmes, il est de l'intérêt de Sa Majesté & de ce diocese, d'empêcher qu'on ne se serve de sujets inhabiles, afin d'éviter que ce diocese ne retombe dans son premier état de désordre, & surtout où le mit celui de l'exercice de ce même office en l'année 1715, qui fut en reste pour environ 150,000 livres; Que cet exercice non plus que plusieurs autres de l'office de receveur triennal dont la propriété appartient au sieur Niquet, n'étant point apurés, les parties sursises ou tenues en souffrance dans les comptes sont tombées en débet clair au profit du diocese; en sorte qu'aux termes des réglemens des sieurs commissaires présidens pour Sa Majesté en l'assemblée des gens des trois-états de la province de Languedoc, les titulaire & propriétaire de l'office qui entrent en exercice ne peuvent être reçus à faire le recouvrement de cette année qu'en cautionnant, tant pour la recette courante, que pour tout ce qu'ils doivent des années de leurs exercices desdits offices, & en défaut le diocese a la liberté de commettre à la levée des deniers courans; Que le sieur Niquet propriétaire des deux offices n'ayant point entierement acquitté la capitation de ces exercices, & par l'article VII de la déclaration de S. M. du 27 Mars 1708, étant porté que les receveurs qui n'auront pas entierement payé la taille & capitation de leurs exercices précédens, ne pourront rentrer dans l'exercice de leurs charges, & qu'il sera commis à leur place, auquel cas les taxations desdits receveurs appartiennent auxdits commis, sans que pour raison de ce il soit nécessaire de mettre la recette à leur folle-enchere : Que d'ailleurs ce diocese, qui n'est point encore relevé du préjudice causé par la mauvaise administration des receveurs, malgré toutes les remises que S. M. lui a faites, retomberoit dans son premier état de désordre si les recouvremens n'étoient faits en sureté, & par un sujet convenable ; cela a engagé les commissaires ordinaires de ce diocese de délibérer le 21 Mars dernier, qu'attendu que le sieur Jean-Pierre Guy, a donné des preuves de sa capacité & de sa bonne administration dans l'exercice de l'année derniere, de le commettre pour faire dans celle-ci l'exercice de l'office de receveur ancien des tailles, dont est pourvu ledit Perreve & ledit sieur Niquet propriétaire, à leurs périls & risques, avec pouvoir au syndic de ce diocese de se pourvoir pour obtenir tous arrêts & commissions, laquelle délibération a été signifiée auxdits sieurs propriétaire & titulaire de l'office par exploits des 21 & 24 dudit mois de Mars. A CES CAUSES, Requéroit le suppliant qu'il plût à Sa Majesté, faute par Perreve & le sieur Niquet d'avoir présenté à l'assiette de ce diocese une personne capable, & à laquelle on puisse confier le recouvrement des deniers de Sa Majesté & de ceux du diocese, & d'avoir satisfait aux réglemens des sieurs commissaires présidens aux Etats de la province de Languedoc, & à la disposition de la déclaration de Sa Majesté du 27 Mars 1708, d'autoriser la délibération des commissaires ordinaires de ce diocese. Vu ladite requête, ladite délibération du 21 Mars 1724 : Ouï le rapport du sieur Dodun, conseiller ordinaire au conseil royal, contrôleur général des finances ; LE ROI EN SON CONSEIL, ayant aucunement égard à ladite requête, a autorisé & approuvé la délibération prise par les commissaires ordinaires du diocese de Narbonne le 21 Mars dernier ; & en conséquence, Ordonne S. M. que l'exercice de receveur ancien des tailles dudit diocese qui est en tour l'année courante pour la levée des impositions & capitation, sera faite par Jean-Pierre Guy, à la charge par ledit Guy de donner bonne & suffisante caution du maniement dont il sera chargé, laquelle caution sera reçue avec le syndic dudit diocese de Narbonne. Enjoint Sa Majesté au sieur commissaire départi pour l'exécution de ses ordres dans ladite province de Languedoc, de tenir la main à l'exécution du présent arrêt, qui sera exécuté nonobstant oppositions ou autres empêchemens quelconques, dont si aucuns interviennent, Sa Majesté s'est réservée & à son conseil la connoissance, icelle interdisant à toutes ses cours & autres juges ; & seront pour l'exécution du présent arrêt toutes lettres nécessaires expédiées, si besoin est. FAIT au conseil d'état du Roi, tenu à Versailles le deuxieme jour de Mai mil sept cent vingt-quatre. *Collationné. Signé*, DE VOUGNY.

CCVI.

ARRÊT

Du Conseil d'Etat du Roi,

Qui évoque les procès civils & criminels qui ont été ou feront intentés à l'occafion de la banqueroute du fieur Degua, & iceux a renvoyés pardevant M. de Bernage de St. Maurice, intendant de Languedoc, & autres commiffaires nommés audit arrêt, pour les juger définitivement & en dernier reffort.

Du 13 Novembre 1725.

Extrait *des Regiftres du Confeil d'Etat.*

SUr la requête préfentée au Roi, étant en fon confeil, par le fyndic général de la province de Languedoc; Contenant, que le fieur Degua, receveur des tailles du diocèfe de Carcaffonne, en exercice la préfente année, vient de faire une banqueroute, par laquelle il a diverti ou emporté foixante-fix mille livres des deniers de fa recette : Que ce receveur étoit auffi débiteur envers ce diocèfe, de quatorze mille livres des reliquats des comptes de la capitation, defquelles fommes le diocèfe ne peut être payé que fur le prix de l'office de receveur : Que les tréforiers de France de la généralité de Touloufe, ont envoyé un commiffaire fur les lieux, pour procéder à l'inventaire des effets dudit receveur ; & que d'un autre côté, la cour des aides a envoyé un confeiller, avec un des fubftituts du procureur général, pour informer contre ledit receveur : Qu'outre ces frais, qui font déjà très-confidérables, les pourfuites d'une inftance d'ordre devant les juges ordinaires, & les conflits de jurifdiction qui naîtront infailliblement à cette occafion, ne peuvent être que très-difpendieux, & confommeront la meilleure partie des effets, qui confiftent principalement audit office de receveur ; ce qui cauferoit, non-feulement aux créanciers, mais encore au diocèfe, une perte très-confidérable : Que lors de la banqueroute du fieur Auveiller, receveur du diocèfe de Nîmes, Sa Majefté, par arrêt du confeil du 29 Mars 1718, autorifa la tranfaction qui fut paffée entre le fyndic du diocèfe & les créanciers ; & que Sa Majefté attribua en même-temps au fieur intendant de la province, la connoiffance des conteftations qui furviendroient fur l'exécution de ladite tranfaction : Et d'autant qu'il s'agit d'un fait tout femblable ; A CES CAUSES, Requéroit, le fuppliant, qu'il plût à Sa Majefté évoquer à foi & à fon confeil, les procès civils & criminels qui ont été ou feront intentés à l'occafion de la banqueroute dudit Degua, & en renvoyer la connoiffance au fieur de Bernage de Saint-Maurice, maître des requêtes, intendant en Languedoc, pour les juger définitivement & en dernier reffort, avec tels juges que Sa Majefté lui donnera pouvoir de nommer. Vu ladite requête ; l'arrêt du confeil du 29 Mars 1718 : Ouï le rapport du fieur Dodun, confeiller ordinaire au confeil royal, contrôleur général des finances ; LE ROI ÉTANT EN SON CONSEIL, a évoqué & évoque à foi & à fon confeil, tous les procès civils & criminels qui ont été ou feront intentés à l'occafion de la banqueroute dudit Degua, en quelque cour & jurifdiction que ce foit ; & iceux, circonftances & dépendances, a renvoyé & renvoie pardevant le fieur de Bernage de Saint-Maurice, confeiller du Roi en fes confeils, maître des requêtes ordinaire de fon hôtel, intendant en Languedoc, pour être par lui jugés définitivement & en dernier ressort, avec les sieurs de Bocaud, président honoraire, de Fonbon aussi président en la cour des comptes, aides & finances de Montpellier, Veissiere, Adam de Montclar, conseillers en ladite cour, Moustellon, lieutenant particulier au présidial de Montpellier, Verduron, conseiller honoraire, Rosset conseiller, & Remisse, ancien procureur du Roi audit présidial ; leur attribuant à cet effet toute cour, jurisdiction & connoissance, & icelle interdisant à toutes ses cours & autres juges : Ordonne S. M., qu'en cas de maladie ou autre légitime empêchement d'aucuns desdits commissaires, les jugemens qui seront rendus par les autres, au nombre de cinq pour les procès civils, & au nombre de sept pour les criminels, auront la même force que s'ils étoient rendus par tous lesdits commissaires ; Permettant S. M. audit sieur de Bernage, de commettre pour procureur du Roi & pour greffier de ladite commission, telles personnes capables qu'il avisera bon être. Fait au conseil d'état du Roi, Sa Majesté y étant, tenu à Fontainebleau le treizieme jour de Novembre mil sept cent vingt-cinq.

Signé, Phelypeaux.

LOUIS, par la grace de Dieu, Roi de France et de Navarre: A notre amé & féal en nos conseils, maître des requêtes de notre hôtel, le sieur de Bernage de Saint-Maurice, intendant de justice, police & finances en notre province de Languedoc, Salut. Nous vous mandons & ordonnons par ces présentes signées de notre main, de procéder à l'exécution de l'arrêt ci-attaché sous le contre-scel de notre chancellerie, ce jourd'hui donné en notre conseil d'état, Nous y étant, par lequel Nous avons évoqué à Nous & à notredit conseil, tous les procès civils & criminels qui ont été ou seront intentés à l'occasion de la banqueroute du sieur Degua, receveur des tailles du diocese de Carcassonne, en quelque cour & jurisdiction que ce soit ; & iceux, circonstances & dépendances, vous avons renvoyés, pour être par vous jugés définitivement & en dernier ressort, avec nos amés & féaux le sieur de Bocaud, président honoraire, de Fonbon aussi président en notre cour des comptes, aides & finances de Montpellier, Veissiere & Adam de Montclar, conseillers en notredite cour, Moustellon, lieutenant particulier au présidial de Montpellier, Verduron, conseiller honoraire, Rosset, conseiller, & Remisse, ancien procureur du Roi audit présidial; vous en attribuant toute cour, jurisdiction & connoissance, & icelle interdisant à toutes nos cours & autres juges : Commandons au premier notre huissier ou sergent sur ce requis, de signifier ledit arrêt & ces présentes, à tous qu'il appartiendra, à ce que personne n'en ignore ; & de faire pour leur entiere exécution, tous actes & exploits nécessaires, sans autre permission : Car tel est notre plaisir. Donné à Fontainebleau le treizieme jour de Novembre, l'an de grace mil sept cent vingt-cinq, & de notre regne le onzieme. *Signé*, LOUIS : *Et plus bas* ; Par le Roi, Phelypeaux.

CCVII.
ARRÊT
Du Conseil d'État du Roi,

Qui commet le sieur Roudil pour le recouvrement des tailles, & autres impositions du diocese de Carcassonne.

Du 30 Décembre 1726.

EXTRAIT *des Registres du Conseil d'Etat.*

SUR la requête présentée au Roi, étant en son conseil, par Joseph Bonnier de la Mosson, trésorier général de la bourse des Etats de la province de Languedoc ; Contenant, que Jean Dégua, receveur des tailles du diocese de Carcassonne, s'étant absenté après avoir diverti ou emporté la somme de 73,066 liv. du recouvrement des deniers de sa recette de l'année 1725, pendant laquelle il étoit en exercice ; le syndic général de ladite province, pour éviter les frais immenses qu'il en auroit coûté si la distribution de ses biens avoit été poursuivie devant les juges ordinaires, & les conflits de jurisdiction de la part des créanciers particuliers dudit Degua, qui auroient consommé la plus grande partie de ses biens, auroit obtenu un arrêt du conseil, le 13 Novembre audit an, qui nomme le sieur de Bernage de Saint-Maurice, intendant de ladite province, & autres commissaires, pour juger en dernier ressort tous les procès civils & criminels intentés ou à intenter à l'occasion de la banqueroute dudit Degua, circonstances & dépendances, leur attribuant à cet effet toute cour, jurisdiction & connoissance ; icelles interdisant à toutes ses cours & autres juges; en conséquence duquel arrêt le trésorier desdits Etats, pour la conservation des intérêts de Sa Majesté & de la province, a fait saisir les offices de receveurs des tailles dudit diocese de Carcassonne dont est pourvu ledit Degua, & en poursuit le décret devant lesdits sieurs commissaires. Et d'autant que les autres diligences qui restent à faire pour y parvenir & à la vente desdits offices, ne sauroient être finies avant que les impositions de l'année prochaine soient faites, & que le recouvrement commence, à cause des différens & longs délais qu'il faut observer pour remplir les formalités prescrites par les arrêts & réglemens sur ce rendus ; & que cependant lesdits offices se trouvant en tour d'exercice l'année prochaine, il est de l'intérêt du Roi & de la province, en attendant que la vente de ces offices puisse être faite, & que la province soit remboursée des sommes diverties par ledit Degua, en capital, intérêts & frais, de faire commettre à cet exercice une personne suffisante & capable pour la sureté des deniers de Sa Majesté, à la décharge de la province & dudit diocese. Requéroit, A CES CAUSES, le suppliant, qu'il plût à Sa Majesté de commettre Antoine Roudil de la ville de Montpellier, pour faire la recette de la taille ordinaire, & autres impositions du diocese de Carcassonne de l'année prochaine, au lieu & place dudit Degua, à la charge de donner bonne & suffisante caution envers le trésorier de la bourse, & le diocese, chacun pour ce qui les concerne, & de rendre compte de son maniement. Vu ladite requête, l'arrêt du conseil dudit jour 13 Novembre 1725, & la saisie des offices du 28 Septembre 1726 : Oui le rapport du sieur le Pelletier, conseiller d'état ordinaire & au conseil royal, contrôleur général des finances ; LE ROI ÉTANT EN SON CONSEIL, ayant égard à ladite requête, a commis

& commet ledit Antoine Roudil pour faire la recette de la taille ordinaire, & autres impositions du diocèse de Carcassonne de l'année prochaine 1727, au lieu & place dudit Degua, à la charge par lui de donner bonne & suffisante caution envers le trésorier des Etats dudit pays, & ledit diocèse, chacun pour ce qui les concerne, pour la sûreté de son maniement, & d'en rendre compte, conformément aux ordonnances & réglemens. Enjoint Sa Majesté au sieur de Bernage de Saint-Maurice, conseiller du Roi en ses conseils, intendant en Languedoc, de tenir la main à l'exécution du présent arrêt, qui sera exécuté nonobstant oppositions & autres empêchemens quelconques, dont si aucuns interviennent, Sa Majesté s'en réserve & à son conseil la connoissance, icelle interdisant à toutes ses cours & autres juges; & seront pour l'exécution du présent arrêt toutes lettres expédiées si besoin est. FAIT au conseil d'état du Roi, Sa Majesté y étant, tenu à Versailles le trentieme jour de Décembre mil sept-cent vingt-six.

Signé, PHELYPEAUX.

LOUIS, PAR LA GRACE DE DIEU, ROI DE FRANCE ET DE NAVARRE: A notre amé & féal conseiller en nos conseils, maître des requêtes ordinaires de notre hôtel, le sieur de Bernage de Saint-Maurice, intendant de justice, police & finances en notre province de Languedoc, SALUT. Nous vous mandons & enjoignons par ces présentes signées de nous de tenir la main à l'exécution de l'arrêt ci-attaché sous le contre-scel de notre chancellerie, ce jour d'hui donné en notre conseil d'état, Nous y étant, pour les causes y contenues : Commandons au premier notre huissier ou sergent sur ce requis de signifier ledit arrêt à tous qu'il appartiendra, à ce que personne n'en ignore, & de faire pour son entiere exécution tous actes & exploits nécessaires, sans autre permission : CAR tel est notre plaisir. DONNÉ à Versailles le trentieme jour de Décembre, l'an de grace mil sept cent vingt-six, & de notre regne le douzieme. *Signé*, LOUIS: *Et plus bas*; Par le Roi. *Signé*, PHELYPEAUX. Et scellé.

LOUIS-BASILE DE BERNAGE, *chevalier, seigneur de Saint-Maurice, Vaux, Chassy & autres lieux, conseiller du Roi en ses conseils, maître des requêtes ordinaire de son hôtel, grand-croix de l'ordre royal & militaire de Saint-Louis, intendant de justice, police & finances en la province de Languedoc.*

VU l'arrêt du conseil d'état ci-dessus, & commission sur icelui, Nous ordonnons que ledit arrêt du conseil sera exécuté selon sa forme & teneur. FAIT à Montpellier, le dixieme jour de Janvier mil sept cent vingt-sept. *Signé*, DE BERNAGE : *Et plus bas*; Par Monseigneur, SAGET.

CCVIII.
ARRÊT
DU CONSEIL D'ETAT DU ROI,

Qui ordonne, conformément aux réglemens de la province, qu'en cas de faillite des receveurs des tailles, & lorsque l'office entrera en exercice, le syndic du diocèse sera tenu de faire sommer le syndic des créanciers du receveur, de présenter un sujet suffisamment cautionné pour faire la recette des impositions, sinon qu'elle sera publiée au rabais, & adjugée par les commissaires du diocèse, pour être ensuite ladite adjucation autorisée par Sa Majesté, &

cependant commet le sieur Antoine Roudil pour faire le recouvrement des impositions du diocèse de Carcassonne de l'année 1727.

Du 8 Juillet 1727.

EXTRAIT *des registres du Conseil d'Etat.*

VU au conseil d'état du Roi, la requête présentée par le syndic du diocèse de Carcassonne ; Contenant, que Me. Degua, receveur ancien & mi-triennal des tailles du diocèse de Carcassonne, ayant fait faillite & emporté environ 80,000 livres de sa recette, Sa Majesté auroit nommé des commissaires pour connoître de sa faillite, & procéder à la vente & adjudication de son office & de ses autres biens ; mais, quelques diligences que le suppliant ait faites pour parvenir à l'adjudication, les poursuites n'ont pu en être terminées à cause des oppositions formées par le concours des créanciers, & ne pouvant y avoir encore de quelque temps un pourvu de son office pour faire la recette des tailles de la présente année, les commissaires du diocèse, garans de la levée des impositions, qui ont ci-devant nommé le sieur Raymond Rivals pere, pour faire la recette de ce qui restoit à lever des impositions de l'année 1725, par le décès du sieur Juin, receveur alternatif & mi-triennal, & connu son exactitude & sa droiture, ainsi que celle du sieur Rivals son fils, depuis qu'il est pourvu de l'office du sieur Juin, auroient par leur délibération du 2 Janvier de la présente année, unanimement nommé ledit sieur Rivals fils, sous le bon plaisir de S. M., pour faire pendant la présente année 1727, le recouvrement des deniers ordinaires & extraordinaires du diocèse, aux taxations y attachées, à la place du sieur Degua, sous le cautionnement du sieur Raymond Rivals son pere, lequel ayant été mandé avec le sieur son fils, le fils auroit accepté la commission, & le pere ayant fait sa soumission de caution, les commissaires auroient donné pouvoir au suppliant de poursuivre l'homologation de leur délibération au conseil : mais depuis, les mêmes commissaires ont été informés, que sous prétexte que le sieur Antoine Roudil, habitant de la ville de Montpellier, avoit acquis une portion de l'office du sieur Degua, il a obtenu un arrêt ou commission du conseil, qui le commet pour faire le recouvrement des impositions de la présente année ; & comme cela blesse les intérêts & le droit du diocèse, qui a la liberté de nommer telle personne qui lui convient pour faire la recette, dont le diocèse est garant ; que la prétention du sieur Roudil est d'autant plus extraordinaire, que l'acquisition qu'il peut avoir fait du sieur Degua d'une portion de son office, ne lui donne tout au plus qu'une créance sur ses biens, dont il ne sauroit être payé qu'après que le diocèse sera payé de toutes les sommes qui lui sont dues par le sieur Degua, & qu'il est plus convenable que le sieur Rivals fils, étant pourvu de l'autre office de receveur des tailles du diocèse, la recette soit faite par le receveur en titre que par un étranger, les commissaires du diocèse auroient, par une autre délibération du 3 du susdit mois de Janvier, confirmé la nomination par eux faite le jour précédent de la personne du sieur Raymond Rivals, pour faire la recette de la présente année, sous le cautionnement du sieur Rivals son pere, réitéré le pouvoir donné au suppliant d'en poursuivre l'homologation, & l'auroient chargé de former opposition à l'arrêt ou commission du conseil qui pourroit avoir été surpris par le sieur Roudil ; & d'autant que suivant les articles en forme de règlement passés en 1610, entre la province

& les receveurs des tailles du Languedoc, il n'y a qu'un titulaire qui puisse faire la recette des deniers ordinaires & extraordinaires ; que lorsque dans d'autres dioceses il arrive de pareilles faillites de receveurs, la commission de la recette n'est donnée par des arrêts du conseil que sur la requête des syndics des dioceses ; qu'en 1705 le diocese de Narbonne obtint en pareil cas un arrêt du conseil, portant homologation de la délibération des commissaires du diocese, qui avoit nommé un sujet pour faire la recette ; que le 9 Août 1707, le syndic de la province obtint encore un pareil arrêt pour le diocese du Puy, dans lequel le réglement de 1610 & l'arrêt pour le diocese de Narbonne de 1705 sont énoncés ; & que le sieur Rivals fils étant receveur en titre, nommé, approuvé par le diocese, la caution du sieur Rivals son pere ayant été reçue, nul autre ne peut être admis à faire la recette. A CES CAUSES, Requéroit, le suppliant qu'il plût à Sa Majesté homologuer les deux délibérations des commissaires du diocese de Carcassonne, des 2 & 3 du mois de Janvier de la présente année, recevoir le suppliant opposant à l'arrêt ou commission du conseil surpris par ledit Roudil ; ce faisant, sans y avoir égard, & conformément auxdites délibérations du diocese, ordonner que ledit Raymond Rivals fils, receveur alternatif & mi-triennal des tailles du diocese de Carcassonne, nommé par les commissaires du diocese, fera pendant la présente année 1727, le recouvrement des deniers ordinaires & extraordinaires du diocese, aux taxations y attachées, au lieu & place du sieur Degua, sur le cautionnement du sieur Rivals son pere ; avec défenses audit Roudil, & à tous autres, de l'y troubler, à peine de tous dépens, dommages & intérêts. Vu ladite requête, signée Rey, avocat du suppliant; ensemble celle du sieur Raymond Rivals, tendante aux mêmes fins & conclusions ; les délibérations dudit diocese, des 2 & 3 Janvier 1727, & autres pieces y attachées ; la soumission du sieur Roudil du 30 Mars 1727, & l'avis du sieur de Bernage de Saint-Maurice, intendant & commissaire départi en la province de Languedoc ; tout considéré : OUI le rapport du sieur le Pelletier, conseiller d'état ordinaire & au conseil royal, contrôleur général des finances ; SA MAJESTÉ EN SON CONSEIL, ayant aucunement égard à l'opposition du syndic du diocese de Carcassonne, sans s'arrêter audit arrêt du 30 Décembre 1726, & lettres patentes expédiées en conséquence, a ordonné & ordonne, que conformément aux réglemens faits pour la province de Languedoc, sur le fait du recouvrement des impositions dans le cas de faillite des receveurs, & lorsque l'office entrera en exercice, le syndic du diocese sera tenu de faire des sommations au syndic des créanciers du receveur, aux fins de présenter un sujet suffisamment cautionné, pour faire la recette des tailles & autres impositions du diocese ; autrement, & à faute de ce faire, que la levée sera publiée au rabais, & adjugée, conformément aux susdits réglemens, par les commissaires du diocese, pour être ensuite ladite adjudication autorisée par Sa Majesté : Et attendu que dans la conjoncture présente, ces formalités ne peuvent être pratiquées, le second terme des impositions étant prêt d'expirer, Sa Majesté, sans tirer à conséquence, a commis & commet pour le recouvrement des impositions & capitation dudit diocese de Carcassonne de la présente année, ledit Antoine Roudil, sur le pied & aux conditions de l'offre par lui faite le 30 Mars 1727, laquelle demeurera annexée à la minute du présent arrêt,

& sous le cautionnement du sieur Bonnier de la Mosson, trésorier de la bourse de ladite province, qui en fera sa soumission au greffe du conseil : Fait S. M. défenses à toutes personnes, de les troubler dans l'exercice de ladite recette, à peine de tous dépens, dommages & intérêts, & de demeurer responsable du retardement de la levée des impositions, & seront sur le présent arrêt toutes lettres nécessaires expédiées. FAIT au conseil d'état du Roi, tenu à Versailles le huitieme jour de Juillet mil sept cent vingt-sept. *Collationné. Signé*, GUYOT.

AUJOURD'HUI seizieme jour de Juillet 1727, est comparu au greffe du conseil d'état M. Joseph Bonnier de la Mosson, trésorier général des Etats de la province de Languedoc, demeurant à Paris, rue Saint-Dominique, paroisse Saint-Sulpice, lequel, pour satisfaire à l'arrêt ci-dessus, s'est volontairement rendu caution envers Sa Majesté, du maniement que fera Antoine Roudil du recouvrement des impositions & capitation du diocese de Carcassonne de la présente année 1727, & icelui sieur Bonnier de la Mosson s'est soumis & obligé à l'entiere exécution dudit arrêt, comme il est accoutumé pour les propres deniers & affaires de Sa Majesté, & pour l'exécution de la présente soumission, il a élu son domicile en sa demeure ci-devant déclarée, & a signé. *Collationné. Signé*, GUYOT. Et au dos est écrit : *Enregistré au contrôle général des finances, par Nous conseiller d'état ordinaire & au conseil royal, contrôleur général des finances. A Versailles le vingt-troisieme Juillet mil sept cent vingt-trois.*
Signé, LE PELLETIER.

LOUIS, PAR LA GRACE DE DIEU, ROI DE FRANCE ET DE NAVARRE : A nos amés & féaux conseillers les gens tenant notre cour des comptes, aides & finances à Montpellier, présidens trésoriers de France généraux de nos finances à Toulouse, SALUT. Notre amé Antoine Roudil nous a très-humblement fait remontrer, que par arrêt de notre conseil du 8 du présent mois de Juillet, Nous l'avons entr'autres choses commis pour faire le recouvrement des impositions & capitation du diocese de Carcassonne de la présente année 1727, sur le pied & aux conditions de l'offre par lui faite le 30 Mars dernier, qui a été annexée à la minute dudit arrêt, & sous le cautionnement du sieur Bonnier de la Mosson, trésorier de la bourse de ladite province, qui, en exécution d'icelui, en a fait sa soumission au greffe du conseil le 16 dudit mois, pour l'exécution duquel arrêt Nous avons ordonné que toutes lettres nécessaires seront expédiées, lesquelles l'exposant nous a très-humblement fait supplier de lui vouloir accorder. A CES CAUSES, voulant favorablement traiter ledit Roudil, Nous l'avons commis, conformément audit arrêt de notre conseil du 8 du présent mois de Juillet, ci-attaché sous le contre-scel de notre chancellerie, & par ces présentes signées de notre main, le commettons pour faire le recouvrement des impositions & capitation du diocese de Carcassonne de la présente année, sur le pied & aux conditions de l'offre par lui faite le 30 Mars dernier, qui est demeurée annexée à la minute dudit arrêt, & sous le cautionnement du sieur Bonnier de la Mosson, trésorier de la bourse de ladite province, qui en a fait sa soumission au greffe du conseil le 16 du même mois, l'expédition de laquelle est aussi ci-attachée sous notre contre-scel : Faisons défenses à toutes personnes, de troubler ledit Roudil dans l'exercice de ladite recette, à peine de tous dépens, dommages & intérêts, & de demeurer responsables du retardement de la levée des impositions. SI VOUS MANDONS, que ces présentes, avec ledit arrêt de notre conseil, vous ayez à faire enregistrer, & du contenu en iceux jouir & user ledit Roudil, pleinement & paisiblement, cessant & faisant cesser tous troubles & empêchemens contraires : CAR tel est notre plaisir. DONNÉ à Versailles le vingt-cinquieme jour du mois de Juillet, l'an de grace mil sept cent vingt-sept, & de notre regne le douzieme. *Signé*, LOUIS: *Et plus bas*; PHELYPEAUX. Duement scellées.

CCIX.
ARRÊT
DU CONSEIL D'ETAT DU ROI ET LETTRES-PATENTES,

Qui permettent aux receveurs des tailles de la province de Languedoc de commettre à leur exercice, à la charge de faire enregistrer leurs procurations aux bureaux des finances des généralités de Toulouse & Montpellier.

Des 18 Novembre & 16 Décembre 1727.

EXTRAIT *des Registres du Conseil d'Etat.*

SUR la requête présentée au Roi, étant en son conseil, par les députés & syndic général de la province de Languedoc ; Contenant, que suivant l'usage de tous temps observé dans ladite province, la recette des tailles des dioceses est faite indistinctement par les propriétaires des offices, ou par leurs commis & préposés, en vertu de la procuration desdits titulaires : Que ces receveurs étant tenus de faire livre net, & de payer à des termes certains le fonds des impositions, la plupart sont obligés de résider dans les principales villes de la province, pour s'y établir un crédit & fournir aux avances considérables qu'ils sont obligés de faire : que c'est sur ce fondement que non-seulement les titulaires, mais encore les propriétaires, participes & intéressés dans la propriété desdits offices, qui sont très-considérables, sont solidairement tenus de payer le trésorier de la bourse, aux termes des impositions, étant également soumis les uns & les autres à sa contrainte ; raison pour laquelle les titulaires sont obligés, suivant l'arrêt du conseil du six Août mil sept cent quinze, de déclarer au greffe de la chambre des comptes de Montpellier, lors de leur réception en ladite chambre, les noms, demeures & qualités de ceux qui ont part à la propriété des offices dont ils poursuivent la réception, afin que le trésorier de la bourse en ait connoissance, & qu'il puisse agir contre eux : Que cet usage dont la pratique a été trouvée très-utile à la province & aux dioceses qui la composent, est conforme à l'article XIII du traité fait en mil six cent dix, entre les Etats de la province & les receveurs des tailles dudit pays, lequel traité a été autorisé par arrêt du conseil & des lettres-patentes expédiées en conséquence : Qu'il est porté par cet arrêt, que lesdits receveurs seront tenus de payer, à leurs frais & dépens, le commis qu'ils sont obligés de tenir dans le bureau principal de leur recette : Que cependant les trésoriers de France de Montpellier, ayant prétendu, depuis quelques années, que les titulaires des offices de receveurs, devoient faire par eux-mêmes le recouvrement des tailles, & pour cet effet résider dans le chef-lieu du diocese l'année de leur exercice, & ayant rendu quelques

quelques ordonnances à ce sujet, sur les plaintes que les députés de Languedoc porterent au conseil contre cette nouveauté, Sa Majesté fit donner des ordres à ces trésoriers de France, de laisser les choses en l'état qu'elles avoient toujours été; mais que lesdits trésoriers de France, renouvelant leurs prétentions, ont rendu le dix-neuf Mai de la présente année, une ordonnance, portant que le sieur Perreve, titulaire de l'office de receveur ancien des tailles & taillon du diocese de Narbonne, qui est en exercice la présente année, sera tenu de faire sa résidence à Narbonne dans huitaine, à peine de suspension des fonctions de son office & de privation de ses gages; sur quoi ledit Perreve leur a déclaré, qu'il avoit déjà donné sa procuration au sieur Guy, pour faire le recouvrement des tailles & taillon du diocese de Narbonne de la présente année : Mais, d'autant que l'ordonnance qu'ils ont rendue tend à introduire une nouveauté très-préjudiciable aux intérêts de la province & des dioceses, qu'elle est contraire à l'usage de tous temps observé dans ladite province, & qu'elle n'a pour but que l'intérêt particulier desdits trésoriers de France, qui prétendent par-là obliger les titulaires à prendre des commissions à leur bureau, & à payer pour cela des épices & des droits considérables qui ne leur sont pas dus; que la plupart desdits titulaires n'ont aucun intérêt dans l'office dont ils sont pourvus, ne faisant que prêter leurs noms aux propriétaires; qu'ils sont même fort souvent incapables d'en faire les fonctions ; que dans la plus grande partie des dioceses de la province, le recouvrement des impositions se fait par les porteurs de procuration des titulaires; que les Etats & les commissaires des dioceses, attentifs au recouvrement, comme étant les seuls intéressés, ont soin de veiller à la conduite de ceux qui sont préposés pour le faire, & lorsque ceux qui sont commis ne font pas leur devoir, ils obligent les propriétaires des offices à en mettre d'autres qui soient en état de concourir à la bonne administration ; que les Etats de ladite province, qui ont intérêt de soutenir le crédit des receveurs, pour qu'ils puissent, dans les temps difficiles, faire les avances nécessaires, n'en ont pas moins d'empêcher que leurs offices soient avilis, ce qui ne manqueroit pas d'arriver si la prétention des trésoriers de France avoit lieu; que d'ailleurs, aux termes de l'arrêt de réglement du conseil, rendu entre les officiers de la cour des aides de Montpellier & les trésoriers de France de son ressort, le quinze Septembre mil six cent quatre-vingt-cinq, il est porté expressément, article XXXII, que les trésoriers de France ne pourront commettre que dans le cas de mort, faillite ou suspension du comptable dans l'année de son exercice, & par conséquent mal-à-propos prétendent-ils commettre dans l'espece présente : Requéroient, A CES CAUSES, les suppliants, qu'il plût à Sa Majesté sur ce leur pourvoir; ce faisant, sans s'arrêter à l'ordonnance rendue par lesdits trésoriers de France de Montpellier le dix-neuf Mai dernier, ordonner que le sieur Guy continuera de faire la recette des tailles & taillon du diocese de Narbonne la présente année, en vertu de la procuration du sieur Perreve, titulaire de l'office de receveur ancien des tailles & taillon dudit diocese; & que celles des autres dioceses de ladite province continueront d'être faites à l'avenir, comme il a été pratiqué jusqu'à présent, par les titulaires, propriétaires, intéressés & participes auxdits offices, ou par les commis & préposés par lesdits titulaires, sur leurs simples procurations, qui seront enregistrées sans frais aux bureaux des finances de Toulouse & de Montpellier, si Sa Majesté juge à propos de faire faire cet enregistrement, ou signifiées aux greffes desdits bureaux des finances : avec défenses auxdits trésoriers de France, d'inquiéter, pour raison de ce, les titulaires, propriétaires, intéressés, participes, commis & préposés auxdites recettes, & de commettre aux fonctions desdits offices, que dans les cas portés par l'article XXXII de l'arrêt de réglement du quinze Septembre mil six cent quatre-vingt-cinq, à peine d'interdiction. Vu ladite requête & l'avis du sieur de Bernage de Saint-Maurice, conseiller du Roi en ses conseils, maître des requêtes ordinaire de son hôtel, intendant en Languedoc : Ouï le rapport du sieur le Pelletier, conseiller d'état ordinaire & au conseil royal, contrôleur général des finances ; SA MAJESTÉ ÉTANT EN SON CONSEIL, a ordonné & ordonne, sans s'arrêter à l'ordonnance des trésoriers de France de Montpellier du dix-neuf Mai mil sept cent vingt-sept, que le sieur Guy continuera de faire la recette des tailles & taillon du diocese de Narbonne la présente année, en vertu de la procuration du sieur Perreve, titulaire de l'office de receveur des tailles & taillon dudit diocèse ; & que celles des autres dioceses de la province de Languedoc, continueront d'être faites à l'avenir, comme il en a été usé jusqu'à présent, par les titulaires, propriétaires, intéressés & participes auxdits offices, ou par les commis & préposés par les titulaires, sur leurs simples procurations, qui seront enregistrées sans frais aux bureaux des finances de Toulouse & de Montpellier, ou signifiées aux greffes desdits bureaux, nonobstant toutes ordonnances à ce contraires, & ce qui est porté par l'édit du mois d'Août mil six cent soixante-neuf, Sa Majesté y dérogeant, en tant que besoin seroit, pour l'exécution du présent arrêt ; à la charge néanmoins que les exercices desdites recettes continueront d'être faits aux noms desdits titulaires, les quittances fournies en leurs noms, les états au vrai faits auxdits bureaux des finances, & les comptes de leurs administrations rendus à la chambre des comptes, aussi aux noms desdits titulaires. Fait Sa Majesté défenses auxdits trésoriers de France d'inquiéter à cet égard les titulaires, propriétaires, intéressés & participes, commis & préposés auxdites recettes, & de commettre aux fonctions desdits offices, si ce n'est dans les cas portés par l'article XXXII de l'arrêt du conseil du quinze Septembre mil six cent quatre-vingt-cinq, qui sera exécuté, ainsi que celui du six Août mil sept cent quinze, & sur le présent arrêt toutes lettres nécessaires seront expédiées. FAIT au conseil d'état du Roi, Sa Majesté y étant, tenu à Fontainebleau le dix-huitieme jour de Novembre mil sept cent vingt-sept.

Signé, PHELYPEAUX.

LOUIS, PAR LA GRACE DE DIEU, ROI DE FRANCE ET DE NAVARRE : A tous ceux qui ces présentes lettres verront, SALUT. Nos très-chers & bien-amés les gens des trois-états de notre province de Languedoc, Nous ont fait représenter, que suivant l'usage de tous temps observé dans ladite province, la recette des tailles des dioceses est faite indistinctement par les propriétaires des offices de receveurs, par les titulaires desdits offices, ou par leurs commis & préposés, en vertu de la procuration desdits titulaires : Que ces receveurs étant tenus de faire livre net, & de payer à des termes certains le fonds des impositions, la plupart sont obligés de résider dans les principales villes de la province, pour s'y établir un crédit,

& fournir aux avances considérables qu'ils sont obligés de faire : Que c'est sur ce fondement que non-seulement les titulaires, mais encore les propriétaires, participes & intéressés dans la propriété desdits offices, qui sont très-considérables, sont solidairement tenus de payer le trésorier de la bourse, aux termes des impositions, étant également soumis les uns & les autres à sa contrainte ; raison pour laquelle les titulaires sont obligés, suivant l'arrêt du conseil du six Août mil sept cent quinze, de déclarer au greffe de la chambre des comptes, lors de leur réception en ladite chambre, les noms, demeures & qualités de ceux qui ont part à la propriété des offices dont ils poursuivent la réception, afin que le trésorier de la bourse en ait connoissance, & qu'il puisse agir contre eux : Que cet usage, dont la pratique a été trouvée très-utile à la province & aux diocèses qui la composent, est conforme à l'article XIII du traité fait en mil six cent dix, entre les Etats de la province & les receveurs des tailles dudit pays, lequel traité a été autorisé par arrêt du conseil & des lettres-patentes expédiées en conséquence : Qu'il est porté par cet arrêt, que lesdits receveurs seront tenus de payer, à leurs frais & dépens, le commis qu'ils sont obligés de tenir dans le bureau principal de leur recette : Que cependant les trésoriers de France de Montpellier, ayant prétendu, depuis quelques années, que les titulaires des offices de receveurs, devoient faire par eux-mêmes le recouvrement des tailles, & pour cet effet résider dans le chef-lieu du diocèse l'année de leur exercice, & ayant rendu quelques ordonnances à ce sujet, sur les plaintes que les députés de notre province de Languedoc nous porterent contre cette nouveauté, Nous fimes donner des ordres à ces trésoriers de France, de laisser les choses en l'état qu'elles avoient toujours été ; mais, lesdits trésoriers de France renouvelant leurs prétentions, ont rendu le dix-neuf Mai dernier, une ordonnance, portant que le sieur Perreve, titulaire de l'office de receveur ancien des tailles & taillon du diocèse de Narbonne, qui est en exercice la présente année, sera tenu de faire sa résidence à Narbonne dans huitaine, à peine de suspension des fonctions de son office & de privation de ses gages ; sur quoi ledit Perreve leur a déclaré, qu'il avoit déjà donné sa procuration au sieur Guy, pour faire le recouvrement des tailles & taillon du diocèse de Narbonne de la présente année : Et comme cette ordonnance tend à introduire une nouveauté très-préjudiciable aux intérêts de la province & des diocèses, qu'elle est contraire à l'usage de tous temps observé dans ladite province, & qu'elle n'a pour but que l'intérêt particulier desdits trésoriers de France, qui prétendent par-là obliger les titulaires à prendre des commissions à leur bureau, & à payer pour cela des épices & des droits considérables qui ne leur sont pas dus ; que la plupart desdits titulaires n'ont aucun intérêt dans l'office dont ils sont pourvus, ne faisant que prêter leurs noms aux propriétaires ; qu'ils sont même fort souvent incapables d'en faire les fonctions ; que dans la plus grande partie des diocèses de la province, le recouvrement se fait par les porteurs de procuration des titulaires ; que les états & les commissaires des diocèses, attentifs au recouvrement, comme y étant les seuls intéressés, ont soin de veiller à la conduite de ceux qui sont préposés pour le faire, & lorsque ceux qui sont commis ne font pas leur devoir, ils obligent les propriétaires desdits offices à en mettre d'autres qui soient en état de concourir à la bonne administration ; que les états de la province, qui ont intérêt de soutenir le crédit des receveurs, pour qu'ils puissent, dans les temps difficiles, faire les avances nécessaires, n'en ont pas moins d'empêcher que leurs offices soient avilis, ce qui ne manqueroit pas d'arriver si la prétention desdits trésoriers de France avoit lieu ; que d'ailleurs, aux termes de l'arrêt de réglement de notre conseil, rendu entre les officiers de la cour des aides de Montpellier & les trésoriers de France de son ressort, le quinze Septembre mil six cent quatre-vingt-cinq, il est porté expressément, article XXXII que les trésoriers de France ne pourront commettre que dans le cas de mort, faillite ou suspension du comptable dans l'année de son exercice, & par conséquent mal-à-propos ont-ils prétendu commettre dans l'espece présente : Pour quoi les députés de notre province de Languedoc Nous auroient très-humblement supplié sur ce leur pourvoir ; ce faisant, sans nous arrêter à l'ordonnance rendue par lesdits trésoriers de France de Montpellier le dix-neuf Mai dernier, ordonner que le sieur Guy continuera de faire la recette des tailles & taillon du diocese de Narbonne la présente année, en vertu de la procuration du sieur Perreve, titulaire de l'office de receveur ancien des tailles & taillon dudit diocese ; & que celle des autres dioceses de ladite province continuera d'être faite à l'avenir, comme il a été pratiqué jusqu'à présent, par les titulaires, propriétaires, intéressés & participes auxdits offices, ou par les commis & préposés par lesdits titulaires, sur leurs simples procurations, qui seront enregistrées sans frais aux bureaux des finances de Toulouse & de Montpellier, si nous jugeons à propos de faire faire cet enregistrement, ou signifiées aux greffiers desdits bureaux des finances : avec défenses auxdits trésoriers de France, d'inquiéter, pour raison de ce, les titulaires, propriétaires, intéressés, participes, commis & préposés auxdites recettes, & de commettre aux fonctions desdits offices, que dans les cas portés par l'article XXXII de l'arrêt de réglement du quinze Septembre mil six cent quatre-vingt-cinq, à peine d'interdiction : A quoi Nous aurions pourvu par l'arrêt rendu en notre conseil d'état, Nous y étant, le dix-huit Novembre dernier, pour l'exécution duquel Nous avons ordonné que toutes lettres nécessaires seront expédiées ; & Voulant que ledit arrêt soit pleinement exécuté : A CES CAUSES, de l'avis de notre conseil, qui a vu ledit arrêt du dix-huit Novembre dernier, ci-attaché sous le contre-scel de notre chancellerie, de notre grace spéciale, pleine puissance & autorité royale, Nous avons, conformément à icelui, sans nous arrêter à l'ordonnance des trésoriers de France de Montpellier du dix-neuf Mai mil sept cent vingt-sept, ordonné, & par ces présentes signées de notre main, ordonnons, voulons & nous plaît, que le sieur Guy continue de faire la recette des tailles & taillon du diocese de Narbonne la présente année, en vertu de la procuration du sieur Perreve, titulaire de l'office de receveur des tailles & taillon dudit diocese ; & que celles des autres dioceses de la province de Languedoc, continuent d'être faites à l'avenir, comme il en a été usé jusqu'à présent, par les titulaires, propriétaires, intéressés & participes auxdits offices, ou par les commis & préposés par les titulaires, sur leurs simples procurations, qui seront enregistrées sans frais aux bureaux des finances de Toulouse & Montpellier, ou signifiées aux greffes desdits bureaux, nonobstant toutes ordonnances à ce contraires, & ce qui est porté par l'édit du mois d'Août mil six cent soixante-neuf, à quoi Nous avons dérogé, en tant que besoin seroit, pour l'exécution dudit arrêt & des présentes; à la charge néanmoins que les exercices desdites recettes continueront d'être faits aux noms desdits titulaires, les quittances fournies en leurs noms, les états au vrai faits auxdits bureaux des finances, & les comptes de leurs administrations rendus à la chambre des comptes, aussi aux noms desdits titulaires. Faisons défenses auxdits trésoriers de France, d'inquiéter à cet égard les titulaires, propriétaires, intéressés & participes, commis & préposés auxdites recettes, & de commettre aux fonctions desdits offices, si ce n'est dans les cas portés par l'article XXXII de l'arrêt de notre conseil du quinze Septembre mil six cent quatre-vingt-cinq, qui sera exécuté, ainsi que celui du six Août mil sept cent quinze.

Si DONNONS EN MANDEMENT à nos amés & féaux conseillers, les gens tenant notre cour des comptes, aides & finances à Montpellier, que ces présentes, ensemble ledit arrêt de notre conseil, ils aient à faire lire, publier & registrer, & le contenu en iceux garder & observer selon leur forme & teneur, nonobstant tous édits, déclarations, arrêts, réglemens, & autres choses à ce contraires, auxquels Nous avons pour ce regard dérogé & dérogeons par ces présentes, aux copies desquelles, collationnées par l'un de nos amés & féaux conseillers secrétaires, voulons que foi soit ajoutée comme à l'original : CAR tel est notre plaisir; En témoin de quoi Nous avons fait mettre notre scel à cesdites présentes. DONNÉ à Versailles le seizieme jour du mois de Décembre, l'an de grace mil sept cent vingt-sept, & de notre regne le treizieme. *Signé*, LOUIS : *Et plus bas* ; Par le Roi, PHELYPEAUX. Et scellé.

CCX.

EXTRAIT du registre des délibérations des Etats généraux de Languedoc, assemblés par mandement du Roi, en la ville de Nîmes, au mois de Décembre 1727.

Du Samedi 31 Janvier 1728, président Mgr. l'archevêque & primat de Narbonne.

LE sieur de Monferrier, syndic général, a dit que les Etats sont informés de la faillite du sieur Degua, receveur des tailles du diocèse de Carcassonne, & qu'elle intéresse ce diocèse, tant pour les sommes considérables qu'il a diverties de son recouvrement de l'année 1725, que pour des reliquats des deniers de la capitation de ses précédens exercices.

Que cette faillite, arrivée au commencement du mois de Septembre de ladite année 1725, donna lieu d'abord à MM. les trésoriers de France de Toulouse de députer des commissaires de leur bureau, pour faire l'inventaire des effets dudit sieur Degua, & que la cour des aides de Montpellier fit une pareille députation pour informer contre lui & le poursuivre criminellement.

Que ces deux différentes procédures, & les diligences que quelques créanciers particuliers avoient commencé de faire devant les juges ordinaires faisoient craindre des frais immenses, & des conflits de jurisdictions, & que Mgr. l'archevêque de Narbonne & MM. les députés qui étoient alors à la cour en ayant été informés par les officiers du diocèse, ils sollicitèrent & obtinrent, au nom du syndic général, un arrêt du conseil, qui renvoie les procès mus & à mouvoir à M. de St. Maurice, intendant, & autres commissaires, pour les juger en dernier ressort, avec défenses à tous autres juges d'en connoître.

Que les motifs de cet arrêt d'attribution furent, non-seulement pour éviter les frais immenses qu'il en auroit coûté, s'il avoit fallu essuyer les conflits de jurisdiction & plaider devant les juges ordinaires, mais encore parce que la faillite du sieur Degua étoit toute semblable à celle du sieur Auveillier, receveur du diocese de Nîmes, arrivée en l'année 1717, ainsi qu'il est énoncé dans ledit arrêt.

Que depuis cet arrêt, le syndic du diocese a fait diverses poursuites devant M. l'intendant & les autres commissaires, dont la plupart ne sont pas encore terminées, & le syndic général est intervenu dans le procès intenté par la femme du sieur Degua pour la provisionnelle & le payement de sa dot qu'elle demandoit sur les biens de son mari par préférence, & contre le privilége que la province a pour les sommes dues à la recette générale de la bourse, ce qui pend encore à juger, de même que le procès contre les commissaires du bureau des finances de Toulouse, sur la restitution de la somme de 4400 livres qu'ils ont prises induement, de leur autorité & par estimation, pour les frais dudit inventaire, des fonds trouvés en caisse, après la fuite du sieur Degua provenant des impositions de la province, & des autres charges du diocese.

Que ces deux procès qui ne sont pas moins intéressans pour la province que pour le diocese, & particulierement celui contre les commissaires dudit bureau des finances, méritent bien que les Etats accordent leur protection, pour solliciter & obtenir cette restitution dans la caisse de la province, &

qu'il leur soit fait défenses à l'avenir d'entreprendre, en pareil cas, de décerner des contraintes sur les deniers de la recette, qui sont destinés pour payer les sommes dues à Sa Majesté, & les charges de la province & des dioceses.

Que les sommes que le sieur Degua a diverties de son exercice de ladite année 1725, ne méritent pas moins l'attention des Etats, puisqu'elles font un vuide très considérable dans la caisse de la province, dont M. le trésorier de la bourse est en souffrance ; & bien que le diocese de Carcassonne ait le principal intérêt dans cette affaire, il paroît néanmoins que la province n'y est pas moins intéressée, & qu'il y a lieu d'approuver l'intervention du syndic général, & lui donner pouvoir de poursuivre la restitution demandée contre les députés dudit bureau des finances, & au surplus nommer des commissaires des Etats pour prendre connoissance pendant l'année de l'état de cette affaire, liquider ce qui est dû à la caisse de la bourse, & en faire le rapport aux Etats prochains, ainsi qu'il en fut usé par les Etats, lors de la faillite du sieur Auveillier en 1718, quoiqu'il y eût pareil arrêt d'attribution.

SUR QUOI, LES ETATS ont approuvé l'intervention du syndic général, & l'ont chargé de continuer les poursuites qu'il jugera convenables aux intérêts de la province ; & Mgr. l'archevêque de Narbonne a nommé MM. les commissaires de la direction des travaux publics pendant l'année, pour prendre connoissance de cette affaire, & voir les moyens qu'il y auroit de la terminer à l'amiable, pour y être pourvu aux Etats prochains, si elle ne peut être terminée avant ce temps-là.

CCXI.
ORDONNANCE
DE M. DE BERNAGE DE ST. MAURICE,
Intendant de Languedoc.

Qui reçoit les receveurs des tailles opposans envers son ordonnance du quatrieme Juin 1728, au sujet des taxations sur les indemnités; & qui ordonne qu'ils continueront à jouir desdites taxations, conformément au traité de 1634.

Du 10 Septembre 1729.

SUpplient humblement les receveurs des tailles de la province de Languedoc : Vous représentent, qu'à l'occasion de la répartition d'une somme de deux cents mille livres, accordée par le Roi, suivant l'arrêt du conseil, du 7 Octobre 1727, aux communautés de cette province, dont les récoltes avoient été endommagées par les grêles & sécheresses ; Vous avez, MONSEIGNEUR, rendu des ordonnances, le 4 Juin 1728, portant que la somme qui devoit revenir de cette indemnité à chaque diocese, ensemble celle à laquelle se trouveroient monter les taxations imposées au profit des receveurs, seroient réparties par les commissaires ordinaires du diocese, en présence de votre subdélégué & du receveur des tailles en exercice.

Vous avez permis, MONSEIGNEUR, aux receveurs, qui sont privés par vos ordonnances des taxations des indemnités, de présenter un mémoire aux Etats, ce qu'ils firent aux derniers Etats assemblés à Narbonne; il y fut délibéré, après avoir examiné leurs raisons, de s'en remettre à votre décision, ainsi qu'il paroît de la délibération du 31 Janvier dernier, qui est rapportée.

En suivant cette délibération, les suplians ont recours à votre justice.

Ils sont justement opposans envers vos ordonnances, comme n'ayant pas été ouïs ni appelés, en ce seulement qu'elles ont ordonné que les taxations sur les remises accordées par le Roi, seroient réparties : ils se fondent d'abord sur le traité fait avec la province, en l'année 1634, autorisé par arrêt du conseil du 7 Mars 1635.

Ce traité porte par exprès, que les receveurs & leurs successeurs aux offices, prendront & retiendront par leurs mains, chacun en l'année de leur exercice, six deniers pour livre pour tous droits & taxations, sur toutes les impositions, tant ordinaires qu'extraordinaires, & généralement sur toute sorte de deniers de quelque nature & qualité qu'ils soient ou puissent être, qui s'imposeront sur les dioceses, sans en excepter aucuns, sauf les deniers du taillon tant seulement.

Suivant ce traité, les receveurs sont en droit sans difficulté, de jouir des taxations sur tous les deniers qui s'imposent sur les dioceses ; & il n'y a pas de doute que les dons & remises faites par Sa Majesté, pour indemnités ou autrement, ne soient dans le cas, comme deniers qui entrent dans les impositions, puisque toutes ces indemnités sont données en payement par les collecteurs aux receveurs, & que les impositions étant toujours les mêmes, c'est sur la totalité de ces mêmes impositions, que les taxations sont dues ; ce qui est d'autant plus juste, que ces sortes de recouvremens en papier, sont plus difficiles & donnent beaucoup plus de soins que les recettes en argent.

En effet, toutes les opérations qu'il y a à faire sont rejetées sur les receveurs ; on voit d'abord que par vos ordonnances ils sont obligés d'assister aux répartitions qui doivent être faites par les commissaires du diocèse ; & il faut non-seulement qu'ils tiennent en compte aux collecteurs le montant des répartitions de chaque communauté, & qu'ils en fassent quittance, tout de même que s'ils recevoient de l'argent comptant, mais encore qu'ils examinent & vérifient toutes les pieces que chaque collecteur remet, pour justifier qu'il a fait raison desdites répartitions aux particuliers qui ont souffert le dommage ; il faut enfin que les receveurs remettent ensuite toutes ces pieces par état, à M. le trésorier de la bourse, pour les rapporter dans son compte, & justifier l'emploi desdites indemnités ; cette regle est très-utile & très-nécessaire pour ces sortes de recouvremens, mais aussi tous les soins en sont donnés aux receveurs en exercice, ce qui est bien différent du recouvrement en argent, qui est une opération toute simple qui n'a aucune sorte d'embarras ni de litige.

Les supplians rappeleront ici ce qui se passa lors des premiers affranchissemens des tailles. On prétendit que les receveurs ne devoient pas jouir des taxations sur les affranchissemens, parce que ce recouvrement ne se faisoit qu'en papier ; mais, sur la représentation des receveurs, que cette prétention étoit contraire au traité de 1634, qui accorde les taxations sur tout ce qui s'impose sans distinction, ils furent maintenus dans leur droit, & ils ont joui en conséquence des taxations sur lesdits affranchissemens : où seroit la raison, après cela, de les priver des taxations sur les indemnités ?

D'ailleurs, le traité de 1634, fut très-avantageux à la province, puisque si d'un côté les taxations furent réglées sur le pied de six deniers pour livre sur toute sorte de deniers indistinctement ; de l'autre, les receveurs renoncerent aux quatre deniers pour livre, par-dessus, créés par les édits de 1611 & 1625, comme aussi au remboursement de la finance de 260,400 livres qu'ils avoient payée au Roi pour acquérir ces quatre deniers ; ils avoient encore payé une somme de 190,000 livres à la décharge de la province, pour lui aider à se libérer des attributions héréditaires, & autres portées par l'édit du mois de Juin 1633 ; en sorte que de toutes ces finances, qui se portent à 450,400 livres, les receveurs n'en retirent aucun fruit ; & il est aisé de voir que tout cela entra en considération lors du traité de 1634.

Les receveurs sont encore obligés par ce traité, de faire des avances considérables, non-seulement pour les frais d'assiette, au moment qu'ils entrent en exercice, sans aucune sorte de rétribution ni d'intérêt, mais encore parce qu'ils sont forcés de payer à des termes fixes & certains ces impositions, sans que la difficulté du recouvrement soit une raison qui puisse éloigner d'un instant, ce qui devient plus onéreux toutes les années, à cause de l'extrême misere des communautés. Les receveurs sont cependant obligés d'emprunter à gros intérêt pour lesdites avances, & ils ne sont remboursés que long-temps après leurs exercices, & après même avoir acquitté toutes les charges, comme étant obligés de faire livre net.

L'état des receveurs est même devenu plus mauvais, depuis le traité de 1634. Les offices ont diminué de prix, soit par la perte d'une grande partie de leurs augmentations de gages, remboursées en papier, soit par la réduction à deux & à un pour cent de celles qui leur restent par le rétablissement du prêt & droit annuel, dont ils s'étoient affranchis au moyen d'une finance considérable qu'ils ont perdue, & soit enfin par les taxes qu'ils ont été forcés de payer

payer en dernier lieu pour droit de confirmation.

Enfin, lorſque les dioceſes ont prêté leur ſecours aux communautés, & qu'ils ont fait des emprunts pour les ſemences, les receveurs chargés de recouvrer ſur les communautés le rembourſement deſdites ſemences, ont joui des taxations ; & y ayant eu conteſtation ſur cela, entre le ſyndic du dioceſe de Narbonne, & les receveurs des tailles du même dioceſe, il fut rendu un arrêt contradictoire par la cour des aides, le 2 Avril 1700, qui condamne ledit ſyndic à payer les taxations des ſommes impoſées ſur les communautés pour ſemences ; & cet arrêt ajoute, conformément au traité de 1634, qui donne les taxations de toutes les ſommes impoſées.

A CES CAUSES, Vu le traité de 1634, vos ordonnances, la délibération des Etats du 31 Janvier dernier, par laquelle ils s'en remettent à votre déciſion, & les autres pieces ci-jointes, il Vous plaira, MONSEIGNEUR, recevoir les ſuppliants oppoſans envers vos ordonnances, comme n'ayant été ni ouïs ni appelés, en ce ſeulement qu'elles portent que les taxations des indemnités ſeront réparties ; & ſans s'y arrêter, ordonner que le traité de 1634 ſera exécuté ſuivant ſa forme & teneur ; & ferez juſtice.

Signé, GUILHAUMAT, Procureur.

EXTRAIT du regiſtre des délibérations priſes par les gens des trois états du pays de Languedoc, aſſemblés par mandement du Roi, en la ville de Narbonne, au mois de Janvier 1729.

Du Lundi 31 dudit mois de Janvier, préſident Mgr. l'archevêque & primat de Narbonne.

MONSEIGNEUR l'archevêque de Touloufe, continuant ſon rapport des affaires extraordinaires, a dit, que la commiſſion aſſemblée chez Monſeigneur l'archevêque de Narbonne, avoit examiné le mémoire préſenté par les receveurs des tailles contre l'ordonnance de M. l'intendant, qui les prive des taxations ſur les remiſes accordées par le Roi aux dioceſes & communautés qui ont ſouffert des dommages par les grêles & autres accidens du ciel ; prétendant leſdits ſieurs receveurs qu'ils ont financé ces taxations, & qu'aux termes des traités faits avec la province, en 1610 & 1634, elles leur ſont acquiſes & légitimement dues de toutes les ſommes impoſées ; qu'ils ont encore expoſé pluſieurs autres raiſons dans leurdit mémoire ; mais que la commiſſion a cru que cette affaire ne regardoit point les Etats, s'agiſſant d'une ordonnance rendue par M. de Saint-Maurice, comme il en avoit été rendu une pareille par feu M. de Baſville en 1709, & qu'ainſi elle s'étoit déterminée à prier Monſeigneur l'archevêque de Narbonne, de vouloir bien en parler à M. de Saint-Maurice, & lui dire qu'on s'en remettroit à ſa déciſion, après qu'il auroit examiné les raiſons deſdits receveurs ; ce qui a été approuvé par les Etats. *Collationné*.

Signé, GUILLEMINET.

LE ſyndic général, qui a eu communication de la requête de MM. les receveurs, en oppoſition envers l'ordonnance de M. de Saint Maurice, qui les prive des taxations ſur les indemnités accordées par le Roi, dit que par le traité fait avec le corps des receveurs de l'année 1634, les ſix deniers de taxations leur ſont attribués ſur toutes les ſommes qui s'impoſent dans les dioceſes ; qu'en conſéquence ils ſont en poſſeſſion de jouir des taxations ſur le total des impoſitions, nonobſtant qu'il ſurvienne des remiſes & des indemnités, à moins qu'elles ne ſoient porrées en moins imposé, parce qu'étant obligés de compter de la totalité des impositions, le retranchement des taxations sur les indemnités, porteroit atteinte audit traité, qu'il importe à la province de maintenir & de conserver en son entier : il est vrai qu'en 1709, feu M. de Basville a retranché lesdites taxations sur le don fait par le Roi à la province ; mais, c'étoit un cas singulier, & le don étoit d'un million de livres, somme très-considérable. Cette ordonnance dont les receveurs se plaignirent, n'eut aucune suite, & elle semble révoquée tacitement, n'ayant plus été exécutée dans les autres répartitions : le fondement de M. de Basville, pour ne plus priver les receveurs de ces taxations, a sans doute été, parce qu'ils prennent pour comptant des collecteurs les certificats des sommes accordées en indemnité aux communautés ; ils les donnent de même en payement à M. le trésorier de la bourse, qui leur fournit ses quittances du total des impositions, & que le recouvrement en papier équipolle & donne autant & plus de peine que le recouvrement en deniers ; il paroit que les Etats l'ont estimé de même, lorsque après l'ordonnance de M. de Saint-Maurice, ils lui ont renvoyé cette affaire pour s'en rapporter à sa décision, par leur délibération du 31 Janvier dernier ; Ainsi le syndic croit qu'il y a lieu de recevoir l'opposition des receveurs envers ladite ordonnance qui retranche les taxations sur les indemnités, & qu'il est juste d'ordonner qu'ils continueront d'en jouir, avec d'autant plus de raison, que les receveurs sont souvent chargés de certaines affaires extraordinaires indépendantes de leurs maniemens, qui leur donnent des soins, & qui ne leur produisent aucun profit, comme sont le payement des milices, le remboursement des mulets, le recouvrement des taxes sur les nouveaux convertis, & autres. FAIT à Montpellier le sixieme Septembre mil sept cent vingt-neuf. *Signé*, MONTFERRIER.

VU la présente requête, l'ordonnance par Nous rendue le 4 Juin 1728, la délibération des Etats du 31 Janvier dernier, le traité de 1634, & le mémoire du sieur de Montferrier, syndic général de la province, contenant son avis : Nous, du consentement dudit sieur syndic général, avons reçu les supplians opposans à notre ordonnance du quatrieme Juin 1728, & faisant droit sur ladite opposition, ordonnons que ledit traité de 1634, continuera d'être exécuté comme par le passé. FAIT à Montpellier, le dixieme Septembre mil sept cent vingt-neuf. *Signé*, DE BERNAGE : *Et plus bas* ; Par Monseigneur, JOURDAN.

Voyez ci-dessus, l'arrêt du conseil du 3 Août 1662, la délibération des Etats du 5 Janvier 1711, & l'ordonnance de M. l'intendant, du 5 Octobre 1712 ; & plus bas, la décision du Roi du 20 Février 1755, & la lettre de M. Bertin, contrôleur général des finances, du 3 Juillet 1763.

CCXII.
ARRÊT
Du Conseil d'Etat du Roi,

Portant attribution à M. de Bernage de Saint-Maurice & autres commissaires, de la discussion des biens du sieur Chalmeton, receveur des tailles à Uzès.

Du 20 Septembre 1729.

EXTRAIT *des Registres du Conseil d'Etat.*

SUR la requête présentée au Roi, en son conseil, par le syndic du diocese d'Uzès ; Contenant, que le sieur Chalmeton, ci-devant receveur des tailles, a été déclaré débiteur envers ledit diocese, par la clôture de ses comptes de la capitation arrêtés en l'année 1725, de la somme de 25,631 livres 19 sols, au payement de laquelle le sieur de Bernage de Saint-Maurice, a ordonné, le 20 Février 1728, qu'il seroit contraint par toutes voies & par corps : Que ledit Chalmeton, qui a diverti ladite somme, s'est réfugié à Avignon, après avoir fait des reconnoissances frauduleuses en faveur de Marie-Anne Rode, son épouse, & depuis qu'il est à Avignon, il a encore passé des actes d'aliénations de partie de ses biens : Que pour la sureté du payement de la dette du diocese, le suppliant, en vertu de l'ordonnance dudit sieur de Bernage de Saint-Maurice, du 7 Décembre 1728, a fait faire une saisie générale des biens & effets dudit Chalmeton, le 15 Juin 1729, & ensuite procéder aux criées & encans : Que d'un autre côté, sa femme & quelques créanciers dudit sieur Chalmeton, d'intelligence avec lui, se sont pourvus devant le sénéchal de la duché d'Uzès, qui a rendu un appointement le 9 Juillet 1729, qui ordonne la vente générale & distribution des biens dudit Chalmeton, avec défenses à tous créanciers, de se pourvoir ailleurs que devant lui ; & cependant, adjuge à la femme dudit Chalmeton, une provision de la somme de 440 livres, & en conséquence, elle a fait assigner le suppliant, par exploit du 16 dudit mois de Juillet, devant ledit Sénéchal, pour se ranger en ladite distribution ; & elle a fait procéder, le 19 du même mois, à une nouvelle saisie générale, avec établissement des sequestres, contre lesquels elle agit pour le payement de sa provisionnelle : Sur quoi, le suppliant a présenté requête au sieur de Bernage de Saint-Maurice, pour demander que, sans avoir égard à l'appointement dudit sénéchal, les exécutions commencées de son autorité sur les biens dudit Chalmeton, fussent continuées & parachevées ; sur laquelle il a ordonné, le 27 dudit mois de Juillet, un communiqué à partie, avec défenses de passer outre sur ledit appointement, & de procéder ailleurs que devant lui, & d'autant que la somme de 25,631 livres 19 sols due au diocese d'Uzès par le sieur Chalmeton, procede des deniers de la capitation, dont la connoissance a été attribuée spécialement au sieur intendant de la province, & qu'il ne seroit pas juste que le suppliant fût exposé pour une dette aussi privilégiée que celle dont il s'agit, de suivre un procès de distribution, qui sera porté en différens tribunaux, & dont les grands frais absorberont les biens dudit Chalmeton. A CES CAUSES, requéroit qu'il plût à Sa Majesté évoquer à soi & à son conseil, tous les procès qui ont été ou seront intentés par la femme & autres créanciers dudit Chalmeton, devant le sénéchal de la duché d'Uzès ou ailleurs, & en ren-

Ccc ij

voyer la connoissance au sieur de Bernage de Saint-Maurice, maître des requêtes & intendant en Languedoc, pour les juger définitivement & en dernier ressort, avec tels juges qu'il plaira à Sa Majesté de nommer. Vu ladite requête, avec les pieces y attachées : Oui le rapport du sieur le Pelletier, conseiller d'état ordinaire & au conseil royal, contrôleur général des finances ; LE ROI EN SON CONSEIL, a évoqué & évoque à soi & à son conseil, tous les procès qui ont été ou seront intentés par Marie-Anne Rode, épouse dudit Chalmeton, & par ses autres créanciers, devant le sénéchal de la duché d'Uzès ou autres juges, tels qu'ils puissent être ; & iceux, circonstances & dépendances, a renvoyé & renvoie par-devant ledit sieur de Bernage de Saint-Maurice, conseiller du Roi en ses conseils, maître des requêtes ordinaire de son hôtel, & intendant en Languedoc, pour être par lui jugés définitivement, & en dernier ressort, avec les sieurs de Fonbon, président, & de Monclar, conseiller en la cour des comptes & finances de Montpellier, Massillan, président, Montagne, lieutenant principal, Mouftelon, lieutenant particulier, & Joubert, avocat au présidial de Montpellier, leur attribuant à cet effet toute cour, jurisdiction & connoissance, & icelle interdisant à toutes ses autres cours & juges. Permet Sa Majesté audit sieur de Bernage, de subdéléguer pour l'instruction desdits procès, & de nommer pour procureur du Roi & greffier de ladite commission, tels autres officiers qu'il jugera nécessaire. Ordonne Sa Majesté, qu'en cas de maladie ou autre légitime empêchement d'aucuns desdits commissaires, les jugemens qui seront rendus par les autres, au nombre de cinq, auront la même force que s'ils étoient rendus par tous lesdits commissaires, & ce en vertu du présent arrêt, lequel sera exécuté nonobstant oppositions & autres empêchemens quelconques, dont si aucuns interviennent, Sa Majesté s'est réservée & à son conseil la connoissance. FAIT au conseil d'état du Roi, tenu à Versailles, le vingtieme jour de Septembre mil sept cent vingt-neuf. Collationné.

Signé, GUYOT.

CCXIII.
ARRÊT
DU CONSEIL D'ETAT DU ROI,

Qui ordonne que les receveurs des tailles & taillon de Languedoc, seront reçus au payement du prêt & annuel de leurs offices, pendant les neuf années portées par la déclaration du 22 Juillet 1731, sur le pied des deux tiers de leurs évaluations.

Du 19 Août 1732.

EXTRAIT *des Registres du Conseil d'Etat.*

SUR la requête présentée au Roi, en son conseil, par les receveurs de tailles & taillon de la province de Languedoc ; Contenant, que par arrêt du conseil, du 28 Décembre 1723, Sa Majesté eut la bonté d'ordonner, qu'ils seroient reçus au payement du prêt & annuel de leurs offices, pendant les neuf années portées par la déclaration du 9 Août 1722, sur le pied des deux tiers de leurs évaluations ; & comme les neuf années portées par cette déclaration sont expirées, & qu'elle a été renouvelée par une autre déclaration du 22 Juillet 1731 ; Que les motifs qui ont donné lieu à l'arrêt du 28 Décembre 1723 subsistent aujourd'hui, & sont même devenus plus pressans par les arrérages immenses des impositions qui sont dus aux receveurs, qui les obligent à des emprunts considérables pour satisfaire à leurs engagemens; Que d'ailleurs le revenu de leurs charges est considérablement diminué depuis le premier Janvier 1725, par la réduction de leurs augmentations de gages au denier cent, & par les taxes qu'ils ont payées pour le droit de confirmation, les suppliants espèrent que Sa Majesté voudra bien leur accorder une diminution encore plus considérable que la premiere, afin de conserver leur crédit, & être en état de faire les avances nécessaires dans les temps difficiles. Requéroient, A CES CAUSES, les suppliants, qu'il plût à Sa Majesté leur accorder la remise de la moitié du prêt & de l'annuel de leurs offices, pendant les neuf années portées par la déclaration du 22 Juillet 1731. VU ladite requête, l'arrêt du conseil du 28 Décembre 1723 : OUI le rapport du sieur Orry, conseiller d'état & ordinaire au conseil royal, contrôleur général des finances ; LE ROI EN SON CONSEIL, ayant aucunement égard à la requête, a ordonné & ordonne que les pourvus des offices de receveurs des tailles & taillon de la province de Languedoc, seront reçus au payement du prêt & annuel de leurs offices, pendant les neuf années portées par la déclaration du 22 Juillet 1731, sur le pied des deux tiers de leurs évaluations, sans tirer à conséquence pour les droits de mutation qui seront payés en entier, ainsi qu'il s'est pratiqué par le passé. FAIT au conseil d'état du Roi, tenu à Marly, le dix-neuvieme jour du mois d'Août mil sept cent trente-deux.

Signé, GUYOT.

CCXIV.
ARRÊT
DU CONSEIL D'ETAT DU ROI ET LETTRES PATENTES,

Qui confirment les receveurs des tailles du Languedoc au droit de jouir d'un denier & demi pour livre sur les impositions de la province, & de deux sols pour livre sur les deniers municipaux des communautés de ladite province.

Du 23 Février 1734.

LOUIS, PAR LA GRACE DE DIEU, ROI DE FRANCE ET DE NAVARRE : A nos amés & féaux conseillers, les gens tenant notre cour des aides & chambre des comptes unie à Montpellier, SALUT. Ayant vu les offres qui nous ont été faites, de porter à notre trésor royal une somme de 600,000 livres, s'il nous plaisoit de faire jouir le proposant des deux sols d'attribution sur les deniers municipaux des communautés de Languedoc, accordés aux receveurs des tailles de la même province ; le premier, par l'édit du mois de Décembre 1689 ; & le second, par autre édit du mois d'Août 1709 ; & d'un denier & demi de taxations, aussi attribué auxdits receveurs sur toutes les impositions de ladite province ; savoir, le denier entier, en conséquence de la déclaration du 15 Janvier 1704, & le demi denier par autre déclaration du 21 Octobre 1710 ; lesdites offres fondées sur ce que toutes lesdites attributions avoient été supprimées par édit du mois de Juin 1725, portant suppression des offices de receveurs & contrôleurs des octrois & deniers patrimoniaux ; & que les receveurs des impositions de Languedoc ayant joui depuis ledit édit du mois de Juin 1725 de toutes les impositions, malgré l'édit de suppression, cette jouissance pouvoit leur tenir lieu de remboursement des finances par eux payées, & que conséquemment la somme de 600,000 livres offerte nous reviendroit en entier, sans que la province fût surchargée d'aucune nouvelle imposition ; étant d'ailleurs indifférent à la province que les deux sols pour livre des deniers municipaux & le denier & demi sur toutes les autres impositions se perçussent en faveur du proposant, ou au profit desdits receveurs : Le mémoire présenté par lesdits receveurs sur la communication desdites offres, par lequel ils ont représenté, que véritablement par édit du mois de Décembre 1689, il leur fut attribué un sol pour livre sur les deniers municipaux que les communautés ont la faculté de s'imposer pour leurs dépenses ; que la répartition s'en fit par le sieur de Basville, lors intendant en Languedoc, sur chaque communauté, & que le produit annuel fut fixé à 15,000 livres, & la finance à 150,000 livres & les deux sols pour livre ; que par édit du mois d'Août 1709, il leur fut encore attribué un second sol pour livre sur la même nature de deniers, qui fut réparti, comme le premier, sur les communautés, & qui produit de même 15,000 livres par année ; que pour ce second sol les receveurs ont payé une finance de 200,000 livres & les deux sols pour livre, attendu que par ce même édit il leur étoit accordé 7500 livres d'augmentations des gages, outre le second sol d'attribution, lesquels gages ont, comme tous les autres, été réduits à un pour cent, & ne leur rapportent actuellement que 2000 livres de rente. Il est vrai que lesdits receveurs jouissent aussi d'un denier & demi pour livre sur toutes les autres impositions de la province, & que le produit en peut monter à 40,000 ou environ par année ; qu'ils ont le denier entier en conséquence de l'édit du mois de Novembre 1703, par lequel nous avons créé des offices de commissaires des tailles & autres impositions de la province de Languedoc ; & par notre déclaration du 15 Janvier 1704, Nous avons obligé les receveurs d'acquérir lesdits offices, dont la finance fut réglée par arrêt de notre conseil du 29 Avril 1704, à la somme de 400,000 livres & les deux sols pour livre, que les receveurs payerent ; & que par autre déclaration du 21 Octobre 1710 Nous avons encore attribué auxdits receveurs un demi denier sur toutes les impositions de la province, moyennant une finance principale de 152,000 livres. Ainsi toutes les finances payées par les receveurs montent au principal de 902,000 livres, & les deux sols pour livre à 90,200 livres ; ce qui fait en tout 992,200 livres. Les receveurs nous ont d'ailleurs représenté qu'ils ne peuvent être compris dans la suppression de l'édit du mois de Juin 1725, puisqu'ils n'ont jamais été créés receveurs ni contrôleurs des octrois & revenus patrimoniaux, & qu'ils n'ont joui & ne jouissent de ces deux sols d'attribution à aucun autre titre d'office, mais seulement au moyen des finances particulieres qu'ils ont payé. Quant au denier & demi de taxations dont ils jouissent sur toutes les impositions de la province, ils ont pareillement représenté, qu'il n'y a dans tout l'édit de 1725 aucune apparence de suppression, ni rien qui ait pu leur donner la moindre atteinte à cet égard. Dans ces circonstances, les receveurs nous ont supplié de vouloir bien rejeter absolument la proposition qui a été faite à notre conseil. Mais, pour donner des marques de leur attachement & de leur zele particulier à contribuer en toutes occasions au besoin de l'état, comme ils l'ont toujours fait, ils nous ont offert d'abandonner du premier Janvier dernier les 2000 livres de gages, pour lesquels ils sont actuellement employés dans nos états, & de payer en outre à notre trésor royal, en augmentation de finance, la somme de 140,000 livres dont il leur sera délivré des quittances de finance, chacun au prorata de ce qu'ils auront contribué dans ladite somme: au moyen de quoi ils demeureront purement & simplement gardés, conservés & confirmés dans la jouissance des deux sols pour livre d'attribution sur les deniers municipaux des communautés de ladite province, & du denier & demi de taxations sur toutes les autres impositions, sans qu'ils puissent jamais être troublés, inquiétés, ni en aucune façon dépossédés, par aucun retranchement ni suppression, qu'en les remboursant entierement en un seul & actuel payement, des finances qu'ils ont ci-devant payées, & de celles qu'ils se soumettent présentement de payer. Et ayant vu l'avis du sieur de Bernage de Saint-Maurice, maître des requêtes, intendant en Languedoc, Nous avons sur ce expliqué nos intentions, par l'arrêt de notre conseil de ce jourd'hui, pour l'exécution duquel, Nous avons ordonné que toutes lettres nécessaires seroient expédiées. A CES CAUSES, de l'avis de notre conseil, qui a vu ledit arrêt ci-attaché sous le contre-scel de notre chancellerie, Nous avons, conformément à icelui, ayant égard aux représentations des receveurs des tailles de ladite province, & voulant les traiter favorablement, accepté, &, par ces présentes signées de notre main, acceptons lesdites offres. Ordonnons en conséquence qu'ils payeront incessamment à notre trésor royal, la somme de 140,000 livres, pour laquelle il leur sera délivré des quittances de finance, chacun au prorata de ce qu'ils auront contribué dans ladite somme. Voulons aussi que les 2000 livres d'augmentations de gages pour lesquels les receveurs sont employés dans nos états, en soient rayés, & qu'ils cessent d'en être payés à commencer du premier Janvier dernier: au moyen de quoi Nous avons maintenu, gardé & conservé lesdits receveurs, & les avons, en tant que de besoin, confirmés dans la jouissance des deux sols pour livre à eux attribués sur les deniers municipaux de la province de Languedoc, par les édits des mois de Décembre 1689 & Août 1709; ensemble, dans celle du denier & demi des taxations aussi à eux attribué sur toutes les impositions de ladite province, par nos déclarations, des 15 Janvier 1704 & 21 Octobre 1710, auxquelles n'entendons aucunement déroger pour ce regard, pour jouir par lesdits receveurs desdites attributions, de la même maniere qu'ils en ont joui jusqu'à présent, sans qu'ils puissent y être troublés ni inquiétés, & en aucune façon dépossédés par aucun retranchement ni suppression des susdits droits, qu'en les remboursant entierement en un seul & actuel payement, tant des finances principales par eux ci-devant payées, que de celles qu'ils payeront en conséquence des présentes. SI VOUS MANDONS que cesdites présentes vous ayez à faire lire & enregistrer, & le contenu en icelles garder & observer selon leur forme & teneur: CAR tel est notre plaisir. DONNÉES à Marly le vingt-troisieme Février, l'an de grace mil sept cent trente-quatre, & de notre regne le dix-neuvieme. *Signé*, LOUIS; *Et plus bas*: Par le Roi, PHELYPEAUX.

VU par le Roi, étant en son conseil, les offres faites à Sa Majesté, de porter au trésor royal une somme de

600,000 livres, s'il plaisoit au Roi de faire jouir le proposant des deux sols d'attribution sur les deniers municipaux des communautés de Languedoc, accordés aux receveurs des tailles de la même province; le premier, par édit du mois de Décembre 1689, & le second par autre édit du mois d'Août 1709, & d'un denier & demi de taxations, aussi attribué auxdits receveurs sur toutes les impositions de ladite province; savoir, le denier entier, en conséquence de la déclaration du 20 Janvier 1704, & le demi denier par autre déclaration du 21 Octobre 1710; lesdites offres fondées sur ce que toutes les attributions avoient été supprimées par édit du mois de Juin 1725, portant suppression des offices de receveurs & contrôleurs des octrois & deniers patrimoniaux; & que les receveurs des impositions de Languedoc ayant joui depuis ledit édit du mois de Juin 1725 de toutes lesdites impositions, malgré l'édit de suppression, cette jouissance pourroit leur tenir lieu de remboursement des finances par eux payées, & que conséquemment la somme de 600,000 livres offerte reviendroit au Roi en entier, sans que la province fût surchargée d'aucune nouvelle imposition; étant d'ailleurs indifférent à la province que les deux sols pour livre des deniers municipaux & le denier & demi sur toutes les autres impositions, se perçussent en faveur du proposant, ou au profit desdits receveurs: le mémoire présenté par lesdits receveurs sur la communication desdites offres; par lequel ils ont représenté, que véritablement par édit du mois de Décembre 1689, il leur fut attribué un sol pour livre sur les deniers municipaux, que les communautés ont la faculté de s'imposer pour leurs dépenses; que la répartition s'en fit par le sieur de Basville, intendant en Languedoc, sur chaque communauté, & que le produit annuel fut fixé à 15,000 livres, & la finance à 150,000 livres & les deux sols pour livre; que par édit d'Août de l'année 1709, il leur fut encore attribué un second sol pour livre sur la même nature de deniers, qui fut réparti, comme le premier, sur les communautés, & qui produisit de même 15,000 livres par année; que pour ce second sol les receveurs ont payé une finance de 200,000 livres & les deux sols pour livre, attendu que par ce même édit il leur étoit accordé 7500 livres d'augmentation de gages, outre le second sol d'attribution, lesquels gages ont, comme tous les autres, été réduits à un pour cent, & ne leur rapportent actuellement que 2000 livres de rente. Il est vrai que lesdits receveurs jouissent aussi d'un denier & demi pour livre sur toutes les autres impositions de la province, & que le produit en peut monter à 40,000 livres ou environ par année; qu'ils ont le denier entier en conséquence de l'édit du mois de Novembre 1703, par lequel Sa Majesté créa des offices de commissaires des tailles & autres impositions de la province de Languedoc; & par sa déclaration du 15 Janvier 1704, Sa Majesté obligea les receveurs d'acquérir lesdits offices dont la finance fut réglée par arrêt du conseil du 29 Avril 1704 à la somme de 400,000 livres & les deux sols pour livre, que les receveurs payerent; que par autre déclaration du 21 Octobre 1710, le Roi attribua encore auxdits receveurs un demi denier sur toutes les impositions de la province, moyennant une finance principale de 152,000 livres. Ainsi toutes les finances payées par les receveurs montent au principal de 902,000 livres, & les deux sols pour livre à 90,200 livres; ce qui fait en tout 992,200 livres. Les receveurs ont d'ailleurs représenté qu'ils ne peuvent être

être compris dans la suppression de l'édit du mois de Juin 1725, puisqu'ils n'ont jamais été créés receveurs ni contrôleurs des octrois & revenus patrimoniaux, & qu'ils n'ont joui & ne jouissent de ces deux sols d'attribution à aucun titre d'office, mais seulement au moyen des finances particulieres qu'ils ont payé. Quant au denier & demi des taxations dont ils jouissent sur toutes les impositions de la province, ils ont pareillement représenté qu'il n'y a dans tout l'édit de 1725 aucune apparence de suppression ; ni rien qui ait pu leur donner la moindre atteinte à cet égard. Dans ces circonstances, les receveurs ont supplié Sa Majesté de vouloir bien rejeter absolument la proposition qui a été faite au conseil. Mais, pour donner des marques de leur attachement & de leur zele particulier à contribuer, en toutes occasions, au besoin de l'état, comme ils l'ont toujours fait, ils ont offert à Sa Majesté d'abandonner, du premier Janvier dernier, les 2000 livres de gages pour lesquels ils sont actuellement employés dans les états de Sa Majesté, & de payer en outre au trésor royal, en augmentation de finance, la somme de 140,000 livres, dont il leur sera délivré des quittances de finance, chacun au prorata de ce qu'ils auront contribué dans ladite somme : au moyen de quoi ils demeureront purement & simplement gardés, conservés & confirmés dans la jouissance des deux sols pour livre d'attribution sur les deniers municipaux des communautés de ladite province, & du denier & demi de taxations sur toutes les autres impositions, sans qu'ils puissent jamais être troublés, inquiétés, ni en aucune façon dépossédés, par aucun retranchement ni suppression, qu'en les remboursant entierement, en un seul & actuel payement, des finances qu'ils ont ci-devant payées,

& de celles qu'ils se soumettent présentement de payer. Vu l'avis du sieur de Bernage de Saint-Maurice, maître des requêtes, intendant en Languedoc : Ouï le rapport du sieur Orry, conseiller d'état & ordinaire au conseil royal, contrôleur général des finances ; SA MAJESTÉ ÉTANT EN SON CONSEIL, ayant égard aux représentations des receveurs des tailles de ladite province, & voulant les traiter favorablement, a accepté & accepte lesdites offres. Ordonne en conséquence qu'ils payeront incessamment au trésor royal la somme de 140,000 liv. pour laquelle il leur sera délivré des quittances de finance, chacun au prorata de ce qu'ils auront contribué dans ladite somme. Veut Sa Majesté que les 2000 livres d'augmentations de gages pour lesquelles les receveurs sont employés dans les états de Sa Majesté en soient rayés, & qu'ils cessent d'en être payés à commencer du premier Janvier dernier : au moyen de quoi Sa Majesté a maintenu, gardé & conservé lesdits receveurs, & les a, en tant que de besoin, confirmés dans la jouissance des deux sols pour livre à eux attribués sur les deniers municipaux de la province de Languedoc, par les édits des mois de Décembre 1689 & Août 1709 ; ensemble, dans celle du denier & demi de taxations aussi à eux attribué sur toutes les impositions de ladite province, par les déclarations des 15 Janvier 1704 & 21 Octobre 1710, auxquelles Sa Majesté n'entend aucunement déroger, pour ce regard, pour jouir par lesdits receveurs desdites attributions, de la même maniere qu'ils en ont joui jusqu'à présent ; sans qu'ils puissent y être troublés ni inquiétés, & en aucune façon dépossédés, par aucun retranchement ni suppression des susdits droits, qu'en les remboursant entierement, en un seul & actuel paye-

ment, tant des finances principales par eux ci-devant payées, que de celles qu'ils payeront en conséquence du présent arrêt, sur lequel toutes lettres nécessaires seront expédiées, si besoin est. FAIT au conseil d'état du Roi, Sa Majesté y étant, tenu à Marly le vingt-troisieme Février mil sept cent trente-quatre.
Signé, PHELYPEAUX.

Les présentes, avec l'arrêt du conseil y attaché, ont été regiſtrées ès regiſtres de la cour des comptes, aides & finances de Montpellier, pour être exécutées ſelon leur forme & teneur, & le contenu gardé & obſervé ſuivant la volonté de Sa Majeſté, ſuivant l'arrêt rendu par ladite cour, les chambres & ſemeſtres aſſemblés : Ouï & ce requérant le procureur général du Roi, le premier Avril mil sept cent trente-quatre.
Signé, ALBISSON.

CCXV.
ARRÊT
DU CONSEIL D'ETAT DU ROI,

Qui caſſe un arrêt de la cour des aides de Montpellier, du 2 Octobre 1732, ordonne l'exécution du jugement rendu par MM. les commiſſaires du Roi aux Etats, le 31 Janvier 1729, & permet au ſieur Hugonnet d'exercer ſon recours contre les conſeillers politiques, collecteurs, cautions & nominateurs de la communauté de Brems, des années 1704 & 1705.

Du 24 Avril 1735.

EXTRAIT des Regiſtres du Conſeil d'Etat.

SUr la requête préſentée au Roi, étant en ſon conseil, par le Syndic général de la province de Languedoc; Contenant que les collecteurs de la communauté de Brems, dioceſe d'Alby, en l'année 1705, ayant diverti une ſomme conſidérable ſur les deniers de l'impoſition, le ſieur David, receveur des tailles en exercice, exerça ſa contrainte contre les conſuls, cautions, conſeillers politiques, délibérans & nominateurs des années 1704 & 1705. Que comme ce recours intéreſſoit la plus grande partie des habitans contribuables de la communauté, il fut pris une premiere délibération, le 25 Avril 1707, d'impoſer la ſomme de mille livres, pour être payée au receveur des tailles à la libération de l'impoſition de l'année 1705; & une ſeconde, le 20 Octobre de la même année, par laquelle la communauté conſentit que Jean Hugonnet & autres collecteurs en ladite année, payaſſent au ſieur David, receveur, la ſomme de 9000 livres pour les ſommes à lui dues de reſte des impoſitions de ladite année 1705. Que Hugonnet & les autres collecteurs étant encore en reſte en l'année 1708 avec le receveur, il reprit les exécutions par lui commencées, & les dirigea contre ledit Hugonnet, qui avoit été un des conſeillers politiques en l'année 1705, & qui en cette qualité étoit reſponſable du divertiſſement. Que Hugonnet forma oppoſition aux pourſuites en la cour des aides, & y fit appeler en garantie les autres conſeillers politiques de ladite année; mais que par arrêt de ladite cour, du 13 Mars 1710, il fut débouté de ſon oppoſition, & la garantie lui fut adjugée avec dépens, dommages & intérêts. Que quelques particuliers qui ſe trouvoient plus expoſés à l'effet de cette garantie, trouverent le moyen d'engager la communauté à s'en charger, & les dépens, dommages & intérêts dudit Hugonnet furent liquidés à la ſomme de 1425 livres, que la communauté s'obligea de payer; ſavoir, 500 livres comptant, & les 925 livres restantes, en la maniere & aux termes qui sont expliqués dans la transaction du 3 Août 1711. Qu'il y eut ensuite de nouvelles contestations entre Hugonnet & la communauté, au sujet de l'exécution de cette transaction, lesquelles furent d'abord réglées par une sentence arbitrale du 19 Avril 1720 ; mais que ledit Hugonnet en ayant interjeté appel en la cour des aides, il y intervint un arrêt le 28 Août 1723, qui réforma ladite sentence, condamna les consuls à payer les sommes portées par la transaction, & ordonna, avant faire droit sur la demande en condamnation des dommages & intérêts, à raison du défaut d'exécution de ladite transaction, que Hugonnet feroit appeler les y compris & nommés, & les consuls de l'année 1714. Que dans la suite, les consuls de Brems ayant opposé, lors de l'exécution dudit arrêt, le défaut de vérification de la dette comprise en ladite transaction, il fut ordonné par arrêt du 19 Février 1724, que ladite dette seroit portée en vérification devant les sieurs commissaires du Roi aux Etats. Que les consuls ayant remis en conséquence au greffe desdits sieurs commissaires l'addition à l'état des dettes de la communauté, par jugement du 31 Janvier 1729, la somme de 925 livres fut rayée, & il fut ordonné que ledit Hugonnet restitueroit les sommes qui avoient été payées à sa décharge, en conséquence de ladite transaction du 3 Août 1711, ensemble celle de 411 livres 9 sols 9 deniers, qui avoit été payée à plusieurs collecteurs, pour arrérages de tailles par lui dues, sauf à lui son recours contre les conseillers politiques des années 1704 & 1705, pour les sommes qu'il justifieroit avoir payées au receveur, au-delà toutefois de celle de 1000 livres imposée en l'année 1707, pour le payement des arrérages des tailles dues au receveur. Que quoique ce jugement eût indiqué audit Hugonnet le recours qu'il devoit exercer, sans qu'il lui fût permis d'aller au-delà, il a cependant fait assigner en la cour des aides, non-seulement les conseillers politiques desdites années 1704 & 1705, mais encore les délibérans compris & nommés en la transaction du 3 Août 1711, & les consuls des années 1714 & 1718, où il a obtenu arrêt le 2 Octobre 1732, qui a ordonné l'exécution de celui du 13 Mars 1710 ; & en conséquence a condamné les conseillers politiques de l'année 1705 au payement de la somme de 1425 livres, à laquelle avoient été liquidées toutes les condamnations portées par ledit arrêt de 1710, ensemble aux intérêts de ladite somme, & en la moitié des dépens, dont la condamnation est prononcée par les arrêts précédens ; & a condamné aussi les délibérans compris & nommés en la transaction du 3 Août 1711, aux dommages & intérêts prétendus soufferts par ledit Hugonnet depuis ladite transaction, suivant la liquidation qui en seroit faite, & en l'autre moitié des dépens. Que depuis ce premier arrêt, ledit Hugonnet en a obtenu un qui lui a accordé la contrainte solidaire, & un autre qui a liquidé les dépens, dommages & intérêts par lui prétendus à 6000 livres, non compris les frais de ces deux arrêts, les épices, frais de l'expédition, taxe des dépens & droits réservés, & ceux que ledit Hugonnet fait encore aujourd'hui sans ménagement, soit par les saisies, soit par le séjour d'un commissaire sur les lieux pour y procéder, en exécution des arrêts de la cour des aides. Qu'il se trouve même que ceux des habitans contribuables, qui n'étoient point dans le cas d'être exposés à la garantie qui lui a été accordée par lesdits arrêts, sont engagés dans cette affaire, comme féqueltres des effets ou des biens faisis fur les autres habitans ; de forte que toute la communauté reſſent les fuites funeſtes de cette affaire. Que d'un autre côté le receveur, qui craint avec raifon que les pourfuites dudit Hugonnet ne nuifent à fon recouvrement, ne ceſſe de preſſer le payement des impofitions courantes, en multipliant les garnifons ; ce qui fait craindre que les habitans de cette communauté fe trouvant accablés par cette multitude de pourfuites, ne foient obligés d'abandonner leurs biens. Que cette communauté ne feroit pas expoſée à de fi grands maux, fi ledit Hugonnet s'étoit conformé au réglement prefcrit par l'arrêt du confeil, du 22 Mai 1697, fuivant lequel les créanciers des communautés dont les dettes font rayées, ne peuvent exercer leur recours que contre ceux qui leur font indiqués par le jugement de radiation. Que c'eſt auſſi ce qui prouve que fes pourfuites, enfemble les arrêts qui ont été donnés par la cour des aides, & tout ce qui a été fait en conféquence, doivent être caſſés comme contraires à ce réglement. Que ledit Hugonnet devoit, ou exécuter le jugement defdits ſieurs commiſſaires, ou fe pourvoir par appel au conſeil. Qu'il ne pouvoit pas attaquer les délibérans compris en la tranfaction de 1711, ni même reprendre l'exécution de l'arrêt du 13 Mars 1710, qui lui avoit accordé des dommages & intérêts. Que le jugement des ſieurs commiſſaires du Roi étoit la feule regle qu'il devoit fuivre, ou fuppofé qu'il voulût en appeler, foit pour qu'il lui fût permis de reprendre l'exécution de l'arrêt de 1710, foit pour faire valoir fes autres prétentions, il ne pouvoit fe pourvoir qu'au confeil, feul compétant pour connoître des plaintes ou oppofitions auxdits jugemens, fuivant les arrêts du confeil, des 21 Juillet 1636, 19 Juin 1641, 17 Décembre 1675 & 9 Juillet 1678. Requéroit, A CES CAUSES, le fyndic général, qu'il plût à Sa Majefté caſſer avec dépens, dommages & intérêts les pourfuites faites par ledit Hugonnet en la cour des aides, au préjudice du jugement des ſieurs commiſſaires du Roi aux Etats, du 31 Mai 1729, enfemble l'arrêt de la cour des aides, du 2 Octobre 1732, & tous autres arrêts que ladite cour auroit pu donner en conféquence ; comme auſſi, les faifies & autres procédures faites en exécution defdits arrêts ; & ordonner audit Hugonnet de fe conformer au jugement defdits ſieurs commiſſaires, en ce qui concerne le recours qui lui eſt indiqué, fauf à lui néanmoins, fi bon lui femble, de fe pourvoir au confeil contre ledit jugement. Vu l'arrêt du confeil, du 22 Mai 1697, qui ordonne, entr'autres chofes, que les commiſſaires de la vérification des dettes feront mention dans leurs ordonnances, des délibérans contre lefquels les créanciers pourront exercer leur recours ; & fait défenfes, tant auxdits créanciers qu'aux délibérans, d'agir contre les autres habitans de la communauté, à peine de tous dépens, dommages & intérêts ; le jugement des ſieurs commiſſaires préfidens pour Sa Majefté aux Etats de Languedoc, du 31 Janvier 1729, qui ordonne la radiation de la fomme de 925 livres, condamne Hugonnet à reftituer les fommes qui ont été payées à fa décharge par la communauté de Brems, fauf fon recours contre les confeillers politiques des années 1704 & 1705, en la maniere exprimée par ledit jugement ; l'arrêt de la cour des aides, du 2 Octobre 1732, qui accorde audit Hugonnet fa garantie contre les confeillers politiques de l'année 1705, & contre les compris & nommés en la transaction du 3 Août 1711, pour les sommes y exprimées : Oui le rapport du sieur Orry, conseiller d'état ordinaire & au conseil royal, contrôleur général des finances; LE ROI ÉTANT EN SON CONSEIL, sans avoir égard à l'arrêt de la cour des aides de Montpellier, du 2 Octobre 1732, ni à tout ce qui s'en est ensuivi, que Sa Majesté a cassé & annullé, a ordonné & ordonne que le jugement des sieurs commissaires présidens pour Sa Majesté aux Etats de la province de Languedoc, du 31 Janvier 1729, sera exécuté sauf l'appel au conseil ; & néanmoins permet Sa Majesté audit Hugonnet d'exercer son recours comme il avisera bon être, tant contre les conseillers politiques des années 1704 & 1705, conformément audit jugement, que contre les collecteurs, cautions & nominateurs desdites années, pour le payement des sommes qu'il justifiera avoir payé au receveur, au-delà toutefois de celle de 1000 livres imposée en 1707, pour les arrérages des tailles de l'année 1705 ; lui faisant Sa Majesté défenses de faire aucunes poursuites contre les dénommés & compris dans la transaction de 1711, ni autres, tant pour le payement des sommes y contenues, que pour ses prétendus dommages, intérêts & frais. FAIT au conseil d'état du Roi, Sa Majesté y étant, tenu à Versailles, le vingt-quatrieme jour du mois d'Avril mil sept cent trente-cinq.

Signé, PHELYPEAUX.

LOUIS, PAR LA GRACE DE DIEU, ROI DE FRANCE ET DE NAVARRE : A notre amé & féal conseiller en nos conseils, & en notre conseil d'état, le sieur de Bernage de Saint-Maurice, intendant & commissaire départi pour l'exécution de nos ordres en notre province de Languedoc, SALUT. Nous vous mandons & enjoignons par ces présentes signées de Nous, de tenir la main à l'exécution de l'arrêt dont l'extrait est ci-attaché sous le contre-scel de notre chancellerie, cejourd'hui donné en notre conseil d'état pour les causes y contenues ; Commandons au premier notre huissier ou sergent sur ce requis, de faire pour l'entiere exécution dudit arrêt tous actes & exploits nécessaires, sans autre permission : CAR tel est notre plaisir. DONNÉ à Versailles, le vingt-quatrieme jour d'Avril, l'an de grace mil sept cent trente-cinq, & de notre regne le vingtieme. *Signé*, LOUIS. *Et plus bas*; Par le Roi, PHELYPEAUX. *Et scellé.*

CCXVI.
ARRÊT
DU CONSEIL D'ETAT DU ROI,

Qui évoque les procès qui ont été ou seront intentés à l'occasion de la distribution des biens du sieur Rabinel, receveur des tailles du diocese de Mirepoix, & iceux renvoyés pardevant M. de Bernage de Saint-Maurice, conseiller d'état, intendant en Languedoc, pour les juger définitivement & en dernier ressort, conjointement avec les autres commissaires nommés audit arrêt.

Du 4 Septembre 1736.

EXTRAIT *des Registres du Conseil d'Etat.*

SUR la requête présentée au Roi, étant en son conseil, par le syndic général de la province de Languedoc ; Contenant, que le sieur Rabinel, receveur des tailles du diocese de Mirepoix, décédé au mois d'Octobre 1734, est demeuré reliquataire envers le trésorier de la bourse de la province de Languedoc, de la somme de 76,555 livres

16 sols 9 deniers, & envers le diocese de Mirepoix, de celle de 32,633 livres 1 sol 6 deniers, outre plusieurs autres sommes dues à des créanciers particuliers ; & que la poursuite d'une instance d'ordre devant les juges ordinaires, & les conflicts de jurisdiction qui pourroient naître à cette occasion, seroient très-dispendieux, & consommeroient la meilleure partie des effets, qui consistent principalement audit office de receveur, ce qui causeroit une perte considérable à la province, & en particulier au diocese de Mirepoix, lequel est créancier dudit sieur Rabinel, pour deniers provenant de la capitation, dont la connoissance est attribuée audit sieur intendant de la province : Que lors de la faillite des sieurs Degua, receveur des tailles du diocese de Carcassonne, & Chalmeton, receveur des tailles du diocese d'Uzès, Sa Majesté évoqua par arrêts des 13 Novembre 1725, & 20 Septembre 1729, les procès qui avoient été & seroient intentés à l'occasion de ces faillites, & les renvoya pardevant le sieur de Bernage de Saint-Maurice, intendant en Languedoc, pour être par lui jugés définitivement & en dernier ressort, avec les autres commissaires nommés par lesdits arrêts ; & d'autant qu'il s'agit d'un fait semblable, Requéroit, A CES CAUSES, le suppliant, qu'il plût à Sa Majesté évoquer à Elle & à son conseil, tous les procès qui ont été ou seront intentés par les créanciers dudit sieur Rabinel, en quelque tribunal qu'ils ayent été ou qu'ils puissent être portés au sujet de la distribution de ses biens, & iceux, circonstances & dépendances, renvoyer pardevant le sieur de Bernage de Saint-Maurice, conseiller d'état, intendant en Languedoc, pour être par lui jugés définitivement & en dernier ressort, avec tels commissaires qu'il plaira à Sa Majesté de nommer.

Vu ladite requête, les arrêts du conseil y énoncés, & tout considéré : Ouï le rapport du sieur Orry, conseiller d'état ordinaire au conseil royal, contrôleur général des finances ; SA MAJESTÉ ÉTANT EN SON CONSEIL, a évoqué & évoque à soi & à son conseil tous les procès qui ont été ou seront intentés entre les créanciers dudit Rabinel au sujet de la distribution de ses biens, en quelque cour & jurisdiction qu'ils ayent été ou soient portés, & iceux, circonstances & dépendances, a renvoyé & renvoie pardevant ledit sieur de Bernage de Saint-Maurice, conseiller d'état, intendant en Languedoc, pour être par lui jugés définitivement & en dernier ressort, avec les sieurs de Fonbon, président, de Veissieres & de Bon, conseillers à la cour des aides de Montpellier, de Massilian, juge-mage, Moustelon, lieutenant particulier, de Lagarde & Jausserand, conseillers au présidial, Ugla & Baudouin, avocats à ladite cour des aides ; leur attribuant à cet effet toute cour, jurisdiction & connoissance, & icelle interdisant à toutes ses cours & autres juges : Permet Sa Majesté audit sieur de Bernage de Saint-Maurice, de subdéléguer pour l'instruction desdits procès, & de nommer pour greffier de ladite commission, telles personnes capables qu'il avisera bon être, même de commettre un procureur du Roi, si le cas y échoit : Ordonne en outre Sa Majesté, qu'en cas de maladie, ou autre légitime empêchement d'aucuns desdits commissaires, les jugemens qui seront rendus par les autres, au nombre de cinq, auront la même force que s'ils étoient rendus par tous lesdits commissaires ; & ce, en vertu du présent arrêt, lequel sera exécuté nonobstant oppositions, & autres empêchemens quelconques, dont si aucuns interviennent, Sa Majesté s'est réservée & à son conseil la connoissance. FAIT au conseil d'état du Roi, Sa Majesté y étant, tenu à Versailles, le quatrieme jour de Septembre mil sept cent trente-six.

Signé, PHELYPEAUX.

LOUIS, PAR LA GRACE DE DIEU, ROI DE FRANCE ET DE NAVARRE: A notre amé & féal conseiller d'état, le sieur de Bernage de Saint-Maurice, intendant en Languedoc, SALUT. Nous vous mandons & ordonnons par ces présentes, signées de notre main, de procéder à l'exécution de l'arrêt ci-attaché sous le contre-scel de notre chancellerie, cejourd'hui donné en notre conseil d'état, Nous y étant, par lequel Nous avons évoqué à Nous & à notre conseil, tous les procès qui ont été ou seront intentés entre les créanciers du sieur Rabinel, au sujet de la distribution de ses biens, en quelque cour & jurisdiction qu'ils ayent été ou soient portés, & iceux, circonstances & dépendances, Nous avons renvoyé pardevant vous, pour être par vous jugés définitivement & en dernier ressort, avec les sieurs de Fonbon, président, de Veissieres & de Bon, conseillers en notredite cour des aides de Montpellier, de Massilian, juge-mage, & Moustelon, lieutenant particulier, de Lagarde & Jausserand, conseillers au présidial, Ugla & Baudouin, avocats à notredite cour des aides; vous attribuant à cet effet toute cour, jurisdiction & connoissance, & icelle interdisant à toutes nos cours & autres juges: Commandons au premier notre huissier ou sergent sur ce requis, de signifier ledit arrêt à tous qu'il appartiendra, à ce que personne n'en ignore, & de faire en outre pour son entiere exécution, tous actes & exploits requis & nécessaires, sans autre permission: CAR tel est notre plaisir. DONNÉ à Versailles, le quatrieme jour de Septembre, l'an de grace mil sept cent trente-six, & de notre regne le vingt-deuxieme. *Signé*, LOUIS: Et plus bas; Par le Roi, PHELYPEAUX. Et scellé.

CCXVII.
ORDONNANCE
DE NOSSEIGNEURS LES COMMISSAIRES Nommés par les lettres patentes du 30 Janvier 1734.

Concernant les droits de quittance attribués aux receveurs des tailles & taillon, & aux contrôleurs des tailles.

Du 24 Mars 1737.

LES COMMISSAIRES NOMMÉS pour régler tout ce qui concerne l'administration des affaires des communautés de la province de Languedoc.

SUr ce qui Nous a été représenté par le syndic général de ladite province, qu'indépendamment de ce qui a été accordé aux receveurs des tailles, à raison du droit de quittance, par les articles passés entre les Etats & lesdits receveurs, en l'année 1610, lesquels articles furent autorisés par un arrêt du conseil du 29 Octobre 1611, il leur a été encore attribué d'autres droits de quittance par Sa Majesté, moyennant la finance qu'ils ont payée en conséquence de l'édit du mois d'Octobre 1693, & de l'arrêt du conseil, du 21 Décembre 1694, d'un autre édit du mois de Novembre 1707, & de la déclaration du 18 Août 1708. Qu'il a été aussi attribué de pareils droits de quittance aux receveurs du taillon par les susdits édits, déclarations & arrêts; & qu'il en a même été attribué aux contrôleurs des tailles, outre & par-dessus ceux qui leur avoient été précédemment attribués par un édit du mois de Mars 1639; lesquels droits reviennent tous ensemble, pour chaque communauté, à la somme de dix-neuf livres seize sols, y compris huit sols attribués aux contrôleurs des tailles, pour le port des mandes. Que la diversité qu'on a remarquée depuis long-temps dans les sommes que les communautés imposent par ces différens droits de quittance, a donné lieu d'en rechercher la cause. Qu'on n'a pas été surpris que plusieurs communautés fussent dans l'usage d'imposer une somme moindre que celle de dix-neuf livres seize sols, parce qu'il a été permis aux diocèses de la province, par arrêt du conseil du 20 Septembre 1695, de rembourser aux receveurs les sommes qu'ils auroient financées pour le nouveau droit de quittance qui leur avoit été attribué en l'année 1694; mais qu'il doit paroître surprenant qu'un grand nombre des communautés soient dans l'usage d'imposer au profit des receveurs, à raison des droits de quittance, au-delà de dix-neuf livres seize sols, & plus encore, que cette imposition ne soit pas la même dans toutes les communautés d'un même diocèse, quoique l'attribution des droits de quittance soit égale pour toutes les communautés. Que de plus, parmi les différens droits de quittance dont il a été parlé ci-dessus, ceux qui sont attribués aux contrôleurs des tailles paroissent mériter un examen particulier, en ce que lesdits offices n'ont jamais été exercés dans la province, qu'ils sont vacans depuis un très-grand nombre d'années, & que lesdits droits de quittance sont perçus par les porteurs de quittances de finances, auxquels il peut se faire qu'ils ne soient pas dus. Qu'enfin, plusieurs communautés sont dans l'usage d'imposer au profit des receveurs le montant du droit d'avis & premier commandement, quoique suivant l'arrêt du conseil, du 20 Septembre 1689, il soit défendu de rien imposer à ce sujet, attendu que les frais de l'avis & commandement pour le premier terme, doivent être acquittés sur les fonds des dépenses imprévues, que ceux des autres termes doivent être supportés par les collecteurs, & que les uns & les autres ne sont dus aux receveurs que lorsqu'ils ont effectivement donné lesdits avis & fait lesdits commandemens. Et comme il importe de déterminer pour l'avenir les sommes qui doivent être imposées par les communautés de chaque diocèse à raison des droits de quittance, Requéroit, A CES CAUSES, qu'il Nous plût ordonner que les receveurs des tailles & du taillon, ensemble ceux qui prétendent avoir droit de jouir des droits de quittance attribués aux contrôleurs des tailles, & tous les particuliers acquéreurs desdits droits, qu'il a été permis aux receveurs de détacher de leurs offices, représenteront pardevant Nous dans le délai qu'il Nous plaira de fixer, les titres en vertu desquels ils prétendent avoir droit d'en jouir; autrement, & à faute de ce faire, qu'ils en demeureront déchus; & que cependant l'imposition continuera d'en être faite dans chaque communauté, à condition toutefois qu'elles ne pourront rien imposer, sous quelque prétexte que ce puisse être, à raison desdits droits de quittance, au-delà de dix-neuf livres seize sols, y compris huit sols pour le port des mandes; & que les communautés qui sont dans l'usage d'imposer une somme moindre, ne pourront rien ajouter à ladite imposition; comme aussi qu'il soit fait défenses aux communautés de rien imposer au profit desdits receveurs pour les frais de l'avis & commandement, sauf à elles à payer lesdits frais sur le fonds

fonds des dépenses imprévues pour le premier terme, & aux collecteurs de supporter lesdits frais pour les autres termes, le tout seulement dans le cas où lesdits receveurs auront effectivement donné ledit avis & fait ledit commandement, & sous les peines portées par l'arrêt du conseil du 20 Septembre 1689.

VU la requête, les articles convenus entre les Etats de ladite province, & les receveurs des tailles des dioceses le 20 Novembre 1610; l'arrêt du conseil du 29 Octobre 1611, qui autorise lesdits articles; l'arrêt de la cour des comptes, aides & finances de Montpellier, du 17 Septembre 1655; l'édit du mois d'Octobre 1693, & l'arrêt du conseil du 20 Septembre 1694; autre arrêt du conseil du 20 Septembre 1695; l'édit du mois de Novembre 1707, & la déclaration du 18 Août 1708; & finalement l'arrêt du conseil du 20 Septembre 1689:

Nous Commissaires, avons ordonné ce qui suit.

I.

Les receveurs des tailles & taillon, ensemble les particuliers qui jouissent des droits de quittance détachés de leurs offices, ou du droit de contrôle, rapporteront dans le mois, à compter du jour de la sommation qui leur en sera faite, devers le greffe de la commission, les titres en bonne forme, servant à justifier les droits de quittance & de contrôle dont ils jouissent dans chaque communauté, ensemble le droit de huit sols pour le port des mandes, avec un inventaire des susdits titres, au pied duquel le greffier sera tenu de leur donner acte de ladite remise. Ordonnons en outre qu'à la diligence du syndic général, il sera envoyé au syndic de chaque diocese une copie collationnée par le greffier de la commission des susdits actes & titres, à l'effet de les impugner, si bon leur semble, & de déclarer si les dioceses ont éteint partie desdits droits par le remboursement qu'il leur a été permis d'en faire, & de justifier audit cas dudit remboursement; pour sur l'examen desdits titres, & les réponses des syndics des dioceses rapportées à notre greffe, & communiquées au syndic général, être par nous procédé à la liquidation des différens droits de quittance qui se trouveront valablement établis au profit desdits receveurs & particuliers sur les communautés dans chaque diocese.

I I.

Faute par lesdits receveurs & particuliers de satisfaire à la remise ordonnée par l'article ci-dessus, nous ordonnons qu'ils demeureront déchus de la perception desdits droits; & néanmoins permettons aux communautés d'en continuer l'imposition, pourvu toutefois qu'elle n'excede pas la somme de dix-neuf livres seize sols, y compris huit sols pour le port des mandes. Faisons défenses aux consuls, greffiers & départeurs des impositions, de rien imposer au-delà, à peine d'en répondre en leur propre & privé nom, non-obstant tout usage contraire, auquel nous leur défendons de se conformer, jusqu'à ce qu'il en ait été par nous autrement ordonné.

I I I.

Les communautés qui sont dans l'usage d'imposer à raison des trois quittances, une somme moindre que celle de dix-neuf livres seize sols, continueront de se conformer à l'usage par elles observé, jusqu'à ce que lesdits droits ayent été par nous définitivement réglés, sur l'examen des titres dont la remise a été ci-devant ordonnée, sans qu'il puisse être permis auxdites communautés de rien ajouter à ladite imposition, sous quelque prétexte que ce puisse être.

IV.

Faisons très-expresses défenses aux consuls, greffiers & départeurs des impositions des communautés, de rien imposer, directement ni indirectement, même sous le nom de droit de quittance pour les frais de l'avis, & pour ceux du premier commandement que les receveurs sont en droit de faire aux collecteurs à l'échéance de chaque terme, sauf auxdits consuls à payer les frais dudit avis & premier commandement pour le premier terme seulement sur le fonds des dépenses imprévues, & aux collecteurs à payer en leur propre lesdits frais pour les autres deux termes, pourvu toutefois que les receveurs donnent lesdits avis, & qu'ils fassent lesdits commandemens, & non autrement, le tout sous les peines portées par l'arrêt du conseil du 20 Septembre 1689, lequel sera exécuté selon sa forme & teneur.

V.

Et sera la présente ordonnance envoyée à la diligence du syndic général aux syndics des dioceses, & par eux aux consuls des villes & communautés, afin qu'ils ayent à s'y conformer dans les préambules des impositions de la présente année; & seront pareillement tenus lesdits syndics des dioceses de sommer les receveurs des tailles & taillon, & les particuliers qui seront par eux indiqués comme acquéreurs de quelqu'un des droits de quittance & de contrôle énoncés ci-dessus, ensemble du port des mandes, de représenter leurs titres, & de les remettre au greffe de la commission dans le mois, conformément à l'article premier de notre présente ordonnance, laquelle sera lue, publiée & affichée par-tout où besoin sera, & exécutée nonobstant oppositions & appellations quelconques, & sans y préjudicier. FAIT à Montpellier, le vingt-quatrieme Mars mil sept cent trente-sept.

LA FARE LAUGERE.

DE BERNAGE. † CHARLES, év. d'Alais.
VICHET. Le Mquis. DE CALVISSON.

Par Messeigneurs, TOUZART.

CCXVIII.

ARRÊT

DU CONSEIL D'ETAT DU ROI,

Qui autorise la délibération de l'assiette du diocese du Bas-Montauban, & commet en conséquence le sieur du Villa à la recette des tailles & autres impositions dudit diocese pour l'année 1737.

Du 4 Juin 1737.

EXTRAIT *des Registres du Conseil d'Etat.*

SUR la requête présentée au Roi, en son conseil, par Jean-François Despagne, conseiller au parlement de Toulouse; Contenant qu'il est propriétaire des offices de receveur alternatif & triennal des tailles du diocese Bas-Montauban, dont il a fait pourvoir Jean-Jacques Bessonis, lequel se trouvant reliquataire d'une somme considérable envers le trésorier de la bourse de la province de Languedoc, le suppliant qui est garant de sa gestion en qualité de propriétaire des offices, & de caution du maniement dudit Bessonis, pour faire cesser la cause d'une saisie réelle desdits offices faite à la requête dudit sieur trésorier de la bourse, a payé une partie des sommes à lui dues, & est en diligence pour payer le surplus. Et comme ces offices sont en tour d'exercice la présente année, le syndic du diocese Bas-Montauban, pour satisfaire à l'arrêt du conseil du 8 Juillet 1727, a fait faire une sommation audit sieur tréforier de la bourse comme seul créancier dudit Bessonis, de présenter à l'assemblée de l'assiette dudit diocese un sujet propre & suffisamment cautionné, pour faire la recette des tailles & autres impositions dudit diocese la présente année; sinon & à faute de ce, que la levée sera publiée au rabais, & adjugée par les sieurs commissaires du diocese, pour être ensuite ladite adjudication autorisée par Sa Majesté ; laquelle sommation a été dénoncée audit Bessonis & au suppliant en qualité de propriétaire des offices, & de caution dudit Bessonis ; à laquelle sommation ledit sieur tréforier n'ayant fait aucune réponse, le suppliant a présenté à l'assemblée de l'assiette dudit diocese le sieur Pierre du Villa, bourgeois de Castelsarrasy, qui a fait l'exercice de l'année derniere à la satisfaction du diocese & du tréforier de la bourse, pour faire celui de la présente année, aux offres d'être sa caution, & de s'obliger solidairement avec lui de payer le montant de toutes les impositions, tant ordinaires qu'extraordinaires, ès mains dudit tréforier de la bourse ; ce qui a été accepté par l'assemblée de l'assiette dudit diocese par leur délibération du 30 Avril dernier, à la charge par le suppliant de poursuivre l'autorisation de ladite délibération. Requéroit, A CES CAUSES, le suppliant, qu'il plût à Sa Majesté sur ce lui pourvoir. VU ladite requête, ensemble la délibération de l'assemblée de l'assiette dudit diocese Bas-Montauban, du 30 Avril 1737 : OUI le rapport du sieur Orry, conseiller d'état, & ordinaire au conseil royal, controleur général des finances ;

LE ROI EN SON CONSEIL, ayant égard à ladite requête, a autorisé & homologué la délibération prise par l'assemblée de l'assiette du diocese Bas-Montauban, le 30 Avril 1737 ; ce faisant, a commis & commet ledit Pierre du Villa pour faire, au lieu & place dudit Bessonis l'exercice & les fonctions dudit office de receveur des tailles dudit diocese la présente année, aux conditions portées par ladite délibération. Fait Sa Majesté défenses à toutes personnes de le troubler dans ladite recette, à peine de tous dépens, dommages & intérêts, & de demeurer responsables du retardement de la levée des impositions : & seront sur le présent arrêt toutes lettres nécessaires expédiées. FAIT au conseil d'état du Roi, tenu à Versailles le quatrieme Juin mil sept cent trente-sept. *Signé*, DE VOUGNY.

CCXIX.
ORDONNANCE
DE NOSSEIGNEURS LES COMMISSAIRES DU ROI ET DES ETATS,

Nommés par lettres-patentes du 30 Janvier 1734.

Concernant les différens droits de quittance attribués aux receveurs des tailles & taillon, & aux contrôleurs des tailles.

Du 22 Janvier 1738.

Les commissaires nommés pour régler tout ce qui concerne l'administration des affaires des communautés de la province de Languedoc.

SUR la requête qui nous a été présentée par le syndic général de ladite province ; Contenant, qu'il fut par Nous rendu le 24 Mars 1737, une ordonnance concernant les droits de

Ece ij

quittance attribués aux receveurs des tailles & taillon, portant que lesdits receveurs, ensemble les particuliers qui jouissent des droits de quittance détachés de leurs offices, ou du droit de contrôle, seront obligés de rapporter les titres en bonne forme, servant à justifier les droits de quittance & de contrôle dont ils jouissent dans chaque communauté, ensemble le droit de huit sols pour le port des mandes, à l'effet d'être par Nous procédé à la liquidation des différens droits de quittance ou de contrôle qui se trouveront valablement établis sur les communautés dans chaque diocese, à peine contre lesdits receveurs & particuliers qui ne satisferont pas à ladite remise de leurs titres, dans le délai porté par ladite ordonnance, de demeurer déchus de la perception desdits droits, desquels néanmoins l'imposition est permise par provision, pourvu qu'elle n'excede pas dans chaque communauté, la somme de dix-neuf livres seize sols, y compris huit sols pour le port des mandes; avec défenses de rien imposer au-delà, nonobstant tout usage contraire : Que par la même ordonnance il fut pareillement fait défenses de rien imposer, directement ni indirectement, même sous le nom de droits de quittance, pour les frais de l'avis, & pour ceux du premier commandement que les receveurs sont en droit de faire aux collecteurs à l'échéance de chaque terme, sauf à être pourvu au payement desdits frais en la maniere portée par ladite ordonnance; Que le suppliant l'a adressée aux syndics des dioceses, tant pour en être donné connoissance aux communautés, afin qu'elles eussent à s'y conformer dans les préambules des impositions de ladite année 1737, que pour sommer les receveurs des tailles & taillon, & les particuliers qui seroient par eux indiqués comme acquéreurs de quelqu'un des susdits droits, de représenter leurs titres, & de les remettre au greffe de la commission dans le délai porté par ladite ordonnance; & que, quoique les syndics des dioceses ayent satisfait à ce qui leur a été prescrit, tant à l'égard des communautés qu'à l'égard des receveurs, & que plusieurs desdits receveurs, contrôleurs & particuliers ayent représenté leurs titres, cependant il en reste encore plusieurs qui sont en demeure de les présenter ; de sorte que pour achever de remplir l'objet que la commission s'est proposée, qui est de faire la liquidation des différens droits de quittance & de contrôle qui se trouveront valablement établis au profit desdits receveurs & particuliers sur les communautés dans chaque diocese, il paroît indispensable de renouveler la disposition de la susdite ordonnance, & d'accorder un nouveau délai auxdits receveurs & particuliers pour la remise de leurs titres, en conséquence des nouvelles sommations qui leur seront faites, passé lequel délai ils seront sujets à telles peines qu'il nous plaira de régler ; & d'ordonner que les communautés seront cependant obligées de se conformer pour la présente année 1738, tant pour ce qui concerne l'imposition des droits de quittance, que par rapport aux frais de l'avis & du premier commandement, à ce qui est porté par notredite ordonnance, & sous les peines y contenues.

VU la requête ; les articles convenus entre les Etats de ladite province & les receveurs des tailles des dioceses, le 20 Novembre 1610. L'arrêt du conseil du 29 Octobre 1611, qui autorise lesdits articles : L'arrêt de la cour des comptes, aides & finances de Montpellier, du 17 Septembre 1655. L'édit du mois d'Octobre 1693,

& l'arrêt du conseil, du 20 Septembre 1694. Autre arrêt du conseil, du 20 Septembre 1695. L'édit du mois de Novembre 1707, & la déclaration du 18 Août 1708. L'arrêt du conseil, du 20 Septembre 1689, & notre ordonnance du 24 Mars 1737.

Nous COMMISSAIRES, avons ordonné & ordonnons, que notredite ordonnance du vingt-quatrieme Mars 1737, sera exécutée selon sa forme & teneur ; & en conséquence :

ARTICLE PREMIER.

Que les receveurs des tailles & taillon, leurs contrôleurs, ensemble les particuliers qui jouissent des droits de quittance détachés de leurs offices, ou du droit de contrôle, rapporteront, si fait n'a été, devers le greffe de la commission, dans le mois, à compter du jour de la signification qui leur sera faite de la présente ordonnance, les titres en bonne forme, servant à justifier les droits de quittance & de contrôle dont ils jouissent dans chaque communauté ; ensemble, le droit de huit sols pour le port des mandes, avec un inventaire des susdits titres, au pied duquel le greffier sera tenu de leur donner acte de ladice remise : Comme aussi, qu'à la diligence du syndic général, il sera envoyé au syndic de chaque diocese, une copie, collationnée par le greffier de la commission, des susdits actes & titres, à l'effet de les impugner, si bon leur semble, & de déclarer si les dioceses ont éteint partie desdits droits par le remboursement qu'il leur a été permis d'en faire, & de justifier, audit cas, dudit remboursement, pour, sur l'examen desdits titres, & les réponses des syndics des dioceses, rapportées à notre greffe, & communiquées au syndic général, être par Nous procédé à la liquidation des différens droits de quittance qui se trouveront valablement établis au profit desdits receveurs, contrôleurs & particuliers, sur les communautés dans chaque diocese.

II.

Que faute par lesdits receveurs, contrôleurs & particuliers, de satisfaire à la remise ordonnée par l'article ci-dessus, ils demeureront déchus de la perception desdits droits, lesquels continueront d'être imposés par provision, seulement pour la présente année 1738, conformément à ce qui sera ordonné ci-après ; faisant défenses aux consuls, greffiers & départeurs des impositions, de rien imposer en l'année 1739, à raison desdits droits, à moins que lesdits receveurs & particuliers n'ayent obtenu pendant le cours de la présente année, une ordonnance qui liquide les sommes dont ils ont droit de jouir en vertu des titres dont ils auront fait la remise.

III.

Permettons aux communautés, de continuer l'imposition desdits droits pour la présente année ; pourvu qu'elle n'excede pas la somme de dix-neuf livres seize sols, y compris huit sols pour le port des mandes : Faisons défenses aux consuls, greffiers & départeurs des impositions, de rien imposer au-delà, à peine d'en répondre en leur propre & privé nom, nonobstant tout usage contraire, auquel Nous leur défendons de se conformer, jusqu'à ce qu'il en ait été par Nous autrement ordonné ; sans toutefois qu'au moyen de la présente permission, les communautés qui sont dans l'usage d'imposer à raison des droits de quittance ou de contrôle, une somme moindre que celle de dix-neuf livres seize sols, puissent rien changer, pour ladite année, à l'usage par elles observé, ni rien ajouter, sous quelque prétexte que ce puisse être, à la somme qu'elles ont accoutumé d'imposer.

IV.

Faisons très-expresses défenses aux consuls, greffiers & départeurs des impositions des communautés, de rien imposer, directement ni indirectement, même sous le nom de droit de quittance, pour les frais de l'avis, & pour ceux du premier commandement que les receveurs sont en droit de faire aux collecteurs à l'échéance de chaque terme ; sauf, auxdits consuls, à payer les frais dudit avis & premier commandement pour le premier terme seulement, sur le fonds des dépenses imprévues, & aux collecteurs, à payer en leur propre lesdits frais pour les autres deux termes, pourvu toutefois que les receveurs donnent lesdits avis, & qu'ils fassent lesdits commandemens, & non autrement ; le tout sous les peines portées par l'arrêt du conseil, du 20 Septembre 1689, lequel sera exécuté selon sa forme & teneur.

V.

Et sera la présente ordonnance envoyée, à la diligence du syndic général, aux syndics des diocèses, & par eux aux consuls des villes & communautés, afin qu'ils ayent à s'y conformer dans les préambules des impositions de la présente année ; & seront pareillement tenus lesdits syndics des diocèses, incontinent après qu'ils auront reçu ladite ordonnance, de la faire signifier aux receveurs des tailles & taillon, à leurs contrôleurs, & aux particuliers qui seront par eux indiqués comme acquéreurs de quelqu'un des droits de quittance & de contrôle énoncés ci-dessus, ensemble du port des mandes ; & de les sommer de représenter leurs titres, & de les remettre au greffe de la commission dans le mois, conformément à l'article premier de notre présente ordonnance ; lesquels exploits de sommation & de signification, ils seront obligés d'envoyer sans délai au syndic général : & sera la présente ordonnance lue, publiée & affichée par-tout où besoin sera, & exécutée nonobstant oppositions & appellations quelconques, & sans y préjudicier. Fait à Montpellier le vingt-deuxième Janvier 1738, *signés*,

De Bernage. † Charles, év. d'Alais.
La Fage. Le Mquis. de Calvisson.
Vichet.

CCXX.
ORDONNANCE
De Nosseigneurs les Commissaires du Roi et des Etats,

Pour obliger les receveurs des tailles du diocèse du Puy, à remettre au greffe de la commission, les titres en vertu desquels les communautés dudit diocèse imposent en leur faveur la somme de trois livres pour chaque déparcellement.

Du 13 Octobre 1739.

Les commissaires nommés par lettres-patentes de Sa Majesté, des 30 Janvier 1734 & 25 Février 1739, pour régler tout ce qui concerne l'administration des affaires des villes & communautés de la province de Languedoc.

Sur ce qui nous a été représenté par le syndic général de la province de Languedoc ; que les receveurs des tailles du diocèse du Puy sont dans l'usage d'exiger, indépendamment des droits de quittance à eux attribués, la somme de trois livres pour le droit de déparcellement des communautés, dont chaque mandement est composé, suivant une ordonnance rendue par

MM. les commissaires du Roi & des Etats, le 16 Décembre 1690; duquel droit néanmoins le chef-lieu dudit mandement a été déclaré exempt par ladite ordonnance; Que ce droit étant particulier aux receveurs des tailles dudit diocese, il seroit à propos d'en connoître les motifs, d'autant plus que ladite ordonnance n'en fait point mention, & qu'elle ne rappelle point les titres sur lesquels il doit être établi; de sorte qu'on ignore comment ce droit a été acquis auxdits receveurs, & s'il l'a été moyennant finance: Que d'ailleurs on a reconnu, par l'examen des préambules des impositions des communautés du diocese du Puy, & par les états de leurs dépenses ordinaires, que ce droit de déparcellement est un objet considérable pour le général du diocese, attendu le grand nombre de parcelles ou dépendances de mandemens, qui reviennent à huit cents ou environ, sur lesquelles lesdits receveurs exigent ledit droit; ce qui produit une imposition annuelle en leur faveur, de la somme de deux mille quatre cents livres. A CES CAUSES, requéroit le suppliant, qu'il nous plût ordonner, que lesdits receveurs seront tenus de remettre au greffe de la commission, dans le délai qui leur sera accordé, les titres en vertu desquels ils ont obtenu la susdite ordonnance du 16 Décembre 1690, au sujet dudit droit de déparcellement; ensemble, un état par eux certifié, contenant les noms des communautés, à raison desquelles ils perçoivent ledit droit; à l'effet d'être lesdits titres & état, communiqués aux sieurs commissaires du diocese, pour être impugnés & débattus par eux: & que faute par lesdits receveurs de satisfaire à ladite remise, il leur soit fait défenses d'exiger à l'avenir ledit droit de déparcellement, & aux communautés de l'imposer, sous telles peines qu'il nous plaira de prescrire.

VU ladite ordonnance des sieurs commissaires du Roi & des Etats, du 16 Décembre 1690, portant, entr'autres choses, que dans chaque parcelle des mandemens qui composent le diocese du Puy, il sera imposé trois livres au profit des receveurs des tailles, pour le droit de déparcellement; duquel droit toutefois le chef-lieu du mandement demeurera exempt:

NOUS COMMISSAIRES, ayant égard aux réquisitions du syndic général, ordonnons que dans un mois, à compter du jour de la signification de notre présente ordonnance, les receveurs des tailles du diocese du Puy seront tenus de remettre au greffe de la commission, les titres en vertu desquels ils ont obtenu la susdite ordonnance du 16 Décembre 1690, au sujet du droit de déparcellement des communautés, dont chaque mandement dudit diocese est composé, & de donner un état exact, certifié par eux, de tous les déparcellemens à raison desquels ils perçoivent ledit droit: ordonnons pareillement, que les titres & l'état qui seront remis en vertu de la présente ordonnance, par lesdits receveurs, seront communiqués aux sieurs commissaires ordinaires dudit diocese, à l'effet d'être impugnés & débattus par eux: & à faute par lesdits receveurs, de satisfaire à ladite remise dans le susdit délai, leur faisons très-expresses inhibitions & défenses, de continuer à exiger ledit droit de déparcellement; & aux consuls, syndics, greffiers & départeurs, de le comprendre dans les impositions des communautés, à peine d'en demeurer responsables en leur propre: Et sera notre présente ordonnance envoyée, à la diligence du syndic général, au syndic du diocese du Puy; lequel sera tenu de la faire signifier auxdits receveurs des tailles, & d'en certifier ledit syndic général dans quinzaine, en lui envoyant les exploits de signification de ladite ordonnance, laquelle sera exécutée nonobstant oppositions & appellations quelconques, & sans y préjudicier. Fait au bureau de la commission, à Montpellier le treizieme Octobre mil sept cent trente-neuf. *Signés par colonnes.*

De Bernage. † Charles, évêque
Vichet. d'Alais.

Par Messeigneurs, Touzart.

CCXXI.
ORDONNANCE
Des commissaires du Roi et des Etats,

Qui regle les droits de quittance dont les receveurs des tailles & du taillon, & les contrôleurs des tailles ont droit de jouir dans chaque diocese.

Du 28 Janvier 1740.

Nosseigneurs les commissaires s'étant assemblés chez Mgr. le duc de Richelieu. Le sieur de Joubert, syndic général, a dit, qu'il a dressé en conséquence des arrêtés de la commission des 2, 11, 12 & 13 Octobre dernier des ordonnances qui reglent, à l'égard des communautés de chaque diocese, les sommes qui doivent être imposées à raison des droits de quittance attribués aux receveurs des tailles, aux receveurs du taillon & aux contrôleurs des tailles, à la réserve seulement du diocese de Mirepoix, à l'égard duquel il a écrit au syndic dudit diocese pour demander de nouveaux éclaircissemens ; Et qu'il convient, après avoir approuvé, si la commission le juge ainsi à propos, lesdites ordonnances, de délibérer qu'elles seront envoyées dans les dioceses avec les commissions, afin que les communautés puissent s'y conformer dès la présente année.

Sur quoi lesdites ordonnances ayant été remises sur le bureau & examinées, ont été signées par Nosseigneurs les commissaires, & les syndics généraux ont été chargés d'en envoyer copie collationnée par le greffier de la commission aux syndics des dioceses avec les commissions pour la tenue des assiettes, afin qu'elles soient exécutées à la prochaine imposition.

Suit l'ordonnance rendue pour les droits de quittance dus par les communautés du diocese de Toulouse, les autres étant dans la même forme ; & un état abrégé des arrêtés concernant lesdits droits dans tous les dioceses de la province.

Les commissaires nommés par lettres patentes de Sa Majesté des 30 Janvier 1734, & 25 Janvier 1739 pour régler tout ce qui concerne l'administration des affaires des villes & communautés de la province de Languedoc.

Vu les articles passés en 1610, entre les Etats généraux de la province & les receveurs des tailles par lesquels il est convenu, à l'article VIII, que lesdits receveurs ne pourront prendre aucun droit de quittance que lorsqu'une nature des deniers sera entierement payée, lequel droit de quittance est réglé à deux sols six deniers, pour une fois seulement, l'arrêt du conseil du 29 Octobre 1611, qui autorise lesdits articles : L'arrêt de la cour des aides du 8 Octobre 1652, donné entre le syndic général de ladite province, les sieurs Poitevin & plusieurs autres receveurs des tailles & du taillon, par lequel ledit droit de quittance fut réglé à quatre livres six sols six deniers, pour la derniere quittance de la taille & à une livre douze sols six deniers pour la derniere quittance

PART. I. DIV. II. LIV. III.

tance du taillon : L'édit du mois de Mars 1639, qui, entre autres dispositions, regle les fonctions des offices des contrôleurs des tailles des généralités de Toulouse & de Montpellier, & leur attribue un droit de quittance de deux sols six deniers pour chaque nature des deniers, au nombre de six, de terme en terme, ensemble huit sols par communauté pour l'envoi des mandes, indépendamment de l'augmentation des gages héréditaires qui leur est attribuée par le même édit, le tout moyennant les sommes auxquelles lesdits contrôleurs ont été taxés au conseil, jusques au payement desquelles sommes les porteurs des quittances de finances du trésorier des parties casuelles, le nom en blanc, doivent jouir de ladite augmentation de gages & droits ci-dessus attribués, revenant ledit droit de quittance à quarante-cinq sols pour chaque communauté à raison des trois termes du payement des impositions : L'édit du mois d'Octobre 1693, portant attribution d'un nouveau droit de quittance aux trésoriers, receveurs, payeurs & tous autres officiers comptables & des finances : L'arrêt du conseil du 21 Décembre 1694, par lequel Sa Majesté a réglé ledit droit de quittance pour les receveurs particuliers des tailles & taillon dans ladite province, à cinq livres douze sols, par paroisse ou communauté; savoir, trois livres douze sols, au profit des receveurs des tailles, & deux livres au profit des receveurs du taillon, aux conditions portées par ledit arrêt, & nommément de jouir, leurs héritiers ou ayant cause dudit droit de quittance héréditairement, conjointement ou séparément de leurs offices : Autre arrêt du conseil du 20 Septembre 1695, par lequel Sa Majesté, conformément à la réponse faite sur l'article XIII du cahier présenté en ladite année, permet aux diocèses de ladite province de rembourser auxdits receveurs des tailles & du taillon les sommes qu'ils ont financé pour le nouveau droit de quittance qu'ils ont acquis : L'édit du mois de Novembre 1707, portant attribution d'un nouveau droit de quittance aux officiers comptables & leurs contrôleurs : La déclaration du Roi du 18 Août 1708, qui regle lesdits droits de quittance à l'égard des receveurs des tailles, du taillon, & des contrôleurs des tailles dans ladite province, à la somme de cinq livres douze sols ; savoir, trois livres douze sols au profit desdits receveurs des tailles, une livre dix sols au profit des receveurs du taillon, & dix sols au profit des contrôleurs des tailles, aux conditions portées par ladite déclaration, & nommément de pouvoir jouir par lesdits comptables, leurs héritiers, successeurs ou ayant cause dudit droit de quittance héréditairement, conjointement ou séparément de leurs offices : Vu aussi les ordonnances par Nous rendues les 24 Mars 1737, & 22 Janvier 1738, pour obliger lesdits receveurs & contrôleurs ou autres ayant droit de jouir des susdites attributions, de rapporter les titres en vertu desquels ils ont droit d'en jouir pour être par Nous procédé à la liquidation des droits qui se trouveront valablement établis dans chaque diocèse, après toutefois que lesdits titres auront été communiqués auxdits diocèses pour être impugnés par eux, si bon leur semble, & pour déclarer s'ils ont éteint partie desdites attributions par le remboursement qu'il leur a été permis d'en faire, comme aussi au profit de qui le droit de huit sols pour le port des mandes est perçu, attendu que les contrôleurs des tailles n'ont jamais joui de ce droit. Les extraits des quittances de finances duement collationnés, rapportés par les receveurs des tailles, ancien, alternatif

Nº. CCXXI.

Tome VI. F f f

& triennal du diocese de Toulouse, ou par les particuliers étant à leur droit & place pour la somme de deux mille trois cents quatre-vingt-huit livres payée à raison de chacun desdits offices, pour jouir, dans l'année de leur exercice, du droit de quittance de trois livres douze sols par communauté, en vertu de l'édit du mois d'Octobre 1693, & de l'arrêt du conseil du 21 Décembre 1694, & pour pareille somme de deux mille trois cents quatre-vingt-huit livres aussi payée pour jouir d'un pareil droit de quittance de trois livres douze sols, en vertu de l'édit du mois de Novembre 1707, & de la déclaration du 18 Août 1708: Autres extraits des quittances de finance duement collationnés, rapportés par les receveurs du taillon, ancien, alternatif & triennal dudit diocese ou par les particuliers étant à leur droit & place, pour la somme de treize cents vingt-six livres treize sols quatre deniers, payée à raison de chacun desdits offices, pour jouir dans l'année de leur exercice, d'un droit de quittance de quarante sols par communauté, en vertu de l'édit du mois d'Octobre 1693, & dudit arrêt du conseil du 21 Décembre 1694, & pour la somme de neuf cents quatre-vingt-quinze livres aussi payée pour jouir d'un autre droit de quittance de trente sols en vertu de l'édit du mois de Novembre 1707, & de la déclaration du 18 Août 1708: Autres extraits des quittances de finances rapportés par les contrôleurs des tailles ancien, alternatif & triennal dudit diocese, ou par les particuliers étant à leur droit & place pour la somme de deux mille six cents cinquante neuf livres douze sols, payée à raison de chacun desdits offices, pour jouir des augmentations de gages créées par l'édit du mois de Mars 1639, & d'un droit de quittance de quarante-cinq sols par communauté, & pour trois cents trente-une livres treize sols quatre deniers, aussi payée pour jouir d'un autre droit de quittance de dix sols en vertu de l'édit du mois de Novembre 1707, & de la déclaration du 18 Août 1708: Vu enfin l'état communiqué aux sieurs commissaires du diocese de Toulouse, au sujet desdits droits de quittance avec le mémoire instructif qui explique la nature desdits droits, & qui indique les éclaircissemens demandés auxdits sieurs commissaires; la délibération par eux prise le 30 Septembre 1738, portant qu'il n'a été fait par ledit diocese aucune imposition pour le remboursement desdits droits de quittance, quoiqu'il eût la liberté de le faire par l'arrêt du conseil du 20 Septembre 1695, & que lesdits droits sont dus en entier auxdits receveurs des tailles, du taillon, & auxdits contrôleurs des tailles, de laquelle délibération il résulte encore que dans ledit diocese, les contrôleurs des tailles n'ont jamais joui du droit de huit sols pour le port des mandes, attendu qu'ils ne sont chargés d'aucun soin à cette occasion, & qu'il a été imposé de tout temps dans lesdites mandes quinze sols pour l'envoi qui en est fait dans les communautés dont plusieurs sont très-éloignées; & ouï sur ce le syndic général de la province du Languedoc.

Nous Commissaires, avons réglé les droits de quittance qui doivent être imposés annuellement dans chacune des communautés du diocese de Toulouse, à la somme de dix-neuf livres huit sols; savoir, au profit des receveurs des tailles, quatre livres six sols six deniers, suivant les articles passés entre les Etats & lesdits receveurs en 1610; trois livres douze sols en vertu de l'édit du mois d'Octobre 1693, & de l'arrêt du conseil du 21 Décembre 1694, & pareille somme de trois livres douze sols en vertu de l'édit du mois de Novembre 1707, & de la déclaration du 18 Août 1708, revenant lesdites sommes à celle de onze livres dix sols six deniers.

Au profit des receveurs du taillon, une livre douze sols six deniers, suivant les susdits articles de 1610; deux livres en vertu de l'édit de 1693, & de l'arrêt de 1694, & une livre dix sols en vertu de l'édit de 1707, & de la déclaration de 1708, revenant lesdites sommes à celle de cinq livres deux sols six deniers.

Et au profit des contrôleurs des tailles, deux livres cinq sols, suivant l'édit du mois de Mars 1639, & dix sols en vertu de l'édit de 1707, & de la déclaration de 1708, revenant lesdites deux sommes à celle de deux livres quinze sols; lesquels droits de quittance énoncés ci-dessus au profit desdits receveurs des tailles, du taillon, & des contrôleurs des tailles, reviennent en total à la susdite somme de dix-neuf livres huit sols; Défendons auxdits receveurs & contrôleurs de rien exiger, & aux consuls & greffier de rien imposer à raison des susdits droits de quittance, au-delà de la susdite somme de dix-neuf livres huit sols, auquel effet il en sera fait mention chaque année dans la mande adressée à chacune desdites communautés: Ordonnons qu'il sera pareillement imposé par chacune desdites communautés huit sols pour le port des mandes au profit de ceux qui sont chargés de les envoyer, & qui font les frais dudit envoi: Faisons défenses aux consuls & greffier de rien imposer pour les frais de l'avis, ni pour ceux du premier commandement que lesdits receveurs sont en droit de faire aux collecteurs à l'échéance de chaque terme, sauf auxdits consuls à payer les frais dudit avis & premier commandement pour le premier terme seulement, sur le fonds des dépenses imprévues, & aux collecteurs à payer en leur propre lesdits frais pour les autres deux termes, pourvu toutefois que lesdits receveurs donnent lesdits avis, & qu'ils fassent lesdits commandemens, & non autrement, leur faisant défenses de rien exiger dans ce dernier cas, à peine de concussion, conformément à l'arrêt du conseil du 20 Septembre 1689. Enjoignons aux consuls & greffier desdites communautés, & à tous ceux qui délibéreront sur lesdites impositions, de se conformer à tout ce dessus dans les impositions de la présente année 1740 & des suivantes, à peine d'être condamnés en l'amende de vingt livres, qui ne sera point réputée comminatoire: Et sera ladite ordonnance envoyée à la diligence du syndic général au syndic du diocese de Toulouse, à l'effet d'être déposée aux archives dudit diocese, & envoyée aux consuls des villes & communautés, pour être pareillement déposée dans leurs archives, lue, publiée & affichée par-tout où besoin sera, & exécutée nonobstant oppositions & appellations quelconques. Fait à Montpellier, au bureau de la commission, le vingt-huitieme Janvier mil sept cent quarante.

ÉTAT ABRÉGÉ DES ARRÊTÉS

Concernant les droits de quittance dus aux receveurs des tailles, du taillon & aux contrôleurs des tailles des diocèses de la province de Languedoc, suivant les ordonnances rendues par M.M. les commissaires nommés par lettres patentes de Sa Majesté, le 28 Janvier 1740.

Date des édits & déclarations.	Receveurs des tailles.	Receveurs du taillon.	Contrôleurs des tailles.	TOTAL.

DIOCESE DE TOULOUSE.

Par les articles passés entre les Etats & lesdits receveurs en 1610, ci .. 4 l. . 6 f. . 6 d.
Par l'édit d'Octobre 1693 ...... 3 .. 12 .....
Par l'édit de Novembre 1707. . 3 .. 12 ..... } .... 11 l. . 10 f. . 6 d.

Par les articles de 1610 ...... 1 l. . 12 f. . 6 d.
Par l'édit d'Octobre 1693 ..... 2 ....
Par l'édit de Novembre 1707. ... 1 .. 10 .... } ...... 5 .. 2 .. 6.

Par l'édit de Mars 1639 .... 2 l. . 5 f. ...
Par l'édit de Novembre 1707 .... 10 ..... } 2 .. 15 .....

TOTAL .... 19 l. . 8 f. ...

DIOCESE DE LAVAUR.

Articles de 1610 .. 4 l. . 6 f. . 6 d.
Edit de 1693 .... 3 .. 12 .....
Edit de 1707 .... 3 .. 12 ..... } .... 11 l. . 10 f. . 6 d.

Articles de 1610 .... 1 l. . 12 f. . 6 d.
Edit de 1693 .... 2 ....
Edit de 1707 .... 1 .. 10 ..... } ...... 5 .. 2 .. 6.

Edit de 1639 .... 2 l. . 5 f. ....
Edit de 1707 .... 10 ..... } 2 .. 15 .....

TOTAL .... 19 l. . 8 f. ....

Date des édits & déclarations.	Receveurs des tailles.	Receveurs du taillon.	Contrôleurs des tailles.	TOTAL.

DIOCESE DE RIEUX.

Articles de 1610 .. 4 l. . 6 f. . 6 d. ⎫
Edit de 1707 .... 3 .. 12 ..... ⎭ . . . . 7 l. . 18 f. . 6 d.

Articles de 1610 .... 1 l. . 12 f. . 6 d. ⎫
Edit de 1707 .... 1 .. 10 ..... ⎭ . . . . 3 .. 2 .. 6 ..

Edit de 1639 .... 2 l. . 5 f. .. ⎫
Edit de 1707 .... 10 ..... ⎭ .. 2 .. 15 .....

TOTAL . . . . 13 l. . 16 f. ....

Les droits de quittance attribués par l'édit de 1693, ont été remboursés.

DIOCESE DE COMMINGES.

Articles de 1610 .. 4 l. . 6 f. . 6 d. ⎫
Edit de 1693 .... 3 .. 12 ..... ⎬ . . . . 11 l. . 10 f. . 6 d.
Edit de 1707 .... 3 .. 12 ..... ⎭

Articles de 1610 .... 1 l. . 12 f. . 6 d. ⎫
Edit de 1693 .... 2 .... ⎬ . . . . 5 .. 2 .. 6 ..
Edit de 1707 .... 1 .. 10 ..... ⎭

Edit de 1707 .... 10 f. .... 10 f. ....

TOTAL . . . . 17 l. . 3 f. ....

Il n'a été rien remis à raison du droit de quittance de 2 livres 5 sols attribué aux contrôleurs des tailles.

DIOCESE DE MONTAUBAN.

Articles de 1610 .. 4 l. . 6 f. . 6 d. ⎫
Edit de 1693 .... 3 .. 12 ..... ⎬ . . . . 11 l. . 10 f. . 6 d.
Edit de 1707 .... 3 .. 12 ..... ⎭

Articles de 1610 .... 1 l. . 12 f. . 6 d. ⎫
Edit de 1693 .... 2 .... ⎬ . . . . 5 .. 2 .. 6 ..
Edit de 1707 .... 1 .. 10 ..... ⎭

Edit de 1639 .... 2 l. . 5 f. .. ⎫
Edit de 1707 .... 10 ..... ⎭ .. 2 .. 15 .....

TOTAL . . . . 19 l. . 8 f. ....

Nº CCXXI.	Date des édits & déclarations.	Receveurs des tailles.	Receveurs du taillon.	Contrôleurs des tailles.	TOTAL.

DIOCESE DE SAINT-PAPOUL.

Articles de 1610 .. 4 l. . 6 . . 6 d.
Edit de 1707 .... 3 .. 12 ..... } . . . . 7 l. . 18 f. . 6 d.

Articles de 1610 . . . . 1 l. . 12 f. . 6 d.
Edit de 1707 . . . . 1 .. 10 ..... } . . . . 3 .. 2 .. 6 d.

Edit de 1639 . . . . 2 l. . 5 f. . .
Edit de 1707 . . . . 10 f. . . . } . 2 . . 15 . . . .

TOTAL . . . . 13 l. . 16 f. . . .

Les droits de quittance attribués par l'édit de 1693, ont été remboursés.

DIOCESE D'ALBY.

Articles de 1610 .. 4 l. . 6 . . 6 d.
Edit de 1693 .... 3 .. 12 .....
Edit de 1707 .... 3 .. 12 ..... } . . . . 11 l. . 10 f. . 6 d.

Articles de 1610 . . . . 1 l. . 12 f. . 6 d.
Edit de 1693 . . . . 2 . . . . .
Edit de 1707 . . . . 1 .. 10 ..... } . . . . 5 .. 2 .. 6 d.

Edit de 1639 . . . . 2 l. . 5 . . .
Edit de 1707 . . . . 10 . . . . } . 2 . . 15 . . . . .

TOTAL. . . . . 19 l. . 8 f. . . .

DIOCESE DE CARCASSONNE.

Articles de 1610 .. 4 l. . 6 . . 6 d.
Edit de 1693 .... 3 .. 12 .....
Edit de 1707 .... 3 .. 12 ..... } . . . . 11 l. . 10 . . 6 d.

Articles de 1610 . . . . 1 l. . 12 . . 6 d.
Edit de 1693 . . . . 2 . . . . .
Edit de 1707 . . . . 1 .. 10 ..... } . . . . 5 .. 2 .. 6 d.

Edit de 1639 . . . . 2 l. . 5 f. . . .
Edit de 1707 . . . . 10 . . . . } . 2 . . 15 . . . .

TOTAL . . . . 19 l. . 8 f. . .

Date des édits & déclarations.	Receveurs des tailles.	Receveurs du taillon.	Contrôleurs des tailles.	TOTAL.

DIOCESE D'ALETH.

Articles de 1610 .. 4 l. . 6 . . 6 d.
Edit de 1693 .... 3 .. 12 .....
Edit de 1707 .... 3 .. 12 ..... } .... 11 l. . 10 f. . 6 d.

Articles de 1610 .... 1 l. . 12 f. . 6 d.
Edit de 1693 .... 2 ......
Edit de 1707 .... 1 .. 10 ..... } .... 5 .. 2 .. 6 d.

Edit de 1639 .... 2 .. 5 .....
Edit de 1707 .... 10 ..... } .. 2 l. . 15 f. ....

TOTAL .... 19 l. . 8 f. ....

Il n'avoit d'abord été remis aucune quittance de finance à raison du droit de 2 livres 5 sols créé par l'édit de 1639 en faveur des contrôleurs des tailles; il a été depuis satisfait à ladite remise par le contrôleur triennal seulement, & rendu ordonnance le 27 Juin 1740.

DIOCESE DE LIMOUX.

Articles de 1610 .. 4 l. . 6 f. . 6 d.
Edit de 1693 .... 3 .. 12 .....
Edit de 1707 .... 3 .. 12 ..... } .... 11 l. . 10 f. . 6 d.

Articles de 1610 .... 1 l. . 12 f. . 6 d.
Edit de 1693 .... 2 ......
Edit de 1707 .... 1 .. 10 ..... } .... 5 .. 2 .. 6 d.

Edit de 1707 .... 10 f. .... 10 .....

TOTAL .... 17 l. . 3 f. ....

Il n'a été remis aucune quittance de finance à raison du droit de 2 livres 5 sols créé par l'édit de 1639 en faveur des contrôleurs des tailles.

DIOCESE DE CASTRES.

Articles de 1610 .. 4 l. . 6 f. . 6 d.
Edit de 1693 .... 3 .. 12 .....
Edit de 1707 .... 3 .. 12 ..... } .... 11 l. . 10 f. . 6 d.

Articles de 1610 .... 1 l. . 12 f. . 6 d.
Edit de 1693 .... 2 ......
Edit de 1707 .... 1 .. 10 ..... } .... 5 l. . 2 f. . 6 d.

Edit de 1639 .... 2 l. . 5 f. .....
Edit de 1707 .... 10 ..... } .. 2 l. . 15 f. ....

TOTAL .... 19 l. . 8 f. ....

416   Recette & Receveurs des Tailles des Dioceses.

N°. CCXXI.	Date des édits & déclarations.	Receveurs des tailles.	Receveurs du taillon.	Contrôleurs des tailles.	TOTAL.

DIOCESE DE SAINT-PONS.

Articles de 1610.. 4l. 6f. 6d. ⎫		
Edit de 1593 .... 3 .. 12 .....⎬	....	11l.. 10f.. 6d.
Edit de 1707 .... 3 .. 12 .....⎭		
Articles de 1610 .... 1l.. 12f.. 6d.⎫		
Edit de 1693 .... 2 ....⎬	... 5 .. 2 .. 6..
Edit de 1707 .... 1 .. 10 .....⎭		
Edit de 1639 .... 2 .. 5 .....⎫	
Edit de 1707 .... 10 .....⎬ 2 .. 15 .....

TOTAL .... 19 l. 8 f. ...

Les droits de quittance ci-dessus reviennent à 19 livres 8 sols pour l'année où le contrôleur triennal est en tour de les percevoir ; à 18 livres 18 sols pour celle où le contrôleur alternatif est en tour ; & à 17 livres 3 sols pour celle où le contrôleur ancien est aussi en tour.

C'est-à-dire que l'alternatif n'a pas justifié de l'acquisition du droit de dix sols, ni l'ancien de celle du droit de 2 livres 5 sols.

DIOCESE DE NARBONNE.

Articles de 1610.. 4l. 6f. 6d. ⎫		
Edit de 1693 .... 3 .. 12 .....⎬	....	11l.. 10f.. 6d.
Edit de 1707 .... 3 .. 12 .....⎭		
Articles de 1610 .... 1l.. 12f.. 6d.⎫		
Edit de 1693 .... 2 ....⎬	... 5 .. 2 .. 6..
Edit de 1707 .... 1 .. 10 .....⎭		
Edit de 1639 .... 2l.. 5f.....⎫	
Edit de 1707 .... 10 .....⎬ 2 .. 15 .....

TOTAL .... 19 l. 8 f. .....

DIOCESE DE BEZIERS.

Articles de 1610.. 4l. 6f. 6d. ⎫		
Edit de 1693 .... 3 .. 12 .....⎬	....	11l.. 10f.. 6d.
Edit de 1707 .... 3 .. 12 .....⎭		
Articles de 1610 .... 1l.. 12f.. 6d.⎫		
Edit de 1693 .... 2 ....⎬	... 5 .. 2 .. 6..
Edit de 1707 .... 1 .. 10 .....⎭		
Edit de 1639 .... 2l.. 5f...... 2 .. 5 .....

TOTAL .... 18 l. 18 f. ....

Les droits de quittance ci-dessus reviennent à 18 livres 18 sols pour les deux années où les contrôleurs ancien & triennal des tailles sont en tour de percevoir ledit droit ; & à 16 livres 13 sols pour l'année où le contrôleur alternatif est de tour, celui-ci n'ayant pas justifié l'acquisition du droit de 2 liv. 5 sols.

Date

Date des édits & déclarations.	Receveurs des tailles.	Receveurs du taillon.	Contrôleurs des tailles.	TOTAL.

DIOCESE D'AGDE.

Articles de 1610 .. 4 l. . 6 f. . 6 d.
Edit de 1693 ... 3 .. 12 .....
Edit de 1707 .... 3 .. 12 ..... } . . . . 11 l. . 10 f. . 6 d.

Articles de 1610 . . . . 1 l. . 12 f. . 6 d.
Edit de 1693 . . . . 2 . .
Edit de 1707 . . . . 1 .. 10 ..... } . . . . 5 . . . 2 . . 6 . .

Edit de 1707 . . . . 10 f. . . . . 10 . . . . .

TOTAL . . . . 17 l. . 3 f. . . . .

Les droits de quittance ci-dessus reviennent à 17 livres 3 sols pour les deux années où les contrôleurs ancien & alternatif sont en tour; & à 16 livres 13 sols pour l'année dans laquelle le contrôleur triennal est de tour, celui-ci n'ayant pas justifié de l'acquisition du droit de 10 sols.

DIOCESE DE LODEVE.

Articles de 1610 .. 4 l. . 6 f. . 6 d.
Edit de 1693 .... 3 .. 12 .....
Edit de 1707 .... 3 .. 12 ..... } . . . . 11 l. . 10 f. . 6 d.

Articles de 1610 . . . . 1 l. . 12 f. . 6 d.
Edit de 1693 . . . . 2 . .
Edit de 1707 . . . . 1 .. 10 ..... } . . . . 5 . . . 2 . . 6 . .

Edit de 1707 . . . . 10 f. . . . . 10 f. . . . .

TOTAL . . . . 17 l. . 3 f. . . . .

DIOCESE DE MONTPELLIER.

Articles de 1610 .. 4 l. . 6 f. . 6 d.
Edit de 1707 .... 3 .. 12 ..... } . . . . 7 l. . 18 f. . 6 d.

Articles de 1610 . . . . 1 l. . 12 f. . 6 d.
Edit de 1707 . . . . 1 .. 10 ..... } . . . . 3 l. . 2 f. . 6 . .

Edit de 1639 . . . . 2 l. . 5 f. . . .
Edit de 1707 . . . . 10 ..... } . 2 . . 15 . . . . .

TOTAL . . . . 13 l. . 16 f. . . . .

Les droits de quittance attribués par l'édit de 1693, ont été remboursés.

Tome VI.

N°. CCXXI.	Date des édits & déclarations.	Receveurs des tailles.	Receveurs du taillon.	Contrôleurs des tailles.	TOTAL.

DIOCESE DE NÎMES.

Articles de 1610.. 4 l. 6 f. 6 d. ⎫
Edit de 1707..... 3..12..... ⎭ .... 7 l..18 f..6 d.

Articles de 1610............ 1 l..12 f..6 d. ⎫
Edit de 1707............ 1..10..... ⎭ .... 3.. 2..6.

Edit de 1639................ 2 l.. 5 f.... ⎫
Edit de 1707................ 10..... ⎭ .2...15....

TOTAL............ 13 l..16 f....

Les droits de quittance ci-dessus reviennent à 13 livres 16 sols pour les deux années où les contrôleurs ancien & alternatif sont en tour ; & à 11 livres 1 sol pour l'année où le contrôleur triennal est de tour ; celui-ci n'ayant pas justifié de l'acquisition des droits de 2 livres 5 sols & de 10 sols.

DIOCESE D'ALAIS.

Articles de 1610.. 4 l. 6 f. 6 d. ⎫
Edit de 1707.... 3..12..... ⎭ .... 7 l..18 f..6 d.

Articles de 1610............ 1 l..12 f..6 d. ⎫
Edit de 1707............ 1..10..... ⎭ .... 3 l.. 2 f..6 d.

Edit de 1639................ 2 l.. 5 f.... ⎫
Edit de 1707................ 10..... ⎭ .2...15....

TOTAL............ 13 l..16 f....

Les droits de quittance ci-dessus reviennent à 13 livres 16 sols pour les deux années où les contrôleurs ancien & alternatif sont de tour ; & à 11 livres 1 sol pour l'année où le contrôleur est de tour ; celui-ci n'ayant pas justifié de l'acquisition des droits de 2 livres 5 sols & de 10 sols.

DIOCESE D'UZÈS.

Articles de 1610.. 4 l. 6 f. 6 d. ⎫
Edit de 1693... 3..12..... ⎬ .... 11 l..10 f..6 d.
Edit de 1707... 3..12..... ⎭

Articles de 1610............ 1 l..12 f..6 d. ⎫
Edit de 1693............ 2..... ⎬ .... 5.. 2..6.
Edit de 1707............ 1..10..... ⎭

Edit de 1639................ 2 l.. 5 f.... ⎫
Edit de 1707................ 10..... ⎭ .2 l..15....

TOTAL............ 19 l.. 8 f....

PART. I. DIV. II. LIV. III.   419

Date des édits & déclarations.	Receveurs des tailles.	Receveurs du taillon.	Contrôleurs des tailles.	TOTAL.	N°. CCXXI.

DIOCESE DE VIVIERS.

Articles de 1610 .. 4 l. . 6 f. . 6 d. ⎫
Edit de 1707 .... 3 .. 12 ..... ⎭ . . . . 7 l. . 18 f. . 6 d.
Articles de 1610 . . . . 1 l. . 12 f. . 6 d. ⎫
Edit de 1707 . . . . 1 .. 10 ..... ⎭ . . . . 3 .. 2 .. 6 ..
Edit de 1707 . . . . 10 f. . . . . 10 f. . . . .
TOTAL . . . . 11 l. . 11 f. . . . .

Les droits de quittance ci-dessus reviennent à 11 livres 11 sols pour les deux années où les contrôleurs ancien & alternatif sont en tour; & à 11 livres 1 sol pour l'année où le contrôleur triennal est en tour, celui-ci n'ayant pas justifié de l'acquisition du droit de 10 sols.

DIOCESE DU PUY.

Articles de 1610 .. 4 l. . 6 f. . 6 d. ⎫
Edit de 1693 .... 3 .. 12 ..... ⎬ . . . . 11 l. . 10 f. . 6 d.
Edit de 1707 .... 3 .. 12 ..... ⎭
Articles de 1610 . . . . 1 l. . 12 f. . 6 d. ⎫
Edit de 1693 . . . . 2 .... ⎬ . . . . . 5 .. 2 .. 6 ..
Edit de 1707 . . . . 1 .. 10 ..... ⎭
Edit de 1639 . . . . 2 l. . 5 ..... ⎫ 2 .. 15 .....
Edit de 1707 . . . . 10 ..... ⎭
TOTAL . . . . 19 l. . 8 f. . . . .

Les droits de quittance ci-dessus énoncés reviennent à 19 livres 8 sols pour les deux années où les contrôleurs des tailles ancien & alternatif sont en tour; & à 18 livres 18 sols pour l'année où le contrôleur triennal est en tour, celui-ci n'ayant pas justifié de l'acquisition du droit de 10 sols.

DIOCESE DE MENDE.

Articles de 1610 .. 4 l. . 6 f. . 6 d. ⎫
Edit de 1707 .... 3 .. 12 ..... ⎭ . . . . 7 l. . 18 f. . 6 d.
Articles de 1610 . . . . 1 l. . 12 f. . 6 d. ⎫
Edit de 1707 . . . . 1 .. 10 ..... ⎭ . . . . 3 .. 2 .. 6 ..
Edit de 1639 . . . . 2 l. . 5 ..... ⎫ 2 .. 15 .....
Edit de 1707 . . . . 10 ..... ⎭
TOTAL . . . . 13 l. . 16 f. . . . .

Les droits de quittance ci-dessus reviennent à 13 livres 16 sols pour les deux années où les contrôleurs ancien & alternatif sont en tour; & à 11 livres 11 sols pour l'année où le contrôleur triennal est en tour, celui-ci n'ayant pas justifié de l'acquisition du droit de 2 livres 5 sols.

Ggg ij

N°. CCXXI.	Date des édits & déclarations.	Receveurs des tailles.	Receveurs du taillon.	Contrôleurs des tailles.	TOTAL.

DIOCESE DE MIREPOIX.

	Articles de 1610	4 l. 6 s. 6 d.			
	Edit de 1693	3 . . 12			11 l. 10 s. 6 d.
	Edit de 1707	3 . . 12			
	Articles de 1610		1 l. 12 s. 6 d.		
	Edit de 1707		1 . . 10		3 . . 2 . . 6.
	Edit de 1693			2 l. 5 s.	
	Edit de 1707			10	2 . . 15 . .
	TOTAL				17 l. 8 s.

LE DUC DE RICHELIEU.

VICHÉT. † CHARLES, Évêque d'Alais.

MARTIN. SAINT-ROME, député de Gignac.

N^a. Il peut avoir été rendu depuis quelques ordonnances de rétablissement pour des droits dont les quittances de finance n'avoient pas d'abord été rapportées ; il a paru inutile d'en faire la recherche ; & on n'a même rapporté ici la fixation faite le 28 Janvier 1740, que parce qu'elle détermine précisément le montant des droits de quittance créés à différentes époques, & dont l'imposition peut être permise.

CCXXII.
ARRÊT
Du Conseil d'Etat du Roi,

Portant réglement provisoire au sujet des droits dus aux tréforiers de France & autres officiers des bureaux des finances, pour l'installation, réception & prestation de serment des officiers qui sont tenus de s'y faire installer & recevoir, ou d'y prêter serment ; pour l'enregistrement des provisions de ceux qui sont tenus de les y faire enregistrer, & pour plusieurs autres droits prétendus par les officiers des bureaux des finances.

Du 22 Novembre 1740.

EXTRAIT *des Registres du Conseil d'Etat.*

VU au conseil d'état du Roi, les requêtes respectivement présentées par les officiers de l'élection de Paris, & par les officiers du bureau des finances de la même ville : Celle des officiers de l'élection, tendante à ce qu'il plût à Sa Majesté ordonner, que les réglemens portés par l'édit de Henri III du mois de Janvier 1586, & par l'arrêt du conseil du 23 Août 1735, seront exécutés selon leur forme & teneur ; ce faisant, ordonner que les officiers du bureau des finances de la généralité de Paris, gens du Roi, greffiers & huissiers, ne pourront exiger des officiers de l'élection de Paris, pour les droits de prestation de serment, attache & enregistrement de leurs provisions, que la même somme qu'ils justifieront avoir payée en la chambre des comptes ; leur faire défenses d'exiger autres & plus grandes sommes, sous telles peines qu'il plaira à Sa Majesté, & les condamner aux dépens de l'arrêt qui interviendra : Celle des officiers dudit bureau des finances de Paris, tendante à ce qu'il plût à Sa Majesté, sans s'arrêter aux fins & conclusions prises par les élus, par leur requête, dans lesquelles ils seront déclarés non-recevables, & dont, en tout cas, ils seront déboutés, enjoindre aux sieurs Nicolas Hupin, Guillaume Dautel, & Charles-Etienne Verpillard, pourvus d'offices en ladite élection, d'être plus circonspects à l'avenir ; leur faire défenses d'user de pareilles voies ; leur ordonner, & aux officiers de ladite élection, de porter honneur & respect auxdits officiers du bureau des finances, conformément au serment qu'ils en font lors de leur réception audit bureau des finances ; ordonner pareillement, que dans huitaine pour tout délai, lesdits sieurs Hupin, Dautel & Verpillard feront tenus, sous les peines de suspension de leurs offices, radiation de leurs gages, & autres portées par l'arrêt du 10 Juillet 1734, de se présenter au bureau des finances, de s'y faire recevoir, prêter le serment qu'ils doivent aux trésoriers de France, & faire registrer leurs provisions, avec lesquelles ils seront tenus de rapporter toutes les pieces jointes sous le contre-scel, présenter requête, & observer toutes les formalités d'usage audit bureau des finances, pour lesdites réception & prestation de serment : faire défenses à tous payeurs, de payer auxdits sieurs Hupin, Dautel & Verpillard, & à tous officiers de ladite élection, aucuns gages, qu'il ne leur soit apparu desdites prestation de serment, réception & enregistrement de provision audit bureau des finances, en déclarant les offres faites par lesdits sieurs Hupin, Dautel & Verpillard, par leur exploit du 31 Mai 1737, de consigner la somme de soixante livres, nulles & infuffifantes; condamner chacun d'eux à configner la fomme de deux cents quatre-vingt-feize livres dix fols fix deniers, ès mains du greffier dudit bureau des finances, pour raifon des droits dus pour leurdite réception, preftation de ferment & enregiftrement de provifions; condamner lefdits officiers de l'élection de Paris, & lefdits fieurs Hupin, Dautel & Verpillard, aux dépens. Autre requête des officiers de l'élection, employée pour réponfe à celle des officiers dudit bureau des finances, & tendante à ce qu'il plût à Sa Majefté les recevoir oppofans, en tant que befoin eft ou feroit, à l'arrêt du confeil du 9 Septembre 1692, intervenu entre les officiers dudit bureau des finances, & le fieur Pierre Gregoire, élu en ladite élection; & y faifant droit, fans s'arrêter audit arrêt, qui fera & demeurera comme non-avenu, ni aux demandes defdits officiers dudit bureau des finances, dont ils feront déboutés, leur adjuger les conclufions par eux prifes par leur précédente requête, avec dépens: Autre requête des officiers de ladite élection, tendante à ce qu'il plût à Sa Majefté ordonner, qu'ils feront payés par le fieur Aviat, receveur des tailles de l'élection de Paris, & tous autres, les gages & droits à eux attribués & affignés fur les deniers de la recette des tailles de l'élection de Paris; & ce, nonobftant & fans s'arrêter aux ordonnances rendues par les officiers dudit bureau des finances, lors de l'arrêté de l'état au vrai de ladite recette, de l'exercice dudit fieur Aviat de l'année 1736, fur les parties defdits gages & droits des officiers de l'élection, qui n'ont point encore prêté ferment, & fait enregiftrer leurs provifions audit bureau; à quoi faire feront ledit fieur Aviat & tous autres, contraints, quoi faifant déchargés; faire défenfes aux officiers dudit bureau des finances, de rendre aucunes autres ordonnances, tendantes à priver les officiers de l'élection, de la jouiffance de leurs gages & droits, jufqu'à ce qu'il en ait été autrement ordonné par Sa Majefté, à peine de tous dépens, dommages & intérêts, fi mieux n'aime Sa Majefté ftatuer dès-à-préfent fur les différens des parties. Vu auffi l'édit de Henri III du mois de Janvier 1586, portant rétabliffement des bureaux des finances, qui permet aux officiers defdits bureaux, de prendre les mêmes épices que la chambre des comptes: L'arrêt du confeil du 20 Juillet 1671, par lequel Sa Majefté a réglé & fixé tous les droits qui peuvent être prétendus par lefdits tréforiers de France de Montauban, pour la réception & enregiftrement des provifions & preftation de ferment des élus de leur reffort, à la fomme de trente livres, tant pour les droits defdits tréforiers de France, que des gens du Roi & du greffe: Autre arrêt du confeil du 20 Juin 1690, qui ordonne qu'il ne fera payé par ceux qui font & feront pourvus des offices créés dans les élections & greniers à fel, par édit du mois de Novembre 1689, pour les droits de préfentation, épices, droits du greffier, & enregiftrement de leurs lettres de provifions aux bureaux des finances, que la fomme de quarante livres: L'arrêt du confeil du 9 Septembre 1692, contradictoire entre le fieur Pierre Grégoire, élu en l'élection de Paris, & les officiers du bureau des finances de Paris, par lequel Sa Majefté a ordonné que ledit fieur Gregoire payeroit entre les mains du greffier dudit bureau, la fomme de deux cents quarante-huit livres, que les officiers dudit bureau ont accoutumé de recevoir pour les droits de la preftation de ferment & enregiftrement des provifions des élus de l'élection de Paris;

La copie collationnée de la quittance du 5 Janvier 1691, de la somme de soixante-quatre livres payée par ledit sieur Gregoire pour son information, prestation de serment & installation audit office, en la cour des aides de Paris: L'édit du mois d'Avril 1704. Autre édit du mois de Janvier 1708., portant union de deux offices de tréforiers de France dudit bureau, avec pouvoir d'augmenter d'un dixieme, les épices pour la réception & serment des officiers: Autre édit du mois d'Août 1716, portant suppression de différens offices, contenant les droits que Sa Majesté s'est réservés sur le montant des épices des cours & jurisdictions: L'arrêt du conseil privé du 17 Juin 1719, portant que les officiers au grenier à sel de Paris, feroient enregistrer leurs provisions, & prêteroient serment au bureau des finances, avant de prendre séance & de faire aucunes fonctions de leurs offices, en payant par chacun d'eux soixante livres, y compris les droits du greffe & des huissiers, à laquelle, du consentement desdits tréforiers de France, lesdits droits ont été fixés: Autre arrêt du conseil du 3 Juillet 1725, portant réglement entre le bureau des finances d'Orléans, & les officiers des élections & greniers à sel de la généralité d'Orléans: Autre arrêt du conseil du 20 Juillet 1734, qui a ordonné, conformément aux précédens réglemens, que les officiers des élections & des greniers à sel, feroient enregistrer dans quinzaine, leurs provisions, & prêteroient serment audit bureau des finances de Paris, & payeroient pour ce, les droits dus & accoutumés, à peine de radiation de leurs gages & de suspension de leurs offices: Autre arrêt du conseil du 23 Août 1735, portant que le sieur Misonnet, pourvu de l'office de contrôleur général des finances, domaines & bois de la généralité de Bordeaux, payeroit au bureau des finances de la même généralité, pour les droits de son installation, la somme de cent quarante livres seize sols seulement, pareille à celle qu'il avoit payée pour les droits de sa réception audit office, en la chambre des comptes de Paris: Autre arrêt du conseil du 9 Septembre 1738, qui interdit le sieur Granier, élu de Mauriac, faute d'avoir fait enregistrer ses provisions, & prêté serment au bureau des finances de Riom: L'acte du 31 Mai 1737, suivant lequel lesdits sieurs Hupin, Dautel & Verpillard se sont transportés au bureau des finances, où étant, en parlant au commis du greffe, ils ont requis les officiers dudit bureau, de procéder à l'enregistrement de leurs provisions, qui étoient entre les mains du greffier, & de recevoir leur prestation de serment; ensuite duquel est, la réponse dudit commis, portant que le bureau ne les recevroit point, qu'ils n'eussent remis les pieces attachées sous le contre-scel de leurs provisions, & qu'ils n'eussent consigné chacun trois cents vingt-sept livres: Le certificat du sieur Prochasson, procureur des comptes, du 5 Juillet 1737, portant que le sieur Richard, lieutenant en l'élection de Paris, & le sieur Hupin, assesseur en ladite élection, n'ont payé en la chambre, pour frais d'enregistrement de leurs provisions, que la somme de cinquante & une livres chacun: La quittance du sieur du Puy, procureur des comptes, du premier Avril 1731, donnée au sieur Boquet, conseiller en l'élection de Paris, de la somme de cinquante & une livres, pour les frais d'enregistrement en la chambre des comptes, de ses provisions: Le certificat du greffier en chef de la cour des aides de Paris, du 21 Juin 1740, portant que les élus de l'élection de Paris payent en ladite cour, lors de leur réception, la somme de cent soixante-seize livres dix-sept sols pour tous droits ; & autres pieces & mémoires des parties. Et Sa Majesté étant informée qu'il s'éleve tous les jours de contestations au sujet des droits prétendus par les officiers des bureaux des finances, tant pour la réception des officiers, l'enregistrement des provisions, celui des titres de propriété des parties prenantes dans lesdits états, que pour l'arrêté des états au vrai ; comme aussi, pour les actes de foi & hommage, aveus & dénombremens, & pour les enregistremens des contrats d'engagemens, & tous autres actes emportant aliénation du domaine ; A quoi Sa Majesté desirant pourvoir par un réglement & un tarif général pour tout le royaume, qui reglent les cas dans lesquels il est dû des droits auxdits officiers des bureaux des finances, & en fixent la quotité, tant pour ceux qui font les fonctions des juges, que pour les officiers du parquet, & pour le greffe : Ouï le rapport du sieur Orry, conseiller d'état & ordinaire au conseil royal, contrôleur général des finances ; LE ROI ÉTANT EN SON CONSEIL, avant faire droit sur le tout, a ordonné & ordonne, que les officiers du bureau des finances de Paris, & ceux de tous les autres bureaux des finances du royaume, même les procureurs & avocats du Roi, greffiers en chef, & autres officiers créés en titre pour les greffes desdits bureaux des finances, & les huissiers, seront tenus de remettre dans six mois au plus tard, pour tout délai, au sieur contrôleur général des finances, leurs titres, pieces, tarifs & mémoires, pour justifier des droits qu'ils prétendent percevoir pour l'installation, la réception, ou prestation de serment des officiers qui sont tenus de s'y faire installer, de s'y faire recevoir, ou d'y prêter serment ; pour l'enregistrement des provisions de ceux qui sont tenus de les y faire enregistrer ; pour l'enregistrement des titres de propriété des parties prenantes employées dans les états du Roi, dans les cas où lesdites parties sont nouvellement employées, & même lors des mutations qui arrivent par succession, donation, vente ou autrement ; pour la présentation & l'arrêté des comptes par états au vrai, des officiers qui doivent compter pardevant eux ; pour les actes de foi & hommage, aveus & dénombremens, dans les cas où ils peuvent y être portés ; pour les jugemens de derniere main-levée, & autres procédures & jugemens concernant lesdits actes de foi & hommage, aveus & dénombremens ; & pour les enregistremens prétendus par lesdits bureaux des finances, des contrats d'engagement du domaine de Sa Majesté, & de tous autres actes emportant aliénation dudit domaine ; pour, le tout vu & rapporté au conseil, être ordonné par Sa Majesté ce qu'il appartiendra : Et cependant, par provision, & sans préjudice du droit des parties au principal, Ordonne Sa Majesté, que l'arrêt du conseil du 23 Août 1735 sera exécuté ; & en conséquence, fait défenses auxdits officiers du bureau des finances de Paris, & des autres bureaux des finances, d'exiger ni recevoir des officiers qui sont tenus de s'y faire installer, autres ni plus grandes sommes pour leur installation, que celle qu'ils auront payée aux chambres des comptes ; ce qui sera pareillement exécuté pour les officiers qui sont tenus de s'y faire recevoir ou d'y prêter serment, & d'y faire enregistrer leurs provisions. Ordonne pareillement Sa Majesté, par provision, & jusqu'à ce qu'il en ait été par Elle autrement ordonné, que lesdits officiers des bureaux des finances, ne pourront exiger ni recevoir des officiers des élections & des greniers à sel, tant pour leur

leur réception ou prestation de serment, & l'enregistrement de leurs provisions auxdits bureaux des finances, que la somme de soixante livres, tant pour droits des officiers desdits bureaux, que pour ceux du parquet, du greffe & des huissiers, non compris les droits réservés & rétablis qui peuvent être dus ; & en conséquence, Ordonne Sa Majesté, qu'en payant, ou en offrant par lesdits officiers aux greffiers desdits bureaux, de payer lesdites sommes, lesdits bureaux des finances seront tenus de les installer, de les recevoir, de leur faire prêter serment, & d'enregistrer leurs provisions : Voulant que leurs gages, qui ont pu être rayés lors de l'arrêté des états au vrai présentés auxdits bureaux des finances, ou qui n'ont pas été employés dans les états du Roi, faute d'installation, de réception ou prestation de serment, & d'enregistrement de leurs provisions, soient rétablis dans lesdits états au vrai, ou employés dans le premier état du Roi qui sera arrêté au conseil : comme aussi, que leurs gages, pour lesquels ils sont employés dans les états du Roi, leur soient payés, nonobstant toutes défenses des bureaux des finances, & toutes saisies qui auroient pu en être faites par eux, faute d'avoir rempli ces obligations, Sa Majesté leur en faisant pleine & entiere main-levée ; & quoi faisant, les payeurs des gages seront valablement déchargés ; sauf néanmoins auxdits bureaux des finances, à faire payer à ces officiers, un supplément des droits, s'il est ainsi ordonné. Fait en outre Sa Majesté défenses auxdits officiers des bureaux des finances, jusqu'à ce que par Elle il en ait été autrement ordonné, d'exiger ni recevoir aucuns droits, quand même ils leur seroient volontairement offerts, pour l'enregistrement des titres de propriété des parties prenantes employées dans les états du Roi ; ce qui aura lieu dans le cas où elles seront nouvellement employées, & pareillement lorsqu'il y aura des mutations, soit par succession, donation, vente ou autrement, ni pour la présentation & les arrêtés des états au vrai de ceux qui sont tenus de compter pardevant eux, sauf à faire payer dans la suite, s'il y échet, les droits qui leur pourroient être dus ; le tout à peine, par les officiers des bureaux des finances, de restitution du double desdits droits. Ordonne au surplus Sa Majesté, que les réglemens & arrêts du conseil, qui enjoignent aux officiers des élections & des greniers à sel, & autres officiers & comptables, de se faire recevoir ou installer, prêter serment, & de faire enregistrer leurs provisions aux bureaux des finances, seront exécutés selon leur forme & teneur : Et sera le présent arrêt notifié aux officiers des bureaux des finances, de l'ordre de Sa Majesté ; Enjoignant aux sieurs intendans & commissaires départis, de tenir la main à son exécution, & d'informer Sa Majesté des contraventions, si aucunes étoient faites à ses dispositions. FAIT au conseil d'état du Roi, Sa Majesté y étant, tenu à Versailles le vingt-deuxieme Novembre mil sept cent quarante.

Signé, PHELYPEAUX.

LOUIS, PAR LA GRACE DE DIEU, ROI DE FRANCE ET DE NAVARRE : Dauphin de Viennois, comte de Valentinois & Dyois, Provence, Forcalquier & terres adjacentes : A nos amés & féaux conseillers en nos conseils ; les sieurs intendans & commissaires départis pour l'exécution de nos ordres dans les provinces & généralités de notre royaume, SALUT. Nous vous mandons & enjoignons par ces présentes signées de Nous, de tenir, chacun en droit-soi, la main à l'exécution de l'arrêt ci-attaché sous le contre-scel de notre chancellerie, ce jourd'hui donné en notre conseil d'état, Nous y étant, pour les causes y contenues, & de nous informer des contraventions, si aucunes étoient faites à ses dispositions: Commandons au premier notre huissier ou sergent sur ce requis, de signifier & notifier ledit arrêt, de notre ordre & très-exprès commandement, aux officiers de nos bureaux des finances & à tous autres qu'il appartiendra; & de faire en outre pour son entiere exécution, circonstances & dépendances, tous actes & exploits nécessaires, sans autre permission, nonobstant clameur de Haro, charte-Normande, & lettres à ce contraires: Voulons qu'aux copies dudit arrêt, & des présentes, collationnées par l'un de nos amés & féaux conseillers & secrétaires, foi soit ajoutée comme aux originaux: CAR tel est notre plaisir. DONNÉ à Versailles le vingt-deuxieme jour de Novembre, l'an de grace mil sept cent quarante, & de notre regne le vingt-sixieme. Signé, LOUIS: Et plus bas; Par le Roi, Dauphin, comte de Provence. Signé, PHELYPEAUX. Et scellé.

LOUIS BASILE DE BERNAGE, *chevalier, seigneur de Saint-Maurice, Vaux, Chassi, & autres lieux, conseiller d'état, grand-croix de l'ordre royal & militaire de Saint-Louis, intendant de justice, police & finances en la province de Languedoc.*

VU l'arrêt du conseil d'état du Roi, ci-dessus, & commission sur icelui : Nous ordonnons que ledit arrêt sera exécuté selon sa forme & teneur, lu, publié & affiché par-tout où besoin sera. FAIT à Montpellier le neuvieme Janvier mil sept cent quarante-un. Signé, DE BERNAGE: Et plus bas; Par Monseigneur, ANGRAVE.

CCXXIII.
ARRÊT
DU CONSEIL D'ETAT DU ROI,

Qui ordonne que les receveurs des tailles & taillon de la province de Languedoc, continueront d'être reçus au payement du prêt & annuel de leurs offices, sur le pied des deux tiers de l'évaluation.

Du 3 Décembre 1740.

EXTRAIT *des Registres du Conseil d'Etat.*

VU par le Roi, étant en son conseil, l'article VIII du cahier présenté cette année à Sa Majesté, par les Etats de la province de Languedoc; Contenant, que sur les représentations qui furent faites à Sa Majesté en 1723 & 1731, par lesdits Etats, que les receveurs des tailles & du taillon de ladite province, étoient dans l'impuissance d'exécuter les déclarations qui les assujettissoient au payement du prêt & droit annuel de leurs offices, Sa Majesté eut la bonté d'ordonner, par un arrêt du conseil du 28 Décembre 1723, & par un second du 19 Août 1732, qu'ils seroient reçus au payement du prêt & annuel de leurs offices, pendant les neuf années portées par les déclarations des 9 Août 1722, & 22 Juillet 1731, sur le pied des deux tiers de leurs évaluations: Que les neuf années portées par cette déclaration étant expirées, & devant être prorogées cette année par une nouvelle déclaration, les Etats renouveloient aussi les mêmes représentations, & ils exposoient, que les motifs qui ont donné lieu aux arrêts des 28 Décembre 1723 & 19 Août 1732, sont devenus encore plus pressans, par les arrérages immenses de la taille & de la capitation, qui sont dus aux receveurs, & qui les obligent à des emprunts considérables, pour satisfaire à leurs engagemens : Que d'ailleurs, postérieurement au premier de ces arrêts, le revenu de leurs offices est considérablement diminué, à compter du premier Janvier 1725, par la réduction au denier cent de leurs augmentations de gages, & par les taxes qu'ils ont payées pour le droit de confirmation : Qu'enfin, depuis l'arrêt du 19 Août 1732, lesdits receveurs ont payé en 1734, la somme de cent quarante mille livres, indépendamment de la suppression de deux cents mille livres d'augmentations de gages, qui fut ordonnée dans le même temps ; de sorte que le revenu de leurs offices ayant diminué, & les charges étant toujours les mêmes, les Etats auroient supplié Sa Majesté, d'accorder auxdits receveurs, une diminution plus considérable que les précédentes, & la remise de la moitié du prêt & annuel de leurs offices, pendant le cours de la nouvelle déclaration. Vu aussi la réponse de Sa Majesté audit article du cahier des Etats : OUI le rapport du sieur Orry, conseiller d'état, & conseiller ordinaire au conseil royal, contrôleur général des finances ; LE ROI ÉTANT EN SON CONSEIL, conformément à sa réponse à l'article VIII dudit cahier, a ordonné & ordonne, par grace, & sans tirer à conséquence, que les pourvus des offices de receveurs des tailles & du taillon de la province de Languedoc, continueront d'être reçus, ainsi qu'ils l'ont été, en conséquence des arrêts du conseil des vingt-huit Décembre mil sept cent vingt-trois, & dix-neuf Août mil sept cent trente-deux, au payement du prêt & droit annuel de leurs offices, sur le pied des deux tiers de leur évaluation, & ce, pendant les neuf années portées par la déclaration de Sa Majesté du dix-neuf de Juin de la présente année, pour la prorogation de l'ouverture du prêt & droit annuel. FAIT au conseil d'état du Roi, Sa Majesté y étant, tenu à Versailles le troisieme jour de Décembre mil sept cent quarante.

Signé, PHELYPEAUX.

CCXXIV.

EXTRAIT du registre des délibérations des Etats généraux de Languedoc, assemblés par mandement du Roi, en la ville de Montpellier, au mois de Décembre 1741.

Du Samedi 27 Janvier 1742 ; président Mgr. l'archevêque & primat de Narbonne.

MONSEIGNEUR l'archevêque de Toulouse a dit, que le sieur trésorier de la bourse avoit présenté à la commission un mémoire dans lequel il renouvelle les mêmes représentations qu'il fit aux Etats en 1738 sur la difficulté des recouvremens & les vuides qu'occasionne dans sa caisse le peu d'exactitude des receveurs à y porter, à l'échéance des termes, le montant des impositions, malgré l'obligation expresse où ils sont d'en faire livre net : Que ce mémoire contient aussi plusieurs observations, sur l'inexécution de certains réglemens, qui peut influer dans le retardement de la levée des deniers, & enfin quelques moyens que ledit sieur trésorier propose, pour établir un meilleur ordre.

Que le premier inconvénient relevé dans ledit mémoire, regarde le temps de la tenue des assiettes, qui est fixé par les réglemens à un mois au plus tard après la séparation des Etats ; ce qui néanmoins n'est pas généralement observé, de maniere que l'assemblée des assiettes étant trop différée, le premier terme du payement des impofitions fe trouve échu ou prêt à échoir, avant que les mandes defdites affiettes foient parvenues dans les communautés, & conféquemment le collecteur ne peut avoir le temps de faire la levée pour en porter le montant au receveur ; ce qui peut fervir de raifon, ou au moins de prétexte, à celui-ci pour différer de s'acquitter à la caiffe de la province : à quoi l'on propofe de remédier, foit en renouvelant les anciens réglemens, ou en y ajoutant de nouvelles difpofitions, qui puiffent en mieux affurer l'exécution.

Qu'on obferve en fecond lieu, par rapport à l'ufage où les dioceses font autorifés, de renvoyer le payement du premier terme des impofitions au fecond, que les engagemens que prennent à cet égard les receveurs demeurent le plus fouvent cachés au tréforier qui n'eft averti qu'à l'extrémité des fommes fur lefquelles il peut compter de la part defdits receveurs ; d'où il réfulte, de deux chofes l'une, ou que ledit tréforier fe trouve alors un vuide confidérable pour faire face aux dépenfes affignées fur lui, ou que s'il s'eft procuré à l'avance des fonds pour remplir ce vuide, il en fupporte en pure perte les intérêts ; à quoi l'on propofe de remédier en obligeant les receveurs de rapporter, huitaine après la féparation de l'affiette, audit fieur tréforier, un extrait de la délibération qui aura été prife pour le renvoi du premier terme, avec l'engagement defdits receveurs, pour faire l'avance en tout ou en partie ; après quoi lefdits receveurs ne feront plus autorifés à faire aucun payement à la caiffe générale, qu'autant que ce fera de gré à gré avec le tréforier, & que dans le cas qu'un receveur aura manqué d'envoyer l'extrait de ladite délibération & de fon engagement, il fera libre audit tréforier de refufer le payement du premier terme offert par le receveur & d'en faire lui-même l'avance, pour laquelle il lui fera payé par ledit receveur & à fes dépens deux & demi pour cent.

Que la troifieme obfervation roule fur le retardement de la remife des rôles de la capitation aux collecteurs, qu'on attribue à la lenteur avec laquelle on travaille à la confection defdits rôles, & aux longueurs qu'on effuye fouvent pour les faire autorifer ; d'où il réfulte que la levée ne pouvant en être faite à l'échéance du premier terme, le montant n'en parvient que très-longtemps après, à la caiffe générale ; à quoi l'on propofe de mettre ordre, en obligeant les fyndics des dioceses d'informer les fyndics généraux du jour de la fignature des rôles & de la remife qui doit être faite aux receveurs, de l'état général du recouvrement, pour qu'on puiffe connoître par-là les caufes du retardement.

Qu'on fait à-peu-près les mêmes obfervations par rapport à la répartition des indemnités accordées pour les cas fortuits, laquelle répartition n'étant ordinairement rendue publique, que long-temps après l'échéance du dernier terme, laiffe les contribuables dans l'attente de la portion qu'ils efperent, & leur fert de prétexte, auffi bien qu'aux collecteurs & receveurs, pour ne pas folder ce qu'ils doivent à la caiffe générale.

Qu'enfin ledit fieur tréforier de la bourfe infifte principalement fur le peu de fruit qu'on retire des diligences auxquelles il eft autorifé par les réglemens contre les receveurs, pour les obliger de payer aux termes prefcrits, & fur la néceffité de trouver de nouveaux expédiens pour que ledit fieur tréforier, dès qu'il a attaqué un receveur par le défaut de payement, ou foit autorifé à être en fouffrance des fommes dues par ledit receveur, ou soit dédommagé, s'il y supplée, auquel effet on propose de faire retenir sur les taxations des receveurs qui seront en reste, le montant de l'intérêt sur le pied du cours de la place de Lyon, des sommes qu'ils devront, dont ledit trésorier fera l'avance au moyen de ladite retenue qui tournera à son profit, sauf au cas le retardement ne vienne pas de la part des receveurs, à leur être fait raison de ladite retenue par les diocèses.

Que MM. les commissaires, après avoir entendu la lecture dudit mémoire, où tout ce qui vient d'être dit est plus amplement détaillé, & s'être fait rapporter par le sieur de Montferrier syndic général, les différentes conventions faites entre les Etats & les receveurs des tailles, & les divers réglemens qui ont rapport à la matiere dont il s'agit, aussi bien que la délibération prise par les Etats sur le même fait en 1738, Ont reconnu qu'il n'étoit pas possible de rien changer ni ajouter auxdits réglemens, sans tomber peut-être dans de plus grands inconvéniens que ceux qu'on cherche à éviter; qu'il suffira, quant à présent, de prendre quelques précautions, pour que l'exécution en soit mieux suivie, par rapport au temps de la tenue de l'assiette, l'envoi des mandes dans les communautés, le renvoi du premier terme des impositions au second, la remise des rôles de capitation, & des répartitions des indemnités; & qu'à l'égard de ce qui concerne les obligations des receveurs, & les moyens qu'on propose pour les contraindre à les mieux remplir, il étoit juste, avant de rien déterminer de nouveau, de leur faire communiquer le mémoire, pour qu'ils y répondent & qu'on puisse dans la suite voir s'il y a lieu de changer les traités faits avec eux.

Que tout bien consideré, la commission a été d'avis de proposer à l'assemblée de délibérer:

1°. Qu'en exécution de l'article premier du réglement fait par les Etats le 23 Janvier 1658, les assiettes des diocèses seront tenues au plus tard dans tout le mois de Mars, & que les syndics des diocèses informeront les syndics généraux du jour de leur séparation, aussi bien que de l'envoi des mandes dans les communautés, lequel envoi sera fait avant le 15 Avril.

2°. Que les diocèses, qui jugeront à propos de renvoyer le payement du premier terme des impositions au second, traiteront à ce sujet, pendant la tenue de l'assiette, avec le receveur ou tel autre qui fera la condition meilleure, & que les syndics des diocèses envoyeront, avant le 15 Avril, une expédition de la délibération contenant ce traité, au sieur trésorier de la bourse, pour qu'en conséquence il puisse faire les diligences accoutumées aux termes ordinaires.

3°. Que les rôles de la capitation seront faits & arrêtés par les commissaires des diocèses, avant le 15 Mai, & envoyés par les syndics desdits diocèses aux syndics généraux avant le premier du mois de Juin, pour que ceux-ci en poursuivent l'autorisation devant M. l'intendant, à l'effet d'être ensuite lesdits rôles renvoyés auxdits syndics des diocèses, & par eux remis aux collecteurs, avant le 15 dudit mois de Juin.

4°. Que les syndics généraux feront toutes les démarches, & représentations nécessaires, pour que les répartitions des indemnités soient faites, & connues dans les diocèses, avant l'échéance du dernier terme des impositions.

5°. Qu'on s'en tiendra aux anciens réglemens par rapport aux diligences du trésorier de la bourse contre les receveurs; & que le mémoire contenant les nouvelles obligations ou les peines que le sieur trésorier de la bourse a proposé de leur imposer, sera communiqué au syndic desdits receveurs pour entendre ce qu'ils pourront avoir à dire à ce sujet, & être ensuite délibéré par les Etats ce qu'il appartiendra.

Ce qui a été délibéré, conformément à l'avis de MM. les commissaires.

CCXXV.
ORDONNANCE
DE NOSSEIGNEURS LES COMMISSAIRES DU ROI ET DES ETATS,

Concernant l'imposition du montant des deux sols pour livre, attribués aux receveurs des tailles des diocèses de la province, par les édits de 1689 & 1709.

Du 7 Février 1742.

LES COMMISSAIRES nommés par lettres-patentes de Sa Majesté, des 30 Janvier 1734, & 25 Février 1739, pour régler tout ce qui concerne l'administration des affaires des villes & communautés de la province de Languedoc.

VU l'édit du mois de Décembre 1689, portant attribution aux receveurs des tailles des diocèses de la province de Languedoc, de la somme de quinze mille livres, à prendre au moyen d'un sol pour livre, sur les sommes provenant des octrois fixes & permanens des villes & communautés de ladite province, & sur celles que lesdites communautés ont faculté & permission d'imposer pour leurs dépenses ordinaires: l'état arrêté en conséquence dudit édit, par le sieur de Basville, ci-devant intendant de ladite province, le 5 Octobre 1690, contenant répartition au profit desdits receveurs des tailles, de ladite somme de quinze mille livres; savoir, sept cents quarante-cinq livres, pour être par eux retenue sur le produit des baux des octrois fixes des villes & communautés de Narbonne, Lunel, Nîmes & le Puy; & quatorze mille deux cents cinquante-cinq livres sur les collecteurs, à raison des articles des dépenses ordinaires & municipales de chaque communauté, sujettes à la retenue dudit sol pour livre; faisant lesdites deux sommes ensemble, ladite première de quinze mille livres; l'arrêt du conseil d'état du 28 Novembre 1690, qui exempte de la retenue dudit sol pour livre, les gages des greffiers, & les sommes imposées pour la façon des rôles de la taille desdites villes & communautés: autre édit du mois d'Août 1709, portant attribution auxdits receveurs des tailles, d'un second sol pour livre, provenant desdits octrois, & sur celles imposées par lesdites communautés pour leurs dépenses ordinaires, conformément audit édit de 1689, & à l'état arrêté par ledit sieur de Basville: les procès-verbaux dressés par les commissaires par Nous subdélégués dans les villes & communautés de ladite province, par ordonnance du 6 Février 1734, en exécution desdites lettres-patentes; desquels procès-verbaux il résulte, que le payement de l'attribution desdits deux sols pour livre, a presque changé de forme, puisque la plus grande partie desdites villes & communautés y pourvoient par imposition; de sorte que cette attribution n'est soumise à aucune regle certaine: Oui le syndic général de la province; & tout considéré.

NOUS COMMISSAIRES, sous le bon plaisir de Sa Majesté, avons ordonné & ordonnons, que le montant des deux

PART. I. DIV. II. LIV. III.   431

sols pour livre, attribués aux receveurs des tailles des dioceses de cette province, par édits des mois de Décembre 1689 & Août 1709, sur les sommes imposées par les villes & communautés d'icelle, pour leurs dépenses ordinaires, sera compris dorénavant en un seul article, dans le département des frais d'assiette de chacun desdits dioceses, relativement à la finance payée par lesdits receveurs des tailles en exécution desdits édits, & à l'état arrêté par ledit sieur de Lamoignon de Basville, le 5 Octobre 1690, ainsi qu'il est expliqué aux articles ci-après :

SAVOIR;

Au profit du receveur des tailles du diocese de Toulouse, la somme de neuf cents soixante-quatre livres neuf sols quatre deniers, ci . . . . 964 l. 9 s. 4 d.

Au profit du receveur des tailles du diocese de Lavaur, la somme de huit cents soixante-quatre livres deux deniers, ci 864   2

Au profit du receveur des tailles du diocese de Rieux, la somme de cinq cents cinquante-quatre livres cinq sols deux deniers, ci 554   5   2

Au profit du receveur des tailles du diocese de Commenge, la somme de trente-six livres quatre sols quatre deniers, ci 36   4   4

Au profit du receveur des tailles du diocese Bas-Montauban, la somme de cinq cents trente-sept livres quinze sols quatre deniers, ci 537 15   4

Au profit du receveur des tailles du diocese de Saint-Papoul, la somme de quatre cents deux livres un sol, ci   402   1

Au profit du receveur des tailles du diocese de Carcassonne, la somme de huit cents trente-une livres douze sols deux deniers, ci 831 12   2

Au profit du receveur des tailles du diocese d'Aleth, la somme de quatre cents soixante-dix-sept livres un sol quatre deniers, ci 477   1   4

Au profit du receveur des tailles du diocese de Limoux, la somme de deux cents trente-quatre livres onze sols, ci   234 11

Au profit du receveur des tailles du diocese de Mirepoix, la somme de cinq cents soixante-seize livres huit deniers, ci 576   8

Au profit du receveur des tailles du diocese d'Alby, la somme de quatorze cents soixante-quatorze livres deux sols, ci 1474   2

Au profit du receveur des tailles du diocèse de Castres, la somme de douze cents dix-neuf livres dix-sept sols dix deniers, ci . . . .   1219 l. 17 s. 10 d.

Au profit du receveur des tailles du diocèse de Saint-Pons, la somme de quatre cents soixante-quatorze livres cinq sols dix deniers, ci   474   5   10

Au profit du receveur des tailles du diocèse de Narbonne, la somme de dix-sept cents quatre-vingt-dix-huit livres onze sols quatre deniers, ci   1798   11   4

Au profit du receveur des tailles du diocèse de Beziers, la somme de dix-sept cents trente-quatre livres quatre sols dix deniers, ci   1734   4   10

Au profit du receveur des tailles du diocèse d'Agde, la somme de mille quatre-vingt-douze livres quatorze sols, ci   1092   14

Au profit du receveur des tailles du diocèse de Lodeve, la somme de six cents une livres onze sols, ci . . .   601   11

Au profit du receveur des tailles du diocèse de Montpellier, la somme de trois mille huit cents dix-neuf livres quinze sols dix deniers, ci   3819   15   10

Au profit du receveur des tailles du diocèse de Nîmes, la somme de trois mille deux cents vingt livres deux sols quatre deniers, ci   3220   2   4

Au profit du receveur des tailles du diocèse d'Alais, la somme de dix-sept cents vingt-quatre livres quatre deniers, ci   1724   4

Au profit du receveur des tailles du diocèse d'Uzès, la somme de deux mille neuf cents quatorze livres treize sols, ci   2914   13

Au profit du receveur des tailles du diocèse de Viviers, la somme de deux mille cent trente-trois livres sept sols dix deniers, ci   2133   7   10

Au profit du receveur des tailles du diocèse du Puy, la somme de quinze cents vingt-huit livres dix deniers, ci   1528   10

Au profit du receveur des tailles du diocèse de Mende, la somme de sept cents quatre-vingt-huit livres sept sols, ci   788   7

Revenant

Revenant en total lesdites sommes à celle de trente mille livres. Défendons auxdits receveurs des tailles de rien exiger des consuls & collecteurs des villes & communautés de Narbonne, Lunel, Nîmes & le Puy, à raison des deux sols pour livre à eux attribués sur lesdits octrois & deniers municipaux, par les édits de 1689 & 1709, à peine de concussion. Défendons pareillement auxdits consuls, greffiers & départeurs, de rien imposer à raison de ladite attribution : & aux collecteurs desdites impositions, d'user de retenue, sous prétexte desdits deux sols pour livre, sur quelque article que ce puisse être, des sommes imposées pour les dépenses ordinaires, le tout sous la même peine ; desquelles défenses il sera fait mention chaque année, dans la mande adressée à chacune desdites communautés. Enjoignons aux consuls, greffiers & collecteurs, & à tous ceux qui délibéreront sur les impositions, de se conformer à tout ce-dessus dans les impositions de la présente année 1742, & des suivantes, à peine d'être condamnés en l'amende de vingt livres, qui ne sera point réputée comminatoire : Et sera la présente ordonnance envoyée, à la diligence du syndic général, aux syndics desdits diocèses, à l'effet d'être déposée aux archives dudit diocèse ; & envoyée aux consuls des villes & communautés, pour être pareillement déposée dans leurs archives, & exécutée nonobstant oppositions & empêchemens quelconques. A Montpellier, au bureau de la commission, le 7 Février 1742. *Signés par colonnes.*

LE DUC DE RICHELIEU.

DE BERNAGE. † CHARLES, év. d'Alais.
VICHET. Le Mquis. DE CALVISSON.
MARTIN. JERPHANION, syndic du Velai.
ST. ROME, dép. de Gignac.

Par Nosseigneurs, TOUZART.

CCXXVI.
ARRÊT
DU CONSEIL D'ETAT DU ROI,

Qui autorise le traité fait entre les syndics généraux de la province de Languedoc, les intéressés au bail de Charles Adam, sous-fermier des domaines du Roi, droits réservés & autres y joints, & le sieur Aurés, comme sous-fermier des droits réservés & de greffe, au sujet du payement des trois sols & quatre sols pour livre, sur les épices des comptes des receveurs des tailles, qui sont payées à la chambre des comptes de Montpellier, & aux bureaux des finances de Toulouse & de Montpellier.

Du 31 Juillet 1742.

EXTRAIT *des Registres du Conseil d'Etat.*

VU au conseil d'état du Roi, le traité fait entre les syndics généraux des Etats de la province de Languedoc, les intéressés au bail de Charles Adam, sous-fermier des domaines du Roi, droits réservés & autres y joints, tant audit nom, que comme cessionnaire de le Gras & Sauvage, précédens fermiers desdits droits en ladite province, & le sieur Aurés, au nom & comme sous-fermier des droits réservés & de greffe, suivant le bail à lui passé par Jacques Forceville, fermier desdits droits pour six années, qui finiront le 31 Décembre 1744, par lequel traité, en date des 19 Octobre & 23 Novembre 1741, il est accordé entre lesdites parties. 1°. Que les droits de quatre sols & trois sols pour livre sur les épices qui sont payées à la chambre des comptes de Montpellier, & au bureau des finances de Toulouse & de Montpellier, pour la reddition & clôture des comptes des receveurs des tailles des dioceses de ladite province, & pour les états au vrai qu'ils présentent auxdits bureaux pour les deniers extraordinaires, ne pourront être exigés qu'à compter du premier Octobre 1726, relativement à ce qui a été ordonné pour la province, par les arrêts desdits jours 12 Novembre 1737 & 13 Mai 1738. 2°. Que lesdits droits, depuis ledit jour premier Octobre 1726 jusqu'au dernier Décembre 1738, demeureront réduits & abonnés à la somme de 25,000 livres, quoiqu'ils se trouvent revenir à celle de 34,169 livres 2 sols 8 deniers, laquelle somme de 25,000 livres est payable par ladite province, aux termes & en la maniere qui est expliquée dans le traité, pour être ladite somme partagée entre lesdits Me. Adam & Aurés, chacun pour ce qui les concerne. 3°. Enfin, que ladite province payera annuellement audit Me. Adam, fermier actuel desdits droits, les trois sols pour livre de la somme de 15,892 livres 19 sols 5 deniers, que ladite province paye annuellement pour lesdites épices, tant à ladite chambre des comptes, qu'auxdits bureaux des finances; & que lesdits droits, qui se trouvent monter pour chaque année à 2383 livres 18 sols 4 deniers, seront modérés à 2000 livres pour chacune desdites six années de son bail, & ce en considération des arrérages considérables, dont ladite province se trouve surchargée; laquelle somme de 2000 livres sera aussi payée, tant pour les années dudit bail déjà expirées, que pour celles qui restent encore, en la maniere & aux termes énoncés audit traité. Vu aussi la délibération des Etats de ladite province, en date du 9 Janvier dernier, contenant leur consentement à l'exécution dudit traité, & la requête du syndic général de Languedoc, à ce qu'il plaise à Sa Majesté d'en ordonner l'exécution : Oui le rapport du sieur Orry, conseiller d'état & ordinaire au conseil royal, contrôleur général des finances ; LE ROI ÉTANT EN SON CONSEIL, a approuvé & autorisé, approuve & autorise, en tant que de besoin seroit, le traité fait les susdits jours 19 Octobre & 13 Novembre 1741, entre le syndic général de ladite province de Languedoc, au nom des Etats généraux de ladite province, les intéressés audit bail de Charles Adam & ledit Aurés, au nom & qualité qu'ils procedent ; & en conséquence, Ordonne Sa Majesté, qu'il sera exécuté selon sa forme & teneur ; & qu'en payant par la province les sommes y contenues, elle demeurera définitivement déchargée de toutes autres demandes, à raison desdits droits réservés, tant pour les années expirées avant ledit bail dudit Charles Adam, que pour le temps de la durée dudit bail, qui doit finir le dernier Décembre 1744. FAIT au conseil d'état du Roi, tenu à Versailles, le trente-unieme Juillet mil sept cent quarante-deux.

Signé, GUYOT.

N° CCXXVII.

CCXXVII.
ORDONNANCE
DE NOSSEIGNEURS LES COMMISSAIRES DU ROI ET DES ETATS,

Portant que les receveurs des tailles des diocèses de la province, compteront des sommes dont la restitution aura été ordonnée, sur l'examen des préambules des impositions des communautés de ladite province.

Du 17 Janvier 1743.

Les commissaires députés par le Roi, & par l'assemblée des gens des trois états de la province de Languedoc, pour l'exécution de l'arrêt du conseil d'état, du 17 Décembre 1675, concernant la remise & vérification des préambules des rôles des impositions des villes & communautés de ladite province.

VU l'arrêt du conseil d'état, dudit jour 17 Décembre 1675, dont l'article II porte, que pardevant les commissaires de Sa Majesté, & par ceux qui seront députés par l'assemblée des Etats de ladite province, les préambules ou rôles des impositions faites en chacune des villes & communautés seront rapportés, à l'effet d'être par eux examinés & vérifiés, qu'il ne soit imposé autres sommes que celles qui auront été permises, & que ce qui sera par eux ordonné à raison de ladite vérification, sera exécuté nonobstant oppositions & appellations quelconques; l'ordonnance rendue par MM. les commissaires du Roi & des Etats, le 20 Décembre 1696, portant que les receveurs des tailles des diocèses de ladite province, qui seront chargés de l'exécution des ordonnances qui auront été rendues sur la vérification des rôles des impositions, seront tenus de rendre compte des sommes qu'ils auront reçues en exécution desdites ordonnances, dans lequel ils employeront en dépense les mêmes sommes au profit des communautés qui en auront fait le moins imposé, & qu'ils donneront en reprise les décharges qui auront été obtenues, pour être ledit compte remis tous les ans au syndic général du département, avec les préambules des rôles des impositions, à l'effet d'être par Nous arrêté pendant la tenue des Etats. Et ayant remarqué que l'inexécution de cette ordonnance donne lieu aux receveurs de négliger l'exécution de celles qui sont par Nous rendues, pour la restitution des sommes dont l'imposition n'est pas permise, ce qui donne occasion à plusieurs consuls & administrateurs des communautés, de continuer à imposer des sommes non comprises aux règlemens ou états de leurs dépenses ordinaires, & des intérêts ou même des capitaux non vérifiés, à quoi il est nécessaire de pourvoir: Oui sur ce le syndic général de la province.

NOUS ORDONNONS que les receveurs des tailles des diocèses de cette province, chargés de l'exécution des ordonnances qui sont par Nous rendues; sur la vérification des préambules des rôles des impositions des communautés, seront tenus de rendre compte des sommes qu'ils auront reçues des consuls, greffiers & autres habitans desdites communautés, en exécution desdites ordonnances de restitution; dans lequel compte ils employeront en dépense les mêmes sommes qui auront été mises en moins imposé au profit desdites communautés, & ils donneront en reprise les décharges qui en auront été obtenues; & sera ledit compte remis par lesdits receveurs au syndic général du département, avec

Iii ij

les préambules des rôles des impositions, à quoi faire, ils pourront être contraints par toutes voies dues & raisonnables, pour être lesdits comptes par Nous arrêtés pendant la tenue des Etats prochains; & faute par lesdits receveurs de satisfaire à notre présente ordonnance, il y sera par Nous pourvu ainsi qu'il appartiendra, sur les réquisitions des syndics généraux. Mandons au premier huissier ou sergent requis, faire tous exploits requis & nécessaires. FAIT à Montpellier, au bureau de la commission, le dix-septieme Janvier mil sept cent quarante-trois. *Signés par colonnes,*

LE DUC DE RICHELIEU.

DE BERNAGE. † J. év. de Viviers.
VICHET. Le Marquis DE
BERMON de St. PAUL. CHAMBONAS.
REQUIEM de Bruceles. GARNIER, diocesain de Rieux.
ALBISSON, député de Marvejols.

Par Nosseigneurs,
MARIOTTE, PUJOL, GUILLEMINET.

CCXXVIII.
ORDONNANCE
DE NOSSEIGNEURS LES COMMISSAIRES DU ROI ET DES ETATS,

Portant que les préposés au recouvrement des reliquats des comptes des communautés des dioceses de Lavaur, Commenge, Bas-Montauban, Alby, Aleth, Mirepoix, Narbonne, Lodeve, Montpellier, Nîmes, le Puy & Mende, seront tenus de représenter dans huitaine aux commissaires ordinaires desdits dioceses, un état des sommes dont ils ont fait le recouvrement, lesquels ils seront tenus de remettre au receveur des tailles de chaque diocese en exercice, à peine d'y être contraints par les voies de droit & par corps; & que les receveurs des tailles des autres dioceses, auxquels il a été remis des fonds l'année derniere par les préposés, seront tenus d'en vuider les mains en celles des receveurs en exercice la présente année.

Du 5 Juin 1745.

LES COMMISSAIRES *nommés par lettres-patentes de Sa Majesté, pour régler tout ce qui concerne l'administration des affaires des villes & communautés de la province de Languedoc.*

SUR ce qui Nous a été représenté par le syndic général de la province; Que quoique par notre ordonnance du 30 Mars 1744, il ait été enjoint aux préposés au recouvrement des reliquats des comptes des communautés de ladite province, antérieurs à l'année 1740, de représenter aux commissaires ordinaires des dioceses, un état des sommes dont ils ont fait le recouvrement, & de vuider les mains des susdits fonds dans la caisse du receveur des tailles, qui seront tenus d'en fournir auxdits préposés un récépissé, & de tenir lesdits fonds en dépôt, suivant & conformément à l'arrêt du conseil, du 18 Mai 1696: néanmoins, il n'a encore été satisfait à cette ordonnance que dans les dioceses de Toulouse, Rieux, Saint-Papoul, Carcassonne, Limoux, Castres, Saint-Pons, Beziers, Agde, Alais, Uzès & Viviers, ainsi qu'il résulte des états de recouvrement, & des quittances qui en ont été fournies par les receveurs des tailles en exercice l'année derniere dans lesdits dioceses: Que cependant il est indispensable que notre ordonnance soit exécutée par rapport aux autres dioceses, afin de connoître l'état actuel de ce recouvrement, en attendant qu'il soit entierement fini;

& qu'il paroît également à propos, à l'exemple du diocese de Castres, de faire passer des mains des receveurs qui sortent d'exercice, entre les mains de ceux qui y entreront à l'avenir, les fonds qui leur ont été remis par lesdits préposés. Requéroit, A CES CAUSES, qu'il Nous plût sur ce pourvoir. Vu l'arrêt du conseil, du 12 Novembre 1739, nos ordonnances des 12 Mars 1740 & 30 Mars 1744, & celles qui ont été aussi par Nous rendues par rapport à la reddition des comptes & payemens des reliquats, ensemble notre ordonnance du 15 du mois dernier, portant que le sieur Gouan, receveur des tailles du diocese de Castres, en exercice l'année derniere, remettra au sieur Rigaud, receveur en exercice la présente année, la somme de 14,705 livres 14 sols, procédant des fonds des reliquats à lui remis ladite année derniere, par le préposé dans ledit diocese de Castres; & tout considéré.

NOUS COMMISSAIRES, ayant égard aux réquisitions du syndic général, avons ordonné & ordonnons que notre ordonnance du 30 Mars 1744 sera exécutée selon sa forme & teneur; & en conséquence, enjoignons aux préposés au recouvrement des reliquats des comptes des communautés des dioceses de Lavaur, Commenge, Bas-Montauban, Alby, Aleth, Mirepoix, Narbonne, Lodeve, Montpellier, Nimes, le Puy & Mende, de représenter dans huitaine pour tout délai, aux commissaires ordinaires desdits dioceses, un état des sommes dont ils ont fait le recouvrement, lequel état contiendra autant d'articles qu'il y a des communautés, afin de connoître ce qui a été déjà recouvré pour chacune en particulier; & sera ledit état justifié par les états de liquidation sur lesquels ledit recouvrement a été fait, & les registres journaux qui en ont été tenus, afin que lesdits sieurs commissaires puissent Nous certifier au pied d'un double dudit état, le montant des sommes qui sont actuellement au pouvoir desdits préposés, déduction faite de celles qu'ils ont payé sur nos ordonnances, & du droit de remise accordé auxdits préposés; lequel état sera envoyé, à la diligence des syndics desdits dioceses, aux syndics généraux de la province, dans quinzaine au plus tard, après la réception de la présente ordonnance, pour être ensuite par Nous pourvu, ainsi qu'il appartiendra, à la destination des fonds déjà recouvrés: Auquel effet, enjoignons auxdits préposés de vuider les mains du fonds de leur recouvrement dans la caisse du receveur des tailles de chaque diocese, en exercice la présente année, lesquels seront tenus de leur en fournir un récépissé, pour tenir lesdits fonds en dépôt, conformément à l'arrêt du conseil, du 18 Mai 1696, & pendant l'année de leur exercice seulement; copie duquel récépissé, visé par lesdits sieurs commissaires du diocese, sera envoyée auxdits syndics généraux, en même temps que le double original de l'état de recouvrement; & faute par lesdits préposés de satisfaire aux dispositions ci-dessus, dans le délai de huitaine, après la connoissance qui leur sera donnée de la présente ordonnance, enjoignons aux syndics desdits dioceses de les y contraindre par les voies de droit & par corps. Ordonnons en outre, que les receveurs des tailles auxquels il a été remis des fonds l'année derniere par les préposés, seront tenus d'en vuider les mains en celles des receveurs en exercice la présente année, & qu'il en sera usé de même à l'avenir par tous les receveurs des dioceses de la province, dans le cas où la destination n'en auroit pas été faite par Nous, pour garder en dépôt ladite somme l'année de leur exercice seulement. Enjoignons aux syndics des diocèses de tenir la main à l'exécution des dispositions de notre présente ordonnance, dont il leur sera incessamment envoyé des exemplaires à la diligence des syndics généraux de la province, ainsi qu'aux receveurs desdits diocèses, auxquels Nous donnons pouvoir de la faire exécuter pour ce qui concerne la remise qui doit être faite en leurs mains, & ce, par les mêmes voies dont ils ont droit d'user pour le recouvrement des impositions. Mandons au premier huissier ou sergent requis, faire tous exploits, commandemens, & autres actes nécessaires. FAIT à Montpellier, au bureau de la commission, le cinquieme Juin mil sept cent quarante - cinq. *Signés par colonnes à l'original*,

LE NAIN.
VICHET.　　ST. ROME, maire de Mende.
MARTIN.

Par Messieurs les commissaires.
TOUZART.

CCXXIX.
ARRÊT

DE LA COUR DES COMPTES, AIDES ET FINANCES DE MONTPELLIER,

Qui fait défenses à toutes personnes, de s'immiscer dans aucune recette des deniers royaux sans provisions ni commission duement registrées en ladite cour. Qui fait défenses aux officiers du bureau des finances de Toulouse, de commettre auxdites recettes, que dans les cas exprimés dans l'art. XXXII du réglement du conseil du 15 Septembre 1685: Et qui condamne le nommé Roques en l'amende de 3000 livres, pour avoir contrevenu auxdits réglemens, & à ceux de ladite cour.

Du 12 Août 1746.

EXTRAIT *des registres de la cour des comptes, aides & finances.*

LOUIS, PAR LA GRACE DE DIEU, ROI DE FRANCE ET DE NAVARRE: A tous ceux qui ces présentes verront, SALUT. Comme par arrêt rendu en notre cour des comptes, aides & finances, sur la requête présentée en notredite cour par notre procureur général; Contenant, qu'il est venu à sa connoissance que le nommé Roques, sous prétexte d'avoir été commis par nos officiers de notre bureau des finances de Toulouse, pour faire l'exercice de receveur & payeur de leurs gages de la présente année 1746, au lieu & place de feu Me. Figard, payeur en titre, s'est ingéré de faire les fonctions de cet officier; & en conséquence, a retiré des mains de Me. Terrede, commis à la place de Me. Ladoux, receveur général des finances, une somme de 21,047 livres 5 sols, ainsi qu'il conste de deux ampliations de quittances fournies par ledit Me. Roques, en date des 18 & 27 Juillet de la présente année 1746, en faveur dudit Me. Terrede, commis à la recette générale des finances. Et comme, suivant l'article premier de notre édit du mois d'Août 1669, & les arrêts de réglement de notredite cour, des 29 Mars 1686 & 14 Février 1727, il est expressément défendu à toutes sortes de personnes de s'immiscer en la recette & maniement de nos deniers, sans des lettres de provision ou commission registrées en nos chambres des comptes, à peine de 3000 livres d'amende; & que d'ailleurs, c'est sans le moindre fondement que nos officiers du bureau des finances de Toulouse, ont donné cette commission audit Roques, puisqu'il leur est expressément défendu de commettre que dans les cas de faillite, suspension ou décès des comptables dans l'année de leur exercice (commission toutefois qui ne peut avoir lieu qu'après avoir été duement regiſtrée en notredite cour) & que Me. Figard eſt décédé hors l'année d'exercice; notre procureur général ne ſauroit ſe diſpenſer de faire réprimer une pareille entrepriſe. C'eſt pourquoi, Requiert qu'il plaiſe à notredite cour ordonner, que notre édit du mois d'Août 1669, réglement de notre conſeil du 15 Septembre 1685, & ceux de notre cour des 29 Mars 1686 & 14 Février 1727, ſeront exécutés ſuivant leur forme & teneur; & en conſéquence, faire inhibitions & défenſes à toutes perſonnes, de s'immiſcer dans aucunes recettes de nos deniers, ſans proviſions ou commiſſions duement regiſtrées en notredite cour, ſous les peines de l'ordonnance. Faire pareillement défenſes aux tréſoriers de France de notre généralité de Toulouſe, de commettre auxdites recettes, que dans les cas exprimés dans l'article XXXII du réglement de notre conſeil, à peine de radiation de leurs gages : & pour la contravention audit édit de 1669, & arrêts de réglement de notredite cour, condamner ledit Roques en l'amende de 3000 livres au payement de laquelle il ſera contraint, à la pourſuite & diligence de notre procureur général, par établiſſement de garniſon : Lui faire défenſes de continuer à s'immiſcer dans ladite recette, ſous de plus grieves peines : Commettre l'un de ſes ſubſtituts pour ſe tranſporter chez ledit Roques, procéder au parafe de ſon regiſtre & acquits, vérifier les deniers de ſa recette, & le tout être remis au receveur général des finances en exercice la préſente année 1746, pour être leſdits regiſtre, acquits & deniers comptans, gardés par ledit receveur, en qualité de dépoſitaire, juſqu'à ce qu'il ait été par Nous pourvu à ladite recette vacante; auquel cas, & après que les lettres de commiſſion, regiſtrées en notredite cour, lui auront été ſignifiées, il remettra au commiſſionnaire leſdits regiſtre, acquits & deniers, pour parachever ledit exercice. Faire inhibitions & défenſes audit receveur général, & à tous autres, ſous peine de 3000 livres d'amende, de délivrer aucuns deniers de leur recette, qu'à celui ou ceux qui juſtifieront par lettres de proviſion & arrêts de réception, ou par commiſſion duement regiſtrée en notredite cour, être en droit de recevoir leſdits deniers; & que l'arrêt qui interviendra ſera ſignifié à nos officiers du bureau des finances de Toulouſe, lu, publié & affiché par-tout où beſoin ſera, afin que perſonne n'en ignore; ladite requête ſignée Duché & Mazade, avocats généraux. Vu ladite requête, avec les deux ampliations de quittances fournies par Roques à Terrede; notre édit du mois d'Août 1669; réglemens de notre conſeil du 15 Septembre 1685, & de notredite cour des 29 Mars & 14 Février 1727, & l'inventaire fait par M. Fargeon, conſeiller en notredite cour, des effets délaiſſés par ledit feu Me. Figard, en ſon vivant payeur des gages de nos officiers en notre bureau des finances de Toulouſe, du 19 Janvier 1746, duquel il réſulte, que ledit Me. Figard eſt mort hors l'année de ſon exercice; & tout conſidéré. NOTREDITE COUR, ayant égard à la requête de notre procureur général, a ordonné & ordonne, que l'édit du mois d'Août 1669, le réglement de notre conſeil du 15 Septembre 1685, enſemble les arrêts de réglement de notredite cour, des 29 Mars 1686 & 14 Février 1727, ſeront exécutés ſuivant leur forme & teneur; & en conſéquence, a fait & fait notredite cour inhibitions & défenſes à toutes perſonnes, de s'immiſcer dans aucunes recettes de nos deniers, ſans proviſions duement regiſtrées en notredite cour, sous les peines de l'ordonnance. Fait pareillement défenses aux tréforiers de France de notre généralité de Toulouse, de commettre auxdites recettes, que dans les cas exprimés dans l'article XXXII du réglement de notre conseil, à peine de radiation de leurs gages; Et pour la contravention audit notre édit de 1669, & réglement de notredite cour ci-dessus cités, a condamné & condamne ledit Roques en l'amende de 3000 livres au payement de laquelle il fera contraint, poursuite & diligence de notre procureur général, par établissement de garnison: Lui a fait & fait défenses de continuer à s'immiscer dans ladite recette, sous des plus grandes peines: A commis & commet le substitut de notre procureur général, pour se transporter chez ledit Roques, procéder au parafe de son registre & acquits, vérifier les deniers de sa recette, pour le tout être remis au receveur général des finances en exercice la présente année 1746, & lesdits registre, acquits & deniers comptables, être gardés par ledit receveur général, en qualité de dépositaire, jusqu'à ce qu'il ait par Nous été pourvu à ladite recette vacante: auquel cas, & après que les lettres de commission, registrées en notredite cour, lui auront été signifiées, il remettra au commissionnaire lesdits registre, acquits & deniers comptables, pour parachever ledit exercice. A fait & fait inhibitions & défenses audit receveur général, & à tous autres receveurs, sous peine de 3000 livres d'amende, de délivrer aucuns deniers de leur recette pour servir de fonds à autre recette, qu'à celui ou à ceux qui justifieront par lettres de provision ou commission, duement registrées en notredite cour, être en droit de recevoir lesdits deniers comptables; & que ledit arrêt sera signifié auxdits officiers du bureau des finances de Toulouse, lu, publié & affiché partout où besoin sera, afin que personne n'en ignore. A CETTE CAUSE, à la requête de notre amé & féal conseiller procureur général, Mandons & Commandons au premier notre huissier ou sergent requis, faire pour l'entiere exécution du présent arrêt, tous exploits requis & nécessaires. Mandons en outre à tous nos officiers justiciers & sujets, ce faisant obéir. FAIT & donné à Montpellier, en notredite cour, le douzieme jour de Juillet, l'an de grace mil sept cent quarante-six, & de notre regne, le trente-unieme. *Collationné*. *Signé*, POUGET. Par arrêt de la cour.

VASSAL, *signé*.

Monsieur DEYDÉ DE MERVIEL, *rapporteur*.

CCXXX.
ORDONNANCE
DE NOSSEIGNEURS LES COMMISSAIRES DU ROI ET DES ETATS,

Portant que les receveurs des tailles des diocèses de la province, rendront compte, dans un mois pour tout délai, du montant des ordonnances de restitution des années 1742, 1743, 1744, 1745 & 1746.

Du 12 Mai 1747.

LES COMMISSAIRES *nommés par lettres-patentes de Sa Majesté du* 30 *Janvier* 1734, *& autres données en conséquence, pour régler tout ce qui concerne l'administration des affaires des villes & communautés de la province de Languedoc.*

VU l'arrêt du conseil d'état du 27 Décembre 1675, dont l'article II porte, que pardevant les commissaires
de

Part. I. Div. II. Liv. III. 441

N°. CCXXX.

de Sa Majesté, & par ceux qui seront députés par l'assemblée des Etats de cette province, les préambules ou rôles des impositions faites en chacune des villes & communautés, seront rapportés, à l'effet d'être par eux vérifiés; qu'il ne soit imposé autres sommes que celles dont l'imposition aura été permise, & que ce qui sera par eux ordonné, à raison de ladite vérification, sera exécuté, nonobstant oppositions & appellations quelconques; l'ordonnance rendue par MM. les commissaires du Roi & des Etats le 20 Décembre 1696, portant que les receveurs des tailles des diocèses de ladite province, qui seront chargés de l'exécution des ordonnances qui ont été rendues sur la vérification des rôles des impositions, seront tenus de rendre compte des sommes qu'ils auront reçues en exécution desdites ordonnances, dans lesquels ils employeront en dépense les mêmes sommes, au profit des communautés qui en feront le moins imposé, & qu'ils donneront en reprise les décharges qui auront été obtenues, pour être ledit compte remis tous les ans au syndic général du département, avec les préambules des rôles des impositions, à l'effet d'être arrêté pendant la tenue des Etats, par MM. les commissaires de Sa Majesté & ceux qui sont députés par ladite assemblée : Autre ordonnance rendue par MM. les commissaires du Roi & des Etats, le 17 Janvier 1743, qui renouvelle les dispositions de celle dudit jour 20 Décembre 1696; & ayant remarqué que l'exécution de cette ordonnance donne lieu aux receveurs de négliger l'exécution de celles qui sont rendues pour la restitution des sommes dont l'imposition n'est pas permise, ce qui donne occasion à plusieurs consuls & administrateurs des communautés, de continuer à imposer des sommes non-com-

Tome VI.

prises aux nouveaux réglemens ou états de leurs dépenses ordinaires, & des intérêts, même des capitaux non vérifiés : Que d'ailleurs, il a été remarqué, en procédant à la clôture des comptes ordonnée par l'arrêt du conseil du 12 Novembre 1739, que les receveurs des tailles ont été ci-devant payés de plusieurs sommes dont la restitution avoit été ordonnée, sans qu'il en ait été fait cependant aucun moins-imposé, ni autre emploi au profit des communautés, ce qui a été cause que lesdites sommes ont resté dans la caisse desdits receveurs; A quoi étant nécessaire de pourvoir : Oui sur ce le syndic général de la province.

Nous ordonnons que les receveurs de tailles des diocèses de cette province, chargés de l'exécution des ordonnances qui ont été rendues sur la vérification des rôles des impositions des communautés, pour les années 1742, 1743, 1744, 1745 & 1746, seront tenus de rendre compte, dans un mois pour tout délai, à compter du jour de la sommation qui leur en sera faite, des sommes qu'ils auront reçues des consuls, greffiers, & autres habitans desdites communautés, en exécution desdites ordonnances de restitution, dans lequel compte ils employeront les mêmes sommes qui auront été mises en moins imposé, & tenues en compte au profit desdites communautés sur leurs impositions, & ils donneront en reprise les décharges qui en auront été obtenues; & seront lesdits comptes envoyés par lesdits receveurs, au syndic général du département, dans ledit délai, à quoi faire ils seront contraints, à la diligence des syndics des diocèses, par toutes voies dues & raisonnables, pour être lesdits comptes par Nous arrêtés sur les réquisitions & impugnations des syndics généraux, ainsi qu'il appartiendra; & faute par lesdits re-

N°. CCXXX.

K k k

ceveurs, de satisfaire à notre présente ordonnance, ils demeureront responsables envers les communautés, du montant des sommes contenues auxdites ordonnances, de restitution, concernant chacune desdites communautés; au payement desquelles ils seront pareillement contraints par toutes voies dues & raisonnables. MANDONS au premier huissier ou sergent requis, faire tous exploits & actes nécessaires. FAIT à Montpellier, au bureau de la commission, le douzieme Mai mil sept cent quarante-sept. *Signés par colonnes à l'original.*

LE NAIN.
VICHET.   ST. ROME, maire de Mende.
Par Nosseigneurs, PILHET, BOYER.

CCXXXI.
ORDONNANCE
DE NOSSEIGNEURS LES COMMISSAIRES DU ROI ET DES ETATS,

Qui permet aux communautés ou mandemens du diocèse du Puy, qui ont accoutumé de diviser ou départeller leurs bourgades ou hameaux, pour la sûreté du recouvrement des impositions, d'imposer à l'avenir, tous les ans, trois livres pour chaque départellement du mandement ou communauté.

Du 6 Septembre 1747.

LES COMMISSAIRES *nommés par lettres-patentes de Sa Majesté, du 30 Janvier 1734, & autres données en conséquence, pour régler tout ce qui concerne l'administration des affaires des villes & communautés de la province de Languedoc.*

VU l'ordonnance par Nous rendue sur les réquisitions du syndic général de la province, le 13 Octobre 1739, portant que dans un mois à compter du jour de la signification, les receveurs des tailles du diocèse du Puy seront tenus de remettre devers notre greffe les titres en vertu desquels ils ont obtenu une ordonnance le 16 Décembre 1690, de MM. les commissaires députés par le Roi & par l'assemblée des Etats de cette province, concernant le droit de trois livres, exigé par lesdits receveurs, à raison du départellement des bourgades ou hameaux, dont chaque mandement ou communauté est composée; & qui leur enjoint de donner un état exact certifié par eux, de tous les départellemens, à raison desquels ils perçoivent ledit droit; ordonne pareillement que les titres & l'état qui seront remis en vertu de ladite ordonnance, seront communiqués aux sieurs commissaires ordinaires dudit diocèse, à l'effet d'être impugnés & débattus par eux; & faute par lesdits receveurs des tailles de satisfaire à ladite remise dans le susdit délai, leur défend de continuer à exiger ledit droit de départellement, & aux consuls & greffiers de les comprendre dans les impositions des communautés, à peine d'en demeurer responsables en leur propre; l'exploit de signification de ladite ordonnance, fait auxdits receveurs en la personne de leurs commis le 30 Mars 1740; le mémoire à Nous présenté par lesdis receveurs des tailles, pour exposer l'origine & les motifs dudit droit, & en faire connoître l'utilité, avec les pieces y énoncées, consistant, 1°. en un arrêt de la cour des comptes, aides & finances de Montpellier, du 10 Septembre 1655, portant, qu'en chacun des mandemens dudit diocèse, qui ont accoutumé de diviser & départeller leurs quotités des impositions, il ne sera nommé à l'avenir & annuellement qu'un ou deux collecteurs particuliers, lesquels porteront au receveur dudit diocèse du Puy, qui sera en exercice, les deniers de leur collecte, sans que ledit receveur puisse exiger, pour le droit de sa quittance générale, que quatre livres six sols six deniers pour les tailles, & une livre douze sols six deniers pour le taillon, pour chacun desdits mandemens, soit qu'il y ait un ou deux collecteurs, à peine de concussion, dont il seroit informé; & à l'égard des autres mandemens dudit diocese, qui ne divisent ni ne départcellent pas leurs quotités, fait défenses auxdits receveurs de recevoir autre droit pour ladite quittance, que ladite somme de quatre livres six sols six deniers d'un côté, & une livre douze sols six deniers d'autre; & 2°. en un extrait du préambule du rôle des impositions faites par la communauté de Polignac l'année 1677, dans lequel il a été imposé cent cinquante livres pour le droit de déparcellement, en exprimant que c'est, suivant l'usage des années précédentes, attendu que c'est pour le bien dudit mandement, plutôt que de nommer des collecteurs généraux; & 3°. en une ordonnance de MM. les commissaires du Roi & des Etats, dudit jour 16 Décembre 1690, portant, entr'autres choses, qu'il sera imposé au profit dudit receveur des tailles trois livres pour le droit de déparcellement, duquel droit toutefois le chef-lieu demeurera exempt; & fait défenses audit receveur d'exiger au-delà de ladite somme: Vu aussi le mémoire dressé par le sieur Laval, subdélégué de l'intendance dans le Velai, contenant son avis sur la nécessité de continuer l'usage des déparcellemens; ledit mémoire en date du 14 Décembre 1742, l'ordonnance par Nous rendue sur le mémoire desdits receveurs des tailles, le 25 Avril dernier, portant, avant faire droit, que ledit mémoire & les pieces y jointes, seront communiquées, à la diligence du syndic général, au syndic dudit diocese, auquel les receveurs remettront un état exact & détaillé, qu'ils certifieront véritable, de tous les déparcellemens à raison desquels ils perçoivent le droit de trois livres dont il s'agit, comme aussi que lesdits receveurs déclareront s'ils exigent ou ont jamais exigé ledit droit depuis l'ordonnance dudit jour 16 Décembre 1690, du chef-lieu des mandemens qui composent ledit diocese, pour être par ledit syndic fait rapport aux commissaires ordinaires dudit diocese, du contenu auxdits mémoire, pieces & états, à l'effet d'en être par eux délibéré, & de contester ou avouer le contenu en l'état ou déclaration qui doivent être fournis par lesdits receveurs; & en outre, que les commissaires ordinaires dudit diocese examineront, si en maintenant l'usage des déparcellemens, tel qu'il est établi, on ne pourroit pas sans inconvénient charger les collecteurs particuliers de chaque communauté de compter du fonds de leur recette au collecteur du chef-lieu, plutôt qu'au receveur du diocese, qui par ce moyen n'ayant à reconnoître que ledit collecteur, n'auroit pas lieu d'exiger le droit de déparcellement, pour, ladite délibération rapportée avec lesdits mémoire, pieces, états & déclarations, être ensuite ordonné ce qu'il appartiendra; l'état remis en conséquence par le sieur Polier, receveur du diocese en exercice en l'année 1746, par lui certifié, contenant en détail le nombre & le nom des différens déparcellemens qui ont divisé chaque mandement en ladite année, à raison desquels il a perçu le droit de trois livres dont il s'agit, suivant lequel état il y a sept cents quarante-deux déparcellemens, dont le produit, à trois livres chacun, revient à la somme de deux mille deux cents vingt-six livres; le procès-verbal dressé par les sieurs commissaires ordinaires du diocèse du Puy, au pied dudit état du 23 Juin 1747, contenant que l'usage des déparcellemens ne sauroit être interrompu sans causer de grands désordres dans le diocèse, attendu que le recouvrement des deniers royaux, tant de la taille que de la capitation & du dixieme de l'industrie, n'a jamais pu se faire que par ce moyen, & qu'il est par conséquent indispensable, non-seulement de le continuer, mais encore de n'y rien changer, c'est-à-dire, de laisser la liberté à chaque mandement, lors du département des tailles, de former de nouvelles parcelles, ou d'en réunir certaines avec d'autres, lorsque les habitans le jugent à propos, pour la facilité dudit recouvrement, n'y ayant jamais un nombre fixe de ces parcelles; comme aussi que le collecteur particulier de chaque parcelle réponde directement au receveur, & non au collecteur du chef-lieu, qui le plus souvent est illitéré, & par-là hors d'état de faire une pareille recette, mais qui d'ailleurs n'ayant pas la même autorité que le receveur, ne parviendroit jamais à faire livre net; Ouï sur ce le syndic général de la province, & tout considéré:

Nous Commissaires, déclarons n'entendre empêcher que l'usage des déparcellemens continue d'être observé dans le diocèse du Puy; & en conséquence, permettons aux communautés ou mandemens dudit diocèse, qui ont accoutumé de diviser ou déparceller leurs bourgades ou hameaux pour la facilité du recouvrement des impositions, d'imposer tous les ans à l'avenir trois livres pour chaque déparcellement du mandement ou communauté, sans néanmoins que les receveurs des tailles dudit diocèse, qui seront en exercice, puissent exiger ledit droit de trois livres, lorsqu'elles n'useront pas de déparcellement, & sans qu'ils puissent aussi l'exiger, en aucun cas, du chef-lieu dudit mandement, le tout conformément à l'ordonnance dudit jour 16 Décembre 1690, & à peine de concussion; auquel effet enjoignons auxdits receveurs de présenter chaque année à l'assiette dudit diocèse un état affirmé par eux, des déparcellemens qui auront été faits l'année précédente, lequel état ainsi affirmé par celui desdits receveurs qui aura été en exercice, sera arrêté par les sieurs commissaires & députés à l'assiette dudit diocèse, à l'effet de s'assurer s'il n'a été rien exigé au-delà de ladite somme de trois livres, & du nombre des déparcellemens, & envoyé avec l'arrêté desdits sieurs commissaires & députés à l'assiette, au syndic général du département, avec les départemens des impositions dudit diocèse, à peine par le greffier du diocèse de demeurer responsable envers lesdites communautés, de tous dépens, dommages & intérêts; enjoignons en outre auxdits receveurs des tailles, de déclarer nommément dans le délai de quinzaine, si depuis l'ordonnance dudit jour 16 Décembre 1690, ou du moins depuis le temps qu'ils sont pourvus de leurs offices, ils n'ont pas exigé du chef-lieu desdits mandemens, les trois livres dont il s'agit, pour le déparcellement pour ce fait, ou faute de ce faire dans ledit délai, être ensuite ordonné ce qu'il appartiendra. Fait à Montpellier au bureau de la commission, le sixieme Septembre mil sept cent quarante-sept. *Signés par colonnes.*

Le Nain. † J. G. év. de Lodeve.
Solas. St. Rome, maire de Mende.
Martin.

Par Nosseigneurs, DE BEAULIEU.

CCXXXII.

ARRÊT

Du Conseil d'Etat du Roi,

Qui commet le sieur Sanche pour faire la recette du taillon du diocese de Saint-Papoul.

Du 26 Août 1749.

EXTRAIT *des Regiſtres du Conſeil d'Etat.*

SUR la requête préſentée au Roi, en ſon conſeil, par le ſyndic du dioceſe de Saint-Papoul; Contenant que l'office de receveur triennal du taillon dudit dioceſe, dont étoit pourvû le feu ſieur Jean Sabatier, eſt vacant aux revenus caſuels de Sa Majeſté ; & comme il eſt néceſſaire d'y commettre afin d'empêcher une plus longue interruption du recouvrement des deniers dudit taillon, juſqu'à ce qu'il ſe préſente quelqu'un pour ſe faire pourvoir dudit office, l'aſſemblée dudit dioceſe a pris une délibération le 26 Juin dernier, de ſupplier Sa Majeſté d'autoriſer la nomination qu'Elle a faite de la perſonne du ſieur Jean-André Sanche, receveur des tailles dudit dioceſe de Saint-Papoul, pour faire l'exercice & les fonctions dudit office de receveur triennal du taillon, toutes les années qu'il ſera en exercice, juſqu'à ce qu'il y ait été pourvu. Requéroit, A CES CAUSES, le ſuppliant, qu'il plût à Sa Majeſté ſur ce lui pourvoir. Vu ladite requête, enſemble la délibération priſe par l'aſſemblée du dioceſe de Saint-Papoul, le 26 Juin dernier : Oui le rapport du ſieur de Machault, conſeiller ordinaire au conſeil royal, contrôleur général des finances; LE ROI EN SON CONSEIL, ayant égard à ladite requête, a commis & commet le ſieur Jean-André Sanche, receveur des tailles du dioceſe de Saint-Papoul, pour faire l'exercice & les fonctions de l'office de receveur triennal du taillon du même dioceſe, & vacant aux parties caſuelles, & ce, juſqu'à ce qu'il ait été pourvu audit office ; ordonne en conſéquence Sa Majeſté que les deniers du taillon deſtinés audit exercice, & payables par ledit dioceſe de Saint-Papoul, ſeront remis audit ſieur Sanche, pour par lui être portés à la recette générale dudit taillon, & employés au payement des parties aſſignées ſur le taillon dudit dioceſe de Saint-Papoul, ſuivant l'état qui en ſera arrêté par Sa Majeſté ; à la charge par ledit ſieur Sanche de rendre compte dudit exercice de receveur triennal dudit dioceſe, dans les délais ordinaires & accoutumés, par-tout où il appartiendra. Veut Sa Majeſté que dans la dépenſe de chacun deſdits comptes, il lui ſoit paſſé & alloué pour droit d'exercice, à chaque triennalité, ſoixante-quinze livres, & vingt-ſix livres de taxations fixes dans la même année d'exercice ; diſpenſe ledit ſieur Sanche de donner caution de ſon maniement dudit exercice, attendu la finance de ſeize offices de receveur des tailles, laquelle demeurera affectée au maniement dudit exercice de receveur triennal du taillon ; & ſeront, pour l'exécution du préſent arrêt, toutes lettres néceſſaires expédiées. FAIT au conſeil d'état du Roi, tenu à Verſailles, le vingt-ſixieme Août mil ſept cent quarante-neuf.

Signé, BERGERET.

CCXXXIII.
ARRÊT
Du Conseil d'Etat du Roi,

Qui ordonne que les receveurs des tailles de la province de Languedoc, seront admis au payement du prêt & annuel de leurs offices, sur le pied des deux tiers de leur évaluation.

Du 7 Septembre 1749.

Extrait des Registres du Conseil d'Etat.

Sur la requête présentée au Roi, étant en son conseil, par les receveurs des tailles & du taillon de la province de Languedoc ; Contenant, que par arrêt du conseil du 3 Décembre 1740, Sa Majesté auroit eu la bonté d'ordonner qu'ils seroient reçus au payement du prêt & annuel de leurs offices, pendant les neuf années portées par la déclaration du 19 Juin 1740, sur le pied des deux tiers de leurs évaluations. Comme les neuf années portées par cette déclaration sont expirées, & qu'elle a été renouvelée par une autre déclaration du 8 Juillet 1749 ; que les motifs qui ont donné lieu à l'arrêt du 3 Décembre 1740 subsistent aujourd'hui, & sont même devenus plus pressans par les arrérages de la taille & de la capitation qui sont dus aux receveurs, & qui les obligent à des emprunts considérables pour satisfaire à leurs engagemens ; que d'ailleurs le revenu de leurs offices est considérablement diminué, à compter du premier Janvier 1725, par la réduction au denier cent de leurs augmentations de gages, & par les taxes qu'ils ont payées pour le droit de confirmation ; qu'en 1734 ils ont aussi payé la somme de cent quarante mille livres, indépendamment de la suppression de 200,000 livres de gages, qui fut ordonnée dans le même-tems ; de sorte que le revenu de leurs offices ayant diminué, & les charges étant toujours les mêmes ; Requéroient, A CES CAUSES, les supplians, qu'il plaise à Sa Majesté ordonner, qu'ils continueront d'être reçus au payement du prêt & annuel de leurs offices, pendant les neuf années portées par la déclaration du 8 Juillet 1749, sur le pied des deux tiers de leurs évaluations. Vu ladite requête ; ledit arrêt du conseil du 3 Décembre 1740 ; ladite déclaration du 8 Juillet 1749 : Et Ouï le rapport du sieur de Machault, conseiller ordinaire au conseil royal, contrôleur général des finances ; LE ROI ÉTANT EN SON CONSEIL, a ordonné & ordonne, par grace, & sans tirer à conséquence, que les pourvus des offices de receveurs des tailles & du taillon de la province de Languedoc, continueront d'être reçus au payement du prêt & annuel de leurs offices, pendant les neuf années portées par la déclaration du 8 Juillet 1749, sur le pied des deux tiers de leurs évaluations, sans tirer à conséquence pour les droits de mutations, qu'ils seront tenus de payer en entier, ainsi qu'il s'est pratiqué depuis la déclaration du 9 Août 1722. FAIT au conseil d'état du Roi, Sa Majesté y étant, tenu à Versailles, le septieme jour de Septembre mil sept cent quarante-neuf.

Signé, PHELYPEAUX.

CCXXXIV.
ARRÊT
Du Conseil d'Etat du Roi,

Qui décharge les receveurs des tailles, qui ont payé la finance portée par l'édit du mois de Décembre 1706, de tout cautionnement pour raison des deniers ordinaires de leur recette seulement; & ordonne l'exécution des lettres patentes du 16 Décembre 1727.

Du 15 Mai 1750.

EXTRAIT *des Registres du Conseil d'Etat.*

SUR la requête présentée au Roi, étant en son conseil, par le sieur Jean-Dominique de Vezian, receveur triennal des tailles du diocese d'Alby en Languedoc; Contenant, &c. Requéroit, A CES CAUSES, le suppliant, qu'il plût à Sa Majesté ordonner, &c. Oui le rapport du sieur Machault, conseiller ordinaire au conseil royal, contrôleur général des finances; LE ROI EN SON CONSEIL, ayant aucunement égard auxdites requêtes des sieurs de Vezian, David & Gardés, a ordonné & ordonne que l'édit du mois de Décembre 1706, sera exécuté selon sa forme & teneur; & en conséquence, attendu la finance par eux payée en conformité dudit édit, les a déchargé & décharge de tout cautionnement pour raison des deniers ordinaires de leur recette, sans préjudice néanmoins de l'obligation où ils sont de cautionner envers le diocese d'Alby, à cause de la recette & maniement des deniers extraordinaires, & impositions faites pour les affaires particulieres dudit diocese, lequel cautionnement continuera d'être fourni par lesdits receveurs, conformément au règlement du 18 Décembre 1689; & à l'arrêt du conseil, du 25 Février 1690, qui l'autorise. Ordonne en outre Sa Majesté, sans s'arrêter à l'ordonnance des trésoriers de France de Toulouse, du 18 Mai 1747, & autres par eux rendues en conséquence, qu'elle a cassées & annullées, & tout ce qui s'en est ensuivi, que l'arrêt de son conseil du 18 Novembre 1727, & les lettres patentes du 16 Décembre suivant, seront pareillement exécutés selon leur forme & teneur : Faisant Sa Majesté très-expresses inhibitions & défenses auxdits trésoriers de France d'y contrevenir, & en conséquence, qu'il sera restitué audit sieur de Vezian par le greffier du bureau desdits trésoriers de France, à l'instant du commandement qui lui en sera fait, tous les frais que ledit sieur de Vezian a été contraint de payer pour raison des procédures faites en exécution desdites ordonnances, à quoi faire ledit greffier sera contraint par les voies de droit, même par corps. FAIT au conseil d'état du Roi, tenu à Versailles le cinquieme Mai mil sept cent cinquante.

Signé, DE VOUGNY.

LOUIS, PAR LA GRACE DE DIEU, ROI DE FRANCE ET DE NAVARRE : Au premier notre huissier ou sergent sur ce requis, Nous te mandons & commandons que l'arrêt ci-attaché sous le contre-scel de notre chancellerie, ce jourd'hui rendu en notre conseil d'état sur la requête à Nous présentée en icelui par le sieur Jean-Dominique de Vezian, receveur triennal des tailles du diocese d'Alby en Languedoc, tu signifies à tous qu'il appartiendra à ce qu'aucun n'en ignore, & fais en outre pour son entiere exécution à la requête dudit sieur de Vezian, tous commandemens & sommations, & autres actes & exploits nécessaires sans autre permission ;

Car tel est notre plaisir. Donné à Versailles le cinquieme jour de Mai, l'an de grace mil sept cent cinquante, & de notre regne le trente-cinquieme. Par le Roi, en son conseil. DE VOUGNY, *signé*. Scellé le quatrieme Juillet mil sept cent cinquante.

CCXXXV.
ORDONNANCE
DE NOSSEIGNEURS LES COMMISSAIRES DU ROI ET DES ETATS,

Portant réglement pour la remise des préambules des impositions des villes & communautés de la province, & que les receveurs des tailles feront à l'avenir le recouvrement du montant de toutes les ordonnances de restitution, de quelque somme qu'elles soient; auquel effet, permet auxdits receveurs d'établir garnison pour l'exécution desdites ordonnances, & ordonne que lesdits receveurs seront tenus de rendre compte chaque année des sommes qu'ils auront reçues en exécution desdites ordonnances de restitution.

Du 27 Novembre 1752.

Les Commissaires députés par le Roi, & par l'assemblée des gens des trois-états de la province de Languedoc, pour l'exécution de l'arrêt du conseil d'état du 17 Décembre 1675.

SUR ce qui nous a été représenté par le syndic général de la province; Qu'ayant été remarqué dans les différentes séances tenues par la commission pour la vérification des préambules des impositions faites la présente année par les villes & communautés, que plusieurs des ordonnances rendues pour faire restituer les sommes surimposées, n'ont pas été exécutées, parce que les receveurs des tailles ont négligé de faire les diligences nécessaires, prétendant que les frais des commandemens, fixés à une livre dix sols, & ceux des contraintes & emprisonnemens, aussi fixés à quatre livres dix sols par l'ordonnance de la commission du 10 Décembre 1689, ne sont pas suffisans, puisqu'ils ne trouvent aucun huissier ni cavalier de la maréchaussée, qui veuillent se charger de l'exécution desdites ordonnances pour cette somme, eu égard à la distance des lieux à leur domicile : Que ce défaut de diligences donne occasion à un très-grand nombre de communautés de continuer à imposer des sommes non-comprises dans les états ou réglemens de leurs dépenses ordinaires ou non-vérifiées: Que d'autre part, quoiqu'on ait pris toutes les précautions nécessaires pour faire remettre par les maires, consuls & greffiers, auxdits receveurs des tailles, les préambules des rôles des impositions, dans tout le mois d'Avril de chaque année, & par lesdits receveurs aux syndics généraux, dans tout le mois de Mai ou dans le mois de Juillet au plus tard, suivant l'arrêt du conseil du 21 Mars 1676, & les ordonnances des 28 Août de ladite année, 10 Décembre 1689, & 15 Décembre 1695 ; néanmoins, les maires, consuls & greffiers d'un très-grand nombre de communautés des autres dioceses, ont négligé de remettre aux receveurs des tailles en exercice, les préambules de leurs impositions de la présente année, sans doute pour se mettre à couvert de la vérification qui en auroit été faite, & des restitutions & amendes qui auroient pu être ordonnées contr'eux, pour avoir contrevenu aux arrêts & réglemens rendus sur le fait desdites impositions: Que d'ailleurs, quoiqu'il ait été enjoint aux receveurs,

receveurs, par une ordonnance de MM. les commissaires du Roi & des Etats du 20 Décembre 1696, de rendre compte des sommes qu'ils auront reçues en exécution desdites ordonnances, de remettre ledit compte tous les ans au syndic général du département, avec les préambules des rôles des impositions, pour être par Nous arrêté pendant la tenue des Etats, & que les dispositions de cette ordonnance aient été renouvelées par une autre du 17 Janvier 1743; néanmoins il n'a pas été satisfait à la remise desdits comptes : A quoi étant nécessaire de remédier. Requéroit, A CES CAUSES, ledit syndic général, qu'il Nous plût sur ce pourvoir, en assurant l'exécution des arrêts & ordonnances ci-dessus énoncés. Vu l'arrêt du conseil dudit jour 21 Mars 1676, & les ordonnances rendues par la commission sur le fait de la vérification des préambules, les 28 Août de ladite année 1676, 10 Décembre 1689, 15 Décembre 1695, 20 Décembre 1696, & 17 Janvier 1743.

Nous COMMISSAIRES, ayant égard aux réquisitions du syndic général de la province, avons ordonné & ordonnons ce qui suit :

ARTICLE PREMIER.

Que l'arrêt du conseil du 21 Mars 1676, & les ordonnances desdits jours 28 Août de la même année, 10 Décembre 1689, 15 Décembre 1695, 20 Décembre 1696, & 17 Janvier 1743, seront exécutés selon leur forme & teneur.

II.

Que les maires, consuls & greffiers des villes & communautés de la province, seront tenus de remettre chaque année, par tout le mois de Juin, aux receveurs des tailles dans chaque diocèse, les extraits des préambules des rôles des impositions des villes & communautés ; autrement & à faute de ce faire dans ledit mois, & icelui passé, seront condamnés lesdits maires, consuls & greffiers, solidairement l'un pour l'autre, à l'amende de vingt-cinq livres envers la communauté, & solidairement contraints par corps, tant au payement de ladite amende, qu'à la remise dudit préambule ; laquelle amende, qui ne pourra point être remise ni modérée, même dans le cas où lesdits préambules seroient remis postérieurement, sera mise en moins-imposé au profit de ladite communauté, aussi à peine par les maires, consuls & greffiers en charge, d'en répondre en leur propre & privé nom.

III.

Lesdits préambules ainsi remis auxdits receveurs, ces derniers seront tenus de les remettre aux syndics des diocèses, & ceux-ci au syndic général du département, par tout le mois de Juillet suivant, à peine par lesdits receveurs, dans le cas où ils négligeroient de satisfaire à ladite remise dans ledit délai, & icelui passé, d'être privés du droit qui leur a été accordé pour la remise de chaque préambule, & de radiation de leurs gages, lesquels seront portés au trésor royal sur les avis qui en seront donnés à Sa Majesté, ainsi qu'il est plus amplement porté par l'arrêt du conseil du 21 Mars 1676, & sans aussi que ladite peine puisse être réputée comminatoire.

IV.

Ordonnons que lesdits receveurs feront le recouvrement du montant de toutes les ordonnances de restitution, de quelque somme qu'elles soient, pour lequel recouvrement ils jouiront de six deniers pour livre de taxations en sus desdites sommes, qui en seront supportés par ceux qui auront été condamnés à la restitution, quand même ils en seroient déchargés ensuite : Et seront lesdits receveurs tenus de rendre compte des sommes qu'ils auront reçues des maires, consuls, greffiers, & autres habitans desdites communautés, en exécution des ordonnances de restitution, qui seront rendus tous les ans : dans lequel compte ils se chargeront en recette du montant des ordonnances de restitution, suivant l'état qui leur en aura été adressé, duement collationné par l'un des greffiers de la commission, & ils employeront en dépense les mêmes sommes qui auront été employées en moins-imposé au profit desdites communautés, & en reprise, les décharges qui en auront été obtenues, pour être ledit compte remis par lesdits receveurs au syndic du diocèse, & par celui-ci au syndic général du département, avec les préambules des rôles des impositions, dans tout le courant du mois de Juillet, pour être lesdits comptes arrêtés par la commission pendant la tenue des Etats ; autrement, & faute par lesdits receveurs de remettre le susdit compte par tout le susdit mois de Juillet, & icelui passé, ils y seront contraints par toutes voies dues & raisonnables ; & en outre, ils seront condamnés en une amende qui puisse tenir lieu de dédommagement envers les communautés, de l'inexécution desdites ordonnances.

V.

Permettons aux receveurs des tailles qui seront chargés de l'exécution de nos ordonnances de restitution, d'user de la voie de garnison militaire contre les maires, consuls, greffiers, & autres habitans condamnés auxdites restitutions, même pour le payement des amendes qui auront été décernées faute d'avoir remis les préambules, ainsi & de la même maniere qui est pratiquée pour la levée des deniers royaux, sans préjudice néanmoins auxdits receveurs de se servir de la contrainte personnelle dans le cas où ils le jugeront à propos, ainsi qu'il leur est permis par l'ordonnance du 10 Décembre 1689.

VI.

ENJOIGNONS aux syndics des diocèses, de tenir la main à l'exécution de la présente ordonnance, dont il leur sera incessamment envoyé des exemplaires, à la diligence des syndics généraux. FAIT à Montpellier, au bureau de la commission, pendant la tenue des Etats, le vingt-septieme Novembre mil sept cent cinquante-deux. *Signés par colonnes,*

LE MARÉCHAL DUC DE RICHELIEU.

DE SAINT PRIEST. † L. év. de Commenge.
SOLAS. GRAMONT, Baron DE
CASTEL. LANTA.
LECOURT. RAOUX, dép. de Gignac.

Par Nosseigneurs,

ST. LAURENS, PUJOL, GUILLEMINET.

CCXXXVI.
EXTRAIT

Des décisions du Roi, du 20 Février 1755, portant défenses aux receveurs & collecteurs de prétendre ni exiger aucunes taxations sur le fonds des indemnités.

L'INDEMNITÉ dont le Roi n'aura pas fait une destination particuliere par l'arrêt de son conseil, & qui, dans les répartitions postérieures à cet arrêt, sera accordée aux diocèses, villes, communautés ou particuliers, ne pourra être employée qu'à compenser la taille, & sera portée en entier sur le livre de la taille ; & les collecteurs & receveurs ne pourront prétendre aucun droit de collecte ni de recette à raison du fonds de l'indemnité qui opérera cette compensation.

A Versailles le vingtieme Février mil sept cent cinquante-cinq.

DE SECHELLES, *signé.*

CCXXXVII.
ARRÊT
Du Conseil d'Etat du Roi,

Portant réglement pour les droits & épices dus aux bureaux des finances, par ceux qui ont à s'y faire installer & recevoir, ou à y prêter serment, ainsi que pour les vérification & attache de provisions d'offices, l'enregistrement des contrats d'aliénation du domaine de Sa Majesté, & autres droits énoncés audit arrêt.

Du 20 Mai 1755.

EXTRAIT *des Registres du Conseil d'Etat.*

VU au conseil d'état du Roi, l'arrêt rendu en icelui le 22 Novembre 1740; par lequel Sa Majesté auroit ordonné que les officiers des bureaux des finances du royaume remettroient leurs titres, pieces, tarifs & mémoires au sieur contrôleur général des finances, pour justifier des droits qu'ils prétendent leur être dus dans les cas énoncés audit arrêt : Le réglement du 8 Juillet 1578, pour régler les salaires des greffiers desdits bureaux : L'édit de Janvier 1586, portant permission aux présidens trésoriers de France, de prendre épices de toutes les vacations qu'ils feroient pour les parties : Les lettres patentes du 6 Avril 1586 : L'état arrêté au conseil des finances le 12 Mai suivant, des épices & droits dus auxdits présidens trésoriers de France : L'arrêt du conseil, du 31 Décembre 1620 : L'édit du mois de Juillet 1626, concernant la recette desdits droits & épices : L'édit de création des avocats & procureurs du Roi des bureaux des finances du mois d'Avril 1627, & la déclaration du 15 Août 1637 ; ensemble différens autres édits & réglemens, & notamment ceux des mois de Juin 1586, Août 1621, 15 Février 1622, Février 1626, Avril 1627, 6 & 15 Octobre 1631, Mai 1633 & 1635, Octobre 1636, 8 Février 1638, 15 Mai 1693, 10 Mai 1707, & Janvier 1708 ; comme aussi les mémoires & pieces fournis & produits par les officiers desdits bureaux des finances. Et Sa Majesté ayant reconnu que lesdits réglemens rendus en différentes circonstances, & sur des exposés dissemblables, ont donné lieu à une perception variable & presque arbitraire desdits droits & épices, qu'il est important de rendre uniforme dans tous les bureaux des finances créés à l'instar les uns des autres, pour éviter la confusion, toujours préjudiciable au bon ordre. A quoi voulant pourvoir : Oui le rapport du sieur Moreau de Sechelles, conseiller d'état, & ordinaire au conseil royal, contrôleur général des finances ; LE ROI ÉTANT EN SON CONSEIL, a ordonné & ordonne que l'édit du mois de Janvier 1586, le réglement arrêté en conséquence le 12 Mai suivant, & l'arrêt du conseil du 31 Décembre 1620, seront exécutés selon leur forme & teneur, pour la perception des droits & épices des présidens trésoriers de France en chacun de leurs bureaux : Et Sa Majesté en interprétant, en tant que besoin lesdits édit, réglement & arrêt, & voulant qu'il ne reste aucun doute sur les droits dus par les officiers qui ont à s'y conformer, Elle ordonne que ceux créés avant & depuis lesdits édit & réglement de 1586, qui auront à se faire

L ll ij

recevoir, installer ou prêter serment aux bureaux des finances, payeront lesdits droits & épices auxdits bureaux, de quelque nombre d'officiers qu'ils soient composés, à raison du quart du droit de marc d'or qu'ils auront acquitté avant d'obtenir le sceau de leurs provisions; lequel droit ne pourra être moindre de soixante livres pour les officiers des élections & des greniers à sel, ni de cent livres pour tous autres officiers tels qu'ils soient; & par rapport à ceux qui auront à faire vérifier leurs lettres de provisions auxdits bureaux, & prendre attache sur icelles, Entend Sa Majesté qu'ils payeront lesdits droits d'épices sur le pied du soixantieme seulement du droit de marc d'or par eux payé, lequel soixantieme ne pourra excéder seize livres, ni être moindre que de six livres ; pour quoi lesdits officiers seront tenus de représenter copie de la quittance dudit droit de marc d'or, collationnée par le secrétaire du Roi qui aura signé leurs provisions. Veut en outre Sa Majesté que dans tous les cas où il est attribué des droits d'épices aux bureaux des finances par les susdits édit & réglement de 1586, autres que ceux ci-dessus dits, lesdits droits soient payés à raison de huit livres pour chaque écu, ordonné par lesdits édit & réglement. A l'égard des droits d'épices dus pour l'enregistrement des contrats d'engagement du domaine de Sa Majesté, mentionnés en l'arrêt du conseil du 31 Décembre 1620, Elle entend qu'ils seroient payés par les nouveaux acquéreurs, à raison de quarante livres pour chacun contrat contenant la revente & engagement d'un comté, baronnie, bailliage ou châtellenie entiere, ou bien des greffes ou charges des gardes du petit scel, greffes & clercs d'une élection, greffes ancien & alternatif d'un grenier à sel, & de dix livres pour droits d'épices d'un contrat ne contenant qu'une partie desdits domaines, greffes & autres aliénations en particulier, & que les mêmes droits soient payés pour chacun contrat de revente qui sera faite à un ancien possesseur desdits domaines en général ou en particulier. Fait Sa Majesté défenses de percevoir ni payer aucun droit d'épices pour la vérification des titres de propriété des parties prenantes employées dans les états du Roi, dans le cas où lesdites parties sont nouvellement employées, & même lors des mutations qui arrivent par succession, donation, vente ou autrement, ni pour la présentation, vérification, & arrêté des comptes par états au vrai des officiers qui doivent compter pardevant les bureaux des finances. Outre & par-dessus lesdits droits d'épices dus auxdits présidens trésoriers de France, il sera payé à chacun des avocats, & procureurs du Roi desdits bureaux des finances, une part afférante à chaque président trésorier de France; c'est-à-dire, que chacun d'eux recevra autant qu'aura pris dans lesdits droits & épices l'un des présidens trésoriers de France, & ce conformément à l'édit du mois d'Avril 1627, & à la déclaration du 15 Août 1637, lesquels seront exécutés selon leur forme & teneur; & cependant ladite attribution n'aura lieu que dans les affaires seulement où le ministere desdits avocats & procureurs de Sa Majesté aura été requis & employé. Ordonne Sa Majesté que l'état des salaires & payemens des greffiers des bureaux des finances, arrêté au conseil le 8 Juillet 1578, l'arrêt du 31 Décembre 1620, & l'édit du mois de Juillet 1626, seront exécutés selon leur forme & teneur pour la perception desdits salaires; & en interprétant ledit réglement de 1578, Elle permet auxdits greffiers de percevoir huit livres pour tenir lieu de l'écu énoncé audit régle-

PART. I. DIV. II. LIV. III. 453

ment, & de prendre dans la même proportion les autres droits y mentionnés : leur permet auſſi Sa Majeſté de recevoir le quart des droits appartenans aux tréſoriers de France, en exécution de l'arrêt du 31 Décembre 1620, pour la revente & engagement de la totalité d'un domaine ; & la moitié de ce qui eſt fixé auxdits officiers pour un contrat ne contenant qu'une partie deſdits domaines, ſans que leſdits greffiers puiſſent exiger ou recevoir d'autres ni plus forts droits, quand bien même ils leur ſeroient offerts volontairement, pour quoi ils ſeront tenus d'écrire leurs ſalaires au bas des expéditions qu'ils délivreront. Ordonne en outre S. M. que les droits réſervés & rétablis qui peuvent être dus, ſeront payés en la maniere accoutumée, conformément à l'édit du mois d'Août 1716, & autres réglemens concernant leſdits droits, leſquels ſeront exécutés ſelon leur forme & teneur. Enjoint Sa Majeſté aux officiers des bureaux des finances de ſe conformer au préſent arrêt, & de tenir la main à ſon exécution. FAIT au conſeil d'état du Roi, Sa Majeſté y étant, tenu à Verſailles le vingtieme jour de Mai mil ſept cent cinquante-cinq.

Signé, M. P. DE VOYER D'ARGENSON.

LOUIS, PAR LA GRACE DE DIEU, ROI DE FRANCE ET DE NAVARRE : Dauphin de Viennois, comte de Valentinois & Diois, Provence, Forcalquier & terres adjacentes : A nos amés & féaux les officiers des bureaux des finances de notre royaume, SALUT. Nous vous mandons & enjoignons par ces préſentes ſignées de Nous, de tenir, chacun en droit ſoi, la main à l'exécution de l'arrêt dont extrait eſt ci-attaché ſous le contre-ſcel de notre chancellerie, ce jourd'hui rendu en notre conſeil d'état, Nous y étant, pour les cauſes y contenues. Commandons au premier notre huiſſier ou ſergent ſur ce requis, de ſignifier ledit arrêt à tous qu'il appartiendra, à ce qu'aucun n'en ignore, & de faire pour l'entiere exécution d'icelui, & de ce qui ſera par vous ordonné, tous actes & exploits néceſſaires, ſans pour ce demander autre congé ni permiſſion, nonobſtant clameur de haro, chartre normande, & lettres à ce contraires ; aux copies duquel, collationnées par l'un de nos amés & féaux conſeillers ſecrétaires, Voulons que foi ſoit ajoutée comme à l'original : CAR tel eſt notre plaiſir. DONNÉ à Verſailles le vingtieme jour de Mai, l'an de grace mil ſept cent cinquante-cinq, & de notre regne le quarantieme. *Signé*, LOUIS : *Et plus bas* ; Par le Roi, Dauphin, comte de Provence. *Signé*, M. P. DE VOYER D'ARGENSON. *Et ſcellé.*

CCXXXVIII.

EXTRAIT du regiſtre des délibérations des Etats généraux de Languedoc, aſſemblés par mandement du Roi, en la ville de Montpellier, au mois de Janvier 1756.

Du Mardi 17 Février ſuivant, préſident Mgr. l'archevêque & primat de Narbonne, commandeur de l'ordre du St. Eſprit.

MONSEIGNEUR l'évêque de Montpellier a dit, que le ſieur de Montferrier a rapporté à la commiſſion des affaires extraordinaires, un mémoire préſenté par la cour des comptes, aides & finances de Montpellier, au ſujet de l'audition & clôture des comptes du vingtieme, attribuée par l'article V. de l'arrêt du 25 Novembre 1752 à la commiſſion établie par ledit arrêt pour connoître de tout ce qui a rapport à la levée de cette impoſition extraordinaire dans la province.

Que pour avoir une parfaite intelligence de l'objet & des motifs de la réclamation de la chambre des comptes, de même que des justes tempéramens qu'on peut prendre pour concilier les droits des Etats avec ceux de cette compagnie, il a été observé que les Etats ayant demandé, comme une suite de leurs priviléges, d'avoir part à tout ce qui avoit rapport à l'administration de la levée du vingtieme, en la même forme qui avoit eu lieu pour le dixieme, ils insisterent notamment, pour ce qui concernoit les comptes, sur l'exécution d'une déclaration du 30 Novembre 1715, rendue pour ceux du dixieme établi pour la premiere fois en 1710, dont les dispositions relatives aux usages particuliers de cette province, avoient été suivies lors des autres établissemens du dixieme, en 1734 & en 1741.

Que conformément à cette loi, le trésorier des Etats ne devoit compter qu'à eux seuls, & les receveurs des dioceses devoient compter en la chambre de la partie du prix des abonnemens rejetée sur les fonds de terre roturiers, & confondue conséquemment avec les autres impositions sous le nom générique de taille; & devant MM. les commissaires des assiettes, de toutes les sommes contenues aux rôles; mais que le Roi n'ayant pas jugé à propos d'avoir, quant à ce, égard aux demandes des Etats sur les comptes du vingtieme, Sa Majesté avoit ordonné par l'arrêt du 25 Novembre 1752 que tant celui du trésorier général de la province, que ceux des receveurs particuliers des dioceses, seroient ouis & arrêtés par une commission dont cet arrêt forma l'établissement, en suivant d'ailleurs les vues des Etats.

Que par un arrêt du 26 Décembre de la même année la confection des rôles des deux sols pour livre du dixieme ayant été attribuée sur la demande des Etats, à la même commission, il fut en même temps ordonné qu'il en seroit d'ailleurs usé pour ce qui concerne le recouvrement de cette imposition particuliere, de la même maniere qu'il en avoit été usé pour l'abonnement du dixieme pendant qu'il avoit eu lieu, ce qui laissoit subsister, à l'égard des comptes de cette imposition, l'exécution de la déclaration de 1715.

Que postérieurement à ces deux arrêts, le Roi ayant donné le 16 Septembre 1754 une déclaration pour prescrire en général l'ordre & la forme des comptes qui doivent être rendus des deniers provenant du vingtieme & deux sols pour livre du dixieme, & cette déclaration ayant été adressée à la chambre des comptes de Montpellier, comme à toutes les autres du royaume, elle y fut registrée le 10 Juin 1755 avec la condition expresse qu'à commencer en l'année 1756, le recouvrement du vingtieme ne pourroit être fait qu'en vertu des rôles arrêtés au conseil, suivant ce qui étoit porté par l'article XII de l'édit du mois de Mars 1749.

Que cette déclaration & l'arrêt d'enregistrement étant venus à la connoissance de Mgr. l'archevêque de Narbonne & de MM. les députés, ils crurent ne pouvoir se dispenser de réclamer de l'un & de l'autre comme contraires, par leurs dispositions, aux droits des Etats & au pouvoir donné à la commission établie par l'arrêt du 25 Novembre 1752; qu'en effet l'article premier de la déclaration attribuoit les comptes des receveurs particuliers, tant pour le vingtieme, que les deux sols pour livre du dixieme, à MM. les intendans en la même forme, dit cet article, ordonnée pour le recouvrement de la capitation & du dixieme.

Que, suivant l'article V, les trésoriers des pays d'état devoient compter par état au vrai au conseil & ensuite aux chambres des comptes; que par

PART. I. DIV. II. LIV. III.

N°. CCXXXVIII

l'article II, la confection des rôles étoit attribuée à MM. les intendans & au conseil; & qu'enfin l'arrêt de registre de la chambre des comptes, en s'élevant contre cette disposition, ne tendoit pas moins à anéantir la commission établie par l'arrêt dont on a parlé, comme une suite nécessaire des priviléges dans lesquels les Etats ont été si solennellement maintenus : Que la requête présentée en conséquence à Sa Majesté par le syndic général, pour la supplier de vouloir bien, en expliquant plus particulierement ses intentions sur la contrariété apparente de ces différentes loix, maintenir les Etats & la commission dans leurs droits respectifs, a donné lieu à la chambre des comptes de faire de son côté les représentations contenues dans le mémoire sur lequel les Etats ont présentement à délibérer.

Qu'il paroît que cette compagnie, reconnoissoit les priviléges & usages particuliers de la province, en se fondant principalement sur un accord passé entre elle & les Etats en 1612, suivant lequel il a été convenu que les comptes du trésorier général de la province ne seroient rendus & arrêtés qu'en l'assemblée des Etats, mais que les receveurs particuliers des dioceses compteroient en la chambre des comptes de tous les deniers imposés d'autorité du Roi & du consentement des Etats; conventions solennelles auxquelles la chambre ne croit pas que les Etats ayent prétendu qu'il fût dérogé par l'établissement de la commission, tout comme la chambre de son côté desire trop de maintenir l'union qui regne entre Elle & les Etats pour vouloir mettre en compromis, même indirectement, les droits & priviléges dont ils ont joui.

Que la commission s'est fait représenter les différens arrêts du conseil &
déclarations qui ont rapport à cette affaire, parmi lesquelles la plus importante, dont il n'a pas été fait mention, est le projet de la déclaration adopté en 1752 par les Etats & présenté en leur nom au conseil pour terminer les questions qui restent à juger, non-seulement entre la chambre des comptes & le parlement de Toulouse, sur les matieres du domaine, mais encore entre la chambre & les Etats sur certaines parties de leur administration, & notamment sur la reddition des comptes de leur trésorier & des receveurs, dans lequel projet les Etats ont consenti qu'à la réserve des dépenses ordinaires des dioceses, qui forment les départemens des frais d'assiette & dont il ne doit être compté qu'aux assemblées desdites assiettes, les receveurs des tailles rendissent compte à la chambre de toutes les autres impositions tant ordinaires qu'extraordinaires, capitation, dixieme & généralement quelconques, sous quelque dénomination qu'elles puissent être établies à l'avenir, dont lesdits receveurs des tailles feroient le recouvrement, sans préjudice néanmoins du compte qui seroit rendu des mêmes impositions aux assiettes, suivant l'usage ci-devant observé & sous les autres réserves énoncées dans ce projet.

Qu'un acquiescement si formel de la part des Etats aux prétentions de la chambre des comptes, a paru à la commission un motif suffisant de décider sur le fait dont il s'agit : car indépendamment de ce qu'il est très-assuré que les Etats n'ont eu d'autres prétentions, en demandant l'établissement d'une commission pour connoître de tout ce qui a rapport au vingtieme, que de se maintenir dans leurs droits & usages, sans nuire à ceux de la chambre des comptes, il est évident qu'ils ne sau-

N°. CCXXXVIII.

455

roient, sans entrer en contradiction avec eux-mêmes, s'opposer aujourd'hui à la demande de cette compagnie, dès qu'étant renfermée dans de justes bornes, elle ne tend qu'à faire rentrer les choses, par rapport aux comptes du vingtieme, dans l'ordre naturel; & que les Etats ne doivent pas moins le desirer que cette compagnie, surtout, lorsque dans l'observation de cet ordre, ils ne voient rien de contraire au bien du service de Sa Majesté, aux intérêts des peuples, aux priviléges de la province, & aux légitimes droits d'une commission dont ils n'ont sollicité l'établissement que pour concilier des objets aussi intéressans.

Que par ces différentes considérations la commission a été d'avis de proposer à l'assemblée de délibérer de supplier Sa Majesté d'ordonner, que, sans s'arrêter aux dispositions de la déclaration du 16 Septembre 1754, ni à l'arrêt d'enregistrement de la chambre des comptes sur ladite déclaration, en date du 10 Juin 1755, comme ne pouvant avoir d'application à la province de Languedoc, & étant contraires aux dispositions des arrêts du conseil des 25 Novembre & 26 Décembre 1752, concernant les vingtiemes & deux sols pour livre du dixieme, lesdits arrêts du conseil seront exécutés selon leur forme & teneur en tout ce qui a rapport auxdites impositions, sauf pour ce qui regarde les comptes, lesquels seront rendus; savoir, par les receveurs des tailles, devant la chambre des comptes de Montpellier, relativement aux dispositions des articles XVII. & XVIII du projet de la déclaration dont il a été parlé dans le rapport ci-dessus, & aux Etats par le trésorier de la bourse de la province.

Ce qui a été délibéré, conformément à l'avis de la commission.

CCXXXIX.

Extrait du registre des délibérations des Etats généraux de Languedoc, assemblés à Montpellier par mandement du Roi, au mois d'Octobre 1756.

Du Jeudi 18 Novembre suivant, président Mgr. l'archevêque & primat de Narbonne, commandeur de l'ordre du St. Esprit.

MONSEIGNEUR l'archevêque de Toulouse a dit, que MM. les commissaires des affaires extraordinaires se sont assemblés plusieurs fois chez lui, & ensuite chez Mgr. l'archevêque de Narbonne avec ceux qui ont été nommés pour renforcer la commission, & qu'ils ont examiné avec la plus grande application pendant ces différentes séances, les moyens de pourvoir au recouvrement du prix de l'abonnement des deux vingtiemes, sur le pied de deux millions cinq cents mille livres, &c.

Que MM. les commissaires ayant ensuite examiné ce qui a été fait lors des derniers abonnemens à l'égard des receveurs des tailles, ils ont remarqué qu'il leur avoit été accordé six deniers pour livre de taxations sur le dixieme, comme pour les autres deniers dont ils font le recouvrement, & sous les mêmes conditions, c'est-à-dire, de payer aux termes & de faire livre net, à l'exception toutefois des sommes dont la retenue étoit faite pour rentes ou intérêts, gages ou pensions, à raison desquelles il ne leur étoit rien accordé, cette retenue n'étant pas regardée comme un recouvrement, &c.

De sorte qu'en résumant tout ce qui a fait le sujet de l'examen de MM. les commissaires, ils ont été d'avis de proposer à l'assemblée de délibérer.

1°. &c.

14°.

14°. Qu'il sera payé par les redevables pour tous frais de recouvrement, & au-delà des sommes comprises aux rôles, quatorze deniers pour livre; savoir, six deniers aux collecteurs, six deniers aux receveurs des tailles, & deux deniers au tréforier de la bourse, comme pour les autres impositions, & à condition de faire livre net dudit recouvrement, & d'en remettre le montant aux termes ordinaires des impositions, sans néanmoins qu'ils puissent prétendre des taxations, à raison des sommes dont ils font la retenue, conformément à ce qui a été pratiqué lors des précédens abonnemens; ce qui aura lieu aussi, à l'égard des collecteurs pour leurs droits de levures, sur les mêmes sommes.

Ce qui a été délibéré sur tous les chefs, conformément à l'avis de MM. les commissaires.

CCXL.
EDIT DU ROI,

Portant suppression des offices de receveurs & contrôleurs généraux ancien, alternatif & triennaux des finances & du taillon des généralités de Toulouse & Montpellier, & la commission de receveur général des finances du Roussillon & pays de Foix; & création de deux receveurs & contrôleurs généraux ancien, mi-triennal, & alternatif mi-triennal des finances & du taillon de Toulouse, Montpellier & Perpignan.

Donné à Versailles, au mois de Mars 1757.

Registré en la cour des comptes, aides & finances de Montpellier.

LOUIS, PAR LA GRACE DE DIEU, ROI DE FRANCE ET DE NAVARRE: A tous présens & à venir, SALUT. Ayant considéré que les recettes générales de nos finances & du taillon des généralités de Toulouse, Montpellier & Perpignan, ne formoient pas un aussi gros objet, pour être divisées en un aussi grand nombre d'officiers qu'elles le sont aujourd'hui, & que même cette division, outre qu'elle surchargeoit lesdites provinces de privilégiés inutiles, rendoit chacun desdits offices si peu considérable, que la plupart des titulaires les laissoient tomber vacans à leur décès, & qu'ils ne pouvoient répondre du maniement de nos deniers, Nous avons jugé nécessaire de remédier à ces inconvéniens. A CES CAUSES, & autres à ce Nous mouvant, & de notre certaine science, pleine puissance & autorité royale, Nous avons par le présent édit perpétuel & irrévocable, éteint & supprimé, éteignons & supprimons les offices de receveurs généraux ancien, alternatif & triennaux de nos finances de chacune des généralités de Toulouse & Montpellier, ceux des receveurs généraux ancien, alternatif & triennaux du taillon desdites généralités, & la commission de receveur général de nos finances du Roussillon & pays de Foix; Voulons en conséquence, que les pourvus & propriétaires desdits offices, soient tenus de remettre ès mains du sieur contrôleur général des finances, leurs quittances de finance, contrats d'acquisition & autres titres de propriété, pour, sur la liquidation qui en sera faite, être pourvu à leur remboursement: Et de la même autorité que dessus, Nous avons créé & érigé, créons & érigeons en titres d'offices formés, deux nos conseillers receveurs généraux ancien & mi-triennal, alternatif & mi-triennal de nos finances & du taillon desdites généralités de Toulouse, Montpellier & Perpignan, pour avoir le maniement des deniers de nos fi-

Tome VI.

M m m

nances desdites généralités, chacun en l'année de son exercice, & en faire le payement suivant les états qui en seront arrêtés en notre conseil, ainsi & de la même maniere qu'il se pratiquoit avant la présente suppression; Attribuons par chacun an auxdits receveurs généraux des gages au denier vingt de la finance à laquelle leurs offices seront fixés en notre conseil, ensemble à chacun d'eux en leur année d'exercice trois deniers pour livre de taxation du montant de leur maniement, 1000 livres pour les frais de leurs comptes, états au vrai & autres frais de comptabilité, & les mêmes droits de quittance dont jouissent lesdits receveurs généraux des finances & du taillon, supprimés par le présent édit; lesdits receveurs généraux seront tenus de compter par état au vrai distincts & séparés; savoir, au bureau des finances de Toulouse, pour ce qui concerne ladite généralité; & en celui de Montpellier, pour ce qui concerne les généralités de Montpellier & Perpignan, & ensuite de rendre les comptes en notre chambre des comptes de Montpellier, dans le temps prescrit par les ordonnances, après néanmoins que leurs états au vrai auront en outre été arrêtés en notre conseil : Entendons pareillement, que les offices de contrôleurs généraux ancien, alternatif & mi-triennaux de nos finances & du taillon desdites généralités de Toulouse & Montpellier, soient & demeurent éteints & supprimés, & qu'il soit en conséquence pourvu à leur remboursement; & au lieu & place d'iceux, Nous avons créé & érigé, créons & érigeons en titres d'offices formés & héréditaires, deux nos conseillers contrôleurs généraux de nos finances & du taillon desdites généralités ancien & mi-triennal, & alternatif & mi-triennal, pour contrôler & enregistrer les quittances qui seront délivrées par lesdits receveurs généraux aux receveurs particuliers, pour raison de quoi ils jouiront des mêmes droits que les contrôleurs actuels; leur attribuons en outre par chacun an des gages au denier vingt-cinq de la finance à laquelle ils seront fixés, ensemble par forme de taxations dans leur année d'exercice un denier pour livre du montant desdites recettes, desquels gages & taxations, ainsi que de ceux desdits receveurs, il sera fait fonds dans les états de nos finances desdites généralités : Avons pareillement attribué & attribuons auxdits receveurs & contrôleurs généraux, entrée dans nos bureaux des finances de Toulouse & Montpellier, les mêmes privilèges & prérogatives que les officiers d'iceux, & les autres franchises, libertés & exemptions dont jouissent les receveurs & contrôleurs généraux de nos finances des autres généralités de notre royaume : Voulons que l'évaluation de chacun desdits offices de receveurs généraux, demeure fixée à 12,000 livres, & qu'ils soient admis au prêt annuel & droits de mutation en conformité : Entendons aussi, que leur capitation soit fixée pour chacun à 200 livres, & celle desdits contrôleurs généraux à 50 livres; les pourvus desdits offices seront tenus de se faire recevoir en notre chambre des comptes de Montpellier, sans qu'ils puissent être astreints de payer pour raison de ladite réception, ni aux bureaux de finance de Toulouse & Montpellier, pour enregistrement de leurs provisions ou autrement, que les mêmes droits, chacun en droit soi, qui se payoient pour un seul des offices des receveurs & contrôleurs généraux des finances supprimés par le présent édit; lesdits deux offices de receveurs généraux pourront, ainsi que ceux de leurs contrôleurs, être possédés conjointement & sans incompatibilité, & les droits du sceau, marc d'or, garde des rôles & autres frais de provision, ne seront dûs que sur le pied du tiers des droits ordinaires, & ce pour le premier pourvû seulement : Ordonnons en outre, que les pourvus des offices des receveurs & contrôleurs supprimés par le présent édit, demeureront interdits de toutes fonctions, à compter du jour de la publication d'icelui, & que l'exercice en sera continué pour le restant de la présente année, à commencer du premier Mai prochain, par les receveurs pourvûs des offices de receveur ancien & mi-triennaux, lesquels en conséquence, jouiront des taxations à eux attribuées, conformément au présent édit, & de leurs gages, à compter du jour de leur réception ; à l'effet de quoi, lesdits receveurs supprimés seront tenus de remettre audit receveur général ancien & mi-triennal, les fonds qui pourront leur avoir été remis pour la présente année, dont ils demeureront bien & valablement quittes & déchargés, en rapportant par eux dans leur compte, la quittance dudit receveur. SI DONNONS EN MANDEMENT à nos amés & féaux les gens tenant notre cour des comptes, aides & finances de Languedoc à Montpellier, que notre présent édit ils ayent à faire lire, publier & régistrer, & le contenu en icelui garder, observer & exécuter de point en point selon sa forme & teneur, nonobstant tous édits, déclarations, arrêts & réglemens à ce contraires, auxquels Nous avons dérogé & dérogeons par notre présent édit ; aux copies duquel, collationnées par l'un de nos amés & féaux conseillers secrétaires, voulons que foi soit ajoutée comme à l'original : CAR tel est notre plaisir. Et afin que ce soit chose ferme & stable à toujours, Nous y avons fait mettre notre sceel. DONNÉ à Versailles, au mois de Mars, l'an de grace mil sept cent cinquante-sept, & de notre regne le quarante-deuxieme. LOUIS, signé. Visa, LOUIS, signé. Par le Roi, PHELYPEAUX, signé. Vu au conseil, PEYRENC DE MORAS, signé. Scellé en cire verte.

Régistré ès régistres de la cour des comptes, aides & finances de Montpellier, pour être le contenu en icelui exécuté selon sa forme & teneur & volonté de Sa Majesté : Oui & ce requérant le procureur général du Roi, suivant l'arrêt rendu les chambres & semestres assemblés, le deuxieme Avril mil sept cent cinquante-sept.

Extrait des régistres de la cour des comptes, aides & finances de Montpellier, collationné par Nous principal commis au greffe de ladite cour.

DEVEZ., greffier, *signé.*

CCXLI.
ORDONNANCE
DE NOSSEIGNEURS LES COMMISSAIRES DU ROI ET DES ETATS,

Qui fixe un délai pour l'entier recouvrement des restes du premier vingtieme, & pour la remise des deniers en provenant à la caisse de la province.

Du 24 Septembre 1757.

LES COMMISSAIRES nommés par Sa Majesté & par les Etats généraux de la province de Languedoc, suivant l'arrêt du conseil, du 20 Novembre 1756, pour régler tout ce qui concerne le recouvrement du prix de l'abonnement fait par la province des deux vingtiemes, & des deux sols pour livre d'iceux, & pour décider les contestations qui pourront naître à ce sujet.

SUR ce qui Nous a été représenté par le syndic général de la province de Languedoc; Que la commission étant parvenue par le travail le plus affidu, à prononcer fur les demandes formées par un très-grand nombre de redevables, dans les différens délais accordés pour fe pourvoir en modération ou décharge des quotités du premier vingtieme, depuis fon établiffement; & aucune nouvelle plainte ne pouvant être reçue après l'expiration du dernier délai, échu depuis le premier Mai, fuivant l'article II de l'ordonnance du 19 Décembre 1756, rien ne fauroit plus arrêter la fin du recouvrement des reftes de cette impofition, qui a été expreffément ordonné par l'article premier de ladite ordonnance : Que d'un autre côté, il paroît par les premieres opérations qui ont été faites fur les bordereaux remis par les receveurs des diocefes, à la fin de l'année derniere, ou au commencement de la préfente, en conféquence de l'article IV de l'arrêt du confeil, du 20 Novembre 1756, qu'il a refté entre les mains de plufieurs defdits receveurs, des fommes affez confidérables provenant du recouvrement par eux fait jufques à la date defdits bordereaux; lefquelles fommes il importe de faire verfer inceffamment dans la caiffe du tréforier général de la province, de même que celles qui ont été recouvrées depuis, ou qui le feront dans le délai qu'il plaira à la commiffion de déterminer. Requéroit, A CES CAUSES, ledit fyndic général, qu'il plût à la commiffion de prendre les mefures qu'elle jugeroit convenables pour pourvoir à deux objets auffi intéreffans.

Nous COMMISSAIRES, Vu l'arrêt du confeil & lettres-patentes des 20 & 30 Novembre 1756, & notre ordonnance du 19 Décembre de ladite année, Avons ordonné & ordonnons ce qui fuit.

ARTICLE PREMIER.

Les receveurs des tailles, tréforiers clavaires, & collecteurs, chargés de la levée du premier vingtieme, feront tenus d'avoir achevé le recouvrement des reftes dus fur chacune des années, depuis l'établiffement de ladite impofition jufques & compris l'année 1756, dans le courant des mois d'Octobre, Novembre & Décembre prochains, & les redevables contraints à acquitter les quotités pour lefquelles ils auront été compris aux rôles defdites années, ou fupplément d'iceux, foit en argent comptant, foit au moyen des ordonnances de modération ou décharge qu'ils pourroient avoir obtenues, fans qu'ils puiffent fe difpenfer dudit payement, ou le fufpendre, fous aucun prétexte que ce foit.

I I.

Seront tenus les receveurs des tailles de remettre, dans huitaine après la réception de la préfente ordonnance, fi fait n'a été, à la caiffe du tréforier de la bourfe de la province, toutes les fommes par eux recouvrées fur les différens rôles du premier vingtieme, tant jufques à la date des bordereaux par eux remis, que depuis la date jufques à préfent, à peine d'y être contraints par les voies accoutumées, & fans ufer par lefdits receveurs d'aucune confufion de deniers d'une année avec l'autre, ni compenfation ou rembourfement par leurs mains, des fommes qu'aucuns defdits receveurs pourroient prétendre avoir trop payé fur quelqu'une defdites années, fauf à leur être fait raifon, ainfi qu'il appartiendra, de ce qui pourra leur être légitimement dû en capital & intérêts, à raifon des fommes dont ils auront été réellement en avance après l'arrêté définitif de leurs comptes.

I I I.

Seront pareillement tenus lefdits receveurs d'avoir remis avant le premier du mois de Janvier prochain, à la caisse de la province, les sommes provenant de la fin du recouvrement de tous les restes, & d'avoir entierement rempli le montant des rôles de chacune des années, depuis l'établissement du premier vingtieme jusques & compris l'année 1756, soit en argent comptant ou au moyen des reprises portées par nos ordonnances de décharge ou modération, ce qu'ils seront tenus de justifier devant Nous dans le même délai, par de nouveaux bordereaux, auxquels seront jointes les ampliations des récépissés du trésorier de la bourse & des Etats, par eux certifiés, contenant sommairement la date des ordonnances de décharge ou modération, & le montant de la somme passée en reprise, suivant lesdites ordonnances; faute de quoi, lesdits receveurs seront contraints par ledit trésorier, à lui remettre en especes l'entier montant des rôles; sauf néanmoins auxdits receveurs, dans le cas où parmi les articles à recouvrer, il y en auroit aucuns qui seroient réellement inexigibles, à en dresser des états appuyés de pieces justificatives, sur lesquels il sera par Nous pourvu, ainsi que de raison. Et sera la présente ordonnance exécutée, nonobstant oppositions ou empêchemens quelconques. Enjoignons au syndic général de la notifier aux receveurs, pour qu'ils n'en prétendent cause d'ignorance, & au trésorier de la bourse, de tenir la main à son exécution. FAIT à Montpellier, au bureau de la commission, le vingt-quatrieme Septembre mil sept cent cinquante-sept. *Signés*,

DE ST. PRIEST. † FR. évêq. de Montpellier.

Le Mquis. DE CALVISSON.

FARJON, maire de Castres.

Par Nosseigneurs, CARRIERE.

CCXLII.

ÉDIT DU ROI,

Portant réunion des offices de receveurs, & contrôleurs particuliers du taillon des différens dioceses des généralités de Toulouse & Montpellier à ceux de receveurs & contrôleurs des tailles desdits dioceses, sous le titre de receveurs & contrôleurs des tailles & taillon.

Du mois de Mai 1758.

LOUIS, PAR LA GRACE DE DIEU, ROI DE FRANCE ET DE NAVARRE: A tous présens & à venir. SALUT. Etant informé que les offices de receveurs particuliers du taillon des différens dioceses des généralités de Toulouse & Montpellier tombent journellement en nos revenus casuels, que la plupart y restent vacans, sans qu'à cause de leur peu de produit il se présente personne pour les remplir, & qu'il est indispensable de prendre des mesures pour que lesdites recettes soient exercées à l'avenir plus surement & sans interruption, Nous avons cru ne pouvoir mieux remplir ce double objet qu'en réunissant lesdits offices & leurs contrôleurs à ceux de receveurs & contrôleurs des tailles des dioceses, & Nous nous sommes porté d'autant plus volontiers à cette réunion, qu'elle procurera une diminution considérable de privilégiés dans notre province de Languedoc; A CES CAUSES, & autres à ce Nous mouvant, & de notre certaine science, pleine puissance & autorité royale, Nous avons, par le présent édit perpétuel & irrévocable, dit, statué & ordonné, disons, statuons & ordonnons, voulons & nous plaît.

ARTICLE PREMIER.

Que les offices de receveurs particuliers anciens, alternatifs & triennaux du taillon des différens diocèses des généralités de Toulouse & Montpellier, ensemble les gages, droits & émolumens y attribués, soient & demeurent réunis à ceux de receveurs des tailles desdits diocèses, pour ne former avec eux qu'un seul & même corps d'offices sous le titre de receveurs des tailles & taillon, & être exercés conjointement par les titulaires chacun en leur année d'exercice, & à commencer au premier Janvier prochain.

I I.

Voulons en conséquence que ceux qui pourroient être pourvus d'aucuns desdits offices de receveurs particuliers anciens, alternatifs ou triennaux du taillon soient remboursés chacun par le receveur des tailles de son exercice, suivant la liquidation qui sera faite en notre conseil; à l'effet de quoi lesdits pourvus seront tenus de remettre ès mains du sieur contrôleur général des finances leurs quittances de finance, contrats d'acquisition & autres titres de propriété.

I I I.

Les receveurs des tailles qui, conformément à l'article précédent, auront remboursé aucuns desdits offices de receveurs particuliers du taillon, jouiront des gages y attribués, à compter du jour du remboursement qu'ils en auront fait, & seront employés à cet effet dans l'état arrêté en notre conseil, en rapportant par eux pour la première fois seulement la quittance dudit remboursement, dont le montant leur tiendra lieu d'augmentation de finance.

I V.

Entendons pareillement que ceux des offices de receveurs particuliers du taillon qui pourroient être possédés par aucuns receveurs des tailles soient & demeurent incorporés auxdits offices de receveurs des tailles, sans qu'ils puissent en être distraits ni résignés séparément, si ce n'est qu'un seul receveur des tailles fût propriétaire de plusieurs desdits offices de receveurs du taillon, auquel cas il sera remboursé par ses compagnons d'office chacun pour leur exercice, conformément à l'article II du présent édit.

V.

Ceux desdits offices de receveurs particuliers du taillon qui vaquent en nos revenus casuels, ensemble les gages, droits & émolumens y attachés, seront pareillement réunis, ainsi qu'il est porté plus haut, aux receveurs des tailles de leur exercice, en payant par ces derniers, dans deux mois, à compter du jour du présent édit, la finance à laquelle lesdits offices seront fixés par le rôle qui sera arrêté au conseil, ensemble les deux sols pour livre, au moyen de quoi tous les précédens rôles où il pourroit en avoir été taxé comme vacans demeureront annullés quant à eux. Voulons qu'ils jouissent desdits gages sur les quittances du trésorier des revenus casuels duement contrôlées, & à compter du jour de la date d'icelles, sans qu'ils soient tenus de les faire enregistrer en notre chambre des comptes, ni de prendre l'attache de nos bureaux des finances.

V I.

Les offices de contrôleurs particuliers anciens, alternatifs & triennaux du taillon des différens diocèses desdites généralités de Toulouse & Montpellier, ensemble les gages, droits & émolumens y attribués, seront & demeureront pareillement réunis & incorporés, sans qu'ils puissent en être désunis, aux offices de contrôleurs anciens, alternatifs & triennaux des tailles desdits dioceses. Ordonnons que ceux qui pourroient être pourvus d'aucuns desdits offices seront remboursés par les contrôleurs des tailles de leur exercice en la maniere & aux conditions portées à l'égard des receveurs aux articles II & III du présent édit; comme aussi que ceux desdits offices qui vaquent en nos revenus casuels, ensemble les gages & droits y attribués, seront réunis par lesdits contrôleurs des tailles, en payant par eux, dans deux mois, à compter du jour du présent édit, la finance à laquelle ils seront taxés, & les deux sols pour livre de ladite finance, si mieux n'aiment lesdits contrôleurs des tailles recevoir eux-mêmes leur remboursement, auquel nous pourvoirons lesdits deux mois expirés; Nous réservant de disposer ensuite de leurs offices conjointement avec ceux de contrôleurs du taillon y réunis; & à l'égard des offices de contrôleurs des tailles qui pourroient se trouver vacans en même temps que ceux de contrôleurs du taillon du même exercice qu'eux, & être taxés comme tels, voulons que les rôles où ils sont employés demeurent annullés, & qu'il en soit arrêté d'autres en notre conseil, où ils seront employés sous le titre de contrôleurs des tailles & taillon, & comme ne faisant qu'un seul & même corps d'office.

VII.

Entendons que lesdits receveurs & contrôleurs des tailles jouissent desdits offices de receveurs & contrôleurs du taillon en vertu de leurs provisions, & sans qu'ils soient tenus d'une nouvelle réception & de prêter un nouveau serment, ni de payer à l'avenir, eux & leurs successeurs, de plus grands droits de prêt, annuel, mutation, marc d'or, sceau & autres, que ceux qui étoient dus pour raison desdits offices de receveurs & contrôleurs des tailles avant la présente réunion. Si donnons en mandement à nos amés & féaux les gens tenant notre cour de parlement à Toulouse, que notre présent édit ils aient à faire lire, publier & registrer, & le contenu en icelui garder, observer & exécuter selon sa forme & teneur, nonobstant tous édits, déclarations, arrêts, réglemens & autres choses à ce contraires, auxquels Nous avons dérogé & dérogeons par ledit présent édit; Car tel est notre plaisir; & afin que ce soit chose ferme & stable à toujours, Nous y avons fait mettre notre scel. Donné à Versailles, au mois de Mai, l'an de grace mil sept cent cinquante-huit, & de notre regne le quarante-troisieme, *signé*, LOUIS: *Et plus bas*; Par le Roi, PHELYPEAUX. *Visa*, LOUIS. Vu au conseil, BOULLONGNE.

Extrait des registres de parlement.

Vu l'édit du Roi, donné à Versailles au mois de Mai 1758, signé, LOUIS: Et plus bas; Par le Roi, PHELYPEAUX. Visa, LOUIS, scellé du grand sceau de cire verte, en lacs de soie verte & rouge, portant réunion des offices de receveurs & contrôleurs particuliers du taillon des différens dioceses des généralités de Toulouse & Montpellier à ceux de receveurs & contrôleurs des tailles desdits dioceses, sous le titre de receveurs & contrôleurs des tailles & taillon, ensemble les conclusions du procureur général du Roi.

La cour, les chambres assemblées, a ordonné & ordonne que ledit édit sera enregistré dans ses registres, pour être exécuté suivant sa forme & teneur, & que copies duement collationnées d'icelui seront envoyées, à la diligence dudit procureur général du Roi, dans les bailliages, sénéchaussées & justices royales du reſſort, pour y être procédé à ſemblable regiſtre, de quoi les ſubſtituts dudit procureur général certifieront la cour dans le mois. PRONONCÉ à Toulouſe, en Parlement, le 10 Juillet 1758. Collationné, BARRAU, contrôlé, VERLHAC. Monſieur DE BASTARD, rapporteur.

Le préſent édit a été regiſtré ès regiſtres de la cour des comptes, aides & finances de Montpellier; OUI, & ce requérant le procureur général du Roi, pour être le contenu en icelui exécuté ſelon ſa forme & teneur; à la charge par les receveurs & contrôleurs des tailles, acquéreurs des nouveaux offices, d'en faire vérifier le titre à la chambre, conformément aux ordonnances de 1542, 1557 & de 1565; enjoignant, pour la ſureté des deniers du Roi, aux receveurs du taillon qui ſeront dépoſſédés, de rendre compte de leur adminiſtration, & d'obtenir leurs arrêts de Quittus avant de demander leur rembourſement; & aux receveurs des tailles & taillon, de rendre à l'avenir un compte des deniers du taillon, diſtinct & ſéparé de tous autres deniers, conformément à l'ordonnance de 1553. Et ſera le préſent édit lu, publié & affiché par-tout où beſoin ſera; le tout ſuivant l'arrêt rendu les chambres & ſemeſtres aſſemblés le vingt-neuvieme Juillet mil ſept cent cinquante-huit.

Signé, DEVÉS.

CCXLIII.

EXTRAIT du regiſtre des délibérations des états généraux de Languedoc, aſſemblés par mandement du Roi, en la ville de Montpellier, au mois de Janvier 1759.

Du Samedi 3 Mars ſuivant, préſident Mgr. l'archevêque & primat de Narbonne, commandeur de l'ordre du St. Eſprit.

MONSEIGNEUR l'archevêque de Touloufe a dit, que la commiſſion a examiné un mémoire préſenté par MM. de la chambre des comptes de Montpellier, dans lequel cette compagnie expoſe qu'ayant obtenu ſur le conſentement des États l'audition des comptes, tant des deux vingtiemes que des deux ſols pour livre d'iceux, & de la capitation, ſuivant les diſpoſitions de l'arrêt du 30 Novembre 1756 & de la déclaration du Roi du 7 Décembre 1758, elle ſeroit en droit de prétendre les épices deſdits comptes, conformément à ce qui a été réglé pour toutes les chambres des comptes du royaume, par une déclaration du 16 Septembre 1754 qui les fixe aux trois centiemes deniers de la recette effective de ces impoſitions, & que celles qui lui ſeroient dues ſur ce pied à raiſon des comptes du premier vingtieme ſeulement qu'elle a ouis & jugés depuis l'année 1750 juſques & compris 1756, monteroient à une ſomme d'environ 35,000 livres, à quoi il faudroit encore ajouter plus de 8000 livres pour le même travail à faire ſur les comptes des deux vingtiemes des années 1757 & 1758; ce qui formeroit à l'égard du paſſé un objet de près de 43,000 livres.

Qu'elle ſeroit également bien fondée à prétendre à raiſon des comptes des années à venir plus de 4000 livres pour ceux des vingtiemes & deux ſols pour livre, & au moins 5000 livres pour ceux de la capitation, mais que le même eſprit qui a engagé cette compagnie à terminer par voie de conciliation tous les différens qui s'étoient élevés anciennement entre Elle & les États, lui font également deſirer qu'ils veuillent bien traiter par forme d'abonnement ſur le règlement deſdites épices,

ces, ainsi qu'il en a été usé en 1612 & 1665 pour les épices des comptes des autres impositions, en augmentant la fixation qui en fut faite alors à 12,465 livres d'une somme proportionnée, non-seulement aux nouvelles impositions, telles que les vingtiemes & capitation, mais même à l'augmentation survenue depuis cette époque sur les anciennes impositions de toute espece.

Que Mgr. l'archevêque de Narbonne ayant pris la peine de discuter cette demande avec MM. les députés de la chambre des comptes pour tâcher de concilier les intérêts de cette compagnie avec ceux des peuples, il a été bien aisé que cette affaire fût traitée dans la commission.

Qu'elle s'est faite représenter en conséquence les arrêts, & déclarations sur lesquels la chambre des comptes fonde sa demande & les articles arrêtés avec elle en 1612 & 1665.

Qu'elle a remarqué par la lecture de ces articles que les Etats pourroient opposer à la chambre des comptes que suivant l'article III, au moyen de la somme à laquelle les épices des comptes avoient été abonnées en 1612, elle ne pouvoit rien prétendre au-delà, que du consentement exprès des Etats, & que suivant les articles V & VI les Etats ont accordé annuellement la somme de 12,465 livres 5 sols 7 deniers, y compris celle qu'elle avoit accoutumé de percevoir par le traité de 1612, sans que lesdites épices puissent être augmentées à l'avenir pour quelque cause & prétexte que ce soit, même de création d'office en ladite cour, au moyen desquelles conditions & réserves, les Etats peuvent soutenir que la chambre ne peut faire valoir ni l'augmentation des impositions qui étoient en usage lors des articles de 1665 ni l'établissement des impositions qui n'étoient pas connues alors.

Tome VI.

Que MM. les commissaires ont pareillement remarqué que la chambre des comptes ne manqueroit pas de répliquer, que bien loin de convenir de l'interprétation que les Etats donnent aux articles V & VI dont on vient de parler, elle n'a jamais pu traiter pour les comptes des impositions qui n'étoient pas en usage lors de la date des articles, surtout dès qu'il n'y a pas une clause expresse qui contienne cette disposition, & tandis que toutes les autres chambres des comptes du royaume jouissent des épices qui leur sont attribuées sur les comptes de la capitation & des vingtiemes, par la déclaration du 16 Septembre 1754.

Que dans ces circonstances MM. les commissaires ont considéré que si les Etats vouloient soutenir à la rigueur les articles de 1665 dans le sens qu'ils présentent suivant la lettre de l'article VI, ce seroit faire succéder un nouveau procès à celui que la déclaration de Sa Majesté du 7 Décembre 1758 duement enregistrée par les Etats, & par cette compagnie avoit terminé, en renouvelant à l'occasion de l'exécution de cette loi des contestations qu'elle avoit éteintes.

De sorte que dans l'intention où sont les Etats de cimenter au contraire de plus en plus avec la chambre des comptes, une union si conforme à leurs vues respectives pour le bien public, MM. les commissaires ont cru qu'on pouvoit examiner ce que les Etats pouvoient accorder à la chambre pour les épices des comptes dont il s'agit tant pour le passé que pour l'avenir.

Qu'après être entrés à ce sujet dans tous les détails qu'exigeoit cette affaire, & avoir mis en considération tout ce qui pouvoit influer dans une juste détermination, ils ont cru devoir leur proposer d'accorder à la chambre des comptes pour les épices de tous ceux

N n n

qui ont été rendus ou qui font encore à rendre, tant du premier vingtieme & deux fols pour livre du dixieme depuis 1750 jufques & compris 1756, que des deux vingtiemes & deux fols pour livre des années 1757 & 1758 qui fuivant le calcul de la chambre monteroient à plus de 43,000 livres, une fomme en bloc une fois payée de 27,000 livres à raifon de 3000 livres par année, & à l'égard des épices des comptes à rendre à l'avenir, tant pour le vingtieme, deux fols pour livre du dixieme, & capitation, que pour toutes autres impofitions ordinaires & extraordinaires déjà établies, ou qui pourront l'être fous quelque dénomination que ce foit, d'ajouter une fomme de 6000 livres à celle qui avoit été réglée par les articles de 1665, ce qui fera revenir le montant de l'abonnement defdites épices à 18,465 livres 5 fols 7 deniers, fans que fous quelque caufe & prétexte que ce foit, prévu & imprévu, lefdites épices puiffent être augmentées, à quoi ladite chambre renoncera par exprès.

Que cet arrangement a paru convenable à MM. les commiffaires, & que fi les Etats l'agréent, il pourra être exécuté, en prenant fur les fonds du recouvrement du premier vingtieme qui font dans la caiffe de leur tréforier la fomme de 27,000 livres à payer préfentement pour ce qui regarde le paffé, & en portant pour l'année courante & pour l'avenir à 18,465 livres 5 fols 7 deniers l'impofition des épices dues à la chambre pour l'audition des comptes qui lui feront rendus par les receveurs des impofitions de toute efpece aux claufes & conditions exprimées ci-deffus.

Sur quoi, il a été délibéré, conformément à l'avis de MM. les commiffaires, 1°. d'accorder à MM. de la chambre des comptes la fomme de 27,000 livres pour les épices de tous les comptes qui ont été par elle ouis & arrêtés, ou qui le feront, tant du premier vingtieme que des deux vingtiemes & deux fols pour livre d'iceux depuis & compris 1750 jufques & compris l'année 1758, laquelle fomme fera prife fur les fonds qui font en caiffe, provenant du recouvrement des reftes du premier vingtieme.

2°. Que l'impofition de 12,465 livres faite depuis l'année 1665 pour les épices des comptes des impofitions fera augmentée à l'avenir, & à compter de la préfente année, de la fomme de 6000 livres & portée annuellement à 18,465 livres 5 fols 7 deniers, au moyen de laquelle ladite chambre ne pourra rien prétendre au-delà pour l'audition & clôture des comptes tant des autres impofitions que du dixieme, vingtieme & deux fols pour livre d'iceux, de la capitation & généralement de toute autre impofition quelconque établie ou à établir fous quelque dénomination que ce puiffe être & foit que lefdites impofitions augmentent ou diminuent, & quand même il y auroit de nouvelles créations d'offices en ladite cour, fans que dans les cas ci-deffus exprimés & pour quelque autre caufe & prétexte que ce foit, prévu ou imprévu, lefdites épices puiffent être augmentées, à quoi ladite chambre renoncera par exprès.

3°. Qu'après que la chambre des comptes aura accepté les conditions de la préfente délibération elle fera inférée dans fes regiftres, comme auffi qu'il fera délivré au greffier des Etats une expédition de l'arrêté de la chambre pour être pareillement dépofé à leur greffe, à l'effet que ladite délibération & ledit arrêté foient réciproquement exécutés felon leur forme & teneur, après avoir été duement autorifés par un arrêt du confeil.

CCXLIV.

EXTRAIT *du regiſtre des délibérations des Etats généraux de Languedoc, aſſemblés par mandement du Roi, en la ville de Montpellier, au mois de Janvier 1759.*

Du Lundi 5 Mars suivant, préſident Mgr. l'archevêque & primat de Narbonne, commandeur de l'ordre du St. Eſprit.

LE ſieur de Montferrier, ſyndic général, a dit, que MM. de la chambre des comptes ont accepté les conditions de la délibération priſe par les Etats, le 3 de ce mois, au ſujet des épices des comptes, tant du premier vingtieme, que ceux des deux vingtiemes, deux ſols pour livre d'iceux, que de la capitation; qu'ils ont fait inſérer ladite délibération dans leurs regiſtres; que conformément à icelle ils viennent de remettre l'arrêté de la chambre, pour être dépoſé au greffe des Etats, & qu'il eſt en conſéquence néceſſaire qu'il ſoit fait lecture dudit arrêté pour être enſuite dépoſé au greffe des Etats, & enregiſtré dans leurs regiſtres.

SUR QUOI, lecture faite de l'arrêté de la chambre des comptes de ce jour, LES ETATS ont délibéré que ledit arrêté demeurera dépoſé à leur greffe, qu'il ſera enregiſtré dans leurs regiſtres, & inſéré dans le préſent procès-verbal à la ſuite de cette délibération.

EXTRAIT *du regiſtre de la cour des comptes, aides & finances de Montpellier.*

Du Lundi 5 Mars 1759, dans la ſéance du matin, les chambres & ſemeſtres aſſemblés, les députés de MM. les correcteurs & auditeurs, & MM. les gens du Roi appelés.

MEſſieurs les commiſſaires de la direction & de la compagnie, nommés par délibération du 24 Janvier dernier, pour régler avec MM. des Etats de la province les épices que la chambre eſt en droit de prétendre, tant pour les comptes du vingtieme & deux ſols pour livre du dixieme, rendus par les receveurs en exécution de l'arrêt du conſeil & des lettres patentes des 20 & 30 Novembre 1756, que de ceux qui doivent être rendus à l'avenir deſdites impoſitions & de la capitation, en conſéquence de la déclaration du 7 Décembre dernier, enregiſtrée en la cour, ont dit que ſur les mémoires par eux préſentés, l'aſſemblée des Etats a pris une délibération le 3 de ce mois, qui leur a été remiſe, & qu'ils apportent à la cour, dont la teneur s'enſuit.

EXTRAIT *du regiſtre des délibérations priſes par les gens des trois états de la province de Languedoc, convoqués par mandement du Roi en la ville de Montpellier, le 25 Janvier 1759.*

Du Samedi 3 Mars, préſident Mgr. l'archevêque & primat de Narbonne, commandeur de l'ordre du St. Eſprit.

MONSEIGNEUR l'archevêque de Toulouſe a dit, que la commiſſion a examiné un mémoire préſenté par MM. de la chambre des comptes de Montpellier, dans lequel cette compagnie expoſe qu'ayant obtenu, ſur le conſentement des Etats, l'audition des comptes, tant des deux vingtiemes, que des deux ſols pour livre d'iceux, & de la capitation, ſuivant les diſpoſitions de l'arrêt du 30 Novembre 1756, & de la déclaration du Roi du 7 Décembre 1758, elle ſeroit en droit de prétendre les épices deſdits comptes, conformément à ce qui a été réglé pour toutes les chambres des comptes du royaume, par une déclaration du 16 Septembre 1754, qui les fixe aux trois centiemes deniers de la recette effective de ces impoſitions; & que celles qui

Nnn ij

lui feroient dues fur ce pied, à raison des comptes du premier vingtieme feulement, qu'elle a ouïs & jugés depuis l'année 1750, jufques & compris 1756, monteroient à une fomme de 35,000 livres, à quoi il faudroit encore ajouter plus de 8000 livres pour le même travail à faire fur les comptes des deux vingtiemes des années 1757 & 1758, ce qui formeroit, à l'égard du paffé, un objet de près de 43,000 livres.

Qu'elle feroit également bien fondée à prétendre, à raifon des comptes à venir, plus de 4000 livres, pour ceux des vingtiemes & deux fols pour livre, & au moins 5000 livres pour ceux de la capitation, mais que le même efprit qui a engagé cette compagnie à terminer par la voie de conciliation, tous les différens qui s'étoient élevés anciennement entr'elle & les Etats, lui font également defirer qu'ils veuillent bien traiter par forme d'abonnement fur le réglement defdites épices, ainfi qu'il en a été ufé en 1612 & 1665, pour les épices des comptes des autres impofitions, en augmentant la fixation qui en fut faite alors à 12,465 livres d'une fomme proportionnée, non-feulement aux nouvelles impofitions, telles que les vingtiemes & capitation, mais même à l'augmentation furvenue depuis cette époque fur les anciennes impofitions de toute efpece.

Que Monfeigneur l'archevêque de Narbonne ayant pris la peine de difcuter cette demande avec MM. les députés de la chambre des comptes, pour tâcher de concilier les intérêts de cette compagnie avec ceux des peuples, il a été bien aife que cette affaire fût traitée dans la commiffion.

Qu'elle s'eft fait repréfenter en conféquence les arrêts & déclarations fur lefquels la chambre des comptes fonde fa demande, & les articles arrêtés avec elle en 1612 & 1665.

Qu'elle a remarqué par la lecture de ces articles, que les Etats pourroient oppofer à la chambre des comptes, que fuivant l'article III, au moyen de la fomme à laquelle lefdites épices des comptes avoient été abonnées en 1612, elle ne pourroit rien prétendre au-delà, que du confentement exprès des Etats ; & que fuivant les articles V & VI, les Etats ont annuellement accordé la fomme de 12,465 livres 5 fols 7 deniers, y compris celle qu'elle avoit accoutumé de percevoir par le traité de 1612, fans que lefdites épices puiffent être augmentées à l'avenir pour quelque caufe & prétexte que ce foit, même de création d'offices à ladite cour ; au moyen defquelles conditions & réferves les Etats peuvent foutenir que la chambre ne peut faire valoir ni l'augmentation des impofitions qui étoient en ufage lors des articles de 1665, ni l'établiffement des impofitions qui n'étoient pas connues alors.

Que MM. les commiffaires ont pareillement remarqué que la chambre des comptes ne manqueroit pas de répliquer que bien loin de convenir de l'interprétation que les Etats donnent aux articles V & VI dont on vient de parler, elle n'a jamais pu traiter pour les comptes des impofitions qui n'étoient pas en ufage lors de la date des articles, fur-tout dès qu'il n'y a pas une claufe expreffe qui contienne cette difpofition, & tandis que toutes les autres chambres des comptes du royaume jouiront des épices qui leur font attribuées fur lefdits comptes de la capitation & des vingtiemes, par la déclaration du 16 Septembre 1754.

Que dans ces circonftances, MM. les commiffaires ont confidéré que, fi les Etats vouloient foutenir à la rigueur les articles de 1665, dans le fens qu'ils préfentent, fuivant la lettre de l'article VI, ce feroit faire fuccéder un nouveau procès à celui que la déclaration de Sa Majesté, du 7 Décembre 1758, duement enregistrée par les Etats & par cette compagnie, avoit terminé, en renouvelant, à l'occasion de l'exécution de cette loi, des contestations qu'elle avoit éteintes.

De sorte que dans l'intention où sont les Etats de cimenter au contraire de plus en plus avec la chambre des comptes une union si conforme à leurs vues respectives pour le bien public, MM. les commissaires ont cru qu'on pouvoit examiner ce que les Etats pouvoient accorder à la chambre pour les épices des comptes dont il s'agit, tant pour le passé que pour l'avenir.

Qu'après être entrés à ce sujet dans tous les détails qu'exigeoit cette affaire, & avoir mis en considération tout ce qui pouvoit influer dans une juste détermination, ils ont cru devoir leur proposer d'accorder à la chambre des comptes, pour les épices de tous ceux qui ont été rendus ou qui seront encore à rendre, tant du premier vingtieme & deux sols pour livre du dixieme depuis 1750 jusques & compris 1756, que des deux vingtiemes & deux sols pour livre des années 1757 & 1758, qui, suivant le calcul de la chambre monteroient à plus de 43,000 livres, une somme en bloc une fois payée de 27,000 livres, à raison de 3000 livres l'année, & à l'égard des épices des comptes à rendre à l'avenir, tant pour le vingtieme, deux sols pour livre du dixieme, & capitation, que pour toutes autres impositions ordinaires & extraordinaires déjà établies, ou qui pourront l'être, sous quelque dénomination que ce soit, d'ajouter une somme de 6000 livres à celle qui avoit été réglée par les articles de 1665, ce qui fera revenir le montant de l'abonnement desdites épices à 18,465 livres 5 sols 7 deniers, sans que, sous quelque cause & prétexte que ce soit, prévu ou imprévu, lesdites épices puissent être augmentées, à quoi ladite chambre renoncera par exprès.

Que cet arrangement a paru convenable à MM. les commissaires, & que si les états l'agréent, il pourra être exécuté, en prenant sur les fonds du recouvrement du premier vingtieme, qui sont dans la caisse de leur trésorier, la somme de 27,000 livres, à payer présentement pour ce qui regarde le passé; & portant, pour l'année courante & pour l'avenir, à 18,465 livres 5 sols 7 deniers l'imposition des épices dues à la chambre pour l'audition des comptes qui lui seront rendus par les receveurs, des impositions de toute espece, aux clauses & conditions exprimées ci-dessus.

Sur quoi, il a été délibéré, conformément à l'avis de MM. les commissaires, 1°. d'accorder à MM. de la chambre des comptes la somme de 27,000 livres pour les épices de tous les comptes qui ont été par elle ouïs & arrêtés, ou qui le seront, tant du premier vingtieme, que des deux vingtiemes & deux sols pour livre d'iceux, depuis & compris 1750, jusques & compris l'année 1758, laquelle somme sera prise sur les fonds qui sont en caisse, provenant du recouvrement des restes du premier vingtieme.

2°. Que l'imposition de 12,465 livres, faite depuis 1665, pour les épices des comptes des impositions, sera augmentée à l'avenir, & à compter de la présente année, de la somme de 6000 livres, & portée annuellement à 18,465 livres 5 sols 7 deniers; au moyen de laquelle ladite chambre ne pourra rien prétendre au-delà pour l'audition & clôture des comptes, tant des autres impositions, que du dixieme, vingtieme, & deux sols pour livre d'iceux,

& de la capitation, & généralement de toutes autres impositions quelconques établies ou à établir, sous quelque dénomination que ce puisse être, & soit que lesdites impositions augmentent ou diminuent, & quand même il y auroit de nouvelles créations d'offices en ladite cour, sans que dans les cas ci-dessus exprimés, & pour quelqu'autre cause & prétexte que ce soit, prévu ou imprévu, lesdites épices puissent être augmentées, à quoi ladite chambre renoncera par exprès.

3°. Qu'après que la chambre des comptes aura accepté les conditions de la présente délibération, elle sera insérée dans ses registres, comme aussi qu'il sera délivré au greffier des Etats une expédition de l'arrêté de la chambre pour être pareillement déposée à leur greffe, à l'effet que ladite délibération & ledit arrêté soient réciproquement exécutés selon leur forme & teneur, après avoir été duement autorisés par un arrêt du conseil. DE LA ROCHE-AYMON, Archevêque de Narbonne, président, *signé*. Et plus bas : Du mandement de Nosseigneurs des Etats, *signé*, ROME.

Et ouï le rapport de MM. les commissaires, lecture faite de ladite délibération des Etats du troisieme du présent mois de Mars, LA COUR a unanimement délibéré & arrêté d'acquiescer aux dispositions que renferme ladite délibération, renonçant à toute augmentation d'épices, conformément à icelle; que ladite délibération sera transcrite dans le registre de la cour, pour être exécutée selon sa forme & teneur, & qu'il sera délivré par le greffier d'icelle à celui des Etats un extrait du présent arrêté, pour être pareillement inscrit dans les registres desdits Etats. *Signés*, D'AIGREFEUILLE & DEYDÉ.

Collationné sur le registre plumitif des délibérations de la cour des comptes, aides & finances de Montpellier, par nous greffier en chef civil & criminel.

FABRE, *signé*.

CCXLV.

ÉTAT de distribution de la somme de 12,465 livres 5 sols 7 deniers, imposée sur les vingt-trois diocèses de la province, en vertu du traité de 1665.	Augmentation de 6000 liv. à ajouter à celle de 12,465 liv. 5 sols 7 deniers.	TOTAL de ce qui doit être imposé à l'avenir par chaque diocèse.

GÉNÉRALITÉ DE TOULOUSE.

Toulouse	793 l. 9 s. 0 d.	382 .. 0 s. 0 d.	1175 L. 9 s. 0 d.
Lavaur	588 .. 8 ..	283 .. 5 ..	871 .. 13 ..
Rieux	104 .. 15 ..	50 .. 1 ..	154 .. 16 ..
Comminges	23 .. 17 ..	11 .. 11 ..	35 .. 8 ..
Montauban	201 .. 2 ..	96 .. 15 ..	297 .. 17 ..
Saint-Papoul	301 .. 9 ..	145 .. 3 ..	446 .. 12 ..
Carcassonne	529 .. 12 ..	254 .. 16 ..	784 .. 8 ..
Aleth & Limoux	425 .. 7 ..	204 .. 15 ..	630 .. 2 ..
Mirepoix	218 .. 15 ..	105 .. 6 ..	324 .. 1 ..
Alby	955 .. 1 .. 7 ..	459 .. 12 ..	1414 .. 13 .. 7 ..
Castres	559 .. 14 ..	269 .. 12 ..	829 .. 6 ..
	4701 l. 9 s. 7 d.	2262 l. 16 s. 0 d.	6964 l. 5 s. 7 d.

GÉNÉRALITÉ DE MONTPELLIER.

Saint-Pons	360 l. 15 s. 0 d.	173 l. 15 s. 0 d.	534 l. 10 s. 0 d.
Narbonne	811 .. 15 ..	390 .. 16 ..	1202 .. 11 ..
Beziers	817 .. 2 ..	393 .. 6 ..	1210 .. 8 ..
Agde	371 .. 8 ..	178 .. 14 ..	550 .. 2 ..
Lodeve	361 .. 8 ..	174 .. 4 ..	535 .. 12 ..
Montpellier	728 .. 11 ..	350 .. 14 ..	1079 .. 5 ..
Nimes	602 ..	289 .. 14 ..	891 .. 14 ..
Alais	330 .. 15 ..	158 .. 17 ..	489 .. 12 ..
Uzès	815 .. 16 ..	392 .. 16 ..	1208 .. 12 ..
Le Puy	796 ..	383 .. 4 ..	1179 .. 4 ..
Viviers	1078 .. 16 ..	519 .. 6 ..	1598 .. 2 ..
Mende	689 .. 10 ..	331 .. 18 ..	1021 .. 8 ..
	12465 l. 5 s. 7 d.	6000 l. 0 s. 0 d.	18465 l. 5 s. 7 d.

FAIT & arrêté à Narbonne le 26 Mars 1759. Signé, † H. archevêque de Narbonne. Et plus bas, Du mandement de Nosseigneurs des Etats, ROME, signé.

CCXLVI.
ARRÊT DU CONSEIL,
ET LETTRES PATENTES,

Portant autorisation des délibérations & arrêtés des Etats & de la chambre des comptes des 3 & 5 Mars 1759, concernant l'augmentation des épices des comptes des receveurs.

Du 15 Mai 1759.

EXTRAIT *des Registres du Conseil d'Etat.*

VU par le Roi en son conseil la délibération prise par les gens des trois-états de la province de Languedoc, le 3 du mois de Mars 1759, par laquelle & pour les causes y contenues, il a été déterminé, 1°. d'accorder à la chambre des comptes de la ville de Montpellier, la somme de vingt-sept mille livres, pour les épices de tous les comptes qui ont été par elle ouïs & arrêtés, ou qui le seront, tant du premier vingtieme, que des deux vingtiemes & deux sols pour livre d'iceux, depuis & compris 1750 jusques & compris 1758, laquelle somme sera prise sur les fonds qui sont en caisse provenans du recouvrement des restes du premier vingtieme; 2°. que l'imposition de douze mille quatre cents soixante-cinq livres, pour les épices des comptes des impositions, sera augmentée à l'avenir & à compter de la présente année de la somme de six mille livres, & portée annuellement à dix-huit mille quatre cents soixante-cinq livres cinq sols sept deniers, au moyen de laquelle ladite chambre ne pourra rien prétendre au-delà pour l'audition & clôture desdits comptes, tant des autres impositions que du dixieme, vingtieme & deux sols pour livre d'iceux de la capitation, & généralement de toute autre imposition quelconque établie ou à établir, sous quelque dénomination que ce puisse être, soit que lesdites impositions augmentent ou diminuent & quand même il y auroit de nouvelles créations d'officiers en ladite cour, sans que dans les cas ci-dessus exprimés & pour quelqu'autre cause & prétexte que ce soit, prévu ou imprévu, lesdites épices puissent être augmentées, à quoi ladite chambre renoncera par exprès; 3°. qu'après que la chambre des comptes auroit accepté les conditions de cette délibération, elle seroit insérée dans ses registres, comme aussi qu'il seroit délivré au greffier desdits Etats, une expédition de l'arrêté de la chambre pour être pareillement déposé à leur greffe, à l'effet que ladite délibération & arrêté soient réciproquement exécutés selon leur forme & teneur, après avoir été duement autorisés par un arrêt du conseil de Sa Majesté. Vu aussi la délibération & arrêté fait le 5 dudit mois de Mars 1759 par la cour des comptes, aides & finances dudit Montpellier, les chambres & semestres assemblés, portant acquiescement aux dispositions que renferme ladite délibération des Etats, & renonciation à toute augmentation d'épices conformément à icelle, ensemble la déclaration du 7 Décembre 1758 servant de réglement entre lesdits Etats de ladite province de Languedoc & ladite chambre des comptes de Montpellier; Oui le rapport du sieur de Silhouette, conseiller ordinaire au conseil royal, contrôleur général des finances, LE ROI EN SON CONSEIL, a autorisé & confirmé, autorise & confirme lesdites délibérations & arrêtés dont les expéditions ensuite l'une de l'autre délivrées par le sieur Bazalgette, principal commis au greffe de ladite chambre desdits comptes,

comptes, duement légalisées par le sieur Goüau, conseiller en ladite cour, seront & demeureront annexées à la minute du présent arrêt, pour être le contenu en iceux gardé & observé selon leur forme & teneur; & seront, si besoin est, sur le présent arrêt toutes lettres nécessaires, expédiées & registrées sans frais partout où besoin sera. FAIT au conseil d'état du Roi, tenu à Versailles le quinzieme Mai mil sept cent cinquante-neuf. *Collationné.* DE VOUGNY, *signé.*

LOUIS, PAR LA GRACE DE DIEU, ROI DE FRANCE ET DE NAVARRE: A nos amés & féaux conseillers les gens tenant notre cour des comptes, aides & finances à Montpellier, SALUT. Ayant fait examiner en notre conseil la délibération prise par l'assemblée desdits Etats, le 3 Mars 1759, par laquelle, & pour les causes y contenues, il a été déterminé, 1°. D'accorder à la chambre des comptes de Montpellier la somme de vingt-sept mille livres pour les épices de tous les comptes qui ont été par elle ouïs & arrêtés, ou qui le seront, tant du premier vingtieme, que des deux vingtiemes, & deux sols pour livre d'iceux depuis & compris 1750, jusques & compris 1758, laquelle somme sera prise sur les fonds qui sont en caisse provenans du recouvrement des restes du premier vingtieme; 2°. Que l'imposition de 12,465 livres pour les épices des comptes des impositions sera augmentée à l'avenir, & à compter de la présente année, de la somme de 6000 livres, & portée annuellement à 18,465 livres 5 sols 7 deniers, au moyen de laquelle la chambre ne pourra rien prétendre au-delà, pour l'audition & clôture des comptes tant des autres impositions que du dixieme, vingtieme, & deux sols pour livre d'iceux, de la capitation, & généralement de toute autre imposition quelconque établie ou à établir, sous quelque dénomination que ce puisse être, soit que lesdites impositions augmentent ou diminuent, & quand même il y auroit de nouvelles créations d'officiers en ladite cour, sans que, dans les cas ci-dessus exprimés, & pour quelque autre cause & prétexte que ce soit, prévu ou imprévu, lesdites épices puissent être augmentées, à quoi ladite chambre renoncera par exprès. 3°. Qu'après que la chambre des comptes auroit accepté les conditions de cette délibération, elle seroit insérée dans ses registres, comme aussi qu'il seroit délivré au greffier des Etats une expédition de l'arrêté de la chambre pour être pareillement déposée à leur greffe, à l'effet que ladite délibération & arrêté soient réciproquement exécutés selon leur forme & teneur, après avoir été duement autorisés par un arrêt du conseil ; & ayant fait examiner aussi la délibération & arrêté fait le 5 dudit mois de Mars 1759 par la cour des comptes, aides & finances de Montpellier, les chambres & semestres assemblés, portant acquiescement aux dispositions que renferme ladite délibération des Etats, & renonciation à toutes augmentations d'épices conformément à icelle, ensemble la déclaration du 7 Décembre 1758 servant de réglement entre les Etats de ladite province de Languedoc, & ladite chambre des comptes de Montpellier, Nous avons par arrêt de ce jour autorisé & confirmé lesdites délibérations & arrêtés dont les expéditions ensuite l'une de l'autre délivrées par le sieur Bazalgette principal commis au greffe de ladite chambre des comptes, duement légalisées par le sieur Gouan conseiller en ladite cour, seront & demeureront annexées à la minute dudit arrêt, pour être le contenu en iceux gardé & observé selon leur forme & teneur, & que sur ledit arrêt toutes lettres nécessaires seront expédiées & regiſtrées sans frais par-tout où besoin sera. A CES CAUSES, Nous avons, conformément audit arrêt ci-attaché sous le contre-scel de notre chancellerie, & de notre grace spéciale, pleine puissance & autorité royale, autorisé & confirmé, & par ces présentes signées de notre main, autorisons & confirmons lesdites délibérations & arrêtés dont les expéditions ensuite l'une de l'autre délivrées par le sieur Bazalgette principal commis au greffe de ladite chambre des comptes, duement légalisées par le sieur Goüan conseiller en ladite cour, seront & demeureront annexées à la minute dudit arrêt, pour être le contenu en iceux gardé & observé selon leur forme & teneur. SI VOUS MANDONS & enjoignons que ces présentes vous ayez à faire regiſtrer pour être exécutées selon leur forme & teneur ; CAR tel eſt notre plaiſir. DONNÉ à Versailles le quinzieme jour de Mai, l'an de grace mil sept cent cinquante-neuf, & de notre regne le quarante-quatrieme. *Signé*, LOUIS : *Et plus bas* ; Par le Roi. PHELYPEAUX.

Regiſtrés ès regiſtres de la cour des comptes, aides & finances de Montpellier : OUI, & ce requérant le procureur général du Roi pour être le contenu en iceux exécuté selon leur forme & teneur & volonté de Sa Majeſté, suivant l'arrêt rendu les chambres & ſemeſtres assemblés le cinquieme Juillet mil ſept cent cinquante-neuf. DEVÉS, greffier, *signé*.

EXTRAIT *du regiſtre des délibérations des états généraux de Languedoc, assemblés à Montpellier par mandement du Roi, le 29 Novembre 1759.*

Du Samedi 22 du mois de Décembre ſuivant, préſident Mgr. l'archevêque & primat de Narbonne, commandeur de l'ordre du St. Eſprit.

LE sieur de Montferrier, syndic général, a dit, que la délibération prise par les Etats le 3 Mars 1759, au sujet des épices dues à la chambre des comptes de Montpellier pour l'audition de ceux que lui ont rendu les receveurs particuliers des dioceses du recouvrement du premier vingtieme, & sur l'augmentation que les Etats ont bien voulu accorder à ladite chambre des anciennes épices, dont elle jouiſſoit à raison des comptes des impositions de toute espece mises ou à mettre, ayant été autoriſé par arrêt du conseil du 15 Mai suivant, Sa Majeſté a fait expédier le même jour des lettres-patentes sur ledit arrêt, adreſſées en double original à la chambre des comptes & aux Etats, qu'il a l'honneur de leur représenter l'une des expéditions desdites lettres, dont il requiert la lecture & l'enregiſtrement.

SUR QUOI, lecture faite dudit & lettres-patentes adreſſées aux Etats, en date du 15 Mai 1759, IL A ÉTÉ DÉLIBÉRÉ, conformément aux réquisitions du ſyndic général, qu'elles seront enregiſtrées au greffe des Etats, pour être exécutées selon leur forme & teneur.

N° CCXLVII.

ARRÊT

DE LA COUR DES COMPTES, AIDES ET FINANCES DE MONTPELLIER,

Servant de réglement pour tous les comptables de son ressort, de toute nature de deniers.

Du 8 Mai 1759.

EXTRAIT *des registres de la cour des comptes, aides & finances.*

SUR la requête présentée à la cour, par le procureur général du Roi, Contenant que l'exécution du plan que la chambre s'étoit proposé de suivre, pour rétablir l'ordre & la regle dans toutes les parties de la comptabilité, exigeoit qu'il ne lui en présentât que successivement les différens objets, qu'il eût été dangereux d'embrasser en même temps : Que le retardement dans la reddition des comptes, tant du premier vingtieme depuis son établissement, que du second vingtieme & des deux sols pour livre du dixieme, étoit sans doute le premier désordre qui, par le principe qui y avoit donné lieu, & par les suites qu'il pouvoit avoir, devoit par préférence fixer son attention : Que l'inaction forcée de la chambre pendant un si long intervalle, n'avoit été que trop justifiée par le trouble inséparable de la levée d'une imposition qui ne s'étoit établie dans cette province, que sur la subversion des anciennes formes & le renversement de ses priviléges : Qu'enfin, l'arrêt du conseil & lettres patentes des 20 & 30 Novembre 1756, ayant ramené cette imposition sous la loi commune, si précieuse à la liberté publique, & les droits essentiels & inaliénables de la chambre ayant été solennellement reconnus, il se fit un devoir de poursuivre le 23 Janvier 1758, un arrêt de réglement qui, en ordonnant aux receveurs des tailles des vingt-trois dioceses de la province, de rendre compte, tant du premier vingtieme depuis son établissement, que du second vingtieme, & des deux sols pour livre du dixieme, leur prescrivit en même temps la forme dans laquelle ces comptes devoient être rendus. Cette opération, dirigée avec l'activité & le ménagement que les circonstances permettoient, a eu tout le succès qu'on pouvoit desirer, & cette province, par les avantages réels qu'elle en a retirés, s'est convaincue du bien qu'operent toujours les loix, quand on en laisse la libre manutention à ceux qui en sont par état les véritables dépositaires.

A peine la chambre eut-elle rétabli la regle, relativement à cette nature particuliere de deniers dont les comptables étoient chargés de faire le recouvrement, qu'elle se hâta de l'appliquer également aux autres deniers qui composent leur entiere recette. Pour entrer dans des vues si dignes de sa sagesse, le procureur général fit faire un état de tous les comptables qui n'avoient point rendu compte de leurs administrations, jusques & inclus l'année 1757 ; & après avoir remis cet état sous les yeux de la cour, il poursuivit le 21 Mars dernier un arrêt qui enjoint à tous les comptables, tant receveurs généraux que particuliers, & autres compris & nommés dans ledit état, de rendre compte de leurs administrations dans le délai d'un mois pour toute préfixion, à compter du jour de la signification, sans que ledit délai puisse être réputé comminatoire, à peine d'y être contraints suivant la rigueur des ordonnances. La modération dont la cour a cru devoir encore user pour la derniere fois à l'égard de ces comptables négligens, & les mesures qu'elle a prises pour leur épargner tous les frais inutiles, doivent lui faire espérer que son arrêt aura une pleine & prompte exécution, & que les comptables se hâteront d'autant plus de rentrer dans leur devoir, qu'ils ne doivent plus se flatter d'échapper aussi facilement que par le passé, aux peines sévères qui pourront être prononcées contr'eux.

Il ne reste donc plus à la cour, que de laisser à l'avenir l'ignorance ou l'obstination des comptables sans excuse; & pour y parvenir, de faire un réglement solennel qui réunissant sous un même point de vue les dispositions éparses des différentes ordonnances, puisse mettre ces comptables en état de connoître les obligations dont ils sont tenus, les conditions qui leur sont imposées, les précautions qu'ils doivent prendre, & les peines qu'ils peuvent encourir. C'est ce réglement que le procureur général vient aujourd'hui lui demander; & dans cette vue, il a l'honneur de lui observer; 1°. qu'il seroit inutile de développer les motifs de la nécessité imposée à tous les comptables de rendre compte de leurs administrations, un an après chacune année d'exercice expirée, à peine d'interdiction de leurs charges, & des amendes, dont ils ne pourront obtenir aucune décharge ou modération, sans avoir sur ce lettres du Roi: l'article XVII de l'édit du mois d'Août 1669, qui est la loi vivante sur cette matière, ne contient point à cet égard une disposition nouvelle & jusqu'alors inconnue; il ne fait que rétablir, ainsi que le Roi s'en explique lui-même dans le préambule de cet édit, ce qui avoit été relâché par le temps, & remettre en vigueur les anciens réglemens, qui tous ordonnent la reddition des comptes dans le même délai & sous les mêmes peines; & ce point a toujours paru tellement essentiel au bon ordre des finances, qu'il est le premier objet confié à la vigilance du ministère public, & qu'il a même été, suivant l'ordonnance du 23 Décembre 1454, le principal motif de la création de l'office de procureur général près de la chambre des comptes de Paris.

2°. Que cette regle, dont l'exécution, par l'article XVII de l'édit du mois d'Août 1669, s'étendoit indistinctement sur tous les comptables, a reçu une premiere exception en faveur des receveurs généraux des domaines & bois de Sa Majesté; l'article V de l'édit du mois d'Avril 1685, avoit ordonné que les nouveaux receveurs créés par cet édit, seroient tenus de compter par chacun an dans les chambres des comptes, tant du fonds des charges locales, frais de justice & réparations, que des droits casuels & des revenus des bois & forêts, après qu'ils en auroient fait vérifier les états aux bureaux des finances de leur généralité en la manière accoutumée, & au conseil.

Cet article les assujettissoit par conséquent à la loi portée par l'édit de 1669, qui n'accorde aux comptables qu'une année, après leur exercice fini, pour présenter leurs comptes; & les chambres des comptes étoient autorisées à contraindre lesdits receveurs généraux des domaines & bois, à compter dans le même délai; mais Sa Majesté considéra que l'exécution de l'édit de 1669, étoit presque impossible à leur égard, tant par le grand nombre d'acquits qu'ils sont obligés de rapporter sur la dépense de leurs comptes, que par la difficulté qu'ils ont de retirer les quittances de la partie des charges payées par les fermiers des domaines, & celles acquittées par les engagistes, aux termes de la déclaration du mois de Juillet 1687, & qu'ils ne leur remettent que long-temps après leurs exercices finis ; que d'ailleurs, en plusieurs généralités, partie des termes des adjudications des bois, ne sont payables que dix mois après leur exercice fini, & que dans les autres, il y a souvent de pareils reculemens ordonnés par les grands-maîtres des eaux & forêts, pour des considérations particulieres ; en conséquence, Sa Majesté jugea à propos de leur accorder un temps proportionné au travail qu'ils étoient obligés de faire pour parvenir à la reddition de leurs comptes, & un délai suffisant pour compter ; & c'est à quoi elle a pourvu par sa déclaration du 2 Septembre 1693, qui porte qu'à l'avenir les receveurs généraux des domaines & bois seront tenus de présenter les comptes de leurs maniemens aux chambres des comptes seulement, deux ans après l'année de leur exercice finie, nonobstant l'ordonnance du mois d'Août 1699, à laquelle il est spécialement dérogé à cet égard ; les motifs qui ont donné lieu à la déclaration du 2 Septembre 1693, étant toujours subsistans, il est donc juste de maintenir les receveurs généraux des domaines & bois dans l'exception qui leur est accordée, & de les faire jouir du bienfait de la loi.

3°. Que par l'arrêt du conseil & lettres patentes des 20 & 30 Novembre 1756, ainsi que par la déclaration du 7 Décembre 1758, les receveurs des tailles sont tenus de rendre compte en la chambre du recouvrement par eux fait, tant des deux vingtiemes & deux sols pour livre du dixieme, que des deniers imposés & levés la présente année, ou qui le seroient à l'avenir ; ces différentes impositions n'ayant point, relativement à chaque contribuable, de mesure fixe & déterminée, l'incertitude qui suit toujours une répartition arbitraire, entraîne nécessairement de l'embarras dans la levée, & du retardement dans la perception ; il ne seroit pas raisonnable que des contribuables surchargés, fussent exposés à des poursuites rigoureuses pour le payement d'une somme dont ils peuvent demander & obtenir la modération ; & comment pourroient-ils s'y soustraire, si les receveurs étoient forcés d'exécuter l'article VII de l'édit du mois d'Août 1669, & de rendre leurs comptes dans le délai qu'il prescrit ? D'ailleurs, suivant l'ordre de tout temps réglé pour le payement de la capitation, le dernier terme de 1759, n'étant exigible qu'au commencement de l'année 1760, par quelle justice pourroit-on contraindre les receveurs à rendre compte d'un recouvrement qu'ils n'auroient ni fait ni pu faire ? Des considérations aussi favorables, puisqu'elles tendent au soulagement de celui qui porte le poids de l'imposition, seroient assez puissantes pour déterminer la cour à user du droit que les anciennes ordonnances lui donnent de proroger le délai accordé aux comptables pour la reddition de leurs comptes, si la loi ne se trouvoit déjà portée, soit à l'égard des deux vingtiemes & des deux sols pour livre du dixieme, dans la déclaration de 1714, qui accorde aux trésoriers, receveurs, payeurs, fermiers & comptables, pour présenter leurs comptes du dixieme aux chambres des comptes, distincts & séparés de leurs exercices ordinaires, deux ans après leurs exercices expirés ; soit à l'égard des deniers de la capitation dans la déclaration du 28 Novembre 1705, qui veut que le délai fixé pour compter du recouvrement en gros de la capitation, soit prorogé d'une année en faveur des receveurs généraux des finances ; & en conséquence, qu'ils soient tenus d'en compter aux chambres des comptes, deux années après l'expiration de celle de leurs exercices, dérogeant à cet égard, en tant que de besoin seroit, à l'édit du mois d'Août 1669 : A l'égard de la forme que ces comptables doivent donner aux comptes qu'ils rendront de ces différens deniers, l'arrêt de la cour du 23 Janvier 1758, qui a déjà servi & doit encore servir de regle pour les comptes du vingtieme & des deux sols pour livre de dixieme, doit être également exécuté pour les comptes de la capitation; & la cour, en leur ordonnant de s'y conformer, leur enjoindra de rapporter lors de la reddition de leurs comptes, les quittances comptables du montant des sommes qu'ils auront payé au trésorier de la province, conformément aux ordonnances, & notamment à la déclaration du Roi, du 20 Mars 1714.

4°. Que la plupart des propriétaires des offices de receveurs des tailles de la province continuent de faire pourvoir auxdits offices divers particuliers qui ne font que prêter leurs noms, ou qui n'ont qu'un très-petit intérêt dans la propriété d'iceux : les suites dangereuses que pouvoit avoir cet abus, échappé à la vigilance & à la proscription des loix, excita en 1715 le zele du syndic général, qui représenta au conseil du Roi, qu'il en résultoit deux inconvéniens également préjudiciables aux intérêts de la province; l'un, que la levée des impositions étant faite par des sujets qui n'ont aucun ou peu d'intérêt dans la propriété desdits offices, ruinent les dioceses par une mauvaise administration ou par leur négligence; l'autre, que le trésorier de la bourse n'ayant d'autre voie pour obliger les receveurs à payer les impositions aux termes ordinaires, que sa contrainte contre les titulaires, elle devenoit inutile & ne produisoit aucun effet, parce que les pourvus desdits offices n'étant que des suppôts, il ne pouvoit avoir la même action contre les propriétaires desdits offices : il requit qu'il plût à Sa Majesté d'ordonner, que tant les propriétaires que les titulaires desdits offices seroient solidairement contraints au payement des impositions aux termes ordinaires; & sur sa requête, il intervint le 6 Août 1715, un arrêt du conseil, qui ordonne que faute par les receveurs des tailles de la province de payer aux termes ordinaires les impositions & autres deniers dont ils sont chargés de faire le recouvrement, tant lesdits receveurs que les propriétaires en tout ou en partie desdits offices, y seront solidairement contraints par le trésorier de la bourse sur sa simple contrainte : & afin qu'il soit notoire au sieur trésorier du nom & demeure desdits propriétaires, veut Sa Majesté qu'ils soient tenus dans trois mois du jour de la signification du présent arrêt, qui sera faite aux pourvus desdits offices, de faire leur déclaration au greffe de la cour, de leur propriété, & qu'ils y remettent un extrait des actes pour en justifier; & faute par eux d'y satisfaire dans ledit délai, qu'ils soient déchus du privilége & précaire qu'ils ont sur lesdits offices de receveurs : Sa Majesté ordonne en outre qu'à l'avenir aucun receveur des tailles de la province ne pourra être reçu en ladite cour, qu'il n'ait préalablement déclaré le nom des propriétaires desdits offices en tout ou en partie, à peine d'interdiction, & de trois mille livres d'amende en cas de fausse déclaration.

Ce réglement salutaire, en laissant subsister l'ancien abus dont se plaignoit le syndic général, met en usage les seuls moyens capables d'en prévenir les suites funestes, & la nécessité d'en renouveler toutes les dispositions, surtout dans les circonstances, n'échappera pas aux lumieres de la cour.

5°. Que par les anciennes ordonnances, & notamment par celle de Henri III du mois de Février 1577, il est expressément porté qu'aucun officier comptable ne pourra être admis au maniement des deniers de sa recette, sans avoir auparavant donné bonne & suffisante caution: Le motif de ces ordonnances a été de prévenir le divertissement des deniers des comptables, ou du moins dans la discussion qu'il y a lieu de faire des biens de ceux qui ont diverti les deniers de leurs recettes, de trouver dans le recours contre les cautions, un moyen sûr & facile de remplacement ; il importe par conséquent que ces pleiges & cautions, que leurs engagemens rendent justiciables de la chambre, soient connus d'Elle, afin qu'Elle puisse diriger l'action de la loi contre ceux qui s'y sont réellement & volontairement soumis ; c'est ce qu'ont sagement ordonné les édits de 1545, 1557, 1573 & 1586, qui ont enjoint à tous les comptables de porter ou d'envoyer en la chambre par chacun an, les actes de leur cautionnement ou le *Vidimus* d'iceux, & de les faire transcrire à l'avenir au premier feuillet de chaque compte, à peine de 100 livres d'amende : Mais le procureur général croit devoir observer, que le Roi par son édit du mois de Décembre 1706, ayant jugé à propos d'ordonner que tous les officiers comptables du royaume seroient & demeureroient pour le présent & pour l'avenir, déchargés & dispensés de fournir aucunes cautions pour sûreté des deniers de leurs maniemens, de quelque nature & qualité qu'ils puissent être, nonobstant tous édits, déclarations & arrêts à ce contraires, à la charge par tous les officiers comptables d'acquérir des augmentations de gages dont la finance tiendroit lieu du cautionnement qu'ils étoient obligés de fournir : L'injonction générale que la cour doit faire à tous les comptables de son ressort, de se conformer sur ce point aux anciennes ordonnances, ne peut point regarder ceux qui en vertu de l'édit du mois de Décembre 1706, ont été affranchis du cautionnement par l'acquisition des augmentations de gages affectées à leurs offices, & qu'il doit être fait en leur faveur une exception, à la charge toutefois par eux, non-seulement de rapporter dans le mois les quittances de finance qui leur ont été sur ce expédiées, à l'effet d'être enregistrées en la cour, si fait n'a été, mais encore de les faire transcrire à l'avenir au premier feuillet de chaque compte, pour y tenir lieu de l'acte du cautionnement qu'elles représentent, & dont elles sont le supplément.

6°. Que l'article VIII de la déclaration du Roi du 7 Décembre 1758, porte qu'en ce qui concerne les octrois & subventions dont la levée a été permise, ou le sera dans la suite par des lettres patentes duement regiftrées en la cour, les comptes en seront rendus par les fermiers desdits droits devant Elle, quand même le produit en seroit employé à diminuer les impositions des communautés : L'attribution contenue dans cet article, est un hommage que la justice du Roi rend enfin aux anciennes ordonnances qui le réclamoient depuis si long-temps. Par les édits, déclarations & arrêts rendus pour l'établissement ou la confirmation des différentes chambres des comptes, le droit de recevoir & de clorre les comptes de tous les deniers qui se levent sur les peuples, leur a été formellement & exclusivement attribué : Par l'édit de 1594, il est dit qu'il y sera compté même des deniers levés sur les villes & lieux : Les lettres patentes du 18 Novembre 1598, parlent le même langage que les ordonnances, qui ne peuvent s'expliquer en termes plus précis fur cet objet; celle d'Orléans, article XCV porté par exprès qu'il fera compté des octrois établis fur les villes & lieux, ès chambres des comptes; l'article XVIII de l'ordonnance de 1669, renferme les mêmes difpofitions. Le Roi ayant par fon édit du mois de Juillet de l'année 1689, créé des receveurs des octrois dans les élections, ordonna qu'ils compteroient aux chambres des comptes: Et par celui de Décembre de la même année, donné pour le Languedoc, il eft ordonné que cette recette fera faite par les receveurs des tailles, à la charge d'en compter en ladite chambre; ce qui eft conforme à l'édit de création defdits receveurs : Enfin, le droit particulier de la chambre des comptes de Montpellier, fe trouve confirmé par l'arrêt de règlement de 1708, qui, après avoir ordonné que les communautés ne compteroient pas en la chambre des deniers patrimoniaux de trois cents, fix cents & neuf cents livres, permis d'impofer pour leurs affaires extraordinaires, prononce en termes formels, que fi les communautés font obligées d'impofer des fommes plus confidérables pour des néceffités qui peuvent furvenir, elles en obtiendront la permiffion de Sa Majefté, & qu'elles en compteront en la chambre : Cet ufage invariablement obfervé dans toutes les provinces du royaume, s'eft long-temps foutenu dans celle-ci fans contradiction; l'ancienne poffeffion de la chambre eft juftifiée par une fuite non-interrompue de comptes des octrois & fubventions de plufieurs villes & lieux qu'Elle a jugé, & dont les originaux font dépofés dans fes archives : Si pendant le cours des conteftations qui s'étoient élevées entre la cour & les Etats de cette province, Sa Majefté a cru devoir fufpendre l'exercice d'un droit fondé fur tant de titres, il étoit jufte que la déclaration du feptieme Décembre 1758, qui a mis fin à ces conteftations, la fit rentrer dans des fonctions inaliénables, puifqu'elles lui appartiennent à titre de patrimoine & de propriété. La chambre en ordonnant que tous les comptes des droits d'octroi ou de fubvention établis ou à établir dans les villes & communautés de fon reffort, feront déformais rendus devant Elle, doit donc fe hâter d'indiquer à ces comptables le tribunal légitime devant lequel la volonté du Roi les ramene aujourd'hui ; mais comme la perception de ces droits varie, fuivant les lieux, & qu'elle eft plus ou moins confidérable fuivant leur qualité ou fon étendue, les ménagemens dus aux communautés exigent que dans la fixation des délais néceffaires pour compter, on ait égard à cette différence ; & la cour pour faifir l'exacte proportion qu'Elle doit chercher, n'a befoin que de fe conformer à l'article XVIII de l'édit du mois d'Août 1669 ; cette proportion qui doit fervir de regle pour la préfentation des comptes à l'avenir, doit avoir également lieu pour le jugement de tous les comptes antérieurs à la déclaration du 7 Décembre 1758, lefquels n'ayant point été ouis, & clos par les fieurs commiffaires départis dans cette province, ne peuvent plus l'être par conféquent qu'en la chambre, par la force naturelle d'une loi, qui, rétabliffant les chofes dans l'ordre ancien & le droit commun, embraffe tous les temps, & fait difparoître fans retour jufqu'au fouvenir de toute attribution intermédiaire, qui en auroit fufpendu ou interverti l'exécution. La chambre en procédant au jugement de ces comptes, eft autorifée par l'article IX de l'édit du mois de Février 1603, à fe faire repréfenter le compte précédent ; & pour cet effet, Elle doit enjoindre aux communautés de remettre aux comptables lefdits

PART. I. DIV. II. LIV. III. 481

dits comptes précédens pour servir de piece justificative.

7°. Que lorsque les ordonnances des années 1557 & 1577, ont voulu que les comptables fissent élection de domicile dans le lieu de la séance de la cour, elles ont eu en vue d'éviter les frais & longueurs qu'entraîne l'envoi des huissiers dans les différentes villes de la province, pour les ajourner aux fins de rendre leurs comptes, ou autres contenus ès commissions sur ce décernées ; comme aussi, de rendre valables, comme s'ils étoient faits en parlant à leurs personnes, tous ajournemens, commandemens, significations, actes, & autres exploits nécessaires pour la reddition des comptes & payement du débet & charges d'iceux, qui seroient faits en la maison de leur procureur ou autre personne chez laquelle les comptables auroient élu leur domicile ; qu'il semble qu'une formalité introduite en faveur des comptables, & qui ne tend qu'à leur épargner des frais immenses de voyages & d'exécutoires, ne devroit pas avoir besoin de l'injonction de la loi pour être observée ; mais que leur ignorance ou leur oubli mettent la cour dans la nécessité, en leur rappelant les dispositions des articles XIV, XVI & XVII de l'ordonnance de 1557, de leur ordonner de s'y conformer, sous les peines y contenues.

8°. Enfin, que par l'article premier de l'édit du mois de Juin 1716, tous les comptables qui sont chargés de la recette, recouvrement & maniement des deniers royaux & publics de toute espece, sont tenus d'avoir un registre journal, dans lequel ils doivent écrire jour par jour, de suite, & sans aucun blanc ni transposition, toutes les parties tant de recette que de dépense, qu'ils font dans l'exercice de leurs charges, emplois ou commissions : Les ordonnances du mois de Mars 1600, du mois de Janvier 1634, du mois d'Avril 1643, & du mois d'Août 1669, n'avoient assujetti à cette formalité, que certains comptables dont la recette plus importante paroissoit exiger plus de précaution ; mais l'édit du mois de Juin 1716, en a fait une loi générale à laquelle tous les comptables, sans aucune exception, doivent obéir, & dont il importe d'autant plus de maintenir l'exécution, qu'indépendamment du moyen prompt & facile que les registres journaux procurent pour démêler sur le champ la nature & l'état des recettes, ils deviennent tout à la fois pour les comptables, ou une leçon perpétuelle d'exactitude, ou des témoins irréprochables de leur infidélité. La cour ne doit pas craindre de leur imposer un joug nouveau ni onéreux, en faisant revivre une loi dont l'observation, suivant le législateur même, n'a rien de gênant pour ceux qui aiment à exercer leurs emplois avec honneur, & ne contraindra que les dépositaires infidelles, qui croyent avoir intérêt de vivre dans la confusion. A CES CAUSES, Requiert qu'il plaise à la cour faire un réglement général, qui soit désormais la loi invariable de tous les comptables de son ressort ; & que l'arrêt qui interviendra sera lu, publié & affiché par-tout où il appartiendra ; ladite requête signée DUCHÉ, procureur général. Vu ladite requête : LA COUR, les semestres des comptes assemblés, ayant égard aux réquisitions du procureur général du Roi, A ordonné & ordonne, que lesdites ordonnances, déclarations, arrêts du conseil, lettres patentes & arrêts de la cour, des années 1532, 1542, 1545, 1547, 1553, 1556, 1557, 1573, 1577, 1586, 1603, 1669, 1693, 1705, 1714, 1715, 1716, 1725, 1756

Tome VI.

Ppp

& 1758, rendus sur le fait des finances, seront exécutés selon leur forme & teneur ; ce faisant,

ARTICLE PREMIER.

Les receveurs généraux des finances & taillon, receveurs généraux des gabelles, les payeurs de la cour, payeurs du parlement de Toulouse, & de la chancellerie près le parlement, payeurs des bureaux des finances, & les payeurs des colléges & universités du ressort de la cour, seront tenus de rendre compte en la chambre de leur administration, un an après chacune année d'exercice expirée, conformément aux ordonnances des années 1532, 1542, 1545, 1547, 1553, 1556, 1597 & 1669, sous les peines y contenues ; comme aussi, ils seront tenus, conformément à la déclaration du 20 Mars 1714, de rendre compte, deux ans après l'année d'exercice expirée, de la retenue par eux faite du dixieme, vingtieme, & deux sols pour livre du dixieme, sur les charges assignées sur leur recette, en vertu des rôles qui ont été ou qui seront arrêtés au conseil, & sous les mêmes peines.

II.

Les receveurs des tailles & taillon du ressort de la cour, seront pareillement tenus de rendre compte en la chambre de leurs administrations des deniers ordinaires & extraordinaires, en la maniere accoutumée, & de rendre un compte particulier pour les deniers du taillon, en vertu de l'ordonnance de 1553, & de l'arrêt de la cour du 29 Juillet 1758, un an après chacune année d'exercice expirée, conformément aux ordonnances, & sous les peines y contenues.

III.

Les trésoriers des mortes-payes, trésoriers des fortifications & des réparations du ressort de la cour, les receveurs du petit-blanc, & généralement tous autres comptables, seront aussi tenus de rendre compte en la chambre de leurs administrations, un an après l'année d'exercice expirée, conformément aux ordonnances, & sous les mêmes peines.

IV.

Les receveurs généraux des domaines & bois du ressort de la cour, seront tenus de rendre compte en la chambre de leurs exercices ordinaires, deux années après l'année d'exercice finie, conformément aux déclarations du Roi de 1693 & 1725, sous les peines portées par les ordonnances ; comme aussi, ils seront tenus de rendre compte dans le même délai, de la retenue par eux faite du dixieme, vingtieme, & des deux sols pour livre du dixieme, sur les charges assignées sur leur recette en vertu des rôles qui ont été ou qui seront arrêtés au conseil, conformément aux déclarations des 20 Mars 1714, & premier Mars 1725, & sous les peines portées par les ordonnances.

V.

Les receveurs des tailles seront tenus, en vertu de l'arrêt du conseil & lettres patentes des 20 & 30 Novembre 1756, & de la déclaration du 7 Décembre 1758, de rendre compte en la chambre, du recouvrement par eux fait des deux vingtiemes & des deux sols pour livre du dixieme, deux ans après l'année d'exercice expirée, conformément à la déclaration du Roi du 20 Mars 1714, sous les peines portées par les ordonnances, & en la même forme prescrite par l'arrêt de la cour du 23 Janvier 1718 ; leur enjoignant de rapporter lors de la reddition de leurs comptes, les quittances comptables du montant des sommes qu'ils auront payé au tréforier de la province, conformément aux ordonnances, & notamment à la déclaration du Roi du 20 Mars 1714.

VI.

Les receveurs des tailles feront auffi tenus, en vertu de la déclaration du Roi du 7 Décembre 1758, de compter en la chambre, du recouvrement par eux fait des deniers de la capitation imposés la préfente année, ou qui le feront à l'avenir, deux ans après l'année d'exercice expirée, conformément à la déclaration du Roi du 28 Novembre 1705, fous les peines portées par les ordonnances, & ce fur les départemens qui feront arrêtés par les fieurs commiffaires des diocèfes en la maniere accoutumée, & dans la même forme prefcrite par l'arrêt de la cour du 23 Janvier 1758, concernant les comptes du vingtieme; leur enjoignant auffi, de rapporter lors de la reddition de leurs comptes, les quittances comptables du montant des fommes par eux payées au tréforier de la province, conformément aux ordonnances, & notamment à la déclaration du Roi du 20 Mars 1714.

VII.

Ordonne que l'arrêt du confeil & lettres patentes des 6 Août & 15 Novembre 1715, feront exécutés felon leur forme & teneur; & en conféquence, les receveurs des tailles feront tenus de payer aux termes ordinaires, les impofitions & autres deniers dont ils feront le recouvrement; au payement defquels, tant lefdits receveurs que les propriétaires en tout ou en partie defdits offices, feront folidairement contraints par le tréforier de la bourfe fur fa fimple contrainte, & que dans le délai de trois mois, à compter du jour de la publication du préfent arrêt, les pourvus defdits offices feront tenus de faire leur déclaration de leur propriété par devers le graffe de la cour, & d'y remettre un extrait defdits actes pour en juftifier; faute par eux d'y fatisfaire dans ledit délai, ils feront déchus de leurs privilége & précaire qu'ils ont fur lefdits offices: Ordonne en outre, conformément audit arrêt & lettres patentes, qu'à l'avenir aucun receveur des tailles ne pourra être reçu en la chambre, qu'il n'ait préalablement déclaré le nom defdits propriétaires en tout ou en partie, à peine d'interdiction & de 3000 livres d'amende en cas de fauffe déclaration.

VIII.

Enjoint à tous les comptables du reffort de la cour, tant aux receveurs généraux que particuliers, payeurs, receveurs des tailles & taillon, & généralement à tous autres, de porter ou d'envoyer en la chambre par chacun an, les actes de leurs cautionnemens, ou le *Vidimus* d'iceux, & de les faire tranfcrire à l'avenir au premier feuillet de chaque compte, à peine de cent livres d'amende, conformément aux ordonnances de 1542, 1557, 1573, 1577 & 1586; & quant aux comptables qui en vertu de l'édit du mois de Décembre 1706, ont été affranchis du cautionnement, ils feront tenus de rapporter dans le mois les quittances de finance qui leur ont été fur ce expédiées, à l'effet d'être enregiftrées en la cour, fi fait n'a été, & de les faire tranfcrire pareillement à l'avenir au premier feuillet de chaque compte, fous les mêmes peines.

IX.

Les confuls, clavaires, adminiftrateurs, fermiers, régiffeurs & dépofitaires des fonds des octrois & subventions établies ou à établir dans les différentes villes & communautés du ressort de la cour, par lettres patentes duement regiftrées, feront tenus de rendre compte en la chambre de leurs administrations, en la maniere prescrite par les ordonnances, & notamment par l'édit de 1669 ; & en conséquence, ordonne que ceux dont la recette eft de 3000 livres & au-deffous, feront tenus de compter de fix en fix ans ; ceux dont la recette eft de 3000 livres jufques à 6000 livres feront tenus de compter de quatre en quatre ans ; ceux dont la recette eft de 6000 livres jufques à 10,000 livres feront tenus de compter de deux en deux ans ; & enfin, ceux dont la recette eft de 10,000 livres & au-deffus, feront tenus de compter par chacun an, fous les peines portées par les ordonnances.

X.

Quant aux comptables dont les comptes defdits octrois & fubventions, tant anciennes que nouvelles, n'ont point été ouis & clos par les fieurs commiffaires départis, ils feront tenus de rendre compte dans le délai prefcrit par lefdites ordonnances, en rapportant le compte précédent, s'il y en a, conformément à l'édit de 1603 ; & à ces fins, les communautés remettront aux comptables lefdits comptes précédens, pour fervir de piece juftificative.

X I.

Ordonne à tous les comptables, généralement quelconques du reffort de la cour, même aux confuls, clavaires, adminiftrateurs, fermiers, régiffeurs, dépofitaires des fonds de fubvention & octrois, & qui à raifon de ce, font tenus de compter en la chambre, de faire élection de domicile dans le lieu de la féance de la cour, en la maifon de leur procureur, ou autre qu'ils aviferont ; en laquelle maifon tous ajournemens, commandemens, fignifications, & autres actes néceffaires pour la reddition des comptes, payement des débets s'il y en a, feront valablement faits à l'avenir ; laquelle élection de domicile ils feront tenus de faire enregiftrer devers le greffe de la cour dans le délai d'un mois, fous peine de radiation de leurs gages & d'amende, conformément aux édits de 1545 & 1557 ; & en cas de mort du procureur fondé, les comptables ci-deffus dénommés, feront tenus trois mois après fon décès, de faire une nouvelle élection de domicile, qui fera pareillement enregiftrée en la cour, conformément aux ordonnances ci-deffus, & fous les mêmes peines.

XII.

Ordonne pour la fureté des deniers du Roi & des deniers publics, & pour le bon ordre des finances, que l'édit du mois de Juin 1716 concernant les regiftres journaux qui doivent être tenus par tous les comptables, & autres chargés de la perception, maniement, & diftribution des finances & deniers publics, & les peines portées par icelui, fera exécuté felon fa forme & teneur ; & en conféquence, enjoint à tous les comptables, fans aucune exception, de s'y conformer, d'avoir & de tenir, chacun en droit-foi, leurs regiftres journaux en la forme & maniere prefcrite par ledit édit, à peine de dépoffeffion de leurs charges & commiffions, ainfi qu'il eft porté par ledit édit.

XIII.

Enjoint à tous les comptables de fe conformer, chacun en droit foi, au préfent arrêt, lequel fera lu &

publié en la chambre, l'audience tenant : Ordonne qu'il sera imprimé, & qu'à la diligence du procureur général du Roi, il sera affiché dans tous les chefs-lieux des diocèses du ressort de la cour, & dans les villes & communautés où il y a des octrois & subventions établies, & envoyé aux maires & consuls desdites villes & communautés, afin qu'ils aient à s'y conformer, pour ce qui les concerne. FAIT & donné en la chambre à Montpellier le huitieme Mai mil sept cent cinquante-neuf. *Collationné*. BAZALGETTE, greffier, *signé*.

Monsieur DEYDÉ, *rapporteur*.

LOUIS, PAR LA GRACE DE DIEU, ROI DE FRANCE ET DE NAVARRE : Au premier notre huissier ou sergent requis. VU l'arrêt ce jourd'hui rendu par notre cour des comptes, aides & finances, dont l'extrait est ci-attaché sous le contre-scel de notre chancellerie : Nous te mandons, à la requête de notre amé & féal conseiller procureur général en notredite cour, ledit arrêt intimer & signifier à tous ceux qu'il appartiendra, afin qu'ils ne l'ignorent & aient à y obéir & entendre selon sa forme & teneur, & faire pour raison de ce, tous exploits requis & nécessaires ; de ce faire te donnons pouvoir & commission : Mandons à tous nos sujets ce faisant obéir. DONNÉ à Montpellier, en notredite cour, le huitieme Mai, l'an de grace mil sept cent cinquante-neuf, & de notre regne le quarante-quatrieme. *Collationné*. BAZALGETTE, greffier, *signé*. Par la Cour, MARTIN, *signé*. *Collationné*. VEZIAN, *signé*.

ÉDIT

Portant réglement pour les chambres des comptes & officiers comptables.

Du mois d'Août 1669.

LOUIS, PAR LA GRACE DE DIEU, ROI DE FRANCE ET DE NAVARRE : A tous présens & à venir, SALUT. Les soins que Nous avons pris de rétablir l'ordre & la pureté dans l'administration de nos finances, Nous ont fait connoître que leur déréglement procédoit en partie de l'inexécution de nos ordonnances, qui a donné lieu aux comptables de pratiquer toutes sortes de moyens, pour éluder la destination de nos Etats, qui doivent être la loi de leur conduite, à quoi Nous n'avons pas trouvé de meilleur remede que de rétablir ce qui a été relâché par le temps, & de remettre en vigueur nos anciennes ordonnances, en y ajoutant néanmoins ce que le changement des affaires, & la nécessité des temps peuvent requérir pour le bien de notre service, la prompte expédition des comptes & le soulagement des comptables. A CES CAUSES, de l'avis de notre conseil & de notre certaine science, pleine puissance & autorité royale, Nous avons par ces présentes signées de notre main, dit, déclaré & ordonné, disons, déclarons & ordonnons, voulons & Nous plaît ce qui suit.

ARTICLE PREMIER.

Faisons défenses à toutes sortes de personnes de s'immiscer en la recette & maniement de nos deniers, sans nos lettres de provision ou commission registrées en nos chambres des comptes, & sans avoir fourni les cautions nécessaires, à peine de 3000 livres d'amende.

I I.

Ordonnons aux trésoriers de France d'envoyer par chacun an, au greffe de nos chambres des comptes l'inventaire des actes de caution fournis pendant l'année par les comptables dans l'étendue de leur généralité.

III.

Défendons à nos chambres de recevoir aucun officier comptable en aucun office comptable, que tous les comptes de ses exercices ne soient rendus & apurés.

IV.

Faisons très-expresses inhibitions & défenses au garde de notre trésor royal d'expédier aucun récépissé ou billet, à peine de faux; Voulons qu'il expedie seulement des quittances & mandemens sujets au contrôle, dont il tiendra registre, qui sera par lui rapporté pour la justification de sa recette au jugement de son compte.

V.

Défendons aussi aux receveurs généraux, tant de nos finances qu'autres, d'expédier aucun billet ou récépissé à la décharge des receveurs particuliers, sous pareille peine de faux.

VI.

Défendons pareillement aux receveurs particuliers de faire aucuns payemens à nos receveurs généraux, & à eux & tous autres comptables, au garde de notre trésor royal, qu'en vertu des quittances ou mandemens contrôlés, à peine de nullité; Enjoignons aux trésoriers de France, en cas de contravention, d'en dresser leurs procès-verbaux, & les envoyer en notre conseil pour y être pourvu.

VII.

Défendons à tous comptables de délivrer aucunes contre-lettres ou certifications de n'avoir point acquitté en tout ou partie les sommes contenues ès quittances expédiées à leur décharge, sous pareille peine de faux.

VIII.

Ne pourront les comptables convertir les deniers qui doivent être portés à leur recette, en promesses ou obligations de ceux qui en sont redevables ou d'aucun autre, à peine de concussion, & de la perte du contenu ès promesses & obligations, dont sera fait recouvrement à notre profit.

IX.

Ne pourront aussi les comptables payer plus grandes sommes que celles qu'ils auront actuellement reçues, à peine de radiation.

X.

Toutes quittances & mandemens expédiés par le garde de notre trésor royal, & par les receveurs généraux de nos domaines & finances, seront contrôlés un mois après leurs dates: Voulons que ceux qui ne seront pas contrôlés, ou ne l'auront été dans le temps d'un mois, soient rayés & rejetés des états & comptes qui seront rendus, tant en notre conseil, bureaux des finances, que chambres de nos comptes, auxquels Nous défendons d'en passer, sans avoir sur ce nos lettres.

XI.

Enjoignons aux receveurs & contrôleurs généraux de nos domaines & finances, & aux receveurs particuliers de résider actuellement dans les lieux de leur exercice, pendant le cours d'icelui, à peine de suspension & privation de leurs gages, qui ne seront passés dans les états & comptes qu'en rapportant certification de leur résidence délivrée par le bureau des finances, ou dispense par arrêt de notre conseil.

XII.

Les contrôleurs de nos domaines & finances ne pourront être parens ni alliés jusques au troisieme degré, commis ni domestiques des receveurs, dont il sera informé expressément avant leur réception : Voulons que ceux de la qualité susdite soient tenus dans trois mois de se défaire de leurs charges, & cependant qu'il y soit commis par le contrôleur général de nos finances.

XIII.

Les receveurs généraux de nos domaines & finances, & leurs contrôleurs, seront tenus, à peine de suspension, de faire parapher leurs registres sur chacun feuillet au bureau de la généralité.

XIV.

Les contrôleurs de nos domaines & recettes générales seront tenus, dans le mois de Février de chaque année, d'envoyer autant de registres de leur contrôle de l'année précédente, par eux signé au contrôleur général de nos finances, & d'en retirer sa certification : Défendons aux receveurs généraux de payer la seconde moitié de ce qui sera employé dans leurs états, pour les gages des contrôleurs, qu'en remettant par eux ladite certification, laquelle sera rapportée au jugement des comptes, à peine de 1000 livres d'amende contre chacun d'eux, & de radiation de leurs gages.

XV.

Faisons défenses aux comptables de présenter leurs comptes, que les états n'en ayent été arrêtés en notre conseil, ou aux bureaux des finances, pour les natures des deniers dont l'état y doit être vérifié, à peine de 3000 livres d'amende, & à nos chambres des comptes de les recevoir & juger, à peine de nullité.

XVI.

Aucunes parties ne seront employées dans les comptes que celles qui seront passées dans les états, à peine de nullité de l'emploi, & du quadruple contre les comptables.

XVII.

Ordonnons à tous comptables de compter en nos chambres des comptes un an après chacune année d'exercice expirée, à peine d'interdiction de leurs charges, & des amendes portées par nos ordonnances, dont ils ne pourront obtenir aucune décharge ou modération sans avoir sur ce nos lettres.

XVIII.

Et néanmoins les receveurs des deniers communs & d'octroi des villes & communautés de notre royaume, ne seront tenus compter, sinon ; ceux dont la recette annuelle est seulement de 3000 livres & au-dessous, de six en six ans ; ceux de trois jusques à six, de quatre en quatre ans ; de six jusques à dix, tous les deux ans ; & ceux de 10,000 livres & au-dessus, par chacun an.

XIX.

Tout officier comptable qui aura les trois offices d'ancien, alternatif & triennal, ne pourra exercer une troisieme année, qu'il n'ait compte de la premiere ; la quatrieme, qu'il n'ait compte de la seconde, & ainsi successivement.

XX.

Faisons défenses aux comptables & à leurs procureurs de présenter leurs comptes s'ils ne sont faits & parfaits, à peine de suspension de leurs charges, & à nos procureurs généraux de les recevoir, & d'en faire faire la distribution.

XXI.

Défendons à nos chambres des comptes d'ordonner ou faire employer en la dépense des comptes aucunes parties, au moyen desquelles Nous soyons redevables aux comptables, sous quelque prétexte ou quelque cause que ce soit.

XXII.

Tous les débets seront ordonnés à notre trésor ou à nos recettes générales, conformément à nos états ; Faisons défenses à nosdites chambres d'ordonner que les débets soient portés de compte en compte, ni de les destiner à leurs épices, remplages, menues nécessités & autres effets, sous quelque prétexte que ce soit, à peine de répétition & de Nous en répondre.

XXIII.

Enjoignons à nos procureurs généraux d'envoyer & faire mettre ès mains du contrôleur général de nos finances, à la fin de chaque mois, l'état des débets formés par les états finaux des comptes qui auront été remis au parquet pendant le mois, pour en être par Nous ordonné.

XXIV.

Ne pourront nos chambres ordonner aucune compensation de nos deniers, pour quelque cause que ce soit, sans avoir sur ce nos lettres, & qu'au préalable il n'ait été entierement satisfait par les comptables aux charges de tous leurs comptes, à peine de nullité des arrêts qui interviendront, & de plus grande s'il y échoit.

XXV.

Les reprises employées dans les comptes des tailles ne pourront être passées, déchargées ou rétablies, qu'en rapportant par les comptables, des diligences bonnes & valables, faites en temps & lieu, l'état des restes par eux certifié véritable, autant duquel sera remis au préalable au greffe des bureaux de la généralité & de l'élection, ensemble les certifications de *non soluto*

des collecteurs des paroisses redevables ; & en cas de décès des collecteurs, les certifications seront données par les syndics procureurs, & les habitans assemblés à l'issue de la messe paroissiale, au son de la cloche, en la maniere accoutumée.

XXVI.

Défendons à nos chambres des comptes de mettre à l'avenir aucune charge, ni indécision sur les recettes & dépenses des comptes qui seront ci-après présentés en nosdites chambres, des deniers communs & d'octroi des villes & communautés de notre royaume, faute de lettres de continuation des octrois.

XXVII.

Voulons que toutes les indécisions & souffrances mises & apposées sur les comptes de pareille nature, pour rapporter les lettres de continuation d'octroi, soient levées & déchargées en vertu des présentes.

XXVIII.

Défendons à nos chambres des comptes de donner ci-après aucun arrêt d'enregistrement sur les lettres de notre volonté, validation de rétablissement & autres qui seront par Nous accordées aux comptables, parties prenantes & autres, même avec clause de don pour la décharge des comptes ; Voulons qu'en vertu desdites lettres & de l'arrêt qui interviendra sur icelles, au rapport de l'auditeur rapporteur du compte, les indécisions, souffrances, superseſſions ou radiations, dont la décharge & le rétablissement seront ordonnés par lesdites lettres, soient levées, déchargées & rétablies sur les comptes, sans qu'il soit besoin d'autre arrêt ; Faisant défenses auxdites chambres d'y obliger les comptables ci-après, à peine de nullité des arrêts, & restitution des épices.

XXIX.

XXIX.

Ne pourront nos chambres donner à l'avenir aucun arrêt de dispense de rapporter les lettres de notre volonté ou de validation, que nosdites chambres, au jugement des comptes, auront ordonné être rapportées pour valider les recettes & dépenses y employées contre l'ordre de nos finances & la destination de nos états.

XXX.

Au cas que les requêtes pour décharge ou rétablissement des parties employées dans les comptes soient refusées, voulons, conformément au règlement de 1598, qu'il soit à l'instant fait mention du refus sur la partie du compte par l'auditeur rapporteur.

XXXI.

Défendons à nos chambres d'accorder aux veuves & héritiers des officiers, & aux porteurs des quittances de finance ou provisions d'offices, aucun arrêt pour jouir des gages & droits, Nous réservant d'y pourvoir.

XXXII.

Voulons que les états finaux soient assis sur les comptes, deux mois après qu'ils auront été clos, à peine de radiation des gages du rapporteur.

XXXIII.

Défendons aux officiers de nos chambres des comptes, de faire payer aux comptables les épices de leurs comptes, sinon après que les états finaux auront été assis, les acquits remis au garde des livres, & les comptes remis au parquet; & jusques à ce, le payeur des épices ne pourra faire exécuter aucune contrainte contre les comptables, à peine de restitution & de 3000 livres d'amende, & de plus grande s'il y échoit.

Tome VI.

XXXIV.

Faisons aussi défenses aux officiers de nosdites chambres, de prendre plus d'épices que celles qui sont laissées en fonds dans nos états, ni de faire payer aucun intérêt pour le retardement du payement des épices, à peine de restitution.

XXXV.

Enjoignons aux procureurs généraux de nos chambres, d'envoyer au procureur général de notre chambre des comptes à Paris, six mois après chacune année finie, les extraits des chapitres des comptes rendus esdites chambres, contenant les parties payées en notre trésor royal, & aux trésoriers de l'ordinaire des guerres, & des ponts & chaussées, pour servir à la correction des comptes.

XXXVI.

Enjoignons à nos procureurs généraux, en fin de chacun semestre, de porter au bureau l'état des comptes qui auront été remis au parquet pendant le cours d'icelui, pour être distribués aux correcteurs qui seront tenus d'en faire la correction, & d'en rapporter avis au bureau, dans le temps qui leur sera prescrit, à peine de radiation de leurs gages.

XXXVII.

Voulons que chacune semaine il y ait une séance de relevée destinée, tant au rapport des avis de correction, qu'au jugement de celles qui se trouveront en état.

XXXVIII.

Les requêtes tendantes à correction seront renvoyées aux correcteurs, sans pouvoir être communiquées aux comptables, sinon après l'avis de correction rapporté au bureau.

XXXIX.

Toutes les contestations incidentes aux corrections y seront jointes en vertu des présentes, pour être jugées conjointement, sans en pouvoir être disjointes pour quelque cause que ce soit.

X L.

Les intérêts des prêts & avances qui Nous seront faites, ne pourront excéder le pied porté par nos ordonnances; voulons qu'ils soient payés à cette raison, & passés dans tous les états & comptes.

X L I.

Déclarons usuraires les intérêts payés au-dessus de l'ordonnance, à cause des prêts & avances qui Nous seront faites: Voulons que ceux qui les auront reçus soient contraints à la restitution; & en outre poursuivis extraordinairement à la requête de nos procureurs généraux en nos cours des aides.

X L I I.

Les correcteurs & auditeurs ne pourront être reçus en d'autres offices de nos chambres des comptes, ni leurs résignataires admis, qu'ils n'ayent fait les corrections, & assis les états finaux de tous les comptes qui leur auront été distribués.

X L I I I.

Toutes personnes employées dans le maniement de nos finances, depuis le premier Janvier 1661, & qui ne prendront part ci-après dans les traités & affaires extraordinaires, ou ne recevront l'intérêt des prêts qu'ils Nous feront qu'à raison de l'ordonnance, seront exempts de toutes recherches de chambre de justice, & ne pourront être compris dans aucun rôle, sous quelque prétexte que ce soit.

X L I V.

Voulons que nos officiers comptables, fermiers & autres ayant le maniement de nos finances, soient à l'avenir reçus en tous offices, même de nos chambres des comptes, après avoir néanmoins fait faire la correction & apurement de leurs comptes, & satisfait aux autres formalités prescrites par nos ordonnances.

X L V.

Défendons à tous commis & clercs du parquet de prendre, exiger, ou recevoir des comptables & autres personnes qui auront à faire en nos chambres, aucuns droits, rétributions, salaires, reconnoissances ou gratifications, sous quelque titre & pour quelque cause que ce soit, à peine de punition exemplaire; enjoignons à nos procureurs généraux d'y tenir la main.

X L V I.

Lorsque nos cours & juges auront reçu une inscription en faux contre des pieces étant aux archives de nos chambres des comptes, voulons qu'elles en soient tirées en vertu de nos lettres signées par un secrétaire de nos commandemens.

X L V I I.

Les pieces seront remises au greffier de nos cours où s'instruira l'inscription, qui s'en chargera dans le procès verbal des commissaires qui seront à ce députés par nos chambres.

X L V I I I.

Enjoignons aux procureurs postulans de nosdites chambres, d'observer aux comptes des recettes générales & autres le réglement fait pour les recettes des tailles, par notre déclaration du mois de Décembre 1665: Voulons que dans les comptes de toute nature, il ne soit fait qu'un seul article pour les gages, augmentations & droits de chacun des officiers, suivant l'emploi fait dans nos états, à peine d'interdiction, & de 3000 livres d'amende.

XLIX.

Ne pourront les procureurs, pour leurs façons de comptes, salaires & vacations, prendre ni recevoir plus grandes sommes que celles portées par l'état arrêté en notre conseil, le 14 Août 1666, sur pareille peine.

L.

Permettons aux comptables de révoquer leurs procureurs, & d'en changer quand bon leur semblera, nonobstant l'usage contraire.

LI.

Voulons qu'à l'avenir il soit fait mention sur les registres du parquet, du jour du départ des huissiers qui seront envoyés dans les provinces, pour faire commandement aux comptables de compter, & exécuter les contraintes du contrôleur des restes, suivant les rôles qui leur seront délivrés sans frais ni droits.

LII.

Il ne pourra être fait qu'un seul & premier commandement aux comptables & autres redevables, après lequel les huissiers seront tenus, au second voyage, d'exécuter les contraintes par emprisonnement, saisie & vente des meubles, & saisie réelle d'immeubles, à peine de 500 livres d'amende, & de suspension de leurs gages.

LIII.

Les huissiers remettront à leur retour les procès verbaux de leurs diligences à nos procureurs généraux, dont ils feront mention sur leurs registres, pour leur être ensuite fait taxe par nos chambres en plein bureau, selon la distance des lieux, le séjour & la qualité des exploits & contraintes, dont exécutoire leur sera délivré sans frais.

LIV.

En cas que les comptables soient domiciliés dans les villes où nos chambres des comptes sont établies, tous exploits de commandement & contrainte seront faits à leur personne ou domicile, à peine de nullité des exploits, de 500 livres d'amende, & de suspension contre les huissiers.

LV.

Enjoignons aux huissiers de fournir, dans six semaines à nos procureurs, un état des exécutoires à eux délivrés, & dont ils n'ont pas été payés, contenant les taxes qui leur ont été faites avant l'année 1660, contre les comptables, cautions & certificateurs, leurs veuves & héritiers, même contre les particuliers pour amendes, parties rayées, supersédées, ou tenues en souffrance: Voulons que ledit état soit remis au contrôleur général de nos finances pour y pourvoir; & cependant faisons défenses auxdits huissiers de faire, pour raison de ce, aucunes poursuites & contraintes, sous les peines ci-dessus.

LVI.

Voulons que nos ordonnances & réglemens faits pour le fait de nos finances, & la discipline de nos chambres des comptes, en ce qui ne se trouvera contraire à ces présentes, soient gardées & observées selon leur forme & teneur.

SI DONNONS EN MANDEMENT à nos amés & féaux conseillers les gens tenant notre cour des comptes, aides & finances à Montpellier, que ces présentes ils ayent à faire lire, publier, enregiſtrer, & le contenu en icelles faire garder & obſerver, ſans y contrevenir : Car tel eſt notre plaiſir ; & afin que ce ſoit choſe ferme & ſtable à toujours, Nous y avons fait mettre notre ſcel. Donné à Saint-Germain-en-Laye, au mois d'Août, l'an de grace mil ſix cent ſoixante-neuf, & de notre regne le vingt-ſeptieme. Signé, LOUIS. Et plus bas ; Par le Roi, Phelypeaux. Et ſcellé du grand ſceau de cire verte, ſur lacs de ſoie rouge & verte.

Les préſentes ont été lues, publiées & enregiſtrées ès regiſtres de la cour des comptes, aides & finances : Ouï & requérant le procureur général du Roi, pour le réglement y contenu être gardé & obſervé ſelon ſa forme & teneur, ſuivant l'arrêt de cejourd'hui donné par ladite cour, les chambres & ſemeſtres aſſemblés. A Montpellier, le vingt-ſix Novembre mil ſix cent ſoixante-neuf. Poujol, *greffier, ſigné.*

DÉCLARATION DU ROI,

Concernant les comptables,

Donnée à Verſailles, le 19 Mars 1712.

Regiſtrée en la cour des comptes, aides & finances de Montpellier, le 7 Août 1767.

LOUIS, par la grace de Dieu, Roi de France et de Navarre: A nos amés & féaux les gens tenant notre chambre des comptes à Montpellier, Salut. Le feu Roi, notre très-honoré ſeigneur & biſayeul, auroit, par ſa déclaration du 19 Mars 1712, fait un réglement concernant les débets des comptables, dont la teneur enſuit.

LOUIS, par la grace de Dieu, Roi de France et de Navarre : A tous ceux qui ces préſentes lettres verront, Salut. Par les ordonnances du 17 Avril 1695, & du mois d'Août 1698, concernant les comptes des deniers royaux & publics, qui doivent être rendus en nos chambres des comptes, il a été, entr'autres choſes ordonné, que les comptables ſeroient tenus de faire rétablir dans ſix mois, du jour de la clôture de leurs comptes, les parties qui ſeroient miſes en ſouffrance faute de quittance, ou qui ſeroient indéciſes ; faute de quoi, leſdites ſouffrances & indéciſions ſeroient converties en ſuperſeſſions ; pour ſix mois après, être leſdites parties rayées & payées, ainſi & de même que les parties rayées purement. Mais comme Nous ſommes informés que cette diſpoſition n'a plus préſentement aucune exécution, ſoit parce que l'année de délai accordée par leſdites ordonnances, n'eſt point ſuffiſante aux comptables pour faire leurs diligences, & rapporter les acquits & pieces néceſſaires à leur apurement, ſoit parce que dans les états finaux des comptes, il n'eſt fait aucune diſtinction des différentes natures des ſouffrances, non plus que des différentes natures des débets, ce qui confond, d'une part, les débets clairs, avec ceux qui proviennent des parties ſuſceptibles de rétabliſſement, & de l'autre, les parties tenues en ſouffrance faute de quittance, avec celles qui ſont acquittées, mais ſur leſquelles il manque quelques pieces, & qu'on appele ſouffrances de formalités, Nous avons cru devoir y pourvoir par un nouveau réglement. A ces causes, & autres à ce Nous mouvant, de l'avis de notre conſeil, & de notre certaine ſcience, pleine puiſſance & autorité royale, Nous avons, par ces préſentes, ſignées de notre main, dit, déclaré & ordonné, diſons, déclarons & ordonnons, voulons & Nous plaît, que dans tous les états finaux qui ſeront assis sur les comptes, de quelque nature qu'ils soient jugés en nos chambres des comptes, depuis l'enregistrement des présentes, il soit par nos conseillers auditeurs, rapporteurs desdits comptes, fait deux classes différentes ; l'une des parties qui seront tenues en souffrance pour débet de quittances ; l'autre, des parties qui ne seront tenues en souffrance que pour formalités ; comme aussi, qu'il soit fait dans lesdits états finaux, une distinction des débets clairs provenant d'excédans de fonds de gages intermédiaires, & autres deniers revenans à notre profit, d'avec les débets qui proviendront des parties rayées, faute de titres ou autres formalités. Ordonnons en outre, que toutes les parties qui seront tenues en souffrance sur lesdits comptes, faute de quittances, seront rétablies au plus tard dans le terme de deux années, & celles qui seront en souffrance pour formalités, pour le terme de trois années, le tout à compter du jour de la clôture des comptes, sur les pieces qui seront à cet effet rapportées par lesdits comptables ; faute de quoi, & après l'expiration desdits termes, lesdites parties seront & demeureront rayées, & lesdits comptables tenus de les payer sans délai en notre trésor royal, avec les intérêts du total des souffrances de chacun compte, lesquelles se trouveront excéder deux cents livres, à compter du jour de l'expiration desdits termes, à ce faire contraints par les voies ordinaires & accoutumées pour le recouvrement de nos deniers, sans qu'il soit besoin d'aucune signification auxdits comptables, avertissement aux parties prenantes, affiches ou publications sur les lieux, ni d'aucuns arrêts de nos chambres des comptes, dont sera fait mention en l'état final de chaque compte par nosdits conseillers-auditeurs rapporteurs, le tout sans préjudice des saisies qui se trouveront entre les mains desdits comptables, lesquelles tiendront en celles des gardes de notre trésor royal, sur les états qui leur en seront fournis, & sauf à Nous à faire fonds pour les parties qui seront réclamées. N'entendons néanmoins comprendre dans ces présentes, les payeurs des rentes & autres officiers comptables, qui, par leur édit de création ou autres réglemens, sont dépositaires des débets des quittances pour un plus long délai que celui porté par ces présentes. SI DONNONS EN MANDEMENT à nos amés & féaux conseillers les gens tenant notre chambre des comptes à Paris, que ces présentes ils fassent lire & enregistrer, & le contenu en icelles garder, observer & exécuter selon leur forme & teneur, nonobstant tous édits, déclarations, arrêts & réglemens à ce contraires, auxquels Nous avons dérogé & dérogeons par ces présentes ; aux copies desquelles, collationnées par l'un de nos amés & féaux conseillers-secrétaires, voulons que foi soit ajoutée comme à l'original : CAR tel est notre plaisir. En témoin de quoi Nous avons fait mettre notre sceau à cesdites présentes. DONNÉ à Versailles, le dix-neuvieme jour de Mars, l'an de grace mil sept cent douze, & de notre regne le soixante-neuvieme. Signé, LOUIS : *Et plus bas* ; Par le Roi, PHELYPEAUX. VU au conseil, DESMARETS. Et scellées du grand sceau de cire jaune.

Et comme Nous avons été informés que ladite déclaration du 19 Mars 1712, ne vous a pas été envoyée, elle n'a point été enregistrée en notre cour des comptes de Montpellier, & qu'il importe au bien de notre service qu'elle y soit registrée, afin que personne ne puisse ignorer les dispositions qu'elle contient. A CES CAUSES, de l'avis de notre conseil, Nous avons dit & ordonné, & par ces présentes, signées de notre main, ordonnons, voulons & Nous plaît, que ladite déclaration du 19 Mars 1712, dont copie est ci-dessus, soit enregistrée en notredite cour des comptes de Montpellier, pour y être exécutée suivant sa forme & teneur. SI VOUS MANDONS que ladite déclaration du 19 Mars 1712, vous ayez à la faire publier & enregistrer, & le contenu en icelle garder & observer selon sa forme & teneur : CAR tel est notre plaisir. DONNÉ à Versailles, le dix-huitieme de Juin, l'an de grace mil sept cent soixante-sept, & de notre regne le cinquante-deuxieme. Signé, LOUIS : Et plus bas ; Par le Roi, PHELYPEAUX. VU au conseil, DE LAVERDY.

Regiſtrées ès regiſtres de la cour des comptes, aides & finances de Montpellier : OUI, & ce requérant le procureur général du Roi, pour être le contenu en icelle exécuté ſelon leur forme & teneur, & volonté de Sa Majeſté. Ordonne ladite cour, que les ſuſdites lettres-patentes & déclaration y annexées ſeront imprimées, lues, publiées & affichées par-tout où beſoin ſera, ſuivant l'arrêt rendu les chambres & ſemeſtres aſſemblés, le ſeptieme Août mil ſept cent ſoixante-ſept. Collationné, DEVÉS, greffier, *ſigné.*

M. FARGEON, rapporteur.

DÉCLARATION DU ROI,

Portant réglement pour la comptabilité & les pourſuites du contrôleur général des reſtes, & amniſtie en faveur des comptables.

Du 4 Mai 1766.

Regiſtrée en la cour des comptes, aides & finances de Montpellier.

LOUIS, PAR LA GRACE DE DIEU, ROI DE FRANCE ET DE NAVARRE : A tous ceux qui ces préſentes lettres verront, SALUT. En même temps que Nous nous occupons des moyens d'établir plus d'ordre dans la perception & l'adminiſtration de nos finances, Nous avons penſé que Nous devions apporter nos ſoins ſur les différens objets de comptabilité, & principalement ſur les moyens qui pourroient concourir à l'apurement & à la correction des comptes ; Nous avons cru qu'en prenant les précautions les plus grandes pour l'avenir, Nous devions uſer d'indulgence pour le paſſé ; c'eſt dans cette vue que Nous nous ſommes propoſé d'accorder une amniſtie totale & gratuite à tous nos comptables pour les comptes antérieurs à 1665, ſur leſquels il pourroit encore reſter quelques charges. Quoique les débets des comptes ſoient impreſcriptibles, Nous avons penſé qu'après une époque de cent années, Nous pouvions, pour procurer à nos comptables & à leurs héritiers & ayans cauſe, une plus grande tranquillité, renoncer à nos droits, & Nous nous y ſommes déterminés d'autant plus volontiers, que Nous avons lieu de croire, par l'effet de l'amniſtie accordée par l'édit du mois de Décembre 1691, & les différens traités faits depuis pour le recouvrement des reſtes, que les charges qui peuvent encore ſubſiſter ſur les regiſtres de nos contrôleurs des reſtes pour les comptes antérieurs à 1665, ſe trouveroient réduites à des objets qui n'indemniſeroient pas des frais qu'il en coûteroit, & du trouble que les pourſuites qu'il faudroit faire répandroient dans la plupart des familles. C'eſt dans les mêmes vues que, pour les comptes poſtérieurs à 1664, jusques-ci & compris 1719, Nous avons cru devoir faciliter à nosdits comptables les moyens de les apurer en les traitant favorablement, non-seulement sur les formalités & sur les intérêts auxquels ils ont été ou pourroient être condamnés sur lesdits comptes, & dont Nous nous proposons de les décharger entierement, mais encore par rapport aux débets des quittances sur lesquels Nous ferons une remise proportionnée à l'exactitude qu'ils apporteront à payer les débets de leurs comptes. A l'égard des parties postérieures à l'année 1719, en exigeant en entier le capital, Nous nous sommes portés à leur faire quelque remise sur les intérêts. En prenant le parti de traiter nos comptables aussi favorablement pour le passé, Nous avons cru devoir prescrire pour l'avenir les moyens les plus sûrs pour parvenir à l'apurement des comptes; & Nous avons pensé qu'un des meilleurs que Nous puissions employer, étoit de rendre uniforme le temps pendant lequel nos comptables doivent être dépositaires des parties non réclamées, sans avoir égard à la clôture réelle des comptes qui, par elle-même, formoit une époque inégale. La correction des comptes, qui de tout temps a été prescrite par les ordonnances, nous a paru mériter notre attention; mais en prenant des précautions pour que lesdites corrections soient faites à l'avenir, nous avons cru, pour les faciliter, devoir user de la même indulgence pour d'anciens comptes dont la correction seroit difficile & dispendieuse, & proportionner la dispense de correction, que nous entendons accorder, à l'empressement que les comptables témoigneront de satisfaire à l'apurement de leurs comptes. A CES CAUSES, & autres à ce nous mouvant, de l'avis de notre conseil, & de notre certaine science, pleine puissance & autorité royale, Nous avons dit, déclaré & ordonné; disons, déclarons & ordonnons, voulons & nous plaît ce qui suit:

ARTICLE PREMIER.

Les comptables seront tenus de présenter leurs comptes dans les délais prescrits par l'ordonnance du mois d'Août 1669, s'ils n'ont un délai particulier que nous leur ayons fixé pour la présentation de leurs comptes; & faute par eux d'y satisfaire, ils seront condamnés aux amendes réglées par nos ordonnances.

I I.

Dans le cas où lesdits comptables, à qui nous aurions fixé un délai particulier pour la présentation de leurs comptes, soit par leur édit de création, soit par nos déclarations particulieres, n'auroient point profité dudit délai, & seroient condamnables à l'amende & aux intérêts; nous voulons que lesdites amendes soient comptées du jour de l'expiration du délai particulier qui leur aura été accordé, & lesdits intérêts du jour que le compte auroit dû être clos, relativement audit délai particulier, & non au délai ordinaire de présentation, réglé par l'ordonnance du mois d'Août 1669, à laquelle il aura été dérogé en faveur des comptables: n'entendons néanmoins comprendre dans les dispositions du présent article, ceux de nos comptables chargés de recevoir les impositions qui n'auront pas profité des délais particuliers de présentation à eux accordés; permettons aussi à nos chambres des comptes, dans des cas de trop grande négligence, de condamner les comptables en telles amendes extraordinaires qu'elles jugeront à propos, faute de présentation de compte.

I I I.

Pour juger des différentes causes qui

peuvent retarder le jugement des comptes, nous voulons que par le garde des livres il soit tenu un regiſtre paraphé par un de nos conſeillers-maîtres des comptes, qui contiendra la nature des comptes qui lui ont été remis, & le jour qu'il s'en chargera au parquet ; ce qu'il ſera tenu de faire ſur l'avis qui lui en ſera donné par notre procureur général ou ſon ſubſtitut, & en leur préſence ; ſera en outre tenu ledit garde des archives, de mettre à ſon *habui* la date du jour que le dernier volume lui aura été remis.

IV.

Nos procureurs généraux ſeront tenus, dans le mois après la remiſe des comptes au parquet, de remettre au contrôleur des reſtes les extraits des états finaux deſdits comptes, & d'envoyer autant deſdits extraits finaux au contrôleur général de nos finances, conformément à l'article XXIII de l'ordonnance du mois d'Août 1669.

V.

Les receveurs généraux de nos finances, receveurs des tailles, receveurs généraux de nos domaines, payeurs des charges aſſignées ſur nos fermes, tréſoriers payeurs des gages de cours ſupérieures & compagnies créées à l'inſtar d'icelles, & généralement tous nos comptables qui prennent leurs fonds ſur nos recettes générales, ſur nos fermes ou ſur notre tréſor royal, à l'exception toutefois des comptables mentionnés en l'article ci-après, ſeront tenus, faute de réclamation, de garder entre leurs mains les fonds des charges employées dans les états qu'ils ſont tenus d'acquitter pendant ſix années après leur exercice expiré ; voulons que dans les ſix mois qui ſuivront leſdites ſix années, ils ſoient tenus d'en remettre les fonds en notre tréſor royal, &

que faute par eux d'y ſatisfaire, ils ſoient condamnés aux intérêts, à compter de l'expiration deſdites ſix années, du montant des ſouffrances, faute de quittances qui ſe trouveront excéder deux cents livres pour chaque compte ; n'entendons néanmoins que leſdits comptables puiſſent s'en deſſaiſir en aucun cas avant le jugement de leurs comptes, s'ils n'y ſont autoriſés par des arrêts particuliers de nos chambres des comptes.

VI.

N'entendons comprendre dans les diſpoſitions de l'article V, ci-deſſus, les payeurs des rentes aſſignées ſur les aides & gabelles & le clergé, à qui nous avons, par notre déclaration du 20 Juin 1752, accordé un délai particulier pour payer au tréſor royal leſdites parties non réclamées, non plus que les receveurs des octrois, les tréſoriers des ſecours aux communautés & des offrandes & aumônes & autres comptables dont les fonds des parties non réclamées ne ſe portent point au tréſor royal.

VII.

N'entendons pareillement rien innover à la déclaration du 19 Mars 1712, à l'égard des ſouffrances pour formalités ; voulons en conſéquence que les trois années accordées aux comptables pour la décharge deſdites parties, ſoient comptées comme ci-devant, du jour de la clôture des comptes.

VIII.

Les comptables ſeront tenus de ſe conformer à l'article V des préſentes pour le paſſé, à compter du 1er. Janvier dernier, en leur accordant néanmoins ſix mois, à compter du jour de l'enregiſtrement des préſentes, pour l'expédition des quittances du tréſor royal ; & faute d'y ſatisfaire, ils ſeront condamnés aux intérêts, ainſi & de la maniere

N°. CCXLVII.

maniere qu'il est dit ci-devant article II, sans néanmoins que ceux qui rapporteront des quittances du trésor royal, datées avant ledit jour 1er. Janvier dernier, puissent être condamnés à aucuns intérêts, sous prétexte des présentes, s'ils se sont conformés à la déclaration du 19 Mars 1712.

IX.

Dans le cas où les parties non réclamées seroient saisies entre les mains des comptables, lesdits comptables seront tenus d'en faire leur déclaration aux gardes de notre trésor royal, dont mention sera faite dans la quittance qu'ils en délivreront ; voulons que le remplacement n'en puisse être fait qu'en rapportant la main-levée desdites saisies & oppositions, ou jugemens qui en ordonnent le payement.

X.

Voulons que tous nos comptables, conformément à l'ordonnance du 19 Octobre 1566, ne puissent être assignés pour affirmer ce qui peut être dû aux parties sur lesquelles il aura été fait des saisies & arrêts, à peine de nullité des exploits ; & que les huissiers soient tenus de laisser l'original de leur exploit entre les mains des comptables, qui seront obligés de faire leur déclaration de ce qui peut être dû aux parties saisies, le tout dans la même forme & maniere qu'il est ordonné pour les payeurs des rentes de l'hôtel-de-ville de Paris ; voulons que les réglemens intervenus à ce sujet, à l'égard desdits payeurs des rentes, soient communs à tous nosdits comptables.

XI.

Les contrôleurs des restes seront tenus de se conformer pour les poursuites qu'ils auront à faire pour le recouvrement des debts, aux articles II & III de notre déclaration, du 14 Août

Tome VI.

1735 ; voulons néanmoins que pour les comptables domiciliés dans les villes où nos chambres des comptes sont établies, & pendant leur vivant, les commandemens & contraintes ne soient faits qu'à leurs personnes ou à leurs véritables domiciles, & qu'il ne puisse en être fait aux domiciles par eux élus, que pour les veuves & héritiers desdits comptables, & pour ceux qui sont domiciliés hors des lieux où nos chambres des comptes sont établies.

XII.

Pour éviter à nos comptables les frais de poursuite, nous voulons & entendons que dans les cas où nos chambres des comptes ou nos procureurs généraux en icelles, ne jugeront point à propos d'envoyer des huissiers desdites chambres, les commandemens, contraintes & autres poursuites qu'il seroit nécessaire de faire contre lesdits comptables domiciliés dans les villes éloignées de celles où sont établies nos chambres des comptes, puissent être faits par le premier huissier de juridiction royale, sans qu'il soit besoin de commissions ni de paréatis : Entendons néanmoins que lorsqu'il sera employé d'autres huissiers que ceux de nos chambres des comptes, lesdits commandemens & contraintes soient visés de nos procureurs généraux en nosdites chambres des comptes, & seront lesdits huissiers comptables de l'exécution de leurs commissions en nos chambres des comptes, qui taxeront les frais par eux légitimement faits ; & pour indemniser les huissiers de nosdites chambres de la distraction de cette partie de leurs fonctions, il leur sera payé par nosdits comptables, à l'exception toutefois des payeurs des rentes sur la ville de Paris, la moitié des droits de rétablissement qui seront dus au contrôleur des restes, lors de la signification qui lui sera faite

R r r

des états finaux des comptes, & dans le cas seulement où il en sera dû au contrôleur des restes.

XIII.

Lesdits contrôleurs des restes ne pourront être contraints de délivrer aucuns certificats d'apuremens, qu'après le payement des frais de poursuites; & faute par lesdits contrôleurs des restes de se faire payer desdits frais avant de délivrer lesdits certificats, ils seront déchus de toute répétition à cet égard; entendons néanmoins, quant aux frais de contraintes & poursuites qui seront faites contre des comptables en faillite, qu'il en soit fait taxe par nos chambres des comptes, & qu'il en soit délivré exécutoire sur les receveurs généraux des domaines, qui seront tenus de les payer en rapportant avec ledit exécutoire, un certificat de notre procureur général dans nosdites chambres des comptes, qui constate que lesdits exécutoires n'ont pu être payés par lesdits débiteurs, par carence de biens.

XIV.

Voulons que les contrôleurs des restes soient tenus de poursuivre tous nos comptables, jusqu'à l'entier apurement de leurs comptes, savoir, lesdits comptables, leurs cautions & certificateurs, comme pour nos deniers & affaires, & leurs veuves, bien tenans ou ayans cause, par saisies réelles & exécution de leurs biens, en la maniere accoutumée ; & dans le cas où les premieres poursuites n'auroient point opéré l'entier apurement desdits comptes, voulons qu'il ne soit usé d'aucun délai ni surséance pour tous les comptes antérieurs à la dixieme année précédant le dernier compte jugé desdits comptables, à peine par lesdits contrôleurs des restes, d'être déchus des droits de rétablissement & du sol pour livre à eux attribués, s'ils ne justifient de saisies de biens meubles & immeubles desdits comptables, ou s'il n'est accordé des arrêts de surséance en connoissance de cause par nos chambres des comptes.

XV.

Pour d'autant plus assurer l'exécution de l'article précédent, Nous voulons que par le contrôleur des restes il soit remis tous les ans à nos procureurs généraux un état de tous les comptes antérieurs à la dixieme année précédant le dernier compte jugé de chaque comptable, qui ne seront pas apurés, pour être par nos chambres des comptes ordonné ce qu'il appartiendra; & qu'autant dudit état soit remis par nosdits procureurs généraux, ès mains du procureur général des finances, pour être par Nous-mêmes pourvu à la destitution ou suspension desdits comptables qui n'auront pas satisfait à l'apurement des comptes dont ils sont tenus.

XVI.

Pour faciliter à nosdits comptables l'apurement de tous les anciens comptes dont ils pourroient être tenus, & procurer aux enfans, héritiers, cautions & bien-tenans des comptables décédés, une plus grande tranquillité, Nous avons par ces présentes quitté & déchargé, quittons & déchargeons tous nos officiers comptables, leurs veuves, héritiers, bien-tenans ou ayant cause, même ceux qui ont acquis des biens desdits comptables, sur lesquels Nous pourrions avoir privilége ou hypotheque, de tous les débets clairs, débets de quittances, amendes, indécisions, souffrances & autres charges, & finalement de tout ce qui pourroit leur être demandé par défaut de reddition, apurement & correction des comptes, pour toutes les années antérieures à 1665 ; défendons à nos procureurs généraux & à leurs subſtituts de faire aucunes réquiſitions & demandes, & à nos contrôleurs des reſtes & des bons d'états de notre conſeil, de faire aucunes pourſuites, ni décerner aucunes contraintes pour raiſon deſdits comptes antérieurs à ladite année 1665, faiſant en tant que de beſoin don & remiſe auxdits comptables, leurs héritiers & bien-tenans, de tous les débets qui pourroient réſulter deſdits comptes ; n'entendons néanmoins, en fixant la préſente amniſtie à l'année 1664, préjudicier à ceux qui en conſéquence de l'édit de Décembre 1691, l'auroient acquiſe juſques & compris l'année 1670, en juſtifiant avoir payé les ſommes auxquelles ils auroient été taxés en exécution dudit édit.

XVII.

Nous avons pareillement déchargé tous noſdits comptables des amendes, indéciſions, ſouffrances & autres charges pour formalités, même des débets d'intérêts ſubſiſtans ſur les comptes des années 1665 & ſuivantes, juſques & compris l'année 1719 ; pour raiſon deſquelles amendes, débets d'intérêts, indéciſions, ſouffrances & autres charges pour formalités, dont nous leur faiſons don & remiſe, Nous voulons qu'il ne ſoit fait aucunes demandes ni pourſuites.

XVIII.

A l'égard des ſouffrances ou parties rayées, faute des quittances & débets clairs ſubſiſtans ſur leſdits comptes des années 1665 & ſuivantes, juſques & compris l'année 1719, en payant par leſdits comptables & leurs héritiers tenus deſdites années, la moitié ſeulement du montant deſdits débets clairs, ſouffrances ou parties rayées faute de quittances, ès mains des gardes de notre tréſor royal, dans un an, à compter du jour de l'enregiſtrement des préſentes, & les deux tiers dans l'année ſuivante, pour ceux qui n'y auront pas ſatisfait dans la premiere ; voulons que leurs comptes ſoient tenus pour entierement apurés, leur faiſant don & remiſe de l'autre moitié ou du dernier tiers deſdits débets clairs & ſouffrances, ou parties rayées faute de quittances, & des intérêts auxquels ils pourroient être condamnés.

XIX.

Ceux qui n'auront point profité de la grace accordée par l'article précédent, dans les deux années qui ſuivront l'enregiſtrement des préſentes, ſeront tenus de payer la totalité du montant deſdits débets clairs & ſouffrances, ou parties rayées faute de quittances, avec les intérêts, ſans néanmoins que leſdits intérêts puiſſent excéder le capital, duquel excédant, pour cette fois ſeulement, nous leur faiſons don & remiſe ; & ſeront leſdits intérêts liquidés comme il eſt dit par l'article II des préſentes : N'entendons non plus les priver de la décharge & remiſe des formalités & amendes accordées en général à tous nos comptables par l'article XVII des préſentes, pourvu toutefois qu'ils ſatisfaſſent au payement des débets clairs & débets de quittances & intérêts, dans les quatre années qui ſuivront l'enregiſtrement des préſentes, faute de quoi ils ſeront privés de toutes remiſes d'intérêts, amendes & formalités, ſur les comptes poſtérieurs à l'année 1664.

XX.

Entendons que ceux de nos comptables qui auroient entre leurs mains des quittances ou récépiſſés des gardes de notre tréſor royal, libellés ſur leſdits débets clairs ou parties non réclamées, profitent en entier de la grace accordée à ceux qui auront payé dans la premiere année, sans néanmoins que sous ce prétexte ils puissent prétendre être en avance vis-à-vis de Nous, ni exercer, pour raison des comptes antérieurs à ladite année 1720, aucune répétition contre Nous, dans le cas où lesdites quittances ou récépissés se trouveroient excéder la moitié des débets qu'ils seroient obligés de Nous payer, conformément à l'article XVIII ci-dessus; voulons que les quittances du trésor royal, qui seront expédiées sur lesdits récépissés, fassent mention des années sur lesquelles ils auront été libellés.

XXI.

Desirant traiter favorablement nosdits comptables pour les comptes des années 1720 & suivantes, jusques & compris l'année 1740, Nous voulons qu'en payant par lesdits comptables, dans les six mois qui suivront l'enregistrement des présentes, la totalité des débets clairs & des parties rayées ou en souffrances, faute de quittances subsistant sur lesdits comptes, ils soient déchargés, comme par ces présentes Nous les déchargeons, de la moitié des intérêts auxquels ils seroient condamnés.

XXII.

Nous modérons & réduisons au dixieme, les amendes auxquelles lesdits comptables pourroient avoir été condamnés sur tous lesdits comptes actuellement jugés, jusques & compris l'année 1760.

XXIII.

N'entendons priver de la remise de la moitié des intérêts, accordée par l'article XXI, ceux qui ont été condamnés auxdits intérêts, sur les quittances qu'ils ont produites au jugement ou à l'apurement de leurs comptes, ou qui ont actuellement entre leurs mains des quittances des gardes de notre trésor royal, libellés sur les débets desdits comptes; voulons qu'en payant la moitié desdits intérêts, ils soient déchargés de la totalité, sans que néanmoins ceux qui auroient payé la totalité desdits intérêts, puissent exercer aucun recours ni répétition contre Nous, sous prétexte des présentes.

XXIV.

Nous confirmons le contrôleur des restes de nos chambres des comptes, dans le droit de sol pour livre des sommes qu'ils feront porter en notre trésor royal; & en tant que de besoin, Nous accordons à ceux desdits contrôleurs des restes, à qui il a été accordé un moindre droit, ou à l'égard desquels Nous ne nous sommes point encore expliqué, ledit droit d'un sol pour livre, en la même forme & maniere qu'il a été attribué au contrôleur des restes de la chambre des comptes de Paris, par notredite déclaration du 14 Août 1735.

XXV.

Lesdits contrôleurs des restes ne pourront prétendre aucun droit de sol pour livre pour les sommes dont Nous faisons remise; & pour indemniser le contrôleur des restes de nos chambres des comptes de Paris, de la perte & diminution dudit droit de sol pour livre, & de la diminution qui doit se trouver par la suite, en exécution des présentes, sur les droits de rétablissement, Nous voulons qu'il jouisse en entier des droits de rétablissement à lui accordés, & qu'il les perçoive à son profit, à quelque somme que lesdits droits puissent monter, sans être tenu de Nous en rendre compte; Voulons seulement qu'il rende compte à notre chambre des comptes, des poursuites & diligences qu'il est tenu de faire,

XXVI.

Ledit droit de rétablissement sera perçu, conformément aux lettres patentes du 13 Février 1596 & arrêt d'enregistrement de notredite chambre des comptes de Paris, du 12 Mars 1601 ; & ne pourront être lesdits droits perçus qu'une seule fois, à raison du montant total des charges contenues ès états finaux, sans que sous prétexte de la signification desdits états finaux, faite à plusieurs & diverses fois, lesdits contrôleurs des restes puissent prétendre aucuns droits, après que par les premieres significations ils auront été remplis de la totalité de leurs droits.

XXVII.

Il ne sera perçu aucun droit de rétablissement sur les débets qui seront jugés devoir se porter de compte en compte, & qui doivent former des recettes dans les comptes suivans ; & en cas de contestation sur la quotité desdits droits, ou la maniere de les percevoir, il y sera statué par nos chambres des comptes, ainsi qu'il appartiendra.

XXVIII.

Les comptables qui payeront les débets des comptes de leurs prédécesseurs, les propriétaires d'offices comptables, ou autres intéressés à l'apurement desdits comptes, qui payeront en notre trésor royal les débets clairs & parties non réclamées, mentionnés en ces présentes, seront, en tant que de besoin, subrogés, comme Nous les subrogeons, en tous nos droits, actions & hypotheques, jusqu'à concurrence des sommes qu'ils auront payées, desquelles sommes, tant en principal qu'intérêts, même des frais pour l'apurement & décharge desdits comptes, tels qu'ils seront réglés par nos chambres des comptes, ils pourront se faire payer de la même forme & maniere que pourroit le faire le contrôleur des restes, sans qu'il soit besoin d'aucune sommation ni dénonciation.

XXIX.

Pour faciliter à nosdits comptables la correction des comptes que Nous voulons, conformément aux ordonnances, être faite à l'avenir, Nous avons dispensé & dispensons par ces présentes, ceux desdits comptables qui se seront conformés pour le payement des parties non réclamées, & des débets, aux articles XVIII & XIX des présentes, de faire corriger les comptes dont ils pourroient être tenus, antérieurs à l'année 1720 ; Voulons qu'en apurant lesdits comptes, à compter de l'année 1665, jusques & compris l'année 1719, ils soient tenus pour corrigés, & que la présente dispense de correction ait lieu, même pour les offices comptables supprimés, & pour les enfans & héritiers desdits comptables, qui seroient pourvus d'offices en nos chambres des comptes, sans néanmoins que ceux qui voudront être pourvus d'offices en nos chambres des comptes, puissent être dispensés du récolement & autres formalités prescrites par l'article premier de l'ordonnance du mois d'Août 1598.

XXX.

Voulons que pour la correction des comptes des années 1720, 1721 & suivantes, compris 1749, il en soit usé comme par le passé ; & pour parvenir plus efficacement à la correction de tous les comptes, ordonnons qu'à commencer de ceux de l'exercice 1750 & à l'avenir, lorsqu'un comptable viendra à vendre ou à décéder, ledit comptable ou ses héritiers & représentans soient tenus dans les six mois après la clôture du dernier compte qu'ils auront à rendre, de requérir la correction de tous les comptes dont ils seront tenus depuis ladite année 1750.

XXXI.

Faute par les derniers titulaires ou leurs représentans, de se conformer aux dispositions de l'article ci-dessus, leurs successeurs, s'ils sont tenus des faits de leurs prédécesseurs, seront personnellement tenus d'y faire procéder à leur requête & aux frais de leurs prédécesseurs & ayant cause, dans les trois mois, suivant l'expiration du délai porté en l'article précédent, sous peine de radiation de leurs gages, qui ne pourront être rétablis, sous quelque prétexte que ce soit, qu'après y avoir satisfait, à moins que nos chambres des comptes ne jugent à propos de proroger ledit délai; enjoignons à nos procureurs généraux de tenir la main à ce que lesdites corrections soient rapportées & exécutées, & de faire faire toutes poursuites pour le payement des débets qui pourroient en résulter.

XXXII.

Voulons que nos chambres des comptes soient tenues, pour la taxe des épices de correction, de se conformer à l'usage de notre chambre des comptes de Paris; & en conséquence, qu'il ne puisse être taxé plus de dix écus d'épices par compte d'une année dont la recette excédera cinquante mille livres; & à l'égard des comptes des octrois des villes, de ceux de dixieme & capitation de retenue, & autres dont la recette sera au-dessous de cinquante mille livres, il sera taxé un écu pour chaque compte dont la recette sera au-dessous de cinq mille livres, deux écus pour chaque compte dont la recette sera au-dessous de dix mille livres, & ainsi à proportion pour les autres comptes jusqu'à dix écus, & en outre le cinquieme en sus pour l'exécution de l'arrêt de correction qui doit être faite par nos conseillers auditeurs, sans qu'il puisse être taxé aucunes épices pour les comptes sur lesquels il n'y aura aucune partie sujette à correction, même ceux sur lesquels les parties sujettes à correction Nous rendroient débiteurs.

XXXIII.

Les arrêts de correction seront levés, signifiés, transcrits & exécutés, aux frais & à la diligence des comptables, & en cas de refus ou de négligence de leur part, d'y satisfaire dans trois mois de la date de l'arrêt, ils seront délivrés au greffe par extrait, à notre procureur général, pour être exécutés à sa diligence sur les comptes, par les conseillers auditeurs commis par iceux, pour, après ladite exécution, & sur l'extrait des états finaux des comptes qu'il en fournira au contrôleur des restes, être par ledit contrôleur des restes, fait toutes poursuites nécessaires pour le recouvrement, tant des débets résultans des arrêts de correction, créés à notre profit, que des frais faits pour raison desdites corrections, dont sera délivré exécutoire audit contrôleur des restes, & sans néanmoins, audit cas que les parties mises en souffrance ou rayées, & les débets formés en conséquence desdits arrêts, puissent être déchargés ni rétablis, qu'en rapportant par les comptables & autres intéressés auxdites corrections, les expéditions en forme desdits arrêts de correction, dont ils payeront les épices & frais en la maniere accoutumée, conformément à l'arrêt de notre conseil & lettres patentes du 8 Janvier 1686: Voulons & entendons néanmoins qu'il ne soit payé aucuns droits aux différens officiers de nos chambres des comptes, pour raison des comptes sur lesquels les comptables ne se trouvant débiteurs envers Nous, il ne doit être taxé aucunes épices, ainsi qu'il est dit par l'article précédent.

XXXIV.

Enjoignons à nos procureurs généraux en nos chambres des comptes, conformément à l'article XXXV de l'ordonnance du mois d'Août 1669, que Nous voulons être ponctuellement exécutée, d'envoyer à notre procureur général en notre chambre des comptes à Paris, six mois après chaque année finie, les extraits des chapitres des comptes rendus esdites chambres, qui contiendront les parties payées, tant au trésor royal, qu'aux autres comptables qui comptent à notredite chambre des comptes à Paris, pour y servir à la correction desdits comptes.

XXXV.

Déclarons les biens de nos comptables affectés & grevés de priviléges & d'hypotheques envers Nous, jusqu'après la correction de leurs comptes; Défendons à nos procureurs généraux dans nos cours des aides, de donner à l'avenir aucune main-levée, & de consentir à ce qu'aucuns décrets des biens qui auroient appartenu à des comptables, soient scellés & délivrés, qu'après qu'il leur sera apparu du certificat de correction des comptes desdits comptables. N'entendons néanmoins que les dispositions du présent article puissent avoir lieu pour les comptes des exercices antérieurs à l'année 1750, pour raison desquels il en sera usé comme par le passé.

XXXVI.

Nous avons dérogé & dérogeons à tous édits, déclarations & ordonnances contraires à ce qui est porté par ces présentes : Voulons au surplus que lesdits édits, ordonnances & réglemens, en ce qui ne se trouvera contraire auxdites présentes, soient gardés & observés suivant leur forme & teneur. SI DONNONS EN MANDEMENT à nos amés & féaux les gens tenans notre cour des comptes & aides unies à Montpellier, que ces présentes ils ayent à faire lire, publier & enregistrer, même en temps de vacations, & le contenu en icelles exécuter selon leur forme & teneur; CAR tel est notre plaisir. En témoin de quoi Nous avons fait mettre notre scel à cesdites présentes. DONNÉ à Versailles le quatrieme jour de Mai, l'an de grace mil sept cent soixante-six, & de notre regne le cinquante-unieme. *Signé*, LOUIS : *Et plus bas ;* Par le Roi, PHELYPEAUX. *Vu au conseil*, DE LAVERDY, *signé*.

EXTRAIT des registres de la cour des comptes, aides & finances.

VU par la cour, les chambres & semestres assemblés, la déclaration du Roi, donnée à Versailles le 4 Mai 1766, signée Louis, & plus bas; Par le Roi, Phelypeaux. Vu au conseil, de l'Averdy signé, portant réglement pour la comptabilité & les poursuites du contrôleur général des restes & amnistie en faveur des comptables, ladite déclaration contenant trente-six articles, avec les conclusions du procureur général du Roi.

LA COUR a ordonné & ordonne, que la susdite déclaration sera registrée ès registres de la cour, pour être exécutée selon sa forme & teneur, & volonté de Sa Majesté : ordonne en outre qu'à la diligence du procureur général du Roi, copies duement collationnées de ladite déclaration & du présent arrêt, seront envoyées aux bailliages, sénéchaussées & autres juges du ressort de la cour, pour y être lus & publiés les audiences tenant, & regiſtrés. Enjoint aux ſubſtituts du procureur général du Roi d'y tenir la main, & d'en certifier la cour dans les mois. FAIT à Montpellier, le onzieme Décembre mil ſept cent ſoixante-ſix. *Collationné*, DEVÉS, greffier, *ſigné*.

Monſieur FARGEON, Rapporteur.

CCXLVIII.

EXTRAIT du regiſtre des délibérations des Etats généraux de Languedoc, aſſemblés par mandement du Roi, en la ville de Montpellier, au mois de Novembre 1759.

Du Samedi 5 Janvier 1760, préſident Mgr. l'archevêque de Toulouſe.

MONSEIGNEUR l'évêque de Rieux a dit, que le ſieur de Montferrier a informé la commiſſion de certains abus qu'on a reconnu s'être introduits dans quelques dioceſes ſur le fait des contraintes pour le payement des impoſitions, qui ont paru mériter l'attention des Etats pour les arrêter & empêcher qu'ils ne ſe multiplient : que le plus dangereux conſiſte en ce que, quoiqu'il ne ſoit permis aux receveurs, depuis que les Etats ont bien voulu tolérer l'uſage des garniſons militaires pour accélérer le recouvrement des impoſitions, d'employer à cet uſage, que les ſoldats des troupes du Roi, après qu'ils ont obtenu, par la voie des ſyndics généraux, les ordres néceſſaires de M. le commandant, pour s'en ſervir en ſe conformant exactement aux inſtructions autoriſées par M. l'intendant de la province, il eſt néanmoins arrivé que quelques receveurs ſe ſont aviſés de ſe ſervir de gens ſans aucun caractere qu'ils ont fait agir contre les collecteurs & redevables en leur faiſant payer pour les frais de cette eſpece de contrainte des ſommes conſidérables, dont la plus grande partie a induement tourné au profit deſdits receveurs, ce qui ne peut être regardé que comme une eſpece de concuſſion très-repréhenſible.

Que d'autres receveurs, à l'égard deſquels le ſieur tréſorier de la bourſe a été obligé d'uſer de contrainte, lorſqu'ils ſe ſont trouvés dans un trop grand retard d'acquitter à la caiſſe ce qu'ils doivent des impoſitions dont ils ſont tenus de faire livre net, ſe ſont aviſés de faire ſupporter par le dioceſe en corps, ou par les collecteurs ou redevables les frais deſdites contraintes qui n'étant que la peine de la moroſité ou négligence deſdits receveurs, ne peuvent en aucun cas retomber, que ſur eux, leur étant même très-expreſſément défendu par les réglemens d'exiger ni recevoir aucun droit d'attente de la part des collecteurs ou redevables.

Qu'enfin quelques-uns deſdits receveurs qui n'ayant pas eu les deniers de leur recouvrement prêts pour être remis aux commis du ſieur tréſorier de la bourſe, lorſqu'ils font leur tournée après l'échéance des termes pour les aller chercher, ont été enſuite obligés de les envoyer & faire porter eux-mêmes à la caiſſe de la province, ſe ſont imaginés de faire ſupporter les frais de cet envoi au dioceſe ou aux communautés, qui ne ſauroient y être tenus ſous aucun prétexte.

Que pareilles entrepriſes très-contraires aux bonnes regles ont véritablement paru à MM. les commiſſaires exiger de la part des Etats les précautions, qu'ils jugeront convenables, pour en empêcher les progrès, & qu'ils ont cru devoir propoſer à cet effet à l'aſſemblée, de charger les ſyndics généraux d'écrire dans tous les dioceſes pour avertir les receveurs de ne pas tomber

tomber dans des fautes auſſi répréhenſibles, & à MM. les commiſſaires des diocèſes pour les prier de donner toute leur attention à empêcher pareils abus.

Ce qui ayant été approuvé par les Etats, les ſyndics généraux ont été chargés d'écrire conformément aux vues & à la propoſition faite par MM. les commiſſaires, & de tenir eux-mêmes exactement la main à l'exécution des réglemens & ordonnances concernant les faits dont il s'agit.

CCXLIX.
ARRÊT
DE LA COUR DES COMPTES, AIDES ET FINANCES DE MONTPELLIER,

Qui ordonne que toutes les parties qui ſe trouveront ſurſiſes ou tenues en ſouffrance dans les comptes des receveurs des tailles du diocèſe d'Alby, qui n'ont point été apurés, tourneront en débet clair au profit dudit diocèſe, & qu'il en ſera fait un moins impoſé.

Du 21 Février 1760.

LOUIS, PAR LA GRACE DE DIEU, ROI DE FRANCE ET DE NAVARRE : A tous ceux qui ces préſentes verront, SALUT. Comme en l'inſtance introduite & pendante en notre cour des comptes, aides & finances, entre le ſyndic du diocèſe d'Alby, demandeur par requête du 16 Février 1759, tendante à ce qu'il plaiſe à notredite cour condamner les receveurs dudit diocèſe, à faire apurer tous les comptes des précédens exercices qui ne l'ont pas été, & ce, dans le délai d'un mois ; & autrement en refus, permettre au diocèſe d'Alby de mettre en moins-impoſé en faveur dudit diocèſe, comme débet clair, toutes les parties ſurſiſes ou tenues en ſouffrance dans les comptes qui reſtent à apurer de tous les précédens exercices ; leſquelles ſommes leſdits receveurs ſeront tenus de payer, à peine d'y être contraints par corps, comme en étant les dépoſitaires, avec intérêts & dépens, d'une part ; & Dominique Vezian, receveur dudit diocèſe d'Alby, aſſigné, défendeur, d'autre : Et entre ledit Vezian, demandeur par requête du premier Août de ladite année, tendante à ce que ledit ſyndic du diocèſe ſoit tenu de déclarer dans huitaine, & exprimer préciſément les années pour leſquelles il demande l'apurement de ſes comptes, de même que la nature des comptes qu'il entend l'obliger de faire apurer, pour être enſuite par lui pris telles concluſions qu'il aviſera ; & que faute par ledit ſyndic de ce faire dans ledit délai, il ſoit débouté de ſes demandes, avec dépens, d'une part ; & ledit ſyndic, défendeur, d'autre : Et entre ledit ſyndic, demandeur par requête du 20 Décembre dernier, à ce qu'il plaiſe à notredite cour ordonner que ledit Vezian ſera tenu d'apurer tous les comptes des exercices qui ne l'ont pas été, & à rapporter au diocèſe les quittances de tous les articles alloués ſur les débets deſdites quittances, & lui adjuger en outre les autres fins & concluſions par eux priſes, avec dépens, d'une part ; & ledit Vezian, défendeur, d'autre : Et entre ledit Vezian, demandeur par requête du 23 Janvier auſſi dernier, à ce que faute par ledit ſyndic d'avoir libellé les années pour leſquelles il demande l'apurement des comptes le concernant, & la nature deſdits comptes, il ſoit débouté en l'état de ſes demandes ; ſubſidiairement, en cas de difficulté, qu'il plaiſe à notredite cour reſtreindre la demande à vingt-neuf années avant l'introduction de l'inſtance, conformément à l'arrêt du conſeil du 6 Octobre 1733, dont l'exécution eſt ordonnée par celui de la cour du 10 Septembre 1736, & déclarer n'y avoir lieu de prononcer pour les années antérieures à cette époque, sous l'offre qu'il fait de faire procéder dans l'année, à l'apurement & correction de tous ceux qu'il a rendus en la chambre, d'une part ; & ledit syndic, défendeur, d'autre. Vu lesdites requêtes mises en qualité ; l'exploit d'assignation ; les ordonnances de renvoi en jugement & de joint rendues sur lesdites requêtes, ensemble les exploits de signification d'icelles : Extrait de délibération du diocèse d'Alby & pays d'Albigeois, du premier Mai 1758 : Arrêt de notredite cour du 29 Juillet dernier, qui évince l'instance de la chambre des aydes à la chambre des comptes : Plaidés des 9 Août & 28 Novembre dernier : Acte à produire signifié le 20 Décembre suivant, à Daumas, procureur dudit Vezian : inventaires de production, continuations, & autres pièces & productions desdites parties ; ensemble les conclusions de notre procureur général : NOTREDITE COUR, ayant égard aux requêtes du syndic du diocèse d'Alby, sans avoir égard à celles de Vezian, ni à ses fins subsidiaires, a ordonné & ordonne, que dans le délai de deux mois ledit Vezian sera tenu de faire procéder à l'apurement de tous les comptes de ses exercices, qu'il a rendus ou dû rendre au diocèse d'Alby, à quoi faire contraint par les voies de droit & par corps : A ordonné & ordonne, que toutes les parties sursises ou tenues en souffrance dans lesdits comptes, tourneront en débet clair pour servir de moins imposé en faveur dudit diocèse, sauf audit diocèse à pourvoir aux payemens des parties prenantes qui se présenteront, le cas y échéant, conformément aux réglemens : Et sur la demande dudit syndic en condamnation des intérêts, a ordonné & ordonne, que l'apurement jugé, sera dit droit aux parties ainsi qu'il appartiendra ; condamne ledit Vezian aux dépens envers ledit syndic, la taxe d'iceux demeurant réservée : Et disant droit aux réquisitions de notre procureur général, a ordonné & ordonne, que ledit Vezian fera apurer dans le délai de deux mois en la chambre, tous les comptes de ses exercices qui y ont été jugés, & fera procéder au jugement de ses comptes qui ne l'ont pas été, dans le même délai, sans que ledit délai puisse être réputé comminatoire, à peine par ledit Vezian d'y être contraint par les peines portées par les ordonnances & arrêts de réglement, & ce, à la diligence de notre procureur général. Nous, A CES CAUSES, à la requête dudit syndic, mandons & commandons au premier notre huissier ou sergent requis, faire pour l'exécution du présent arrêt, tous exploits requis & nécessaires ; ce faisant, contraindre par toutes voies dues & raisonnables ledit Vezian, à payer & rembourser incontinent & sans délai, audit syndic ou à son certain mandement, la somme de deux cents douze livres treize sols deux deniers, tant pour les épices des conclusions, rapport, que frais de l'expédition & sceau du présent arrêt. Mandons en outre à tous nos autres officiers justiciers & sujets, ce faisant obéir. DONNÉ à Montpellier, en notredite cour, le vingt-unième jour du mois de Février, l'an de grace mil sept cent soixante, & de notre regne le quarante-sixième. *Collationné.* BAZALGETTE, greffier, *signé.* Par arrêt de la cour.

CCL.

ORDONNANCE

DE NOSSEIGNEURS LES COMMISSAIRES DU ROI ET DES ETATS,

Pour la remife des préambules des communautés du dioceſe de Carcaſſonne, immunes de tailles, & pour la clôture de leurs comptes, en la même forme que ceux des autres communautés du même dioceſe.

Du 27 Février 1762.

LES COMMISSAIRES *nommés par lettres-patentes de Sa Majeſté, du 30 Janvier 1734, & autres données en conſéquence, pour régler tout ce qui concerne les affaires des villes & communautés de la province de Languedoc.*

SUR ce qui Nous a été repréſenté par le ſyndic général de la province; Que quoique par leurs réglemens, toutes les communautés indiſtinctement ſoient tenues de remettre chaque année un extrait du préambule de leurs impoſitions, au receveur des tailles du dioceſe en exercice, à l'effet d'être par lui remis aux ſyndics généraux, pour être enſuite le rapport fait devant MM. les commiſſaires de Sa Majeſté & ceux des Etats, conformément à ce qui eſt porté par les arrêts du conſeil des 17 Décembre 1675, & 21 Mars 1676, dont le dernier porte, que les extraits des clôtures des comptes ſeront auſſi remis chaque année auxdits receveurs; cependant certaines communautés du dioceſe de Carcaſſonne, qui jouiſſent de l'exemption des tailles ou immunité, ont négligé d'y ſatisfaire: Que d'un autre côté, la commiſſion ayant nommé, en conſéquence de l'arrêt du conſeil du 12 Novembre 1739, le ſieur Beſaucelle, ſyndic du dioceſe, pour ouir & clôturer les comptes des communautés qui ne l'ont pas été depuis compris 1705, juſques & incluſ 1739, les mêmes communautés n'ont point remis les comptes deſdites années qui n'avoient pas été arrêtés, ni un état des reliquats formés par la clôture des comptes qui l'avoient été, ni juſtifié du payement deſdits reliquats: Qu'enfin, quoiqu'il ait été nommé chaque année dans ledit dioceſe, en exécution des ordonnances de la commiſſion, un commiſſaire auditeur pour clôturer les comptes des collecteurs deſdites communautés, de l'année 1740, & autres qui ont ſuivi, juſques & incluſ 1761, & que les communautés immunes de tailles ne doivent pas moins être aſſujetties aux réglemens de la commiſſion concernant la reddition de leurs comptes, que pour leurs dépenſes ordinaires, & pour les autres articles ayant rapport à leur adminiſtration, cependant leſdites communautés qui ſont dans la cité de Carcaſſonne, & celles de Fournes, Laſtours, les Ilhes, Limouſis, Salſignes, & Vilanieres, les ſix dernieres compoſant un corps appelé la Châtellenie, ont également négligé de remettre leurs comptes annuellement audit commiſſaire-auditeur, à l'effet d'être arrêtés comme ceux des autres communautés du dioceſe: Que ſuivant l'avis qui en a été donné au ſyndic général de la part des ſieurs commiſſaires dudit dioceſe, l'indépendance dans laquelle ces communautés ſe ſont perpétuées juſques à préſent, y a introduit les plus grands déſordres: Que celles de la Châtellenie tiennent, au premier de Mai de chaque année, une aſſemblée générale, dans laquelle elles arrêtent les comptes de leurs collecteurs, reglent leurs impoſitions ordinaires & extraordinaires, impoſent pluſieurs ſommes ſans permiſsion, qu'elles départent ensuite sans aucune regle, & que souvent elles employent à des dépenses vicieuses : Que les unes & les autres ne remettent pas les préambules de leurs impositions ; & que leurs comptes n'étant pas arrêtés par le commissaire-auditeur, on n'a pu, ni connoître le détail de leur administration intérieure, ni remédier à ce qu'elle renferme d'irrégulier : Que cependant, comme il est très-important de mettre ces sept communautés dans la nécessité de se conformer aux différens réglemens qui sont observés par toutes les autres, il est nécessaire d'obliger leurs administrateurs de remettre chaque année les préambules de leurs impositions, & de faire arrêter par le commissaire-auditeur qui sera commis par l'assemblée de l'assiette, les comptes de leurs administrations, avec défense de nommer des auditeurs de ces comptes, ni d'imposer aucunes sommes en leur faveur, ainsi qu'elles l'ont ci-devant pratiqué ; comme aussi, de faire arrêter par le commissaire-auditeur que l'assiette a nommé en 1761, tous les comptes qui ne l'ont pas été, depuis & compris l'année 1740, jusqu'en l'année 1761 inclusivement, le tout conformément aux ordonnances par Nous rendues. Requéroit, A CES CAUSES, le syndic général, qu'il Nous plût sur ce pourvoir.

VU l'arrêt du conseil du 12 Novembre 1739 ; nos arrêtés des 6 Mars 1751 ; notre ordonnance du 3 Mai 1741, concernant la reddition des comptes des communautés, & celles postérieurement rendues sur le même fait.

Nous COMMISSAIRES, ayant égard auxdites réquisitions, ordonnons que les consuls, syndics & greffiers des communautés de Fournes, Lastours, les Ilhes, Limousis, Salsignes, & Vilanieres, au diocese de Carcassonne, formant le corps appelé la Châtellenie, & de celle de la cité de Carcassonne, qui jouissent de l'exemption & immunité des tailles, remettront, au premier Juillet de chaque année au plus tard, au receveur des tailles dudit diocese en exercice, un extrait en bonne & due forme des préambules de leurs impositions, & des baux-à-ferme de leurs revenus patrimoniaux, à peine de vingt-cinq livres d'amende, qui ne sera point réputée comminatoire ; comme aussi ordonnons que lesdits syndics, consuls, fermiers, & généralement tous ceux qui ont administré les deniers desdites communautés, depuis & compris 1740, jusques & inclus l'année 1761, sans en avoir jusqu'ici rendu compte, seront tenus de remettre devers le greffe du diocese, dans un mois pour tout délai, lesdits comptes, avec les pieces justificatives, à l'effet d'être clôturés par le sieur Besaucelle, nommé par l'assemblée de l'assiette de l'année 1761, à l'effet de clôturer ceux des administrateurs des autres communautés dudit diocese en l'année 1760, conformément aux dispositions de l'arrêt du conseil du 12 Novembre 1739, à nos instructions, & à nos précédentes ordonnances ; de toutes lesquelles clôtures le sieur Besaucelle sera tenu de dresser un relevé, contenant les débets ou reliquats en résultans, qu'il remettra au sieur Rivals, préposé pour faire le recouvrement des reliquats des comptes des communautés dans le diocese de Carcassonne, & être ensuite par Nous pourvu à leur destination, conformément à l'arrêt du conseil du 12 Novembre 1739. Ordonnons pareillement aux maires, consuls, syndics & greffiers des communautés, de remettre dans le même délai, les extraits des comptes qui auront été ci-devant arrêtés par les auditeurs nommés par lesdites communautés pour lesdites années, à l'effet de faire recouvrer par ledit sieur Rivals, le montant des reliquats qui n'ont pas été payés ; passé lequel délai, enjoignons audit sieur Rivals de faire les diligences nécessaires, tant pour la remise des comptes qui n'ont pas été arrêtés, & des pieces justificatives, que pour celles des extraits des clôtures des comptes qui l'ont été : Enjoignons enfin aux maires, consuls, syndics, greffiers, & autres administrateurs qui ont eu en l'année 1761, & auront à l'avenir le maniement des deniers desdites communautés, de faire clôturer & arrêter chaque année, après le quatrieme mois de leur administration finie, leurs comptes par le commissaire-auditeur nommé par l'assiette dudit diocese pour clôturer ceux des collecteurs des autres communautés, ainsi & de la maniere prescrite par notre ordonnance du 3 Mai 1741, qui sera, à la diligence du syndic du diocese, exécutée à leur égard selon sa forme & teneur ; avec défenses auxdites communautés de nommer à l'avenir des auditeurs de leurs comptes, & d'imposer aucunes sommes en leur faveur, sous peine de restitution desdites sommes, & de l'amende. FAIT à Montpellier, au bureau de la commission, le vingt-sept Février mil sept cent soixante-deux. *Signés*,

DE ST. PRIEST. † L'évêque de Nimes.
GUY DE VILLE-   CAMBACERÉS, maire de
NEUVE.   Montpellier.
BENEZET.   FARJON, maire de Castres.

Par Nosseigneurs, SATGIER & BOYER, *signés*.

CCLI.
ARRÊT
DU CONSEIL D'ETAT DU ROI, ET LETTRES-PATENTES SUR ICELUI,

Concernant les comptables chargés de faire des retenues des dixieme, vingtiemes & capitation.

Du 31 Décembre 1761.

EXTRAIT *des Registres du Conseil d'Etat.*

LE Roi s'étant fait représenter en son conseil, la déclaration du 20 Mars 1714, qui, en prescrivant l'ordre & la forme des comptes à rendre concernant le recouvrement du dixieme, ordonne que tous les trésoriers, receveurs, payeurs, fermiers & comptables qui portent en tout ou partie les deniers de leurs recettes ou baux, directement au trésor royal, ou qui tirent les fonds de leur maniement du trésor royal ou des fermes générales, ou qui sont chargés du recouvrement des deniers du Roi, à quelque titre que ce soit, compteront de la retenue qu'ils sont chargés de faire du dixieme, tant au conseil qu'aux chambres des comptes ; Le Roi s'étant fait aussi représenter la déclaration du 16 Septembre 1754, qui, en prescrivant la forme des comptes à rendre concernant le recouvrement du vingtieme, & des deux sols pour livre du dixieme, a pareillement ordonné que tous les trésoriers, payeurs des gages, fermiers, receveurs généraux, & tous autres comptables, compteroient de même, tant au conseil qu'aux chambres des comptes en la maniere ordinaire, dudit vingtieme & des deux sols pour livre du dixieme du revenu des charges, emplois, commissions, gages, pensions, & autres revenus qui sont par eux payés, conformément aux états qui en seroient arrêtés en son conseil ; Et Sa Majesté étant informée qu'au préjudice des dispositions de ces deux déclarations, plusieurs payeurs des gages, trésoriers & autres comptables, ont négligé de rendre leurs comptes au conseil, & que les chambres des comptes les ont admis à compter fans rapporter par eux leurs états au vrai arrêtés au confeil, comme ils l'auroient dû faire, aux termes des deux déclarations ci-deffus datées ; Sa Majefté voulant éviter l'abus qui réfulte du défaut d'exécution defdites deux déclarations : Ouï le rapport du fieur Bertin, confeiller ordinaire au confeil royal, contrôleur général des finances ; LE ROI ÉTANT EN SON CONSEIL, a ordonné & ordonne de nouveau, en tant que de befoin, l'exécution des deux déclarations defdits jours 20 Mars 1714, & 16 Septembre 1754. Veut en conféquence S. M. que tous tréforiers, payeurs des gages, fermiers, receveurs généraux, & tous autres comptables dénommés efdites deux déclarations, comptent d'abord en fon confeil, & enfuite aux chambres des comptes, des deniers provenans des recouvremens ou retenues des dixieme, vingtiemes, capitation & deux fols pour livre, tant du dixieme que du troifieme vingtieme, dans les termes & de la maniere prefcrite par les différens arrêts & déclarations rendus à ce fujet. Défend à fes procureurs généraux, & autres officiers de fes chambres des comptes, de recevoir à l'avenir aucuns des comptes, & aux comptables de les préfenter, qu'ils ne foient accompagnés de l'état au vrai arrêté en fon confeil, à peine contre les comptables d'être privés de leurs gages des années pour lefquelles ils n'auront pas préfenté leur état au vrai au confeil ; lefquels gages, en ce cas, feront rayés de la dépenfe de leurs comptes. Enjoint Sa Majefté à fon contrôleur des bons d'états, de veiller à ce que les comptables préfentent dans les temps prefcrits pour la reddition de leurs comptes, leurs états au vrai pour être arrêtés au confeil, & de les y contraindre par toutes voies dues & raifonnables. Et feront expédiées fur le préfent arrêt toutes lettres néceffaires. FAIT au confeil d'état du Roi, Sa Majefté y étant, tenu à Verfailles le trente-unieme Décembre mil fept cent foixante-un.

Signé, PHELYPEAUX.

LETTRES PATENTES.

LOUIS, PAR LA GRACE DE DIEU, ROI DE FRANCE ET DE NAVARRE : A nos amés & féaux confeillers les gens tenans notre chambre des comptes de Montpellier, SALUT. Nous avons, par la déclaration du 20 Mars 1714, en prefcrivant l'ordre & la forme des comptes à rendre concernant le remboursement du dixieme, ordonné que tous les tréforiers, receveurs, payeurs, fermiers ou comptables qui portent en tout ou partie de leurs recettes ou baux, directement au tréfor royal, ou qui tirent des fonds de leur maniement du tréfor royal ou des fermes générales, ou qui font chargés du recouvrement de nos deniers, à quelque titre que ce foit, compteroient de la retenue qu'ils font chargés de faire du dixieme, tant en notre confeil qu'aux chambres des comptes ; Par celle du 16 Septembre 1754, concernant la forme des comptes à rendre pour le recouvrement du vingtieme & des deux fols pour livre du dixieme, Nous avons ordonné que tous lefdits tréforiers, payeurs des gages, fermiers, receveurs généraux, compteroient de même, tant en notre confeil qu'aux chambres des comptes, en la maniere ordinaire, du vingtieme & des deux fols pour livre du dixieme du revenu des charges, emplois, commiffions, gages, penfions, & autres revenus qui font par eux payés, conformément aux états qui en feroient arrêtés en notre confeil ; mais ayant été informés qu'au préjudice de ces deux déclarations, plusieurs payeurs des gages, trésoriers, & autres comptables, ont négligé de rendre leurs comptes au conseil, & que les chambres des comptes les ont admis à compter sans rapporter par eux leurs états au vrai arrêtés en notre conseil; & voulant réformer cet abus, Nous y aurions pourvu par arrêt rendu en notre conseil le 6 Décembre 1761, & ordonné que sur icelui toutes lettres nécessaires seroient expédiées. A CES CAUSES, de l'avis de notre conseil, qui a vu ledit arrêt du 6 Décembre 1761, dont l'extrait est ci-attaché sous le contre-scel de notre chancellerie, Nous avons de nouveau ordonné, & par ces présentes signées de notre main, en tant que de besoin, ordonnons l'exécution des deux déclarations des 20 Mars 1714, & 16 Septembre 1754: Voulons en conséquence, que tous les trésoriers, payeurs de gages, fermiers, receveurs généraux, & tous autres comptables dénommés esdites deux déclarations, comptent d'abord en notre conseil, & ensuite en nos chambres des comptes, des deniers provenant des recouvremens ou retenues des dixieme, vingtiemes, capitation, & deux sols pour livre tant du dixieme que du troisieme vingtieme, dans les termes & de la maniere prescrits par les différens arrêts & déclarations rendus à ce sujet. Défendons à nos procureurs généraux, & autres officiers de nos chambres des comptes, de recevoir à l'avenir aucuns desdits comptes, & aux comptables de les présenter, qu'ils ne soient accompagnés de l'état au vrai arrêté en notre conseil, à peine contre les comptables d'être privés de leurs gages des années pour lesquelles ils n'auront pas présenté leur état au vrai au conseil; lesquels gages, en ce cas, seront rayés de la dépense de leurs comptes. Enjoignons au contrôleur des bons d'états de notre conseil, de veiller à ce que les comptables présentent dans les délais prescrits pour la reddition de leurs comptes leurs états au vrai, pour être arrêtés en notre conseil, & de les y contraindre par toutes voies dues & raisonnables. SI VOUS MANDONS que ces présentes vous ayez à faire registrer, & le contenu en icelles faire exécuter selon leur forme & teneur: CAR tel est notre plaisir. DONNÉ à Versailles le trente-unieme jour de Décembre mil sept cent soixante-un, & de notre regne le quarante-septieme. Signé, LOUIS: *Et plus bas*; Par le Roi, PHELYPEAUX.

Les présentes, avec l'arrêt du conseil y attaché, ont été registrées ès registres de la cour des comptes, aides & finances de Montpellier, pour être le contenu en iceux exécuté selon leur forme & teneur, & volonté de Sa Majesté. Ordonne que ledit arrêt du conseil & présentes lettres patentes seront lus, publiés & affichés par-tout où besoin sera, suivant l'arrêt rendu les chambres & semestres assemblés, le treizieme Février mil sept cent soixante-deux. Collationné. DEVÉS, greffier, *signé.*

CCLII.
COPIE

De la lettre de M. le contrôleur général, à M. de Saint-Priest, intendant, portant décision contre la demande formée par les receveurs des tailles du diocese de Saint-Pons, & de tous les autres receveurs de la province, d'exiger des taxations sur les sommes accordées en indemnité; Et que l'ordonnance rendue par M. de Saint-Priest, sur la requête du syndic du diocese de Saint-Pons, sera exécutée contre les receveurs dudit diocese, qui se conformeront à l'avenir, ainsi que tous les autres receveurs des tailles, à la décision du Roi du 20 Février 1755.

A Versailles le 3 Juillet 1763.

M.

SUR le compte que j'ai rendu au conseil, des raisons sur lesquelles les receveurs des tailles du diocese de Saint-Pons en Languedoc, se sont fondés pour demander qu'il fût sursis à l'ordonnance que vous avez rendu sur la requête du syndic de ce diocese, & par laquelle, en jugeant qu'il ne leur étoit pas dû des taxations sur les sommes accordées à ce diocese à titre d'indemnité, vous les avez condamnés à la restitution de ce qu'ils ont perçu de ces taxations, depuis & compris 1755, des motifs de votre ordonnance, & enfin, du mémoire que les receveurs des tailles en corps vous ont remis, & par lequel ils demandent une décision contraire à celle du 20 Février 1755, il a été décidé que l'indemnité servant de moins-imposé sur les tailles de l'année suivante, & ne se répartissant pas séparément pour en être fait raison aux communautés & contribuables par le receveur ou le trésorier, la demande des receveurs des tailles du diocese de Saint-Pons, & de tous les receveurs des tailles en corps, n'étoit pas admissible ; il n'a point paru en effet possible d'assujettir le fonds de l'indemnité, qui a déjà porté des taxations dans le recouvrement qui en a été fait sur les taillables, à de secondes taxations quand il leur est rendu par la voie du moins-imposé dans l'année suivante ; en conséquence, votre ordonnance doit avoir son exécution contre les receveurs des tailles du diocese de Saint-Pons, qui se conformeront à l'avenir, ainsi que tous les autres receveurs des tailles, à la décision du 20 Février 1755. Je vous prie de faire connoître cette nouvelle décision aux parties intéressées. Je suis, &c. Signé, BERTIN.

CCLIII.

ARRÊT

DU CONSEIL D'ETAT DU ROI,

Qui approuve & autorise l'adjudication faite par MM. les commissaires du diocese d'Alby, à Augustin Prunet, aux conditions de son offre, & sous le cautionnement des sieurs Mariés, Teyssèt, Rozieres, Rahoux aîné & cadet, & Teyssier, de la levée des deniers extraordinaires dudit diocese, capitation & vingtiemes de la présente année 1763, à la charge d'en compter par-tout & ainsi qu'il appartiendra. Ordonne Sa Majesté, que sans s'arrêter à la nomination faite provisoirement par le bureau des finances le 4 Juillet dernier, de la personne du sieur Martin Teyssèt, pour la levée des deniers ordinaires des tailles & taillon, & sans préjudice du droit qu'il a de commettre en pareille circonstance, & sans tirer à conséquence, que la levée desdits deniers ordinaires sera faite par ledit Augustin Prunet, conjointement avec celles des deniers extraordinaires.

Du 6 Septembre 1763.

EXTRAIT *des Registres du Conseil d'Etat.*

PAR la requête présentée au Roi, en son conseil, par le syndic du diocese d'Alby ; Contenant, que l'office de receveur-triennal des tailles de ce diocese, en tour d'exercice la présente année, dont le sieur Jean-Dominique Vezian

Vezian est titulaire, ayant été réellement saisi d'autorité de la cour des aides de Montpellier, à la requête du sieur Mazade de Saint-Bresson, trésorier général des Etats de Languedoc, faute de payement d'une somme de cent douze mille quatre cents quatre-vingt-dix-neuf livres onze sols deux deniers, pour reste des impositions de l'année 1760, l'assemblée des gens des trois-états du même diocese, pour la sureté de la levée des impositions de la présente année, a ordonné, sur le réquisitoire du suppliant, que la levée des deniers extraordinaires, capitation, vingtiemes, seroit publié par trois Dimanches consécutifs, pour être adjugée au rabais par les commissaires ordinaires chargés de la direction des affaires du diocese pendant l'année, à l'extinction de trois feux en faveur du dernier moins-disant duement cautionné, conformément aux réglemens, pour recourir ensuite à l'autorité de Sa Majesté, à l'effet d'autoriser l'adjudication : Qu'en exécution de cette délibération, il fut fait, sur la place publique & autres lieux accoutumés de la ville d'Alby, à la porte de l'église paroissiale de Saint-Salvy de la même ville, & au domicile du receveur saisi, trois publications par affiches, les huit, quinze, vingt-trois Mai dernier, pour indiquer l'adjudication au rabais au vingt-cinq du même mois de Mai, à quatre heures de relevée, dans l'hôtel-de-ville d'Alby, auxquels jours, lieu & heure, en présence desdits commissaires du diocese, les publications furent réitérées ; mais que ne s'étant présenté personne pour offrir & moins-dire, l'adjudication au rabais fut renvoyée au Vendredi troisieme Juin suivant, à trois heures de relevée : Qu'il fut de plus délibéré que le tout seroit annoncé par des nouvelles publications & affiches ; à quoi ayant été satisfait le Dimanche vingt-neuf du mois de Mai dernier, les commissaires s'assemblerent de nouveau le troisieme Juin : que personne n'ayant encore comparu pour offrir & moins-dire, l'adjudication au rabais fut de même renvoyée au 16 du même mois de Juin à huit heures du matin, pour y être procédé sur des nouvelles publications & affiches, qui seroient apposées, tant dans la ville d'Alby que dans les trois villes diocésaines, Gaillac, Cordes & Rabastens, les 5, 8 & 11 dudit mois de Juin, & dans lesquelles il seroit annoncé qu'attendu qu'il s'agit d'accélérer la levée des impositions, l'adjudication au rabais seroit sans autre remise faite les jour & heure indiqués à celui ou ceux duement cautionnés qui feroient la condition meilleure, & sous les conditions portées par les réglemens sur cette matiere : Qu'en conséquence de ces trois dernieres publications & affiches, faites & réitérées les jours indiqués dans les villes d'Alby, Gaillac, Cordes & Rabastens, les commissaires s'étant assemblés dans l'hôtel-de-ville d'Alby le 16 Juin, pour l'adjudication au rabais, sur l'offre faite par le sieur Augustin Prunet, financier, habitant d'Alby, de faire l'exercice de receveur triennal, sur le pied de six deniers pour livre des taxations, pour tous frais & droits de recette de toutes les sommes qu'il recevroit argent comptant des communautés, leurs collecteurs ou administrateurs, & non des deniers empruntés & autres que le diocese pourroit lui faire remettre en dépôt, & à la charge par lui d'exécuter les conditions mentionnées dans la délibération du 16 du même mois de Juin ; & personne n'ayant moins-dit à l'offre du sieur Prunet, trois premiers feux & trois autres surabondans ayant été allumés, & s'étant éteints successivement sans que personne se soit présenté pour moins dire, le même sieur Prunet a resté adjudicataire pour faire l'exercice de l'office dont il s'agit pour la présente année, des deniers extraordinaires & autres impositions du diocese, aux conditions & obligations annoncées dans la délibération & adjudication ci-dessus mentionnées, moyennant six deniers pour livre de taxation, & sous le cautionnement du sieur Jacques Mariés, docteur en médecine, sieur Hyacinthe Teyssét, avocat, sieur Guillaume Rozieres, sieur Jacques Rahoux, sieur Antoine Rahoux cadet, & sieur Marc-Antoine Teyssier, tous habitans d'Alby: Que dans ces circonstances il ne reste plus qu'à supplier Sa Majesté de mettre le sceau de son autorité à ce que les commissaires du diocese d'Alby les 7, 25 Mai, 3 & 16 dudit mois de Juin, à l'adjudication par eux faite audit Augustin Prunet aux conditions de son offre, sous le cautionnement desdits sieurs Mariés, Teissét, Rozieres, Rahoux, aîné & cadet, & Teissier; ce faisant, ordonner que ledit Augustin Prunet jouira de six deniers pour livre des deniers extraordinaires dont les receveurs ont accoutumé de jouir, & de six deniers pour livre de ceux de la capitation & des vingtiemes, avec défenses à toutes personnes de donner aucun empêchement ni trouble audit Augustin Prunet en ladite recette; comme aussi, commettre ledit Prunet à la levée des deniers ordinaires & taillon, à laquelle il n'a point été pourvu par la délibération du susdit jour 7 Mai dernier, & sous les droits accordés aux receveurs, sauf audit Prunet de fournir à cet égard bon & valable cautionnement devant les commissaires dudit diocese. Vu ladite requête, signée Rigaut, avocat du suppliant; les extraits des délibérations prises par les commissaires du diocese d'Alby, des 7, 25 Mai dernier, 3 & 16 Juin suivans; les certificats de publication & affiches faites en conséquence ; ensemble le procès-verbal d'adjudication au rabais, passée par lesdits commissaires le 16 Juin dernier au sieur Augustin Prunet, habitant d'Alby, sous le cautionnement des sieurs Mariés, docteur en médecine, Teissét, avocat, Rozieres, Jacques Rahoux, autre Antoine Rahoux, & Marc-Antoine Teissier, tous habitans de la même ville, du recouvrement à faire des deniers extraordinaires dépendans de l'exercice de l'office de receveur-triennal des tailles dudit diocese, ayant appartenu au sieur Vezian, & saisi réellement sur lui à la requête du trésorier de la province, moyennant six deniers pour livre de remise, & autres conditions y exprimées: Vu aussi les réglemens faits pour la province de Languedoc, sur le fait du recouvrement des impositions dans le cas de faillite, & lorsque l'office entrera en exercice, notamment les arrêts du conseil des 25 Juin 1705, 9 Août 1707, & 8 Juillet 1727, rendus en pareil cas ; vu pareillement le jugement du 4 Juillet dernier, par lequel, après que l'absence du sieur Vezian a été constatée, le bureau des finances de Toulouse a commis à la recette des tailles & du taillon, la personne du sieur Martin Teissét, copropriétaire de l'office, à la charge par lui de ne pouvoir s'immiscer dans ladite recette, qu'après avoir donné bonne & suffisante caution devant ledit bureau, & à la charge de faire homologuer au conseil sa commission dans le délai de trois mois, le tout en conformité de l'article XXXII du réglement de 1685: Et Sa Majesté considérant qu'encore que les commissaires du diocese d'Alby, & les officiers du bureau des finances, n'ayent fait qu'user respectivement de leur droit, les premiers, en adjugeant la levée des deniers extraordinaires, à la charge de l'homologation au conseil; & le second, en commettant provisoirement à la recette des deniers ordinaires ; cependant, comme il importe au bien du recouvrement, que la recette des deniers, tant ordinaires qu'extraordinaires, ne soit point divisée, & soit faite par une seule & même personne ; que d'ailleurs le sieur Teisset, commis par le bureau des finances, étant copropriétaire de l'office de receveur, dont le sieur Vezian est pourvu, & pouvant en cette qualité être contraints solidairement par le trésorier de la province au payement du débet, il ne convient pas qu'il soit chargé de ladite recette, à laquelle il est très-instant de commettre : Ouï le rapport du sieur Bertin, conseiller ordinaire au conseil royal, contrôleur général des finances ; LE ROI EN SON CONSEIL, ayant aucunement égard à la requête du syndic du diocese d'Alby, a autorisé & approuvé, autorise & approuve les délibérations prises par les commissaires de ce diocese les 7, 15 Mai, 3 & 16 Juin derniers ; ensemble, l'adjudication par eux faite à Augustin Prunet, aux conditions de son offre, & sous le cautionnement des sieurs Mariés, Teisset, Rozieres, Rahoux aîné & cadet, & Teissier, de la levée des deniers extraordinaires dudit diocese, capitation & vingtiemes de la présente année 1763, à la charge d'en compter par-tout & ainsi qu'il appartiendra : Ordonne en conséquence, Sa Majesté, que ledit Augustin Prunet jouira pour raison de ladite levée, de la remise de six deniers pour livre qui lui a été attribuée, suivant & conformément aux clauses de son adjudication ; & en ce qui touche la levée des deniers ordinaires des tailles & taillon dudit diocese de ladite année 1763, sans s'arrêter à la nomination provisoirement faite par le bureau des finances, le 4 Juillet dernier, de la personne du sieur Martin Teyssct, ordonne Sa Majesté, sans préjudice néanmoins du droit que ledit bureau a de commettre provisoirement en pareille circonstance, & sans tirer à conséquence, que la levée des deniers ordinaires, conjointement avec celle des deniers extraordinaires, sera faite par ledit Augustin Prunet, & qu'il jouira pour raison de ce, des remises & droits accordés aux autres receveurs, à la charge par ledit Prunet de ne pouvoir s'immiscer dans le recouvrement desdits deniers ordinaires, qu'après avoir donné bonne & suffisante caution pour raison de son maniement devant les officiers du bureau des finances, en la maniere accoutumée : Et seront sur le présent arrêt toutes lettres nécessaires expédiées. FAIT au conseil d'état du Roi, tenu à Versailles le sixieme Septembre mil sept cent soixante-trois.

Signé, DE VOUGNY.

Enregistré au contrôle général des finances, par Nous conseiller ordinaire au conseil royal, contrôleur général des finances. A Paris le vingt-septieme Septembre mil sept cent soixante-trois.

BERTIN, *signé.*

Registré ès registres du bureau des finances & domaines de la généralité de Toulouse, pour jouir par ledit Augustin Prunet, de l'effet y contenu, suivant l'ordonnance de ce jourd'hui seizieme Novembre mil sept cent soixante-trois. RICHARD, *pour le greffier en chef, signé.*

CCLIV.
ORDONNANCE
DE NOSSEIGNEURS LES COMMISSAIRES DU ROI ET DES ETATS,

Concernant le droit d'avis & premier commandement que les receveurs des tailles sont en droit de faire aux collecteurs, à raison desquels il est enjoint aux receveurs, de se conformer à l'arrêt du conseil, du 20 Septembre 1689, & aux ordonnances de la commission des 24 Mars 1737 & 22 Janvier 1738, avec défenses aux receveurs de rien exiger des collecteurs, pour l'impression des quittances & aucun autre droit à raison d'icelles, si ce n'est le papier timbré des quittances finales.

Du 23 Juin 1764.

LES COMMISSAIRES NOMMÉS PAR lettres-patentes de Sa Majesté, du 30 Janvier 1734, & autres données en conséquence, pour régler tout ce qui concerne l'administration des affaires des villes & communautés de la province de Languedoc.

SUR ce qui a été exposé à la commission, par le syndic général de la province, que quelques receveurs des tailles, nommément dans le diocese de Toulouse s'éloignent de la disposition des réglemens, dans ce qui concerne les droits d'avis & de premier commandement, qu'ils sont dans l'usage de faire aux collecteurs à l'échéance de chaque terme ; & que de plus, il y en a qui exigent desdits collecteurs un sol pour l'impression de chaque quittance qu'ils leur fournissent, soit à compte, soit pour fin de payement ; Que l'assiette du diocese de Toulouse en ayant été informée, délibéra le 26 Avril 1763, de charger le syndic dudit diocese de faire exécuter les réglemens déjà faits à ce sujet, & d'empêcher qu'il soit payé au-delà d'un sol pour le papier timbré de la quittance finale, sans que lesdits receveurs puissent faire rien payer pour l'impression desdites quittances ; & que comme il importe de prévenir que de pareils abus puissent avoir des suites, il Nous requiert de vouloir bien sur ce pourvoir.

NOUSDITS COMMISSAIRES, ordonnons, conformément à l'arrêt du conseil, du 20 Septembre 1689, & à nos ordonnances des 24 Mars 1737, & 22 Janvier 1738, qu'il ne sera rien imposé par les communautés pour les frais de l'avis, & ceux du premier commandement que les receveurs sont en droit de faire aux collecteurs, à l'échéance de chaque terme, sauf aux consuls desdites communautés à payer les frais dudit avis & premier commandement pour le premier terme seulement, sur le fonds des dépenses imprévues, & aux collecteurs à payer en leur propre lesdits frais pour les autres deux termes. Faisons défenses auxdits receveurs de rien exiger pour les uns & les autres desdits termes, s'ils n'ont réellement donné lesdits avis & fait lesdits commandemens ; comme aussi, d'exiger au-delà de six sols pour l'avis, & vingt sols pour le commandement, sous les peines portées par ledit arrêt du conseil & par nos ordonnances, qui seront exécutées selon leur forme & teneur. Leur faisons pareillement défenses, sous les peines de droit, de rien exiger desdits collecteurs pour l'impression des quittances qu'ils leur fournissent à compte des impositions ou autrement, ni pour quelqu'autre cause & motif que ce puisse être, si ce n'est pour le timbre des quittances finales, dont lesdits receveurs pourront exiger le remboursement. Et sera notre présente ordonnance adressée par le syndic général aux syndics des diocèses, auxquels Nous enjoignons d'y tenir la main, & d'en donner connoissance auxdits receveurs, & aux maires & consuls des villes & lieux desdits diocèses, afin qu'ils ayent à s'y conformer, sans préjudice auxdits syndics de se pourvoir, s'il y a lieu, en restitution de ce qui peut avoir été indûment exigé par le passé, tant à raison du droit d'avis & premier commandement, que pour l'impression des quittances. FAIT à Montpellier, au bureau de la commission, le vingt-troisieme Juin mil sept cent soixante-quatre. *Signés*,

DE SAINT PRIEST. † C. P. Ev. de Nîmes.
BENEZET. CAMBACERÉS, maire de Montpellier.
FARJON, maire de Castres.

Par Nosseigneurs, SAINT.

CCLV.

EXTRAIT du registre des délibérations des Etats généraux de Languedoc, assemblés par mandement du Roi en la ville de Montpellier, au mois de Novembre 1767.

Du Jeudi 10 Décembre suivant, président Mgr. l'archevêque & primat de Narbonne.

MONSEIGNEUR l'évêque de Saint-Papoul a dit, que les Etats ayant remarqué, il y a quelques années, en vérifiant les impositions du pays de Velay, qu'on étoit dans l'usage de faire un fonds de 1600 livres au profit du receveur en exercice, pour le renvoi du second terme des impositions, il fut délibéré de s'informer de l'origine, & des motifs de cette imposition, qui n'est en usage dans aucun autre diocese, ce qui a donné lieu à l'assiette derniere de délibérer, de charger le syndic du diocese d'insister auprès des Etats, sur les motifs de continuer cette imposition, qui est regardée comme utile & comme nécessaire, par les raisons exposées dans un mémoire qui a été remis à cet effet au syndic général.

Que sur la connoissance qui en a été prise par la commission, il a paru que le pays de Velay, qui est en état de payer le premier terme de ses impositions, ne pouvoit satisfaire qu'avec beaucoup de peine à payer le second terme ; de sorte que pour éviter que le receveur fasse des frais qui seroient souvent inutiles, & qui tourneroient plutôt au préjudice des contribuables, on a cru qu'il étoit plus convenable de lui payer en représentation de l'avance du second terme, la somme de 1600 livres, & que cette imposition, qui a commencé en 1729, a toujours été continué depuis sur le même pied, à la réserve d'un petit nombre d'années, où elle a été portée plus loin.

Qu'il seroit sans doute à souhaiter, suivant l'esprit & le vœu des Etats, que les impositions fussent payées dans tous les dioceses, aux termes qui sont marqués à cet effet, & que le renvoi du premier terme au second, qui est autorisé à l'égard des dioceses qui croyent devoir en user, est une tolérance contraire à ce vœu & à cet esprit ; que dans le cas où le payement du premier terme se fait avec plus de facilité, il paroît extraordinaire que le second soit plus difficile, & qu'on n'ait commencé à s'en appercevoir que depuis l'année 1729.

Que cependant, comme cet usage est déjà ancien, & que le diocese du Puy insiste sur son utilité, il a paru à MM. les commissaires qu'il pourroit y avoir de l'inconvénient à le supprimer,

& qu'en se réservant de l'examiner plus particulierement, il a paru qu'on pourroit autoriser ce diocese à imposer, l'année prochaine, au profit du receveur en exercice, la somme de 1600 livres dont il s'agit, en représentation de l'avance du second terme des impositions, en exhortant ce diocese à se rapprocher, à l'avenir, autant qu'il sera possible, de l'usage observé jusques en 1729, de payer les impositions aux termes ordinaires, & de ne point donner lieu au receveur de regarder la somme qui lui est accordée à raison de cette avance, comme un revenu fixe & annuel, mais comme un secours accordé au temps & aux circonstances.

De sorte que par ces considérations, MM. les commissaires ont été d'avis de proposer à l'assemblée d'approuver, sans préjudice d'un plus grand examen, l'imposition de la somme de 1600 livres au profit du receveur, pour l'avance du second terme des impositions, & de l'autoriser à la continuer l'année prochaine, en exhortant MM. les commissaires de l'assiette du pays de Velay, de se conformer, autant qu'il sera possible, au vœu des Etats, pour que les impositions soient exactement payées aux termes indiqués à cet effet ; laquelle disposition sera insérée dans le jugement que les Etats doivent rendre sur les impositions de ce diocese.

Ce qui a été ainsi délibéré, conformément à l'avis de MM. les commissaires.

CCLVI.
ARRÊT
Du Conseil d'Etat du Roi, et Lettres Patentes,

Portant interprétation & dérogation, en tant que de besoin, aux articles XX & LXX de la déclaration du Roi, du 20 Janvier 1736, & qui attribuent à la cour des aides de Montpellier, exclusivement à tous autres juges, les poursuites des contraintes générales & solidaires à exercer contre les communautés de la province.

Des 23 Août & 4 Octobre 1768.

EXTRAIT *des Registres du Conseil d'Etat.*

Sur la requête présentée au Roi, étant en son conseil, par le Syndic général de la province de Languedoc; Contenant, que la déclaration du 20 Janvier 1736, portant règlement sur la juridiction du Parlement de Toulouse, & sur celle de la cour des comptes, aides & finances de Montpellier, & autres tribunaux & sièges de Languedoc, ne s'étant pas expliquée sur la question de savoir si les contraintes générales & solidaires qui sont poursuivies par les receveurs des tailles contre les communautés, doivent l'être en première instance devant les juges ordinaires, ou simplement en premier & dernier ressort devant la cour des aides, il se leve tous les jours des difficultés à ce sujet, dont les suites peuvent altérer la bonne administration de la province, pour le recouvrement des impositions : Que le doute qu'on forme à cet égard sur les dispositions des articles XX & LXX de la déclaration du 20 Janvier 1736, ne sauroit avoir aucune consistance, étant constant que ces articles ne sont & ne peuvent être relatifs qu'aux poursuites faites par les receveurs contre les collecteurs, & nullement aux contraintes générales & solidaires exercées contre les communautés, dont il n'est fait aucune mention dans lesdits articles : Que dans ces circonstances, il seroit également nécessaire & avantageux pour les communautés, les administrateurs des dioceses, leurs receveurs, & la province, que les premiers juges ne trouvassent plus de motifs de s'immiscer à connoître de ces sortes de procédures, ainsi que le juge d'Alby l'a entrepris lors de la contrainte générale, poursuivie contre la communauté de Padiés dans le même diocese, où la difficulté du recouvrement, occasionnée par la surcharge des impositions, rend aujourd'hui ces sortes de procédures très-fréquentes : Qu'au surplus, rien n'étant plus essentiel dans l'administration, que de lui donner des regles fixes & immuables pour faciliter à la province & à ses receveurs des tailles, les poursuites à faire pour le recouvrement des impositions, & que d'ailleurs, la cour des aides de Montpellier a toujours connu avant la déclaration de 1736, & depuis cette époque, en premiere & derniere instance de semblables contraintes. A CES CAUSES, requéroit le suppliant, qu'il plût à Sa Majesté, interprétant & dérogeant, en tant que de besoin, aux articles XX & LXX de la déclaration du 20 Janvier 1736, en ce qui pourroit y être relatif aux poursuites des contraintes générales & solidaires à exercer contre les communautés, ordonner que lesdites poursuites ne pourront être faites, à l'avenir, sous aucun prétexte, qu'en la cour des comptes, aides & finances de Montpellier, qui en connoîtra seule & exclusivement à tous autres juges, en premier & dernier ressort, le tout à peine de nullité, & de tous dépens, dommages & intérêts, & que sur l'arrêt qui interviendra, toutes lettres nécessaires seront expédiées. VU ladite requête, ensemble la délibération des Etats, du 3 Janvier 1767 : OUI le rapport du sieur de l'Averdy, conseiller ordinaire & au conseil royal, contrôleur général des finances ; LE ROI ÉTANT EN SON CONSEIL, en interprétant & dérogeant, en tant que de besoin, aux articles XX & LXX de la déclaration du 20 Janvier 1736, en ce qui pourroit y être relatif aux poursuites des contraintes générales & solidaires à exercer contre les communautés, a ordonné & ordonne, que lesdites poursuites ne pourront être faites à l'avenir qu'en la cour des aides de Montpellier, à laquelle Sa Majesté en a attribué & attribue la connoissance en premiere & derniere instance, exclusivement à tous autres juges, auxquels Sa Majesté fait défenses d'en connoître sous quelque prétexte que ce puisse être, à peine de nullité des procédures, & de tous dépens, dommages & intérêts, & sur le présent arrêt toutes lettres nécessaires seront expédiées. FAIT au conseil d'état du Roi, Sa Majesté y étant, tenu à Compiegne, le vingt-troisieme jour d'Août mil sept cent soixante-huit.

Signé, PHELYPEAUX.

LETTRES-PATENTES.

LOUIS, PAR LA GRACE DE DIEU, ROI DE FRANCE ET DE NAVARRE: A nos amés & féaux conseillers les gens tenant notre cour des comptes, aides & finances à Montpellier, SALUT. Sur ce qui Nous a été représenté par la requête du syndic général de la province de Languedoc, que la déclaration du 20 Janvier 1736, portant réglement sur la jurisdiction de notre parlement de Toulouse, & sur celle de notre cour des comptes, aides & finances de Montpellier, & autres tribunaux & siéges de Languedoc, ne s'étant pas expliquée sur la question de savoir si les contraintes générales & solidaires qui sont poursuivies par les receveurs des tailles contre les communautés, doivent l'être en premiere inſtance devant les juges ordinaires, ou ſimplement en premier & dernier reſſort devant la cour des aides, il s'éleve tous les jours des difficultés à ce ſujet, dont les ſuites peuvent altérer la bonne adminiſtration de la province pour le recouvrement des impoſitions : Que le doute qu'on forme à cet égard ſur les diſpoſitions des articles XX & LXX de la déclaration du 20 Janvier 1736, ne ſauroit avoir aucune conſiſtance, étant conſtant que ces articles ne ſont & ne peuvent être relatifs qu'aux pourſuites faites par les receveurs contre les collecteurs, & nullement aux contraintes générales & ſolidaires exercées contre les communautés, dont il n'eſt fait aucune mention dans leſdits articles : Que dans ces circonſtances, il ſeroit également néceſſaire & avantageux pour les communautés, les adminiſtrateurs des dioceſes, leurs receveurs & la province, que les premiers juges ne trouvaſſent plus de motifs de s'immiſcer à connoître de ces ſortes de procédures, ainſi que le juge d'Alby l'a entrepris lors de la contrainte générale, pourſuivie contre la communauté de Padiés dans le même dioceſe, où la difficulté du recouvrement, occaſionnée par la ſurcharge des impoſitions, rend aujourd'hui ces ſortes de procédures très-fréquentes : Qu'au ſurplus, rien n'étant plus eſſentiel dans l'adminiſtration, que de lui donner des regles fixes & immuables, pour faciliter à la province & à ſes receveurs des tailles, les pourſuites à faire pour le recouvrement des impoſitions, & que d'ailleurs, la cour des aides de Montpellier a toujours connu avant la déclaration de 1736, & depuis cette époque, en premiere & derniere inſtance, de ſemblables contraintes. Pour quoi requéroit le ſuppliant qu'il Nous plût (interprétant & dérogeant, en tant que de beſoin, aux articles XX & LXX de la déclaration du 20 Janvier 1736, en ce qui pourroit y être relatif aux pourſuites des contraintes générales & ſolidaires à exercer contre les communautés) ordonner que leſdites pourſuites ne pourront être faites, à l'avenir, ſous aucun prétexte, qu'en notre cour des comptes, aides & finances de Montpellier, qui en connoîtra ſeule, & excluſivement à tous autres juges, en premier & dernier reſſort, le tout à peine de nullité, & de tous dépens, dommages & intérêts, & que ſur l'arrêt qui interviendra, toutes lettres patentes néceſſaires ſeront expédiées ; à quoi ayant eu égard. Vu ladite requête, enſemble la délibération des Etats, du 3 Janvier 1767, & Oui le rapport, Nous avons, par arrêt rendu en notre conſeil, le 23 Août dernier, en interprétant & dérogeant, en tant que de beſoin, aux articles XX & LXX de la déclaration du 20 Janvier 1736, en ce qui pourroit y être relatif aux pourſuites des contraintes générales & ſolidaires à exercer contre les communautés, ordonné que leſdites pourſuites ne pourront être faites, à l'avenir, qu'en la cour des aides de Montpellier, à laquelle Nous en avons attribué la connoiſſance en premiere & derniere inſtance excluſivement à tous autres juges, auxquels Nous avons fait défenſes d'en connoître ſous quelque prétexte que ce puiſſe être, à peine de nullité des procédures, & de tous dépens, dommages & intérêts : Et comme Nous avons ordonné que ſur ledit arrêt toutes lettres patentes néceſſaires ſeroient expédiées, ledit ſieur ſyndic général de la province de Languedoc, Nous a très-humblement fait ſupplier de vouloir bien les lui accorder. A CES CAUSES, de l'avis de notre conſeil,

qui

qui a vu ledit arrêt rendu en icelui, le 23 Août dernier, ci-attaché sous le contre-scel de notre chancellerie, Nous avons (en interprétant & dérogeant, en tant que de besoin, aux articles XX & LXX de sa déclaration du 20 Janvier 1736, en ce qui pourroit y être relatif aux poursuites des contraintes générales & solidaires à exercer contre les communautés) ordonné, & par ces présentes signées de notre main, ordonnons que lesdites poursuites ne pourront être faites, à l'avenir, qu'en la cour des aides de Montpellier, à laquelle Nous en avons attribué & attribuons la connoissance en premiere & derniere instance, exclusivement à tous autres juges, auxquels Nous faisons défenses d'en connoître, sous quelque prétexte que ce puisse être, à peine de nullité des procédures, & de tous dépens, dommages & intérêts. Si vous mandons que ces présentes vous ayez à faire régistrer, & le contenu en icelles, ensemble audit arrêt, exécuter selon leur forme & teneur, cessant & faisant cesser tous troubles & empêchemens contraires : Car tel est notre plaisir. Donné à Versailles, le quatrieme jour d'Octobre, l'an de grace mil sept cent soixante-huit, & de notre regne le cinquante - quatrieme. Signé, LOUIS. Et plus bas ; Par le Roi, Phelypeaux.

Les présentes, avec l'arrêt du conseil y attaché, ont été régistrés ès régistres de la cour des comptes, aides & finances de Montpellier ; Oui & ce requérant le procureur général du Roi, pour être le contenu en iceux exécuté selon leur forme & teneur & volonté de Sa Majesté. Ordonne ladite cour, qu'à la diligence du procureur général du Roi, copies duement collationnées des susdits arrêt du conseil, lettres-patentes & du présent arrêt, seront envoyées aux bailliages, sénéchaussées & autres juges du ressort de ladite cour, pour y être lus & publiés les audiences tenant & régistrés. Enjoint aux substituts du procureur général du Roi d'y tenir la main, & d'en certifier la cour dans le mois, suivant l'arrêt rendu les chambres & semestres assemblés, le trente-unieme Octobre mil sept cent soixante-huit.

DEVÉS, greffier, signé.
Monsieur FARGEON, S. D. rapporteur.

CCLVII.

EXTRAIT du régistre des délibérations des Etats généraux de Languedoc, assemblés par mandement du Roi, en la ville de Montpellier, au mois de Novembre 1768.

Du Mercredi 17 Décembre suivant, président Mgr. l'archevêque & primat de Narbonne.

Monseigneur l'évêque de Montauban a dit, que le diocese du Puy demande le consentement des Etats à l'imposition annuelle de la somme de 1600 livres au profit du receveur des tailles en exercice pour tenir lieu d'avance d'une partie du second terme des impositions ; que les Etats ayant approuvé par leur délibération du 10 Décembre 1767, provisoirement & sans préjudice d'un plus grand examen, une pareille imposition & ayant autorisé ce diocese à la continuer cette année, il a chargé par exprès le syndic du pays de présenter un mémoire aux Etats pour faire connoître la nécessité de continuer cette imposition.

Qu'il résulte du mémoire qui a été présenté en conséquence & dont il a été fait lecture à la commission, que le pays du Velay n'est point dans l'usage de traiter pour l'avance du premier terme des impositions & qu'il lui seroit même préjudiciable de le faire, parce que les contribuables se trouveroient hors d'état de payer en même temps les impositions du premier & du second terme; mais que la facilité qu'ils peuvent avoir de payer le premier à son échéance ne se rencontre pas au second, attendu le retardement des récoltes, & que les contribuables sont occupés à les lever; de sorte que l'abonnement qui est fait avec le receveur pour une seconde portion du second terme revenant à 80,000 livres lui donne la facilité d'attendre les payemens des redevables qui sans ce secours ne seroient pas en état d'acquitter les charges. Que cette imposition qui a commencé en 1729 à l'occasion du défaut de récolte de la même année a été continuée depuis, & même augmentée quelquefois, & qu'il ne seroit pas possible aujourd'hui de se passer de ce secours que l'usage & les justes motifs dont on vient de parler rendent nécessaires.

Que MM. les commissaires ont observé que suivant les dispositions des anciennes délibérations des Etats & le vœu de cette assemblée, les impositions doivent être payées aux trois termes qui ont été marqués aux 15 d'Avril, de Juillet & d'Octobre; que ce n'est qu'avec peine qu'ils ont vu successivement que plusieurs diocèses s'écartoient de cette regle en renvoyant le premier terme des impositions au second, & qu'on ne sauroit d'ailleurs disconvenir qu'il n'y a point d'exemple d'atermoiement pour le payement du second terme en tout ou en partie, puisque c'est en effet le temps des récoltes des grains où les redevables peuvent être plus en état de fournir au payement des charges.

Que MM. les commissaires ont mis d'un autre côté en considération l'usage observé depuis 1729 dans le diocese du Puy & la comparaison des autres dioceses, qui, lorsqu'ils traitent de l'avance du premier terme, imposent à raison de cette avance une somme beaucoup plus considérable.

Mais que ces motifs n'ont pu déterminer la commission à approuver un usage dont il a paru que le principal avantage étoit d'assurer au receveur un profit fixe & annuel pour un ménagement que son propre intérêt, & une sage administration l'obligent d'avoir pour les redevables.

Qu'il leur a donc paru que l'usage de faire une pareille imposition ne pouvoit être approuvé; mais que pour ne pas s'exposer à causer tout d'un coup quelque dérangement dans le recouvrement des impositions, ils avoient cru pouvoir proposer, en abolissant cet usage, de l'autoriser seulement pour l'année prochaine, en annonçant que cette espece d'abonnement des impositions de partie du second terme n'aura plus lieu à l'avenir.

Sur quoi, il a été délibéré, conformément à l'avis de MM. les commissaires & par les mêmes motifs, que l'imposition de la somme de 1600 livres pour l'abonnement de partie du second terme des impositions demeurera supprimée à l'avenir, sauf néanmoins à la continuer l'année prochaine seulement, en annonçant au receveur & aux redevables qu'elle n'aura plus lieu.

CCLVIII.
ARRÊT

Du Conseil d'État du Roi, et Lettres-patentes sur icelui,

Qui autorisent la commission donnée au sieur Mauclerc, pour faire la levée des deniers ordinaires & extraordinaires, de la capitation, vingtiemes & autres impositions du diocese de Narbonne, de l'année 1769.

Des 19 Septembre & 25 Octobre 1769.

EXTRAIT *des Registres du Conseil d'État.*

SUr la requête présentée au Roi, en son conseil, par le syndic du diocese de Narbonne; Contenant, que le sieur Pierre Gayraud, titulaire de l'office de receveur ancien mi-alternatif des tailles de ce diocese, en tour d'exercice la présente année, étant décédé le 30 du mois de Juillet dernier, la dame Mailhac, épouse du sieur de Lagardie, propriétaire dudit office, fit signifier le même jour un acte aux commissaires ordinaires dudit diocese, pour leur dénoncer le décès du sieur Gayraud, leur présenter le sieur Pierre-Hubert Mauclerc, & les prier & requérir de vouloir bien le recevoir pour continuer l'exercice dudit office, qu'il avoit commencé en vertu de la procuration dudit sieur Gayraud; que le même jour de la signification dudit acte, lesdits sieurs commissaires se transporterent dans le bureau de la recette, établi chez ledit sieur Mauclerc, & parapherent le livre Journal de ladite recette; & le lendemain 31 dudit mois de Juillet, pour que le recouvrement des impositions ne souffrît point de retardement, ils commirent par leur délibération dudit jour, sous le bon plaisir de Sa Majesté, ledit sieur Mauclerc pour faire la levée des deniers extraordinaires, & de ceux de la capitation & des vingtiemes dudit diocese de la présente année, aux périls, risques & fortunes de ladite dame de Mailhac de Lagardie, propriétaire dudit office, & moyennant les six deniers pour livre desdites impositions attribués aux receveurs, à la charge par ledit sieur Mauclerc de faire livre net, de payer le trésorier de la bourse & autres assignés, aux termes des impositions, de rendre compte à ses frais & dépens à l'assemblée de l'assiette & à la chambre des comptes de Montpellier, de satisfaire à toutes les obligations auxquelles sont tenus tous les receveurs par les traités qu'ils ont fait avec la province, de se conformer aux réglemens, & de donner bonne & suffisante caution devant eux, & chargerent en même temps ledit sieur syndic de se pourvoir devant Sa Majesté pour la supplier d'autoriser ladite commission : que le premier Août suivant, ladite commission fut signifiée à la dame de Mailhac de Lagardie, par exploit fait par Chavardès, huissier; & que ledit sieur Mauclerc ayant accepté la commission, & présenté aux commissaires du diocese, le sieur Antoine Coussieres, négociant de ladite ville de Narbonne pour sa caution, lesdits sieurs commissaires agréerent & accepterent par leur délibération du 5 dudit mois d'Août, ledit cautionnement, qui fut également agréé par ladite dame de Mailhac de Lagardie, laquelle consentit en outre que ledit office de receveur ancien mi-alternatif des tailles dudit diocese à elle appartenant, fût spécialement affecté & hypothéqué envers ledit diocese, par préférence à toute autre créance, pour la sûreté du maniement que ledit sieur Mauclerc pourroit faire en vertu de ladite commiſſion, tant des deniers extraordinaires & de ceux de la capitation & des vingtiemes de ladite année, que de toutes les ſommes appartenant audit dioceſe ou aux communautés, qui pourroient être dépoſés entre les mains & dans la caiſſe dudit ſieur Mauclerc; qu'en conſéquence, ledit ſieur Mauclerc a continué le recouvrement deſdites impoſitions: que d'un autre côté, les tréſoriers de France de Montpellier ayant été informés du décès dudit ſieur Gayraud, commirent auſſi le 31 Juillet dernier, ledit ſieur Mauclerc pour continuer l'exercice dudit office de receveur ancien mi-alternatif des tailles & taillon de ce dioceſe, à la charge par lui de donner bonne & ſuffiſante caution devant le commiſſaire dudit bureau qui ſeroit nommé pour aller faire l'inventaire des effets dudit ſieur Gayraud, & de faire homologuer par Sa Majeſté ſa commiſſion dans trois mois, le tout en conformité de l'article 31 de l'arrêt du 15 Septembre 1685: que ledit ſieur Mauclerc a fourni ſon cautionnement devant le commiſſaire du bureau des finances; & par exploit du 12 dudit mois d'Août, il a fait ſignifier au dioceſe ladite commiſſion: que dans ces circonſtances, il ne reſte plus qu'à ſupplier Sa Majeſté de vouloir bien autoriſer ladite commiſſion: que le ſuppliant a lieu d'eſpérer des bontés de Sa Majeſté cette autoriſation, puiſque les commiſſaires du dioceſe n'ont fait qu'uſer reſpectivement de leurs droits; les premiers, en commettant pour la levée des deniers extraordinaires, ſous le bon plaiſir de Sa Majeſté, à la charge de l'homologation au conſeil; & les ſeconds, en commettant pour la levée des deniers ordinaires: qu'en effet, les receveurs des tailles des dioceſes ne faiſant la recette des deniers extraordinaires, qu'en conſéquence du traité qu'ils ont fait avec la province en 1610, ſuivant lequel ils ſont obligés de cautionner ſuffiſamment pardevant les aſſiettes du dioceſe pour la recette deſdits deniers, & que faute par eux d'y ſatisfaire, ladite levée doit être donnée au rabais de ſix deniers à leur folle-enchere, ce qui a été renouvelé par l'arrêt du conſeil du 8 Janvier 1665, & par celui du 21 Février 1689, rendu contradictoirement avec les receveurs, les aſſiettes des dioceſes ſont reſponſables des deniers extraordinaires, faute d'avoir pris leurs ſuretés: que par ces conſidérations, les commiſſaires des dioceſes ont été maintenus dans le droit de commettre dans le cas de faillite du receveur pour la levée deſdits deniers extraordinaires, par les différens réglemens faits pour la province de Languedoc, notamment par l'arrêt rendu le 20 Juin 1705, ſur la requête du ſyndic dudit dioceſe de Narbonne; par celui du 19 Août 1707, rendu ſur la requête du ſyndic général de la province pour le dioceſe du Puy; par celui du 8 Juillet 1727, rendu ſur la requête du ſyndic du dioceſe de Carcaſſonne; & par celui du 6 Septembre 1763, rendu ſur la requête du ſyndic du dioceſe d'Alby: qu'il n'eſt point douteux que les regles établies pour la levée des deniers extraordinaires, dans les cas des faillites des receveurs des dioceſes, ne reçoivent leur application dans le cas où leurs offices vaquent par mort, puiſque dans l'un comme dans l'autre, les dioceſes répondent du fait de cette levée; que par conſéquent, les tréſoriers de France ne doivent commettre qu'à la levée des deniers ordinaires, qui ſont ſeulement ceux qui entrent dans les recettes générales des finances, au lieu que les deniers extraordinaires ſont portés à la recette de la bourſe de la province. Requéroit, A CES CAUSES, le ſuppliant, qu'il plût à Sa Majeſté autoriſer ces deux commiſſions données le 31 Juillet dernier audit sieur Mauclerc ; savoir, celle donnée par les trésoriers de France de Montpellier, seulement pour la recette des deniers ordinaires du diocese de Narbonne de la présentée année 1769, & celle donnée par les commissaires ordinaires dudit diocese, sur la présentation à eux faite par ladite dame de Mailhac de Lagardie, pour la recette des deniers extraordinaires, & de ceux de la capitation & des vingtiemes dudit diocese de la présente année, aux périls, risques & fortunes de ladite dame Mailhac de Lagardie, propriétaire dudit office de receveur ancien mi-alternatif des tailles dudit diocese, & sous le cautionnement du sieur Antoine Coussieres, négociant dudit Narbonne, fourni par ledit sieur Mauclerc, devant lesdits sieurs commissaires du diocese ; ce faisant, que ledit sieur Mauclerc jouira des mêmes attributions accordées aux receveurs sur lesdites impositions, avec défenses à toutes personnes de lui donner aucun trouble. Vu ladite requête; la copie de l'acte de présentation & sommation faite par ladite Dame de Mailhac de Lagardie, propriétaire de l'office de receveur ancien mi-alternatif des tailles du diocese de Narbonne, dont le sieur Gayraud étoit pourvu, signifié au diocese le 30 Juillet dernier, par Chavardés, huissier ; la délibération des commissaires ordinaires dudit diocese du 31 dudit mois de Juillet de ladite année, par laquelle ils ont commis ledit sieur Mauclerc à la levée des deniers extraordinaires, & de ceux de la capitation & des vingtiemes dudit diocese de la présente année 1769 ; la délibération par eux prise le 5 Août dernier, contenant le consentement donné par ladite dame de Lagardie, à ce que sondit office de receveur ancien mi-alternatif des tailles dudit diocese, soit & demeure spécialement affecté & hypothéqué, par préférence à toute autre créance, envers le diocese, pour la sureté du maniement que ledit sieur Mauclerc pourra faire en vertu de ladite commission, tant des deniers extraordinaires, & de ceux de la capitation & des vingtiemes de la présente année, que de toutes les autres sommes appartenantes audit diocese, ou aux communautés, qui pourront être déposées entre les mains & dans la caisse dudit sieur Mauclerc, & le cautionnement dudit sieur Antoine Coussieres envers le diocese, pour sureté du recouvrement & du maniement qui sera aussi fait par ledit sieur Mauclerc, en vertu de ladite commission : Copie de la commission donnée audit sieur Mauclerc par les trésoriers de France de Montpellier, ledit jour 31 Juillet dernier, à l'effet de faire l'exercice dudit office de receveur ancien mi-alternatif des tailles & taillon du diocese de Narbonne, la présente année 1769, à la charge de donner dans huitaine bonne & suffisante caution ; auquel effet, il est donné pouvoir audit sieur Mauclerc d'expédier toutes contraintes contre les consuls & collecteurs, aux termes ordinaires, suivant le département de l'assiette, & les rôles de capitation, dixieme, vingtiemes, & autres qui lui seront remis après la tenue de l'assiette, si fait n'a été ; comme aussi, de faire homologuer la présente commission dans trois mois par Sa Majesté, laquelle commission a été signifiée au diocese le 12 dudit mois d'Août, par exploit fait par Pagés, huissier. Vu encore le traité fait en mil six cent dix, entre les syndics généraux de la province de Languedoc, & les receveurs des tailles ; les arrêts du conseil des 8 Janvier 1665, 25 Février 1690, 20 Juin 1705, 9 Août 1707, 8 Juillet 1727, & 6 Septembre 1763 ; Oui le rapport du sieur Maynon d'Invau, conseiller ordinaire & au conseil royal, contrôleur général des finances; LE ROI EN SON CONSEIL, a autorisé & approuvé, autorise & approuve la délibération prise par les sieurs commissaires du diocese de Narbonne, le 31 Juillet dernier, sur la réquisition & présentation de la dame Elisabeth-Anne Mailhac, épouse du sieur de Lagardie, propriétaire de l'office ancien mi-alternatif de receveur des tailles du diocese de Narbonne, dont ledit feu sieur Gayraud étoit pourvu, à l'effet de commettre le sieur Pierre-Hubert Mauclerc, à la levée des impositions extraordinaires, capitation & vingtiemes dudit diocese, pour la présente année 1769, aux conditions énoncées en ladite délibération, aux périls, risques & fortunes de ladite dame; laquelle a déclaré le 5 Août suivant auxdits commissaires du diocese, qu'elle consent que lesdits offices soient spécialement affectés & hypothéqués pour la sûreté dudit recouvrement, & sous le cautionnement du sieur Antoine Coussieres fils, habitant de la ville de Narbonne, prêté devant lesdits sieurs commissaires, ledit jour cinquieme Août. Ordonne pareillement Sa Majesté, que la levée des deniers ordinaires de l'ancienne taille & taillon de la présente année, sera faite par ledit sieur Mauclerc, conjointement avec celle des deniers extraordinaires, conformément à la commission des sieurs présidens trésoriers de France de Montpellier, du même jour 31 Juillet dernier, que Sa Majesté a autorisé seulement pour ce qui regarde ladite taille & taillon, à raison de laquelle levée ledit Mauclerc jouira des remises & droits accordés aux autres receveurs de ladite province, & à la charge par ledit sieur Mauclerc, de donner bonne & suffisante caution, pour raison du maniement desdits deniers ordinaires, devant lesdits sieurs commissaires du diocese; faisant Sa Majesté défenses à toutes personnes, de lui donner aucun trouble ni empêchement dans ladite levée & recouvrement : & seront sur le présent arrêt, toutes lettres nécessaires expédiées. FAIT au conseil d'état du Roi, tenu à Versailles le dix-neuf Septembre mil sept cent soixante-neuf. *Collationné.*

BERGERET, *signé.*

LETTRES-PATENTES.

LOUIS, PAR LA GRACE DE DIEU, ROI DE FRANCE ET DE NAVARRE: A nos amés & féaux conseillers les gens tenant notre cour des comptes, aides & finances à Montpellier, présidens trésoriers de France & généraux de nos finances en ladite ville, & à tous autres nos officiers & justiciers qu'il appartiendra, SALUT. Notre cher & bien-amé le syndic du diocese de Narbonne Nous a fait exposer que sur sa requête, contenant que le sieur Pierre Gayraud, titulaire de l'office de receveur ancien mi-alternatif des tailles de ce diocese, en tour d'exercice la présente année, étant décédé le 30 du mois de Juillet dernier, la dame Mailhac, épouse du sieur de Lagardie, propriétaire dudit office, fit signifier le même jour un acte aux commissaires ordinaires dudit diocese, pour leur dénoncer le décès dudit sieur Gayraud, leur présenter le sieur Pierre-Hubert Mauclerc, & les prier & requérir de vouloir bien le recevoir pour continuer l'exercice dudit office, qu'il avoit commencé en vertu de la procuration dudit sieur Gayraud : Que le même jour de la signification dudit acte, lesdits sieurs commissaires se transporterent dans le bureau de la recette, établi chez ledit sieur Mauclerc, & parapherent le livre journal de ladite recette; & le lendemain 31 dudit mois de Juillet, pour que le recouvrement des impositions ne souffrît pas de retardement, ils commirent par leur délibération dudit jour, sous notre bon plaisir, ledit sieur Mauclerc pour faire la levée des deniers extraordinaires, & de ceux de la capitation & des vingtiemes dudit diocese de la présente année, aux périls, risques & fortunes de ladite dame de Mailhac de Lagardie, propriétaire dudit office, & moyennant les six deniers pour livre desdites impositions attribués aux receveurs, à la charge par ledit sieur Mauclerc de faire livre net, de payer le trésorier de la bourse & autres assignés, aux termes des impositions, de rendre compte à ses frais & dépens à l'assemblée de l'assiette & à la chambre des comptes de Montpellier, de satisfaire à toutes les obligations auxquelles sont tenus tous les receveurs par les traités qu'ils ont fait avec la province, de se conformer aux réglemens, & de donner bonne & suffisante caution devant eux, & chargerent en même-temps ledit sieur syndic de se pourvoir devant Nous, pour Nous supplier d'autoriser ladite commission : Que le premier Août suivant, ladite commission fut signifiée à la dame de Mailhac de Lagardie, par exploit fait par Chavardés, huissier ; & que ledit sieur Mauclerc ayant accepté ladite commission, & présenté aux commissaires du diocese, le sieur Antoine Coussieres, négociant de ladite ville de Narbonne pour sa caution, lesdits sieurs commissaires agréerent & accepterent par leur délibération du cinq dudit mois d'Août, ledit cautionnement, qui fut également agréé par ladite dame de Mailhac de Lagardie, laquelle consentit en outre que ledit office de receveur ancien mi-alternatif des tailles dudit diocese à elle appartenant, fût spécialement affecté & hypothéqué envers ledit diocese, par préférence à toute autre créance, pour la sureté du maniement que ledit sieur Mauclerc pourroit faire en vertu de ladite commission, tant des deniers extraordinaires & de ceux de la capitation & des vingtiemes de ladite année, que de toutes les sommes appartenant audit diocese ou aux communautés, qui pourroient être déposées entre les mains & dans la caisse dudit sieur Mauclerc ; qu'en conséquence, ledit sieur Mauclerc a continué le recouvrement desdites impositions : Que d'un autre côté, les trésoriers de France de Montpellier ayant été informés du décès dudit sieur Gayraud, commirent aussi le 31 Juillet dernier, ledit sieur Mauclerc pour continuer l'exercice dudit office de receveur ancien mi-alternatif des tailles & taillon de ce diocese, à la charge par lui de donner bonne & suffisante caution devant le commissaire dudit bureau qui seroit nommé pour aller faire l'inventaire des effets dudit sieur Gayraud, & de faire homologuer par Nous sa commission dans trois mois, le tout en conformité de l'article XXXII de l'arrêt de notre conseil du 15 Septembre 1685 : Que ledit sieur Mauclerc a fourni son cautionnement devant le commissaire du bureau des finances ; & par exploit du 12 dudit mois d'Août, il a fait signifier au diocese ladite commission : Que dans ces circonstances, il ne reste plus qu'à Nous supplier de vouloir bien autoriser ladite commission : Que le suppliant a lieu d'espérer de nos bontés cette autorisation, puisque les commissaires du diocese & les officiers du bureau des finances, n'ont fait qu'user respectivement de leurs droits ; les premiers, en commettant pour la levée des deniers extraordinaires, sous notre bon plaisir, à la charge de l'homologation au conseil ; & les seconds, en commettant pour la levée des deniers ordinaires :

Qu'en effet, les receveurs des tailles des diocèses ne faisant la recette des deniers extraordinaires, qu'en conséquence du traité qu'ils ont fait avec la province en 1610, suivant lequel ils sont obligés de cautionner suffisamment pardevant les assiettes des diocèses pour la recette desdits deniers, & que faute par eux d'y satisfaire, ladite levée doit être donnée au rabais de six deniers à leur folle-enchere, ce qui a été renouvelé par l'arrêt de notre conseil du 8 Janvier 1665, & par celui du 21 Février 1690, rendu contradictoirement avec les receveurs, les assiettes des diocèses sont responsables des deniers extraordinaires, faute d'avoir pris leurs suretés : Que par ces considérations, les commissaires des diocèses ont été maintenus dans le droit de commettre dans le cas de faillite des receveurs pour la levée desdits deniers extraordinaires, par les différens réglemens faits pour la province de Languedoc, notamment par l'arrêt rendu le 20 Juin 1705, sur la requête du syndic dudit diocèse de Narbonne ; par celui du 19 Août 1707, rendu sur la requête du syndic général de la province pour le diocèse du Puy ; par celui du 8 Juillet 1727, rendu sur la requête du syndic du diocèse de Carcassonne ; & par celui du 6 Septembre 1763, rendu sur la requête du syndic du diocèse d'Alby : Qu'il n'est point douteux que les regles établies pour la levée des deniers extraordinaires, dans les cas des faillites des receveurs des diocèses, ne reçoivent leur application dans le cas où leurs offices vaquent par mort, puisque dans l'un comme dans l'autre, les diocèses répondent du fait de cette levée ; que par conséquent, les trésoriers de France ne doivent commettre qu'à la levée des deniers ordinaires, qui sont seulement ceux qui entrent dans les recettes générales des finances, au lieu que les deniers extraordinaires sont portés à la recette de la bourse de la province. Requéroit, A CES CAUSES, le suppliant, qu'il nous plût autoriser les deux commissions données le 31 Juillet dernier audit sieur Mauclerc ; savoir, celle donnée par les trésoriers de France de Montpellier, seulement pour la recette des deniers ordinaires du diocèse de Narbonne de la présente année 1769, & celle donnée par les commissaires ordinaires dudit diocèse, sur la présentation à eux faite par ladite dame de Mailhac de Lagardie, pour la recette des deniers extraordinaires, & de ceux de la capitation & des vingtiemes dudit diocèse de la présente année, aux périls, risques & fortunes de ladite dame de Mailhac de Lagardie, propriétaire dudit office de receveur ancien mi-alternatif des tailles dudit diocèse, & sous le cautionnement du sieur Antoine Coussieres, négociant dudit Narbonne, fourni par ledit sieur Mauclerc, devant lesdits sieurs commissaires du diocèse ; ce faisant, que ledit sieur Mauclerc jouira des mêmes attributions accordées aux receveurs sur lesdites impositions, avec défenses à toutes personnes de lui donner aucun trouble. A quoi ayant égard, Vu ladite requête ; la copie de l'acte de présentation & sommation faite par ladite dame de Mailhac de Lagardie, propriétaire de l'office de receveur ancien mi-alternatif des tailles du diocèse de Narbonne, dont le sieur Gayraud étoit pourvu, signifié au diocèse le 30 Juillet dernier, par Chavardés, huissier ; la délibération des commissaires ordinaires dudit diocèse du 31 dudit mois de Juillet de ladite année, par laquelle ils ont commis ledit sieur Mauclerc à la levée des deniers extraordinaires, & de ceux de la capitation & des vingtiemes dudit diocèse de la présente année 1769 ;

la

la délibération par eux prise le 5 Août dernier, contenant le consentement donné par ladite dame de Mailhac de Lagardio, à ce que sondit office de receveur ancien mi-alternatif des tailles dudit diocese, soit & demeure spécialement affecté & hypothéqué, par préférence à toute autre créance, envers le diocese, pour la sureté du maniement que ledit sieur Mauclerc pourra faire en vertu de ladite commission, tant des deniers extraordinaires, & de ceux de la capitation & des vingtiemes de la présente année, que de toutes les autres sommes appartenantes audit diocese, ou aux communautés, qui pourront être déposées entre les mains & dans la caisse dudit sieur Mauclerc, & le cautionnement dudit sieur Antoine Coussieres envers le diocese, pour sureté du recouvrement & du maniement qui sera aussi fait par ledit sieur Mauclerc, en vertu de ladite commission : Copie de la commission donnée audit sieur Mauclerc par les trésoriers de France de Montpellier, ledit jour 31 Juillet dernier, à l'effet de faire l'exercice dudit office de receveur ancien mi-alternatif des tailles & taillon du diocese de Narbonne, la présente année 1769, à la charge de donner dans huitaine bonne & suffisante caution ; auquel effet, il est donné pouvoir audit sieur Mauclerc d'expédier toutes contraintes contre les consuls & collecteurs, aux termes ordinaires, suivant le département de l'assiette, & les rôles de capitation, dixieme, vingtiemes, & autres qui lui seront remis après la tenue de l'assiette, si fait n'a été ; comme aussi, de faire homologuer la présente commission par Nous dans trois mois, laquelle commission a été signifiée au diocese le 12 dudit mois d'Août, par exploit fait par Pagés, huissier. Vu encore le traité fait en mil six cent dix, entre les syndics généraux de la province de Languedoc, & les receveurs des tailles ; les arrêts de notre conseil des huit Janvier mil six cent soixante-cinq, vingt-cinq Février mil six cent quatre-vingt-dix, vingt Juin mil sept cent cinq, neuf Août mil sept cent sept, huit Juillet mil sept cent vingt-sept, & six Septembre mil sept cent soixante-trois : Ouï le rapport du sieur Maynon d'Invau, conseiller ordinaire, & au conseil royal, contrôleur général des finances ; Nous avons, par arrêt rendu en notre conseil le 19 Septembre dernier, autorisé & approuvé la délibération prise par les sieurs commissaires du diocese de Narbonne, le 31 Juillet dernier, sur la réquisition & présentation de la dame Elizabeth-Anne de Mailhac, épouse du sieur de Lagardic, propriétaire de l'office ancien mi-alternatif de receveur des tailles du diocese de Narbonne, dont le feu sieur Gayraud étoit pourvu, à l'effet de commettre ledit sieur Pierre-Hubert Mauclerc, à la levée des impositions extraordinaires, capitation, & vingtiemes dudit diocese, pour la présente année 1769, aux conditions énoncées en ladite délibération, aux périls, risques & fortunes de ladite dame ; laquelle a déclaré le cinq Août suivant auxdits commissaires du diocese, qu'elle consent que lesdits offices soient spécialement affectés & hypothéqués pour la sureté dudit recouvrement, & sous le cautionnement dudit sieur Antoine Coussieres fils, habitant de la ville de Narbonne, prêté devant lesdits sieurs commissaires, ledit jour cinquieme Août. Avons ordonné pareillement que la levée des deniers ordinaires de l'ancienne taille & taillon de la présente année, sera faite par ledit sieur Mauclerc, conjointement avec celle des deniers extraordinaires, conformément à la commission desdits sieurs présidens trésoriers de France de Montpellier, du même jour 31 Juillet dernier, que Nous avons autorisé seulement pour ce qui regarde ladite taille & taillon, à raison de laquelle levée ledit Mauclerc jouira des remises & droits accordés aux autres receveurs de ladite province; & à la charge par ledit sieur Mauclerc de donner bonne & suffisante caution pour raison du maniement desdits deniers ordinaires devant lesdits sieurs commissaires du diocese; faisant défenses à toutes personnes de lui donner aucun trouble ni empêchement dans ladite levée & recouvrement. Et comme nous avons ordonné que sur ledit arrêt de notre conseil du 19 Septembre dernier, toutes lettres patentes seront expédiées, ledit sieur exposant nous a très-humblement fait supplier de vouloir bien les lui accorder. A CES CAUSES, de l'avis de notre conseil qui a vu ledit arrêt rendu en icelui le 19 Septembre dernier, ci-attaché sous le contre-scel de notre chancellerie ; nous avons, conformément à icelui, autorisé & approuvé, & par ces présentes signées de notre main, autorisons & approuvons la délibération prise par les sieurs commissaires du diocese de Narbonne, le 31 Juillet dernier, sur la réquisition & présentation de ladite dame Elisabeth-Anne de Mailhac, épouse du sieur de Lagardic, propriétaire de l'office de receveur ancien mi-alternatif des tailles du diocese de Narbonne, dont ledit feu sieur Gayraud étoit pourvu, à l'effet de commettre le sieur Pierre Hubert Mauclerc à levée des impositions extraordinaires, capitation & vingtiemes dudit diocese pour la présente année 1769, aux conditions énoncées en ladite délibération, aux risques, périls & fortunes de ladite dame, laquelle a déclaré le 5 Août suivant auxdits commissaires du diocese, qu'elle consent que lesdits offices soient spécialement affectés & hypothéqués pour la sureté dudit recouvrement, & sous le cautionnement du sieur Antoine Couffieres fils, habitant de la ville de Narbonne, prêté devant lesdits sieurs commissaires, ledit jour 5 Août ; Ordonnons pareillement que la levée des deniers ordinaires de l'ancienne taille & taillon de la présente année, sera faite par ledit sieur Mauclerc, conjointement avec celle des deniers extraordinaires, conformément à la commission des sieurs présidens trésoriers de France de Montpellier du même jour 31 Juillet dernier, que nous autorisons seulement pour ce qui regarde ladite taille & taillon, à raison de laquelle levée ledit Mauclerc jouira des remises & droits accordés aux autres receveurs de la province, & à la charge par ledit sieur Mauclerc de donner bonne & suffisante caution pour raison du maniement desdits deniers ordinaires, devant lesdits sieurs commissaires du diocese; Faisons défenses à toutes personnes de lui donner aucun trouble ni empêchement dans ladite levée & recouvrement. SI VOUS MANDONS que ces présentes vous ayez à faire registrer, & le contenu en icelles, ensemble audit arrêt, exécuter selon sa forme & teneur, cessant & faisant cesser tous troubles & empêchemens contraires : CAR tel est notre plaisir. DONNÉ à Fontainebleau le vingt-cinquieme jour d'Octobre, l'an de grace mil sept cent soixante-neuf, & de notre regne le cinquante-cinquieme. Signé, LOUIS : Et plus bas ; Par le Roi. PHELYPEAUX, signé.

Les lettres patentes, avec l'arrêt du conseil y attaché, ont été registrés ès registres de la cour des comptes, aides & finances de Montpellier, pour jouir par ledit Pierre Hubert Mauclerc de l'effet y contenu, suivant l'arrêt de ce jourd'hui septieme Décembre mil sept cent soixante-neuf. Signé, PRALON, greffier.

Les préfentes, & l'arrêt du confeil ci-attaché, ont été regiftrés ès regiftres du bureau des finances de la généralité de Montpellier, pour joüir par ledit Pierre Hubert Mauclerc de l'effet y contenu, fans approbation de la claufe inférée dans lefdites lettres patentes, concernant le cautionnement des deniers ordinaires dudit dioceſe de Narbonne devant les commiffaires dudit dioceſe, & à la charge de prêter ledit cautionnement devant le bureau, fuivant l'ordonnance de ce jourd'hui dix-huitieme Décembre mil fept cent foixante-neuf. Signé, GUILLEMINET, greffier.

CCLIX.

ORDONNANCE

DE NOSSEIGNEURS LES COMMISSAIRES DU ROI ET DES ETATS,

Qui défend aux communautés de rien impofer ni payer à raifon du papier timbré des quittances qui doivent être fournies par les receveurs aux collecteurs, aux trois termes des impofitions.

Du 5 Janvier 1770.

LES COMMISSAIRES NOMMÉS PAR lettres-patentes du 30 Janvier 1734, & autres données en conféquence, pour régler tout ce qui concerne l'adminiftration des affaires des villes & communautés de la province de Languedoc.

VU l'ordonnance fur le fait des aides, du mois de Juin 1680, dont l'article XV du titre concernant les droits fur le papier & parchemin timbré, porte que les collecteurs des tailles feront tenus feulement de payer les droits pour fix quittances du nombre de celles qui leur feront délivrées par an par le receveur des tailles, le furplus demeurant à la charge defdits receveurs : Vu auffi la décifion du confeil du 2 Mai 1768, portant qu'il fera pris douze quittances au bureau de la formule, par année, & par chaque paroiffe ou communauté, dont fix à la charge des collecteurs, & les fix autres à la charge des receveurs des tailles : Autre décifion du confeil du 3 Novembre de ladite année, rendue fur les repréfentations des receveurs des tailles de cette province, laquelle porte que celle du 2 Mai fera exécutée en ce qu'elle enjoint aux receveurs des tailles, de délivrer leurs quittances en papier timbré aux collecteurs ; mais comme les impofitions ne fe payent en Languedoc qu'à trois époques de l'année, qu'il ne fera pris, du confentement du fermier, que trois quittances feulement au lieu de douze, pour chacune des paroiffes ou communautés de cette province : Et étant néceffaire d'empêcher qu'il ne foit rien pris à raifon defdits droits à la charge des communautés : Ouï le fyndic général.

NOUS, attendu que fuivant l'article XV du titre dernier de l'ordonnance du mois de Juin 1680, le droit de quittances en papier timbré, qui doivent être prifes au bureau de la formule par année, & par chaque communauté, doit être à la charge des receveurs des tailles pour la moitié, & des collecteurs defdites communautés pour l'autre moitié, Ordonnons qu'il ne fera rien employé ni alloué à raifon dudit droit, fixé à trois fols neuf deniers par communauté pour trois quittances, fuivant la décifion du confeil, dans les comptes des collecteurs; auquel effet, des exemplaires imprimés de notre préfente ordonnance feront envoyés aux syndics des diocéses, pour être communiqués auxdits receveurs & aux commissaires auditeurs des comptes desdites communautés, qui seront tenus de s'y conformer chacun en droit soi. FAIT à Montpellier, au bureau de la commission, le cinquieme Janvier mil sept cent soixante-dix. Signés,

LE PRINCE DE BEAUVAU.

DE SAINT PRIEST.
DE SAINT PRIEST.
BENEZET.

† C. P. év. de Nîmes.
Le B. DE VILLENEUVE.
CAMBACERÉS, maire de Montpellier.
FARJON.

CCLX.

ORDONNANCE

DE NOSSEIGNEURS LES COMMISSAIRES DU ROI ET DES ETATS,

Au sujet du recouvrement & du compte du montant des erreurs de calcul, & autres, relatives au premier vingtieme.

Du 4 Mars 1773.

LES COMMISSAIRES nommés par Sa Majesté & par les Etats généraux de la province de Languedoc, suivant les arrêts du conseil, des 20 Novembre 1756, & 23 Décembre 1771, pour régler tout ce qui concerne le recouvrement du prix de l'abonnement des deux vingtiemes, & des quatre sols pour livre du premier, & pour décider les contestations qui pourront naître à ce sujet.

SUR ce qui a été exposé par le syndic général de la province, qu'après que les receveurs des tailles des diocéses eurent rendu compte du premier vingtieme, depuis le premier Janvier 1750, jusques & compris l'année 1756, auquel temps l'abonnement en fut fait, même pour les années antérieures, pendant lesquelles la régie en avoit été faite pour le compte du Roi, il fut procédé à l'examen & recherche des erreurs de calcul, faux ou doubles emplois, & autres de même nature qui pouvoient être intervenues, soit dans les rôles de recouvrement, soit dans les états & ordonnances de reprise; desquelles erreurs ayant été ensuite par Nous arrêté des états ou rôles particuliers pour chaque année & chaque diocése, les receveurs qui avoient été en exercice ces mêmes années, furent chargés d'en faire le recouvrement sur les collecteurs, & d'en remettre le montant au trésorier de la bourse, auquel il fut remis en même temps l'état général dudit recouvrement, revenant à la somme de quarante-deux mille quatre cents quatre-vingt-huit livres six sols neuf deniers, dont il n'a encore reçu, suivant l'état de dépouillement, que le commis aux comptes en a remis, que celle de vingt-neuf mille dix-sept livres neuf sols neuf deniers, sur laquelle derniere somme il y a des reprises ou des payemens faits en conséquence de nos ordonnances, pour environ dix-sept mille livres; en sorte qu'il reste à faire rentrer pour la consommation dudit recouvrement, la somme de treize mille quatre cents soixante-dix livres seize sols onze deniers, qui doit nécessairement être en argent ou en ordonnances de reprise entre les mains desdits receveurs; & comme il est à desirer de terminer cette espece de recouvrement, & que les receveurs puissent obtenir la décharge d'une recette dont ils sont comptables, requéroit, A CES CAUSES, qu'il Nous plût sur ce pourvoir.

NOUSDITS COMMISSAIRES, ayant égard auxdites réquisitions, ordonnons que dans quinzaine pour tout délai, les receveurs des tailles des diocéses de cette province qui ont été en exercice depuis & compris 1750, jusques & inclus 1755, seront tenus, si fait n'a été, de rapporter & remettre, chacun en droit soi, aux bureaux de recette du sieur trésorier général des Etats le montant des rôles des susdites erreurs dont ils ont fait ou dû faire le recouvrement; & ce, en argent ou en reprises justifiées par ordonnances, ou de telle autre manière qu'il appartiendra, desquelles reprises ils remettront en même temps un état d'eux certifié véritable; sinon & faute de ce faire, ledit délai passé, à compter du jour de la communication qui leur sera donnée de notre présente ordonnance par les syndics des diocèses, ils y seront contraints par les voies ordinaires à la diligence dudit sieur trésorier, lequel en rendra compte aux prochains états en la forme ordinaire. FAIT à Montpellier, au bureau de la commission, le quatrieme Mars mil sept cent soixante-treize. Signés,

DE SAINT PRIEST. †. C. P. Ev. de Nimes.
Le Mquis. DE CALVISSON.
CAMBACERÉS, maire de Montpellier.
FARJON.

CCLXI.
ORDONNANCE
DE NOSSEIGNEURS LES COMMISSAIRES DU ROI ET DES ETATS,

Concernant l'exécution des ordonnances de restitution, & des comptes à rendre desdites ordonnances par les receveurs des tailles.

Du 23 Février 1775.

LES COMMISSAIRES nommés par lettres-patentes de Sa Majesté, du 30 Janvier 1734, & 25 Février 1739, *pour régler tout ce qui concerne l'administration des affaires des villes & communautés de la province de Languedoc.*

SUr ce qui Nous a été représenté par le syndic général de la province, que quoique l'utilité pour le maintien du bon ordre dans l'administration des communautés, la vérification qui est faite chaque année des préambules des rôles de leurs impositions, exige la plus grande exactitude dans la suite de l'exécution des ordonnances rendues d'après cet examen, pour la restitution des sommes induement imposées, ou pour des condamnations d'amende prononcées contre les consuls & greffiers qui se sont écartés des regles prescrites par les réglemens, la plupart restent néanmoins sans effet, soit par les difficultés qu'éprouve annuellement leur signification, à cause de la modicité de la fixation faite à une livre dix sols des frais de ladite signification, & à quatre livres dix sols pour l'emprisonnement, par l'ordonnance de la commission du 10 Décembre 1689, aucun huissier ni cavalier de la maréchaussée ne voulant se charger de les faire exécuter pour une aussi modique rétribution, attendu la grande distance de la plupart des communautés où ils sont obligés de se transporter du lieu de leur domicile, soit aussi par le peu d'usage que font les receveurs des tailles chargés de l'exécution de ces ordonnances, de la voie de la garnison qui leur est permise par l'article V de l'ordonnance de la commission du 27 Novembre 1752; ce qui, en perpétuant les abus qui restent encore à réformer dans cette partie d'administration, & que quelques communautés qui sans doute n'ont pas connoissance de ces ordonnances, renouvellent chaque année, suspend en même

534 *Recette & Receveurs des Tailles des Diocèses.*

temps les moins imposés qui doivent être faits des sommes sur-imposées, & des amendes, empêche lesdits receveurs de rendre compte chaque année du recouvrement qu'ils en doivent faire, & met obstacle à l'apurement des comptes qui ont été rendus; à quoi il est important de remédier, en établissant un nouvel ordre qui assure mieux l'exécution de ces ordonnances. Requéroit ledit syndic général, qu'il Nous plût sur ce pourvoir.

Nous Commissaires, ayant égard aux réquisitions du syndic général de la province, avons ordonné & ordonnons qu'il sera fait à l'avenir chaque année, une double expédition en due forme des ordonnances de restitution & de condamnation d'amende, qui auront été prononcées contre les consuls & greffiers des communautés qui ne se seront pas conformés aux réglemens, l'une desquelles expéditions sera remise aux receveurs des tailles qui entreront en exercice, & l'autre double sera annexée par les greffiers des diocèses aux mandes de chacune des communautés dont les administrateurs de l'année précédente auront été au cas desdites amendes & restitutions, & adressées aux consuls en charge, pour être par eux remises auxdits anciens administrateurs; lesquels consuls en charge, lors de l'envoi desdites mandes, seront tenus, sous les peines de droit, même de l'amende de vingt-cinq livres, qui ne sera pas réputée comminatoire, de renvoyer au syndic du diocèse, par le même exprès qui aura porté lesdites mandes, la déclaration des consuls & greffiers condamnés auxdites amendes & restitutions, portant reconnoissance de la remise qui leur aura été faite des ordonnances les concernant; comme aussi ordonnons qu'il sera par le greffier du diocèse, énoncé dans la mande, que les administrateurs qui auront des moyens de décharge ou de modérations desdites amendes & restitutions à proposer, se pourvoiront devant Nous dans le délai d'un mois, à compter du jour de la date de la remise qui leur aura été faite desdites ordonnances, & que faute par eux de rapporter au sieur receveur en exercice, avant l'échéance du second terme des impositions, les ordonnances qu'ils auront obtenues pour la décharge ou modération desdites restitutions & amendes, ils seront, à la diligence du receveur des tailles en exercice, contraints au payement desdites amendes & restitutions par toutes voies de droit, & par garnison militaire, ainsi qu'il en est usé pour la levée des deniers royaux; sans préjudice néanmoins auxdits receveurs d'user de la contrainte personnelle, conformément à l'ordonnance du 10 Décembre 1689, & à l'article V de celle du 27 Novembre 1752 : Et à l'effet de parvenir à faire mettre en moins-imposé par les administrateurs des communautés les sommes qui auront déjà été remises aux receveurs des tailles, provenant des restitutions & amendes prononcées contre les administrateurs de l'année précédente, ordonnons que lesdits receveurs sortant d'exercice, remettront aux syndics des diocèses, la veille de la tenue de l'assemblée de l'assiette, un état des sommes qu'ils ont en leurs mains, provenant dudit recouvrement, lesquelles seront, par un article séparé, ajoutées aux mandes de chacune des communautés auxquelles lesdites sommes appartiendront, & les consuls & greffiers desdites communautés seront tenus d'en faire un moins-imposé dans le rôle de la taille de l'imposition prochaine, à peine par lesdits consuls & greffiers d'en répondre en leur propre & privé nom; comme aussi pour assurer l'exécution desdits moins-imposés, ordonnons aux syndics des diocèses d'envoyer chaque année au syndic général, avec les départemens des impositions, un double dudit état. Enjoignons auxdits syndics des diocèses de tenir la main à l'exécution de la présente ordonnance, dont il leur sera envoyé des exemplaires à la diligence des syndics généraux. FAIT à Montpellier, au bureau de la commission, le vingt-trois Février mil sept cent soixante-quinze. *Signés*,

DE SAINT PRIEST. CAMBACERÉS, maire.
DE SAINT PRIEST. FARJON.
BENEZET.

Par Nosseigneurs, SATGIER & MALLIÉ.

CCLXII.
ARRÊT
DU CONSEIL D'ETAT DU ROI,

Qui autorise le sieur Michel Dupuy à faire le recouvrement des deniers extraordinaires & ordinaires du diocèse de Commenge, en vertu des pouvoirs qui lui en avoient été donnés par MM. les commissaires dudit diocèse, & par le bureau des finances de la généralité de Toulouse.

Du 13 Mai 1777.

EXTRAIT *des Registres du Conseil d'Etat.*

SUR la requête présentée au Roi, en son conseil, par le syndic du diocèse de Commenge, pour la partie de ce diocèse, située dans la province de Languedoc ; Contenant, que le sieur Jean-Alexis Peyrade, pourvu depuis 1760 des trois offices réunis de receveur des tailles dudit diocèse, étant décédé vers la fin de l'année 1775, le sieur Jean-Baptiste Peyrade son fils, a fini l'exercice de ladite année en qualité de procureur fondé du sieur son pere, & a rendu compte dans les formes ordinaires à l'assemblée de l'assiette du diocèse, tenue à Valentine, le 2 Juin 1776 : Que dans la même assemblée, ledit sieur Jean-Baptiste Peyrade auroit été commis à la levée des deniers extraordinaires, capitation & vingtiemes imposés sur ledit diocèse en la présente année, à la charge de donner bonne & suffisante caution, & auroit été renvoyé aux sieurs trésoriers de France de la généralité de Toulouse, pour obtenir d'eux la permission de lever conjointement les deniers ordinaires de la taille & du taillon, à la charge par lui de faire homologuer les deux commissions où il appartiendroit : Que ledit sieur Peyrade, qui avoit d'abord accepté la commission du diocèse, s'en seroit ensuite départi; ce qui auroit obligé les sieurs commissaires de prendre dans leur assemblée du 26 Juillet dernier, une nouvelle délibération par laquelle ils auroient nommé le sieur Michel Dupuy, habitant de la ville de Valentine, pour faire la levée des deniers extraordinaires, capitation & vingtiemes dudit diocèse, ainsi qu'ils y avoient autorisé ledit sieur Peyrade, aux charges, clauses & conditions exprimées dans ladite délibération, sous le cautionnement du sieur Gaudens Abbadre, aussi habitant de Valentine, tant pour la recette des deniers ordinaires, que pour le recouvrement des deniers extraordinaires, & autres généralement quelconques qui sont imposés sur ledit diocèse pendant la présente année : Que par la même délibération, le suppliant ayant été chargé de poursuivre au bureau des finances de la généralité de Toulouse, la commission nécessaire audit Michel Dupuy, pour la levée des deniers ordinaires de l'ancienne taille & taillon, il auroit fait présenter par ce particulier une requête tendante à obtenir la dite commission, laquelle lui auroit été délivrée le 12 Août dernier : Que dans ces circonstances, pour achever de remplir le vœu de la délibération des sieurs commissaires, du 26 Juillet, il ne reste plus au suppliant qu'à obtenir de Sa Majesté l'autorisation dont lesdites commissions doivent être nécessairement revêtues, & que c'est l'objet de la présente requête : Qu'une demande de cette nature peut d'autant moins souffrir de difficulté, que c'est le droit public, même de la province, qui a dicté tout ce qui a été fait sur l'objet dont il s'agit, soit par les sieurs commissaires du diocese, soit par le bureau des finances de Toulouse : Que parmi le grand nombre d'autorités qu'il seroit facile de citer à l'appui de cette proposition, il suffit de choisir les deux arrêts du conseil les plus récens en cette matiere; savoir, celui intervenu le 19 Septembre 1769 pour le diocese de Narbonne, & celui rendu le 19 Avril 1774 au profit du diocese d'Alby, par lesquels deux arrêts, on voit que Sa Majesté n'a fait aucune difficulté d'approuver des commissions toutes semblables à celle dont le sieur Michel Dupuy se trouve aujourd'hui revêtu ; & pour justifier du contenu en la présente requête, le suppliant y joindra les pieces qui suivent : la premiere, du 2 Juin 1776, est la délibération de l'assemblée de l'assiette du diocese de Commenge, qui avoit commis le sieur Jean-Baptiste Peyrade pour la levée des deniers extraordinaires, capitation, vingtiemes dudit diocese en l'année courante, &c. ; la seconde, du 26 Juillet suivant, est une autre délibération de l'assemblée du diocese, qui, sur la démission dudit sieur Peyrade, a commis le sieur Michel Dupuy pour le même objet ; la troisieme, du 12 Août dernier, est la commission délivrée audit Michel Dupuy par le bureau des finances de Toulouse, pour lever les deniers ordinaires de l'ancienne taille & du taillon, imposés sur ledit diocese en la présente année ; la quatrieme, est une copie de l'arrêt du conseil, intervenu le 19 Septembre 1769 en faveur du diocese de Narbonne; la cinquieme & derniere, est copie de l'arrêt du conseil, du 19 Avril 1774, en faveur du diocese d'Alby. Requéroit, A CES CAUSES, le suppliant, qu'il plût à Sa Majesté approuver & confirmer la délibération prise par les sieurs commissaires du diocese de Commenge, le 26 Juillet dernier, à l'effet de commettre le sieur Michel Dupuy, pour faire le recouvrement des deniers extraordinaires, capitation & vingtiemes dudit diocese en la présente année, aux charges, clauses & conditions énoncées en ladite délibération, & approuver pareillement l'ordonnance du bureau des finances de Toulouse, du 12 Août suivant, en ce qu'elle commet ledit Michel Dupuy pour faire la levée des deniers ordinaires de l'ancienne taille & du taillon imposés sur ledit diocese en la même présente année ; en conséquence, ordonner que ledit Michel Dupuy sera & demeurera autorisé à faire la recette desdites impositions ; faire défenses à toutes personnes de lui donner aucun trouble ni empêchement dans ladite levée & recouvrement, & ordonner que sur l'arrêt à intervenir, toutes lettres patentes nécessaires seront expédiées. Vu ladite requête, signée Bocquet de Chanterenne, avocat du suppliant, ensemble les pieces y énoncées & jointes : Oui le rapport du sieur Taboureau, conseiller d'état & ordinaire au conseil royal, contrôleur général des finances ; LE ROI ÉTANT EN SON CONSEIL, a approuvé & autorisé la délibération prise par les sieurs commissaires du diocese de Commenge, le 26 Juillet 1776, à l'effet de commettre le sieur Michel Dupuy pour faire le recouvrement des deniers extraordinaires, capitation & vingtiemes dudit diocese pendant ladite année 1776, aux charges, clauses & conditions énoncées dans ladite délibération ; a pareillement approuvé l'ordonnance du bureau des finances de Toulouse, du 12 Août suivant, en ce qu'il commet ledit Michel Dupuy pour faire la levée des deniers ordinaires de l'ancienne taille & du taillon, imposés sur ledit diocese en la même année. Ordonne en conséquence Sa Majesté, que ledit Michel Dupuy sera & demeurera autorisé à faire la recette desdites impositions de l'année 1776, & qu'il jouira des mêmes attributions dont ont accoutumé de jouir les receveurs d'icelles, à la charge par lui de donner bonne & suffisante caution, pour raison du maniement auxdits deniers ordinaires, devant les commissaires du diocese. Fait Sa Majesté, expresses inhibitions & défenses à toutes personnes, de lui causer aucun trouble ni empêchement dans la levée & recouvrement desdits deniers; Ordonne en outre que sur le présent arrêt toutes lettres nécessaires seront expédiées. FAIT au conseil d'état du Roi, tenu à Versailles, le treizieme Mai mil sept cent soixante-dix-sept. Collationné. Signé, DE VOUGNY.

CCLXIII.
ARRÊT
DE LA COUR DES COMPTES, AIDES ET FINANCES DE MONTPELLIER,

Portant réglement pour les apuremens des comptes des receveurs des tailles du diocese d'Alby.

Du 6 Avril 1778.
Tome VI.

EXTRAIT *des Regiſtres de la cour des comptes, aides & finances.*

LOUIS, PAR LA GRACE DE DIEU, ROI DE FRANCE ET DE NAVARRE: A tous ceux qui ces présentes verront, SALUT. Comme par arrêt rendu en notre cour des comptes, aides & finances. Vu la requête présentée en notredite cour par notre procureur général; Contenant que le désordre trouvé dans la comptabilité & dans les affaires de feu M. David, receveur ancien des tailles du diocese d'Alby, ont fait connoître aux Etats particuliers de ce pays, la nécessité qu'il y auroit d'obliger les receveurs à faire juger & apurer les comptes de leurs derniers exercices, avant d'en pouvoir commencer un nouveau ; ce qui leur est d'autant plus facile, qu'étant en nombre de trois, ils ont un intervalle de deux années de l'un à l'autre exercice, & qu'ils sont déchargés du payement & distribution de notre état; qu'en conséquence, lesdits Etats ont délibéré, le 29 Avril 1777, de n'admettre les receveurs à commencer un nouvel exercice, qu'en apportant l'arrêt de quitus du précédent, & qu'en défaut, la levée seroit mise à leur folle-enchere, en la forme prescrite par l'arrêt du conseil, du 25 Février 1690; qu'ils lui ont fait remettre ladite délibération, à l'effet de poursuivre l'autorisation; qu'il ne croit point devoir refuser son ministere dans un point d'administration aussi essentiel; & qu'il seroit à desirer que les autres pays & dioceses de la province suivissent un exemple aussi sage. C'est pourquoi il requiert qu'il plaise à notredite cour, autoriser la délibération des Etats particuliers du pays d'Albigeois, dudit jour 29 Avril 1777 ; & en conséquence, ordonner que les receveurs des tailles du diocese d'Alby & pays d'Albigeois, ne seront point

Y y y

admis à faire de nouvel exercice de leur charge, qu'ils n'apportent aux Etats particuliers dudit pays l'arrêt de quitus de leur précédent exercice ; autrement, & faute de ce faire, que ladite levée fera mife à leur folle-enchere, en la forme portée par l'arrêt du confeil, du 25 Février 1690 ; ladite requête fignée d'Aigrefeuille, procureur général. NOTREDITE COUR, ayant égard à la requête de notre procureur général, a autorifé & autorife la délibération des Etats particuliers du pays d'Albigeois, du 29 Avril 1777, a ordonné & ordonne, que les receveurs des tailles du diocefe d'Alby & pays d'Albigeois, ne feront admis à un nouvel exercice de leurs charges, qu'après avoir rapporté aux Etats particuliers dudit pays, l'arrêt de quitus de leur précédent exercice ; & faute par eux de ce faire, que la levée fera mife à leur folle-enchere, en la forme portée par notre arrêt du confeil, du 25 Février 1690. Nous, A CES CAUSES, à la requête de notre amé & féal confeiller notre procureur général en notredite cour, mandons & commandons au premier notre huiffier ou fergent requis, faire pour l'entiere exécution du préfent arrêt, tous exploits requis & néceffaires ; de ce faire, te donnons pouvoir & commiffion : Mandons en outre à tous nos officiers, jufticiers & fujets, ce faifant, obéir. DONNÉ à Montpellier, en notredite cour, le fixieme d'Avril, l'an de grace mil fept cent foixante-dix-huit, & de notre regne le cinquieme.

Signé, DEVEZ.

CCLXIV.
ARRÊT
DU CONSEIL D'ETAT DU ROI, ET LETTRES-PATENTES SUR ICELUI,

Qui ordonnent que les offices de receveur des tailles du diocefe de Commenge appartiendront audit diocefe, à la charge de rembourfer au fieur Peyrade, fils du dernier titulaire, les finances & les fupplémens defdites finances, qu'il juftifiera avoir été payées.

Des 4 Mai & 2 Juin 1779.

EXTRAIT des Regiftres du Confeil d'Etat.

VU au confeil d'état du Roi la requête préfentée en icelui, par le fyndic du diocefe de Commenge, tendante à ce qu'il plût à Sa Majefté homologuer la délibération prife par l'affemblée de l'affiette de ce diocefe, tenue le 2 Juin 1776 ; en conféquence, ordonner que les offices des receveurs ancien, alternatif & triennal qui avoient été réunis en un feul en faveur dudit diocefe, par un arrêt du confeil du 23 Juin 1705, appartiendroient en toute propriété audit diocefe, avec les gages & droits y attribués, à la charge de rembourfer au fieur Jean-Baptifte Peyrade, propriétaire actuel de la finance dudit office, comme héritier du feu fieur Jean-Alexis Peyrade, dernier titulaire, les finances & fupplémens des finances qu'il juftifieroit avoir été payés par fes auteurs aux parties cafuelles de Sa Majefté pour raifon dudit office ; & à la charge pareillement de payer, pour la confervation dudit office, le centieme denier, fur le pied de l'évaluation que le dernier titulaire en a faite en exécution de l'édit de Février 1771 ; qu'en conféquence, les commiffaires ordinaires & autres qui gouvernent les affaires dudit diocefe, pourroient choifir telle perfonne que bon leur fembleroit pour exercer ledit office ; & attendu que le diocefe eft hors d'état de fupporter l'impofition des fommes néceffaires pour le remboursement à faire au sieur Peyrade, lui permettre de les emprunter, & d'affecter au payement du principal & des arrérages, tant ledit office, que les gages & droits en dépendans; lui permettre pareillement d'imposer annuellement les sommes qu'il conviendroit pour les salaires de celui qui feroit l'exercice de ladite charge, frais de reddition des comptes & autres, ladite requête signée Bocquet de Chanterenne, avocat des supplians : l'arrêt du conseil du 14 Janvier 1777, qui ordonne que ladite requête sera communiquée au sieur Peyrade pour y fournir de réponse, & que les parties remettroient en main du sieur intendant & commissaire départi pour Sa Majesté dans la généralité de Montpellier, les pieces & écritures qu'elles jugeront à propos, pour en être dressé procès-verbal, ainsi que des dires & réquisitions qu'elles pourront faire devant lui, & être sur le tout son avis donné à Sa Majesté, sur lesquels procès-verbaux & avis vus & rapportés, il sera statué ce qu'il appartiendra; l'ordonnance du sieur intendant & commissaire départi en la province de Languedoc, au bas dudit arrêt du 14 Janvier 1777, portant qu'il sera exécuté selon sa forme & teneur, & signifié au sieur Peyrade, pour y fournir de réponse; l'acte de la signification faite dudit arrêt, en conséquence de ladite ordonnance du sieur intendant, le 26 Avril 1777 : la requête en réponse présentée au conseil par le sieur Peyrade, tendante à ce qu'il plaise à Sa Majesté déclarer le syndic du diocese de Commenge non-recevable en sa demande à fin de concession de l'office de receveur des impositions dudit diocese, & l'en débouter, ordonner que lui sieur Peyrade sera pourvu dudit office, & jouira des revenus, fruits & émolumens fixés par l'arrêt du 30 Juillet 1709, & comme en ont joui les précédens titulaires; & où Sa Majesté jugeroit à propos de réunir ledit office au diocese, en ce cas, & subsidiairement seulement, lui donner acte de l'offre faite par le syndic du diocese, de payer le centieme denier sur le pied de l'évaluation faite par le dernier titulaire, & ordonner que le remboursement lui sera fait de la somme de huit mille livres, à laquelle a été portée l'évaluation qui a été faite dudit office, en exécution de l'édit du mois de Février 1771, & dans tous les cas ordinaires, condamner ledit syndic en trois mille livres de dommages & intérêts, & en tous les dépens; à laquelle requête, signée la Balme, avocat des supplians, & signifiée le 30 Juillet 1777, à Me. Bocquet de Chanterenne, avocat du diocese, sont jointes copies de l'arrêt du conseil du 30 Juillet 1709, qui permet au sieur Pradere de jouir de l'office de receveur des impositions du diocese de Commenge, aux mêmes conditions auxquelles il avoit été accordé au diocese par l'arrêt du 23 Juin 1705; & faute par lui d'avoir satisfait aux conditions portées par ledit arrêt; copie collationnée des provisions du dernier titulaire, en date du 24 Octobre 1730, l'acte de signification de l'arrêt de communiqué du 14 Janvier 1777, en date du 20 Avril de la même année. Vu aussi le procès-verbal dressé en exécution de l'arrêt du conseil du 14 Janvier 1777, pardevant le sieur Vigier, subdélégué de l'intendance de Languedoc au département de Rieux & Commenge, des dires respectifs des parties; différentes délibérations prises à diverses époques par l'assemblée générale de l'assiette du diocese de Commenge, tendantes à prouver que l'arrêt de 1709 a été surpris par le sieur Pradere, & obtenu contre le gré dudit diocese; copie collationnée de l'arrêt du conseil du 23 Juin 1705, qui avoit réuni les trois offices dont il s'agit en faveur du diocèse assemblé ; l'avis du sieur intendant & commissaire départi en la province de Languedoc, sur le tout : Ouï le rapport du sieur Moreau de Beaumont, conseiller d'état ordinaire, & au conseil royal des finances : LE ROI EN SON CONSEIL, ayant aucunement égard à la requête du syndic du diocèse de Commenge, a ordonné & ordonne que les offices de receveur ancien, alternatif & triennal des tailles dudit diocèse, qui avoient été réunis en faveur dudit diocèse, par l'arrêt du conseil du 23 Juin 1705, appartiendront à l'avenir audit diocèse, à la charge de rembourser au sieur Peyrade, fils du dernier titulaire, les finances & supplémens des finances, qu'il justifiera avoir été payés au trésor royal par ses auteurs pour raison dudit office, & de tenir compte audit sieur Peyrade fils, de la différence qu'il y a eu entre le payement du centième denier depuis 1771, d'après l'évaluation faite dudit office, en exécution de l'édit de Février de ladite année, & les trente-trois livres six sols huit deniers, à quoi montoit précédemment le droit annuel. Veut Sa Majesté qu'en satisfaisant par le diocèse auxdites conditions, les commissaires ordinaires & autres qui gouvernent les affaires dudit diocèse, puissent choisir telle personne que bon leur semblera, pour être pourvue dudit office, laquelle sera tenue, conformément aux offres dudit diocèse, de payer pour sa conservation le centième denier sur le pied de l'évaluation qui en a été faite par le dernier titulaire, en exécution de l'édit de Février 1771, & jouira des droits & émolumens attachés audit office. Permet Sa Majesté au diocèse de Commenge, d'emprunter les sommes nécessaires pour le remboursement à faire au sieur Peyrade fils, & d'affecter au payement du principal & arrérages desdites sommes, ledit office & les droits & émolumens y attribués ; lui permet pareillement Sa Majesté d'imposer annuellement les sommes qu'il conviendra pour les salaires de celui qui fera l'exercice de ladite charge, frais de reddition des comptes, & autres. Ordonne au surplus Sa Majesté, qu'il ne sera plus employé aucuns gages pour raison dudit office, dans l'état des charges dudit diocèse. Et seront, sur le présent arrêt, toutes lettres nécessaires expédiées. FAIT au conseil d'état du Roi, tenu à Marly le quatrieme Mai mil sept cent soixante-dix-neuf. *Collationné*, LE MAITRE, *signé*.

LETTRES-PATENTES.

LOUIS, PAR LA GRACE DE DIEU, ROI DE FRANCE ET DE NAVARRE : A nos amés & féaux conseillers les gens tenant notre cour des comptes, aides & finances à Montpellier, & à tous autres nos officiers & justiciers qu'il appartiendra, SALUT. Notre cher & bien-amé le syndic du diocèse de Commenge, Nous a très-humblement fait représenter qu'il se seroit pourvu en notre conseil, à l'effet de faire homologuer une délibération prise par l'assemblée de l'assiette dudit diocèse, tenue le 2 Juin 1776, & pour faire ordonner en conséquence que les offices de receveur ancien, alternatif & triennal, qui avoient été réunis en un seul, en faveur dudit diocèse, par arrêt du conseil du 23 Juin 1705, appartiendroient en toute propriété audit diocèse, avec les gages & droits y attribués, à charge de rembourser au sieur Jean-Baptiste Peyrade, propriétaire de la finance dudit office, comme héritier du feu sieur Jean-Alexis Peyrade, dernier titulaire, les finances & supplémens de finances qu'il justifieroit

PART. I. DIV. II. LIV. III. 541

avoir été payées par ses auteurs, aux parties casuelles de Sa Majesté pour raison dudit office, & à la charge pareillement de payer pour la conservation dudit office le centieme denier sur le pied de l'évaluation faite par le dernier titulaire, en exécution de l'édit de Février 1771 ; qu'en conséquence les commissaires ordinaires, ou autres qui gouvernent les affaires dudit diocese, pourroient choisir telle personne que bon leur sembleroit pour exercer ledit office ; & attendu que le diocese étoit hors d'état de supporter l'imposition des sommes nécessaires pour le remboursement à faire au sieur Peyrade, qu'il lui fût permis de les emprunter, & d'affecter au payement du principal & des arrérages, tant ledit office, que les gages & droits en dépendans ; qu'il lui fût pareillement permis d'imposer annuellement les sommes qu'il conviendroit pour les salaires de celui qui feroit l'exercice de ladite charge, frais de reddition de compte, & autres ; que sur la requête présentée à cet effet, il auroit été rendu le 14 Juillet 1777, en notre conseil, un arrêt portant qu'elle seroit communiquée au sieur Peyrade pour y fournir de réponse, & que les parties remettroient en mains du sieur intendant & commissaire par Nous départi dans la généralité de Montpellier, les pieces & écritures qu'elles jugeroient à propos, pour en être dressé procès-verbal, ainsi que des dires & réquisitions qu'elles pourroient faire devant lui, & être sur le tout son avis à Nous envoyé, pour, lesdits procès-verbaux & avis rapportés, être statué ce qu'il appartiendroit ; que les dispositions de cet arrêt ont été pleinement exécutées, & que c'est d'après cette exécution, qu'il est intervenu, le 4 Mai 1779, un arrêt contradictoire en notre conseil, par lequel ayant aucunement égard à la requête de l'exposant, il a été ordonné que

les offices de receveur ancien, alternatif & triennal des tailles dudit diocese, qui avoient été réunis en faveur dudit diocese, par l'arrêt de notre conseil, du 23 Juin 1705, appartiendroient à l'avenir audit diocese, à la charge de rembourser au sieur Peyrade, fils du dernier titulaire, les finances & supplémens de finances qu'il justifieroit avoir été payés au trésor royal par les auteurs pour raison dudit office, & de tenir compte au sieur Peyrade fils, de la différence qu'il y a eu entre le payement du centieme denier depuis 1771, d'après l'évaluation faite dudit office, en exécution de l'édit de Février de la même année, & les trente-trois livres six sols huit deniers à quoi montoit précédemment le droit annuel ; qu'il a été dit par le même arrêt, qu'en satisfaisant par le diocese auxdites conditions, les commissaires ordinaires, & autres qui gouvernent les affaires dudit diocese, pourroient choisir telle personne que bon leur sembleroit, pour être pourvu dudit office, laquelle seroit tenue, conformément aux offres dudit diocese, de payer le centieme denier pour sa conservation sur le pied de l'évaluation qui en avoit été faite par le dernier titulaire, en exécution de l'édit de Février 1771, il jouiroit des droits & émolumens attachés audit office ; qu'il auroit permis audit diocese d'emprunter les sommes nécessaires pour le remboursement à faire au sieur Peyrade fils, & d'affecter au payement du principal & des arrérages desdites sommes, ledit office & droits & émolumens y attribués ; qu'il lui auroit été pareillement permis d'imposer annuellement la somme qu'il conviendroit pour les salaires de celui qui feroit l'exercice de ladite charge, frais de reddition de comptes, & autres ; qu'il auroit été au surplus ordonné qu'il ne seroit plus employé aucuns gages pour raifon defdits offices dans l'état des charges dudit diocefe; & qu'enfin il auroit été dit par une derniere difpofition, que toutes lettres nécelfaires feroient expédiées fur ledit arrêt, lefquelles lettres l'expofant Nous a très-humblement fait fupplier de lui accorder. A CES CAUSES, de l'avis de notre confeil, qui a vu ledit arrêt rendu en icelui le 4 Mai 1779, ci-attaché fous le contre-fcel de notre chancellerie, Nous avons ordonné, & par ces préfentes fignées de notre main, ordonnons que les offices de receveurs ancien, alternatif & triennal des tailles dudit diocefe, qui avoient été réunis en faveur dudit diocefe, par l'arrêt du confeil du 23 Juin 1705, appartiendront à l'avenir audit diocefe, à la charge de rembourfer au fieur Peyrade, fils du dernier titulaire, les finances & fupplément de finances qu'il juftifiera avoir été payées au tréfor royal par fes auteurs pour raifon dudit office, & de tenir compte audit fieur Peyrade fils, de la différence qu'il y a eu entre le payement du centieme denier depuis 1771, d'après l'évaluation faite dudit office, en exécution de l'édit de Février de ladite année, & les trente-trois livres fix fols huit deniers, à quoi montoit précédemment le droit annuel. Voulons & entendons qu'en fatisfaifant par ledit diocefe auxdites conditions, les commiffaires ordinaires & autres qui gouvernent les affaires dudit diocefe, puiffent choifir telle perfonne que bon leur femblera, pour être pourvue dudit office, laquelle fera tenue, conformément aux offres dudit diocefe, de payer pour fa confervation le centieme denier fur le pied de l'évaluation qui en a été faite par le dernier titulaire, en exécution de l'édit de Février 1771, & jouira des droits & émolumens attachés audit office. Permettons au diocefe de Commenge d'emprunter les fommes néceffaires pour le rembourfement à faire au fieur Peyrade fils, & d'affecter au payement du principal & arrérages defdites fommes, ledit office & les droits & émolumens y attribués. Permettons pareillement audit diocefe d'impofer annuellement les fommes qu'il conviendra pour les falaires de celui qui fera l'exercice de ladite charge, frais de reddition de compte, & autres : Ordonnons au furplus qu'il ne fera plus employé aucuns gages pour raifon dudit office dans l'état des charges dudit diocefe. SI VOUS MANDONS que ces préfentes vous ayez à regiftrer, & du contenu en icelles faire jouir & ufer l'expofant pleinement & paifiblement, ceffant & faifant ceffer tous troubles & empêchemens à ce contraires; Car tel eft notre bon plaifir. DONNÉ à Verfailles le deuxieme jour de Juin, l'an de grace mil fept cent foixante-dix-neuf, & de notre regne le fixieme. Signé LOUIS ; Par le Roi, AMELOT, signé.

Les préfentes, enfemble l'arrêt du confeil ci-attaché, ont été regiftrés ès regiftres de La cour des comptes, aides & finances de Montpellier, pour jouir par le fyndic du diocefe de Commenge de l'effet y contenu, à la charge par le diocefe de faire pourvoir auxdits offices telle perfonne qu'il jugera convenable, dans le délai de fix mois ; finon & faute de ce faire, ledit délai paffé, qu'il fera contraint fuivant la rigueur des ordonnances, fuivant l'arrêt de cejourd'hui trentieme Juillet mil fept cent foixante-dix-neuf. Collationné, PRALON, greffier, signé.

CCLXV.

EXTRAIT *du regiftre des délibérations des Etats généraux de Languedoc, affemblés à Montpellier par mandement du Roi, le 25 Novembre 1779.*

Du Mardi 28 du mois de Décembre fuivant, préfident Mgr. l'archevêque & primat de Narbonne, commandeur de l'ordre du St. Efprit.

Monseigneur l'archevêque de Touloufe a dit, que le fieur de Montferrier a rapporté à la commiffion un acte fignifié le 9 de ce mois au fieur de Joubert, tréforier de la bourfe, à la requête du fieur Germain Pellet, receveur des tailles du diocefe de Lodeve, dans lequel, après avoir cherché à excufer par de prétextes plus fpécieux que folides, fa morofité à faire remettre à la caiffe de la province les impofitions du recouvrement defquelles il eft chargé, il s'eft avifé de dire que ni lui, ni les autres receveurs, ne peuvent remettre à la caiffe générale que ce qu'ils ont recouvré.

Qu'une affertion d'auffi dangereufe conféquence, fi elle étoit tolérée, a donné lieu à la commiffion d'examiner les différens réglemens concernant les obligations des receveurs fur les remifes qu'ils doivent faire à la caiffe de la province à l'échéance de chaque terme des impofitions.

Que MM. les commiffaires ont vu d'abord que l'obligation de faire ce qu'on appelle livre net, c'eft-à-dire, de remettre au tréforier des Etats, le montant defdites impofitions, foit qu'ils les aient reçues ou non, a été convenue avec lefdits receveurs par les articles X & XI du traité fait le 20 Novembre 1610, avec eux, portant « qu'ils » feront tenus d'acquitter en deniers » comptans toutes & chacunes les » fommes & parties de leurs dépar- » temens & affiettes, fans qu'il leur » foit loifible de bailler aucun mande- » ment ni refcription fur aucun col- » lecteur, aux termes portés pour le » payement defdites impofitions; com- » me auffi, de faire en rendant leur » compte au diocefe, recette entiere » fans bailler aucune reprife, fi ce n'eft » en cas de guerre, pefte, famine ou » infolvabilité des paroiffes, defquelles » ils apporteront bonnes & fuffifantes » diligences auxquelles les fyndics ou » députés defdits diocefes auront été » appelés. »

Qu'ils ont trouvé cette obligation mife en principe & renouvelée par la déclaration du Roi du 27 Mars 1708, qui ordonne à l'article premier, que « les receveurs feront tenus de faire » livre net des deniers de la capita- » tion, de même que de ceux de la » taille, à raifon de quoi il leur a été » accordé fix deniers pour livre de taxa- » tions; » condition rappelée dans l'article III de la même déclaration, & dont l'inexécution donne le droit au tréforier de la bourfe, fuivant une autre déclaration du 3 Février 1711, de contraindre lefdits receveurs par la faifie & décret de leurs offices, & même par l'emprifonnement de leurs perfonnes, fans qu'ils puiffent avoir aucun recours contre les diocefes, que pour les quotités des communautés abfolument infolvables, ainfi qu'il eft porté par le traité ci-deffus cité.

Qu'elle a paru enfin expliquée de la maniere la plus claire dans l'article VII d'une délibération des Etats du 7 Février 1724, inférée dans l'arrêt du confeil du 15 Octobre 1740, en ces termes: « Comme les collecteurs des com- » munautés & les receveurs des dioce- » fes font tenus de faire livre net, & » de payer aux termes ordinaires des

» impositions, quoiqu'ils n'aient pas
» reçu des contribuables, &c. »

Que d'après un principe aussi solennellement établi, la commission n'a pu qu'être surprise de la démarche aussi indécente que hasardée du sieur Pellet, & qu'elle a cru devoir la mettre sous les yeux de l'assemblée, avec les justes motifs qui la porteront sans doute, comme l'ont pensé MM. les commissaires, à la proscrire, en approuvant les diligences que doit faire le sieur trésorier des Etats, pour contraindre ce receveur, de même que les autres qui seront en retard, à se mettre en règle, en s'acquittant sans délai des sommes dont ils sont redevables.

A quoi Monseigneur l'archevêque a ajouté: Que les Etats ayant fait ordonner par l'arrêt du 17 Octobre 1739, que les syndics des diocèses compareroient & vérifieroient sur les rôles des collecteurs, les payemens faits par les dénommés auxdits rôles, avec ceux qu'ils auroient fait eux-mêmes au receveur, afin de s'assurer ainsi de l'exactitude desdits collecteurs dans le recouvrement; la commission a regardé, comme une suite nécessaire de cet ordre, sagement établi pour prévenir tout divertissement des deniers publics, d'autoriser les mêmes syndics à se faire représenter lors desdites vérifications, les récépissés ou quittances fournies aux receveurs par le sieur trésorier des Etats, pour les comparer avec les sommes remises par lesdits collecteurs; d'où résultera l'entière connoissance du maniement & du légitime emploi desdits deniers, jusques à leur entrée dans la caisse dudit sieur trésorier.

Sur quoi, il a été délibéré, que les receveurs des tailles seront tenus & contraints en la forme prescrite par les réglemens, à faire livre net du montant de toutes les impositions, en les versant à chaque terme dans la caisse de la province, & que les syndics des diocèses en faisant la vérification ordonnée par l'arrêt du conseil du 17 Octobre 1739, des sommes levées par les collecteurs & de celles par eux portées à la caisse du receveur, se feront représenter par celui-ci les reçus du trésorier des Etats des sommes par lui portées à sa caisse, aux époques fixées après l'échéance de chaque terme des impositions, de quoi ils dresseront procès-verbal qui sera envoyé aux syndics généraux pour en être rendu compte aux Etats, & de charger les syndics généraux de poursuivre, s'il est nécessaire, un arrêt du conseil qui autorise la présente délibération.

CCLXVI.
ARRÊT
De la Cour des Comptes, Aides et Finances de Montpellier,

Qui enjoint aux collecteurs de remettre aux receveurs des tailles en exercice, les sommes imposées pour partie des capitaux dus par les communautés, dans le cas de refus de la part des créanciers de retirer payement desdites sommes.

Du 30 Juillet 1781.

Extrait des registres de la cour des comptes, aides & finances.

VU la requête présentée à la cour par le syndic général de la province, tendante à ce que par les raisons y contenues, il lui plaise ordonner que l'article III de la déclaration du Roi du 4 Août 1770, qui prescrit les démarches qui doivent être faites par les communautés pour mettre leurs créanciers en état de retirer des mains des collecteurs les sommes imposées en leur faveur, en capital ou intérêts,

intérêts, & les diligences auxquelles les créanciers étoient tenus pour conserver leur action contre les communautés, sera exécutée selon sa forme & teneur ; & en conséquence, que dans le cas de refus de la part des créanciers des communautés de retirer payement des sommes imposées pour partie de leurs capitaux, les collecteurs seront tenus de déposer lesdites sommes au receveur des tailles diocésain en exercice, par tout le mois de Décembre de l'année de l'imposition ; à quoi faire qu'ils seront contraints, ensemble leurs cautions de la collecte solidairement, par toutes voies de droit & par corps, à la poursuite & diligence des consuls & communautés, lesquels demeureront responsables des dommages & intérêts desdites communautés, & de leurs créanciers, dans le cas de négligence : L'ordonnance de soit montré au procureur général, de ce jourd'hui, dont ladite requête est répondue, ensemble les conclusions du procureur général : LA COUR, ayant égard à la requête du syndic général de la province, & réquisitions du procureur général, a ordonné & ordonne, que l'article III de la déclaration du Roi du 4 Août 1770, sera exécuté selon sa forme & teneur ; & en conséquence, que dans le cas de refus de la part des créanciers des communautés de retirer payement des sommes imposées pour partie de leurs capitaux, les collecteurs seront tenus de déposer lesdites sommes au receveur des tailles diocésain en exercice, par tout le mois de Décembre de l'année de l'imposition ; à quoi faire contraints, ensemble leurs cautions de la collecte solidairement, par toutes voies de droit & par corps, à la poursuite & diligence des consuls des communautés, lesquels demeureront responsables des dommages & intérêts desdites communautés, & de leurs créanciers, dans le cas de négligence. FAIT & donné à Montpellier en la cour, le trentieme Juillet mil sept cent quatre-vingt-un. *Collationné*. DEVÉS, greffier, *signé*.

Monsieur ADAM DE MONCLAR, *rapporteur*.

CCLXVII.

EXTRAIT *du regiftre des délibérations des Etats généraux de Languedoc, assemblés par mandement du Roi, en la ville de Montpellier, au mois de Novembre* 1781.

Du Jeudi 13 Décembre suivant, président Mgr. l'archevêque & primat de Narbonne, commandeur de l'ordre du St. Esprit.

MONSEIGNEUR l'évêque de Commenge a dit, que MM. les commissaires nommés pour la vérification des impositions des assiettes des dioceses, ont procédé à cette vérification relativement aux impositions faites la présente année sur ceux de la sénéchaussée de Toulouse ; & que, par la comparaison du détail de toutes les sommes imposées par chacun desdits dioceses, avec les départemens des impositions générales arrêtés par les Etats, & les nouveaux départemens des frais d'assiette faits en 1759, on a reconnu qu'ils s'y étoient parfaitement conformés, ainsi qu'aux dispositions des délibérations des Etats, arrêts du conseil, jugemens & ordonnances particulieres concernant les autres dépenses qui, pouvant varier, n'ont point été comprises dans l'état de celles qu'on a regardé comme annuelles & fixes.

Que la commission a vu avec satisfaction, que ces dioceses avoient satisfait à l'envoi du bref-état de l'emploi des fonds de leurs dépenses imprévues, ainsi qu'à l'apurement des comptes des receveurs pour les impositions des années précédentes, en conformité des jugemens rendus par les Etats.

Que MM. les commissaires ont néanmoins remarqué que les receveurs du diocese Bas-Montauban, n'ont point encore fait apurer les comptes de leurs exercices des années 1770, 1775, 1776, 1777 & 1778, & que ce seroit le cas d'enjoindre au diocese de les y contraindre incessamment, pour se conformer à cet égard aux dispositions des réglemens.

Que la commission, sur les différens objets ramenés dans le rapport, a été d'avis de proposer aux Etats d'autoriser les différentes impositions concernant les dioceses de la sénéchaussée de Toulouse par des jugemens que les Etats rendront en la forme ordinaire ; comme aussi, d'enjoindre au diocese Bas-Montauban, de faire apurer incessamment les comptes de ses receveurs des années 1770, 1775, 1776, 1777 & 1778, disposition qui sera insérée dans le jugement des impositions de ce diocese.

Ce qui a été délibéré, conformément à l'avis de MM. les commissaires.

CCLXVIII.

Extrait du registre des délibérations des Etats généraux de Languedoc, assemblés par mandement du Roi, en la ville de Montpellier, au mois de Novembre 1782.

Du Mardi 17 Décembre 1782, président Mgr. l'archevêque de Toulouse, commandeur de l'ordre du St. Esprit.

MONSEIGNEUR l'évêque de Commenge a dit, que le syndic dudit diocese de Commenge a fait remettre au sieur de Puymaurin, syndic général, une délibération de l'assiette dudit diocese du 5 Mai dernier, qui charge ledit syndic d'obtenir le consentement des Etats à l'emprunt de la somme nécessaire pour le payement des frais des provisions & réception du sieur Saux, titulaire de la recette des tailles dudit diocese, de même que celle de quatre cents quatre-vingt livres pour le rachat du droit annuel, après toutefois que Sa Majesté auroit statué sur la demande du diocese ; laquelle demande consistant à supplier Sa Majesté de permettre d'appliquer le don de deux mille livres qu'Elle avoit bien voulu lui accorder par son arrêt du 18 Janvier 1780 ; mais que n'ayant pu obtenir cette grace, ainsi qu'il est porté par un second arrêt du conseil du 20 Juin dernier, MM. les commissaires ordinaires du diocese, à qui ledit arrêt a été communiqué, ont chargé de nouveau leur syndic de se pourvoir aux Etats pour avoir leur consentement à l'emprunt de la somme de quatre mille cinquante-trois livres treize sols trois deniers ; savoir, trois mille cinq cents soixante-treize livres treize sols trois deniers, pour les frais des provisions, réception & installation du nouveau titulaire de la recette, tant à la cour des aides qu'au bureau des finances, & quatre cents quatre-vingt livres à quoi montent les six années du droit annuel desdits offices, à raison de quatre-vingt livres par an.

Que sur le vu des délibérations de l'assiette, & de MM. les commissaires ordinaires du diocese de Commenge, & des états des frais de la dépense faite pour les provisions, réception & installation du nouveau titulaire de la recette dudit diocese, devant la cour des aides, bureau des finances, & le droit annuel, revenant en total lesdits frais, à la somme de quatre mille cinquante-trois livres treize sols trois deniers, la commission a été d'avis de proposer aux États de donner leur consentement au diocese de Commenge, d'emprunter ladite somme de quatre mille cinquante-trois livres treize sols trois deniers, à la charge par le syndic dudit diocese de faire autoriser ledit emprunt en la forme ordinaire.

Ce qui a été délibéré, conformément à l'avis de MM. les commissaires.

CCLXIX.
ARRÊT
DU CONSEIL D'ÉTAT DU ROI,

Qui autorise le diocese de Commenge à faire un emprunt de quatre mille cinquante-trois livres trois sols trois deniers, pour les frais de provision & de réception de l'office de receveur des tailles dudit diocese.

Du 14 Février 1783.

EXTRAIT des *Registres du Conseil d'Etat.*

VU par le Roi, étant en son conseil, l'ordonnance rendue sur la requête du syndic du diocese de Commenge, par les sieurs commissaires présidens pour Sa Majesté aux Etats de la province de Languedoc, & par les sieurs commissaires desdits Etats, le 29 Décembre 1782, par laquelle, sous le bon plaisir du Roi, ils ont permis auxdits syndics & commissaires ordinaires dudit diocese, d'emprunter la somme de quatre mille cinquante-trois livres trois sols trois deniers, dont la rente ou intérêts seront constitués sur le pied du denier vingt, pour être ladite somme de quatre mille cinquante-trois livres trois sols trois deniers, employée au payement des frais de provision & réception de l'office de receveur des tailles dudit diocese, à la charge par ledit syndic d'obtenir de Sa Majesté, l'autorisation nécessaire. Vu pareillement les délibérations prises par l'assemblée de l'assiette du diocese, les 18 Juin 1780, 5 Mai & 15 Novembre 1782, portant pouvoir de solliciter la permission de faire ledit emprunt; ensemble la délibération du 17 Décembre dernier, par laquelle les Etats y ont donné leur consentement, à la charge de l'autorisation de Sa Majesté. Oui le rapport du sieur Joly de Fleury, conseiller d'état ordinaire, & au conseil royal des finances ; LE ROI ÉTANT EN SON CONSEIL, a approuvé & confirmé, approuve & confirme l'ordonnance desdits sieurs commissaires du 29 Décembre dernier ; en conséquence, autorise le syndic du diocese de Commenge à emprunter la somme de quatre mille cinquante-trois livres trois sols trois deniers, dont les intérêts seront constitués au denier vingt, pour être ladite somme employée exactement & sans divertissement, au payement des frais de provision & de réception de l'office de receveur des tailles dudit diocese, à la charge par ledit syndic d'en poursuivre la vérification en la forme ordinaire, & de rapporter toutes les pieces nécessaires au soutien de ladite vérification ; comme aussi, d'en faire le remboursement aux termes qui seront prescrits par les jugemens de vérification. FAIT au conseil d'état du Roi, Sa Majesté y étant, tenu à Versailles le quatorzieme Février mil sept cent quatre-vingt-trois.

Signé, AMELOT.

PREMIER APPENDIX,

Contenant diverses pieces relatives à quelques objets particuliers d'administration diocésaine.

I.

ORDONNANCE

Portant qu'il ne sera pris qu'un seul droit de contrôle, à raison du contrat d'emprunt fait par le syndic du diocese de Lodeve, quoique le receveur des tailles dudit diocese, soit intervenu dans l'acte pour recevoir les deniers empruntés, & en donner compte.

Du 10 Avril 1739.

A Monseigneur de Bernage de St. Maurice, conseiller d'état, intendant en Languedoc.

SUPPLIE humblement le syndic du diocese de Lodeve, qu'ayant fait porter au bureau du contrôle de cette ville, un contrat de constitution de rente de douze mille livres, consenti par le sieur Belliol, procureur fondé dudit syndic, pour y payer les droits, conformément à l'article XXVI du tarif; le commis a prétendu qu'il lui étoit dû non-seulement le contrôle dudit contrat de constitution de rente, mais encore un pareil droit pour la remise que ledit sieur Belliol a fait dans le même instant, & par le même acte dans la caisse du diocese, entre les mains du sieur Artaud qui en est le receveur; mais comme sa prétention est des plus ridicules, en ce que ce commis ne veut point entendre que le syndic du diocese, ni son procureur fondé, ne peuvent point garder un moment devers eux ces fonds, puisque par l'arrêt du conseil & lettres-patentes du 18 Mai 1696, il est expressément porté que les sommes empruntées par les dioceses, ne pourront être mises en d'autres mains qu'en celles des receveurs des tailles, tout comme il en est usé pour la province à l'égard des emprunts qu'elle fait, qui sont stipulés dans la même forme, en vertu des délibérations des Etats, par Mrs. les syndics généraux, lesquels remettent en même temps les deniers à M. le trésorier de la bourse. A ces causes, il vous plaira, Monseigneur, vu ledit contrat de constitution de rente, & l'Arrêt du conseil & lettres-patentes du 18 Mai 1696, ordonner que le commis au bureau du contrôle, contrôlera ledit contrat sur le pied de l'art. XXVI du tarif, avec défenses d'exiger d'autre droit, à peine de concussion : Et ferez Justice, Martel signé.

Le syndic du diocese de Lodeve répondant à la requête donnée de la part de Charles Adam, fermier des domaines du Roi, & droits y joints; par laquelle il prétend faire voir, que dans l'acte en question il y a différentes dispositions, & entre différentes parties.; le suppliant soutient que ce n'est qu'un seul contrat de constitution de rente, pour lequel on veut payer le droit de contrôle, conformément à l'art. XXVI du tarif : Que quoique par le même acte, & dans l'inftant, le fieur Belliol, procureur fondé, remette la fomme de 12,000 livres entre les mains du fieur Artaud receveur, on ne peut pas penfer que ce foit une différente difpofition, ni différente partie, puifque c'eft une fuite abfolument néceffaire du contrat d'emprunt; car fi faut-il que les deniers empruntés foient remis à quelque part, ils ne peuvent pas refter entre les mains du procureur; mais celui-ci les remet dans la caiffe du diocefe qui lui eft indiquée par l'arrêt du confeil, du 18 Mai 1696. Quant à la foumiffion que le fieur Artaud fait de fes biens envers le diocefe, il eft bien naturel de penfer que ce ne peut pas être autrement, parce que le corps du diocefe doit avoir une garantie fur les biens de celui qui tient la caiffe, & pour cet effet le Roi l'a expreffément déclaré par le fufdit arrêt fur les offices de receveur des tailles; ainfi il y a lieu de débouter le fermier de fa requête, & d'adjuger au fuppliant les fins & conclufions qu'il a prifes ci-deffus.

VU les requêtes refpectives du fyndic du diocefe de Lodeve, d'une part; & de Me. Charles Adam, fermier des domaines & droits y joints, d'autre part: Copie de l'acte dont il s'agit, du 3 du préfent mois: L'arrêt du confeil, du 18 Mai 1696, par lequel Sa Majefté a déclaré les offices des receveurs des tailles de la province de Languedoc, affectés par privilége à tous créanciers, au payement des fommes appartenantes à la province, aux diocefes ou aux communautés, en quelque maniere que ce foit, qui ont été ou feront remifes ès mains des pourvus defdits offices, leurs prépofés ou commis, & fait défenfes à tous ceux qui compoferont à l'avenir les affemblées des diocefes, de faire remettre les chofes empruntées ou impofées, & celles qui leur auront été accordées par les Etats, en d'autres mains qu'en celles des receveurs des tailles, à peine de répondre en leurs propres & privés noms de la folvabilité des perfonnes qu'ils auront commifes: Vu auffi les articles XXVI & XCVI du tarif, du 29 Septembre 1722.

Nous ORDONNONS, qu'il ne fera pris qu'un feul droit de contrôle pour l'acte du 3 du préfent mois, dont il s'agit, & que moyennant le payement dudit droit, le commis fera tenu de le contrôler, à peine de tous dépens, dommages & intérêts. FAIT à Montpellier, le 10 Avril 1739. DE BERNAGE *figné*: *Et plus bas*, Par Monfeigneur, ANGRAVE. *Collationné.*

Voyez *l'arrêt du confeil*, *du* 30 *Octobre* 1786, *ci-après* N°. XXII.

I I.

ARRÊT

DU CONSEIL D'ETAT DU ROI,

Qui autorife le diocefe d'Agde à impofer la fomme de 7800 livres reftante de celle de 10,000 livres, pour laquelle il s'eft obligé envers la communauté de Meze, par la tranfaction & accord du 29 Novembre 1754, & ce en fept années confécutives, à commencer la préfente, à raifon de 1114 livres 5 fols 9 deniers par année fans intérêt.

Du 14 Février 1755.

EXTRAIT *des Regiftres du Confeil d'Etat.*

SUR la requête préfentée au Roi étant en fon confeil, par le fyndic général de la province de Languedoc; Contenant, que s'étant élevé plufieurs conteftations entre les communautés de Meze & de Loupian, d'une part, &

le diocese d'Agde, d'autre, au sujet de la contribution aux dépenses de la construction, entretien & ameublement des casernes dudit lieu de Meze ; cette affaire qui est très-compliquée & embarrassante, a été terminée par un accord fait entre les commissaires du diocese & les députés desdites communautés ; lequel accord a été autorisé par une ordonnance rendue, le 19 Décembre 1754, par les sieurs commissaires de Sa Majesté & ceux des Etats, députés pour procéder à la vérification des dettes des dioceses, villes & communautés de la province : que comme cet accord contient, entre autres choses, une obligation de la part du diocese, d'imposer pendant sept années une somme de onze cents quatorze livres, pour être payée à la communauté de Meze, en représentation de ce qu'elle a indûment payé par le passé, à cause de sa surcharge à la contribution de la dépense dudit entretien & ameublement des casernes, les Etats auroient, dans leur derniere assemblée, consenti, sur la réquisition dudit diocese, à ce qu'il imposât les sommes auxquelles il s'est obligé par l'accord qu'il a fait avec les communautés de Meze & de Loupian ; laquelle imposition ayant ensuite été permise, sous le bon plaisir de Sa Majesté, par une autre ordonnance desdits sieurs commissaires, du 6 Janvier dernier, il a lieu d'espérer que Sa Majesté voudra bien l'autoriser. A CES CAUSES, requéroit le suppliant qu'il plût à Sa Majesté approuver & confirmer l'ordonnance desdits sieurs commissaires du 6 Janvier dernier, & en conséquence, permettre audit diocese d'imposer pendant sept années la somme de onze cents quatorze livres en faveur de la communauté de Meze, pour les causes susdites. Vu ladite requête, ensemble la transaction passée par les commissaires ordinaires du diocese d'Agde, & les députés desdites communautés de Meze & de Loupian, le 29 Novembre 1750, au sujet des arrangemens pris depuis l'année 1695, à l'occasion des casernes construites dans le terroir dudit Meze, entretien & ameublement d'icelles, par laquelle transaction les prétentions de ladite communauté de Meze, à l'occasion de la surcharge à ladite construction, entretien & ameublement, sont liquidées en capital & intérêts, à la somme de dix mille livres ; pour le payement de laquelle dite somme ledit diocese cede à ladite communauté de Meze, un capital de deux mille deux cents livres qui lui est dû par la communauté de Loupian, & s'oblige de lui payer les sept mille huit cents livres restans, en sept années & sept payemens égaux de onze cents quatorze livres cinq sols neuf deniers chaque année, sans intérêt ; l'ordonnance rendue par lesdits sieurs commissaires de Sa Majesté & des Etats, le 19 Décembre 1754, qui autorise ladite transaction, pour être exécutée selon sa forme & teneur ; la délibération des Etats, en date du 31 Décembre de ladite année, par laquelle ils ont donné leur consentement à l'imposition de ladite somme de onze cents quatorze livres cinq sols neuf deniers pendant sept années : Autre ordonnance rendue par lesdits sieurs commissaires, le 6 Janvier dernier, par laquelle il est permis audit diocese de faire ladite imposition, sous le bon plaisir de Sa Majesté : Ouï le rapport du sieur Moreau de Séchelles, conseiller d'état ordinaire, & au conseil royal, contrôleur général des finances ; SA MAJESTÉ ÉTANT EN SON CONSEIL, a approuvé & confirmé, approuve & confirme l'ordonnance desdits sieurs commissaires dudit jour 6 Janvier dernier ; & en conséquence, a autorisé & autorise le diocese d'Agde à imposer la somme de sept mille huit cents livres restante de celle de dix mille livres pour laquelle il s'est obligé envers ladite communauté de Meze, par ladite transaction & accord, du 29 Novembre 1754, & ce en sept années consécutives, & à commencer la présente, à raison de onze cents quatorze livres cinq sols neuf deniers par année, sans intérêt; laquelle somme sera levée par les collecteurs desdites sept années, & les deniers en provenant employés au payement de ladite communauté de Meze; sans aucun divertissement; à la charge toutefois que ladite communauté de Meze, ainsi que celle de Loupian, demeureront exemptes de ladite imposition, conformément à l'accord passé avec les commissaires des diocèses. Ordonne Sa Majesté qu'à fur & à mesure que ledit diocèse d'Agde fera lesdites impositions, les maire, consuls & greffier, & autres administrateurs de ladite communauté de Meze, seront tenus de faire un moins imposé au profit des contribuables, pendant lesdites sept années, de ladite somme de onze cents quatorze livres cinq sols neuf deniers, à peine par eux d'en répondre en leurs propres & privés noms. FAIT au conseil d'état du Roi, Sa Majesté y étant, le quatrieme jour de Février mil sept cent cinquante-cinq.

Signé, PHELYPEAUX.

III.

EXTRAIT du registre des délibérations des Etats généraux de Languedoc, assemblés à Montpellier par mandement du Roi, le 5 Novembre 1772.

Du Jeudi 3 Décembre suivant, président Mgr. l'archevêque & primat de Narbonne.

MONSEIGNEUR l'archevêque de Toulouse a dit, que le sieur de Montferrier a rapporté à la commission une requête du syndic du diocèse de Limoux, qui expose que le Roi est en possession d'un droit d'émine qui est perçu à la halle de Limoux, & autres mesures publiques sur les grains; que ce droit ayant été cédé par Sa Majesté à madame la marquise de la Fare pour en jouir pendant sa vie, les fermiers de cette dame avoient formé des prétentions qui ont non-seulement donné lieu à plusieurs procès actuellement pendans au parlement de Toulouse, mais qui rendent encore le droit onéreux pour les diocésains, à cause de la déclaration que les commis à sa perception veulent exiger lors de l'apport de leurs grains dans la ville; ce qui les met dans le cas de les aller vendre ailleurs, & les expose à de plus grands frais; que l'assiette du diocèse ayant eu connoissance en 1764 de ces désavantages, & dans la vue de faire cesser tout trouble, délibéra de prendre ledit droit, moyennant une albergue qu'on s'obligeroit de payer à Sa Majesté, & dont l'imposition seroit à la charge du diocèse; mais que cette résolution avoit resté sans effet, que ladite dame marquise de la Fare étant décédée depuis peu, cet événement avoit réveillé l'attention de MM. les commissaires du diocèse qui ont pris une délibération le 16 Octobre dernier, par laquelle, après avoir énoncé tous les avantages que le diocèse retireroit de l'inféodation du droit dont il s'agit, ils ont chargé ledit syndic de demander le consentement qu'il sollicite de l'assemblée à l'acquisition dudit droit, moyennant une albergue portée jusqu'à la somme de trois mille livres, pour l'imposition en être faite sur le diocèse après la réussite de cette affaire, dont il supplie les Etats de vouloir bien charger MM. leurs députés à la cour de s'occuper.

Que MM. les commissaires ayant considéré que cette acquisition à titre d'albergue ne préfentoit rien d'onéreux pour le diocefe, & qu'elle pourroit même être regardée comme avantageufe, quand il n'en réfulteroit d'autre bien pour fes habitans, que de les mettre à couvert par ce moyen des procès & différens où ils fe trouvent expofés avec les fermiers ou prépofés à la perception du droit dont s'agit; il a paru à la commiffion que les Etats devoient donner leur confentement à ce que le fyndic du diocefe fuive l'effet de la délibération fur ce prife, le 16 Octobre dernier, & charger en même-temps MM. les députés à la cour d'en folliciter le fuccès.

Ce qui a été délibéré, conformément à l'avis de MM. les commiffaires.

I V.

EXTRAIT *du regiftre des délibérations des Etats généraux de Languedoc, affemblés par mandement du Roi, en la ville de Montpellier, au mois de Janvier* 1776.

Du Samedi 10 Février, préfident Mgr. l'archevêque & primat de Narbonne, commandeur de l'ordre du St. Efprit.

MONSEIGNEUR l'évêque de Mirepoix a dit, que le fieur de Montferrier, fyndic général, a fait le rapport à la commiffion d'une requête préfentée par le fyndic du diocefe de Caftres, contenant que le diocefe ayant eu des conteftations avec le fieur Ducros, entrepreneur de la conftruction du chemin de Graulhet, elles furent portées au confeil qui rendit arrêt le 4 Août 1770, qui entr'autres difpofitions, condamne ledit Ducros au payement d'une fomme de huit cents feize livres, pour le montant des frais des vérifications faites par le fieur la Roche, directeur des travaux publics dudit diocefe,

Que ledit Ducros fe pourvut en oppofition envers ledit arrêt, & en obtint un le 31 Mars 1771, qui rendit les difpofitions du premier équivoques, & qui autorifa cet entrepreneur à prétendre qu'il n'avoit été condamné au payement de ladite fomme de huit cents feize livres que par provifion, & fous la réferve de la répéter, le cas y échéant.

Que ledit Ducros prétendit encore qu'il lui étoit dû par le diocefe une fomme de deux mille quatre cents livres, pour le montant du prix des menues réparations d'entretien du même chemin, à compter du mois d'Avril 1766, jufqu'au premier Janvier 1773, fuivant le bail à lui paffé le 6 Juillet 1763, & il forma l'une & l'autre de ces demandes dans un mémoire qu'il préfenta à M. le contrôleur général, vers la fin de 1774.

Que ce miniftre renvoya ledit mémoire à M. l'intendant, en le chargeant de concilier, s'il étoit poffible, les parties; & à défaut, de recevoir leurs dires & réclamations, de dreffer du tout procès-verbal, & de lui en rendre compte en lui faifant part de fes obfervations, & de fon avis.

Que ce magiftrat crut devoir faire part de ce renvoi à Monfeigneur l'évêque de Caftres, pendant fon féjour en cette ville, lors de la dernière affemblée des Etats, qui prit la peine de faire examiner cette affaire par MM. les commiffaires du diocefe, qui pendant l'examen qu'ils en firent, reconnurent que la prétention dudit Ducros, en ce qui concernoit les deux mille quatre cents livres qu'il demandoit pour l'entretien & menues réparations dudit chemin, n'étoit fondée qu'en partie, & qu'il ne pourroit tout au plus prétendre que la moitié de ladite fomme.

Que la feconde prétention parut douteufe, & pouvoit donner lieu à une

conteftation

contestation sérieuse entre le diocèse & ledit Ducros, ce qui les porta à déterminer de s'en remettre à la décision de M. l'intendant à ce sujet.

Qu'en conséquence, il fut dressé des mémoires respectifs que le syndic du diocèse fut chargé de remettre à M. de Saint-Priest pere, pendant son séjour à Toulouse; qu'il s'acquitta de sa commission en portant lesdits mémoires à ce magistrat, qui décida qu'il croyoit convenable, que le diocèse & ledit Ducros partageassent le différent qu'ils avoient ensemble, & que le diocèse payât à ce dernier quatre cents huit livres pour la moitié des frais de vérification du sieur la Roche.

Que sur le rapport fait par ledit syndic à l'assiette du diocèse, des démarches qu'il avoit fait en conséquence des ordres de MM. les commissaires du diocèse auprès de M. l'intendant & de sa décision, il fut pris le 30 Mai dernier dans ladite assemblée, une délibération qui détermina de faire payer audit Ducros, tant ladite somme de quatre cents huit livres, que celle de douze cents livres que MM. les commissaires du diocèse avoient jugé lui être due, à raison des menues réparations d'entretien dudit chemin d'après les clauses de son bail ; & qu'en conséquence, il fut expédié un mandement en sa faveur de la somme totale de seize cents huit livres sur les fonds empruntés pour les ouvrages dudit chemin ; que comme il importe au diocèse que cet arrangement soit autorisé par les Etats, afin de pouvoir le porter en vérification, ledit syndic a été chargé par ladite délibération de l'assiette, de supplier l'assemblée de vouloir bien, en autorisant l'arrangement fait à l'amiable, & par la médiation de M. l'intendant, entre le diocèse & ledit Ducros, lui accorder son consentement au payement déjà fait desdites

seize cents huit livres pour en éviter la radiation.

Que MM. les commissaires considérant que cet arrangement met fin à une affaire qui n'a duré que trop longtemps, & a tourné à l'avantage du diocèse, ont été d'avis de proposer aux Etats de l'approuver, ainsi que le payement qui a été fait en conséquence audit Ducros.

Ce qui a été délibéré, conformément à l'avis de MM. les commissaires.

V.

Extrait du registre des délibérations des Etats généraux de Languedoc, assemblés à Montpellier, par mandement du Roi, le 30 Novembre 1780.

Du Vendredi 5 du mois de Janvier 1781, président Mgr. l'archevêque & primat de Narbonne, commandeur de l'ordre du Saint-Esprit.

MONSEIGNEUR l'archevêque de Narbonne, président, a dit, qu'il se voit avec peine forcé d'informer les Etats, des désordres qui se sont introduits dans l'administration du pays de Gévaudan, pendant la durée des fonctions du feu sieur Lafont, syndic dudit pays : que ces désordres ont pu d'autant moins être connus pendant la vie de ce syndic, que ses qualités personnelles écartoient tout soupçon sur sa gestion ; mais que sa mort en a dévoilé toutes les irrégularités : que Monseigneur l'évêque de Mende, qui, ainsi que les autres administrateurs du pays, avoit accordé la confiance la plus entiere à ce syndic, est le premier à dénoncer à cette assemblée, dès l'instant auquel il en a eu connoissance, la violation des regles qu'on doit imputer à cet officier, & à la supplier de prendre les moyens qu'elle croira les plus

554 *Objets particuliers d'Administration Diocésaine.*

propres à en éclairer les détails, & à y remédier.

Que l'inspection des Etats sur l'administration des diocèses leur donne le droit de les surveiller, & que l'exercice de ce droit, est pour eux un devoir rigoureux dans des circonstances aussi malheureuses.

Qu'il a donc l'honneur de leur proposer de nommer des commissaires de tous les ordres, qui seront chargés, d'après les renseignemens qui leur seront donnés, & sur les réquisitions & les conclusions des syndics généraux, de rechercher & de connoître avec la plus scrupuleuse exactitude, les vices de l'administration dudit pays de Gévaudan, pour en être rendu compte aux Etats dans leur prochaine assemblée.

Ce qui a été délibéré, conformément à la proposition de Monseigneur le président, qui a nommé à cet effet Monseigneur l'évêque de Lodève, M. le Baron de Villeneuve, & les sieurs syndics des diocèses de Narbonne & d'Alby.

Voy. *ci-après la délibération des Etats du 3 Janvier 1782, n°. IX.*

V I.

EXTRAIT *du registre des délibérations des états généraux de Languedoc, assemblés à Montpellier, par mandement du Roi, le 29 Octobre 1778.*

Du 12 Novembre suivant, président Mgr. l'archevêque & primat de Narbonne, commandeur de l'ordre du St. Esprit.

MONSEIGNEUR l'évêque de Comminge a dit, que le sieur de la la Fage, syndic général, a rendu compte à la commission de deux requêtes présentées aux Etats par les syndics des diocèses de Saint-Papoul & de Castres;

qu'on représente par la premiere, que dans le cours de l'année, la cherté excessive des grains dans toute la province, s'étant plus particulierement fait ressentir dans le diocèse de Saint-Papoul, le bureau d'administration du diocèse, alarmé du malheur public, & des suites funestes que pouvoit produire la crainte d'une prochaine disette, se crut obligé, dans une circonstance si critique, de pourvoir au besoin général; qu'il s'empressa en conséquence d'accepter l'offre faite par un zélé citoyen, de fournir la quantité de blé suffisante, sur le pied de quinze livres dix sols le setier, prix beaucoup inférieur à celui de la place.

Que cet approvisionnement produisit les meilleurs effets, par la diminution sensible du taux de cette denrée; & qu'en facilitant la subsistance du menu peuple, il le ramena aux travaux utiles de la campagne qu'il ne pouvoit supporter par le défaut d'alimens; mais que quelque économie que le diocèse ait apporté dans le débit du grain, qu'il avoit soin de proportionner au besoin de chaque particulier, cette opération exactement justifiée, a néanmoins occasionné en frais de transport & en déchet, une dépense de deux mille sept cents cinquante-quatre livres quatre sols deux deniers, qui doit paroître peu considérable, attendu le bien qui en a résulté.

Qu'on expose dans la seconde requête, que la modicité de la récolte de l'année derniere, ayant réduit les habitans de la montagne du diocèse de Castres dans la plus affreuse misere, & MM. les commissaires de ce diocèse craignant les suites dangereuses d'une pareille situation, auroient cru devoir aviser aux moyens d'approvisionner cette partie du diocèse, d'une quantité de grains assez considérable pour fournir aux besoins les plus pressans; qu'en conséquence, ils accepterent l'offre faite par deux honnêtes citoyens, de faire venir trois mille boisseaux de seigle de Bretagne, mesure de Bordeaux, se chargeant gratuitement des premieres avances, & de céder en outre quatre cents setiers de seigle qu'ils avoient dans leurs magasins, au dessous du prix courant de la place.

Que cette proposition acceptée par délibération de l'assiette du 28 Avril dernier, a éprouvé, ainsi que cette assemblée l'avoit prévu, une perte résultante de l'achat, & de la distribution des grains qui seroit supportée par le diocese, laquelle se monte à la somme de quatorze cents soixante-quinze livres deux sols cinq deniers, dont le receveur a fait l'avance, & dont le syndic du même diocese sollicite le remboursement par imposition dans le département des frais d'assiette.

Qu'après avoir mûrement pesé les demandes de ces deux dioceses, & fait représenter l'arrêt du conseil du 15 Février 1771, portant que les emprunts pour ouvrages publics & autres dépenses, ne seront autorisés qu'autant qu'ils auront été délibérés à l'assemblée de l'assiette, & non par les commissaires ordinaires du diocese seuls, après la séparation de ladite assemblée, la commission auroit considéré d'ailleurs les inconvéniens qui pourroient résulter des demandes faites aux Etats pour obtenir leur consentement à des emprunts ou des impositions extraordinaires, sur des objets semblables à ceux qui se présentent, qui, quoique d'un côté plus favorables pour le diocese de Castres que pour celui de Saint-Papoul, tendroient à provoquer les Etats sur un consentement qui doit toujours être préalable de leur part.

Mais, que quelque louables que paroissent les motifs des deux dioceses dans des circonstances aussi difficiles & aussi critiques, la commission a néanmoins pensé qu'il ne sauroit y avoir lieu de consentir aux impositions demandées en remplacement de la somme de deux mille sept cents cinquante-quatre livres quatre sols deux deniers, avancée par le receveur du diocese de Saint-Papoul, & de quatorze cents soixante-quinze livres deux sols cinq deniers, dont le receveur du diocese de Castres a pareillement fait l'avance ; sauf aux syndics desdits dioceses à se retirer devers Sa Majesté, à l'effet de la supplier d'y pourvoir.

Ce qui a été délibéré, conformément à l'avis de MM. les commissaires.

VII.

EXTRAIT du regiſtre des délibérations des Etats généraux de Languedoc, assemblés à Montpellier, par mandement du Roi, le 29 Novembre 1781.

Du Mardi 11 Décembre suivant, président Mgr. l'archevêque & primat de Narbonne, commandeur de l'ordre du St. Esprit.

MONSEIGNEUR l'évêque de Commenge a dit, que le syndic du diocese de Saint-Pons supplie les Etats de consentir à l'imposition de la somme de deux cents soixante-douze livres due au receveur des tailles du diocese, suivant la clôture de son compte arrêté à l'assiette derniere, à cause d'une erreur de calcul intervenue à son préjudice dans l'imposition des frais d'assiette.

Que la commission avoit reconnu, d'après le département des frais d'assiette de l'année 1780, qu'il n'avoit été imposé que cinquante-trois mille cent cinquante livres dix sols un denier, au lieu de cinquante-trois mille quatre cents soixante-quatre livres dix sols un denier, à quoi se portent les sommes énoncées audit département ; & qu'ainsi, elle avoit été d'avis de proposer aux Etats, de consentir à l'imposition du débet de deux cents soixante-douze livres.

Ce qui a été délibéré, conformément à l'avis de MM. les commissaires.

VIII.

EXTRAIT *du registre des délibérations des états généraux de Languedoc, assemblés par mandement du Roi, à Montpellier, le 29 Novembre 1781.*

Du 15 Décembre suivant, président Mgr. l'archevêque & primat de Narbonne, commandeur de l'ordre du St. Esprit.

MONSEIGNEUR l'évêque de Commenge a dit, qu'il a été rendu compte à la commission, d'un mémoire présenté par le syndic du diocese de Montpellier, par lequel il demande l'autorisation d'un projet de transaction entre MM. les commissaires ordinaires de ce diocese, & le sieur André Chrétien, adjudicataire de la construction des ouvrages du pont de Villeneuve, & que les Etats veuillent bien donner leur consentement à l'emprunt de la somme capitale de quatre-vingt mille livres qu'il a été convenu de payer audit sieur Chrétien, & à l'imposition du montant des intérêts qui courent depuis le cinq Octobre dernier, jour auquel le projet de transaction a été arrêté jusques à celui du payement effectif.

Il résulte de ce mémoire, & des pieces dont il est accompagné, que le diocese de Montpellier ayant adjugé audit sieur Chrétien, les ouvrages de la construction dudit pont de Villeneuve & de ses avenues sur le devis qui en avoit été dressé par le sieur Giral, directeur des travaux publics du diocese; cet entrepreneur, après avoir construit partie des ouvrages, les abandonna totalement, prétendant qu'il ne lui étoit pas possible de les exécuter en la forme réglée par le devis pour ce qui concernoit les fondations de la pile & de la culée du côté de Villeneuve.

Les contestations qui s'éleverent à ce sujet, furent portées en 1770 devant M. l'intendant, qui condamna par plusieurs ordonnances les prétentions dudit sieur Chrétien, & qui le débouta de son opposition envers celles qui l'avoient condamné à la folle-enchere, & qui avoient autorisé la nouvelle adjudication faite au sieur Nogaret.

Ledit sieur Chrétien appela au conseil des ordonnances de M. l'intendant, il obtint un arrêt le 8 Janvier 1776, par lequel, sans s'arrêter auxdites ordonnances, il fut ordonné que le bail dudit Chrétien demeureroit résilié, & le diocese fut condamné à lui payer, à dire d'experts, le prix de tous les ouvrages, tant d'adjudication que d'augmentation, ou ceux par économie que ledit sieur Chrétien pouvoir avoir faits, ensemble la valeur du bâtiment qu'il avoit fait construire auprès dudit pont, & celle des matériaux qui avoient été pris dans ses magasins ou ailleurs, avec dépens.

Il fut procédé à l'estimation ordonnée; le tiers expert l'avoit portée à soixante-onze mille neuf cents dix-huit livres quatorze sols un denier, sans à ce comprendre certains articles réclamés par ledit sieur Chrétien, & dont tous les experts s'étoient réunis à renvoyer l'estimation jusqu'à ce que le conseil auroit statué sur les prétentions & exceptions respectives des parties.

Le diocese avoit depuis demandé au conseil une seconde vérification, tandis qu'au contraire le sieur Chrétien poursuivoit l'autorisation du rapport du tiers expert, & la condamnation contre le diocese d'une somme capitale de soixante-quatorze mille huit cents soixante-trois livres cinq fols cinq deniers, ensemble les intérêts depuis 1770, époque de l'abandon des ouvrages, & soixante mille livres de dédommagement, avec dépens.

Dans cet état, ledit sieur Chrétien ayant paru disposé à se prêter à un arrangement, l'assemblée de l'assiette avoit autorisé, par sa délibération du premier Mai dernier, MM. les commissaires ordinaires à terminer amiablement avec lui; ledit sieur Chrétien avoit remis en conséquence un dernier état de ses répétitions formées ou à former, qu'il avoit fait monter à une somme de cent quatre-vingt-treize mille quatre-vingt-quatre livres neuf sols sept deniers, sur laquelle il offroit l'imputation de vingt-cinq mille livres qu'il avoit reçu; mais ayant été forcé de reconnoître que certains des articles réclamés étoient dans le cas d'être rejetés, & que presque tous les autres étoient susceptibles de retranchemens ou de modérations, il avoit offert de se contenter d'une somme de quatre-vingt mille livres dont le payement lui seroit fait en quatre années, avec les intérêts, exempts de toute retenue, à compter du 5 Octobre, jour dudit accord.

Cette offre ayant été acceptée conditionnellement par M. l'abbé Despalieres, l'un des commissaires ordinaires du diocese, qui avoit été autorisé par une délibération du 5 Octobre, à ménager l'arrangement projeté, lesdits sieurs commissaires du diocese s'assemblerent de nouveau le 16 du même mois, & après avoir entendu ledit Sr. Chrétien, & la lecture de la transaction projetée, ils l'approuverent & la signerent, ainsi que ledit sieur Chrétien, porteur des pouvoirs de ses associés.

Par cette transaction, au moyen de la somme capitale de quatre-vingt mille livres que le diocese s'oblige de payer audit sieur Chrétien & à ses associés, ceux-ci font quittance de tous les ouvrages qu'ils avoient fait, des matériaux, meubles & effets qui leur avoient été pris, & généralement de toutes les demandes & répétitions qu'ils avoient formées ou qu'ils pouvoient avoir à former, d'où qu'elles puissent provenir; & au moyen de ce, les parties se départent du procès, circonstances & dépendances.

Il paroît que MM. les commissaires du diocese se sont décidés à terminer avec ledit sieur Chrétien sous ces conditions, par la considération qu'il est avantageux au diocese de finir au plutôt un procès dont il auroit à supporter les dépens en fin de cause, parce que quand même le conseil ordonneroit une seconde vérification, & que les nouveaux experts feroient un retranchement sur l'estimation portée par le rapport des premiers, le diocese restant toujours débiteur, seroit condamné aux dépens, qui excéderoient de beaucoup le retranchement qu'on pourroit se promettre.

La commission s'étant occupée de l'examen de cette affaire, a observé, qu'attendu que l'arrêt du conseil du 8 Janvier 1776, en résiliant le bail d'entreprise passé audit sieur Chrétien, ordonne le payement des ouvrages & des matériaux à dire d'experts, la contestation ne doit rouler que sur l'estimation plus ou moins forte, & que le diocese ne peut mieux faire que de terminer amiablement ce procès, vu l'incertitude du résultat du rapport des experts, parce que d'ailleurs, en supposant même que la somme de quatre-vingt-mille livres convenue excede ce que le sieur Chrétien peut être fondé à prétendre, le sacrifice de cet excédant se trouve compensé & au-delà, par l'épargne des frais d'une nouvelle vérification, & d'un second arrêt dont le diocese ne pourroit pas éviter la condamnation, dès qu'il s'avoue débiteur.

D'après ces considérations, MM. les commissaires ont cru devoir proposer aux Etats, d'autoriser le diocèse de Montpellier à passer avec ledit sieur Chrétien, une transaction conforme au projet qui en a été arrêté, & de consentir à l'imposition ou à l'emprunt de la somme capitale de quatre-vingt mille livres convenue, suivant ce qui sera déterminé par les Etats, sur le compte qui leur sera rendu de l'état des dettes du diocèse.

Ce qui a été délibéré, conformément à l'avis de MM. les commissaires.

IX.

Extrait du registre des délibérations des états généraux de Languedoc, assemblés à Montpellier, par mandement du Roi, le 25 Novembre 1781.

Du Jeudi 3 du mois de Janvier 1782, président Mgr. l'archevêque de Toulouse.

Monseigneur l'évêque de Lodeve a dit, que la commission de la vérification des impositions des assiettes des diocèses, & celle des travaux publics s'étant assemblées chez Mgr. l'archevêque de Narbonne, MM. les commissaires se sont occupés du résultat du travail de la commission qui avoit été nommée par la délibération des Etats du 5 Janvier 1780, pour rechercher & connoître les vices de l'administration du pays de Gévaudan.

Le premier soin de la commission, fut d'ordonner dès le 8 Janvier suivant, que le syndic actuel dudit pays, remettroit aux syndics généraux, sans délai, les procès-verbaux d'assiette, ceux des délibérations particulieres prises par MM. les commissaires ordinaires dudit Pays, les comptes des receveurs des tailles, les baux, tant des nouvelles constructions des chemins, que de leur entretien, les comptes particuliers qui pouvoient avoir été rendus par d'autres que par les receveurs, avec les pieces justificatives, & généralement toutes les pieces quelconques qui pouvoient avoir rapport à ladite administration.

Cette remise ayant été faite, la commission s'assembla le 7 Mai dernier; elle forma un brevet de cette administration depuis l'année 1750 jusques & comprise l'année 1780, sur tout ce qui regarde les emprunts permis pour les ouvrages publics du diocèse de Mende, les jugemens qui les ont vérifiés, les impositions & les remboursemens qui ont été faits.

Il résulte de ce brevet, que la totalité des divers emprunts permis par les arrêts du conseil pour différens ouvrages pendant le temps ci-dessus énoncé, est de la somme de sept cents cinquante-neuf mille quatre-vingt-six livres quinze sols ; que le montant des emprunts effectués, se porte à sept cents quatorze mille sept cents cinquante-cinq livres quinze sols six deniers ; que tous ces emprunts ont été vérifiés; qu'il a été fait des remboursemens par imposition pour la somme de cinq cents vingt-six mille cinq cents quarante-une livres trois sols trois deniers, & qu'il reste à rembourser cent quatre-vingt-neuf mille neuf cents une livre cinq sols sept deniers.

Il a été en même temps reconnu par la comparaison des arrêts du conseil avec les jugemens de vérification, que plusieurs emprunts particuliers ont été excédés, tandis que d'autres n'ont pas été entierement remplis ; mais la commission pense que cette espece d'irrégularité paroît avoir été validée par les jugemens de vérification.

Les procès verbaux d'assiette, les départemens des impositions, & les quittances qui ont été produites, établissent que toutes les sommes imposées pour des remboursemens ont été employées à leur destination, à l'exception de deux capitaux mentionnés dans le procès verbal.

Ce premier examen dévoila aux yeux de la commission plusieurs irrégularités de l'administration, & lui en fit présumer d'autres; son attention s'arrêta surtout sur un compte rendu par le sieur Lafont, & clôturé par MM. les commissaires du diocèse le 5 Août 1775, des sommes par lui reçues pour les ouvrages publics, & de leur emploi.

Mais comme ce compte du 5 Août 1775, en rappelle un antérieur en date du 14 Septembre 1774, également arrêté par les administrateurs dudit pays, la commission pensa qu'avant de donner son avis, & de prendre une détermination définitive sur les différens objets déjà connus, il étoit indispensable de vérifier préalablement ce compte de 1774, & les autres comptes particuliers des emprunts qui auroient pu être rendus antérieurement par ledit sieur Lafont.

En conséquence, la commission forma son arrêté provisoire le 15 Mai dernier, & ordonna la remise dudit compte, & autres antérieurs qui pouvoient exister, avec leurs pieces justificatives.

Ce compte de 1774 n'a cependant pas été représenté : le sieur Lafont, gendre du feu syndic du pays, & le sieur Delhermet, syndic actuel, affirmerent devant la commission assemblée de nouveau le 28 Août dernier, qu'ils n'avoient point ce compte en leur pouvoir ; mais lesdits sieurs Lafont & Delhermet remirent pour lors plusieurs pieces qu'ils crurent afférentes à l'objet de la commission, lesquelles servent à établir de plus fort l'irrégularité de l'administration du pays ; & comme, dans l'intervalle des séances, M. l'intendant avoit adressé à Mgr. l'évêque de Lodeve, de la part du ministre des finances, un mémoire relatif à cette affaire, & que ce prélat avoit reçu une lettre du sieur Lafont, gendre du feu syndic, la commission, d'après la lecture de ce mémoire & de cette lettre, crut devoir prendre sur les différens objets y contenus, des éclaircissemens, tant de la part dudit sieur Lafont, que de celle du sieur Delhermet, lesquels ayant comparu, il leur fut donné connoissance des articles sur lesquels ils devoient répondre séparément, & ils écrivirent & signerent leurs réponses, qui sont demeurées annexées au procès verbal de la commission.

Que quoique par l'examen de toutes ces pieces, la commission ait reconnu qu'il y a eu dans ladite administration des fonds intervertis, des baux & des quittances simulées, des emprunts faits sur des billets particuliers du syndic, des reliquats des comptes portés en recette, au lieu d'être mis en moins imposé, des dépenses faites sans autorisation, des sommes diverties sans qu'il conste de leur emploi ; néanmoins il paroit que les lumieres que ladite commission a pu se procurer sur tous ces objets, ne sont pas suffisantes pour asseoir un jugement certain.

Qu'il reste à desirer d'avoir des états séparés & circonstanciés de chacun de ces objets, le recueil exact & complet des comptes & des pieces qui constatent les irrégularités relevées ; en un mot, la totalité des détails desquels doit résulter la preuve particuliere de chaque fait ; & qu'il seroit surtout intéressant de connoitre dans son entier l'inventaire fait après la mort dudit sieur Lafont ; inventaire qui n'a été produit que par extraits, lesquels établissent l'existence de certaines pieces, & notamment des billets qualifiés *billets de nonobstance.*

Qu'indépendamment des preuves à acquérir relativement aux reproches faits à l'administration du diocese de Mende, il en est aussi qu'il n'est pas moins important de se procurer, relativement à l'emploi qui a pu être fait des fonds intervertis ou empruntés contre les formes établies ; qu'en effet, si l'intelligence, l'activité, le désintéressement du feu sieur Lafont, lui avoient justement acquis l'estime & la confiance de ses supérieurs & du public ; s'il n'a violé les regles que par l'effet d'un zele immodéré, qui le portoit à s'en affranchir pour procurer plus promptement le bien qu'il avoit en vue ; si par conséquent, l'emploi des fonds intervertis a été utile, si l'excédant des baux simulés, si les emprunts faits par ledit sieur Lafont sur ses billets privés, ont servi à ouvrir, à réparer, à entretenir des communications importantes, & peut-être même autorisées, il paroîtroit sans doute injuste de confondre ces dépenses utiles, quoique irrégulieres, avec celles qui seroient infectées du double vice de l'irrégularité dans leur forme, & de l'inutilité dans leur emploi, & il seroit par conséquent indispensable, avant de pouvoir prendre aucune détermination sur cette affaire, de connoître l'emploi des fonds.

Que c'est de la connoissance exacte de ces deux genres de preuves & de faits à charge & à décharge, que doit dépendre le jugement des Etats ; & que pour obtenir cette connoissance, il est indispensable, après avoir remercié MM. les commissaires des soins qu'ils ont pris, de proroger ladite commission, en la priant de se transporter à Mende, & partout ailleurs où elle jugera sa présence nécessaire, à l'effet,

1°. De se faire représenter & de rassembler toutes les pieces qui peuvent établir directement ou indirectement l'existence des abus de la susdite administration, afin d'en former un corps complet de preuves, d'après lequel lesdits abus étant parfaitement connus, les Etats puissent se déterminer sur le choix des moyens les plus propres à y remédier, & à en prévenir de pareils pour l'avenir.

2°. De vérifier & de constater en la forme qu'elle croira la plus convenable, la totalité des sommes, formant le déficit de la succession dudit sieur Lafont, & contre qui ce déficit pourroit être répété ; de s'assurer si celles que ledit sieur Lafont avoit reçues, soit au moyen des emprunts qu'il avoit faits, & qui ont été reconnus par MM. les commissaires du diocese, soit au moyen des fonds intervertis ou des excédans des baux simulés, ont été employés pour le Diocese, quel a été cet emploi, son utilité, & d'en faire évaluer la dépense ; comme aussi de prendre, tant avec les administrateurs du diocese, qu'avec les héritiers du sieur Lafont, tous les éclaircissemens qu'ils croiront les plus propres à faire connoître la véritable situation de l'administration du diocese de Mende, & à déterminer la délibération que les Etats pourront prendre à ce sujet dans leur prochaine assemblée.

MM. les commissaires ont cru devoir proposer encore aux Etats de charger le syndic général de donner connoissance de la présente délibération à MM. les commissaires du diocese, afin que l'assemblée prochaine de l'assiette puisse délibérer sur les différens objets qu'elle renferme, & préparer tous les éclaircissemens qui pourront faciliter les opérations de la commission.

Ce qui a été délibéré, conformément à l'avis de MM. les commissaires.
Voyez *ci-après la délibération des Etats du 24 Décembre 1782, N°. XVI.*

X.

EXTRAIT *du regiſtre des délibérations des Etats généraux de Languedoc, aſſemblés à Montpellier par mandement du Roi, le 25 Novembre 1781.*

Du Jeudi 3 Janvier 1782, préſident Mgr. l'archevêque de Toulouſe, commandeur de l'ordre du St. Eſprit.

MONSEIGNEUR l'évêque de Commenge a dit, que le ſyndic du pays de Vivarais repréſente que depuis deux ſiecles ce pays réclamoit des juges royaux, immédiatement reſſortables au parlement de Touloufe, ſoit pour remédier aux déſordres de toute eſpece que le défaut de ces juges multiplioit de jour en jour, ſoit pour empêcher l'énorme exportation d'argent qu'occaſionnoit l'éloignement du ſénéchal préſidial de Nîmes, mais que toutes ces demandes avoient été inutiles juſques à préſent, & la dépenſe en pure perte, parce qu'elles avoient manqué de ſuite & de perſévérance.

Que dans cette perſuaſion, les Etats particuliers dudit pays s'étoient décidés depuis 1771, à recourir de nouveau à la bonté du Roi pour obtenir l'établiſſement d'une cour de juſtice dont le beſoin devenoit tous les jours plus inſtant, & qu'après ſept à huit ans de pourſuites, il a été créé par deux édits de 1780 & 1781, une ſénéchauſſée en deux ſéances, pour le haut & pour le Bas-Vivarais, dont l'inſtallation a été faite cette année.

Que les frais de ces pourſuites furent faits d'origine par les officiers de l'ancien bailliage du pays, moyennant des ſecours de la part de l'adminiſtration; mais que la dépenſe s'éloignant trop de la meſure des reſſources & des intérêts de ces particuliers, les Etats du pays promirent par leur délibération du premier Juin 1776, de ſe charger de ces dépenſes.

Qu'ils ne crurent pas devoir faire dès lors aucun fonds par impoſition ou par emprunt, le montant de ces frais ne pouvant ſe ſoumettre d'avance à aucune eſpece de calcul, & qu'il leur parut préférable d'attendre la concluſion de cette affaire pour rembourſer le député qu'ils envoyerent à Paris.

Que les obſtacles imprévus, les incidens multipliés, ont éloigné la déciſion plus qu'on ne l'avoit imaginé, & que le député n'ayant terminé ſa miſſion qu'à la veille des derniers états particuliers, il n'avoit pas été poſſible de compter avec lui qu'en ce moment.

Qu'il réſulte de ce compte, qu'après cinq années conſécutives de députation & de courſes, le ſieur Chomel a avancé pour frais pour ſes journées, dix-neuf mille huit cents quatre-vingt-dix-ſept livres quinze ſols, & que les derniers Etats particuliers du Vivarais, ont chargé le ſyndic du pays, de pourſuivre la permiſſion d'impoſer ladite ſomme, à l'effet de rembourſer ledit ſieur Chomel.

Qu'au ſurplus, cet avocat ayant abandonné ſes affaires, s'étant donné des ſoins extraordinaires, & ayant procuré le ſuccès de la demande, par ſon activité & par ſes ſollicitations, les Etats particuliers ont cru devoir lui donner une marque de ſatisfaction de ſes ſervices, en lui accordant une gratification de ſix mille livres, dont ledit ſyndic eſt auſſi chargé de demander l'impoſition, & qu'il rapporte à cet effet la délibération du 29 Mai dernier, avec celle du premier Juin 1776, enſemble le compte des avances dudit ſieur Chomel, certifié par lui.

MM. les commiſſaires ont cru devoir propoſer aux Etats d'accueillir cette demande, mais à la charge par le pays de Vivarais de n'impoſer le montant desdites sommes qu'en deux années.

Sur quoi il a été délibéré de consentir que le pays de Vivarais impose, mais en deux années seulement, la somme de vingt-cinq mille huit cents quatre-vingt-dix-sept livres quinze sols en faveur du sieur Chomel, député dudit pays, tant pour son remboursement des frais de ladite députation, que pour la gratification que les Etats particuliers ont déterminé de lui accorder en considération des soins qu'il a pris pour procurer l'établissement de deux sénéchaussées dans ledit pays.

XI.

EXTRAIT *du registre des délibérations des Etats généraux de Languedoc, assemblés à Montpellier par mandement du Roi, le 21 Novembre 1782.*

Du Samedi 7 du mois de Décembre, président Mgr. l'archevêque de Toulouse.

MONSEIGNEUR l'évêque de Commenge a dit, que le diocese d'Alby demande d'être autorisé à imposer dans le département des frais d'assiette de l'année prochaine, une somme de trois mille huit cents livres en faveur du receveur des tailles, pour une erreur de calcul qui est intervenue dans le département des frais d'assiette de la présente année, attendu que la totalité des sommes imposées dans ledit département, se porte à la somme de cent dix-neuf mille vingt-une livres neuf sols huit deniers, & la totalité des sommes réparties sur les communautés qui forment la recette du receveur, ne se porte qu'à cent quinze mille trois cents vingt-neuf livres neuf sols huit deniers; d'où il résulte que cette différence forme un débet en faveur dudit receveur, de ladite somme de trois mille huit cents livres.

Sur quoi, MM. les commissaires, après avoir pris connoissance du calcul du département des frais d'assiette de la présente année, & s'étant assurés de ladite erreur de calcul, constatée d'ailleurs par la délibération des commissaires ordinaires du diocese d'Alby du 12 Novembre dernier, ont été d'avis de proposer à l'assemblée de permettre à l'assiette du diocese d'Alby de comprendre dans le département des frais d'assiette de l'année prochaine, la somme de trois mille huit cents livres en faveur du receveur en exercice la présente année.

Ce qui a été délibéré, conformément à l'avis de MM. les commissaires.

XII.

EXTRAIT *du registre des délibérations des Etats généraux de Languedoc, assemblés par mandement du Roi, en la ville de Montpellier, le 21 Novembre 1782.*

Du 7 Décembre suivant, président Mgr. l'archevêque de Toulouse, commandeur de l'ordre du St. Esprit.

MONSEIGNEUR l'évêque de Commenge a dit, que le diocese d'Uzès demande le consentement des Etats: 1°. &c.

6°. Enfin, ledit diocese représente: Que la construction du chemin de Chambonas à Payzac, route des Vans à Joyeuse, a donné lieu à des augmentations d'ouvrages, consistant en deux petites arches latérales, qu'il a fallu ajouter au pont de Sure, & un contre-mur qu'il a été nécessaire de construire pour soutenir la maison d'un particulier que les déblais faits pour les rampes dudit pont, avoient ébranlée; lesquelles augmentations ont formé un objet de dépense de deux mille quatre cents cinquante-neuf livres; & que sur la partie du chemin que le diocese fait construire entre le pont Dumas & le village de Belpoil, sur la route d'Alais à Villefort, où on s'est vu forcé de substituer un pontceau aux ouvrages qu'on avoit projeté pour dériver les eaux d'un ravin, ce qui a donné lieu à une augmentation de cinq cents livres : Que l'assiette derniere ayant eu connoissance de ces faits, & considérant qu'il importoit au diocese de ne pas renvoyer l'exécution des ouvrages d'augmentation proposés, chargea le syndic du diocese de se retirer devers la commission des travaux publics de la province, pour lui demander son consentement, sous le bon plaisir des Etats, & à la charge de leur autorisation, à ce que le receveur des tailles du diocese fît l'avance de la somme de deux mille neuf cents cinquante-neuf livres du montant desdites augmentations; ce qui fut accordé sur la demande dudit syndic, par l'arrêté de la commission, en date du 21 Juillet dernier ; & ledit diocese supplie en conséquence les Etats de vouloir bien autoriser lesdites augmentations, ainsi que l'avance qui a été faite par le receveur, de la somme de deux mille neuf cents cinquante-neuf livres pour leur exécution.

Toutes ces demandes étant appuyées des pieces nécessaires, telles que les devis, les détails estimatifs & les délibérations de l'assiette & de MM. les commissaires du diocese, la commission a été d'avis de proposer aux Etats de les accueillir.

Sur quoi, il a été délibéré de consentir :

1°. &c.

5°. Il a été aussi délibéré d'autoriser l'avance qui a été faite par le receveur des tailles dudit diocese, de la somme de deux mille neuf cents cinquante-neuf livres pour les augmentations d'ouvrages du chemin de Chambonas à Payzac, & des avenues du pont Dumas ; à la charge, quant aux emprunts, d'obtenir l'autorisation du Roi, d'en poursuivre la vérification en la forme ordinaire, & d'en faire le remboursement dans le délai au moins de six années.

XIII.

Extrait du registre des délibérations des Etats généraux de Languedoc assemblés à Montpellier par mandement du Roi, le 21 Novembre 1782.

Du 14 Décembre suivant, président Mgr. l'archevêque de Toulouse, commandeur de l'ordre du St. Esprit.

Monseigneur l'évêque de Commenge a dit, que la Commission a été instruite des délibérations prises par les dioceses de Mirepoix & de Limoux, au sujet du changement d'une partie du chemin de Mirepoix à Limoux.

Que l'assiette du diocese de Mirepoix ayant été informée que la direction projetée de ce chemin, passant par Courtauly & Saint-Benoît, le prolongeoit considérablement, & en diminuoit par-là l'utilité, tandis qu'on obvieroit à cet inconvénient, si, lorsque le chemin sera parvenu au lieu de Peyrefite, on en continuoit la direction vers Loupia & Ajac ; cette assemblée délibéra le 28 Mai dernier, de faire vérifier cet objet par les inspecteurs des deux dioceses, en les chargeant de dresser un devis estimatif du même chemin, partant de Peyrefite, & passant par Loupia & Ajac, & de rapporter exactement dans leur devis la longueur de cette partie de chemin, à l'effet de mettre par-là les Etats à même de décider avec une entiere connoissance de cause, s'il convient ou non de changer la premiere direction du chemin.

Bbbb ij

Qu'ayant été donné connoissance de cette détermination à MM. les commissaires du diocèse de Limoux, ils ont consenti à la même vérification, qui a été faite en conséquence le 12 du mois dernier.

Qu'il résulte du rapport des inspecteurs, que le changement proposé présente une route plus courte d'une lieue sur huit mille toises de longueur; mais que le diocèse de Limoux ayant déjà deux chemins pour aller à Mirepoix, il ne paroît pas juste qu'il fût seul chargé d'une dépense aussi considérable, puisqu'il a beaucoup moins d'intérêt à ce chemin que le diocèse de Mirepoix, sur-tout lorsque la route de Limoux à Chalabre, à laquelle on travaille, sera entierement ouverte ; d'où ils concluent que le diocèse de Mirepoix devant retirer un plus grand avantage du changement dont il s'agit, il seroit de toute justice qu'il fît du côté d'Ajac la même longueur de chemin, qu'il épargneroit du côté de Saint Benoît.

Que ce rapport ayant été mis sous les yeux de MM. les commissaires du diocèse, ils ont délibéré de supplier les Etats de considérer les avantages aussi réels que respectifs qui résulteroient pour le commerce de l'un & de l'autre diocèse, en abrégeant d'une heure de marche, comme les inspecteurs en conviennent, & de donner leur consentement au changement proposé, en observant qu'on ne doit pas s'arrêter à l'avis qu'ont donné gratuitement lesdits inspecteurs, de charger le diocèse de Mirepoix d'exécuter à ses frais dans celui de Limoux, une partie de chemin égale à celle qu'il épargneroit en suivant la nouvelle direction, laquelle, par sa briéveté, ouvriroit au diocèse de Limoux une communication plus facile & moins dispendieuse avec Mirepoix & le Comté de Foix ; qu'elle seroit plus utile au versement de ses vins, que les deux chemins que les inspecteurs disent qu'il a pour venir à Mirepoix, étant certain qu'en prenant l'une de ces deux routes, il faut bien près d'une journée pour aller de Limoux à Mirepoix, tandis qu'on feroit ce trajet dans quatre ou cinq heures en suivant le chemin proposé, par Peyrefite, Loupia & Ajac.

Que la commission, après avoir entendu la lecture de ces délibérations, & du rapport des inspecteurs, a pensé que sans s'arrêter aux réflexions qui y sont insérées, il convient cependant, pour mieux discuter les intérêts des deux diocèses, que celui de Limoux ait connoissance de ce rapport pour y accéder, s'il le juge convenable ; que les seuls commissaires de ce diocèse ont consenti à la vérification ; mais qu'il faut que l'assiette soit non-seulement informée du résultat des opérations de ces deux inspecteurs, mais encore de la demande formée aux Etats par celui de Mirepoix ; ce qui a porté la commission à proposer aux Etats d'ordonner que tant ledit rapport que la délibération du diocèse de Mirepoix, du 12 Novembre dernier, seront communiqués à l'assiette du diocèse de Limoux, pour y être délibéré sur le changement proposé par le diocèse de Mirepoix, & être ensuite par les Etats statué ce qu'il appartiendra.

SUR QUOI, il a été délibéré, conformément à l'avis de MM. les commissaires, 1°. de consentir que le diocèse de Mirepoix entreprenne la construction du chemin de Mirepoix à Villefranche, qu'il fasse les adjudications des deux extrémités, & qu'il emprunte seulement vingt-cinq mille livres pour commencer cette route, en se conformant aux réglemens.

2°. De surseoir à l'entreprise des parties énoncées dans les observations du sieur de Saget, lequel procédera à une nouvelle vérification des lieux, & d'ordonner que la carte & le devis dudit chemin, feront communiqués aux diocefes de Toulouse & de Saint-Papoul, en les invitant de déterminer chacun la conftruction des parties qui les concernent.

3°. D'accorder au même diocefe de Mirepoix le confentement à un nouvel emprunt de dix mille livres pour la perfection des ouvrages du chemin de Mirepoix à Limoux, à la charge par le fyndic dudit diocefe d'obtenir la permiffion de Sa Majefté, de faire vérifier l'emploi dudit emprunt, & de pourvoir à fon remboursement dans le délai de fix années.

4°. A l'impofition de quatre cents quatre-vingt-dix livres pendant cinq années & demi, & de onze cents cinquante livres pendant fix années pour l'entretien des fept parties du chemin de Mirepoix à Belefta.

5°. A l'impofition de fix mille cinq cents quatre-vingt-quatre livres treize fols pour le montant des terres prifes à raifon de l'emplacement du chemin de Lefponne, & de ceux de Mirepoix à Chalabre, à Pamiers, à Limoux, & à Caftelnaudary.

Enfin, d'ordonner que tant le rapport des infpecteurs des diocefes de Mirepoix & de Limoux, que la délibération du diocefe de Mirepoix du 12 du mois dernier, feront communiqués à l'affiette du diocefe de Limoux, pour y être délibéré fur le changement de la direction du chemin de Mirepoix à Limoux.

XIV.

Extrait du regiftre des délibérations des Etats généraux de Languedoc, affemblés par mandement du Roi, dans la ville de Montpellier, le 21 Novembre 1782.

Du 14 Décembre fuivant, préfident Mgr. l'archevêque de Toulouse, commandeur de l'ordre du St. Efprit.

MONSEIGNEUR l'évêque de Commenge a dit, que le fyndic du diocefe de Mende a préfenté deux requêtes.

Par la premiere, il demande le confentement des Etats à l'impofition de la fomme de dix-fept cents dix-huit livres cinq fols trois deniers du montant des frais de l'arrêt rendu par la cour des aides, le 13 Décembre 1781, au fujet de la portion des tailles du diocefe, qui étoit connue fous le nom de taille épifcopale, par lequel arrêt ledit fyndic a été condamné au payement des épices & autres frais liquidés à la fomme de feize cents trente-quatre livres treize fols trois deniers, à laquelle il faut ajouter celle de quatre-vingt-trois livres douze fols pour les frais de l'impreffion & timbre dudit arrêt, ce qui porte la totalité à la fufdite fomme de dix-fept cents dix-huit livres cinq fols trois deniers : à l'appui de cette demande, ledit fyndic rapporte la délibération prife par l'affiette le 18 Juin 1780, par laquelle il fut autorifé à continuer fes pourfuites jufques à arrêt définitif; la copie de l'arrêt qui a été rendu le 13 Décembre 1781, l'état des frais fe portant à la fufdite fomme de dix-fept cents dix-huit livres cinq fols trois deniers, & l'extrait de la délibération de l'affiette derniere, pour obtenir la permiffion d'impofer cette fomme; ce qui a paru à MM. les commiffaires devoir être accordé.

En fecond lieu, ledit fyndic fupplie les Etats de vouloir bien confentir à ce qu'il foit impofé dans le département des frais d'affiette de l'année prochaine, la fomme de cent quarante-une livres dix-huit fols fix deniers au profit du receveur en exercice en 1781, & qui lui eft due à raifon d'une omifsion intervenue dans la liquidation du droit d'avance du premier terme des impositions, ledit receveur ayant payé à M. le tréforier de la bourse ladite somme de cent quarante-une livres dix-huit sols six deniers en sus de celle qui avoit été imposée pour cet objet : la délibération prise à cet égard par l'assiette derniere, est rapportée, & MM. les commissaires n'ont trouvé aucune difficulté à accueillir cette demande.

Sur quoi, les Etats ont délibéré de consentir :

1°. Que le diocese de Mende impose l'année prochaine la somme de dix-sept cents dix-huit livres cinq sols trois deniers du montant des frais de l'arrêt de la cour des aides, du 13 Décembre 1781, concernant la taille épiscopale.

2°. Qu'il impose aussi, en 1783, la somme de cent quarante-une livres dix-huit sols six deniers pour rembourser le receveur de 1781, de l'avance qu'il a faite de ladite somme dont l'imposition avoit été omise.

X V.

EXTRAIT du regiftre des délibérations des Etats généraux de Languedoc, assemblés à Montpellier, par mandement du Roi, le 21 Novembre 1782.

Du Samedi 14 Décembre fuivant, préfident Mgr. l'archevêque & primat de Narbonne, commandeur de l'ordre du St. Esprit.

MONSEIGNEUR l'évêque de Commenge a dit, que le syndic du diocese de Beziers a formé plusieurs demandes, par la premiere desquelles, &c.

Que la seconde demande a pour objet un emprunt de deux mille neuf cents soixante-onze livres deux sols sept deniers, pour remplacer pareille somme qui a été prife des fonds empruntés pour les autres chemins, & employée à réparer les dégradations causées à ceux de la mer, du port du canal, & de la petite montagne, par les inondations du 11 Décembre 1781.

Que ces dégradations n'étant point à la charge des entrepreneurs de l'entretien, il fut dressé un devis des ouvrages à faire pour les réparer ; & que comme le cas requéroit célérité, MM. les commissaires du diocese délibérerent de se pourvoir devers MM. les commissaires des travaux publics de la province, pour obtenir leur approbation provisoire.

Qu'en effet la commission, par son arrêt du 11 Avril dernier, autorisa sous le bon plaisir des Etats, lesdites réparations, en consentant que le montant de l'adjudication qui en seroit faite, fût pris sur les fonds empruntés pour les autres chemins, à la charge du remplacement par un emprunt particulier, pour lequel il seroit tenu de solliciter le consentement de la présente assemblée.

Que l'assiette ayant approuvé le devis desdits ouvrages, & autorisé MM. les commissaires du diocese à procéder à leur adjudication, elle a été faite le 20 Juin suivant, au prix de quatre mille cinquante livres, & la réparation est bien avancée ; mais qu'attendu que sur les emprunts faits pour la construction de la partie du chemin de Gignac à Montpellier, il y avoit un reste de mille soixante-dix-huit livres dix-sept sols cinq deniers, qui a été employé à payer en partie les réparations dont il s'agit, & dont il seroit inutile de faire le remplacement, on se borne à demander un emprunt de deux mille neuf cents soixante-onze livres deux sols sept deniers, pour être remboursé dans deux années.

Que la nécessité de ces réparations ayant été reconnue & approuvée par

MM. les commissaires des travaux publics pendant l'année, la commission n'a pas hésité de proposer à l'assemblée de consentir audit emprunt.

Sur quoi, il a été délibéré de consentir que le diocese de Beziers emprunte deux mille neuf cents soixante-onze livres deux sols sept deniers pour remplacer pareille somme prise des fonds empruntés pour d'autres chemins, & employée à réparer les dégradations causées à ceux de la mer, du port du canal, & de la petite montagne.

XVI.

Extrait du regiſtre des délibérations des Etats généraux de Languedoc, aſſemblés par mandement du Roi, en la ville de Montpellier, au mois de Novembre 1782.

Du Mardi 24 Décembre 1782, préſident Mgr. l'archevêque de Toulouſe, commandeur de l'ordre du St. Eſprit.

Monseigneur l'évêque de Lodeve a dit, que la commiſſion des affaires extraordinaires renforcée de celle des travaux publics des dioceſes, s'étant aſſemblée chez Mgr. l'archevêque de Toulouſe, il lui a été rendu compte du travail fait pendant l'année, par la commiſſion nommée par les Etats pour ſe transporter en Gévaudan, à l'effet de remplir tous les objets de leur délibération du 3 Janvier dernier, concernant la recherche des abus de l'administration de ce pays, pendant la durée du ſyndicat du feu ſieur Lafont ; cette commiſſion s'eſt rendue à Mende au mois de Juin dernier, ſuivant le pouvoir qui lui en avoit été donné ; & ſecondée des adminiſtrateurs du dioceſe, elle y a raſſemblé tous les moyens d'inſtruction que les Etats pouvoient deſirer, & dont elle a été en partie redevable au zele & aux ſoins du ſieur Sevenne, premier conſul maire de Marvejols, qui a mérité de ſa part les témoignages les plus flatteurs & les plus diſtingués.

La délibération des Etats du 3 Janvier dernier, renfermoit trois chefs principaux, dont le premier étoit d'établir par un recueil de pieces, l'existence des abus dont il s'agit ; le ſecond, de vérifier & de conſtater la totalité des ſommes formant le déficit de la ſucceſſion du ſieur Lafont ; & le troiſieme, de s'aſſurer de l'emploi de ces ſommes ; & ces trois objets ſont traités dans le procès verbal des ſéances de la commiſſion en Gévaudan, & détaillés dans les tableaux qui ont été mis ſous les yeux de la commiſſion renforcée, par le ſieur Rome le fils, ſyndic général en ſurvivance ; deſquels tableaux il paroît réſulter,

1°. Que les premiers abus conſiſtant en interverſion de fonds & en excès de dépenſes faites au-delà de l'impoſition, ou ſans autoriſation, & qui ſont conſtatés par le relevé des comptes des dépenſes ordinaires du pays, ont dû leur naiſſance à l'inexactitude des anciens adminiſtrateurs, antérieurs même à 1753 ; lesquels, au préjudice des regles qui preſcrivent le moins-impoſé des reliquats, conſerverent & accumulerent dans la caiſſe des receveurs, les fonds provenant de ces reliquats, ce qui leur donna la malheureuſe facilité de ſe livrer à des dépenſes non permiſes ; & comme ces dépenſes réitérées conſommerent bientôt les réſidus de caiſſe, on eut recours pour la continuation des mêmes dépenſes, à l'expédient des avances que l'on exigea des receveurs ; avances au rembourſement deſquelles il fallut auſſi pourvoir ; & de-là s'enſuivirent de nouvelles interverſions & de nouveaux abus.

2°. Que les fonds intervertis dans les comptes des deniers ordinaires, ont tous été employés d'après ces mêmes comptes, à diverſes dépenſes utiles, dont les unes excédoient annuellement les fonds permis, & dont les autres étoient faites sans qu'il y eût aucune imposition qui leur fût affectée.

3°. Qu'indépendamment des dépenses faites sans autorisation, & comprises dans les comptes des deniers ordinaires rendus par les receveurs, il étoit d'autres dépenses du même genre qui donnoient lieu à des comptes particuliers entre lesdits receveurs & le diocese.

4°. Que la simulation de certains emprunts, & par conséquent celle des quittances des capitaux de ces emprunts, & de toutes les pieces produites pour en obtenir la vérification, est aussi induite des comptes particuliers des receveurs & de ceux des deniers ordinaires, ainsi que la simulation des baux des ouvrages publics, en distinguant ceux dont l'exécution se faisoit par économie, nonobstant l'adjudication qui étoit simulée, & ceux dont l'adjudication étoit réelle, mais dont le prix étoit simulé.

5°. Que la simulation s'étendoit par une suite nécessaire aux quittances des entrepreneurs.

6°. Que le sieur Lafont avoit en quelque sorte usurpé les fonctions de receveur qu'il réunissoit à celles du syndicat, ce qui lui imposoit l'obligation d'une comptabilité susceptible de beaucoup de détails, d'où s'ensuivirent les comptes rendus par lui à MM. les commissaires du diocese pour les achats de grains, & pour la fourniture des prisons ; les emprunts faits sur les billets privés du syndic, & dont il rendoit des comptes particuliers ; les travaux exécutés par économie, & dont on ne passoit les baux que pour pouvoir obtenir le sceau de la vérification ; les prix simulés dont l'excédant fournissoit à la dépense des ouvrages non autorisés ; les comptes particuliers du sieur Lafont avec les receveurs, les mandemens tirés par ce syndic sur les collecteurs des communautés en faveur des entrepreneurs ou ouvriers, & acquittés par lesdits receveurs, & enfin, les billets de relief que ceux-ci consentoient en faveur du sieur Lafont.

7°. Que le déficit connu de la caisse du sieur Lafont, seroit de la somme de cent soixante-cinq mille deux cents vingt-neuf livres dix-neuf sols six deniers, qui pourroit être divisée en deux portions très-distinctes, suivant le tableau présenté par le syndic général ; la premiere des sommes qui ne provenant point d'emprunts faits, ne sont point dans le cas du remboursement, & ne doivent par conséquent occasionner aucune nouvelle imposition sur le diocese ; & la seconde, de celles formant une dette en faveur des créanciers qui doivent être remboursés par imposition.

8°. Enfin, que l'on pourroit tenir en compte au sieur Lafont à l'acquit du déficit de sa caisse, une somme de quatre-vingt-onze mille huit cents quatre-vingt-sept livres qui paroit avoir été utilement employée, pour, ladite somme, ensemble celle de douze mille six cents livres, & de onze cents quarante-neuf livres quinze sols, consistant en effets, dont ladite caisse étoit nantie, servir à l'extinction de la dette formant la premiere classe du déficit, en l'appliquant au payement des créanciers auxquels ce syndic avoit consenti des billets privés au nom du diocese.

Mais le syndic général a observé en même-temps, que le travail qu'il a fait à cet égard, ainsi que celui relatif au développement des abus, ne peut & ne doit être considéré que comme une ébauche qui exige une étude plus réfléchie, & dont il est essentiel de soumettre les résultats à l'examen de la commission, qui pourroit être prorogée pendant l'année, tant pour s'occuper

de

de cet objet, qu'à l'effet de rassembler tous les éclaircissemens & toutes les instructions qu'elle jugera convenable de se procurer, notamment quant au déficit & à l'emploi, pour le tout être ensuite remis par MM. les députés à la cour, sous les yeux du Roi & de son conseil, l'autorité seule de Sa Majesté pouvant fléchir la rigueur des loix, qui résistent à la vérification des sommes que le sieur Lafont auroit à répéter sur le diocese, quoique l'emploi en ait pu être avantageux audit pays.

A quoi Mgr. l'évêque de Lodeve a ajouté : Que les considérations de l'emploi utile & apparent d'une somme à-peu-près équivalente au montant des billets privés du sieur Lafont, & de la bonne foi des créanciers qui ont prêté pour & au nom du diocese, ont porté MM. les commissaires à penser qu'il seroit juste de ne pas laisser plus long-temps ces créanciers en souffrance quant au payement des intérêts qui leur sont dus depuis quelques années, & de leur faire payer une année d'arrérages, ce payement pouvant être effectué, si les Etats l'approuvent, sans faire aucune nouvelle imposition sur le diocese, en prenant les sommes nécessaires à cet effet sur le fonds de douze mille six cents livres provenant des effets qui ont été trouvés dans la caisse du sieur Lafont, & dont le montant est en dépôt dans celle du receveur, sauf à être pourvu dans la suite au remplacement dudit fonds par qui & ainsi qu'il appartiendra.

Mais en cherchant à améliorer le sort fâcheux des créanciers porteurs des billets privés du sieur Lafont, MM. les commissaires n'ont point perdu de vue la nécessité de maintenir dans le Gévaudan le bon ordre qui y a été rétabli, & de prévenir déformais de pareils abus. Les Etats se sont toujours occupés du soin de régler les dépenses des assiettes & leur vigilance sur l'administration des dioceses, a produit depuis long-temps les plus sages réglemens. Ceux des 23 Janvier 1658, & premier Mars 1659, autorisés par Arrêt du conseil du 3 Avril 1659, prohibent expressément les interversions, les excès de dépense, les impositions, les emprunts faits sans autorisation, en un mot, tous les abus qui ont été pratiqués dans le Gévaudan; & les Etats, afin d'assurer l'exécution de cette loi, résolurent dès-lors que tous les dioceses adopteroient la même forme dans les départemens des impositions. Ils voulurent de plus, veiller par eux-mêmes à l'exécution de ce sage réglement, & ils ordonnerent la remise de tous les départemens des dioceses, entre les mains des syndics généraux, pour être par eux vus, vérifiés & rapportés aux Etats suivans. Enfin, le réglement des dépenses ordinaires des dioceses fait en 1760, est une nouvelle preuve de leur continuelle vigilance à cet égard ; mais leur prévoyance ne s'est pas étendue assez loin ; les départemens du pays de Gévaudan ont été annuellement vérifiés & approuvés ; & tandis que l'ordre prescrit y étoit exactement observé, & pouvoit mériter des éloges, le désordre étoit caché sous l'apparence de la régularité, & tous les abus s'étoient glissés dans les comptes des receveurs. Le rapprochement de ces comptes & des départemens, auroit pu seul faire connoître le mal dès son origine, par la comparaison qui eût été faite de la régularité des uns avec l'irrégularité des autres ; mais si ce moyen n'a pas été employé jusqu'à présent par les Etats, il est toujours en leur pouvoir d'y recourir, & d'ajouter par-là aux anciens réglemens la perfection qui leur manquoit en assurant leur exécution. Telles sont les réflexions qui naissent naturellement de la connoissance des abus auxquels l'administration du

Gévaudan a été livrée pendant la gestion du feu sieur Lafont ; & si cette connoissance n'a pu qu'être très-affligeante pour les Etats, ils ont du moins la consolation de connoître les moyens de prévenir désormais de pareils abus, & la satisfaction de pouvoir rendre en faveur des administrateurs de ce diocese, & en particulier du sieur Delhermet, syndic actuel du pays, le témoignage honorable de leur empressement à se réformer, & à se rapprocher des principes dont le sieur Lafont s'étoit écarté. Il résulte en effet de l'examen qui a été fait du compte des dépenses ordinaires de 1781, que les regles y ont été observées, qu'aucune dépense n'a été excédée, qu'il n'en a été fait aucune qui ne fût autorisée ; & qu'enfin, les reliquats ont été fidellement moins-imposés dans le département de cette année.

SUR QUOI LES ETATS considérant, 1°. Que les abus de l'administration du pays de Gévaudan durant la gestion du sieur Lafont, ont eu leur source dans le désordre des temps antérieurs, qui avoit toujours été caché sous le voile de la régularité. 2°. Que ces abus ont pu d'autant moins être connus, que le sieur Lafont apportoit le plus grand soin à observer en apparence les formes établies, que les services qu'il avoit rendus au pays, lui avoient acquis l'estime générale ; qu'il étoit honoré de la confiance de tous les chefs de l'administration ; & que réunissant les fonctions du syndicat à celles de subdélégué du commandement & de l'intendance, il jouissoit d'un crédit & d'une prépondérance qui auroient rendu suspecte toute détermination contraire à ses avis pour lesquels on avoit la plus entiere déférence. 3°. Que malgré le désordre de cette gestion, tous les fonds intervertis paroissent avoir été employés à des objets d'une utilité reconnue, & qu'il en est de même des emprunts & des dépenses faites par le sieur Lafont, & dont le diocese semble devoir lui tenir compte ; en sorte que l'inconduite de ce syndic n'a été préjudiciable qu'à lui-même, & ne peut être attribuée qu'au zele excessif qui l'engageoit à entreprendre des ouvrages importans avec des moyens insuffisans, & à s'écarter des regles pour procurer plus promptement le bien du pays, en franchissant l'intervalle du temps qu'il auroit fallu employer à les suivre. 4°. Enfin, que ces regles ayant été constamment violées quant aux emprunts & aux dépenses faites, quoiqu'utiles & profitables au pays, MM. les commissaires chargés de la vérification des dettes des dioceses & communautés de la province, ne sauroient, sans excéder leur pouvoir, vérifier des dépenses faites d'une maniere aussi irréguliere, & qu'il n'appartient qu'au Roi de les valider par la considération de leur utilité, ainsi qu'il en est usé dans de pareilles circonstances à l'égard des communautés de la province, auxquelles la sagesse du gouvernement a réservé la faculté de faire valider les dépenses irrégulieres que leurs administrateurs se permettent quelquefois d'entreprendre, lorsqu'il est justifié que ces mêmes dépenses ont tourné à l'avantage des communautés.

ONT DÉLIBÉRÉ, 1°. Que la commission déjà nommée, sera prorogée à l'effet d'examiner le travail fait par le syndic général, tant pour développer les abus de l'administration du Gévaudan, que pour déterminer la somme du déficit de la caisse du sieur Lafont, & l'emploi de ce déficit ; comme aussi à l'effet de rassembler tous les renseignemens & toutes les instructions qu'elle croira nécessaire de se procurer sur tous ces objets, & surtout pour constater, par les opérations qui lui paroîtront les plus convenables, quel a été l'emploi des sommes formant ledit déficit.

2°. Que le résultat de ce travail & desdites opérations, ensemble lesdits renseignemens & instructions, seront envoyés à MM. les députés à la cour, qui les mettront en même-temps que la présente délibération, sous les yeux du Roi & de son conseil, l'assemblée espérant que Sa Majesté trouvera dans sa haute sagesse, des moyens (auxquels les Etats s'empresseront de concourir) d'assurer dans l'administration du Gévaudan le bon ordre que leurs soins y ont déjà ramené, & de calmer les incertitudes, & les alarmes des créanciers & de toutes les parties intéressées, pour, sur le rapport qui sera fait ensuite aux Etats dans leur prochaine assemblée, des démarches de MM. leurs députés & des intentions du Roi, être par eux pris telle délibération conforme qu'il appartiendra.

3°. Qu'encore qu'il soit incertain si le diocese sera tenu d'acquitter la totalité ou partie de la dette provenant des billets privés du sieur Lafont, il est néanmoins de sa justice de ne pas retarder le payement des intérêts dus à des créanciers qui ont prêté de bonne foi ; & qu'en conséquence, les porteurs desdits billets privés seront payés d'une année desdits intérêts, au moyen des fonds existans dans la caisse du receveur du pays, & provenant des effets dont celle du sieur Lafont étoit nantie, sauf à être pourvu au remplacement de ce fonds par qui de droit, suivant les intentions que Sa Majesté fera connoître.

4°. Qu'à l'avenir, & à commencer en 1783, tous les dioceses de la province seront tenus d'envoyer aux syndics généraux, avec les départemens des impositions de l'année courante, un double en original de tous les comptes qui auront été rendus à l'assiette par les receveurs des tailles, & que dans le cours de l'année prochaine, la commission prorogée examinera ceux desdits comptes qui auront été remis en vertu du présent arrêté, à l'effet de former un projet de comptabilité uniforme, qui puisse être adapté à tous les dioceses de la province, pour, sur le rapport qui sera fait aux Etats dudit projet dans leur prochaine assemblée, être par eux délibéré ce qu'il appartiendra.

Voyez ci-après la délibération des Etats du 13 Décembre 1783, N°. XX.

XVII.

EXTRAIT du regiſtre des délibérations des Etats généraux de Languedoc, aſſemblés à Montpellier, par mandement du Roi, le 21 Novembre 1782.

Du 30 Décembre suivant, président Mgr. l'archevêque de Toulouse, commandeur de l'ordre du St. Esprit.

MONSEIGNEUR l'évêque de Lodeve a dit, que pour utiliser les différentes observations faites par l'Assemblée ou par MM. ses commissaires, sur divers objets relatifs à l'administration des dioceses, il a paru nécessaire de leur en donner connoissance, & que les syndics généraux ont formé en conséquence le projet d'une lettre circulaire aux syndics desdits dioceses, laquelle contient toutes ces observations, & dont il a été fait lecture à la commission qui l'a approuvée, & a déterminé de proposer aux Etats d'en autoriser l'envoi.

SUR QUOI, lecture ayant été faite du projet de ladite lettre par le sieur Rome le fils, syndic général en survivance, les Etats ont délibéré que l'envoi en sera fait par les syndics généraux aux syndics des dioceses, & qu'elle sera lue dans les assemblées des assiettes qui se tiendront l'année prochaine.

XVIII.
COPIE

De la lettre circulaire écrite aux syndics des Diocèses, par les syndics généraux de la province, en exécution de la délibération précédente.

A Montpellier, le 4 Janvier 1783.

LES ETATS, Monsieur, ayant jugé à propos, d'après les observations qu'ils ont faites pendant la tenue de leur assemblée, de rappeler aux diocèses, par voie d'instruction, les principes & les regles qu'ils doivent adopter & suivre, relativement à divers objets de leur administration, m'ont chargé, par leur délibération du 30 Décembre dernier, de vous faire connoître leurs intentions à cet égard.

J'ai en conséquence l'honneur de vous informer qu'ils ont déterminé d'exhorter les diocèses, 1°. à se conformer au réglement de leurs dépenses ordinaires.

2°. A faire procéder par l'assiette, ou par les commissaires qu'elle en aura chargés, à l'audition & clôture des comptes de toutes les impositions, & à mettre en moins-imposé le montant des reliquats.

3°. A s'occuper de l'apurement des comptes des années précédentes, & à faire également le moins-imposé des sommes dont les acquits n'auront pas été rapportés.

4°. A faire mention dans les procès verbaux d'assiette, du résultat desdits apuremens, & de chacun des comptes qui auront été rendus, en énonçant le montant de la recette & de la dépense, & les reliquats ou débets qui en auront résulté.

5°. A se pourvoir aux Etats, pour obtenir leur consentement à l'imposition des débets.

6°. A énoncer dans le préambule du département de la capitation, toutes les sommes dont il doit être composé, & à ne comprendre dans la répartition, ni une moindre, ni une plus forte somme que celle qui est fixée par ledit département.

7°. A tenir la main à ce que, conformément à l'arrêt du conseil du 8 Mai 1696, les sommes empruntées ou imposées par les diocèses, & celles qui pourront leur être accordées par les Etats, ne soient point remises en d'autres mains qu'en celles des receveurs des tailles.

8°. A veiller scrupuleusement à l'exécution du réglement fait par les Etats, le 3 Janvier 1782, au sujet de l'extinction des dettes des diocèses, tant anciennes que nouvelles, & à leur rendre compte annuellement des remboursemens qui auront été faits en conséquence.

Les Etats ont aussi jugé nécessaire que les diocèses fassent imprimer, à commencer la présente année, les procès verbaux de la tenue de leurs assiettes, en adoptant le format *in-folio*; qu'ils en réservent douze exemplaires pour le syndic général du département, & quatre exemplaires pour chacun des autres diocèses de la province; & qu'ils envoient la totalité desdits exemplaires audit syndic général, qui sera chargé de les faire parvenir à leur destination.

Ils recommandent également aux administrateurs des diocèses de ne faire payer le prix des baux d'entretien des chemins, qu'après s'être assurés si les entrepreneurs ont rempli leurs engagemens, en se faisant rapporter à cet effet les procès verbaux de visite desdits chemins, & de se faire rendre compte exactement de l'état des ponts dont l'entretien est à leur charge, encore que la province ou la sénéchauffée en corps aient contribué à la construction ou à la réparation desdits ponts. Cette contribution, qui est la preuve de leur importance, devant engager plus fortement les dioceses à veiller à ce qu'ils soient bien entretenus.

Il a été encore remarqué, que les syndics & les greffiers des dioceses ne doivent recevoir aucune rétribution à titre de journées de cabinet ; mais lorsqu'ils voyageront par ordre de l'assiette ou de MM. les commissaires du diocese, ils seront payés de leurs journées, d'après une délibération, soit de l'assiette, soit desdits sieurs commissaires, & non autrement.

Je dois également vous faire observer, que tout intéressé à l'administration est autorisé à prendre connoissance des délibérations du diocese.

Que les droits des officiers de justice, quant aux assemblées de l'assiette ou des commissaires du diocese, sont réglés par l'arrêt du conseil du 30 Janvier 1725, dont les dispositions sont communes à tous les dioceses, à l'exception seulement des pays de Vivarais, de Velay, de Gévaudan & d'Albigeois, qui ont été maintenus dans leurs usages particuliers ; & que, lorsque les honoraires de ceux qui ont droit d'assister à l'assiette, ou aux autres assemblées du diocese, demeurent sans emploi, on doit en faire un moins imposé.

Je ne crois pas avoir besoin de vous dire, que conformément à l'article XXXI des réglemens des Etats du 28 Décembre 1768, autorisés par arrêt du conseil du 28 Juillet 1769, il ne peut être fait d'autre assemblée générale du diocese, que celle de l'assiette, & que dans le reste de l'année les affaires doivent être dirigées par l'assemblée ordinaire des commissaires du diocese.

Enfin, Monsieur, les Etats ont délibéré, qu'à l'avenir, & à commencer de cette année, tous les dioceses de la province seront tenus d'envoyer aux syndics généraux, en même temps que les départemens des impositions, un double original de tous les comptes qui auront été rendus par les receveurs des tailles.

XIX.

EXTRAIT du registre des délibérations des Etats généraux de Languedoc, assemblés par mandement du Roi, dans la ville de Montpellier, le 13 Novembre 1783.

Du 11 Décembre suivant, président Mgr. l'archevêque & primat de Narbonne, commandeur de l'ordre du St. Esprit.

MONSEIGNEUR l'évêque de Commenge a dit, que le sieur de Puymaurin, syndic-général, a rendu compte à la commission d'un second mémoire du syndic du diocese Bas-Montauban, duquel il résulte qu'ayant rendu compte à MM. les commissaires ordinaires dudit diocese, du traité fait avec le nommé Courdy, entrepreneur du chemin de Montauban à la Villedieu, à raison duquel le diocese étoit en procès devant M. l'intendant, qui s'est terminé moyennant la somme de mille livres que cet entrepreneur s'est obligé de payer, & que le diocese desire employer aux réparations de l'ancien chemin de l'Etape, sur lequel l'administration des Etats de la Haute-Guienne fait faire journellement des réparations considérables, ainsi qu'à celui appelé de Fisset, qui sert de communication avec les communautés de Brials & de Montbartier, & ce, suivant les devis qui en ont été dressés.

Qu'en vertu de la délibération de MM. les commissaires ordinaires dudit diocèse, du 5 Novembre courant, ledit syndic sollicite le consentement & l'autorisation des Etats à ce que la somme de mille livres qui doit être comptée au diocèse, soit employée aux réparations des susdits chemins, dont les communications sont des plus intéressantes pour le diocèse.

Qu'en conséquence, ledit syndic rapporte, avec la délibération de MM. les commissaires ordinaires dudit jour 5 Novembre, le traité fait entre lui & le nommé Courdy, entrepreneur du chemin de Montauban à Castelsarrasy, ainsi que les états des ouvrages à faire aux chemins dont il s'agit.

Sur quoi la commission, après avoir pris connoissance de ce mémoire & des pieces rapportées, a été d'avis de proposer aux Etats de consentir à ce que ledit diocèse emploie la susdite somme de mille livres provenant de l'accommodement fait avec ledit Courdy, au chemin de l'Etape depuis Bressols jusqu'à Montbeton, & à celui de Fisset qui sert de communication du chemin de Lacourt avec les communautés de Brials & Montbartier, à la charge par ledit syndic de faire préalablement autoriser par l'assiette prochaine, l'accommodement fait avec ledit Courdy, ainsi que l'emploi de ladite somme de mille livres provenant dudit accommodement, aux susdits chemins.

Ce qui a été délibéré, conformément à l'avis de MM. les commissaires.

XX.

ARRÊT
Du Conseil d'Etat du Roi,

Qui valide les dépenses irrégulieres, mais utiles, faites par le pays de Gévaudan, durant la gestion du sieur Lafont, syndic dudit pays.

Du 11 Octobre 1783.

Extrait des Registres du Conseil d'Etat.

SUR la requête présentée au Roi, étant en son conseil, par les députés & le syndic-général de la province de Languedoc; Contenant, Que les Etats de ladite Province ont toujours compté au nombre de leurs plus précieuses prérogatives, celle de ressortir immédiatement de Sa Majesté, sans aucun milieu, & d'approcher de son Trône pour lui confier leurs sollicitudes & leurs besoins: Que jaloux de cette faveur distinguée, & de resserrer les liens qui les unissent au plus bienfaisant des Rois, ils se feront toujours une loi d'y répondre, en présentant à Sa Majesté, avec la plus entiere confiance dans sa justice & dans ses bontés, les détails de leur administration, & en exposant également à ses regards paternels, & avec la même franchise, les effets avantageux de leur constitution, & les abus qui peuvent s'y glisser. Pénétrés de ces sentimens, ils ne craindront point de manifester aux yeux de Sa Majesté, les opérations abusives & irrégulieres qui se sont pratiquées depuis un nombre d'années dans l'administration particuliere du pays de Gévaudan, l'une des vingt-quatre municipalités diocésaines, qui constituent la généralité de la province, étant intimement persuadés que Sa Majesté, qui, par une suite de leurs priviléges, peut & doit seule y pourvoir, daignera s'en occuper avec intérêt. Le feu sieur Lafont, qui étoit depuis 1748 syndic particulier du pays de Gévaudan, avoit géré les affaires de ce pays, à la satisfaction de tous ses supérieurs, dont il s'étoit acquis l'estime & la confiance, lorsqu'un seul instant, celui de sa mort, dissipa l'illusion qui s'étoit perpétuée pendant plus de trente années. Ledit sieur Lafont mourut au mois d'Août 1779, & bientôt après il se présenta une foule de créanciers, porteurs de ses billets privés, qui étoient néanmoins consentis pour & au nom du diocese, lequel en avoit payé les intérêts ; en sorte que les créanciers ne pouvant pas ignorer que les sommes qu'ils avoient prêtées étoient destinées aux dépenses publiques, s'adresserent aux administrateurs du pays, & donnerent naissance à des discussions qui enfin éclaterent, & firent soupçonner une partie des abus de cette administration diocésaine. Les Etats, aussi surpris qu'affligés, usant du droit d'inspection & de surveillance qui leur est attribué par les réglemens sur l'administration des dioceses, s'empresserent de nommer des commissaires de tous les ordres, à l'effet de rechercher & de connoître les abus qui leur étoient dénoncés. Cette commission s'occupa avec fruit pendant l'année 1781 de l'objet qui lui étoit confié ; elle se fit représenter & examina un grand nombre de comptes & des pieces ; & par l'assiduité d'un travail aussi aride que pénible, elle parvint à reconnoître qu'il y avoit eu dans l'administration soumise à son examen, des fonds intervertis, des baux & des quittances simulés, des emprunts faits sur des billets privés du syndic, qui s'étoit attribué le maniement de diverses sommes, des reliquats des comptes qui n'avoient pas été mis, comme l'exigent les réglemens des Etats, en moins-imposé, & des dépenses faites sans autorisation. Ces premieres notions furent présentées aux Etats assemblés à la fin de la même année, & leur en firent désirer de plus étendues. La commission fut prorogée ; elle se transporta en Gévaudan au mois de Juin 1782 ; & secondée des administrateurs du diocese, elle rassembla tous les moyens d'instruction qu'elle put se procurer sur l'objet de ses recherches, dont elle présenta les résultats aux Etats dans leur derniere assemblée, lesquels délibérerent le 24 Décembre 1782, de les mettre sous les yeux de Sa Majesté, après toutefois qu'ils auroient été revus & examinés de nouveau par la même commission, à l'effet de s'assurer de leur parfaite exactitude, & d'y joindre tous les éclaircissemens & toutes les instructions qu'elle pourroit se procurer encore. D'après cette délibération, lesdits commissaires des Etats arrêterent le premier Mai dernier un mémoire contenant, 1°. le détail des abus de l'administration du Gévaudan pendant la durée du syndicat du feu sieur Lafont, d'après les pieces qui en prouvent l'existence. 2°. L'état du déficit de la caisse dudit feu sieur Lafont, tel qu'il est constaté par les derniers renseignemens qu'ils ont obtenu ; & 3°. Plusieurs observations sur les pieces produites pour déterminer l'emploi de ce déficit ; mémoire que les députés & le syndic-général joignent à leur requête, & par lequel Sa Majesté reconnoîtra, comme l'ont fait les Etats, 1°. que les premiers abus, consistant en intervertion de fonds, & en excès de dépenses faites au-delà de l'imposition, & sans autorisation, & qui sont constatés par le relevé des comptes des dépenses ordinaires du pays, ont dû leur naissance à l'inexactitude des anciens administrateurs, antérieurs même à 1753, lesquels, au préjudice des regles qui prescrivent les moins-imposés des reliquats, conserverent & accumulerent dans la caisse des receveurs, les fonds provenans de ces reliquats, ce qui leur donna la malheureuse facilité de se livrer à des dépenses non autorisées ; & comme ces dépenses réitérées consommerent bientôt les résidus de caisse, on eut recours, pour la continuation des mêmes dépenses, à l'expédient des avances que l'on exigea des receveurs ; avances au remboursement desquelles il fallut aussi pourvoir, & de-là s'ensuivirent de nouvelles interversions & de nouveaux abus. 2°. Que les fonds intervertis dans les comptes des deniers ordinaires, ont tous été employés, d'après ces mêmes comptes, à diverses dépenses utiles, dont les unes excédoient annuellement les fonds permis, & dont les autres étoient faites sans qu'il y eût aucune imposition qui leur fût affectée, mais qui toutes auroient obtenu la même sanction des Etats, si elle leur eût été demandée. 3°. Qu'indépendamment des dépenses faites sans autorisation, & comprises dans les comptes des deniers ordinaires rendus par les receveurs, il étoit d'autres dépenses de même genre qui donnoient lieu à des comptes particuliers entre lesdits receveurs & le diocese. 4°. Que la simulation de certains emprunts, & par conséquent celle des quittances des capitaux de ces emprunts, & de toutes les pieces produites pour en obtenir la vérification, est aussi induite des comptes particuliers des receveurs, & de ceux des deniers ordinaires, ainsi que la simulation des baux de certains ouvrages publics, dont l'exécution se faisoit par économie, nonobstant l'adjudication qui étoit simulée, ou dont l'adjudication étoit réelle, mais dont le prix étoit simulé. 5°. Que la simulation s'étendoit par une suite nécessaire aux quittances des entrepreneurs. 6°. Que le sieur Lafont avoit en quelque sorte usurpé les fonctions de receveur, qu'il réunissoit à celles du syndicat, ce qui lui imposoit l'obligation d'une comptabilité susceptible de beaucoup de details, d'où s'ensuivirent les comptes rendus par lui à MM. les commissaires du diocese, pour les achats des grains & pour la fourniture des prisons ; les emprunts faits sur les billets privés du syndic, & dont il rendit des comptes particuliers ; les travaux exécutés par économie, & dont on ne passoit les baux que pour pouvoir obtenir le sceau de la vérification ; les prix simulés dont l'excédant fournissoit à la dépense des ouvrages non autorisés ; les comptes particuliers du sieur Lafont avec les receveurs ; les mandemens tirés par ce syndic sur les collecteurs des communautés en faveur des entrepreneurs ou ouvriers, & acquittés par lesdits receveurs ; & enfin, les billets de relief que ceux-ci consentoient en faveur du sieur Lafont. 7°. Que le déficit connu de la caisse du sieur Lafont, se porte à la somme de cent cinquante-huit mille cent quatre-vingt-neuf livres dix-neuf sols six deniers, qui peut être divisée en deux portions distinctes ; la premiere, des sommes qui ne provenant point d'emprunts faits, ne sont point dans le cas du remboursement, & ne doivent par conséquent occasionner aucune nouvelle imposition sur le diocese ; & la seconde, de celle formant une dette en faveur des créanciers qui doivent être remboursés par imposition ; à quoi il faut ajouter la créance du sieur de Rouville, receveur des tailles du pays, laquelle résultant d'un compte particulier arrêté entre ce receveur & les commissaires du diocese, ne peut point être réputée dette du sieur Lafont, & doit être placée dans une classe particuliere. 8°. Que l'on peut satisfaire au déficit dont il s'agit, soit avec les fonds existans dans la caisse dudit sieur Lafont à l'époque de son décès, soit au moyen des créances que ledit sieur Lafont avoit à prétendre sur le diocese, tant pour les avances

avances par lui faites, que pour les différentes sommes qu'il avoit employées en ouvrages publics. 9°. Que les interversions, les simulations, & tous les autres abus qui ont été constatés, & qui ne sauroient jamais être excusés malgré leur ancienneté, qui remonte à des temps antérieurs à l'administration actuelle, & même à celle dudit sieur Lafont, n'ont cependant eu lieu que pour des objets qui intéressoient le diocese, & qui auroient au fond mérité l'approbation des Etats & du gouvernement. 10°. Enfin, que toutes les sommes, soit interverties, soit empruntées, paroissent avoir été fidellement employées à l'avantage du pays; considération qui détermina les Etats dans leur derniere assemblée, à faire remettre aux créanciers, porteurs des billets privés du sieur Lafont, une année des intérêts qui leur sont dus; mais pour s'assurer encore avec plus de précision de l'emploi utile des fonds que le sieur Lafont avoit reçu, tant de la province que du diocese, & des prêteurs particuliers, & afin d'écarter, autant qu'il est possible, toute incertitude à cet égard, la commission nommée par les Etats, sans s'arrêter à l'évaluation qui avoit été faite l'année derniere par l'inspecteur des ouvrages du diocese, de certaines parties de chemin dudit pays, qui ont été construites au moyen des sommes dont le sieur Lafont avoit le maniement, a chargé le directeur des travaux publics de la province, de vérifier & d'estimer les ouvrages, & ce, en comparant les devis faits primitivement pour leur confection, avec leur état actuel. Cette opération a été exécutée dans le plus grand détail, & avec toute l'exactitude dont elle étoit susceptible, & ledit directeur en a donné son rapport, d'après le toisé estimatif qu'il a dressé sur les lieux, & qui présentent une évaluation raisonnée, & fondée sur des élémens précis de ce que ces ouvrages ont dû coûter; de toutes lesquelles pieces qui sont jointes audit rapport, il conste que le sieur Lafont a employé aux routes dont il s'agit une somme de deux cents quatre-vingt-dix mille huit cents soixante-onze livres deux sols trois deniers; d'où déduisant celle de cent quatre-vingt mille cinq cents soixante-dix-huit livres sept sols six deniers qui a été fournie, tant au moyen des interversions, que des emprunts autorisés, il reste un excédant de dépense de cent dix mille deux cents quatre-vingt-douze livres treize sols cinq deniers, auquel ledit sieur Lafont n'a pu satisfaire que par les emprunts faits sur ses billets privés, & consentis pour & au nom du diocese; & si l'on réunit cette derniere somme, dont le diocese paroit devoir être tenu envers ledit sieur Lafont, aux fonds qui existoient dans la caisse de ce syndic à l'époque de son décès, se portant à la somme de treize mille sept cents quarante-neuf livres quinze sols, & aux créances qu'il seroit en droit de répéter sur le diocese pour les avances par lui faites pour divers objets, jusqu'à concurrence de trente-quatre mille sept cents trente-trois livres dix-neuf sols neuf deniers, suivant l'état particulier détaillé qui en a été dressé, & qui est joint, la totalité de l'emploi apparent, s'élève à cent cinquante-huit mille sept cents soixante-seize livres neuf sols six deniers, somme qui compense le déficit; d'où il s'ensuit, que les prêts faits au diocese par divers créanciers particuliers, porteurs des billets du sieur Lafont, ont cédé à l'utilité du pays, ainsi que les emprunts autorisés & les sommes interverties; en sorte que l'inconduite de ce syndic n'a été préjudiciable qu'à lui-même, & ne sauroit être attribuée qu'au zele excessif qui l'engageoit à entreprendre des ouvrages importans avec des moyens insuffisans, & à s'écarter des regles pour procurer plus promptement le bien du pays, en franchissant l'intervalle du temps qu'il auroit fallu employer à les suivre; motifs qui pourront sans doute déterminer Sa Majesté à valider ces dépenses irrégulieres. Mais il n'a pas dû suffire aux Etats de s'instruire des abus qui leur étoient dénoncés, & d'en développer les causes; & s'ils se permettent d'exposer à Sa Majesté les considérations qui pourroient la porter à s'élever au-dessus des regles ordinaires, & à consacrer par son autorité les dépenses irrégulierement faites en Gévaudan, ils se félicitent de pouvoir en même temps lui présenter les moyens que leur administration leur offre pour obvier désormais à de pareils abus. Ces moyens sont puisés dans les réglemens mêmes qui attribuent aux Etats le pouvoir de vérifier annuellement toutes les dépenses des dioceses; pouvoir qu'ils exercent par leurs commissaires, mais qui se réduisoit jusqu'à présent, conformément au vœu de la loi, à examiner les départemens des impositions faites par les assiettes, & à les comparer avec les départemens généraux arrêtés par eux, & avec les états particuliers de dépense autorisés par Sa Majesté. Cette vérification solennellement exécutée chaque année, maintenoit l'ordre le plus rigoureux dans les départemens; mais le désordre pouvoit se cacher sous l'apparence de la régularité, & tous les abus se glisser dans les comptes, dont le rapprochement & la comparaison avec les départemens, peuvent seuls constater que l'ordre & la regle sont fidellement observés. Tel est aussi l'objet de la délibération prise par les Etats le 24 Décembre 1782, par laquelle ils ont déterminé que tous les dioceses seroient tenus d'envoyer aux syndics généraux, avec les départemens des impositions, un double des comptes, & qu'il seroit formé un projet de comptabilité uniforme qui pût être adapté à tous les dioceses de la province. En soumettant cette délibération à l'examen de Sa Majesté, les Etats osent se flatter qu'Elle y donnera son approbation; & que rassurée par-là, sur la crainte de voir de pareils abus se reproduire dans les administrations diocésaines, Elle pourra se résoudre à donner sa sanction aux dépenses irrégulierement faites dans le Gévaudan, mais néanmoins utiles, à autoriser les emprunts faits par le feu sieur Lafont, syndic, sur ses billets, & dont l'emploi au profit du pays est constaté, tant par les pieces produites, que par la vérification & estimation du directeur des travaux publics de la province; & à ordonner en conséquence, que le diocese sera tenu du remboursement en capital & intérêts, des créanciers porteurs des billets consentis par ledit sieur Lafont, suivant le rôle qui en seroit dressé par les commissaires des Etats. Requéroient, A CES CAUSES, les députés & le syndic général des Etats, qu'il plût à Sa Majesté sur ce pourvoir. Vu ladite requête; la délibération des Etats du 24 Décembre 1782; le mémoire & le tableau y annexé, arrêtés par les commissaires des Etats le premier Mai dernier, contenant le détail des abus pratiqués en Gévaudan; le rapport dressé par le directeur des travaux publics de ladite province, de la vérification & estimation par lui faite de certaines parties de chemin dudit pays; ensemble tous les toisés estimatifs arrêtés par ledit directeur, & le nouvel état & tableaux y joints, qui présentent les résultats de ladite vérification, & la situation tant du déficit de la caisse du feu sieur Lafont, syndic dudit pays, que de l'emploi: Oui le rapport du sieur Lefevre d'Ormesson, conseiller d'état & ordinaire au conseil.

royal, contrôleur général des finances; LE ROI ÉTANT EN SON CONSEIL, ayant égard à la délibération des Etats de Languedoc du 24 Décembre 1782, a validé & valide, par grace & sans tirer à conséquence, les dépenses irrégulierement faites durant la gestion du feu sieur Lafont, syndic du pays de Gévaudan; ordonne que le déficit de la caisse dudit sieur Lafont, demeurera fixé à la somme de cent cinquante-huit mille cinq cents quatre-vingt-neuf livres dix-neuf sols six deniers, dont celle de cinquante-six mille neuf cents cinquante livres, formant la premiere classe du déficit, suivant le mémoire & le tableau arrêtés par les commissaires des Etats le premier Mai 1783, demeure entierement éteinte; & quant aux sommes de la seconde classe, se portant à cent un mille cinq cents trente-neuf livres dix-neuf sols six deniers, autorise Sa Majesté les emprunts formant ladite classe, & consentis par ledit sieur Lafont au nom du diocese, sur ses billets privés, dont il sera dressé un rôle particulier pour les commissaires des Etats, lequel contiendra le nom de chacun des créanciers porteurs des billets dudit syndic, & énoncera la date & le montant de chaque créance: ordonne Sa Majesté, que conformément audit rôle duement arrêté par lesdits commissaires, il sera passé des contrats à constitution de rente au denier vingt, sur le pays de Gévaudan, & par les administrateurs dudit pays, au profit de chacun desdits créanciers qui seront compris audit rôle, jusqu'à concurrence des capitaux qui y seront énoncés, pour être lesdits contrats inscrits au rang des dettes du diocese, & sujets au remboursement, concurremment avec les autres dettes dudit diocese; l'intérêt desquels contrats à cinq pour cent, sera à cet effet compris & imposé chaque année, à commencer en 1784, avec ceux des autres créanciers dudit pays; & à l'égard des arrérages qui peuvent être dus, jusques & compris la présente année, ordonne Sa Majesté qu'il en sera pareillement arrêté par les commissaires des Etats, un état de liquidation, lequel énoncera à chaque article de créance capitale, le montant des arrérages dus, distraction faite des sommes reçues à ce titre par lesdits créanciers, soit des deniers dudit sieur Lafont, soit des deniers déposés dans la caisse du diocese, & provenant des fonds trouvés dans la caisse dudit syndic; sur lesquels fonds les Etats ont déterminé le payement d'une année d'arrérages en faveur desdits créanciers, pour, d'après ladite liquidation, être par les Etats pourvu au payement du montant desdits arrérages par imposition sur ledit pays de Gévaudan; ce qui sera pareillement observé pour la créance demandée au diocese par le sieur de Rouville, receveur des tailles. FAIT au conseil d'état du Roi, Sa Majesté y étant, tenu à Fontainebleau le onzieme Octobre mil sept cent quatre-vingt-trois.

Signé, AMELOT.

Voyez ci-après la délibération des Etats du 13 Décembre 1783, N°. XXI.

XXI.

EXTRAIT *du registre des délibérations des Etats généraux de Languedoc, assemblés à Montpellier, par mandement du Roi, le 13 Novembre 1783.*

Du Samedi 13 Décembre suivant, président Mgr. l'archevêque & primat de Narbonne, commandeur de l'ordre du St. Esprit.

MONSEIGNEUR l'évêque de Lodeve a dit, que le Roi ayant bien voulu, par un arrêt de son conseil du

11 Octobre dernier, valider les dépenses utiles, quoique irrégulieres, faites en Gévaudan durant la gestion du feu sieur Lafont, syndic du pays, Sa Majesté a, par le même arrêt, chargé les commissaires des Etats d'arrêter les rôles de liquidation contenant les créances capitales résultant des billets dudit syndic, ensemble la créance du sieur de Rouville, receveur des tailles, & les arrérages dus auxdits créanciers depuis le jour du prêt, à la déduction des sommes qu'ils peuvent avoir reçues, soit des deniers du diocese, soit des deniers trouvés dans la caisse du sieur Lafont à l'époque de son décès, pour être lesdites créances capitales converties en contrats à constitution de rente sur le pays, & les intérêts arrérages imposés au profit des créanciers, ainsi qu'il est plus particulierement expliqué par ledit arrêt du conseil.

Qu'en conséquence, la commission prorogée s'étant rassemblée le 11 de ce mois, le sieur Rome, syndic général, en présentant à MM. les commissaires le susdit arrêt du conseil, a mis en même temps sous leurs yeux les différentes pieces probantes, d'après lesquelles ils ont arrêté & signé en double original les états de liquidation ordonnés par cet arrêt ; savoir, 1°. un état des créanciers porteurs des billets privés dudit Sr. Lafont, lequel contient leur nom, & énonce la date & le montant de leurs billets par ordre, ledit état se portant à la somme de cent cinq mille sept cents huit livres un sol ; savoir, cent un mille six cents trente-neuf livres dix-neuf sols six deniers desdits billets, & quatre mille soixante-huit livres un sol six deniers pour la créance du sieur de Rouville qui est également autorisée par ledit arrêt. Et 2°. un état de liquidation des arrérages, duquel il résulte que le total desdits arrérages échus depuis la date des billets jusques & compris 1783, est de trente-six mille trente-quatre livres seize sols sept deniers ; sur quoi il est encore dû la somme de dix-sept mille cinq cents soixante-une livres sept deniers, suivant le détail énoncé audit état ; & comme les fonds provenant de la caisse du sieur Lafont, & existant dans celle du diocese, lesquels se portoient à treize mille sept cents quarante-neuf livres quinze sols, ont été diminués de cinq mille cent vingt-quatre livres dix sols pour une année d'arrérages qui a été payée en vertu de la délibération des Etats du 24 Décembre dernier, & se trouvent par-là réduits à huit mille six cents vingt-cinq livres cinq sols, il s'ensuit que, pour parfaire le payement des susdites dix-sept mille cinq cents soixante-une livres sept deniers, il restera à imposer huit mille neuf cents trente-cinq livres quinze sols sept deniers, dont les Etats détermineront sans doute que l'imposition sera faite en 1784 sur ledit pays de Gévaudan, ainsi qu'ils y sont autorisés par l'arrêt du conseil.

Ce qui a été approuvé par l'assemblée, qui a arrêté que le syndic général adressera au syndic du pays de Gévaudan un double original de chacun desdits états de liquidation, à l'effet d'être par les commissaires dudit pays passé des contrats à constitution de rente au profit des susdits créanciers, & pourvu au payement des arrérages, tant au moyen des fonds restans en caisse, qu'au moyen de l'imposition qui sera faite en 1784 du surplus, le tout conformément aux susdits états de liquidation.

XXII.
ARRÊT
Du Conseil d'Etat du Roi,

Qui ordonne que les actes d'administration qui sont reçus par les greffiers des diocèses, ou des Etats de la province de Languedoc, continueront à jouir de l'exemption des droits de contrôle, & de la formalité du timbre.

Du 30 Octobre 1786.

EXTRAIT *des Registres du Conseil d'Etat.*

VU par le Roi, étant en son conseil, l'article IX du cahier présenté à Sa Majesté au mois d'Août dernier par les députés des Etats de Languedoc; Contenant, que rien ne seroit plus capable d'altérer la constitution de cette province, qu'une innovation imaginée par l'administrateur des domaines, & qui a pour objet d'obliger les greffiers des diocèses à tenir leurs registres en papier timbré, à ne délivrer qu'en pareil papier, & à faire contrôler les baux d'adjudication des chemins publics, traités, marchés, & autres actes d'administration faits par lesdits diocèses, & à donner communication aux employés des domaines, toutes les fois qu'ils le requerront, des pieces déposées dans leurs greffes : Que déjà l'administrateur des domaines a obtenu trois décisions du conseil conformes à sa prétention, les 20 Janvier & 27 Mars 1784, & premier Mai 1786 : Que ces décisions sont fondées sur l'ordonnance des fermes qui a établi le timbre, sur les déclarations de 1696 & 1699, & le tarif de 1722, qui soumettent à la formalité du timbre & du contrôle, tous les actes passés par les notaires, greffiers & autres ayant la faculté de recevoir des actes ou contrats, & droit d'instrumenter ; mais que ces loix ne peuvent s'appliquer, ni aux greffiers des diocèses, ni aux actes d'administration de ces diocèses, parce qu'elles n'en parlent pas expressément, & qu'en matiere de loi positive, on ne peut pas étendre l'application d'un cas à un autre : Que les greffiers des diocèses ne sont que de simples commis ou secrétaires, qui ne peuvent être assimilés aux greffiers ordinaires, en ce qu'ils sont changés ou renouvelés tous les ans, qu'ils n'ont aucun caractere public, & que souvent ils n'apposent pas même leur signature aux actes qu'ils reçoivent : Que l'administrateur des domaines leur a objecté, que depuis un arrêt du conseil du 15 Octobre 1737, il avoit été contrôlé divers actes de leur administration ; mais que cet arrêt regarde les villes & communautés auxquelles on ne sauroit comparer les diocèses de Languedoc, parce qu'ils ne forment pas des corps comme les villes, & que leurs greffiers ne sont pas en titre d'office comme ceux des communautés : Que si quelques greffiers des diocèses ont fait contrôler des actes d'administration, c'est par un abus qui provient de ce que dans plusieurs diocèses, les commissions des greffiers avoient été données à des notaires, qui, pour se procurer une rétribution qu'ils n'auroient pu avoir comme greffiers, affectoient de passer tous ces actes comme notaires ; mais que pour arrêter cet abus, il a été pris en 1776 une délibération portant qu'à l'avenir les greffiers des diocèses qui seroient en même temps notaires, ne pourroient recevoir les baux d'adjudication des ouvrages de ces diocèses, que comme leurs greffiers & non comme notaires, ce qui a été exécuté, & que depuis les choses sont rentrées dans l'ordre ancien : Que tous les actes qu'ils passent sont de simples actes d'administration, qui ne peuvent être sujets à des loix burfales; que les commissaires des diocèses sont pour leurs parties, comme les Etats pour les affaires générales, ce que sont les commissaires départis dans les pays d'élection ; que comme les adjudications & traités qu'ils font, même pour les communautés, sont exempts du timbre & du contrôle, les actes d'administration des Etats ou des diocèses en doivent également être exempts ; qu'il est même à remarquer que quand un adjudicataire ne remplit pas les clauses de son bail, & qu'on procede à sa folle-enchere, c'est le commissaire départi en Languedoc qui fait l'adjudication de folle-enchere, & que cette adjudication n'est pas sujette au contrôle ni au timbre, & qu'ainsi il y auroit contradiction d'y soumettre les baux que font les diocèses, quand celui de la folle-enchere en est exempt : Que ce qu'on vient de dire par rapport aux baux des diocèses, & autres actes de leur administration, doit s'appliquer également, & à bien plus forte raison, aux actes d'administration des Etats, qui sont, à cet égard, les représentans de Sa Majesté, qui sont administrateurs, comme les intendans des pays d'élection, & qui par conséquent doivent être traités de même pour tous les actes relatifs à leur administration. Requéroient, A CES CAUSES, lesdits députés, qu'il plût à Sa Majesté, en rétractant les décisions des 20 Janvier & 27 Mars 1784, & premier Mai 1786, maintenir les diocèses & Etats de la province, dans l'usage où ils sont de ne point se servir de papier timbré pour les actes de leur administration, les dispenser de faire contrôler ces actes, & de communiquer leurs registres aux employés du domaine ; en conséquence, faire défenses à l'administrateur des domaines de leur porter aucun trouble, ni de les inquiéter, ainsi que leurs greffiers, tant au sujet de ladite communication, que pour raison desdits droits de contrôle & du timbre. Vu pareillement l'avis du sieur Bernard de Ballainvilliers, intendant & commissaire départi en la province de Languedoc, & la réponse de Sa Majesté audit article du cahier des Etats de cette province. Ouï le rapport du sieur de Calonne, conseiller ordinaire au conseil royal, contrôleur général des finances ; LE ROI ÉTANT EN SON CONSEIL, sans s'arrêter aux décisions des 20 Janvier & 27 Mars 1784, & premier Mai 1786, lesquelles seront regardées comme nulles & non-avenues, a ordonné & ordonne, que les actes d'administration qui sont reçus par les greffiers des diocèses ou Etats de la province de Languedoc, continueront à jouir de l'exemption des droits de contrôle & de la formalité du timbre : Fait défenses aux employés des domaines, de troubler lesdits Etats & diocèses dans ladite exemption, & d'exiger pour raison de ce, la communication de leurs registres, & autres actes de leur administration, pour lesquels Sa Majesté veut & entend qu'il en soit usé comme par le passé. FAIT au conseil d'état du Roi, Sa Majesté y étant, tenu à Fontainebleau le trentieme Octobre mil sept cent quatre-vingt-six.

Signé, LE BARON DE BRETEUIL.

LOUIS, PAR LA GRACE DE DIEU, ROI DE FRANCE ET DE NAVARRE : Au premier notre huissier ou sergent sur ce requis : Nous te mandons & commandons par ces présentes signées de notre main, que l'arrêt dont expédition est ci-attachée sous le contre-scel de notre chancellerie, rendu cejourd'hui en notre conseil d'état, Nous y étant, pour les causes y contenues, tu signifie à tous qu'il appartiendra, à ce qu'aucun n'en ignore, & fais en outre pour l'entiere exécution d'icelui, tous exploits, commandemens, significations, sommations & autres actes requis & nécessaires, sans pour ce demander autre congé ni permission ; CAR tel est notre plaisir. DONNÉ à Fontainebleau le trentieme jour du mois d'Octobre, l'an de grace mil sept cent quatre-vingt-six, & de notre regne le treizieme. *Signé*, LOUIS : *Et plus bas* ; Par le Roi, LE BARON DE BRETEUIL.

XXIII.

EXTRAIT

Du procès-verbal d'assiette du diocèse de Mirepoix, de l'année 1786.

Du Mardi 30 Mai 1786.

S'EST présenté M. Roumengous de Feste, conseiller du Roi, juge criminel en la sénéchaussée & siége présidial de Limoux, qui a dit, que demeurant instruit que M. le lieutenant général civil ne peut pas se rendre à l'assemblée, il est venu pour tenir sa place ; que son droit, à cet égard, se trouve consacré par l'édit de création de sa charge de l'année 1522, confirmé par deux autres édits des années 1552 & 1554, desquels il s'évince que le juge criminel doit avoir les mêmes honneurs, prérogatives & préséances que le juge mage, & précéder dans toutes assemblées honorables les lieutenans principaux, particuliers, & autres magistrats présidiaux : Que le droit d'assistance aux assiettes des diocèses doit être rangé dans la classe de ceux dont les juges criminels jouissent par dévolu, en l'absence du premier chef de la jurisdiction : Que cette vérité se trouve consacrée par la jurisprudence des arrêts, tant du conseil que de la souveraine cour de parlement de Toulouse : Qu'il en présente trois contradictoires & définitifs ; lo premier, du conseil privé du Roi sous la date du 6 Septembre 1678, rendu en faveur du lieutenant criminel du Puy en Velay, contre les autres officiers de la même sénéchaussée, qui porte que M. Pradier d'Agrain, en cas d'absence & récusation du sénéchal & du juge mage, jouira des mêmes honneurs qu'eux ; & les deux autres rendus par le parlement de Toulouse, les 11 Avril 1742 & 11 Septembre 1780, au profit des lieutenans criminels de Castelnaudary & Montpellier, qui maintinrent par dévolu ces officiers au droit d'assistance aux assemblées des assiettes des diocèses : Qu'il croit devoir ajouter que M. Albarel, lieutenant principal, s'étant rendu l'an passé à l'assiette de ce diocèse, & craignant d'être querellé sur son droit, jugea à propos de consulter le syndic général de la province, pour savoir s'il étoit fondé à prétendre le dévolu du juge mage aux assemblées des assiettes ; & le Sr. marquis de Montferrier lui répondit que sa réclamation étoit déplacée : Que pour justifier la vérité de son assertion, l'assemblée est priée de prendre connoissance de cette lettre : Qu'une décision aussi précise & aussi respectable, n'ayant pu déterminer M. Albarel à renoncer pour l'avenir au droit d'assistance aux assiettes du diocèse, il a été assigné au parlement de Toulouse, pour qu'il lui soit fait inhibitions & défenses de plus à l'avenir assister en l'absence du juge mage aux assemblées du diocèse : Que M. le lieutenant principal a fait signifier un acte qui relate une ordonnance délibérée du parlement, du 22 du courant, qui, sans préjudice du droit des parties, lui permet d'assister aux assiettes des diocefes, en l'abfence du juge mage : Qu'il a répondu au sufdit acte, qu'il étoit bien oppofant envers l'ordonnance énoncée, & qu'il fe pourvoiroit aux formes légales pour la faire rétracter : Que dans les circonftances, fur la foi des actes ci-énoncés, & des motifs qui s'y trouvent relatés, il requiert l'affemblée de vouloir bien lui accorder le rang & féance qui lui font dus; & s'eft figné, *Roumengous de Fefte, juge criminel*.

M. Me. Etienne Albarel, confeiller du Roi, lieutenant principal en la fénéchauffée & fiége préfidial de Limoux, a dit, que bientôt après la réponfe de mondit fieur marquis de Montferrier, qu'il n'avoit confulté que pour fon inftruction particuliere, ledit fieur lieutenant principal fut inftruit d'une maniere certaine, que l'arrêt du parlement de Touloufe, rendu en 1780 en faveur du fieur lieutenant criminel du fénéchal de Montpellier, fut principalement rendu fur le puiffant motif de l'ufage dudit fiége, & de la poffeffion dudit fieur juge criminel & de fes prédéceffeurs : Que chaque fiége a fes réglemens & fes ufages particuliers : Que s'il y en a quelques-uns en faveur des lieutenans criminels, il y en a plufieurs en faveur des lieutenans principaux : Qu'en outre, M. Roumengous n'ignore pas que ledit fieur lieutenant principal eft depuis plus d'un fiecle en poffeffion par fes prédéceffeurs, d'affifter aux affiettes des diocefes d'Aleth, Limoux & Mirepoix, en l'abfence du fieur juge mage : Qu'il réfulte même du verbal d'affiette d'Aleth & Limoux, de l'année 1658, qu'un arrêt du confeil eft à la tête de cette poffeffion : Que la comparution & la demande du fieur lieutenant criminel font d'ailleurs ici très-déplacées, 1°. parce que voulant poffé der ledit fieur lieutenant principal, ledit fieur Lieutenant criminel s'eft pourvu au parlement, & qu'il doit favoir que pendant procès, rien ne peut être innové; 2°. parce que ledit fieur lieutenant principal lui a fait notifier hier, pendant deux fois & par deux divers exploits, une ordonnance délibérée du parlement, du 22 du préfent mois, par laquelle, fans préjudice du droit des parties, il eft permis audit fieur lieutenant principal d'affifter à l'affiette, en l'abfence du fieur juge mage, nonobftant oppofition : Qu'ainfi ledit fieur lieutenant criminel ne peut, fans voie de fait contre la poffeffion du fieur lieutenant principal, & fans attentat à l'autorité du parlement, s'introduire dans l'affiette; c'eft pourquoi ledit fieur lieutenant principal a protefté tout ce que de droit & de fait il peut protefter contre ledit fieur lieutenant criminel; & s'eft figné, *Albarel, lieutenant principal*.

Sur quoi M. le préfident a prié MM. les lieutenant principal & lieutenant criminel, de fe retirer de l'affemblée, pour lui laiffer la liberté de délibérer fur leurs prétentions refpectives. Et, ces MM. retirés, M. Deftrem, premier conful maire de Fanjaux, s'eft abftenu de donner fon avis, à caufe de fa parenté avec M. d'Albarel.

Et la matiere mife en délibération, fur les rapports qu'a fait à l'affemblée M. l'abbé de Pointis préfident, d'une maniere auffi claire que précife, des différentes prétentions de MM. les lieutenant principal & lieutenant criminel; des différens arrêts, lettre de M. de Montferrier, remis fur le bureau par M. le lieutenant criminel, & des anciens verbaux d'affiette de ce diocefe, dont la recherche a été faite avant l'affemblée dans les archives de ce diocefe, depuis l'année 1650 jufques en 1785, qui ont rapport à l'affaire dont il s'agit; enfemble de l'ordonnance délibérée du parlement de

Touloufe

Toulouse du 22 du courant, remise par M. le lieutenant principal, qui, sans préjudice du droit des parties, permet audit sieur lieutenant principal d'assister à la présente assiette, en l'absence de M. le juge mage de la même sénéchaussée; l'exécution de laquelle ordonnance doit avoir lieu, nonobstant toutes oppositions.

L'assemblée a ARRETÉ ET DÉLIBÉRÉ, que, conformément à l'usage observé dans les assiettes de ce diocese depuis & inclus 1661, M. le lieutenant principal aura le dévolu en la présente assiette, en l'absence de M. le juge mage; & qu'en conséquence, M. le lieutenant principal prendra sa séance à la présente assemblée; ce qui a été exécuté de suite, sans préjudice néanmoins du droit des parties.

Et, ces MM., avertis du délibéré & rentrés, M. le lieutenant principal ayant pris séance, M. le lieutenant criminel a prié très-fort M. le président de l'assemblée, & MM. les commissaires & députés du présent diocese tenant l'assiette, de vouloir agréer qu'il proteste, comme il fait, de tout ce qu'il peut de droit protester contre ce qui vient d'être délibéré par l'assemblée à son préjudice, en faveur de M. le lieutenant principal, & de vouloir bien ordonner 1°. que le greffier du présent diocese délivrera extrait en bonne forme de sesdites protestations & réquisitions, ainsi que du procès-verbal de la présente année, & de ceux qui justifient que ses prédécesseurs ont assisté aux assiettes du présent diocese; 2°. que le receveur gardera en ses mains les émolumens attribués à l'officier de justice qui a le droit d'assister à l'assiette en qualité de commissaire, jusques à ce que le parlement ait définitivement statué sur sa contestation avec M. le lieutenant principal.

Sur quoi l'assemblée a délibéré, 1°. que demeurant la délivrance qui fut faite audit sieur lieutenant criminel le jour d'hier, des extraits des verbaux d'assiette de ce diocese, des années 1658 & 1660, qui sont les seuls que l'on connoisse être dans les archives du diocese, qui justifient l'entrée du lieutenant criminel à l'assiette du diocese lesdites deux années seulement, il n'y a point lieu d'accéder à cette demande, les extraits desquelsdits verbaux ledit sieur lieutenant criminel nous a remis sur le bureau; 2°. n'y avoir lieu non plus à la retenue demandée des émolumens.

SECOND APPENDIX,

Contenant quelques pieces relatives à la Jurisdiction des Etats sur le fait de l'entrée aux Assiettes, des délibérations qui y sont prises, &c. avant & après les Lettres-Patentes, du 13 Mars 1653, & la Déclaration du Roi du 7 Décembre 1758.

N°. I.

I.
ARRÊT DU CONSEIL,

Qui renvoie à l'assemblée des Etats, la connoissance d'une contestation élevée par le viguier de Gignac, au sujet de l'entrée à l'assiette de Lodeve.

Du 19 Juillet 1602.

EXTRAIT *des Registres du Conseil d'Etat.*

SUR la requête présentée au Roi, en son conseil, par le sieur évêque de Lodeve, tendant à ce qu'il plût à Sa Majesté, ordonner que le juge de Gignac & autres qu'il appartiendra, seront assignés en son conseil pour voir ordonner que défenses leur seront faites d'assister aux assiettes qui se font audit diocese; & en outre, restituer ce qu'ils ont pris pour leur assistance avec condamnation de dépens, dommages & intérêts, attendu que de tout temps & ancienneté, les assiettes qui se font audit diocese, ont toujours été faites par les officiers du suppliant comme seigneur temporel & spirituel dudit Lodeve; LE ROI EN SON CONSEIL, a renvoyé ladite requête pardevant les Etats généraux du pays de Languedoc, pour, sur le contenu d'icelle, être pourvu audit sieur évêque de Lodeve, ainsi que de raison. FAIT au conseil du Roi tenu à Paris, le dix-neuvieme jour de Juillet mil six cent deux. *Collationné.* DIEUX, *signé.*

HENRI, PAR LA GRACE DE DIEU, ROI DE FRANCE ET DE NAVARRE: A nos amés & féaux les gens tenant les Etats généraux de notre pays de Languedoc; SALUT. Par l'arrêt de notre conseil ci-attaché sous notre scel, ce jourd'hui donné sur la requête à nous présentée par notre amé & féal le sieur évêque de Lodeve, à l'encontre du juge de Gignac & autres, nous avons renvoyé & renvoyons ladite requête pardevant vous, & vous mandons & enjoignons pourvoir audit sieur évêque de Lodeve, sur le contenu d'icelle, ainsi qu'il appartiendra par raison. De ce faire, vous donnons pouvoir. Mandons à notre huissier ou sergent premier requis, signifier notredit arrêt audit juge de Gignac & autres qu'il appartiendra, & les assigner pardevant vous pour y procéder, suivant icelui, & en outre, comme de raison; & au surplus, faire pour l'exécution d'icelui & de ces présentes, tous exploits, significations & assignations, commandemens & défenses requises & nécessaires, sans pour ce demander aucun visa, ni paréatis: CAR tel est notre plaisir. DONNÉ à Paris, le dix-neuvieme jour de Juillet, l'an de grace mil six cent deux, & de notre regne le treizieme. Par le Roi en son conseil. *Signé*, Dieux, & scellées du sceau de Sa Majesté sur simple queue.

Voyez *le jugement rendu en conséquence par les Etats, le 7 Novembre 1602, tome IV de cette collection, pag. 398.*

II.
ARRÊT DU CONSEIL,

Qui renvoie à l'assemblée des Etats, la connoissance de quelques contestations au sujet de l'entrée à l'assiette du diocese de Castres.

Du dernier Février 1603.

EXTRAIT *des Registres du Conseil d'Etat.*

Sur la requête présentée par le syndic du diocese de Castres, tendant à ce qu'il plaise à Sa Majesté, ordonner que l'ancien ordre observé de tout temps ès-assemblées qui se font audit diocese, pour l'imposition des tailles dues à Sa Majesté, sera gardé; & en ce faisant faire défenses au Substitut de son procureur général audit Castres, ensemble aux gentilshommes & autres qui n'y ont jusques ici eu séance & voix délibérative, s'y immiscer, ni introduire, à peine de deux mille écus d'amende; si mieux il ne plaît à Sa Majesté, renvoyer le jugement qui pourroit intervenir aux Etats du pays de Languedoc, pour en iceux être jugé définitivement, ainsi qu'il appartiendra par raison; & en ce faisant, leur en attribuer toute cour, jurisdiction & connoissance, & icelle interdire à tous autres juges; LE ROI EN SON CONSEIL, a renvoyé & renvoie ladite requête par-devant lesdits Etats du pays de Languedoc, pour, sur le contenu en icelle, pourvoir aux supplians, ainsi qu'ils verront être à faire par raison. Fait au conseil privé du Roi tenu à Paris, le dernier jour de Février mil six cent trois. *Signé*, de la Grange.

Henri, par la grace de Dieu, Roi de France et de Navarre: Aux députés des Etats de notre pays de Languedoc, Salut. Par l'arrêt de notre conseil ci-attaché, sous notre contre-sceau, ce jourd'hui donné sur la requête à nous présentée par notre bien-amé le syndic du diocese de Castres; nous vous avons renvoyé & renvoyons ladite requête, & vous mandons, ordonnons & enjoignons pourvoir au suppliant sur le contenu d'icelle, ainsi que verrez être à faire par raison; & à cette fin, vous en avons attribué & attribuons toute cour, jurisdiction & connoissance, icelle interdite & défendue, interdisons & défendons à tous nos autres juges. De ce faire, vous donnons pouvoir & mandement spécial par ces présentes, & à notre huissier ou sergent sur ce requis, faire pour l'exécution de notredit arrêt & desdites présentes, toutes significations, exploits & autres actes requis & nécessaires, sans pour ce demander aucun visa, ni paréatis: Car tel est notre plaisir. Donné à Paris, le dernier jour de Février, mil six cent trois, & de notre regne le quatorzieme. Par le Roi en son conseil. *Signé*, de la Grange, & scellés du grand sceau à simple queue en cire jaune.

Voy. *le jugement rendu en conséquence par les Etats, le 13 Décembre 1603, tome IV de cette collection, pag. 100.*

Eee e ij

III.
ARRÊT DU CONSEIL,

Qui renvoie à l'assemblée des Etats la connoissance de certains différens élevés dans l'assiette du diocese d'Alby, au sujet des rangs & séances dans ladite assiette.

Du 25 Septembre 1638.

EXTRAIT *des Registres du Conseil d'Etat.*

SUR la requête présentée au Roi, en son conseil, par le syndic général de la province de Languedoc, tendante à ce que pour les causes y contenues, il plût à Sa Majesté ordonner que, sans avoir égard à l'arrêt de sondit conseil, du 16 Mars dernier 1638, qui sera cassé & révoqué avec tout ce qui s'en est ensuivi, comme étant directement contraire aux anciens ordres & réglemens établis en ladite province, elle jouira de son ancien privilége ; ce faisant, que le précédent arrêt du conseil du 21 Juillet 1636, & tous autres réglemens sur ce faits, seront exécutés au profit des dioceses en particulier, tout de même que pour les Etats généraux, avec défenses au parlement de Toulouse de prendre ci-après connoissance des choses quelconques qui concernent l'assiette du diocese d'Alby en général ou particulier, ni des rangs & séances de ceux qui y ont ou qui prétendent entrée, à peine de nullité, sauf aux parties intéressées de se retirer audit conseil, pour sur le tout être pourvu. Vu ladite requête, ledit arrêt du conseil, dudit 21 Juillet 1636, rendu sur la requête dudit syndic général de Languedoc, par lequel il est fait réitératives défenses aux cours de parlement de Toulouse, chambre de l'édit de Castres & des comptes, aides & finances de Montpellier, de recevoir & admettre aucunes appellations des délibérations prises ès assemblées desdits Etats généraux de ladite province de Languedoc, connoître du fait d'icelles, ni des ordonnances des sieurs commissaires présidens pour le Roi en iceux, & de contraindre les greffiers desdits Etats, ni celui desdits commissaires, d'expédier ou remettre lesdites délibérations, ordonnances, & autres actes dépendans de leurs charges & fonctions; aux gardes des sceaux des chancelleries dudit pays, de sceller aucunes lettres d'appel des ordonnances desdits commissaires, & des délibérations desdits Etats, ni contraintes contre les greffiers, d'y déférer & obéir, à peine de nullité & cassation des procédures; & auxdits greffiers d'y déférer & obéir, à peine de mille livres d'amende, & à tous huissiers & sergens de les exploiter, à peine de privation de leurs charges : Autre arrêt du conseil du même jour 21 Juillet 1636, portant défenses auxdites cours de parlement de Toulouse & des comptes, aides & finances de Montpellier, de connoître directement ni indirectement du différent desdites assiettes, nomination & destitution de leurs officiers : Copie de requête présentée au parlement de Toulouse par Me. Claude de Moulnourry, conseiller de ladite cour, abbé de Gaillac, avec l'ordonnance de ladite cour du 18 Mars 1637, & exploit de signification baillée par vertu d'icelle au syndic du chapitre de l'église cathédrale d'Alby, pour se voir condamner en l'amende pour l'entreprise d'avoir empêché ledit de Moulnourry, abbé, de prendre la séance à lui due en l'assiette dudit diocese d'Alby, immédiatement après le sieur évêque, & devant ledit syndic : Copie d'une délibération de l'assemblée générale des Etats dudit Languedoc, du

10 Décembre audit an 1637, par laquelle il est arrêté que le syndic général de ladite province interviendroit en l'instance y mentionnée, pour raison de ladite préféance, & se pourvoira pour faire interdire la connoissance audit parlement de Toulouse: Autre copie d'arrêt du conseil, du 17 Décembre audit an 1637, rendu sur deux requêtes présentées, l'une par le syndic du diocese de Toulouse, & l'autre par le syndic général de Languedoc, par lequel autre précédent arrêt contradictoire du 29 Mai 1637, a été cassé comme rendu contre les réglemens de ladite province: Requête présentée au conseil par ledit demandeur, en conséquence de la susdite délibération, avec l'ordonnance du conseil sur icelle, du 16 Janvier dernier 1638, par laquelle ledit demandeur est reçu partie intervenante au procès y mentionné, d'entre ledit de Moulnourry, abbé susdit, & le syndic des chanoines du chapitre d'Alby: Deux exploits de signification d'icelle: Ledit arrêt du conseil, dudit jour 16 Mars, duquel est demandé la cassation, rendu entre ledit chapitre, chanoines, & ledit de Moulnourry & ledit demandeur partie intervenante, par lequel, sans s'arrêter à ladite intervention, ledit chapitre d'Alby est débouté de ses lettres, & les parties & leur procès & différent renvoyées au parlement de Toulouse, pour y être procédé suivant les derniers erremens: Ouï le rapport, & tout considéré; LE ROI EN SON CONSEIL, ayant égard à ladite requête, & sans s'arrêter audit arrêt du 16 Mars 1638, & à tout ce qui s'en est ensuivi, que Sa Majesté a cassé & révoqué, a renvoyé & renvoie les parties & leur différent à la prochaine assemblée des Etats généraux de la province de Languedoc, pour y être décidées & terminées ; a fait inhibitions & défenses à ladite cour de parlement de Toulouse, chambre de l'édit de Castres, cour des comptes, aides & finances de Montpellier, d'en prendre cour, jurisdiction ni connoissance, ni d'autres choses concernant les délibérations desdits Etats & réglemens des assiettes des dioceses de ladite province, à peine de nullité & cassation des procédures, le tout suivant & conformément audit arrêt & réglement du conseil. FAIT au conseil d'Etat du Roi, tenu à Paris, le vingt-cinquieme jour de Septembre mil six cent trente-huit. BORDIER, *signé*.

LOUIS, PAR LA GRACE DE DIEU, ROI DE FRANCE ET DE NAVARRE : A nos amés & féaux les gens tenant la prochaine assemblée des Etats généraux de notre province de Languedoc, SALUT. Suivant l'arrêt dont l'extrait est ci-attaché sous le contrescel de notre chancellerie, cejourd'hui donné en notre conseil d'état, sur la requête du syndic général de notre pays de Languedoc, Nous vous renvoyons les parties intéressées par ledit arrêt avec leurs différens, pour y être décidées & terminées, & vous mandons & ordonnons de leur rendre bonne & briève justice, vous en attribuant à cette fin toute cour, jurisdiction & connoissance, icelle interdisons & défendons aux cours de parlement de Toulouse, chambre de l'édit de Castres, cour des comptes, aides & finances de Montpellier, & à tous autres juges. En outre, commandons au premier notre huissier ou sergent sur ce requis de signifier ledit arrêt à tous qu'il appartiendra, à ce qu'ils n'en prétendent cause d'ignorance, faire les défenses y contenues sur les peines y mentionnées, & tous commandemens, sommations & autres actes & exploits nécessaires, sans demander autre permission; & sera ajouté foi, comme aux originaux, aux copies dudit arrêt & des présentes collationnées par l'un de nos amés & féaux conseillers & secrétaires; CAR tel est notre plaisir. DONNÉ à Paris, le vingt-cinquieme jour de Septembre, l'an de grace mil six cent trente-huit, & de notre regne le vingt-neuvieme. Par le Roi en son conseil.

Signé, BORDIER.

IV.
ARRÊT DU CONSEIL,

Qui fait très-expresses défenses à la cour des comptes de Montpellier de prendre aucune connoissance des ordonnances des commissaires principaux & délibérations des assiettes du pays de Languedoc, ni des états des frais ordinaires d'icelles, arrêtés au conseil, à peine de nullité.

Du 3 Mai 1640.

EXTRAIT *des Registres du Conseil d'Etat.*

SUR ce qui a été représenté au Roi en son conseil, par le syndic général de la province de Languedoc, que quoique Sa Majesté réglant en l'année 1634, l'état des frais & dépenses ordinaires de chacun diocese de la province, s'en réserve la connoissance en son conseil, & ordonne par les commissions qu'elle fait dépecher annuellement pour l'imposition de la taille en ladite province, que lesdits frais d'assiette & autres dépenses des dioceses, réglées par ledit état, ne pourront être divertis pour quelque cause que ce soit, ains payés effectivement par les receveurs aux dénommés audit état, suivant que chacun d'eux concerne; même que par les traités faits entre les Etats & les receveurs des tailles dudit pays, ès années 1610 & 1634, confirmés par divers arrêts du conseil, lesdits receveurs soient tenus de payer comptant & par avance à la fin de l'assiette de chacun diocese les frais ordinaires d'icelles; néanmoins Me. Jean Delort, receveur des tailles de Narbonne, auroit fait non-seulement refus de remettre ès mains de Me. Jean Cassagnes, syndic dudit diocese, suivant la délibération de l'assiette, la somme de quinze cents livres que, par l'état des frais ordinaires dudit diocese Sa Majesté laisse en fonds pour être employés aux affaires d'icelui pendant l'année, mais encore sur l'intimation de l'ordonnance de contrainte obtenue par ledit syndic du sieur commissaire principal de l'assiette, fait, tant lui que Fabre son commis, de grandes rebellions, excès, violences contre ledit syndic, dont il a été informé d'autorité des sieurs intendants de la justice dudit pays, & de plus relevé appel de ladite ordonnance en la cour des comptes, aides & finances de Montpellier, quoiqu'elle ne puisse prendre aucune jurisdiction ni connoissance, tant pour ce qui concerne lesdites ordonnances & délibérations des assiettes, laquelle leur est interdite par divers arrêts du conseil, que pour les frais & dépenses ordinaires dudit pays, dont, comme l'état en a été arrêté par Sa Majesté, & la dépense libellée dans chaque article, la connoissance en est aussi réservée à sondit conseil : C'est pourquoi requéroit ledit syndic général qu'il plût à Sa Majesté décharger ledit Cassagnes, syndic dudit diocese, & tous autres, des assignations qui leur pourroient être données en ladite cour, pour procéder sur ledit appel; ordonner que l'ordonnance dudit sieur commissaire principal seroit exécutée, & ledit Delort contraint au payement de ladite somme de quinze cents livres, nonobstant oppositions ou appellations quelconques, comme pour les propres deniers &

affaires du Roi, & tant lui que Guillaume Fabre son commis & complice desdites violences, pris au corps & conduits à la suite du conseil, pour répondre desdits excès : Vu ladite requête, les articles accordés entre lesdits syndics & receveurs de ladite province, le 11 Novembre 1610, par lesquels les receveurs sont obligés de faire les avances des dépenses ordinaires des diocèses dudit pays : Autre traité desdits syndics & receveurs, du 19 Novembre 1634, par lequel le précédent est confirmé, avec les arrêts du conseil, confirmatifs desdits deux traités : Extrait de la commission pour l'imposition de la taille en l'année 1634, portant que les deniers destinés pour la taxe des députés auxdits Etats, frais d'assiettes & dépenses inopinées des diocèses dudit pays, ne pourront être saisis, arrêtés ni divertis pour quelque occasion que ce soit, ains seront payés effectivement par lesdits receveurs aux dénommés auxdits états, comme chacun d'eux concerne : Extrait de l'état arrêté au conseil, le 28 Avril 1634, pour les dépenses annuelles dudit diocèse de Narbonne, dans lequel est laissé en fonds la somme de quinze cents livres pour être mises ès mains dudit syndic, & par lui employées aux affaires dudit diocèse : Délibération prise en l'assiette d'icelui, le 16 Janvier dernier, contenant que lesdites quinze cents livres seront mises ès mains dudit Cassagnes : L'ordonnance du sieur de Fabresan, commissaire principal de l'assiette dudit diocèse de Narbonne, avec l'exploit de signification d'icelle, contenant la réponse dudit Delort qui déclare en être appelant en la cour des aides de Montpellier : Information faite sur la plainte dudit Cassagnes, sur les excès commis en sa personne par ledit Delort & Fabre : tout considéré ; LE ROI EN SON CONSEIL, a déchargé & décharge ledit Cassagnes, syndic du diocèse de Narbonne, de l'assignation à lui donnée en ladite cour des comptes de Montpellier : Ordonne que l'ordonnance dudit commissaire principal sera exécutée selon sa forme & teneur, & ce faisant, ledit Delort contraint au payement de ladite somme de quinze cents livres, comme pour les propres deniers & affaires de Sa Majesté, laquelle fait très-expresses défenses à ladite cour des comptes de prendre aucune connoissance des ordonnances des commissaires principaux, & délibérations des assiettes dudit pays, ni des états des frais ordinaires d'icelles arrêtés au conseil, à peine de nullité ; & au surplus, que le procès sera fait audit Delort & Fabre par les sieurs intendans de la justice dudit pays, sur les informations faites de leur autorité, pour en être par eux ordonné suivant la rigueur des cas. FAIT au conseil d'état du Roi, tenu à Paris, le troisième jour de Mai mil six cent quarante. *Collationné*, DE BORDEAUX, *signé*.

V.

EXTRAIT du registre des délibérations des Etats généraux de Languedoc, assemblés par mandement du Roi en la ville de Carcassonne, au mois de Février 1648.

Du Mercredi 20 Mai suivant, président Mgr. l'archevêque & primat de Narbonne.

MONSEIGNEUR l'évêque de Castres, commissaire député avec M. le baron de Castelnau, & les sieurs capitouls de Toulouse, & consuls de Carcassonne, a dit, qu'ils ont vu l'arrêt du conseil, donné contre le diocèse de Mirepoix, qui porte que bien que les frais des Etats & assiettes de cette province aient été réglés par les états arrêtés au conseil en l'année 1634, qu'il soit défendu d'imposer de plus grandes sommes que celles qui y sont spécifiées, sous quelque prétexte que ce soit; néanmoins, il a été imposé en plusieurs diocèses, l'année dernière, diverses & notables sommes, même en icelui de Mirepoix quatre mille quatre cents soixante-dix-neuf livres six sols pour vacations extraordinaires, prétendu avoir été exposées par les commissaires principal & ordinaires, députés, syndic & greffier dudit diocèse, sans aucune provision de Sa Majesté, & contre les expresses défenses portées par les arrêts du conseil, à quoi Sadite Majesté voulant pourvoir, auroit ordonné que le receveur des tailles dudit diocèse seroit contraint par les voies ordinaires, de payer comptant ès mains du trésorier de l'épargne, ladite somme de quatre mille quatre cents soixante-dix-neuf livres six sols; moyennant quoi il demeurera valablement déchargé, & au surplus ordonne Sadite Majesté qu'il sera informé par les trésoriers de France de Toulouse contre les commissaires, principal & ordinaire, députés, syndic & greffier dudit diocèse, qui ont procédé à ladite imposition, pour l'information par eux faite être envoyée au conseil, & y être ordonné ce que de raison, avec défenses de plus contrevenir aux arrêts & réglemens, à peine de punition corporelle, lequel arrêt blesse la province, en ce qu'il attribue la connoissance des malversations prétendues avoir été commises par aucuns diocèses aux trésoriers de France qui ne sont pas leurs juges, & qu'en cas le diocèse de Mirepoix se trouve convaincu d'avoir excédé l'état des frais ordinaires de l'assiette, les deniers qui ont été sur-imposés doivent être restitués au profit dudit diocèse, & non portés à l'épargne, afin qu'il ne soit pas puni d'une faute qu'il n'a pas commise, ains seulement les commissaires & députés de ladite assiette. SUR QUOI, a été arrêté que par les députés du pays en cour Sa Majesté sera très-humblement suppliée de vouloir révoquer ledit arrêt comme contraire aux ordres & bien de ladite province, avec défenses aux trésoriers de France de Toulouse de connoître directement ni indirectement desdites malversations; & néanmoins afin qu'elles ne demeurent pas impunies, Sa Majesté sera suppliée d'en attribuer toute jurisdiction & connoissance aux sieurs commissaires présidens aux Etats, & qu'à la restitution de la somme de quatre mille quatre cents soixante-dix-neuf livres six sols, ceux qui l'ont reçue seront contraints par les voies accoutumées pour ses deniers & affaires, pour, les deniers en provenant être employés à la décharge dudit diocèse, & d'autant moins imposé en icelui; & A ÉTÉ ARRÊTÉ que les syndics généraux tiendront la main & feront toutes poursuites nécessaires par-tout où besoin sera, pour corriger tels & semblables désordres, & faire observer religieusement l'état des frais ordinaires arrêté au conseil pour les vacations des commissaires & députés dudit diocèse.

VI.
ARRÊT DU CONSEIL,

Qui fait défenses aux cours & juges de la province de prendre aucune jurisdiction & connoissance des assemblées des assiettes des diocèses, de leurs délibérations, création, nomination, institution ou destitution de leurs syndics & greffiers, & généralement de tout ce qui aura été résolu en icelles, sur peine de nullité & cassation, laquelle Sa Majesté s'est réservée en son conseil, interdite & défendue auxdites cours & tous autres juges.

Du 4 Septembre 1651.

SUr ce qui a été représenté au Roi, en son conseil, par les gens des trois-états de la province de Languedoc, par le II article du cahier de leurs doléances présenté à Sa Majesté, qu'après la tenue des Etats généraux de ladite province, on procede à celles des assiettes qui sont en effet les Etats particuliers des diocèses ; celles des pays de Vivarais, Gévaudan & Albigeois en portent le nom ; elles s'assemblent en vertu des commissions émanées des Etats & des commissaires qui y président pour Sa Majesté ; les commissaires principaux d'icelle sont pris du corps des Etats ; les délibérations d'iceux y sont exécutées, leurs réglemens suivis, & il ne s'y fait aucun département, même pour les affaires particulieres des diocèses, qu'en vertu des lettres patentes de Sa Majesté délibérées & consenties par les Etats, tellement que comme l'exécution des principaux ordres desdits Etats dépend de l'obéissance de ceux des assiettes qui en relevent, & lesquelles dans cette déférence & subordination ne sont qu'une même chose avec eux, il n'y a que Sa Majesté seule qui doive connoître des actions & délibérations des assiettes, non plus que de ce qui se fait aux Etats, ainsi qu'il demeure préjugé par plusieurs arrêts du conseil, même par ceux du 3 Mai 1640 & 26 Avril 1651 ; A raison de quoi Requéroient qu'il plût à S. M. faire défenses auxdites cours de parlement de Toulouse, chambre de l'édit de Castres, cour des comptes, aides & finances de Montpellier, trésoriers de France & tous autres officiers de ladite province, d'entreprendre aucune jurisdiction & connoissance des assiettes des diocèses, leurs délibérations, création, nomination, institution & destitution de leurs syndics & greffiers, & généralement de tout ce qui y aura été résolu, sur peine de nullité & cassation de procédures, s'en réserver en son conseil la connoissance ; LE ROI ÉTANT EN SON CONSEIL, la Reine régente, sa mere, présente, suivant la réponse faite sur le II article du cahier desdites gens des trois-états, a, conformément aux arrêts du conseil desdits jours 3 Mai 1640 & 26 Avril dernier, fait très-expresses inhibitions & défenses auxdits parlement de Toulouse, chambre de l'édit de Castres, cour des comptes, aides & finances de Montpellier, trésoriers de France & à toutes les autres compagnies & officiers de ladite province, de prendre aucune jurisdiction & connoissance des assemblées des assiettes des diocèses dudit pays, leurs délibérations, création & nomination, institution ou destitution de leurs syndics, greffiers & généralement de tout ce qui aura été résolu en icelles, sur peine de nullité & cassation, laquelle Sa Majesté s'est réservée en son conseil, interdite & défendue auxdites cours & tous autres juges. FAIT au conseil d'état du Roi, Sa Majesté y étant, la Reine régente, sa mere présente, tenu à Paris le quatrieme jour de Septembre mil six cent cinquante-un.

Signé, PHELYPEAUX.

VII.

EXTRAIT

Du cahier arrêté par Sa Majesté aux Etats du pays de Languedoc, le 16 Juillet 1652.

ARTICLE II.

LEs frais des assiettes & des assemblées des diocèses de votre province, le temps qu'elles doivent demeurer sur pied, le nombre de ceux qui y peuvent assister, & les personnes qui les doivent convoquer, se trouvent réglés par les arrêts de votre conseil, & par plusieurs délibérations des Etats conformes aux coutumes desdits diocèses qui ne s'assemblent qu'en vertu des commissions des commissaires présidens pour Votre Majesté en iceux, pour exécuter leurs délibérations, asseoir & départir sur lesdits diocèses & lieux qui en dépendent leurs portions des impositions consenties par les Etats & contenues esdites commissions; à raison de quoi il est défendu à votre parlement de Toulouse, chambre de l'édit de Castres, cour des comptes, aides & finances de Montpellier, trésoriers de France & tous autres juges de connoître des délibérations & réglemens des assiettes, ce qu'elles tâchent d'entreprendre: A CETTE CAUSE, plaira à Votre Majesté, suivant les arrêts de son conseil, des 19 Juillet 1602, dernier Juillet 1603, 21 Juillet 1636, 4 Mars 1640, 14 Juillet 1646, 26 Août & 4 Septembre 1651, de maintenir les personnes qui de tout temps ont accoutumé d'entrer auxdites assiettes, en la faculté de convoquer icelles, nonobstant les arrêts rendus par le parlement à ce contraires, & d'évoquer à soi & à son conseil la connoissance des délibérations des assiettes, nomination & changement de leurs syndics & greffiers, leurs réglemens & autres choses qui s'y traitent, & icelle interdire à votre parlement de Toulouse, chambre de l'édit de Castres & cour des comptes, aides de Montpellier, sur peine de nullité, cassation de procédure.

Et à côté est écrit:

Sa Majesté veut & entend que l'arrêt du quatrieme Septembre mil six cent cinquante-un, soit exécuté selon sa forme & teneur. FAIT & arrêté par le Roi, en son conseil, tenu à Saint-Denis-en-France, le seizieme jour de Juillet mil six cent cinquante-deux. *Signé*, LOUIS; *Et plus bas:* PHELYPEAUX.

VIII.

ARRÊT DU CONSEIL,

Qui ordonne l'exécution de celui du 4 Septembre 1651.

Du 16 Juillet 1652.

EXTRAIT *des Regîtres du Conseil d'Etat.*

SUr ce qui a été représenté au Roi, étant en son conseil, par les gens des trois-états du pays de Languedoc au II article de leur cahier, que les assiettes des diocèses sont une forme d'Etats particuliers qui sont convoqués en vertu des commissions des commissaires présidens pour Sa Majesté aux Etats généraux & qui n'ont autre fonction & emploi que l'exécution des délibérations prises ès Etats généraux, & l'assiette & département des impositions consenties en iceux; ce qui fait qu'à l'instar de l'assemblée des Etats généraux, telles assemblées n'ont dépendance aucune des officiers de la province: néanmoins les cours de parlement de Toulouse, chambre de l'édit de Castres, cour des comptes, aides & finances de Montpellier, & les tréforiers de France ne laiſſent pas journellement de vouloir prendre connoiſſance du fait deſdites aſſiettes, au préjudice de divers arrêts & réglemens du conſeil qui leur en font défenſes, & s'ingerent d'ordonner, ſoit des frais deſdites aſſiettes, ſoit du temps qu'elles doivent durer, du nombre des perſonnes qui y peuvent aſſiſter, & de la qualité de ceux qui les doivent convoquer ; à raiſon de quoi requéroient qu'il plût à Sa Majeſté, ſuivant les arrêts de ſon conſeil, des 19 Juillet 1602, dernier Juillet 1603, 21 Juillet 1636, 3 Mars 1640, 14 Juillet 1646, 25 Août & 4 Septembre derniers, maintenir les perſonnes qui de tout temps ont accoutumé d'entrer auxdites aſſiettes en la faculté de convoquer icelles, nonobſtant les arrêts rendus par ledit parlement à ce contraires, & d'évoquer à ſoi & à ſon conſeil la connoiſſance des délibérations des aſſiettes, nominations & changemens de leurs ſyndics & greffiers, leurs réglemens & autres choſes qui s'y traitent, & icelle interdire aux parlement de Toulouſe, chambre de l'édit de Caſtres, & cour des comptes & aides de Montpelier, ſur peine de nullité & caſſation de procédures ; LE ROI ÉTANT EN SON CONSEIL, a ordonné & ordonne que l'arrêt du 4 Septembre dernier ſera exécuté, & conformément à icelui, fait très-expreſſes inhibitions & défenſes auxdits parlement de Toulouſe, chambre de l'édit de Caſtres, cour des comptes, aides & finances de Montpellier, tréſoriers de France & à toutes les autres compagnies & officiers de ladite province, de prendre aucune juriſdiction & connoiſſance des aſſemblées des aſſiettes des dioceſes dudit pays, leurs délibérations, création & nomination, inſtitution & deſtitution de leurs ſyndics, greffiers, & généralement de tout ce qui aura été réſolu en icelles ſur peine de nullité & caſſation, laquelle Sa Majeſté s'eſt réſervée en ſon conſeil, interdite & défendue auxdites cours & tous autres juges. FAIT au conſeil d'état du Roi, Sa Majeſté y étant, tenu à Saint-Denis le ſeizieme jour de Juillet mil ſix cent cinquante-deux.

Signé, PHELYPEAUX.

LOUIS, PAR LA GRACE DE DIEU, ROI DE FRANCE ET DE NAVARRE : Au premier notre huiſſier ou ſergent ſur ce requis : Nous te mandons & commandons par ces préſentes que l'arrêt dont l'extrait eſt ci-attaché ſous le contre-ſcel de notre chancellerie, ce jourd'hui donné en notre conſeil d'état, Nous y ſéant, tu ſignifies à tous qu'il appartiendra, à ce qu'ils n'en prétendent cauſe d'ignorance, & aient à y déférer & obéir, leur faiſant les défenſes y contenues, ſur les peines y déclarées. De ce faire & tous autres actes & exploits requis & néceſſaires te donnons pouvoir, ſans pour ce demander autre permiſſion ; & ſera ajouté foi aux copies dudit arrêt & des préſentes duement collationnées par un de nos amés & féaux conſeillers & ſecrétaires, comme aux originaux : CAR tel eſt notre plaiſir. DONNÉ à Saint-Denis le ſeizieme jour de Juillet, l'an de grace, mil ſix cent cinquante-deux, & de notre regne le dixieme. LOUIS ; Par le Roi : PHELYPEAUX.

IX.

EXTRAIT *du regiſtre des délibérations des Etats généraux de Languedoc, aſſemblés par mandement du Roi, en la ville de Montpellier, au mois de Décembre* 1654.

Du Lundi premier Février 1655, préſident Mgr. l'archevêque & primat de Narbonne.

SUR ce qui a été repréſenté par le ſieur de la Feſquiere, capitoul de Touloufe que, par les lettres patentes que le Roi a accordées à la province, il a voulu que les différens qui arriveroient en l'aſſemblée générale des Etats & en celles des aſſiettes qui ſe tiennent en exécution de ce qui a été délibéré en ladite aſſemblée, ne pourroient être jugés qu'en icelle, avec défenſes, tant aux cours ſouveraines qu'autres officiers établis en ladite province, de prendre aucune juriſdiction ni connoiſſance de ce qui ſe paſſe aux aſſemblées deſdits dioceſes ; ce néanmoins le ſieur Caſtel, juge de Rieux, ayant commis des excès & violences dans l'aſſiette du dioceſe de Rieux, tenue au mois de Mai dernier, contre ceux qui la compoſoient, & notamment contre le ſieur de Baſtia Fougaſſier, dernier conſul de Rieux, lequel ſieur Caſtel, juge, non content d'avoir fait ces déſordres, avoit fait un procès-criminel contre ledit ſieur Fougaſſier au parlement de Toulouſe, où il auroit voulu faire régler le lieu où doivent être tenues les aſſemblées dudit dioceſe, & à ces fins, fait appeler Mgr. l'évêque de Rieux audit parlement, ce qu'étant venu à la connoiſſance du ſieur de Lamamie, ſyndic général, il avoit préſenté requête au conſeil, & demandé que ce différent fût jugé par l'aſſemblée des Etats, ſuivant l'attribution qui lui en eſt faite depuis long-temps par les lettres patentes de Sa Majeſté ; ſur laquelle requête le conſeil avoit donné arrêt, le 25 Juin 1654, portant que les parties ſeroient aſſignées audit conſeil aux fins de ladite requête, & que cependant toutes pourſuites ſurſoiroient au parlement de Toulouſe ; & ayant ledit Caſtel continué de faire des déſordres, même en l'élection conſulaire de la ville de Rieux, ledit ſieur de Lamamie avoit été contraint, pour les faire ceſſer, de recourir au conſeil : & parce qu'il importe que ces inſtances ſoient pourſuivies, afin de conſerver la juriſdiction qu'il a plu à Sa Majeſté accorder à ladite aſſemblée, il ſeroit à propos de prendre délibération là-deſſus, pour s'oppoſer aux déſordres que ledit Caſtel fait tous les jours aux aſſemblées dudit dioceſe, dans leſquelles il ne peut point entrer, étant prévenu de divers crimes, & par arrêt du parlement de Toulouſe du 28 Juin dernier, décrété de priſe de corps, & interdit de l'exercice de ſa charge ; A ÉTÉ DÉLIBÉRÉ ET ARRÊTÉ que les pourſuites faites par le ſieur de Lamamie étoient approuvées, & que MM. qui ſeront députés en cour pour porter le cahier, pourſuivront inceſſamment le renvoi de ladite cauſe en la préſente aſſemblée, ſuivant les lettres patentes de Sa Majeſté ; & que cependant ledit Caſtel, juge, ne ſera point reçu aux aſſemblées du dioceſe, attendu le décret de priſe de corps & interdiction, & que le lieutenant en la judicature ſera appelé en ſa place.

X.

EXTRAIT *du regiſtre des délibérations des Etats généraux de Languedoc, aſſemblés par mandement du Roi, en la ville de Narbonne, au mois d'Octobre* 1658.

Du Mardi 10 Décembre ſuivant, préſident Mgr. l'archevêque & primat de Narbonne.

SUR ce qui a été repréſenté aux Etats par le ſieur de Joubert, ſyndic général, qu'il lui a été mis en main un arrêt du conſeil du 26 Juin 1658, donné ſur la requête du ſyndic de pluſieurs villes & lieux du dioceſe du pays de Vivarais, par lequel il lui paroît que l'aſſiette derniere du dioceſe tenue à Joyeuſe au mépris des réglemens du conſeil & de la province, & de celui du 24 Janvier 1658, qui ordonne l'obſervation de celui du conſeil de l'an 1634, pour réprimer la licence des dioceſes qui ſe conſommoient en dépenſes illégitimes à la foule des peuples, a entrepris d'en délibérer de ſemblables, ſoit pour gratifications ou autrement juſques à la ſomme de quatre-vingt & tant de mille livres ; & que pour en ôter la connoiſſance aux Etats, toutes les délibérations n'avoient pas été inſérées dans le verbal de ladite aſſiette qui a été remis cette année, ſuivant le réglement des Etats, ce qui a donné lieu au conſeil de caſſer leſdites délibérations comme attentatoires, & d'ordonner que les ſyndic, receveurs & greffier dudit dioceſe remettront leurs comptes aux Etats pour, après y avoir été vus & examinés, être rapportés au conſeil & ordonné ce qu'il appartiendra, Requérant qu'il plaiſe à l'aſſemblée de tenir la main à l'exécution dudit arrêt pour l'obſervation de ſon réglement & le ſoulagement dudit dioceſe, & néanmoins ordonner que leſdites délibérations ſecretes ſeront remiſes au greffe des Etats dans quinze jours par le greffier du dioceſe à peine de ſuſpenſion de ſa charge, & que tant ledit greffier que le receveur du dioceſe qui eſt ſorti de l'exercice de ſa charge, & celui qui eſt entré à ladite aſſiette, comparoîtront en perſonne aux Etats pour rendre compte de la conduite de ladite aſſiette, à peine de répondre en leur propre & privé nom des contraventions par elle commiſes auxdits réglemens, pour eux ouïs, leſdits verbal, délibérations & comptes vus, requérir ce qu'il appartiendra : Lecture faite dudit arrêt du conſeil, A ÉTÉ ARRÊTÉ que conformément à icelui les receveurs, ſyndic & greffier du dioceſe remettront leurs comptes dans quinze jours au greffe des Etats, à peine de privation du recouvrement des deniers extraordinaires à l'égard deſdits receveurs, & de ſuſpenſion de leurs charges à l'égard deſdits ſyndic & greffier ; & néanmoins, que dans le même délai, ledit greffier remettra leſdites délibérations ſecretes, & que tant lui que les receveurs comparoîtront en perſonne aux Etats, à peine d'être convaincu deſdites contraventions & pourſuivis criminellement au nom & aux frais de la province partout où beſoin ſera.

XI.

ARRÊT DU CONSEIL,

Qui, conformément aux lettres-patentes du mois de Mars 1653, *renvoie à l'aſſemblée des Etats, la connoiſſance d'une conteſtation élevée dans l'aſſemblée de l'aſſiette de Montauban ; icelle interdit, tant à la cour des aides de Montpellier, qu'à tous autres juges.*

Du 24 Avril 1676.

EXTRAIT *des Regiſtres du Conſeil d'Etat.*

SUR la requête préſentée au Roi, étant en ſon conſeil, par le ſyndic général de la province de Languedoc ;

Contenant, qu'encore que par plusieurs lettres patentes de Sa Majesté & particulierement par celles du mois de Mars 1653, la connoissance de toutes les contestations qui arrivent dans les assiettes particulieres des vingt-deux dioceses de ladite province, ait été interdite tant au parlement de Toulouse que chambre de la cour des comptes, aides & finances de Montpellier, trésoriers généraux de France & à tous autres officiers & compagnies de ladite province; & qu'il ait plu à S. M. attribuer pour raison de ce toute jurisdiction & connoissance aux gens desdits Etats, à l'exclusion desdites cours, comme s'agissant de choses qui regardent leur économie particuliere, & les deniers qui s'imposent pour le service de Sa Majesté; néanmoins Jean Pic, ci-devant syndic du diocese de Montauban, auroit relevé appel en la cour des aides de Montpellier d'une délibération prise en l'assemblée de l'assiette dudit diocese, par laquelle il est ordonné qu'il remettra entre les mains de Jean-Philippe du Cos, son successeur en la charge de syndic, la somme de 5033 livres 5 sols, dont il est demeuré débiteur envers le diocese par la clôture du compte qu'il a rendu à l'assiette de son administration pendant l'année de son syndicat ; mais d'autant que ce transport de jurisdiction est non-seulement contraire à l'intention de S. M. & aux arrêts de son conseil, mais encore préjudiciable au bien public, puisqu'il est certain que l'appel relevé par ledit Pic, qui peut être jugé par les commissaires des Etats souverainement & sans frais, engageroit le diocese de Montauban en de longues procédures dans une autre jurisdiction, & le constitueroit par ce moyen en de grands frais ; A CES CAUSES, Requéroit le suppliant qu'il plût à Sa Majesté, conformément auxdites lettres patentes, renvoyer la connoissance du différent dont il s'agit, ses circonstances & dépendances, à l'assemblée des trois-états de la province de Languedoc, & en conséquence casser l'arrêt de la cour des aides de Montpellier du 28 Septembre dernier 1675, avec tout ce qui pourroit s'en être ensuivi, & faire inhibitions & défenses à ladite cour des aides & toutes autres cours & juges d'en connoître, à peine d'interdiction, & audit Pic de s'y pourvoir, à peine de nullité des procédures, dépens, dommages & intérêts, & 1000 livres d'amende, au payement de laquelle il sera contraint en vertu du présent arrêt, sans qu'il en soit besoin d'autre. Vu lesdites lettres patentes, ledit arrêt de la cour des aides, dont la cassation est demandée, & la délibération des Etats du 18 Décembre 1675 : OUI le rapport, & tout consideré ; LE ROI ÉTANT EN SON CONSEIL, sans s'arrêter à l'arrêt de la cour des aides de Montpellier que Sa Majesté a cassé & casse, & tout ce qu'en conséquence s'en est ensuivi ; a renvoyé & renvoie la connoissance du différent dont est question à l'assemblée des gens des trois-états de la province de Languedoc, auxquels, conformément auxdites lettres patentes Sa Majesté en attribue toute jurisdiction & connoissance, & icelle interdit, tant à ladite cour des aides de Montpellier qu'à tous autres juges, faisant très-expresses inhibitions & défenses audit Pic de s'y pourvoir, à peine de 1000 livres d'amende, nullité des procédures, dépens, dommages & intérêts. FAIT au conseil d'état du Roi, Sa Majesté y étant, tenu au Camp devant Condé, le vingt-quatrieme Avril mil six cent soixante-seize.

Signé, PHELYPEAUX.

N°. XII.

XII.
ARRÊT DU CONSEIL,
Qui défend à la cour des aides de connoître d'un différent élevé dans l'assemblée de l'assiette du diocèse d'Uzès, entre le receveur des tailles & les députés de ladite assiette.

Du 20 Juin 1691.

EXTRAIT *des Registres du Conseil privé du Roi.*

SUR la requête présentée au Roi en son conseil, par le syndic-général de la province de Languedoc, Contenant qu'encore que par divers arrêts du conseil d'état & particulierement par celui du 4 Septembre 1651, il ait été défendu au parlement de Toulouse, cour des comptes, aides & finances de Montpellier, tréforiers de France & tous autres juges & officiers de ladite province, de connoître des délibérations des assemblées des diocèses, & des procès & différens qui surviennent dans lesdites assemblées, dont Sa Majesté s'est réservée & à son conseil la connoissance, & icelle interdite auxdites cours & tous autres juges; ce qui a été non-seulement confirmé par les lettres-patentes de Sa Majesté, des 23 Novembre 1652 & 13 Mars 1653; mais de plus Sa Majesté en a attribué la jurisdiction & connoissance à l'assemblée générale de ladite province, pour les juger & décider à l'exclusion desdites cours; néanmoins le suppliant auroit été averti que sur les différens qui sont arrivés à l'assiette du diocèse d'Uzès, tenue au mois de Février de la présente année, entre les députés de ladite assiette, & le sieur Cabot, receveur des tailles, à l'occasion des cautions qu'il est obligé de donner pour la sûreté des deniers extraordinaires, ledit Cabot auroit présenté requête en la cour des aides de Montpellier, dans laquelle, après avoir exposé l'injure qu'il prétend lui avoir été faite par ladite assiette, d'avoir envoyé dans sa maison les consuls de la ville d'Uzès avec leur suite, pour obliger ledit Cabot à venir en personne représenter ses cautions & recevoir les départemens des impositions, il a demandé la remise des délibérations prises en ladite assiette, sur laquelle requête la cour des aides par son ordonnance du 4 Avril dernier, auroit commis le premier magistrat royal, pour faire ladite information, & auroit accordé la contrainte par corps contre le greffier du diocèse, pour la remise des délibérations de l'assiette; mais d'autant que Sa Majesté a toujours eu intention qu'aucune compagnie de justice de ladite province ne pût connoître des deliberations, qui sont prises dans lesdites assemblées ou assiettes des diocèses, & que cela leur est défendu précisément par tous ces divers arrêts du conseil & lettres-patentes, auxquels il ne leur est pas permis de contrevenir; A CES CAUSES Requéroit ledit suppliant qu'il plût à Sa Majesté, conformément auxdites lettres-patentes des 23 Novembre 1652 & 13 Mars 1653, renvoyer la connoissance des différens arrivés à la dernière assiette du diocèse d'Uzès, entre le sieur Cabot, receveur des tailles dudit diocèse, & les députés de ladite assiette à la prochaine assemblée des Etats de la province, pour y être jugés & terminés ainsi qu'il appartiendra, si mieux n'aime, Sa Majesté, conformément à l'arrêt du conseil d'état, du 4 Septembre 1651, confirmatif d'autres précédens, ordonner que pour procéder sur lesdits différens, circonstances & dépendances, ledit sieur Cabot & le syndic du diocèse d'Uzès feront assignés au conseil; & cependant faire défenses aux dits Cabot & syndic dudit diocese de se pourvoir ailleurs, & à ladite cour des comptes, aides & finances de Montpellier d'en prendre connoissance, à peine de nullité, cassation des procédures, & de tous dépens, dommages & intérêts. Vu ladite requête, signée Barbet, avocat du suppliant ; l'ordonnance de la cour des aides de Montpellier, du 4 Avril dernier, rendue sur la requête dudit Cabot ; les arrêts du conseil d'état des 21 Juillet 1636, 3 Mai 1640, 7 Avril 1644 & 4 Septembre 1651 ; les lettres patentes de Sa Majesté, des 23 Novembre 1652 & 13 Mars 1653 & autres pieces attachées à ladite requête. Oui, le rapport du sieur Courtin, maître des requêtes, commissaire à ce député, & tout considéré, LE ROI EN SON CONSEIL, conformément à l'arrêt d'icelui, du 4 Septembre 1651, a ordonné & ordonne qu'aux fins de la présente requête ledit Cabot & autres qu'il appartiendra, seront assignés au conseil, pour, parties ouies, être ordonné ce qu'il appartiendra : & cependant fait Sa Majesté défenses à ladite cour des aides de Montpellier & autres juges de connoître des différens desdits suppliant & Cabot, jusqu'à ce qu'autrement par Elle en ait été ordonné. FAIT au conseil privé du Roi, tenu à Versailles, le vingtieme jour de Juin mil six cent quatre-vingt-onze. *Collationné*, DUMAS, *signé*.

LOUIS, PAR LA GRACE DE DIEU, ROI DE FRANCE ET DE NAVARRE: Au premier notre huissier ou sergent sur ce requis. Nous te mandons & commandons que l'arrêt ci-attaché sous le contre-scel de notre chancellerie, ce jourd'hui donné en notre conseil, sur la requête présentée en icelui, par notre cher & bien-amé le syndic-général de la province de Languedoc, tu signifies au nommé Cabot y dénommé & autres qu'il appartiendra, à ce qu'ils n'en prétendent cause d'ignorance, & les assignes en notre conseil à jour certain & compétant pour y procéder aux fins dudit arrêt, & fais au surplus pour son entiere exécution, les défenses & autres actes & exploits requis & nécessaires, sans pour ce, demander autre permission ni paréatis : CAR tel est notre plaisir. DONNÉ à Versailles, le vingtieme jour de Juin, l'an de grace mil six cent quatre-vingt-onze, & de notre regne le quarante-neuvieme. Par le Roi en son Conseil. *Signé* DUMAS.

XIII.
ARRÊT
DU CONSEIL D'ETAT DU ROI,

Qui décharge le syndic du diocese de Saint-Papoul, de l'assignation à lui donnée au parlement de Toulouse, aux fins de l'appel des délibérations prises dans l'assemblée de l'assiette dudit diocese, & des ordonnances du sieur de Basville, intendant en Languedoc ; avec défenses audit parlement de Toulouse d'en prendre connoissance.

Du 23 Novembre 1717.

EXTRAIT *des Regiſtres du Conseil d'Etat.*

SUR la requête présentée au Roi en son conseil, par le syndic du diocese de Saint-Papoul ; Contenant, que l'assiette dudit diocese ayant délibéré les 3 Janvier 1702 & 19 Avril 1706, de faire réparer le lieu où se tiennent les assemblées dudit diocese, qui menaçoit ruine, le suppliant se pourvut devant le sieur de Basville, intendant en Languedoc, qui rendit une ordonnance le 22 Avril dernier, qui lui permet de faire

faire faire les publications des réparations énoncées au devis qui en avoit été fait : ces publications ayant été faites, le bail a été adjugé à Jean Barriere, au prix de quatre mille cent livres ; mais le fieur Baillot Dacher, sous le nom du sieur de Menard, avocat du Roi au sénéchal de Castelnaudary, a interjeté appel au parlement de Toulouse, des délibérations prises, tant à l'hôtel-de-ville de Castelnaudary, que dans l'assemblée de l'assiette dudit diocese, à l'occasion de ces réparations, & il a fait assigner le suppliant, par exploit du 17 Juillet dernier : mais d'autant que le parlement de Toulouse n'est pas compétant de connoître des délibérations des assiettes des dioceses de ladite province, dont la connoissance lui a été interdite, de même qu'à la cour des aides de Montpellier, par plusieurs déclarations & arrêts du conseil, le suppliant a recours à Sa Majesté, pour lui être sur ce pourvu. Requéroit, A CES CAUSES, qu'il plût à Sa Majesté, sans avoir égard à l'appel interjeté au parlement de Toulouse, le 10 Juillet dernier, par le sieur de Menard, des délibérations prises par l'assemblée de l'assiette du diocese de Saint-Papoul, décharger le suppliant de l'assignation à lui donnée le 17 du même mois : ordonner l'exécution desdites délibérations, & des ordonnances du sieur de Basville, rendues en conséquence ; avec défenses audit parlement de Toulouse d'en connoître, & audit sieur de Menard, & à tous autres d'y faire aucune poursuite, à peine de nullité, cassation, & de tous dépens, dommages & intérêts. VU ladite requête, & pieces justificatives : OUI le rapport ; LE ROI EN SON CONSEIL, a déchargé & décharge le syndic du diocese de Saint-Papoul, de l'assignation à lui donnée au parlement de Toulouse, à la requête d'Antoine Menard, le 17 Juillet dernier, aux fins de l'appel par lui interjeté, des délibérations prises à l'hôtel-de-ville de Castelnaudary, & dans l'assemblée de l'assiette du diocese de Saint-Papoul. Ordonne Sa Majesté, que les délibérations prises dans l'assemblée de l'assiette dudit diocese, & les ordonnances du sieur de Basville, intendant en Languedoc, rendues en conséquence, seront exécutées. Fait défenses audit parlement de Toulouse, d'en prendre aucune jurisdiction ni connoissance ; & audit sieur de Menard, & à tous autres, d'y faire aucune poursuite, pour raison de ce, à peine de nullité, cassation des procédures, & de tous dépens, dommages & intérêts. FAIT au conseil d'état du Roi, tenu à Paris, le vingt-troisieme jour de Novembre mil sept cent dix-sept. *Collationné*. *Signé*, DELAISTRE.

LOUIS, PAR LA GRACE DE DIEU, ROI DE FRANCE ET DE NAVARRE : Au premier notre huissier ou sergent sur ce requis. Nous te mandons & commandons, que l'arrêt dont l'extrait est ci-attaché sous le contre-scel de notre chancellerie, cejourd'hui rendu en notre conseil d'état, sur la requête y présentée par le syndic du diocese de Saint-Papoul, tu signifies à Antoine Menard y dénommé, & à tous autres qu'il appartiendra, à ce qu'aucun n'en ignore ; & fais en outre pour son entiere exécution, à la requête dudit syndic de Saint-Papoul, tous commandemens, sommations, défenses y contenues, sur les peines y portées, & autres actes & exploits requis & nécessaires, sans autre permission : CAR tel est notre plaisir. DONNÉ à Paris le vingt-troisieme jour de Novembre, l'an de grace mil sept cent dix-sept, & de notre regne le troisieme. Par le Roi en son conseil, le DUC D'ORLEANS, régent présent. *Signé*, DELAISTRE. Et scellé.

NICOLAS DE LAMOIGNON, chevalier, comte de Launay - Courson, seigneur de Brix, Vaugrigneuse, marquis de Lamothe-Chandenier, Beuxe, & autres lieux, conseiller du Roi en ses conseils, intendant de justice, police & finances en la province de Languedoc.

VU l'arrêt du conseil d'état du Roi ci-dessus, & commission sur icelui, Nous ordonnons que ledit arrêt du conseil sera exécuté selon sa forme & teneur. FAIT à Montpellier, le 12 Décembre 1717. Signé, DE LAMOIGNON: Et plus bas ; Par Monseigneur, SIRIÉ.

XIV.

ARRÊT
DU CONSEIL D'ETAT DU ROI,

Qui casse l'arrêt du parlement de Toulouse du 22 Juin 1771, en ce qu'il a prononcé sur l'admission que l'assiette du diocèse d'Alby a faite du sieur Bellot pour député de la communauté de Lombers, & encore en ce qu'il a ordonné la restitution de ce que l'assemblée lui a fait payer par ledit diocèse pour le défrayer de son voyage ; fait défenses audit parlement & à tous autres juges, de prendre connoissance, directement ou indirectement de ce qui a rapport aux assiettes des diocèses, & aux délibérations qui y sont prises.

Du 3 Décembre 1773.

EXTRAIT *des Registres du Conseil d'Etat.*

SUR la requête présentée au Roi, étant en son conseil, par le syndic-général de la province de Languedoc ; Contenant que le premier Janvier 1771, la communauté de Lombers, diocèse d'Alby, ayant élu pour premier consul de ce lieu le sieur Jean-Antoine Defos, avocat, quelques particuliers se pourvurent au parlement de Toulouse contre cette élection, sous prétexte que le sieur Defos ne réside point dans le lieu même de Lombers, dont il n'est qu'habitant forain ; ce qui ayant porté celui-ci, par esprit de paix, à renoncer à cette charge par deux actes signifiés le 8 & le 11 du mois de Mai de ladite année, veille de l'ouverture de l'assiette du diocèse, où il devoit représenter la communauté en ladite qualité de premier consul, il arriva que personne n'ayant suppléé à son défaut, l'assemblée enjoignit à la communauté d'y députer dans trois jours ; à quoi elle satisfit par délibération du 14 du même mois, en nommant à cet effet le sieur Bellot, avocat, l'un de ses principaux contribuables, & procureur du Roi en l'hôtel-de-ville dudit Lombers, lequel fut admis le même jour à cette assemblée sans aucune opposition, comme il résulte d'un extrait de son procès-verbal. Cependant le parlement de Toulouse rendit arrêt le 22 Juin suivant, qui entr'autres dispositions, casse, tant l'élection qui avoit été faite dudit sieur Defos pour premier consul, que celle faite dudit sieur Bellot pour procureur du Roi en l'hôtel-de-ville, & député à l'assiette ; lequel dit sieur Bellot est en même temps condamné à rembourser à ladite communauté l'entier montant de l'honoraire qu'il a perçu à raison de son assistance à ladite assemblée, le tout sous prétexte, suivant cet arrêt, que lesdits sieurs Defos & Bellot ne sont qu'habitans forains de Lombers. Sur quoi ledit syndic-général représente, en premier lieu, que le parlement n'avoit aucun droit de connoître de l'admission que l'assiette du diocèse a faite de la personne du sieur Bellot pour député de la communauté de Lombers, & moins encore d'ordonner la restitution de ce que l'assemblée lui a fait payer par le diocese pour le défrayer de son voyage, puisque cette matiere qui, dans le cas dont il s'agit, ne pouvoit être susceptible de contestation, est expressément attribuée aux états-généraux de ladite province par des lettres patentes du 13 Mars 1653, qui ont toujours eu leur effet, & dont l'exécution a été ordonnée par la déclaration du 7 Décembre 1758, indépendamment des défenses que Sa Majesté a faites par plusieurs arrêts de son conseil, à toutes ses cours & juges, de prendre connoissance des délibérations desdits Etats & assiettes. Et secondement, que quoique le sieur Bellot ne soit qu'habitant forain de Lombers, il ne s'ensuit pas qu'il n'en ait pas pu être nommé le procureur du Roi, puisque les lettres-patentes de Sa Majesté du 19 Février 1765, registrées au parlement le 8 Mai suivant, & qui maintiennent les communautés de ladite province dans le droit de nommer le procureur du Roi ès hôtels-de-ville, exigent seulement qu'ils soient gradués, & nullement qu'ils soient domiciliés dans le lieu, ni contribuables ; outre qu'un fort grand nombre des communautés de ladite province, n'a point d'habitans qui aient cette qualité ; que ce seroit les priver d'user de leur droit, singulierement, si des habitans forains ne pouvoient être nommés à cette place, lors même qu'ils sont des principaux taillables, tel qu'est le sieur Bellot. Requéroit, A CES CAUSES le suppliant, qu'il plût à Sa Majesté, sans s'arrêter à l'arrêt du parlement de Toulouse, qui demeurera cassé en ce qui regarde ledit sieur Bellot, relativement à sa qualité de député de la communauté à l'assiette du diocese d'Alby, & de celle de procureur du Roi à l'hôtel-de-ville dudit Lombers, ordonner que la délibération de l'assiette dudit diocese du 14 Mai 1771 sortira son plein & entier effet, sans qu'en aucun cas ledit parlement ni autres juges, puissent prendre connoissance directement ou indirectement, de ce qui a rapport aux assiettes des dioceses & aux délibérations qui y sont prises ; sauf à tous contendans à se retirer devers les Etats généraux de ladite province, pour leur être pourvu ainsi qu'il appartiendra ; comme aussi, maintenir ledit sieur Bellot dans l'exercice de la charge de procureur du Roi à l'hôtel-de-ville dudit Lombers, à laquelle il a été élu par ladite communauté, avec défenses à toutes personnes de lui donner à ce sujet aucun trouble ni empêchement. Vu ladite requête ; les actes des 8 & 11 Mai 1771, par lesquels le sieur Dufos s'est départi de la charge de premier consul ; la délibération de la communauté de Lombers du 14 dudit mois, qui a député à l'assiette du diocese ledit sieur Bellot ; celle de ladite assemblée, qui l'a admis à y assister en cette qualité ; deux certificats servant à justifier qu'il est un des plus forts taillables dudit Lombers ; la copie de l'arrêt du parlement de Toulouse, du 22 Juin 1771 ; les lettres-patentes du 13 Mars 1653, qui attribuent aux Etats de ladite province la connoissance de tous les différens qui peuvent naître, tant dans l'assemblée générale desdits Etats, que dans les assiettes de chaque diocese à raison du droit d'entrée, séances, adresse des mandes, nomination des officiers desdits dioceses, & autres semblables contestations, circonstances & dépendances ; avec défenses au parlement de Toulouse, cour des comptes, aides & finances de Montpellier, & à tous autres officiers & compagnies de ladite province, d'en prendre connoissance, laquelle est attribuée aux Etats pour en juger & décider à leur exclusion, ensemble la déclaration du 7 Décembre 1758, laquelle, en l'article XII, ordonne de plus fort l'exécution desdites lettres-patentes, & ordonne en conséquence qu'il sera procédé par lesdits Etats, à l'exclusion de toutes les cours & Juges, au jugement de tous les différens qui peuvent naître tant dans leurs assemblées que dans celles des assiettes, sur tous les faits ci-dessus, leur attribuant derechef, en tant que de besoin seroit, pour raison de ce, toute jurisdiction & connoissance, & icelle interdisant à toutes ses cours & juges. Ouï le rapport, tout considéré ; SA MAJESTÉ ÉTANT EN SON CONSEIL, ayant aucunement égard à la requête du syndic-général de la province de Languedoc, a déclaré & déclare nul l'arrêt du parlement de Toulouse, du 22 Juin 1771, seulement en ce qu'il a prononcé sur l'admission que l'assiette du diocèse d'Alby a faite de la personne du sieur Bellot pour député de la communauté de Lombers, & encore en ce qu'il a ordonné la restitution de ce que l'assemblée lui a fait payer par ledit diocèse, pour le défrayer de son voyage ; ce que Sa Majesté a jugé entierement contraire aux lettres patentes du 13 Mars 1653, & à la déclaration du 7 Décembre 1758, qu'elle veut être exécutée ; en conséquence, ordonne Sa Majesté, que la délibération de l'assiette dudit diocèse d'Alby, du 14 Mai 1771, sortira son plein & entier effet ; faisant défenses à sondit parlement & à tous autres juges, de prendre connoissance, directement ou indirectement, de ce qui a rapport aux assiettes des diocèses & aux délibérations qui y sont prises, sauf à tous contendans à se retirer devant les Etats généraux de la province, pour leur être pourvu ainsi qu'il appartiendra ; & sans s'arrêter aux autres conclusions prises par ledit syndic-général, dont Sa Majesté l'a débouté & déboute, ordonne que ledit arrêt du parlement de Toulouse sera au surplus exécuté selon sa forme & teneur. FAIT au conseil d'état du Roi, Sa Majesté y étant, tenu à Versailles le trois décembre mil sept cent soixante-treize. Signé, PHELYPEAUX.

LOUIS, PAR LA GRACE DE DIEU, ROI DE FRANCE ET DE NAVARRE: Au premier notre huissier ou sergent sur ce requis; Nous te commandons par ces présentes signées de notre main, de signifier à tous ceux qu'il appartiendra, à ce qu'ils n'en ignorent, l'arrêt ci-attaché sous le contre-scel de notre chancellerie, cejourd'hui donné en notre conseil d'état, Nous y étant, pour les causes y mentionnées ; de ce faire te donnons pouvoir, commission & mandement spécial, & de faire en outre pour l'entiere exécution dudit arrêt, tous exploits, significations & autres actes de justice que besoin sera, sans pour ce demander d'autre permission; CAR tel est notre plaisir. DONNÉ à Versailles, le troisieme jour du mois de Décembre, l'an de grace 1773, & de notre regne le cinquante-neuvieme. Signé, LOUIS : Et plus bas ; Par le Roi, PHELYPEAUX.

Fin du Tome sixieme.

TABLE DES MATIERES
DE CE SIXIEME VOLUME.

SUITE DE LA PREMIERE PARTIE.
DIVISION SECONDE.
LIVRE TROISIEME.

De la recette & des receveurs des tailles dans les diocefes. pag. 1.

Lettres de Charles VIII du mois de Mars 1483, portant que les deniers impofés dans les affemblées des Etats & affiettes, feront alloués dans la dépenfe de ceux qui en rendront compte.   N°. I.

Délibération des Etats, du 23 Octobre 1536, pour faire maintenir les diocefes dans le droit d'élire leurs receveurs à la pluralité des voix.   II.

Lettres de François I, du 26 Juillet 1537, concernant l'élection des receveurs des tailles dans les diocefes.   III.

Autres, du 31 Mars 1538, avant Pâques, fur le même fujet.   IV.

Autres, du 20 Avril 1539, portant que les comptes des deniers communs & extraordinaires ne feront point rendus devant la chambre des comptes nouvellement établie à Montpellier.   V.

Délibération des Etats, du 16 Octobre 1539, concernant l'élection des receveurs.   VI.

Autre, du 20 du même mois, portant que les receveurs n'auront plus d'action après trois ans, s'ils n'avoient fait convenir auparavant les débiteurs en juftice.   VII.

Autre, du 27 Octobre 1551, fur le même fujet.   VIII.

Autre, du 17 Octobre 1560, concernant la reddition des comptes des deniers communs & extraordinaires.   IX.

Edit du mois de Janvier 1572, portant création d'offices de receveurs des tailles dans les vingt-deux diocefes de la province.   X.

Commiffion, du 15 Juillet fuivant, pour traiter avec les Etats du rachat defdits offices.   XI.

Délibération des Etats, du 22 Janvier 1574, pour pourfuivre la fuppreffion defdits offices.   XII.

Lettres de Henri III, du 9 Janvier 1575, qui confirment les diocefes dans le droit de nommer à la recette des deniers extraordinaires.   XIII.

Autre, du 7 Décembre 1581, portant qu'il ne fera rendu compte devant la chambre des comptes que des deniers payables à la recette générale des finances.   XIV.

TABLE DES MATIERES.

Autres, du 21 Avril 1583, sur le même sujet. **XV.**
Autres, du 12 Décembre 1584, sur le même sujet. **XVI.**
Délibération des Etats, du 13 Juillet 1585, contre les offices des receveurs anciens & alternatifs. **XVII.**
Autre, du 7 Octobre 1589, sur le même sujet. **XVIII.**
Autre, du même jour, sur le même sujet. **XIX.**
Autre, du 13 du même mois, sur le même sujet. **XX.**
Autre, du 1er. Mars 1595, pour que la levée des deniers extraordinaires fût adjugée au rabais. **XXI.**
Autre, du même jour, au sujet de la reddition des comptes des deniers extraordinaires. **XXII.**
Autre, du 28 Novembre 1595, sur le même sujet. **XXIII.**
Autre, du premier Octobre 1593, pour que les diocèses soient maintenus dans le droit d'adjuger la levée des deniers extraordinaires au rabais de six deniers pour livre. **XXIV.**
Lettres patentes, du premier Février 1594, qui déchargent les receveurs électifs de la restitution de six deniers pour livre ordonnée contre les titulaires, par la déclaration du 26 Janvier 1593. **XXV.**
Edit, du mois d'Août 1597, portant création d'offices de receveurs des tailles triennaux. **XXVI.**
Déclaration du Roi, du 14 Novembre 1598, qui regle l'époque de l'entrée en exercice des receveurs créés par l'édit précédent. **XXVII.**
Lettres, du 18 Novembre 1598, portant qu'il sera compté par les receveurs en la chambre des comptes, des deniers extraordinaires. **XXVIII.**
Autres, du 12 Septembre 1599, qui prohibent aux receveurs érigés en titre d'office, la levée des deniers extraordinaires. **XXIX.**
Autres, du 18 Septembre 1599, qui autorisent les diocèses à adjuger au rabais la levée des deniers extraordinaires, & ordonnent que le compte en sera rendu devant les députés des diocèses. **XXX.**
Arrêt de la cour des aides, du 9 Août 1602, qui défend aux receveurs de compter des deniers extraordinaires ailleurs, que devant les syndics & députés des diocèses. **XXXI.**
Lettres, du 14 Juin 1605, qui défendent à la chambre des comptes, de contraindre les receveurs à compter devant elle des deniers extraordinaires, & autres qui n'entrent point aux recettes générales. **XXXII.**
Ordonnance des commissaires présidens pour le Roi aux Etats, du 12 Octobre 1606, sur le même sujet. **XXXIII.**
Arrêt du conseil du 7 Avril 1607, qui, sans avoir égard aux lettres patentes du 14 Juin 1605, ordonne qu'il sera compté en la chambre des comptes, des deniers extraordinaires, comme des deniers ordinaires. **XXXIV.**
Arrêt du conseil, du 6 Mars 1608, qui, entre autres dispositions, prononce sur les contestations d'entre les Etats & la chambre des comptes de Montpellier, au sujet de la reddition des comptes des deniers extraordinaires. **XXXV.**
Edit, du mois de Novembre 1609, portant création d'offices de receveurs des deniers extraordinaires anciens, alternatifs & triennaux, dans les vingt-deux diocèses de Languedoc. **XXXVI.**
Articles accordés, le 20 Novembre 1610, entre les syndics généraux de la province de Languedoc, & les receveurs des tailles des vingt-deux diocèses d'i-

TABLE DES MATIERES.

celle, pour la levée des deniers extraordinaires. XXXVII.

Arrêt du conseil, du 29 Octobre 1611, qui autorise les articles ci-dessus, & attribue aux receveurs huit deniers pour livre des deniers extraordinaires, moyennant finance. XXXVIII.

Edit, du mois de Décembre 1611, portant révocation de celui du mois de Novembre 1609. XXXIX.

Lettres, du 29 Janvier 1612, portant commission aux commissaires présidens pour le Roi aux Etats, & à ceux qui seront nommés par l'assemblée desdits Etats, de procéder à la recherche de divers abus concernant la levée des deniers extraordinaires, & nommément des receveurs qui auront pris au-delà de six deniers pour livre, pour la levée desdits deniers. XL.

Articles accordés le 24 Février 1612, entre les syndics & les députés des gens des trois-états de la province de Languedoc, & les députés de la chambre des comptes de Montpellier.

Avec l'arrêt du conseil, du 26 Juin suivant, qui autorise & homologue lesdits articles. XLI.

Renvoi au premier volume, pag. 463.

Arrêt du conseil & lettres patentes, du 17 Avril 1612, sur l'exécution de l'édit du mois de Décembre 1611. XLII.

Traité relatif à l'exécution dudit arrêt, du 30 Avril 1612. XLIII.

Exécution du traité précédent, du 19 Juillet 1612. XLIV.

Arrêt de la chambre des comptes de Montpellier, du 3 Septembre 1612, qui ordonne l'enregistrement de l'arrêt du conseil & des lettres patentes, du 17 Avril 1612. XLV.

Délibération des Etats, du 29 Octobre 1612, au sujet de l'attribution de huit deniers pour livre, & l'exécution des articles convenus avec les receveurs. XLVI.

Autre, du 16 Novembre suivant, sur le même sujet. XLVII.

Lettres du 7 Août 1615, portant ampliation de celles du 29 Janvier 1612. XLVIII.

Délibération des Etats du 23 Mai 1616, au sujet de l'exécution de l'article IV, du traité fait avec les receveurs. XLIX.

Autre, du 27 du même mois, sur le même sujet. L.

Autre, du 15 Novembre 1618, sur le même sujet. LI.

Autre, du 6 Octobre 1621, contre la prétention des receveurs, de prendre des taxations sur les empsunts, & pour l'exécution de l'article V des conventions faites avec eux. LII.

Autre, du même jour sur le droit de quittance, à raison des deniers ordinaires prétendu par les receveurs, quoique dans les articles on n'ait traité qu'à raison des deniers extraordinaires. LIII.

Autre, du premier Décembre 1622, contre la prétention de prendre des taxations pour les emprunts. LIV.

Arrêt du conseil, du 10 Juin 1623, portant qu'un receveur des tailles versera dans la caisse du trésorier de la bourse tous les fonds imposés pour la dépense des gens de guerre, artillerie, &c. nonobstant des saisies faites par les trésoriers & contrôleurs généraux de l'artillerie. LV.

Arrêt du conseil, du 28 Novembre 1624, portant que les receveurs ne peuvent exiger des arrérages après trois ans de l'année de leur exercice, à moins qu'ils ne juftifient en avoir fait demande en juftice avant l'expiration defdites trois années. LVI.

Edit du mois de Mars 1625, portant attribution aux receveurs des tailles de deux nouveaux deniers pour livre, pour la levée des deniers extraordinaires. LVII.

Délibération des Etats, du 31 Juillet 1626, au fujet de cette nouvelle attribution. LVIII.

Edit, du mois de Janvier 1627, portant création d'offices des receveurs du taillon, dans dix-neuf diocefes du Languedoc. LIX.

Autre, du mois de Juin 1633, portant attribution en hérédité aux receveurs des tailles de dix deniers pour livre, fur toutes les fommes qui s'impoferont en Languedoc en exécution de l'édit d'Octobre 1632, excepté fur la taille, aide, octroi & crue. LX.

Arrêt du confeil du 13 Juillet 1633, qui ordonne qu'en rapportant par les receveurs des diocefes, l'état des dettes defdits diocefes vérifié par les commiffaires à ce députés par Sa Majefté, les lettres patentes pour l'impofition d'icelles, & les quittances des créanciers, les parties des dettes employées ès comptes des deniers extraordinaires feront paffées & allouées par la chambre des comptes, fans qu'elle puiffe prétendre pour raifon de ce, aucunes épices, ni faire compter les communautés. LXI.

Délibération des Etats du 22 Novembre 1633, pour s'oppofer au regiftre de l'édit du mois de Juin 1633. LXII.

Autre, du 24 du même mois, fur le même fujet. LXIII.

Autre, du 25 du même mois, fur diverfes plaintes portées contre les receveurs & leurs commis. LXIV.

Accord, du 29 Novembre 1634, entre les fyndics généraux & le traitant des attributions accordées aux receveurs, par l'édit du mois de Juin 1633. LXV.

Articles arrêtés, le 30 Novembre 1634, entre les Etats & les receveurs, au fujet de la révocation des édits de Décembre 1611, Mars 1625, & Juin 1633. LXVI.

Avec l'arrêt du confeil, du 7 Mars 1635, qui les homologue. LXVII.

Arrêt du confeil, du 20 Août 1637, qui renouvelle les difpofitions de celui du 13 Juillet 1633, & enjoint à la cour des comptes, aides & finances de Montpellier, de s'y conformer. LXVIII.

Arret du confeil, du 19 Juillet 1638, portant défenfes à la cour des comptes, aides & finances de Montpellier, d'exiger pour la reddition des comptes des deniers extraordinaires de plus grandes épices, que celles réglées par les accords de 1610 & 1612.

Avec l'article XXIII du cahier de 1637. LXIX.

Délibération des Etats, du 12 Septembre 1641, au fujet d'une attribution faite aux receveurs de trois deniers pour livre à prendre fur les taxations des collecteurs. LXX.

Autre, du 18 du même mois, au fujet de la création des offices de receveurs particuliers de la bourfe, en chaque diocefe. LXXI.

Autre, du 24 du même mois, fur le même fujet. LXXII.

Autre,

TABLE DES MATIERES.

Autre, du premier Juin 1642, au sujet de nouvelles attributions faites aux receveurs. LXXIII.

Autre, du 22 Novembre 1642, au sujet du cautionnement des receveurs pour les deniers extraordinaires. LXXIV.

Autre, du 22 Octobre 1643, sur le même sujet. LXXV.

Autre, du 18 Novembre suivant, contre les receveurs qui donnoient en payement aux créanciers des diocèses, des délégations sur les communautés qui étoient en reste avec eux. LXXVI.

Arrêt du conseil, du 21 Juillet 1644, portant que les receveurs cautionneront pour les deniers extraordinaires devant les commissaires & députés des assiettes, & qu'ils payeront les créanciers des diocèses aux termes des impositions, le tout conformément au traité de 1610. LXXVII.

Délibération des Etats, du 24 Janvier 1645, contre la prétention d'un receveur de faire reprendre au diocèse les restes d'une communauté. LXXVIII.

Autre, du 21 Février suivant, au sujet des difficultés éprouvées par les collecteurs dans l'exaction des tailles dues par les seigneurs justiciers. LXXIX.

Autre, du 9 Mars suivant, au sujet du cautionnement des receveurs. LXXX.

Autre, du 23 du même mois, au sujet de quelques surexactions des receveurs, sous prétexte d'avances & de droits de quittance. LXXXI.

Autre, du 17 Janvier 1646, au sujet du cautionnement des receveurs. LXXXII.

Autre, du premier Mars suivant, au sujet des trois deniers pour livre attribués aux receveurs, sur les taxations des collecteurs par un édit non vérifié. LXXXIII.

Autre, du 9 Mai 1647, au sujet d'une attribution faite aux receveurs, pour la vérification des rôles des collecteurs. LXXXIV.

Autre, du 31 du même mois, pour faire permettre aux diocèses, d'acquérir les trois deniers pour livre attribués aux receveurs sur les taxations des collecteurs. LXXXV.

Arrêt du conseil, du 22 Janvier 1648, qui permet aux diocèses d'acquérir les trois deniers pour livre attribués aux receveurs sur les taxations des collecteurs, par un édit du mois de Mars 1639. LXXXVI.

Délibération des Etats, du 20 Février 1648, au sujet des offices de receveurs quatriennaux. LXXXVII.

Autre, du 21 Février 1648, au sujet de l'attribution accordée aux receveurs, pour la vérification des rôles des collecteurs. LXXXVIII.

Délibération des Etats, du 17 Mars 1648, au sujet du cautionnement des receveurs. LXXXIX.

Autre, du 20 du même mois, au sujet des épices des comptes des deniers extraordinaires. XC.

Déclaration du Roi, du 12 Septembre 1648, portant révocation d'une attribution accordée aux receveurs des tailles par édit du mois de Juillet 1646, pour la représentation & vérification des rôles des collecteurs. XCI.

Arrêt du conseil, du 28 Novembre 1648, qui ordonne que les receveurs des tailles compteront annuellement aux assiettes des deniers des diocèses, &c. XCII.

Délibération des Etats, du premier Septembre 1649, contre les receveurs quatriennaux. XCIII.

Tome VI. Hhhh

TABLE DES MATIERES.

Autre, du 17 du même mois, au sujet du payement de la taille due par les personnes puissantes, & pour que les receveurs soient obligés de prendre pour comptant les indications que leur en feront les consuls & collecteurs. XCIV.

Arrêt du conseil, du 5 Février 1650, portant que toutes les sommes imposées en vertu des délibérations des Etats, seront reçues par les receveurs des tailles, & par eux versées dans la caisse du trésorier des Etats, à l'exception des deniers de l'aide, octroi, crue, taillon & garnisons. XCV.

Autre, du 7 Avril suivant, qui défend aux receveurs des tailles, de faire payer des intérêts aux collecteurs, sous prétexte d'attente; ordonne qu'il sera procédé par la cour des aides, à la liquidation des droits de quittance dus aux receveurs; & que, par provision, ils ne pourront en prendre d'autres que ceux accordés par les articles de 1610, & par des édits duement vérifiés. XCVI.

Délibération des Etats, du 29 Octobre 1650, pour s'opposer à une demande faite aux receveurs des tailles par les intendans de Guienne & de Languedoc, des commissions en vertu desquelles ils ont fait la levée des impositions des Etats de leur recette, & des payemens par eux faits au trésorier de la bourse. XCVII.

Autre, du 15 Novembre 1650, contre la prétention des trésoriers de France, d'avoir des épices, & de faire remettre devers leur greffe des copies des procès-verbaux d'assiette & des départemens. XCVIII.

Autre, du 10 Mai 1653, au sujet du cautionnement des receveurs. XCIX.

Autre, du premier Juin 1653, qui renvoie les receveurs aux diocèses, pour le payement de leurs gages. C.

Autre, du 3 Mars 1655, au sujet des offices de receveurs quatriennaux. CI.

Autre, du 14 du même mois, au sujet d'un édit portant suppression des offices de receveurs des tailles. CII.

Arrêt de la cour des aides de Montpellier, du 23 Juin 1655, sur l'opposition du syndic général, au registre d'un édit du mois de Février 1655, contenant attribution aux receveurs des tailles d'un nouveau denier pour livre, sur les taxations des collecteurs. CIII.

Autre, du 10 Septembre 1655, qui regle les droits de quittance dus aux receveurs des tailles. CIV.

Edit, du mois de Mars 1656, qui révoque plusieurs édits précédens, &, entre autres, celui du mois de Février 1655, concernant l'attribution de quatre deniers faite aux receveurs des tailles sur les taxations des collecteurs. CV.

Délibération des Etats, du 23 Octobre 1657, contre les receveurs qui prenoient des taxations des sommes payées par les communautés en compensation de leurs collectes. CVI.

Autre, du 27 Novembre 1657, contre des exécutions vexatoires des receveurs des tailles. CVII.

Arrêt du conseil, du 10 Octobre 1658, qui défend à la cour des comptes, aides & finances de Montpellier, de prendre d'autres épices que celles qui ont été convenues dans le traité de 1612. CVIII.

Autre, du même jour, qui fait défenses aux trésoriers de France, de prendre aucunes épices pour la vérification de l'état des deniers extraordinaires. CIX.

… TABLE DES MATIERES.

Délibération des Etats, du 22 Novembre 1658, au sujet des droits d'avis, de commandement & de quittance dus aux receveurs. CX.

Edit, du mois de Décembre 1659, portant, entre autres dispositions, que le traité du 24 Février 1612, qui regle les épices des comptes des deniers extraordinaires, sera observé, sans que lesdites épices puissent être augmentées, pour quelque cause & occasion que ce soit. CXI.

Autre, du même jour, qui révoque un autre édit du mois de Mai 1657, portant création de quatre huissiers collecteurs des tailles dans chaque diocese du Languedoc. CXII.

Délibération des Etats, du 23 Décembre 1659, qui, sur la réquisition du trésorier de la bourse, ordonne que les assiettes du Puy, Lavaur & Mirepoix, donneront la levée des deniers extraordinaires à d'autres qu'aux receveurs en titre, à moins que ceux-ci ne justifient qu'ils ne doivent rien sur leur recette, & qu'ils ne donnent caution pour l'avenir. CXIII.

Délibération des Etats, du 30 Mars 1661, qui permet aux assiettes de traiter avec les receveurs de l'avance du premier terme, lorsque le cas le requerra, & à raison de huit pour cent par an. CXIV.

Autre, du même jour, contenant réglement accordé avec les bureaux des finances de Toulouse & de Montpellier, au sujet des épices de l'état des deniers extraordinaires. CXV.

Autre, du 9 Avril suivant, contre les offices de receveurs quatriennaux. CXVI.

Arrêt du conseil, du 23 Août 1661, qui fait défenses aux receveurs de prendre des taxations sur les deniers qui n'auront pas été imposés. CXVII.

Délibération des Etats, du 31 Janvier 1664, portant que, faute par les receveurs de payer pendant la tenue des assiettes les taxations des commissaires & députés, &c. conformément au traité de 1610, les départemens des deniers extraordinaires ne leur seront point délivrés. CXVIII.

Autre, du 3 Février 1664, concernant la nécessité de faire observer les réglemens, & notamment le traité de 1610, pour prévenir l'insolvabilité des receveurs. CXIX.

Autre, du 17 Décembre suivant, sur le même sujet. CXX.

Arrêt du conseil, du 8 Janvier 1665, portant que les receveurs ne seront point reçus à faire le recouvrement des deniers extraordinaires qu'ils n'aient préalablement baillé de bonnes & suffisantes cautions au gré des dioceses; qu'ils n'aient apuré les comptes de leurs exercices précédens, & remis les ampliations des quittances du trésorier de la bourse & autres créanciers; & qu'à défaut, la levée desdits deniers sera adjugée à ceux qui feront la meilleure condition en cautionnant. CXXI.

Articles convenus, le 13 Février 1665, entre les commissaires des Etats & les députés de la chambre des comptes, au sujet des épices des comptes des deniers extraordinaires, avec l'arrêt du conseil, du 8 Août suivant, qui les homologue. CXXII.

Renvoi au tome premier, pag. 467.

Délibération des Etats, du 22 Février 1665, qui approuve lesdits articles. CXXIII.

Autre, du 16 Novembre 1665, par laquelle les Etats accordent leur solliciHhhh ij tation aux receveurs, pour les faire décharger des taxes faites pour l'érection d'une chambre de justice. CXXIV.

Autre, du 28 du même mois, qui ordonne l'enregistrement & la publication de l'arrêt du conseil, du 8 Janvier 1665. CXXV.

Autre, du 20 Janvier 1666, par laquelle, après que les députés des Etats ont expliqué les motifs des articles convenus avec la cour des comptes, les Etats ordonnent le regiftre defdits articles, & reglent l'ordre de la fignature de leurs commiffaires dans de pareils traités. CXXVI.

Autre, du 24 Janvier 1668, au fujet des droits de quittance exigés par les receveurs, & de huit fols pour l'envoi de chaque mande prétendus par les contrôleurs des tailles. CXXVII.

Arrêt du conseil, du 24 Décembre 1668, qui fait défenfes aux receveurs de prendre d'autres droits que ceux qui leur font attribués par les traités de 1610 & 1634. CXXVIII.

Délibération des Etats, du 10 Avril 1669, qui fait défenfes aux commiffaires & députés des affiettes, de bailler la levée des deniers extraordinaires aux receveurs des tailles, à moins qu'ils ne faffent apparoir, pendant la tenue de l'affiette, de la quittance du prêt & de l'annuel de l'office qui devra entrer en exercice. CXXIX.

Arrêt de la cour des aides de Montpellier, du 27 Juillet 1669, concernant les diligences des receveurs pour le recouvrement des deniers royaux & publics. CXXX.

Autre, du 15 Janvier 1675, qui défend aux diocefes de porter le reculement du premier terme au delà du premier Août, à l'égard du receveur, & de le faire pour autres deniers que pour ceux qui doivent entrer dans les recettes générales & dans la caiffe du tréforier de la bourfe du Pays. CXXXI.

Ordonnance des commiffaires du Roi & des Etats, du 10 Février 1676, pour faire remettre tous les ans aux receveurs les préambules des rôles des impofitions & un extrait des clôtures des comptes qui forment reliquat en faveur des communautés. CXXXII.

Arrêt du conseil, du 21 Mars fuivant, qui ordonne l'exécution de l'ordonnance précédente. CXXXIII.

Ordonnance des commiffaires du Roi & des Etats, du 28 Août 1676, qui accorde aux receveurs la contrainte contre les confuls, greffiers & collecteurs pour la remife des préambules & des extraits de clôtures des comptes portant reliquat en faveur des communautés. CXXXIV.

Articles accordés, le 16 Janvier 1679, entre les députés des Etats & ceux de la cour des comptes fur leurs prétentions refpectives à raifon des comptes des deniers extraordinaires. CXXXV.

Articles accordés, le même jour, entre les députés des Etats, & ceux du bureau des finances de Montpellier. CXXXVI.

Délibération des Etats, du 15 Décembre 1679, dans laquelle le fyndic général rapporte que les tréforiers de France de Touloufe ont accédé au traité paffé, le 16 Janvier précédent, avec ceux de Montpellier. CXXXVII.

Autre, du 14 Janvier 1682, portant que, faute par les receveurs qui devront entrer en exercice de juftifier de l'apurement de leurs comptes ou des

TABLE DES MATIERES.

payemens des charges de leur recette, les affiettes ne les admettront qu'en les faifant cautionner pour l'exercice à venir & pour ce qu'ils devront de leurs précédens exercices; & qu'à défaut de cautionnement, elles pourront commettre à la levée des deniers extraordinaires. CXXXVIII.

Autre, du 3 Décembre 1681, fur l'avance du premier terme. CXXXIX.

Autre, du 5 Décembre 1682, contenant les inftructions dreffées par ordre des Etats fur la conduite que doivent tenir les diocefes pour l'admiffion des receveurs qui doivent entrer en exercice. CXL.

Autre, du 22 Octobre 1683, concernant l'avance du premier terme des impofitions. CXLI.

Autre, du 19 Novembre 1683, portant défenfes aux diocefes d'accorder au-delà de deux & demi pour cent pour l'avance du premier terme & de traiter pour plus d'un payement. CXLII.

Arrêt du confeil, du 15 Septembre 1685, portant réglement entre la cour des comptes, aides & finances de Montpellier, & les tréforiers de France de Touloufe & de Montpellier. CXLIII.

Délibération des Etats, du 2 Décembre 1688, contenant les moyens de pourvoir à la fureté des recettes des diocefes. CXLIV.

Autre, du 6 du même mois, au fujet de l'avance du premier terme des impofitions. CXLV.

Arrêt du confeil, du 20 Septembre 1689, portant réglement pour l'admiffion des receveurs des tailles à la levée des deniers extraordinaires, la liberté à eux accordée de poffeder un office & demi, leurs devoirs à l'égard des payemens à eux faits pour les collecteurs, &c. CXLVI.

Edit, du mois de Décembre 1689, portant attribution d'un fol pour livre aux receveurs des tailles fur les octrois & les impofitions municipales des communautés. CXLVII.

Délibération des Etats, du 9 Décembre 1689, fur l'exécution de l'arrêt du confeil du 20 Septembre 1689. CXLVIII.

Avis des commiffaires du Roi & des Etats, du 18 Décembre 1689, fur la fixation des cautionnemens des receveurs ordonnée par l'arrêt du confeil du 20 Septembre 1689. CXLIX.

Arrêt du confeil, du 25 Février 1690, portant réglement pour les cautionnemens des receveurs, à raifon de la levée des deniers extraordinaires, & adjudication de ladite levée à leur folle-enchere, faute par eux de fournir lefdits cautionnemens. CL.

Délibération des Etats, du 10 Novembre 1690, au fujet du fol pour livre fur les dépenfes des communautés. CLI.

Edit, du mois d'Octobre 1693, portant création de droits de quittance en faveur des receveurs des tailles & autres comptables. CLII.

Arrêt du confeil, du 21 Décembre 1694, & lettres-patentes, du 2 Avril 1695, portant fixation du droit de quittance attribué aux receveurs des tailles en exécution de l'édit du mois d'Octobre 1693. CLIII.

Arrêt du confeil, du 20 Septembre 1695, qui permet aux diocefes de rembourfer le nouveau droit de quittance revenant à 5 livres 12 fols par paroiffe. CLIV.

TABLE DES MATIERES.

Ordonnance des commiſſaires du Roi & des Etats, du 15 Décembre 1695, pour la remiſe des préambules. CLV.

Arrêt du conſeil, du 8 Mai 1696, portant que les offices de receveurs des tailles de la province, ſont affectés, par privilége à tous créanciers, au payement des ſommes appartenant à la province, aux diocèſes, ou aux communautés, qui ont été ou qui ſeront remiſes aux pourvus deſdits offices, leurs prépoſés ou commis, &c. CLVI.

Ordonnance de M. l'intendant, du 20 Octobre 1696, portant que les villes franches remettront au receveur du diocèſe le préambule du rôle de leurs impoſitions & feront vérifier leurs dettes. CLVII.

Ordonnance des commiſſaires du Roi & des Etats, du 20 Décembre 1696, portant que les receveurs des dioceſes compteront des reſtitutions qui ſeront ordonnées ſur l'examen des impoſitions des communautés. CLVIII.

Arrêt du conſeil, du 19 Août 1698, qui ordonne que les receveurs des tailles ne pourront prétendre des taxations que pour les deniers impoſés. CLIX.

Edit du mois de Décembre 1701, portant attribution de 20,000 livres d'augmentations de gages à certains officiers comptables, dont les receveurs des tailles & du taillon font partie. CLX.

Autre, du mois de Novembre 1703, portant création des offices de commiſſaires au recouvrement des tailles & autres impoſitions de la province, avec attribution d'un denier pour livre de toutes les ſommes qui ſeront impoſées. CLXI.

Renvoi au volume IV, page 144.

Déclaration du Roi, du 15 Janvier 1704, portant que les receveurs des tailles ſeront tenus d'acquérir les offices des commiſſaires créés par l'édit précédent. CLXII.

Arrêt du conſeil, du 29 Avril 1704, qui accepte l'offre des receveurs d'acquérir leſdits offices, & l'attribution d'un denier pour livre, moyennant une finance de 400,000 livres & les deux ſols pour livre. CLXIII.

Arrêt du conſeil, du 19 Juillet 1704, portant que ledit denier pour livre doit être pris ſur les deniers du taillon comme ſur les autres impoſitions. CLXIV.

Autre, du 11 Octobre ſuivant, qui décharge les receveurs de fournir les alimens aux collecteurs qu'ils ont fait empriſonner. CLXV.

Arrêt de la cour des aides, du 5 Mars 1705, qui, entre autres diſpoſitions, regle l'ordre des contraintes & diligences des receveurs pour le recouvrement des impoſitions. CLXVI.

Arrêt du conſeil, du 20 Juin 1705, qui autoriſe l'adjudication de la levée des deniers ordinaires du diocèſe de Narbonne faite par les tréſoriers de France, & celle des deniers extraordinaires faite par les commiſſaires ordinaires du diocèſe. CLXVII.

Autre, du 21 Juillet 1705, portant contrainte contre les receveurs & collecteurs pour le payement de la capitation. CLXVIII.

Autre du 31 Mai 1707, au ſujet d'une garantie demandée au diocèſe de Narbonne par les héritiers d'un receveur, à raiſon de la geſtion d'un commis. CLXIX.

Autre, du 9 Août 1707, qui autoriſe l'adjudication de la levée des deniers or-

TABLE DES MATIERES.   615

dinaires du diocese du Puy, faite par les tréforiers de France, & celle des deniers extraordinaires faite par les trois commis dudit diocese.   CLXX.

Délibération des Etats, du 20 Janvier 1708, contenant des projets d'articles concernant la levée de la capitation & de la taille par les receveurs & collecteurs.   CLXXI.

Arrêt du conseil, du 28 Février suivant, qui autorise la délibération précédente.   CLXXII.

Autre, du même jour, qui autorise une délibération des Etats du 19 Janvier précédent au sujet d'une offre de 600,000 livres faite par eux à Sa Majesté pour dispenser la province de l'établissement des contrôleurs des tailles créés par édit du mois de Novembre 1707.   CLXXIII.

Déclaration du Roi, du 27 Mars 1708, concernant les obligations & les émolumens des receveurs pour la levée de la capitation.   CLXXIV.

Edit, du mois d'Août 1709, portant création d'un second sol pour livré attribué aux receveurs des tailles sur les deniers municipaux des villes & communautés de Languedoc.   CLXXV.

Arrêt de la cour des aides, du 12 Août 1709, qui ordonne, conformément aux réglemens de ladite cour & arrêt du 5 Mars 1705, que les receveurs peuvent décerner leurs contraintes, &c.   CLXXVI.

Edit du mois de Septembre 1709, qui attribue des augmentations de gages à tous les officiers comptables du royaume & à leurs contrôleurs.   CLXXVII.

Délibération des Etats, du 22 Janvier 1710, portant approbation & ratification d'articles passés avec les receveurs, sur l'exécution de la déclaration du 27 Mars 1708, concernant la levée de la capitation.   CLXXVIII.

Délibération des Etats, du 23 Janvier 1710, concernant la sûreté du recouvrement de la capitation confié aux receveurs.   CLXXIX.

Arrêt du conseil, du 15 Juillet 1710, qui casse un arrêt de la cour des aides de Montpellier, & ordonne que les consuls constitués prisonniers à la requête des receveurs pour le payement de la taille ne peuvent agir pour leurs dommages & intérêts que contre les collecteurs, ou contre la communauté si les collecteurs sont forcés & ne sont pas reliquataires.   CLXXX.

Arrêt du conseil, du 26 Août 1710, qui autorise les articles passés entre les Etats & les receveurs pour le recouvrement de la capitation.   CLXXXI.

Déclaration du Roi, du 21 Octobre 1710, qui convertit l'augmentation des gages attribués par édit du mois de Septembre 1709, aux receveurs des tailles & taillon du Languedoc en un demi denier d'augmentation de taxations, moyennant une finance de 152,000 livres.   CLXXXII.

Délibération des Etats, du 5 Janvier 1711, qui rejette un mémoire des receveurs tendant à leur faire accorder des taxations sur les indemnités.   CLXXXIII.

Arrêt du conseil, du 13 Janvier 1711, qui permet aux receveurs de faire exécuter leurs contraintes dans toute la province sans permission de justice contre les collecteurs, leurs cautions & consuls perpétuels ou électifs. CLXXXIV.

Déclaration du Roi, du 24 Janvier 1711, qui ordonne l'exécution des articles passés avec les receveurs des tailles pour la levée de la capitation. CLXXXV.

Ordonnance de M. l'intendant, du 5 Octobre 1712, qui refuse aux receveurs & aux collecteurs des taxations sur les indemnités.   CLXXXVI.

Délibération des Etats, du 14 Janvier 1713, sur les moyens de pourvoir au payement des restes du diocese d'Alby, & d'y faciliter le recouvrement des impositions. CLXXXVII.

Arrêt du conseil, du 21 Février suivant, qui autorise ladite délibération. CLXXXVIII.

Délibération des Etats, du 22 Novembre 1713, pour obtenir la révocation des édits du mois de Décembre 1712 & Octobre 1713, portant création d'offices de receveurs & contrôleurs triennaux & quatriennaux des tailles, augmentations de gages & attribution de 3 deniers pour livre de taxations. CLXXXIX.

Edit du mois de Décembre 1713, qui décharge les receveurs & collecteurs des tailles de l'augmentation de 3 deniers pour livre de taxation, & de l'acquisition des offices triennaux & quatriennaux, &c. CXC.

Articles du 29 Décembre 1713, entre les syndics de la province & les receveurs, par lesquels ceux-ci cedent aux Etats, moyennant la finance de 300,000 livres qu'ils se chargeront de payer au Roi, les 15,000 livres d'augmentation de gages créés par les édits d'Octobre & Décembre 1713, & se chargent d'acquitter 30,000 livres pour les deux sols pour livre. CXCI.

Délibération des Etats, du 30 du même mois, qui approuve lesdits articles & autorise les syndics généraux à les signer. CXCII.

Arrêt de la cour des aides, du 28 Septembre 1714, qui regle les sommes qui doivent être reçues des redevables par les collecteurs, & des collecteurs par les receveurs jusqu'au 15 Octobre suivant. CXCIII.

Arrêt du conseil, du 6 Août & lettres-patentes du 15 Novembre 1715, portant que ceux qui ont part à la propriété des offices de receveurs des tailles seront tenus d'en remettre leurs déclarations au greffe de la cour des aides avec une copie des actes de leur propriété, & qu'à l'avenir aucun receveur ne pourra être reçu en ladite cour qu'il n'ait préalablement déclaré les noms des propriétaires en tout ou en partie desdits offices, à peine d'interdiction & de 3000 livres d'amende en cas de fausse déclaration. CXCIV.

Arrêt du conseil, du 19 Mai 1716, qui ordonne l'exécution d'une délibération du diocese de Narbonne pour le recouvrement des impositions des seigneurs de paroisse & autres gens de main forte. CXCV.

Autre, du même jour, qui permet de payer les arrérages des tailles du diocese de Narbonne des années 1713 & 1714, du fonds de 500,000 livres accordé par Sa Majesté à ce diocese. CXCVI.

Autre, du 30 Juin 1716, qui autorise une délibération des Etats au sujet du recouvrement des impositions du diocese d'Alby. CXCVII.

Autre, du 29 Mai 1717, qui déboute les propriétaires de l'office de receveur alternatif des tailles du diocese d'Alby de leur requête, au sujet de l'inspecteur établi pour avancer le recouvrement des impositions. CXCVIII.

Autre, du 29 Mars 1718, qui autorise & homologue la transaction passée entre le syndic du diocese de Nîmes, & les créanciers de Pierre & Jean Auvellier, & commet M. l'intendant de la province de Languedoc pour l'exécution d'icelle. CXCIX.

Autre, du 11 Juillet 1718, portant que le sieur Juin, receveur général des finances, restituera aux receveurs des tailles de la généralité de Montpellier, les

sommes

TABLE DES MATIERES. 617

sommes qui lui ont été payées en exécution du jugement du bureau des finances de Montpellier, du 19 Juin 1716, & ordonne que ledit sieur Juin, sera tenu de remettre auxdits receveurs les fonds nécessaires pour acquitter les charges des dioceses, à la déduction de ceux de l'aide, octroi & crue, lorsqu'ils auront été faits par Sa Majesté. CC.

Autre, du 24 Janvier 1719, qui ordonne que les receveurs des tailles continueront de se retenir par leurs mains, sur les deniers de l'aide, octroi & crue, leurs gages & augmentations des gages, & ceux de leurs compagnons d'office, & que les receveurs généraux des finances leur restitueront les deniers provenans desdites impositions des années 1712, 1713, 1714, 1715 & 1716, portés aux recettes générales des finances. CCI.

Autre, du 28 Février suivant, qui ordonne la restitution des deniers desdites impositions de l'année 1717. CCII.

Arrêt du conseil d'état du Roi, du 15 Septembre 1719, qui ordonne que les deniers de l'aide, octroi, crue & préciput, qui s'imposent annuellement dans la province de Languedoc, seront remis par les receveurs généraux des finances des deux généralités entre les mains des receveurs des tailles, jusques & à concurrence de leurs gages & augmentations des gages, tant pour le passé que pour l'avenir. CCIII.

Autre, du 23 Novembre 1719, portant que les deux quittances des finances payées par les receveurs des dioceses de Nîmes & d'Alais pour être déchargés de donner caution de leur maniement, seront remises par les détenteurs desdites quittances, pour être unies & incorporées auxdits offices. CCIV.

Autre, du 2 Mai 1724, qui commet le sieur Guy pour le recouvrement des tailles du diocese de Narbonne. CCV.

Autre, du 13 Novembre 1725, qui évoque les procès civils & criminels qui ont été ou seront intentés à l'occasion de la banqueroute du sieur Degua & iceux a renvoyés pardevant M. de Bernage de St. Maurice, intendant de Languedoc, & autres commissaires nommés audit arrêt pour les juger définitivement & en dernier ressort. CCVI.

Autre, du 30 Décembre 1726, qui commet le sieur Roudil pour le recouvrement des tailles & autres impositions du diocese de Carcassonne. CCVII.

Autre, du 8 Juillet 1727, qui ordonne, conformément aux réglemens de la province, qu'en cas de faillite des receveurs des tailles, & lorsque l'office entrera en exercice, le syndic du diocese sera tenu de faire sommer le syndic des créanciers du receveur, de présenter un sujet suffisamment cautionné pour faire la recette des impositions, sinon qu'elle sera publiée au rabais, & adjugée par les commissaires du diocese, pour être ensuite ladite adjudication autorisée par Sa Majesté; & cependant commet le sieur Antoine Roudil pour faire le recouvrement des impositions du diocese de Carcassonne, de l'année 1727. CCVIII.

Arrêt du conseil, & lettres patentes des 18 Novembre & 16 Décembre 1727, qui permettent aux receveurs des tailles de la province de Languedoc, de commettre à leur exercice, à la charge de faire enregistrer leurs procurations aux bureaux des finances des généralités de Toulouse & Montpellier. CCIX.

Délibération des Etats, du 31 Janvier 1728, qui approuve l'intervention du

Tome VI. Iiii

syndic général dans l'instance pendante devant des commissaires pour la distribution des biens du sieur Degua, receveur. CCX.

Ordonnance de M. de Bernage de Saint-Maurice, intendant de Languedoc, du 10 Septembre 1729, qui reçoit les receveurs des tailles opposans envers son ordonnance du 4 Juin 1728, au sujet des taxations sur les indemnités, & qui ordonne qu'ils continueront à jouir desdites taxations conformément au traité de 1624. CCXI.

Arrêt du conseil d'état du Roi, du 20 Septembre 1729, portant attribution à M. de Bernage de Saint-Maurice, & autres commissaires, de la discussion des biens du sieur Chalmeton, receveur des tailles à Uzès. CCXII.

Autre, du 19 Août 1732, qui ordonne que les receveurs des tailles & taillon de Languedoc seront reçus au payement de prêt & annuel de leurs offices, pendant les neuf années portées par la déclaration du 22 Juillet 1731, sur le pied des deux tiers de leurs évaluations. CCXIII.

Arrêt du conseil d'état du Roi, & lettres patentes du 23 Février 1734, qui confirment les receveurs des tailles du Languedoc au droit de jouir d'un denier & demi pour livre sur les impositions de la province, & de deux sols pour livre sur les deniers municipaux des communautés de ladite province. CCXIV.

Autre, du 24 Avril 1735, qui casse un arrêt de la cour des aides de Montpellier, du 2 Octobre 1732, ordonne l'exécution du jugement rendu par MM. les commissaires du Roi aux Etats, le 31 Janvier 1729, & permet au sieur Hugonnet d'exercer son recours contre les conseillers politiques, collecteurs, cautions & nominateurs de la communauté de Brems, des années 1704 & 1705. CCXV.

Autre, du 4 Septembre 1736, qui évoque les procès qui ont été ou seront intentés à l'occasion de la distribution des biens du sieur Rabinel, receveur des tailles du diocese de Mirepoix, & iceux renvoie pardevant M. de Bernage de Saint-Maurice, conseiller d'état, intendant de Languedoc, pour les juger définitivement & en dernier ressort, conjointement avec les autres commissaires nommés audit arrêt. CCXVI.

Ordonnance des commissaires du Roi & des Etats, du 24 Mars 1737, concernant les droits de quittance attribués aux receveurs des tailles & taillon, & aux contrôleurs des tailles. CCXVII.

Arrêt du conseil d'état du Roi, du 4 Juin 1737, qui autorise la délibération de l'assiette du diocese du Bas-Montauban, & commet en conséquence le sieur du Villa à la recette des tailles & autres impositions dudit diocese, pour l'année 1737. CCXVIII.

Ordonnance des commissaires du Roi & des Etats, du 22 Janvier 1738, concernant les différens droits de quittance attribués aux receveurs des tailles & taillon, & aux contrôleurs des tailles. CCXIX.

Autre, du 13 Octobre 1739, pour obliger les receveurs des tailles du diocese du Puy, à remettre au greffe de la commission, les titres en vertu desquels les communautés dudit diocese imposent en leur faveur la somme de trois livres pour chaque déparcellement. CCXX.

Autre, du 28 Janvier 1740, qui regle les droits de quittance dont les re-

TABLE DES MATIERES. 619

ceveurs des tailles & du taillon, & les contrôleurs des tailles ont droit de jouir dans chaque diocèse. CCXXI.

Arrêt du conseil d'état du Roi, du 22 Novembre 1740, portant réglement provisoire au sujet des droits dus aux trésoriers de France & autres officiers des bureaux des finances, pour l'installation, réception & prestation de serment des officiers qui sont tenus de s'y faire installer & recevoir, ou d'y prêter serment, pour l'enregistrement des provisions de ceux qui sont tenus de les y faire enregistrer, & pour plusieurs autres droits prétendus par les officiers des bureaux des finances. CCXXII.

Autre, du 5 Décembre 1740, qui ordonne que les receveurs des tailles & taillon de la province de Languedoc, continueront d'être reçus au payement du prêt & annuel de leurs offices, sur le pied des deux tiers de l'évaluation de leurs offices. CCXXIII.

Délibération des Etats, du 27 Janvier 1742, concernant l'exécution des réglemens relatifs au recouvrement des impositions. CCXXIV.

Ordonnance des commissaires du Roi & des Etats, du 7 Février 1740, concernant l'imposition du montant des deux sols pour livre, attribués aux receveurs des tailles des diocèses de la province, par les édits de 1689 & 1709. CCXXV.

Arrêt du conseil d'état du Roi, du 31 Juillet 1742, qui autorise le traité fait entre les syndics généraux de la province de Languedoc, les intéressés au bail de Charles Adam, sous-fermier des domaines du Roi, droits réservés, & autres y joints, & le sieur Aurés, comme sous-fermier des droits réservés & de greffe, au sujet du payement des trois sols & quatre sols pour livre sur les épices des comptes des receveurs des tailles, qui sont payées à la chambre des comptes de Montpellier, & aux bureaux des finances de Toulouse & de Montpellier. CCXXVI.

Ordonnance des commissaires du Roi & des Etats, du 7 Janvier 1743, portant que les receveurs des tailles des diocèses de la province, compteront des sommes dont la restitution aura été ordonnée sur l'examen des préambules des impositions des communautés de ladite province. CCXXVII.

Autre, du 5 Juin 1745, portant que les préposés au recouvrement des reliquats des comptes des communautés des diocèses de Lavaur, Commenge, Bas-Montauban, Alby, Aleth, Mirepoix, Narbonne, Lodeve, Montpellier, Nîmes, le Puy & Mende, seront tenus de représenter dans huitaine aux commissaires ordinaires desdits diocèses, un état des sommes dont ils ont fait le recouvrement, lesquelles ils seront tenus de remettre aux receveurs des tailles de chaque diocèse en exercice, à peine d'y être contraints par les voies de droit, & par corps; & que les receveurs des tailles des autres diocèses, auxquels il a été remis des fonds l'année derniere par les préposés, seront tenus d'en vuider les mains en celles des receveurs en exercice la présente année. CCXXVIII.

Arrêt de la cour des comptes, aides & finances de Montpellier, du 12 Août 1746, qui fait défenses à toutes personnes de s'immiscer dans aucune recette des deniers royaux sans provisions ni commission duement registrées en ladite cour; fait défenses aux officiers du bureau des finances de Toulouse, de commettre auxdites recettes, que dans les cas exprimés dans l'article XXXII

Iiii ij

du réglement du conseil, du 15 Septembre 1685, & condamne le nommé Roques en l'amende de trois mille livres pour avoir contrevenu auxdits réglemens, & à ceux de ladite cour. CCXXIX.

Ordonnance des commissaires du Roi & des Etats, du 12 Mai 1747, portant que les receveurs des tailles des diocèses de la province rendront compte, dans un mois pour tout délai, du montant des ordonnances de restitution des années 1742, 1743, 1744, 1745 & 1746. CCXXX.

Autre, du 6 Septembre suivant, qui permet aux communautés ou mandemens des diocèses du Puy, qui ont accoutumé de diviser ou déparceler leurs bourgades ou hameaux, pour la sûreté du recouvrement des impositions, d'imposer à l'avenir, tous les ans, trois livres pour chaque déparcellement du mandement ou communauté. CCXXXI.

Arrêt du conseil d'état du Roi, du 26 Août 1749, qui commet le sieur Sanche pour faire la recette du taillon du diocèse de Saint-Papoul. CCXXXII.

Autre, du 7 Septembre 1749, qui ordonne que les receveurs des tailles de la province de Languedoc seront admis au payement du prêt & annuel de leurs offices, sur le pied des deux tiers de leur évaluation de leurs offices. CCXXXIII.

Autre, du 15 Mai 1750, qui décharge les receveurs des tailles qui ont payé la finance portée par l'édit du mois de Décembre 1706, de tout cautionnement pour raison des deniers ordinaires de leur recette seulement, & ordonne l'exécution des lettres patentes du 16 Décembre 1727. CCXXXIV.

Ordonnance des commissaires du Roi & des Etats, du 27 Novembre 1752, portant réglement pour la remise des préambules des impositions des villes & communautés de la province, & que les receveurs des tailles feront à l'avenir le recouvrement du montant de toutes les ordonnances de restitution de quelque somme qu'elles soient, auquel effet permet auxdits receveurs d'établir garnison pour l'exécution desdites ordonnances, & ordonne que lesdits receveurs seront tenus de rendre compte chaque année des sommes qu'ils auront reçues en exécution desdites ordonnances de restitution. CCXXXV.

Extrait des décisions du Roi, du 20 Février 1755, portant défenses aux receveurs & collecteurs de prétendre ni exiger aucune taxation sur le fonds des indemnités. CCXXXVI.

Arrêt du conseil d'état du Roi, du 20 Mai 1755, portant réglement pour les droits & épices dus aux bureaux des finances, par ceux qui ont à s'y faire installer & recevoir, ou à y prêter serment, ainsi que pour les vérifications & attache des provisions d'offices, l'enregistrement des contrats d'aliénation du domaine de Sa Majesté, & autres droits énoncés audit arrêt. CCXXXVII.

Délibération des Etats, du 17 Février 1756, concernant la reddition des comptes des vingtiemes. CCXXXVIII.

Autre, du 18 Novembre 1756, qui regle à six deniers pour livre les taxations des receveurs sur la levée des vingtiemes, à la charge de faire livre net, & de verser aux termes ordinaires des impositions. CCXXXIX.

Édit du Roi, du mois de Mars 1757, portant suppression des offices de receveurs & contrôleurs généraux anciens, alternatifs & triennaux des finances

TABLE DES MATIERES.

& du taillon des généralités de Toulouse & Montpellier, & la commission de receveur général des finances du Roussillon & pays de Foix, & création de deux receveurs & contrôleurs généraux, ancien mi-triennal des finances & du taillon de Toulouse, Montpellier & Perpignan. CCXL.

Ordonnance des commissaires du Roi & des Etats, du 24 Septembre 1757, qui fixe un délai pour l'entier recouvrement des restes du premier vingtieme, & pour la remise des deniers en provenant à la caisse de la province. CCXLI.

Edit du Roi, du mois de Mai 1758, portant réunion des offices de receveurs & collecteurs particuliers du taillon des différens dioceses des généralités de Toulouse & Montpellier, à ceux de receveurs & contrôleurs des tailles desdits dioceses, sous le titre de receveurs & contrôleurs des tailles & taillon. CCXLII.

Délibération des Etats du 3 Mars 1759, contenant projet d'accord avec la chambre des comptes pour une augmentation des épices convenues en 1665 pour le jugement des comptes des receveurs. CCXLIII.

Autre, du 5 du même mois, contenant un arrêté de la chambre des comptes, portant acquiescement à l'accord proposé par les Etats pour l'augmentation des épices des comptes des receveurs. CCXLIV.

Etat de distribution de la somme de douze mille quatre cents soixante-cinq livres cinq sols sept deniers imposée sur les vingt-trois dioceses de la province pour les épices des comptes des receveurs, en vertu du traité de 1665, & de l'augmentation réglée par le traité fait avec la chambre des comptes en 1759. CCXLV.

Arrêt du conseil, & lettres-patentes du 15 Mai 1759, portant autorisation des délibérations & arrêtés des Etats & de la chambre des comptes, des 3 & 5 Mars 1759, concernant l'augmentation des épices des comptes des receveurs. CCXLVI.

Arrêt de la cour des comptes, aides & finances de Montpellier, du 8 Mai 1759, servant de réglement pour tous les comptables de son ressort de toute nature de deniers. CCXLVII.

Edit du mois d'Août 1669, portant réglement pour les chambres des comptes & officiers comptables, du mois d'Août 1669. CCXLVII.

Déclaration du Roi, du 19 Mars 1712, concernant les comptables. CCXLVII.

Autre, du 4 Mai 1766, portant réglement pour la comptabilité & les poursuites du contrôleur général des restes, & amnistie en faveur des comptables. CCXLVII.

Délibération des Etats, du 5 Janvier 1760, concernant quelques abus dans le recouvrement des impositions. CCXLVIII.

Arrêt de la cour des comptes, aides & finances de Montpellier, du 21 Février 1760, qui ordonne que toutes les parties qui se trouveront sursises ou tenues en souffrance dans les comptes des receveurs des tailles du diocese d'Alby, qui n'ont point été apurés, tourneront en débet clair au profit dudit diocese, & qu'il en sera fait un moins-imposé. CCXLIX.

Ordonnance des commissaires du Roi & des Etats, du 27 Février 1762, pour la remise des préambules des communautés du diocese de Carcassonne, immunes de tailles, & pour la clôture de leurs comptes, en la même forme

TABLE DES MATIERES.

que ceux des autres communautés du même diocese. CCL.

Arrêt du conseil d'état du Roi & lettres patentes du 31 Décembre 1761, concernant les comptables chargés de faire la retenue des dixieme, vingtiemes & capitation. CCLI.

Copie de la lettre de M. le contrôleur général à M. de Saint-Priest, intendant, du 3 Juillet 1763, portant décision contre la demande formée par les receveurs des tailles du diocese de Saint-Pons, & de tous les autres receveurs de la province, de taxations sur les sommes accordées en indemnité ; & que l'ordonnance rendue par M. de Saint-Priest, sur la requête du syndic du diocese de Saint-Pons, sera exécutée contre les receveurs dudit diocese qui se conformeront à l'avenir, ainsi que tous les autres receveurs des tailles, à la décision du Roi, du 20 Février 1755. CCLII.

Arrêt du conseil d'état du Roi, du 6 Septembre 1663, qui approuve & autorise l'adjudication faite par les commissaires du diocese d'Alby, à Augustin Prunet, aux conditions de son offre & sous les cautionnemens par lui fournis de la levée des deniers extraordinaires dudit diocese, capitation & vingtiemes de la présente année 1763, à la charge d'en compter par-tout & ainsi qu'il appartiendra ; ordonne Sa Majesté que sans s'arrêter à la nomination faite provisoirement par le bureau des finances, le 4 Juillet dernier, de la personne du sieur Martin Teysset, pour la levée des deniers ordinaires des tailles & taillon, & sans préjudice du droit qu'il a de commettre en pareille circonstance & sans tirer à conséquence, que la levée desdits deniers ordinaires sera faite par ledit Augustin Prunet, conjointement avec celles des deniers extraordinaires. CCLIII.

Ordonnance des commissaires du Roi & des Etats, du 23 Juin 1764, concernant le droit d'avis & premier commandement que les receveurs des tailles sont en droit de faire aux collecteurs, à raison desquels il est enjoint aux receveurs, de se conformer à l'arrêt du conseil, du 20 Septembre 1689, & aux ordonnances de la commission, des 24 Mars 1737 & 22 Janvier 1738 ; avec défenses aux receveurs de rien exiger des collecteurs pour l'impression des quittances ni aucun autre droit à raison d'icelles, si ce n'est le papier timbré des quittances finales. CCLIV.

Délibération des Etats, du 10 Décembre 1767, qui approuve, sans préjudice d'un plus grand examen, l'imposition de la somme de 1600 livres, au profit du receveur des tailles du pays de Velay pour l'avance du second terme des impositions. CCLV.

Arrêt du conseil d'état du Roi & lettres patentes, des 23 Août & 4 Octobre 1768, portant interprétation & dérogation, en tant que de besoin, aux articles XX & LXX de la déclaration du Roi, du 20 Janvier 1736, & attribution à la cour des aides de Montpellier, exclusivement à tous autres juges, des poursuites des contraintes générales & solidaires à exercer contre les communautés de la province. CCLVI.

Délibération des Etats, du 17 Décembre 1768, qui supprime l'imposition en faveur du receveur des tailles du pays de Velay, de la somme de 1600 livres, pour l'abonnement de partie du second terme des impositions. CCLVII.

Arrêt du conseil d'état du Roi & lettres patentes sur icelui, des 19 Septembre & 25 Octobre 1769, qui autorisent la commission donnée au sieur Mauclerc,

TABLE DES MATIERES.

pour faire la levée des deniers ordinaires & extraordinaires, de la capitation, vingtiemes, & autres impositions du diocèse de Narbonne de l'année 1769. CCLVIII.

Ordonnance des commissaires du Roi & des Etats, du 5 Janvier 1770, qui défend aux communautés de rien imposer ni payer à raison du papier timbré des quittances qui doivent être fournies par les receveurs aux collecteurs aux trois termes des impositions. CCLIX.

Autre, du 4 Mars 1773, au sujet du recouvrement & du compte du montant des erreurs de calcul & autres relatives au premier vingtieme. CCLX.

Autre, du 23 Février 1775, concernant l'exécution des ordonnances de restitution & les comptes à rendre desdites ordonnances par les receveurs des tailles. CCLXI.

Arrêt du conseil d'état du Roi, du 13 Mai 1777, qui autorise le sieur Michel du Puy, à faire le recouvrement des deniers ordinaires & extraordinaires du diocèse de Commenge, en vertu des pouvoirs qui lui en avoient été donnés par les commissaires dudit diocèse, & par le bureau des finances de la généralité de Toulouse. CCLXII.

Arrêt de la cour des comptes, aides & finances de Montpellier, du 6 Avril 1778, portant réglement pour les apuremens des comptes des receveurs des tailles du diocèse d'Alby. CCLXIII.

Arrêt du conseil d'état du Roi & lettres patentes sur icelui, des 4 Mai & 2 Juin 1779, qui ordonnent que les offices de receveurs des tailles du diocèse de Commenge appartiendront audit diocèse, à la charge de rembourser au sieur Peyrade, fils du dernier titulaire, les sommes & les supplémens qu'il justifiera avoir été payées. CCLXIV.

Délibération des Etats, du 28 Décembre 1779, concernant l'obligation des receveurs de faire livre net à chaque terme, & la représentation aux syndics des diocèses des reçus à eux fournis par le trésorier des Etats lors des vérifications ordonnées par l'arrêt du conseil, du 17 Octobre 1739. CCLXV.

Arrêt de la cour des comptes, aides & finances de Montpellier, du 30 Juillet 1781, qui enjoint aux collecteurs de remettre aux receveurs des tailles en exercice, les sommes imposées pour partie des capitaux dus par les communautés dans le cas de refus de la part des créanciers de retirer payement desdites sommes. CCLXVI.

Délibération des Etats, du 13 Décembre 1781, par laquelle ils autorisent les différentes impositions concernant les diocèses de la sénéchaussée de Toulouse, & enjoignent au diocèse Bas-Montauban de faire apurer incessamment les comptes de ses receveurs, des années 1770, 1775, 1776, 1777 & 1778, & que cette disposition sera insérée dans le jugement des impositions de ce diocèse. CCLXVII.

Autre, du 17 Décembre 1782, par laquelle les Etats consentent que le diocèse de Commenge emprunte 4053 livres 13 sols 3 deniers, pour les frais de provisions, réception & installation du receveur des tailles de ce diocèse. CCLXVIII.

Arrêt du conseil d'état du Roi, du 14 Février 1783, qui autorise le diocèse de Commenge à faire un emprunt de 4053 livres 13 sols 3 deniers, pour les frais de provision & de réception de l'office de receveur des tailles dudit diocèse. CCLXIX.

PREMIER APPENDIX,

Contenant diverses pieces relatives à quelques objets particuliers d'administration diocésaine. Page 548.

ORDONNANCE de M. l'intendant, du 10 Avril 1739, portant qu'il ne sera pris qu'un seul droit de contrôle, à raison d'un contrat d'emprunt fait par le syndic du diocese de Lodeve, quoique le receveur des tailles dudit diocese soit intervenu dans l'acte pour recevoir les deniers empruntés, & en donner compte. N°. I.

Arrêt du conseil, du 4 Février 1755, qui autorise le diocese d'Agde à imposer la somme de 7800 livres, restante de celle 10,000 livres, pour laquelle il s'est obligé envers la communauté de Meze, par la transaction & accord, du 29 Novembre 1754, & ce, en sept années consécutives à commencer de la présente, à raison de 1114 livres 5 sols 9 deniers par année, sans intérêt. II.

Délibération des Etats, du 3 Décembre 1772, par laquelle ils consentent que le diocese de Limoux acquiere un droit de mesurage sur les grains dans la halle de Limoux. III.

Autre, du 10 Février 1776, portant autorisation d'un accord convenu entre le diocese de Castres & le nommé Ducros, entrepreneur. IV.

Autre, du 5 Janvier 1781, sur l'administration du Gévaudan. V.

Autre, du 12 Novembre 1778, concernant des avances faites par le receveur pour un approvisionnement de grains. VI.

Autre, du 11 Décembre 1781, pour la réparation d'une erreur de calcul au préjudice d'un receveur. VII.

Autre, du 15 du même mois, pour autoriser le diocese de Montpellier à transiger avec le sieur Chrétien, adjudicataire des ouvrages du pont de Villeneuve, conformément aux articles convenus. VIII.

Autre, du 3 Janvier 1782, sur l'administration du Gévaudan. IX.

Autre, du même jour, portant consentement que le pays de Vivarais impose en deux années une somme de 25,897 livres 15 sols, pour les frais de la députation du sieur Chomel à la cour, à l'effet d'obtenir l'établissement d'une sénéchaussée dans le Vivarais, & pour une gratification accordée audit sieur Chomel, par les Etats particuliers du pays. X.

Autre, du 7 Décembre 1782, pour la réparation d'une erreur de calcul au préjudice d'un receveur. XI.

Autre, du 10 du même mois, pour le remboursement d'une avance faite par le receveur pour des ouvrages pressans. XII.

Autre, du 14 du même mois, pour autoriser un diocese à changer la direction d'un chemin approuvé. XIII.

Autre, du même jour, pour consentir à l'imposition des frais d'un procès. XIV.

Autre,

Autre, du même jour, pour le remplacement d'une somme employée à réparer des dégradations urgentes, & qui avoit été prise, avec l'approbation provisoire des commissaires des travaux publics, sur des fonds empruntés pour d'autres ouvrages. XV.
Autre, du même jour, sur l'administration du Gévaudan. XVI.
Autre, du 30 du même mois, sur l'administration générale des dioceses. XVII.
Lettre circulaire écrite, le 4 Janvier 1783, par les syndics généraux aux syndics des dioceses en exécution de la délibération précédente. XVIII.
Délibération des Etats, du 11 Décembre suivant, sur l'emploi d'une somme payée par un entrepreneur en exécution d'une transaction sur procès passée avec lui. XIX.
Arrêt du conseil, du 11 Octobre 1783, qui valide les dépenses irrégulieres, mais utiles, faites par le pays de Gévaudan, durant la gestion du sieur Lafont, syndic dudit pays. XX.
Délibération des Etats, du 13 Décembre suivant, prise en exécution de l'arrêt précédent. XXI.
Arrêt du conseil, du 30 Octobre 1786, qui ordonne que les actes d'administration qui sont reçus par les greffiers des dioceses, ou des Etats de la province de Languedoc continueront à jouir de l'exemption des droits de contrôle, & de la formalité du timbre. XXII.
Extrait du procès-verbal de l'assiette du diocese de Mirepoix, du 30 Mai 1786, concernant une contestation élevée entre le lieutenant criminel & le lieutenant principal de la sénéchaussée de Limoux, à raison de l'entrée à l'assiette, en l'absence du juge mage. XXIII.

SECOND APPENDIX,

Contenant quelques pieces relatives à la jurisdiction des Etats sur le fait de l'entrée aux assiettes, sur les délibérations qui y sont prises, &c. avant & après les lettres-patentes, du 13 Mars 1653, & la déclaration du Roi, du 7 Décembre 1758.
Page 586.

ARRÊT du conseil, du 19 Juillet 1602, qui renvoie à l'assemblée des Etats la connoissance d'une contestation élevée par le viguier de Gignac, au sujet de l'entrée à l'assiette de Lodeve. N°. I.
Autre, du dernier Février 1603, qui renvoie à l'assemblée des Etats la connoissance de quelques contestations au sujet de l'entrée à l'assiette du diocese de Castres. II.
Autre, du 25 Septembre 1638, qui renvoie à l'assemblée des Etats la connoissance de certains différens élevés dans l'assiette du diocese d'Alby, au sujet des rangs & séances dans ladite assiette. III.
Autre, du 3 Mai 1640, qui fait très-expresses défenses à la cour des comptes de Montpellier, de prendre aucune connoissance des ordonnances des commissaires principaux & délibérations des assiettes du pays de Languedoc, ni des

états des frais ordinaires d'icelles, arrêtés au conseil, à peine de nullité. IV.
Délibération des Etats, du 20 Mai 1648, contenant réclamation contre un arrêt du conseil qui avoit commis les trésoriers de France, pour informer au sujet d'une surimposition attribuée aux députés de l'assiette de Mirepoix, & qui avoit ordonné que les deniers prétendus surimposés seroient remis au trésorier de l'épargne. V.
Arrêt du conseil, du 4 Septembre 1651, qui fait défenses aux cours & juges de la province de prendre aucune jurisdiction & connoissance des assemblées des assiettes des diocèses, de leurs délibérations, création, nomination, institution ou destitution de leurs syndics & greffiers, & généralement de tout ce qui aura été résolu en icelles, sur peine de nullité & cassation, laquelle Sa Majesté s'est réservée en son conseil, interdite & défendue auxdites cours & tous autres juges. VI.
Extrait du cahier des Etats arrêtés par le Roi, le 16 Juin 1652. VII.
Arrêt du conseil, du 16 Juillet 1652, qui ordonne l'exécution de celui du 4 Septembre 1651. VIII.
Délibération des Etats, du premier Février 1655, pour revendiquer la connoissance d'un différent élevé dans l'assiette de Rieux. IX.
Autre, du 10 Décembre 1658, concernant quelques impositions faites dans le pays de Vivarais à l'insçu des Etats. X.
Arrêt du conseil, du 24 Avril 1676, qui, conformément aux lettres patentes du mois de Mars 1653, renvoie à l'assemblée des Etats, la connoissance d'une contestation élevée dans l'assemblée de l'assiette de Montauban, icelle interdit tant à la cour des aides de Montpellier qu'à tous autres juges. XI.
Autre, du 20 Juin 1691, qui défend à la cour des aides de connoître d'un différent élevé dans l'assemblée de l'assiette du diocèse d'Uzès entre le receveur des tailles & les députés de ladite assiette. XII.
Autre, du 23 Novembre 1717, qui décharge le syndic du diocèse de Saint-Papoul, de l'assignation à lui donnée au parlement de Toulouse, aux fins de l'appel des délibérations prises dans l'assemblée de l'assiette dudit diocèse, & des ordonnances du sieur de Basville, intendant en Languedoc, avec défenses audit parlement de Toulouse d'en prendre connoissance. XIII.
Autre, du 3 Décembre 1773, qui casse l'arrêt du parlement de Toulouse, du 22 Juin 1771, en ce qu'il a prononcé sur l'admission que l'assiette du diocèse d'Alby a faite du sieur Bellot pour député de la communauté de Lombers, & encore en ce qu'il a ordonné la restitution de que l'assemblée lui a fait payer par ledit diocèse pour le défrayer de son voyage ; fait défenses audit parlement & à tous autres juges, de prendre connoissance, directement ou indirectement de ce qui a rapport aux assiettes des diocèses, & aux délibérations qui y sont prises. XIV.

Fin de la Table du sixieme Tome.

ERRATA DU CINQUIEME VOLUME.

Pages 16, 18, 20, 22 & 24, au titre, lig. 1. des ouvrages publics des dioceses, lisez de la Jurisdiction à l'égard des ouvrages publics des dioceses.

Page 26, au titre, lig. 1, des ouvrages publics des dioceses, lisez exemption des droits d'amortissement, centieme denier, &c.

Pages 28, 30, 32 & 34, au titre, lig. 1, des ouvrages publics des dioceses, lisez de la garantie des ouvrages publics des dioceses.

Pages 36, 38, 40, 42, 44, 46, 48, 50, 52, 54, 56, 58, 60, 62, 64, 66 & 68, au titre, lig. 1, des ouvrages publics des dioceses, lisez de la conservation des chemins, ponts & chaussées des dioceses.

Pages 70, 72, 74, 76, 78, 80, 82, 84, 86, 88, 90, 92, 94, 96, 98, 100, 102, 104, 106, 108, 110, 112, 114, 116, 118, 120, 122, 124, 126, 128 & 130, au titre, lig. 1, des ouvrages publics des dioceses, lisez des directeurs & inspecteurs des ouvrages publics des dioceses.

Pages 132, 134, 136, 138, 140, 142, 144, 146 & 148, au titre, lig. 1, des ouvrages publics des dioceses, lisez des estimations des fonds pris pour l'emplacement des ouvrages publics des dioceses.

Page 150, au titre, lig. 1, des ouvrages publics des dioceses, lisez du privilége des deniers destinés aux ouvrages publics des dioceses.

Pages 152, 154 & 156, au titre, lig. 1, des ouvrages publics des dioceses, lisez de l'emploi des terres occupées par les anciens chemins des dioceses.

Pages 158 & 160, au titre, lig. 1, des ouvrages publics des dioceses, lisez de la contribution des communautés privilégiées à la dépense des chemins des dioceses qui les intéressent.

Page 162 jusqu'à la page 426, au titre, lig. 1, des ouvrages publics des dioceses, lisez recueil des pieces relatives à la multiplicité & à la dépense des communications ouvertes par les dioceses depuis 1754.

Pages 428, jusqu'à 468, au titre, lig. 1, des ouvrages publics des dioceses, lisez ouvrages pour contenir les rivieres & ruisseaux. Rivieres de Girou & de Lers.

Page 470 & 472, au titre, lig. 1, lisez riviere de Saune.

Page 474, jusqu'à 480, au titre, lig. 1, lisez riviere de la Hize.

Pages 482 & 484, au titre, lig. 1, lisez ruisseau de Mouillonne.

Page 486, jusqu'à 508, au titre, lig. 1, lisez riviere de Leze.

Page 510, jusqu'à 516, au titre, lign. 1, lisez ruisseau de Louge & de Tounis.

Page 518, jusqu'à 556, au titre, lig. 1, lisez ruisseau de Treboul & de Fresqueil.

Pages 558 & 560, au titre, lig. 1, lisez ruisseau de Vignoner.

Page 562, jusqu'à 580, au titre, lig. 1, lisez riviere de Sor & ruisseau de Laudot; & dans toutes ces pages, partout où il y a Landot, lisez Laudot.

Page 582, jusqu'à 586, au titre, lig. 1, lisez riviere de Tescou, ruisseaux de Constance & de Sanguinenc; & lisez partout Constance au lieu de Coustances.

Page 588, jusqu'à 592, au titre, lig. 1, lisez riviere du Gardon.

Page 594, jusqu'à 614, au titre, lig. 1, lisez secours accordés par les dioceses aux communautés pour leurs chemins.

Page 859 & suivantes, partout où il y a Puiceley, lisez Puicelsy.

Page 875, partout où il y a Counaux, lisez Connaux.

ERRATA DU SIXIEME VOLUME.

Page 11, col. 1, lig. avant-derniere, à ladite raison lesquels, lisez à ladite raison, lesquels.

Ibid. col. 2, lig. 8, audit pays à prendre, lisez audit pays, à prendre.

Ibid. lig. 13, annuels à la charge, lisez annuels, à la chage.

Page 25, lig. 13, par la déclaration du 26 Janvier 1593, lisez par les lettres-patentes du 3 Octobre 1591.

Page 81, col. 2, lig. 22 & 23, par ces présentes. Faire asseoir, lisez par ces présentes, faire asseoir.

Page 85, col. 2, lign. 9, l'année 1611, lisez l'année 1610.

Page 110, col. 1, lig. 20, seize, lisez six.

Le Lecteur est prié de corriger lui-même quelques fautes qui sont de peu de conséquence, & même celles qui pourroient paroître plus considérables, soit parce qu'il n'a pas été possible de revoir toutes les feuilles avant le tirage, soit parce qu'il y a des pieces qui, quoique authentiques, n'ont pu être collationnées sur les originaux qu'on n'a pas retrouvés.

FIN.

SUPPLÉMENT

Pour le Livre III, *De la Recette & des Receveurs des Tailles dans les Diocèses.*

LXXXI. (*bis.*)
ÉDIT DU ROI,

Portant création d'offices quatriennaux en chaque nature d'offices où il en a été créé d'anciens, d'alternatifs & de triennaux.

Du mois d'Août 1645.

LOUIS, PAR LA GRACE DE DIEU, ROI DE FRANCE ET DE NAVARRE: A tous préſens & à venir, SALUT. Pour continuer l'entretenement des armées que nous ſommes obligés de tenir ſur pied pour parvenir à une bonne & heureuſe paix pour la chrétienneté, notre intention étant, en la recherche des moyens dont nous avons beſoin, de ſoulager nos ſujets autant qu'il nous eſt poſſible, nous avons jugé à propos, dans la néceſſité des dépenſes exceſſives que nous avons à ſupporter, auxquelles les revenus de notre domaine, fermes, tailles, ſubſiſtances & autres impoſitions, ne ſont ſuffiſans, puiſque même nous avons été contraints d'emprunter ſur nos revenus des années prochaines, de grandes & notables ſommes de deniers, de choiſir entre les moyens qui ſe préſentent à nous pour en être ſoulagés, ceux qui ſe trouvent être à la diminution de nos finances, créant des offices quatriennaux où il y en a des anciens, alternatifs & triennaux, & retranchant ſur nos dépenſes ordinaires ce que nous trouverons le moins néceſſaire, pour faire le fonds des gages qui leur doivent être attribués, plutôt que de procéder à l'augmentation deſdites nouvelles impoſitions ſur noſdits ſujets: A CES CAUSES, ſavoir faiſons, qu'ayant fait mettre cette affaire en délibération en notre conſeil; de l'avis de la Reine régente notre très-honorée dame & mere, & de notre très-cher oncle le duc d'Orléans, de notre très-cher couſin le prince de Condé, & de pluſieurs grands & notables perſonnages de notredit conſeil, & de notre certaine ſcience, pleine puiſſance & autorité royale, nous avons par notre préſent édit perpétuel & irrévocable, créé & érigé, créons & érigeons en titre d'office formé, les offices quatriennaux qui en ſuivent; ſavoir, un tréſorier de nos parties caſuelles; un tréſorier des deniers extraordinaires; deux tréſoriers de l'ordinaire des guerres; deux tréſoriers & deux contrôleurs de l'extraordinaire de nos guerres; deux tréſoriers des régimens des camps & armées; deux tréſoriers des vivres, & deux tréſoriers de la cavalerie légere deçà & delà les monts; deux tréſoriers gardes généraux des vivres; deux tréſoriers des régimens des gardes Françoiſes & Suiſſes; un tréſorier général des fortifications; un tréſorier provincial de l'extraordinaire des guerres; un des garniſons; un des fortifications; un des régimens, & un de la cavalerie légere en chacun département; un tréſorier des ligues Suiſſes & Griſons; un tréſorier en chacune des quatre compagnies des gardes de notre corps; un tréſorier des chevaux-légers de no-

Tome VI.

630 SUPPLÉMENT.

tre garde, & un de la prévôté de l'hôtel ; deux secrétaires contrôleurs généraux de l'ordinaire des guerres ; un contrôleur général des reftes & bons d'états de notre conseil ; un contrôleur & un receveur général des reftes en chacune chambre des comptes ; un trésorier général de l'artillerie ; un contrôleur général de ladite artillerie ; un commissaire & un contrôleur provincial de ladite artillerie, poudres & salpêtres en chacun département ; un trésorier & un contrôleur de notre maison ; un intendant, un contrôleur & un trésorier général de l'argenterie ; un trésorier maître & un contrôleur de la chambre aux deniers ; un intendant, un contrôleur & un trésorier de nos bâtimens ; un intendant, un contrôleur & un trésorier de nos menus plaisirs & affaires de notre chambre ; un intendant, un contrôleur & un trésorier de nos écuries ; un contrôleur général des gabelles de France ; un trésorier & un contrôleur général du domaine ; un intendant, un contrôleur & un trésorier de la vénerie, fauconnerie & toiles de chaffes ; un trésorier des offrandes ; un trésorier & un contrôleur des mines & minieres de France ; un furintendant, & un contrôleur général des postes ; un maître des courriers & un contrôleur en chacun bureau ; un commissaire, un trésorier & un contrôleur général de la marine du levant ; un commissaire, un trésorier & un contrôleur général de la marine du ponent ; un trésorier général du marc d'or ; un trésorier & un contrôleur des ponts & chaussées de France ; un receveur payeur, un contrôleur, un commis dudit payeur, & un commis dudit contrôleur en chacune nature de rentes qui se payent en l'hôtel de notre ville de Paris ; un receveur & un contrôleur général provincial des rentes constituées sur les gabelles en chacun département ; un receveur & un contrôleur général provincial des rentes constituées sur les recettes générales des finances, aydes & autres de chacune nature ; un receveur payeur & un contrôleur des gages en chacune cour de parlement, chambre des comptes & cour des aydes ; un receveur payeur & un contrôleur des gages de notre grand conseil ; un receveur & un contrôleur des boettes des monnoies ; un trésorier payeur, & un contrôleur des gages de nos secrétaires des anciens colléges ; un trésorier & un contrôleur des gages de nos secrétaires du collége des six vingts de nos finances ; un trésorier & un contrôleur des gages des nouveaux secrétaires ; un receveur payeur des gages des trésoriers de France, & un greffier en chacun bureau des finances ; un receveur général provincial des gages des présidiaux en chacune généralité ; un receveur payeur & un contrôleur des gages en chacun présidial ; un receveur & un contrôleur général des bois en chacun département ; un receveur & un contrôleur des portes & entrées de Paris en chacune recette ; un intendant, un contrôleur & un trésorier des turcies & levées ; un receveur du barrage ; un receveur & un contrôleur général des finances en chacune généralité ; un receveur & un contrôleur général provincial du taillon, & un trésorier & un contrôleur des ponts & chauffées en chacune desdites généralités ; un receveur des tailles, un du taillon, un des aydes, & un receveur payeur des gages en chacune élection ; un receveur payeur des gages des prévôts des maréchaux en chacune compagnie ; un receveur, un contrôleur & un visiteur général des gabelles en chacun département ; un grenetier, un contrôleur, un visiteur & un receveur en chacun grenier à sel ; un garde, un contre-garde & un receveur en chacun

SUPPLÉMENT.

N°. LXXXI.

mefurage & contre-mefurage à fel; un receveur des crues, un receveur & un contrôleur particulier du domaine, & un receveur des deniers communs en chacune recette; un tréforier de la bourfe de Languedoc; un tréforier & un contrôleur du pays de Dauphiné; un commis de chacun des tréforiers receveurs & contrôleurs où il y a des commis anciens, alternatifs & triennaux & généralement un office quatriennal en chacune nature d'office où lefdits anciens, alternatifs & triennaux ont été créés, fors & excepté en la charge de tréforier de notre épargne, en laquelle quant à préfent nous ne voulons être établi le quatriennal; à chacun defquels offices quatriennaux, nous avons attribué & attribuons les mêmes qualités, fonctions, dignités, honneurs, autorités, prérogatives, prééminences, priviléges, pouvoirs, exemptions, franchifes, immunités, libertés, gages, taxations, cahier de frais, droits d'habillemens, vacations, port & voiture de deniers, & autres droits, revenus & émolumens attribués auxdits anciens, alternatifs & triennaux, fans en rien excepter ni réferver: Comme auffi avons attribué & attribuons l'hérédité auxdits offices quatriennaux dont les anciens, alternatifs & triennaux font héréditaires. De tous lefquels gages, taxations & droits defdits offices quatriennaux, le fonds en fera fait dans les états où s'employent ceux defdits anciens, alternatifs & triennaux, à commencer du premier Janvier prochain & fans aucune diminution des gages, taxations & droits defdits anciens, alternatifs & triennaux, fors & excepté les taxations & cahier de frais accordés pour leur maniement, dont ils jouiront feulement en l'année de leur exercice: Lefquels gages, taxations & droits, les pourvus defdits offices quatriennaux

retiendront par leurs mains les années qu'ils feront en charge, des deniers de leur recette, &, hors icelle, en feront payés par leurs compagnons d'office. Et d'autant que les droits d'aucuns defdits officiers, anciens, alternatifs & triennaux, ne s'employent dans nofdits Etats, & s'impofent dans nos commiffions des tailles, féparément, ou conjointement avec les droits de nos fermes ou autrement, nous voulons que lefdits droits defdits quatriennaux foient impofés & levés conjointement avec ceux defdits anciens, alternatifs, & triennaux, par augmentation, à commencer dudit premier Janvier prochain, & que les pourvus defdits offices quatriennaux en jouiffent tout ainfi que lefdits anciens, alternatifs & triennaux: Et feront lefdits gages, taxations & droits defdits offices quatriennaux fpécifiés par les quittances qui en feront expédiées par les tréforiers de nos parties cafuelles. Les pourvus defquels offices préfentement créés, nous voulons qu'ils entrent en exercice au premier Janvier de l'année 1646, & que ceux defdits anciens, alternatifs & triennaux, qui doivent être en charge ladite année 1646 entrent en exercice l'année 1647, & ainfi exercent confécutivement les uns après les autres, de quatre en quatre années, fans que lefdits quatriennaux puiffent être troublés en leurfdits exercices pour quelque caufe & occafion que ce foit. Défendons auxdits anciens, alternatifs & triennaux de s'immifcer en l'exercice defdits offices quatriennaux, ni leur donner aucun trouble ni empêchement, fur peine de fufpenfion de leurs charges; & à toutes perfonnes, de payer ni mettre en l'année prochaine nos deniers en autres mains qu'en celles des pourvus defdits offices de tréforiers, receveurs & comptables quatriennaux, ou de ceux qu'ils commettront en

L l l l ij

l'exercice defdits offices, à peine de payer deux fois. Enjoignons très-expreſſément aux préſidens & tréſoriers généraux de France d'y tenir la main. Voulons auſſi que ceux qui feront pourvus deſdits offices quatriennaux héréditaires, jouïſſent d'iceux offices, enſemble leurs veuves, enfans, héritiers & ayans cauſe, héréditairement, ſans que pour raiſon de ladite hérédité, leſdits offices puiſſent être cenſés ni réputés domaniaux, ſujets à revente, ſuppreſſion ni rembourſement, pour quelque cauſe & occaſion que ce ſoit, ni leſdits pourvus tenus de payer aucunes taxes de confirmation d'hérédité, décharge & extinction du droit royal & autres taxes, à cauſe que leſdites décharges ſeront compriſes dans les quittances de finance deſdits offices. Et quant à ceux qui ſeront pourvus deſdits offices quatriennaux qui ne ſont héréditaires, nous voulons qu'ils jouïſſent de la diſpenſe des quarante jours, l'année de leur réception & la ſuivante, ſans payer aucun prêt ni droit annuel, & qu'arrivant leurs décès pendant ledit temps, leurs offices ſoient conſervés à leurs veuves, enfans & héritiers : Et après icelui expiré, ils ſeront reçus au payement dudit droit annuel, ainſi que nos autres officiers anciens, alternatifs & triennaux, & ce ſur le pied de l'évaluation qui en a été faite pour iceux, ſans que ledit droit puiſſe être augmenté. Et afin que nous puiſſions être promptement ſecourus de la finance deſdits offices quatriennaux, nous permettons à toutes ſortes de perſonnes de lever en nos parties caſuelles, les quittances de finance deſdits offices, qui leur en ſeront expédiées les noms en blanc, en vertu deſquelles ils jouiront des gages, taxations, droits & revenus attribués auxdits offices, qui leur ſeront payés par ceux qui en auront le fonds, ſur leurs ſimples récépiſſés au pied de copie des quittances de finance deſdits offices les noms en blanc, à quoi faire ils ſeront contraints comme pour nos deniers & affaires, avec faculté de commettre à l'exercice deſdits offices pendant ſix années, telles perſonnes qu'ils aviſeront bon être, après leſquelles expirées, les porteurs deſdites quittances de finance deſdits offices ſeront tenus de ſe faire pourvoir en iceux.

Si donnons en mandement à nos amés & féaux conſeillers, les gens tenant notre chambre des comptes & cour des aydes à Paris, que notre préſent édit ils faſſent, chacun en droit ſoi, lire, publier & regiſtrer, & le contenu en icelui garder & obſerver, ceſſant & faiſant ceſſer tous troubles & empêchemens au contraire, nonobſtant tous édits, déclarations, arrêts & réglemens, & autres choſes à ce contraires, auxquels & aux dérogatoires des dérogatoires y contenues nous avons dérogé & dérogeons par ces préſentes ; & nonobſtant auſſi toutes oppoſitions & appellations quelconques, dont, ſi aucunes interviennent, nous nous en réſervons la connoiſſance & notre conſeil, & l'interdiſons & défendons à toutes nos cours & autres juges : Car tel eſt notre plaiſir. Et d'autant que du préſent édit on aura beſoin en divers lieux, nous voulons qu'aux copies duement collationnées par l'un de nos amés & féaux conſeillers & ſecrétaires, foi ſoit ajoutée comme au préſent original, auquel, afin que ce ſoit choſe ferme & ſtable à toujours, nous avons fait mettre notre ſcel, ſauf en autres choſes notre droit & l'autrui en toutes. Donné à Paris au mois d'Août l'an de grace mil ſix cent quarante-cinq, & de notre regne le troiſieme, Signé, LOUIS : Et plus bas ; Par le Roi, la Reine régente ſa mere préſente, DE GUENEGAUD,

GAUD, *à côté*, visa, & scellé du grand sceau de cire verte sur lacs de soie rouge & verte.

Lu, publié & regiſtré en la chambre des comptes, Ouï & ce conſentant le procureur général du Roi, du très-exprès commandement de Sa Majeſté, porté par M. le duc d'Orléans, venu exprès en ladite chambre aſſiſté du ſieur maréchal de Baſſompierre, & des ſieurs Talon & d'Irval, conſeillers du Roi en ſes conſeils, le onzieme Septembre mil ſix cent quarante-cinq.

Signé, BOURLON.

CXCIV. (*bis.*)

Extrait du regiſtre des délibérations des Etats généraux de Languedoc, aſſemblés par mandement du Roi, en la ville de Montpellier au mois de Décembre 1715.

Du Mardi 4 Février 1716, préſident Mgr. l'archevêque & primat de Narbonne.

LE ſieur Bonnier, tréſorier de la bourſe, a dit, que, quoique les receveurs des tailles de la province ſoient tenus de payer les ſommes qui doivent leur être remiſes ; ſavoir, le premier terme des impoſitions, au 15 du mois de Mai ; le ſecond terme, au 15 du mois d'Août ; & le troiſieme terme, au 15 du mois de Novembre ; & le premier terme de la capitation, au 15 du mois d'Août ; & le dernier terme, au 15 Février ſuivant ; il arrive néanmoins bien ſouvent que les receveurs des tailles n'ont pas leurs fonds en caiſſe lors de l'échéance deſdits termes, quoiqu'ils y ſoient tenus par les traités qu'ils ont faits avec les Etats, ce qui expoſe ledit ſieur Bonnier à des frais de voiture & d'eſcorte, qui ſeroient pour lui ruineux, ſi l'aſſemblée n'avoit la bonté de régler ceux qui doivent être à ſes dépens ; qu'il ſait qu'il eſt obligé d'envoyer chercher les deniers dans les recettes des dioceſes, une fois, à chaque terme, & qu'il convient qu'il en doit ſupporter les frais de voiture ; mais que, lorſque les receveurs n'ont pas dans leurs caiſſes le montant des impoſitions à concurrence des termes, après que les délais ſont échus, les autres envois & voitures qu'il fait doivent être à leurs frais & dépens, attendu qu'ils doivent payer, quoiqu'ils n'ayent pas fait le recouvrement.

Sur quoi, les Etats ont délibéré que, faute par les receveurs de remettre aux commis porteurs des quittances ou des récépiſſés du ſieur Bonnier, tréſorier de la bourſe ou de ſes procureurs, le montant des impoſitions & capitation ; ſavoir, le premier terme des impoſitions, au premier Juin ; le ſecond terme des impoſitions, au premier Septembre ; le dernier terme des impoſitions, au premier Décembre ; le premier terme de la capitation, au premier Septembre ; & le dernier terme de ladite capitation, au premier Mars ; les frais des voitures des ſommes que les receveurs reſteront devoir ſur chacun deſdits termes des impoſitions & capitation ſeront à leurs frais & dépens, attendu qu'ils ſont tenus de payer, quoiqu'ils n'ayent pas recouvré, à la charge par ledit ſieur Bonnier de faire faire par les commis qui iront dans les dioceſes, un acte de proteſtation auxdits receveurs, après les jours ci-deſſus marqués.

Fin du Supplément du Tome ſixieme.